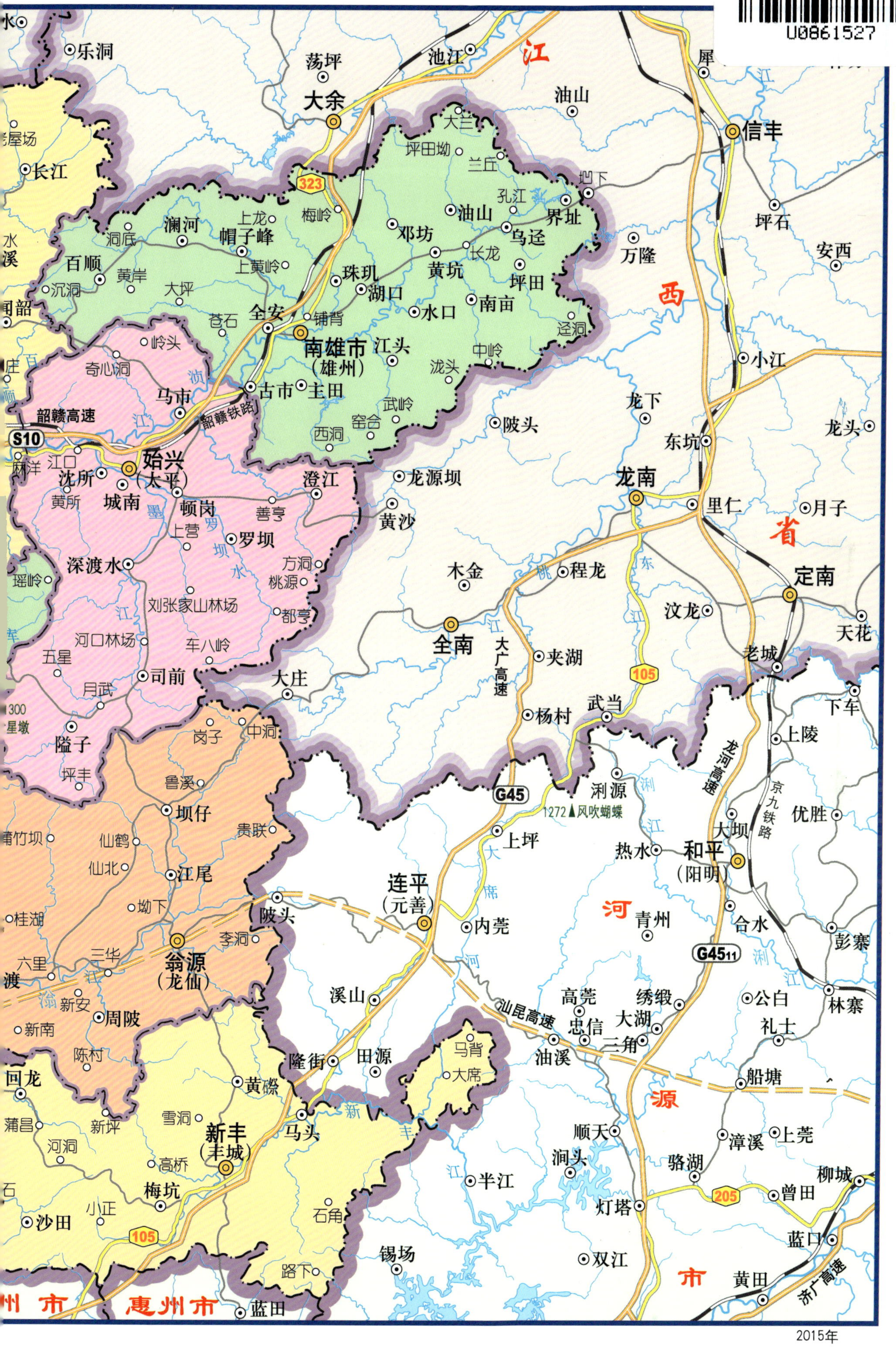
江
西
省
大余
荡坪
池江
乐洞
油山
信丰
大兰
坪田坳
兰丘
323
坳下
孔江
梅岭
上龙
澜河
帽子峰
洞底
油山
邓坊
界址
乌迳
坪石
万隆
安西
百顺
黄岸
上黄岭
长龙
黄坑
珠玑
湖口
坪田
沉洞
大坪
全安
铺背
水口
南亩
苍石
南雄市
(雄州)
江头
迳洞
中岭
岭头
奇心洞
浈
江
马市
古市
主田
泷头
小江
龙下
留赣高速
留赣铁路
窑合
武岭
陂头
龙头
S10
始兴
(太平)
西洞
东坑
江口
沈所
城南
顿岗
澄江
龙源坝
龙南
里仁
月子
黄所
墨
上营
罗
善亨
黄沙
深渡水
罗坝
坝
水
方洞
桃源
木金
桃
程龙
东
定南
瑶岭
刘张家山林场
都亨
全南
江
汶龙
天花
江
河口林场
车八岭
大广高速
夹湖
老城
五星
司前
105
月武
大庄
杨村
武当
下车
星墩
隘子
岗子
中洞
上陵
龙河高速
坪丰
鲁溪
G45
浰源
浰
京九铁路
坝仔
1272▲风吹蝴蝶
优胜
贵联
竹坝
仙鹤
上坪
江
大坝
热水
和平
(阳明)
仙北
江尾
大
席
连平
(元善)
河
青州
桂湖
坳下
陂头
内莞
合水
彭寨
翁源
(龙仙)
李洞
三华
G45₁₁
六里
渡
溪山
河
浰
高莞
绣缎
公白
林寨
新安
周陂
汕昆高速
忠信
大湖
礼士
新南
三角
陈村
马背
大席
隆街
田源
油溪
船塘
回龙
黄磜
源
雪洞
新
新坪
马头
顺天
蒲昌
新丰
(丰城)
丰
漳溪
上莞
河洞
高桥
涧头
骆湖
柳城
江
半江
205
曾田
梅坑
小正
灯塔
沙田
石角
105
锡场
双江
蓝口
路下
市
黄田
济广高速
州市
惠州市
蓝田

2015年

韶关年鉴

SHAOGUANNIANJIAN

韶关年鉴编纂委员会　编

方志出版社
Publishing House of Local Records

图书在版编目（CIP）数据

韶关年鉴. 2017 / 韶关年鉴编纂委员会编. -- 北京：方志出版社，2017.10
ISBN 978-7-5144-2679-3

Ⅰ. ①韶… Ⅱ. ①韶… Ⅲ. ①韶关 - 2017 - 年鉴 Ⅳ. ①Z526.53

中国版本图书馆CIP数据核字(2017)第281832号

韶关年鉴（2017）

编　　者：韶关年鉴编纂委员会
责任编辑：章　瑾

出 版 人：冀祥德
出 版 者：方志出版社
地址　北京市朝阳区潘家园东里9号（国家方志馆 4 层）
邮编　100021
网址　http://www.fzph.org
发　　行：方志出版社图书经销中心
电话（010）67110500
经　　销：各地新华书店
印　　刷：河南匠心印刷有限公司

开　　本：889×1194　1/16
印　　张：37.5
字　　数：1260千字
版　　次：2017年10月第1版　2017年10月第1次印刷
印　　数：0001～1500册

ISBN 978-7-5144-2679-3　定价：260.00元

编辑说明

一、《韶关年鉴》以马克思列宁主义、毛泽东思想、邓小平理论、“三个代表”重要思想和科学发展观为指导，贯彻落实习近平总书记系列重要讲话精神和治国理政新理念新思想新战略，坚持辩证唯物主义和历史唯物主义的立场、观点和方法。全面、准确地载录本行政区域年度内自然、政治、经济、文化、社会等方面基本情况，为读者了解和研究韶关提供基础资料。

二、《韶关年鉴》采用分类编辑法。主体内容设类目、分目、条目3个结构层次，以条目为基本记载单元。全书条目的标题统一用黑体加【 】表示，少数包含多方面资料的子条目则在文内用楷体标明各段资料的主题。

三、《韶关年鉴（2017）》主要反映2016年韶关辖区内各项事业发展的基本情况。全书设2016年韶关大事记、年度关注、韶关概览、中国共产党韶关市委员会、韶关市人民代表大会、韶关市人民政府、政协韶关市委员会、中国共产党韶关市纪律检查委员会、民主党派、群众团体·社会组织、军事、法治、经济监督管理、财政·税务·金融、工业、农业·林业·水利·气象、商贸服务业·开放型经济·旅游餐饮、交通运输·邮政·信息、城乡建设·环保、教育·科技·文化、卫生·体育、社会生活、县（市、区）、人物、调研报告、文献专载·法规、社会经济统计资料、附录，28个类目，220个分目，1681个条目，计1160千字。

四、《韶关年鉴（2017）》在保持基本框架相对稳定的基础上，对个别栏目内容进行了优化调整。其中：增加“年度关注”类目，“全市概况”类目更名为“韶关概览”。“各级机构领导人名单”类目降级为“韶关概览”下的分目。把“经济管理”类目易名为“经济监督管理”。把“旅游业”类目与“商业·贸易”合并，易名为“商贸服务业·开放型经济·旅游餐饮”。“交通”与“邮政·通信”中的“通信”易名为“信息”。此类目更名为“交通运输·邮政·信息”。“教育”“科技”“文化”三个类目合并为“教育·科技·文化”类目。“社会生活”类目下增设“重点人群”分目；“民族”改为“民族事务”“宗教”分目改为“宗教事务”。增设“文献专载·法规”类目，收载韶关市委十一届八次全会表决通过的《中共韶关市委关于制定国民经济和社会发展第十三个五年规划的建议》，市长骆蔚峰在韶关市第十三届人民代表大会第六次会议上和在韶关市第十四届人民代表大会第一次会议上所做的2篇《政府工作报告》及全市重要的文件、法规目录等。

五、本年鉴统计数据采用法定计量单位，主要统计数据均经撰稿单位与统计部门核对，统计部门无此数据的，则使用单位统计数据。

六、本年鉴配备双重检索系统，书前刊有目录，书后配有索引。索引采用主题分析法，条目按汉语拼音字母顺序排列。

七、本年鉴配套出版电子版（光盘），全书内容在韶关市地情网（http://www.gd-info.gov.cn/shtml/sg/index.shtml）上推出。

目 录

中国共产党韶关市委员会

韶关市人民代表大会

韶关市人民政府

政协韶关市委员会

中国共产党韶关市纪律检察委员会

民主党派

社会团体

军 事

法 治

经济监督管理

财政·税务·金融

工 业

农业·林业·水利·气象

商贸服务 · 开放型经济 · 旅游餐饮

交通运输·邮政·信息

城乡建设·环保

教育·科技·文化

卫生·体育

社会生活

县（市、区）

人 物

调研报告

文献专载·法规

社会经济统计资料

附　录

索　引

数字韶关·2016

发展速度平稳

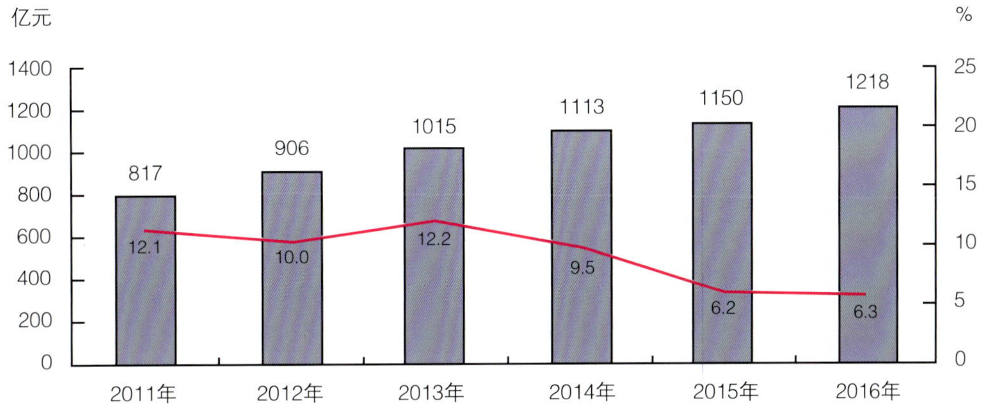

地区生产总值及增长率

区域经济发展协调

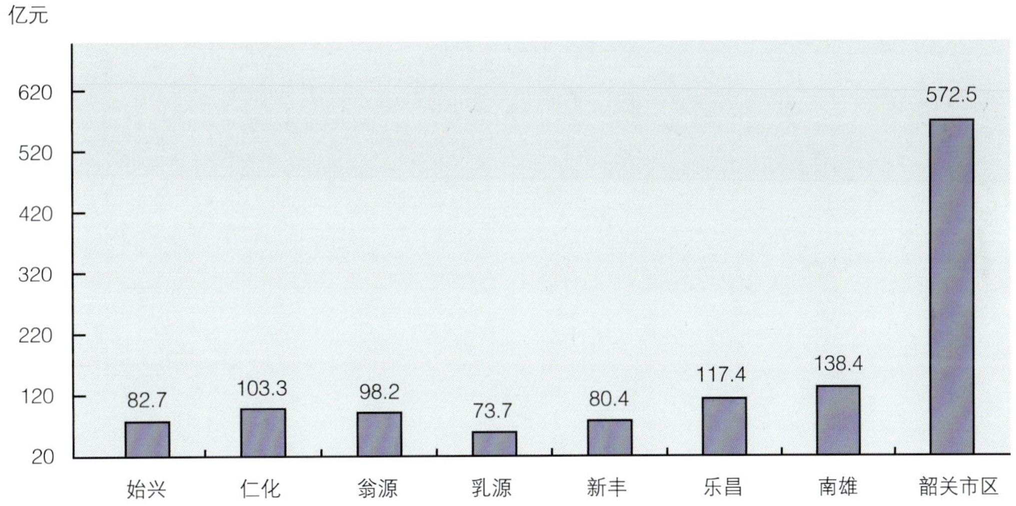

2016年韶关市各县市区GDP

经济结构明显优化

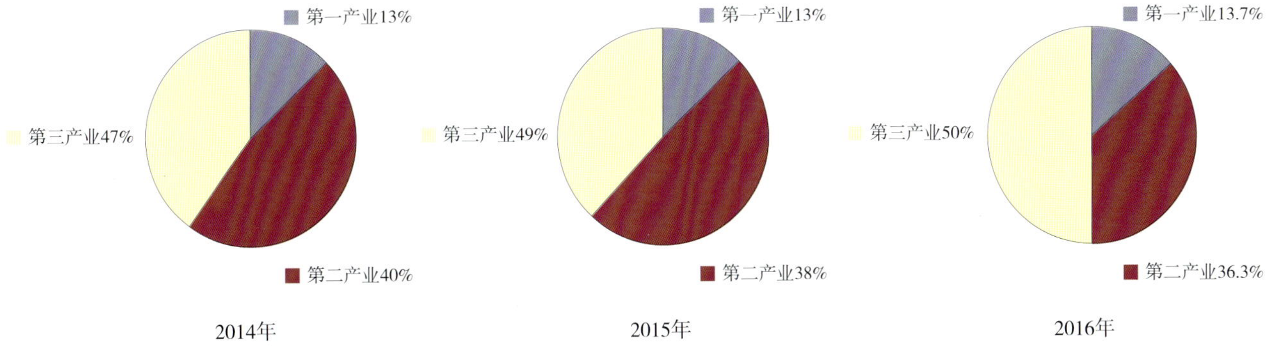

人口增长得到有效控制

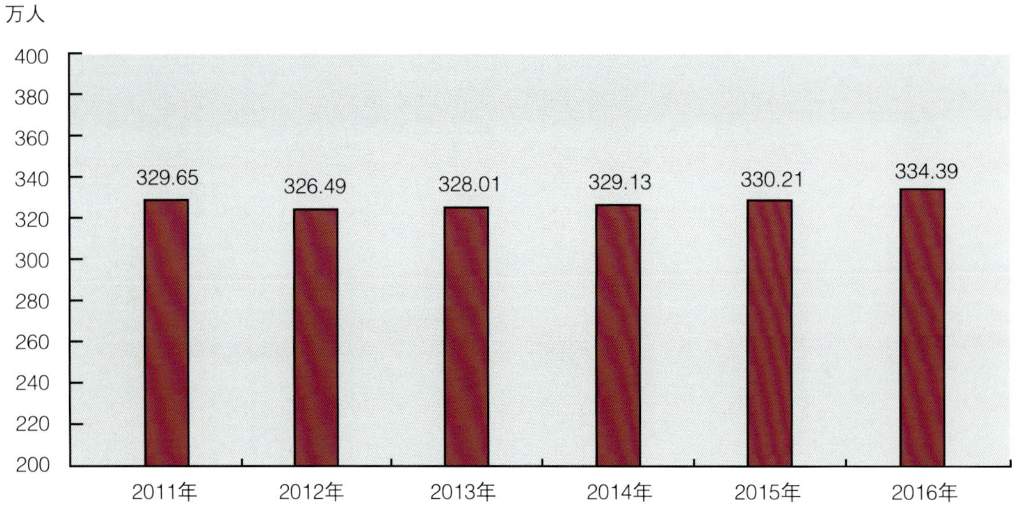

韶关市2011—2016年户籍人口

发展后劲增强

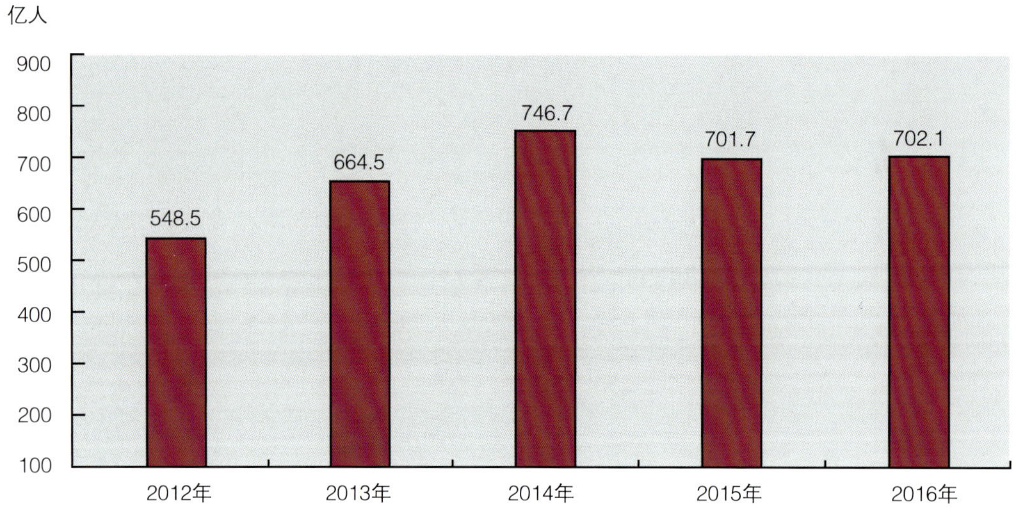

韶关市2012—2016年固定资产投资

生活质量提高

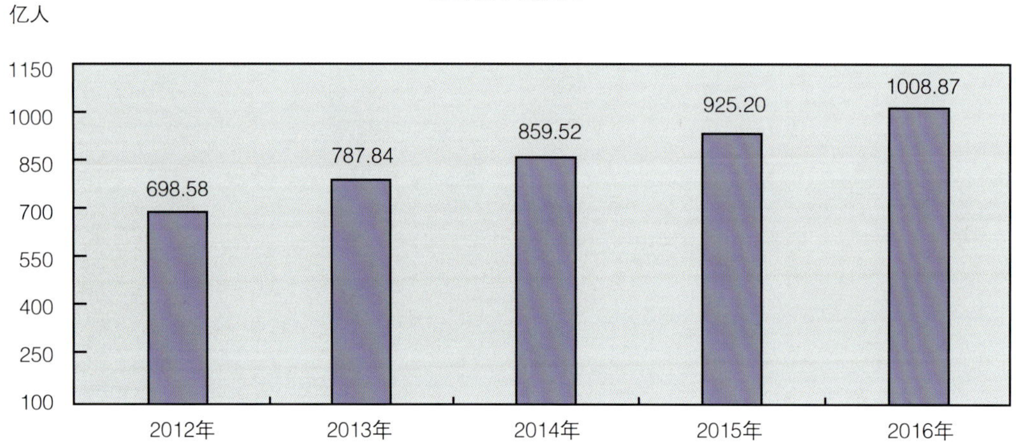

韶关市2012—2016年居民住户存款余额

2016年12月19日，韶关市市委书记江凌代表中国共产党韶关市第十一届委员会在中国共产党韶关市第十二次代表大会上作工作报告
（潘志立　摄）

2016年12月19日，韶关市市长骆蔚峰主持中国共产党韶关市第十二次代表大会开幕式（潘志立　摄）

2016年12月19日，中国共产党韶关市第十二次代表大会召开（潘志立　摄）

2016年7月25日，中国共产党韶关市第十一届委员会第九次全体会议召开（潘志立　摄）

2016年12月14日，中国共产党韶关市第十一届委员会第十一次全体会议召开（潘志立　摄）

2016年1月18日，韶关市市委书记、韶关市人大常委会党组书记蓝佛安主持韶关市第十三届人民代表大会会议开幕式和第一次全体会议（潘志立　摄）

2016年1月17日至22日，韶关市第十三届人民代表大会第六次会议在市委会议中心召开（潘志立　摄）

2016年1月17日至19日，中国人民政治协商会议第十一届韶关市委员会第五次会议在市政府会议中心召开（韶关政协　供）

2016年2月23日，中国共产党韶关市第十一届纪律检查委员会第六次全体会议在市委会议中心召开（市纪委　供）

2016年6月，韶关市领导与南粤“七一”纪念奖章获得者合影（潘志立　摄）

2016年6月，韶关市领导参加“永远的丰碑 光辉的历程”——韶关市纪念中国共产党成立95周年暨图片巡回展启动仪式（潘志立　摄）

2016年10月26日，韶关市人民政府与中国人民银行广州分行签署金融合作协议（潘志立　摄）

2016年3月29日，韶关市人民政府、广东粤财投资控股有限公司举行全面战略合作框架协议签约仪式（张小乐　摄）

2016年6月1日，韶关市金融工作局、人保财险韶关分公司、韶关市区农村信用合作社举行“政银保”合作贷款协议签约仪式（陈枫　摄）

2016年4月，浈江区国税局、地税局与中国银行韶关浈江支行共同签订“广东中银税款通宝”战略合作协议（市地税局　供）

2016年12月6日，芙蓉隧道西线贯通（芙蓉新区管委会　供）

2016年11月29日，芙蓉新村安置房举行第一批分配公开抽签仪式（市城投公司　供）

2016年底，投入使用的韶关市区小岛慢行系统中自行车骑行绿道一角（赖金棠　摄）

2016年，建设中的韶关市区解放路斜拉人行天桥（赖金棠　摄）

2016年1月，韶关市春节文化活动（市文广新局　供）

2016年5月，五一文化广场系列活动暨粤北采茶戏保护传承中心成立专场演出（市文广新局　供）

2016年9月30日，在中山公园举行2016年“九龄风度”国庆群众文化活动暨首届音乐舞蹈花会开幕仪式（市委宣传部　供）

2016年5月，韶关市青少年田径锦标赛在韶关市体育中心举行（市体育局　供）

涢江区

2016年11月11日，中共涢江区区委书记、区人大常委会主任刘清生（正面中）到犁市镇调研精准扶贫工作（涢江区史志办　供）

2016年12月15日，涢江区教育局举办首批普惠性民办幼儿园授牌仪式（涢江区史志办　供）

2016年11月30日，中共涢江区区委副书记、区长曾清兰（前排左二）在区委副书记庄强（前排左三）的陪同下到国电粤华项目现场开展安全生产检查（涢江区史志办　供）

2016年8月12日，涢江区图书馆举行绘本故事会（涢江区史志办　供）

武江区

2016年4月21日，中共武江区区委书记、区人大常委会主任王德雄（左二）察看新城新开工项目（武江区史志办　供）

2016年4月5日，中共武江区区委副书记、区长黄建华（左三）带队督导巩卫工作（武江区史志办　供）

2016年，武江区碧桂园·太阳城路段水利整治项目（武江区史志办　供）

武江区2016年为民办实事之一——小街小巷改造项目（黄田坝惠民北路168号横巷施工现场）（武江区史志办　供）

曲江区

2016年2月4日，曲江区区委书记高冬瑞（左三）到白土镇调研（柯峰　摄）

2016年8月26日，曲江区区长伍文（前排右二）到城区调研新城建设（柯峰　摄）

2016年12月30日，曲江区委书记高东瑞（右七）、区长伍文（左五）参加广东韶关曲江“中国温泉之乡”文化旅游节暨经贸洽谈会（肖欣　摄）

2016年5月18日，“传承文明 圆梦曲江”大型图片巡展暨“5·18国际博物馆日”宣传活动在曲江开发区举行（曲江经济开发区　供）

乐昌市

2016年5月17日，韶关市市委副书记、乐昌市委书记陈向新（左三）到乐昌小学调研（何海松 摄）

2016年7月20日，乐昌市市委副书记、市长陈宏宇（左四）到乐昌市产业园调研新开工项目建设情况（乐昌市产业园 供）

2016年2月29日，乐昌桃花节开幕式在九峰镇政府广场举行（许先养 摄）

2016年8月，乐昌市茶料村入选“中国最美休闲乡村”（吴卫东 摄）

南雄市

2016年2月20日，韶关市市委书记江凌（右二）在南雄产业转移园区调研（李慧　摄）

2016年1月22日，南雄市委书记曾凤保（前排右四）到雄州街道上坪村调研，与群众交谈

2016年6月21日，南雄市市长王碧安（左二）到南亩镇调研

2016年8月，南雄孔江湿地公园正式成为“国家湿地公园”（董祖明　摄）

2016年10月，南雄市重点项目——犁牛坪风电场一期工程完工并网发电（董祖明　摄）

仁化县

2016年7月10日，南粤古驿道定向大赛在首站仁化县石塘镇石塘古村开幕（龙全明　摄）

2016年12月30日，仁化县首届生态农业博览会在丹霞山景区举办。仁化县县委书记刘锋（右三）、县长王晓梅（左一）出席农博会开幕仪式（龙全明　摄）

2016年6月23日，仁化县人民政府、广东丰泰集团在仁化县举行丹霞湖山温泉度假村项目签约仪式（龙全明　摄）

2016年7月9日，仁化县扶溪镇古夏村举办古村挂牌仪式暨古夏禾斋民俗文化节（谢嘉文　摄）

2016年11月12日，入选为“我心中的长征纪念地”的红军长征第二道封锁线南端中心据点、奇袭城口战斗发生地、红军长征露宿地旧址——广东省仁化县城口镇正龙街（谢嘉文　摄）

始兴县

2016年2月21日，韶关市市委书记江凌（右四）在县委书记范秀燎（右二）和县长黄令遥（右五）的陪同下，到始兴县调研城建工作（邓斌　摄）

2016年12月8日，始兴县举行电动公交车投入运营启动仪式（始兴县史志办　供）

2016年6月18日，始兴县10个乡镇首批33个阿里巴巴农村淘宝村级服务站同时开业（始兴县史志办　供）

2016年12月16日，始兴县首届围楼文化节系列活动——环墨江河健步走活动举行（温汉良　摄）

翁源县

2016年1月17—19日，翁源县主动融入珠三角投资环境推介暨第一届“中国兰花之乡”（东莞）兰博会在东莞市厚街镇举行（翁源县史志办　供）

2016年2月25日，首届广东（翁源）桃花节启动仪式在县城文体广场举行（翁源县史志办　供）

2016年12月5日，广东省脱贫攻坚现场推进会在翁源县召开（翁源县史志办　供）

2016年8月25日，全省粤台农业合作园区工作现场会在翁源县召开（翁源县史志办　供）

新丰县

2016年9月，全县副科级以上党员领导干部到新丰县反腐倡廉警示教育基地接受警示教育（伍淑芳　摄）

2016年12月8日，新丰县举行2016年枫叶节暨“勇者无疆”中国·新丰丛林摩托车障碍赛开幕式（新丰县史志办　供）

鲁谷河自然保护区（新丰县史志办　供）

乳源瑶族自治县

2016年8月19日，省委常委、常务副省长徐少华（前排左四）到乳源瑶族自治县调研（乳源县史志办　供）

2016年，乳源瑶族自治县县委书记吴春腾（右二）调研大布镇革命纪念公园项目（乳源县史志办　供）

2016年8月18日，乳源瑶族自治县县长邓志聪（右三）视察“瑶馨雅居”建设情况（乳源县史志办　供）

坚持生态发展的乳源产业转移园（成平华　摄）

南雄市坪田银杏染秋（赖金棠　摄）

韶城浈江、武江、北江三江汇流处（李宇强　摄）

乐昌市坪石金鸡岭（温秩玲　摄）

乳源瑶族自治县大布雾锁峡谷（彭瑞卿　摄）

乐昌九峰镇初春桃李盛开（梁惠梅　摄）

① ② ③
④

① 乳源瑶族自治县民俗节目——顶杆（赖金棠　摄）
② 新丰县云髻山（罗志忠　摄）
③ 恩村火龙（王凡路　摄）
④ 粤北民居（朱元大　摄）

雨后丹霞山（韶关市摄影协会　供）

始兴县满堂客家大围（童铜韶　摄）

中国历史文化名村、中国传统古村落仁化县石塘镇石塘村全景图（龙全明　摄）

乐昌市坪石皈塘古村（黄志雄　摄）

油山革命纪念碑

① ② ③
④ ⑤

① 南雄市油山革命纪念碑（李步全　摄）
② 1928年仁化县石塘镇双峰寨保卫战旧址（林勃　摄）
③ 韶城夜景（王钢钢　摄）
④ 云门寺（周丽辉　摄）
⑤ 浈江区百年东街晚霞（骆志强　摄）

韶关市公安局

广东省副省长、省公安厅厅长李春生（后排右一）会见韶关市市委书记江凌（后排左一）一行

立警为公 执法为民

2016年，全市公安机关以党的十八大及十八届六中全会，中央、省委、市委政法工作会议和全省市公安局长会议精神为指引，紧紧围绕创建“平安韶关”的目标，主动适应经济发展新常态，积极开展“飓风2016”专项打击行动，坚持深化公安改革，深入推进“四项建设”和社会治安防控体系建设，公安工作和队伍建设取得良好成效，群众安全感排名全省第四位，公安工作满意度排名全省第五位。

2016年6月23日，韶关市市委书记江凌（中）到市公安局调研

2016年2月18日，韶关市市长骆蔚峰（前左二）到市公安局调研

2016年12月1日，韶关市公安局召开“飓风2016”和打击整治涉传销违法犯罪行动新闻通报会

2016年6月22日，韶关市举办“6·26”国际禁毒宣传日活动，市领导亲自销毁毒品

2016年11月14日，成功侦破“11·11”制贩毒案

2016年6月—8月，举办功模人员忠诚教育培训班

韶关市公安局一门式综合服务大厅

粤北省际公安检查站开展设卡查缉行动

公安武警联勤武装巡逻

2016年5月25日，韶关市举办“反恐有我更安全”——《中华人民共和国反恐法》宣传月大型互动宣传活动

武警韶关市消防支队

2016年9月2日，韶关市市委书记江凌（中）会见省消防总队总工程师罗云庆（右）

2016年2月3日，韶关市市长骆蔚峰（左一）率队开展消防安全检查

武警韶关市消防支队，又称韶关市公安消防支队，成立于1987年1月1日，位于韶关市武江区工业东路23号，1992年9月加称韶关市公安消防局，下设司令部、政治处、后勤处、防火处4个部门，辖1个培训基地、10个大队、14个中队。承担着韶关市防火、灭火和应急救援任务。

2016年，全市消防部队在总队党委、市委市政府和市公安局的坚强领导下，紧紧围绕“干在实处、稳步进位”的战略目标，凝心聚力谋发展，聚焦打赢促提升，圆满完成了各项工作任务，实现了火灾形势和部队管理“双稳定”的总目标。2016年，全市消防部队共参加灭火救援战斗2770次，营救遇险群众1596人，抢救和

消防连万家·安全你我他

2016年12月1日，一等功臣张志明先进事迹编入中央文明办出版的《中国好人传》

2016年7月1日，武警韶关市消防支队组织官兵开展党旗庄严宣誓活动

2016年11月9日，武警韶关市消防支队开展“119”消防安全宣传月活动

保护财产价值10.8亿元，成功处置翁源“1·14”皮革厂火灾、“6·6”韶赣高速浓硫酸槽罐车泄露、“7·10”乐昌油罐车泄漏、“8·1”武江塑料加工厂火灾等急难险重任务。全市连续6年未发生较大以上火灾，2014年、2015年、2016年连续三年在省政府消防工作考核中被评为“优秀”，支队6次被总队和市委、市政府表彰，5个单位和22名官兵被记功表彰，涌现出救火英雄、一等功臣张志明等一批先进典型，部队地位形象得到极大提升。

2016年11月，武警韶关市消防支队抢险救援营救被困司机

2016年1月19日，韶关市开展消防知识宣传教育，提高全民消防意识

2016年7月，武警韶关市消防支队开展百米梯次训练

中国宝武集团

广东韶关钢铁有限公司

2016年12月，韶钢顺利通过国家钢铁行业化解过剩产能验收抽查组检查，被称赞“韶钢化解过剩产能工作做得早、做得好，是国企的典范”

中国宝武集团广东韶关钢铁有限公司（简称“韶钢”），其前身是广东省韶关钢铁集团有限公司，始建于1966年8月22日。2011年8月22日，宝钢和广东省国资委签订股权划转协议，2012年4月18日，宝钢集团广东省韶关钢铁有限公司挂牌成立；2016年12月1日，中国宝武钢铁集团成立，韶钢正式成为这个年产粗钢中国第一、全球第二，中国乃至全球最具影响力的钢铁企业的成员。

韶钢年产钢能力650万吨，立足钢铁业，工、科、贸并举，多元化经营，是广东省重要的钢铁生产基地、国家高新技术企业。钢铁主业产品涵盖板材、棒材、品种线材以及特钢长材等，广泛应用于汽车、

2016年8月29日，中国共产党宝钢韶关钢铁第七次代表大会在韶钢召开

2016年9月29日，韶钢参加第二届珠江西岸装备制造洽谈会

特棒冷床

石油化工、机械制造、能源交通、航天航空、核电等行业。产品主要在珠三角、华东地区及广东邻近省销售，部分出口。

韶钢积极推进供给侧结构性改革政策落地，主动淘汰过剩产能，通过不断推进产品转型升级，努力打造成为华南地区最具竞争力的钢铁产品及服务供应商，成为宝武集团高端棒线材制造基地。

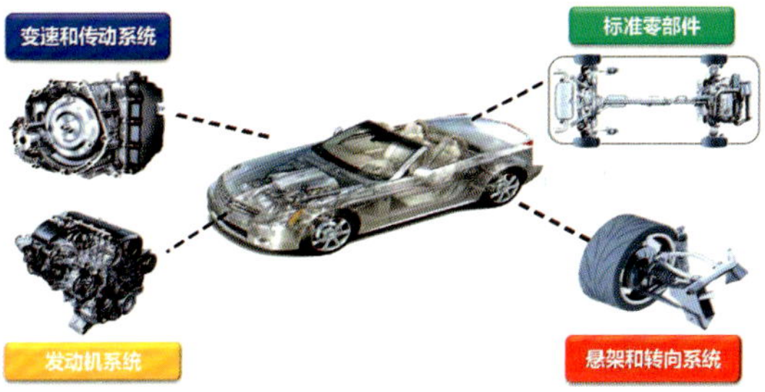

特钢产品应用

工业线材生产

2016年8月22日，韶钢举办厂庆50周年晚会

管理创新、岗位创新、技术创新“三个创新”工作为矿山提质增效发挥重大作用

着力培育矿山工匠，目前拥有高级技师13人、技师90人

井下-455米净化工程2016年11月14日完工投入使用

充填等；选矿工艺有高碱快速浮选电位调控优化工艺、新四产品选矿工艺。

2016年，面对资源品质下降、井下生产作业条件变差、溜破系统先天不足、设备老化、故障率高、井下通风困难等内外部不利因素，凡口铅锌矿干部员工在中金岭南公司的领导下，以“六种意识”为指引，锐意创新，果敢改革，采取一系列的管理创新和技术创新措施，克服困难，化解问题，力破瓶颈，全年生产铅锌金属量16.55万吨，生产成本比预算节约近3000万元，超额完成公司下达的各项生产经营任务，同时实现了真正意义上的安全年，安全环保工作保持良好的稳定态势。

2016年，对使用年限较长的尾矿管进行彻底更换，共计6.2千米

选矿厂5000吨技术升级改造工程于2016年12月9日开工

尾矿库环境综合整治工作取得显著成效

广东省大宝山矿业有限公司

转型升级 绿色发展

广东省大宝山矿业有限公司位于韶关市曲江区沙溪镇境内，1958年5月建矿，1966年10月建成投产，现主要从事矿产资源勘探、采选、加工，矿产品销售以及矿产资源综合利用，规模为年产销铁矿石60万吨、铜金属量3600吨、硫精矿38万吨、硫酸10万吨、磷铜加工1万吨，年工业总产值约10亿元。

矿山现保有铜金属量40万吨、钼金属量35万吨、钨金属量5万吨、铅锌金属量21万吨、硫矿石1900万吨、铁矿石206万吨，同时槽对坑尾矿库还有铜硫资源500万吨、铁尾矿资源1300多万吨。按现行资源价格估算，潜在经济价值在1000亿元以上。另据初步地质勘查和澳大利亚地质专家的现场勘探推测，公司探矿权范围内还存在储量很大的矿产资源，找矿前景十分乐观。凭借资源优势，2011年，公司被列为全国首批40家、广东省唯一一家“矿产资源综合利用示范基地”。

近些年来，在新一届领导班子带领下，公司确立了新理念、新体制、新方针、新目标的“四新”发展战略，以全面建成“矿产资源综合利用示范基地”契机，以持续加强对资源的综合利用、努力打造绿色矿山、和谐矿山为抓手，力争最终把公司重建、重塑成一个产值规模达13亿元/年、利润超1亿元/年的主业突出、效益突出、核心竞争力强的优秀大型矿山企业。

投资新建的大宝山铜硫大开发项目，已进入单机试车、联动调试阶段，2017年全面投产后，预计可年产铜金属量1万吨、硫精矿110万吨，同时通过回收铁、钨等相关副产和伴生资源，可实现年销售收入10亿元、利润1亿元。

公司按省委、省政府及广晟公司的统一部署，全力抓好《大宝山矿区及周边地区环境综合整治工作方案》落实工作，目前已累计投入资金8.7亿元，建成了4.5万吨/天外排水处理厂、凡洞村新尾矿库等11项环境整治工程，全面完成整治目标。经过整治，现大宝山周边区域的环保情况发生了根本性变化，治理成效得到省、市环保部门的认可，企业的环保信用等级也提升为环保良好企业（蓝牌），重塑了企业社会形象，未来区域环境风险将彻底消除，公司将实现矿山生产、环境保护和资源综合开发利用的有机统一。

团结向上的领导班子

公司办公大楼新貌

全国矿产资源综合利用示范基地

大宝山矿7000吨铜硫选厂全貌

中国农业银行

AGRICULTURAL BANK OF CHINA

大行德广 伴您成长

韶关分行

2016年9月8日，韶关市“银税互动”合作协议签约仪式

中国农业银行股份有限公司韶关分行是农业银行的二级分行，本部位于韶关市惠民北路2号农行大厦。全辖13个一级支行（含分行营业部）、46个营业网点、49个离行自助银行、224台ATM，649个“惠农通”金融服务点，营业网点县区覆盖率达100%，在职员工966人，是全市四大国有商业银行中网点最多、自助银行最多、自助设备最多的国有大型商业银行。曾获“2016年度诚信单位”、“‘互联网+时代’企业文化创新优秀单位”和“2016年度省行网格管理先进单位”等多项荣誉。

面对经济发展新常态，2016年，韶关分行始终坚守责任担当，确立“稳健行远·区域强行”发展战略目标，坚持党建引领，稳步实施机制调整、扩户提质、网点转型、基础管理等一系列重点工程，创新求变，有效推进经营转型，实现创新发展新局面。2016年末，全行实现各项存款时点、日均余额分别为267.01亿元、259.89亿元，比年初增加19.02亿元、23.53亿元，均为同业第一。各项贷款余额135.37亿元，比年初增加18.13亿元，个人住房贷款增量保持同业第一。全行全年实现安全运营无事故、无案件的“双零”目标，内控评价持续保持“一类行”。

农行韶关分行根植当地，积极响应市委市政府号召，主动融入珠三角，大力推进三大主题工作，2016年累计发放贷款58亿元。重点支持对本地实体经济起重要作用的韶钢、华电南雄、韶关发电厂等本地大企业，累计提供融资85.17亿元。此外，该行还专门组建专业团队主攻政府重点项目融资运作，目前已成功审批市区棚户区改造、乐昌高铁站、翁源县地下管廊、莞韶城三期（西区）、韶关上饶路等8个项目，审批融资规模59.9亿元，并已实现投放17.64亿元；同时正在运作和调查中的项目13个，合计金额180.34亿元。

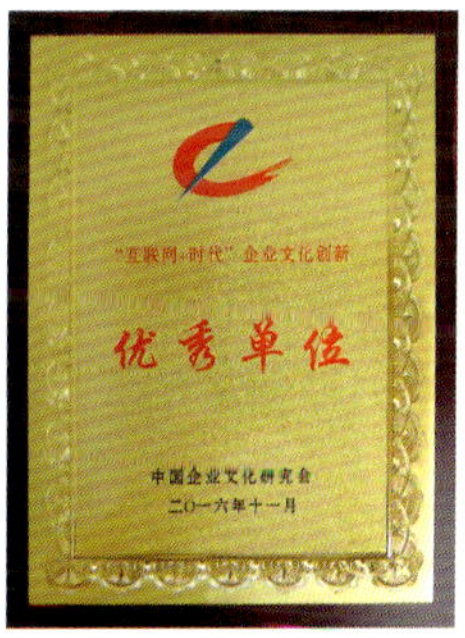

农行韶关分行热心社会公益，践行社会责任，倡导社会主义核心价值观，大力开展扶贫捐款、公益献血、学雷锋以及3·15消费者保护日宣传活动等。此外，该行还持续推动营业网点服务转型，不断拓展网上银行、手机银行等多元化的金融服务渠道，推动信用环境建设，加大综合金融服务力度，不遗余力服务好广大市民。在“十三五”发展中，农行韶关分行将以“稳健行远，区域强行”为目标，实现与客户共同成长，与韶关经济社会共同进步，创造辉煌灿烂的明天！

韶关市“政银保”合作项目签约仪式

举办员工结婚周年纪念活动

“惠农通”工程：普惠金融 服务民生

韶关市住房和城乡建设局

2016年，原曲仁矿棚户区田螺冲安置点安置房入住签约现场（章程　摄）

2016年，韶关市住房和城乡建设局以发展为使命，推进改革创新，真抓实干，着力加快绿色转型振兴发展，各项建设取得新成绩。完成建筑业总产值141.5亿元；建筑业增加值71.5亿元，在建工程项目211个，总建筑面积797万平方米，总造价141.4亿元；完成房地产开发投资额146.84亿元，占全市固定资产投资的20.91%，房地产行业增加值59.6亿元，占地区生产总值4.89%。累计缴存住房公积金217.08亿元，为全市5680户家庭发放住房公积金委托贷款16.53亿元。全市城镇化率达54.79%。

原曲仁矿棚户区改造项目二期田螺冲安置区鸟瞰图（陆茜　摄）

奥园文化旅游城（陈韶光　摄）

新城地标韶关恒大城（陈韶光　摄）

已建成的原曲仁矿丝茅坪安置小区（章程　摄）

韶关市质量技术监督局

2016年11月1日，韶关市市长骆蔚峰（中）向省质量工作考核组介绍韶关市政府质量工作情况

市委常委、副市长万卓培（前排左二）带队深入企业生产一线开展调研

2016年，韶关市质监局以加快转变经济发展方式、提高经济发展质量为主线，切实提升群众“质量获得感”，积极服务于地方经济发展：一是大力实施质量强市战略。提请市政府常务会议讨论通过了韶关市贯彻落实省委、省政府《关于实施质量强省战略的决定》的实施方案，圆满完成了韶关市迎接2015—2016年度地级以上市政府质量工作考核的各项工作。推动韶关市14家企业15个产品获评广东省名牌产品（工业类），其中新增产品10个，创历年之最。二是严把特种设备安全关。全年共出动检查人员2702人次，抽查特种设备3327台套，下达《特种设备安全监察指令书》340份，排查安全隐患1393项，已整改1375项，整改率达98.7%，全市特种设备安全形势稳定。三是强化重点产品质量安全监管，全年共对95家企业129批次产品开展市级监督抽查，合格127批次，批次合格率98.45%；督促和帮助监督抽查不合格企业做好整改，监督抽查后处理到位率达100%。四是积极推进“国家铅锌及建筑钢材产品质量监督检验中心”建设，并于2016年11月通过“三合一认可”现场评审，为通过最终验收迈出了关键一步。对接南雄产业转移园的日用精细化工产品省级检验站已建成投入使用。目前已初步形成以一个国检中心为龙头，4个省级授权质检机构在内的公共技术服务体系。五是积极落实对中央、省设立的涉企行政事业性收费省级收入的免征工作。2016年全市质监系统免征涉企行政事业性收费2684.2万元，有效减轻了企业负担，优化了经济发展环境。

多一份防范　少一份隐患　多一份责任　多一份安全

2016年10月19日，韶关市质监局局长车万里（左二）带队上线广播电台“民声热线”节目

2016年1月29日，韶关市质监局局长车万里（左二）带队检查电梯安全

2016年5月17日，韶关市质监局开展出租车计价器计量专项执法检查

韶关市卫生和计划生育局

2016年7月12日，韶关市委卫计工委在广东省委旧址广场组织开展“纪念光辉历程、牢记党史党恩、重温入党誓词、争做合格党员”主题党日活动，局机关及直属单位党员150余人参加活动

2016年7月27日，韶关市卫生计生局局长刘文程、副局长郭伟强、韶关市中心血站站长张天弼及韶关市卫生计生局相关科室负责人作客韶关电台《民声热线》节目，倾听群众心声，为群众解决实际问题

2016年8月24日，韶关市举办首届“韶关好医生”评选活动发布仪式，韶关市市委常委、宣传部部长柳琛子，韶关市市人大常委会副主任邓小杰，韶关市市政府副市长彭裕殿，韶关市市政协副主席刘大济等出席活动

2016年10月17日，韶关市市委书记江凌、市委常委王青西到韶关市卫生计生局调研

韶关市卫生和计划生育局于2013年12月由原韶关市卫生局和原韶关市人口和计划生育局组建而成，为市人民政府工作部门。机关行政编制55名。其中：局长1名、副局长4名，设办公室、规划财务科、政策法规科（市深化医药卫生体制改革工作领导小组办公室）、疾病预防控制科（卫生应急办公室）、医政科、基层指导科、妇幼健康服务科、综合监督科、中医科、计划生育家庭发展科、信息统计与考核评价科、流动人口服务管理科、科技宣教科、干部保健办公室、人事科共15个内设机构。承担全市医药卫生体制改革、公立医院改革、基本公共卫生服务均等化、计划生育管理政策、卫生和计划生育服务资源配置，疾病预防控制、公共卫生、妇幼健康、基层指导、流动人口管理、卫生计生监督执法、计划生育利益导向、卫生计生信息化建设，宣传和健康教育、干部保健等工作职能。

优生优育优教

利国利民利家

韶关市工商行政管理局

2016年7月6日，国家总局副局长刘玉亭（中）到韶关督查商事制度改革情况。省工商局局长凌锋、韶关市副市长李安平、国家总局企管局副局长徐晓东、省工商局副局长张文献、市工商局局长欧新全等陪同

2016年6月，韶关市市委书记江凌（右二）等领导到韶关市工商局调研，对工商工作寄予深切厚望

2016年，是“十三五”开局之年，也是工商管理体制改革后的关键一年。全市工商和市场监管部门认真贯彻落实中央和省、市的决策部署，主动适应新常态，落实发展新理念，紧紧围绕“放管服”改革主线，主动简政放权，主动对接改革前沿，着力降低投资创业的制度性成本，加大涉企行政审批制度改革力度，积极转变监管方式，严格后续监管执法，积极推行“双随机、一公开”、企业年度公示，推进经营异常名录管理和信用监管联合惩戒机制，维护公平竞争市场秩序，切实维护消费者权益，全面落实“新三定”，各项工作取得新的明显成效，受到上级部门的充分肯定。

2016年12月底，韶关市市场主体达到143451户〔其中内资（非私营）企业5669户，私营企业17458户，外商投资企业742户，农民专业合作社2965户，城乡个体工商户116617户〕，对比上年同期增加9795户，增长7.33%。市工商局工业园区分局获国家工商总局通报表扬为企业登记工作成绩突出窗口单位；根据《2016年度广东各市开办企业便利度评估报告》，韶关营商环境在21个地市位列第9名。7月6日，国家工商总局党组副书记、副局长刘玉亭率国务院商事制度改革督查组对韶关市推行商事制度改革情况进行督查并给予了高度评价。

2016年10月8日，副市长朱余旺（左）颁发韶关首份“五证合一”营业执照

2016年3月15日，韶关市工商局、市消委会举办“新消费、我做主”3·15国际消费者权益日大型活动

2016年1月15日，韶关市工商局颁发首张电子营业执照

2016年7月15日，韶关市工商局落实新“三定方案”

中国邮政集团公司韶关市分公司

开展廉政警示教育活动

邮政农村电商服务站为村民提供服务

中国邮政集团公司韶关市分公司（以下简称韶关邮政）原名为韶关市邮政局。韶关邮政位于韶关市浈江区风采路3号，是一家肩负着全市邮政通信建设、运营与管理的现代服务企业，下辖市营业局、曲江、乐昌、南雄、仁化、始兴、乳源、翁源和新丰9个县（市、区）邮政局及商函广告局（下挂名址信息中心）、集邮公司、电子商务局、报刊发行局、机要通信局、邮区中心局、投递局等7个直属单位。

邮政投递员将报刊送至客户手中

韶关邮政认真履行普遍服务义务，不断提高服务水平、服务质量和服务形象，得到持续健康和谐发展。先后获得“全国创建文明行业工作先进单位”“全国质量管理先进企业”等荣誉，连续多年被评为韶关市文明单位和广东省邮政系统文明单位，企业实现稳健和谐发展。

邮政营业大厅

干净整洁的职工小家

韶关乳源县分公司投递员在寒潮天气下坚持投递

中国邮政储蓄银行 POSTAL SAVINGS BANK OF CHINA 韶关市分行

2016年12月8日，邮储银行三农金融事业部韶关市分部挂牌成立

2016年11月7日，邮储银行韶关市分行与韶关市扶贫办签订韶关市金融扶贫战略合作协议

2016年2月2日至3日，邮储银行韶关市分行召开2016年度工作会议，省分行副行长罗东军、韶关市人民政府金融工作局局长汤满懿出席会议

2016年，中国邮政储蓄银行股份有限公司韶关市分行在职干部员工472人（含省行交流干部3人），内设11个部门，下辖城区支行以及曲江、南雄、乐昌、乳源、始兴、翁源、新丰、仁化县（市、区）9个一级支行，全市共有93个全国联网营业网点。拥有包含本外币存款、国内国际汇兑、银行卡、理财、基金、小额贷款、小企业贷款、商务贷款、公司授信、票据贴现、网上银行等在内的全功能产品和服务体系。为城乡居民、“三农”和中小微企业客户搭建了便捷优质的服务平台。2016年，韶关市分行深入贯彻落实五大发展理念，按照总行、省分行各项战略部署，结合分行实际，以“基础建设年”为主题，全体员工团结一心，攻坚克难，通过精细管理，正本清源，锤炼队伍，布局发展，全行各项工作不断向好，业务发展稳中有进，风控能力明显增强，经营管理持续优化，行风行貌焕然一新。

2016年6月7日，邮储银行韶关市分行与中国农业发展银行韶关市分行签订全面合作协议，双方将在代理结算、同业业务、信贷业务、债券业务等领域开展全面合作

2016年11月8日，邮储银行韶关市分行承办韶关市中小微企业金融服务推介会，韶关市委常委、常务副市长陈波，省分行副行长罗东军出席了会议

2016年1月29日，邮储银行韶关市分行召开精细化管理启动大会，正式启动了“9S管理”“流程优化”“合规建设精细化”“令您满意”“对标竞标”等系列活动

2016年8月9日，邮储银行韶关市分行与韶关市国家税务局、韶关市地方税务局签订“银税互动，助力小微”合作协议，标志着该行税贷通业务全面开办

绿色储蓄·金色未来

粤北人民医院

汕头大学医学院附属粤北人民医院

· 医院使命：竭诚为民众健康服务
· 医院价值观：专业、诚信、责任、进取
· 医院服务宗旨：以人为本、服务卓越

粤北人民医院医疗联合体成立。成员单位包括粤北第二人民医院、韶关市第二人民医院、南雄市人民医院、乐昌市人民医院、曲江区人民医院、乳源县人民医院、武江区卫计局及区属医疗机构等8家单位

粤北人民医院创建于1886年，是韶关市规模最大、技术力量最强的现代化三级甲等综合性医院，是全国改革创新医院、全国改善医疗服务创新医院、全国综合医院中医药工作示范单位、全国百姓放心百佳示范医院、广东省先进集体、广东省文明单位、广东省群众满意的医疗卫生机构、广东省优质护理服务示范单位。

医院开放床位2993张，2016年门诊病人117万人次。出院病人11.2万人次，占韶关市直属医疗机构出院病人总量的50%以上。有省级重点专科19个，综合实力及各专科诊疗技术在粤北地区居领先地位。现有职工3200人，其中专业技术人员2591人，主任医师等高级职称人员358人，主治医师等中级职称人员651人；有博士、硕士380人。依托先进的医院信息化，微信、支付宝、自助机等高效便捷的就诊服务深受群众欢迎。2016年，在广东省卫生计生委组织的第三方社会满意度调查中，粤北医院在全省91家综合医院满意度调查中名列第五位。

全国首家面向病人公开所有病历资料，住院期间所有资料可实时查看

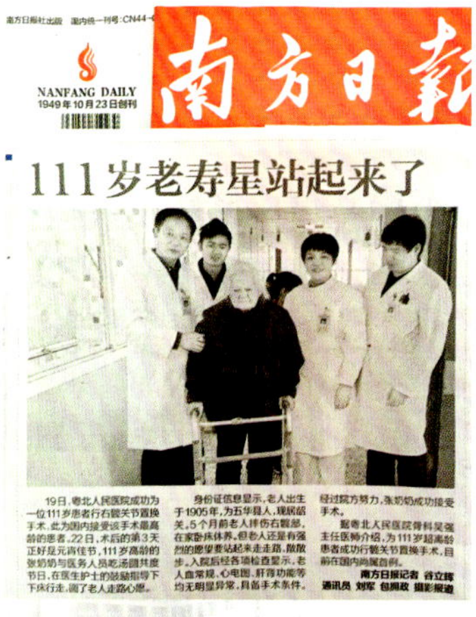
南方日报
NANFANG DAILY
111岁老寿星站起来了

医院成功为111岁超高龄患者行髋关节置换术和白内障手术，均创国内同类手术最高年龄纪录

院区一景

粤北第三人民医院

珍爱生命·救死扶伤

2017年4月17日，韶关市副市长高冬瑞到医院调研

始建于1958年，位于乐昌市区，直属韶关市卫生和计划生育局，为市公益二类副处级事业单位，是一所集医疗、防治、康复、科研、教学功能为一体的二级甲等精神专科医院，担负着全市精神疾病的门诊及住院治疗、重性精神病管治、老年病和心身疾病康复治疗、心理障碍的心理咨询和心理治疗、法医精神病司法鉴定以及美沙酮维持治疗门诊等工作任务，是全市精神病社区防治网点的技术指导中心。定编床位920张，占地总面积3万平方米，建筑总面积3.35万平方米，业务用房面积2.11万平方米。2016年全院在职人员289人，其中专技人员235人，正高职称4人、副高职称28人、中级职称61人，医技人员占职工总人数的81.3%。

2016年入院病人2443人次，增长10.2%；出院病人2423人次，增长12.7%；全院总住院日377562日，增长5.03%；治愈率为30.5%，好转率66.4%；门诊量76665人次，增长14.1%；药品收入占业务总收入比例为28.4%。4月26日至27日，举办“韶关市严重精神障碍患者排查和管理治疗工作培训班”，有195名学员参加。8月，成为广东省异地就医直接结算医疗机构。9月，将原市区（第三）门诊搬迁至利用原韶关市医疗器械维修站改建的心理卫生中心合并开诊。继续开展严重精神障碍管理治疗工作项目，形成市-县（市、区）-乡镇三级精神卫生服务网络，对辖区内的严重精神障碍患者进行基础管理和双向转诊制度，年管理率为91.49%，年在管患者规范管理率为86.97%，被评为“2016年度广东省严重精神障碍管理治疗工作先进市”荣誉！

2016年，医院多次邀请专家教授到医院进行学术交流讲座

2016年5月11日，医院举办“青春·奉献·正能量”文艺汇演暨表彰大会

2016年10月10日，医院在乐昌市街道社区服务中心举办世界精神卫生日服务活动

韶关市妇幼保健计划生育服务中心

Shaoguan Maternal and Child Health Care Population & Family Planning Service Center

韶关市妇幼保健院 ● 韶关市妇产医院 ● 韶关市儿童医院

韶关市妇幼保健院建于1952年9月，集医疗、保健、预防、科研、教学为一体，专科特色彰显的地级市三级妇幼保健院，承担着全市三区七县（市）妇女儿童的保健、医疗任务是全市妇幼保健业务指导中心。于2004年挂牌“韶关市新生儿急救中心”，2015年底市计划生育服务中心与我院合并，组建韶关市妇幼保健计划生育服务中心（市妇幼保健院、市妇产医院、市儿童医院），为四块牌子、一套人马的医疗机构。为广东省高等医学院校教学医院、广州市妇女儿童医疗中心协作医院、广东省重症孕产妇救治联盟成员单位、中山大学妇科联盟成员单位。目前正在创建“三级甲等”妇幼专科医院。

医院致力打造“大专科、小综合”的妇幼保健院，科室齐全，除做大做强妇、产、儿科外，拥有六大重点专科。

医院总部位于惠民北路12号（市财政局旁）

·生殖医学中心　填补了粤北地区的空白，是粤北地区人类辅助生殖技术的创始单位。是全市医学重点专科。电话：8630929、8611693

·遗传与产前诊断中心　新生儿疾病筛查中心韶关市最早经省卫生厅准入。中心是集妇产科临床医学、优生遗传咨询、医学检验、产前超声诊断、医学遗传学技术。电话：8617131

·新生儿急救中心　韶关市的新生儿重症救治中心，电话：8614748

·儿童康复中心　韶关地区最早开设、康复项目最齐全的儿童专业康复基地。

韶关地区唯一能开展应用A型肉毒毒素治疗痉挛型脑瘫技术的科室。

韶关唯一应用婴儿高压氧舱技术的医院。电话：8617131

·乳腺病防治中心　具各专业水准的乳腺病防治临床诊治和培训中心，是全市开展乳腺癌防治工作最早的医院。开展各种乳腺癌根治术、保乳术、微创术，及多种小儿外科手术。电话：8740932

·产科　韶关市产科危重症救治中心，历次产科质量检查均处于全市前列，危重症孕产妇抢救成功率99.98%。电话：8630632

·妇科　三镜技术俱全，是经省卫计委准入开展妇科四级腔镜手术的医院。其中宫腔镜诊疗技术和各种阴式手术全市领先。电话：8637953

·儿科　内设小儿呼吸、消化、心脏、血液、PICD等，成功抢救了许多重危患儿，抢救成功率达98%以上。电话：8746051、8637477

位于新华南路原卫生局的韶关市婚检中心、广东省儿童早期发展示范基地

位于惠民路市卫计局3—5楼的产前诊断中心、新生儿疾病筛查中心、韶关市出生缺陷防控中心

位于惠民北路市国税局对面的儿童康复中心

芙蓉新城正在筹建的新院区

中国华电集团公司
CHINA HUADIAN CORPORATION

韶关市坪石发电厂有限公司(B厂)
SHAO GUAN PING SHI POWER PLANT LTD (B)

检修楼

韶关市坪石发电厂有限公司（B厂）（以下简称坪石公司）位于广东省韶关市乐昌坪石镇，原是港资民营企业，2010年5月21日，由中国华电集团公司下属最大的上市公司华电国际电力股份有限公司以100%股权收购，成为华电国际全资子公司，是华电集团在粤投资运营的第一个火电项目。

坪石公司共分三期建设，现总装机容量72.5万千瓦。其中：一期工程建设2×60兆瓦煤粉炉发电机组，分别于2000年3月24日和12月26日投产运营，现已于2009年4月15日响应国家节能减排要求全部关停；二期工程建设1×125兆瓦煤粉炉发电机组，于2003年11月22日投产运营；三期工程建设2×300兆瓦循环流化床锅炉发电机组，分别于2009年11月22日和2010年11月7日投产运营。目前坪石公司在运机组容量为72.5万千瓦。

汽机房

自华电接管以后，坪石公司积极响应国家环保新政策要求，不断加大环保技改力度，认真贯彻“两个等同于”的环保理念，加强环保设施运行管理和检修维护，脱硫、脱硝投运率均达到100%，并顺利通过年度省环境监测中心进行的监督性监测和烟气在线监控系统有效性审核。自2012年坪石公司连续5年获得广东省“环保诚信企业”荣誉称号。

生产现场

2016年度，坪石公司完成发电量23.86亿千瓦小时，利用小时完成3291小时，工业产值完成9.07亿元，工业增加值4.53亿元，税收完成1.08亿元，连续安全生产2416天，为地方经济发展做出了较好贡献。

七年来，公司不断夯实安全生产基础，全力加强节能环保，全面开展精益管理，效益及相对竞争力逐年提升，企业取得较好成绩。公司先后获得广东省节能先进单位、韶关市节能先进集体、广东省清洁生产企业、韶关市A级纳税人、华电集团燃料管理达标企业、华电集团四星级发电企业、华电集团文明单位、华电集团安全生产先进单位、华电国际先进企业等一系列荣誉称号，为华电在粤树立了优秀的企业形象。

公司全景

中国平安 PING AN

平安养老保险股份有限公司

韶关中心支公司

负责人　雷勇林

平安养老保险股份有限公司为中国平安保险（集团）股份有限公司的全资子公司，于2004年12月在上海成立。

2008年2月1日，经中国保险监督委员会广东监管局批复，平安养老保险股份有限公司韶关中心支公司（以下简称“平安养老险韶关中支”）成立，是迄今为止韶关地区唯一一家专业养老保险公司，同时也是当地首家属地化管理专业经营企业年金基金管理的金融保险机构。

平安养老险韶关中支前身为中国平安人寿保险股份有限公司韶关团险营业部。经十多年的专业化经营，积累了丰富的企业商业保障计划经验，业务总量多年来一直稳居韶关市场前列，赢得了良好的市场声誉。重组后，平安养老险韶关中支为广大企事业单位提供企业年金、补充养老保险和团体意外保险，并凭借雄厚的资本实力、卓越的企业品牌、专业的管理团队等多方优势，公司得到韶关市人民政府、韶关市人力资源社会保障局及各社会团体的高度认可。从2009年开始，公司连续7年中标承保韶关市城镇职工大额医疗保险和驻韶省属煤矿补充医疗保险项目，2014年连续3年中标韶关市城乡居民大病保险，目前，为韶关市50万城镇职工与230万城乡居民提供大额及大病医疗保险服务。

2016年，平安养老险韶关中支在韶关团体保险市场上的占有率排名第二，市场占有率近三成，充分体现了韶关企事业单位对平安的支持与认可，诠释了平安卓越的企业品牌。

平安养老险韶关中支将秉承公司“创造价值，回馈社会”的经营理念，为建设和谐韶关作出积极的贡献。

养老保险·关乎国运·惠及子孙

公司全体员工

2016年 韶关大事记

1月

4 日 副省长邓海光率领省农业厅、林业厅、扶贫办有关负责人到韶关调研“两不具备”村庄搬迁和精准扶贫工作情况。市委副书记、代市长骆蔚峰及市领导王青西参加调研。

5 日 韶关市政府与中国电信广东省分公司、中国联通广东省分公司签订“互联网+”战略合作框架协议。市委书记蓝佛安出席见证签约仪式，仪式前会见中国电信广东省分公司总经理钟平、中国联通广东省分公司总经理何飚。市委副书记、代市长骆蔚峰代表市政府分别与两家公司签订协议。市领导孔云龙、许志新、朱余旺，以及市直有关部门相关负责人参加签约仪式。

6 日 市委书记蓝佛安会见远景能源（江苏）有限公司副总经理方旖一行，并座谈交流。市领导陈波、孔云龙、王伟阳参加会见。

6 日 韶关市政府召开2016年第一次全体（扩大）会议，讨论《2015年政府工作报告（讨论稿）》等有关事项。市委副书记、代市长骆蔚峰主持会议。市领导陈波、李安平、王青西、许志新、朱余旺、王伟阳参加会议。

7 日 省人大常委会主任黄龙云到新丰县梅坑镇华溪村，检查指导对口帮扶工作，实地察看扶贫“双到”工作情况及成效，慰问贫困村民，视察村小水电项目及村委会。市委书记蓝佛安，市委常委、秘书长孔云龙，市人大常委会副主任林平杰陪同调研。

8 日 市委书记蓝佛安到新丰县伟帆矿业有限公司调研安全隐患整治工作，主持召开现场办公会议。市委常委、秘书长孔云龙，副市长许志新参加会议。

11日 召开全市安全生产和维护公共安全工作电视电话会议。市委书记蓝佛安出席会议并作讲话，市委副市长、代市长骆蔚峰提出工作要求。市委副书记陈向新部署维护全市公共安全工作，市委常委、常务副市长陈波通报2015年全市安全生产工作情况，市领导孔云龙、李安平参加会议。

11日至13日，省综治委核评组到韶关市进行2015年度平安创建暨综治工作实地核评，召开工作情况反馈会。市委副书记陈向新、市人大常委会副主任张平、副市长李安平、市政协副主席卞乙未参加会议。

12日 市委书记蓝佛安到莞韶产业园实地调研，了解都市丽人韶关项目建设进展情况，并主持召开座谈会。

12日 市委书记蓝佛安主持召开市委十一届第110次常委会议。议题是：①讨论《蓝佛安同志在市委工作会议上的讲话》、讨论《骆蔚峰同志在市委工作会议上的讲话》；②讨论《政府工作报告》（送审稿）；③讨论《韶关市国民经济和社会发展第十三个五年规划纲要》（送审稿）；④听取韶关市2015年国民经济和社会发展计划执行情况汇报，研究2016年国民经济和社会发展计划；⑤听取韶关市2015年预算执行情况汇报，研究2016年预算安排；⑥传达学习全省司法体制改革试点工作推进会精神，讨论贯彻意见；⑦讨论《2016年春节前送温暖慰问、座谈会系列活动计划》；⑧听取县（市、区）和市直党（工）委书记抓基层党建工作述职测评结果的通报；⑨讨论干部人事问题。

16日 召开市委工作会议。市委书记蓝佛安主持会议并作讲话，市委副书记、代市长骆蔚峰总结部署经济工作。市四套班子领导，市直及中省驻韶单位党员主要负责人，市属部分企业主要负责人；各县（市、区）委书记、县（市、区）长参加会议。

17日 市委书记、市人大常委会党组书记蓝佛安，市委副书记、代市长骆蔚峰，市委常委、秘书长孔云龙等与市大人常委会李石保、林平杰、徐紫玲、张平等领导班子成员到驻地看望代表。

17日 市政协十一届五次会议举行市政协港澳委员座谈会。市委书记、市人大常委会党组书记蓝佛安，市委副书记、代市长骆蔚峰及孔云龙、李石保、何伟青、林嘉等市领导参加座谈会。市政协主席李飞主持座谈会。

17日至19日，中国人民政治协商会议第十一届韶关市委员会第五次会议召开。17日上午市委书记蓝佛安，市委副书记、代市长骆蔚峰、市政协主席李飞、市政协党组书记李石保等市四套班子领导参加开幕大会。

18日至22日，韶关市第十三届人民代表大会第六次会议在市委会议中心召开。大会主席团常务主席、执行主席蓝佛安主持开幕大会。市委副书记、代市长骆蔚峰作政府工作报告。市领导陈向新、华旭初、李石保参加会议。

19日 中国人民政治协商会议第十一届韶关市委员会第五次会议闭幕。市委书记蓝佛安，市委副书记、代市长骆蔚峰等四套班子领导出席闭幕大会。

19日 韶关市与南方报业传媒集团举行战略合作框架协议签约仪式。市委书记蓝佛安，省委宣传部副部长、南方报业传媒集团党委书记、董事长莫高义，市委常委、秘书长孔云龙出席见证签约仪式。市委常委、宣传部部长柳琛子和南方报业传媒集团副总编辑、南方日报社副总编辑王垂林代表双方签约。

20日 省委常委、秘书长林木声率省送温暖慰问团到韶关市新丰县开展慰问活动，副市长王青西参加慰问。

22日 韶关市第十三届人民代表大会第六次会议胜利闭幕。骆蔚峰当选韶关市市长，邓小杰、林岚当选韶关市第十三届人民代表大会常务委员会副主任，余构华、韩登池当选韶关市第十三届人民代表大会常务委员会委员，叶向荣当选韶关市中级人民法院院长，曾伊山当选为韶关市人民检察院检察长。表决通过首部地方性法规《韶关市制定地方性法规条例》。

2月

3日 召开市委常委（扩大）会议暨市委十一届第111次常委会议。省委常委、组织部部长李玉妹宣读省委关于韶关市委主要领导调整的决定：江凌任韶关市委委员、常委、书记，同意提名其为韶关市人大常委会主任候选人。免去蓝佛安中共韶关市委书记、常委、委员职务，不再提名其为韶关市人大常委会主任候选人。市党政班子成员，市政协主席、市人大常委会代理主任参加会议并表发言。

3日 召开全市领导干部大会。省委常委、组织部部长李玉妹宣读省委关于韶关市委主要领导调整的决定。副省长蓝佛安主持会议，市四套班子领导及刘创、邓苏夏、罗祥益等，市委委员、候补委员，各县（市、区）及市直、中省驻韶各单位主要负责人参加大会。

3日 市委书记江凌到莞韶工业园、芙蓉新城调研莞韶对口帮扶、新城建设等工作情况，市领导王检养、孔云龙、许志新参加调研。

4日 市委书记江凌到乐昌市、乳源县调研精准扶贫精准脱贫工作、困难群众过春节和基层公共服务情况，深入基层慰问职工、困难群众。市委副书记陈向新，市委常委、秘书长孔云龙参加调研。

5日 市委副书记、市长骆蔚峰到乐昌峡库周公路松埂路段、京港澳高速公路粤北站春运执勤点，调研大源镇库周公路建设及春运情况。市领导陈向新、李安平、朱余旺分段参加调研。

6日 市委书记江凌到浈江、武江开展送温暖活动，慰问原市四套班子老同志、市福利院老人和孩子们，到粤北、市第一人民医院、中医院和韶关学院、韶关学院韶州师范分院、韶关市第一中学、韶关市第四中学等地调研。市委常委、秘书长孔云龙参加慰问和调研。

6日 市委副书记、市长骆蔚峰到新丰县检查铁帽顶伟帆矿业有限公司重大安全隐患治理工作进展情况。

15日 市委副书记、市长骆蔚峰到市区东环线片区调研重点项目建设情况，副市长许志新、朱余旺参加调研。

19日 市委书记江凌主持召开市委十一届第112次常委会议。议题是：①传达学习全省组织部长会议精神，讨论贯彻意见；②讨论《中共韶关市委常委会2016年工作要点》；③讨论召开市纪委十一届六次全会有关事项，讨论市纪委十一届六次全会工作报告；④传达学习全省创新驱动发展大会精神，讨论贯彻意见；⑤讨论《关于扶持民族地区加快发展的实施意见》（送审稿）；⑥听取2015年安全生产工作情况汇报，讨论2016年工作安排；⑦研究讨论《关于发放住房维修和物业管理补贴的请示》；⑧讨论干部人事问题。

19日 市委组织部印发《关于江凌等同志职务任免的通知》：江凌任中共韶关市人大常委会党组书记，免去蓝佛安的中共韶关市人大常委会党组书记职务。

23日 召开中国共产党韶关市第十一届纪律检查委员会第六次全体会议。市委书记江凌出席会议并讲话，市委副书记、市长骆蔚峰传达中央纪委和省纪委全会精神，市委常委、市纪委书记郭健生主持会议并向全会作工作报告。市政协主席、市人大常委会代理主任李石保等市四套班子领导出席会议。

25日 市委书记江凌召开工作会议，研究全市“大交通”工作。市委副书记、市长骆蔚峰及市领导陈波、孔云龙参加会议。

26日 市委书记江凌召开工作会议，研究新区、老城区提质优化工作。市委副书记、市长骆蔚峰及市领导陈波、黄劲东、孔云龙，副厅级干部许俊杰及有关单位负责人参加会议。

3月

1日 市委书记江凌主持召开市委十一届第113次常委会议。

议题是：①传达学习全省政法工作会议和信访工作会议精神，研究全市维稳工作；②研究全市重大决策社会稳定风险评估工作；③研究全市司法体制改革试点工作及法院、检察院司法体制改革工作；④研究东莞韶关对口帮扶工作。

2 日 市委书记、全国人大代表江凌与省100多名全国人大代表一同赴京，参加十二届全国人大四次会议。

4 日 市委常委、市韶钢转型升级工作协调小组组长黄劲东在宝钢集团广东韶关钢铁有限公司主持召开韶钢转型升级工作协调小组第二次会议。会议听取关于韶钢转型升级工作情况，对存在问题和困难进行研判分析。

8 日 韶关市政府与省农业科学院签署共建省农业科学院韶关分院框架协议。市委副书记、市长骆蔚峰，省农业科学院院长陆华忠共同为省农业科学院韶关分院揭牌。

8日至10日，省政协副主席唐豪率省政协港澳台委员会调研组来韶开展专题调研。市政协主席、市人大常委会代理主任李石保，市委常委、市委秘书长孔云龙参加有关活动。

9 日 市关工委与市文明办联合召开纪念韶关市关工委成立15周年暨2016年关工委工作会议。市委副书记陈向新出席会议并讲话。

10日 市委副书记、市长骆蔚峰，市政协主席、市人大常委会代理主任李石保等市领导和400多名市直机关干部职工参加义务植树活动。

14日至16日，陕西人大常委会副主任李晓东来韶考察仁化等地扶贫工作。

16日 市政府与阿里巴巴（中国）软件有限公司签订合作框架协议。市委副书记、市长骆蔚峰和阿里巴巴集团农村淘宝事业部广东大区总经理彭东出席签约仪式并见证签约。副市长许志新参加活动。

17日 韶关军分区党委第一书记任职大会在军分区一楼礼堂举行。省委常委、省军区政委黄善春少将宣读《中共广东省军区委员会关于增补江凌同志为韶关军分区党委第一书记的决定》并讲话。市委书记、军分区党委第一书记江凌发表任职讲话。市委副书记、市长骆蔚峰及市领导黄劲东参加会议，市委常委、韶关军分区政委郭伟建主持会议。

18日 市委组织部印发《关于江凌同志为韶关市十三届人大代表候选人的通知》：江凌为韶关市十三届人大代表候选人。

18日 市委书记江凌主持召开市委十一届第114次常委会议。议题是：①讨论干部人事问题；②贯彻全国“两会”精神；③审议《中共韶关市委常委会议议事规则》（讨论稿）、《市委常委会2016年度重要议题计划安排》（送审稿）；④传达学习全省中级法院院长会议、检察长会议精神；听取市“两院”党组工作汇报，研究贯彻意见；⑤研究宣传思想文化工作暨2016年工作要点和意识形态工作责任制；⑥研究统一战线和民族宗教工作；⑦审议《关于完善安全生产责任体系的方案》。

22日 市委书记江凌召开专题工作会议，研究芙蓉新城三年基本成城行动方案。市委副书记、市长骆蔚峰及市领导陈波、孔云龙参加会议。

23日 市委书记江凌召开专题工作会议，研究教育均等化及资源整合等工作。市委副书记、市长骆蔚峰及市领导陈波、孔云龙、邓小杰、王青西参加会议。

24日 市委书记江凌在市委常委会议室召开专题工作会议，研究精准扶贫及对口帮扶工作。市委副书记、市长骆蔚峰和市领导王检养、孔云龙、王青西、许志新及许俊杰参加会议。

29日 韶关市政府与广东粤财投资控股有限公司在荷花园举行全面战略合作框架协议及系列专项协议签约仪式。市委书记江凌、市委副书记、市长骆蔚峰等参加签约仪式。

31日 市委书记江凌召开专题工作会议，研究丹霞山管理体制、城市执法管理体制、政府投资项目审批流程机制改革等工作情况。市委副书记、市长骆蔚峰等参加会议。

31日 召开市委全面深化改革领导小组第五次会议，研究部署全面深化改革工作。议题是：①审议《韶关市全面深化改革2016年工作要点》；②审议《中共韶关市委、韶关市人民政府关于深化供销合作社综合改革的实施意见》。

4 月

1 日 市委书记江凌主持召开市委十一届第115次常委会议，议题是：①讨论干部人事问题；②研究市领导挂钩联系软弱涣散村（社区）党组织整顿和驻点联系工作；③研究莞韶全面对口帮扶工作及考核有关事项；研究精准扶贫工作；④听取计划生育工作汇报；⑤研究重点项目建设工作；⑥审议《韶关市企业军转干部解困生活补助标准和节日补助费调整方案》。

7 日 市委书记江凌主持召开市委专题会，研究江湾大桥、曲江大道、滨江公路、高铁站广场、文化三馆等芙蓉新城有关项目建设工作。市委副书记、市长骆蔚峰及市领导陈波、孔云龙、朱余旺参加会议。

13日 市委书记江凌主持召开专题工作会议，研究讨论创新驱动发展、生产性服务业发展和供给侧结构性改革工作，以及芙蓉新城重点项目规划设计等工作。市委副书记、市长骆蔚峰，副市长朱余旺参加会议。

14日 市委书记江凌、市委副书记、市长骆蔚峰走访广州白云电气集团。

14日 市委书记江凌、市委副书记、市长骆蔚峰拜会广州市委党政主要领导。

14日 市委书记江凌、市委副书记、市长骆蔚峰走访珠江新城富力地产公司、广汽集团。

15日 东莞韶关对口帮扶工作第六次联席会议暨新时期精准扶贫精准脱贫工作对接会在东莞市召开，总结两地对口帮扶工作有关情况，明确下一阶段主要任务。市委书记江凌，市委副书记、市长骆蔚峰，市政协主席、市人大常委会代理主任李石保和东莞市委书记徐建华、市委副书记、代市长梁维东等两市领导参加会议。期间，到东莞部分企业参观学习，分别前往玉兰墙纸公司、旺盈集团、东莞华中科技大学制造工程研究院、松湖华科产业孵化园、广东省智能机器研究院、大连机床集团智能技术研发中心、东城市场、东莞大道等现场学习考察。

18日 市委书记江凌主持召开市委十一届第116次常委会议。议题是：①学习习近平总书记关于学习毛泽东《党委会的工作方法》，加强党委（党组）领导班子建设的重要批示精神；②传达全省农村工作会议精神，研究全市贯彻意见；③传达全省化解信访积案集中攻坚视频会议精神，研究全市信访积案化解工作；④传达全省市县镇领导班子换届工作会议精神，研究县、镇两级换届选举工作：县级领导班子换届工作有关情况；乡镇领导班子换届工作有关情况；⑤传达学习全省“两学一做”学习教育工作会议精神，研究贯彻意见；⑥研究丹霞山体制改革工作；⑦听取全市经济运行情况汇报，研究经济工作；⑧传达学习习近平总书记重要讲话和全省保密会议主要精神，研究贯彻意见；⑨传达全省对台工作会议精神，研究贯彻意见。

19日 市委书记江凌出席市政府与中国能源建设股份有限公司投资分公司签约仪式。并与中国能源建设股份有限公司投资分公司总经理许金明一行会谈。

20日 市委书记江凌主持召开专题工作会议，讨论《韶关市城市整体提升工作三年（2016年-2018年）行动计划》，研究城市整体提升工作。市委副书记、市长骆蔚峰及市领导黄劲东、孔云龙、朱余旺和许俊杰参加会议。

22日 市委书记江凌、市委副书记、市长骆蔚峰调研小岛片区河堤加固、截污和污水管网工程以及东环线、芙蓉北路、南华路和百旺路等道路建设，并在芙蓉新区管委会召开专题工作会议，研究推进城市提升项目建设工作。市委常委、秘书长孔云龙，副市长朱余旺参加会议。

25日 全市县镇领导班子换届工作会议召开，贯彻落实习近平总书记关于做好县乡领导班子换届工作的重要指示和全国、全省市县镇领导班子换届工作会议精神，对全市县镇领导班子换届工作进行动员部署。市委书记、市人大常委会党组书记江凌出席会议并讲话，市委副书记、市长骆蔚峰主持会议，市政协主席、市人大常委会代理主任李石保参加会议。

27日 市委书记江凌在市委常委会议室主持召开专题工作会议，研究进一步理顺市与市辖区权责关系和全市招商引资工作。市委副书记、市长骆蔚峰及市领导陈波、王检养、孔云龙、许志新参加会议。

28日 市委书记江凌主持召开市委专题会，研究制定赣韶铁路腊石制梁场临时租用地问题、广铁集团工务段砍伐京广铁路黄岗至梅村区间竹木问题化解方案。

29日 市委书记江凌主持召开市委全面依法治市工作领导小组第21次会议。市政协主席、市人大常委会代理主任李石保，市委全面依法治市工作领导小组以及领导小组成员单位的主要负责人参加会议。

29日 市委书记江凌在市委宣传部主持会议，研究全市精神文明建设体制机制及创建全国文明城市相关工作。市委常委、秘书长孔云龙，市委常委、宣传部长柳琛子参加会议。

29日 市委书记江凌主持召开市委十一届第117次常委会议。议题是：①学习《中国共产党巡视条例》《中共广东省委巡视工作实施办法》；②听取市人大常委会党组工作情况汇报；③研究市直单位党组（党委）清理规范工作；④听取2015年度创建平安韶关暨综治工作检查考评情况汇报，研究2016年平安创建工作；⑤通报2015年县（市、区）经济社会科学发展考核结果，研究《2016年县（市、区）党政领导班子和领导干部绩效评价实施方案》；⑥听取交通建设专题汇报；⑦听取中小河流综合治理工作汇报。

5月

3日至4日，市委常委、纪委书记郭健生率队前往贵州省湄潭县，学习考察精准扶贫、新农村建设等方面先进经验。

5日 广药集团董事长、党委书记李楚源一行到韶关考察，市委书记江凌，市委副书记、市长骆蔚峰，市委常委、秘书长孔云龙、副市长许志新、王伟阳分别参加座谈或会见。

5日 台泥集团副总经理吕克甫一行到韶关考察，市委书记江凌，市委副书记、市长骆蔚峰，市委常委、秘书长孔云龙分别参加座谈和会见。

9日 市委常委、秘书长孔云龙召集韶关市、翁源县、武江区国土资源局负责人和韶关市信访局负责人研究社会矛盾信访积案化解包案工作。

10日　市委书记江凌在韶州宾馆会见东莞市台商投资企业协会一行，市委常委、秘书长孔云龙参加会见。

11日　市委书记江凌在韶州宾馆与深圳中金岭南有色金属股份有限公司总裁余刚会谈，市委常委、秘书长孔云龙，副市长王青西参加会谈。

12日　市委书记江凌在韶州宾馆与省环保厅厅长鲁修禄会谈。

13日　市委书记江凌主持召开市委十一届第118次常委会议。议题是：①审议《2016年韶关市机关工作考核实施方案》（送审稿）；②审议《韶关市机关作风和效能问责实施意见》（代拟稿）；③审议《韶关市新闻发布工作实施方案》（送审稿）、《关于进一步规范韶关市突发事件新闻发布工作的意见》（送审稿）；④听取市政协党组工作汇报；⑤研究精神文明创建工作；⑥研究产业发展（园区扩能增效）工作；⑦讨论干部人事问题；⑧讨论部分干部纪律处分问题。

13日　市委书记江凌，市委副书记、市长骆蔚峰分别在韶州宾馆与白云电气集团来韶考察团会谈，副市长王伟阳参加会谈。

16日　至18日，省委常委、省纪委书记黄先耀到韶关调研，先后到南雄、始兴、仁化、乳源等县市、镇村调研全市精准扶贫、基层党风廉政建设等工作。省纪委副书记陈伟东，省扶贫办主任梁健，市委书记江凌，市委常委、市纪委书记郭健生参加调研。

20日　全市党风政风监督暨查办基层腐败案件工作会议在南雄召开。会议通报近期基层纪律审查工作情况，部署下一阶段全市党风政风监督和基层纪律审查工作。市委常委、市纪委书记郭健生出席会议并讲话。

23日　市委书记江凌主持召开市委十一届第119次常委会议。议题是：①传达学习《中共中央办公厅关于部分党员领导干部在谈话函询中不如实向组织说明情况典型案件及其教训的通报》；②研究乡镇（街道）领导干部驻点普遍直接联系群众工作中群众反映问题；③听取全市机关工作会议筹备情况汇报；④审议《韶关市人民政府关于深化经济体制重点领域改革优化政务服务政策意见（2016年）》《关于进一步促进政府工作提质增效的若干机制》；⑤审议《韶关市加快投资项目审批改革方案（试行）》；⑥审议《韶关市城市整体提质三年行动计划（2016—2018年）》《韶关市城市整体提质三年行动计划实施方案（2016—2018年）》《韶关市城市整体提质三年行动项目规划表（2016—2018年）》。

27日　市委副书记、市长骆蔚峰接受《南方》杂志社、《南方日报》等省级媒体的采访，畅谈韶关主动融入珠三角实现加快发展。

27日　市委书记江凌主持召开市委中心组专题学习（扩大）会议。市四套班子领导、各县（市、区）委书记等结合市党政考察团赴清远、佛山学习考察体会，开展以“进一步推动主动融入珠三角，实现振兴发展”为主题学习讨论，围绕在市委、市政府主动融入珠三角总战略下，如何产业对接、城市提升、公共服务、农村改革等内容发言，并结合工作实际，提出体制创新、提高主动服务意识、树立发展信心等发展思路、意见建议。会议学习贯彻《习近平同志在中央政治局常委会会议审议“两学一做”学习教育方案时的讲话精神》和《刘云山同志在“两学一做”学习教育工作座谈会的讲话精神》，就市下一步“两学一做”学习教育提出要求。市政协主席、市人大常委会代理主任李石保等市四套班子领导、市委中心组成员参加会议。

30日至31日，副省长蓝佛安到韶关开展教育、金融工作调研。市委书记江凌，市委副书记、市长骆蔚峰，市委常委、常务副市长陈波参加调研活动。

31日至6月1日，省水利厅厅长许永锞带队到韶关调研水利工作情况。5月31日，省水利厅一行现场察看乐昌峡水利枢纽工程和库周公路，并在乐昌峡管理处进行座谈；6月1日，在南雄市珠玑镇灵潭村察看中小河流治理等水利工程，现场了解并指导贫困村做好水利帮扶工作。市领导骆蔚峰、郭健生、王青西参加调研。

6 月

1 日　市委书记江凌主持召开市委十一届第120次常委会议。议题是：讨论人事议题。

1 日　市委书记江凌在市委常委会议室主持召开专题工作会议，研究穿越丹霞山、环南水湖自行车公开赛、铁人三项赛等活动筹备工作。市委副书记、市长骆蔚峰，市委常委、秘书长孔云龙，副市长王伟阳参加会议。

2 日　市委书记江凌主持召开市委十一届第121次常委会议。议题是：①研究民营经济发展问题；②审议《2016年县（市、区）工作绩效评价实施方案》；③听取全市医疗卫生事业发展情况汇报，④审议《韶关市属技工教育资源整合总体方案》；⑤审议农村工作会议相关文件。

2 日　前海人寿董事长姚振华一行到韶关考察。市委书记江凌，市委常委、常务副市长陈波，市委常委、秘书长孔云龙参加会见。

3 日　市委副书记陈向新主持召开市信访联席会议。市有关单位负责人参加会议。

3 日　市委、市政府召开全市农村工作会议。市委副书记陈向新主持会议，市领导黄劲东、孔云龙、邓小杰、王青西、兰茵及市有关部门、各县（市、区）负责人参加会议。

4 日 龙舟赛在市区浈江河面北江桥至曲江桥河段举行。市人大常委会副主任徐紫玲、副市长王伟阳、市政协副主席兰茵观看比赛。

6 日 市委、市政府在市委会议中心召开全市机关效能建设大会。市委副书记、市长骆蔚峰主持会议，市领导李石保、陈向新、郭健生、陈波等市四套班子领导，市有关部门、中省驻韶等有关部门负责人参加主会场会议，各县（市、区）领导干部在各地分会场参加会议。

6日至9日，省老促会会长陈开枝率调研组到韶关开展革命老区脱贫攻坚情况调研。市委副书记、市长骆蔚峰，市委副书记陈向新，副市长王青西等分段参加调研活动。

12日 市委书记江凌到韶关学院图书馆、韶关学院——广东碧云现代大农业产学研孵化基地、省级中小学教师发展中心、石斛和蝴蝶兰种苗培育实践教学及种植基地、广东省高校粤北特色食品工程技术开发中心、韶师迁建工地等地调研，召开韶关市高等教育资源整合调研座谈会。市委常委、市委秘书长孔云龙，副市长王青西，韶关学院党委书记邹永松、院长廖益等参加调研。

13日 市委书记江凌主持召开市委十一届第122次常委会议。议题是：讨论人事议题。

23日 市十三届人大常委会召开第三十三次会议，任命林平杰为市人大常委会代理主任。

24日 市委书记江凌主持召开市委十一届123次常委会议，议题是：①传达贯彻中央文件精神；②传达贯彻全省促进粤东西北地区振兴发展工作现场会会议精神；③传达贯彻全省城市工作会议精神；④传达贯彻全省进一步加快县域经济社会发展工作会议精神；听取全市县域经济发展情况汇报并结合省的会议精神提出贯彻落实意见；⑤听取曲江、乐昌县域经济发展情况汇报；⑥人事议题。

28日 省委常委、统战部部长林雄到韶关开展“七一”慰问和精准扶贫调研工作。市委书记江凌，市领导华旭初，何伟青等参加慰问及调研。

30日 韶关市纪念建党95周年图片巡回展系列活动在市区五里亭省委旧址广场启动。市委书记江凌、市长骆蔚峰、市政协主席李石保等市四套班子领导，50年以上党龄的老党员代表，市有关单位党组（党委）负责人，新党员代表等近200人参加活动。市委副书记陈向新主持仪式。

7月

1 日 宝钢集团总经理陈德荣一行到韶关调研华南先进装备产业园建设情况。市委书记江凌、市委常委黄劲东等参加座谈。

1 日 市委书记江凌、市政协主席李石保、市委副书记陈向新、市委常委郭建生、黄劲东、郭伟建、柳琛子、华旭初等在市委会议中心收看庆祝中国共产党成立95周年大会电视直播。

3 日 召开九三学社韶关市委会换届会议。市委副书记陈向新出席会议。

4 日 市委书记江凌主持召开市委十一届第124次常委会议。议题是：①传达贯彻全省“两学一做”学习教育工作推进会议精神；②审议《韶关市加强社会治安防控体系建设实施方案》（送审稿）；③听取全市禁毒工作情况汇报；④审议《关于理顺市与市辖区责权关系相关改革方案》（送审稿）；⑤研究零基预算改革工作；⑥审议《中共韶关市委、韶关市人民政府关于建设卫生强市的决定》及配套实施方案；⑦听取翁源、新丰县域经济发展情况汇报。

6 日至7日，由国家工商总局党组副书记、副局长刘玉亭率领的国务院商事制度改革督查组到韶关督查商事制度改革落实情况。

6 日 副省长蓝佛安到韶关调研教育发展和改革工作情况。到广东松山职业技术学院、韶关学院、韶关学院韶州师范分院、韶关市第三中学、浈江区和平路小学、机关第二幼儿园等地调研。

7 日 举行市政府与国家开发银行广东分行签约仪式。市委书记江凌出席仪式，常务副市长陈波和国家开发银行广东分行副行长常守国代表双方签约。

8 日 市委书记江凌赴广州、顺德，拜访中国人民银行广州分行和考察广东富华工程机械制造有限公司。

9 日 召开民建韶关市委换届会议。市委副书记陈向新出席会议。

11日 召开民进韶关市委会换届会议。市委副书记陈向新出席会议。

12日 召开市委专题工作会议研究市区教育资源整合和教育现代化工作。市委书记江凌主持会议。市委副书记、市长骆蔚峰及市领导陈波、孔云龙、王青西参加会议。

12日 召开市委专题工作会议研究市区医疗卫生资源整合工作。市委书记江凌主持会议。市委副书记、市长骆蔚峰及市领导陈波、孔云龙、王青西参加会议。

12日 市委书记江凌主持召开专题工作会议，研究“珠江西岸先进装备制造产业带韶关配套区——华南先进装备产业园”开发建设工作。市委副书记、市长骆蔚峰及市领导王检养、黄劲东参加会议。

12日 市委书记江凌主持召开专题工作会议，研究推进韶钢转型发展有关工作。市委副书记、市长骆蔚峰，市委常委黄劲东参加会议。

12日至13日，省人大副主任刘悦伦到韶关考察市华侨农场地区经济社会发展情况。市委书记江凌，市委副书记、市长骆蔚峰及市领导林平杰，林岚分段参加调研。

13日 前海新华康金融控股（深圳）有限公司来韶考察。市委副书记、市长骆蔚峰、常务副市长陈波参加座谈会。

14日 召开韶关主动融入珠三角专题协商会。市委书记江凌主持会议并讲话。市委副书记、市长骆蔚峰及市领导李石保、陈向新、郭健生、陈波、孔云龙、林平杰、王青西、许志新、王伟阳、兰茵等参加会议。

15日 市委书记江凌主持召开市委十一届第125次常委会议。议题是：①审议市委十一届九次全会有关材料；②审议《东莞韶关两市关于“珠江西岸先进装备制造产业带韶关配套区——华南先进装备产业园”的共建方案》（送审稿）；③听取始兴、乳源县域经济社会发展情况汇报；④研究市纪委有关工作；⑤审议《市委党的建设工作领导小组2016年工作实施意见》（送审稿）；⑥关于各县（市、区）召开党代表大会有关情况的汇报；⑦人事议题。

16日 晚上，由省纪委、省监察厅、省文化厅共同策划，省话剧院创排的反腐倡廉话剧《韩文公》在韶关剧院巡演。市委书记江凌、市政协主席李石保等市四套班子领导观看演出。

19日 省委党课巡回宣讲团第五宣讲分团莅临韶关开展党课宣讲。市委书记江凌主持会议并讲话。省委党史研究室副主任王涛、省委宣传部讲师团副团长王永福分别讲党课。市四套班子成员，副厅级干部，市中院院长、市检察院检察长出席会议。市委各部门、市直各单位、市各人民团体、中央和省驻韶有关单位副处级以上领导，各县（市、区）委书记、县（市、区）长、纪委书记、组织部部长、宣传部部长参加会议。

19日 召开2016年市文明委第一次全体会议。市委书记、市文明委主任江凌主持会议并讲话。市领导陈波、孔云龙、柳琛子、徐紫玲、许志新、王伟阳、林嘉及许俊杰等参加会议。议题是：①听取市委常委、宣传部部长柳琛子传达学习全国、全省文明办主任会议精神；②听取市委常委、秘书长孔云龙通报2015年全市创文国检情况及中央文明办2016年下半年深化文明城市创建工作意见；③听取市创文办主任何新文汇报全市精神文明建设和创建全国文明城市整体工作思路，讨论意见；④会议审议《关于命名2014—2015年度韶关市精神文明建设先进单位的通报》，书面审议《重新调整充实韶关市精神文明建设委员会架构及成员名单》《韶关市精神文明建设委员会工作制度》《2016年韶关市文明委第一次全体会议工作事项责任分工》。

25日 中国共产党韶关市第十一届委员会第九次全体会议在市区召开。全会的主题是，全面贯彻落实党的十八大和十八届三中、四中、五中全会精神，深入学习贯彻习近平总书记系列重要讲话精神，贯彻落实省委、省政府促进粤东西北地区振兴发展的一系列部署，研究确定加快韶关振兴发展的主要举措，进一步解放思想，凝聚共识，坚定信心，全力加快振兴发展步伐，确保如期全面建成小康社会。十一届市委委员出席会议；不是十一届市委委员的市领导人，副厅级干部；市委、市人大常委会、市政府、市政协秘书长和党员副秘书长，市纪委副书记、常委；各县（市、区）党委、人大常委会、政府、政协、纪委主要负责人；市委各部门主要负责人，市人大常委会各工作委员会、市直各单位、市政协各专门委员会、市各人民团体、中央和省驻韶有关单位、市属有关企业党员主要负责人列席会议。

25日 市委书记江凌主持召开市委十一届第127次常委会议。议题是：①听取市委办公室汇报市委十一届九次全会分组讨论情况；②汇总审议《韶关市项目攻坚三年行动计划（2016—2018年）》（征求意见稿）、《韶关市城市提升三年行动计划（2016—2018年）》（征求意见稿）、《韶关市县域发展三年行动计划（2016—2018年）》（征求意见稿）和全会《决议》（草案）修改意见；③讨论并原则审定三个《行动计划》（征求意见稿）；④审定拟提请全会表决通过的全会《决议》（草案）。

26日 南方报业传媒集团副总编辑王更辉一行到韶关采访市委书记江凌。

26日 市委副书记陈向新带队到市消防支队、市工业中军休所、武警韶关市支队、75260部队、军分区等地开展“八一”慰问。

26日 市委书记江凌会见旭日国际集团董事长蔡志明一行。市领导陈波、孔云龙等参加会见。

27日 市委书记江凌到96318部队开展“八一”慰问活动并召开座谈会。市领导孔云龙、郭伟建、兰茵等参加慰问。

26日 召开全市军转干部代表座谈会和“八一”军政座谈会。市委书记江凌参加会议并讲话。

28日 粤电集团公司董事长李灼贤一行到韶关调研。市委书记江凌，市领导陈波、孔云龙等参加座谈。

29日 市委书记江凌主持召开市委十一届128次常委会议。议题是：①听取上半年全市经济运行情况汇报；②审议《关于进一步加强城市规划建设管理工作的实施方案》（送审稿）；③研究交通建设工作；④听取仁化县域经济和社会发展情况汇报；⑤审议《关于韶关市旅游发展投资有限公司的组建方案》（送审稿）。

8月

1日　东莞韶关对口帮扶第七次联席会议在市区召开，会议总结上一轮工作，对共同推进韶关华南装备园建设进行协商，并就下一步对口帮扶共建工作作部署。东莞市委书记吕业升、市长梁维东，韶关市委书记江凌、市长骆蔚峰等市领导，以及东莞镇街、对口帮扶韶关7个组团指挥部、韶关市各县（市、区）、两地市有关部门等相关负责人参加会议。

1日　全省召开防御台风“妮妲”电视电话会议，省委书记胡春华，省长朱小丹和省防总总指挥、副省长邓海光出席会议并对防御台风工作作出部署。会后，继续召开全市电视电话会议，市委书记江凌，市委副书记、市长骆蔚峰进一步部署各项防御工作。

3日　市政府与浪潮集团有限公司签订战略合作框架协议，双方将在云计算中心、大数据中心、电子商务平台、智慧旅游、“互联网+”产业园、智慧城市等6个方面开展合作。市委副书记、市长骆蔚峰，副市长朱余旺和浪潮集团副总裁王春生等见证签约仪式。

5日　市委书记江凌主持召开市委十一届第129次常委会议。议题是：①研究召开市委工作会议的有关安排；②讨论召开市委十二次党代会有关请示问题；③讨论干部人事问题。

5日　市委书记江凌在市委常委会议室主持召开专题会议，研究推进全市供给侧结构性改革工作。市委副书记、市长骆蔚峰及市领导陈波、孔云龙、许志新参加会议。

7日至9日，市委副书记、市长骆蔚峰、副市长朱余旺在北京开展招商引资工作。9日在北京京城机电控股有限责任公司就产业合作与董事长任亚光和总经理王国华洽谈，与京城机电签订战略合作协议，双方将在环保工程、起重装备、液压设备、电器制造等四个方面开展对接合作。

8日至9日，省委常委、省纪委书记黄先耀到南雄市珠玑镇灵潭村调研精准扶贫工作。市委书记江凌，市领导郭健生、王青西参加调研。

8日至12日，省换届风气专项巡视组到韶关巡视。12日省换届风气专项巡视组听取市委书记江凌关于县级换届工作和换届风气监督工作情况汇报。市领导郭健生、华旭初、何伟青参加汇报会。

9日　副省长邓海光会同省有关部门到南雄、始兴、仁化等地贫困村，实地调研全市精准扶贫工作情况，重点了解贫困村村容村貌、新农村建设、产业发展等情况，到4户困难群众家中，了解他们生产生活情况。市委书记江凌，副市长王青西参加调研。

10日　召开市科协第八次全市代表大会。省科协党组书记、常务副主席何真，市委书记江凌，市委副书记、市长骆蔚峰，市政协主席李石保等市领导出席开幕式。

12日　市委召开工作会议，传达贯彻落实省委十一届七次全会精神和市委十一届九次全会精神，研究部署全市供给侧结构性改革和县（市、区）镇换届工作。市委书记江凌主持会议并作讲话，市委副书记、市长骆蔚峰总结部署推进供给侧结构性改革工作，市委常委、市委组织部部长华旭初部署全市县镇领导班子换届工作。

12日　召开市委十一届十次全会，审议通过《关于召开中国共产党韶关市第十二次代表大会的决议（草案）》。

12日　召开市党政班子会议宣布王青西任市委常委。

15日至16日，市委副书记、市长骆蔚峰应邀率团访问美国硅谷。韶关代表团一行考察硅谷科技企业，并拜访美国硅谷科技协会和美国硅谷咨询委员会。

15日　市委书记江凌与新疆建设兵团建工集团总裁朱建国交流座谈。副市长许志新参加会议。

16日　市委书记江凌参加市人大党组会议。议题是：①研究市十四届人大代表名额分配和有关选举工作安排方案；②研究市十四届人大常委会组成人员建议安排方案；③研究提名市十四届人大代表候选人的市直及中省驻韶单位建议名单；④研究提名连任市十四届人大代表建议名单；⑤讨论人事任免事项；⑥研究市人大常委会内务司法工作委员会人员配备方案；⑦研究设立市人大财政经济委员会的建议方案；⑧研究将市人大常委会财政经济工作委员会改名为预算工作委员会的建议方案；⑨研究机关人事事项；⑩讨论关于调整市人大机关工勤人员工资的请示，以及其他事项。

16日至20日，市委副书记、市长骆蔚峰应邀率团访问友好城市美国旧金山市。拜会旧金山市市长李孟贤等政商、科技界人士，并与旧金山艺术大学签署合作备忘录，进一步促进两市在科技、教育及经贸等领域的交流与合作。

17日　市十三届人大常委会召开第三十五次会议，听取和审议市政府关于韶关2016年上半年国民经济和社会发展计划执行情况，2016年上半年预算执行情况，关于政府投融资项目建设资金预算和2016年第一、二批新增地方政府债券资金安排方案的报告，听取和审议市人大常委会执法检查组关于检查《中华人民共和国环境保护法》贯彻实施情况的报告，审议《韶关市烟花爆竹安全管理条例（草案修改稿）》《丹霞山保护条例（草案）》《关于市第十四届人民代表大会名额分配和选举问题的决定》，进行相关人事任免，决定任命彭裕殿为副市长，免去王青西副市长职务。接受徐紫玲辞去韶关市第十三届人常委会副主任职务的请求。

市人大常委会代理主任林平杰主持会议，市领导陈波、李安平列席会议。

17日 市委书记江凌会见交通银行广东分行副行长江洲一行。

18日 市委书记江凌主持召开专题会议，研究市属新闻媒体改革有关工作。市领导柳琛子、王伟阳参加会议。

19日 省委常委、常务副省长徐少华到乐昌市长来镇和村、乳源瑶族自治县调研省政府办公厅驻村扶贫工作情况和扶持少数民族地区加快发展工作情况。市委书记江凌及市领导陈向新、王青西、王伟阳参加调研。

20日至22日，市委副书记、市长骆蔚峰率团赴日本访问，拜访日本贸易振兴机构、日本国际贸易促进协会，考察日铝全综集团、日本丸仁等企业，就日资企业在韶扩产增资、聚集发展等事宜交换意见。

26日 市委书记江凌主持召开市委十一届第130次常委会议。议题是：①审议《关于理顺市区基础教育办学体制的工作方案》（送审稿）；审议《韶关市区教育资源整合方案》（送审稿）；②研究县域经济发展现场会问题；③听取韶关市钢铁行业去产能情况汇报；④审议《关于建立联系帮扶企业三项制度的实施方案》（送审稿）；⑤听取南雄县域经济和社会发展情况汇报。

29日 韶新高速公路政府和社会资本合作（PPP）投资建设协议签约仪式在市区举行。市委副书记、市长骆蔚峰、副市长许志新和中铁四局集团有限公司总经理王传霖出席签约仪式。

29日 中午，市委书记江凌会见丽珠制药董事长陶德胜一行。市领导孔云龙、王伟阳参加会见活动。

30日至31日，驻粤全国人大代表一行到韶关开展“加快精准扶贫、精准脱贫工作”专题调研。通过对韶关扶贫样本剖析，了解扶贫进度、存在问题，提出解决意见建议，形成调研报告，提供给全国人大和省委、省政府。市委书记江凌及市领导林平杰、彭裕殿参加活动。

31日 市委、市政府在翁源召开全市县域经济工作现场会。市委书记江凌主持会议并讲话。市委副书记、市长骆蔚峰作工作部署，市政协主席李石保等市四套班子有关领导参加会议。

9月

1日 在军分区五楼常委会议室召开市委常委议军会议，市委书记江凌、市委副书记、市长骆蔚峰、市政协主席李石保及市领导郭健生、陈波、黄劲东、孔云龙、郭伟建、华旭初、林平杰、李安平，以及军分区党委常委、市直有关单位部门等负责人参加会议。

2日 召开市委常委扩大会议。议题是：省委组织部市换届考察工作。

2日 市委、市政府在市委会议中心四楼大会议室召开韶关市城市提升工作推进会，市委书记江凌、市委副书记、市长骆蔚峰、市政协主席李石保及市领导陈波、孔云龙、林平杰、许志新及许俊杰，市人大、市政府、市政协秘书长，市委有关部门、市直有关单位、中央和省驻韶有关单位主要负责人，市辖三区党委和政府主要负责人，市辖三区有关镇（街道、办事处）党委和政府主要负责人参加会议。

5日 市委书记江凌主持召开市委十一届第132次常委会议。议题是：①研究市第十四届人民代表大会代表名额分配和有关选举工作；②研究第十二届市政协委员人选安排工作；③研究市委提名市第十二次党代会代表到各选举单位选举安排；④干部任免事项。

9日 召开市庆祝2016年教师节座谈会，市委书记江凌主持座谈，代表市委、市政府向全市教师和教育工作者致以节日问候。市领导孔云龙、王青西、林平杰等参加座谈会。

10日 在韶关火车东站举行2016年度新兵入伍欢送仪式，韶关市第一批70名新兵将奔赴新疆喀什。市委常委、军分区政委郭伟建，副市长李安平，军分区司令员盖长利参加欢送仪式。

12日 市政府与白云电气集团签订战略合作框架协议，双方将合作发展电力装备产业。市委副书记、市长骆蔚峰、副市长朱余旺和白云电气集团董事长胡德良出席签约仪式。

18日 市委书记江凌主持召开市委十一届第136次常委会议。议题是：①听取浈江、武江经济社会发展情况汇报；②听取重点项目建设情况汇报；③听取全市安全生产、消防工作汇报；④审议《韶关市法治政府建设实施纲要（2016—2020年）》（送审稿）；⑤研究市第十二次党代会报告专题调研有关工作安排；⑥审议《关于开展市直单位领导班子状况专题调研工作方案》（送审稿）；⑦人事议题。

19日 市委召开2016年领导干部党纪政纪法纪教育培训班，市委书记江凌、市长骆蔚峰、市纪委书记郭健生在培训班上分别作专题培训辅导。市委常委、组织部长华旭初主持会议。市政协主席李石保等市四套班子成员，市中级人民法院院长、市人民检察院检察长，副厅级干部，各县（市、区）委书记、县（市、区）长、纪委书记，市直单位副处以上领导干部，中省驻韶单位主要负责人、纪委书记（纪检组长）等参加会议。

20日 市委召开全市基层党建工作座谈会，市委书记江凌在会上作讲话。市委常委、组织部长华旭初主持会议，市领导孔云龙、王青西、彭裕殿参加座谈。

21日 民建中央主席、全国人大常委会副委员长陈昌智到韶关调研。市委书记江凌陪同调研并在座谈会上汇报介绍韶关市经济社会发展、市委支持各民主党派建设基本情况。

22日 国家“千人计划”特聘专家范群、薛杨一行到韶关考察。市委副书记、市长骆蔚峰主持座谈会。副市长彭裕殿参加会议。

22日 市委书记江凌召开专题会，研究市人才工作情况。市委副书记、市长骆蔚峰及市领导孔云龙、华旭初、彭裕殿参加会议。

23日 召开市委中心组学习贯彻习近平总书记系列重要讲话精神务虚研讨会。市委书记江凌主持会议。市政协主席李石保等市四套班子、市委中心组成员等参加会议。

28日 市委书记江凌主持召开书记专题会议，研究华南先进装备产业园（以下简称装备园）总体规划编制及相关工作。市委副书记、市长骆蔚峰及市领导王检养、陈波、孔云龙、朱余旺参加会议。

29日 至30日，主题为“珠西智造，装备未来”的第二届珠江西岸先进装备制造业投资贸易洽谈会在佛山市广东（潭州）国际会展中心举办。省委书记胡春华、省长朱小丹，市委书记江凌、市长骆蔚峰、副市长朱余旺参加开幕式并到韶关展区参观。

30日 韶关市9：30烈士公祭活动暨向烈士纪念碑敬献花篮仪式在市烈士陵园举行。江凌、骆蔚峰、李石保、林平杰等市四套班子成员及韶关军分区领导参加活动。

30日 市委书记江凌主持召开市委十一届第137次常委会议。议题是：①传达上级有关重要文件精神；②传达珠江西岸先进装备制造产业带建设工作会议精神，研究加快装备园建设工作；③研究第四季度重大项目、重点工作推进安排；④传达全省党校工作会议精神，研究党校工作；⑤研究市直接提名的市十四届人大代表候选人名单和选举单位建议安排。

10月

8日 韶关市巩固国家卫生城市工作推进会在市区召开。市委书记江凌参加会议并讲话。市委副书记、市长骆蔚峰主持会议，市领导孔云龙、林岚、彭裕殿、刘大济等参加会议。

10日 召开书记专题会，研究市工商联2017年换届人事安排工作。市委书记江凌主持会议，市领导王青西、何伟青参加会议。

10日 省委宣传部巡视员、省文明办主任顾作义到韶关，召开深化文明创建工作座谈会。市委书记、市文明委主任江凌参加会议并讲话。市委常委、秘书长孔云龙主持会议。

11日 市委书记江凌与广州地铁集团有限公司董事长丁建隆、白云电气集团有限公司创始人胡明森见证韶关现代城市有轨电车和白云电气集团战略合作框架协议签订仪式并进行座谈。市委副书记、市长骆蔚峰及市领导孔云龙、朱余旺参加会议。

12日 省委常委、省纪委书记黄先耀到南雄市珠玑镇灵潭村调研精准扶贫工作，走访慰问贫困户。省纪委副书记陈伟东，市委书记江凌，市委常委、市纪委书记郭健生参加调研。

13日 市委书记江凌，市委副书记、市长骆蔚峰现场调研市区重要交通节点整治、道路断面改造、公园建设工程、堤岸改造等城市提升工程项目建设情况。召开调研座谈会议，研究推进城市提升和华南先进装备产业园选址工作。市领导陈波、孔云龙参加调研。

18日 市委书记江凌主持召开市委十一届第138次常委会议。议题是：①干部人事议题；②传达全国、全省党委秘书长会议精神，提出韶关市贯彻落实意见；③传达《中共中央宣传部关于湖北省委严肃处理恩施州委、利川市委中心组学习突出问题的通报》；研究全市意识形态工作；④传达全国社会治安综合治理创新工作电视电话会议及全省政法队伍建设工作会议精神；研究全市贯彻意见；⑤听取质量工作汇报，研究质量强市工作；⑥审议《中共韶关市委统战部关于韶关市工商联（总商会）2016年换届工作的实施方案》（送审稿）。

19日 召开市委全面深化改革领导小组第六次会议，传达贯彻全省基层改革创新工作交流会精神。听取市委改革办、市各改革专项小组改革工作情况汇报，审议并原则通过《关于全市深化国税、地税征管体制改革实施方案》《韶关市市属新闻媒体深化改革指导意见》《韶关市关于推进基础教育综合改革的总体方案》《全市国有林场改革工作意见》。市委书记、市委全面深化改革领导小组组长江凌主持会议。市长、市委全面深化改革领导小组副组长骆蔚峰及市委全面深化改革领导小组成员出席会议。

20日 市委召开中心组理论学习（扩大）会议暨第二十五期韶关学习论坛，增强领导干部对珠三角地区未来发展趋势的了解，推动韶关市更好地全面融入珠三角。会议邀请省人民政府发展研究中心副主任李惠武作主讲嘉宾，以《珠三角转型升级中韶关对接的机遇与作为》为主题作专题讲座。市委书记江凌等市四套班子领导，市委中心组成员参加会议。市委常委、秘书长孔云龙主持会议。

24日 副省长袁宝成率省有关部门到韶关调研，研究指导全市产业对口帮扶工作、超高速无线局域网应用试点工作。市委书记江凌、市长骆蔚峰陪同调研，市领导王检养、孔云龙、朱余旺及市有关部门负责人参加调研。

25日 市委书记江凌主持召开专题会议研究全市司法体制改革工作。市委副书记、市长骆蔚峰，市委常委黄劲东、孔云龙，市中院、市检察院主要负责人参加会议。

25日 市委书记江凌主持召开书记专题会议，研究国省道、县乡道改造工作。市委副书记、市长骆蔚峰，市领导孔云龙、许志新参加会议。

26日 市政府分别与人民银行广州分行、中国银行广东省分行分别签署战略合作框架协议，以金融助推韶关振兴发展。人民银行广州分行行长王景武，市委书记江凌、市长骆蔚峰，市领导孔云龙、朱余旺参加签约仪式。

26日 市委召开中心组理论学习（扩大）会议暨第二十六期韶关学习论坛。会议邀请人民银行广州分行行长王景武作《关于金融支持粤东西北振兴发展若干问题的思考》主题讲座。市委书记江凌、市长骆蔚峰、市政协主席李石保等市四套班子领导，市委中心组成员、市有关部门党组（党委）、金融系统等相关负责人参加会议。

27日 市委书记江凌带队到深圳比亚迪、前海人寿联系工作。市委副书记、市长骆蔚峰，副市长朱余旺参加拜访活动。

28日 韩国荣州市议会议长金显益率议会访问团到韶关访问。市委书记江凌、市人大常委会副主任林岚、副市长王伟阳会见金显益一行。

31日 市委书记江凌主持召开市委十一届第141次常委会议。议题是：①传达学习十八届六中全会精神，研究贯彻落实意见和学习宣传意见；②听取审计工作汇报，审议《韶关市关于完善审计制度若干重大问题的实施意见》及相关配套文件（送审稿）；③审议《韶关市复退军人服务管理实施方案》（送审稿）；④听取脱贫攻坚工作汇报，研究精准脱贫工作；⑤审议《“奋战两个月、巩卫创文迎新春”专项整治提升行动方案》（送审稿）；⑥讨论部分干部纪律处分问题。

31日至11月2日，省考核组到韶关考核2015—2016年度政府质量工作。1日韶关市2015—2016年度政府质量工作考核实地核查汇报交流会在市区召开，市委副书记、市长骆蔚峰，副市长朱余旺参加会议。

11月

1日 召开市十三届人大常委会第三十七次会议。市人大常委会代理主任林平杰，副主任杨小明、张平、邓小杰、林岚列席会议。经市人大常委会组成人员表决通过，免去彭裕殿的韶关市人民政府副市长职务；任命陈磊为韶关市人民政府副市长；任命李欣为韶关市人民政府副市长。

1日 市委召开中心组学习研讨会，传达学习中国共产党十八届六中全会精神，研究部署全市学习宣传和贯彻十八届六中全会精神工作，并结合市十二次党代会报告专题调研工作，对全市未来五年经济社会发展进行务虚研讨，理清下一步发展思路。市委书记江凌主持会议并作总结讲话，市委副书记、市长骆蔚峰传达学习党的十八届六中全会精神，市政协主席李石保等市四套班子，市委中心组成员以及各县（市、区）有关部门负责人参加会议。

2日 召开全市推进教育现代化工作会议。会上，省教育厅厅长罗伟其，市委书记江凌、市长骆蔚峰分别作讲话。副市长李欣主持会议。市政协主席李石保等市四套班子领导，市委有关部门、市直有关单位及各县（市、区）党委、政府主要负责人、中小学校长代表等参加会议。

8日 市委书记江凌、市长骆蔚峰到浈江区开展县域发展的季度点评和现场办公，重点检查城市扩容提质、项目攻坚和社会民生热点工作，并召开现场办公会，对浈江区落实市委、市政府重点工作部署情况进行点评，协调解决有关问题。

9日 召开督办市政协1号重点提案办理专题座谈会，督办《发展全域山地旅游，建设南岭旅游明珠》推进落实情况。市委书记江凌主持会议，市政协副主席、九三学社韶关市委主委兰茵参加会议。

9日至10日，农工党广东省委会专职副主委刘启德率调研组到韶关，就加强道地药材培育和知识产权保护问题进行调研，市委常委王青西，市政协副主席、市委统战部部长何伟青参加调研座谈会。

11日 市委书记江凌主持召开市委十一届第142次常委会议。议题是：①干部人事议题；②传达学习《习近平同志在党的十八届六中全会上的报告和讲话》；③传达学习《关于新形势下党内政治生活的若干准则》和《中国共产党党内监督条例》；④审议关于学习《中国共产党地方委员会工作条例》《中国共产党党组工作条例（试行）》的工作方案；⑤研究巩卫创文工作，⑥传达学习省环境保护工作会议精神，听取全市环境保护工作汇报；⑦研究全市中小河流治理工作。

16日 市委副书记、市长骆蔚峰率队督导鑫金汇项目、棚户区改造项目、市区亮化工程项目和城市提升项目建设进度。

18日 全市干部大会，推荐两委委员候选人预备人选。市委书记江凌，市委副书记、市长骆蔚峰及市四套班子其他领导及县市有关单位负责人参加会议。

18日 市委书记江凌主持召开市委十一届第143次常委会议。议题是：①研究讨论市十二次党代会报告（讨论稿）；③传达全国全省民族宗教工作会议精神并提出贯彻意见，研究全市民族宗教工作；④研究增设政协韶关市委员会联络工作委员会事项；⑤听取产业园区扩能增效情况汇报，研究全市产业发展问题；⑥研究全市省级新农村示范片建设工作；⑦干部人事议题。

22日至23日，东莞市关心下一代工作委员会主任刘树基率考察组到韶关考察，交流做好关心下一代工作。市委书记江凌等会见刘树基。市关工委执行主任邓苏夏陪同考察。

24日 市委书记江凌主持召开专题会议，研究韶关机场建设问题。市委副书记、市长骆蔚峰，市委常委、常务副市长陈波参加会议。

24日 省委台办主任黄耿城率领调研组到南雄市主田镇两岸花博园和香草世界森林公园调研台资企业投资开发建设情况。市委常委、政法委书记黄劲东参加调研。

25日 市委书记江凌主持召开市委十一届第144次常委会议。议题是：①传达学习省委十一届八次全会精神；研究市委十一届十一次全会筹备工作；②研究《中共韶关市委关于深入推进全面从严治党的实施意见（讨论稿）》及相关配套文件；③研究市十四届人大一次会议筹备工作；④研究政协第十二届韶关市委员会第一次会议筹备工作；⑤研究十一届市纪委向市第十二次党代会的工作报告（送审稿）；⑥研究市第十二次党代会筹备工作；⑦干部人事议题。

25日至26日，省委书记胡春华赴韶关、清远调研，强调要加大粤东西北地区基层医疗卫生资源投入，切实提升基层医疗卫生服务能力和水平。省领导邹铭、邓海光等参加调研。市委书记江凌、市长骆蔚峰、副市长李欣等陪同调研。

28日 中央第四环境保护督察组督察广东省工作动员会电视电话会议在广州召开。中央第四环境保护督察组组长陆浩、副组长翟青就做好督察工作分别作讲话，广东省委书记胡春华作动员讲话，省长朱小丹主持会议。市委书记江凌主持随后召开的全市环境保护督察迎检电视电话会议并讲话。市委副书记、市长骆蔚峰在作工作动员部署。市人大常委会代理主任林平杰等市四套班子领导参加会议。

28日至12月7日，省委第五巡视组抵达韶关开展为期10天换届风气第二阶段专项巡视。29日上午召开巡视工作见面会，省委第五巡视组组长林广云在巡视工作见面会上介绍巡视主要任务、工作方法和工作要求。市委书记江凌主持召开巡视工作见面会，代表市委向省委巡视组作表态发言。省委第五巡视组全体成员，市四套班子领导，市中级人民法院院长，市检察院检察长等相关人员参加会议。

30日 市政府召开全市加快推进新一轮生活垃圾和污水处理设施建设工作会议，加快推进“十三五”期间全市城乡生活垃圾和污水处理设施建设工作，巩固完善农村生活垃圾收运处理体系，确保完成省、市新一轮生活垃圾和污水处理设施建设目标任务。市委副书记、市长骆蔚峰，副市长许志新出席会议。

30日 市委副书记、市长骆蔚峰与广东省广业资产经营有限公司董事长、党委书记余志良一行座谈，就县域环境综合整治、污水处理等项目合作商讨，达成共识。副市长许志新参加座谈。

12月

1日 市委书记江凌，市委副书记、市长骆蔚峰及常务副市长陈波到南部战区空军、机场集团联系工作。

2日 市委书记江凌主持召开市委十一届第145次常委会议。议题是：①传达学习《国务院安委会办公室关于江西丰城发电厂“11·24”冷却塔施工平台坍塌特别重大事故的通报》，部署全市安全生产工作；②传达学习胡春华书记在韶调研讲话精神；审议《韶关市关于进一步加强基层医疗卫生服务能力建设的实施方案》（送审稿）《韶关市区医疗卫生资源整合方案》（送审稿）；③传达学习珠三角地区对口帮扶粤东西北地区推进产业共建工作会议精神，研究莞韶对口帮扶工作；④传达学习全省农村人居环境综合整治工作（粤西粤北）现场会精神，研究贯彻落实意见；⑤研究依法治市工作：听取依法治市工作情况汇报，研究地方立法工作；审议《关于在全市公民中开展法制宣传教育的第七个五年规划（2016—2020年）》（送审稿）；⑥研究市十二次党代会筹备工作。

2日 国家旅游局局长李金早到韶关调研，到丹霞山、南华寺等景区检查指导。要求推动全域旅游发展。省旅游局局长曾颖如，市委书记江凌，市委副书记、市长骆蔚峰，副市长王伟阳等参加调研。

6日 省经信委党组副书记、巡视员邹生率专家学者和企业家一行到韶关调研，考察指导黄沙坪“互联网+”小镇建设，为韶关大数据产业建设提供思路，搭建桥梁。市委副书记、市长骆蔚峰主持座谈会，副市长朱余旺参加调研。

6 日 召开韶关市迎接中央环保督察工作部署会，强调要以问题为导向，强化责任落实，立行立改，做好中央环保督察组交办案件的督办，推进韶关生态文明建设和环境保护。市委副书记、市长骆蔚峰，副市长许志新，省环保厅有关领导和各县（市、区）党政主要领导参加会议。

7 日 市委书记江凌主持召开专题工作会议，研究华南先进装备产业园建设问题。市委副书记、市长骆蔚峰，市委常委、秘书长孔云龙参加会议。

9 日 中国共产党韶关市第十一届纪律检查委员会第七次全体会议在市区召开。市委常委、市纪委书记郭健生出席会议。

9 日 韶关学院第五届董事会召开成立大会。市委副书记、市长骆蔚峰出席会议并作讲话。市政协主席李石保、副主席何伟青等领导及来自港澳、内地的70多位董事出席大会。

12日 市委书记江凌主持召开市委十一届第146次常委会议。议题是：①听取中央环保督察组交办案件办理情况汇报；②审议《韶关市2016年预算执行情况和2017年预算草案的报告》（送审稿）；③审议市十二次党代会报告（送审稿）；审议市委常委会向市委十一届十一次全会的工作报告（送审稿）；审议市委常委会2016年工作总结（送审稿）；④审议《中国共产党韶关市委员会工作制度（送审稿）》；⑤人事议题。

14日 召开中共韶关市委十一届十一次全会。十一届市委委员出席会议。不是十一届市委委员的市领导人，副厅级干部，市政府秘书长、市政协秘书长，市纪委副书记、常委，各县（市、区）党委、政府主要负责人，市委、市人大常委会、市政府、市政协党员副秘书长，市人大常委会各工作委员会、市政协各专门委员会党员主要负责人，市委各部门、市直各单位、市各人民团体、中央和省驻韶有关单位党员主要负责人，市纪委委员，市属有关企业党员主要负责人列席会议。

14日 市委书记江凌主持召开市委十一届第147次常委会议。议题是：①听取市委办公室汇报市委十一届十一次全会分组讨论情况；汇总对《中共韶关市委关于深入推进全面从严治党工作的实施意见》及相关文件、《中国共产党韶关市第十一届委员会第十一次全体会议关于召开中国共产党韶关市第十二次代表大会的决议》（草案）《中国共产党韶关市第十一届委员会第十一次全体会议决议》（草案）的审议修改意见；讨论并原则审定《意见》及相关文件，审定拟提请全会表决的两个《决议》（草案）。

15日 省委常委、宣传部部长慎海雄到新丰县马头镇大陂村调研精准扶贫工作，省委宣传部常务副部长郑雁雄，副部长、省网信办主任黄斌和市委书记江凌参加调研。

15日 市委书记江凌主持召开书记专题会议，研究芙蓉新城市民文化中心建设，以及芙蓉大道北（原上饶路）、教育西路建设等工作。市委副书记、市长骆蔚峰及市领导孔云龙、王伟阳，副厅级干部许俊杰参加会议。

16日 市委书记江凌主持召开第四季度信访维稳形势分析会。

19日 中国共产党韶关市第十二次代表大会在市委会议中心开幕。江凌代表中共韶关市第十一届委员会向大会作题为《践行新发展理念，主动融入珠三角，为全面建成小康社会实现振兴发展共同奋斗》报告。大会由骆蔚峰主持。大会应到代表440人，实到432人，符合有关规定。出席大会并在主席台前排就座有大会主席团常务委员会委员江凌、骆蔚峰、李石保、郭健生、陈波、黄劲东、孔云龙、郭伟建、柳琛子、华旭初、王青西、杨小明。列席大会的有党内有关负责和部分离退休老同志。参加开幕大会的来宾有：党外市领导，各民主党派、市工商联主要负责人和无党派人士代表。省“三会”选举指导组组长曾超鹏、副组长欧阳贵有，省换届风气督导组组长蔡秀芬、副组长陈凯雄参加大会。

20日 省食品安全考核组到韶关开展2016年度考评工作，市委副书记、市长骆蔚峰参加汇报会并致辞，副市长陈磊向省考核组作2016年全市食品安全工作汇报。

20日 市委副书记、市长骆蔚峰会见格鲁吉亚第比利斯市议会第一副议长、格鲁吉亚中国友好交流协会主席乔治·阿赫夫列季安一行，并就推进水电产业等领域合作交换意见。副市长陈磊参加会见。

21日 召开中国共产党韶关市第十二次代表大会闭幕会。大会审议通过十一届市委报告和十一届市纪委工作报告，选举产生中国共产党韶关市第十二届委员会和中国共产党韶关市第十二届纪律检查委员会。江凌主持大会。大会主席团常务委员会委员江凌、骆蔚峰、李石保、郭健生、陈波、黄劲东、孔云龙、郭伟建、柳琛子、华旭初、王青西、杨小明在主席台前排就座。在主席台就座的还有大会主席团其他成员，部分离退休老同志，市人大、市政协主要负责人，其他市领导，副厅级干部，以及特邀的党外市领导，市各民主党派、市工商联主要负责人和无党派人士代表。全会通过中国共产党韶关市第十二届纪律检查委员会第一次全体会议关于市纪委常委和书记、副书记选举结果的报告，表决通过《中国共产党韶关市第十二届委员会第一次全体会议决议》。

21日 中国共产党韶关市第十二届纪律检查委员会第一次全

体会议在市委会议中心举行，郭健生主持会议。应到会市纪委委员37名，实到会市纪委委员37名，符合规定人数。全会选举产生市第十二届纪律检查委员会常务委员会委员、书记、副书记，并经中国共产党韶关市第十二届委员会第一次全体会议通过。

21日 中共韶关市委十二届一次全会在市委会议中心举行。出席会议的市委委员66人，候补委员13人。市纪委委员列席会议。江凌主持会议并讲话。全会选举江凌、骆蔚峰、陈波、郭健生、黄劲东、孔云龙、柳琛子、华旭初、朱余旺、曾风保为中共韶关市第十二届委员会常务委员会委员，选举江凌为中共韶关市委书记，骆蔚峰、陈波为中共韶关市委副书记。

22日至24日，省2016年度综治工作（平安建设）、法治广东建设考评组到韶关对全市2016年综治工作（平安建设）、法治广东建设情况进行考评。23日上午听取情况汇报。市委书记江凌主持汇报会。市领导陈波、黄劲东、张平、李安平、王乙未等参加汇报会。

23日 市委副书记、市长骆蔚峰与到韶关考察的京城机电股份有限公司总经理王国华一行座谈，双方就先进装备制造、环保垃圾处理等多个领域合作会谈。副市长许志新、陈磊参加座谈。

23日 市委书记江凌主持召开市委十二届第1次常委会议。议题是：①研究市十四届人大一次会议筹备工作；②研究市政协十二届一次会议筹备工作；③研究韶关市大数据产业发展问题；④听取林业重点生态工程汇报，研究生态文明建设工作；⑤人事议题。

26日 全省推动民族地区加快发展现场办公会在乳源瑶族自治县召开。省委常委、统战部部长林雄出席会议并讲话，副省长何忠友通报全省贯彻落实《关于扶持民族地区加快发展的意见》情况并部署。市委书记江凌，市委副书记、市长骆蔚峰，副市长王伟阳，省直有关部门负责人，辖有自治县和民族乡的市县党委、政府领导及民族宗教局长，7个民族乡主要负责人参加会议。

27日 市委副书记、市长骆蔚峰率队在市区调研农贸市场升级改造工作，市委常委、副市长朱余旺参加调研。

29日 韶关市旅游投资集团与深圳华侨城集团推进韶关市旅游项目合作洽谈会在市区举行。市委副书记、常务副市长陈波与华侨城集团副总裁曾辉、巅峰怡广旅游产业基金董事长张英星一行洽谈，共谋旅游项目发展。

29日 韶关市旅游发展投资集团与南雄市人民政府、新余巅峰怡广投资管理中心就南雄市全域旅游投资项目、帽子峰景区投资运营合作项目及韶关旅游发展基金设立签署三方战略合作协议。市委副书记、常务副市长陈波参加签约仪式。

30日 召开全市推进村（社区）公共服务中心（站）建设工作视频会议，部署推进村（社区）公共服务中心（站）建设工作。市委副书记、市长骆蔚峰参加会议并讲话，市委副书记、常务副市长陈波主持会议。

30日 东莞、韶关两地召开莞韶对口帮扶工作会议。东莞市委书记吕业升、韶关市委书记江凌出席会议并讲话。市委副书记、市长骆蔚峰主持会议。会议宣读省委组织部任命通知。由万卓培任莞韶对口帮扶指挥部总指挥，王检养不再担任莞韶对口帮扶指挥部总指挥。

30日 市委书记江凌主持召开市委十二届第2次常委会议。议题是：研究新一年文明创建、经济、立法规划等工作及市委工作会议筹备工作。

▲韶关市中山公园新貌（市史志办 供）

年度关注

韶关市主动融入珠三角加快发展

一、积极主动，采取各种形式实现与珠三角的全面对接

狠抓融入珠三角对接工作的落实，通过组团到珠三角地区学习考察、深化莞韶两市结对互动、选派干部到珠三角地区挂职锻炼等多种形式，借鉴珠三角发展经济的经验做法。优先谋划建设连接珠三角地区的快速通道，加快武深高速公路和北江航道扩能升级工程建设，推进韶新高速公路前期工作。争取并被纳入珠江西岸先进装备制造产业带范围，参与打造“广佛肇清云韶”经济圈，推动装备制造业的深度合作；主动对接广州、深圳，谋划建设珠江东岸产业合作区；深化与东莞对口帮扶，以东莞为主导共建华南先进装备产业园。实施莞韶全面帮扶十大行动计划，加强在教育、医疗、文化等方面的交流合作，提升韶关市公共服务水平。

二、时不我待，把主动融入珠三角战略落实到行动

韶关市召开市委中心组专题学习（扩大）会议，韶关市委书记江凌在发言中表示，韶关必须要有紧迫感，把握机会，借力发展，各县（市、区）要在“主动融入珠三角”总战略下积极谋划县域经济。

确立主动融入珠三角的总战略以来，韶关市制定实施《韶关市主动融入珠二角实现加快发展行动计划（2015—2018年）》，重点实施交通互联、产业对接、市场互通和人才共享等四大行动；推进实施《广佛肇清云韶经济圈建设2016年度重点工作计划》，推动韶关全面融入广佛肇清云韶“3+3”经济圈；与广州签订《广州市人民政府、韶关市人民政府战略合作框架协议》，还与广药集团、广州港集团、广州电气装备集团、广州超级计算中心等4家企业建立战略合作关系等。实施项目攻坚三年行动计划，围绕钢铁深加工、机械装备制造、能源电力等产业开展重点招商，参加第二届“珠洽会”，与美国硅谷科技咨询委员会以及中能建、白云电器、京城机电、浪潮集团等战略投资者签订合作协议。

三、重在谋划，立足韶关优势与珠三角实现产业对接

韶关作为粤北老工业城市，传统的制造产业基础较好、门类较齐全，钢铁、有色金属、汽车零部件、装备零部件等产业比较发达，与珠三角的产业对接具有很大的发展空间。

韶关已经谋划与珠三角在四大产业方面进行分工合作。工业方面将依托韶关已有的装备制造业基础，以建设珠江西岸先进装备制造产业带韶关配套区为契机，培育壮大装备制造产业群，推动广州汽车、电器、装备、电子、轻工等优势产业链向韶关延伸。旅游宣传方面也将依托韶关丰富的旅游资源与珠三角展开多种形式的合作。此外，在物流、港口经济方面，韶关也将与珠三角地区加强分工合作。

四、补齐短板，全力打造“东莞速度+韶关服务”品牌

韶关以推进政府服务模式改革为重点，优化政务服

▲ 2016年7月14日，中共韶关市委主动融入珠三角专题协商会 （市委办 供）

务，复制推广东莞“简化审批全面推广”和“准入审批试点推广”相结合的模式，推进“互联网+公共服务”，加强现场办公和现场督办，加大问责追责力度，加强12345投诉举报平台建设，打造“东莞速度+韶关服务”品牌。2016年，韶关市政府专门安排3500万元的财政资金，用于人才引进工作，对达到一定条件的引进人才给予住房租金补助、购房补贴、职称津贴等系列优惠。主动融入珠三角，不断优化发展环境，给韶关的发展注入强大动力。2016年，韶关全年内联招商新项目649个，实际到位资金208亿元，其中投资超亿元项目43个。（市政府办）

韶关纪念中国工农红军长征胜利80周年系列活动

韶关是一片具有优秀革命传统的红色热土，是红军长征途经广东的主要地区。第五次反围剿失败之后，国民党军在赣粤边相邻地区部署三道封锁线，企图阻止红军西进，韶关成为预设战场。红军主力以相对较小的牺牲代价，突破三道封锁线，不仅顺利通过粤北地区，而且得到及时的休整和补充，为战略西进保存实力，坚定信心。从1934年10月25日至11月13日，红军长征经过韶关前后近20天，中央红军一、九军团的大部，三、五、八军团的部分部队，先后经过韶关的南雄、仁化和乐昌3个县近20个乡镇。其中南雄是红军进入广东的第一站，仁化是红军突破第二道封锁线的主战场，乐昌是红军在广东境内活动范围最大的一个县。仁化县的红山镇，更是广东唯一一个以纪念红军途径地而命名的乡镇。

红军长征经过韶关尽管只有近二十天，但留下重要的历史遗存，积淀丰厚的红色基因。韶关境内现存的红军遗址、遗迹有131处，红军烈士纪念碑（园）8座，经认定命名的红军遗址（旧址）文物保护单位37个，红军历史文物1120件，红军历史文献50多万字，是广东省红色资源最为丰富的地区之一。韶关对红军的历史遗址、遗迹进行修缮和保护。筹备在仁化县设立“红军长征粤北纪念馆”，通过陈列和展示，呈现这一段历史。

韶关围绕“弘扬红色传统，传承红色基因”这一主题，开展纪念红军长征胜利80周年系列活动。深入组织开展文艺家“重走长征路”创作采风活动，推动长征主题文艺创作，推出纪录片《长征第一步——粤北借道》以及文学、诗词、书画、舞蹈等一批文艺作品，以各种文艺形式弘扬长征精神，讴歌革命先烈。广泛开展长征主题群众文化活动，先后开展“庆祝中国共产党成立95周年、纪念红军长征胜利80周年暨永远跟党走”百歌颂中华歌咏活动、“长征颂歌”文艺巡演活动、纪念红军长征胜利80周年诗

▲纪念红军长征80周年展览（韶关市史志　供）

词书画摄影作品展等活动15场，用长征精神引领群众、凝聚人心。运用红军长征在韶关的历史资源，结合“两学一做”学习教育，举办“红军长征在粤北”主题展览，开展“重走长征路”主题党日系列活动，让广大党员干部瞻仰红军长征遗址、遗迹，缅怀红军长征的艰难岁月，重温入党誓词，传承红军精神，不断激发干事创业的精气神。

对韶关而言，纪念红军长征胜利，弘扬长征精神，要落实省委、省政府振兴粤东西北发展的战略部署，动员广大干部群众发扬长征精神，全力推动韶关的振兴发展，走好韶关在新的历史条件下的“长征之路”。

韶关市委、市政府按照省委、省政府振兴粤东西北的

战略部署，推进交通基础设施建设、产业园区扩能增效和中心城区扩容提质，对接东莞的全面对口帮扶，组织扶贫攻坚，取得明显成效。韶关连接珠三角的多条高快速通道已经打通，交通已经不再是制约韶关振兴发展的最主要矛盾；市县两级的产业园区建设和中心城市的新区建设，也都取得新的进展；通过两轮的扶贫工作，共有22.39万名贫困群众摆脱贫困。但从总体上看，发展不足依然是韶关最突出的矛盾，而发展不足又集中表现在产业项目太少，县域发展薄弱，中心城市功能不强。2016年，韶关全市的地区生产总产值还不到1300亿元，人均GDP只有4.14万元，县级一般预算收入平均只有4.87亿元。总体发展水平不仅远远落后于珠三角地区，也落后于相邻的江西、湖南的地市。要在2020年实现全面建成小康社会的目标，任务十分艰巨。

（市委宣传部）

韶关市各领域改革

一、经济体制和生态文明体制领域

1. 主动融入珠三角战略全面施行。深化与珠三角地区的对接融合，成立东莞韶关全面深化改革对接工作小组并印发《东莞韶关2016年实施深化改革对接行动计划工作方案》，提出6项东莞韶关深化改革的对接项目。加快推动建设“广佛肇+清云韶”经济圈区域合作体制，建立产业对接工作机制，会同广州、佛山、肇庆、清远、云浮五市制定《广佛肇清云韶经济圈建设2016年度重点工作计划》。完善莞韶对口帮扶机制，印发《东莞韶关统筹推进全面帮扶十大行动计划工作方案（2016—2018年）》。韶关市通过实施一系列主动融入珠三角举措，初步建立起与珠三角融合发展的新格局。

2. 供给侧结构性改革持续推进。出台《韶关市供给侧结构性改革总体方案（2016—2018年）及五个行动计划》，部署通过改革供给拉动经济增长等一系列问题。发改、住建、金融等职能部门明确 “三去一降一补”工作的重点任务，制定配套文件，正按计划稳步推进。出台《关于全市国企出清重组“僵尸企业”促进国资结构优化的实施方案》，全市53家“僵尸企业”的出清工作正有序推进中。

3. 商事制度改革深入拓展。出台《韶关市深化商事登记制度改革方案》，全市推行“五证合一、一照一码”的新版营业执照。全面推广新业态企业集群注册、“住所信息申报+负面清单”管理模式。印发《韶关市商事主体住所登记管理办法》《韶关市企业集群注册登记管理试行办法》，激发 “大众创业、万众创新”的投资创业热情和市场活力。截至2016年10月底，韶关市共有市场主体141340户，同比增长7.42%。2016年7月，韶关市作为广东省唯一的地级市代表，接受国务院商事制度改革督导组的检查。

4. 行政审批制度改革成效显著。2012年至2016年10月，韶关市分五批共清理调整行政审批事项606项，其中取消184项，转移35项，下放155项，委托15项，合并实施7项，调整类别210项。在推进行政审批标准化工作方面，印发《韶关市开展行政审批标准化工作计划和进度安排》和《韶关市人民政府办公室关于开展行政许可和公共服务事项标准化工作的通知》，全面部署标准化工作。完成市直单位办事指南和业务手册的编制录入和审核相关工作。全面完成市级政府部门和县级权责清单工作，向社会公布。其中，纳入清理范围的49个市直部门共清理出行政职权7757项，取消调整454项，取消调整后共保留各类职权事项7303项。

5. 政务服务改革有力拓展。出台《韶关市2016年深化经济体制重点领域改革加强政务服务1+N的政策意见》《关于深化经济体制重点领域改革优化政务服务政策意见》和19份政策文件，切实解决市场活力和社会创造力不足、政府服务效能不高的问题。“一门式、一网式”政府服务模式在全市推行。通过再造政府投资项目审批流程，审批时限由273天压减到92天以内。对市级行政审批涉及的中介服务事项进行摸底，清理规范涉及16个部门共48项中介服务事项，梳理出《韶关市人民政府第一批清理规范的市政府部门行政审批中介服务事项目录》。

6. 投资管理体制改革重点突破。出台《关于规范行政审批中介服务加强中介机构管理的意见》《韶关市人民政府拟清理规范的投资领域中介服务事项目录》《韶关市加快投资项目审批改革方案》等文件。通过再造投资项目审批流程，将实现投资项目开工前审批事项压减40%以上，申报材料压减50%以上，审批时限压减50%以上。为推进城市提升三年行动计划工作开展，整合市提质办、重点办、前期办、项目审批办等机构，成立市提升办，协调处理事项200多件，完成近200个提升项目的统筹，融资300亿元。《韶关市企业投资项目直接落地工作方案》在制定。

7. 深化财政体制改革务实有效。印发《2017年市本级零基预算改革方案》，形成 “基本支出标准化、刚性项目支出保障化、零基预算项目编制精细化”的预算编制模式。改变以往预算编制“基数+增长”模式，打破部门财政资金基数化、固定化、长期化现象。2017年，韶关市将按“项目有出处、预算能支出、支出有绩效”的要求，坚持轻重缓急、成熟程度、绩效情况安排财政资金。按照市与区权责关系改革部署，完成市辖区财政体制改革的相关工作，及时预拨经费保障下划机构运行，完成非税收入的下划工作。

8. 农业农村改革持续推进。出台农村综合改革“1+3”文件，对农村改革发展进行三年行动部署，着重深化农村产权制度、农村经营体系、农村投融资体制、农村基本公共服务体系和农村社会治理等5个方面的改革，深入推进村民自治、经营管理、公共服务“三个重心下移”，农村发展活力得到进一步激发。农村土地承包经营权确权登记颁证工作推进，全市13715个经济社全部开展确权工作，超额完成省要求50%以上承包地开展确权工作的任务。推进农村土地经营权有序流转，引导农民承包土地经营权以转包、租赁、入股等形式向新型农业经营主体有序流转。截至2016年上半年，韶关市家庭承包耕地流转总面积44203.96公顷。农村金融综合改革试点进展顺利，2015年南雄市完成试点建设并通过省验收，2016年增加乐昌市、乳源县、仁化县、始兴县纳入试点范围。截至2016年10月，4个县（市）均启动县级征信中心建设，录入农户信用信息119255条、企业信息119条，建成信用村399个，占4个县（市）行政村的81%；认定信用户140951户，贷款户数2768户，累计发放贷款19254万元。

9. 市与区权责关系改革顺利实施。加大简政放权、转变政府职能力度，对公安管理、国土管理、市区森林公园管理、城市管理和市区财政管理等5个方面的体制进行深化改革，将市一级的财权、事权下放给市辖区。共撤销市级机构5个，新设3个，下放市辖区管理8个，800余名编制下沉；形成职权下放目录，共涉及市直部门16个，下放职权事项189项。

10. 丹霞山管理体制改革基本完成。出台《丹霞山管理体制改革方案》，推动丹霞山管委会转变职能，明确丹霞山管委会与仁化县、浈江区政府的职责和权限，完善保护管理体制，落实属地责任。丹霞山管委会的机构设置和职能优化调整到位，管委会领导班子除一名专职副主任外均已到位，科室由原来的6个整合为4个，丹霞山管理体制改革涉及的人员编制调整配备到位。丹霞山投资经营有限公司并入韶关市旅游发展投资集团，实行景区内行政、经济、社会事务管理与景区保护、利用和管理职责分离。

11. 莞韶产业园管理体制改革科学有序。拟定《关于理顺莞韶产业园管理体制机制工作方案》，理顺莞韶产业园与市辖三区、市辖三区产业园、市直相关部门和城市建设四个方面的关系，构建权责清晰、精简高效的园区管理体制和运行机制。针对莞韶产业园多头管理、产城脱节等问题，研究探索广东韶关工业园区管委会与武江区、芙蓉新区管委会相关管理体制改革工作，形成相关改革方案草案。

12. 供销合作社综合改革先行探索。出台《中共韶关市委、韶关市人民政府关于深化供销合作社综合改革的实施意见》，各项工作正有序推进。2014年4月以来，南雄市、曲江区和乐昌市、新丰县先后列为全省第一、二批综合改革试点单位。韶关市4试点县级供销社按照“改造自我、服务农民”的总要求，推进组织、经营、服务和管理创新，立足“三农”、服务城乡，坚持问题导向，破除在思想认识、体制机制等方面的发展障碍，为供销社综合改革的全面推进形成可复制、可推广的经验做法，省供销社提出的综合改革试点16项目标任务基本完成。

13. 创新驱动发展战略有效实施。出台《韶关市创新驱动发展三年行动计划（2016—2018年）及2016年工作要点》《韶关市科技信贷风险准备金管理办法实施细则》《韶关市科技创新券实施细则（试行）》和《韶关市科协系统深化改革实施方案》等政策文件。先后组织两批共27家企业开展国家高新技术企业申报，两批26家企业开展广东省高新技术企业培育库入库申请；帮助4批19家科技型中小微企业通过风险准备金入池评估，获得银行1.02亿元科技信贷额度，撬动金融机构6281万元的贷款额度；着力推进企业工程技术研究中心建设，全市共有市级工程中心29家、省级中心18家；共有5家企业获得全省创新创业大赛先进制造、新能源及节能环保、生物医药等行业三等奖。

14. 生态环境保护管理制度日趋完善。印发《关于试行建设项目环境影响评价豁免审批及环境影响登记表备案管理的通知》和《2016年韶关市国家生态文明先行示范区建设工作要点》。项目节能审查工作有效开展，对所有审批、核准和备案的固定资产投资项目实行节能评估和审查。落实《韶关市环境保护规划纲要（2006—2020）》，优化发展布局，巩固生态屏障。全面推动市区大气污染综合整治，开展水污染防治工作，重金属污染治理成效显著。土壤污染综合防治工作顺利启动，搭建广东省环境保护厅与韶关市人民政府土壤污染综合防治先行区共建平台。2016年1—8月，市区空气质量优良率93.42%，集中式饮用水水源保护区、主要江河监测断面、跨市河流交接断面水质达标率为100%。

15. 价格机制改革稳步推进。出台《中共韶关市委、韶关市人民政府贯彻落实〈中共广东省委广东省人民政府关于推进价格机制改革的实施意见〉的实施方案》，公布《韶关市实行政府定价的涉企经营服务收费目录清单》，下发《关于取消停征和整合部分政府性基金项目等有关问题的通知》，自2016年2月1日起，全市范围内暂停征收价格调节基金，年减轻企业负担约8000万元。推进天然气、电力等能源价格改革，贯彻落实省的销售电价政策，降低企业用电成本，年可减轻用户负担约1.26亿元；降低市区管道燃气销售价格，年可减轻用户负担约2500万元。

16.对外开放程度不断深化。围绕构建开放型经济体制，着力扩大对外开放，以开放促发展的要求，制定并组织实施《关于进一步加强招商引资工作的意见》《关于进一步优化韶关投资营商环境的具体措施（试行）》《韶关市招商引资工作联席会议制度》《韶关市产业项目攻坚三年行动计划（2016—2018年）》《韶关市2016年出口信用保险专项资金使用管理细则》等文件。2016年1—9月，全市内联招商新项目550个，投资总额195.48亿元，实际到位资金额（含往年项目）180.46亿元；全市合同外资金额18386万美元，提前完成全年任务，实际利用外资4169万美元，前三季度实际利用外资增速、总量在粤东西北12个地级市中位居第一、第四。

二、民主法治领域

1. 司法体制改革持续深化。制定并实施《韶关市司法体制改革试点方案》和法院、检察院“1+2”方案，全面铺开司法体制改革工作。相继出台《韶关市中级人民法院完善司法责任制改革试点工作规范》《韶关市法院关于开展一审行政案件集中管辖试点工作实施方案》《韶关市检察院检察官职权划分暂行规定》《韶关市公安局全面深化改革具体实施方案》《关于完善我市法律援助制度的实施方案》等一批改革指导性文件。各级审判委员会、检察委员会工作机制改革、立案登记制度改革、司法人员分类管理制度改革、司法公开“三大平台”建设、首批入额法官、检察官选任等工作已经完成。构建公共法律服务体系，三级服务中心平台基本建成，一村（社区）一法律顾问工作机制成效明显。

2. 社会治理机制加速完善。出台《韶关市落实镇街综治信访维稳中心目标管理和社会治安综合治理网格化管理任务工作方案》，成立市、县两级“中心+网格化+信息化”建设工作领导机构。韶关市“中心+网格化+信息化”建设试点单位共有10个，其中仁化县丹霞街综治信访维稳中心为省级试点单位。规范及时办理群众初信初访工作，落实信访事项首接首办责任制，压实县（市、区）、乡镇及职能部门化解矛盾纠纷的责任，实现“事事有回音，件件有着落”。建立健全滚动排查机制，实现矛盾纠纷早排查、早发现、早调处，把矛盾纠纷化解在萌芽状态、解决在基层。构建调解、复议、仲裁、诉讼“四位一体”的多元化社会矛盾化解机制；在法治框架内开展社会矛盾治理工作，重点构建人民调解、行政调解、司法调解有机融合的调解机制，实现调解工作在社会矛盾治理工作中的全覆盖。制定《韶关市重大决策社会稳定风险评估工作意见》和《市重大决策事项清单》，加大重大决策和重点项目社会稳定风险评估力度，实现市、县两级评估全覆盖。

3. 地方立法工作机制建设初见成效。发挥市人大及其常委会主导作用，实行市人大常委会组成人员与立法咨询专家一对一对接机制，推动立法研究中心、立法顾问和立法咨询专家参与韶关市地方立法工作。韶关市第一部法规《韶关市制定地方性法规条例》及10个配套立法规范性文件，于2016年3月31日经省人大常委会第二十五次会议批准，自2016年4月5日正式施行。制订完成首部实体性地方法规《韶关市烟花爆竹安全管理条例》，报省人大常委会审议。

4. 法治政府建设进程不断加快。制定印发《韶关市法治政府建设实施纲要（2016—2020）》。加强政府立法和规范性文件制度，向社会公众发布《关于公开征集2017年度韶关市政府规章立法建议项目的公告》，共征集社会公众立法建议1件。

三、文化体制领域

1. 市属新闻媒改革稳妥推进。深化新闻单位人事管理、薪酬制度改革，实行宣传与经营分离，着力构建传统媒体与新兴媒体融合发展的新格局。《市属新闻媒体深化改革指导意见》经市委全面深化改革领导小组第六次会议审议通过，有关单位初步完成各自的改革方案，包括经营管理体制机制、人事制度、薪酬制度、财务制度等方面。市广播电视台初步制定媒体融合工作方案并着手推动实施部分项目。

2. 舆情应急处置机制不断完善。舆情收集、研判和应急处置机制日益健全，做好突发事件和热点敏感问题新闻发布。形成常态化的政府新闻发布制度，建成网上新闻发布厅、政务微博、政务微信等信息发布渠道。

3. 新型文化市场管理模式初步建立。推行文化市场经营单位分级管理和“双随机”抽查制度，对文化经营单位监管做到全覆盖。修改完善文化市场经营单位分级分类管理办法、“双随机”抽查制度，加强各类文化经营单位的排查，进一步推进执法监管的全覆盖，在仁化开展试点工作。通过调查摸底，形成构建和完善文化市场“红黑榜”制度的基本思路和框架，仍在进一步完善中。

4. 政府购买公共文化服务模式大力推广。引导和鼓励社会力量参与公共文化建设，市委宣传部、市文广新局等单位按照“征报—遴选—点单—评选—公示”的步骤，形成2016年政府购买公共文化服务申报项目共44项，全部项目完成合同签定并拨付资金。

5. 公共文化服务机制日趋完善。开展以县级图书馆、文化馆为中心的县（市、区）总分馆制的试点工作，实现与乡村、社区公共文化服务设施的资源整合和互联互通。出台《韶关市贯彻广东省〈关于加快构建现代公共文化服务体系的实施意见〉工作方案》，向省有关单位报送开展县级图书馆、文化馆总分馆制的申报材料，将乳源县图书馆、乐昌市文化馆列为总分馆制的试点建设单位。

6. 粤北采茶戏保护和传承工作有效开展。理顺健全粤北采茶戏保护和传承中心运行机制，组织开展全市地方戏曲普查，摸清粤北采茶戏状况，成立市粤北采茶戏保护传承中心。

四、社会体制领域

1. 医药卫生体制改革实施。印发《韶关市深化医药卫生体制改革总体方案（2016—2018）》，截至2016年8月底，韶关市基本医疗保险参保人数达281.4万余人，参保率达98%以上；推进县级公立医院综合改革，全市21家县级公立医院全部取消药品加成；全市18家城市公立医院实行药品零差率改革后减少的药品加成收入、医疗服务价格调整方案的测算工作完成，2017年4月起实行药品零差率改革。

推进基层医疗卫生机构综合改革，全市乡镇卫生院标准化建设率达76.6%。

2. 教育领域综合改革实施。出台《韶关市区基础教育办学体制改革方案》《韶关市区教育资源整合方案》《关于理顺市区基础教育办学体制的工作方案》等改革方案，通过对市区教育资源布局的调整优化，小岛片区公办学校总数减少5所共7址，人口向小岛外流出师生近6000人；武江区通过新建4所小学、2所幼儿园和扩建4所小学后，将新增小学学位4680个、初中学位1650个，幼儿园学位900个。2016年10月，市委全面深化改革领导小组第六次会议审议并原则通过《韶关市关于推进基础教育综合改革的总体方案》以及《关于推行中小学校长职级制改革的实施意见（暂行）》等7份配套文件，基础教育综合改革谋篇布局进展顺利，预计2018年12月底前韶关市基础教育综合改革全面完成。

3. 征信体系机制改革开展。制定《韶关市信用信息系统平台建设项目技术方案》《关于做好我市行政许可和行政处罚等信用信息公示工作的实施方案》，现正按计划推进信用信息系统建设。落实组织统一社会信用代码制度、全面实施企业信用信息公示制度、加强中小微企业和农村信用体系建设。

4. 户籍制度改革实施。根据《韶关市人民政府关于进一步推进户籍制度暨相关经济社会领域改革的实施意见》重新修订《韶关市户籍管理规定》，实现城乡统一户口登记、完善流动人口居住证“一证通”制度等。通过规范户籍制度有效解决以往政策无法落户的“黑户”问题，从而解决子女入学、签注等问题，群众改革获得感得到增强。

5. 社会组织管理改革探索。贯彻落实《关于大力培育社会组织的实施办法》，降低注册资金、减少会员人数，扩大异地商会登记范围，为社会组织的发展创造条件。以乐昌为试点，推动社会组织综合监管机制试点工作，制定《乐昌市社会组织监督管理实施意见》《乐昌市社会组织财务监督管理实施意见》，系统梳理各职能部门的监管职能，搭建法律监督、政府监督、社会监督、自我监督相结合的社会组织监管体制的初步框架。

6. 食品药品和安全生产监管体系完善。着力构建事权、权责明确，上下协调、运转高效、执行有力的监管工作机制，制定并实施《韶关市食品药品监管事权划分实施意见》《韶关市食品药品监督管理创建规范化乡镇食品药品监管所工作实施方案》。市食品药品监督局与市公安局共同制定《联合打击食品、药品、医疗器械、保健食品、化妆品领域违法犯罪活动工作制度》，对涉嫌食品药品犯罪案件严厉打击处理，食品药品安全共治机制不断完善。

7. 社会治安防控体系改革推进有效。印发《韶关市在重大决策社会稳定风险评估工作实施意见》，制定《韶关市公安机关加强社会治安防控体系实施方案》及《韶关市公安机关加强社会治安防控体系建设2016年重点任务》，运用大数据、云计算、“互联网+”等现代先进技术，建立路面巡逻与视频数据相结合的一体化防控机制。出台《韶关市2016年度突发事件风险隐患排查和整改工作方案》，开展矛盾纠纷的防范和调处化解工作。完善多元调解机制，强化公、检、法及工商、卫生、劳动等部门的协作联动，整合社会资源形成调解合力，促进各类矛盾化解。

8. 基层社会治理改革创新开展。在武江区花城社区试点开展“三社联动”的社区治理机制，得到社区居民积极参与，形成社区多元共治新格局。在试点的基础上进一步推广“三社联动”“和谐志愿者促进会”管理模式，增强社会治理力量。新丰县推进和谐志愿者协会建设，该县157个行政村中有超过三分之二的村成立 “和谐志愿者促进会”，成为新时期社会治理的一支重要力量。

五、党的制度建设

1. 领导班子建设制度改革全面推进。草拟《中国共产党韶关市委员会工作制度》（初稿），完善党委常委会议议事规则和决策程序，并以始兴县委作为试点，探索推行党委职责清单制度建立工作。2014、2015年，针对韶关市经济发展形势，突出对社会发展的考核，分别制定各年度县（市、区）经济社会科学发展考核实施方案，推动领导班子和领导干部进一步树立正确的政绩观，推动县域经济社会持续健康发展。2016年，制定面向县（市、区）党政领导班子和领导干部的差异化绩效评价实施方案，进行分类评价，推动各地形成结合实际、主动作为、差异化发展的良好氛围；针对市直机关单位，出台《2016年韶关市机关绩效考核实施方案》，促进机关转变作风、提升效能。出台《市管干部选拔任用工作纪实制度》，完善干部选拔任用的程序和干部选拔任用的纪律制度。深入贯彻《中国共产党党组工作条例（试行）》，开展党组清理规范工作，于2015年底和2016年初对市、县两级党组（党委）的设立、成员配备、工作规则等进行全面清理规范。

2. 干部管理监督制度改革务实有效。出台《韶关市市管领导干部经济责任审计轮审暂行办法》，组织开展全市领导干部经济责任审计，分批次对乡镇党政正职开展经济责任异地同步审计。2014年以来，对55名任中或离任的市直单位主要领导干部进行经济责任审计，对存在明显问题单位的主要领导及班子进行约谈提醒、责令限期整改。出台《关于实行党政机关和企事业单位主要负责人离任责任交接制度的意见》，进一步加强对党政机关和企事业单位主要负责人的管理监督，促进领导干部正确履行职责。配合省委组织部做好厅级领导干部配偶、子女及其配偶经商办企业行为的规范清理，完成相关规范清理工作并报省委组织部。

3. 人才体制机制改革取得突破。出台韶关市“十三五”人才发展规划，结合韶关发展实际拟定《韶关市加快引进百名紧缺适用人才的实施意见》《韶关市百名享受市政府特殊津贴人才选拔管理实施意见》，出台紧缺适用人才引进、培养、管理、服务、激励等措施，进一步优化人才发展环境。修订完善《韶关市县（市、区）人才发展指数考核办法》，对10个县（市、区）的人才工作进行考核。专题组织开展2017—2018年度紧缺适用人才调研工作，编制《2017—2018年韶关市引进培养紧缺适用人才导向目录》，增强招才引智工作的针对性。编制《韶关市县以下机关建立公务员职务与职级并行制度工作推进方案》，在2015年6月实现制度全面入轨运行。

4. 基层组织建设全面强化。着力推进基层服务型党组织建设，全面落实镇街驻点联系制度，全市1100多名镇街领导干部牵头组建1425个驻点团队，每周固定驻村联系服务群众，市每季度、县每个月、镇街每1—2周召开专题会议，研究解决驻点联系问题台账中的突出问题，基本形成常态化的联系群众制度和规范化的问题解决机制。全市共在活动中收集群众反映问题10.7万件，协调解决9.9万件。以村级便民服务站为中心，推行“345”工作机制，打造村级服务型党组织，为民服务动力不足、重心难下移、机制不健全等问题得到有效破解。村（社区）基层组织建设深入推进，制定出台《关于加强村（社区）党组织书记队伍建设的实施意见》，明确村（社区）党组织书记的主要职责、选任标准和要求，进一步完善教育培训、严格管理、激励保障等措施。持续开展软弱涣散村（社区）党组织整顿工作，2014年以来，通过排查整顿，转化428个软弱涣散村（社区）党组织。开展村（居）务公开民主管理示范创建活动，推进城乡基层民主政治建设，全市有961个村委会被省民政厅命名表彰为广东省村（居）务公开民主管理示范单位。

六、纪律检查体制领域

1. 反腐败领导体制机制改革全面有效。全面落实党风廉政建设主体责任和监督责任，进一步理顺反腐败领导体制和工作机制。制定出台市委党风廉政建设主体责任清单，将市委领导班子责任细化为7项36条，市委书记责任细化为5项23条。建立健全述责述廉述德制度，开展“三述”活动，改进“二述”工作的方式方法，进一步提升针对性和有效性。制定年度党风廉政建设和反腐败工作任务分工方案，通过层层分解任务，建立起“纵向到底，横向到边”的责任制网络，逐步形成规范化、制度化的岗位责任体系。强化党风廉政责任追究，通过建立健全责任追究工作机制并实施严格问责，压实全面从严治党主体责任。2014年以来，共有2个县（市、区）和5个单位在市级党风廉政建设责任制考核中被评为“差”等次，45名领导干部受到责任追究。

2. 干部制度改革加快推进。坚持把干部制度改革放在纪律检查体制改革的突出位置抓紧抓好。执行“三个提名考察办法”，强化与组织部门的沟通协调，加强提名考察工作衔接，明确提名考察工作细节和程序。按照《党政领导干部选拔任用条例》和“三个提名考察办法”的要求，开展县级纪委书记、副书记，派驻纪检组长、副组长和市属企业纪委书记、副书记的提名考察工作。在2016年县（市、区）纪委领导班子换届工作中，紧扣“提名”和“考察”两个关键环节，切实把好“入口关”，对比现任班子，新一届纪委班子结构更优、年龄更轻、文化更高。强化监督执纪问责主业，全面清理议事协调机构。2014年完成市纪委内设机构调整，执纪监督部门达11个，占内设机构总数的73.3%；执纪监督人员编制数设定为47个，占机关总行政编制的67.1%。10个县（市、区）纪委监察局于2014年全面完成内设机构改革。市纪委组建干部监督室，县（市、区）纪委落实干部监督机制，市县两级纪委均成立内务监督委员会，内部监督不断强化。开展纪检监察系统内部巡察工作，坚持有信必核、有案必查，坚决防止“灯下黑”。2014年以来共查处纪检监察系统违纪违法干部15人。

3. 派驻机构体制改革全力推进。坚持把推进派驻机构全覆盖工作作为深化纪律检查体制机制改革，强化监督执纪问责取得实效的重要抓手。市委常委会研究通过《关于加强市纪委派驻机构建设和建立市委巡察机制的实施意见》，明确在市直机关设立20个统一名称、统一管理的派驻纪检组，实现对市直机关、部门、单位的派驻机构全覆盖。建立市委巡察工作机制。成立市委巡察工作领导小组，巡察工作领导小组向市委负责并报告工作。巡察组实行组长负责制，根据党风廉政建设和反腐败工作需要，开展巡察工作。印发《关于加强市纪委派驻机构规范化建设的意见》以及《关于印发〈市纪委派驻机构职责清单〉的通知》，实现机构到位、人员到位、办公场所到位。

4. 查办腐败案件体制机制改革扎实推进。严格执行线索处置和案件查办“两报告”制度，如实报告办案相关事项。实现市、县、镇三级纪委以及派驻（出）机构“两报告”制度全覆盖。进一步完善反腐败协调小组机制，加强与各执纪执法机关的协调配合，在案件线索移送、信息通报、案件移交、结果反馈等工作中实现有效衔接，形成反腐败工作合力。完善作风暗访工作机制，坚持暗访、查处、追责、曝光“四管齐下”，紧紧抓住重要时间节点，整合全市暗访工作资源，采取定期与不定期相结合、集中检查与常态监督相结合、临时抽查与交叉检查相结合等方式，明察暗访“四风”问题、违反中央八项规定精神的行为和损害群众利益的行为。坚持正确的执纪导向，始终保持惩治腐败的高压态势；运用好监督执纪“四种形态”，坚持正确的执纪导向，讲求执纪效果。出台《关于加强我市党员干部谈话工作的通知》，建立健全抓早抓小工作机制，在韶铸集团、市工商局等9个单位开展试点工作，探索党员领导干部“八小时以外”活动监督管理。出台《关于建立健全党员干部干事创业容错免责机制的通知》，坚持“两个尊重”“三个区分”的原则，营造干净干事的良好环境。

5. 反腐倡廉法规制度体系建设成效明显。着力推进惩防体系建设工作。制定《韶关市贯彻落实中央〈建立健全惩治和预防腐败体系2013—2017年工作规划〉的工作方案》，明确各级各部门的具体任务和分工安排。推行廉政风险防控工作。将廉政风险防控从机关延伸到企事业单位，从市、县延伸到镇、村，形成各层次、各系统共同实施、上下联动的工作格局，实现“纵向到底、横向到边”的整体防控。稳步推进始兴县领导干部有关事项核查公示工作。

韶关首部地方性法规出台

2016年1月22日，韶关市第十三届人民代表大会第六次会议第四次全体会议表决通过《韶关市制定地方性法规条例》（以下简称《条例》）。这是韶关诞生的首部地方性法规。

韶关的立法工作起步于2014年。根据《立法法》第七十二条的规定，授权设区的市人民代表大会及其常委会根据本市的具体情况和实际需要，在不与宪法、法律、行政法规和本省、自治区地方性法规相抵触的前提下，可以对城乡建设与管理、环境保护、历史文化保护等方面的事项制定地方性法规。设区的市的地方性法规须报省、自治区的人民代表大会常务委员会批准后施行。中共韶关市委、市人大常委会于2014年3月启动申报地方立法权工作，成立立法工作协调小组，负责推动立法筹备工作。

2015年5月28日，广东省第十二届人大常委会第17次会议通过《关于确定佛山、韶关、梅州、惠州、东莞、中山、江门、湛江、潮州市人民代表大会及其常委会开始制定地方性法规的时间的决定》，韶关市与佛山等9个市一起成为全省首批被授予地方立法权的地级市。2015年6月30日，中共韶关市委主持召开全市立法工作会议，对立法工作进行部署。常委会落实市委对立法工作的要求，加强对立法工作的组织协调，开展立法筹备各项工作。建立韶关市第一个法律人才库，为全市3965名法律人才建立档案，成立地方立法咨询专家库，聘请27名地方立法专家，在市人大常委会法制工作委员会增设法规科、备案审查科等立法工作机构，增加8名立法工作人员编制；在韶关学院设立地方立法研究中心；建立基层立法联系点制度；市十三届人大六次会议依法设立市十三届人民代表大会法制委员会，为韶关市科学立法、民主立法打下坚实的基础。2015年7月，市十三届人大常委会第40次主任会议通过《韶关市人大常委会2015—2016年立法工作计划》，将《条例》的制定列入2015年常委会审议的立法项目。根据计划安排，市人大常委会成立《条例》（草案）起草小组，全面负责《条例》（草案）的起草工作，拟订《条例》（草案初稿），市人大常委会法工委组织专家对该稿逐条进行评估研究，研究修改完善，提出《条例》（草案）。经市十三届人大常委会第28次会议进行初审后，将修改完善后的《条例》（草案）发送市人大代表、市直有关部门、各县（市、区）人大常委会，并在韶关人大信息网全文公布《条例》（草案）的文本和说明，公开征求社会公众意见。先后多次召开征求意见座谈会，分别听取市有关部门和市人大代表等有关方面的意见，在此基础上，形成《条例》（草案修改稿）。2016年1月8日，市十三届人大常委会第30次会议对《条例》（草案修改稿）分别经过第二次审议、提请市十三届人大六次会议审议。在市十三届人大六次会议提请审议，市十三届人民代表大会法制委员会统一审议，针市十三届人大六次会议主席团审议通过后，最后经市十三届人大六次会议第四次全体会议表决通过。

《条例》是一部规范韶关今后制定地方性法规的“立规矩”之法。全文7066字，共七章六十七条。包括总则，立法规划、立法计划和法规起草，市人民代表大会立法权限和程序，市人民代表大会常务委员会立法权限和程序，地方性法规的报请批准和公布，地方性法规解释，附则。《条例》经人民代表大会表决通过之后，报经广东省第十二届人民代表大会常务委员会第25次会议，于2016年3月31日获得批准，《条例》自2016年4月5日起施行。2016年10月19日，市十三届人大常委会第36次会议表决通过首部具有实体性内容的地方性法规《韶关市烟花爆竹燃放安全管理条例》。（黄远习）

韶关投资62亿元打造交通网

2016年是十三五开局之年，也是推进韶关市交通对接珠三角的关键之年。2016年，韶关全市完成交通基础建设总投资约62亿元，较2015年增长约4.9亿元。至2016年底，全市公路通车里程达到16049公里，内河等级航道通航总里程256公里，铁路里程462公里。2012—2016年新增高速公路202公里、普通铁路117公里，改造国省道128公里，大广高速、赣韶铁路、广乐高速公路及其北连接线建成通车，全面实现县县通高速公路，在粤东西北地区率先建成环城高速公路，形成连接珠三角城市群的高快速通道，形成“三铁四高一航”为主骨架的交通体系，整体纳入大珠三角两小时生活圈。武汉至深圳（武深）、汕头至昆明（汕昆）高速公路和北江航道扩能升级工程动工建设，韶关至新丰高速公路（韶新）、南雄至乐昌高速公路（雄乐高速）、韶关至柳州铁路（韶柳铁路）和湖南省宜章黄沙经莽山至乐昌长来高速公路开展前期工作，韶关丹霞机场项目项目可研完成编制并上报广东省审批，规划韶关经清远至珠江西岸高速公路，韶关境内的第二个武广高铁站点——乐昌东站在年内主体封顶，启动有轨电车首期示范线建设，完善公交首末站与公交充电桩。韶关政府规划加大在市区中心人流车流众多的地方加强交通疏导建设以及相关交通设施的维护和新增。在解放路步行街、火车东站、惠民南路粤北医院门口、韶南大道、工业路、西河桥东侧等人流量较大的交叉路口，建设人行天桥或过街隧道。市区解放路步行街口人行天桥已动工。

韶关市区扩容提质

市区城市框架有所扩大，逐步由小岛核心向东河、西河扩展，市区建成面积扩展到99平方公里，常住人口103万人。7月韶关市出台《城市提升三年行动计划（2016—2018年）》，实施交通顺畅提升、城市功能提升、环境与景观提升、加快推进新城建设和城市管理提升“五大”工程。2016年完成投资52.6亿元，开工项目47个、竣工24个。2016年，南华路、滨江路、百旺路等骨干道路基本建成，综合客运枢纽站、移动生产调度中心项目、芙蓉隧道、国有工矿棚户区改造（南区）及芙蓉、西联、车头新村安置房等项目建设进展顺利，碧桂园太阳城、恒大城、保利大都会、广东韶关实验学校、盆景山公园等项目建设加快推进。芙蓉东路、韶南大道、站南路、镇泰路等市区内涝整治工程以及小岛片区旧堤加固、慢行系统和独芳路、芙蓉北环山公路（摩尔城段）等项目建成，陵南路（鹅坑桥转盘至东郊客运枢纽站）改造、莲花大道、解放路人行天桥等项目加快建设。首批兴隆农贸市场和启明北农贸市场工程完工交付使用，芙蓉北路、移山路改造，五里亭片区、小岛片区的截污管网工程等重大工程都竣工。市区8个交通节点改造中5个完工，2个因道路断面整治改造而暂停施工，1个交通整治工程完成立项。东环线建设工程、市区供水管道改造工程、教育资源整合控制性工程韶师分院搬迁项目、群康路贯通、曲江大道、惠民南至武江南道路连接工程、第二批工程美泰农贸市场、武江农贸市场、道路信号灯升级改造等都加紧施工推进。推进芙蓉丽景、恒熙华城、沙湖绿洲、保利心语花园项目、韶关市木材厂、启明北片区旧城改造项目和钛白粉厂地块及周边地块项目等“三旧”项目改造。韶关市开工建设8个小公园。在浈江区、武江区镇（街道）一级建设城市居家养老服务中心。芙蓉新城主干道路滨江路年底前建成通车，韶关市紧固件产业园动工建设，新雪域农产品（冷链）物流园推进，鑫金汇财富中心开业。

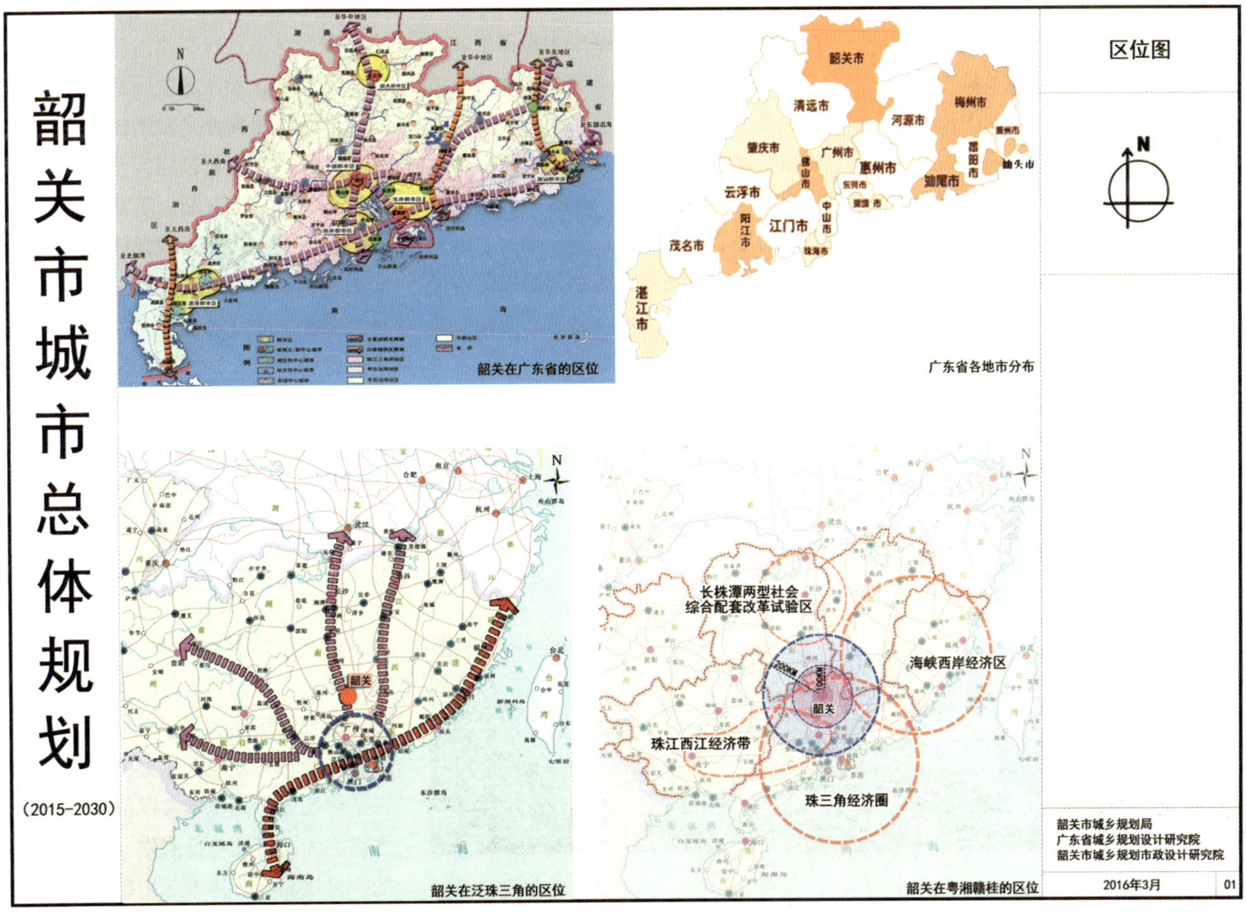

韶关概览

历史梗概

【明清以前】 粤北的人类历史可以远溯到距今十万年前，他们就地穴居。远在七八千年以前，粤北的先民在这里狩猎、捕捞、采集。四五千年前，粤北的先民已经懂得人工栽培稻谷，制作各种石制工具和装饰品。粤北地区从周代起步入青铜时代，只是发展较中原地区缓慢，尚未形成奴隶制社会。随着社会生产力的不断发展，手工业从农业中分离出来，出现私有财产，剩余的劳动产品作为商品可以交换。早在春秋战国时期，南海的羽、毛、革等热带特产，曾经粤北传入长江流域和中原地区，而北方先进的铁制农具和牛羊畜种也经粤北流入岭南，粤北成为岭南岭北交换的通道，此后数千年的历史中，粤北和长江流域、中原地区在经济上一直有密切联系，在客观上促进粤北地区的较早开发。

公元前214年，秦始皇平定岭南，汉人有组织地从黄河、长江流域迁移三郡，和越人杂居。此后，这种迁移过程一直没有间断。两汉时期是粤北经济的起步阶段，晋末南朝是粤北经济的长足发展阶段。到唐宋时期，粤北的文明辉映岭南。

西晋永嘉年间（307—312年），唐安史之乱和北宋靖康年间（1126—1127年），北方长期处于战乱之中，中原一带的汉人为避战乱而大规模南迁入粤，而入粤的流民又大都先在粤北驻足，然后才定去留。公元三世纪时已有阿拉伯商人从海道来到中国，广州成为中国对外贸易中心，而粤北则成为中国南北交通的要冲。历史上几条著名的南岭通道中，有三条分别是大庾岭通道、骑田岭通道和萌诸岭-九嶷山通道通往粤北。水路交通干线为浈水，逾大庾岭山隘过江西为小北江，逾骑田岭上湖南。到东汉时期，桂阳太守周昕整治第三条沟通岭南岭北经济交流的大动脉，南北交通运输业的发展，促进粤北地区的发展进程。因此，粤北地区的人口骤增。两晋南朝时期，粤北地区的人口密度远高于粤东地区和珠江三角洲地区，南北朝时的梁朝在曲江置有银场。北方劳动人民大批南迁，给粤北地区带来很多先进的生产工具和耕作技术，促进粤北山区的开发。

广州是古代中外贸易的重要商埠。到唐代，这里的贸易更甚，而韶州又是通往内地的交通要道。为适应商业发展的形势，唐开元四年（716年），张九龄奉命开凿大庾岭道，变梅关天险为江广交通孔道，成为联系长江水系和珠江水系的交通纽带。内地的蚕丝、茶叶等货物多经这里运往广州出口。国外的香料、工艺品、沿海的盐等货物，经这里北运，使这里商业之发达仅次于广州。到宋代，由于国势较弱，西北对外的通道被西夏等部族截断，阻塞宋朝与西方的经济交往。因此，朝廷更加重视南方海道，扩大对外贸易。韶关、南雄作为粤北重镇因而越加繁荣。

唐宋时期，粤北的农业、手工业都有相当的发展，矿冶业达到一定的水平。宋代的矿冶业就更加发达。各种冶炼厂遍布各县。粤北的矿藏得到开发和利用。宋代粤北的土布生产、印染、针绣也达到一定的水平。韶州和南雄是当时的织布和丝绸中心。瑶族的“瑶斑布”其制作方法，在当时是先进技术。

四五千年前新石器时代晚期，粤北先民能把实用性和美观性结合起来，纺织技术的掌握，使粤北先民在穿着方面有条件朝着美观化和多样化方向发展。夏商之际，粤北先民制作这些种类繁多的陶器用品，既是生活用品也是美术创

▲碧水蓝天美丽韶城 （赖金棠 摄）

作的结晶。西周晚期和春秋时期，粤北进入青铜器时代，粤北先民在工具制造方面有质的飞越。陶器制品改素面为外施一层黄绿油彩，纹饰种类更加多样。青铜的出现，人们的审美意识趋向复杂和多样化，先民开始从蛮荒时代进入文明时代。

秦始皇吞并六国后，迁徙内地50万人戍五岭，与越人杂居，使粤北文化和中原文化开始融为一体。铁器制品有少量出现，粤北进入铁器时代。东汉时期，粤北文化有新的发展，此时的八鸟兽腾飞奔跑装的图案，表明粤北地区和中原地区的文化发展的距离缩小。

经济文化的发展，使粤北地区出现象辅助南陈皇帝陈霸先开国的大将军侯安都那样的著名人物。南北时期，粤北的封建教育达到相当的水平。

南朝时，佛教文化也在粤北及其盛隆。著名的南华寺、月华寺、灵隐寺等，均在此时建成。

唐代是中国经济文化的鼎盛时期，封建教育的发展，造就一批在中国历史上占有重要地位的人物。唐时韶州府共有张九龄等8名进士，5名乡项。这个时期，是粤北有名的“文化之乡”。与此同时，一批在粤北为官的著名政治家、文学家对唐代粤北文化做出贡献。突出的代表人物有韩愈、刘禹锡等。

粤北为南派禅宗的发源地，曾是佛门弟子朝拜的圣地。禅宗南派的创始人六祖慧能，于唐仪凤元年（676年）来到南华寺，弘扬“直指人心，见性成佛”的顿悟法阂（即南宗），南华寺因此盛极一时，有“祖庭”之称。慧能时候，唐代名从王维、柳宗元、刘禹锡等先后为其撰写碑铭。他的弟子将其生前说教汇编成《六组法宝坛经》，成为后来禅宗的“宗经”。

两宋时期，粤北的文化继唐代之后盛久不衰，宋代韶州有府学、湘江书院，各县有县学、社学。许多文才拔萃的政治家、外交家即在北宋时期产生。同时，一批杰出的诗人、散文家和画家如北宋文学家苏轼、画家米芾，南宋文学家杨万里，道学家朱熹、王阳明等在

▲风采楼夜景 （赖金棠 摄）

粤北的文化史上留下浓墨重彩的一笔。元代粤北文化一直处于低潮。

韶关在历史上一直是广东和北方的交通要道，在军事上有着极大的战略意义。在长沙马王堆三号墓中，发现2100年前的地形图和驻军图（世界最早的地图），标示有韶关市西北部的地形和居民点，也说明韶关地理位置在古代军事上的重要性，正由于韶关地处咽喉，所以，这里成历代兵家必争之地。南越王赵佗割据江南为对抗中央王朝，便在南越国北境险隘处置关戍守，利用五岭易守难攻的地势，在今韶关市内大修关隘。汉武帝时，屯守在桂阳（今连州）的卫尉路搏德为伏波将军，指挥五路兵马计伐南越，在连州设立大本营，借助韶关大庾岭、阳山关的有利地形，分两路攻破南越军，会师直取广州，岭南悉平。东晋，卢循带领农民起义军派部将在始兴郡扎营数年之久，并借助骑田岭、大庾岭北伐，被打败后，翻越这两道岭逃亡广州。南北朝时期，南朝四代偏守江南半壁江山，粤北的战略地位更显其重要。占据粤北南可威胁广州，北可进取江西，虎视建康（今南京，时为南朝都城）。南梁始兴郡（郡治在今韶关市区）太守陈霸先从大庾岭出兵参加平定侯景之乱，尔后取代梁朝，建立陈朝，成为南陈的开国皇帝。

北宋开宝三年（970年），宋太祖封潘美为贺州道行营都部署，举兵征伐南汉，统一岭南，南汉北方门户韶州首先失陷，宋军挥师南下，971年2月攻占英、雄两州后，直逼并占领广州城，南汉王刘长被迫出城投降。南汉遂平。元末，韶州为陈友谅率领的农民起义军所据，元至正25年（1365年），明朝大将常遇春率部自赣州过大庾岭克韶州。明洪武元年（1365年），驻韶明军配合海道取广州的明军主力，南攻肇庆和德庆，断截元军退路，并迅速歼灭在粤元军。

韶关市是浈江、武江、北江三江交汇处，水上交通运输及其方便，所以自古以来就是粤北的经济、政治、文化、军事的中心重镇。远在两千多年前的汉武帝时代，韶州就是一个很兴旺发达的小城。当初的地址是在浈水东的莲花山脚一带，古城基址今无存。唐代武德初期（公元618年），由刺史邓文进将城府迁至武水西一带，后被洪水冲毁，至今也无迹可寻。于南汉白龙二年（926年）左右才迁至半岛上，一直至今。

【明清时期】 明清时期，粤北的经济进入缓慢发展阶段，渐渐落后于广州等沿海地区。但粤北的工农业仍有新的发展。采矿业在广东仍然占有举足轻重的

地位。至明清时期，韶州的牙行业、行栈业、旅栈业、银楼业、中药行业、烟草行业、布匹行业、典当业、米行业、盐行业、京果行业、饮食行业、土纸行业、运输业等颇为兴旺，这一时期在韶州城内和城郊先后建立九大贸易市场（墟市），手工业的产品销向清远、三水、广州、佛山、肇庆、江门等。各地商人来韶经商频繁。尤其清嘉庆二十二年（1817年），清政府实行海禁后，广州成为唯一的通商口岸，南北货物和国外进口商品，大都运来韶州转运集散。湘赣、江浙、闽南和广州各地客商，纷纷来韶经商，先后在韶州设立一批商业会馆，其中主要的有广州会馆、四邑会馆、豫章会馆等。南北货物的云集，韶州关税银也随之日增，成为国库和地方财政的一大财源。

粤北的文化到明清时期得到进一步发展。明代韶州境内有相江、昌山、会英书院和含光、会溃等书院，南雄州有大中、凌江等书院。到清代，除韶州有相江书院外，乐昌有昌山书院，乳源有城东书院、云门书院等，仁化有仁阳书院、董劝书院、扶凤书院、锦江书院等，翁源有八泉义学，南雄州有大中书院、正学书院等8间书院2间义学。从清顺治年间到同治年间韶州府学和各县学在读学生892人，其中乾隆年间府县学最盛，在读学生共227人。清末废除科举制，各书院、社学更名为学堂，文化得以进一步发展。佛教文化盛久不衰，明末清初的澹归和尚在历代中最为出名，丹霞山别传寺就是为其所辟。明清时期，西方天主教、基督教在韶关传播，区境宗教走向多元化。

在清朝统一中国的战争中，曾两次攻粤，其中经韶关的是顺治七年（1650年）清军第二次攻粤。清军主力由江西信丰出南雄，克韶州后南下取广州。

清康熙十五年（1676年））3月初至5月，吴三桂叛军大肆掠夺韶州城数月。5月，清军遂收复韶关。康熙十六年（1677年）7月初，吴三桂部将们统领兵马再次围困韶州城，双方相持达三个月。9月，清军在莲花山下展开激烈战斗，马、胡、张部几乎全军覆灭，溃离韶州城，战争才告平息，全粤亦得安定。

咸丰年间，农民义旗四起。咸丰二年（1852年—1859年），数万红巾军起义军攻陷英德、仁化、乳源县城，并三次围攻韶州府城，振动整个南韶连道。自咸丰九年至同治四年（1859年—1865年），太平军曾先后三次在韶关境内活动，声势浩大。咸丰九年（1859年），石达开率领的太平军和当地的一万多名红巾起义军汇合后，共数十万大军，攻陷乐昌县城，并向北进发，向清皇朝的统治发动猛烈的攻击。

清光绪年间重修《韶州府志》时，有韶州府城地图一幅，记载当时城池“城周围九里三十步，高二丈五尺，东南六百另一丈，东北百另四丈，正北二百一十六丈，西濒无壕”。那时韶州府城墙东有闻韶门，南有文明门，西有镇越门，北有望京门。

【民国时期】 民国以后，韶关开始出现一些官僚资本家经营的工矿企业，采煤业、以木炭、柴油为燃料的小火电业萌芽。辛亥革命后的北江地区，经济上非常落后，农业经济依然占据主导地位，经济上非常贫穷，物价飞涨，投机猖獗，市场混乱。农村生产力低下，农田产量低，还得受地主、奸商的剥削压榨，广大农民过着“放下禾镰没米煮”的困苦生活。山区地主（山主）占有大部分山林，大多数农民受雇为地主耕作。手工业有铁具与山区的竹木手工等。商业有不少名优特产，如马坝油粘米、英德红绿茶、南雄黄烟、翁源三华李、阳山同冠梨、仁化白毛茶、乐昌马蹄等。粤汉铁路没开通前，北江地区大部分商业都是零售业，到粤汉铁路开通后，食盐、煤油、火柴、香烟等大宗商品都可以由火车运到韶关，批发业务相应发展起来，业务也延伸到湘南、赣南各县，有铁路、采矿业，船业、运输业及手工作坊等行业工人。由于当时没有公路通往各县，陆路只能靠肩挑运输，商品流量仍然不大，购买力低。

韶州府城一度有东南西北四个城门，1928年因城市建设及扩展街道而将城墙拆去。1922年和1924年，孙中山先生率领革命军曾在韶关两次设立大本营，作为北伐的前沿基地。1938年，广州沦陷，广东省府被迫北迁韶关，使韶关一度成为省城，直到1944年底。武江、浈江河畔十几里成为逃难民村，居住着不少来自南番顺的难民。

解放战争时期，国民党企图占据五岭的有利地形在岭南负隅顽抗，中国人民解放军兵分陆路和水路两路经由韶关进击南下，不久，就解放海岛以外的广东各地。

清末民初，区境开始有官办银行。至新中国成立前，在区境计有官办银行及地方银行十余家。在会馆内分别兴办小学，开办影剧院，创办报社，商业街商铺林立，人气旺盛，最为典型的是百年东街，两条古街道，为东堤北路、广富新街。

【中华人民共和国成立后】 新中国成立后，国民经济逐渐恢复和发展，人民生活趋于安定。韶关作为华南重工业基地和广东战略后方，曾被国家和广东省委以重任，先后部署一大批国家级、省级骨干工业企业，由此奠定韶关在广东省的工业“龙头”地位，并创造出多个“第一”。韶关因此成为全省第二大工业城市，韶关的一些明星企业份量很重。到1966年上半年，韶关全区的经济形势全面好转，城乡市场繁荣，人民收入增加，生活明显改善。但是十年“文化大革命”，严重影响韶关经济社会发展，粉碎江青反革命集团后，韶关各项事业在曲折中前进，直到1978年12月，随着党的十一届三中全会的胜利召开，结束粉碎“四人帮”之后的两年党的工作在徘徊中前进的局面，韶关的经济社会发展从此迈入全新的历史时期。改革开放后10多年间，由于区位优势的弱化，改革开放的力度不强和步伐偏慢等原因，韶关不仅与珠三角地区差距越拉越大，甚至连原来发展较慢的湖南郴州和江西赣州，也有赶超韶关之势，经济发展步伐明显滞后于广东，也稍慢于全国。改革开放后，1978年，韶关人均GDP 410元，高于同期全国的381元、广东的370元，经济总量在广东居第五位。1979—2007年经济年均增长率，广东13.8%、全国9.8%、韶关只有9.4%。2007年，韶关经济总量退居15位，人均GDP只有16049元，仅为广东33151元的48.4%、全国18934元的84.8%。随着2013年11月“一带一路”倡议的提出，韶关借助历来是内陆腹地通往珠三角走向海上丝绸之路的重要节点城市的有利地位，参与“21世纪海上丝绸之路”建设，认识到经济发展滞后的主要原因之一是交通基础建设不足，加快交通基础建设的脚步。“十二五”期间，韶关的交通基础设施建设实现大提速，已成功融入以广州为核心的珠三角“一小时”经济圈，形成以“四高三铁一航”（即京珠港澳（原京珠高速、乐广高速、南韶（赣韶）高速、大广高速、京广铁路、京广高铁、韶赣铁路、北江航道）为主骨架的综合交通网络，到“十三五”期间将升级为“八高四铁两航”（即京珠港澳（原京珠）高速、乐广高速、南韶（原赣韶）高速、大广高速、汕昆高速、武深高速、韶关经清远至肇庆四会高速、韶新高速、京广铁路、京广高铁、韶赣铁路（含增建二线）、韶柳铁路；北江航道、韶关丹霞山机场）。韶关贯彻落实省委指示精神，及时调整战略思路，明确“十三五”时期把主动融入珠三角实现加快发展、产业兴韶作为韶关经济社会发展的总战略，以全面建成小康社会为总目标。韶关经济发展水平要在在2020年跟上广东率先基本实现现代化，要加大改革开放的力度和加快改革开放的速度，顺应和采取反周期对策，适应国家宏观经济政策调整，扩大固定资产投入，以推进产业结构调整、所有制结构调整以及加快工业化进程。

自然·地理

【位置和面积】 韶关位于广东省北部，北接湖南，东邻江西，东南面、南面和西面分别与广东省河源、惠州、广州及清远等市接壤。介于北纬23° 53′ ~25° 31′，东经112° 53′ ~114° 45′ 之间，东起南雄市界址镇界址村，西至乐昌市三溪镇丫告岭村，全境直线距离东西跨长186.3公里；北自乐昌市白石镇三界圩村，南至新丰县马头镇路下村，南北为173.4公里。全市土地面积1.84万平方千米，韶关市区面积3468平方千米。河流主要属珠江水系北江流域，北江以浈江为干流，主要支流有武江、墨江、锦江、翁江、南水。

【地貌】 韶关市位于南岭山麓的中段，构造上属于华南褶皱带的一部分，在地质历史上经历过多次的造山运动，受褶皱、断裂、岩浆活动和多次间歇性上升影响、重力、风化等多种外营力作用下，形成独特的地貌特征。韶关自北向南，三列弧形山系及其两列河谷盆地，构成全市地貌的基本格局。韶关地貌自新生代第三纪丹霞群形成以后，都处于间歇上升状态，流水侵蚀作用强烈，因而造成陡峭的山地以及多级相对平坦的地面。韶关岩溶地貌分布甚广，主要位于大瑶山西侧乐昌市梅花、云岩和乳源县大桥一带，面积约760平方千米，在曲江、翁源等县，也有不少石灰岩地形分布。同时还有典型的红岩地形著称于世，如南雄盆地、乐昌坪石盆地等。韶关地形以山地丘陵为主，河谷盆地分布其中，平原、台地面积约占20%。地势北高南低，海拔1902米的石坑崆为广东第一高峰。

【气候】 韶关属中亚热带湿润型季风气候区，距离南海200多千米，是大陆气团和海洋气候交绥的过渡地带。境内地势北高南低，是寒流入境的天然屏障，有利于从南方海洋携带的暖湿空气，因抬升作用而成雨。地貌上有“三山两谷”特征，山地河谷交错分布，山地丘陵占全市土地的八成，致使境内各地气候复杂多样。年平均温度为21℃，年平均降雨量为1700毫米，全年无霜冻期为310天，冬季北部有雪。冬短夏长，春秋过渡快，四季分明，降水丰富，南多北少，雨、旱季分明，雨季一般出现在3月至8月，旱季出现在9月至次年2月；各地气候差异大，垂直气候变化明显。随地形、海拔高度和不同坡向山地的气候有很大差异。灾害性天气增多，常伴有雷雨大风、冰雹、龙卷风出现，强对流天气出现在2至9月，南多北少，西多东少。

资源物产

【土地资源】 韶关市总面积为184.13万公顷。农用地面积169.74万公顷，其中耕地面积为22.04万公顷，园地面积为2.67万公顷，草地面积4.12公顷，林地面积为140.30万公顷，草地面积4.12公顷，其他农用地为4.72万公顷；建设用地面积为8.72万公顷，其中城镇及工矿用地面积为6.32万公顷，交通运输用地为1.22万公顷，水利设施用地为1.17万公顷（水库及水利设施）；未利用地面积为5.67万公顷。2016年森林覆盖率75.05%，活立木蓄积量9053.95万立方米。国家级自然保护区3个，省级自然保护区10个，自然保护区面积 22.2万公顷。年末城市建设用地面积871.59平方千米。

【水资源】 韶关市河流众多，水资源丰富，主要属珠江水系北江流域。韶关市水资源分区划分为浈江、武江（中下游、北江上游，滃江、连江（连江中游支流、黄洞河，大潭河）、新丰江（上游）、桃江和章江（长江流域）等八个四级水资源分区。在韶关市范围内或流经韶关市的集水面积（或称集雨面积）在1000平方公里以上的河流有北江、浈江、武江、滃江、南水河、新丰江、锦江、墨江、南花溪等。除上述河流外，集雨面积100平方千米~1000平方千米河流还有54条，多年平均河川径流可达144.8亿立方米，占北江在本市范围内产水量的71%。北江由北向南贯穿本市，两侧大小支流密布，各大小支流都源于高、中级山地，且切割很强，两岸壁立的峡谷甚多，水流湍急，河道比较陡，流量大。该市河流流出广东省境外的有：汇入章江的94平方千米，汇入桃江的146平方公里，以上两江均属长江流域鄱阳湖水系。韶关市水资源量主要来源降雨，全市多年平均降雨总量1682.3毫米，折合年降水总量309.29亿立方米。全市多年平均水资源量平均值179.93亿立方米，多年平均地下水资源量44.05亿立方米。2016年全市年降水量为2322.9毫米，折合年降水总量427.06亿立方米，比上年多18.3%，比多年均值多38.1%。

【矿产资源】 韶关位于中国南岭多金属成矿带的中段，矿产资源比较丰富，且不少矿种分布较广、储量较大，曾经是广东省的矿产资源大市。经过多年开采，韶关的煤炭和铁矿的可采储量分别下降为7500万吨和624.6万吨。2001年以来，随着煤炭、铁矿资源的逐步枯竭，韶关247户市直国有企业退出，2.3万名职工分流安置，特别是广东省全面关闭煤矿的政策出台，导致韶关支柱之一的煤炭产业全部消亡，韶关的相关产业遭受沉重的打击。2011年，经国务院批准，韶关市被列为全国第三批资源枯竭城市。

到2016年，与全省比较，发现的矿产，广东有117种，韶关市有88种，部分矿种仍保有一定储量，如黑色金属、有色金属、贵金属、稀土及分散元素矿产、放射性矿产、冶金辅助原料、燃料矿产、化工原料非金属矿产、建筑材料矿产和地下热水等。探明储量的矿产，广东有85种，韶关市有55种，其中优势矿种有铀、铅、锌、铜、钨、钼、硫、水泥用石灰岩、稀土、新丰的陶瓷土、萤石、地下热水等12种，尤其是有色金属矿产，在广东占有重要位置。韶关市矿产资源的主要特点：一是分布广，大部分发现的矿种在市辖10个县（市、区）均有分布；二是小型矿床多，大、中型矿床少；三是共生伴生矿多，单一矿少，特别是金属矿产。至2016年12月31日，全市持采矿许可证的矿山共计164个，其中，铀矿5个；金属矿20个（铁矿6个（含铁多金属矿）、钨矿5个、铅锌矿3个、锑矿2个、铜矿2个、钼矿1个、银矿1个）；两水14个（地热水11个、矿泉水3个）；其他非金属、采石取土类125个。按发证机关分：国土资源部发证6个，省国土资源厅19个，市级28个，县级111个。市级审批权限下放后，原市级发证矿山下放给县级审批，市级只保留省国土资源厅下放的两水地热矿泉水类14个、浈江区、武江区的非金属矿山12个，其他县的大型水泥配套石场2个。按矿山生产建设规模划分：大型矿山8个、中型2个、小型149个（铀矿未列入统计）。全市矿山从业人数约8700人；年产矿石量约1328万吨，其中金属矿石量约313万吨；工业总产值约30.59亿元，税收约5.12亿元。

（莫新生）

【植被和生物资源】 韶关是全国重点林区，广东用材林、水源林和重点毛竹基地，被誉为华南生物基因库和珠江三角洲的生态屏障。已知维管束植物有201科872属2213种。本区是华南植被中典型常绿阔叶林的分布中心之一，组成种类主要属于壳斗科、樟科、木兰科、杜英科、金缕梅科、茶科、安息香科、山矾科、杜鹃花科等，多数是在本地发生发展起来的华南区系植物。由于地质古老，并受第四纪山地冰川影响小，是特有科属分布中心之一。珍、稀、濒危树种，仅国家保护植物一级、二类就有20多种。材用、药用、纤维、芳香、油料、淀粉、染料、水果、观赏、防染、绿化、牧草等类植物，共计有1500多种。而在亚热带常绿阔叶林类型中，则以壳斗科占优势，以亚热带区系成分为主，在垂直分布上，在海拔800米-900米以下的丘陵山地上，分布着低山丘陵常绿阔叶林类型；在山地900米-1600米的山坡上，分布着中山山地常绿阔叶林，其中在局部多石的陡坡上常出现小块状的针叶阔叶混交林或常绿落叶阔叶混交林；在海拔1000米以上的山顶或狭窄的山脊上，分布着山顶苔藓矮林。韶关境内被列为国家一级保护动物的就有10种，华南虎至1985年还有虎迹。一、二级保护的动物有鳄蜥、华南虎、金斑喙凤蝶、白鹇、短尾猴、穿山甲、水鹿等等。建立的有车八岭自然博物馆、南岭国家森林公园蝴蝶标本室、韶关国家森林公园动植物园。2016年，在南雄发现珍贵植物——金缕梅，为金缕梅科金缕梅属植物，距今有6000万至8000万年。在始兴车八岭保护区发现新物种——虎舌兰，为兰科虎舌兰属植物。

环境质量

【水环境质量】 2016年，主要江河水系水质状况总体良好，水环境质量与上年相比无显著变化，除官渡、古市、马坝河出口断面为Ⅲ类水质外，其余断面均为Ⅱ类水质（水温、总氮、粪大肠菌群不参与评价），全市17个市控以上断面水质均达到所属功能类别水质标准，达标率为100%。市区饮用水水源地水质达标率为100%，与上年持平，其中十里亭断面水质为Ⅱ类，达标水量7422.8万立方米、苍村水库断面水质为Ⅰ类，达标水量1918.0万立方米，苍村水库水呈中营养状态，属于达标。

【大气环境质量】 2016年，韶关市区城市空气中二氧化硫、二氧化氮、可吸入颗粒物、细颗粒物、一氧化碳、臭氧年均浓度分别为0.016毫克/立方米、0.026毫克/立方米、0.051毫克/立方米、0.033毫克/立方米、1.1毫克/立方米、0.083毫克/立方米，均优于国家二级标准，全年空气质量指数优、良天数为339天，优良率93.39%。市区降尘年均浓度为每月2.09吨/平方千米，与上年相比上升3.0%。全年降水pH年平均值为5.31，酸雨频率为36.8%，与上年相比下降5.2个百分点，降水质量整体比上年有所上升。

【声环境质量】 2016年，市区道路交通噪声年均值为66.7分贝，其声环境质量处于好等级；市区区域环境噪声年均值为56.5分贝，其声环境质量处于一般等级；各功能区域噪声基本符合标准要求。 （杨文怡）

人口·语言

【人口】 2016年末，户籍人口334.39万人；常住人口295.61万人，其中城镇人口150.50万人。人口自然增长率7.05‰。人口密度每平方千米160.55人。人口出生率13.11‰，死亡率6.06‰。

居住在城镇人口数161.96万人，居住在乡村人口数133.65万人，人口城镇化率54.79%。

【语言】 韶关地区的语言主要为汉语方言，乳源、始兴、曲江、翁源、乐昌、仁化、武江等地有少量的瑶语人群。韶关地区的土著居民，最先杂用各自的母语。客家人和广府人大量入迁以后，粤北土话的地盘不断缩小，被分割形成许多互不相连的方言小区。由于山河阻隔和交通闭塞，方言土话的差异越来越大，那些使用人口较少的土话，常常通过宗族和乡土观念，以维护其语言的稳定性。有些虽仅隔一山一水，两个村落或鸡犬相闻，其语言也有外人不易觉察的细微区别。但因经济、文化交流的需要，又不得不接受相邻较大语种的影响，产生某些同化的现象。例如，南雄市的百顺话和乌迳话等，就与客方言比较接近。而韶关的虱婆话，乐昌的黄圃话、皈塘话，则与粤方言更为接近。这样，使得韶关各地方言土话异彩纷呈，交互融合，又各自保留一定的特色。韶关的汉区，方言土话很多。有些地方上下村庄近在咫尺，所操方言不同。在汉语方言中，依使用人口多少为序，以客家方言为主，粤方言次之，此外还有粤北土话，以及赣方言、湘方言、闽方言、北江船话等。

瑶语是汉藏语系苗瑶语族语支或苗语支的语言。大致为勉语、布努语、拉珈语三种。由于地域差异，在湘、黔、桂、粤、滇相毗连的地带，各处存在不少瑶语方言。

瑶语有自称和他称两种称谓。“莫语”“瑶”“排瑶”“过山瑶”“板瑶族”“箭瑶族”等等，是其他民族对瑶族的称呼。聚居于粤北的瑶族有排瑶族、过山瑶两种。他们的语言同是汉藏语系苗瑶语族瑶语支的语言。按照他们的自称，过山瑶语称为勉方言，排瑶语称为邀敏方言。勉方言是乳源瑶族自治县及粤北各县的过山瑶的交际工具。杂居于瑶区的汉族和其他少数民族一般也兼通瑶语。邀敏语和勉语的差异甚大，不能通用。但过山瑶所使用的勉方言不仅粤北韶关市乳源瑶族自治县、始兴、曲江、翁源、乐昌、仁化等县（市、区）各县比较一致，同广西等地的相比大同小异，甚至早已侨居国外的瑶民，如有部分粤北瑶民在明清时期迁居海外，落籍于越南、老挝、泰国、缅甸、美国、加拿大等国，他们所操的瑶语仍与祖籍的勉语大体相同。粤北瑶族和壮族关系密切，交往频繁，在文化生活和风俗习惯上也相互影响。现在一部分与壮族杂居的瑶族，他们的语言中有大量的壮语借词。粤北瑶族普遍兼通汉语，一些散居的瑶族民众，他们使用汉语客家方言的频率与瑶语相当。在这些瑶区里，存在着双语现象。年青一代瑶民的瑶语，与老一辈瑶民的瑶语，有越来越大的区别。年青一代瑶民从小在学校读书，经济文化生活同汉民族有更多的接触，他们不但会说本地的客家方言，还会说普通话和广州方言，他们所操的瑶语，在语音、词汇和语法方面，更多地打上汉语借词的烙印。

民族·宗教

【民族】 韶关是粤北重镇，历史上也是少数民族重要聚居地之一。唐代，已有瑶族先民聚居；明代，形成“南岭无山不有瑶”的大分散、小聚居的分布局面。2016年，全市有瑶族、畲族等43个少数民族，少数民族人口约5.5万人，占全市总人口的1.7%。全市辖一个自治县——乳源瑶族自治县；一个民族乡——始兴县深渡水瑶族乡。始兴、武江、曲江、仁化、乐昌、南雄、翁源等县（市、区）是少数民族人口较多地区，全市散居少数民族人口3.1万人，占全市少数民族总人口的56.4%。

（梁妙珍）

▲南华寺 （梁国劲 摄）

【宗教】 2016年，韶关市有佛教、道教、天主教、基督教四个宗教。有全市性宗教团体4个，分别为韶关市佛教协会、韶关市道教协会、韶关市天主教爱国会和韶关市基督教三自爱国会；宗教活动场所54处（其中佛教20处，道教4处，天主教7处，基督教23处），宗教院校2所，分别是广东佛学院曹溪学院和云门学院；宗教教职人员516人（其中佛教僧尼470人，道教乾道、坤道22人，天主教神父、修女3人，基督教牧师、长老、传道21人），宗教教徒约4.4万人。（龙　晖）

建置·区划

【韶关由来】 传说舜帝登韶石山奏韶乐，丹霞山的东南缘景区为韶石山景区，取韶石之名改东衡州为韶州，之后历朝沿袭。元鼎六年设曲江县时，便以韶关为县治。韶关在秦代开始有正式的行政建置。秦始皇三十三年（公元前214年），曾将岭南分置为三郡，当时的韶关为南海郡属地。其后，南海郡尉任嚣在莲花山（今韶关市东南郊）筑城，后人称之为“任嚣城”，这是韶关城区最早的雏形。到西汉的元鼎六年（公元前111年），汉武帝以原南越国的北部（包括今曲江、始兴、仁化、乐昌和乳源五县之全部或部分）设置曲江县（县治在今韶关市区），取名“曲江”是因为溱水（武江）“江流回曲”之意。韶关的“关”字由来是因为从明清代，韶州相继设立遇仙、太平、北关三个税关，这里的三处税关再加上在英德县（属韶州府管辖）浈口（今英德市浛洸镇）所设的浛洸（税）厂，韶州府已管辖有4个纳税关口，成为清代广东仅次于广州的两大税关之一。由于明清时代北上南下的商贾众多，他们都将经过韶州称之为“过关”。经过众口相传，久而久之，平民百姓们居然以税关的称谓“韶关”取代“韶州”的大名。韶关的名称大约起于明清之际。到清代，虽然把韶州称为韶关的人逐渐增多，也有文献资料将韶州记载为韶关，但只是俗称而已，韶关在明清两代乃称韶州府。1943年，民国时代的广东省政府正式批准设立韶关市，韶关这个地名从此得到官方的确认，一直沿用至今。

【秦至南朝时期建置】 先秦时期，粤北建置无考。

秦统一六国，始皇帝三十三年（前214年）略定扬越，置南海、桂林、象郡。今粤北各地其时均未建县。高祖建汉后，本境开始建县。陆续建立曲江县（包括今曲江、乳源、仁化、乐昌4县）、桂阳县（包括今连县、连南、连山3县）、阳山县、含洭县（今英西）、浈阳县（今英东及翁源县）。武帝元鼎六年（前111年）平南越后，以粤北5县内属桂阳郡，郡治在郴（今湖南省郴州市），隶于荆州。东汉各朝，省阳山县，并入含洭县。两汉时期，今南雄、始兴一带尚未独立建县，地属扬州豫章郡南野县（古代野同埜，或写作壁）。三国两晋及南北朝时期，开始在粤北设郡置州，加快开发的步伐。东吴甘露元年（265年），始立始兴郡。郡治在曲江（今韶关市区），属荆州。领曲江县、桂阳县、始兴县。东吴永安六年263年，析豫章郡南野县及桂阳郡曲江县二县地新置，辖境包括今始兴、南雄二县、含洭县（含阳山）、浈阳县、中宿县（今清远县）。其所辖的区域范围，除今韶关市（3区12县）全境之外，还包括中宿县。这是本境第一个郡一级的地方政权。此后1700余年的行政建置，尽管名称和辖境大小不尽相同，而格局基本一样，历代承传，相沿至今。西晋武帝平吴（280年），以始兴郡改属广州，治在曲江，领7县，辖境与东吴的始兴郡无异：曲江、桂阳、始兴、含洭、浈阳、中宿、阳山（分含洭复置）。永嘉元年（307年），分荆州之长沙、衡阳、湘东及广州之始安、临贺等9郡，另立湘州，始兴郡属之。东晋相沿旧制，始兴郡建置与辖境不变。义熙十三年（417年）省湘州，始兴郡还属荆州，郡治仍在曲江。南朝时期，朝代更替和州郡废置频繁，建置沿革较为复杂。南朝刘宋初年（420年），粤北建置相沿晋制。泰始六年（470年），以桂阳析置冈溪县（治在今连县西北），割始兴郡之桂阳、阳山、含洭、冈溪4县另立宋安郡（又名小桂郡），治在桂阳。泰豫元年（472年）复故，省冈溪县，改始兴郡为广兴郡，原宋安郡所辖4县属之，治在曲江，领7县：曲江、始兴、贞阳（泰始三年，浈阳改贞阳）、中宿、桂阳、阳山、含洭。辖区与东吴、两晋之始兴郡相同，仍属湘州。南齐复名始兴郡，辖境相同，亦属湘州。贞阳复名为浈阳，析曲江县地另置灵溪县和仁化县，又析始兴县另置令阶县（初名斜阶，后改令阶，不久再改为正阶），连同原有的7县，共辖10县。梁天监六年（507年），分湘、广二州置衡州，治在含洭，初领桂阳、阳山、始兴3郡。南朝梁普通四年（523年），以梁乐（今阳山县西南）、涛安（今怀集县西北）二县置梁乐郡（治在梁乐县），属合州（治在徐闻，后改为南合州）。承圣二年（553年），以始兴郡立东衡州（治在曲江），粤北遂分为2州。其中：衡州领阳山、桂阳2郡：阳山郡下辖含洭、桂阳、广惠（析桂阳县置）、阳山4县；桂阳郡下辖郴、临武、南平、晋宁、汝城（均在湖南省内）5县；东衡州领始兴、安远2郡：始兴郡下辖曲江、仁化（析曲江县置）、梁化（析曲江县置）、平石（析梁化县置）、浈阳、翁源（析浈阳县置）6县；安远郡治在今南雄县东北，下辖始兴县。东吴以来一直归属始兴郡的中宿县，此时单独建置西衡州，治在今清远县境内，所领的清远郡，下辖中宿1县。陈天嘉元年（560年），改桂阳郡之汝城县为庐阳郡，并以始兴、安远2郡共属东衡州，治在曲江。其中：始兴郡下辖曲江（含梁陈时期废人曲江之仁化）、梁化、平石、浈阳4县；安远郡下辖始兴、须阳（析曲江县置）2县；庐阳郡下辖庐阳县。陈天嘉年间，割西衡州之清远郡（以翁源县为郡治）入广州，并改衡州为西衡州，治在含洭，领3郡。其中阳山郡下辖含洭、阳山、桂阳、广惠4县；桂阳郡下辖郴、临武、南平、便县、晋宁5县（均在湖南省内）。同时将南合州之梁乐郡移属西衡州，下辖梁乐县。

【隋唐五代十国时期建置】 隋唐时期，全国重新统一，粤北建置渐趋稳定。隋开皇九年（589年），平陈。废安远郡，置大庾县；废始兴郡，置广州总管府；不久改东衡州为韶州，曲江、始兴、大庾、梁化、平石、浈阳、须阳7县属之。废阳山郡、梁乐郡，改西衡州置淮州，含洭县属之；并置连州，阳山、梁乐、广泽（以广惠县改）、希平（南齐以今连山县西北析置）、桂阳5县属之。废清远郡，清远、翁源并入广州。开皇十年，希平易名熙平，改浈阳属循州（循州在今龙川，此史实《隋书·地理志》失记）。十一年，韶州废入广州。十二年，王仲宣乱平（上年，番禺豪帅王仲宣引兵反隋，围攻广州、韶州），广州自南海北迁原韶州治。省平石入梁化县。十六年，大庾县废入始兴县，须阳县废入曲江县。十八年，梁化县改乐昌县，梁乐县改宣乐县。十九年，浈阳县自循州改属广州。二十年，洭州废入广州。广州总管府自韶州还治南海。

仁寿元年（601年），改广州置番州。广泽县改名连山县。大业元年（605年），于连州治桂阳县置熙平郡，领9县：桂阳、阳山、宣乐（大业十三年废人阳山县）、连山、熙平（唐废人连山县）、游安（今怀集具西北）、开建（今封开县南丰东）、武化（今广西象州县东北）、桂岭（今广西贺县东北）。大业三年，改番州置南海郡，领15县，粤北曲江、始兴、翁源、乐昌、含洭5县属之。唐武德四年（621年），平岭南。改熙平郡置连州，治在桂阳，领3县：桂阳、阳山、连山。析广州之曲江、始兴、乐昌、翁源4县置番州，不久更名东衡州，领6县：曲江、临泷（析曲江县置）、良化（析曲江县置）、始兴、乐昌、翁源。武德五年，在含洭置洭州，领含洭、浈阳、翁源3县。贞观（627—633年）中，改东衡州为韶州，领曲江、临泷、良化、始兴、乐昌5县，割洭州之翁源来属。废洭州，含洭、浈阳2县入广州。贞观八年（634年），临泷、良化2县省入曲江县。光宅元年（684年），析始兴县北境置浈昌县。垂拱四年（688年），复置仁化县。二县均属韶州。

天宝元年（742年），改广州为南海郡，韶州为始兴郡，连州为连山郡，辖境不变。乾元元年（758年），三郡均复原州名，即广州、韶州与连州，辖境亦不变。有唐一代，韶州属岭南道（贞观元年，62年），连州初属江南西道（开元二十一年，733年），后属岭南道。

五代时期，后梁乾化元年（911年），刘岩发兵破韶州。时韶州领6县：曲江、仁化、乐昌、始兴、浈昌、翁源。

南汉乾亨元年（917年），改广州为兴王府，领13县，其中有粤北之浛洭与浈阳。乾亨四年，析兴王府之浈阳县置英州，领浈阳县。析韶州之浈昌县置雄州，领浈昌县。

连州自唐光化三年（900年）为马殷所陷，此后迄于五代，一直属湖南马楚。到乾和九年（951年），南汉将吴怀恩略定宜、连、梧等8州，连州才改属南汉。领3县：桂阳、阳山、连山。

【宋元明清时期建置】 宋元以后，南（雄州）、韶（州）、连（州）三地的建置，或为州，为路，为府，辖区大体不变。北宋时期，粤北境内分置4州，均属广南东路。韶州领3—5县，但辖境相同。北宋初至开宝五年（972年）初，领曲江、仁化、乐昌、翁源4县；开宝五年至咸平三年（1000年），因仁化废入乐昌而领3县；咸平三年至宣和三年（1121年），因恢复仁化县建制，又领4县；宣和三年始，因析曲江、翁源二县地置建福县（位于岑水场附近，在今翁源县西北），共领5县。连州领桂阳、连山、阳山3县，县数和辖境一直没有变化。开宝四年，因河北路另有雄州，粤北之雄州冠以“南”字，称南雄州。领浈昌（天圣元年即1023年改称保昌）、始兴2县。宣和二年赐郡名保昌。英州领浈阳（乾兴元年即1022年改名真阳）、浛洭（开宝四年自广州隶连州，五年改名浛光，六年自连州改隶英州）2县。宣和二年赐郡名真阳。南宋时期，粤北各州亦属广南东路。南雄州与连州的建置，与北宋完全相同。韶州虽仍辖5县，辖境亦不变，但所辖县名稍有变化：南宋初，撤销建福县；乾道二年（1166年），析曲江与乐昌二县地置乳源县。英州于庆元元年（1195年）升为英德府，仍领真（浈）阳、浛光（即浛洭）2县，辖区不变。元至元十三年（1276年），韶州归附于元，未几叛。十五年始定，置韶州路总管府，领曲江、乐昌、仁化、乳源4县。至元十三年，英德府归附于元。十五年，立英德路总管府。二十三年，降为散州。大德五年（1301年）复为路，至大元年（1308年）复降为州，领真阳、含洭、翁源3县。至元十五年，又置南雄路总管府，领保昌、始兴2县。以上2路1州，属广东道。至元十三年，于连山县置安抚司，领阳山县。十七年，废安抚司，升为连州路总管府。十九年降为散州，称连州，领连山1县。至元十三年，桂阳县归附于元。十九年，升桂阳县为散州，称桂阳州，割连州（治在连山）之阳山县属之。以上2州，初隶湖南道，后改隶广东道。明洪武元年（1368年），置韶州、南雄二府，属广东布政司。韶州府领曲江、乳源、仁化、乐昌4县；南雄府领保昌、始兴2县。洪武二年，英德降州为县，与翁源2县入韶州府。洪武二年三月，桂阳州省入连州（今连山），领桂阳、阳山2县。四月，废连州，地属连山县，划归韶州府。洪武三年九月，连山县并入阳山县。洪武十三年十一月，复置连山县。洪武十四年四月，于桂阳旧治复置连州（今连县），属广州府，领阳山、

▲省委机关旧址馆内清幽环境　（邓培雄　摄）

连山2县。清沿明制，韶州府的建置一直不变，领曲江、乳源、仁化、乐昌、英德、翁源6县。南雄于清初为府，清嘉庆十一年（1806年）降为直隶州，裁去保昌县；嘉庆十六年复升为府，次年再降为直隶州（保昌附郭），领始兴县。连州初隶于广州府，雍正五年（1727年）升为直隶州，领连山、阳山2县。嘉庆二十一年升连山县为绥瑶直隶厅，连州城附郭，只领阳山县。以上府、州、厅，均隶于广东省。自明中叶至于清末，不断在今粤北境内，设置道一级的行政监察区，或是分守、分巡机构。其中有明弘治十八年（1505年）的南韶道，明嘉靖十四年 （1535年）的南韶道，清康熙十三年（1674年）的南韶道，康熙二十一年的广南韶道，和清乾隆年间（1736—1796年）以后的南韶连兵备道等。

【民国时期建置】　民国时期，粤北属广东省。地方政权建置的变化也甚频繁。民国元年（1912年），在粤北初置军事机关南韶连绥靖处，兼管地方行政，驻韶关。下辖11县，即今韶关市全境。1913年1月，始置南韶连道（治在今韶关市区）。1918年，改称岭南道。1920年12月，改置南韶连行政委员会。1927年5月，改置南韶连政务委员会。以上行政机关，名称虽异，辖区均同。1928年3月，改立北区善后委员公署，并将原在连山县设置的瑶务处升格为连阳化瑶局（1937年4月改称连阳安化管理局），由原属省直辖转归北区管辖。1928年8月，在曲江县城（今市区）设韶州市政局，亦直属北区管理；1929年6月撤销，拨归曲江县。1932年，西区并入北区，改称西北区绥靖委员公署，治所仍驻在韶关。辖境除原北区的11县1局（连阳化瑶局）外，增辖西区的高要、四会、新兴、高明、广宁、鹤山、德庆、封川、开建、罗定、云浮、郁南、阳江、阳春14县，共辖25县1局。1936年10月，广东省分设九个行政督察区，粤北为第二行政督察区，专署驻韶关，辖境又恢复到善后委员公署时期的11县1局。1939年2月，迫于紧张的抗日军事形势，国民党省府迁至韶关。将原属第一行政督察区的清远、佛冈、从化、花县4县划入本区。此时，本区辖县增至15县1市1局。1943年11月，析曲江县城置韶关市，并升格为省直辖市。1945年1月，韶关为日军占领，市的建制自行解体。1946年3月，连阳安化管理局改置为连南县。此后，粤北全境共有12县，辖境与今韶关市同。1949年4月，粤北分置三个行政督察区，其中第三行政督察区专员公署设在英德，下辖5县；第四行政督察区专员公署设在韶关，下辖6县；第五行政督察区专员公署设在连县，下辖4县。从1949年3月至当年冬，粤北各地相继解放。

【新中国成立后建置】　中华人民共和国成立后，为适应各时期的政治形势，加强经济与文化建设，粤北境内的行政机构设置及其隶属关系，也有过多次变革。建国前夕，1949年9月15日，接中原临时人民政府电令，决定设立北江临时人民行政委员会。18日，于南雄县正式成立，隶属中共华南分局领导。1949年10月7日，韶关市区解放后迁驻韶关。是日，同时成立韶关市人民政府。1950年1月27日，北江临时人民行政委员会易名为北江人民行政督察专员公署，驻韶关，隶属广东省人民政府领导。下辖16县1市。1950年5月5日，韶关撤市建镇，归曲江县管辖。1950年9月21日，改称北江区行政督察专员公署（简称北江专员公署），辖境与前同。1951年6月1日，恢复韶关市建制；同年12月，新丰县划入东江专区。此时，北江专员公署下辖15县1市。1952年11月9日，设立粤北行政公署，机构升格，辖区有所扩大。除原辖境15县1市之外，还增辖原属东江专区的连平、和平、新丰3县，以及原属珠江专区的花县，合共19县1市。自此至1956年2月底，粤北行政区只是属下个别县的建制有些变动，而全区所辖范围不变。1953年1月，连南、连山2县合并为县级的连南瑶族自治区。1954年2月，恢复连山县。1955年6月，连南瑶族自治区更名为连南瑶族自治县。1956年3月1日，改置韶关专员公署，辖境与建国初期原北江人民行政督察专员公署的辖区一样。因花县划归佛山专区，连平、和平2县划归惠阳专区，本境缩减至16县1市。1957年6月，析曲江、乳源、乐昌3县地置韶边瑶族自治县。此时，本区辖境不变，辖县增至17县1市。1958年12月，撤销惠阳专区，原属惠阳专区的连平、和平、龙川、河源4县划入韶关专区；佛冈并入从化县。同时，在“公社化”高潮中，普遍实行撤小县，并大县：撤销曲江、仁化2县，并入韶关市；撤销乳源、韶边2县，并入乐昌县；撤销始兴县，并入南雄县；撤销新丰县，并入翁源县；撤销和平县，并入连平县；撤销连县、连南、连山、阳山4县，合并为连阳各族自治县（驻连州镇）。加上没有撤并的英德、清远、龙川、河源4县，全区共有9县1市。1960年起，粤北各县的建制和领属关系逐步恢复到1958年前的状况。当年，恢复新丰、始兴、阳山3县，连平县更名和平县，连阳各族自治县更名连州各族自治县。1961年，撤销连州各族自治县，恢复连县、连南瑶族壮族自治县（含连山县）、曲江县、仁化县。1962年9月，复置连山僮族瑶族自治县（1965年改称壮族瑶族自治县）；同年，恢复连平县；10月，成立乳源瑶族自治县。1963年6月15日，广州市的佛冈县划归本区，河源、连平、和平、龙川4县划归惠阳专区。至此，韶关专区的辖区再度变为15县1市。“文化大革命”期间，1968年2月，成立韶关专区革命委员会，取代中国共产党韶关地方委员会和韶关专员公署；1970年10月，更名为韶关地区革命委员会，辖区均不变。1975年，新丰县划入广州市；当年11月，曲江县划入韶关市管辖。1977年1月，韶关市升格为省直辖市，脱离地区建制。至此，韶关地区下辖13县，韶关市下辖1县。1979年3月，撤销韶关地区革命委员会，改置韶关地区行政公署；1981年7月，撤销韶关市革命委员会，改置韶关市人民政府，辖境均不变。1983年6月，韶关地区与韶关市合并，统一称为韶关市（地级市）。清远、佛冈2县划入广州市。本市下辖市区和12个县。1984年9月，韶关市区分置3个县级的市辖区：北江区、浈江区、武江区。至此韶关市下辖3个区9个县3个自治县。1988年起辖3个区8个县。2004年5月起辖3个区5个县2个县级市，辖浈江区、武江区、曲江区、仁化县、始兴县、翁源县、新丰县和乳源瑶族自治县，代管乐昌市和南雄市。广东省从2010年10月1日开始试行省直管县财政改革，韶关市南雄市、仁化县、乳源瑶族自治县、翁源县分别于2010年、2013年、2014年、2015年成为广东省直管县财政改革试点地区。

【行政区划】 2016年，全市辖浈江区、武江区、曲江区、仁化县、始兴县、翁源县、新丰县、乳源瑶族自治县，代管乐昌市、南雄市，有乡镇94个（其中93个镇，1个瑶族乡），10个街道办事处，4个办事处，1202个村委会，223个居委会。（刘慧芳）

韶关市领导机构党派团体领导人名单（2016年）

△韶关市四套班子、纪委、军分区

·中国共产党韶关市委员会

市委书记：蓝佛安（任至1月）
　　江　凌（1月任职）
副书记：骆蔚峰
　　陈向新（任至12月）
　　陈　波（12月任职）
常　委：江　凌　骆蔚峰
　　陈　波　郭健生
　　王青西（任至12月）
　　王俭养（任至12月）
　　万卓培（12月任职）
　　黄劲东　孔云龙
　　郭伟建（任至12月）
　　柳琛子　华旭初
　　朱余旺（12月任职）
　　曾风保（12月任职）
秘书长：孔云龙
办公室主任：蓝振云（任至7月）
　　邓彩虹（10月任职）

·韶关市人民代表大会常务委员会

主　任：李石保（任至6月代职）
　　林平杰（6月代职）
副主任：李石保（任至6月）
　　林平杰
　　杨小明
　　徐紫玲（任至8月）
　　张　平
秘书长、办公室主任：高振忠
研究室主任：李　铖
法制工作委员会主任：周正祥
财政经济工作委员会主任：潘　穗
城乡建设环境与资源保护工作委员会主任：曾旭源
农村农业民族宗教工作委员会主任：
　　巫育明
教育科学文化卫生华侨外事工作委员会主任：何正平
选举联络人事任免工作委员会主任：
　　余构华
内务司法工作委员会主任：杨日葵

·韶关市人民政府

市　长：骆蔚峰（1月任职）
副市长、代理市长：
　　骆蔚峰（任至1月）
常务副市长：陈　波
副市长：王检养　李安平
　　许志新　王青西（任至8月）
　　朱余旺　王伟阳
　　陈　磊（11月任职）
　　彭裕殿（8月任职，任至11月）
　　李　欣（11月任职）
秘书长：朱裕华
办公室主任：周新秀

·中国人民政治协商会议韶关市委员会

主　席：李　飞（任至1月）
　　李石保（1月任职）
副主席：兰　茵　贝抗胜
　　何伟青　刘大济
　　王乙未　邓建华（任至11月）
　　林　嘉　张文铭
秘书长、办公室主任：陶学权（壮族）
提案委员会（社会法制委）主任：张衡
经济委员会（人口资源环境委）主任：
　　汪　波（任至11月）
教科卫体委员会主任：张红娟
文化和文史资料委员会（民族和宗教

委）主任：沈妙光
港澳台侨联络委员会主任：
许绍奔（任至3月）
孙　斌（11月任职）

·中国共产党纪律检查委员会

书　记：郭健生
副书记：于莉莉（任至12月）
王德义（任至12月）
张立江（任至6月）
颜玉明（6月任职）
李熏杰（12月任职）
覃　峥（12月任职）
常　委：黄光明（任至12月）
谢　斌（任至12月）
陈天雄　丘明祥
谢志铎（12月任职）
饶桦林（12月任职）
潘美婷（12月任职）

·韶关市监察局（韶关市预防腐败局）

局　长：张立江（任至4月）
颜玉明（8月任职）
副局长：黄光明
陈忠旭（任至12月）

·韶关军分区

司令员：盖长利
政治委员：郭伟建
参谋长：刘迪安
政治部主任：吴楚峰
后勤部部长：何声岳

△市委工作部门、直属单位

·中共韶关市委组织部

市委常委、组织部部长：华旭初
常务副部长：颜玉明（任至6月）
常务副部长：蓝振云（7月任职）
副部长、市直属机关工委书记：李志斌
副部长、市“两新”组织党工委书记：
钟　曦
副部长：涂为群

·中共韶关市委宣传部

市委常委、宣传部长：柳琛子
常务副部长：李晓林
副部长：王明志（9月任职）
林伟新
纪检组长：张桂先（任至11月）

·中共韶关市委统战部

部　长：何伟青
党务副部长：张联清（任至11月）
副部长：孔庆红（12月任职）
廖雨婷

·中共韶关市委政法委

市委常委、政法委书记：
黄劲东（6月任职）
常务副书记：赖佩养（9月任职）
刘祥锋（12月任职）
专职副书记：曾　洪（9月任职）
吴文丽（9月任职）
专职委员：肖建鸿（9月任职）
邓南炜（9月任职）
李先德（9月任职）
叶安强（9月任职）
胡克标（9月任职）
政治处主任：李江南

·中共韶关市委政策研究室（改革办）

市委副秘书长、政研室主任：叶洪番
副主任：杨应海　张桂胜
刘华益

·韶关日报社

社长、总编辑、党委书记：刘炎生
副社长：周国庆　李宇强
张　波
副总编辑：赖玉平　曾明娟
李仲超

·韶关市直属机关工委

书　记：李志斌
副书记：梁镜华　蒲莱湘
纪工委书记：孙纯杰（10月到市纪委派驻组）

·韶关市编办

主　任：刘晓佳
副主任：赵宏宇
黄志忠（6月任职）

·中共韶关市委台湾工作办公室（韶关市人民政府台湾事务办公室）

主　任（局长）：文火玉
副主任（副局长）：罗哲春

·中共韶关市委老干部局

局　长：陈　熙
副局长：陈国营　涂海平

·韶关市委农办

主　任：范国文
副主任：刘世冬　骆少明

·中共韶关市委保密办（市保密局）

主　任（局长）：石云峰
副主任（副局长）：曾为荣
赖翠珍
总工程师：郑小侠

·韶关市信访局

局　长：丘德周
副局长：邬贤有（任至12月）
何　怡
罗伟强

·中共韶关市委党校

校　长：华旭初
常务副校长：孔庆红（任至12月）
高　忠（12月任职）
副校长：龚礼宁　杨　斌
胡韶斌
校委委员：欧阳建国　赵倩倩

·中共韶关市委党史研究室（韶关市人民政府地方志办公室）

主　任：丁伟志
副主任：杨维国　邓培雄

△市政府工作部门、直属事业单位

·韶关市发展和改革局

局长、党组书记：钟沛东
党组成员、副局长：刘剑城　阳火成
　　肖荣忠　朱保良
党组成员、纪检组长：叶东生
党组成员、总经济师：巫锦国

·韶关市经济和信息化局

党组书记、局长：张才明（1月任职）

·韶关市教育局

局　长：邓小杰（任至5月）
　　张立江（5月任职）
副局长：黄叶亭（3月任职）
　　曾楚清　林炜东（任至10月）
纪检组长：温　强（11月任职）
纪委书记：叶　文（任至11月）

·韶关市科学技术局

局长、党组书记：欧阳全
副局长、党组副书记：刘光浩
副局长、党组成员：翟成洪　张　彬
纪检组长：杨晓红

·韶关市民族宗教事务局

局　长：赵卫东
副局长：向志强　江卫华
调研员：赵才金

·韶关市公安局

党委书记、局长：李安平
党委副书记、副局长：
　　刘国强（6月任职）
党委委员、副局长：
　　刘国强（任至6月）
　　黄海林　张韶梅
　　谢玉田　张伙养（5月任职）
党委委员、纪委书记：
　　吴梓章（任至11月）
党委委员、纪检组长：
　　林卫东（11月任职）
党委委员、消防局局长：袁奕之
党委委员、政治处主任：游加慧

·韶关市民政局

局　长：龙勇文
副局长：张瑞兰　赖启新
　　张占斌　胡建文
纪检书记：王淑军

·韶关市司法局

党组书记、局长：周正祥（任至10月）
　　赖佩养（10月任职）
党组成员、副局长：宋启龙
　　曾房兰
　　李丽冰（8月任职）
党组成员、纪检组长：
　　温　强（任至11月）
　　杨晓红（11月任职）
党组成员、政治处主任：刘卫红

·韶关市财政局

党组书记、局长：凌振伟
党组成员、副局长：陈树川　胡列峰
　　肖少康
　　谢运洪（党组成员任至9月，副局长任至10月）
党组成员、纪检组长：
　　张　毅（任至8月）
　　朱观洪（11月任职）

·韶关市人力资源和社会保障局

局长、党工委书记、党组书记：
　　黄庆忠（11月任职）
副局长：陈来安（党工委副书记、党组副书记11月任职）
　　安森雨（党工委委员、党组成员11月任职）
　　郭兴华（党工委委员、党组成员11月任职）
　　吕小辉（党工委委员、党组成员11月任职）
　　张建国（党工委委员、党组成员11月任职）
派驻纪检组长：
　　张卫东（党工委委员、党组成员11月任职）

·韶关市国土资源局

局长、党组书记：黄宣剑
纪检组长、党组成员：蒋林龙
副局长、党组成员：文武宏　叶富明
　　张东灵　杨锦华
执法监察支队支队长、党组成员：
　　杨淑华

·韶关市环境保护局

局　长：谭启源
副局长：张　莉　魏　宁
党组成员：方贵平
总工程师：招文锐

·韶关市住房和城乡建设局

局　长：梁韶灵
副局长：谭宝龙　邱代胜
　　张　蘋
总工程师：陈志新

·韶关市交通运输局

党组书记、局长：唐明强
党组成员、副局长：谭建强　罗缵锦
党组成员：王　镒
　　张铁南
党组成员、总工程师：伶维涌
综合行政执法局局长：罗武杰

·韶关市水务局

党组书记、局长：李熏杰（任至12月）
　　龙勇文（12月任职）
党组成员、副局长：袁辅星　彭爱华
　　黄良勇

三防办副处级主任：黄剑新
水库移民办副处级主任：罗建湘
防洪处理中心主任：徐建坤

·韶关市农业局

局长、党组书记：沈河民（任至9月）
副局长、党组副书记：刘志福
纪检组长：彭德才（任至11月）
党组成员：彭德才
副局长：陈少梦
副局长、党组成员、市畜牧兽医局局长：肖盛华
副局长、党组成员：赵金刚
总畜牧兽医师、党组成员：黄苑芳

·韶关市林业局

党组书记、局长：邓阳秋（任至7月）
张德清（7月任职）
党组成员、副局长：赵东灿　赵克生
邹文军
党组成员、总工程师：黄继丰
党组成员、市公安局森林分局局长：
梁家禄

·韶关市商务局

党组书记、局长：李　宏
党组成员、副局长：李季平　丁　冰
李秋雯
党组成员、纪检组长：王卫军

·韶关市文化广电新闻出版局

党组书记、局长：何正平
党组成员、副局长：黎阳升　温军燕
梁成斌
党组成员：梁韶春
包其华

·韶关市卫生和计划生育局

党组书记、局长：刘文程
党组副书记、副局长：石卫芳
党组成员、副局长：李高龙
党组成员、副局长：刘建军
党组成员、副局长：李四根
党组成员，市派驻卫计局纪检组组长：
尹恒春

·韶关市审计局

局　长：陈大川（4月任职）
副局长：陈大川（任至3月）　李秋月
毛考清　钟定鸿（11月任职）
总审计师：钟定鸿（任至10月）
纪检组长：徐进平（任至11月）
副调研员：苏国强

·韶关市外事侨务局

局　长：林　岚（任至4月）
周新秀（4月任职）
副局长：陈其华　华　明
黄　峰

·韶关市人民政府国有资产监督管理委员会

党委书记、主任：刘德泉
党委委员、副主任：柳　刚　李春雷
谢雪波　李清泉
纪检组长、党委委员：王淑军

·韶关市工商局

党组书记、局长：欧新全
党组成员、副局长：容　江　雷能福
黄少洲　杨万林
党组成员、经济检查支队长：杨炳祥

·韶关市质量技术监督局

局党组书记、局长：车万里
局党组成员、副局长：何天池　黄善智
蔡美华　龚兴桥
局党组成员、纪检组长：王武生
局党组成员、调研员：洪楚衡

·韶关市体育局

党组书记、局长、体育总会主席：
孙江平
党组成员、副局长、体育总会副主席：
胡　强　林　静

·韶关市安全生产监督管理局

局　长：王　刚
副局长：洪益林　郭　葳
许立夫　顾　健
纪检组长：徐进平
执法支队支队长：毛亦金
安全生产应急救援指挥中心办公室主任：周卫新

·韶关市食品药品监督管理局

党组书记、局长、市食品安全委员会办公室主任：胡德宁
党组成员、副局长：叶新年　江金兰
陈海明
李丽冰（任至8月）
陆伟杰（8月任职）
党组成员、纪检组长：
廖卫华（任至11月）

·韶关市统计局

党组书记、局长：杨水养
党组成员、副局长：张盛福（8月任职）
李春城
谭　军（任至5月）
党组成员、纪检组长：
翁文生（任至12月）

·韶关市旅游局

局　长：林炜东
党组书记：彭　海
党组成员、副局长：朱伙新　陈　祎
陈　忠

·韶关市城乡规划局

党组书记、局　长：许险峰
党组成员、副局长：何平良（2月任职）
党组成员：徐建华
党组成员、副局长：冯建国
副局长：吕　泱
党组成员、总工程师：郑大彬

·韶关市城市综合管理局

党组书记、局长：周伟源

党组成员、副局长：肖润良
潘国忠
王灯红
葛晓起
党组成员、副局长、总工程师：范韶旭
党组成员、纪工委书记：张广礼

·韶关市法制局

局长、党组书记：罗国华
副局长、党组成员：陈雄标
副局长、党组成员：刘剑军

·韶关仲裁委

副市长、分管仲裁工作：李安平
副主任：宋良锋（兼） 罗国华（兼）
驻会副主任：赖勇平

·韶关市人民政府金融工作局

党组书记、局长：汤满懿
党组成员、副局长：潘光敏
周金满

·韶关市接待办公室

主 任：张 雯
副主任：冯宪青
韩丽华
罗江英（任至4月）
冯广照
纪检组长：张广生

·韶关市档案局（馆）

局 长：卢中强（任至8月）
卢春燕（8月任职）
党组书记：卢中强（任至11月）
肖润良（12月任职）
副局长：张福志 申爱平
黄 平

·韶关市行政服务中心

主 任：潘 卫
副主任：李寿全 林钟强
纪检组长：姚世昌

·韶关市人民防空办公室

主 任：罗海俊
纪检组长：伍 诚（任至11月）
副主任：刘再辉 李志雄
黄庆红

·韶关公路局

党组书记、局长：梁祖超
党组成员、副局长：郭春元
胡道元
温领鸣
副局长：杨志文
党组成员、纪委书记：
林卫东（任至11月）
党组成员、总工程师：夏建广

·韶关广播电视台

台党委书记、台长：段志坚
党委委员、副台长：胡韶贤
党委委员、纪委书记：
黄镇伟（任至11月）
党委委员、副台长：张维平
庞小琥
李国荣
党委委员：罗 翔

·韶关人民政府发展研究中心省社会科学院韶关分院

主任（院长）：张文铭
专职副主任（副院长）：曾年红
兼职副院长：黄明奇 高怡冰

·韶关市供销合作联社

党组书记、理事会主任：龚水石
党组成员、理事会副主任：龚荣洲
党组成员、监事会主任：朱超前
党组成员、理事会副主任：张 剑
党组成员、理事会副主任：林贵贱

·莞韶园区管委会

党委书记、管委会主任：郭先桂
党委副书记、管委会常务副主任：
赖香全
党委委员、管委会副主任：朱嘉华
吴岳朋
党委委员、管委会纪委书记：
钟晓云（任至10月）
廖卫华（11月任职）
党委委员、管委会副主任：李英明

·韶关芙蓉新区管理委员会

主 任：胡书臣（任至11月）
党组书记：胡书臣（任至10月）
副主任：罗永东（8月任职）
阮龙德（任至6月）
宋卫红
纪检组长：朱观洪（任至11月）

·韶关市丹霞山管理委员会

党委书记、主任（兼）：刘 锋
党委副书记（兼）：王晓梅
党委副书记、副主任，自然保护区管理局局长：谢庆伟
副主任：侯荣丰
纪委书记：黄德贵
副主任、自然保护区管理局副局长：
陈 昉

·韶关市政府投资建设项目代建管理局

局长、党组书记：黄 锋
副局长、党组成员：邓永坚
秦叶培（8月任职）
孙 燕（任至6月）
总经济师、党组成员：刘礼清
总工程师、党组成员：梁万红
市政工程管理处主任：姚文东

·韶关市信息中心

主 任：张 风（12月任职）
副主任：欧阳立新

·韶关银监分局

局 长：周 宏（任至6月）
李建平（6月任职）
副局长：周海鹏

陈美玲
纪委书记：刘卫华（9月任职）

·武警韶关市消防支队

支队长：袁奕之
政治委员：吴　昊
副支队长：罗民军
李代友
副政治委员：贺　勇
司令部参谋长：邹勇群
政治处主任：于卫平
后勤处长：廖海容
防火处长：王楚斌

△法院、检察部门

·韶关市中级人民法院

党组书记、院长：叶向荣（1月任职）
党组副书记、副院长：张海力
党组成员、副院长：黄秋雄
刘　斌
副院长：宋良锋
党组成员、纪检组长：
张旗胜（任至11月）
吴梓章（11月任职）
党组成员、政治处主任：谢庆文
党组成员、执行局局长：谭伟才
副处级专委：周　宁
胡一兵

·韶关市人民检察院

党组书记、检察长：曾伊山
党组副书记、常务副检察长兼反贪局局长：温洁麟
党组副书记、副检察长：赵　峰
党组成员、纪检组长：张旗胜（11月任职）
党组成员、副检察长：冯应昌
傅泽熙
副检察长：李再丰
党组成员、政治处主任：沈明河

△群众和社会团体

·韶关市总工会

主　席：杨小明（党组书记任至10月）
邓小杰（10月任党组书记、主席候选人）
副主席：吴国强
肖伟旗（8月任党组成员、副主席候选人）
钟山红
傅　勇
纪检组长：高　照（任至12月）

·共青团韶关市委员会

书　记：梁丽芳（任至10月）
刘海旺（10月任职）
副书记：凌雪峰（任至8月）
刘喆焱（11月任职）
党组成员：谭祥红

·韶关市妇女联合会

主　席：邢　丽（任至12月）
汪　波（12月任职）
副主席：马小青
彭跃勤

·韶关市科学技术协会

主　席：成绍强
副主席、党组书记：罗金锋
周　平
副调研员、党组成员：陈添辉

·韶关市社会科学联合会

主　席：李晓林
专职副主席：黄明奇

·韶关市文联

主　席：刘照丁
副主席：佟　虎

·韶关市归国华侨联合会

党组书记、主席：廖凤英
党组成员、副主席：曾　园

·韶关市残疾人联合会

理事长、党组书记：冯伟星
副理事长、党组成员：梁　燕
理事长：王心钢
副调研员、党组成员：赖启富

·韶关市贸促会

会　长：李敦华
副会长：李英明

·韶关市红十字会

会　长：王青西
常务副会长：赵远芳
秘书长：温福韋

·韶关市关工委

主　　任：陈向新
第二主任：华旭初
执行主任：邓苏夏
常务副主任：肖汉谋
常务副主任兼秘书长：肖志雄
副主任：许永吉

·韶关市老区建设促进会

会　长：胡灵光
第一副会长：梁　聪
副会长：甘义娣　李国华
甘　雷　夏忠礼
何新云　魏灼姐
张钰廷　何国荣
黄志才　张定均
梁　锋
秘书长：张钰廷（兼）

△民主党派

·民革韶关市委员会

主任委员：张文铭
副主任委员：刘素云（任至7月）
叶　纬
刘国奇（任至7月）
娄　平（7月任职）
钟树梅（7月任职）
成　容（7月任职）
秘书长：娄　平

·民盟韶关市委员会

主　委：林炜东
副主委：包玉兰　李敏瑶
　　　　龙仕华
秘书长：曾敏青

·民建韶关市委员会

主任委员：陈　曦
副主任委员：王敏雯　胡湘泉
　　　　　　肖华茂　钟爱明

·民进韶关市委员会

主任委员：刘大济
副主任委员：宋良锋　杨松柏
　　　　　　李步德
秘书长：邓　华

·农工党韶关市委员会

主任委员：贝抗胜（任至7月）
　　　　　卢春燕（7月任职）
副主任委员：卢春燕（任至7月）
　　　　　　熊奇斌
　　　　　　吴　蔚（7月任职）

·九三学社韶关市委员会

主任委员：兰　茵
副主任委员：成绍强　姜向东
　　　　　　谢　勇　李再丰
秘书长：谢　勇（兼）

·韶关市工商业联合会

党组书记：翁良方
党组成员：莫志强　陈岳峰
　　　　　祝雄辉　刘铁松
　　　　　范光辉
主　席：陈达豪
专职副主席：翁良方　莫志强
　　　　　　陈岳峰　祝雄辉
副主席：李灿东　揭英拔
　　　　黄爱平　邹志军
　　　　周仁亮　陈韶华
　　　　林年昌　张红伟
　　　　顾光荣　许明昆
　　　　林友财　孙妙青
　　　　杨文杰　张济民
　　　　唐慧群　何育强
　　　　陈　军　林　松
　　　　苏巧红
秘书长：刘铁松

△中省部分直属行政事业单位

·韶关海关

关　长：孙岐沙（任至11月）
　　　　冯庆坚（11月任职）
副关长、缉私分局局长：何国星
副关长：周建华　姜季白（任至8月）

·韶关出入境检验检疫局

党组书记、局长：刘志成
党组成员、副局长：谷卫国
　　　　　　　　　李　波
　　　　　　　　　魏大波（任至8月）

·韶关市国家税务局

党组书记、局长：陈佳发
党组成员、副局长：郭俊明　朱戴伟
　　　　　　　　　高　海　张锦标
党组成员、纪检组长：
　　　　　　　　　陈　雄（3月任职）
党组成员、总会计师：朱伟波
党组成员、总经济师：
　　　　　　　　　李建新（3月任职）

·韶关市地方税务局

党组书记、局长：王中高（任至10月）
　　　　　　　　李政科（10月任职）
党组成员、纪检组长：陈红光
党组成员、副局长：欧阳坚
　　　　　　　　　赖燕华
　　　　　　　　　彭峰彪
党组成员、总经济师：黄　文

·中国人民银行韶关市中心支行（国家外汇管理局韶关市中心支局）

党委书记、行长、局长：
　　　　　　　　　刘志嘉（4月任职）
副行长、副局长：关艳芬
副行长：刘卫东　邱　琳
　　　　冯智圣（5月任职）
工委会主任：李　青
纪委书记：王义平

·韶关市烟草专卖局（广东韶关烟草有限公司）

党组书记、局长、总经理：杨伟平
党组成员、副总经理：李茂军
　　　　　　　　　　赵天顺
党组成员、副局长、纪检组长：彭志忠
党组成员、副局长：肖少明
　　　　　　　　　赵明夫
党组成员、南雄烟科所所长：邱妙文

·韶关市气象局（台）

党组书记、局长：李国毅
党组成员、纪检组组长：饶纲伟
党组成员、副局长：谢力罗
　　　　　　　　　曾运东

·韶关海事局

局　长：胡小忠
副局长：神小龙　李景陶

·韶关航道局

党组书记：杨向东（11月任职）
局　长：胡森涛（11月任职）
副局长：杨向东（任至11月）
　　　　魏学升
总工程师：曾祥辉（2月任职）

·国家统计局韶关调查队

党组书记、队长：杨应满
副队长：刘巧玲　陈利红
纪检组长：吕伟坚

·韶关市邮政管理局

党组书记、局长：肖　军
副局长：张和荣

·韶关监狱

党委书记、监狱长：

向华南（8月任职）
朱健平（任至8月）
党委副书记、政委：
张贵灵（任至7月）
党委委员、副监狱长：
梁建中（任至8月）
叶长明
钟楚权
何海军
党委委员、纪委书记：陈业群
党委委员、政治处主任：陈文星
党委委员、企业总经理：陈粤湖

·北江监狱

党委书记、监狱长：钟裕广
党委副书记、副监狱长：唐爱民
党委委员、总经理：陈于东
党委委员、纪委书记：刘东阳
党委委员、副监狱长：梁海斌
骆　斌
符雁飞
党委委员、政治处主任：陶军权

·武江监狱

党委书记、监狱长：杜文滔
党委副书记、政委：苏劲松
党委副书记、纪委书记：刘瑞平
党委委员、企业总经理：夏云飞
党委委员、副监狱长：陈中平
刘功才
党委委员、政治处主任：郭振明
党委委员、副监狱长：邓光俊

·广东省水文局韶关水文分局（韶关市水文局）

局　长：谢建强
副局长：周　艄

·广东省盐业集团韶关有限公司（广东省韶关市盐务局）

党总支书记、总经理、局长：赖志伟
监事组组长、纪检监察专员：曾浩贤
副总经理、副局长、工会主席：欧志辉
副总经理、副局长：潘志华

·武警韶关市支队

支队长、大校：李何荣（任至7月）
唐先智（7月任职）
第一政治委员：李安平
政治委员、大校：徐　东
副支队长、中校：张福来
副支队长、上校：刘全祥
副政治委员、上校：方治国
参谋长：田成勇（上校）（任至4月）
靳尚勋（中校）（4月任职）
政治部主任、上校：
吴木蔚（任至4月）
张志坏（4月任职）
后勤部部长、中校：杨　舒（任至3月）
张文建（3月任职）
政治处主任：于卫平
后勤处处长：廖海容
防火处处长：王楚斌
培训基地主任：宋永谊
培训基地教导员：梁志勇

△各县（市、区）

·浈江区

中共韶关市浈江区委员会

书　记：刘清生
副书记：张德清（任至7月）
翁良方（任至8月）
曾清兰（9月任职）
庄　强（9月任职）
常　委：梁　敏（任至8月）
曾光明（9月任职）
谭雪华（任至9月）
钟　真（9月任职）
张广晖（任至8月）
刘　锋
黄德乔（任至9月）
谢林茂（9月任职）
庄　强（任至9月）
黄祖平（3月任职）
陈东成（任至9月）
刘　奔（任至9月）
刘子龙（9月任职）
宋宇林（9月任职）

韶关市浈江区人大常委会

主　任：刘清生（任至11月）
谭雪华（11月任职）
副主任：刘　文（任至11月）
黄远辉（任至11月）
何永兰（任至11月）
张玉花（11月任职）
刘伟光（11月任职）
麦章彬（11月任职）
马瑞华
朱明远
王剑兰

韶关市浈江区人民政府

区　长：张德清（任至8月）
代区长：曾清兰（9月任职）
区　长：曾清兰（11月任职）
副区长：庄　强（任至11月）
黄祖平（11月任职）
肖　景
宋宇林（任至11月）
张玉花（任至11月）
杨　雄
彭荣华（4月任职）
雷能福（任至8月）
何艳霞（11月任职）
张爱军（11月任职）

政协韶关市浈江区委员会

主　席：何益文（任至11月）
黄德乔（11月任职）
副主席：麦桥悠
周耀成
卢界群
何绍福
林　瑜
朱必凤（任至11月）
曾永红（11月任职）

·武江区

中共韶关市武江区委员会

书　记：王德雄
副书记：黄建华

曾清兰（任至8月）
周小明（9月任职）
常　委：曹　锢　张广晖（8月任职）
彭　波　卢建成（8月任职）
曾文辉（任至8月）
周小明
孙理鸣（任至8月）
郑伟平
李　刚
张彤飚
钟　真（任至8月）
肖建红（8月任职）
沈中伟（8月任职）
叶富明（12月任职）

韶关市武江区人大常委会

主　任：王德雄（任至10月）
孙理鸣（10月任职）
副主任：王　敏（任至10月）
戴兴辉（任至10月）
杨乐华（任至10月）
陈　雪
李学源
王韶林
潘歧亮（10月任职）
谭木初（10月任职）
聂平南（10月任职）

韶关市武江区人民政府

区　长：黄建华
副区长：郑伟平（4月任职）
黄向阳
刘拥军
王敏雯
黄燕斌（4月任职）
欧伟强（10月任职）

政协韶关市武江区委员会

主　席：陈坤明
副主席：李松发（任至4月）
谭浩托
何　岚
刘素云（任至10月）
罗元月
吴广英（任至10月）
曹华龙（10月任职）
林　健（10月任职）
钟爱民（10月任职）

·曲江区

中共韶关市曲江区委员会

书　记：黄劲东（任至6月）
高冬瑞（6月起任）
副书记：高冬瑞（任至6月）
伍　文（8月起任）
黄健庭（任至9月）
刘小文（9月起任）
常　委：黄劲东（任至6月）
高冬瑞
伍　文（8月起任）
黄健庭（任至9月）
刘小文
伍海艳
林应良
罗永东（任至8月）
唐继华
文浩培
王献军（8月起任）
肖绍托
陈夏广（8月起任）

韶关市曲江区人大常委会

主　任：黄劲东（任至7月）
黄健庭（10月起任）
副主任：李小平（任至10月）
朱福昭（任至2月）
廖年娇（任至10月）
赵玉民
陈实盟（任至2月）
黄云波（任至10月）
刘文挺（1月起任）
叶伟胜（10月起任）
卜师带（10月起任）
张秀兰（10月起任）
张以荣（10月起任）

韶关市曲江区人民政府

代区长：高冬瑞（任至1月）
区　长：高冬瑞（任至8月）
代区长：伍　文（8月起任）
区　长：伍　文（10月起任）
区委常委、副区长：
罗永东（任至8月）
陈夏广（11月起任）
党组副书记：文浩培（任至11月）
副区长：卢春燕（任至8月）
沈建图（任至7月）
李春城（任至8月，挂职）
包玉兰（8月起任）
钟秋华
高瑞坤（7月起任）
蓝振球（10月起任）
曾烈省（9月起任）

政协韶关市曲江区委员会

主　席：杨绍凯
副主席：林　英（任至10月）
刘求华（任至10月）
廖年娇（10月任职）
释传正
钟树梅
梁文华
王爵承（1月任职）
张祥林（10月任职）

·乐昌市

中共乐昌市委员会

市委书记：陈向新（任至9月）
陈宏宇（9月任职）
市委副书记：陈宏宇（任至9月）
沈河民（9月任职）
市委副书记、政法委书记：
刘祥锋（任至12月）
邬贤有（12月任职）
市委常委、宣传部部长：
邓红红（任至8月）
夏　娟（8月任职）
市委常委、常务副市长：
高　忠（任至9月）
宋在军（10月任职）
市委常委、副市长：
王丽莹（任至11月）
市委常委兼坪石镇党委书记：刘允曾

市委常委兼乐城街道党工委书记：
万广平
市委常委、组织部部长：陈继平
市委常委、武装部政委：雷红江
市委常委、纪委书记：
刘　峰（任至8月）
邹有胜（8月任职）
市委常委、市委办主任：
宋在军（任至10月）
林柏居（10月任职）

乐昌市人大常委会

主　任：许新华（10月任职）
副主任：周素岚（任至10月）
杨剑云
孔少川
徐国秀（10月任职）
王昭良（10月任职）
邹志忠（10月任职）
陈　雄（10月任职）

乐昌市人民政府

市　长：陈宏宇（任至9月）
沈河民（10月任职）
代理市长：沈河民（10月）
常务副市长：高　忠（任至8月）
宋在军（10月任职）
副市长：张盛福（任至8月）
王丽莹（任至12月）
邱才郁　邓洪炜
彭桂珍　李桂平
谭桂明（10月任职）

政协乐昌市委员会

主　席：周素岚（10月任职）
副主席：邓细优（任至1月）
朱作华（任至10月）
朱兰高（任至10月）
黎跃飞
周越成
李锡洪（1月任职）
孙俊华（10月任职）
朱锋麟（10月任职）

·南雄市

中共南雄市委员会

书　记：曾风保
副书记：王碧安
丘德周（任至5月）
林小龙（8月任职）
市委常委、市纪委书记：
谢志铎（任至12月）
徐建坤（12月任职）
市委常委、政法委书记：
刘发龙（任至9月）
张英宏（9月任职）
市委常委、常务副市长：
何人平（任至5月）
朱海兵（5月任职）
市委常委、市委办主任：
黄德群（任至8月）
曾文辉（8月任职）
市委常委、组织部部长：叶济熊
市委常委、宣传部部长：
卜小燕（任至8月）
温春花（9月任职）
市委常委、武装部政委：李霄山
市委常委、统战部部长：
朱海兵（任至8月）
林　军（8月任职）
市委常委：霍永健（挂任）
李海霞（挂任）

南雄市人大常委会

主　任：曾风保（任至10月）
陈玉英（10月任职）
副主任：陈玉英（任至10月）
刘宏伟（任至10月）
李　冰
陈培兰（任至10月）
张宗财（任至10月）
黄德群（10月任职）
刘发龙（10月任职）
陈仁麟（10月任职）
何文忠（10月任职）
叶凌峰（10月任职）

南雄市人民政府

市　长：王碧安
常务副市长：何人平（任至5月）
朱海兵（5月任职）
副市长：罗战勇（任至10月）
马细妹
袁元桃（任至10月）
李海霞
沈步亮（4月任职）
曾东野（7月任职）
吴良彬（10月任职）
王友华（10月任职）

政协南雄市委员会

主　席：何万飞（任至2月）
何人平（2月任职）
副主席：周济辉（任至10月）
赖华焜
刘卫忠
陈尚妹
罗战勇（10月任职）
肖梅山（2月任职）
袁元桃（10月任职）

·仁化县

中共仁化县委员会

书　记：刘　锋
副书记：王晓梅
区毅明（3月任职）
县委常委、纪委书记：
张朝盛（任至8月）
张　毅（8月任职）
县委常委、政法委书记：
李秀荣（任至9月）
谭建华（9月任职）
县委常委、常务副县长：
区毅明（7月免副县长职务）
张元展（9月任职）
县委常委、县委办主任：
谢庆伟（10月免县委办主任职务）
县委常委、开发区主任：
邱志坚（10月兼统战部部长、县委办主任）
县委常委、宣传部部长：
赖小红（任至8月）

邓红红（8月任职）
县委常委、组织部部长：李湘柱
县委常委（挂职）、产业帮扶总指挥：
何庆华

仁化县人大常委会

主 任：刘 锋（任至10月）
廖志常（10月任职）
副主任：张云勃（任至10月）
黄付养（10月任职）
邓田庭 马小荣
连福强（任至10月）
廖兰英 夏德文
李建平（10月任职）

仁化县人民政府

县 长：王晓梅
副县长：区毅明（任至7月）
黄付养（任至10月）
李志贞（任至2月）
张元展
杨 云（任至7月）
沈建图（7月任职）
丘光强
邹永祥（7月任职）
包伟红（2月任职）
梁钰清（10月任职）
郭 葳（挂职，任至8月）

政协仁化县委员会

主 席：廖志常（任至10月）
李秀荣（10月任职）
副主席：马志忠
李志贞（2月任职）
曹杰权（任至10月）
张标兵
包伟红（任至2月）
彭俊余
邓诗勤（任至10月）
陈喜年（任至10月）
赖东北（10月任职）

·始兴县

中共始兴县委员会

书记：范秀燎（任至9月）
黄令遥（9月任职）
副书记、县人民政府县长：
黄令遥（任至9月）
叶洪番（10月任职）
副书记：黄勤昌（任至8月）
陈 刚（8月任职）
县委常委、县纪委书记：曹胜文
县委常委、县委组织部部长：
卢建成（任至8月）
凌雪峰（8月任职）
县委常委、县委政法委书记：卢保新
县委常委、县委宣传部部长：
夏 娟（任至8月）
赖小红（8月任职）
县委常委、县人民政府常务副县长：
李 勇
县委常委、县委办公室主任：温 鑫
县委常委、武装部部长：李玉清
县委常委：杨 军（任至8月）
胡长江（10月任职）
县委常委：李智波（任至12月）（挂职）

始兴县人大常委会

主 任：范秀燎（任至10月）
赖 根（10月任职）
常务副主任：雷雨明（任至10月）
副主任：肖强运
何兴昌（任至10月）
刘胜春（10月任职）
何晓域（10月任职）
梁志君
朱光东（1月任职）
饶刚卫（10月任职）

始兴县人民政府

县 长：黄令遥（任至9月）
叶洪番（10月任职）
常务副县长：李 勇
副县长：刘胜春（任至10月）
何晓域（任至10月）
汤爱亮 余志强
谭晓健（任至8月）
张智光（10月任职）
何武强（10月任职）
段 琪（10月任职）
凌雪峰（任至8月）

政协始兴县委员会

主 席：赖 根（任至10月）
雷雨明（10月任职）
副主席：田 毅（任至10月）
邓海清
蔡 军
邓炳光
刘晓梅
曾秋荣（1月任职）
黄月文（10月任职）

·翁源县

中共翁源县委员会

书 记：颜 亮
副书记：林国华
温毅麟（任至9月）
张朝养（9月任职）
县委常委、纪委书记：杜奇立
县委常委、政法委书记：
肖伟旗（任至8月）
陈路生（9月任职）
县委常委、常务副县长：
朱增志（任至8月）
柯建忠（9月任职）
县委常委、县委办主任：
陈建为（任至9月）
阮炳溪（9月任职）
县委常委、宣传部部长、统战部部长：
丘雪媚（9月任职）
县委常委、武装部部长：刘明强
县委常委、官渡经济开发区工委书记：
叶有昌
县委常委、组织部部长：
陆伟杰（任至8月）
谭晓健（8月任职）
县委常委：蔡铁鹰（任至12月）

翁源县人大常委会

主 任：颜 亮（任至10月）
温毅麟（10月任职）

副主任：刘国富（任至10月）
彭方松（任至10月）
张树玉（任至10月）
余小英（10月任职）
陈志峰
雷展发
陈福环
甘志初（10月任职）
王迅东（10月任职）

翁源县人民政府

县　长：林国华
常务副县长：朱增志（任至9月）
柯建忠（9月任职）
副县长：蔡铁鹰（任至9月）
包玉兰（任至8月）
陈路生（任至9月）
邹永祥（任至9月）
刘平云（任至9月）
连　卫（8月任职）
林有成（10月任职）
陈卫红（8月任职）
肖俊青（9月任职）
曾志华（9月任职）

政协翁源县委员会

主　席：谢寿通（任至10月）
陈建为（10月任职）
副主席：余小英（任至10月）
张朝养（任至10月）
涂永先（任至9月）
曾桓有（任至10月）
赖展锋（10月任职）
刘少青　李翠红
谢少龙（6月任职）
李金桓（10月任职）
张从真（10月任职）

·新丰县

中共新丰县委员会

书　记：陈景辉
副书记：马志明
林小龙（5月至8月）
曾　军（9月任职）
县委常委、纪委书记：
谢林茂（任至8月）
王展渊（8月任职）
县委常委、常务副县长：
林小龙（任至5月）
胡亮亮（10月任职）
县委常委、政法委书记：曾　伟
县委常委、统战部部长：
廖功文（8月起任县委常委，9月起任统战部部长）
县委常委、县委办主任：
曾　军（任至9月）
潘文辉（9月任职）
县委常委、宣传部部长：
陈小同（任至9月）
李芳足（8月起任县委常委，9月起任宣传部部长）
县委常委、组织部部长：
胡亮亮（组织部长任至9月）
刘国洪（8月起任县委常委，9月起任组织部部长）
县委常委、县人武部部长：胡树军
县委常委：黎德庆（挂职）
李翠琼（女）（丰城街道党工委书记任至3月，县委常委任至9月）

新丰县人大常委会

主　任：江大凡（代至10月，12月任职）
常务副主任：
副主任：刘冰清
罗衍国（任至3月）
郭世初（10月任职）
廖少明
李国彬
李翠琼（10月任职）
欧阳历（10月任职）
周　明（10月任职）

新丰县人民政府

县委副书记、县长：
陈景辉（任至5月）
马志明（10月任职）
县委常委、常务副县长：
林小龙（任至5月）
胡亮亮（10月任职）
副县长：赖展锋（任至10月）
罗志方（任至10月）
谭雪梅（女）
胡志彬
王展渊（任至10月）
刘　洪（8月任职）
陈小可（10月任职）
潘小定（10月任职）

政协新丰县委员会

主　席：李德彝（任至10月）
潘允标（10月任职）
副主席：陈小同（10月任职）
郭世初（任至10月）
罗志方（10月任职）
潘子英（任至10月）
廖保青
冯南燕（任至10月）
郑　斌
嵇春明（10月任职）
江武佳（10月任职）

·乳源瑶族自治县

中共乳源瑶族自治县委员会

书　记：吴春腾
副书记：邓志聪
伍　文（任至8月）
张　军（9月任职）
县委常委、纪委书记：
张　军（任至9月）
刘　峰（9月任职）
县委常委、常务副县长：
林昌卫（任至10月）
许益云（10月任职）
县委常委、副县长：刘永生（挂职）
县委常委、政法委书记：
赵志敏（任至10月）
陈耀宇（10月任职）
县委常委、统战部部长：
黄寿生（任至10月）
简连英（10月任职）
县委常委、县委办主任：
许益云（任至10月）
秦正京（10月任职）

县委常委、宣传部部长：
简连英（任至10月）
谢向军（10月任职）
县委常委、组织部部长：伍梅华
县委常委、县人武部部长：吴炬光
县委常委：戴浩平（挂职）

乳源瑶族自治县人大常委会

主　任：吴春腾（任至10月）
林昌卫（10月任职）
常务副主任：马福德（任至10月）
副主任：许尔华（任至10月）
朱均玉
赵　雷
邱　波
邓国雄（10月任职）
许尔金（10月任职）
吴衍雄（10月任职）

乳源瑶族自治县人民政府

县委副书记、县长：邓志聪
县委常委、常务副县长：
林昌卫（任至10月）
许益云（10月任职）
县委常委、副县长：刘永生（挂职）
副县长：陈耀宇（任至10月）
连　卫（任至8月）
杨　云（8月任职）
梁丽娟
李明华
林　军（任至9月）
唐保生（10月任职）
龚　民（10月任职）

政协乳源瑶族自治县委员会

主　席：费玉海（任至10月）
赵志敏（10月任职）
副主席：陈松海
刘宏美
温则精（任至1月）
禤继文（2月任职）
吴巧英
释明向
邓国雄（任至10月）
黄寿生（10月任职）

经济建设

【概况】　2016年是“十三五”开局之年，在全国全省经济增速放缓和韶关市经济下行压力不断加大的情况下，全市地区生产总值1218.4亿元，增长6.3%、在全省排位稳中有进，固定资产投资比上年增长0.1%，地方一般公共预算收入85亿元，增长2.3%（按可比口径），社会消费品零售总额比上年增长9.9%。

【经济保持平稳增长】　2016年，全市生产总值第一季度增长6.3%，第二季度增长6.3%，第三季度增长6.0%，全年1218.4亿元、增长6.3%。其中：第一产业增加值167.6亿元，增长4.1%；第二产业增加值442.1亿元，增长3.5%；第三产业增加值608.7亿元，增长9%。人均生产总值4.14万元，增长5.4%。完成固定资产投资702.1亿元，增长0.1%。地方一般公共预算收入85亿元，增长2.3%（可比口径），其中税收收入50.6亿元，增长3.2%。全社会消费品零售额638.2亿元，增长9.9%。外贸进出口总额156亿元，增长4.9%。金融机构本外币存贷款余额分别达1669.7亿元、1008.9亿元，增长8.9%和5.6%。城乡居民人均可支配收入19978元，增长10.1%。全面建成小康社会实现程度79.7%。

【经济结构持续优化】　三次产业结构优化为13.7∶36.3∶50，服务业首占一半。工业转型升级加快。新增规模以上工业企业41户。规模以上工业实现增加值331.7亿元，增长5%。先进制造业和高技术制造业增加值分别增长11.6%和14.5%，高出规模以上工业增加值6.6和9.5个百分点。工业利润总额75.2亿元，增长95.8%。国有及国有控股工业占比进一步降低。服务业稳步提升。大数据、电子商务等新技术新业态蓬勃发展，现代服务业增加值增长10.9%。新增国家AAA级、AAAA级旅游景区各1个，旅游接待人次和旅游收入分别增长13.3%、20.3%。农业发展稳定，粮食播种面积与上年基本持平。民营经济和县域经济占全市比重继续提高，分别达52.2%和54.8%。产业园区成为经济主战场，年末规模以上工业企业295个，规模以上工业增加值124亿元、增长9.2%。科技创新对经济增长的驱动作用继续增强，新增国家高新技术企业27家、省级工程技术研发中心6家、市级创业孵化基地2家，全年取得科技成果56项，专利申请3428项，专利授权2087项。

【融入珠三角势头良好】　韶关市加入“珠江西岸先进装备制造产业带”，享受相关政策支持。深化广韶框架合作，推动与前海人寿、华侨城、保利文化、广州港等在穗企业的合作项目加快落地。主动对接广州、深圳，谋划建设珠江东岸产业合作区，承接珠江东岸城市的外溢产业和孵化企业。谋划建设与珠三角一体化的高快速通道，武深高速、汕昆高速公路韶关段开工建设，北江航道扩能升级工程进展顺利，韶新、雄乐高速公路前期工作加快推进。加快打造跨区域产业共建平台，“华南数谷”大数据产业园、航空产业园抓紧筹划，华南先进装备产业园完成投资6.5亿元，翁源产业转移工业园被纳入省级产业园管理，实现省级产业园县域全覆盖。新一轮莞韶对口帮扶成效明显，累计签约项目322个，计划投资820.29亿元，其中动工项目263个，实际投资343.12亿元，超额完成目标任务；实施全面帮扶“十大行动计划”，提升韶关市公共服务水平。

【三大主题工作深入开展】　实施项目攻坚三年行动计划，与美国硅谷科技咨询委员会以及白云电器、浪潮集团等战略投资者签订合作协议。参加第二届珠江西岸先进装备制造业投资贸易洽谈会。2016年，内联招商新项目649个，实际到位资金208亿元。新开工重点项目14个。市重点建设项目完成投资235.4亿元，列入省重点的17个项目完成投资135.9亿元，均超额完成任务。拓宽项目融资渠道，通过PPP模式融资130.9亿元，实施政府购买服务项目18个融资220亿元，促进曲江大道等项目建设。实施城市整体提升三年行动计划，全年完成城市提升项目投资52.6亿元，开工项目47个、竣工24个，促进城市功能提升。芙蓉新区完成投资115.4亿元。南华路、滨江路、百旺路等骨干道路基本建成。芙蓉新区综合客运枢纽站、芙蓉隧道、国有工矿棚户区改造及芙蓉、西联、车头新村安置房等项目建设进展顺利。老城区内涝点整治、农贸市场升级改造、小岛片区旧堤加固、慢行系统等项目建成使用。实施加快县域发展三年行动计划，支持各县（市、区）打造特色园区、特色小镇和特色农业，培育特色支柱产业，县域经济发展势头良好。2016年，县域生产总值、固定资产投资、规模以上工业增加值、税收收入分别增长8.1%、3.5%、9.3%、3.5%，均高于全市平均水平。

【深化改革推向纵深】 坚持把供给侧结构性改革作为经济工作主线，出台供给侧结构性改革总体方案及五个行动计划，淘汰落后钢铁产能203万吨，实施15项补短板重大工程，完成省下达的任务。系统开展近年来涉及面最广、力度最大的体制机制改革。深化“放管服”改革，制定深化经济体制重点领域改革优化政务服务“1+N”政策体系，清理中介服务事项48项，再造投资项目审批流程。深入推进市与区权责关系改革，重点在城管、公安、国土等领域开展事权下放和体制调整。理顺市区基础教育办学体制，整合市区教育资源，市属技工学校由4所整合成1所。深化医药卫生体制综合改革，21家县级公立医院综合改革初显成效，18家城市公立医院实行药品零差率改革。破解融资难题，设立基金9只，总规模达139亿元。深化农村综合改革，推进农业供给侧结构性改革。

【发展环境更加优良】 2016年，韶关市深入开展“两学一做”学习教育，制定《深入推进全面从严治党的实施意见》和4个配套文件，全面推进从严治党。出台县域差异化考核办法、市直机关绩效考核办法及容错免责办法等一系列制度，营造有利于干事创业的良好氛围。落实中央和省减税降费政策，降低企业税费、制度性交易、物流、社保、人工等各项成本，为企业减负28.8亿元。推进“五证合一、一照一码”，年末全市市场主体143451户、增长7.33%。国家生态文明先行示范区和广东绿色生态第一市建设有效推进，全市森林覆盖率75.05%、有林地面积141.87万公顷、活立木蓄积量8822万立方米，均居全省首位。空气质量优良率达93.4%。实行最严格水资源管理制度，饮用水水源水质达标率100%，连续三年获省考核优秀等次。市区生活垃圾无害化处理率、城镇生活污水集中处理率分别达100%和80%以上。国家节能减排财政政策综合示范城市工作成效明显。 （市政府办调研科）

政治建设

【依法治市工作体系】 发挥党委的领导核心作用，加强对法治建设工作的组织领导。党政主要负责人切实履行推进法治建设第一责任人职责，将法治建设列入市委常委会议程，落实党委定期听取法治建设工作汇报、研究决定法治建设重大事项制度，充分发挥党委总揽全局、协调各方的领导核心作用。制定韶关市全面依法治市工作要点，定期召开市委全面推进依法治市专题协商会议、市委全面依法治市工作领导小组会议、司法体制改革工作书记专题会议。及时充实调整市依法治市工作领导小组领导成员，明确工作职责。完善党委依法决策工作机制和议事决策程序。坚持和健全党的民主集中制，充分发挥市委常委会的集体领导作用。制定《中共韶关市委常委会议议事规则》。重新修订《中国共产党韶关市委员会工作制度》，明确市委的工作原则及市委全会、市委常委会会议、市委书记专题会议议事决策机制。建立健全人大、政府、政协、审判机关、检察机关向党委报告重大事项制度。通过建立科学化、法治化、规范化的机制，依法规范本级党委与人大、政府、政协、审判机关、检察机关的关系，健全听取人大及其常委会工作情况汇报制度，研究人大及其常委会党组请求的事项、提出的意见和建议。制定《中共韶关市人民政府党组请示报告制度（试行）》，明确市政府党组严格履行向市委请示报告的职责。加强对法治建设工作的督查，推动工作落实。市委督查室将法治建设列为2016年度重点督查督办内容，指导各有关单位牢固树立大局观念，加强对各有关参与单位按要求做好相关工作的跟踪落实，加大工作问责追究力度，针对薄弱与落实不力的环节进行重点督查。

【法治社会建设】 2016年，韶关市推进社会治安综合治理和矛盾纠纷处理工作。出台《韶关市落实镇街综治信访维稳中心目标管理和社会治安综合治理网格化管理任务工作方案》，成立市、县两级“中心+网格化+信息化”建设工作领导机构，在10个单位开展试点工作，其中仁化县丹霞街综治信访维稳中心为省级试点单位。制定《韶关市公安机关加强社会治安防控体系实施方案》及《韶关市公安机关加强社会治安防控体系建设2016年重点任务》，运用大数据、云计算、“互联网+”等现代先进技术，建立路面巡逻与视频数据相结合的一体化防控机制。出台《韶关市重大决策社会稳定风险评估工作实施意见》《韶关市2016年度突发事件风险隐患排查和整改工作方案》，开展矛盾纠纷的防范和调处化解工作。构建调解、复议、仲裁、诉讼“四位一体”的多元化社会矛盾化解机制，强化公、检、法及工商、卫生、劳动等部门联动，形成强大调解合力，化解各类矛盾纠纷。2016年化解矛盾纠纷9713件。推进法治社会建设，提高社会治理法治化水平。加强社会治安和防控风险工作。推进多层次多领域法治创建活动，全市10个县（市、区）全面开展法治县（市、区）创建工作，57个乡镇（街道）开展法治乡镇（街道）创建工作，其中36个乡镇（街道）通过本市的初检，推荐给省依法治市办考核验收。部分有条件的村（社区）开展民主法治村（社区）创建工作。各县（市、区）按照部署全面推开按法治框架解决基层矛盾工作。健全覆盖城乡居民的公共法律服务体系，在一村（社区）一法律顾问全面覆盖的基础上，建立健全联席会议制度。深入开展法治宣传教育，各成员单位和执法部门利用“三八国际妇女节”“禁毒日”“土地日”等纪念日、工作日，及时开展多种形式的法律宣传工作，把法律知识送到全市城乡。启动、制定和组织实施“七五”普法规划，制定《韶关市“七五”普法规划》。深入推进法治文化建设，以市国税局、地税局和市第十中学等6个单位为平台，组织开展广东省第三批法治文化示范点创建工作。推开按法治框架解决基层矛盾工作。韶关市坚持用法治思维和法治方式解决改革发展中遇到的各种矛盾和问题。根据省办的部署，依法治市办于2015年12月15日召开韶关市全面推开按法治框架解决基层矛盾工作会议，部署在全市全面推开按法治框架解决基层矛盾工作。在原来始兴县2012年作为按法治框架解决基层矛盾工作全省试点，南雄市、翁源县、曲江区在2014年扩大试点的基础上，学习其他先进地区的经验，总结全市按法治框架解决基层矛盾试点工作的成效、不足，把在试点中的初步探索出一些符合韶关市实际、群众能够接受、便民高效的以法治方式解决基层矛盾的路子和长效机制落实到全市的乡镇（街道）、村委会（社区）。到2016年9月，各县（市、区）（包括4个试点单位）成立以党委主要负责人为组长的全面推开按法治框架解决基层矛盾工作领导小组，下设办公室，落实人员经费，制定工作计划，召开动员会议，部署落实在全市推开按法治框架解决基层矛盾工作，推进韶关市基层治理法治化的进程。探索基层社会治理机制。在武江区花城社区试点开展“三社联动”的社区治理机制，得到社区居民积极参与，形成社区多元共治新格局。新丰县推进和谐志愿者协会建设，该县157个行政村中有超过三分之二的村成立“和谐志愿者促进会”。韶关市在试点的基础上进一步推广“三社联动”“和谐志愿者促进会”治理模式，增强基层社会治理力量。广泛开展法治宣传教育。完善市委领导干部学法制度、中心组学习制度，定期听取市政府、市直部门和各县（市、区）政府法治学习宣传教育工作情况，保证“两个100%”，即每年领导干部职工100%参加普法学习，普法考试通过率100%。加大学校法治宣传教育力度，聘请中小学法治副校长，开展在校学生学法考试试点工作。加强基层群众法治宣传教育，开展民主法治示范村创建活动。深入开展“法律六进”活动。

【政府职能转变】 中共韶关市委办、市政府办印发《关于推行市县政府工作部门权责清单制度有关工作的通知》，韶关市权责清单的编制工作全面铺开，于2016年5月全面完成。韶关市衔接国家和省的清理结果，对行政审批中介服务事项进行调整规范。2016年8月，市政府印发《韶关市人民政府第一批拟清理规范的市政府部门行政审批中介服务事项目录》，清理规范涉及16个部门48项中介服务事项。行政许可事项承诺办理时限压减2286个工作日。

【政府法律顾问】 制定实施《韶关市兼职政府法律顾问选聘程序规则》《韶关市兼职政府法律顾问聘任合同（示范文本）》。完善政府法律顾问选聘方法，指导、督促县（市、区）政府以法制机构为平台设立法律顾问室，10个县（市、区）政府的法律顾问室建设基本完成。开展2015年度政府法律顾问业务统计分析工作。了解韶关市所辖县（市、区）政府法律顾问室建设及政府法律顾问业务开展情况，将有关情况向省法制办进行专题报告。加强村（社区）法律顾问业务培训、举办东莞对口支援韶关市的村（社区）法律顾问工作联席会议和实施分片包干督导等措施，深化一村（社区）一法律顾问工作。继续完善全市基层“以案释法”平台建设，引导村居法律顾问利用典型案例进行释法说理。2016年，全市村（社区）法律顾问累计提供法律服务40569件次，满足基层广大干部群众的基本法律服务需求，营造全社会“自觉守法、办事依法、遇事找法、解决问题靠法”的良好法治氛围。

【行政复议】 2016年，行政复议立案109宗，办结87宗，未审结22宗，其中维持41宗，撤销5宗，终止30宗，不予受理等其他方式处理11宗，全部案件均在法定期限内办结，按时办结率达100%。省政府受理以韶关市政府为被申请人的行政复议案件8宗，7宗维持，1宗撤销。2016年10月31日举办全市行政复议和行政应诉工作培训班，邀请市中级法院行政庭庭长万靖讲授新修订的《行政诉讼法》，以案例教学，开展现场互动，为参训人员解答疑难问题。

【行政应诉】 制定《韶关市行政应诉工作办法》，加强和改进行政应诉工作，健全市政府办理行政应诉程序，发挥市政府法制机构在行政应诉工作中的组织、协调、指导作用，支持人民法院依法审理行政案件，做到有诉必应。2016年，韶关市办理以市政府为被告的行政诉讼案件150宗，一审维持118宗，撤销12宗，20宗仍在审理。

【行政执法监督】 为2016年韶关市制定并印发实施《韶关市重大行政处罚备案办法》，解决韶关市重大行政处罚备案工作长期存在的诸多问题，规范韶关市重大行政处罚备案审查相关工作。做好行政执法证件的审核发放工作，严格韶关市行政执法人员资格管理。2016年，开通新用户8个，变更6个用户资料，办理行政执法证件共983个。拟定《韶关市2016年度案卷评查工作方案》，对韶关市各执法单位的行政处罚案卷进行评查。

【开展重点领域信息公开专栏建设】 按照《韶关市重点领域信息公开专栏建设规范（2016年修订）》的要求，2016年全市重点领域信息公开专栏上线单位近100个，该系统全年发布保障性住房、财政预决算和“三公”（即政府部门人员因公出国（境））经费、公务用车购置及运行费、公务招待费）经费、环境保护等各类重点领域信息约1.2万条。

【政府信息公开工作】 详见86页【政府信息公开】

【法治化营商环境不断优化】 2016年，注重发挥法治在规范市场、促进经济健康发展的重要作用，营造法治化的营商环境。深入开展商事制度改革。出台《韶关市深化商事登记制度改革方案》，全市推行“五证合一、一照一码”（即工商营业执照、组织机构代码证、税务登记证、社会保险登记证、统计登记证、实行“一套材料一表登记，一窗受理”的工作模式）的新版营业执照，全面推广新业态企业集群注册、“住所信息申报+负面清单”管理模式。编制《韶关市商事主体住所登记管理办法》《韶关市企业集群注册登记管理试行办法》《韶关市规范查处无照无证经营行为暂行办法》，激发社会大众投资创业热情和市场活力。2016年，韶关市有市场主体141340户，对比上年同期增长7.42%。2016年7月，韶关市作为广东省唯一的地级市代表，接受国务院商事制度改革督导组的检查，获得督导组组长、国家工商总局副局长刘玉亭的充分肯定。推进政务服务改革。出台《韶关市2016深化经济体制重点领域改革加强政务服务1+N的政策意见》和《关于深化经济体制重点领域改革优化政务服务政策意见》等19个政策文件，切实解决市场活力和社会创造力不足、政府服务效能不高的问题。在全市推行“一门式、一网式”政府服务模式，通过再造政府投资项目审批流程，审批时限由273天压减到92天以内。规范市级行政审批涉及的中介服务事项，清理规范涉及16个部门48项中介服务事项，梳理出《韶关市人民政府第一批清理规范的市政府部门行政审批中介服务事项目录》。稳步开展征信体系机制改革。编制《韶关市信用信息系统平台建设项目技术方案》《关于做好我市行政许可和行政处罚等信用信息公示工作的实施方案》，落实统一社会信用代码制度、实施企业信用信息公示制度、加强中小微企业和农村信用体系建设等改革工作，营造高效的创新创业商务环境。

【廉政建设】 把党风廉政建设和反腐败工作纳入党委工作总体部署。健全党政一把手“三述”（述记、述廉、述作风）“两个责任”（即党委员主体责任，纪委负监督责任）。情况报告、谈话提醒等工作机制，将责任和压力传导到基层。出台《中共韶关市委党风廉政建设主体责任清单》，对每位班子成员的履职都提出要求。严格党风廉政建设监督检查和考核，对违反党风廉政建设责任制规定的人和事，坚持“一案双查”（即严格执行问责机制，既要追究当事人责任，又要倒查追究相关领导责任，包括党委纪委责任），按照有关规定追究领导干部责任。加强党风党性教育和廉政文化建设，向副处级以上领导干部编发廉政手机报，组织110个单位、5600多人次到市廉政教育基地接受教育。开展纪律教育学习月活动，开展领导干部党纪政纪法纪教育培训班、党风廉政知识竞赛、廉政话剧《韩文公》巡演等“十个一”（即每学期开展一次唱红歌，观看红色影片活动；读一本爱国主义题材的好书；写一篇爱国主义为主题的征文；开好一次爱国主义主题班务会；参加一次爱国主义教育实践活动；举办一次爱国主义知识竞赛；组织一次以爱国主义为主题的“双语”故事，演讲比赛；举办一场爱国主义为主题的文艺演出；举办一次爱国主义板报比赛；开设一门特色爱国主义教育课）教育活动。支持纪委“三转”（转职能、转方式、转作风），支持纪委独立行使办案职权，为纪检监察机关履行职责提供有利条件。1—11月，全市纪检监察机关接收群众信访举报1200件次，初核问题线索1075件，纪检监察机关立案817件，涉及县处级干部32人，乡科级干部153人，通过办案为国家和集体挽回经济损失2600.17万元。

【全面从严治党推进】 针对干部思想实际，开展解放思想大学习大讨论，重点解决不想做事、不愿作为，思想僵化、思维固化，不愿担责、不敢担当等突出问题，破除制约发展的思想障碍，形成解放思想、务实担当的浓厚氛围。改进干部培训方式，推行领导干部上讲台制度，安排市委常委到市委党校授课，带动提升干部思想素质。从严抓好换届工作。围绕“换强班子、换好风气、换清思路”总体目标，推进县镇领导班子换届工作，县镇换届全部实现组织意图，党委提名的候选人全部当选。深入县镇开展领导班子换届专题调研，了解领导班子和领导干部的状况和干部的真实想法，找准换强班子、换好风气的着力点。坚持人岗相适，注重补齐短板，突出基层导向，新一届县（市、区）党政班子成员中，具有乡镇（街道）党政正职经历的干部占党政班子成员总数的50.7%，本地成长的干部占43.3%。乡镇党政正职和领导班子成员中，具有2年以上乡镇（街道）领导工作经历的占91.3%，班子结构得到优化。严肃换届工作纪律，严格落实换届工作“九严禁”（即严禁拉帮结派，严禁拉票贿选，严禁买官卖官，严禁跑官要官，严禁造假骗官，严禁说情打招呼，严禁违规用人，严禁跑风漏气，严禁干扰换届），对换届中的不正之风和腐败行为实行“零容忍”。市县两级成立换届风气督查组46个，经常性开展督查督导，其中市换届风气督查组进行5轮督查，确保整个换届选举过程风清气正。探索完善干部选拔任用、政绩评价、教育培训、管理监督等机制，把严格管理干部与关心爱护干部结合起来，使好干部得到任用。加强基层党组织建设。全面落实乡镇（街道）领导干部驻点普遍直接联系群众工作制度，市委常委带头分工指导1个县（市、区），重点联系1个乡镇（街道），专题指导30多次。乡镇换届后，及时调整和培训新进团队成员，确保驻点工作无缝衔接，7000多名镇街干部入户走访82.81万户。落实上下联动、部门协同的问题处置机制，共同解决农业生产、医疗社保、国土城建等各类问题2.81万件，化解率95.4%。重视解决群众反映集中的共性需求，修订出台政策32项。将驻点联系工作纳入县（市、区）绩效评价体系，对制度落实情况开展两轮督查通报。2016年5月，乐昌市乐城街道建立驻点团队、定期开展走访基层群众的做法得到刘云山的充分肯定。整顿软弱涣散党组织。通过“一查两核三对接”（即乡镇党委按照整顿重点对村（社区）进行拉网式排查并逐一登记注册，实事求是确定整顿对象，县委组织部对整顿重点开展全面复核，市委组织部按不小于20%的比例进行抽查复核，县委组织部加强与纪检、政法、检察、公安、信访等部门的沟通和对接）的拉网式排查方式，对排查出的119个软弱涣散党组织开展精准整顿，投入整顿资金3375万元，解决突出问题195个。创新开展“三选三强”并列为2016年抓基层党建书记项目，注重从优秀现任村干部、致富带头人、外出务工返乡人员、复员退伍军人、大学生村官、乡村医生、乡村教师中择优挑选书记人选。加强对村党组织书记的管理监督，建立村党组织书记县级备案管理、权力清单、“底线”管理、经济责任审计、个人有关事项报告等制度。选好培优党员发展对象，解决党员队伍老化和唯亲、唯友问题。全年发展农村党员905名，其中35岁以下中青年党员占57.8%。发挥农村党组织和农村党员在发展现代农业、推动精准扶贫、为民办事服务等方面的作用，打造服务型党组织。加强作风建设。深入贯彻落实中央八项规定精神，建立健全反对形式主义、官僚主义、享乐主义和奢靡之风的常态化机制。制定《韶关市机关作风建设问责实施意见》，明确八大类27项问责情形，加强对机关工作人员的管理，切实改进作风、提升效能。健全密切联系群众和维护群众利益的长效机制，定期研究分析群众反映强烈的突出问题，纠正损害群众利益的不正之风，开展专项整治，坚决查处和纠正发生在群众身边的不正之风和腐败问题。1—11月，韶关市查处违反中央八项规定精神问题48个，给予党纪政纪处分56人；查处为官不为问题28个，给予党纪政纪处分29人。

【民主法治建设推进】 韶关市首部实体法规《韶关市烟花爆竹燃放安全管理条例》于2016年10月、12月分别通过市十三届人大常委会表决、省十二届人大常委会第二十九次会议批准，将于2017年1月1日，开始实施。根据条例，韶关市市区范围内禁止燃放烟花爆竹，市、县（市）人民政府划定范围内禁止燃放烟花爆竹。过去五年，市人大常委会坚持“市委领导、人大主导、政府跟进、社会参与”的立法工作格局，着力夯实立法工作基础、提升立法质量，立法工作起步顺利，成效初显。各项法规草案的起草和审议工作顺利开展。除《韶关市烟花爆竹燃放安全管理条例》经省人大常委会审查批准外，《丹霞山风景名胜区保护条例（草案）》也经市人大常委会进行第一次审议。总结过去五年韶关市的立法工作，实现五个“第一”——韶关市第一批被授予设区的市的立法权，派出参加全国、省立法培训的人员人数和批次全省第一，在全省第一个设立“韶关市地方立法研究中心”和“韶关市地方立法咨询专家库”，在全省第一个完成“韶关市制定地方性法规条例”的起草、审议和报批，第一个完成《韶关市制定地方性法规条例》配套的规范性文件。韶关市的地方立法工作方法进入全省新授予的设区的市立法权立法工作的前列。

精神文明创建

【召开市文明委第一次全体成员会议】

2016年7月19日，市文明委第一次全体成员会议在市委会议中心四楼会议厅召开。市委书记、市文明委主任江凌主持会议并作讲话，担任文明委副主任的市领导以及市文明委成员单位主要负责人，市辖三区党委主要负责人、宣传部长、文明办主任参加会议。会议传达学习2016年全国、全省文明办主任会议精神，通报2015年韶关市创文国检情况和中央文明办2016年下半年深化文明城市创建工作意见，研究讨论创建目标定位和整体创建工作思路、理顺创建体制机制等问题，对今后的精神文明建设和创文工作提出要求。会议决定，成立城市提升、巩固国家卫生城市、巩固国家园林城市、申报国家历史文化名城、创建平安韶关、志愿服务等6个专责小组，并纳入文明委统筹。

【“巩卫创文迎新春”专项整治提升行动开展】 2006年11月至2017年春节前，在市辖三区组织开展为期三个月的“巩卫创文迎新春”专项整治提升行动，涉及卫生保洁、“牛皮癣”整治、交通秩序整治、户外广告整治、清理乱搭乱建、公厕改造提升、农贸市场改造提升、占道经营乱摆卖整治、老旧小区整治提升、关停并转企业环境整治、市民休闲公园整治提升、核心价值观宣传教育、未成年人思想道德提升专项行动。每个专项行动由相关市领导挂帅、有关部门负责。通过努力，各专项行动有序推进，推动城市环境秩序在短时间内取得可喜的显著变化。

【核心价值观建设推进】 将培育和践行社会主义核心价值观贯穿于公民道德建设全过程，潜移默化地融入城市文化、城市景观、工作岗位和百姓日常生活。初步建成突出韶关特色的核心价值观宣传公益广告库，基本达到户外广告总量的30%，建成市区中山公园、仁化“仁园”两个省级核心价值观主题公园。提出建设“善美之城”的目标。开展社会主义核心价值观进机关、企业、社区、学校、农村活动，打造12个市级示范点。开展家风家训进家庭、进祠堂活动，出版《韶关市家风家训集》。开展未成年人教育专题调研，结合“文明校园”创建活动，开展“扣好人生的第一粒扣子”主题教育活动。

【公民道德建设加强】 开展“韶关好人”“最美人物”选树宣传活动，举办“为好人喝彩”——全省道德模范与身边好人现场交流活动以及“韶关好医生”“韶关好警察”等行业最美人物系列评选活动。公安英模何万松被评为“中国好人”并入选中国文明网《好人365》封面人物，6人入选“广东好人”。推广建立志愿服务激励回馈制度。韶关市注册志愿者突破18万人，其中市区近12万人。在全市10个县（市、区）开展110场文明交通宣讲活动。建成全市公共信用信息管理系统。2016年发布4期诚信“红黑榜”，形成常态发布制度，并在全省推广经验。

【“四级联创”深入推进】 深化市、县、镇、村精神文明建设“四级联创”，推进文明创建向基层辐射延伸。仁化、乳源县加快创建全国文明县城，始兴创建广东省文明县城。召开全市创建文明镇街工作推进会，部署开展文明镇、文明村、文明社区三大创建活动，制定下发市级文明社区、文明镇村测评体系，启动镇街环境秩序整治行动和“乡村里的核心价值观”活动，社会主义核心价值观在基层落地生根，镇街面貌有较大改善。仁化、乳源、南雄省级新农村示范片建设有序推进。涌现出乳源一六镇乌石岭村、仁化上寨、瑶族“八一”新村、南雄乌径镇田心村等一批文明创建示范村。

【思想文化宣传工作】 出台《党委（党组）意识形态工作责任制实施方案》，督促市县两级完善意识形态工作专题会议制度、定期报告制度、联席会议制度、日常巡查机制和年度考评机制，推动意识形态工作常态化、科学化、制度化。对县（市、区）和市直单位落实意识形态工作责任制情况进行专项检查，掌握各地各部门意识形态工作开展情况，排查存在的突出问题和风险点，确保意识形态领域风险防控到位。强化社会主义核心价值观宣传教育。实施社会主义核心价值观五项载体工程（一批主题公园、一个公益广告发布平台、一部故事集、一部动漫集、一批示范点），建设示范性主题公园（广场）12个，其中市区中山公园和仁化县“仁文化”主题公园被列为省级示范公园。命名和打造一批包括机关、企业、医院、学校、村居在内的核心价值观示范点。加强重大主题宣传，组织开展纪念中国共产党成立95周年、纪念红军长征胜利80周年等系列大型主题宣传教育活动，用长征精神引领群众、凝聚人心。发展文化体育事业。挖掘韶关本土特色文化资源，推动文化与旅游等业态融合发展，举办第三届姓氏文化旅游节、九峰桃花文化节、杨梅文化节、徒步穿越丹霞、广东第一峰铁人三项挑战赛、“九龄风度”大型文化活动等系列文体活动。整合景区景点旅游资源，建设影视拍摄基地，南雄珠玑古巷、新丰云髻山被列为“广东省电影拍摄基地”。加强红军长征标志性纪念场所“粤北红军遗址群”的维护和修复，申报“全国爱国主义教育示范基地”。加强特色文艺精品创作，举办“中国南雄·梅岭诗会”、百名作家进南雄（中央苏区县）采风活动，推出歌舞剧《珠玑风雨情》、长篇小说《大宋名臣》和纪录片《万里长征第一步：粤北借道》等一批精品。（刘立强）

▲应邀参加庆“五一”国际劳动节系列活动（胡广梅 摄）

社会建设

【社会体制改革】 2016年，户籍制度改革任务基本完成，社会组织管理体制逐步健全，食品药品和安全生产监管体系更加有效，社会治安防控体系进一步强化，基层社会治理创新项目取得新的进展。

【社会民生不断改善】 2016年，全市民生支出200.5亿元，占地方一般公共预算支出74.8%，基本公共服务均等化水平进一步提高。居民消费价格基本稳定，增长1.9%。继续办好省市10件民生实事。突出抓好“三大重点”民生，落实帮扶资金5.8亿元、落实贫困村帮扶项目1674个，实现3万贫困人口脱贫；韶关市义务教育标准化学校覆盖率达99.76%，公办学校幼儿园标准化全覆盖，武江区和乳源县创建省推进教育现代化先进县（区）；启动省卫生强市及基层医疗卫生能力提升项目，实施乡镇卫生院标准化建设工程。城镇新增就业

3.48万人，城镇登记失业率2.45%。各类保险基金征缴增长10.2%，底线民生保障水平进一步提高。新开工各类保障性住房3231套，基本建成4283套，改造农村危房4572户。完成山区中小河流治理634公里。恩格尔系数38.5%，下降0.5%。安全生产持续稳定，计生、文化、体育等各项社会事业全面发展。群众艺术馆、文化馆11座（仅为文化馆数据），公共图书馆10座，博物馆9座。2016年韶关市39家体育场馆成为第一批向社会开放。

生态文明建设

【生态功能区建设】 详见145页

【低碳发展】 详见145页

【新能源汽车示范应用】 详见145页

【节能减排】 详见145页

【主要污染减排】 详见272页

【重点林业生态工程】 截至10月底，全市完成造林面积3.10万公顷，占年度造林总任务的102.83%，其中人工造林9960公顷，退化林分修复8733.33公顷，更新改造4660公顷，本年新封山育林7700公顷。各地组织154.26万人次参加义务植树519.9万株。韶关市造林进度居全省前列。完成森林碳汇工程种植面积3466.73公顷，占计划任务的100%。各地完成生态景观林带完善提升建设里程246.83千米、987.31公顷，占计划任务的92.54%。曲江区向省申请调减任务，调减后全市任务完成率100%。全市完成乡村绿化美化工程建设点158个，占计划任务的99.37%；完成省级示范点建设26个，占计划任务100%。2016年全市计划新增森林公园23个、湿地公园3个，完成计划任务100%。完成森林抚育面积7.56万公顷，占计划任务的100%。

▲韶关市召开全市碳汇林抚育暨造林备耕工作现场会　（市林业局　供）

【造林绿化】 详见222页

【国有林场改革】 详见222页

全面深化改革

【政务服务改革】 针对当前市场活力和社会创造力不足、政府工作效能不高的问题，制定《关于深化经济体制重点领域改革优化政务服务政策意见》和19个政策文件，加快构建“1+N”政策体系。“一门式、一网式”政府服务模式在全市推行。印发《韶关市市级行政许可事项目录（2016年版）》，包括行政许可事项327项。清理整顿行政中介服务事项48项，178项市级管理权限的下放工作基本完成。

【商事制度改革】 出台《韶关市深化商事登记制度改革方案》，放宽登记条件，提升服务效能。实行工商登记服务当场办结承诺，服务窗口对新设立企业和招商项目办理登记业务的，一般情况下当场办结，情况特殊不能当场办结的，3个工作日内办结。截至11月底，全市登记市场主体142577户，同比增长7.47%。实施“五证合一、一照一码”登记制度改革，全市发出“五证合一、一照一码”营业执照2464份。11月起全面推开个体工商户营业执照和税务登记证“两证整合”。

【市与区权责关系改革】 按照“应放尽放、能放则放”的原则，加大简政放权力度，出台方案对公安管理、国土管理、市区森林公园管理、城市管理和市区财政管理等5个方面的体制进行改革，将市一级的财权、事权下放给市辖区，进一步调动浈江、武江两个区工作积极性。改革涉及的机构编制调整已全部完成，撤销市级机构5个，新设3个，下放市辖区管理8个，800余名编制下沉，下放职权事项178项。

【园区管理体制改革】 出台《丹霞山管理体制改革方案》，明确丹霞山管委会与仁化县、浈江区政府的权责，完善保护管理体制，落实属地责任，实行景区内行政、经济、社会事务管理与景区保护、利用和管理职责分离。按照“政园合一”管理模式，推进芙蓉新区、韶关工业园区、武江区管理体制改革，草拟《韶关市芙蓉新区、广东韶关工业园区、韶关市武江区管理体制改革实施方案》，各项工作有序开展。

【群团工作改革】 针对群团组织“机关化、行政化、贵族化、娱乐化”等脱离群众的突出问题，从韶关实际出发，探索从以往市、县（市、区）、乡镇（街道）群团组织之间纯粹的上下级关

▲2016年7月6日，国家总局副局长刘玉亭（左5）莅韶督查商事制度改革情况
（市工商局　供）

系向组织内部关系转变的改革模式。坚持不唯年龄、不唯学历、不唯身份、不唯职级选拔群团干部，破除行政化。注重从“群众领袖”和企业、农村、社区等基层一线选拔群团干部，建立一支专职为主、兼职与挂职相结合的群团干部队伍。创新群团工作方式方法，建立健全群团组织联系和服务群众工作机制，推动群团干部常态化下沉到基层，直接向基层群众提供优质服务。

中国共产党韶关市委员会

重要会议

【市委十一届九次全会】 2016年7月25日召开。会议的主要任务是，全面贯彻中共十八大和十八届历次全会精神，深入学习习近平总书记系列重要讲话精神，贯彻落实省委、省政府促进粤东西北地区振兴发展的一系列部署，研究加快韶关振兴发展的主要举措。会议审议并原则通过项目攻坚、城市提升、县域发展等三大主题工作的三年行动计划（2016—2018年），表决通过《中国共产党韶关市第十一届委员会第九次全体会议决议》。会议动员全市干部群众进一步解放思想，凝聚共识，坚定信心，全力加快振兴发展步伐，确保如期全面建成小康社会。市委书记江凌主持会议并代表市委常委会作专题讲话和总结讲话，市委副书记、市长骆蔚峰作关于经济工作的讲话。市委委员出席会议。列席全会的人员有不是十一届市委委员的市领导，副厅级干部；各县（市、区）党委、人大常委会、政府、政协、纪委主要负责人；市委、市人大常委会、市政府、市政协秘书长和党员副秘书长，市纪委副书记、常委；市委各部门主要负责人、市人大常委会各工作委员会、市政协各专门委员会、市直各单位、市各人民团体、中央和省驻韶有关单位、市属有关企业党员主要负责人。会议指出当前韶关突出的短板主要是产业项目太少、城市功能不强、县域经济薄弱。必须把项目攻坚、城市提升、县域发展作为推动韶关振兴发展的三大主题工作，全力推进。会议总结分析上半年全市经济运行情况，强调下半年要重点抓好六方面工作：一是着力抓好现有企业发展和新增企业增长；二是狠抓产业集聚；三是加快新城建设，促进老城提质；四是建设特色园区，培育特色小镇，发展特色农业；五是构建园区发展、商贸物流、金融服务和大数据信息四大平台；六是狠抓十件民生实事、精准扶贫、教育强基创先、医疗卫生保障、棚改安居工程、中小河流治理等民生事业。

【市委十一届十次全会】 2016年8月12日召开，会议通过关于召开中国共产党韶关市第十二次代表大会的决议。全会号召，全市各级党组织和广大共产党员贯彻落实省委、省政府促进粤东西北振兴发展的一系列决策部署，推动项目攻坚、城市提升、县域发展三大主题工作，加快振兴发展步伐，迎接中国共产党韶关市第十二次代表大会的召开。

【市委十一届十一次全会】 2016年12月14日，在市区召开。会议的主要任务是，深入学习贯彻党的十八届六中全会和习近平总书记重要讲话精神，全面落实省委十一届八次全会精神，总结2016年工作，部署全面从严治党工作。韶关市委书记江凌主持会议并代表市委常委会做工作报告。韶关市委副书记、市长骆蔚峰传达党的十八届六中全会精神和省委十一届八次全会精神。会议决定，中国共产党韶关市第十二次代表大会于2016年12月18日在韶关市区召开。全会审议通过《中共韶关市委关于深入推进全面从严治党的实施意见》及相关配套文件，表决通过《中国共产党韶关市第十一届委员会第十一次全体会议决议》。全会还审议通过韶关市第十二次党代会的报告，研究讨论大会选举工作，审查韶关市第十二次党代会市纪委的工作报告，决定将党代会报告提请韶关市第十二次党代会审查。会议总结韶关市委常委会2016年的工作，韶关市委常委会推进三大主题工作，保障和改善民生，维护社会大局和谐稳定，开展“两学一做”学习教育，推进党风廉政建设和反腐败斗争，全市经济社会发展呈现新局面，实现“十三五”的平稳开局。会议部署全面从严治党，一方面，要把全面从严的要求落实到思想建设、组织建设、作风建设、反腐败建设和制度建设各个方面，落实到每一个党组织、每一名党员身上；另一方面，要坚持问题导向，对症下药，精准施策。会议部署2017年工作，主要为：加大基础设施建设力度。构建起与珠三角地区同一体系、不同环节的产业分工格局。加强与珠三角合作共建产业园区，加大招商引资力度，培育和发展金融后台服务、大数据、现代物流等新经济、新业态；落实城市提升三年行动计划；落实县域发展督导机制。做好精准扶贫、教育现代化和创建卫生强市三项重点民生工作。强化维护社会稳定第一责任，开展矛盾纠纷排查调处工作，落实领导包案制度，重点解决好企业欠薪、安全生产、社会治安等问题。

【市委常委会会议】 2016年，市委召开常委会会议37次。主要内容有：省委组织部宣读江凌韶关市委书记、常委、委员，免去蓝佛安的韶关市委书记、常委、委员职务。审议教育资源整合、卫生医疗改革及城市提升相关实施方案。听取预算执行情况汇报、国民经济和社会发展计划执行情况、依法治市工作情况汇报。研究重点项目建设、加快装备园建设、精准扶贫、中小河流治理、地方立法、市十二次党代会筹备工作。

【市委专题会议】 2016年，市委召开专题会议46次，主要内容有：研究城市扩容提质及推进项目建设、芙蓉新城重点项目规划设计及建设安排、推进市政工程项目建设、加快推进芙蓉新城建设、推进新城路网和文化场馆建设、社区网格化服务管理、芙蓉新城市民文化中心建设、芙蓉大道北（原上饶路）、教育西路建设等工作，讨论《韶关市城市整体提升工作三年（2016年—2018年）行动计划》，研究进一步理顺市与市辖区权责关系和全市招商引资、国省道和县乡道改造、市辖区发展中的具体问题，研究丹霞山管理体制、城市管理执法体制及政府投资项目审批流程机制改革、研究市（区）产业园区体制机制改革和园区建设发展问题、园区改革发展有关问题、“珠江西岸先进装备制造产业带韶关配套区——华南先进装备产业园”开发建设、韶钢转型发展、推进全市供给侧结构性改革、市区重要项目规划、莞韶产业园、华南先进装备产业园总体规划编制、韶关机场建设，研究教育发展问题和全市精准扶贫及全面对口帮扶工作。

【市委工作会议】 2016年，市委召开工作会议两次。2016年1月16日在市委会议中心四楼会议室召开。主要任务是，以邓小平理论、“三个代表”重要思想、科学发展观为指导，全面贯彻党的十八大和十八届三中、四中、五中全会、中央经济工作会议以及省委十一届五次、六次全会精神，深入贯彻习近平总书记系列重要讲话精神和省委胡春华书记在韶调研重要讲话精神，按照“五位一体”总体布局和“四个全面”战略布局，总结2015年工作，部署2016年任务。2016年8月12日在市委会议中心四楼会议室召开。会议由市委书记江凌主持。会议主题是传达贯彻落实省委十一届七次全会精神、全省维护稳定工作会议精神，研究部署韶关市供给侧结构性改革、维稳工作和县（市、区）镇换届工作。

【全市机关效能建设大会】 2016年6月6日在市委会议中心召开。大会由市委副书记、市长骆蔚峰主持。大会主题是围绕提升机关效能，引导全市机关干部转变思想、更新观念，进一步优化政务服务，明确执法执纪导向，建立激励机制，营造更加高效务实的政务环境。

【全市县域发展工作现场会议】 2016年8月31日在翁源县召开。会议由市委书记江凌主持。会议内容主要有：翁源县就加快县域经济发展的主要做法和下一步打算发言；新丰县就如何改变县域经济发展局面，抓住机遇加快主动融入珠三角实现县域发展发言；市发改局、交通运输局就如何支持各县（市、区）县域发展作表态性发言；骆蔚峰做工作部署；江凌讲话。

【全市城市工作暨市区提升工作推进会】 2016年9月2日在市委会议中心四楼召开。会议由市委常委、常务副市长陈波主持。会议主题主要是贯彻落实中央、省城市工作会议和市委十一届九次全会精神，加快推进全市城市工作和市区城市提升工作。

【市第十二次党代会】 2016年12月19日至22日在市委会议中心召开。大会的主题是，深入贯彻落实党的十八大和十八届三中、四中、五中、六中全会精神和习近平总书记系列重要讲话精神，团结带领全市广大党员和干部群众，践行新的发展理念，主动融入珠三角，为全面建成小康社会，实现振兴发展共同奋斗。会议审议并通过江凌代表中共韶关市第十一届委员会作报告、市纪委工作报告和大会关于两个报告的决议；选举产生十二届市委委员、候补委员，十二届市纪委委员。大会审议通过十一届市委报告和十一届市纪委工作报告，选举产生市第十二届委员会和市第十二届纪律检查委员会。江凌代表中共韶关市第十一届委员会向大会作加快振兴发展的专题报告。大会由骆蔚峰主持。大会实到432人，符合有关规定。出席大会并在主席台前排就座的有大会主席团常务委员会委员江凌、骆蔚峰等12人。列席大会的有：党内有关负责人和部分离退休老同志。参加开幕大会的来宾有：党外市领导，各民主党派、市工商联主要负责人和无党派人士代表。省“三会”选举指导组，省换届风气督导组相关人员参加大会。 大会回顾十一届韶关市委的工作，通过五年的努力，在发展定位、交通建设、经济结构、城市发展新格局、扶贫攻坚、体制机制改革成效等方面取得良好的成绩。大会同意报告提出的韶关振兴发展的主要目标。大会同意报告提出的构建韶关发展新格局的思想，强调必须主动对接珠三角的思想观念和体制机制，加快与珠三角基础设施的互联互通，推进与珠三角产业共建，加快融入珠三角社会协作体系，构建大珠三角经济区一体化发展的新格局。大会同意报告确定的振兴发展战略重点。大会强调以供给侧结构性改革为主线，加大对实体经济支持的力度。强调必须推进大珠三角产业共建；优化城市格局；强化以县域发展为中心的工作格局。必须加快基本公共服务均等化步伐；改善困难群体的生活；保护生态，改善人居环境质量；推进依法治市；发挥全市人民在推动振兴发展中的主体作用，让全市人民更有获得感。大会强调，坚决执行中央决策部署。必须深入推进全面从严治党，加强和规范党内政治生活，加强党内监督，加强基层组织建设。

重要决策

【扶持民族地区加快发展】 3月16日，中共韶关市委办公室、韶关市人民政府办公室印发《关于扶持民族地区加快发展的实施意见》。《意见》要求加大财税支持力度，加大基础设施建设力度，支持特色产业发展，加大扶贫开发扶持力度，加快推进特色村镇建设，加大少数民族传统文化保护和传承，保障和改善民生，加强少数民族干部队伍建设，加强对民族地区发展的领导。

【“学党章党规、学系列讲话，做合格党员”教育】 5月6日，中共韶关市委办公室印发《关于在全市党员中开展“学党章党规、学系列讲话，做合格党员”学习教育实施方案》。《方案》明确开展学习教育的重要意义和总体要求、主要内容、工作措施、组织领导。分别对全市基层党员和县处级以上党员领导干部学习内容、要求做出安排。基层党员要突出对象重点学，党员领导干部要突出内容系统学。学党章党规，学系列讲话，边学边改解决突出问题，做“四讲四有”合格党员。采取坚持个人自学，集中学习讨论，创新方式讲好党课，丰富学习教育形式，召开党支部专题组织生活会，民主评议党员，立足岗位作贡献的方式抓好日常教育。落实工作责任，强化示范带动，注重严督实导，加强宣传引导。

【构建和谐劳动关系】 6月3日，中共韶关市委办公室、韶关市人民政府办公室印发《关于推进构建和谐劳动关系的实施方案》。《方案》明确构建和谐劳动关系的指导思想和目标任务，依法维护职工的基本权益，加强劳动关系协调机制建设，完善企业民主管理制度，建设劳动关系矛盾纠纷预防调处体系，优化构建和谐劳动关系的社会环境，加强组织领导和统筹协调能力建设。

【农村改革发展三年行动计划（2016—2018年）】 7月26日，中共韶关市委办公室印发《韶关市农村改革发展三年行动计划（2016—2018年）》。《计划》明确农村改革发展三年行动指导思想、目标任务、工作重点和保障措施。为韶关市如期全面建成小康社会奠定坚实的基础。工作重点是深化农村产权制度改革，创建一批农村产权制度管理规范有序的示范镇村；深化农村经营体系改革，培育壮大一批新型农业经营主体和特色生产基地；深化农村投融资体制改革，创建一批投融资支撑体系完善的示范镇村；深化农村基本公共服务体系改革，创建一批美丽乡村；深化农村社会治理改革，创建一批重心下沉的示范镇村。

【卫生强市建设】 8月26日，中共韶关市委办公室印发《中共韶关市委、韶关市人民政府关于建设卫生强市的决定》。《决定》明确指导思想和主要目标、工作任务、组织保障。明确建设卫生强市的主要指标有居民健康水平、卫生资源配置水平、医疗保障水平、疾病预防控制水平、城乡环境卫生水平、群众健康意识状况。工作任务为推进全市医疗卫生事业协调发展，健全完善城乡三级医疗服务网络，加强公共卫生安全体系建设，加快推进中医药强市建设，建立健全城乡医疗保障制度，提升药品供应保障水平，加强医药卫生科技创新和人才队伍建设，加快推进医疗卫生信息化建设，着力提升医疗卫生法治化水平。

【法治政府建设】 10月26日，中共韶关市委办公室印发《韶关市法治政府建设实施纲要（2016—2020年）》。《纲要》要求依法全面履行政府职能，加强政府立法和规范性文件管理，推进行政决策科学化、民主化、法治化，坚持严格规范公正文明执法，强化对行政权力的制约和监督，依法有效化解社会矛盾纠纷，全面提高政府工作人员法治思维和依法行政能力。（林颂文　廖龙龙）

组织工作

【机构概况】 中共韶关市委组织部是市委负责领导班子、干部队伍、人才队伍和党的基层组织建设的职能部门。2016年，市委组织部内设机构共13个。截至2016年12月底，在职干部42名，领导设部长1名、副部长4名（其中兼职1名）。2016年，市委组织部获得中组部、中宣部等九部委联合颁发的“《全民科学素质行动计划纲要》实施工作先进集体”称号。2016年，全市基层党组织7562个，其中基层党委329个，党总支部462个，党支部6771个。党员总数195918人，其中女党员50787人，少数民族党员 2988人，35岁以下党员35071人，大学专科以上学历党员77816人。

【市县镇领导班子换届】 4月25日，全市县镇领导班子换届工作会议召开。全市94个乡镇领导班子于9月30日全部完成换届选举工作，共选出新一届乡镇领导班子成员1179名（其中“三方面人员”94名，总量上实现“一镇一名”）；10个县（市、区）领导班子于11月22日全部完成换届选举工作，共选出新一届四套班子成员289名；市级领导班子换届于2017年1月12日完成，共选出新一届四套班子成员29名。组织提名的市县镇领导班子人选，均全部当选。深入县镇和市直单位开展专题调研和分析研判，掌握各县（市、区）和市直单位领导班子运行状况和领导干部主要表现，发现使用一批好干部，储备一批有发展潜质的后备干部、坚持“先定政策后定人”“先定规程后操作”，对换届各环节做出明确工作规定。在各级代表、委员推选工作中，突出政治标准，加强审核把关，提高代表、委员质量。制定“三会”选举工作方案、预案，做好会议各项准备工作，落实换届选举环节步骤。开展谈心谈话、组织学习“两片一书一须知”、签订责任书承诺书、完善举报平台、开展换届风气督查等。储备一批有发展潜质的后备干部。在县（市、区）换届人事安排方案的形成过程中，多次听取各县（市、区）委书记和有关单位主要负责人意见。新一届县（市、区）党政班子成员中，具有乡镇（街道）党政正职经历干部76人、占党政班子成员总数的50.7%，本地成长干部65人、占43.3%；乡镇领导班子成员中，具有两年以上乡镇（街道）工作经历的1077名，占91.3%。

【领导班子考核评价】 制定面向县（市、区）党政领导班子和领导干部的差异化绩效评价实施方案，将韶关市10个县（市、区）分为重点发展区和生态发展区，按基本工作、年度重点工作、创造性工作、市领导综合评价、重大问题扣分等5大板块，进行分类评价，推动各地形成结合实际、主动作为、差异化发展的良好氛围。

【干部教育培训】 实施“百期干部培养工程”，改进干部培训方式方法，推行领导干部上讲台制度，市直单位举办专题培训班131期，全市培训各级各类干部13.21万人次，分别选派32名干部赴东莞、2名干部到北京开发区挂职锻炼。制定《韶关市干部教育培训学分考核管理制度》，推进干部教育培训工作规范化、制度化和科学化建设。全年组织2.36万名在职干部参加广东省干部培训网络学院在线学习。全年会同市纪委组织10批次171名拟提拔县处级领导干部参加任前廉政法规考试。韶关市终端站点全年开机率100%，在全省排名并列第一。完成《谋富民之策 勤利民之事》等专题片的摄制，在省远教平台展播。韶关党员教育微信公众平台建成并对外运行。组织全市16.6万名党员参加“两学一做”学习教育考学活动，占全市党员人数85%，平均87.03分。

【干部选拔任用】 修订完善动议提名程序，加强党委把关作用，把敢于负责、勇于担当、有为民情怀的干部使用起来。改进民主推荐方式，采取先进行个别谈话推荐、后会议推荐方式，不搞“海选”“海推”，不简单以票取人。落实“凡提四必”——讨论决定前，对拟提拔或进一步使用人选的干部档案必审、个人有关事项报告必核、纪检监察机关意见必听、线索具体的信访举报必查，坚决防止“带病提拔”。前置干部信息核查环节，将“4+6”（“4”即干部档案必审、个人有关事项报告内容必核、廉政情况必听、信访举报必查；“6”即核实《干部任用条例》中6种不能列为考察对象的情形）核查工作前移至酝酿之后、推荐考察工作启动之前，掌握干部选任工作的主动权。制定《韶关市干部政绩档案管理意见（试行）》，明确可列入政绩档案的七项内容；出台《韶关市市管领导干部考验性管理意见（试行）》，明确进行考验性管理的具体方式，树立能者上、庸者下的鲜明导向。做好16名团职军转干部安置工作。招录市直党群机关公务员（参公管理事业单位工作人员）17人、法检系统117人。从大学生村官中招聘基层事业单位工作人员66名。

【干部监督】 优化干部管理监督，组织1087名市管干部报告个人有关事项，按规定要求开展信息录入和抽查核实工作，随机抽查核实112人，重点查核755人。完成全市干部人事档案专项审核工作。从严审批领导干部因私出国（境）行为，全年办理因公出国（境）备案207人次，因私出国（境）审批102人次。实现12380举报信息平台建设延伸到县一级目标，落实干部预警监督“三提示三书”制度，发出温馨提示14个，向6名（个）领导干部和单位发出《函询通知书》。注意经常性地与干部谈心谈话，特别是及时与受处分干部谈心交流，帮助他们消除顾虑、放下包袱。对干部人事档案审核中发现的问题、干部考察和任前公示期间收到的信访件，加以核查甄别，做到不放过有问题的干部，也不耽误没有问题的干部。

【基层组织建设】 组织开展县镇两级党组织书记抓基层党建工作述职评议考核，推动形成“书记抓，抓书记”的基层党建新格局。推进市委书记“三选三强”项目（选优配强农村支部书记，强素质促发展；选好培优党员发展对象，强队伍添活力；选准办好为民服务项目，强服务聚民心），全年调整村级党组织书记63人，发展农村党员821名，其中35岁以下中青年党员占58.1%。持续清理和规范党组设置，截至12月底，全市设有党组的单位363个（含新增125个，市级新增6个、县级增加119个）；全市撤销党组6个，其中，市级撤销1个，县市区撤销5个。落实镇街领导干部驻点普遍直接联系群众制度，建强配优驻点团队，统一规范工作流程，健全完善处置机制，梳理汇总各类问题2.94万件，解决2.8万件，化解率95.4%。采取领导班子成员挂点包村、工作组驻村、第一书记蹲点、党建指导员帮助等方式，完成年度119个软弱涣散村（社区）党组织精准整顿工作。提前谋划2017年村（社区）“两委”换届工作，深入开展调研，掌握换届选举前村（社区）基本情况、干部群众思想动态，做到“十个清楚”（村级集体经济账目清楚，班子年龄文化结构清楚，“两委”班子工作实绩清楚，村（居）情民意清楚，“两委”班子团结协作和成员进退留转情况清楚，有意竞选村、社区“两委”成员对象情况清楚，村、社区换届可能出现的主要矛盾和不和谐因素清楚，致富带头人、妇女参选和能否当选情况清楚，整治重点村和难点村工作预案清楚，非户籍人口底数清楚）。加强党建促扶贫工作，选派优秀干部担任第一书记驻村开展扶贫工作。开展基层治理工作，全市拖欠被征地农民征地补偿费5935.6万元全部拨付到位，959宗“三乱”违法用地全部查处完毕，2.1亿元征地社保资金分配任务全部落实，农村集体经济组织全部完成集体资产清理核实工作，矛盾问题得到化解。推进基层公共服务平台建设，全市有596个村（社区）完成基层公共服务中心（站）建设工作。

【“两新”组织党的建设】 实施“两新”组织党组织“抓巩固促提高”行动，社会组织、非公企业党组织覆盖率分别达93.8%和94.4%，“两新”组织党的工作覆盖率达到100%。先后建立社会组织党委和非公有制经济组织党委，完善工作制度，充实工作力量，加强财政专项经费保障，设立“两新”组织党建专项经费100万元。推进“两新”组织党组织的组织生活创新试点和党建示范点培育工作，遴选出100个“两新”组织党建示范点培育对象进行创建培育。

【庆祝中国共产党成立95周年活动】 “七一”前夕，市委下拨慰问金100万元，对500名老党员和生活困难党员以每户2000元的标准开展走访慰问活动。结合庆祝建党95周年，市委在省委旧址举办“永远的丰碑、光辉的历程”“两学一做”大型图片展，到各地巡回展示。“七一”期间，新丰县马头镇秀田村党支部获得全国先进基层党组织，6个党组织被评为广东省先进基层党组织，5人被评为广东省优秀共产党员，3人被评为广东省优秀党务工作者。

【人才管理】 坚持党管人才原则，完善人才工作领导小组工作职能，健全议事决策、协调落实等各项机制，制定《韶关市党政干部联系紧缺适用人才工作制度》《韶关市人才工作落实机制》等政策文件。研究制定“十三五”人才发展规划，明确人才工作方向、理清人才工作思路。制定出台“双百”人才工程配套政策《韶关市引进百名紧缺适用人才实施意见》《韶关市百名享受市政府特殊津贴人才选拔管理实施意见》，完善紧缺适用人才待遇以及引进、培养、管理、服务、激励等措施。从2016年起，市本级人才工作专项资金由原来每年500万元增加到3500万元。推进人才公寓建设工作，优化人才工作环境。组织第七期专业技术拔尖人才赴厦门大学举办国情研修班。依托美国硅谷科技咨询委员会，在美国硅谷挂牌成立“韶关市美国硅谷华侨华人专业人才联络站”。

【组工信息】 全年分别编发《韶关组工通讯》12期、《韶关市换届工作简报》13期。全市组织部门向市级以上党刊投稿1300多篇，其中被《党建研究》《广东组工通讯》《领导科学》《党建文汇》《南方》《广东党建》等省级以上党刊采用稿件32篇。组织网宣员跟帖发贴、撰写网评文章，全年发布原创网评文章231篇，申报影响力文章53篇。韶关市委组织部课题组完成2016年度全省组织工作重点调研课题1篇获得全省二等奖。韶关市委组织部承办的1篇课题获得2016年度省党建研究学会课题研究二等奖。（廖 愉 卢功伟）

宣传工作

【机构概况】 中共韶关市委宣传部是市委主管全市意识形态方面工作的综合职能部门，直接指导和协调全市新闻、文化文艺和社会科学研究等工作。中共韶关市委宣传部组织结构：设部长1名，常务副部长1名，副部长3名；内设办公室、理论科、网络科（市委网络安全和信息化领导小组办公室）、新闻科（市委对外宣传工作领导小组办公室、市人民政府新闻办公室）、宣教科（市国防教育领导小组办公室）、文化发展科、干部科等7个科室；下设韶关市精神文明建设委员会办公室，设文明创建科和未成年人教育科；直属参公事业单位讲师团，设综合室、学习室、教研室。现有在职干部32名（行政编制25名，参公事业编制7名），本科以上学历占97%。

【学习宣传习近平总书记系列重要讲话精神】 2016年，市委宣传部把学习宣传贯彻习近平总书记系列重要讲话精神作为理论武装的重中之重，结合“两学一做”学习教育，引导广大党员干部读原著、学原文、悟原理，系统把握核心要义，为全市各地、各部门配发《习近平总书记系列重要讲话读本》87000多册。创新市委中心组理论学习，把讲话精神与实际工作相结合，在组织开展专题讲座的同时，采取先调查后研讨等方式，先后围绕“加快推进新城区建设”“主动融入珠三角”等主题开展多场务虚研讨，全年开展集中学习20次。严格落实党委（党组）中心组理论学习制度，对县处级党委（党组）中心组理论学习进行专项督导检查，推动各级党委中心组理论学习制度化、常态化开

▲2016年9月20日，全市基层党建工作座谈会召开 （市委组织部 供）

▲2016年6月30日，“百歌颂中华”暨庆祝建党95周年，红军长征胜利80周年晚会（市委宣传部 供）

展。借助市、县两级宣讲团的力量，深入基层一线广泛开展主题宣讲，推动讲话精神进机关、农村、社区、学校、企业。全市党委中心组理论学习工作获得省委宣传部的充分肯定，相关做法在全省党委中心组理论学习座谈会上作典型发言。开展理论研究和宣传普及，举办“广东区域经济协调发展暨韶关融入珠三角发展战略”专题研讨会。全年列入市社科规划课题93项，《广东生态发展区生态价值补偿机制及产业发展研究》获“广东省第六届哲学社会科学优秀成果”二等奖，新修订的《善美和谐的家乡——韶关》乡土文化教材被评为2016年“广东省优秀社会科学普及作品”。加强工作调研和信息交流，多篇信息调研和理论文章在中省有关刊物发表。

【新闻宣传和舆论引导】 组织对中共十八届六中全会精神、省市“两会”、市第十二次党代会、主动融入珠三角、推动振兴发展、庆祝中国共产党成立95周年、纪念中国工农红军长征胜利80周年、精准扶贫等重大主题、重要会议和活动的宣传报道。协调配合中央省主流媒体，推出“重走长征路”“长征路上奔小康”“港澳主流媒体看粤东西北发展战略”“相约韶关 触摸未来”2016全国媒体联合采访等大型宣传活动，在中央电视台新闻联播节目播出仁化县“民忧卡”带民致富、为民解忧的故事。推广“1+X”新闻发布模式，全年举办20多场新闻发布会。进一步打通群众知晓政务信息的渠道。

【网络宣传管理】 注重加强新媒体建设和传播，组织策划“表白韶关”网络外宣推广、“聚焦三大主题网络采风行”活动。“微评十三五”网络创作比赛活动获得新华网舆情监测分析中心重大事件舆论引导优秀案例奖，入选中央网信办案例库。注重加强舆情引导，关注民生热点，健全互联网舆情处置快速反应机制，推动舆情会商分析常态化，及时化解、妥善处置一系列突发事件和苗头性热点问题，舆情信息及处置工作在全省相关会议上作经验交流发言。

【文化体制改革】 推进舆情应急处置机制、公益广告宣传管理办法、文化市场“红黑榜”制度建设。改进公共文化服务机制，推广政府购买公共文化服务模式，全年向社会购买44项公共文化服务项目。开展以县级图书馆、文化馆为中心的县（市、区）总分馆制试点工作，实现与乡村、社区公共文化服务设施的资源整合和互联互通。推进文化与旅游融合发展，“珠玑古巷·梅关古道”景区成功申报“广东省文化旅游融合发展示范区”，世界瑶族经贸文化交流中心区建设纳入国家“一带一路”建设项目。推进韶关日报社、韶关广播电视台体制机制改革。韶关日报社“韶关大数据”服务平台建设、韶关新闻网改版、《北江评论》网评栏目建设、“新闻早餐”语音播报服务项目及市广播电视台“媒体融合与传媒产业创新园”建设、电视高清系统改造、无线韶关APP2.0建设、新媒体直播系统建设取得初步成效。韶关日报社、市广播电视台经营创收、媒体融合、综合竞争力和发展后劲整体向好。

【公共文化服务】 加强公共文化基础设施建设，加快推进基层综合性文化服务中心试点建设和乡镇（街道）文体广场建设。始兴县文化馆和乐昌市文化馆被评为国家一级馆。开展群众文化活动，举办建党95周年暨纪念红军长征胜利80周年歌咏比赛、首届音乐舞蹈花会暨“九龄风度”庆国庆大型群众文化活动，武江区新年倒计时晚会、新丰县梦想乐手才艺大赛等各类群众性品牌文化活动常态开展。打造特色文化品牌，珠玑古巷、云髻山被列为“广东省电影拍摄基地”，“粤北红军遗址群”创建“全国爱国主义教育示范基地”工作稳步推进。翁源县借助翁山诗书画院、涂志伟美术馆、文安摄影艺术馆广泛开展文化交流，“风雅翁山”文化品牌逐步形成。加强文艺精品生产创作，成立韶关市文艺创作交流中心，与中国艺术报社合作设立“风度艺苑”创作基地，推出文学作品《粤军抗战记》《大唐名相》，电影《榫卯》，纪录片《万里长征第一步：粤北借道》等大批精品力作。加强文化遗产保护，“南岭瑶族文化资源”多媒体资源库通过文化部验收，马坝人石峡遗址公园改造工程顺利推进，乐昌三溪镇被评为省民间文化艺术之乡。

【培育和践行社会主义核心价值观】 创新核心价值观宣传教育载体，组织各地开展文艺演绎价值观、年俗传递价值观、书法描绘价值观等主题活动，综合运用道德讲堂、优秀家风家训宣讲、公益广告、城市景观等载体，将核心价值观要义潜移默化地融入百姓日常生活。加强核心价值观载体工程建设，建成12个示范性主题公园，其中市区中山公园和仁化县“仁文化”主题公园被列为省级示范公园；推进公益广告作品库建设，整合市区户外广告发布资源，打造全市公益广告发布平台；编辑出版以韶关各大姓氏家训为基础的《韶关市家风家训集》；命名和打造一批含机关、企业、医院、学校、村居在内的核心价值观示范点。深化好人评选、志愿服务、诚信建设等活动，开展首届“寻找韶关好医生”和“最美警察”评选活动。浈江区在社区发布“善行义举榜”，曲江区出版《好人故事会》，乳源县制定《帮扶生活困难道德模范和身边好人实施办法（暂行）》。

【宣传文化人才队伍建设】 加大人才培育力度，推荐一批本土人才入选“广东省基层宣传文化能人”。实施本土人才“育鹰”工程，遴选100名骨干作为培养对象，致力培育一批宣传文化专业技术人才和领军人物。加强对重点岗位和基层一线干部职工的培训，组织50多名新闻宣传业务骨干到上海复旦大学参加专业培训，市、县两级宣传文化部门先后开设各类培训近30期，培训2500多人次。（谢旭雯）

统一战线

【机构概况】 1952年9月，中共粤北区党委设立粤北区党委统战部。1956年2月粤北区党委统战部改称韶关地委统战部，9月成立韶关市委（县级市）统战部。1977年1月，中共韶关市委统战部升格为处级建制。1983年6月，韶关地委统战部与韶关市委统战部合并为韶关市委统战部。2001年8月，设置中共韶关市委统一战线工作部。历任主要负责人：云广英、张铭、苏秉鉴、刘延瑞、王贵华、金铎、鲁子青、陈仲舒、沈会峰、陈东秋、罗继胜、郭衍全、梁海峰、何伟青、黄劲东。市委统战部现设5个职能科（室）：办公室，党派工作科，港澳、海外联络科，经济工作科，港澳社团联络工作办公室。核定行政编制16名，后勤服务人员4名。

【多党合作】 全市6个民主党派市委会顺利完成换届工作，实现新老交替和政治交接。出台《关于进一步支持民主党派加强自身建设发挥参政议政作用的意见》和《关于加强我市党外干部培养选拔工作的意见》。利用换届契机，实现市、县两级统战部部长由同级党委常委担任或兼任全覆盖。推进政协委员提名推荐工作，市政协完成换届工作任务。做好“市委出题，党派调研”工作。组织召开中共韶关市委与各民主党派、工商联负责人和无党派代表人士新年座谈会。召开以加强党派自身建设，发挥民主党派参政议政作用为主题的全市各民主党派负责人暑期座谈会。解决民进、农工党、九三学社5个机关专干编制问题。市委就主动融入珠三角总战略组织召开专题协商会。争取市财政支持，为六个民主党派共增加年度经费30万元，韶关市无党派知识分子联谊会年度工作经费由3万元增加至10万元。做好农工党广东省委、中科院华南植物园、中山大学有关专家调研组一行到韶关开展加强道地药材产业发展专题调研。落实农工党广东省委2名机关干部到韶关挂职锻炼工作。

【非公有制经济领域统战工作】 加强非公有制企业党建工作，成立非公有制经济组织党委并召开第一次会议。加强商会组织统战工作，7个异地商会成为市工商联团体成员。召开韶关异地商会联席会议。在广州举行韶关市招商引资推介会——广东省韶关商会专场活动，现场签约项目超20个，金额超10亿元。选送年轻企业家参加非公有制经济新生代培训班、星级商会培训班，推荐何育强、林年昌、孙妙青作为广东省非公经济人士优秀中国特色社会主义事业建设者的人选。指导县（市、区）工商联完成换届工作，市工商联换届稳步进行。

【民族统战工作】 加快民族地区经济社会发展。2016年12月，全省扶持民族地区加快发展推进会议在乳源瑶族自治县召开，省委常委、统战部长林雄出席并讲话。召开全市民族宗教工作领导小组成员单位工作会议，推动《关于扶持民族地区加快发展的实施意见》贯彻落

▲2016年3月25日，市委统战工作会议现场 （潘志立 摄）

实。加快推进少数民族特色村镇建设，计划3至5年时间，重点建设乳源瑶族自治县必背镇、游溪镇、东坪镇、乳城镇及始兴县深渡水瑶族乡等5个民族特色（乡）镇，在全市建设20个国家、省级少数民族特色村寨。进一步完善城市民族工作管理协调长效机制，健全城市民族工作联席会议制度，加强对外来少数民族流动人口的服务和管理。开展省城市民族工作示范社区创建工作，引导少数民族参加社区活动，促进各民族间交流交往交融。

【宗教统战工作】 深入开展以“规范·安全”为主题的和谐寺观教堂创建活动，组织“文明敬香”“合理放生”活动，推动“生态寺观”建设。开展宗教政策法规学习月活动，举办市宗教界国家安全教育培训班。继续推动宗教教职人员认定备案、宗教活动场所财务监督管理、宗教活动场所和宗教院校开立单位银行结算账户等专项工作的常态化和制度化。加强宗教文化对外交流活动。组织宗教界开展“宗教慈善周”和“扶贫济困日”活动。推荐4名宗教教职人员参加省宗教界代表人士教育培训班。做好宗教领域重点难点问题。

【港澳台统战工作】 强化港澳社团建设，指导香港韶关同乡联谊总会成立义工团，有成员500余人。组织义工团回乡助学，资助乐昌市、曲江区、新丰县中小学生292名，发放助学金59.18万元和价值近10万元衣物、学生用品。加强联谊交友。成功接待台湾“北伐寻访之旅”参访团、香港国际联密佛教慈航会韶关交流访问团、香港筲箕湾坊众会和文康服务中心义工韶关访问团等港澳台社团和同胞31批1800余人次。成功协办第三届“广东优秀学子岭南行”活动，推动韶关学院与台湾高校交流。继续做好“同心·医疗救护车惠基层活动”，韶关海外联谊会（简称海联会）筹措资金逾600万元，为全市10个县（市、区）共配置16台救护车。海联会与韶关市光彩事业促进会发动港澳热心人士、民营企业参与扶贫工作，落实资金130多万元，确保扶贫工作实现良好开局。

【党外代表人士队伍建设】 举办民主党派新一届市委委员培训班和韶关市无党派知识分子联谊会理想信念教育培训班，选送两批党外干部参加省委统战部举办的党外中青年干部培训班和县处级干部培训班；与市委组织部共同推动党外干部担任实职。截至12月30日，市人大、市政府、市政协领导班子均配备党外干部，市法检两院、市经信局、市丹霞山管委会、市农业局、市公路局、市规划局班子中均配备党外副职。市人大一副秘书长、市旅游局局长、市档案局局长、市科协主席为党外干部，实现党外人士担任政府职能部门正职零的突破。民主党派4个秘书长提拔为专职副主委。

【统战信息调研宣传工作】 全年编发统战信息106篇，海联会会讯三期，获得2016年度全省统战信息工作二等奖，连续六年获得省部表彰，在全市信息工作中名列前茅。报送的《城镇化进程中的民族交往交流交融问题研究》和《新的社会阶层人士统战工作策略思考》分获2016年全省统战理论政策研究创新成果三等奖和优秀奖。

（王辉华　郭燕海　张　弘）

政策研究

【概况】 韶关市委政策研究室（改革办）行政编制19个，工勤人员1个；在编人员18人。其中，主任1名，副主任2名，改革办专职副主任1名，内设5个科，主要职责是围绕市委的中心工作，组织协调有关职能部门对全市各行业等方面的重大问题，对有关全市经济、政治、社会等方面的方针、政策问题进行调查研究，向市委提出意见和建议，供市委决策参考；负责起草或修改市委有关重要文件、文稿；组织、联络、协调全市各方面的力量，形成多层次的政研网络。改革办的主要职责是学习研究中央、省委全面深化改革领导小组关于全面深化改革的决策部署，向市委全面深化改革领导小组提出贯彻落实建议；组织开展全市全面深化改革重大问题的政策研究，提出总体方案、目标规划、重要政策和重大措施等建议；推进总结研究全面深化改革，向领导小组提出对策建议。2016年，政研室（改革办）完成各类文稿323篇、130多万字，参与起草市委重要文件10份。

【以文辅政作用发挥】 完成第十二次党代会、市委十一届九次全会、市委工作会议、全市领导干部“三纪班”、全市县域发展现场会、市委中心组务虚研讨会、市委中心组专题学习会、市委常委班子民主生活会等一批全市性会议重要文稿。

【专题调查研究】 准确把握市委书记对韶关振兴发展的新思路新要求，确定2016年重点调研课题20个。围绕广电台改革、县域经济社会发展、镇域改革发展、农村土地承包经营权确权等重大课题进行深入调查研究，形成《进一步深化市广电台改革的调研报告》《韶关市县域经济社会发展情况调研报告》《韶关镇域经济社会发展改革调研报告》等一批创新性和可操作性较强的调研报告。撰写编发专供市领导参阅的《调研内参》11期，编印《决策参考》22期，组稿编辑《韶关调研》12期，其中《调研内参》和《决策参考》获市委主要领导签批共12期。配合省委政策研究室、联合相关单位、协助民主党派、委托有关单位开展调查研究。

【系列政策性文件谋划出台】 立足韶关市情实际，围绕主动融入珠三角总战略和产业共建、城市提升、县域发展“三大主题”工作发挥参谋助手作用，为市委市政府研究制定事关全市发展大局的政策建言献策。《2016年韶关市资源枯竭城市转型发展行动计划》《关于加快推进我市生态文明建设实施方案》

《关于加快发展乡村旅游的指导意见》《韶关市关于加快构建新型农业经营体系实施意见》《韶关市新时期精准扶贫精准脱贫三年攻坚实施方案》等政策性文件，成为贯彻落实中央和省委省精神、推动全市重要工作的指导文件。

【深化改革工作探索】 出台《中共韶关市委全面深化改革领导小组会议工作规程》《中共韶关市委全面深化改革领导小组专项小组运作制度（试行）》，逐步完善改革机制，规范改革领导小组会议、各专项小组的运转。围绕破解韶关市振兴发展的体制机制障碍释放改革红利，结合中央和省委改革部署，设计改革选题。统筹部署韶关市的全面深化改革工作，审议通过《韶关市全面深化改革2016年工作要点》及教育综合改革、税收征管体制改革、市属新闻媒体改革等方面的重要改革文件。专项研究推进改革事项23件，出台各类改革文件46份。年初确定的50项改革要点任务全部启动，出台对应改革方案。梳理全省基层改革创新工作经验做法，结合市情实际，因地制宜，制定推广基层改革创新工作经验做法的行动方案，确保全省好的经验做法在韶关落地。结合合韶关市实际，推进农村综合改革、供给侧结构性改革、商事制度改革、教育领域综合改革、医药卫生体制改革、政务服务改革、司法体制改革、市与区权责关系改革、丹霞山管理体制改革等重点领域改革。围绕主动融入珠三角战略，深化与珠三角地区的对接融合，启动与东莞市深化改革对接，成立东莞韶关全面深化改革对接工作小组，印发《东莞韶关2016年实施深化改革对接行动计划工作方案》，提出与实施“多证联办”改革对接、项目投资建设直接落地改革对接、深化商事制度改革对接、“三互”大通关模式对接、新型研发机构管理体制改革对接、社区网格化管理和微治理改革对接等6项东莞韶关深化改革的对接行动。借鉴外地改革办法，编印《政策动态》12期，及时总结韶关市改革经验，撰写《改革简报》10期。

【改革事项落实】 完善督查工作制度，出台《重要改革任务落实情况第三方检查评估工作制度（试行）》《重要改革文件落实情况督察工作制度（试行）》和《专项督察工作制度（试行）》。采取一季一台账、半年一分析、年终一量化考核的方式对年度改革要点等全面性改革计划进行督查，督查落实情况，深入了解改革过程中存在问题，研究提出改进工作的意见，督促各地各单位推进改革工作。2016年确定的50项改革要点都在推进中，中央和省安排在韶关市的35项改革试点，其中11项完成，其余24项正在推进中。印发《韶关市改革全面评估工作方案》，对全面深化改革以来改革情况进行全面评估，并形成《韶关市各领域改革全面评估报告》，对评估发现的突出问题限期整改情况进行专项督查。（杨作旭）

机关党建

【概况】 韶关市直属机关工委有行政编制12个（原有编制14个，10月纪工委撤销，核减2名编制，编制12个），工勤编2个，在编人员12名，工勤人员2名。其中书记1名，副书记2名，正科长4名，主任科员2名，副科长2名，副主任科员1名。2016年，党组织关系在市直机关工委管理的单位有89个，设有党委（机关党委）43个、党总支部43个、党支部531个，有党员11039名。在全市抓基层党建工作述职考核中，市直属机关工委测评成绩在各机关党（工）委中名列前茅。

【“两学一做”学习教育】 以“两学一做”学习教育为契机抓好各项党建重点任务。市委4月20日召开“两学一做”学习教育工作会议后，市直工委分四批对工委所属89个机关党组织开展“两学一做”学习教育的情况进行督导检查，每批通报评分排名情况。抓好党员组织关系排查，排查失联党员76人，取得联系64人；抓好党费收缴专项检查，531个党支部全部完成党费收缴自查，已补交党费132.99万元；抓好按期换届专项检查，共督促指导28个基层党组织完成换届改选；抓好党代表和党员违纪违法排查清理工作，共排查“五类人员”22名，均已被处理。组织市直机关9365名党员通过省党员考学系统进行考试。通过报纸竞答、网络竞赛和微信竞赛等方式，开展学习贯彻《地方党委工作条例》和《党组工作条例》线上线下同步竞答活动，参与党员人数达到两万多人。

▲2016年6月30日，韶关市纪念建党95周年图片巡回展开幕式上。市委书记江凌为50年党龄老党员授予勋章（潘志立 供）

【“双争双促”主题活动】 以提升机关效能为目标开展党建活动。筹备开好机关效能建设大会。会前，对韶关市机关作风情况进行专题调研，随机抽取办事群众填写调查问卷120份，召开座谈会6场，形成调研报告报市委。会后，组织市直机关开展“解放思想、转变观念”大讨论活动，439个机关基层党支部开展学习讨论，提出作风整改措施12843条。开展“党员示范岗”创建活动。在市直机关30个窗口单位和服务行业推行窗口党员亮明身份制度，百名党员挂牌上岗、亮明身份，主动接受办事群众的监督。根据相关服务标准，在市行政服务中心各窗口部门中开展“党员示范岗”创建活动，采取考评领导小组检查、窗口自评、窗口互评等方式，每季度评选5个“党员示范岗”，实行流动管理，在其工作台设置鲜明醒目的岗位牌，从服务质量上为干部职工做出示范。开展机关创新创优竞赛。在全市机关范围内开展发展创意类、工作创新类、服务创优类三个类别的工作创新创优竞赛，各地各单位立足韶关实际和部门职责，将业务工作中的一些创新做法、制度和思路，形成项目材料，共收到报送项目61个，其中3个项目获得省优秀成果奖。召开“双争双促”总结表彰会议。对活动进行总结拓展，表彰先进党支部10个，岗位标兵20个。市直各单位在“双争双促”中创新活动载体，如市国税局举办“岗位大练兵，业务大比武”活动，市委组织部每两月开展科室流动红旗评选活动，市行政服务中心推进“一门受理”等，营造促进执行力提高、促进机关效能整体提升的氛围。

【机关党建工作责任层层压实】 以党建考核评议为手段倒逼党建责任落实。明确党建主体责任。制定印发《韶关市直单位抓机关党建工作责任清单》，明确细化党委（党组）的指导、管理、用人、保障责任，党委（党组）书记的引领、统筹、示范、支持责任，机关党组织的教育、协助、推进、监督责任，机关党组织书记的谋划、实施、督导、服务责任，抓好党组（党委）、机关党委、党（总）支部三级党建责任落实。开展联述联评联考。全面开展机关党组织书记向机关工委述职，机关下属党总支书记和支部书记向上级党组织述职的联述联评联考工作。坚持每年年底召开述职评议会，按20%的比例选取18个单位党组织书记集中述职，述职后由党员代表按百分制评价打分；其余71个单位党组织书记开展书面述职，由我委选派党务干部到其单位的述职评议会议开展现场测评。完善党建考核体系。把“两学一做”学习教育的具体要求纳入机关党建目标管理责任制，将党建责任分解为6大类33项具体任务。同时组建60人的党务专家人才库，选派专家组成11个考核组，对市直各单位党建工作情况进行交叉考评，通过查阅资料、实地查看等方式现场考核、综合评分，考核分数按5分的比例计入市级机关年度绩效考核。

【党建工作保障力度加强】 以支部为单位抓好规范化建设。制度化落实机关党建工作保障措施。与市编办、市财政局沟通协调，以《机关基层组织工作条例》为依据，起草《关于加强市直机关党建工作保障的实施方案》，主要内容纳入市委全面从严治党的实施意见，经市委十一届十一次全会审议通过。将机关党组织办事机构设置、专职党务干部配备、党建活动经费预算以制度的形式予以落实。加强机关基层党支部书记培训。首次深度对500多名机关基层党支部书记进行一次全覆盖培训，邀请中山大学等多名专家教授前来授课，提高支部书记理论水平和党务实操能力。做好市党代表选举工作。采取自下而上、上下结合、反复酝酿、逐级遴选的方式，组织市直机关各单位做好73名市第十二次党代会代表的推荐选举工作。强化党风廉政建设。开展纪律教育学习月和廉政文化活动，总结提升廉政风险防控点排查、监控、管理等工作的成功经验，加强制度建设，完善廉政风险防控机制。执行《党内监督条例》和各项制度，推进党务公开，发挥机关党组织的监督职能，健全和完善正确行使权力的制约和监督机制。强化案件查处力度，2016年共办理党员违纪案件6起。

【党建工作载体创新】 以市委中心工作和重大节日为重点创新党建载体。开展纪念建党95周年图片巡回展。搜集、整理和展示自建党以来，韶关地方党组织重要活动和韶关经济社会重大发展的历史图片。在6月30日的图片展启动仪式上，市委书记江凌、市长骆蔚峰、市政协主席李石保为50年以上党龄的老党员颁发“七一”纪念奖章，市委常委、组织部长华旭初为30名市直机关新党员领誓入党誓词。自图片展启动以来，在省委旧址、各县（市、区）以及市区部分学校进行为期四个月的巡回展出，参观图片展的人数超过7万人，整个活动干部群众反映良好，达到理想的教育宣传效果。开展机关政风行风微信测评。改变传统短信测评、集中测评的做法，创新使用微信公众技术平台。通过在服务窗口张贴宣传页、在韶关新闻网发布二维码等方式向办事群众广泛宣传政风行风评议公众号。经过试运行后，于6月1日正式启用，对30个单位进行数据采集。截至11月底，微信公众号共收到群众评议104253条，其中满意数103013条，占98.81%，总体测评情况良好。开展“民声热线”户外上线手机直播。2016年“民声热线”活动共有28个单位室内上线，曲江区、始兴县和市公安局开展户外上线，其中在曲江区的户外上线中首次使用“无线韶关”APP，实现手机平台同步直播。全年共接听群众来电798个，回复778个，满意率97%，达到预期目的。对《韶关机关党建》进行改版升级。《韶关机关党建》进行彩色改版，并优化栏目设置，增加对优秀诗词、绘画、书法及党建活动照片的采用。针对往年来稿数量不多、质量不高等问题，开始实行每两月一次的来稿用稿情况通报制度和定期定向约稿制度，并将稿件任务完成情况以及大稿采用情况纳入机关党建目标管理责任制考核中。截至2016年，共收到各单位报送的稿件851篇，其中大稿263篇，小稿588篇，投稿数量及质量都有明显提高。

（章振强）

老干部工作

【概况】 截至2016年12月，全市共有离退休干部41825人，其中离休干部948人，党员23862人，占离退休干部总人数的57.05%，设有离退休干部党支部310个。2016年，中共韶关市委老干部局被中共中央组织部、人力资源社会保障部评为全国老干部工作先进集体。

【老干部正能量活动】 紧扣“展示阳光心态、体验美好生活、畅谈发展变化”主题，围绕韶关市“主动融入珠三角”总战略，深入开展以打造红色、党史、讨论三个课堂；南雄经验《讲好苏区故事弘扬苏区精神》在全省正能量活动推进会上进行交流。南雄、乐昌等地利用特有的红色资源开设老干部“红色课堂”。浈江区、市卫计局等举办“请老干部讲故事，我们学党章”活动。市区老游击战士联谊会、金秋艺术团等组织老干部畅谈学习习近平总书记“七一”讲话感想。在机关事业、国企两新、农村社区三个领域，发挥好政治、经验、威望三个优势为主要内容的“三个三”活动，组织引导老同志唱响为党的事业增添正能量主旋律。联合市委组织部向全市4万名离退休干部发出《让我们为党的事业增添正能量倡议书》，鼓励全市老同志结合当地特色，创新载体，通过“织围脖”“发圈”“点赞”、分享“圈粉”等新形式，展示韶关的精气神。乐昌邀请老干部加入驻村（居）联合工作组，解决征地拆迁、族群矛盾等难题。武江区发展以老同志为主体的“乡贤理事会”等乡土特色社会组织。组织市级老领导开展以“学习贯彻党的十八届六中全会精神，凝心助力韶关主动融入珠三角”为主题的参观学习活动。首次拜访曾在韶关战斗或工作过的省级老领导以及在韶关担任过正职的厅级老领导，邀请老领导们为韶关振兴发展建言献策。对接教育、卫计、科技、农业等有关部门，挖掘、收集、整合离退休干部人才资源，初步建立起“韶关银发人才库”，入库的老专家、老教授近50人。市农业局原副局长、种子专家陈良桂的研究获得杂交水稻之父袁隆平肯定，有望突破杂交水稻科研的两大瓶颈。省五建92岁的高级工程师邓浣尘自主研发的建筑改造工艺获国家发明专利证书。乳源政法委钟辉退休后回乡带领乌石岭新村致富。浈江车站街道创新设置“党群连心社”。

【离退休干部“两项建设”】 通过深入开展“两学一做”学习教育活动，加强离退休干部理论武装和思想引领工作。以传达文件、通报情况、电化教育和座谈讲座等方式，抓好政治理论学习。通过举办离退休干部党支部书记培训班、开展创建“五好”党支部活动、落实“三会一课”制度等，健全组织，加强管理。全市各地举办座谈会、报告会35场。756人次分两期参加市老干部（老年）大学举办的“做合格党员，做模范长者”专题学习会。调研和谋划依托老干部工作部门设立离退休干部党工委。率先在市老干部（老年）大学教学班和活动团队建立临时党支部，示范带动各地各单位创造离退休干部党组织建设新经验。结合“城乡社区协商”新思路，探索基层服务型离退休干部党组织工作的新途径。

【老干部生活待遇落实】 巩固和完善离休费保障机制、医药费保障机制和财政支持机制。2016年，市委老干部局统管核报385名市直企业和部分市直单位已参加医疗统筹的离休干部医疗费，人均医疗费每年4.09万元，为全省最低，医疗费列入预算，企业离休干部看病难等问题彻底解决。调整市直企业293名参保离休干部基本离休费。落实251名市直企业离休干部节日补贴，348名企业离休干部节日补贴得到落实，抹平与市直机关事业单位拖9年的待遇差距。落实市直企业和部分事业单位参保离休干部住房维修和物业管理补贴。妥善处理省属驻韶企业属地化管理离休干部的补贴。对全市247名在建国初期参加革命工作的退休干部给予适当照顾，给符合条件的23名离休干部增发护理费。协助39名已故企业离休干部配偶申领生活困难补助。修订《关于市直单位离退休干部逝世后丧事办理的意见》。落实36名去世的企业离休干部的丧葬待遇。

【老干部服务管理完善】 2016年，韶关成为全省唯一一个由市委老干部局负责市四套班子副厅以上老干部管理服务工作的地级市，归口直管43名市四套班子老领导。引导“省级老字号”和“厅

▲2016年6月30日，举办“永远跟党走”纪念中国共产党成立95周年文艺演出

（市老干局 供）

▲2016年11月14—17日，台湾中南部媒体参访团一行到韶关参访（市委台办 供）

级老字号”助力韶关发展。坚持重大节日走访慰问老干部。组织市级老领导开展活动。派员参加省委老干部局首次组织的登门慰问广东省易地安置在14个省（区、市）的35名离休干部。对接收的易地安置离休干部和接管的企业离休干部，打造升级版的“五星级”工作站，完成“上访—下访—巡访”改革，解决管理服务“最后一公里”问题。继续探索退休干部社会化管理服务。借助莲花山社区、福民社区等“四就近”试点经验，实践拓宽“四就近”渠道和平台。

【文化养老推进】 抓住省委老干部局自2015年起5年内投入1.5亿元推动县级老干部学习活动场所建设的机遇，推动韶关市县级老干部学习活动场所建设。截至2016年底，争取省专项资金1287.5万元，撬动韶关市各地财政支持4683.58万元，将新增老干部学习活动场所面积14685平方米。申请将市老干部大学（市老干部活动中心）教学活动场地建设列为城市提升项目。市老干部（老年）大学（市老干部活动中心）开设22个专业52个班级，在校学员2200人次；组织举办各类讲座5期、专场演出8场，书画展6次，球类、牌类、棋类等比赛40场次。与广州日报、南方医科大学中西医结合医院及老人报联合举办“名医广东行”大型公益巡讲巡诊韶关站活动。全市105个老干部文体活动团队3500多名老同志参与开展266场次文体活动，其中文化进基层活动78场次。市老干部大学、新丰县老干部大学、翁源县老干部门球队等在省级或区域性比赛中获得金奖或冠军。（温　舜）

对台工作

【机构概况】 中共韶关市委台湾工作办公室于2005年4月从市委统战部独立为市委工作部门，并挂韶关市政府台湾事务局牌子，是市委主管对台工作的职能机构，设置综合科、经济联络科两个职能科室，核定编制6人。

【韶台交流巩固深化】 市委台办以青少年交流、宗教文化交流、基层交流为重点，巩固深化韶台交流。7月，来自台湾清华大学等高校的15名学生到韶关参加夏令营活动。8月，云门山大觉禅寺组团赴台访问佛光山、中台禅寺，与台湾宗教社团组织座谈交流，加强韶台两地禅宗文化交流。11月，在广东高校就读的台湾学生和台湾青年100人到韶关开展第三届“广东优秀学子岭南行”活动，台湾中南部媒体广东参访团到韶关参访，对韶关自然资源、人文环境、社会发展作全面报道，并在台湾进行宣传，提高韶关在台湾的知名度。

【韶台经贸合作深化】 市委台办多次主动拜访珠三角台资企业和当地台办，了解当地台资企业转移意向，谋求合作机会。不断创新招商引资方式，拓宽招商引资渠道。7月，副市长许志新率队赴台参加国际食品展览会，拜访台湾罐头食品工业同业公会，谋求韶台在食品加工领域的合作机会。

【涉台服务水平提高】 市委台办通过召开座谈会、现场调研等形式，了解企业的生产经营情况。春节期间，走访慰问困难台胞和重点台属，为10名困难台胞提供每人1800元的困难补助金。2016年，协调解决台商用水用电、企业用地等问题2宗，妥善处理涉台来访案件1件。（李　睿）

党校工作

【机构概况】 中共韶关市委党校（韶关市行政学院、韶关市社会主义学院）是韶关市委、市政府直属公益一类事业单位，实行校务委员会（简称校委会）领导制，校委会在校长或主持日常工作的常务副校长主持下，全面领导党校工作。校委会设委员7名，其中校长1名（由市委常委、市委组织部部长兼任），常务副校长1名，副校长3名，专职校委会委员2名，学校内设11个正科级部门，其中行政管理部门5个：办公室、纪检监察室、教务科、学员科、行政科；教学及科研部门6个：科研办、信息管理中心、党建教研室、政治教研室、经济教研室、统战理论教研室。

【干部教育培训】 2016年，在干部教育培训工作中，党校坚持突出党的理论教育和党性教育课不低于总课时70%。2016年共举办各类培训班147个班次，培训学员达30292人次（不含公车拍卖人数）。其中各类主体班23个（含市校、分校、省委党校），培训学员1381

人次；公务员培训班37个，培训学员7150人次；专业技术人员培训班11期，培训学员4367人次；社会主义学院培训班1个班次，培训学员57人次；组织各类考试、计划外办班，共计37个班次，培训学员9247人次。党校把宣传中共十八届五中、六中全会精神作为首要任务，2位教授被聘为市讲师团成员，党校到各县（市、区）、市直有关单位宣讲十八届五中、六中全会精神，运用典型案例进行情景再现和模拟分析，提高学员实践能力水平。党校开设特色课程、专题调研、现场教学三个模块。党校2016年开设有特色课程20门；专题调研4个；现场教学基地7个。在中青年干部培训班组织学员赴江西兴国、瑞金、井冈山等地学习毛泽东等老一辈无产阶级革命家始终坚持调查研究精神和苏区干部优良作风。在主体班次开设韶关市情研析专题教学板块，结合韶关实际，及时贯彻市委、市政府中心工作，将提高法治思维、法治能力和区域治理水平落实到干部教育培训工作中。在科级班、中青一班、中青二班和市直机关公务员科级任职培训班选取乳源县八一瑶族新村和乌石岭新村作为现场教学点，开展教学。坚持以《习近平总书记系列重要讲话读本（2016年版）》《习近平党校十九讲》等为各课程专题的重点阅读材料，引导学员增强中国特色社会主义道路自信、理论自信和制度自信。要求各班次学员学习透彻习近平总书记关于理想信念、“中国梦”、四个全面战略布局和五大发展理念等新观点、新思想、新论断等基本内容。面向主体班学员深化党内教育，强化参训领导干部的党性修养，把党员干部培训从“关键少数”向广大党员干部拓展，尝试把集中性教育向经常性教育延伸。根据市委、市政府融入珠三角的战略部署，党校对课程设置进行全方位调整，把五大发展理念贯彻其中。

协助开设专题培训班　2016年，党校开设“创新、协调、绿色、开放、共享五大发展理念专题全员培训班”“2016年干部自主选学（公务员通用能力大讲堂）培训班”以及“软弱涣散党组织第一书记班”等专题班；开设“2016年市直机关基层党支部书记培训班”“全市‘两学一做’学习教育村（社区）、‘两新’组织党支部书记培训示范班”等专题培训班；配合市纪委举办一期市直单位重点岗位负责人廉洁从政教育培训班，强化精准防控。在一定程度上保障有关单位工作的有序开展。在各干部培训班宣讲“十三五”规划纲要。党校专门组织各干部培训班学员观看市委常委常务副市长陈波的“韶关市‘十三五’时期发展规划与发展形势”讲话录像，受到学员的一致好评。

【教学和科研成果】　2016年，党校教学1篇被评为全省党校系统精品课，2篇被评为全省党校系统优秀课程。2016年，党校在各类刊物上公开发表论文10篇（其中：公开刊物六类期刊5篇、八类期刊2篇、《南方日报》理论专题版1篇、《韶关日报》理论专题版1篇，内部刊物1篇）；参加各类学术活动3人次，入选理论研讨会论文2篇（二类1篇、三类1篇）；科研成果获奖5项（广东省优秀社会科学普及作品1项、2016年广东社会科学学术年会优秀论文二等奖1项、2015年广东省统战理论政策研究创新成果一等奖及2015年韶关市统战理论政策研究创新成果特等奖1项、2015年韶关市统战理论政策研究创新成果优秀奖2项）；课题结项8项（广东省社会主义学院系统2014—2015年度课题1项，韶关市哲学社会科学规划2013年度课题1项、2014年度课题6项）；课题立项4项（广东省委党校系统哲学社会科学规划2016年度课题1项，广东省社会主义学院系统2016—2017年度课题2项，韶关市哲学社会科学规划2016年度课题1项）。2016年，完成《韶州论坛》（季刊）4期的审稿、校对、印刷和发行工作。欧阳建国教授在社会科学教学科研方面做出突出贡献，获得国务院政府特殊津贴。

【教学管理】　完善校纪校规，端正班风学风。不定期检查各班到课情况和班主任管理情况，把每个班的检查情况在班主任会议上通报。根据初任班学员较为年轻的特点，探索适应新的培训管理方式，明确班委职能分工，建立班委轮值表，每天安排一名班委协助班主任督查学员学习状况。针对以往迟到、早退、课堂纪律等问题，运用双考勤制度，在每堂课分上半节和下半节进行考勤，提高学员到课率95%以上。组织集

▲2016年3月，中共韶关市委党校举行春季开学典礼　（市委党校　供）

体活动，把专题讲授、报告讲座、文体活动与各类教学安排结合起来，组织学员参与实弹射击、登韶阳楼、上通天塔等户外活动，举办拔河、篮球、乒乓球等运动比赛，提高培训效果。

（张　彪）

信访工作

【概况】 韶关市信访局是市委、市政府负责群众来信、来电、来访和综合、督查工作的正处级办事机构，挂靠市委办公室。有行政编制11名，后勤人员编制2名，内设综合科、办信接访科（网上信访办理科）和督查科3个科室。1人被国家信访局授予“G20峰会信访工作先进个人嘉奖”。2016年，韶关市群众到中央、省、市、县（市、区）四级信访总量12965件（人次）（其中：来访2364批9856人次，来信793件，网上信访1734件），同比下降7.3%。走访中，进京、到省、到市上访均呈下降趋势，其中进京非正常上访30人次，同比下降31.8%；到省上访202批442人次，人次同比下降10.7%（其中到省集体上访19批143人次，人次同比下降12.3%）；到市上访307批3100人次，人次同比下降6.6%。从四级信访量来看，80%的信访在县镇一级得到受理，进京、到省、到市信访呈下降趋势。从越级到省进京上访情况来看，一是主要集中在涉农、涉土、涉经济纠纷等领域，三者占到省集体访的83%，占进京非访的62%；二是涉法涉诉占比高，分别占到省集体访的33%、进京非访的42%；三是进京重复访占比大，占进京非访的57%。

【信访系列长效机制建立健全】 牵头制定《韶关市非正常上访处置联动机制》，强化相关部门及单位的统筹协调，纳入“一盘棋”统筹指挥，形成工作合力。制定《关于协调“三跨三分离”信访事项工作制度》，对“三跨三分离”（跨地区、跨部门、跨行业和人事分离、人户分离、人事户分离的信访问题）信访事项办理作规范，解决“三跨三分离”信访事项工作主体存在推诿扯皮，化解稳控不力的情况。协同政法委制定《韶关市涉法涉诉信访工作指引》，规范公检法司等法治部门对涉法涉诉信访事项的办理工作，推动解决涉法涉诉入口不顺、终而不结的问题。

【重点领域矛盾纠纷排查化解】 结合政法系统部署的重点领域矛盾纠纷治理工作，加大对涉农、涉土、涉劳资纠纷、涉金融、涉房地产等领域矛盾纠纷排查化解工作，压实基层责任，推动将矛盾化解在基层，化解在萌芽状态。加大对突出信访问题排查化解，协调职能部门及市领导对突出信访问题进行联合调处化解。化解军退人员、民办代课教师、煤矿关闭业主、棚改群体等利益诉求群体集体上访问题，使重点群体越级到省进京上访势头明显下降。推动各级领导接访制度落实，及时将矛盾纠纷及苗头隐患化解在萌芽。

▲2016年10月10日，市委书记江凌认真听取上访人诉求　（陈玻　摄）

【信访积案化解】 加大信访积案的化解，特别是“钉子案”“骨头案”的化解，由每名市党政领导包案化解2宗社会矛盾纠纷或信访积案，至年底化解率达96%。推动各县（市、区）出台领导包案化解矛盾纠纷及信访积案办法。全市共排查信访积案222宗，其中国家、省交办的6宗积案全部得到化解，受到省通报表扬；韶关市自行排查34宗信访积案，办结33宗，办结率超过97%；各县（市、区）自行排查的200宗积案，办结192宗，办结率超过96%。

【依法规范信访秩序】 加大对少部分组织串联非访的重点挑头人员依法打击力度，做好取证工作，通过法律途径依法追究其刑事责任，打击类似组织串联人员的嚣张气焰，遏制进京非访的上升。做好对涉军退人员、民办代课教师、棚户区改造人员、非法集资受害人员等重点群体的联防预警及稳控工作，多次成功劝阻其到省进京越级集体上访，对重点挑头人员加强训诫及法制教育，规范信访秩序。

【重点时期信访任务】 做好省“两会”、全国“两会”、中国共产党成立95周年大会、G20杭州峰会、纪念长征胜利80周年大会、十八届六中全会、市十二次党代会等重点时期的信访维稳工作，做好群众到省进京上访人员的排查稳控、劝返工作，对违法行为及时依法处置，没有发生群众大规模集体到省上访和集体进京非正常上访，没有发生因信访问题处置不当引发的群体性事件、

极端恶性事件和恶意炒作，为中央、省、市重要活动的举行创造良好的社会环境。（杨慧颖）

机构编制

【行政审批制度改革继续深化】 完成市县两级权责清单编制工作，印发市级行政许可事项目录（2016年版）和县级参考目录；开展2015年行政许可年度报告工作，并对上级取消、下放审批事项实施情况进行检查评估；以市政府督办、实地检查的方式推动“放管服”工作落实。梳理完成第一批行政审批中介服务事项目录，共清理规范16个部门48项中介服务事项。开展行政许可标准化工作，市级纳入省行政许可目录系统的39个部门行政许可事项全部完成办事指南、业务手册的编写、录入、审核和附码发布工作。共压减审批时限2286个工作日，优化办理环节468个，减少申请材料616件，明确裁量标准1548项，规范流程图1225个，细化模糊条款1311条、兜底条款920条。8月4日提请市政府印发《关于在全市推行一门式一网式办理模式改革的工作方案》，全面开展一门式一网式政府服务模式改革工作。

【市与市辖区权责关系理顺】 牵头推进进一步理顺市与市辖区权责关系改革工作。7月28日，以两办名义印发进一步理顺市与市辖区权责关系相关改革方案。方案以探索城市管理市场化、社会化，不断提升城市管理水平，激发市辖区政府发展活力为重点，调整完善市辖区在公安、国土资源、城市管理、园林管理等领域的管理体制，加大向区级事权、财权的下放力度。改革共撤销市级机构5个，下放市辖区管理8个，编制下沉800余名，下放职权事项185项，合理划分市与两区的支出责任。

【丹霞山管理体制理顺】 牵头开展丹霞山管理体制改革，4月20日，以两办名义印发《丹霞山管理体制改革方案》，合理划分丹霞山管委会和仁化县、浈江区政府的职责和权限，由仁化县、浈江区政府和丹霞山管委会共同负责丹霞山的保护管理和旅游发展工作。4月29日印发《丹霞山管理委员会机构编制方案》，进一步明晰管委会职能。通过丹霞山管委会与仁化县、浈江区领导交叉任职、建立联席会议制度的方式，解决丹霞山景区政出多门、权责不清、相互推诿等问题。

▲2016年6月3日，市委副书记、市长骆蔚峰在接访室接待来访群众（陈玻　摄）

【城市执法体制改革推进】 草拟城市执法体制改革方案草案，并经市委、市政府审议通过。10月底，省下发《中共广东省委 广东省人民政府关于深入推进城市执法体制改革改进城市管理工作的实施意见》，对城市执法体制改革方向予以明确。对照省的相关要求，对韶关市方案作进一步修改完善。

【园区管理体制优化】 会同韶关芙蓉新区管委会、广东韶关工业园区管委会，在充分沟通、深入探讨，以及外出调研学习的基础上，以理顺管理体制，创新工作机制为重点，调整完善园区管理体制机制，草拟相关改革方案，供市委、市政府决策参考。

【土地征收工作机制完善】 协同相关部门开展土地征收管理体制改革工作。将市城市综合管理局承担的房屋征收职能划转市国土资源局承担，市房屋征收管理中心成建制划转市国土资源局管理，并更名为市土地和房屋征收管理办公室，主要负责市区土地储备规划范围内的土地与房屋征收工作。在浈江、武江两区分别设立土地和房屋征收管理办公室，负责辖区范围内土地征收的前期工作和房屋征收的具体工作。

【市城管局所属事业单位改革推进】 在理顺市与市辖区权责关系改革过程中，同步推进市城管局所属事业单位机构编制优化调整工作。整合相关事业单位，重新组建设立韶关市市政管理中心、韶关市城市照明和信息中心、韶关市城市公园管理中心。同时在浈江、武江两区分别设立市政管理中心，承接下放职能，进一步促进城市管理水平提升。

【机构编制管理】 7月下旬开展对10个县（市、区）控编减编工作落实情况的专项检查，形成自查情况总结报省编办，并将各县（市、区）控编减编工作执行情况以及存在问题进行通报。10月21日印发《关于做好机构编制实名制管理系统更新维护工作的通知》，进一步加强对各单位实名制体统数据的管理。

【事业单位登记管理工作完成】 全年共办理设立登记单位77个，变更登记单位1059个，注销登记单位38个，事业单位法人全部完成赋码，发放机关群团统一社会信用代码证书单位26个；政务和公益中文域名注册单位3074个，注册成功域名3558个。事中事后监管方面，首次采用“双随机”抽查方式，开展事业单位法人公示信息抽查工作，通过电脑摇号的方式抽取本年度全市60个（其中市直10家，县级各5家）被抽查单位和各地检查组的具体组成人员，开展专项检查。（文华盛）

保密工作

【保密会议】 4月18日，中共韶关市委书记江凌主持召开常委会会议，审议保密工作议题。会议同意市保密局提出的贯彻省委保密委全体会议暨全省保密工作会议精神的意见和建议。4月27日，韶关市召开市委保密委员会全体会议暨全市保密工作会议，传达贯彻省委保密委全体会议暨全省保密工作会议精神，通报全国、全省和全市保密工作形势，总结2015年保密工作，部署2016年工作任务。市委副书记、保密委主任陈向新出席会议并讲话。

【定密管理】 部署全市定密统计报告和密级变更、解密清理审核工作，完成全市定密清理和统计上报任务。指导部分机关、单位申报定密授权和开展定密工作。针对机关、单位换届后定密责任人调整变动较大的情况，及时跟踪、督促有关单位更新定密责任人数据库。

【网络保密管理】 指导、监督批准运行涉密网络全过程保密管理。配合省保密局测评中心完成三大涉密网络的测评任务。指导部分涉密网络的建设。建立全市机关、单位互联网门户网站、微博、微信、办公自动化系统、政务邮箱数据库，结合绩效考核现场核查开展保密检查。

【涉密人员管理】 举办全市涉密岗位和涉密人员确认培训班和咨询答疑会议，制发工作指引，全面完成涉密岗位和涉密人员分类确定、资格审查、保密承诺书签订和报备等工作。指导有关单位做好市管干部辞职和换届后涉密人员进退留转的保密管理工作。部署涉密人员出国（境）登记备案管理工作。组织开展全市保密工作荣誉纪念章评审报送工作。全市保密行政管理部门通过“特招”方式，招录和申报招录计算机、法律专门人才多名。

【保密监督检查】 抽调乳源、翁源、新丰、浈江、曲江等县（区）技术力量，组成5个检查小组，会同市绩效考核检查组，对94个纳入绩效考核的单位开展保密自查自评专项检查，对39个单位做出扣分处理，责令落实整改措施。向市委组织部提交《关于报送2015年市管干部年度评优保密工作“一票否决”考评结果的函》。完成对重点骨干网络的专项保密检查，会同有关部门开展信息基础设施安全保密专项检查。制定市党代会保密工作方案，开展监督检查。组织力量对十类国家统一考试和中考、各类事业单位招录考试进行巡查巡考。督导县级保密行政管理部门查办2起保密严重违规行为，1名责任人受到党内警告处分，2名责任人员分别受到行政警告和行政记过处分，3名领导干部分别受到诫勉谈话、责令做出书面检查的处理，2个单位被通报批评。及时中止一起政府采购服务外包公开招标项目。为部分机关、单位提供普通手机木马检测服务。全年未发现涉密计算机违规外联和网站泄密事件。

▲2016年7月，全体党员干部参观韶关市纪念建党95周年图片巡回展（市编办 供）

【保密宣传教育】 协调有关部门在全市开展纪律教育学习月活动意见中提出“强化保密责任教育”的目标和要求，在全市领导干部“三纪”（党纪、政纪、法纪）教育培训班上安排观看广东省保密技术巡回演示，分别在市区和翁源、新丰等县举办10场次保密技术演示，观看人数6800人，分发保密宣传小册子7000多册，在每场开演前通报近年全市发生泄密和保密严重违规行为案例。全市通过发布微信、发送短信、登载网站信息、关注“保密观”、举办辅导讲座、组织《保密工作》学刊用刊、张贴挂图、征订书籍、播放光盘、党校培训、六中全会宣讲团宣讲、普法考试、全国法制宣传日、新闻媒体等形式，开展保密宣传教育活动。在全市保密工作会议上通报2015年度全市保密严重违规行为事件。组织市党政领导传阅全国窃密泄密案例通报。

【保密行政审批】 完成行政审批中介服务、全市保密部门行政执法人员调查摸底及报考任务。指导涉密信息系统集成资质、国家秘密载体定点复制资质申请企业开展资质申报和迎接省保密局现场审查工作，配合省完成现场审查任务。完成涉密设备定点维修维护资格企业资格证有效期到期换证工作。审批涉密设备定点维修维护1家、涉密载体定点销毁资质企业1家。批准一个涉密网络正式运行。审批涉密政府采购项目并组织保密技术专家参与涉密采购邀招评审，指导涉密采购代理机构完善采购管理规范，检查采购单位和采购中标单位的保密管理情况。探索建立涉密工程在设计、承建、监理、招标代理、交易平台、专家评审、工程审计等环节的保密管理机制，指定全市涉密工程采购代理机构，委托相关单位完成涉密工程评审专家的推荐和审查，初步建立全市涉密工程评审专家库。开展车改保留车辆因特殊保密要求不宜喷涂“韶关公务”“韶关执法”标识的审查认定工作。办理涉密计算机备案和撤销手续。

▲2016年8月，省保密局组织人员分赴韶关开展保密技术现场演示（韶关专场）
（市保密局　供）

指导部分国有企业、民营企业申报军工保密资质。组织保密技术专家观摩涉密网络现场测评，参与涉密网的审批。修订完善涉密载体销毁相关规程，指导各地各单位实行分类送销、规范管理。指导部分机关、单位开展信息公开保密审查工作。

【技术保障】 市涉密载体销毁基地销毁涉密多媒体介质一批。全市涉密载体定密印制、定点销毁和涉密设备定点维修维护企业为党政军机关提供各类涉密业务服务。发送涉密政府采购邀请招标通知短信和网站公告，审查邀标对象保密资格。结合绩效考核现场核查，督促被检单位落实涉密计算机相关配套防护措施。为机关单位提供涉密会议移动通信4G信号屏蔽服务。（石云峰）

韶关市人民代表大会

综　述

【概况】　2016年，韶关全市有各级人大代表7484人，其中全国代表5人，省代表32人，市代表349人，县（市、区）代表1820人，乡镇代表5278人。

2016年，韶关市人大常委会设立内务司法工作委员会，不定级别，配备主任1名、副主任1名。2016年，市人大常委会机关设办公室、研究室及7个工作委员会，下设13个职能科室。工作委员会分别是法制工作委员会、财政经济工作委员会、城乡建设环境与资源保护工作委员会、农村农业民族宗教工作委员会、教育科学文化卫生华侨外事工作委员会、选举联络人事任免工作委员会和内务司法工作委员会。除内司工委外其余6个工委均分别下设正科级办公室，法制工委下设法规科和备案审查科；研究室下设综合科和理论宣传科；办公室下设秘书科、议案信访科和人事科。2016年市人大常委会机关行政编制为51名。

2016年，韶关市人大及其常委会审议法规草案3件，通过2件（市十三届人民代表大会第六次会议表决通过《韶关市制定地方性法规条例》，市十三届人大常委会第36次会议表决通过《韶关市烟花爆竹燃放安全管理条例》），审议并通过立法规范性文件9件；常委会听取和审议专项工作报告24个，做出决议决定19项，组织人大代表视察14次，开展执法检查1次，补选省人大代表2名，任免国家机关工作人员107名，备案审查规范性文件113件，完成市十三届人大六次会议确定的各项任务。

重要会议

【市十三届人大六次会议】　韶关市第十三届人民代表大会第六次会议于2016年2月2日至22日在韶关市区举行。出席此次会议应有代表为348名，实际到会327名。会议听取和审议骆蔚峰代市长代表市人民政府所作的《政府工作报告》，听取常务副市长陈波所作的关于《韶关市国民经济和社会发展第十三个五年规划纲要（草案）》的说明，书面审查《韶关市国民经济和社会发展第十三个五年规划纲要（草案）》《韶关市2015年国民经济和社会发展计划执行情况及2016年计划草案的报告》《韶关市2015年预算执行情况和2016年预算草案的报告》；听取《韶关市人民代表大会常务委员会工作报告》《韶关市中级人民法院工作报告》《韶关市人民检察院工作报告》，听取《韶关市制定地方性法规条例（草案）》的说明，分别审议《韶关市制定地方性法规条例（草案）》和《韶关市制定地方性法规条例（修改稿）》。会议表决通过关于政府工作报告的决议、关于韶关市国民经济和社会发展计划第十三个五年规划纲要的决议、关于韶关市2015年国民经济和社会发展计划执行情况与2016年计划的决议、关于韶关市2015年预算执行情况和2016年预算的决议、关于韶关市人民代表大会常务委员会工作报告的决议、关于韶关市中级人民法院工作报告的决议、关于韶关市人民检察院工作报告的决议、关于设立市第十三届人民代表大会法制委员会的决定等8项决议、决定；会议表决通过《韶关市制定地方性法规条例》。会议依法通过韶关市第十三届人民代表大会法制委员会组成人员名单；依法补选骆蔚峰为韶关市市长，邓小杰、林岚为市第十三届人民代表大会常务委员会副主任，余构华、韩登池为市十三届人民代表大会常务委员会委员，叶向荣为韶关市中级人民法院院长。会议组织代表测评市政府组成部门和法院、检察院2015年工作，通报测评结果。会议邀请30多名社会各界人士旁听此次大会，于2月22日召开旁听人员座谈会，会议收到代表提出的建议、批评与意见62件（其中代表提出的议案5件，经大会议案审查委员会审查，全部转作建议处理）。

【市人大常委会会议】　2016年，市十三届人大常委会召开11次常委会会议。会议听取和审议关于《韶关市制定地方性法规条例（草案）》修改情况的报告、关于部分代表的代表资格的报告、关于2015年《韶关市人民代表大会常务委员会工作报告》的说明、关于《韶关市区限制经营燃放烟花爆竹管理规定（草案）》的说明及初审修改情况的报告、关于对《中华人民共和国环境保护法》实施情况执法检查的报告、关于《丹霞山保护和管理条例（草案）》的初审报告、关于办理切实加强封山育林工作议案结案报告的初审报告、关于召开市十四届人大一次会议有关情况的说明、关于市十三届人大代表议案建议办理情况的报告、关于韶关市第十四届人民代表大会代表资格的审查报告、关于市十三届《韶关市人民代表大会常务委员会工作报告（审议稿）》的说明；听取和审议市政府关于2015年市级决算草案的报告、关于2015年市本级预算执行和其他财政收支的审计工作报告、关于《政府购买服务模式融资建设项目计划》的报告、关于韶关市2016年上半年国民经济和社会发展计划执行情况的报告、关于韶关市2016年上半年财政预算报告情况的报告、关于政府投融资项目建设资金预算的报告、关于2016年第一、二批新增地方政府债务资金安排方案的报告、关于韶关市芙蓉新城建设情况的报告、关于提请将韶关市芙蓉新城新区发展股权基金回购资金纳入财政预算的报告、关于韶关市新建住宅区教育设施建设情况的报告、关于请求对《关于切实加强封山育林工作议案》结案的报告、关于市十三届人大代表议案和市十三届人大六次会议代表建议办理情况的报告、关于调整2016年国民经济和社会发展计划部分指标增长目标的报告、关于韶关市2016年市级预算调整方案以及地方政府债务限额情况的报告；听取和审议市中级人民法院关于全市法院执行工作情况的报告。会议做出关于接受刘曙光辞职请求的决定、关于叶向荣为韶关市中级人民法院代理院长的决定、关于接受朱光华辞职请求的决定、关于批准韶关市2015年市级决算的决议、关于批准政府购买服务模式融资建设项目计划的决议、关于接受李石保等辞职请求的决定、关于推选林平杰为代理主任的决定、关于许可佛山市公安局禅城分局对市十三届人大代表黄宣剑采取强制措施的决定、关于批准《韶关市人民政府投融资项目建设资金预算的报告》的决议、关于批准2016年第一、二批新增地方政府债务资金安排方案报告的决议、关于市十四届人民代表大会代表名额分配和选举问题的决定、关于接受徐紫玲辞职请求的决定、关于批准韶关市芙蓉新城新区发展股权基金回购资金纳入财政预算报告的决议、关于批准切实加强全市封山育林工作议案结案的决定、关于批准调整2016年国民经济和社会发展计划部分指标增长目标报告的决议、关于批准韶关市2016年市级预算调整方案以及地方政府债务限额情况报告的决议、关于许可肇庆市人民检察院对市十三届人大代表谭松柏采取强制措施的决定、关于召开韶关市第十四届人民代表大会第一次会议的决定、关于列席和邀请列席市十四届人民代表大会第一次会议人员的决定等19项决议决定。

【市人大常委会主任会议】 2016年，市十三届人大常委会召开16次主任会议。会议听取市政府关于发展农业龙头企业推进农业产业化工作情况的报告、关于韶关市棚户区改造工作情况的报告、关于韶关市中小河流治理工作情况的报告、关于韶关市禁毒工作情况的报告；听取市中级人民法院关于全市法院执行工作情况的报告。审议通过《韶关市人大常委会宪法宣誓办法》《韶关市人大常委会2016年工作计划安排》《2016年韶关市人大常委会代表工作计划》《韶关市人民代表大会常务委员会立法技术规范》《韶关市人民代表大会常务委员会关于在立法工作中发扬民主的指引》《韶关市人民代表大会常务委员会法规审议指引》《韶关市人民代表大会常务委员会立法论证工作办法》《韶关市人民代表大会常务委员会立法听证办法》《韶关市人民代表大会常务委员会立法评估工作办法》《韶关市人民代表大会常务委员会立法专家咨询工作办法》《韶关市人民代表大会常务委员会立法计划编制工作办法》。会议听取市人大法工委关于将《韶关市居住区公共服务配套设施建设管理规定》列入2016年立法计划、关于《韶关市人大常委会2017年立法计划建议（草案）》的说明等，以及讨论、研究其他事项20多项。

立法工作

【立法工作程序规范】 常委会坚持“市委领导、人大主导、政府依托、各方参与”的立法工作格局，注重立法工作程序化、规范化建设，市十三届人大六次会议通过《韶关市制定地方性法规条例》，常委会主任会议通过《韶关市人民代表大会立法技术规范》《韶关市人民代表大会立法计划编制工作办法》《韶关市人民代表大会关于在立法工作中发扬民主的指引》《韶关市人民代表大会法规审议指引》《韶关市人民代表大会立法评估工作办法》《韶关市人民代表大会立法论证工作办法》《韶关市人民代表大会立法听证办法》《韶关市人民代表大会立法专家咨询办法》《韶关市人民代表大会制定地方性法规流程图》等9个立法规范性文件，把韶关市立法工作纳入规范化轨道。

【立法工作调研】 组成立法调研组，开展对《丹霞山保护条例》《韶关市城乡建设管理规定》《韶关市区限制性燃放烟花爆竹管理规定》和《韶关市居住区公共服务配套投放建设管理规定》等进行立法调研，在充分调研的基础上，组织有关单位开展法规草案起草工作。《韶关市烟花爆竹燃放安全管理条例》经市十三届人大常委会第36次会议表决获得通过，于2016年12月1日广东省第十二届人民代表大会常务委员会第二十九次会议批准，条例自2017年1月1日起施行。《丹霞山保护条例》组织法工委委员和咨询专家进行初审，提交市十三届人大常委会第35次会议审议。

监督工作

【国民经济和社会发展计划执行的监督】 依照监督法和新预算法的规定和程序，强化对政府执行计划和预算的监督，确保2016年经济计划目标和预算任务完成。常委会听取和审议市政府关于

2016年上半年国民经济和社会发展计划执行情况的报告，针对上半年经济增长压力大、投资增速缓慢、产业支撑不强、县域经济薄弱的经济形势，督促政府把稳增长放在突出位置，落实责任，强化督查，确保目标任务如期实现。在做好重点工业企业和重点商贸企业的稳增长工作及服务保障工作，促进现有企业发展的同时，推进新增企业项目投产达效，推进服务业加快发展，扩大有效需求。把产业园区建设作为工作重点，推动产业园区提速升级、扩能增效，做好项目招商，推动项目落地，做好安商稳商工作。发展与主体功能区定位相适应的特色支柱产业，增强产业集聚能力。做好中心城区整体提升，增强城市集聚能力。着力发展县域经济，加快特色园区、特色产业、特色小镇建设。审议和通过《政府购买服务模式融资建设项目计划》，推动政府扩大投资，破解市政府合作项目融资难题，增强发展后劲，补齐发展短板，拉动经济增长。听取和审议芙蓉新区建设情况的报告，推动省市关于加快中心城区扩容提质决策部署的落实。听取和审议市政府关于调整2016年国民经济和社会发展计划部分指标增长目标的报告，批准市政府提出的将地区生产总值增长目标调整为增长6%，将工业增加值增长目标调整为增长5%，将固定资产投资增长目标调整为增长5%，将地方一般公共预算收入增长目标调整为与上年基本持平，支出预算作相应调整。

【财政预决算监督】　把人大监督与政府审计监督有机结合，依法加强财政预决算的审查监督，常委会分别听取和审议市政府关于韶关市2015年市本级决算报告、2016年上半年预算执行情况报告、2016年市本级预算执行及其他财政收支的审计报告，督促政府及财税部门坚把稳增长、优化支出结构、财政收支平衡放在更加重要的位置，加强重点积税源监控，解决好非税务收入占比偏高的问题。严格保障重点支出、民生支出、社会稳定等支出，严控一般性支出。加大对社会发展的投入，制定县域经济考核办法，加大招商引资力度，增加县域财政收入。及时掌握预算执行动态，提高预算执行率。通过政府债务、政府购买服务、政府投资基金等方式，引导和带动银行资本、社会资本参与经济建设。做好政府投资项目回购资金财力预测，统筹安排预算，管好用好项目资金，防范财政支出风险。审计部门强化独立行使审计监督权，对每年预算执行存在的问题，加大力度跟踪，强化责任追究。开展预算支出联网监督工作调研，促进政府加快推进预算支出联网系统建设，将财政预算监督系统扩大到同级审计部门，实现人大、财政、审计三方联网。对市政府财经专项工作报告提出修改、调整意见，市政府及相关部门采纳意见，使报告的内容更加完整，形式更加规范。批准市政府2016年第一批、第二批新增地方政府债券资金安排方案。批准韶关市芙蓉发展股权基金回购资金纳入财政预算。批准韶关市2016年市级预算调整方案以及地方政府债务限额情况的报告，批准2016年政府性基金国有土地使用权出让金收入调减6.5亿元，相应调减国有土地使用权出让金支出，批准2016年地方政府债务限额177.9亿元。

【环境保护法执法检查】　2016年7月中旬，常委会组成执行检查组，对环境保护法贯彻实施情况进行执法检查。市十三届人大常委会第35次会议听取和审议执法检查报告。常委会对全市环保执法工作给予充分肯定，针对环保法实施过程中存在全社会环境保护意识薄弱、部门协调配合不强、基层环境执法人员严重不足以及历史欠账太多等问题，要求市政府及有关部门强化宣传教育，增强全民环保意识。加大资金投入，增加与形势相适应的设施和设备。加强执法能力建设，提高执法人员素质。执行超排按日处罚制度，用严格控制的制度解决重点企业超排的突出问题。加强部门协作，对有条件的地区实行村庄、社区监督网格化。完善环保警察协作机制，发挥环保警察作用。借助国家“土十条”的发布，加快区域土壤修复工作。优化城市大气污染联防联控工作，加强城市及周边地区防尘管控工作。市政府组织有关部门研究解决主城区垃圾处理问题，年内拿出具体解决花拉寨填埋场临近饱和状态、需要另行选址或采取先进技术，以解决主城区及周边农村垃圾处置的具体方案。自觉接受人大代表的监督，按法定要求每年至少一次向人大常委会报告环境质量情况。

【信访案督办】　围绕新信访条例和人大中心工作，贯彻人大信访工作法治的原则，明确人大与本级“一府两院”是监督与被监督的关系，督促行政监察和法律监督机关依法办理信访案。发挥基层人大和人大代表的作用，把信访矛盾化解在选区，解决在基层和萌芽状态。健全和完善人大信访工作程序、制度和机制，加大信访转办、督办力度，将人大信访工作与人大的视察、执法检查、民主评议和选举、任免干部等监督形式结合起来。加强人大信访工作信息化建设，构建大信访网络，推进网上信访和网络问政，提高大信访工作效率和工作水平。2016年，接待群众来访167次，做好接待来访、后续办理和督办工作。办理重点信访案3件，办理群众来信76件，办理省人大转信访件5件，及时受理群众网络问政反映的问题，共处理网络问政3次。

【规范性文件备案审查】　注重加强与法制局及政府相关部门的工作联系与交流，开展对县级人大常委会规范性文件备案审查工作情况的调研，摸清情况，督促县级人大常委会做好报备及催报督办工作，建立登记接收、一件一回执的备案回执制度。2016年市人大常委会累计接受报送备案的规范性文件和向省人大常委会报备规范性文件共113件，其中常委会接受市人民政府报送的规范性文件13件，县级人大常委会报关备案的95件，向省人大常委会报备5件。

代表工作

【代表培训】 重视代表履职能力培训，增强代表培训的计划性。组织代表初任培训学习，采用远程视频电话会议形式，对新选出的349名市十四届人大代表进行初任培训，组织省、市人大代表和市、县人大机关工作人员40人赴全国人大北戴河培训基地学习，创新培训方式，开拓代表的视野。对驻韶省代表的培训活动是根据省人大常委会的计划安排，组织代表参加省人大常委会举办的学习活动，运用在线交流平台远程参加省、市人大常委会举办的各种学习培训活动。

▲2016年6月30日，韶关市人大常委会代理主任林平杰参加“慈善一日捐”活动
（潘志立 摄）

【代表活动开展】 组织集中视察或专题调研。围绕经济社会发展和关系人民群众切身利益，以及人民群众关注的热点难点问题，组织代表开展集中视察或专题调研，发现存在问题，提出改进意见，收到良好效果。组织驻韶全国人大代表和部分省代表对韶关市医疗卫生服务体系建设情况进行集中视察，提出深化改革，加快推进卫生强省强市工作等五项建议，得到省人大、省政府的重视。组织代表赴东莞、清远就如何融入珠三角、推动区域融合等问题，开展专题调研活动。协助组织代表小组开展活动。指导督促和协助省、市人大代表小组制定学习计划、开展就地视察、进行调查研究、了解法律法规实施情况、听取群众意见等，将有关情况向有关部门反映。

【督办代表建议】 市十三届人大六次会议上代表提出的建议、批评和意见共71件（含议案转建议），会后及时将代表建议进行分类整理，将属于市政府职能部门办理的68件代表建议交给市政府办公室，再由市政府办公室交其职能部门办理答复；另外3件直接交由其他部门办理。71件代表建议在法定期限内办理完毕并答复代表，办复率100%。31件涉及问题能在当年部分得到解决或基本解决的代表建议，全部都办结，占总数的43.7%；28件涉及问题需要较长时间逐步解决的代表建议，全部列入工作计划，占总数的39.4%；12件因条件件暂不具备需向代表作出解释的代表建议，全部向代表做解释，占总数的16.9%。所提建议，得到解决的比上年有所上升，对列入计划逐步解决和因条件暂不具备的，向建议人做出解释和说明，得到建议人的理解。（黄远习）

韶关市人民政府

重要会议

【市政府常务会议】 2016年，市政府常务会议共召开41次（十三届第85次会议至125次）。会议主要内容有：

研究成立韶关市整体提质三年行动计划领导小组相关事宜，研究成立市旅游投资集团公司、成立（调整）韶关市城乡规划委员会等8个专门委员会问题，研究第三污水处理厂选址问题、东堤南停车场项目地块有关问题，研究2014—2015年度居民大病保险后续有关问题，研究市政府领导成员AB角补位工作制度，研究社会治安综合治理工作，研究调整韶关渔政码头选址问题，研究市政府领导精准招商引资工作。

审议《韶关市人民政府关于加强政府性债务管理的实施意见》《韶关市临时救助实施细则（试行）》，以及市政府与广东移动公司、广东电信公司、广东联通公司战略合作框架协议；审议《韶关市森林火灾事故责任追究办法》。审议《韶关市人民政府广东储备物资管理局中国华信能源有限公司战略合作协议》《韶关市民办养老服务机构扶持资助办法（草案）》《韶关市城镇职工基本医疗保险实施办法（草案）》《广东省韶关市水功能区划修编》《省级自然保护区范围调整、功能区调整、性质改变及更改名称申报书》。审议《韶关市促进企业上市挂牌的意见》《韶关市人民政府关于超标电动自行车退市的通告》《韶关市电动汽车充电设施“十三五”规划》《关于成立韶关市土地管理委员会的工作方案》《韶关东环线沿线地区控制性详细规划》等8项规划成果。审议《韶关市化工行业安全发展规划》《韶关市南水水库供水工程项目投资合作协议》。审议《2016年以市政府名义召开的全市性会议及有关重大政务活动安排计划》《韶关市重大行政处罚备案办法（草案）》《韶关市旅游产业发展基金设立方案》《韶关市旅游产业发展基金战略合作协议》《韶关市人民政府与广州铁路（集团）公司战略合作协议》。审议《韶关市人民政府广东粤财投资控股有限公司全面战略合作框架协议》《韶关市芙蓉新区发展基金合作协议书》《韶关市绿色旅游发展基金合作框架协议》《韶关市绿色旅游发展基金（首期）合作框架协议》《韶关市金财发展基金合作框架协议》《韶关比亚迪汽车项目投资协议书之补充协议》《韶关市政府网站考评办法》。审议《韶关市信息基础设施建设行动计划（2016—2017年）》《韶关市水利发展“十三五”规划》《韶关市关于妥善解决乡镇（公社）老放映员历史遗留问题的实施意见》。审议《韶关市区限制经营燃放烟花爆竹管理规定》。审议《韶关市人民政府保利文化集团股份有限公司合作框架协议》《韶关市科技企业孵化器产权分割管理暂行办法》《韶关市安全生产“十三五”规划》《韶关市促进银行业金融机构发展激励办法（试行）》。审议《韶关市市区建筑垃圾管理办法》（草案）《韶关市粮食安全责任考核办法》《韶关市食品药品监管体系“十三五”发展规划》《韶关市“十三五”科学技术发展规划（2016—2020年）》《关于公务员医疗补助的实施方案》。审议《韶关市商业网点布局规划（2016—2030年）》。审议《韶关市服务业发展“十三五”规划》《韶关市外经贸发展“十三五”规划》《韶关市实行最严格水资源管理制度考核办法》《韶关市人民政府关于加快推进残疾人小康进程的实施意见》。审议《关于加快发展乡村旅游“1+N”政策意见》《韶关市教育事业“十三五”发展规划》《韶关市人民政府关于促进慈善事业健康发展的实施意见》。审议《韶关市人民政府第一批清理规范的市政府部门行政审批中介服务事项目录》、我市与广州万宝集团有限公司战略合作框架协议、《韶关市养老服务体系建设“十三五”规划》《韶关市司法行政工作“十三五”规划》《韶关市文化事业发展“十三五”规划》《韶关市卫生和计划生育事业发展“十三五”规划》。审议《韶关市探索推行碳排放权交易制度工作方案（2016—2018）》《韶关市市级行政许可事项目录（2016年版）》《曲江大道PPP实施方案》《曲江大道政府和社会资本合作（PPP）社会投资人招标文件》《各县（市、区）国有林场改革实施方案》《关于进一步规范普通高等学校和高中阶段学校学生军事训练工作的实施意见》《关于丹霞山风景区市县财权分配意见》。审议《关于在全市推行一门式一网式办理模式改革的工作方案》《关于全市国企出清重组“僵尸企业”促进国资结构优化的实施方案》《关于进一步支持农村信用社改革和发展的意见》《韶关市山区中小河流“河长制”实施方案》《丹霞山保护和管理条例》（草案）。审议《韶关市城乡规划委员会章程》。审议《关于支持原中央苏区县南雄市县域经济加快发展的若干政策措施》（试行）《韶关市自然资源资产产权制度改革工作方案（2016—2018年）》《韶关市深化商事登记制度改革方案》《韶关市户籍管理规定》（修订草案）《韶关市气象发展“十三五”规划》《韶关市人力资源和社会保障事业发展“十三五”规划》。审议《韶关市集中开展城市风险点、危险源排查整治专项行动工作方案》《韶关市南水水库供水工程项目投资合作协议》《广东省教育厅韶关市人民政府共建韶关学院协议》《韶关市病残违法犯罪人员收治场所建设的意见》《关于我市深化国税、地税征管体制改革实施方案》。审议《韶关市全面提升三防能力建设实施方案》《韶关市法治政府建设实施纲要（2016—2020年）》《韶关市区供热规划（2016—2020年）》《韶关市工业“十三五”发展规划（2016—2020年）》《韶关市信息化“十三五”发展规划（2016—2020年）》《韶关市金融“十三五”发展规划》《韶关市旅游业“十三五”发展规划》《广东省韶关市人民政府白云电气集团有限公司战略合作协议》。审议《韶关市第一批下放职权事项目录》《韶关市知识产权（专利）事业“十三五”规划》《韶关市属中职（中专）学校资源整合实施方案》《韶关市国家卫生城市工作管理实施方案》《韶关市国家卫生城市工作考评实施方案》。审议《韶关市禁止食品小作坊生产加工食品目录》（送审稿）《韶关市市政消火栓管理办法（草案）》《中共韶关市委韶关市人民政府贯彻落实〈中共广东省委广东省人民政府关于推进价格机制改革的实施意见〉的实施方案》（送审稿）《韶关市关于完善审计制度若干重大问题实施意见》及相关配套文件（送审稿）。审议《韶关市属中职（中专）学校资源整合实施方案》（送审稿）《韶关市工程建设项目招标投标管理规定（送审稿）》《韶关市浈江区、武江区征收农村集体土地留用地使用暂行办法》《韶关市浈江区、武江区建设项目及政府储备用地征地拆迁补偿标准》《韶关市创建广东省全域旅游示范市工作实施方案》（送审稿）。审议《韶关市土地管理委员会章程》《韶关市关于促进个体工商户转为企业和小型微型企业转型升级为四上企业的实施意见》《韶关市人民政府关于创新完善中小微企业投融资机制若干意见》《韶关市市直公务用车服务保障平台和特殊事项应急保障平台管理（暂行）办法》《韶关市城区农贸市场升级改造指导意见》，审议《韶关市市区工业及生产性服务业中介招商奖励实施办法》（试行）《韶关市取消普通公路车辆通行费方案》《韶关市网络预约出租汽车经营服务管理实施细则》（试行）《韶关市人民政府关于实施电动自行车注册登记的通告》《韶关市电子政务云服务项目总体投资说明》《韶关市电子政务云服务项目招标需求》《韶关市电子政务云服务项目监理服务招标需求》。审议《韶关市公路国省道建设“十三五”发展规划》《韶关市国省道公路三年提升改造计划》《广东省北江航道扩能升级工程韶关孟洲坝枢纽征地拆迁工作协议》《韶关市商事主体住所登记管理办法》《韶关市企业集群注册登记管理试行办法》《韶关市规范查处无照无证经营行为暂行办法》《韶关市关于加快构建新型农业经营体系的实施意见》，审议《关于在全市公民中开展法制宣传教育的第七个五年规划（2016—2020年）》《韶关市消防工作“十三五”规划》《韶关市人民政府与北控水务集团公司战略合作协议》《关于加快推进我市生态文明建设实施方案》《2016年韶关市市本级政府投资项目计划》《韶关市区建筑垃圾平衡和备案机制工作方案》和《“奋战三个月，巩卫创文迎新春”韶关市区建筑垃圾（渣土）专项整治工作方案》。审议《韶关市市级国有资本经营预算管理办法》（草案）《韶关市工程建设项目招标投标管理规定》（草案）《关于全面推进我市政务公开工作的实施方案》《关于加强韶关市浈江区、武江区征收农村集体土地留用地安置管理工作的意见》。审议《韶关市行政应诉工作办法》（送审稿）《韶关市城区老工业区改造专项规划（2016—2030年）》《韶关市城区老工业区搬迁改造专项实施方案（2016—2030年）》《韶关市区医疗卫生资源整合方案》（送审稿）《韶关

▲2016年12月18日，市委副书记、市长骆蔚峰参加韶关市第十二次党代会分组讨论 （潘志立 摄）

市土地利用总体规划（2006—2020年）调整方案》。审议《韶关先进装备制造产业发展基金组建方案》（送审稿）《韶关市国有企业家属区“三供一业”分离移交工作方案》（送审稿）《韶关市城市公立医院医疗服务价格调整方案》（送审稿）《韶关市珠江流域北江源头新建改扩建城镇污水处理厂减排机制管理办法》（修订）《韶关市2016年预算执行情况和2017年预算草案的报告》（送审稿）。审议《韶关市体育发展“十三五”规划》（送审稿）《韶关市全民健身实施计划（2016—2020年）》（送审稿）《关于加快推进韶关市“互联网+”行动计划的实施方案（2016—2020年）》（送审稿）《韶关市行政机关规范性文件管理规定》（草案）《韶关市12345政府热线平台管理办法》（修订草案）。审议《韶关市人民政府关于禁止猎捕陆生野生动物的通告》（草案）《韶关市落实生产经营单位安全生产主体责任规定》（草案）《韶关市全民科学素质行动计划纲要实施方案（2016—2020年）》（送审稿）《中共韶关市委韶关市人民政府关于加强和创新城市管理工作的实施意见》（送审稿）。

传达广东省环境保护工作会议精神。传达贯彻全省生产性服务业发展会议、全省水利与三防工作电视电话会议、全省机构编制工作会议等会议精神，传达学习《关于韶关市本级及浈江区、武江区、始兴县2015年保障性安居工程审计报告》（征求意见稿）。

【市政府工作会议】 2016年，市政府工作会议共召开182次。会议内容主要有：研究莞韶产业园重点项目建设，芙蓉新城项目建设，芙蓉新区开发建设，与粤财投资公司座谈会，东莞（韶关）产业转移工业园发展有关问题，移山路等4个市政道路项目涉地建设问题，物流项目推进，浈江右岸河滨公园旧堤坍塌段应急抢险处置工作，华南师范大学附属韶关中学项目建设，韶关电网建设，云髻山旅游开发项目，“两会”及春节期间市区环境卫生整治工作，低温雨雪冰冻天气防范应对工作，东环线片区建设，金元燃气有限公司与韶关市港华燃气有限公司合作有关问题，蓝欣燃气公司天然气项目建设等有关问题。研究曲江区融入韶关主城区同城化建设，佰旺美食城、电商城项目，百旺大桥至韶冶段、百芒坳至转溪段改扩建工程，研究韶铸集团改制和整体搬迁重组，浈江区、武江区社区公共服务用房，莞韶华南钢铁深加工科技产业园建设，市区交通拥堵治理，公安工作调研，省公安厅异地容灾备份中心项目建设等有关问题。研究跨境电商清关服务中心项目，曲江大森林温泉度假村项目，韶州府学宫及其周边场地管理问题，市金投集团发展目标定位和项目建设，东莞韶关对口帮扶工作有关问题，浈江产业园环保设施及供电项目建设，原钛白粉厂三旧改造项目，华南师范大学附属韶关中学项目建设，市丹霞旅游投资集团筹建和环丹项目，高杆植物危及电力线路安全运行，重点项目建设，市区旧供水管网改造，摩尔城项目，莞韶产业园新G323线周边石场整治，规范和加强学校、医院食堂和“农家乐”管理，处置百旺大桥横滞船只，“3·21”闲置餐饮船冲卡百旺大桥事故处置后续，丹霞山世界地质公园再评估迎检工作，前海人寿公司在韶投资项目落地等有关问题。研究东堤南停车场项目，韶州师范分院迁建项目新校规划设计及项目前期工作，韶阳楼工程结算，淘宝电商城等项目地块征拆，中小河流治理，长坝职业技能开发中心机构撤销后续工作，韶关粤运大型客货车驾驶员职业化教育培训项目，市区出租车客运市场营运秩序等有关问题。研究政府投资项目融资工作，市区道路横断面调整及“断头路”打通，新G323线第III标段涉及韶关中波转播台地块征拆，驻韶央企“三供一业”分离移交，落实乳源税收优惠政策，物流项目建设，市区管道燃气建设，小岛片区、火车东站交通组织优化等有关问题。研究浈江区环丹霞山生态旅游产业园皇岗山公园项目、南门服务基地项目、游憩景观道项目建设等前期建设。研究曲江大道设计方案、工程建设，中烟韶关物流园项目建设，华南农产品物流园项目、土地储备与出让前期工作，烟叶复烤有限公司技术改造项目，土地出让金入库工作，全市旅游规划市级统筹、置换收回北江广场地块、城市提升项目中融资市政工程、与浪潮集团开展合作的投资项目推进，市提升办运作及项目推进，市辖两区征地拆迁补偿标准及农村集体土地留用地管理办法，国粤韶关发电项目征地及青苗赔偿，华南农产品交易中心项目开工建设，梅乐公路有关问题，消雪岭华侨茶场等有关问题。研究物流项目建设，徒步穿越丹霞山和南粤古驿道定向大赛（仁化石塘站）两项户外运动项目，黄沙坪“互联网+创新”小镇建设，棚户区改造工作，摩尔城项目及公建配套，经济和信息化有关工作，风采桥封闭维修，芙蓉隧道等重点项目调度，正星车轮有限公司，旅游发展投资集团有限公司筹建工作，旅游交通公路及保利、奥园、坤泽等房地产项目拆迁，韶关冶炼厂整体搬迁易地升级，韶关市参加第二届珠江西岸先进装备制造业投资贸易洽谈会筹备工作，全市宽带普及提速等有关问题。研究市委车队宿舍楼历史遗留问题，市区农贸市场升级改造，陵南路加气站建设用地，东堤南停车场项目和孟洲坝发电厂配合小岛片区旧堤改造放水补偿费，东堤南停车场项目涉及原住户安置和补偿，新建市妇幼保健计划生育服务中心项目，项目投融资工作，韶关市“多规合一”工作，韶关港项目建设，市与市辖区体制改革，国省道“十三五”规划和旅游公路建设，松山职业技术学院发展，交通节点整治工程等有关问题。研究加强精准招商抓好项目落地，市区旧堤改造加固及环境改造二期工程建设，社区网格化服务管理试点，提高供地率，2016年芙蓉新城部分建设项目推进情况跟踪审计整改落实，鑫金汇项目及周边市政配套设施建设，韶关市大数据推广应用，莞韶产业园区规划建设一年提升项目建设，包括路网和绿化景观提升工程设计方案，设立东阳光人寿保险股份有限公司，市委部署重点工作督查存在问题，韶关市财税工作，创建广东省“互联网+”小镇，修改完善市区“三旧”改造政策，粤北国际物流中心项目等有关问题。研究莲花新村（原田螺冲棚改）工作，推进广东北江中学工程建设，龙之泉出租汽车有限公司油补资金发放纠纷，推进市区港湾式公交站改造建设，芙蓉山、老虎岩、林桥坑湿地公园项目，韶南大道人行天桥项目，省道S251线黄岭亭至汤湖段公路改建工程，乳源东阳光公司加快发展，支持韶钢加快发展，浈江区、武江区社区公共服务用房等有关问题。研究东环线汽贸城项目及南郊水果蔬菜批发市场搬迁，加快推进韶关市特色小镇规划建设，迎接中央环保督察、大气污染防治、环境应急处置，广东水电国际科技产业合作联盟，中央环保督察迎检准备工作，全市“一门式一网式”和四级政务服务体系建设，全省推动民族地区加快发展现场会筹备工作，南水水库供水工程、组建其项目合资公司，与省广业公司就县域环境综合整治项目合作，迎接中央环保督察工作，市区房屋交易、产权管理与不动产统一登记业务衔接，沐溪水治理线型（支流四）与市城投集团地块开发，北江（韶关至乌石）航道扩能升级工程及建设，韶关市财税征收及征管体制改革，市区内涝整治工程建设等9个重点项目推进工作，研究原亚太财富中心项目，污水处理项目，做好H7N9禽流感防控，市与市辖区权责关系改革工作等有关问题。

【市委市政府专题会议】 2016年，市委、市政府召开的大型专题会议有7次。2016年4月25日、7月27日和10月23日，市政府分别召开一季度、上半年和三季度经济形势分析会议。会议总结前段全市经济工作情况，分析当前经济形势，研究部署下一步经济工作。2016年6月3日，市委、市政府召开全市农村工作会议，会议学习传达中央和省的农村工作会议与农村改革工作会议精神，总结韶关市“十二五”时期的农业农村工作，部署2016年及今后一个时期的“三农”工作。2016年6月6日，市委、市政府召开全市机关效能建设大会，会议出台《韶关市机关作风和效能问责实施意见》《2016年韶关市机关绩效考核实施方案》，引导全市机关干部转变思想、更新观念，进一步优化政务服务。2016年8月29日，市委、市政府召开全市城市工作会议，会议学习中央城市工作会议和全省城市工作会议精神，对新时期城市工作进行研究部署，统筹城市整体提升。2016年11月2日，市委、市政府召开全市推进教育现代化工作会议。会议制定教育发展三步走的目标，部署推进教育“创强争先建高地”决策。

重要政事和决策

【全面深化改革推进】 韶关市人民政府办公室关于印发《韶关市深化医药卫生体制改革总体方案（2016—2018）》的通知，要求以优化医疗卫生资源配置和提升服务能力水平为目标，以建立分级诊疗制度为主线，通过医疗、医保、价格、财政等政策联动，同步推进公立医院综合改革，巩固深化基层综改成果，积极鼓励社会办医，建立健全政府补偿机制、药品集中采购机制、医保基金支付机制、医疗服务价格调节机制、公立医院运行监管机制、公立医院院长和医务人员绩效考核与激励机制，实现完善医疗卫生服务体系、打造稳定的医疗卫生人才队伍、提升整体医疗服务水平、促进社会办医和推动家庭健康服务业发展等方面的突破。韶关市人民政府办公室关于印发政府向社会力量购买服务暂行办法的通知，要求属于政府承担的基本公共服务、社会事务服务、行业管理与协调、技术服务以及政府履职所需辅助性事务等事项，适合采取市场化方式提供、社会力量能够承担的，原则上通过政府向社会力量购买服务的方式，逐步转由社会力量承担。从基本原则、购买主体、承接主体、购买内容、购买服务目录、购买方式、购买程序、资金安排及支付、组织保障作出规定。韶关市人民政府办公室关于印发韶关市推行一门式一网式政府服务模式改革工作实施方案的通知，要求创新政府服务模式，整合部门分设的窗口和审批服务系统为政府综合服务窗口和网上统一申办受理平台，打破部门界限，政务藩篱和信息孤岛，真正建立一个门，一张网办事，管住管好政府服务的进出两端。韶关市人民政府关于深化经济体制重点领域改革优化政务服务政策意见（2016年），要求全力推进简政放权，放管结合，优化服务，完成15项重点改革任务，基本破解经济体制发展的体制机制障碍，初步建立新常态下加快发展的体制机制，构建国际化，法治化营商环境，显着提高政府的执行力和公信力。韶关市人民政府办公室关于印发韶关市加快投资项目审批改革方案的通知，要求再造投资项目审批流程，实现投资项目开工前审批事项压减40%以上，申报材料压减50%以上，审批时限压减50%以上的目标。韶关市人民政府关于第一批清理规范48项市政府部门行政审批中介服务事项的决定，要求韶关市政府职能转变和深化行政审批制度改革，市政府决定第一批清理规范48项市政府部门行政审批中介服务事项，不再作为行政审批的受理条件。韶关市人民政府关于机关事业单位工作人员养老保险制度改革贯彻意见的通知，要求韶关市机关事业单位基本养老保险基金实行市直、县（市、区）分别统筹。各级人民政府承担本统筹区机关事业单位养老保险基金征收、管理和支付的责任。并规定关于职业年金单位缴费、关于个人缴费本息发放、关于参保资格和费用保障认定、关于经办管理、工作要求、其他事项。韶关市人民政府办公室关于印发韶关市促进社会办医加快发展实施办法的通知，要求优先支持社会力量举办非营利性医疗机构，加快形成的非营利性医疗机构为主体，营利性医疗机构为补充的社会办医体系 。韶关市人民政府办公室关于印发韶关市完善政府医疗卫生投入政策实施办法的通知，要求政府在基本医疗保障、公立医院、公共卫生、社会办医及医疗卫生信息化建设等方面的投入政策，保障全市深化医药卫生体制改革试点工作顺利推进，加快构建现代医疗卫生体系。韶关市人民政府办公室关于关于丹霞山风景区市县财权分配意见的通知，要求按照财随事走原则，合理划分市与县的财权。韶关市人民政府办公室关于进一步支持农村信用社改革和发展的意见，要求结合行政区划、经济社会发展、农信社实际情况，制定将韶关市区联社和曲江区联社进行合并改制组建韶关农村商业银行的工作计划。韶关市人民政府办公室关于印发韶关市自然资源资产产权制度改革（2016—2018年）的通知，要求以土地森林矿产等自然资源为重点，建立自然资源资产归属清晰，权责明确，监管有效的产权制度。中共韶关市委 韶关市人民政府关于深化供销合作社综合改革的实施意见，要求到2020年，把韶关市供销合作社系统建设成为与农民联结更紧密、为农服务功能更完备、市场化运行更高效的合作经济组织体系，成为服务农民生产生活的生力军和综合平台，成为党和政府推动“三农”发展的重要依托、密切联系农民群众的桥梁和纽带。韶关市人民政府办公室关于印发韶关市第一批下放职权事项目录（2016年）的通知，要求加快下放事权交接、加强下放事权管理、严格事权下放程序，公布共计180项韶关市第一批下放职权事项目录（2016年）。韶关市市级国有资本经营预算管理办法，要求市级国有资本经营预算的原则、国有资本收益、预算支出、预算的运作方式、市级国有资本的管理监督机构的职责等。韶关市人民政府办公室关于印发韶关市行政应诉工作方法的通知，要求推进行政机关负责人出庭应诉能力工作，规范韶关市行政机关行政应诉行为，提升依法行政的能力，加快建设法治政府。韶关市人民政府办公室关于印发韶关市区医疗卫生资源整合方案的通知，要求市县共建浈江和武江区人民医院，推进“432”工程（即新建4个“空白镇”乡镇卫生院、增设3个社区卫生服务中心、迁建2个基层医疗卫生机构）项目落地，构建科学合理的分级诊疗体系。

【经济持续健康发展推进】 韶关市人民政府关于印发韶关市促进企业上市挂牌若干措施的通知，要求建立对拟上市、挂牌企业的绿色办事通道，优先办理用地手续，拟上市、挂牌企业投资高新技术项目、重点技改项目，符合有关政策规定的，优先推荐享受国家及地方财政贴息、贷款和科技扶持资金。对拟上市、挂牌企业，电力部门优先保证其生产用电；对其引进的人才，在落户、子女就学等方面给予照顾；涉及政府物业资产的，应给予相应的优惠扶持。对已上市、挂牌企业募集资金投资的建设项目优先办理报批手续，并在资金扶持、扶持资金申报流程、监督管理、附则作出规定。韶关市人民政府办公室关于印发韶关市创建金融生态示范市实施方案的通知，要求通过三年的努力，建立起维护金融生态环境的长效机制，形成共建、共有、共保、共享的金融生态环境，实现全市金融资源配置效率和水平明显提升，金融服务实体经济能力显著增强，金融重要领域和关键环节的改革取得积极成果，金融基础服务功能更加完善，促进产业转型升级的金融服务体系更加健全，金融业对地方经济的贡献进一步提高，经济和金融良性互动。韶关市人民政府关于下达韶关市2016年国民经济和社会发展规划主要指标及重点建设项目计划的通知，要求安排正式项目55个，总投资1166.37亿元，年度计划投资222亿元，包括续建项目40个，年度计划投资179.4亿元，新开工项目15个，年度计划投资42.6亿元。韶关市人民政府关于印发韶关市供给侧结构性改革总体方案（2016—2018年）及五个行动计划的通知，要求集中力量打好供给侧结构性改革攻坚战，积极稳妥落实去产能、去库存、去杠杆，降成本、补短板等结构性改革重点任务，促进韶关市经济平稳较快发展。韶关市人民政府办公室关于印发《韶关市旅游产业发展规划（2015—2025年）》的通知，要求“一核二极三廊四组团”的空间发展格局，作出乡村旅游、旅游交通标志、旅游人才及智慧旅游四大专项规划。韶关市人民政府关于印发“八大产业”《三年行动计划》（2016—2018年）的通知，要求到2018年，韶关市钢铁工业产值达到400亿元（其中：2016年达到330亿元，2017年达到360亿元，2018年达到400亿元），钢铁工业综合能耗比2015年降低10%。到2020年，钢铁工业产值达到500亿元。着力壮大龙头企业，延长产业链条，培育产业集群，建设广东省最具竞争力的金属原材料生产基地和深加工产业集聚地。韶关市人民政府办公室关于促进个体工商户转为企业和小型微型企业升级为“四上”企业的实施意见，要求按照《韶关市人民政府关于印发〈关于促进民营经济加快发展的若干措施（试行）〉的通知》的统一部署，围绕经济发展主线，以服务非公经济发展为重点，统筹推进全市个体工商户转为企业法人，小型微型企业升级为规模以上工业企业、资质建筑企业、限上批发零售贸易企业、住宿餐饮及其他营利性服务业企业。进一步拓宽非公经济发展空间，夯实实体经济，努力推动全市经济社会健康发展。韶关市商事主体住所登记管理办法，要求商事主体住所应经登记机关登记；商事主体变更住所的，应当在迁入新住所之前向登记机关申请变更登记。韶关市企业集群注册登记管理试行办法，要求在本市注册的会计师事务所、经市级以上部门认定的孵化器建设运营企业、设立1年以上的企业代理服务有限责任公司；在本市注册的集群注册托管有限责任公司或股份有限公司及其分支机构，可以申请从事住所托管服务。韶关市人民政府办公室关于印发韶关市市区工业及生产性服务业中介招商奖励实施办法（试行）的通知按照《关于进一步优化韶关投资营商环境的具体措施（试行）的通知》部署，进一步加大招商引资力度，鼓励中介招商，提升招商引资成效。韶关市人民政府办公室关于印发韶关先进装备制造产业发展基金组建方案的通知，要求充分发挥财政资金的引导和杠杆作用，由珠江两岸先进装备制造业发展基金和韶关市人民政府共同出资发起，设立韶关先进装备制造业发展基金，提升韶关市先进装备制造产业配套生产能力。

【创新驱动发展推进】 韶关市人民政府关于印发韶关市创新驱动发展三年行动计划（2016—2018年）及2016年工作要点的通知，要求到2018年，技术创新市场导向机制与产学研协同创新机制基本建立，科技资源和创新要素优化配置取得明显成效，科技创新活力大大增强，企业在技术创新中的主体地位进一步强化，开放型区域创新体系和创新型经济形态建设取得突破，努力实现从要素驱动向创新驱动转变，力争全市主要创新指标排在粤东西北地 区前列。到2018年，全社会研究与开发（R＆D）投入占地区生产总值（GDP）的比重达1.6%，每万人发明专利拥有量达2.66件以上。高技术制造 业增加值占规模以上工业增加值比重达6%，高新技术产品产值占规模以上工业总产值15%。互联网普及率超过70%。韶关市人民政府办公室关于印发韶关市科技企业孵化器产权分割管理暂行办法的通知，要求建立韶关市科技企业孵化器产权分割管理统筹协调机制。各成员单位结合各自职能，按现行行政审核职权共同负责审核科技企业孵化器产权分割项目申请。科技企业孵化器产权分割工作先在莞韶园试点取得经验的基础上再全面铺开。孵化器用地应纳入年度土地供应计划，且应当符合城乡规划和土地利用总体规划。新建的科技企业孵化器可以先申请科技企业孵化器产权分割政策备案，在建成且认定为市级以上科技企业孵化器后才能享受科技企业孵化器产权分割政策。韶关市人民政府办公室关于创新重点领域投融资机制鼓励社会投资的贯彻落实意见，要求鼓励社会资本参与和扩大重点领域投资、建立健全政府和社会资本合作机制、创新融资方式拓宽融资渠道、改进重点领域价格形成与调控机制、完善重点领域社会投资用地政策、保障措施。韶关市人民政府关于创新完善中小微企业投融资机制的若干意见，要求建立市中小微企业信用信息和融资对接平台、大力发展投资基金、完善中小微企业信贷风险补偿机制、建立健全中小微企业融资政策性担保和再担保机构、推动小额贷款保证保险业务发展、强化银行机构对中小微企业的融资服务、开展中小微企业转贷方式创新试点、积极稳妥发展小额贷款、支持中小微企业利用多层次资本市场融资、拓宽中小微企业发债融资渠道、支持市、县级政府平台公司加大对中小微企业的支持力度、支持开展中小微企业设备更新融资租赁、激活中小微企业抵质押物、加大对中小微企业票据贴现支持力度、建立中小微企业投融资纠纷快速调解机制。

【产业结构调整】 韶关市人民政府关于加强政府性债务管理的实施意见，要求深入贯彻落实新修订的预算法和国务院关于深化预算管理制度改革、加强地方政府性债务管理的各项规定，按照明确责任、规范管理、疏堵结合、防范风险、公开透明的管理原则，构建举借有度、偿还有方、管理有序、监管有力的政府性债务监管体制，确保全市政府性债务规模合理、风险可控、使用规范，促进全市经济社会持续健康发展。韶关市人民政府关于印发韶关市促进健康服务业发展实施方案（2016—2020年）的通知，要求到2020年，基本建立覆盖全生命周期、内涵丰富、结构合理、具有韶关特色的健康服务业体系，基本满足人民群众健康服务需求。力争健康服务业总规模达到300亿元左右，成为推动经济社会转型发展的重要产业。韶关市人民政府办公室关于印发《韶关市贯彻广东省<关于加快构建现代公共文化服务体系的实施意见>工作方案》的通知，要求深入贯彻《广东省建设文化强省规划纲要（2011—2020年）》和广东省《关于加快构建现代公共文化服务体系的实施意见》，以完善设施为抓手，实现设施网络全覆盖；以标准化建设为抓手，实现服务供给全覆盖；以志愿服务为抓手，实现社会参与全覆盖；以数字平台为抓手，实现文化传播全覆盖。到2020年，基本建成覆盖城乡、便捷高效、普惠均等、群众满意的现代公共文化服务体系，全市每万人拥有室内公共文化设施面积1200平方米以上，城市建成“十分钟文化圈”、农村建成“十里文化圈”。韶关市人民政府关于加快发展生产性服务业的若干意见，要求做强先进装备制造业产业链“微笑曲线”两端，推动制造企业服务化，加快建设面向先进制造业的公共服务平台，打造生产性服务业集群化集聚化发展载体，加大政策支持力度。韶关市人民政府办公室关于印发韶关市加快发展养老服务业实施方案的通知，要求到2020年，全面建成以居家养老为基础、社区养老为依托、机构养老为补充，功能完善、规模适度、覆盖城乡的社会养老服务体系。养老服务产品更加丰富，养老服务市场机制不断完善，养老服务业健康有序发展，实现养老服务与医疗、家政、保险、教育、健身、旅游等相关领域互动发展。韶关市人民政府关于印发韶关市贯彻落实《中国制造2025》实施方案的通知，要求按照中央、省统一部署，紧紧围绕“主动融入珠三角，加快实现融合发展”的总战略，坚持走新型工业化道路，顺应“互联网+”发展趋势，充分发挥韶关的产业基础和比较优势，以产业高端化为导向，以提质增效为核心，以推动企业技改创新为关键举措，推动先进制造业智能化、集约化、绿色化发展，培育现代产业集群，提升产业竞争力和可持续发展能力，打造韶关制造升级版，推动韶关工业经济转型升级、振兴发展。韶关市人民政府办公室关于印发《2016年韶关市资源枯竭城市转型发展行动计划》的通知，要求全面实施《转型规划》、加强体制机制改革、推进交通基础设施建设、促进产业园区扩园增效、推进城市扩容提质、培育接续替代产业、着力保障和改善民生、强化生态环境建设、加强转型宣传工作。韶关市人民政府办公室关于印发韶关市整合建立统一的公共资源交易平台实施方案及工作任务分工的通知，要求在2016年6月底前，依托韶关市公共资源交易信息化平台，基本完成全市公共资源交易平台整合工作，并与市网上办事大厅、省网上办事大厅互联互通；2016年12月底前，在全市建成规则统一、公开透明、服务高效、监督规范的公共资源交易平台体系，基本实现公共资源交易全过程电子化。韶关市人民政府关于印发政府购买服务模式融资建设项目计划的通知，要求采用政府购买服务模式解决韶关市建设项目资金筹集。韶关市人民政府办公室关于印发韶关市属技工教育资源整合总体方案的通知，要求按照“政府统筹，资源整合，并点强校”的基本思路，采取“资产整合，人员整合，学生整合，项目整合，专业整合”的模式，进行整合重组，优化职业技术教育资源，提高社会效益。韶关市人民政府办公室印发关于加快乡村旅游的指导意见的通知，要求以建设旅游名县、名镇、名村、示范点、示范线路等为重点，加快构建有吸引力、有竞争力的乡村旅游产业体系，争取2020年实施接待乡村旅游游客1000万人次，旅游营业收入50亿元。韶关市人民政府办公室关于印发《加快政府投资项目前期规划设计进程的工作机制（试行）》的通知，要求政府投资项目前期工作由市规划局和市代建局完成，前期规划设计工作由市规划局牵头组织，项目对应行业主管部门参与并提出意见建议，其他前期工作由市代建局负责。韶关市人民政府办公室关于印发《全市国企出清重组“僵尸企业”促进国资结构优化的实施方案》的通知，要求精准识别、精准分类，结合全市国有企业实际情况，将国有“僵尸企业”分为关停企业和特困企业。用3年左右时间，充分运用市场、法律和行政手段，完成全市国有“僵尸企业”出清重组工作，实现国有企业组织结构、资本结构、产业结构、产品结构的优化升级，推进国有资本合理流动和优化整合，盘活存量资产，扩大增量，提升发展质量，壮大国有经济总量。韶关市人民政府办公室印发关于理顺市区基础教育办学体制工作方案和韶关市区教育资源整合方案的通知，要求从2016年至2018年，韶关市将结合市区教育资源优化整合实际，采用“收、放、缓”的思路，理顺浈江、武江、曲江区属普通高中学校和市直公办幼儿园的办学体制机制。未来3年投入12亿多元，推行搬迁及撤并、新扩建学校（幼儿园）等举措，优化市区学校布局。韶关市人民政府关于印发《韶关市国民经济和社会发展第十三个五年规划纲要》的通知，要求综合考虑发展的现实基础和未来发展趋势，与经济新常态相适应，与全面建设小康社会任务相衔接，力争到2018年全市生产总值比2010年翻一番，到2020年人均GDP达到全国同期平均水平、城乡居民人均收入比2010年翻一番以上，小康指数达到97%。基本建立与珠三角地区融合发展的新格局，基本建立具有区域竞争力的现代产业新体系，基本建成功能完善的现代化新型城市，基本形成有利于加快发展的新机制，综合实力、竞争力和抗风险能力重大提高，人民物质文化生活明显改善，与全国同步全面建成小康社会。韶关市人民政府办公室关于印发韶关市国有企业职工家属区“三供一业”分离移交工作方案的通知，要求2016年开始，全面推进国有企业职工家属区“三供一业”分离移交工作，对相关设备设施进行必要的维修改造，达到城市基础设施的平均水平，分户设表、按户收费，交由专业化企业或机构实施社会化管理，相关工作于2018年底前基本完成。2019年起国有企业不再以任何方式为职工家属区“三供一业”承担相关费用。韶关市人民政府办公室印发关于加快推进韶关市“互联网＋”行动计划的实施方案（2016—2020年）的通知，要求到2020年，全市互联网与产业加速融合，互联网应用与服务加快普及，互联网大众创业万众创新活力进一步增强，成为全省互联网经济发展重要基地、网络民生应用服务示范区、网络创业创新集聚地。

【统筹城乡协调发展加强】 韶关市人民政府办公室印发《关于支持原中央苏区县南雄市县域经济加快发展的若干政策措施（试行）》的通知，要求加强城乡规划建设支持、保障重点项目建设用地、推动创新驱动发展、加大资金扶持力度、强化金融服务功能、支持特色产业发展、大力发展电子商务、加强基础设施建设、推进生态文明建设、加强民生事业建设。韶关市人民政府办公室关于韶关市浈江区、武江区“三旧”改造项目涉及协议出让补缴土地出让金参考标准的通知，要求规范“三旧”改造补缴土地出让金标准，促进“三旧”改造工作健康有序开展。韶关市人民政府办公室关于印发韶关市浈江区、武江区集体土地征地拆迁补偿标准的通知，规定土地青苗补偿及安置补助标准、地上附着物及常见建筑物构筑物补偿标准、坟墓迁移补偿标准、房屋拆迁补偿标准、住房安置、其他等。韶关市人民政府办公室关于加强韶关市浈江区、武江区征收农村集体土地留用地安置管理工作的意见，要求明确留用地安置的具体要求、加强留用地报批规范管理、有序推进留用地开发建设、妥善解决留用地历史遗留问题。

【社会治理创新】 韶关市重大行政处罚备案办法，要求行政处罚做出明确规定，行政处罚报送市政府法制机构备案，重大行政处罚报备应当报送的材料，市政府法制机构应当对报备的重大行政处罚的合法性和适当性进行书面审查，被审查单位、人员应当配合市政府法制机构的备案审查工作。韶关市人民政府办公室关于印发《韶关市进一步落实食品安全属地管理责任的实施意见》的通知，要求强化食品安全属地管理责任、健全食品安全监管体系、加大食品安全监管力度、提升食品安全监管能力、加强食品安全绩效考评和责任追究。韶关市人民政府办公室关于印发韶关市互联网金融风险专项整治工作实施方案的通知，要求开展专项整治活动。为全面开展专项整治工作，明确互联网金融各领域专项整治工作的责任单位。韶关市人民政府办公室关于印发韶关市山区中小河流“河长制”实施方案的通知，明确各级河长的设置及职责，提出“河长制”的总体目标和具体任务，并同时提出确保完成目标任务所需的落实资金、严格考核等具体的保障措施。韶关市人民政府办公室关于进一步加强市辖两区建设用地报批工作的通知，要求树立主动服务的工作意识，坚持“快”字当头，“好”字当先，提交建设用地报批件的报件质量和速度，保障经济社会发展土地供给。韶关市人民政府印发《关于进一步加强城市规划建设管理工作的实施方案》的通知，要求高起点规划城市，高标准建设城市，高效能管理城市，探索具有韶关特色的城市发展新路子。韶关市人民政府办公室关于印发韶关市病险山塘除险加固实施方案的通知，要求2018年前全面完成我市辖区内灌溉（供水）功能突出、社会效益明显、且属集体所有的一万方以上病险山塘的除险加固任务。韶关市人民政府办公室关于印发丹霞山人工林赎买流转工作方案的通知，要求贯彻实施好《丹霞山森林景观提升工程总体规划方案》，确保丹霞山人工松、杉，按林木有序赎买流转。韶关市人民政府办公室关于印发《韶关市集中开展城市风险点、危险源排查整治专项行动工作方案》的通知，要求全面制订完善城市安全风险管控工作的责任主体、规范、标准和指南，明确城市各类风险点、危险源风险辨识的牵头部门、工作原则、操作程序、分析方法、记录形式等要求，解决“认不清”的问题；对城市各类风险点、危险源进行深入排查、科学评估，全面查清风险点、危险源的分布情况，探索建立统一的安全风险点、危险源数据库和决策分析系统，解决“想不到”的问题；通过科学评估、动态管理、分级监管，及时发现城市风险点、危险源存在的问题和缺陷，通过制度、技术、管理等措施对其关键环节进行风险管控，降低风险，解决“管不到”的问题。通过深入开展风险点、危险源整治，由点及面，全面降低城市安全风险。韶关市人民政府办公室关于规范行政审批中介服务加强中介机构管理的意见，要求培育中介服务市场、规范中介服务行为、工作要求。加快推进中介机构脱钩、放开中介服务市场；清理规范服务项目、规范执业资质、规范执业行为、规范收费行为；强化组织领导、强化检查验收、强化监督管理、严查利益输送行为。韶关市户籍管理规定，要求建立城乡统一的户口登记制度，城乡户籍统一登记为居民户口，取消本市农业、非农业以及其他户口性质的划分，不再出具户口性质类的证明。其他部门在职责范围内配合公安机关做好户口登记、迁移管理工作。韶关市人民政府办公室关于印发韶关市乡镇（街道）残疾人专职委员选聘实施方案的通知，要求各镇街需配备1名残疾人专职委员，各县独立面向社会公开招聘。韶关市人民政府办公室关于印发韶关市提升国家卫生城市工作管理实施方案的通知，要求按照《国家卫生城市标准（2014年版）》，进一步明确部门职责和协调合作机制，完善城市卫生综合治理工作制度，推进城市卫生管理规范化、制度化、法制化。韶关市人民政府关于在市区实施符合国标的电动自行车注册登记的通告，要求2016年10月20日后新购置的符合国标的电动自行车，统一办理注册登记手续、2016年10月20日前购置，符合国标且品牌型号已列入《广东省电动自行车产品目录》的在用电动自行车，车主要办理注册登记手续。韶关市市政消火栓管理办法，要求市政消火栓监督管理，各部门各司其责，市政消火栓的建设、巡查、养护经费和消防训练用水经费应当列入同级人民政府财政预算。道路和供水专项规划等市政基础设施应当包括市政消火栓设置的内容。市政消火栓应当与市政道路等市政基础设施同步设计、同步施工、同步验收、同步投入使用。公安机关消防机构应当加强对市政消火栓的监督检查。韶关市规范查处无照无证经营行为暂行办法，要求生产经营者应当依法领取相关证照或者其他批准文件后，方可从事相关生产经营活动。商事主体从事“先照后证”生产经营项目的，在领取营业执照后，应当取得行政许可证或其他批准文件，方能从事该项行政许可经营项目的生产经营活动。韶关市落实生产经营单位安全生产主体责任规定，规定生产经营单位根据法律法规的要求，加强安全生产管理，建立健全安全生产责任制和安全生产规章制度，改善安全生产条件，推进安全生产标准化建设，执行国家标准、行业标准，提高安全生产水平，确保安全生产。生产经营单位是安全生产工作的责任主体，其主要负责人是本单位安全生产的第一责任人，对落实本单位安全生产主体责任全面负责。

【民生福祉增进】 韶关市人民政府办公室关于印发《韶关市全面深化新时期爱国卫生运动实施方案（2015—2020年）》的通知，要求截至2017年底前，完成中央和省扶持的农村环境综合整治项目38项。到2020年底，90%以上的建制镇实现生活垃圾无害化处理，村庄保洁和农村生活垃圾有效处理实现全覆盖，全市建制镇生活污水处理率和行政村生活污水处理水平达到“十三五”规划相关目标要求；农村卫生厕所普及率达到97%；农村集中式供水人口比例达到90%；全市居民健康素养水平达到24%；省级以上卫生城市比例达到100%；国家卫生乡镇（县城）比例达到40%，省级以上卫生县城比例达到100%，市级卫生镇比例达到50%，省级以上卫生乡镇比例达到5%；卫生村受益人口覆盖率达到70%。韶关市城镇职工基本医疗保险实施办法，规定总则、基金的筹集和管理、参保缴费、基本医疗保险待遇、医疗保险就医管理、医疗保险定点单位服务管理、基金监督保障、法律责任、附则。韶关市人民政府关于公布市政府为民办实事项目的通告，要求2016年韶关市人民政府公开承诺10件为民办实事项目：完成市区主次干道8个内涝点整治、完成山区中小河流治理625公里、实施老城区提质便民工程、建设韶关教育云数据中心、建设百所中小学校（幼儿园）示范性平安食堂、加大对困难弱势群体帮扶力度、强化低收入住房困难群体住房保障、改善农村生产生活条件、促进创业带动就业、解决浈江区、武江区30个社区公共服务用房。韶关市人民政府办公室关于印发《韶关市妇女儿童发展规划（2011—2020年）整改方案》的通知，要求对实施“两个规则”工作进行全面整改，梳理目标进展问题，建立倒逼机制，制定时间表，采取有效措施，加快推动省、市“两个规则”实施，确保如期完成终期目标任务。韶关市民办养老服务机构扶持资助办法，明确规范政府扶持资助民办养老服务机构行为，鼓励和引导民办养老服务机构的发展，对符合条件的民办养老机构的新增床位和床位运营进行资助。韶关市人民政府办公室关于印发《韶关市进一步加强乡村医生队伍建设实施方案》的通知，要求通过10年左右的努力，力争使韶关市乡村医生全部具备中专及以上学历，70%以上达到执业助理以上资格（含乡村全科执业助理）。建立完善乡村医生准入、退出、管理考核和待遇保障机制，基本实现紧密型镇村卫生服务一体化管理，2018年底完成村卫生站规范化建设工作，逐步实现村卫生站产权公有化、建设标准化、服务规范化、运行信息化。全面开展家庭医生签约服务，向农村居民提供集基本医疗和基本公共卫生服务为一体的健康管理，保障农村居民享受均等化的公共卫生服务和安全、有效、方便、价廉的基本医疗服务。韶关市人民政府办公室关于印发韶关市创建广东省推进教育现代化先进市实施方案（2016—2020）的通知，要求韶关2018年将建成省推进教育现代化先进市，力争到2020年全面实现教育现代化，为韶关主动融入珠三角，实现振兴发展提供关键支撑作用。韶关市人民政府办公室关于印发《九龄故里·百里画廊——生态休闲度假旅游示范线路建设规划》的通知，要求线路跨越韶关市曲江区、始兴县，主要由S344、S244、X312、X346两条省道和两条县道组成，以曲江大塘镇为起点，以始兴县城为终点，形成线路为：大塘镇——枫湾镇——小坑镇——隘子镇——司前镇——深渡水瑶族乡（罗坝镇）——顿岗镇——始兴县城，规划线路全程约100千米。该线路是一条低成本、高品位的示范线路，具有示范性、可复制性的自驾旅游线路，路沿途有高山、流水、温泉、历史古迹、金黄银杏、艳丽红枫、大片稻田等自然历史人文风光。韶关市人民政府办公室关于印发韶关市城区提质优化工作方案的通知，要求力争用五年时间全面促进城区提质优化，改善城市商住环境和群众生活质量，着力提高韶关老城区发展的持续性和宜居性。城区提质优化工作总体设想分为完善公共服务设施、提升市政基础设施、建设历史文化名城等方面。计划将相关工作分为两个阶段实施：即近期2016年1月至2017年12月；中远期2018年1月至2020年12月。韶关市人民政府办公室关于印发《韶关市乡村教师支持计划实施办法（2015—2020年）》的通知，要求解决韶关市乡村教师职业吸引力不强、补充渠道不畅、优质资源配置不足、结构不尽合理、整体素质不高等突出问题。到2017年，力争使乡村学校优质教师来源得到多渠道扩充，乡村教师资源配置得到改善，教育教学能力水平稳步提升，各方面合理待遇依法得到较好保障，职业吸引力明显增强，逐步形成“下得去、留得住、教得好”的局面。到2020年，努力造就一支结构合理、素质优良、甘于奉献、扎根乡村的教师队伍，为实现教育现代化提供强有力的师资保障。韶关市人民政府办公室关于印发《韶关市关于加强传染病防治人员安全防护工作实施方案》的通知，要求配备必要的防护设备设施，预防和有效降低防治人员在现场流行病学调查、疫情处置、口岸检疫、传染病患者转运、临床救治、医疗废物处置、患者遗体处理、随访宣教、传染病检测检验、监督执法、传染病相关科研教学等环节的职业暴露危害，加强实验室管理，健全实验室质量管理体系；完善防治人员的工作待遇和传染病防控相关保障政策，切实维护传染病防治人员的健康权益，进一步提高韶关市传染病防控工作整体水平。韶关市人民政府关于促进慈善事业健康发展的实施意见，要求到2020年，通过政府购买服务支持慈善活动成为常态；社会捐赠平台方便多样，服务体系健全，慈善捐赠鼓励政策完善，社会捐赠积极踊跃；慈善组织布局合理、功能健全、层级多元，慈善组织网络基本覆盖城乡社区；志愿服务制度健全，注册志愿者占城镇常住人口比例达10%；慈善监管体系健全，慈善活动规范有序、公开透明；全市建立统一开放的慈善信息管理平台，应公开慈善信息全面向社会公开；慈善氛围浓厚，慈善文化建设纳入社会主义精神文明建设整体规划及各类文明创建活动考评体系。韶关市人民政府关于加快推进残疾人小康进程的实施意见，要求到2018年，全市残疾人权益保障制度基本健全、基本公共服务体系更加完善，地区间残疾人事业发展差距明显缩小，残疾人小康进程与全面建成小康社会相协调、相适应。到2020年，残疾人收入水平大幅提高、生活质量明显改善、融合发展持续推进，残疾人安居乐业，生活殷实、幸福、更有尊严，达到高质量的全面小康水平。韶关市人民政府办公室关于印发韶关市落实广东省医疗卫生强基创优行动计划实施方案（2016—2018）的通知，要求实施县级医院服务能力提升工程、深化县级公立医院综合改革、加强基层医疗卫生机构能力建设、强化公共卫生服务能力、健全城乡居民医疗救助制度、优化全市医疗服务水平，尽快实现“大病不出县”目标。韶关市人民政府办公室关于印发韶关市实施广东省构建医疗卫生高地行动计划（2016—2018）工作方案的通知，要求建成1所高水平医院，建设高水平临床重点学科，努力创造更好的医学研究条件，培育医学领军人才和杰出青年医学人才，医疗卫生信息化网络初步建成，中医“治未病”中心和高水平健康服务业初具规模，全面提升县级医院综合服务能力。中共韶关市委韶关市人民政府关于建设卫生强市的决定，要求到2018年，率先建立基本医疗卫生制度，人民群众健康水平明显提升，卫生综合实力和主要健康指标达到省的要求。全市卫生强县（市、区）覆盖率达到50%以上，曲江、乳源、南雄、乐昌、翁源等5个县（市、区）达到卫生强县要求（第一批创建单位），卫生强市建设成效明显。到2020年，基本医疗卫生制度进一步完善，整合型医疗卫生服务体系基本建成，总体实现基本医疗卫生服务均等化，主要健康指标达到省内先进水平，浈江、武江、新丰、仁化、始兴等5个县（区）达到卫生强县要求（第二批创建单位），卫生强市建设成效显著。到2025年，基本医疗卫生制度完善，医疗卫生服务体系健全，卫生资源配置合理，医疗设施和技术先进，疾病控制科学高效，人才队伍结构优化，科技创新和学科建设处于省内先进水平，主要健康指标达到或接近发达地区水平，全面建成卫生强市。韶关市人民政府办公室关于印发韶关市加快户外运动发展工作方案的通知，要求充分认识到特色体育产业是韶关发展旅游产业的发展方向和重要抓手之一，是韶关旅游由观光旅游转向参与性、体验性旅游的重要举措，也是韶关旅游产业走市场化道路的重要探索，要加强户外运动的营销策划和市场引导，科学统筹户外运动项目，打响韶关户外运动品牌。韶关市人力资源和社会保障局关于发布《韶关市城镇职工基本医疗保险特殊病种门诊补贴管理办法》的通告，规定特殊病种门诊补贴对象，特殊病种门诊补贴资金来源，特殊病种门诊补贴资金的使用，特殊病种门诊补贴标准，特殊病种的审批，特殊病种门诊补贴费的发放。韶关市人民政府《关于取消韶关市普通公路机动车辆路桥通行费的通告》，自2017年1月1日零时起，韶关市全面取消普通公路机动车辆路桥通行费，包括年票、国省道公路收费站次票、高速公路代收次票。韶关市普通公路收费从此退出历史舞台，所有的年票制项目都不再设站收费。韶关市人民政府关于印发韶关市全民健身实施计划（2016—2020年）的通知，要求弘扬体育文化、开展全民健身活动、培育和发展体育社会组织、加强公共体育场地设施建设、提升全民健身科学化服务水平、加强特殊人群体育健身活动保障体系建设、推进青少年体育发展、发展健身休闲业促进体育消费等主要任务、保障措施。韶关市全民健身实施分为两个阶段发展目标，第一阶段（2016—2018年）：群众体育健身意识普遍增强，参加体育锻炼的人数明显增加，体育健身成为更多人的基本生活方式，公共体育服务能力进一步提升，人民体质健康水平位居全省中等水平以上。第二阶段（2019—2020年）：公共体育服务能力显著提高，人民体质健康水平保持全省中等水平以上。

【廉洁政府建设】 韶关市人民政府办公室关于印发2016年度市政府规范性文件制定（修订）计划的通知，要求一年内完成17个规范性文件的制定（修订）。韶关市人民政府关于印发《韶关市市级行政许可事项目录（2016年版）》的通知，要求公布共计327项韶关市市级行政许可事项目录（2016年版）。韶关市人民政府关于决定清理规范的投资领域中介服务事项目录的通知，要求公布40项韶关市人民政府决定清理规范的投资领域中介服务事项目录。韶关市人民政府关于征求对市政府工作建议和意见的通告，要求主要征集关于实施主动融入珠三角战略，推动产业共建、经济建设、文化建设、社会建设、生态文明建设等方面的建议和意见；关于“项目攻坚、城市提升、县域发展”三大主题工作，以及韶关社会发展改革建设等方面的建议和意见；关于机关效能建设、作风建设、廉政建设和公务员队伍建设等政府建设方面的建议和意见；关于2017年市政府应着重办好的民生实事方面的建议和意见。韶关市人民政府办公室关于印发韶关市兼职政府法律顾问选聘程序规则的通知，规定法律顾问常规工作范围、法律顾问条件、法律顾问聘请程序与方式。韶关市人民政府办公室关于印发韶关市12345政府服务热线管理办法的通知，规定韶关市12345政府服务热线管理办法的总则、组织领导和平台建设、受理范围和职责分工、工作程序与时限、知识库建设管理、效能监察、附则等。

【绿色低碳循环发展】 韶关市人民政府办公室关于印发《韶关市环境监管网格化管理工作实施方案》的通知，要求按照“属地管理、分级负责，无缝对接、全面覆盖、责任到人”的原则，以县（市、区）政府、镇政府（街道办事处）、管委会为责任主体，明确相关部门环境监管职能，健全三级管理、三级网格的环境监管体系。通过体系的建立和实施，推动环境监管关口前移，触角向下延伸，实现对各自环境监管区域和内容的全方位、全覆盖、无缝隙管理，做到环境监管不留死角、不留盲区、不留隐患。韶关市人民政府关于超标电动自行车退市的通告，要求韶关市超标电动自行车退市期为2016年1月1日至2016年12月31日。自2017年1月1日起，超标电动自行车禁止在市区（浈江区、武江区）道路行驶。韶关市人民政府关于印发《韶关市水污染防治行动计划实施方案》的通知，要求坚持清洁、健康、安全方针，坚决向水污染宣战，坚持“水系入手、截污为先、方式多样、综合治理”，强化源头控制，对水环境实施分流域、分区域、分阶段科学治理，系统推进水污染防治、水生态保护和水资源管理。建设环境友好、社会和谐、生态文明的新型生态城镇，形成“政府统领、部门分工、政企协同、公众参与”的水污染防治新机制，建立严格监管所有污染物排放的环境保护组织制度体系，实现人与自然的和谐共处，经济社会与资源环境的协调发展，构建和谐韶关。韶关市人民政府办公室关于印发

▲2016年12月27日，市接待办主任张雯（右五）与“粤北特色粗菜精做”烹饪职业技能竞赛总决赛胜出选手留影　　（市接待办　供）

2016年韶关市国家生态文明先行示范区建设工作要点的通知，要求加快推进矿产资源开发遗留的环境问题、土地损毁问题的整治，并按照国家发改委等六部委的要求，探索建立自然资源资产产权制度和碳排放权交易制度，为全国探索可借鉴、可复制的经验；加强主体功能区建设，进一步细化划分生态红线和重点开发区域，并争取国家和省的认可，反映到全国和广东省主体功能区规划中。在此基础上，配合国家和省制定生态功能区产业准入负面清单，按照面上保护、点上集中开发的理念，实现既保护生态环境又为韶关市工业发展留下空间的目标。继续争取国家批准将翁源、新丰补充纳入全国重点生态功能区。此外，着力推进低碳发展。落实新能源汽车补贴政策，推进电动汽车充电站和充电桩建设，进一步推动新能源汽车的应用。继续推进碳排放权交易、碳普惠制试点工作。韶关市人民政府办公室关于印发韶关市探索推行碳排放权交易制度工作方案（2016—2018）的通知，要求到2018年，初步建立韶关市碳排放总量管理，碳汇交易碳排放权交易制度，完成韶关市生态文明先行示范区的建设示范任务，为全国碳排放交易制度建设探索经验。韶关市人民政府办公室印发关于加快推进新能源汽车推广应用实施方案的通知，要求到2020年，全市推广应用新能源公交车保有量达到690辆，占全部公交车比例达到75%以上，基本实现纯电动公交车的规模化、商业化运营。韶关市人民政府办公室印发关于加快推进我市生态文明建设实施方案的通知，提出到2020年，主体功能区布局和低碳发展格局基本形成，资源循环利用体系初步建立，节能减排和碳强度指标下降幅度达到省政府下达的约束性指标，森林覆盖率、森林蓄积量、城镇生活污水处理率、生活垃圾无害化处理率等处于全省前列，城镇供水水源地全面达标，森林、湿地等面积保持稳定，质量逐步提高，水土流失和石漠化土地面积明显减少，耕地质量稳步提高，物种得到有效保护，覆盖全社会的生态文明体系基本建立。国土空间开发格局进一步优化，资源能源节约利用率大幅提升，生态环境质量总体改善，绿色低碳生活模式全面推广，生态文明制度体系基本确立。韶关市人民政府办公室关于印发韶关市土壤污染综合防治先行区建设方案的通知，要求韶关市借助国务院“土十条”的发布，进一步放大国家政策效应，充分利用国家政策和资金的支持，加快区域土壤修复的试点和推动，全面开展土壤污染综合防治先行区建设。　　（市政府办调研科）

接待工作

【概况】　韶关市接待办公室是参照公务员管理的事业单位，编制23名，内设4个科室。主要负责韶关市级以上的大型公务、会议的接待安排等。2016年，市接待办共完成接待任务1049批次，27571人次。其中，一类客人（副国级以上首长）4批次，1883人次；二类客人（省、部级领导）46批次，3272人次；三类客人（厅<司>级及以下领导）999批次，22416人次。

【接待办接收四套班子机关后勤职能】　9月29日，韶关市机构编制委员会办公室调整市四套班子机关后勤服务管理体制，将四大办的安全保卫、公务接待、车辆管理、固定资产管理等后勤服务职能正式划转入市接待办。从2016年8月开始，协调市四大办、市编办、市财政局等单位做好前期摸底、调研、清查以及“事、人、财、物”等事项对接等工作，为保障单位机构改革、后勤服务职能调整工作平稳顺利进行，做好各项准备。

【重要接待对象】　2016年，市接待办接待的重要领导有：中央政治局常委、中央书记处书记刘云山，中央政治局原常委李长春，中共中央政治局委员、广东省委书记胡春华，全国人大委员会副委员长、民建中央主席陈昌智等党和国家领导人，中组部、中宣部、公安部、国务院法制办、国家邮政局等国务院有关部委和省委省政府等单位的领导以及中国中铁股份有限公司、富力地产集团、广药集团、保利集团、广东浪潮集团、宝钢集团等客商团体。同时，还服务做好全市迎春茶话会以及市党政代表团到广州、佛山、东莞、清远等地考察的接待工作。

【全市2016年“粤北特色粗菜精做”烹饪职业技能竞赛】　2016年10—12月期间，市接待办联合市人社局共同举办

“粤北特色粗菜精做”烹饪职业技能竞赛。竞赛采取“选拔预赛—决赛竞赛”的形式，各县（市、区）先后举办9场预选赛，共推荐出36名优胜选手参加市举办的总决赛。经过决赛，共评比出一等奖1名、二等奖1名，三等奖8名，对决赛总成绩前四名选手授予“韶关市技术能手”称号，对决赛成绩合格的选手颁发中式烹调师三级（高级）职业资格证书，对决赛选手烹制的自选菜品颁发“粤北名优特产菜肴”牌匾，并综合整个竞赛过程中涌现出的特色菜式和各县（市、区）名优特产，组织编撰《粤北珍馐美味》，为全市的政务接待提供参考。

【韶州宾馆资源整合】 引导韶州宾馆制定《韶州宾馆绩效工资实施办法》，激发员工的工作积极性，提高宾馆经营收入和员工的工资福利。2016年，韶州宾馆全年营业收入共483.1万元，与2015年同比收入增加26%，成本降低7%。争取财政资金300多万元，新建一间面积约100平方米接待室，安装Wi-Fi热点，实现宾馆全覆盖，加装纱窗纱门，更换员工服装和LED灯，翻新网球场设施，增加部分厨房设备等，更换客房布草等，进一步加强宾馆硬件建设。争取财政资金384.21万元，解决宾馆历史遗留债务问题，补缴自宾馆开业以来的房地产税和土地使用税，减轻宾馆经营压力。2016年8月，市政府将韶州宾馆100%股权划归市旅游发展投资集团有限公司名下。12月，韶州宾馆国有土地使用权及地上建筑物划转到市旅游发展投资集团有限公司名下。

【接待工作资料收集编印】 学习借鉴东莞、江门和珠海等地级市接待部门的工作经验，梳理公务接待工作流程、工作礼仪、工作制度等，形成文本规范，完成初稿编印。同时，专门下发通知要求各县（市、区）及市直有关部门配合收集整理全市重点企业简介、科教文卫重点单位简介、历史名胜简介、旅游景区简介和政治社会建设方面综合性示范点简介等，已初步汇总并建立全市重点考察点资料库，为全市公务接待提供参考和保障。 （姚可华 许智磊）

行政服务

【概况】 韶关市行政服务中心是市政府直属的正处级公益一类事业单位，机构人员参照公务员法管理。内设办公室、协调科、督查科和政务科4个科室。行政服务办事大厅面积5700平方米，设窗口35个，进驻部门40个，工作人员170名，进驻行政审批事项215项、便民服务事项63项。全年受理各类办件233041件，其中许可审批事项32350件、证照及年审74975件、咨询125716件，日办件量约930件，即办件为66444件，占总办件数（不含咨询）的61.91%，提前办结率为100%。12345政府服务热线话务总量47649件，其中话务员在线接听31286件，语音留言32042件；转派部门工单4157件。

【办事大厅管理服务】 推进行政审批事项管理。加强与市编办联系，及时掌握韶关市行政许可事项标准化工作进度；分析研究窗口管理存在的问题，对照“一门式一网式”政务服务改革要求，7月草拟《在全市推行一门式一网式办理模式改革工作方案》，于8月上旬由市政府办公室印发施行；9月草拟《关于拟筹建市行政服务中心一门式一网式综合服务窗口的请示》，初步提出办事大厅改造方案并按程序报批，12月底启动办事大厅升级改造工作；研究起草《全面推进一门式改革和四级政务服务体系工作方案和步骤》，征求各县（市、区）政府、各部门意见后送市深改办。协调处理窗口投诉。对窗口存在的问题，进行指导、督促和处理，改进窗口管理工作。优化窗口设置。根据市委主要领导到中心调研时提出的要求，结合市国土局不动产登记业务进驻的情况，对部分窗口进行调整，制作新的指示牌，方便企业群众办事。开展窗口日常管理。对窗口进行巡查，加强对窗口工作的检查、督查，规范窗口办事服务。

【企业服务工作】 推进《提高行政服务效率，优化行政审批事项工作方案》的落实，每月月底向市政府督查室报送工作情况。配合芙蓉新区管委会等部门，贯彻落实《关于实施芙蓉新区基础设施和房屋建设项目审批绿色通道的通知》要求，建立联办代办、限时办结、集中告知、优化流程、预约申办、上下联动机制，提高芙蓉新区建设项目前期效率和项目开工率。优化项目审批流程。对韶关市涉及政府投资项目建设审

▲2016年9月9日，市委副书记、市长骆蔚峰率队访问香港韶关同乡联谊总会 （市外事侨务局 供）

批事项、审批材料、审批时限进行规范清理，理清涉及政府投资项目的审批事项、审批材料，优化和再造政府投资审批流程，提出针对加快政府投资项目建设的改革思路，为市政府项目投资建设工作提供参考，6月17日，市政府办公室印发《韶关市加快投资项目审批改革方案》。做好项目协调工作，续做好青岛啤酒、韶关市职工之家等项目协调工作，帮助企业解决报建和生产经营遇到的行政审批方面的难题。成立综合受理窗口，将项目各阶段审批事项纳入综合受理窗口服务范围，实行“一门受理”，承担办事咨询、流程指引、受理发证、跟踪协调等服务工作，加快投资项目落地建设。

【政府信息公开】 推进政府信息公开年度报告的公布工作。督促全市500多个政府信息公开工作责任主体单位全面完成年度报告挂网公布工作。编制并公布韶关市2015年政府信息公开工作年度报告。根据各地各部门上报的工作情况，结合韶关市政府公报编制印发情况及市政府信息公开平台、重点领域信息公开专栏等情况，编制全市政府信息公开工作年度报告并按时报送和公布。草拟《韶关市贯彻落实省政府办公厅2016年政务公开工作要点分工方案》并于7月13日由市政府办公室印发施行，明确全年政务公开工作的工作任务、具体要求和责任单位。贯彻落实《全面推进政务公开工作的意见》。初步拟定韶关市贯彻落实方案，并征求相关责任单位意见建议，就如何整合韶关市网络问政、民生热线、韶关发布和政府网站等重要公开平台提出工作思路，形成政务公开工作合力。开展依申请公开培训。邀请省政务公开处的专家和社会学者，于11月组织各县（市、区）和各部门开展全市依申请公开工作培训会。配合做好政务公开工作交接。与市编办、市政府办公室联系协调，做好政务公开工作的移交和政务公开职能的划转工作。

【“12345”投诉举报平台建设】 完成12345投诉举报平台话务平台服务外包项目单一来源采购工作，理顺平台管理办公室与话务平台的关系，做好日常工作的衔接。关于12345投诉举报软件系统升级改造工作，9月12日完成该项目的招投标程序，11月1日完成新系统的上线工作，完善平台系统功能的配套建设，实现与广东省12345数据分析研判中心对接建设。修订完善管理制度。起草修订《韶关市12345政府服务热线管理办法》经市政府十三届125次常务会议审核通过，由市政府办公室印发施行。提高公众对平台的知晓度，开通韶关12345微信公众号，印制5000份《韶关市12345投诉举报平台宣传小册》宣传单，让社会各界对平台的服务有更全面的了解。 （张传生）

外事·侨务·港澳事务

【概况】 韶关市外事侨务局是韶关市人民政府工作部门，正处级单位，办公地址为韶关市风度北路125号12楼，内设办公室、签证科、侨务科、宣传联络科和港澳事务科5个科室，同时挂韶关市人民对外友好协会和韶关市人民政府港澳事务办公室两套牌子。韶关市外事侨务局主要负责全市的因公出国（境）签证管理、对外友好协会和华侨、归侨、港澳同胞等管理工作。2016年接待来自韩国、新加坡、尼泊尔、美国、驻穗领团等多个国家的外宾8批86人次。坚持将礼宾接待与宣传推介韶关、扩大对外影响有机结合起来，推动经贸、文化、旅游和教育等领域对外交流合作，扩大韶关市国际知名度。利用《今日韶关》侨刊、韶关外事侨务网、广东侨网、广东外事网、广东港澳网等多种渠道开展对外宣传工作。《今日韶关》2016年共出版3期，发行2000多册。

【友城高层领导定期互访】 2016年，韶关市友城间高层领导定期互访，交流合作不断深入。8月15日至18日，市委副书记、市长骆蔚峰应邀率团出访美国旧金山市，与硅谷科技咨询委员会签署《华人华侨专业人才引进合作协议》，成立“韶关市美国硅谷华人华侨专业人才联络站”，为韶关市引进高层次人才建立良好平台；9月28日至10月1日，韩国荣州市市长张彧铉率领政府代表团访韶，与韶关市签署文化旅游交流合作备忘录（简称“备忘录”）。韶关市市委副书记、市长骆蔚峰代表韶关与荣州市签署备忘录。根据备忘录内容，两市将以文化、旅游庆典及活动作为载体，增进交流合作；文化、旅游部门将建立有效信息窗口，加强信息互通，共享文化资源，联合拓展旅游市场；互相支持举办旅游宣传活动，争取旅游产品互为补充和延伸，形成互惠合力。

【友城间官员互相随访考察】 10月28日至30日，韩国荣州市金显益议长一行9人访韶，双方就进一步深化旅游、文化交流合作进行探讨，韶关市委书记江凌会见访问团，他表示两市之间要更多地依托所在的广东省和庆尚北道的资源进行发展。除政府之间的合作，两市也要注重推动民间、企业之间的交流合作。金显益表示，这是他第二次到韶关，对韶关和荣州两市的合作充满信心。12月11日至15日，韶关市旅游局负责人、市外事侨务局负责人带领相关部门负责人和韶关市旅游企业代表组成的韶关市旅游文化考察团访问韩国荣州市，对荣州市旅游环境进行考察，并推介韶关旅游，增进两市旅游合作。市长张彧铉接见考察团一行，双方同意，两地尽快建立旅游交流的合作机制，落实旅游对接各项活动。

【友城间互派活动】 韶关市与韩国荣州市开展互派中学生代表团到对方城市举办夏（冬）令营的活动，已成为常态化运作。7月20日至24日，由韶关市政府副秘书长凌福传组织韶关市教育局、接待办、外事侨务局和48名中学生赴韩国荣州市等地开展夏令营活动；12月18日至20日，韩国荣州市国际交流协会局长金锡龙率荣州市青少年交流团一行22

人到韶关开展第五届冬令营活动。青少年交流团于18和19日分别参观丹霞山、南华寺、陈璘公园、翁源博物馆及龙田村陈氏宗祠。20日当晚，翁源县龙仙二中在青少年宫举办一场“友谊之光”中韩学生交流文艺晚会。韶关市与荣州市签署《互派公务员协议》。5月至10月，韶关市政府办李娟到韩国荣州市研修；2月至5月，韩国荣州市交流的第四位公务员金泰龙到韶关市研修；12月26日，荣州市交流的第五位公务员安银淳开始在市局研修。

【因公出国（境）管理】 严把因公出国（境）审批关，简化申办程序、建立健全外事纪律教育和见面制度、加强办证人员队伍建设、提高服务水平。全年共办理因公出国团组共48批114人次。做好韶关市企业邀请外国人来韶关签证的审核审批手续。全年共办理企业邀请外国人到韶关18批23人次。加大对韶关市企业APEC商务卡的推广力度。全年共受理申办APEC商务旅行卡2批8人次。

【华侨优惠政策权益落实保障】 组织“两节”（春节、中秋）走访慰问贫困归侨。落实好三侨生政策。做好棚户区（危旧房）整治工作。抓好华侨农场改革。与市国资委一道，按照体制融入地方、管理融入社会、经济融入市场，落实改革任务，加大资金投入，实现华侨农场可持续发展的目标。做好贫困归侨扶持工作。落实省下拨扶持贫困归侨专项资金18.22万元，做好华侨回国定居工作。全年为3名（件）华人办理回国定居工作，全年共接待海外华人华侨、归侨侨眷来电、来信、来访6件次，其中来访3人次，来信3人次。

【海外侨务工作】 7月17—19日，由国务院侨办、广东省侨办主办，广州市侨办承办的2016年海外华裔青少年“中国寻根之旅”夏令营广州营在韶关市完成大集结活动。此次夏令营接待来自美国、加拿大、新西兰、法国、巴拿马等13个国家和地区的70名海外华裔青少年。营员们参观联合国首批世界地质公园——丹霞山、国务院第五批全国重点文物保护单位——南华寺、古栈道——梅关古道，动手学习红豆手链的编织工艺。参与组织世界韦氏家族300多人到南雄珠玑古巷寻根并重建韦氏家族祠堂奠基活动。

【粤港澳贸易自由化推进】 推进粤港澳服务贸易自由化，参加2016年粤港经济技术贸易合作交流会、粤港投资环境推介与投资项目对接交流会等。协调市商务局等部门落实广东省人民政府办公厅关于落实《CEPA服务贸易协议》，向省港澳办报送《韶关市关于落实〈CEPA服务贸易协议〉推进粤港澳服务贸易自由化工作进展情况的报告》。

【香港青年服务团在韶义教开展】 协调团市委、香港志愿者协会、香港特区政府民政事务局及广州、深圳、珠海港澳办（局），以市港澳办名义组织开展香港青年服务团参观广州南沙新区粤港澳（国际青年创业工场）、深圳前海梦工厂和深港创新创业基地、珠海横琴新区澳门青年创业谷活动。协助香港特区政府民政事务局安排第七期（上学期）8名香港青年服务团团员到韶关市浈江区浈江中学、浈江区犁市镇中心小学、浈江区华坪实验学校、曲江区马坝中学报到，并开展第七期（上学期）香港青年服务团团员岗前教学培训工作。

【“韶关与旅港澳乡亲联谊座谈会”举办】 根据7月12日市委江凌书记批示精神，9月9日在香港龙堡国际酒店举办“韶关与旅港澳乡亲联谊座谈会”，共邀请韶关市港澳荣誉市民、政协委员和部分乡亲社团代表约130人参加。市长骆蔚峰出席会议并致辞，他在致辞中介绍韶关近年来在实施主动融入珠三角总战略，狠抓体制机制创新和供给侧结构性改革，突出项目攻坚、城市提升、县域发展“三大主题工作”方面的情况和取得的成绩。同时指出韶关发展前景广阔，市直有关部门主要负责人就韶关市旅游、招商引资等工作向荣誉市民和政协委员进行咨询。9日下午，骆蔚峰率队拜访香港韶关同乡联谊总会，听取总会2016年的工作和开展义工团工作的情况介绍，对联谊总会成立一年来的工作和所取得的成绩给予充分的肯定。

（李　莹）

发展研究

【课题研究】 向全市各县（市、区）和市内有关单位征集2016年广东省重大决策咨询研究课题一批，结合韶关实际，商相关部门筛选韶关市征集的省重大决策咨询研究课题6个报省政府发展研究中心。完成《韶关市生态优势转化为经济优势研究》和《提升韶关市中小企业创新发展能力对策研究》课题研究，并于2016年结项，其中《韶关市生态优势转化为经济优势研究》获得“2015年广东发展研究三等奖”。获得省属研究机构立项课题2个，其中《建设产业创新发展的环境、平台和支撑研究——以韶关为例》为省政府发展研究中心委托该中心承担的2016年省重大决策咨询研究课题，《韶关市企业创新发展政策研究》为省社会科学院立项课题。

【协助调研】 协助省政府发展研究中心到韶关开展《粤东西北地区振兴发展中期评估研究》《关于开展我省经济体制和生态文明体制改革总体性评估调研》《广东全面建成小康社会补齐民生社会事业发展短板》调研。协助省政府参事室到韶关开展《粤东西北振兴发展实施路径和政策建议》等调研。

【服务科学决策】 指导市政府办公室调研一科、调研二科做好市政府重要文件起草，向上级汇报如韶关市情宣传短片《韶关风韵》的文稿把关环节等工作。抓好市重大行政决策咨询论证专家库日常管理，为市委、市政府决策提供专家咨询服务指导。从中心管理的市重大行政决策咨询论证专家库中筛选6名、12名专家分别为市第十二次党代表会《工作报告》、市十四届人大一次会议《政府工作报告》提供咨询，还为市经信局、信息中心、博物馆分别提供6名、10名、3名专家参与部门的咨询论证工作。召集市重大行政决策咨询论证部分专家召开“韶关融入珠三角关键举措研讨会”“韶关的产业结构调整研讨会”和“韶关民营制造业转型升级研讨会”。协助韶关市承办“广东区域经济协调发展暨韶关融入珠三角发展战略”专题研讨会。向市政府提出《建议研究广州联炬科技企业孵化器有限公司与我市共建军民融合产业园合作的意见》，向市行政服务中心建议支持韶关市第三方信用平台发展等；协助市委宣传部邀请省政府发展研究中心主任汪一洋为韶关市党政领导干部宣讲“治国理政新理论新思想新战略”；与广东高质资源环境研究院建立合作关系并支持该院在韶关市设立韶关分院，以促进韶关市节能减排，实现绿色振兴发展。

【智库合作】 深化与广东博士俱乐部合作。与住房城乡建设部世界自然遗产专家组、中科院广州能源所、中山大学地球环境与地球资源研究中心、东方工业自动化设备研究院、广东高质资源环境研究院、广东省节能减排标准化促进会、广东省低碳发展促进会、广东埃文低碳投资公司、广东绿能环境科技公司等机构、单位建立联系，并与这些单位的专家学者就韶关市自然和文化遗产保护利用、固碳减碳工农业技术开发应用、自然资产负债表编制、碳排放峰值预测、重金属污染治理、矿山生态修复、石漠化低成本治理、纳米技术及自动化技术在低碳产业的应用、碳汇交易服务机构引进等课题进行探讨，达成共识和合作意向。

【务实推动招商引资】 接待、邀请多批客商到韶关开展投资考察，与国际工业自动化联盟建立合作关系，10月由其召集驻深圳的贵州南方夜郎集团、亨通瑞丰投资发展有限公司等15家企业负责人组团对韶关市莞韶园、始兴、仁化、曲江和乐昌进行投资考察；帮助乐昌引入毛竹深加工项目，双方已达成合作意向。　　（杨志明）

应急管理

【概况】 2016年，全市发生较大突发事件13起，分别为：4月、5月两起洪灾自然灾害，两起船只挂卡事故、两起徒步旅游失踪死亡4人事件、两起死亡3人的交通事故、两起中毒事件、一起地质灾害险情、一起高速交通事故导致危化品泄漏事故和市区出租车罢驶事件，各类突发事件同比大幅下降，未发生重大以上突发事件。

▲2016年10月28日，由韶关市发展研究中心联系的东方工业自动化设备研究院（深圳）组团15位客商到韶关考察华南先进装备产业园　（市发展研究中心　供）

【应急预案体系建设进一步完善】 按照“广覆盖、易操作、重实用”的思路，做好预案编制与修订，使预案的覆盖面有新拓展，操作性有新增强，实效性有新提升。全年市应急委各有关成员和各县（市、区）、编制和修订《韶关市安全生产监督管理局生产安全事故应急预案》《广东电网公司韶关供电局低温雨雪冰冻灾害应急预案》《韶关市卫生计生系统春运卫生应急预案》《广东省韶关市质量技术监督局特种设备重特大事故应急救援预案》《韶关市法律援助机构突发公共事件应急预案》《韶关市交通运输部门突发事件总体应急预案》《韶关市交通运输局出租汽车行业群体性突发事件应急预案》《韶关市人社局突发事件应急预案》等预案100多件，全市“横向到边、纵向到底”的应急预案体系进一步完善。按照“一次一案、一事一案”的原则，制定春运、全国“两会”等重点节点和重点群体维稳等应急处置工作预案40多件。全市各类企业制定修订预案200多件。

【应急演练】 按照“平战结合、城乡结合、干群结合”的思路，先后组织开展反恐处突应急、社会安全、消防安全、食品安全、校园安全、防汛抢险、交通（高速公路）铁路安全事故、地震应急疏散、水上安全救生演练、危险化学品事故、地质灾害应急救援、农机作业事故应急处置安全演练等专项预案、部门预案演练和联合演练科目250多场次。公安机关出动2200多名警力、300多辆次车辆，先后组织开展反恐防暴应急演练、高速公路重特大交通事故应急处置演练、校园消防安保应急演练、特警跨区域拉动演练、公安警卫勤务综合演练等实战应急演练；消防部门组织开展应急救援联合演练15次、跨区域拉动演练，先后开展各级演练1469次；市地震局在部分小中学校开展“地震应急疏散演练”活动，组织韶关市第二中学、韶关市第十中学、执信小学、华泰小学等师生进行地震应急疏散演练，提高师生们的地震风险防范、应急避险和自救互救等应对能力；交通、电力、通信、供水、供气，以及非煤矿山、工商贸、油库、危化品和爆竹烟花主管部门组织开展本行业、本系统和本企业的各项应急演练达200多场次。

▲2016年12月27日，韶关市应急办联合消防、安监、环保等单位联合开展安全应急演练（市应急办 供）

【县级应急平台体系建设】 截至2016年12月底，曲江基本完成发事件预警信息发布中心基础设施建设等待验收，市气象局完成设备安装调试正在试运行，仁化及乳源完成场地环境改造，始兴县局因场地环境改造遇到阻碍，尚不完全具备施工条件。乐昌、南雄局完成主体建筑物建设，正在制定硬件设备建设方案，向上级单位争取建设资金。

【应急预警】 韶关市在完善水源水质监控系统、地质灾害监控系统、污染企业在线监控系统、重大传染病监控系统、三防监控系统、公安社会治安防控网络系统、地震监测系统、安监应急监测平台、农产品监测、食品安全动态数据库等基础上，筹集资金，加大各类监测预警平台体系建设和改造升级力度，为做好突发事件信息的收集、整理、报送工作，科学预防和有效应对发挥重要作用。其中，加强韶关市地震预警应急管理能力，2016年1月完成集地震应急指挥、视频会议、现场数据采集通信、地震快速评估及辅助决策、宣传教育等功能于一体的“韶关市地震应急指挥系统”，实现与国家抗震救灾指挥部、省地震应急指挥中心和各市地震指挥中心联网、实时视频。协助落实“国家地震烈度速报与预警工程”在韶关市新建1个基准站和9个基本台站的选址及用地协调工作。落实省、市突发事件预警信息发布管理办法，利用广播、电视、手机短信息、电子显示屏、电话、宣传车等各种媒体和手段，发布三防、交通、地质灾害、森林火警、灾害性天气等各类预警信息，督促有关地区和相关部门落实各项防控措施。全市各有关部门发布各类预警信息3000万多条次，气象部门发送手机气象短信1亿多条次、气象微博8000多条次。

【应急救援队伍建设】 韶关市重视综合应急救援队伍建设，市委书记江凌，市委副书记、市长骆蔚峰等领导先后对综合应急救援工作和队伍建设作出指示、批示，多次召开专题会议研究解决队伍建设、经费保障等难题。韶关市成立1个综合应急救援支队、10个综合应急救援大队、16支专业应急救援队、3个应急救援攻坚队和10个应急救援攻坚组，整合各县（市、区）的各专业救援队伍73支，各专业队员1028人，开展应急救援联合演练15次，全市综合应急救援体系基本形成。特色专业应急救援队伍进一步壮大。韶关市加大投入，推进区域应急救援基地和骨干专业救援队伍建设，依托当地交通行业各大中型企业应急救援队伍，建立健全韶关市交通行业的专业或兼职的救援队伍，韶运集团、汽运公司、锦龙危货运输公司和安驰运输公司等企业都各自建立一支应急队伍。

【风险隐患排查】 制定《开展韶关市2016年度突发事件风险隐患排查和整改工作方案》，对在全市开展排查和整改提出明确要求，着力实现源头严防、过程严管、责任严查，维护公共安全和社会大局稳定。各县（市、区）、各有关成员单位，特别是涉及到的17个重点领域、重点行业的职能部门，成立专门工作领导小组，加强对本地区、本行业、本系统风险隐患排查整改的组织、指导、协调和督查。全市10个县（市、区）对排查整改工作部署落实到乡镇（街道），形成一级抓一级，层层抓落实的良好局面。按照排查整改工作“有专门工作方案、有专门分管领导、有专门联系人”的要求，分区域、分系统制订专项排查整改方案，部署排查、登记、评估、整改、监管各环节措施，落实排查整改的责任领导、责任单位、责任人员。韶关市按照“重点领域，重点行业，专项突破，专项治理”要求，在全市深入排查和整改堤围水库、森林火险、地质灾害、学校安全、建筑施工、危险化学品、油气管道、城市燃气、民爆物品、交通运输、消防安全、非煤矿山、特种设备、环境污染、传染病、食品安全、社会治安等17个重点领域、重点行业的突发事件风险隐患。截至2016年12月30日，全市排查出17类风险隐患611项，对排查出的各类风险和隐患，韶关市各级、各有关部门均采取相应的整改治理和应对防范措施，消除各类风险隐患，确保社会大局和谐安定，得到省市专项督导组的肯定。

【全民应急宣传】 做好“5·12”

国家防灾减灾日。5月12日上午，举行“5·12”国家防灾减灾日大型科普展览及现场咨询活动。首次引入乐善义工会等具有救灾专长的社会组织，开展安全飞行棋、结绳游戏等防灾减灾游戏，2000名居民群众参与，发放宣传资料近2万余份。在宣传周期间，韶关市各级减灾委员会及成员单位组织开展系列防灾减灾宣传活动，组织市属大中专院校、中小学开展防火灾、地震等应急避险演练活动，向公众发送防灾减灾日公益短信，播放减灾公益广告以及防震减灾主题电影，张贴宣传标语，向社区及市民派发宣传资料，举办自救互救知识讲座等等，向群众宣传水旱灾害、气象灾害、地震灾害、地质灾害、火灾等各类自然灾害知识和防范应对措施，普及推广防灾减灾知识和避灾自救技能。市应急委成员单位、各县（市、区）定期、不定期组织开展多层次的应急培训。市科协联合市卫生局等部门开展“三下乡”地震科普宣传活动，在活动现场专门开展地震科普宣传与防震减灾知识咨询活动，发放“防震减灾知识100问”等宣传资料1000余份；市教育局以重大活动、重要节点为契机，组织开展“全国中小学生安全教育日活动”，组织开展“6·26”国际禁毒日校园宣传教育活动、开展“消防安全月”和“11·9”消防安全日活动、学校反邪教警示教育活动等系列安全主题教育活动。市人防办与市教育局联合开展中学生人防（应急）知识教育，组织中学生到市人防教育基地参加人防知识培训，全市45所中学，10万多名初中二年级学生接受人防知识教育，7万多人次在人防教育基地接受培训。市疾控中心、民政、卫计、气象、农业、畜牧、水务等部门分别举办公共卫生突发事件处置、灾害信息员队伍、应急救护培训、气象灾害防御、综合减灾和防汛抗旱等方面培训班。安监部门对全市重点行业安全生产应急管理人员进行培训。安监、消防、公安等部门深入开展面向基层安监人员和企业负责人的培训考核。

【突发事件处置】 处置3月4日丹霞街道狮井石灰厂一起一氧化碳中毒事件，3月21日百旺大桥发生一起船只横沉停滞事故，京广铁路张滩武水桥发生一起船只侧翻挂卡事故，3月22日仁化县仁化中学发生一起地质灾害险情，4月20日市区少数出租车司机停运事件，4月、5月、7月洪灾，6月9日乐昌市廊田镇发生一起交通事故，6月19日曲江区登山驴友1人死亡3人失踪事件，7月1日翁源县铁龙林场发生一起村民采食野生蘑菇中毒事件，10月2日曲江区乌石镇发生一起4人落水失踪事件，11月6日广乐高速乐昌段发生一起三车追尾事故，以及12月21日新丰县路段发生一起交通事故。

【应急信息】 2016年各县（市、区）和市直部门向市应急办报送各类信息600多条；市应急办接收、处理各类信息1000多条次，其中上报省应急办突发事件信息34条；办理各类文电、信函600多件；落实省、市领导批示20多条；发送短信6000条次。

【应急管理】 市应急办完善市政府总值班室各项制度建设，强化24小时值班制度、领导带班制度等，规范工作程序，严明工作纪律。加强各有关部门和各县（市、区）的联系沟通，互通信息情况，特别是对节假日、重大节日和重点时期、重点时段值班工作的检查督导。重点做好全国和省“两会”期间等重要会议活动重点群体、汛期防灾救灾等的收集、研判和报送工作，担负起参谋助手作用。为各级领导、为部门单位搞好服务，对群众来电反映的问题和情况能够做到热心接听、耐心解释、尽心协调，在第一时间督促各县（市、区）、市直有关部门处理群众反映的问题，得到群众的好评。2016年共接听、答复群众来电500多次（市长热线），并协调处理群众来电投诉问题20多件。

（何锦龙）

政协韶关市委员会

综　述

【概况】 韶关市政协各级组织机构11个，其中市政协1个，县市区政协10个。各级政协有委员2116人，其中在韶关全国政协委员0人，省政协委员17人，地级市政协委员373人，县级政协委员1726人。市政协设常务委员会，由主席、副主席、秘书长和常务委员组成。市政协下设办公室（内设3个工作科，即秘书科、人事科、调研科）及提案委员会、经济委员会、教科卫体委员会、文化和文史资料委员会、港澳台侨联络委员会、社会法制委员会、人口资源环境委员会、民族和宗教委员会等8个专门委员会，其中前5个专委分别设有工作科，提案委员会与社会法制委员会、经济委员会与人口资源环境委员会、文化和文史资料委员会与民族和宗教委员会合署办公。市政协有主席1名，副主席7名，党组成员5名，秘书长1名，常务委员会组成人员66名。市政协机关行政编制29人，实有28人；后勤服务人员编制3人，实有4人（其中1人为政府购买服务人员）。2016年，市政协履行政治协商、民主监督、参政议政职能，协助市委召开主动融入珠三角专题协商会议，举办市政协专题议政会、市政协无主题议政会、市政协对口协商会，召开1次全体委员会议、6次常委会议、6次主席会议，开展5项专题调研、11项专题视察，办理124件提案，为促进韶关市经济社会发展作出贡献。

重要会议

【政协第十一届韶关市委员会第五次会议】 2016年1月17日至19日，政协第十一届韶关市委员会第五次会议在市区召开。会议听取和审议政协第十一届韶关市委员会第四次会议以来常务委员会工作报告和提案工作情况的报告，听取和讨论市政府工作报告及有关报告，组织安排委员大会发言和即席发言，审议通过会议决议，选举李石保为市政协主席。

【市政协常务委员会会议】 2016年，政协第十一届韶关市委员会常务委员会共召开会议6次。

十一届十七次常委会议1月18日在市区召开，市政协主席、副主席、秘书长及常委68人参加会议。会议审议人事事项和市政协十一届五次会议的选举办法（草案）及总监票员、监票员人员名单（草案）。

十一届十八次常委会议1月19日在市区召开，市政协主席、副主席、秘书长及常委65人参加会议。会议听取各讨论组汇报讨论市政协常委会工作报告、提案工作情况的报告、市政府工作报告以及大会《决议》（草案）的情况，同意接受李飞因年龄关系辞去市政协主席职务的请求，同意提名李石保为市政协主席候选人并提交全体委员大会选举，同意选举办法（草案）及总监票员、监票员名单（草案）和大会《决议》（草案）并提交市政协十一届五次会议审议通过。

十一届十九次常委会议6月24日在市区召开，市政协主席、副主席、秘书长及常委47人参加会议。会议审议《关于“落实主动融入珠三角战略，推进我

▲8月18日，市政协加快民营经济发展专题议政会在市政协会议室召开
（市政协　供）

市民营经济加快发展”的调查与建议》（送审稿）和《关于我市非物质文化遗产保护和开发利用情况的调研报告》（送审稿），一致同意将以上两项调研报告以建议案形式报市委、市政府。

十一届二十次常委会议9月29日在市区召开，市政协主席、副主席、秘书长及常委46人参加会议。会议审议《关于我市茶叶产业发展情况的调查与建议》（送审稿）和《关于推进我市科技企业孵化器建设的调查与建议》（送审稿），一致同意将以上两项调研报告以建议案形式报市委、市政府。会议同意增补黄勤昌、刘平云为十一届市政协委员，任命黄勤昌为十一届市政协副秘书长，任命刘平云为十一届市政协提案委、社法委副主任。

十一届二十一次常委会议11月30日在市区召开，市政协主席、副主席、秘书长及常委63人参加会议。会议审议《中国人民政治协商会议韶关市委员会委员履职工作规则（试行）》（送审稿），并同意印发实施。会议同意任命孙斌为政协第十一届韶关市委员会港澳台侨联络委员会主任，免去邓建华政协第十一届韶关市委员会副主席和委员职务，免去汪波政协第十一届韶关市委员会经济委员会、人口资源环境委员会主任和委员职务，免去龙安生政协第十一届韶关市委员会提案委员会、社会法制委员会副主任和委员职务，免去邓永保、曾华政协第十一届韶关市委员会委员职务。

十一届二十二次常委会议12月27日在市区召开，市政协主席、副主席、秘书长及常委47人参加会议。会议听取市政府2016年工作情况、政府部门2016年办理政协提案情况通报和市政府工作报告（征求意见稿）起草说明，讨论市政府工作报告（征求意见稿）；听取市纪委2016年全市反腐倡廉工作情况通报、市中级人民法院2016年工作情况通报、市人民检察院2016年工作情况通报；审议政协第十一届韶关市委员会第一次会议以来常委会工作报告、提案工作情况的报告，审议市政协各专门委员会2016年工作总结和2017年工作设想，审议市政协十二届一次会议议程、日期和日程安排（草案）。会议通过政协第十二届韶关市委员会委员提名人选名单。

【市政协专题协商会议】 7月14日，市委召开“主动融入珠三角”专题协商会议，与市政协委员、市各民主党派、工商联及各界别代表共商国是。协商会议议题由市委提出，市政协组织市政协委员、市各民主党派、工商联及各界别代表进行调查研究，围绕转变思想观念、优化法治环境、发挥交通优势、推进县域经济、物流业、旅游业、“互联网+发展”等主题提出建议和意见。

【全市各县（市、区）政协工作座谈会】 7月27日，市政协在市区召开全市各县（市、区）政协工作座谈会，传达学习全省各地级以上市政协工作交流会暨2016年粤沪津公共外交工作座谈会精神，传达全国、省关于各级政协换届工作要求，交流全市各县（市、区）政协工作情况和换届情况。

【市政协专题议政会】 8月18日，市政协组织召开加快民营经济发展专题议政会，邀请市政府主要领导和市政府有关部门负责人与市政协委员座谈议政。市政协组织40多位政协委员开展调研活动，形成35份调研发言材料，就优化营商环境、发展实体经济、搭建企业融资服务平台、提升民营企业创新能力等方面提出意见、建议。

【市政协对口协商座谈会】 8月22日，市政协组织召开“加强全民科学素质建设”对口协商会，邀请市政府分管领导和市政府有关部门负责人与市政协委员座谈协商。

【市政协首次无主题市议政会】 9月29日，市政协首次组织召开无主题议政会，邀请市政府常务副市长和市政府有关部门负责人与市政协委员代表座谈议政。会上，委员们就市发展大数据产业、装备产业、发展特色健康产业、发展户外运动产业、恢复太傅庙乾坤塔和九皇宫及修建太极文化广场等方面提出意见、建议，市政府领导和政府职能部门负责人逐一回应、共同探讨，效果显著。

重要活动与主要工作

【专题调研与视察】 组织委员开展“我市茶叶产业发展工作情况”“落实主动融入珠三角战略，推进我市民营经济加快发展”“推进我市科技企业孵化器建设”“我市非物质文化遗产保护和开发利用情况”“坚持绿色发展理念正确处理加快发展与生态保护关系”5项专题调研，撰写调研报告并形成建议案报送市委、市政府。组织委员开展“我市扶持小微企业发展情况”“我市无偿献血工作开展情况”“我市产业对接珠三角情况”“我市国家生态文明先行示范区建设情况”“我市义务教育均衡发展情况”“我市食品药品监管情况”“我市宗教场所建设发展情况”“我市陆港（无水港）发展情况”“港澳委员在韶企业发展情况”9项专题视察，与市人大常委会联合开展“城市提升三年行动计划实施情况”专题视察，形成视察报告并送市政府及有关部门参考。

【提案工作】 全年共收到提案167件，立案124件，其余43件转作委员来信处理。立案提案中，经济建设类40件，城建、交通、环保类44件，教科文卫体类26件，政法、社会保障类14件。遴选确定重点提案4件，分别由市委书记、市长、市政协主席等市领导领衔督办。

【反映社情民意】 全年编报《韶关市政协反映社情民意信息专报》11期，向市委、市政府和有关部门反映意见建议，如调整高铁站公交车末班收车时间、为韶关市乡村休闲旅游注入文化内涵等建议，得到市党政领导和有关部门的重视采纳。出版《韶关政协》6期，继续发挥其在理论探讨、经验交流、信息传播的作用。编纂出版韶关文史资料《朱德革命活动在韶关》《风雨三十年》（回忆录）。

【慈善事业】 2016年，市政协委员为韶关市教育、文化、医疗、残疾人事业、扶贫济困等社会公益事业捐资捐物达420多万元。组织配合香港韶关同乡联谊总会义工团，到乐昌、曲江、新丰开展“启航计划”助学活动。组织配合澳门科技馆举办韶澳“科学原来很近”科普交流周活动。

▲2016年11月4日，市政协副主席林嘉与市审计局副局长毛考清等到太平镇调研扶贫工作 （市审计局 供）

中国共产党韶关市纪律检察委员会

【机构概况】 中共韶关市纪律检查委员会、韶关市监察局（韶关市预防腐败局）机关行政编制69名，后勤服务人员7名，内设16个室（部）。委（局）领导职数10名：市纪委常委9名，市监察局局长（市预防腐败局局长）1名（由市纪委副书记兼任）、副局长3名（2名由市纪委常委兼任。其中1名市纪委常委、监察局副局长兼任市预防腐败局副局长）。室（部）主任（部长）职数16名，室（部）副主任（副部长）职数23名。韶关市和畅楼管理办公室为市纪委监察局管理的公益一类正科级事业单位，核定事业编制5名，其中主任1名、副主任1名，经费按财政补助一类拨付，岗位设置总量5个，其中管理岗位5个，分别为七级1个、八级1个、九级3个。成立市委巡察组2个，核定行政编制6名；成立市纪委派驻纪检组20个，包括12个综合派驻纪检组和8个单独派驻纪检组，核定行政编制94名，其中政法专项编制14名。全市各县（市、区）纪委常委7名，监察局领导职数2—3名。全市各乡镇、街道，全部设立纪委（纪工委），配备纪委书记、副书记，每个乡镇配备专职纪检干部1.5名。

纪　检

【市纪委三次全会】 市纪委分别于2月23日、12月9日、12月22日召开中国共产党韶关市第十一届纪律检查委员会第六次全体会议（简称市纪委十一届六次全会）、中国共产党韶关市第十一届纪律检查委员会第七次全体会议（简称市纪委十一届七次全会）、中国共产党韶关市第十二届纪律检查委员会第一次全体会议（简称市纪委十二届一次全会）。市纪委十一届六次全会传达学习十八届中央纪委六次全会、省纪委十一届五次全会精神，听取市委书记江凌的重要讲话，市委常委、市纪委书记郭健生代表市纪委常委会作题为《全面履行职责，强化责任担当，深入推进党风廉政建设和反腐败斗争》的工作报告。浈江区、翁源县、市民政局、市卫计局、市住建局、韶铸集团党委（党组）主要负责人在会上作述责述廉述德报告。大会通过市纪委常委会工作报告和全会决议。市纪委十一届七次全会通过《中共韶关市第十一届纪律检查委员会向市第十二次党代表大会的工作报告（审议稿）》和对新一届市纪委委员候选人预备人选建议名单。市纪委十二届一次全会选举产生中国共产党韶关市第十二届纪律检查委员会常务委员会委员、书记、副书记，经中国共产党韶关市第十二届委员会第一次全体会议通过。

【纪检体制改革】 制定出台《关于加强市纪委派驻机构建设和建立市委巡察机制的实施意见》，按照统一名称、统一管理原则，在市直机关重新组建20个派驻纪检组，实行编制和预算单列，实现派驻机构全覆盖。建立健全市委巡察工作机制，成立市委巡察办公室和2个巡察组。落实“三个提名考察办法”，会同市委组织部提名、考察30名县级纪委正副书记。执行线索处置和执纪审查“两报告”制度，2016年市县两级纪委上报线索处置情况359条、执纪审查情况145条。

【监督执纪“四种形态”实践运用】 制定下发《关于加强党员干部谈话提醒工作的通知》，建立健全抓早抓小、谈话提醒工作机制，2016年全市各级领导干部开展谈话提醒8181人次。继续开展信访函询工作，2016年开展函询39件。坚持把践行“四种形态”（第一种：党内关系要正常化，批评和自我批评要经常开展，让咬耳扯袖、红脸出汗成为常态。第二种：党纪轻处分和组织处理要成为大多数。第三种：对严重违纪的重处分、作出重大职务调整应当是少数。第四种：而严重违纪涉嫌违法立案审查的只能是极极少数）贯穿于监督执纪的具体工作中。2016年全市纪检监察机关给予纪律处分865人，其中轻处分497人、重处分349人、涉嫌违法犯罪移送司法机关19人，运用后三种形态做出处理的人数分别占受处理人数的57.5%、40.3%和2.2%。坚持“两个尊重”（尊重历史，尊重实情）、“三个区分开来”（即要把干部在推进改革中因缺乏经验、先行先试出现的失误和错误，同明知故犯的违纪违法行为区分开来；把上级尚无明确限制的探索性试验中的失误和错误，同上级明令禁止后依然我行我素的违纪违法行为区分开来；把为推动发展的无意过失，同为谋取私利的违纪违法行为区分开来，保护那些作风正派又敢作敢为、锐意进取的干部）原则，制定下发《关于建立健全党员干部干事创业容错免责机制的通知》，2016年全市纪检监察机关共为394名受到诬告、错告的党员干部澄清事实。

【纪律审查工作】 2016年，全市各级纪检监察机关受理群众信访举报1327件次，同比减少3.8%；初核问题线索1218件，同比增长12.3%；立案862件，同比增长2.6%；涉及县处级干部36人，乡科级干部156人；结案876件，同比增长4.3%；给予党纪政纪处分865人，同比增长3.0%；移送司法机关19人。市纪委自办案件80件，同比增长5.3%。通过办案为国家和集体挽回经济损失2788.1万元。

【镇街纪委谈话室规范化建设】 通过采取召开现场推进会、制定工作指引、下拨专项经费、实地检查指导等措施，推进镇街纪委谈话室规范化建设。2016年，全市109个镇街纪委全部按照标准完成谈话室规范化建设。

【机关作风建设】 坚持暗访、查处、追责、曝光"四管齐下"，2016年全市开展明察暗访396次，查处违反中央八项规定精神问题49个，给予党纪政纪处分57人，点名道姓通报曝光各类典型问题82个。深入治理"为官不为"，制定出台《韶关市机关作风和效能问责实施意见》，查处"为官不为"问题31个，处理31人。

【专项领域违纪违法监督】 深入开展农村基层党员、干部违纪违法线索排查，全年排查农村基层党员、干部违纪违法问题线索2703条，其中重大线索38条，初核2631条，立案740件。聚焦扶贫领域监督执纪问责，共排查扶贫领域线索283条，查处49人，移送司法机关处理3人。根据省纪委的统一部署，对乐昌市黄圃镇应山村开展扶贫政策落实情况入户核查工作。会同市委组织部成立换届风气监督组和专项巡查组。全市共收到反映违反换届纪律方面的问题线索43条，诫勉谈话1人，立案查处5人。

【纪律教育学习月活动】 7月至9月，在全市开展以"学党章强党性、讲规矩守纪律"为主题的纪律教育学习月活动，教育内容主要包括党性宗旨教育、党规党纪教育、优良作风教育和保密责任教育。以"十个一"（即1.举办一期全市领导干部党纪政纪法纪教育培训班；2.开展"一把手"讲一堂廉政党课活动；3.编印党员干部违纪违法典型案例警示教材，开展一次以案说纪警示教育活动；4.开展家庭助廉教育活动；5.举办市直单位重点岗位负责人廉洁从政教育培训班；6.开展一次"守底线、铸党性"党规党纪知识竞赛活动，并组队参加广东省第二届"廉洁火炬杯"党规党纪知识竞赛；7.开展一次"讲规矩、树正气"征文活动；8.开展第六届全市廉洁读书月活动；9.开展一次廉政公益广告作品创作活动；10.组织观看廉政话剧《韩文公》）教育活动为载体，强化党员干部的纪律观念和廉洁意识。开展"三纪班""一把手"讲廉政党课、廉洁读书月等往年惯例性教育活动和省纪委统一部署的重大教育活动，创新开展家庭助廉教育活动、编印党员干部违纪违法典型案例警示教材、举办市直单位重点岗位负责人廉洁从政教育培训班、开展"讲规矩、树正气"征文活动、廉政公益广告作品创作等5项特色教育活动。组织全市党员干部学习省纪委编印的《反腐倡廉教育读本（2016）》《规矩与方圆——正风反腐评论集》和拍摄的《陨落的"新星"——茂名市高新区党工委原书记谭国锋案件警示录》《疯狂抢建背后的贪腐乱象——深圳大鹏新区坝光拆迁腐败窝案警示录》等反面典型电教片，以及廉政话剧《韩文公》和大型反腐电影《黄克功案件》。

【领导干部党纪政纪法纪教育培训】 9月19日，结合纪律教育动员大会，举办领导干部"三纪"教育培训班。市四套班子成员，市中级人民法院院长、市检察院检察长；各县（市、区）委书记、县（市、区）长、纪委书记，市直单位副处以上领导干部，中省驻韶单位主要负责人、纪委书记（纪检组长）参加培训。培训班上，市委书记江凌作专题辅导报告，市委副书记、市长骆蔚峰作题为《强化纪律意识，推进廉政建设》的辅导报告，市委常委、市纪委书记郭健生作题为《把纪律和规矩挺起来，大力营造干净干事的良好氛围》的辅导报告。

【廉政教育】 加强反腐倡廉理论学

▲2016年9月19日，全市领导干部党纪政纪法纪教育培训班开班 （张为 摄）

▲2016年2月23日，韶关市纪委十一届六次全会　（市纪委　供）

习，组织全市各级各单位征阅《习近平关于党风廉政建设和反腐败斗争论述摘编》4952本。发挥市廉政教育基地作用，全年有113个单位7746人次到市廉政教育基地接受教育。强化对领导干部的廉洁教育，继续坚持领导干部任前廉政法规考试制度，对县处级领导干部实行逢提必考，全年组织考试10次171人。开通“韶关廉信”微信公众号，关注数达到18152人。组织全市党员干部参加全省统一开展的党章和党内两部法规“党员随身微教育”活动。组织参加全省“廉洁火炬杯”党规党纪知识竞赛活动，获得一等奖。

【纪检监察队伍建设】 开展系统内部巡察，强化纪检监察机关自身监督。各县（市、区）纪委成立内务监督委员会，配备纪检监察干部监督人员。严格执行干部选拔任用各项制度，完成市、县、镇三级纪委换届工作，优化班子结构。坚持有信必核、有案必查，全市查处违纪违规纪检监察干部3名。选派206人次参加中央纪委和省纪委组织的培训，其中，换届后新进县级纪委领导班子成员21人次、镇街纪委书记和专职副书记68人次。建立健全跟班学习和以案代训制度，分期分批安排县级纪委和市纪委派驻机构38名干部到市纪委机关跟班学习。

监　察

【预防腐败工作】 拓展监督预防渠道，以规范党员干部交往为重点，强化日常监督管理，对反映党员领导干部“八小时以外”的问题及时谈话提醒。继续推进重大工程建设项目廉政风险同步预防工作，在韶关市区解放路步行街人行天桥等3个工程建设项目中开展廉政风险同步预防，确保权力运行规范、资金使用安全。建成政府投资工程廉情预警评估系统并上线运行。召开民营企业家代表座谈会，研究构建新型“亲”“清”政商关系，倡导政商之间的正常交往。（王德平）

民主党派

民革韶关市委员会

【概况】 1954年1月成立民革联络小组，1956年3月1日成立筹备委员会，1959年9月成立民革韶关市委员会。主要成员和所联系的对象是同原中国国民党有关系的人士、同民革有历史和社会联系的人士、同台湾各界有联系的人士、社会和法制专业人员以及其他人士，着重吸收其中有代表性的中上层人士和中高级知识分子。至2016年底，全市有基层组织26个，其中总支2个，基层委员会2个，支部22个，党员395名，女党员137名，大学以上学历223名，占56%；中级以上职称181名，占46%。在职党员298名，主要分布在文化教育、医疗卫生、公有制经济和新的社会阶层，其中教育界125名，占42%，新的社会阶层68名，占22%，医疗卫生46名，占75%。

组织建设　稳步扩大基层组织队伍。先后成立武江区基层委员会、浈江区基层委员会、浈江区第五支部。换届后，市委会任命新一届监督委员会主任、副主任和委员，不断健全内部监督机制。设立民主监督工作委员会、促进经济发展与城乡建设工作委员会、促进法治建设与法律服务工作委员会、促进社会建设与社会服务工作委员会、关心妇女儿童工作委员会、促进祖国统一工作委员会6个专委会。鼓励基层组织和党员干部创先争优，表彰6个优秀支部、8个先进集体。协助做好市、县两级政协新一届委员人选的推荐、考察工作，向市政协推荐委员8名、各县（市、区）政协推荐委员38名。全面升级党籍信息管理系统，完成全市党员的信息采集、核查工作，确保每一位党员在党籍信息管理系统有详细信息，并实时更新，实现全国联网，信息共享。推广“民革e家”信息交流平台在党员中的普及使用，协助民革省委会完成参与率调查、全国参政议政成果评选等活动。2016年，发展新党员31人，其中女党员9人。新推荐特约教育督导员1名，特约审计员1名。丰富活动形式支部除政治理论学习、思想交流外，部分支部带领党员走出去拓宽视野，到韶关市工业园区企业、党员创办的企业等参观调研，到粤北省委机关红围旧址、北伐纪念馆等地进行爱国主义教育。市委会注重加强与省委会、兄弟市之间的学习交流，先后接待民革珠海市委会开展“寻访孙中山足迹”专题考察调研、省委会主委调研换届后工作开展、河源市委会骨干党员开展现场教学、广州市番禺区总支到韶关调研等。8月8日至9日，省主委会主委周天鸿率调研组到韶关市就市委会换届后履职情况和工作计划展开调研。

参政议政　市委会领导班子成员参加中共韶关市委、市政府邀请的各类专题协商会、议政会、情况通报会、座谈会、征求意见会等，建言献策。2016年初“两会”期间，向各级人大、政协提交议案、提案、建议74件，其中向市政协提交集体提案3件，市政协委员提交个人提案24件。在市政协大会上的发言引起与会委员和社会各界的高度重视。各基层组织在各县（市）区政协大会上提交提案47件，其中立案31件。民革党员中的各级人大代表，提出或参与提出

▲2016年10月24日，民革韶关市委送医送药下乡义诊活动（民革韶关市委会　供）

▲2016年7月7—8日，民盟韶关市第九次代表大会召开　　（赵桂林　摄）

建议。2016年，组织调研组到中山、江门、佛山等地，围绕“主动融入珠三角、互联网+”等内容开展专题调研，撰写调研报告2个。协助省委会开展调研，在武江区西联镇、新华街道办、惠民街道办和曲江区大塘镇发放300份《广东省全面二孩政策下育龄妇女生育意愿调查问卷》。向民革省委会、市委统战部、市政协发表工作动态、社情民意信息等40余篇，其中被民革中央采用4篇、民革省委会采用14篇、市政协采用12篇。

社会服务　开展“伸出博爱之手——民革基层组织牵手困难群众”系列活动。全市各级组织参加“广东扶贫济困日”“关爱孤残儿童·共建和谐家园”“厚德弘善”等活动捐款30万元，资助贫困家庭学生累计金额8.9万元。开展送医送药活动。10月，武江区基层委员会组织党员到始兴县沈所镇八一村开展法律下乡、送药献爱心活动，发放健康宣传册400册，健康咨询180多人，发放价值4600元的家庭常用药，接受法律咨询16人次；11月5日，市委会组织粤北医院支部的专家到仁化县长江镇开展送医送药下乡义诊活动，接诊群众380多人次，发放药品价值6500余元；11月6日，浈江区第二、第五支部组织党员到南雄市水口村沙头村开展送药下乡活动，接诊群众200人，针灸治疗40多人，发放药品价值5000元。开展普法宣传，党员中的律师、法律工作者通过“法进社区”“送法下乡”“送法进企业”等活动，免费向村（居）民、企业员工开展普法教育、法律援助和法律咨询服务。

【纪念孙中山先生诞辰150周年】　协助省、市两级开展系列纪念活动，深切缅怀孙中山的革命精神和崇高品德。组织书画爱好者参加省委会举办的“丹青载道，思贤奋进——纪念孙中山先生诞辰150周年书画展”，选送的4幅作品被展出。11月11日，组织党员收看中共中央纪念孙中山先生诞辰150周年大会直播，学习中共中央总书记习近平总书记的重要讲话精神。市委会领导参加纪念孙中山诞辰150周年座谈会并发言，随后参加在北伐纪念馆举行的孙中山先生诞辰150周年纪念仪式。11月24日，选派骨干党员参加省委会举办的孙中山与共享发展理念研讨会。12月，组织部分党员观看省委会在星海音乐厅举办的大型交响清唱剧“先行者——孙中山”。

【民革韶关市第十一次代表大会】　多次召开主委会议、全委会议、全委扩大会议和换届领导小组会议，传达、学习民革省委关于换届的《决定》，研究、制定和通过《民革韶关市委员会2016年换届工作方案》。2016年7月2日召开民革韶关市第十一次代表大会，共有130名代表参加，民主选举邓献良、卢春娇、叶纬、成容、刘卫忠、肖建华、余硕、张文铭、张嘉异、陈怡伊、娄平、钟永红、钟树梅、詹三毛等14名第十一届委员会委员，平均年龄48岁，45岁以下4人，占29%；女性5名，占33%；硕士研究生4人，占29%；中高级职称10名，占67%。同日召开民革第十一届市委第一次全体会议，选出主任委员和副主任委员。（田秋菊）

民盟韶关市委员会

【概况】　中国民主同盟韶关市委员会（简称“盟市委”）成立于1981年8月。历经九届市委会，市委会规模19人，正副主委1正4副。2016年，盟市委直辖1个县委，3个总支，18个支部。至2016年底，全市有盟员577人，平均年龄53.5岁，大专以上学历537人，占93.1%；高级职称216人，占37.4%；中级职称291人，占50.4%；女盟员220人，占38.1%。教育界329人，占57%；医药卫生界67人，占11.6%；公有制经济44人，占7.6%；科学技术界16人，占2.8%；文化艺术界13人，占2.3%；新社会阶层人士27人，占4.7%；各级机关、社会团体76人，占13.2%。本党派界别特色429人，占74.4%。

组织建设　加强领导班子的“五种能力”（政治把握能力，参政议政能力，组织领导能力，合作共事能力，解决自身问题能力）建设，代表性盟员的实职安排实现历史性突破。6月，盟市委主委林平杰被任命为韶关市人大常委会代理主任；12月，盟市委主委林炜东被任命为韶关市旅游局局长。推进组织发展和后备干部队伍建设。2016年发展盟员26人，其中高级职称6人，中上层人士14人。重视后备干部队伍建设。盟市委注重参政议政骨干盟员的挖掘、培养和使用。利用市、县（区）政协和人大换届的机会，推荐一批骨干盟员担任政协委员、人大代表。2016年底，盟市委有省人大代表1名，省政协委员1名；

市人大代理主任1名，市人大代表6名，市政协常委5名，市政协委员16名；县（市、区）人大副主任1名，县（市、区）人大常委3名，县（市、区）人大代表5名，县（市、区）政协副主席3名，县（市、区）政协常委11名，县（市、区）政协委员48名。加强基层组织设立的科学性和协调性。3月20日，新成立文体机关二支部，选出第一届支部主委、副主委、支委。

参政议政　2016年，盟市委开好“两会”，展现民盟形象。在2016年的韶关市“两会”上，盟员代表在市政协大会上作发言；盟员委员在即席发言中作发言。“两会”期间，向韶关市政协提交提案19件。重视政治协商。盟市委领导将政治协商的履职成效作为民盟的“形象工程”给予高度重视。8月26日，在“韶关市各民主党派、工商联负责人2016年暑期座谈会”上，在韶关市委专题协商会上，在与市长见面座谈会上，在韶关市政府组织召开的无主题座谈会上，民盟代表分别作发言。开展调研，完成“市委出题，党派调研”工作。2016年，盟市委林炜东主委带队，调研组到清远连州、湖南永州、江西安远调研，与韶关市农业局、商务局等职能部门、韶关市电商协会、乐昌九峰专业合作社等地开展韶关市“互联网+”电子商务发展专题调研，撰写调研报告提交韶关市委。参政党理论研究成果获表彰。2016年，两位盟员撰写的文章获民盟广东省参政党理论研究优秀论文二等奖和三等奖。2016年，编辑出版《韶关民盟》三期、撰写新闻稿件20余篇。

社会服务　组织、动员盟员参与扶贫济困。在“6.30”广东扶贫济困日活动中，全市盟员为精准扶贫捐款5.41万元；11月，盟市委捐款1万元为“张澜故居民盟历史陈列馆升级布展”。组织“送医送药”下乡活动。12月18日，盟市委组织盟员医疗专家，到曲江区枫湾镇新村村委开展“惠民义诊、送医送药下乡”活动，为新村及周边约100位村民进行免费义诊，赠送价值5000元的药品。盟员立足本职，爱岗敬业，成绩突出。全市盟员获国家级奖励3项、获省级奖励11项、获市级奖励36项。

【中国民主同盟韶关市第九次盟员代表大会】　盟市委于3月23日成立换届工作领导小组，制定《民盟韶关市委员会2016年换届工作方案》。民盟韶关市第九届委员会规模为19名，比上届增加2名，换届大会选举委员15名（留4名届中补选），领导班子规模为5名（即1正4副），比上届减少1名，换届大会选举主委1名，副主委3名（留专职副主委届中补选）。3月27日，召开盟市委（扩大）会议，对换届工作进行动员部署。到4月底，完成“二上二下”、无记名推荐、谈话推荐、政治考察等组织程序，推荐产生15名候选人人选。7月7—8日，中国民主同盟韶关市第九次盟员代表大会在韶关市荷花园酒店召开。大会选举左之滨、龙仕华等15人为民盟韶关市第九届委员会委员。其间，召开民盟韶关市九届一次全体委员会议，会议选举新一届民盟韶关市九届委员会主任委员、副主任委员、秘书长。

（赵桂林）

民建韶关市委员会

【概况】　中国民主建国会（简称民建）是主要由经济界人士组成的、具有政治联盟特点的、致力于建设中国特色社会主义的参政党。民建韶关市委员会成立于1957年3月6日。截至2016年底，民建在韶关市有基层组织21个，其中基层委员会3个，支部18个；会员368人，平均年龄49.4岁；大专以上学历304人，占82.6%；中级以上职称163人，占44.2%；经济界人士293人，占79.6%；中上层人士229人，占62.2%，各级人大代表、政协委员61人，占16.5%。

组织建设　创新工作方式方法，坚持落实领导班子理论学习制度、集体领导和个人分工负责制度、班子成员谈心制度、届中述职评议制度及各项议事制度，建立《民建韶关市委员会领导班子成员分工联系支部工作制度》。2016年召开主委会议5次、市委（扩大）会议5次，在领导班子中实行民主集中制。2016年1月，民建韶关市委主委陈曦被任命为韶关市第十三届人民代表大会法制委员会主任委员；10月，副主委钟爱明当选武江区政协副主席。补选基层主委。重新修订《韶关民建先进基层组织优秀会员和参政议政工作先进个人评选办法》，成立基层组织参政议政工作小组。支持各支部、专委会开展户外文体、交流联谊及调研活动。组织调研组到浙江义乌、杭州进行调研，了解当地电子商务发展情况，完成多篇调研

▲2016年10月11—15日，民建韶关市委员会调研组一行赴浙江义乌、杭州进行调研

（黄联锋　摄）

课题。调整民建韶关市委员会参政议政工作委员会组成人员。民主推荐新一届企业工作委员会人员名单，确定民建韶关市第十三届委员会企业工作委员会领导班子人员名单。向各级人大、政协及相关单位推荐骨干会员，完成新一届市政协委员资料报送、考察等工作任务。其中，民建浈江区基层委员会主委被安排到东莞挂任。重新调整民建韶关市委机关工作人员分工。2016年，民建韶关市委首次被民建中央授予全国先进集体称号；1人获得“民建全国优秀会员”称号。

参政议政　2016年，韶关民建向各级人大、政协提交建议案、提案共58件，政协大会发言1件，其中省人大建议案5件，省政协提案7件；市人大建议案6件，市政协提案20件；县（市）区政协提案20件。集体提案《关于促进韶关现代物流业快速发展的建议》被选为市政协重点提案，由市长骆蔚峰及市政协副主席刘大济、林嘉督办；1篇被选为武江区政协重点督办提案；1篇被选为曲江区政协重点督办提案；1篇获选乳源县政协优秀提案。参与政治协商，民建市委领导多次参加市委、市政府召开的各类协商会、座谈会、征求意见会及视察考察活动。在中共韶关市委主动融入珠三角专题协商会议上，1篇为会议发言材料，1篇为书面发言材料。在市政协专题议政会上，在市政协无主题议政会上各1篇发言材料并发言。在2016年全市民主党派负责人暑期座谈会上，1人在会上作发言。在市党代会报告稿征求意见座谈会上，1人对党代会报告提出意见建议，得到与会人员一致认同。2016年，民建韶关市委获得民建省委组织管理信息系统工作先进集体一等奖、参政议政工作先进集体二等奖，1人获民建省委2015年度网站信息工作优秀通讯员三等奖；网站信息工作先进集体三等奖、9人获民建省委2015年度参政议政工作优秀个人表彰。2016年编报《会务简讯》12期。利用现代沟通手段，建立韶关民建理论宣传微信群，向韶关民建会员发送民建重要活动情况及政治理论学习方面的文章。10月开始筹备创立《韶关民建》刊物。上一年度完成的多篇研究论文获得表彰，1篇获得2015年度全市统战理论政策研究创新优秀成果优秀奖；2篇分别获得民建省委理论研究优秀成果二等奖和三等奖。2016年，民建韶关市委获得民建省委理论研究工作优秀组织奖，1人参与的节目《韶关美丽家园》在民建广东省委纪念中国民主建国会成立70周年文艺演出节目征选工作中被评为优秀作品一等奖。

社会服务　参与“广东扶贫济困日”活动，积极捐款捐物。“爱心结对”资助活动，1人继续资助始兴县3名品学兼优中学贫困学生；乐昌支部主委1人联系佛山南海区爱心人士捐款2.8万元资助乐昌市第一中学和城关中学12名贫困学生；1人资助12名乐昌学生共计1.2万元。做好扶贫挂点帮扶工作，与市政协机关（民主党派机关）、市广播电视台共同挂点帮扶翁源县桂竹村，开展公共基础设施项目帮扶，发展走地鸡项目。热心各类公益活动，民建市委联合韶关市残联、韶关爱尔眼科医院举办题为“呵护眼睛，从小做起”的宣传义诊暨爱心捐赠活动；民建武江四支部、民建乳源支部，会员企业乳源展风装饰设计公司，会员个人等参与公益活动，为社会献爱心。协助做好精准扶贫考察工作，2016年9月和11月，民建广东省委副主委陈彦伯先后两次带领民建扶贫考察组到韶关乐昌市五山镇小山村开展精准扶贫考察工作，并给乐昌贫困村送上爱心捐款12万元。2016年，民建韶关市委获得社会服务工作先进集体三等奖，1人获得“民建全国社会服务先进个人”；4人获民建省委社会服务工作优秀个人表彰。

【民建市委换届工作】　2016年是民建韶关市委的换届年，从3月开始，经民主推荐、人选酝酿，再推选、协商、考察、审批等程序，最终确定拟提名的十三届委员会委员、主委、副主委候选人名单。7月9日，民建韶关市委召开第十三次代表大会，会议通过民建韶关市第十二届委员会工作报告和大会决议，通过无记名投票选举产生由17名委员组成的民建韶关市委新一届领导班子，选出1名主委，4名副主委。

【民建中央主席陈昌智到韶关开展调研】　2016年9月21日，民建中央主席陈昌智在民建中央组织部部长李世杰和民建广东省委主委李心、专职副主委陈海等人的陪同下，到韶关开展调研指导活动。市委书记江凌，副市长、民建韶关市委领导和部分民建会员参加座谈。座谈会上，陈昌智听取工作汇报及与会会员代表发言，对民建韶关市委的工作给予高度肯定。江凌汇报介绍韶关市经济社会发展情况和市委支持各民主党派建设情况。会上，陈昌智对韶关民建今后工作提出几点要求，强调要把思想教育放在首位，做好组织发展、基层组织建设、参政议政、社会服务、会务宣传等工作。

【一人一议出亮点】　2016年，民革收到会员提交的参政议政材料80多件，其中被采用为人大建议案和政协提案21件，采用为民建省委和市政协反映社情民意信息6件，采用为统战信息21件，经省委会推荐给会中央春、秋季成果选送材料1篇。1篇被省委办公厅、省委统战部采用；1篇被省委统战部、市委办采用；1篇被省委办公厅、市委办采用；4篇被采用为民建省委社情民意信息；1篇被采用为市政协社情民意信息，获市长批示；1篇中标2016年民建广东省委参政议政调研课题，如期结题，通过民建省委参政议政中标课题终审会等。

【民建韶关市委获民建全国先进集体荣誉】　2015年12月，在庆祝中国民主建国会成立70周年之际，民建中央表彰500位全国优秀会员、200个全国先进集体。其中民建韶关市委被民建中央授予全国先进集体，民建韶关市委副主委王敏雯获“民建全国优秀会员”称号。

这是民建韶关市委员会自1957年成立以来首次获全国先进集体荣誉。民建韶关市委坚持以邓小平理论、“三个代表”重要思想、科学发展观为指导，发扬“五个坚持，四种精神”（“五个坚持”一是坚持爱国主义，致力于中国特色社会主义事业，努力树立和巩固全会共同的政治理想。二是坚持接受中国共产党的领导，自觉维护多党合作的政治格局，与执政党风雨同舟、亲密合作。三是坚持遵从人民群众的根本利益，把促进发展作为根本任务，认真履行参政党职能。四是坚持发挥特色，保持与经济界的密切联系，充分利用和发展本会的界别优势。五是坚持与时俱进，在自我教育中不断提高会的整体素质和参政能力，保持本会旺盛的生机和活力。“四种精神”一要发扬民主精神，积极参与政治文明建设。二要发扬团结精神，共同维护稳定和谐的政治局面。三要发扬创新精神，努力创建学习型参政党。四要发扬奉献精神，大力提倡为国出力为会增光）的优良传统，不断加强自身建设，切实履行参政党职能，各项工作取得可喜的成绩，连续第七次获得民建省委参政议政工作先进集体表彰；连续第六次获得民建广东省委理论研究优秀组织奖。（吴丹丹）

民进韶关市委员会

【概况】 中国民主促进会（简称民进）是以从事教育文化出版工作的高中级知识分子为主要成员和联系对象的参政党。民进韶关市委员会（简称韶关民进）于1983年1月8日成立，历任主任委员有饶纪寰、邱坤松、张中林、刘大济。至2016年，有会员398人。

思想建设　韶关民进派员参加全市“9.30”烈士公祭活动；市委会班子成员参加全市统战系统赴重庆学习考察活动。韶关民进充分发挥理论研究工委的作用，2016年，1人参加由中央统战部组织的全国民主党派领导干部学习班，2人参加广东民进参政党理论研讨班，1人向全体与会人员介绍韶关民进的理论研究工作经验。参与理论研究征文活动，其中韶关学院支部提交统战理论研究论文2篇。

组织建设　市委会坚持节省机关“三公”经费，为市区支部发放活动费，保障其正常开展组织生活。民进韶关市委通过市政协提案为各民主党派的市区支部争取活动经费，其中武江区委、区政府率先落实，每年为武江区每个民主党派拨付3万元经费。民进韶关市委武江区平均每个支部活动经费可达7500元。民进韶关市委会于11月6日通过召开会员代表大会，成立民进武江区基层委员会，选举出主任委员、副主任委员。韶关市委会做好组织发展和人才培养工作。吸纳人才加入民进组织。2016年民进韶关市委会发展15名新会员，其中研究生学历1名，大学本科学历14名。做好人才培养工作，推荐会员参加民进中央、民进省委、统战系统等的学习培训。民进韶关市委会第八届市委委员参加韶关市民主党派新一届市委委员培训班；浈江小教支部主委翟卫红参加民进中央在中央社会主义学院开办的基层支部主委培训班；市委委员邱小华参加民进中央在北京举办的企业家会员培训班等。

参政议政　韶关民进的集体提案被省政协评为“省政协优秀提案”，获得“民进广东省委优秀提案一等奖”，7名会员被民进广东省委评选为“参政议政工作先进个人”。乐昌支部获得“民进广东省委参政议政工作先进基层组织”称号。继续向全会广泛征集议政调研课题，市委会为2017年“两会”征集到60多项课题。2016年，市委会向民进广东省委提交的议政调研课题《关于加强人流密集场所公共安全管理的建议》获得重点立项。在“市委出题、党派调研”工作中，市委会向中共韶关市委提交2项议政调研材料。2016年，在全国和省“两会”期间，《关于丰富农村妇女精神文化生活的建议》被民进中央选为向全国政协提交的提案。2篇提案分别获得省长朱小丹和省政协副主席林木声领衔督办。2016年1篇提案被评为“省政协优秀提案”和“民进广东省委员会2015年度优秀提案一等奖”。2016年，1篇提案获得“民进广东省委员会2015年度优秀提案三等奖”。市委会提交市政协集体提案10件（全市共17件集体提案），个人提案8件，市人大代表议案2件，内容涉及农村电商、有轨电车、人行天桥等方面。其中1篇被列为全市四大重点提案之一，由市政协领导领衔督办。市委会各基层组织参加“两会”，提交县（市、区）政协集体提案6件，个人提案37件，县（市、区）人大议案4件。其中始兴总支的1篇提案引起政府有关职能部门的高度重视，城西小学建设被列为始兴县重点项目之一；在政协第九届乐昌市委员会第六次会议上，乐昌支部集体1篇提案被点名表扬；民进曲江支部的2篇提案分别获得区长和政协副主席督办；浈江小教支部

▲中国民主促进会韶关市第八次代表大会　（民进韶关市委员会　供）

▲2016年7月23日，农工党韶关市第八次代表大会召开　　（陈勇胜　摄）

提交的1篇提案被确定为浈江区2016年为民办实事之一，区图书馆于2016年5月31日正式建成开馆。2016年市委会报送统战信息60余条，被采用22条，总积分550分，在全市统战系统排名第一，市委会被韶关市委统战部评为“全市统战信息工作优秀单位”。市委会报民进省委的社情民意信息用稿量和总积分在民进全省名列第二位，仅次于全国政协信息直报点佛山，得到民进广东省委点名表扬，获得“民进广东省委参政议政工作突出贡献奖”。2016年，市政协录用5条市委会的社情民意信息。其中两条信息先后获得市委书记江凌批示。

社会服务　2016年，民进市委会被民进广东省委评为“2012—2016年广东民进社会服务工作先进集体”，始兴县总支的“阳光厨房”工程被评为“社会服务优秀项目”，5人被评为“广东民进社会服务工作先进个人”。“三下乡”活动中，市委会赴仁化县董塘中学“献爱心、送温暖”，韶关学院支部、机关支部和五中支部会员共计向董塘中学捐赠价值9000元的文体用品，慰问困难学生30名。市委委员、社会服务工委主任温荣华多年来通过组织发动五中支部会员、学生家长和社会力量开展“爱心基金”捐资助学活动，仅2016年资助金1.3万元，此举被民进中央收入《民进全国基层组织建设案例选编》。

【民进韶关市第八次代表大会】　2016年7月11日中国民主促进会韶关市第八次代表大会召开，选举产生民进韶关市第八届委员会。民进广东省委副主委陈日远，中共韶关市委副书记陈向新，市人大、政协、统战部、其他民主党派及相关部门、县（市、区）统战部等23个单位的领导嘉宾应邀出席会议，135名韶关民进会员代表参会。市政协副主席、民进韶关市第七届委员会主委刘大济作《民进韶关市第七届委员会工作报告》，总结、回顾五年来韶关民进所做出的工作成绩和经验，并对今后五年的工作提出建议。五年来，民进韶关市委先后被民进中央评为“民进全国宣传思想工作先进集体”“民进全国组织建设先进地方组织”“民进全国社会服务工作先进集体”和“民进全国参政议政工作先进集体”，囊括民进四大项工作的最高荣誉，是广东省唯一获得民进全国“四连冠”奖项的地方组织。民进韶关市第八次代表大会选举产生民进韶关市第八届委员会，在随后召开的八届一次委员会议中，选举出民进韶关市委主任委员、副主任委员，完成韶关民进新老班子交替和政治交接，得到民进广东省委的高度肯定，称为最优秀的地方组织。

【退休会员活动】　采取多种措施关心关爱退休会员。定期组织退休会员开展集体活动，2016年重阳节，市委会组织老会员在小岛饭店举行茶话座谈会。继续推行退休会员“逢五逢十”生日慰问制度，为他们送上生日问候和生日礼金。坚持重大节日慰问制度和生病住院探望制度，及时发现解决退休会员生活上的困难。韶关学院支部王明灿多次向市委会提供参政议政信息；浈江小教支部廖义香、唐冰心参加社会公益义演。

【“微公益”活动开展】　市委会发挥社会服务工委的作用，开展“微公益”活动。民进始兴总支坚持推进“幼儿图书角”项目，完成罗坝、马市、沈所等五所中心幼儿园图书角建设，为每所幼儿园各捐赠3000多元的幼儿图书；曲江支部推行《设立支持会员开展社会公益项目基金的意见（暂行）》；浈江联合支部委员李婷牵线社会企业，为韶关市多名聋哑儿童解决学习和生活费用；乐昌支部丘丙养开展青少年法制讲座和群众法律咨询活动。　（朱玉娟）

农工党韶关市委员会

【概况】　农工党韶关市支部于1957年夏成立。1983年1月22日，正式成立农工党韶关市委员会。现为第八届委员会。历任主委为李炼生、张冠祥、王远东、贝抗胜，现任主委卢春燕。至2016年底，有基层委员会2个，总支2个，支部19个，小组1个，党员404人，其中医药卫生、环境保护和人口资源界占65.4%，中高级职称以上党员占81.2%。担任各级人大代表、政协委员的党员有60人。

基层组织建设　制定和完善《市委委员联系基层组织工作制度》《班子成员对口联系党员企业制度》等15项工作制度。加强组织发展，全年发展新党员10人，其中博士1人，中高级职称8人。3月3日，成立农工党韶关市武江区基层委员会。3月17日，成立农工党韶关市浈江区基层委员会。10月28日，对曲仁矿支部和浈江区支部进行重新整合，将成员调整至新成立的浈江区一支部和二支部。继续从有限的经费里划拨部分资金，按每个党员补助100元的标准给各支部发放活动费，保障支部正常开展组织生活。先后组织市委委员及部分骨干党员前往南京邓演达烈士墓，上海农工党第一次全国干部会议会址、中共一大会址和惠州葛洪纪念馆、邓演达纪念园等地开展党史教育和爱国主义教育活动。

参政议政　2016年，在各级“两会”期间，提出提案和建议43件。向省政协提交3篇提案。在市政协十一届四次会议上，农工党市委作关于生态旅游业的大会发言。关于地道药材培育及产权保护、韶南大道交通整治的2件提案被评为市政协重点提案；关于打造精品民宿客栈、建设余靖文化园的2件提案被评为市政协专委会跟踪督办提案。在中共韶关市委主动融入珠三角专题协商会议上、市政协加快民营经济发展专题议政会上，农工党市委分别作1篇发言。开展“一人一议”“一支部一建议”活动。2篇建议被市政协反映社情民意信息、1篇建议被市统战信息采用。市委会开展学习实践活动的报道《不断加强自身建设努力发挥参政党作用》，被农工党中央党刊《前进论坛》采用。协助农工党广东省委开展“出生人口缺陷及儿科医生短缺关键问题”“加强道地药材培育和知识产权保护将韶关市打造成为广东省中医药强市”专题调研，助力韶关改革发展。与中共韶关市委政策研究室组成联合调研组前往郴州、乐昌等地开展“推进粤湘开放合作区建设”调研。

社会服务　创新社会服务模式，开展“韶关农工同心助力行动”。发挥农工党医药卫生界别特色优势，联合农工党广东省委、中山大学基层委员会，继续开展对乐昌市廊田卫生院、乐城社区卫生服务中心和仁化县人民医院的远程医疗培训。至年底，举办培训43期，累计培训学员5200多人次。帮助仁化县人民医院与国家三级甲等医院中山大学附属第一医院对接，开通远程会诊。支持举办首届徒步定向·智游韶城——千年曲江魅力罗坑活动。协助和配合农工党广东省委和广东“同心圆工程”基金会开展捐建村卫生室和全市乡村医生培训，来自韶关各县区近1500名村医分期接受专业医疗培训，赠送出诊箱、常用医疗物品等给每位参加培训的乡村医生，帮助曲江区樟市镇芦溪瑶族村、浈江区花坪镇奎塘村各新建村卫生室1间，仁化县周田镇较坑村改建村卫生室1间，共捐赠主体工程建设资金和购买医疗用品资金27万元。累计捐赠15万元资助乐昌市廊田镇卫生院和五山镇卫生院购买电动手术台、心电监护仪等医疗设备，扶持基层医疗卫生事业发展。结合“中国环境与健康宣传周”“国际科学与和平周”等主题，市委会及乐昌市总支、曲江区支部、粤北第二人民医院支部等先后组织4批医疗队，分别前往仁化县周田镇、董塘镇安岗村、乐昌市三溪镇、曲江区枫湾镇大笋村等地送医送药，发放健康宣传资料300多份，接受群众义诊咨询900多人次，免费发放药品价值24000多元。市中医院支部、韶关医学院支部、市铁路医院支部的党员参加所在单位组织的送医送药活动。与市政协机关和市各民主党派机关一起，做好对口帮扶翁源县龙仙镇桂竹村的精准扶贫工作。协助农工党华南农业大学总支到仁化县周田镇开展捐书讲学精准扶贫活动。粤北人民医院总支获得农工党中央2013–2014年度社会服务工作先进基层组织表彰。

【农工党韶关市第八次代表大会召开】2016年7月23日召开。贝抗胜代表农工党韶关市第七届委员会作题为《同心聚力，求实创新，为推动韶关加快融入珠三角实现振兴发展而努力奋斗》的工作报告。报告全面回顾农工党韶关市第七次代表大会以来的工作，总结五年工作实践获得的经验和启示，提出今后五年的指导思想和奋斗目标。大会审议通过《中国农工民主党韶关市第八次代表大会关于第七届委员会工作报告的决议》，选举产生新一届农工党韶关市委员会。在农工党韶关市第八届委员会第一次全体会议上，选出新一届农工党韶关市委领导班子。

【远程会诊开通】　市委会与中山大学合作，在仁化县人民医院探索开展远程会诊试点工作，于2016年1月开通远程会诊，由中山大学附属第一医院的专家教授通过远程会诊系统与仁化县人民医院进行疑难病例远程会诊，帮助提高基层医务人员技术水平。市委资助10万元帮助仁化县人民医院搭建远程会诊平台，资助10万元减免困难患者远程会诊费用。　（陈勇胜）

九三学社韶关市委员会

【概况】　九三学社韶关市委员会成立于1988年9月3日。历任主要负责人有戴启篁、杨筠、兰茵，主要成员和所联系的对象是科学技术界高、中级知识分子。至2016年底，有社员266人，平均年龄43.9岁。其中，高中级职称234人，占社员总人数的88%；女社员90人，占34%。社市委有5个基层委员会、24个支社，1个直属小组。

组织建设　2016年，发展13名新社员。1月，曲江区直属小组成立。潘丽梅获得“第二批国家环境保护专业技术青年拔尖人才”称号。坚持每月召开一次主委会议。社市委建立后备干部人才库，向中共韶关市委及组织部、统战部推荐年轻优秀的科级干部担任实职。2016年，社员何艳霞任浈江区政府副区长、陈昉任丹霞山管委会副主任、何旗明任南雄市中医院院长、雷东山任韶关市财政局投资评审中心主任。组织社员参加中共市委统战部组织的各类培训班、课题调研，参加韶关市民主党派新一届市委委员培训班。选派机关专干到中共韶关市委办公室办跟班学习。2016年，社市委遵照个别酝酿、初筛名单、党委协商、组织考察、会议决定的流程，与各级党委、统战部沟通协商，做好市、县两级人大代表、政协委员推荐工作。社员中有市人大代表3人，市政协委员14人（副主席1人、市政协常委5人）；县级人大代表4人（县级人大常委4人）；县级政协委员25人（副主席1

人、政协常委4人）。社市委加大对各基层组织工作的指导力度，对基层班子实行动态管理。各基层组织开展一系列活动。浈江三支社前往广东省（韶关）粤台农业合作试验区开展调研考察活动。武江五支社及开发区支社共同举办“九三学社成立71周年纪念活动暨‘绿色低碳，健康生活’专题讲座”。医学院支社组织全体社员围绕市委、市政府“主动融入珠三角”战略和“产业共建、城市提升、县域发展”三大主题，开展参政议政工作讨论会。韶钢基层委开展“携手共进，展望未来，为集团公司发展献计献策”的主题讨论会。丹霞山支社考察组参观全国爱国主义教育基地双峰寨，接受爱国主义教育。浈江一支社对郴州市东江湖区域进行湿地公园的建设和旅游发展考察和调研。韶关学院基层委员会到衡阳师范学院交流学习。南雄支社全体社员开展学习《中国共产党统一战线工作条例（试行）》活动。9月，社市委举办“韶关九三讲学堂——2016年宣传信息专题讲座”，邀请社中央参政议政部副巡视员张瑛等作专题报告。完善“韶关九三”网站功能，增加报道基层组织动态内容。出版《韶关九三》两期。一年来，有关宣传社委工作的30篇报道或文章在社中央网站、广东九三网站、《韶关日报》《韶关政协》《广东九三》等登载。

参政议政　2016年，社市委领导参加中共韶关市委、市人大、市政府和市政协组织召开的各类会议20多次，提出意见建议。社市委班子成员、人大代表、政协委员等参加各级人大、政协组织的视察和督查活动22次，建言献策。2016年，社市委召开参政议政工作会议6次，开展调查研究，撰写提案建议。在各级人大、政协会议上，社员们提出议案、提案、意见和建议43件。8月，在韶关市召开2016年民主党派负责人暑期座谈会上，社市委提出的加强民主党派自身建设、增加各党派工作经费、增加机关编制和迁建民主党派大楼等建议，得到市委、市政府主要领导的重视，市委书记江凌当场责成有关部门办理。参加广东省人大十二届四次会议，提交关于韶关大旅游、农村生活垃圾治理工作的建议。参加市第十三届人民代表大会第六次会议，分别提交关于优质普通高中办学实力、设立“韶关市青年创新初创基金”的建议文章。社市委集体提案《发展全域山地旅游，建设南岭旅游明珠》被选为市政协重点提案，市委书记江凌亲自选定并领衔督办。各县（市、区）人大代表、政协委员参加当地“两会”，咨政献策，提交提案15件。南雄市支社提交的两份提案入选为重点提案，由南雄市委书记和南雄市市长分别领衔督办。市政协十一届五次会议期间，提交社市委集体提案2件，委员个人提案22件。2016年，社市委组织全域旅游、产业承接共建融合、新一轮医疗卫生体制改革、城市管理水平4次专题调研。4个调研组分别向市委、市政府、市政协、市委统战部提交专题调研考察报告。参加2016年社省委的参政议政课题招标工作，提交6篇调研建议参与参政议政征集课题评审会。承担《关于我市实施分级诊疗制度的建议》“市委出题，党派调研”课题。2016年，社市委出台《九三学社韶关市委员会参政议政课题管理办法（试行）》文件，印发《关于开展2016年度参政议政课题招标活动的通知》，初步探索实行参政议政课题招标工作，收到5篇参政议政课题申请书。2016年，共向社中央、社省委、市政协和市委统战部提交信息49条，被省委统战部采用4篇、被省委办公厅采用1篇、被市委统战部采用11篇。获得2015年度市委统战部信息工作先进单位。

社会服务　2016年，社市委开展社会服务活动5次，继续开展五片“九三生态林”的种植抚育工作。社市委开展“九地合作”需求调查摸底工作，向南雄支社、乳源支社、曲江小组、市卫计局、市教育局、市商务局等组织和单位发放问卷征询，收集汇总企业、学校、医院技术帮扶需求20多项。社市委坚持与市科技、市商务局开展对口联系工作，经常性与两个对口联系单位开展工作交流和沟通。

▲2016年7月3日，九三学社韶关市第七次代表大会召开　（成志军　摄）

【九三学社第七次代表大会】　2016年是市级组织集中换届年。7月3日，九三学社韶关市第七次代表大会在市区胜利召开，选举产生新一届领导班子，产生1名主委、4名副主委。第七届委员会由14名委员组成，平均年龄47.5岁，全部具有大学本科及以上学历；中级技术职称以上的有12人，占85.7%；行政正处级2人，副处级2人。　（成志军）

社会团体

韶关市工商业联合会

【机构概况】 1954年成立，市工商联搭建广大非公有制经济人士在促进韶关经济社会建设方面的桥梁和纽带。与市总商会合署办公。至2016年，全市工商联会员5175人，比上年增长12%。市工商联与市政府各部门单位建立工作联系制度。

【非公有制企业理想信念教育实践活动】 以“深入开展理想信念教育实践活动”为载体引导非公有制经济人士“重品行、树形象、做榜样”。组织各类贴近实际的主题实践活动，不断扩大教育实践活动的覆盖面和影响力，引导非公有制企业坚定“四信”（信念、信任、信心、信誉）。引导民营企业开展关心下一代工作，配合韶关市关工委加强对企业青年职工及其子女的关心和教育，组织非公经济人士自觉参与助学活动，推动和谐企业的构建工作。组织开展民营企业文化体育活动，会员企业出资赞助韶关政协乒乓球混合团体赛，市工商联获得冠军。加强对“新生代”非公有制经济人士的教育，选派企业家参加第七期广东省新生代非公有制经济人士培训班，推荐3位青年企业家参与评比，被广东省工商联授予全省100“文明使者”称号。推荐下属商会会长参加全省第三期星级商会协会会长研修班。开展走进军营慰问子弟兵活动，引导各商会组织民营企业家接受爱国爱党爱军的教育，支持部队建设。2016年，市工商联要求乐昌、翁源、曲江工商联做好申报“五好”（领导班子好、会员发展好、商会建设好、作用发挥好、工作保障好）县级工商联准备工作。

【外地乡贤企业引进】 沟通和加强在珠三角创业的乡贤企业家与家乡的联系。将韶关市出台的促进民营经济发展49条、招商引资19条、优化投资营商环境36条和推进落实提高执行力等政策措施，传递给广大会员和乡贤企业家，牵线在珠三角发展的乡贤企业家和深圳市韶关商会企业家回到韶关与政府交流对接，到翁源县、新丰县参观考察。2016年，有5个上亿的乡贤项目落户韶关市，签约8个合作意向。到广州、深圳、珠海、东莞、中山、江门等地，拜访在当地有一定规模的韶关人士创办的工商企业，与乡贤企业家接触，激发他们爱韶关的情怀，引导他们抱团发展。

【民营企业拓展省外市场】 加强商会间交流合作。与湖南株州市、河北衡水市、江西上饶市工商联签订友好商会协议，开展商会联谊，搭建经贸交流平台，推动民营企业拓展省外市场，促进韶关市招商引资工作。

【广东省韶关商会成立】 广东省韶关商会于10月29日组织成立大会，市会与市商务局、韶关市人民政府驻广州办事处一同建议把大会的主题明确为“主动融入珠三角、助推韶关经济发展”，把韶关的招商推介、对接活动纳入到大会之中。韶关市工商业联合会负责指导此次大会各项会务工作。此次大会宣传展示韶关经济社会发展风貌，推介韶关招商引资项目、优惠政策及营商环境，推动项目落地，助推韶关经济社会更好发展。

【发展混合所有制经济探索】 组织动员民营企业参加广东省政府召开的2016年重大项目面向民间投资招标推介会，推动民间资本参与重大项目建设。促进民间资本与国有企业融合，探索发展混合所有制经济。

【民营企业教育培训】 开展专题讲座培训，与韶关市发展研究中心共同举办韶关市创新创业讲堂，组织开展电商培训和企业家学习交流论坛等，培训达1000余人次。与经信局搭建民营企业培训基地，开展促进民营经济发展政策宣讲；组织企业家到廉政教育基地和韶关监狱接受廉洁教育，到乳源龙头新村接受讲奉献和舍得精神教育。

【民营企业创业环境创造】 组织协调韶关市经信局、商务局、司法局、税务局、检察院、银行等多个部门与民营企业开展政企对接、银企对接，为企业解疑释惑。10月，与韶关市纪委召开构建新型政商关系企业家座谈会，听取韶关市工商联的意见和建议，协商转移民营企业投诉中心工作职能；与司法局和律师协会共同组建中小企业律师服务团。4月，与韶关市中院开展座谈会，达成共同开展法制宣传教育、维护企业合法权益、审慎处理涉腐败案企业、加强追

▲2016年9月21日晚，广东省总工会工人艺术团“中国梦·劳动美”送文艺到韶关市北江监狱（市总工会 供）

欠执行力度等多项共识。配合新闻媒体宣传企业家的创业故事，激发韶城的创业热情。

【民营企业优势发挥】 鼓励并支持会员企业接受电商、微商等新营销模式，引导民营企业构建和谐劳动关系，发挥民营企业就业主渠道作用。凝聚民营经济和商会的力量推进芙蓉新区建设，组织工商联主席会议，商议与金财公司和城投公司合作在芙蓉新区建设韶关市商会大厦的可行性和具体方案。

【参政议政工作推动】 开展千企调研活动，多次召开民营企业座谈会，成立三个调研组走访调研企业，了解非公有制经济代表人士对当前经济形势的反应，征集民营企业家意见，形成调研报告，向上级部门和领导反映重点信息。当前市工商联有全国人大代表1名，省人大代表5名，韶关市人大代表29名；省政协委员2名，市政协委员39名。鼓励、支持和引导非公有制经济人士围绕韶关市中心工作和社情民意的重大问题，参政议政、建言献策，“两会”期间引导人大代表和政协委员提交20多项提议案，在韶关市政协十一届五次会议上以《关于大力发展高新技术产业的几点建议》为题的大会发言，反响良好。鼓励非公有制经济代表人士在韶关市政协大会上即席发言，参加市长与政协委员座谈会和市委组织的关于主动融入珠三角和文化建设的专题协商会、议政会。

【光彩事业推动】 与统战部开展光彩事业，组织定向帮扶仁化县扶中村，加大对扶中村主导产业皇帝柑的引导和扶持力度，分期组织三期种植技术培训，补助化肥农药。全村柑橘种植每亩平均利润2万元，增加贫困户的收入。投入18万元在村中建设光彩文化广场，组织香港爱心人士为韶关市福利院及扶贫点捐赠服装1300件和雨伞950把。2016年开始，制定韶关市“百企帮百村”精准扶贫行动计划，动员企业对口帮扶贫困村，带头与曲江枫湾新村签订对口帮扶协议（赵伯佬）

韶关市总工会

【机构概况】 韶关市总工会是中共韶关市委领导下负责全市工会工作的群众团体。韶关市总工会成立于1950年9月9日，时称曲江县总工会。1951年底，韶关市和曲江县分家，原曲江县总工会更名为韶关市总工会。1983年韶关地区和韶关市合并后，原广东省总工会韶关地区办事处与原韶关市总工会合并为现今的韶关市总工会。市总工会共设置8个部室、下辖市工人文化宫、市职工服务中心2个直管事业单位。截至2016年9月底，全市基层工会累计7012家，基层工会涵盖单位30977家，有工会会员689939人，其中农民工会员220960人。

【建功立业活动】 各级工会组织开展各种建功立业活动，动员广大职工投身经济建设主战场。开展劳动竞赛活动。围绕市委提出的主动融入珠三角战略，各级工会纷纷开展以“当好主力军，建功十三五”为主题，以优质、高效、安全、节能减排为主要内容的劳动竞赛活动，促进各地经济发展和企业的生产经营。一年来，全市开展劳动竞赛的企业656家，参赛职工约20万人，创经济效益16.85亿元。开展创建韶关市劳模（职工）创新工作室活动。全市创建劳模（职工）创新工作室50个，韶钢、丹冶、韶冶、大宝山矿、韶关供电局等单位走在全市前列。

【劳模精神弘扬】 全市评选表彰全国五一劳动奖章1名，全国工人先锋号班组1家；广东省五一劳动奖状2家、奖章6名，广东省工人先锋号4家。“五一”劳动节前夕，市总在市中山公园文化广场举办韶关市庆祝“五一”国际劳动节暨劳模表彰系列活动，市四套班子领导和全市各条战线1000多名职工参加。市各新闻媒体也对韶关市劳模、工人先锋号、职工优秀合理化建议进行宣传报道，营造良好社会氛围。市总继续加强对劳模的各项管理服务工作。及时发放全国劳模帮扶资金75人次、117万元，省劳模帮扶资金625人次、129万元；先后组织6批103人次到劳模疗休养基地开展疗休养活动；投入17万元为307人次的劳模提供免费体检。

【职工素质提升工程】 推进职工素质提升工程，实现“建设”与“育人”并举的目的。市总分别与韶关供电局、人民银行韶关支行、市人社局、市卫计局联合举办多场岗位练兵和技能竞赛。

各基层工会也继续深入开展岗位练兵、技能培训、技能比赛和创建“工人先锋号”等活动。一年来，全市开展岗位练兵技能竞赛的企业412家，参赛职工达9.8万人次，职工技术革新成果1836项，提合理化建议2.8万条。开展一系列职工文体活动。市总与15家社区体育健身场馆签定购买服务协议，投入资金36万元为职工会员免费提供羽毛球等文体活动服务。市总举办韶关市职工乒乓球团体赛。南雄市总举办纪念成立90周年系列庆祝活动。曲江区总连续21年牵头主办职工体育运动会。2016年是韶钢、大宝山、韶冶等企业建厂50周年，各企业纷纷举办纪念文艺晚会等活动。

【职工维权】 采取购买服务的形式，投入50万元签约10家律师事务所，组建工会法律顾问团服务各县（市、区）总工会及辖区企业工会。继续加大工资集体协商工作力度。在稳定建制率和覆盖率的同时，规范建制流程和合同文本，培育示范点20个。调处各类信访案件。市县两级总工会共接待信访群众930余人次，调处各类信访案件234宗。维护职工安全生产权益。全市600多家企业15万人次参加安康杯竞赛，促进企业安全生产。市总参加市安委会组织的4起安全生产事故调查，配合做好全市安全生产年度检查考核。维护女职工权益。市总开展家政服务业女职工就业与权益保障情况调研，全市新建5家“爱心妈妈小屋”，免费为500多名女职工开展“两癌”筛查。发挥工会组织点多面广的优势，及早发现矛盾和问题，提出化解意见，协助党委、政府化解矛盾，维护稳定。

【困难职工帮扶】 按照“为困难职工解难，为党委政府分忧”的要求，帮助解决职工最关心、最直接、最现实的问题。发挥职工服务中心的阵地作用。市县两级总工会健全完善服务中心的职业介绍、政策咨询、生活救助、法律援助、医疗救助等工作制度和程序，实现服务中心规范化、制度化运作，全年接待职工群众2.6万多人次。做好春节送温暖活动。做好省委省政府到韶关慰问、市委市政府慰问活动的组织工作。市县两级总工会筹措资金130多万元对100多家困难企业和5200多名困难职工进行慰问。继续开展农民工平安返乡“暖流行动”活动。筹集资金40万元，分别在乐昌、南雄、新丰等地设立志愿服务点，为骑摩托车返乡和过境农民工提供各类便民服务。加大帮助职工再就业工作力度。市县两级总工会共组织参加“春风”行动、大学生招聘周等各类招聘会30余次。开展夏日送清凉活动。各级工会在继续督促企业落实夏季高温津贴的基础上，为230个重点建设项目工地以及建筑、市政、交通、公共服务等高温一线企业单位的6万名职工，送去价值97万元的清凉饮料。加大职工救助帮扶力度。共投入352万元，为困难职工子女233人次提供金秋助学帮扶，为205人次提供医疗救助，为402人次提供生活救助。加大互助保障计划推广力度。市总深入推进市直机关单位干部职工互助保障计划，动员78个市直机关单位4600余名职工首次参保。全市职工医疗、女职工安康、职工住院医疗、职工住院津贴等四项互助保障计划参保人数累计98742人次，其中2016年理赔1074人次，赔付597万元，缓解职工因病造成的经济困难。

【工会基层组织建设】 各级工会适应企业组织形式和职工队伍的深刻变化，着力夯实工会基层基础，增强工会组织吸引力、凝聚力。以民主建会、民主换届工作为抓手，以农民工入会为重点，不断提高工会组织覆盖面。在抓建会“数量”的基础上，更加注重建会“质量”。按照“边组建、边巩固、边规范、边发挥作用”的要求，指导基层工会履行职责，维护好职工权益、维护好企业经营发展，实现互利双赢。建立健全基层工会和工会干部保障激励机制。深化工会经费地税代收工作，通过经费返拨、转移支付、项目化管理等方式，加大向基层倾斜工会经费力度。为全市119个乡镇（街道）、园区工会各下拨1万元工作经费，缓解基层工会经费不足的情况。落实300人以上非公企业工会主席每月工作津贴制度，增强基层工会干部的积极性及职业荣誉感。

（吴柳亭）

共青团韶关市委员会

【机构概况】 中国共产主义青年团韶关市委员会（简称团市委）前身为中国共产主义青年团韶关地方委员会，1983年6月，地、市团委合并后改为现名。

▲2016年5月6日上午，市委书记江凌到团市委调研　　（潘志立　摄）

▲2016年11月25日，韶关市开展“11.25”国际反家暴日宣传活动（市妇联　供）

共青团韶关市委是全市共青团组织的领导机关，内设办公室、组宣部、城乡部、学校部、联络部，以及韶关市青年联合会、韶关市杰出青年协会、韶关青年商会秘书处，下辖韶关市青少年宫。历任主要负责人有覃卫东、李萍、陈茂辉、张中坚、陈波、王晓梅、陈俊林、彭裕殿、梁丽芳、刘海旺。

【青少年思想引导】　以“红领巾相约中国梦”“我的中国梦—奋斗的青春最美丽”“与人生对话—我的中国梦”“与信仰对话—我的中国梦”“彩虹人生—我的中国梦”为主题，深入开展思想研讨、奋斗故事分享、新媒体传播、文化活动、习惯养成教育等五大系列活动，帮助学生确立基本的人生观、价值观、世界观，引导青少年自觉把个人梦想融入中国梦之中。2016年开展市级分享活动17场，参与学生1万余人。

【新媒体建设】　加强“韶关共青团”微信公众号和“青年之声”建设，不断扩大团的影响力。2016年，运用网络新媒体举办《不让毒品进我家——生命无毒·人生无悔》宣传活动，以禁毒宣誓、禁毒知识宣讲、“迷幻毒城”、禁毒游戏摊位等方式向职校青少年宣传禁毒知识，提升青少年的禁毒知识水平。打造建立一支130名青年网络文明志愿者骨干队伍，做到随时发声，推动全市网络文明工作。

【志愿服务行动】　2016年，全市注册志愿者人数已达18.8万人。开展“关爱农民工子女志愿服务行动”，组织各级团组织、志愿组织与农民工子女学校结对138所，结对和受益农民工子女达2万多人。开展以“社会融入、亲情陪伴、阳光课堂”为重点开展常态化的助残志愿服务，动员各类公益志愿组织结对类助残机构，完成对市区4个工疗站、2个康园中心、2个康复中心和2所特殊教育学校的接对全覆盖，为500名残疾青少年提供定向服务。

【青少年合法权益维护】　建立重点青少年群体信息动态排摸机制，实现对目标群体的有效覆盖；组建青少年事务社会工作专业人才队伍，提高服务青少年的专业性和积极性；加强青少年禁毒和法制宣传教育工作，组建市禁毒公益联盟，培育出5个优秀工作项目。2016年6月，举办国际禁毒宣传日暨销毁毒品活动、“梦想与青春共舞，生命与毒品绝缘”大型禁毒宣传活动，宣传《广东省禁毒条例》，开展禁毒图片校园巡展活动，约30000名学生观看禁毒图片展，收集学生观后感300多篇。

【基层团组织建设】　深化乡镇“大团委”建设，推动区域内组织共建、资源共享、活动共促，深化“百县千乡”分类示范创建工作，推广乐昌市、南雄市珠玑镇的示范项目，挖掘基层直接联系服务青年的好做法、好经验。举办2016年韶关市基层团组织建设工作推进会暨示范培训班，150名基层团干参训，评选出10个优秀基层工作项目，予以1000元的工作经费奖励，并选取工作典型在会上发言。2016年，全市新建两新团组织51个，凝聚510多名团员，联系800多名青年。（李韶华）

韶关市妇女联合会

【概况】　韶关市妇女联合会创建于1983年6月，是负责妇女儿童工作的群众团体，是党和政府联系妇女群众的桥梁和纽带。历任主要负责人为曾秀清、吴翠美、周丽琼、李幼章、徐紫玲、邢丽、汪波，韶关市妇女联合会设主席1名，副主席2名，有在职干部16名；内设办公室、儿童部、宣传部、权益部，市妇女儿童工作委员会办公室设在市妇女联合会。全市村、社区妇代会（妇联）1422个，妇女之家1422个。

【妇女小额贷款】　各县（市、区）妇联与农信社不断加大妇女小额贷款项目的宣传力度，举办业务培训，及时总结经验，改进贷款程序，筹集的担保基金已增至535万元。全市共发放妇女小额担保贷款234笔，1761万元。加强妇联系统对贴息资金使用的监管。2016年，市妇联获得广东省实施妇女创业小额担保贷款贴息项目工作三等奖。

【巾帼示范基地创建】　继续开展巾帼种养示范基地创建工作。2016年创建7个市级示范基地。南雄市山门林场及始兴县马市黄洞阔叶树及优质杉木林2个基地被省林业厅和省妇联评为广东省“巾帼林”。韶关市新丰县广鸿联民种植农民专业合作社及韶关市粤凰生态科技有限公司乳源生态农业科技园被命名为“第七批广东省巾帼创业示范基地”。

【"儿童友好社区""儿童之家"创建】 2016年度，市妇联共在韶关市创建9个"留守儿童之家示范点"，在南雄市创建10个"儿童之家"。始兴县城南镇杨公岭村、乐昌市碧桂园社区获得2015年度广东省"儿童友好示范社区"的殊荣，韶关市已创建市级儿童友好社区48个，省级儿童友好示范社区8个。发展"妇联+社工"的合作模式，如武江区新华街道花城居委会与海邻社工中心合作运营花城社区儿童友好社区，以"常规服务+特色活动"相结合的工作方式，为家庭、儿童提供教育、保护、发展等多方面的专业化、个性化服务，广受社区群众欢迎；2016年7月，始兴妇联与"心之光"社会工作服务中心密切合作，在淋头村、贤丰村的"儿童友好社区"开展"书香伴我快乐成长"阅读分享活动。发展"妇联+社会团体"的合作模式。寻求关工委、教育关工委等支持合作，弥补人力、物力的不足，进一步完善"儿童友好社区""儿童之家"的建设。如仁化县妇联争取关工委向官口村儿童之家投入资金支持建设室内外配套设施，利用关工委的资源，调动"五老"（老党员、老专家，老教师，老战士、老模范）人员、退休教师在"儿童之家"开展传统道德教育活动、课外辅导等活动。

【"妇女之家"示范点建设】 继续推进26个第二期省级"妇女之家"示范点项目及20个市级"妇女之家"示范点项目建设。对各示范点建设情况进行督查；做好"妇女之家"工作经费下拨计划，指导县（市、区）妇联、示范点开展项目活动。8月完成省级"妇女之家"示范点项目期终绩效现场评价和考核；指导市国税局、韶关民声网爱心协会组建"妇女之家"，实现韶关市机关及"两新"组织组建"妇女之家"零的突破；组织开展全市"妇女之家"创新发展专题调研，组织15名省、市"妇女之家"示范点负责人参加省妇联组织的优秀"妇女之家"示范点项目管理人员培训班。

【村（社区）妇代会改建妇联工作】 1月，召开县（市、区）妇联主席会议，专题讨论部署妇代会改建妇联工作。编制《××镇（街）村（社区）妇代会改建妇联工作指引》发给各县（市、区）供工作指导和参考。韶关市各地陆续开展试点村（社区）妇代会改建妇联工作，已完成82个村、55个社区的妇代会改建妇联工作。

【妇联工作改革探索】 与市政研室组成联合调研组，围绕"去四化、强三性"（防止工作机关化、行政化、贵族化、娱乐化，增强工作主动性、工作前瞻性、工作创造性）目标，形成《调研报告》呈市改革办。市妇联班子带领县级妇联主席到全国妇联改革试点市重庆市交流学习，深入了解重庆市作为全国改革试点市所积累的做法和经验，形成市妇联改革方案（初稿）呈报市委。

【维权服务项目推进】 2016年服务站累计提供各类咨询241宗，服务405人次；个案服务42宗；开设小组4个20节，服务410人次；召开座谈会6场，收集妇女群众民生问题15个，推动解决15个；开展大型户外宣传19场，受益群众2万多人次；教育讲座9场，服务群众3638人次；维权服务网站发布各类信息212条。与市法制局联合出台《关于建立韶关市地方法规政策性别平等咨询评估机制的意见》，建立韶关市地方法规政策性别平等咨询评估机制。截至10月底，全市妇联（不含镇街）接访案件600多宗，办结率达99%。完成课题调研并形成《韶关市农村土地确权工作中妇女权益保护问题及对策课题研究报告》。

【妇女法律援助】 各县（市、区）妇联参与实施妇女法律援助案件的办理。至2016年6月，已办理10宗法援案件，胜诉率达100%。调解判决结案10宗，为妇女儿童争取经济利益70多万元。第九期妇女法律援助项目的实施及管理，资金配套、使用、结项材料等均按照省妇联《关于实施妇女法律援助项目的若干规定》，资助标准不低于980元/宗案。结合实际制定《韶关市妇联实施妇女法律援助项目的若干规定》，下发《关于申报妇女法律援助项目通知》，试行韶关市妇女法律援助项目一年。

【妇女儿童受助】 市妇联筹集资源开展2016年春节慰问活动，向单亲母亲、特困妇女、贫困留守儿童等105户（人）送上慰问金5万元；慰问20名城乡"两癌"（宫颈癌、乳腺癌）贫困妇女，每人给予2000元慰问金。争取省扶贫基金会在春节前夕为乳源少数民族县

▲2016年5月18日，省妇儿工委督导组到韶关督导妇女儿童发展规划中期评估座谈会（市妇联 供）

▲2016年3月，韶关市科协主席成绍强、乳源县副县长梁丽娟为“公众科学素质教育体验馆”揭牌 （市科协 供）

六一镇的儿童送上150件新衣。浈江区举办“关爱留守儿童——儿童防性侵知识巡回宣讲”活动；南雄市水口镇妇联到沙头村开展以“学雷锋献爱心”为主题的关爱留守儿童志愿服务活动。六一前夕到南雄珠玑镇里仁村指导创建儿童之家工作。牵线搭桥韶关至懋文化传播有限公司，向仁化县第二小学的留守儿童捐赠系列图书300多套。六一期间，市妇联与仁化县妇儿工委联合举办“共享蓝天、快乐成长”关爱留守儿童庆“六一”文艺宣传汇演，向留守儿童代表送上节日礼物；为浈江、武江、南雄、翁源、乳源等县（市、区）的5个儿童友好社区送上慰问金共6万元，用于该地儿童友好社区的建设与发展。市妇联实施“十百帮扶贫困妇女精准脱贫项目”（共10个基地，100名贫困妇女）。乐昌市廊田镇穗丰生态农产品专业合作社被列入省级帮扶贫困妇女精准脱贫项目试点。

【“四援助”扶持】 2016年，市妇联争取省妇儿基金会减免韶关市6名“先心病”儿童的手术费用10万元，资助仁化困难学生3000元，救助乐昌困难家庭三姊妹3000元；启动“母亲邮包”公益项目，共收到捐款近3万元，120个“母亲邮包”分别发放至韶关市浈江、新丰、始兴、乐昌等县（区）的贫困母亲手中；筹措5万元并争取省妇联下拨年度援建款10万元，共援建5户省妇联“母亲安居房”项目，投入10万元用于援建韶关市5户单亲特困“母亲安居房”；继续开展“爱心大联盟”结对帮扶行动，2016年累计有578名爱心父母参与帮扶结对行动。香港南头乡亲总会为韶关市100名贫困学生捐赠助学金共10万元。香港励贤会继续帮扶韶关市270名困境儿童，于10月中旬来韶关市对部分儿童进行入户走访慰问，帮扶困境儿童金额16.2万元。市妇联牵线搭桥韶关市海纳装饰设计有限公司，在乳源县桂头镇中心小学开展海纳爱心基金“冬日阳光温暖你我”助学活动，发放助学金4.5万元，45名家庭贫困学生受到资助。

【妇女儿童发展规划中期评估】 2016年是国家两纲、省市妇女儿童发展规划（2011—2020年）的中期评估年。在省、市中期评估督导后，加大协调和督查力度，通过制定方案，落实整改；会议推进，全面部署；培训推进，组织指导；督查推进，验收成果；制定计划，有序推进；加大宣传，营造氛围等环节全面督促有关成员单位、各县（市、区）加强整改，做好迎国检工作，以评估促进规划实施。 （钟 涛）

韶关市科学技术协会

【概况】 韶关市科学技术协会（简称市科协）是韶关市科学技术工作者的群众组织，是市委领导下的人民团体，是市委、市政府联系科学技术工作者的桥梁和纽带。成立于1958年12月。2016年，有全市性学会、协会、研究会32个，直属事业单位1个，为韶关市科技馆，驻韶中省、市属企业科协18个，高校科协1个，县（市、区）科协10个，县科协所属协会个，乡镇、街道、企业、学校科协个。市科协机关人员编制12名，下辖正科级事业单位，人员编制25名；全市代表大会和它选举产生的全市委员会是市科协全市领导机构。第八次全市代表大会选举委员共57名、常务委员共24名、主席、副主席共5名。

【韶关市科协第八次全市代表大会】 2016年8月10日，市科协召开第八次代表大会。市委、市人大、市政府、市政协领导与230名代表出席大会。省科协党组书记、副主席何真出席开幕会并讲话。会前市委召开常委会专门听取工作汇报，市领导对科协组织在服务韶关科技创新中发挥作用和配齐配强领导班子提出要求。大会通过关于第七届委员会工作报告、市科协实施中国科协章程细则、代表任期制实施办法等决议，选举产生以成绍强为主席的市科协第八届委员会和常务委员会，对市科协今后五年工作提出意见和建议。市科协八届一次常委会议对学习贯彻市科协“八大”精神做出部署，确定2016年工作要点，并对大会提出的科协今后五年工作任务进行分解，逐年落实。

【科协系统改革推进】 2016年初，韶关市委、市政府领导就如何结合韶关实际抓好韶关科协系统改革问题作重要批示。市科协及时编制《方案》草案。经过前期的调研，市科协完成《韶关市科协系统深化改革实施方案》（征求意见稿）起草工作，报送市委办，得到江凌书记亲自批示。对市科协2016年“八大”代表、委员、常委组成比例进行调整，按照中央《方案》的要求提高基层人员的比例，召开换届大会。新的“八大”组织机构中，基层一线代表160名，占66.3%；基层一线委员40名，占70.2%；基层一线常委18名，占75%；兼职副主席2名，全部来自基层一线。筹建科普科创服务中心。年初，以科技馆为平台，利用分流人员筹建一个服务中心，主要职能是为学校、社区、街道提供科普服务，通过政府购买服务方式承担相应的科普服务工作。推动高校科协发展。市科协领导与韶关学院领导经过多次沟通，达成在韶关学院建立科协的共识。经省科协批准，9月29日，韶关学院科协正式成立。

【韶关市全民科学素质行动计划纲要实施方案（2016—2020年）制定出台】 制定《韶关市全民科学素质行动计划纲要实施方案（2016—2020年）》实施方案，在广泛征求意见的基础上，经市政府常务会议审议通过印发执行。方案提出，坚持“政府推动、全民参与、提升素质、促进和谐”的工作方针，提出到2020年，建立适应创新型韶关建设需求的公民科学素质组织实施、基础设施、条件保障等体系，公民科学素质建设的公共服务能力增强，韶关市公民具备科学素质的比例达到10.5%以上。市科协利用市纲要办这一工作平台，通过召开专题工作会议，动员、组织成员单位用好各自资源，组织《纲要》实施工作，对做出突出贡献单位和个人进行表彰。2016年，市委组织部获得由中组部、中国科协等九部委颁发的全国“十二五”期间《全民科学素质行动计划纲要》实施先进集体的称号。市科协召开有关“全民科学素质建设”的对口协商会议，建议把科学素质工作纳入政府的日常工作，按照上级要求逐步提高科普工作经费的投入水平，将科普工作经费列入科协部门预算并争取列入各级政府考核内容，全面推动此项工作。

【老科学家受邀到韶关进行科普巡讲】 2016年3月，市科协、市纲要办首次联合佛山、广州、珠海等市及市直相关单位共同邀请“中科院老科学家科普演讲团”到韶关进行科普巡讲活动，为韶关市公务员、大、中、小学生送上14场科普知识讲座，受众人数超3000人，得到广泛的认可。此项活动也得到市委、市政府的高度重视，分管市领导接见4位科学家，与他们进行亲切的交流。

【文化、科技、卫生“三下乡”活动】 2016年3月，韶关市科协和市委宣传部、市卫计局、市科技局、市农业局、团市委、市妇联、市气象局、市林业局、市纲要办联合在武江区西河全民健身广场举办2016年文化、科技、卫生“三下乡”活动启动仪式，现场为群众开展垃圾分类、防震减灾、紧急避险、环境保护、食品安全、天文气象、妇女、儿童保护等方面的咨询服务，受到在场群众的热烈欢迎。

【科普活动】 自2016年8月，市科协在天井山林场举行2016年“全国科普日”活动启动仪式。市、县（市、区）科协开展各类活动。乳源县科协和翁源县科协邀请华南农业大学教授在乳源大桥镇和游溪镇、翁源县坝仔镇和周陂镇进行咨询和授课。现场派发《蔬菜栽培关键技术》《柑桔栽培关键技术》《水稻栽培关键技术》《经作主要品种栽培关键技术》等农技书籍资料5000多册，接受现场农民咨询。市科协组织县（市、区）科协进行活动总结、优秀组织单位、特色活动优秀单位的评比和推荐工作，评出2016年全国科普日活动优秀组织单位3个，评出特色活动优秀单位3个。市科协联合武江区经信局在惠民街道和武江区新华街道分别组织开展心理健康讲座和食品安全讲座。邀请韶关学院心理学专家、食品科学专家为大家讲解情绪与认知、青少年心理健康、家庭亲子关系、食品安全等方面知识，活动吸引300多人。市科协、市纲要办从2016年9月开始，每月组织策划1—2期韶关市科协“科普自由行”活动，助力韶关市全民科学素质2020年达到10.5%以上目标的实现。市科协和丹霞山管委会、市教育局联合举办的主题为“节约集约利用资源，倡导绿色简约生活”的第47个“世界地球日”科普周宣传活动，约200多人参加宣传活动。2016年6月，韶关市食品安全宣传周活动在韶关市浈江区百年东街婚庆广场举行。市科协、市委宣传部、市文明办等20个单位参加。活动中市科协共派发宣传资料1000多份，取得良好的效果。

【“5·12”国家防灾减灾日宣传咨询活动】 2016年5月，由市科协、市科技局、市减灾委员会、市民政局、市应急办、市红十字会等十三家单位联合在浈江区健身广场举行韶关市2016年“5·12”国家防灾减灾日防灾减灾知识宣传大型咨询活动。活动现场，悬挂120多幅与日常生活结合的图文并茂的科普展板，开展现场咨询及派发科普图书、宣传小册子。市科协联合市地震局在浈江区执信小学低年部开展“减少灾害风险建设安全城市”为主题的一场防灾减灾进校园科普活动。以防震减灾科普知识图片展、3D科普电影《灾难警示录》为主的科普活动，辅以应急疏散演练、防震减灾救护知识手册、有奖问答、智能机器人表演、益智玩具体验、趣味科学课等活动，引起学生们的兴趣和参与。

【“科技馆进百校”活动】 继续支持市科技馆开展“科技馆进百校”活动。活动包含科普秀表演、“放飞心愿、励志成才”励志课、“鸡蛋撞地球”实验，未成年人安全上网、食品安全、环境保护等科普图片展、展示裸眼3D画及益智玩具体验、科普知识有奖问答、应急救护现场演示培训等内容，受到城乡等学校师生的欢迎。先后到南雄市黎灿中心小学、道康小学、仁化青少年宫、黄坑铭源希望小学、丹霞中心小学、黄坑中学、浈江区实验学校、韶关市特殊教育学校、武江区田家炳小学、红星小学、江湾小学、乳源民族实验学校、乳源第一小学、乐昌市长来小学、五山中学等15所中小学校开展“科技馆进百校”活动，受益学生达3万多人次。赠送科普图书6000余册，学习及文体用具2000多套。

【青少年系列科技竞赛活动举办】 2016年举办韶关市青少年科技创新大赛，获得第31届广东省青少年科技创新大赛省一等奖1项，二等奖2项，三等奖7项。举办2016年广东省中学生生物学联赛高、初中组（韶关赛区）高中组35人获省一等奖，62人获省二等奖，123人获三等奖。38人参加全国赛资格，共获全国联赛二等奖12名，三等奖14名。组织参加广东省第三十三届青少年信息学奥林匹克竞赛，韶关市获市团体奖第5名；个人二等奖1人，三等奖7人。组织参加第四届广东省青少年虚拟机器人总决赛，获得冠军3项，亚军3项，季军1项。

【企业科协开展“讲、比”活动】 围绕科学发展主题和加快转变经济发展方式主线，组织企业科协开展“讲理想、比贡献”活动。2016年，韶钢科协组织科技人员开展“五赛五比”（赛人本化、专业化、标准化、信息化、精细化；比质量、安全、进度、效益、廉政）的活动，提供合理化建议2500条，撰写论文500多篇，获省市级以上科技成果57项，获8项专利技术，开发出81个新产品，创造18项国家及省企业新纪录，助推企业创新发展。

【农村实用技术培训】 2016年，市科协加强联合农业、卫生等部门在韶关市乐昌市、仁化县、始兴县和武江区开展贴近实际、贴近生活、贴近群众的农村实用技术培训及农村妇女科技素质培训，共举办15期，参加培训人次近1200人。

【学会学术活动】 2016年，全市学会开展学术交流306场次，参加人数5万人次，交流学术论文800篇。举办学术、科普报告会100场次，听讲人数近2万人次。市医学会共举办各种培训（学习）班、学术讲座和学术交流会69场次，共邀请省内外前来讲学的专家、教授达268人次，参加的医技人员21775人次，组织召开国家级继续教育项目的学术会议2场、省级继续教育项目的学术会议19场，有6场省医学学术直通车在韶关举办，举办第五届粤赣湘口腔学术研讨会、第四届粤赣湘相邻区域儿科学术研讨会等，共前往县（市、区）举办学习班16场次，参加的医务人员有4833人。

【学会承接政府职能转移】 市科协所属学会在承接政府职能转移方面探索新路。医学会2016年受理11宗医疗纠纷案，其中完成鉴定的有6宗；市公路学会利用自身的技术优势，为行政主管部门当好参谋，做好技术咨询服务工作；市地质学会承担政府自然灾害的评估和维护项目，每年服务收入有20多万元，市护理学会承担护士的注册和培训任务；化学化工学会承办高级检验工职业技能培训和考评工作等等

【院士专家企业工作站管理】 韶关市推进“院士专家企业工作站”的建设，在韶关先后建立4个“院士专家企业工作站”（粤北华南虎、南雄邦固化学、新丰广晟稀土、乳源东阳光）。重点加强对这些“工作站”的管理，在活动经费方面给予支持，引导他们开展在人才培养和引进、学术交流等方面工作，为推动企业成为科技创新的主体，促进韶关的经济发展和科技创新发挥积极的作用。

【基层科普行动计划项目申报】 2016年，市科协组织开展基层科普行动计划项目申报工作，推荐乳源瑶族自治县一峰农业发展有限公司、乐昌市农丰农场申报2016年国家、省科普示范基地。韶关市曲江区马坝镇城东社区居委会、始兴县城南镇社区居民委员会申报2016年全国“科普示范社区”项目获得通过，各获国家财政奖补资金20万元。韶关市武江区龙归镇龙安村淮山专业协会和韶关市仁化县扶溪镇左龙村毛竹抚育技术协会申报的2016年农村专业技术协会项目获得通过，各获国家财政奖补资金20万元。乳源瑶族自治县东坪镇东田村委大寮下村熊桂林和韶关市始兴县顿岗镇寨头村张发开申报2015年农村科普带头人项目获得通过，各获国家财政奖补资金5万元。（胡元强）

韶关市文联

【机构概况】 韶关市文联成立于1951年3月，是党和政府联系文艺界的桥梁和纽带，历任主要负责人有金阳、莫瑞延、吴就培、吴江、黄勇、何锦秀、邝耀、陈中秋、何锦秀、叶达俊、何志宏、郭福平、刘照丁。市文联在职干部职工7人，内设办公室和组联部，联系17个文学艺术团体，分别是作家协会、美术家协会、书法家协会、摄影家协会、民间文艺家协会、文艺评论家协会、戏剧家协会、曲艺家协会、音乐家协会、舞蹈家协会、电视艺术家协会、诗社、赏石协会、兰花协会、盆景协会、九龄书画院、文联艺术团。加上10个县（市、区）级的文联组织及文艺团体，市、县两级协会有会员5000多名，其中国家级会员100余人、省级会员700余人。文联的机关刊物《南叶》全国发行。

【文联组织建设】 组织广大文艺家开展“爱国、为民、崇德、尚艺”的文艺界核心价值观教育。结合融媒体技术，在文艺家中开设“艺家园”微信群，宣传介绍习总书记重要讲话精神和党章党纪。韶关市文艺创作交流中心（定址在园前西路6号）成立，该中心成为文联下属17个文艺团体创作、交流、培训的场所。同时与中国文艺报社合作设立《中国文艺报》“风度艺苑”创作基地。做好文艺家协会换届工作。相关协

▲2016年9月19日，韶关市文艺创作交流中心举行揭牌仪式，中国艺术报社社长、中国评论家协会副主席向云驹，市政协副主席贝抗胜等为中心揭牌　（市文联　供）

会参加省级相关协会的换届大会。市民协申敏新连任省民协主席团成员，市曲协梁丽珠当选省曲协主席团成员，市评协温阜敏、市民协王焰安、市摄协谭富堂及陈韶坤、谢锦树，市曲协朱俐香分别当选所在省文艺家协会的理事。12月6日，市委书记江凌到市文联调研，肯定市文联工作取得的成绩，强调要培养更多的文艺青年，把韶关深厚底蕴、人才众多的优势转化为文化优势。

文艺活动　各文艺协会发挥艺术门类的专业优势，举办系列文化文艺活动。作协举办新生代诗人作品研讨会，办好本地作家作品的发表平台《季风》（季刊）。美协春节期间举办“2016年韶关市迎新春美术作品展”。书协在元旦期间举办“韶关市首届新人新作书法作品展”；9月，举行“第二届书法临帖展”；10月，在“纪念红军长征胜利80周年诗书画摄影展”中，共31位书法家书写红军长征题材作品以作纪念。曲协在市“庆祝建国67周年国庆群众文化活动”中，展演集粤曲新唱、经典名曲、民乐合奏及舞蹈于一体的《韶关新咏》曲艺专场晚会。民协参与广东古村落发现和评定工作，开展古村落发掘和保护工作。评协与市作协举办创作座谈会，与市作协主办“韶关市作家评论家走进大学课堂”活动，提高大学生的人文意识。九龄书画院为助残活动现场挥笔、捐献作品。其他协会如兰花协会、盆景协会、赏石协会等也开展多种展览活动。

举办“纪念伟大长征胜利八十周年”系列活动　市摄协举行“红色印记”采风创作活动，征集“红色印记”摄影作品800幅（组），其中30幅入选省“红色印记”摄影作品展，丰实红军长征在韶关的影像资料。市评协参与协办“弘扬长征精神决胜全面小康”——韶关市纪念中国工农红军长征胜利80周年演讲比赛。韶关诗社组织走访仁化城口、乐昌梅花等地，收集题材，创作诗词作品；与市朗诵学会举行“纪念中国工农红军长征胜利80周年”诗词作品朗诵晚会。市美协举办“纪念红军长征胜利80周年美术作品展”，展出美术作品40余件。市舞协先后在浈江、武江、南雄、仁化等地承办“纪念红军长征胜利80周年文艺专场演出”。

【艺术成果】　作协：荣笑雨、王心钢出版《粤军抗战记》；王心钢出版长篇历史纪实小说《大唐名相》；出版第二套文学作品集《南岭文丛》（10本）。美协：在“第三届广东岭南美术展”中，《故园》获金奖，《盘王节》获铜奖，《朝圣》《夏虫》入选；在“第六届广东当代油画艺术展”中，《晨雾》《新鲜出品NO.1》入展。舞协：群舞《笠人遐想》获“广东省第三届大学生舞蹈比赛”乙组三等奖；粤北民间群舞《童瑶》获“2016年广东省第十届少儿艺术花会”总决赛铜奖；舞蹈《傣画》获“2016年广东省第十届少儿才艺大赛”决赛铜奖。摄协：全年有39幅摄影作品入选省级摄影展。在“省红色印记——纪念中国共产党95周年暨红军长征胜利80周年摄影展”，18人的30幅摄影作品入选。剧协：渔鼓表演唱《社区书记老方》获“广东省群众文艺作品评选”曲艺类三等奖；小品《修缘》获得“第九届全省残疾人艺术汇演”铜奖；《落水天的摇曳》获“2016年两岸暨港澳地区客家山歌邀请赛”金奖，《武江边上对山歌》《月姐歌》和《介只啊妹十分靓》获银奖。民协：《张议潮归国图》获“第八届广东省民间工艺精品展”铜奖；《珠玑姓氏文化丛书》获得“广东省第七届民间文艺著作”三等奖；5人6件作品入选中国民协、省民协联合主办的工艺品展。市评协参与编辑出版市文联主编的《岭南艺品》。

【文艺惠民服务】　成立文联志愿服务大队，下设18个服务分队。开展文艺下乡等多个主题的文化惠民活动。在第三个中国文艺志愿者服务日，市文联志愿服务大队深入到扶贫点南雄市水口镇赤岭村，开展“送家训书法作品下乡”的活动，受到村民的喜爱。根据“结对子、种文化”的工作要求，组织下属文艺家协会开展活动。市书协开展“万名书法家送春联进万家”活动，送出春联近万副；市美协到仁化、乐昌等地开展美术教学讲座、捐赠美育书籍等活动；市舞协到新丰开展舞蹈教育专题讲座，到武江开展“广东省新农村少儿舞蹈教室”活动；市摄协到南雄开展作品展览、交流探讨、现场创作等；市剧协开展“从小做起，戏剧进课堂”系列培训活动；市民协与仁化七个古村落结对子，探索“仁化古村落+”文化的新亮点；市音协组织“合唱快闪”活动，给市民带来崭新的艺术享受；市评协为韶关学院作家分会派出指导教师，促进校园文学创作；韶关诗社到中学开展诗教活动。

【文艺人才交流培养】 实施韶关市文艺人才资助项目，通过民主推荐，选拔王心钢等11名韶关市中青年文艺带头人和“育鹰”人才25名，通过签约的形式予以扶持支助。以“文艺名师下基层”活动为契机，发展和培养基层文艺人才。市作协利用省作协到韶关市创作采风机会，组织年轻作家跟随采风学习，与省作协教师和外地作家广泛接触和探讨，开拓文学视野。市文联邀请中国评论家协会副主席向云驹到市文艺创作交流中心讲座，市作协邀请知名作家陈启文前来授课，使参训作家、评论家获得直接的创作启发。（黄文华）

韶关市社会科学联合会

【概况】 韶关市社会科学联合会（简称市社科联），是韶关市社科类各学会（协会、研究会、促进会）和各县（市、区）社科联组成的群众性社会科学学术团体，是市委、市政府联系广大社科工作者的桥梁和纽带。韶关市社科联成立于1986年5月，历任主席先后是赖泽南、王镝非、肖汉谋、梁健、巫育明、李晓林。市社科联在编人员4名，内设办公室。市哲学社会科学规划领导小组办公室合署办公，是市哲学社会科学规划领导小组的办事机构，与市社科联合署办公。作为韶关市社科联会员单位的社会团体有31个，其中市级社科学会组织有23个。乐昌、南雄、曲江等8个县（市、区）设有社科联机构。

【社科研究管理机制完善】 对《韶关市哲学社会科学规划课题管理办法》进行修改，包括对韶关市社科规划课题类型重新划分、规范社科规划课题经费的使用用途、规范结项课题标准和对课题管理、成果管理作较大修改。新《韶关市哲学社会科学规划课题管理办法》经市哲学社会科学规划领导小组第六次会议通过后实施。

【年度社科规划课题立项组织】 市哲学社会科学规划领导小组办公室收集2016年度申报课题93项。其中申报资助课题66项，申报青年课题27项。经评审和审核，批准7项委托课题、20项一般资助课题、8项青年课题和12项共建课题为立项课题。与广东省人与自然和谐研究基地和广东省韶文化研究基地联合开展社科研究课题申报，评审出20项基地立项课题予以资助。与韶关学院成教学院合作，开展全市中小学教师专项发展研究课题申报，实际立项课题26项。

【2015年度社科规划课题结项评审】 市社科规划领导小组吸取省社科联在结项评审方面的经验做法，邀请省社科专家组成评审组对2015年度结项课题进行评审。2016年收到参评课题51项，评审出结项课题等级优秀5项、良好27项、及格19项，并对评审结果做出通报。

【乡土文化教材组织修订】 8月，由市社科联组织编写的韶关乡土文化教材《善美和谐的家乡——韶关》（修订版）出版，免费提供给全市七、八年级学生课堂使用。教材突出韶关文化起源、发展和演变这一主线。10月，该教材与《始兴围楼》《生态价值·补偿机制·产业选择——对广东生态发展区的数据分析》3部作品被评为2016年度“广东省优秀社会科学普及作品”。

【“广东区域经济协调发展暨韶关融入珠三角发展战略”研讨会】 10月15日，由广东省社科联主办，市社科联和广东省人与自然和谐发展研究基地共同承办的2016年广东社会科学学术年会专场学术研讨会——韶关分会场“广东区域经济协调发展暨韶关融入珠三角发展战略”专题研讨会在韶关学院举行。会议特邀10多名省内著名专家出席并做主题演讲，围绕韶关“融珠”发展的现状、相关问题和对策思路开展研讨。市委副书记、市人民政府市长骆蔚峰出席会议并作致辞，省市专家学者、全市200多人参加会议。

▲2016年10月15日，在韶关市社科联承办的2016年“广东区域经济协调发展暨韶关融入珠三角发展战略”专题研讨会上，韶关市市长骆蔚峰讲话（市社科联 供）

【社科研究基地建设】 市社科联重视

加强对广东省人与自然和谐研究基地和韶文化研究基地两个社科研究基地的工作指导。引导省人与自然和谐研究基地专家学者，围绕“韶关生态文明建设和区域经济协调发展”开展系列研究，其中《韶关镇域经济社会改革发展调研报告》转发到各县（市、区）主要领导参阅。5月14日，韶关市韶文化研究院暨省韶文化研究基地研究员聘任仪式与工作通报会在韶关学院举行。会议确定梁观福等55人为韶关市韶文化研究院和广东省地方特色文化（韶文化）研究基地研究员。

【社科普及基地建设】 2016年，市社科联加强对现有3个省级社科普及基地的工作联系，指导他们利用基地搭建的平台，面向基层群众不定期开展社科普及活动。南雄市雄州街道河南村、浈江区南韶村社区和始兴县罗坝镇淋头村，分别开展中国共产党成立95周年科普宣传系列活动、“科学生活创新圆梦”社区科普文化周活动和社科普及周社科咨询活动，并通过制作宣传栏、搭建咨询台、发放社科普及读物，邀请相关人士现场解读政策法规、实际操作演练等方式，帮助市民走进社科领域，关注社会发展。南雄市雄州街道河南村被评为“广东省优秀人文社会科学普及基地”。市社科联联合市博物馆在市区风采楼建造余靖陈列馆。该馆基建工程在施工，室内展品进入制作阶段。

【社科普及系列活动】 2016年，市社科联贯彻落实《广东省社科普及条例》精神，切实组织好全市社科普及系列活动。在会刊《韶风》开设“要闻要论”“韶州史话”等专栏，定期刊发社科理论和本土文化普及文章；在“韶关社科网”专门推出“韶文化研究”“社科知识普及”等栏目，加大社科普及知识的宣传。4月23日，市社科联参加在市区百年东街中心广场举行的书香致远·悦读至美——2016年“书香韶关”全民阅读活动，展示韶关近年来的社科优秀成果，并向市民宣传人文社科知识。对关注“韶关社科网”和“韶关社科之家”微信平台的市民免费赠送韶关地方特色文化书籍。5—6月，在《韶关日报》连续推出两个专版，将韶关市社科界学习习总书记“5·17”哲学社会科学工作重要讲话精神发言进行选登，宣传哲学社会科学的重要性。9月25日，与市委宣传部联合主办，由曲江区委宣传部、市演讲与口才学会承办的“纪念中国工农红军长征胜利80周年”演讲大赛（决赛）在韶关市技师学院举行。10月，与市委宣传部、市委党史研究室等部门联合，在市博物馆举办“长征·突围——红军长征在粤北”图片展。

【市级社科学会工作指导】 先后对市图书情报学会、市演讲与口才学会、市集邮协会和市收藏家协会等学会，开展具有较强社会影响力的社会社科普及公益活动给予业务指导和资金支持。经择优推荐，市税务学会、市演讲与口才学会和市收藏家协会等3个学会，被评为“全国社科工作先进组织”。于10月18日至21日，市社科联组织这3个学会的有关负责人前往株洲参加全国大中城市社科联工作会议，与同行进行业务交流。（张建明）

韶关市残疾人联合会

【概况】 1989年7月成立，韶关市残联是中国残疾人联合会的地方组织，是将残疾人自身代表组织、社会福利团体和事业管理机构融为一体的残疾人事业团体，由市政府领导，业务上接受省残疾人联合会指导。其主要任务是：维护残疾人的合法权益，开展各项业务和活动，为残疾人服务，管理发展残疾人事业，承担市政府残疾人工作委员会的日常工作。历任主要负责人王祖南、叶益群、冯伟星。韶关市残疾人联合会共有1室2个科（办公室、教就科和康复科），在职人员10人。2016年，韶关市有18.9万残疾人，占全市总人口的5.38%。“十二五”期间，韶关市投入近亿元用于完善残疾人综合服务基础设施建设。2016年8月26日，仁化县政府被国务院残工委评为全国残疾人工作先进单位，市残联理事长冯伟星获得全国残疾人工作先进个人称号。

【广东省残疾人粤北就业培训中心举行揭牌仪式】 1月15日上午，广东省残疾人粤北就业培训中心揭牌仪式在韶关市始兴县城举行。省残联副理事长李敏、韶关市政府副秘书长黄艺坤、始兴县政府领导等参加活动。广东省残疾人粤北就业培训中心是省委、省政府作为实施加快残疾人事业发展的重点项目，由省残联和韶关市政府共建。该中心位于始兴县县城，占地面积2万平方米，规划建筑总面积1.15万平方米，总投资达到3000万元，属公益一类正科级事业单位。经过五年的努力，该中心工程建设基本完工，并由省残联委托韶关市残联管理，上半年投入使用。该中心每年将为粤北地区450名残疾人提供职业培训和庇护性就业等服务，拟建成一个集残疾人庇护性就业、技能培训、托养的示范基地。中心完成机构建立、人员招录和设施配套，开始试运行。

【韶关残疾人在省级以上文艺大赛中获奖】 5月，在广东省第二届盲人散文小说创作大赛暨第六届盲人诗歌散文朗诵大赛中，韶关市盲人潘力创作的小说《扶》、谢经营创作的散文《老屋抒怀》分别获得一等奖和三等奖，韶关选送的盲人选手张新梅朗诵的自创诗歌《最美的风景在心底》获得第六届盲人诗歌散文朗诵大赛决赛三等奖，韶关市残联获得优秀组织奖。6月28日、29日，在广州番禺举行的“第九届全省残疾人艺术汇演”中，韶关市选送的由王超杰（肢残）创作、周丽萍导演、王成舜配音、王超杰、陈亚峰表演的小品《修缘》，在汇演中获得铜奖；由市残疾人康复中心6岁以下的14名听障儿童表演的舞蹈《我最棒》获得优秀奖。王超杰（肢残）、周丽萍分获创作奖和辅导奖。在2016年11月公布的首届全国盲人小小说大赛获奖名单中，韶关市选送的谢经营的作品《吃鸡蛋》、潘力的作品《表白》分获二等奖、三等奖。8月24日，在第五届广东省残疾人艺术作品大赛上，由市残联选送邓小芳（听障）创作的《瑶绣：润万物和谐美》、叶廷英（肢残）等的《旗袍绣》齐获大赛手工类二等奖，潘志沐（听障）的《扇面》获得书法类优秀奖，罗婉鸣（听障）的《聆听夕阳》获得绘画类优秀奖。

【助残日、残疾人日活动】 5月15日是第26个全国助残日，韶关市残联、团市委、市文联联合举办以"关爱孤残儿童，让爱洒满人间"为主题的助残日活动。来自市区各地300名残疾人及其亲友在市区万汇广场中心观看文艺演出。爱心志愿者们将由阳光巧家园的残疾人制作的毛线编织、串珠、剪纸、刺绣等手工艺品进行现场义卖。引得市民购买艺品。来自市书法家协会的爱心书法家们在活动现场书写，并将作品义卖。12月3日是国际残疾人日，市残联市区百年东街婚庆广场组织举办"同在阳光下，温暖你我他——庆祝2016国际残疾人日活动"，呼吁全社会共同关爱残疾人，聚焦精准扶残，共建小康社会，来自残疾人专门协会的残疾人及其亲友参加该活动。活动现场设有残疾人手工作品义卖，并有书画家现场书写等。

【2016年全国助残日暨"牵着蜗牛去散步"联欢在翁源县举办】 5月10日下午，翁源县残联举行2016年全国助残日暨"牵着蜗牛去散步"社会活动联欢会。本次活动由韶关市智力残疾人及亲友会、韶关市精神残疾人暨亲友会和翁源县残疾人联合会主办。翁源县残疾人事业多年来有较大的发展，推出一系列的残疾人优惠政策，配套重度残疾人的护理补贴和贫困残疾人的生活津贴、家庭用电的优惠政策等，体现翁源县全社会对残疾人的关爱。在联欢会上，主办方向100名残疾人赠送节日慰问品，翁源县青年商会向下肢不便的残疾人捐赠30台轮椅。从1991年开始，全国人大常委会把每年5月的第三个星期日定为全国助残日。2015年7月秦皇岛特奥活动期间，中国智协开拓性地提出在全国开展永久性大型社会活动——"牵着蜗牛去散步"，旨在让智障人士走出家庭，融入社会。

【残疾人联谊宣传活动】 6月30日，市残联编写印发画册《筑梦韶关——韶关残疾人工作巡礼》。各残疾人专门协会自主开展活动，8月11日，省、市、县肢残协会在乐昌举办"湖南郴州东江湖联谊游"活动；3月，市残联和市残疾人专门协会组织20名有一技之长的残疾人志愿者在东河桥头开展"银手杖"义工志愿服务活动。为广大市民免费提供残疾人政策咨询、法律咨询、盲人按摩、理发、小家电维修等服务。

【"视觉第一——韶关光明行"广东狮子会粤北公益复明行动暨揭纱仪式举行】 7月16日上午，由广东狮子会岭南服务队、韶关市残联、民建韶关市委会和韶关爱尔眼科医院联合举办的"视觉第一——韶关光明行"广东狮子会粤北公益复明行动暨揭纱仪式在韶关爱尔眼科医院成功举办。韶关市残联向广东狮子会岭南服务队代表赠送锦旗。参加仪式的嘉宾为现场的已手术的白内障患者进行揭纱。此次广东狮子会岭南服务队到韶关开展扶贫白内障手术，为社会特殊困难群体提供志愿服务，受益的贫困白内障患者可免费获救助，重见光明。根据韶关当地多家医院的医疗水平及服务质量等因素进行综合评估，广东狮子会岭南服务队最终选择韶关其中一家眼科医院进行白内障筛查及手术治疗。自2016年5月初起，韶关该眼科医院已针对该项目深入韶关3个区7个县市进行白内障义诊筛查，已有170多名患者接受该项资助得以重见光明。

【残疾人体育创建比赛】 推进浈江区"省残疾人体育示范区"工作，11月，全市建成9个全民助残健身活动中心。其中乳源已建成残疾人健身广场并投入15万元购买16种不同型号的室内外健身器材。10月29日，在广州棋院举行的2016广东狮子会"博爱杯"全省残障人士围棋大赛上，市肢协选派代表获第一、第三名；在全国残疾人锦标赛上，残疾人运动员朱佩强获羽毛球双打第一；韶关市首次成立的特奥龙舟共融队在5月22日佛山市举行的粤港澳特殊龙舟南海邀请赛上获得第二名，6月9日在香港西贡码头举行的第十届海峡两岸暨港澳特能共融男子中龙邀请赛中夺冠。11月5日，在湛江市举办的第13届广东肢残人坐式排球邀请赛上，韶关代表队获得季军。（黄婷婷）

韶关市国际贸易促进会

【贸促会组织概况】 中国国际贸易促进委员会韶关市委员会（简称韶关市贸促会）成立于1986年8月，同时使用韶关国际商会名称，参照公务员管理的群众团体，其职责是促进国际贸易和利用外资、促进企业国际化经营和经济合作，增进韶关市人民和工商企业界、世界各国各地区人民和经济贸易界的相互了解和友谊。历任主要负责人：谢德荣、刘勇林、马军、李敦华，市贸促会无县级基层单位和下属单位，现有在职干部职工6人。实行团体会员制，截至12月31日，韶关市贸促会商事认证注册企业（会员单位）104家，韶关国际商会会员单位37家。韶关市贸促会设会长1名，副会长1名，秘书长兼办公室主任1名；内设办公室。有在职干部5名，工勤人员1名。先后组团赴英国、德国、瑞士、意大利、日本、韩国、伊朗等国家开展经贸交流对接活动，结合韶关资源和地理优势开展招商引资工作，同时，办好出证认证等传统业务，支持企业走出去，参与国际化竞争。

【推动与德英瑞等国家的经贸交流】 2016年5月22—31日，率领广东韶铸集团有限公司、新智旅行社有限公司、乳源县云门山旅游景区开发有限公司，丹霞山投资经营有限公司，韶关市电子商务行业协会和乳源县源之都贸易有限公司，组成赴德国、瑞士、英国经贸代表团，开展旅游推介、经贸交流和友城合作对接出访活动。在德国，拜会弗莱堡市经济—旅游—会展促进署中国事务部，就两市旅游、经贸和友城合作进行洽谈。在瑞士，考察哈特贝公司总部及研发中心位于莱纳赫的装配工厂和哈特贝公司新产品AMP50-9精锻机设备，学习先进管理经验、洽谈广东韶铸集团有限公司设备引进。市旅游行业协会已开展对接，就加强两地旅游合作、产业发展和推介准备签署战略合作协议。在英国，与英中贸易协会进行对接，就开展友城合作进行洽谈。10月21—23日，会同旅游局、市外侨局，接待德国弗莱堡市经济—旅游—会展促进署中国事务部主任陈炼一行到韶关参观考察，就开展校际、旅游和友城交流合作，设立韶关市驻德国弗莱堡经贸代表处等事宜进行交流、洽谈。

【促进与日本韩国等东亚地区的经贸合作】 2016年5月26日—6月2日，率领韶关金喆园生态农业有限公司、韶关市石斛产业协会、韶关市乡亲药房连锁有限公司、韶关市美澳教育集团、韶关市和通咨询服务有限公司、韶关市你好阳光企业管理有限公司、韶关市曲江区田园绿色农场、韶关市兴胜通工商财务咨询有限公司、韶关市亿讯电子商务有限公司、广东磊蒙重型机械制造有限公司等企业，先后拜会广东省驻韩国代表处、韩国双赢物流有限公司及食品医药安全处，就跨境电商合作进行交流，并考察药品实体店；拜访日本国际贸易促进协会，就酵素保健品生产合作等进行探讨；拜访YouTeacher株式会社CEO、孙正义的学生布和贺什格，就到韶关开展机器人合作及联合招商进行交流；拜访北海道大学农学部，就产学研合作进行对接，参观北海道农场和食品加工工场；参加北海道工业试验工场成果发布会，了解日本最新科技孵化成果。

▲ 韶关市贸促会组团走进非洲 （市贸促会 供）

【走进非洲帮助企业拓展市场】 2016年8月30日—9月8日，由韶关市贸促会组团，副市长朱余旺带队，率领韶关金喆园生态农业有限公司、韶关市新世纪农林科技有限公司、韶关市粤兴孚商贸有限公司和韶关德睿重型机械制造有限公司等多家企业负责人，赴非洲埃塞俄比亚、肯尼亚、南非三国开展经贸交流活动。在非洲期间，韶关经贸代表团参加由省政府主办的中国（广东）——埃塞俄比亚经贸合作交流会和中国（广东）——肯尼亚经贸合作交流会，广结客商，宣传韶关。在埃塞俄比亚，韶关经贸代表团与埃塞国家投资委员会进行交流，埃塞俄比亚国家投资委员会确定重点发展纺织、服装、食品、鞋业、皮革等产业，并制定优惠政策，通过招商引进项目，吸纳更多就业人口，并带动农牧业深加工，实现工业化；参观华坚国际轻工园，华坚鞋业凭借人工、关税、物流生产要素国际比较优势，带来利润及同业不可比拟的竞争力；与中国交通集团非洲分部进行对接，该央企在埃塞俄比亚在由建筑商向开发商转型，以亚迪斯亚贝巴—吉布提铁路为主轴，布局建设经营工业园区，寻求新一轮发展；与中铁四局驻埃塞俄比亚进行交流，了解埃塞俄比亚建设情况。在南非，朱余旺带队拜访南非国际商会总会，双方就基建设备、跨境电商、通用航空及两地教育合作达成初步共识，并与中车集团驻南非公司开展对接。

【开展与伊朗希腊意大利等国的经贸交流】 2016年11月14日—23日，由市贸促会负责组团，协同市商务局、仁化县人民政府，率领韶关市东南轴承有限公司、韶关宝能丹霞山国际旅游度假区有限公司、鸿伟木业（仁化）有限公司等多家企业负责人，参加2016年德黑兰国际汽车用品展，拜访希腊爱奥怪亚市政府和意大利相关协会商会，开展旅游推介和经贸交流活动。

【加强与港澳台地区的经贸交流对接】 2016年3月30日，组织韶能集团绿洲纸模包装制品有限公司、康绿宝科技实业有限公司参加“澳门国际环保合作发展论坛及展览”。6月19日—26日，组织乐昌市九峰镇绿峰果菜专业合作社、翁源县好又多商贸有限公司、乐昌市粤宝农副产品流通专业合作社、乐昌市乐溪谷家庭农场、乐昌市大联信息技术有限公司、韶关太保进出口贸易有限公司等企业，拜访台湾区食品暨制药机械工业同业公会和安口食品机械有限公司等食品加工设备生产企业，洽谈食品加工设备的引进，开展合作交流。拜访台湾罐头食品工业同业公会、手信坊有限公司，开展农产品深加工合作交流。拜访高雄市农会，学习考察农产品交易和市场的管理。8月10日—12日，会同市经信局、市商务局，组织韶关茶叶协会、广东雪花岩茶业有限公司、乳源瑶族自治县天瑶农业发展有限公司（天瑶红生态种植茶叶）、乳源瑶族自治县瑶山王茶业有限公司和韶关电子商务行业协会、翁源县好又多商贸有限公司等11家具有一定种植规模的茶叶加工生产、贸易企业赴香港参加“香港国际茶展、食品博览会”。11月30日—12月2日，组织韶关电商协会企业参加香港贸发局国际中小企博览及香港国际特许经营展。

【加强友城对接推动国内经贸交流合作】 2016年8月8日—12日，市贸促会组织部分跨境电商、金融服务等行业的相关企业赴内蒙古鄂尔多斯市开展经贸交流活动。市贸促会注重加强与伊春市的联系，拓展对俄边贸合作，于12月在哈尔滨设立韶关国际商会驻哈尔滨经贸代表处，着手开展对俄贸易。

【帮助企业实现生态产品跨境贸易】 2016年，韶关市贸促会协助国际商会新西兰分会在韶关建立全绿体验店，销售以新西兰为主体的生态产品。市贸促会协助韶关金喆园生态农业有限公司在香港设立公司，面向欧美、日本及香港销售，并协助其拍摄《柚缘匠心》纪录片，树立“云南有褚橙、广东有谢柚”品牌意识。

【驻外代表处作用发挥明显】 韶关市贸促会在英国伦敦设立经贸代表处，开展对欧拓商工作，该办事处及时提供欧洲及英国经贸信息，并协助韶关宏大齿轮有限公司就机器人制造核心部件开展合作，加强与捷克公司沟通联系。韶关驻北京经贸代表处，协助企业，加强与国家相关部门联系，开展招商引资工作，聘用当地人。发挥地缘人缘业缘优势，取得一定成效。

【协同开展招商引资工作】 韶关市贸促会加强与行业协会联系，推动招商引资工作落到实处，与公司注册在北京的茅台集团直属企业茅台白金酒公司建立联系。茅台集团计划将打造为养生酒系列的第一品牌酒。安徽专门做药业的集团公司愿意牵头投资，茅台集团愿意提供品牌、渠道，将茅台石斛酒项目落户韶关，该项目将带动韶关市石斛优势产业发展，实现一二三产业联动。加强与北京民建党中央联系，立足民建企业家较多的优势，开展招商，即将签订合作协议，引进麻辣诱惑、黄记煌等品牌连锁店入驻韶关。

【为企业开展国际贸易提供服务】 2016年，韶关市贸促会先后30多次对会员企业进行调查走访，为企业提供信息咨询、商事法律服务和接受商标注册申请等服务，解答企业提出的有关涉外经营或国际经营等方面的问题，了解企业的经营状况和生产发展形势，及时向有关部门反馈企业诉求，为企业排忧解难。配合总会推行使用ECO系统，在会员单位中全面推广企业端“CA数字证书”，共签发非优惠原产地证981份，优惠原产地证53份，同比增长29.2%，出口货物总值5529.44万美元，同比增长19.9%，出口55个国家和地区；办理国际商业文件证明书62份、代办领事认证27份，认证国别涉及阿根廷、埃及、土耳其、俄罗斯、厄瓜多尔和墨西哥等国家。 （李荣臻）

▲2016年12月6日，韶关市侨联召开第十一届二次全委会议 （市侨联 供）

韶关市归国华侨联合会

【机构概况】 归国华侨联合会是党和政府联系归侨侨眷和海外侨胞的桥梁和纽带。维护侨益、参政议政、群众工作、海外联谊是侨联的四大职能。韶关市侨联成立于1958年11月，是广东省最早成立的地级市侨联之一，历经十一届。2003年4月，市侨联成立党组，从市外事侨务局独立出来，为正处级参照公务员管理群团单位，配备事业编制5个。2013年8月，市侨联归党委口分管。韶关市侨联主管的侨界组织社团有5个，分别是南方大学归侨韶关校友会、暨南大学韶关校友会、韶关市潮人海外联谊会、韶关市侨界青年联合会与韶关市侨联法律顾问委员会。

【归侨侨眷节日慰问】 开展春节慰问活动。1月15日，市侨联班子成员陪同省侨联慰问组一行到消雪岭华侨农场、南雄市慰问困难归侨侨眷。1月25日—27日，班子成员到新丰、翁源、乳源、始兴、仁化、曲江、武江等地走访慰问，韶关市发放慰问金5.75万元。开展重阳节慰问活动。9月30日，班子成员上门看望市区部分老归侨。通过浈江区、武江区、曲江区侨联，为市区234位70岁以上老归侨发放慰问金3.29万元。

【侨联“爱心助老”项目】 “爱心助老”项目由市侨联于2010年引进资金开展，旨在为韶关市困难老归侨提供长期稳定的基本生活保障（每人每月发放200元）。经市侨联牵线，澳门东井圆佛会于2015年底为该项目捐赠5万元，2016年又捐赠5万元。项目开展至2016年，有14人受益，发放助老金12.38万元。仅2016年为消雪岭华侨农场、乐昌市、浈江区等地11位特困老归侨发放助老金2.64万元。

【侨爱心·光明行活动】 联合中国华侨公益基金会、韶关爱尔眼科医院开展“侨爱心·光明行”公益复明活动，为韶关市贫困白内障患者免费实施手术。2016年5月，活动相继在始兴、仁化县举行启动仪式，并得到深圳狮子会、广东省一心公益基金会等社会公益组织资金支持。截至2016年，活动覆盖始兴、仁化、乳源、浈江、武江、曲江等县区，累计帮助677多名贫困白内障患者复明。

【交流联谊】 组织各县（市、区）侨联负责人到广州市南沙区、番禺区和东莞市、佛山市就新侨工作、海外联谊和侨界人文社区建设取经学习。先后赴港澳出席香港侨友社、香港侨媛会、澳门东井圆佛会举行的会庆及联谊活动，密切同港澳侨（社）团交流联络。10月18日—27日，市侨联主席廖凤英随省侨联团组出访老挝、泰国、新加坡，拜访海外重点侨团和知名侨领，先后接待到韶关参观访问、寻根问祖、交流联谊的马来西亚雪隆广肇会馆、马来西亚东安会馆和香港侨媛会一行。10月10日，清远市侨联来韶关就基层组织建设、侨联换届选举、党建带侨建等工作与市侨联开展座谈交流。

【侨联对台工作】 5月9月—15日，市侨联首次组团赴台湾考察交流。考察团先后拜访世界广东同乡总会、新竹市广东同乡会、台北市广东同乡会、台湾中华侨联总会等多个台湾侨（社）团和在台湾部分韶关市政协委员，进行座谈交流，共同表达促进两岸和平发展和统一愿望。考察台湾大洋金币有限公司、桃园花海休闲农场等侨资企业和新竹科学工业园区，开拓考察团成员的眼界和视野。介绍韶关历史文化和经济社会发展情况，宣传推介韶关投资营商环境，邀请台湾同胞到韶关观光旅游、考察投资。

【参政建言】 侨界人大代表、政协委员提交的提议案素材均得到相关部门的答复。参加专题视察和政协委员活动日活动。做好参与协商和推荐人大归侨代表、提名侨联界政协委员人选工作，推荐政治素质高、参政议政能力强、热心为侨服务的侨界人士到归侨侨眷人大代表和侨联界政协委员行列中。在2016年换届中，市侨联提名3名市级侨界政协委员人选。2016年全市有县级以上侨界人大代表6人，各级政协侨联界委员25人。 （管　慧）

韶关市老区建设促进会

【概况】 在2016年6月30日召开的韶关市老区建设促进会六届四次会议上，增选副会长6名，常务理事3名，理事4名。至此，有正副会长13名，常务理事23名，理事13名。10名副会长分工联系10个县（市、区）老促会，14名常务理事（或理事）担任对口联络员，形成分工把口上下贯通紧密型的工作网络。2016年曲江、始兴、翁源等3个县区老促会、4名个人被省老促会评为先进。

【精准扶贫调查研究】 2016年4月下旬，市老促会组织6个调研组，分赴全市10个县（市、区），就老区三年精准扶贫精准脱贫全面建成小康社会展开调研。韶关市被列入广东省新时期精准扶贫精准脱贫相对贫困村278个。其中老区贫困村143个，占贫困村数的51.4%，占全市589个老区村的24.3%。老区贫困户16333户，贫困人口41133人，分别占全市贫困户33354户的49%和贫困人口85048人的48.4%，分三年完成脱贫。针对调研中发现的问题：贫困户存在漏统、错统现象，靠自身力量帮扶精准脱贫难度较大，县镇两级精准扶贫牵头部门（扶贫办）人员少、工作量大，公共设施欠账多，短期内难以解决等问题，提出建议；加大扶贫攻坚宣传力度；机构、人员、经费落实；建议市委市政府对两彩（福利彩票、体育彩票）公益金的使用作出明文规定，每年提取10%的份额作为革命老区开发建设资金，并从2017年起，老区建设专项资金从200万元增至400万元；按全面建成小康社会35项指标，始兴县建议，将下列6项指标，即科研经费占GDP比重、万人发明专利拥有量、城镇人口比重、万人拥有律师数、单位GDP水耗、单位GDP建设用地占用面积的目标值适当调低，使其更加符合老区的实际。形成调研报告呈报市政府。

【老区宣传工作】 2016年韶关市老促会被省老促会评为老区宣传工作特别贡献奖，翁源县老促会、新丰县老促会被评为三等奖，受到表彰。有7位作者被《源流》杂志表彰奖励。老区宣传的队伍不断壮大。市老促会按1：1奖励上年度稿酬11775元。在2016年12月20日召开广东省老区建设促进会会长座谈会（梅州）会上，市老促会经验材料《巧出三张牌创新不停步》作书面发言。在始兴县城市广场开辟老区宣传栏已获认同。

【烈士后裔助学工作】 2016年全市筹集烈士后裔助学金41.51万元（其中省拨8万元，市拨16.3万元，各县配套17.21万元），受助学生176人（其中大专以上147人，中专29人）。大专以上受助最高3000元/人，最低2000元/人，中专最高2100元/人，最低1400元/人。各县配套资金按1：1标配的有翁源、新丰、乐昌3县市，超过1：1高配的有始兴县，低于1：1配套的有南雄0.54、仁化0.48、曲江0.74、武江0.33四县市区。乳源、浈江未报受助学生不作比较。鉴于韶关市助学金标准低于全省平均水平，市老促会向市委、市政府呼吁请示，获准将标准提高到大专以上学历每人每年3000元，每人每年中专2000元，列入财政预算，从2017年开始执行。

【书画义卖筹资工作】 浈江区筹集资金15.6万元，用于东联村革命烈士叶发青故居的修建。武江区筹集资金15.6万元，用于龙归镇冲下文化室修建项目10万元、重阳镇万侯村机耕路5.6万元。义卖中认购的五幅字画，已转赠给湖南商会5家爱心企业挂展或收藏。这5家企业于2015年捐资8万元给龙归医院提质改造。（张钰廷）

韶关市红十字会

【概况】 韶关市红十字会成立于1987年，是从事人道主义工作的社会救助团体。2008年5月，从市卫生局分离独立，成立党支部，隶属韶关市政府直管，为副处级参照公务员法管理群团机关，历任会长为兰茵、王青西。韶关市红十字会有理事、常务理事55人，注册志愿者骨干1200人。2016年，累计接收捐赠款物634.86万元，救助覆盖10个县（市、区），受益群众达3200人次。

【市红十字会完成理事会换届工作】 8月16日，召开韶关市红十字会第七次会员代表大会。市委常委王青西、市政协副主席兰茵、省红会副会长兼秘书长甘萍出席会议。会议听取第六届理事会工作报告和接受捐赠款物收支情况报告，对下阶段工作进行部署，聘请陈向新、兰茵为名誉会长、名誉副会长，审议通过理事、常务理事、会长选举事项，选举王青西为会长。

【市红十字会基层组织基础夯实】 2016年，始兴、仁化县红十字会完全独立，浈江、武江区和新丰、翁源、乳源等县明确红会专职人员，红十字组织往基层延伸，在丰城街道横坑村、一六镇乌石岭新村成立两个社区红十字会，韶关学院、医学院学校红十字会完成换届。

【志愿服务】 2016年，举办两期红十字无偿献血志愿者骨干培训班，新增120名红十字志愿者；8月26日，省、市红十字会联合在韶关开展“救”在身边应急救护师资培训活动；医学院“蓝丝带”志愿服务队关爱自闭症青少年，开展心理健康辅导进社区活动；成立省红十字水上救援韶关大队始兴中队，加强水救队志愿者日常救援演练。出资为志愿者投保人身意外伤害险，避免奉献者背负风险。韶关市红十字志愿者服务活动成为常态，全年志愿服务小时数6.42万小时，开展活动117场次。动员、组织红十字志愿者先后深入南雄市湖口镇、界址镇，乐昌五山镇、秀水镇、沙坪镇，仁化县闻韶镇，新丰县黄礤镇、回龙镇等基层敬老院、福利院送温暖、献爱心。“3·5”学雷锋日，组织红十字志愿者在步行街开展“学雷锋——红十字志愿服务活动”，普及健康常识、宣传三献知识，向过往市民宣传推广红十字急救掌上学堂应用软件。清明时节，组织红十字志愿者100多人，赴革命烈士陵园扫墓。韶关市红十字水上应急救援志愿者参与保障中国鲈钓大赛韶关站赛事运动员和观众的安全。

▲2016年9月24日上午，韶关市第七届无偿献血成人礼宣誓仪式（市红十字会　供）

【应急宣教】 利用“5·8”世界红十字日、“5·12”防震减灾日、“6·14”国际献血日、“世界急救日”等重要纪念日，宣传红十字运动和红十字知识。在韶关日报专版刊登“汇集爱心·凝聚人道·守护生命”专题，宣传红十字运动、捐献造血干细胞和应急救护知识，推广全民避灾自救技能。开展“5·12”应急宣教工作，在浈江区东河全民健身广场举行防灾减灾日大型科普展览及现场咨询活动，现场组织群众及学生开展应急救护演练；征订3000份中国红十字报防灾避险知识专刊，在韶关学院、医学院及各县市区中小学开展防灾减灾知识竞赛。在中国人道网、中国献血网、韶关市人民政府门户网、韶关日报等媒体和门户网站发表宣传报道60余篇。

【博爱家园项目建设】 重点抓好博爱家园项目建设，成立社区红十字基层组织，发展志愿者队伍、开展人道帮扶、推动红十字运动、防灾避险、自救互救知识宣传等工作，成为韶关红十字社区扶贫品牌工程。完成乌石岭村、横坑村博爱家园项目建设（项目资金150万元），始兴县东一村和翁源县富陂村博爱家园项目得到省红十字会立项批复。

【系列救助活动开展】 开展以“博爱

助困、助学、助残、博爱助老”为内容的系列救助活动。在元旦、春节期间，以“红十字博爱送万家”为主题，共筹集大米、食用油、棉被、棉衣等慰问款物价值50.11万元，4000余人受益。开展“以爱育爱·金童计划”，8月，将幸福天使基金下拨价值400万的奶粉分发给各县（市、区）红十字会及市福利院等十余家单位。韶关市红十字会携手市妇幼保健院、始兴县人民医院，联合开展“以爱育爱金童计划”公益活动，旨在为韶关市贫困家庭新生儿提供健康体检及先天性疾病筛查。韶关市0—14周岁白血病儿童24人各获得中国红十字会基金会小天使基金3万元—5万元不等资助。12月27日，省、市红十字会联合陈绍常基金会在全市开展贫困家庭先天性（风湿性）心脏病筛查活动，初步筛查115人，到场检查52人、符合救助手术指征22人。

【救护培训】 开展应急救护知识与技能培训和普及工作。列入惠民实事项目。落实《关于印发韶关市开展应急救护培训工作实施方案的通知》精神，将红十字应急救护普及培训作为一项服务经济社会发展的民生工程，纳入年度重点工作，落实经费保障。扩大救护培训范围。推进重点行业、重点人群的培训工作，扩大应急救护培训的受众范围。全年培训救护员540人，救护普及培训8700人。设置应急救护站。在丹霞山等旅游景点建成3个应急救护站点，打造出十分钟急救圈。普及水上安全救生知识。依托韶关市红十字水上应急救援队，在韶关市开展中小学生夏季水上避险逃生及救援知识讲座24期。5月22日，组织市红十字水上应急救援大队在在始兴县山口电站水库开展水上应急救援演练；10月16日，在林雨阳光体育公园游泳场开展水上救援技能复训活动。

【无偿献血】 深入社区、企业、校园，广泛宣传无偿献血及相关政策，开展形式多样的无偿献血活动，2016年，3.06万人献血、献血量达10.16吨。9月24日，与市中心血站联合举办韶关市第七届无偿献血志愿者18岁成人礼活动，来自全国20多个省份60多个地级市领导、专家、志愿者代表300人和韶关市800名满18岁热血青年参加活动。12月24日，联合卫计部门表彰星级和年度优秀志愿者138人。

【造血干细胞捐献】 采取在献血志愿者发动培养、高校大学生中培训动员、全程跟随服务登记的方法，采集326例干细胞捐献志愿者血样入库中华骨髓库。将2016年造血干细胞捐献者傅青龙（韶关市第五例）捐献的先进事迹在韶关日报、韶关电视台、韶关电台等媒体进行报道。造血干细胞韶关工作站连续五年被广东分库评为“达标工作站”。

（华永锋）

军　事

韶关军分区

【机构概况】　中国人民解放军韶关军分区是韶关的军事领导指挥机关，是中国共产党韶关市委员会的军事工作部门和韶关市人民政府的兵役工作机构，是中共韶关市人民武装委员会的组成单位及其办事机构，受广东省军区和中共韶关市委、市人民政府的双重领导。主要负责辖区内的民兵、兵役、动员工作、预备役部队建设和城市警备等工作。韶关军分区其前身为中国人民解放军广东省北江军分区。北江军分区于1949年11月17日成立，隶属中国人民解放军第15兵团和广东军区。1952年10月，以北江军分区为基础和西江军分区一部，在韶关成立粤北军区（三级军区，副军级），隶属中南军区广东武装工作部。1954年8月，粤北军区整编后改属中南军区公安部队兼广东军区领导。1956年3月1日，粤北军区撤销，同时成立广东省韶关军分区，隶属广东省军区（广东军区）至今。

2016年，韶关军分区为正师级建制，机关设司令部、政治部、后勤部，下辖10个县（市、区）人民武装部（正团级）、惠民路离职干部休养所（正团级）、新华路离职干部休养所（正营级），代管省军区民兵武器装备仓库（正营级）。

【中共韶关军分区委员会第十一届三次全体（扩大）会议暨第一书记任职大会】　3月17日，韶关军分区在军分区礼堂召开中共韶关军分区委员会第十一届三次全体（扩大）会议暨第一书记任职大会。会议宣布中共韶关市委书记江凌为军分区党委第一书记的任职决定，传达学习上级党委全会精神，分析总结2015年度全区工作，研究部署2016年度工作任务，大会通报表彰年度先进单位和先进个人。中共广东省委常委、省军区政治委员黄善春少将出席会议，中共韶关军分区委员会全体成员参加大会，中共韶关市委主要领导、军分区机关干部、韶关市国防动员委员会成员单位领导、各县（市、区）人武部、军分区直属单位军政主官列席会议（地方领导只参加宣布第一书记任职决定会议）。

▲2016年3月17日，军分区组织党委第十一届三次全体（扩大）会议暨第一书记任职大会　（韶关军分区　供）

【党委班子和干部队伍建设】　落实常委挂钩分工帮带，开展交心谈心活动，强化履职担当。2016年，19名干部退役，仁化、翁源、浈江、曲江4个主官人武部领导坚守岗位。采取军分区常委包干挂钩基层的办法，加强党委班子和干部队伍建设，经验做法被8月11日《解放军报》刊发报道。全区13个团营级班子团结齐心、凝聚力战斗力强，没有明显落后的队伍。年内，仁化县人武部党委被国防动员部表彰为先进党委，军分区部队3名干部被省军区记三等功，2人被评为优秀团级单位主官，1人被评为优秀共产党员，2人被评为优秀政治机关干部，2人被表彰为参谋尖子。2016年，始兴县连续61年无责任退兵，5次受到国防部表彰；仁化县人武部连续15年被省军区评为“标兵人武部”。全年，1个单位受到国防表彰，6个单位、10名个人受到省军区表彰。

【军队思想政治教育】　落实党委中心组带机关专题理论学习制度，开展“改革强军”和“两学一做”两项重大教育活动。军分区常委深入13个团营级单位，梳理出应重点解决的16个方面具体问题，组织开展观看改革强军知识讲座、“新体制、新职能、新使命”大讨论、改革热点疑难问题解答、纪念中国红军长征胜利80周年和手抄习主席强军论述书法比赛等配合活动，挖掘退伍老兵张增应34年升国旗事迹，教育和引导官兵打牢听党指挥、改革强军的思想根基。2016年，军分区两堂政治学习教育课被省军区评为一等奖，1堂课被评为三等奖，3堂课被评为优秀奖。2016年，军分区专门召开党委全会，对全面彻底肃清郭徐流毒影响工作进行再动员再部署，在全区部队中深入开展“十二个重大是非问题”大讨论活动，组织各团、营级单位党委进行逐个表态发言，表明对郭徐问题的思想态度。

【**战备工作落实**】 落实战备制度规定，及时修订完善年度各类战备方案和应急处突预案，组织两次针对性训练演练，强化军警民联防和情报通报机制，加大战备值班检查力度。各单位尤其是乐昌、始兴等人武部，均能够克服人员在位少、值班任务重的困难，完成值班执勤和日常工作任务，战备秩序不断正规。做好各种战备物资器材的补充完善、管理工作，抓好各类战备物资器材的保管和维护，确保各种战备物资、器材始终处于完好状态。

【**参谋尖子集训和比武竞赛**】 3月22日至7月12日，军分区组织全区11名参谋尖子在市国防教育训练基地进行为期3个半月的封闭式强化集训，此次集训参赛是军分区部队近年来组织时间最长、强度最大的一次，参训参赛人员平均年龄35岁。集训期间，组织“培训选拔、强化突击、冲刺突破”三个阶段的训练，在完成100个训练日1100个训练课时后，于7月13日至15日，参训人员赴广州参加比武竞赛。此次比武竞赛，全省23个师级单位73名参谋尖子参赛，韶关军分区取得单位总评第三名，被评为优胜单位，2人进入前10名，被评为优胜个人，1人获得单项课目第二名。集训期间，军分区常委先后15次到

▲2016年3月22日至7月12日，11名参谋尖子在市国防教育训练基地进行封闭式强化集训 （市军分区 供）

集训队指导训练工作。司令部提前1个月组织教练员、保障人员集中，协调落实地图、作业工具、器（教）材350件（套），子弹2万余发，拟制战术标图、战术计算、地形图知识试卷160余套。训练中先后邀请南部战区桂林综合训练基地专家，预备役军官训练团教员等，就实弹射击、现地定点、地形学知识、战术计算和计算机战术标图等5个课目进行12次辅导授课，帮助集训队解决瓶颈问题，训练效果得到提升。集训中，坚持以管促训，按照连队管理模式，落实一日生活制度，落实安全管理措施，全程安全圆满。

【**轻舟分队、应急分队集训**】 5月4日至27日，军分区和市水务局利用20余天时间，在武江区孟洲坝电站河域联合组织队员集训。集训期间，主要进行抗洪抢险基本常识，冲锋舟发动机理论，冲锋舟、指挥艇、橡皮艇的驾驶操作，游泳与水中自救，蛇行航行、360度旋转、翘机航行，救生圈等科目内容的训练。此次集训，出动船艇35艘，消耗油料7200余升。5月12日至13日、5月26日至27日，军分区会同市水务局联合组织对冲锋舟发动机拆装、蛇行航行、360度旋转、翘机航行四个课目进行考核，考核成绩均在良好以上，完成年度训练任务。

【**军事训练**】 11月28日至30日，在市国防教育训练基地组织全市军事训练先进个人（专武干部、民兵干部）选拔培训。此次训练，参照《民兵训练大纲》和《“四会”教学指南：共同训练》，主要安排体能和队列“四会”（会听、会做、会做思想工作、会说）教学法培训，采取理论与实践相结合、重点培养实际应用能力的方法组织学习训练。各县（市、区）人武部推荐表彰的军事训练先进专武干部和先进民兵干部40人参加培训。12月31日至2017年1月3日，军分区组织全区官兵进行年度军事训练考核。此次考核技能课目，采取先辅导授课、后考核验收的方式进行。

【**学生军训**】 8月23日，在韶关军分区国防教育训练基地四楼会议室召开韶关市学生军事训练工作联席会议。会议对2016年度韶关市学生军训相关事宜进行协商和研究，明确各单位完成年度学生军训工作的责任和任务。韶关军分区参谋长刘迪安大校在会上部署2016年韶关市学生军训工作；市政府副秘书长黄艺坤就如何做好全市学生军训工作提出具体要求。9月23日至29日，军分区司令部组织并协调驻韶部队分别抽调37名军事训练教官为广东南方技师学院进行年度学生军训。南方技师学院1560名新生参加此次学生军训。军分区在此次军

训中主要承担学校军训总体协调、训练规划、管理和保障工作，部队主要承担训练的教学工作。

【国防动员】 3月21日至25日，韶关军分区组织军地干部国防动员理论培训。此次培训，以习近平主席“能打仗、打胜仗”重大战略思想为指导，以《司令部条例》《战备工作条例》《军事训练与考核大纲》以及国防动员与后备力量建设法规文件为依据，以提高理论素养、夯实业务技能、强化组训能力为目标，通过电视电话会议系统同步组织全区现役干部和市、县（市、区）两级国防动员委员会系统人员进行理论授课辅导。培训主要由军事专家教授讲授军事理论、业务技能、民兵训练等内容，培训达到预期效果。摸索和研究由地方经济动员和交通战备部门主导的国防动员潜力调查的方式和具体工作方法，解决国防动员潜力调查中数据统计上不来、上报数据不规范、运行难以常态化等实际问题，确保全市国防动员潜力调查各项数据的精准规范。

【兵役登记和征兵工作规范】 2016年，在全市推广广东省军区兵役登记试点和征兵规范化试点建设成果，在乐昌组织开展大学生征兵精准宣传现场观摩会，在曲江区组织摇号定兵试点先行，在全市全面推行，推进“阳光征兵”工程，突出抓好廉洁征兵。2016年，完成上级赋予的年度兵员征集任务。创历年新高，其中大学生征集比例达到52%。

【军事后勤保障】 坚持围绕服务中心、保障打赢的要求，深入开展后勤综合保障问题研究，完善后勤保障群（队）建设，建立健全相应管理制度。抓好后勤作战数据库建设，发挥民转军用资源优势，提高军民融合水平，为全市动员力量保障奠定基础。

【军队服务改革】 停止军队有偿服务。贯彻中央军委和习近平主席关于军队全面停止有偿服务的决策部署要求，69项可控托底的有偿服务项目全部停止，40个复杂敏感项目停止12个，其余28个复杂敏感项目正深入推进。在军分区本级和乐昌、仁化、翁源人武部开展军史馆、绩效精准考评、廉政文化三项试点建设，用精准考评激励人、用红色文化熏陶人、用廉政文化教育人。

【双拥共建】 以服务驻军官兵为要责，发挥军地桥梁纽带作用，协调做好78名随军家属就业安置和20名子女入学工作。组织官兵和民兵预备役人员支援地方建设，先后出动现役官兵70余人次、民兵应急分队600余人次、车辆90台次参与抗洪抢险、应急维稳等工作。协助地方政府妥善处理20余起（批）涉军上访，协调解决8起军人家庭涉法问题。主动参与精准扶贫工作，投入创建全国双拥模范城工作，巩固韶关军政军民团结的良好局面。韶关市实现全国双拥模范城“三连冠”，曲江、南雄、仁化、乳源等4个县（市、区）被评为广东省双拥模范城。 （徐 浩）

▲2016年6月30日，郭伟建政委到韶关学院开展捐资助学活动（韶关军分区 供）

武警韶关市支队

【机构概况】 中国人民武装警察部队广东省总队韶关市支队（简称韶关市支队）于2005年6月17日重新组建，由原广东省总队第三支队和原韶关市支队两个团级支队合编而成旅级支队。部队主要担负看押、看守、守卫、守护、警卫、城市武装巡逻和处置突发事件等任务。

【思想政治建设】 政治建军在铸魂育人、看齐追随中取得新加强。着眼看齐追随，严密组织两项重大教育，坚持用党的创新理论和上级指示精神武装头脑，统一思想行动，官兵理论上清醒、政治上坚定。推行“支队大课覆盖、大队督导示范、中队每周教育、官兵人人参与”教育模式，持续抓好个别人排查帮教转化，组织新兵“三查”，做好“一人一事”工作，确保部队纯洁巩固。突出举旗铸魂育人，构建“强军标语上楼顶、英模画像进灯箱”的政治环境，组建“一队一品”文化队伍，“强军杯”篮球赛、文艺汇演等系列文化活动，作用发挥明显。抓好红色基因代代传工程，开展“五红”（看红色电影、唱红色歌曲、读红色书籍、讲红色故事、做红军传人）活动，组织三处革命传统教育基地挂牌，总结提炼支队光荣传统和“瑶山精神”，凝聚部队建设的正能量。

【执勤战备训练】 中心任务在真练实备、规范统一中取得新成效。突出实战化要求，抓好军事训练“八落实”（军事训练人员、内容、时间、质量、弹药、摩托（飞行）小时、教练员、场地等），军事考核、比武竞赛等活动成效明显。参加总队特勤排、应急班比武分获团体第五、第六名，7名个人被表彰，2人获得三等功；3人分别被评为武警部队和总队优秀教练员，1人被总队表彰为“大练基本功”先进个人。贯彻“广西会议”“辽宁集训”精神，协调目标单位投入经费1000余万元治隐患搞建设，基层正规化执勤水平提高。乳源中队被总队评为“正规化执勤标兵中队”，9个中队被评为“正规化执勤优秀中队”。注重临时勤务组勤，全年完成首长住地警卫、武装押解、联勤巡逻、春运执勤等各类临时勤务718起，赢得各级广泛赞誉。

▲2016年11月4日，完成首长住地警卫任务　（武警支队　供）

【部队安全管理】　安全基础在强化管理、重点治理中取得新巩固。坚持以推进安全工作“八个规范”落实为牵引，开展“学规范、用规范、保安全”“百日安全竞赛”、安全大检查和作风纪律教育整顿等群众性创安活动，抓好条令法规学习运用，部队创安氛围更加浓厚。坚持以防范重大安全问题为重点，突出重大任务、重点部位、重要时期的安全管理和倾向性问题治理，纠治不假外出、喝酒宵夜、乱交往、出入不健康场所、打牌赌博等沉疴积弊，部队安全发展的风气更加纯正。坚持建立使用“安全员之家”微信平台，利用经常性督查检查、隐患排查治理、安全形势分析、风险预测评估等有效载体，及时发现问题、消除隐患、正规秩序，部队安全发展基础夯实。

【支队基层建设】　基层建设在固强补弱、争先创优中取得新发展。提升抓建效益，加大精准帮建力度，5个单位重新进入先进行列。提升抓建能力，利用“三个之家”，加大培训力度，基层落实制度的能力有效提升。稳住干部心神，突出真心关爱，解决干部“顾家难”、家属“工作难”、子女“入学难”、家庭困难等问题，促进干部安心工作。激发争先热情，改进《纲要》考评方法，打破层级固化模式，基层争先创优氛围日益浓厚。2个大队被总队表彰为基层建设先进大队，乳源中队被总队表彰为基层建设标兵中队，11个单位被总队表彰为基层建设先进中队。

【后勤服务保障】　保障能力在提高效益、规范管理中取得新提高。始终注重依法治后，修订完善后勤管理实施细则，安装税务发票稽查系统，叫停对外有偿服务，有效纠治后勤领域沉疴积弊；强化前勤引领，升级改造粤北片区储备库，强化应急保障训演，加强专业岗位人员培训，在总队片区抽考和年度比武中榜上有名；加强官兵服务保障，新建改建营房11处，改造柴灶13处，完善营房安防设施25处，解决驻大瑶山部队官兵饮水、远程医疗、防雷检测、危桥检修等问题；推进机关绿化、车辆维修、通勤班车、公开招标、物资代储等保障转型，11个社会化保障网点高效运行，年度节约经费近40万元，综合保障能力明显提升。

【车辆管理秩序整顿活动】　7月至9月，支队开展以驾驶员队伍为重点的车辆管理秩序整顿活动。活动采取动员教育、自查自纠、检查纠治、集中整训等方法，解决安全意识淡薄、驾驶作风恶劣、带车不尽责、执行制度不严格、管理教育不到位、安全措施不严密等问题，严格驾驶员管理教育，正规车辆运行秩序，消除车辆事故隐患苗头，奠定第三场战役部队安全稳定基础。

【武装巡逻增援】　2016年，支队完成韶关火车东站和武广高铁韶关站公安武警联勤武装巡逻勤务。9月3日至9日，完成粤北、珠玑检查站设卡警戒勤务。5月29日19时40分，支队派出兵力担负遣返入韶47名新疆籍人员备勤和一线增援处置任务。

【重大节日活动安保】　春运期间，韶关支队完成韶关东、坪石和南雄火车站春运执勤任务。协助春运部门发送旅客87万余人次，救助乘客8人次，制止打架斗殴5起，协助公安机关抓获偷窃、抢劫、诈骗、炒票等犯罪嫌疑人5名，收缴违禁物品110余件，拾获旅客财物30余件，为车站、旅客做好事110余件。任务完成出色，受到用兵单位及地方党委政府的高度赞扬。5月21日19时30分至23日8时30分，支队完成首长临时住地一级警卫任务。6月4日9时30分至11时30分，教导队完成韶关市龙舟赛机动备勤任务。11月2日9时00分至4日15时30分，支队临时住地一级警卫任务。

【演练集训】　2016年4月26日至30日，支队派出20名特战队员参加总队第一届特勤排、应急班反恐特战比武，十三中队特勤排获得特勤排团体第五名，仁化中队应急班获得应急班团体第六名。2月16日至25日，十三中队1人在武警部队教练员千人大集训中，被评为武警部队优秀教练员。3月下旬，十三中队2人在总队优秀教练员集训中，被评为总队优秀教练员。9月27日至28日，1人在总队干部队伍岗位“大练基本功”综合比武竞赛中，被评为先进个人。10月12日至13日，总队组织年度后勤专业兵比武竞赛，支队选派12名选手参加。比武设士官司务长、军需、军械、运输、卫生等5个专业，分别组织综合理论、办公能力、技能竞赛等5个科目12项内容比武竞赛。经过多轮较量，支队获得团体总分第二名，军需专业取得第一名，其余科目名列前茅，3名炊事员被评为优秀先进个人，1名炊事员立三等功。7月25日，支队接到总队电话通知组织粤北片区网上抽考后勤“一组五队”训练、演练。支队获得团体第一，7个考核科目中，驾驶员技能操作、车辆快速抢修、战地救护、帐篷搭设、军械员技能操作等5个科目分别取得第一名，炊事员技能操作和炊事完成装备操作2个科目分别取得第二名。

【官兵教育训练】 12月12日至14日，支队组织首长机关带新训大队野营拉练，总行程180千米，磨练官兵战斗意志，为完成以执勤处突为中心的各项任务奠定坚实基础。8月7日至8月28日，支队组织炊事员暨营养配餐员培训31人。通过理论学习、实际操作两个阶段训练后，严格进行考核和成绩评定，有3人因证件不齐、缺考，导致未能通过考核，其余28人全部通过。11月9日至11日，支队组织全体基层卫生员进行专业技能培训，25人参加。培训安排无菌操作、清创缝合、心肺复苏、战地救护等科目，结业考核成绩均为合格。6月18日至9月1日，支队组织8名新卫生员进行实习培训，培训以《卫生员教材》和《武警部队卫生专业岗位练兵指南》为主要内容，实习结束时考核成绩均为合格。9月23日至9月30日，支队组织32名士官进行预任司务长复训、培训。经过业务学习和实习操作两个阶段培训，提高司务长队伍业务技能。10月17日至24日，支队开展“爱岗尽责、遵规守纪、模范带头”士官专题教育整顿活动。通过支队领导宣讲、网上集中授课、自学理解消化和观看警示录像等方法，开展专题教育、条令法规、警示案例教育，达到提高思想认识、提升士官综合素质、推进士官队伍整体建设的目的。

【武装押解】 9月12日至10月17日，支队历时6天，途经4个省、10个市、23个车站，行程5100余公里，配合广东省监狱管理局完成3批次专列调犯长途武装押解、6批次调犯专列临时停靠黄岗（乐昌）装载站地面武装警戒和韶关、武江、北江、乐昌监狱外调罪犯至装载站短途武装押解任务，将3000名罪犯（含500名女犯）押解到江西、广西和湖北3省（区）监狱继续服刑。其间，先后协助监狱干警成功处置罪犯起哄、绝食、突发重病等有碍执勤险情3起，做好事30余件，高标准实现“全程正规有序、全程确保安全、全程展示形象”的目标，受到押解专列指挥部和省监狱管理局领导的高度赞誉。2016年度，支队派出兵力配合目标单位担负116起省内短途武装押解勤务，行程14816公里，押解、转移罪犯1800余名。

【安全管理】 1月25日至3月31日，支队开展“学规范、用规范、保安全”活动。活动围绕学习条令法规、组织隐患排查、开展教育整顿，集中纠治法治意识欠缺、落实制度不严、内部关系不融洽，安全工作不托底等问题，统一各级思想认识，强化安全意识，反思存在问题，完善制度机制，抓实安全防范，夯实部队安全发展基础。7月1日至10月10日，支队组织开展“百日安全竞赛”活动。活动围绕落实八个方面安全基本工作规范展开，在全员参与、全域展开、全面防范、全程控制的基础上，突出安全责任落实、安全常识掌握、安全制度坚持、安全隐患治理、安全设施建设、安全工作实际等六个方面内容的评比竞赛。落实《武警部队八个方面安全基本工作规范（试行）》，通过学习安全法规、组织安全训练、排查整治安全隐患、开展安全评比等举措，深入查找和解决影响部队安全稳定的不利因素和薄弱环节，夯实部队安全发展基础，高标准实现“两个确保”目标。（刘 超）

▲2016年2月，武警韶关支队官兵在京广韶关站春运执勤 （武警韶关支队 供）

武警韶关市消防支队

【概况】 武警韶关市消防支队，又称韶关市公安消防支队，成立于1987年1月1日，位于韶关市武江区工业东路

23号，1992年9月加称韶关市公安消防局，下设司令部、政治处、后勤处、防火处4个部门，辖1个培训基地、10个大队、14个中队。承担着韶关市防火、灭火和应急救援任务。2016年，全市消防部队参加灭火救援战斗2770次，营救遇险群众1596人，抢救和保护财产价值10.8亿元。全市连续6年未发生较大以上火灾，2016年消防工作被省政府评为“优秀”。

▲2016年9月25日，京港澳高速（坪石境内）抢险救援　（市消防局　供）

【党委班子建设】　修订支队党委中心组学习规定，举办基层党组织书记培训班，先后组织集中学习12次、专家辅导2次，两级党委书记带头授课11次。制定完善《加强党委班子建设暂行办法》等6个制度规定，建立决策机制，发挥领导核心作用。推行支队党委精准帮扶工程，落实“三个一”帮扶机制，深入开展创先争优活动。建成公寓房131套，10个大队落实地方高危行业补助，落实政府专职消防员高危补贴。协调设立市立德会消防专项救助资金，建立官兵紧急救治“绿色通道”。2016年，慰问、优抚官兵17人次，4名战士考入院校，协调解决7名转业干部安置、4名官兵家属就业、9名官兵子女入学入托难题，100%强制官兵休假。

【火灾防控工作】　率先在全省实现市委常委会定期研究消防工作，提请市政府出台《消防工作“十三五”规划》《市消防专项规划》和《市政消火栓管理规定》，推动市人大法工委将《消防条例》立法列入五年立法计划。率先将消防工作列入市政府“智慧城市”工作内容，推进微型消防站建设，实施消防安全网格化管理，全面推广安装简易自动消防设施。开展冬春火灾防控、夏季消防检查等多个专项行动，推进“五大专项整治”，完成省、市两级挂牌督办火灾隐患重点地区整治任务。组建宣教中心，推进宣传“七进”活动，拍摄微电影《独子的逆行》，推动消防教育纳入公务员培训、职业培训、科普和普法教育、义务教育内容，营造“全民消防”的浓厚氛围。在2014年、2015年、2016年连续三年在省政府消防工作考核中被评为“优秀”，2016年夏防工作被省政府评为“优秀”，全市连续6年未发生较大以上火灾，社会消防安全环境优化。

【部队管理教育】　选取特勤中队、乳源中队作为按纲建队试点单位，召开现场会，组织编印《按纲建队实用手册》，推行机关“四个一”制度、大队干部“六个一”活动，确保队伍安全稳定。开展“改革强警”“两学一做”学习教育活动，召开2次政工例会、3次主题实践活动，推进“五个政工阵地”建设，推出救火英雄、一等功臣张志明等一批先进典型，其先进事迹编入中央文明办出版的《中国好人传》，树立韶关消防良好形象。出台干部管理工作规定，实行“双推双考”公开选拔营职以下干部39名，推荐选拔副团职干部2名，正、副团职后备干部11名，部队干部年龄构成优化。召开党风廉洁建设会议，开展执法领域腐败问题专项治理和财务工作大清查、停止有偿服务活动，整合纪检、审计“两支队伍”“四种形态”得到较好运用，确保部队稳定。

【聚焦实战打赢】　举行支队体能及业务技能比武会操，参加全省消防部队体能暨特勤技能会操获得团体第7名，1名干部代表总队参加粤港澳消防运动会夺得1枚金牌1枚银牌。推动市政府印发《关于进一步加强政府专职消防队建设的意见》等相关文件，提升政府专职消防队员和消防文员工资福利待遇水平，完成事业单位法人登记率达87%，比例全省领先。将消防通信纳入公安350M数字集群网（PDT）建设，率先在全省使用PDT通信，建设营区无盲区监控系统，配备无线布控球和通信专用无人机，提高部队可视化指挥调度能力，实现信息全覆盖。成功处置翁源“1·14”皮革厂火灾、“6·6”韶赣高速浓硫酸槽罐车泄露、“8·1”武江塑料加工厂火灾等急难险重任务，得到党委政府和人民群众的广泛赞誉。

【后勤保障工作】　探索新常态下经费保障新路径，开展经费保障达标活动，将经费保障和消防站点、装备建设等内容纳入消防工作“十三五”规划之中和政府消防工作目标责任制考核，形成常态化保障。贯彻落实消防装备评估论证成果转化，新购置消防车辆15辆、新购置器材装备8187件（套），13个消防站全部达到“3+2”（即1辆城市多功能主战消防车、1辆抢险救援消防车、1辆举高消防车和2辆水罐或泡沫消防车）标准。加强装备管理规范化建设，推进装备大清查、装备巡检等活动，装备建设管理水平得到提升。落实消防用

▲2016年7月22日，韶关市公安局消防官兵参加全省消防部队比武竞赛（韶关市消防局 供）

地6.67公顷，新建消防站3个（曲江白土、南雄工业园、翁源翁城消防站），完成13个消防站新一轮升级改造。（邓高华 李宇峰）

人民防空

【概况】 韶关市人民防空办公室（简称市人防办）是市国防动员委员会的常设机构，也是市政府人民防空工作主管部门，正处级，内设综合科、工程与法规科（行政审批科）、指挥通信科，下设正科级公益一类事业单位韶关市人防信息指挥保障中心。2016年3月25日，市人防办承担的应急管理和市政府值班室等相关职责，整合划入市政府办公室。市人防办不再加挂韶关市人民政府应急管理办公室牌子。在2016年全省人防建设目标管理考核排名第七名，被评为“达标先进单位”，1人被国家人民防空办公室授予全国人民防空先进个人。

【信息系统建设】 市人防办指导各县（市、区）开展人防机动指挥所信息系统建设。各个县（市、区）先后完成建设任务并通过专家组验收，两个县分别开展人防应急指挥中心信息系统建设。

【组织指挥训练】 10月26—28日，市人防办组织各县（市、区）人防办40多人开展跨区域人防机动指挥所野外拉练，队伍进行开设与撤收等多个科目训练。11月2日—4日，市人防办牵头组织广州、佛山、清远、肇庆等5个市人防办开展人防机动指挥所区域协同支援训练。协同训练以防护重要经济目标为背景，以协同支援为重点，完成人防机动指挥所紧急出动等科目训练。

【防空警报器维护】 定期开展市、县两级防空警报器检测维修工作，对县级防空警报通信频率进行调整，避免因频率相同造成警报误响，对短波电台、人防机动指挥车通信设备故障做到及时发现及时修复，确保人防机动指挥所正常运行。9月18日，经市政府和国防动员委员会批准，市人防办完成防空警报试鸣。

【人防工程】 加快人防行政审批改革，推进人防职能转变，发挥市场服务作用，市人防办出台《关于进一步贯彻落实人防工程建设监理相关政策的通知》，引入市场监督机制，加快建立市场监管体系。

【人防基地建设宣传】 市人防办投资160万元，在位于马坝的韶关市人防教育基地建设人防展厅，委托资质单位完成方案计划。深化人防知识教育进学校工作，市人防办与市教育局联合下发《关于2016年在全市中学初中二年级开展人民防空知识教育的通知》，在全市城区中学开展人防知识教育，各学校按要求组织学生上课和考试。2016年全市，有45所学校393个班17500多名初中二年级学生接受人防知识教育，受教育率100%。购买《居安思危备战人防》科教片放映版权，向武江区新辉花园小区、曲江区世纪皇庭小区、浈江区南枫碧水园小区3个人防宣传教育试点社区发放科教片，组织居民观看。结合市区防空警报试鸣，市办购置700多份《南方日报》，向3个试点小区居民发放，引导居民阅读《建设“三强人防”筑就“护民之盾”》文章。（陈晓丹）

法 治

政法委及综治

【政法机构概况】 韶关市政法委于1983年6月成立。2016年9月，市委政法委机关重组，将原市社工委、原市依法治市办的职责整合划入市委政法委机关。2016年11月，市法学会由市委政法委代管，核定事业编制3名。机构重组后，市委政法委机关共有10个内设科室，分别是：办公室、政治处、研究室、信息舆情科（信息化科）、维稳工作科、综治工作科、防范工作科、社会工作科、法治监督科、依法治市科。有行政编制40名，后勤服务人员4名。2016年，韶关市综治工作（平安建设）被评定综合得分为86.26分，在全省21个地级以上市中位居第八名。

【国家政治安全维护】 发挥专门斗争力量和基层社会力量作用，抓好防范打击邪教工作；防范境外宗教渗透事件发生，及时处理违规开展宗教外事活动问题；开展反境外非政府组织渗透工作，全市各级公安机关梳理韶关市境外非政府组织线索，开展防范处理工作；开展反恐怖斗争，加大信息采集和重点人员核查力度，及时化解处置涉维矛盾纠纷，全年未发生暴恐极端活动；掌控境外间谍组织和敌对势力的渗透破坏活动，坚决维护国家政治安全。

【社会综合治理】 全面加强专项整治和社会治安控管工作，将曲江区列为2016年度市级挂牌社会治安重点整治地区；开展铁路护路护线专项工作，京广铁路辖区路段连续三年被中央护路办评为“平安铁路示范路段”；开展打击医闹、涉医违法犯罪专项治理工作，全市成立9家医疗纠纷人民调解委员会，受理医疗纠纷案66件，对26家存在不良执业行为的医疗机构作记分处理；推进韶关市特色社会治安防控项目，确定乳源县及该县附城镇为韶关市示范县区、镇街；加强社会面巡防，完善公路治安查控网建设，完成乐昌粤北、南雄珠玑、仁化城口、翁源坝仔4个省际公安检查站建设并实施常态化运行；推进曲江坑口、乐昌坪石、南雄附城、乳源洛阳、始兴澄江和新丰马头6个市际治安卡点规范化建设和常态化查控工作。打造“中心+网格化+信息化”升级版，确定10个镇（街）为试点单位，其中仁化县丹霞街综治信访维稳中心、始兴县城南镇综治信访维稳中心分别列为省级、市级镇街综治信访维稳中心目标管理和综治网格化管理试点单位。探索基层社会治理新机制，在武江区花城社区试点开展“三社联动”（社区、社会组织、社会工作专业人才主体有机融合、相互促进）的社区治理机制，社区居民参与，初步形成社区多元共治新格局；新丰县推进和谐志愿者协会建设，该县超过三分之二的行政村成立“和谐志愿者促进会”。开展平安校园、平安家庭、平安医院、平安交通、平安铁路、平安镇村、平安企业、平安林区等“平安细胞”创建活动，全市实现“平安家庭”创建全覆盖，“平安企业”达标率为99.59%。开展命案防范和治理工作，2016年，全市立命案21宗，破案率100%，高于2015年84.38%的破案率水平。2016年，韶关市没有发生严重精神障碍患者危害公共安全和人民群众生命财产的重大案（事）件。

【社会矛盾纠纷化解】 建立完善社会风险评估机制，出台《韶关市重大决策社会稳定风险评估工作实施意见》和《韶关市2016年度突发事件风险隐患排查和整改工作方案》。建立信息数据处理系统，利用大数据开展排查，通过将县、镇（街）排查数据与公安、信访数据进行对比，做到精准排查，及时发现问题。2016年，研判有价值信息130余条。加强法律援助和司法救助工作力度，组织法律工作者参与社会矛盾纠纷调解，引导社会矛盾纠纷及时纳入法律渠道解决。建立部门联动处置机制，构建调解、复议、仲裁、诉讼“四位一体”的多元化社会矛盾化解机制，强化公、检、法、以及信访、工商、卫生、人力资源等部门联动，形成强大调解合力，有效化解各类矛盾纠纷。2016年，韶关市进入司法调解矛盾纠纷9713件，同比下降8.1%，其中列入县级台账管理的社会矛盾纠纷2733宗，化解2536宗，化解率92.8%。

【公正执法司法】 推进公安机关执法规范化建设，在户政、出入境、交管、治安审批事项方面，再次梳理出16项行政审批事项进行简化和下放；推出“户籍业务快速办、企业赴港商务报备一证办、车驾车管业务随地办、印章业务便捷办、重点工程消防审核并联办”等5项便民利民举措和“一门式一网式”服务模式改革。2016年，全市公安机关开展打击突出刑事犯罪“飓风2016”专项行动，打击各类违法犯罪活动，全市受理治安案件18195宗；立刑事案件12987宗，破案6922宗，命案实现全侦破；依法确保市人民法院独立公正行使审判权，建立领导干部干预审判机关司法活动、插手具体案件处理的责任追究制度，依法保证法院独立行使审判权。2016年，韶关市法院受理各类案件42312件，结案37447件，分别同比上升19.75%和17.05%，法定审限内结案率为98.48%。依法确保检察院履行法律监督职责，建立领导干部干预检察机关司法活动、插手具体案件处理的责任追究制度，依法保证检察机关独立行使检察权。2016年，韶关市检察机关立案查办涉农领域职务犯罪55件59人、扶贫领域职务犯罪17件24人；审查执行机关提请减刑、假释、暂予监外执行案件5629件，发现并纠正各类违法和不当情况88件。依法开展社区矫正工作，韶关市在册社区服刑人员维持在1400人，监管率达100%，未出现因监管不到位导致的涉及社区服刑人员的重大案（事）件。

【司法体制改革】 2016年，起草完成《韶关市司法体制改革试点方案》和法院、检察院“1+2”方案，相继出台《韶关市中级人民法院完善司法责任制改革试点工作规范》《韶关市中级人民法院关于全市基层法院开展行政案件集中管辖改革实施方案》《韶关市检察院检察官职权划分暂行规定》《韶关市公安局全面深化改革具体实施方案》《关于完善我市法律援助制度的实施方案》等一批改革指导性文件；各级审判委员会、检察委员会工作机制改革，立案登记制度改革，司法人员分类管理制度改革，司法公开“三大平台”建设、首批入额法官、检察官选任等工作完成；国家安全机关根据中央出台的《关于全面深化国家安全机关改革的框架意见》，推进各项改革。 （张晓华）

法治政府建设

【概况】 韶关市法制局是主管法制工作的市政府办公室挂牌单位，内设5个科室：办公室、行政复议科（市人民政府行政复议办公室）、规范性文件审查科、法律事务科（市人民政府法律顾问办公室）、行政执法监督科（市人民政府行政执法督察办公室）。机关行政编制15名，后勤服务人员4名。韶关仲裁委员会办公室为市法制局管理的副处级公益二类事业单位。韶关市法制局被中共广东省委授予“2016年广东省依法治省工作先进单位”称号。

【法治政府建设】 2016年，落实党政主要负责人履行推进法治建设第一责任人职责，坚持将法治政府建设工作纳入经济社会发展统筹规划、整体推进、有效实施，做到年初有部署、年中有督促、年终有考核。2016年3月，组织完成韶关市2015年度依法行政考评工作。2015年度，韶关市依法行政工作在全省的考评中获得“良好”等次。2016年3月，制定印发市政府常务会议专题学法计划的通知，确定2016年度市政府常务会议专题学法的两个专题为《法治政府建设实施纲要（2015—2020年）》和《PPP公私合营模式政府法律风险防范》，完成市政府常务会议专题学法计划。2016年5月，对韶关市全年依法行政工作做出安排，以市政府的名义制定下发韶关市2016年度依法行政工作要点。法制局起草《韶关市重大行政处罚备案办法》，经市政府常务会议审议通过并印发实施。审议韶关市2015年度依法行政考评结果及2016年度依法行政工作要点等文件，对韶关市既往依法行政工作情况进行总结及今后依法行政工作提出要求，2016年5月，组织召开市依法行政工作领导小组会议。拟定《韶关市法治政府建设实施纲要（2016—2020年）》起草工作方案，于2016年10月26日以市政府的名义印发。配合协助做好城市管理执法体制改革工作，理顺韶关市城市管理执法层级关系，明确城管执法职责范围，加强城市管理综合执法机构和队伍建设，加大对城管执法的监督力度。市政府落实《韶关市重大行政决策程序规定》，把公众参与、专家论证、风险评估、合法性审查和集体讨论决定作为重大行政决策法定程序。依托政府网站、部门网站、新闻媒体建立健全行政决策公众参与平台，完善重大行政决策听取意见制度。推行重大行政决策听证制度，坚持重大行政决策集体决定制度。市法制局负责人固定列席市政府常务会议，参与市政府重大行政决策、提出合法性审查意见。健全市政府法律顾问制度。中共韶关市委办、市政府办印发《关于推行市县政府工作部门权责清单制度有关工作的通知》，韶关市权责清单的编制工作全面铺开。截至2016年5月，市、县（市、区）两级政府全面完成权责清单的编制公布工作。韶关市衔接国家和省的清理结果，对行政审批中介服务事项进行调整规范。2016年8月，市政府印发《韶关市人民政府第一批拟清理规范的市政府部门行政审批中介服务事项目录》，清理规范涉及16个部门共48项中介服务事项。制定《行政审批事项标准化合法性审查要点》，对可标准化培训工作参与人员进行审查要点培训。开展行政审批标准化系统合法性审查工作，审查各部门录入的办事指南和业务手册共计760项。协助韶关市有关部门布置落实，于2016年12月底前完成市级行政许可事项办事指南和业务手册的编写、系统录入和审核确认工作。行政许可事项承诺办理时限压减2286个工作日，其中，政府投资项目审批时限由273天压减到92天以内；简化优化办理环节468个，规范或减少申请材料616件，明确自由裁量标准1548项，规范编制审批流程图1225个，细化量化模糊条款1311条，细化量化兜底条款920条，为全市“一门式一网式”政府服务模式改革夯实基础。市工商局制定《韶关市工商行政管理局关于在全市全面实施“三证合一”登记制度改革的工作方案》，市法制局对市工商局该项工作进行合法性审查，提出法律建议。

【规范性文件审查】 市政府和市级部门执行《韶关市行政机关规范性文件管理规定》，实行“统一登记、统一编号，统一公布”（简称“三统一”），把听取意见、合法性审查、集体讨论决定等作为必经程序。配合各部门属于重大改革或社会影响巨大的行政管理事项的落实。市法制局在2016年初制定《韶关市人民政府2016年度规范性文件制定计划》，规范性文件立项17件。2016年，处理提请增列规范性文件制定计划8件，审查起草单位送审的规范性文件21件，其中提请上政府常务会议讨论通过的草案有13件。经与起草部门协商，有8件经市政府同意增列制定（修订）计划，分别是《韶关市市政消火栓管理规定》《韶关市人民政府关于禁止猎捕陆生野生动物的通告》《韶关市人民政府关于促进慈善事业健康发展的实施意见》《韶关市商事主体住所登记管理办法》《韶关市企业集群注册登记管理试行办法》《韶关市规范查处无照无证经营行为暂行办法》《韶关市工程建设项目招标投标管理规定》和《韶关市市级政府投资项目管理办法》。对有创设行政处罚、行政收费和行政许可行为的、妨碍市场监管制度实施和市场公平公正的规范性文件一律不予以审核通过。向省政府、市人大上报政府规范性文件备案审查15件。7月，组织市直各部门和各县（市、区）政府清理取消和下放行政审批项目、加强后续监管措施涉及规范性文件，对妨碍市场在资源配置中起决定性作用和妨碍政府监管职能发挥作用的规范性文件，及时进行修改或废止。共清理市政府规范性文件64件，其中拟修改18件、废止4件、宣布失效7件、保留35件；清理县（市、区）政府规范性文件114件，其中拟修改12件、废止16件、宣布失效23件、保留63件；清理部门规范性文件13件，其中拟修改1件、废止5件、保留7件。2016年，市法制局审查部门规范性文件4件，其中，《韶关市科学技术进步奖励办法实施细则》《韶关市住房和城乡建设局工程招标代理机构管理办法》和《韶关市城镇职工基本医疗保险特殊病种门诊补贴管理办法》通过合法性审查。县（市、区）政府规范性文件备案8件，备案审查，未发现所报规范性文件存在合法性问题。

【行政复议】 2016年，行政复议立案109宗，办结87宗，未审结22宗。其中维持41宗，撤销5宗，终止30宗，不予受理等其他方式处理11宗，全部案件均在法定期限内办结，按时办结率100%。省政府受理以韶关市政府为被申请人的行政复议案件8宗，7宗维持，1宗撤销。2016年10月31日，举办全市行政复议和行政应诉工作培训班，邀请市中级人民法院专家讲授新修订的《行政诉讼法》，以案例教学，开展现场互动，为参训人员解答疑难问题。

【行政应诉】 制定《韶关市行政应诉工作办法》，加强和改进行政应诉工作，健全市政府办理行政应诉程序，发挥市政府法制机构在行政应诉工作中的组织、协调、指导作用，支持人民法院依法审理行政案件，做到有诉必应。2016年，全市办理以市政府为被告的行政诉讼案件150宗，一审维持118宗，撤销12宗，20宗仍在审理。

【行政执法监督】 制定并印发实施《韶关市重大行政处罚备案办法》，解决韶关市重大行政处罚备案工作长期存在的诸多问题，规范韶关市重大行政处罚备案审查相关工作。做好行政执法证件的审核发放工作，严格韶关市行政执法人员资格管理。2016年，开通新用户8个，变更6个用户资料，办理行政执法证件983个。拟定《韶关市2016年度案卷评查工作方案》，对韶关市各执法单位的行政处罚案卷进行评查。

【法律顾问】 制定实施《韶关市兼职政府法律顾问选聘程序规则》《韶关市兼职政府法律顾问聘任合同（示范文本）》。完善政府法律顾问选聘方法，指导、督促县（市、区）政府以法制机构为平台设立法律顾问室，10个县（市、区）政府的法律顾问室建设基本完成。开展2015年度政府法律顾问业务统计分析工作。全面了解韶关市所辖县（市、区）政府法律顾问室建设及政府法律顾问业务开展情况，将有关情况向省法制办进行专题报告。2016年，市法制局为政府和有关部门出具法律意见或处理法律事务76件次，其他修改意

▲2016年1月8日，市法制局召开传达贯彻市委十一届八次全会和全市抓落实提高执行力工作大会 （何增田 摄）

见125件；审核重大合同40件，涉及金额169.43亿元，其中，韶关市翁源至新丰高速公路项目政府和社会资本合作（PPP）社会投资人招标合同涉及金额128亿元；参加各类涉及法律事务的会议37次；参加市政府常务会议43次，审查市政府常务会议会议纪要34件；市法制局全面参与北江河段聚湘酒坊等三家原餐饮船的拆除清理工作，解决北江河段餐饮船拆除历史遗留问题，受到市领导的表扬。2016年，协调审查各种政策性、规范性文件106件次，其中，办理省法制办征求意见函21件次，给市政府及相关部门出具法律意见85件次。其内容涉及户籍管理、民办养老服务机构的扶持政策、城镇职工基本医疗保险的实施和韶关市重大行政处罚备案的管理办法等。围绕建设法治政府的目标，主动了解所办事项的背景及需要反馈地方实际的问题，加强与相关部门的沟通探讨，没有收到有关部门对此问题的投诉。

【政府立法工作】 加强政府立法。成立韶关市政府立法工作领导小组，选派工作人员参加省人大常委会、省政府组织的立法培训学习，密切与省政府、市人大常委会的联系。开展立法调研和学习考察，起草《韶关市人民政府拟定地方性法规草案和制定规章程序规定（初稿）》，完成《韶关市烟花爆竹燃放安全管理条例（草案）》《丹霞山风景名胜区保护条例（草案）》的拟定工作，正在拟定《韶关市居住区公共服务设施建设管理条例》。围绕韶关市振兴发展，开展立法项目调研，在2016年8月19日通过政府网站、电子政务系统和《韶关日报》等媒体分别面向各县（市、区）政府、市政府各部门和社会公众发布《关于公开征集2017年度韶关市政府规章立法建议项目的公告》。至征求意见截止时间2016年9月30日，征集到社会公众立法建议1件。编制韶关市地方性法规草案的规划、年度计划初稿和政府规章制定年度计划。

（李细春）

公 安

【概况】 韶关市公安局位于武江区西联百旺大道1号，是市政府主管全市公安工作的职能机构。2016年，全市共有10个县级公安机关，1个行业分局（森林分局），市公安局下设二级部门31个。2016年，全市公安机关参加全省公安系统武装越野登山比赛，获得2个冠军，全年举办4期警衔晋升、1期新警初任培训班。组织开展33期专业培训班，培训民警1141人次。落实全市民警警衔津贴新标准，开展公安机关“解警困暖警心”活动，资助223名民警。2016年，全市群众安全感和公安工作满意度分别排名全省第4名和第5名。

▲粤北省际公安检查站开展设卡查缉行动 （市公安局 供）

【维稳处突】 坚持不稳定因素常态研判和重点时期每日研判，完成G20峰会、十八届六中全会等重要节点期间的维稳安保工作。加强矛盾纠纷摸排化解，群体性事件预警率100%。加强非正常上访处置工作，全市进京非正常上访行为明显下降。加强应急处突的预案、装备、训练以及现场指挥、联动处置、舆论引导的一体化建设，全市没有发生影响重大的群体性事件。

【“飓风2016”专项行动】 重点围绕涉盗抢、涉毒、涉电信诈骗、涉金融领域4类突出违法犯罪，集中组织开展专项打击整治行动。全年刑事案件立案数同比上升3%，破案绝对数同比上升3.6%。在打击整治“盗抢销”犯罪方面，全年破案数同比上升33.4%，提请逮捕人数上升5.3%。在打击整治涉毒犯罪方面，全市查破涉毒刑事案件631宗，成功侦破“省目标2016—662”号特大制造毒品案，抓获犯罪嫌疑人17名，缴获毒品氯胺酮成品约1.3吨。在打击整治涉电信诈骗犯罪方面，全市破案数、刑拘数、逮捕数、起诉数同比均大幅上升。在打击整治涉金融领域犯罪方面，成功侦破韶关建市以来最大的出售、购买假币“602”系列案，查获假币50多万元。持续开展严重暴力案件侦破工作，快速侦破乳源“2·29”三尸命案、仁化“3·12”双尸命案等一批严重暴力案件，实现年内命案全破。

【重点地区治安整治】 确定曲江区为全市治安整治重点地区，选取涉传销犯罪为突出治安问题进行集中整治，曲江区刑事案件立案数同比下降8.9%，涉传销警情数同比下降58%。深入开展打击涉传销犯罪专项行动，选取浈江、武江、曲江三个区作为重点整治地区，市辖三区破案数、逮捕数、分别同比上升30%、26%。

【社会面治安防控】 实施重点部位武

装定点执勤、动中备勤和公安武警联勤武装巡逻，加强对治安复杂、案件多发、重点部位的巡逻防控，提高街面见警率。深入推进“平安校园”“平安医院”建设，排查整改校园内部安全隐患125处，破获涉医刑事案件1宗，查处涉医治安案件10宗。推动烟花爆竹管理的立法工作，《韶关市烟花爆竹安全管理条例》正式实施。推进娱乐服务场所等级评定和旅业信息系统门匙提醒功能安装接入工作，全市311家旅馆业安装接入门匙提醒功能。严格落实寄递物流业“三个100%”（100%收寄验视、100%实名收寄、100%过机安检）工作要求。

【禁毒社会化】 开展国家“6·27”和“8·31”工程以及省禁毒“1601行动”，推动成立市禁毒基金会和市禁毒戒毒工作协会；开展乳源县侯公渡镇社区戒毒社区康复国家示范点建设，启动病残吸毒人员收治场所和市禁毒宣传教育基地建设；联合市财政局下发《韶关市对毒品违法犯罪举报人的奖励办法》，调动人民群众参与禁毒工作的积极性。

【公共安全管理】 强化综合治理，组织开展“两客一危”“夏季行动”等交通秩序专项整治行动，为群众出行创造良好的道路交通秩序。预防道路交通事故，推动全市农村“两站两员建设”，全市道路交通安全形势持续稳定。加强超标电动自行车管理，提请市政府发布《关于超标电动自行车退市的通告》，组织开展合标电动自行车上牌登记注册工作，登记注册合标电动自行车1898辆。启动智能交通系统建设和城区道路交通安全提质优化工作，对市区小岛片区实施导流循环规划，完成市区交通电子警察建设和红绿灯升级改造。推进“黄标车”、老旧车淘汰工作，全市淘汰黄标车和老旧车3631辆，连续3年排名全省第一。推进消防安全“五大专项整治”，组织开展冬春火灾防控、夏季消防检查、火灾隐患重点地区整治等专项行动，全市连续6年未发生较大以上火灾。加强监所管理工作，启动市公安监管中心规划选址，全市未发生监所安全责任事故。强化大型活动安全保卫工作，完成2016年龙舟赛、第二届韶关“三江六岸”半程马拉松赛等大型活动安保。

【户籍管理】 推进户籍制度改革，重新修订《韶关市户籍管理规定》，形成《韶关市户籍管理实施细则》（送审稿），全面放宽韶关市落户的限制条件，全年解决特殊群体入户1809人。强化流动人口和出租屋管理，完善流动人口居住证“一证通”制度，受理居住证申请13207份；登记流动人口34082人，出租房屋12780栋（套）。

【出入境管理】 规范出入境证件的受理审批，推动网上申请、电话申请、短信申请、邮政速递申请、双向速递、微信申请、自助机申请、警民通——出入境连线等电子政务申请方式，全年受理各类出入国（境）证件、签注30.9万人次。开展清理整治“三非”外国人专项行动，维护全市正常的出入境管理秩序。

【公安改革】 推进市区公安体制改革，进一步理顺市、区两级公安机关管理体制。梳理制定职权下放目录，第一批下放户政、出入境、交管等行政审批事项72项，拓宽分局办事职能。推动实行市辖三区一级接处警，将曲江110整合并入市局110，实现市辖三区110警情由市局110统一接警、统一下达指令。推动驾考制度改革，实施自主约考、异地考试，全部实现网上约考；选取南雄市、翁源县车管所作为试点，下放科目一考试权限。

【便民利民措施】 推出户籍业务快速办、车驾管业务随地办、印章业务便捷办、消防审核并联办、企业赴港商务报备一证办5项公安改革惠民举措。组织开展“一门式一网式”建设，完成5个一门式综合服务大厅和9个24小时自助服务区的建设。开展行政审批事项的标准化编写录入，录入出入境、交警、治安、网警、禁毒、消防52项事项，并发布在市网上办事大厅。

【警务实战化建设】 开展市区警务指挥体系改革，从完善组织架构、整合平台系统建设、健全工作机制、完善配套建设四个方面实施改革，实行扁平化指挥。建立刑侦、技侦、网侦、图侦等技术手段组成的合成作战机制，统筹开展专业研判、合成推送，服务维稳和案件侦查工作。推进“一长四必”（公安局局长对现场勘查工作负总责，做到现场必勘、信息必采、信息必录、信息必比）现场勘查新机制建设，组织开展技术培训，提升基层办案人员现场勘查专业化水平。

【执法规范化建设】 推进案管中心建设，建成办案中心15个、办案区61个、案管中心194个，全市62个内设办案大队完成案管中心建设，实现在侦案件案卷和执法视频统一保管，南雄珠玑派出所被评为全国执法示范单位。加强执法主体培训，组织全市500名民警参加基本级、中级和高级执法资格考试。

【公共关系建设】 全市公安宣传部门向媒体发稿6835篇，利用平安韶关公安微博发布各类信息2704条；组织开展“警民携手、共创平安”“飓风2016”暨打击涉传销违法专项行动通报会和成果展等专题宣传30次，营造良好的警民互动氛围。开展“韶关好警察”评选，选出10位“好警察”全年办理网络问政836起，满意率88.8%；市局政风行风微信评议排名市直部门第3，群众满意度提升。（郭文滔）

检 察

【检察机构概况】 韶关市人民检察院于1954年建院，1978年重建。现下辖武江、浈江、曲江、乐昌、南雄、乳源、新丰、翁源、仁化、始兴等10个县（市、区）检察院、2个派出检察院（广东省韶关黄岗地区检察院与广东省乐昌中山地区检察院）。市检察院机关设政治处、反贪局和17个内设机构、一个直属行政单位（司法警察支队）及一个派出机构（驻韶关市看守所检察室）。市检察院及2个派出检察院，现有中央政法编制161个：其中市检察院130个、广东省黄岗地区人民检察院16个、广东省乐昌中山地区人民检察院15个。市院机关检察干警现实有人数126人，其中领导班子成员8人，包括1名正职、5名副职、1名纪检组长、1名政治处主任。全市现有检察干警538人。2016年，曲江区检察院被评为“全国检察机关先进基层检察院”，市检察院监所科被省检察院记集体二等功，市检察院未检办被评为2016—2017年度广东省“青少年维权岗”，1人获得“第十八届广东青年五四奖章”和“群众最喜爱的广东杰出检察官”称号。

【审查起诉逮捕】 2016年，起诉侵犯知识产权犯罪案件2件2人；批捕破坏环境资源犯罪案件48件54人，起诉79件107人；批捕生产、销售假药犯罪案件3件6人，起诉4件8人；服务“精准扶贫”战略，立案查办惠农扶贫领域职务犯罪案件63件66人。严把案件事实证据程序关，对普通刑事案件证据不足的决定不批捕281件，对无社会危险性的决定不批捕170件。2016年，批捕各类刑事犯罪案件1662件2587人，起诉2108件3174人，依法办理乳源“2·28”灭门案、黄某等7人利用“E租宝”非法吸收公众存款案、龙某等63人组织、领导传销活动案、曹某等4人特大制毒案等一批重大案件。

【控告申诉检察】 做好检察环节综合治理各项工作，完善检调对接机制，落实涉法涉诉信访事项依法导入、终结等制度，落实执法办案风险评估预警机制，加强释法说理工作。受理控告申诉案件402件，决定给予国家赔偿2件，支付赔偿金69万多元，对刑事被害人或其近亲属发放司法救助金27万多元。

【未成年人检察工作】 全市两级检察院全部设立独立的未成年人检察工作办公室，落实合适成年人到场、社会调查、附条件不起诉、犯罪记录封存等制度，对涉罪未成年人不批捕18件26人、不起诉9件11人。全市未成年人检察部门与教育部门会签落实“法治进校园活动”，引导在校青少年提高自我保护意识、法律意识，自觉抵制犯罪。探索与企业建立“爱心关护基地”，帮助涉罪未成年人改过自新、融入社会。

▲2016年10月11日，韶关市检察院举行首批入额检察官宣誓仪式 （曾敬东 摄）

【职务犯罪惩防】 对干部在推进改革中发生的轻微违法犯罪行为依法从宽处理。严肃查处不作为、乱作为的渎职犯罪，最大限度激发和保护干部干事创业的积极性。立案查处贪污贿赂案件81件87人，大要案70件76人；渎职侵权案件28件32人，重特大案件17件20人。立案查处清远市原副市长刘某洪等涉嫌受贿等大要案，推进职务犯罪国际追逃追赃专项行动，追回外逃人员5人。结合办案开展个案预防、系统预防和专项预防。开展预防调查57次、案例分析41件；发出检察建议51份；开展预防宣传警示教育428次；廉政教育基地共接待国家机关、企事业单位、农村基层人员近9500人次参观；为单位及个人提供18943次行贿犯罪档案查询服务。部署开展服务保障换届选举专项预防，市检察院编写《预防换届选举职务犯罪宣传手册（来自检察官的建言）》和《“两高”办理贪腐案件新司法解释宣传手册》，各印发1万多册，向全市机关单位赠阅；两级检察院通过剖析典型案例、开展法制宣传和警示教育，加强对选举各个环节的预防工作，确保风清气正的换届氛围。

【首宗涉及省部级领导干部案件办理】 省检察院成建制地抽调韶关市反贪力量承办“453”专案。市检察院承办重要犯罪嫌疑人曾某（武钢集团原董事长邓某之妻）及主要涉案人员戴某、杨某、陈某、王某的立案侦查工作，这是市检察院建院以来办理的首宗涉及省部级领导干部的案件。案件取得决定性成果，犯罪嫌疑人曾某于2016年6月侦查终结移送审查起诉。此案的成功侦办，得到高检院和省检察院的高度评价。

【刑事诉讼法律监督】 要求公安机关说明不立案理由43件、说明立案理由7件；纠正漏捕95件107人，纠正漏诉190

件251人。向法院提出抗诉11件。发挥“两法衔接”信息平台和侦查活动监督平台的作用，开展破坏环境资源犯罪和危害食品药品安全犯罪专项立案监督活动，监督行政执法机关移送破坏环境资源犯罪案件27件32人，移送破坏食品药品安全犯罪案件9件9人。

【民事行政诉讼监督】 综合运用抗诉、检察建议、违法调查等监督方式和手段，加强对生效裁判和调解的监督，全年受理民事行政申诉案件149件，向法院提出抗诉1件，对执行行为发出监督检察建议16件。受理督促履职类案件72件，向有关单位发出督促履职检察建议79件，支持权益受损单位和个人向法院起诉2件。

【刑罚执行检察监督】 强化刑罚执行和监管活动监督，审查减刑提请6898件、假释提请237件、暂予监外执行提请34件。开展集中清理判处实刑罪犯未执行刑罚和财产刑执行专项检察活动，纠正判处实刑未交付执行4人，纠正看守所违法延期送监217人，纠正监狱违法拒绝收监217人，纠正未执行罚金6.2万元。

【检察改革】 推进检察人员分类管理，两级检察院遴选入额检察官164名，全部调整到办案岗位。落实司法责任制，实行独任检察官和检察官办案组两种新的办案模式，“谁办案谁负责，谁决定谁负责”的检察权运行新机制逐步建立。配合省检察院、省财政厅做好财物统管改革衔接工作。推进基层检察院内设机构改革，确定武江区检察院为改革试点单位。健全听取辩护律师意见的工作制度。市检察院出台《韶关市检察机关关于听取辩护人、诉讼代理人意见工作规定（试行）》，依法保障犯罪嫌疑人的诉讼权利及辩护人提出意见的权利。

【公益诉讼试点工作】 排查评估公益诉讼案件线索81件，开展公益诉讼诉前程序51件，对1件污染环境案提起民事公益诉讼，对7件行政机关怠于履职案提起行政公益诉讼，其中一部分案件被高检院作为典型案例对外发布。

▲2016年11月3日，韶关市院组织召开2016年度韶关市预防职务犯罪协会工作会议暨廉政公益海报评选活动颁奖仪式 （市检察院 供）

【刑事侦查活动监督】 2016年以来，韶关作为全省试点市之一，在全市基层检察院派驻镇（街）检察室开展对公安派出所刑事侦查活动监督工作。全市10个基层院11个派驻检察室全部参加试点，设置5个驻派出所检察官办公室或检警联络点。试点批捕率达到91.25%，上升7.51%，未发现冤错案。开展人民监督员监督范围和监督程序改革，扩大监督范围，监督事项由7项增至11项，涵盖立案、撤案、采取强制措施等环节，启动人民监督员监督自侦案件55件，建立人民监督员参与案件跟踪回访机制，确保监督效果。

【检察信息化建设】 推进信息化、检察技术与司法办案的深度融合，全市检察机关先后投入1400余万元，改造指定监视居住点，建成远程视频接访、远程视频审讯等信息化应用系统，助推司法办案规范化上新台阶。全市检察机关全面完成“两微一端”（即微博、微信、新闻客户端）新媒体建设，资讯发布与交流互动平台建设日趋完善。全面运行案件管理公开系统，对外公开案件程序性信息4938条、重要案件信息155件、生效法律文书2292份。

（李华明 夏美宜）

法 院

【概况】 韶关市中级人民法院成立于1950年，是国家审判机关，依法独立行使审判权。2016年，市中院共有干警193人，其中政法编干警131人，非政法编干警62人。设副处级内设机构1个，即政治处；直属机构1个，即司法警察支队；派出机构1个，即市纪委派驻中院纪检组；设正科级内设机构15个。辖10个基层法院，即浈江区法院、武江区法院、曲江区法院、乐昌市法院、南雄市法院、仁化县法院、始兴县法院、翁源县法院、新丰县法院、乳源瑶族自治县法院。基层法院共有派出法庭22个，干警873人，其中政法编干警647人，非政法编干警226人。2016年，全市法院受理各类案件42312件，同比增长19.75%；审结37447件，同比增长17.05%。其中，市中院受理各类案件11652件，同比增长3.07%；审结11081件，同比增长2.28%。

【刑事审判】 2016年，全市法院受理各类刑事案件2998件，同比下降4.89%；审结2830件，同比增长1.22%。依法严惩危害国家安全和公共安全犯罪，审结此类一审案件358件368人。严惩故意杀人、故意伤害等严重暴力犯罪，保护人民群众生命安全，审结此类一审案件349件742人，依法审结乳源“2·28”灭门案等一批社会影响恶劣的重大案件。参与整治电信网络违法犯罪专项行动，审结此类一审案件23件46人。打击涉黑、涉毒犯罪，保障人民群众安居乐业，审结此类一审案件605件753人。依法惩治经济、金融领域犯罪行为，审结此类一审案件81件139人。加大对侵害妇女儿童权益犯罪打击力度，审结此类一审案件31件34人。加大对职务犯罪的惩治力度，促进党风廉政建设和反腐败斗争，审结贪污、贿赂、渎职等一审案件109件129人。贯彻执行宽严相济的刑事政策，依法对640名被告人适用缓刑。

【民商事审判】 全市法院共受理各类民商事案件20639件，同比增长24.20%；审结17606件，同比增长22.87%。结案标的额56.22亿元。出台关于转变审判理念保障韶关振兴发展的实施意见，全面提升服务大局的针对性和有效性。审理重点工程建设、征地拆迁类案件101件，妥善化解涉芙蓉新城、沐溪工业园、大广高速、市东环线片区等项目建设的纠纷。服务供给侧结构性改革，落实“僵尸企业”市场出清任务，受理破产案件33件。坚持依法保障民生权益，审结涉及医疗、教育、卫生、交通事故、住房、消费、就业等一审民事案件2581件。构建和谐劳动关系，审结劳动争议一审案件573件。推进家事审判改革，坚持柔性司法理念，保护妇女儿童合法权益，审结婚姻家庭、继承纠纷案件3466件。维护市场公平交易秩序，保护合法交易行为，审结买卖、借款等合同纠纷一审案件4292件。审慎采用查封、冻结措施，推动“大众创业、万众创新”，保障创新驱动发展战略，审结知识产权一审案件79件。

【行政审判】 全市法院共受理各类行政案件677件，同比增长25.37%；审结647件，同比增长29.40%。贯彻落实新行政诉讼法的规定，扩大行政案件受案范围，解决“民告官难”问题。推动行政机关负责人出庭应诉，行政机关负责人出庭应诉的案件64件。实行基层法院行政案件集中管辖制度改革，确定武江法院集中审理基层法院一审行政诉讼案件，促进行政审判专业化。加大对非诉执行案件的合法性审查力度，受理行政机关申请强制执行行政行为案件246件，同比增长13.89%。依法开展国家赔偿工作，审结国家赔偿案件14件，决定赔偿金额30.61万元。参与社会治理，发出司法建议43份，帮助相关部门堵塞漏洞、完善制度。

【执行案件】 全市法院共受理执行案件10365件，同比增长51.91%，执结8738件，同比增长41.48%，执结到位标的金额15.07亿元。落实最高人民法院“用两到三年基本解决执行难”的工作部署，加大执行力度，开展“夏季执行大会战”、涉民生案件集中执行等专项行动，开展执行案款集中清理专项工作，发放案款6111.05万元。加快推进执行指挥中心建设，与国土、房管等相关职能部门实现不动产信息资源共享。完善失信被执行人联合惩戒制度，采取集中曝光、限制高消费等手段，加大信用惩戒威慑，将3224名被执行人纳入失信名单。对拒不履行义务的被执行人罚款、拘留160人次，移送公安机关追究刑事责任14人次。加大被执行人财产处置力度，推行免佣金网络司法拍卖，发布网络拍卖处置标的物153件次，网拍成交金额5399.47万元。

【司法改革】 构建权责统一的审判权力运行机制，组建“法官+法官助理+书记员”的新型审判团队，逐步将案件审判权交由合议庭和独任法官行使；完善院长、庭长办案机制，将院长、庭长编入审判团队，办理重大、疑难、复杂案件，明确院长、庭长办案任务，全市法院院长、庭长承办案件12501件。改革审判委员会工作机制，建立审判委员会讨论案件过滤机制，重点发挥其在统一裁判标准。保证法律正确适用方面的作用。坚持放权与监督相结合，完善监督制约机制，建立权力清单、责任清单和负面清单，以案件信息化系统为平台，严格审判流程节点监控。坚持问责与免责相结合，建立案件质量倒查与责任追究机制。以法官员额制为核心，实行法

▲2016年6月30日，韶关市中级人民法院与韶关学院合作共建签约仪式在韶关中院举行
（市法院 供）

官、审判辅助人员、司法行政人员分类管理。严格法官入额标准，韶关市完成首批235名入额法官选任工作，实现入额法官全员办案。合理分流安置未入额法官，改任审判辅助人员或司法行政人员。补充审判辅助人员，市中院招录首批劳动合同制司法辅助人员37名，其待遇按同级公务员工资的70%的标准纳入市级财政统筹保障，各基层法院陆续启动劳动合同制司法辅助人员招录工作。推进以审判为中心的诉讼制度改革，严格贯彻罪刑法定、疑罪从无、非法证据排除等制度，强化证据裁判意识，强化诉讼过程中当事人和其他诉讼参与人的的知情权、陈述权、辩护辩论权等权利的制度保障。推行案件繁简分流，快速审理事实清楚、权利义务明确、争议不大的简单民事案件。2016年，全市法院适用简易程序审理一审民事案件8597件，占审结一审民事案件的62.77%。推进人民陪审员制度改革，健全人民陪审员参审机制，规范选任程序，扩大参审范围，落实随机抽选制度，定期召开座谈会和学习培训，组织人民陪审员参加培训304人次，提高人民陪审员履职能力。

【司法为民】 开展“一村（社区）一法官”活动，建立以中心法庭为主、社区法庭和巡回审判点为辅的法庭布局，法官工作室接待群众咨询2176人次。利用交通事故巡回法庭等多种形式深入基层解决矛盾纠纷，开展巡回审判185场次。推动完善多元化纠纷解决机制，完善诉前调解、特邀调解制度建设，加强与人民调解组织、行业协会、司法所、村居委会等组织的联动，邀请人大代表、政协委员、人民陪审员等参与调解工作，引导当事人协商和解，化解矛盾纠纷，调解及促成和解撤诉案件6522件，调撤率36.83%。加大司法救助力度，为经济确有困难的当事人缓、减、免交诉讼费412.71万元，为权利受到非法侵害又无法获得有效赔偿的164名当事人发放救助金257.53万元。

【司法公开】 推进审判流程、裁判文书、执行信息和庭审直播“四大平台”建设，方便人民群众及时查询案件处理进度和裁判结果，主动接受人民群众监督，在中国裁判文书网上传裁判文书19872份。加强未成年人司法保护，落实少年审判合适成年人、犯罪记录封存、社会调查报告等工作制度，对未成年罪犯非监禁刑适用率31.40%。配合刑罚执行机关改造罪犯，办结减刑、假释案件7391件。为168名符合条件的被告人指定辩护人，依法保护被告人的各项诉讼权利。强化法治宣传教育，与市教育局联合出台共建法治校园实施方案，创建青少年法治教育社会实践基地，服务教育现代化。开展“送法下基层”等活动，在各级媒体刊发新闻稿件1322篇次，及时回应群众关心的热点问题。

【法院信息化建设】 坚持整体规划、统一建设，制定信息化建设三年发展规划，加快建设法院信息化3.0版。启动诉讼服务中心建设，并与诉调对接平台建设相结合，建立集诉讼服务、立案登记、诉调对接、律师服务、涉诉信访等多项功能为一体的综合服务平台；将全市两级法院安防监控系统联网，与公安“110”联网，实现信息集中、指挥统一。推进信息化与司法办案深度融合，把审判过程纳入信息化管理系统，提高审判的透明度，倒逼法官提高司法能力和办案效率。（温 菁）

仲 裁

【概况】 2016年，韶关仲裁委员会受理各类经济纠纷案件321宗，其中通过调解化解纠纷208件，调解率达65%。案件主要包括房屋装饰、租赁、商品房买卖、保险、建设工程施工、承揽、商标、交通事故损害赔偿等十多种类型。仲裁案件被人民法院撤销2件、没有不予执行的案件。2016年，行业品种增加，业务运作模式创新。仲裁案件呈现争议类型多元化、法律关系复杂化的发展趋势。

【务实推进各行业仲裁工作】 与市中级人民法院开展交流研讨活动，达成共识，减少认识分歧；组织重点联系企业、房地产、建筑协会等单位的负责人座谈会，继续让他们当好推行仲裁法律制度的带头人、示范人，并且在韶关市韶能集团进行仲裁法律知识讲座，集团及其下属分公司在合同中签订仲裁条款，赢得集团领导及广大职工的信赖。

【交通事故损害赔偿仲裁】 韶关仲裁委员会交通事故损害赔偿仲裁中心成立以来，全部案件在当天以调解方式结案，解决损害赔偿纠纷，赢得当事人的一致好评，减轻交通部门的工作压力，取得仲裁的法律效果和社会效果的统一。

【仲裁宣传】 做好在韶关市各媒体的仲裁宣传工作。向报刊杂志投稿宣传仲裁制度，把仲裁动态、仲裁信息、仲裁知识通过网络形式向社会传播。与重点行业保持密切联系，拓宽服务领域。加强与保险、金融、建筑房地产业等行业协会的沟通联系，主动上门服务，举办各类仲裁座谈会、宣传仲裁知识讲座，对全市20余家保险公司、30余家房地产企业进行逐一走访，提高仲裁条款的约定率。借助各类大型活动，组织对外宣传。在每年的“3·15”国际消费者权益日宣传纪念活动现场，设立咨询台、发放宣传资料以及现场咨询等形式宣传仲裁法律制度，扩大宣传效果。通过入户宣传，帮助企业规范合同，让企业合法权益得到保障。

【仲裁队伍管理】 本委不断创新仲裁理念，严格仲裁程序，将案件审理工作重心前移，完善仲裁队伍管理模式，确保仲裁办案的公正、高效和廉洁。管理和监督仲裁员在办案时做到公正、公平、客观地依法裁案。组织两次对骨干仲裁员的重点业务培训和疑难案件研讨会。加强业务交流和学习。开展仲裁员就办案技巧、办案经验及应当注意的问题进行交流。针对韶关市出现的保险合同纠纷、承包合同纠纷等与以往不同的纠纷情况，对一些关系复杂，难度较大，问题较棘手的案件，组织案件研讨会，邀请资深律师、行业专家和大学教授进行研讨。加强办案监督，对办案文书和庭审笔录经常进行抽查，实行奖优罚劣，规范文书制作，提高仲裁文书的质量，保证仲裁文书能够反映案件审理的真实情况。抓好思想政治教育与业务学习，提高为当事人服务、为仲裁员服务的能力。仲裁委办公室由领导带头，组织学习围绕法律知识的讲座学习培训，开展务实练兵，每个人都要讲，对每一个法律知识进行研究学习。保证案件从立案到结案归档都统一规范、无程序瑕疵，确保每案均有较高的质量。

【案件审理质量提高】 树立维护当事人合法权益的办案宗旨。坚持“程序到位、裁决有据、质量为上”的原则，突出当事人意思自治原则，把仲裁前、仲裁中和仲裁后服务有机结合起来，将仲裁为民、便民、利民理念贯穿到仲裁工作的受理、立案、送达、组庭、审理、裁决等诸环节中，以仲裁案件的办理质量和工作效率取信于当事人、取信于社会各界，打造韶关仲裁品牌。自觉把仲裁调解融入社会大调解体系。发挥仲裁调解的专业优势，加大仲裁调解力度，力促当事人变对抗为磋商，变争赢为互让，实现仲裁法律效果与社会效果的有机统一。完善仲裁内部管理机制，提高仲裁机构的规范化管理水平。完善一整套管理规范、制度完善、运转灵活的工作机制，包括案件办理流程跟踪机制、办案质量保障和监督奖惩机制、党风廉政建设责任制等，以制度规范和约束人，重点抓好案件办理各个环节管理措施的贯彻落实，提高韶关仲裁工作制度化、规范化、科学化的管理水平。

【亲和仲裁】 仲裁委坚持亲和仲裁理念，将亲和的理念实施于整个仲裁工作之中，贯穿于咨询、立案、审理、调解、和解、结案等各个环节。对于在立案当时就发现当事人之间争议不大、权利义务关系清楚的案件，立案后及时进行调解。能够达成调解协议的，迅速结案，及时制作调解书送达给当事人。在审理过程中发现有调解可能的，动员各方力量，做好说服工作，在审限上予以适当处理，促使矛盾纠纷解决。对于调解不成或案情不适合调解、当事人不同意调解的案件，及时做出裁决，防止久调不成、久拖不决。通过践行仲裁的亲和理念，韶关市仲裁案件的调解结案高于全国仲裁机构调解结案率的平均水平，得到社会和同行的赞许。

（李　阁）

▲2016年9月7—9日，省政协常委、省社会和法制委员会副主任陈华杰（前方）率领省政协视察团到韶关市开展一村（社区）一法律顾问工作专题视察

（彭继维　摄）

司　法

【司法机构概况】 韶关市每万人律师拥有量1.03人，全市109个司法所有政法专项编制245个，在编207人，市本级和县（市、区）司法局的社区矫正工作机构均有1个编制。律师事务所67家，执业律师323名，法律援助机构11个，法律援助律师41名。公证机构11家，公证员26名，除退休返聘、兼职公证员外，有专职公证员18人。司法鉴定机构10个，司法鉴定人员78名。基层法律服务所50个，基层法律服务人员110名。各类人民调解组织1681个，人民调解员9207名。

【公共法律服务体系建设】 韶关市县、镇（街）、村（社区）三级公共法律服务实体平台建设全面完成，建立县级公共法律服务中心10个，镇（街）公共法律服务中心108个，村（社区）公共法律服务站1454个。全市公共法律服务中心（站）为市民群众提供各项法律服务33000多件次。配合省司法厅开展“12348”广东省公共法律服务大厅建设，使该平台顺利延伸到全市各县（市、区），形成线上线下双平台提供公共法律服务的局面。加强并规范公证、律师、司法鉴定等法律服务行业管理，全市法律服务机构执业规范化水平提高，启动实施韶州公证处新办证窗口建设，指导新成立2家司法鉴定机构，开展司法鉴定执业专项督导检查，司法鉴定服务市场进一步规范，完成2016年国家司法考试组织工作。

【一村（社区）一法律顾问工作】 通

过举办村（社区）法律顾问业务培训班和律师工作论坛、表彰2015年度优秀村（社区）法律顾问、举办东莞对口支援韶关市的村（社区）法律顾问工作联席会议、实施领导带头分片包干督导等措施，推动一村（社区）一法律顾问工作深入开展。建立韶关市一村（社区）一法律顾问工作联席会议制度，整合各部门力量和资源，加强此项工作的组织领导和协调推进，改善村（社区）法律顾问的工作条件和氛围。韶关市村（社区）法律顾问提供法律服务42254件次（其中提供法律咨询24600人次，开展法治宣传8177场次，出具法律意见书740份，参与人民调解1736件，办理法律援助171件，提供其他法律服务6830件次），满足基层组织和人民群众的基本法律服务需求，基层群众有事找律师的习惯逐步养成。

▲2016年9月27日，省委政法委专职委员邓远强到韶关监狱检查督导开展集中清理判处实刑罪犯未执行刑罚活动（韶关监狱 供）

【法律援助】 制定实施韶关市委市政府《关于完善我市法律援助制度的实施方案》。探索实施法律援助受理登记制度，推动落实法援律师进驻法院、看守所值班制度（其中法援律师进驻看守所值班工作已全面实施），推进“互联网+法律援助”，法律援助信息化建设取得进步。推进法律援助服务窗口规范化建设，2016年全面完成全市法律援助服务窗口规范化改造。举办多场法律援助工作业务培训班或工作推进会，促进全市法律援助工作健康发展。2016年，韶关市办理法援案件突破2200件。市法律援助处获得第五届全国法律援助工作先进集体，连续两届蝉联该称号。

【社会矛盾化解】 人民调解工作网络进一步完善。2016年全市各类人民调解组织在韶关市10个辖县（市、区）、108个镇（街道）和1455个村（社区）全面覆盖。行业性、专业性人民调解组织建设也取得明显成效。韶关市建立企事业单位调委会71个，交通事故调委会8个，医疗纠纷调委会9个，物业调解组织6个，劳动争议调解组织11个，其他调委会7个。加大对重点人民调解员业务培训力度，首次举办人民调解员任职培训，严把“入口关”。2016年，韶关市培训人民调解员6503人次。在抓好全市矛盾纠纷排查调处的基础上，继续抓好基层社会矛盾分析研判工作，并每季度向上级部门提交分析研判报告。2016年，全市各级调解组织共调处各类矛盾纠纷10823件，调处成功10622件，调解率为100%，调解成功率98.1%。南雄黄坑人民调解委员会被评为全国优秀人民调解委员会，2人被评为全国优秀人民调解员。

【“七五”普法规划启动实施】 制定并由市委市政府颁布实施全市“七五”普法规划，成立“七五”普法讲师团，进一步发展壮大普法工作队伍。推动“谁执法谁普法”责任制的落实，协调指导各级各部门各单位发挥各自的职能作用，自觉承担普法工作责任，利用“3·8”“3·15”“4·26”“12·4”等节点以及国家安全教育日、《反家庭暴力法》实施等时机，开展“法律六进”（即使法律进机关、进乡村、进社区、进学校、进企业、进单位）活动。依托覆盖全市的村（社区）法律顾问，继续完善基层“以案释法”平台建设，引导村（社区）法律顾问利用典型案例进行释法说理，对基层人民群众开展法治宣传教育，传播法治文化。举办国家安全法治宣传教育、禁毒宣教图片校园巡展、《反对家庭暴力法》专题讲座、机关单位公职人员学法考试、中小学生“法润校园”主题书画比赛、中小学生学法考试等全市性法治宣传活动，全面推进重点普法对象的法制宣传教育。2016年，翁源县获得“六五”普法全国先进县称号，1人被评为“六五”普法全国先进个人。

【特殊人群服务管理】 通过实施社区矫正人员考核及分类管理制度、社会调查评估制度，使矫正对象管理、矫治更具针对性和有效性。韶关市2016年接收社区服刑人员821人，监管率100%，无脱管、漏管、虚管现象，未出现因监管不到位而导致的社区服刑人员重大安全事故、参与重大群体性事件、有关重大刑事案件。县（市、区）社区矫正中心建设取得突破，建成翁源和始兴两个试点的社区矫正中心，为社区服刑人员提供一站式的管理服务。推进省社区矫正二代电子监管系统试点工作，全市在册社区服刑人员1429人，经批准免以电子监管76人，纳入电子监管1353人，纳入电子监管率94.68%。全部社区服刑人员均建立社区矫正信息管理系统，每月按时通过管理平台向省厅社区矫正管理局报送有关数据和情况。在监服刑人员信息核查、刑满释放人员衔接、重点帮教对象接送等工作落实到位，全市安置帮教对象总体保持稳定。市强制隔离戒毒所推进“三三六”（即“三期三分六法”为主要内容：“三期”是指生理脱毒期、脱瘾训练期和戒治巩固期；“三分”即分型编队、分类戒治、分级处遇；“六法”是指生理脱毒法、毒害认知法、意念强化法、行为训练法、情景模拟法、技能培训法的戒治巩固方法）戒毒工作模式的实施，并结合所情实际，采取措施，加强对强戒人员的日常行为规范管理，消除场所的不安全稳定因素，连续14年实现场所的安全稳定。市强戒所新所建成并投入使用，整体搬迁项目完成。（彭继维）

市区监狱

【韶关监狱】 为广东省特大型监狱之一，始建于1942年6月，为原国民党统治时期的第二监狱。1950年7月，广东省人民政府公安厅接管并筹建新监狱。监狱几经易名，于1981年改名为广东省韶关监狱。2016年，韶关监狱实现连续第22个监管安全年和第16个生产安全年，为平安广东、法治广东建设做出积极贡献。

狱政管理　抓好“继续深化狱政管理基础工作”主题活动。重点推进罪犯会见管理“自选项目”，在全省首次开放周末办理会见，工作理念、硬件设施、狱情收集流转、社会帮教效果等创新升级经验做法得到省局领导和社会公众的一致肯定；抓好安防设施建设和应用。建设完善围墙外围金属隔离网，围墙顶部金属隔离网。完善狱内侦查装备配备，投入经费配置审讯录音录像器材，打击狱内犯罪；抓好狱情排查处置工作。实行系统巡查督促，确保狱情通畅、定级准确、处置及时；抓好罪犯被服“零带入”工作。根据新被服实物量标准必配类，解决特殊人群的防寒物资，购买毛毯500张，追发棉被1169床、棉垫1248张。

教育改造　强化“无缝衔接”成效。举办“认罪悔罪赎罪”改造标兵亲情帮教开放日活动，推动狱内帮矫工作的常态化、制度化。在省监狱管理局和广州市司法局联合召开的“帮矫无缝衔接”会议上，韶关监狱的经验做法得到上级领导肯定；强化联合办学成效。首创全省狱内高等教育基地，联合办学开展学历提升教育，新建45台电脑微机课室，开设电子商务等4个专业，46名罪犯参加学历提升教育；强化个别教育成效。探索顽危罪犯转化路子，广泛开展心理团体辅导、大讲坛活动。全年顽危罪犯转化率达89%；强化电教平台建设成效，投入16万元为监舍配备安装电视138台，打造“立新”宣教品牌；强化刑罚执行成效。办理减刑案件2208宗、假释案件54宗，暂予保外就医12人，主动核实7名“自报名”罪犯身份信息，率先向省局提出判处实刑罪犯未执行刑罚收监建议，并由省政法委牵头向全省监狱推广。

政务工作　加大信息宣传力度，全年有83篇宣传信息被省司法厅、省监狱管理局采用。启动监狱微信试点工作，发布微信30期77条，互动解答192人次，被转发5398次；深化理论调研力度，1篇获全国狱政调研论文一等奖、1篇获司法部监狱局调研论文二等奖，1篇获中南地区三等奖，4篇获全省调研二等奖。2016年，韶关监狱被评为广东监狱宣传报道先进集体和门户网站宣传先进集体；推进创建工作，对创建考核项目和标准进行梳理、整合、简化，完善创建硬件设施建设。上半年与下半年，直属五分监区和医院监区分别以全省总分排名第四和第一名的成绩通过省厅局考核验收。截止2016年，韶关监狱共有四个监区被省司法厅授予“广东省现代化文明监区”称号；深入开展法治宣传活动，韶关监狱“护航使者”法律服务团队，通过政务微信、微博、门户网站等平台集中宣传各类法律法规，开展法律援助下乡、法制教育进校园、扶贫帮困、法律咨询等活动，全面推进监狱法治建设。2016年5月，团队获评韶关共青团“党建带团建”十佳项目；2016年10月，韶关监狱办公室被广东省司法厅、省普法办公室评为“2011—2015年全省法治宣传教育先进单位”。

基础建设　推进“十二五”时期项目建设。基建投资1798万元，完成计划投资的74.6%。做好“十二五”时期基础设施建设项目的勘察设计、施工监理招标、建设场地平整招标工作，会见楼改造、监狱围墙金属隔离网等工程建设；信息安防推进。重点做好信息安防和指挥中心建设，完成视频监控、对讲分机、紧急报警以及基础网络布置的安装工作。推进会见室信息化系统、特殊仓关押点、禁闭室、特殊会见室视频监控的布置，信息安防和指挥中心建设保质保量完成，多次得到省监狱管理局安防项目督导办领导的高度肯定。强化职工食堂管理，对接待楼一楼、二楼进行整体改造，实现警察职工与外协师傅分开就餐。加强水电管理，组织实施双回路电源改造，推进市政自来水改造工程项目。（孙志亮）

【北江监狱】 广东省北江监狱始建于1952年。先后经历劳动改造管教队、劳改支队、监狱等三个重要历史发展时期，已由昔日荒山野岭的劳改农场变成一座依托韶关城镇发展的省级现代化文明监狱，为特大型监狱，正处级建制，下设7室1个中心、工会、2个直属机构和6个监区。

监狱安全管理　始终坚持“五个优先”（工作经费优先保障，工作用车优先安排，用人优先考虑，工作汇报优先听取，工作问题优先解决），强化监管安全工作，坚持安全隐患排查整治，实现机械锁全覆盖和罪犯外出就医全程移动视频监控。逐步推进罪犯被服“零带入”，两个监区的罪犯生活用品实现全塑化，全监罪犯用上自来水，洗上热水澡，狱内保障水平得到根本提升。

狱政精细化管理　2016年被评为全省监狱表扬单位。制定工作指引和制度21项，制作罪犯一日行为规范视频，创新推行重点罪犯“三段式”管理教育模式，夯实狱政管理基础工作。落实党委和监狱狱情分析会及党委委员参加挂钩监区狱情分析会制度，探索“数字化”狱情研判模式，试点制定工作指引；继续推进信息员奖励制度，拓宽信息收集渠道。创办政工简报和《青春北江》。深化“三共”（思想共建、队伍共管、安全共保）活动，完善应急预案，实现武警上监门哨，率先在韶关地区开通两警值班室的互联互通，完成400名罪犯的外调任务。监狱医院顺利通过规范化达标验收，管理水平有较大提高。推行“一区一品牌，一区一特色”的监区文化发展模式，发挥监区文化的导向功能。推进创建工作，四监区通过省厅局的创建验收。

教育改造提升　修订罪犯三课教育管理办法等6项制度，所有罪犯小组监舍配备电视机，实行课堂化教学；坚持“每周一讲”，引入体验式教学，将体验式教学与心理健康团体辅导深度融合，文化和技术教育与社会联合办学。完善罪犯诉求管理和危险性评估机制，2016年以来共回复和处置诉求1040人次，及时化解狱内矛盾。推进个别教育转化工作，加大心理矫治手段的应用，建立监区心理辅导站，探索业务部门、监区和分监区三级心理咨询模式，对11名罪犯进行危机干预，顽危犯转化率64%，邪教类罪犯出监转化率100%，教育改造的做法得到厅长杨江华的表扬和批示。

生产效能提高　全面推行生产现场规范化，重新修订生产现场管理实施细则和工作指引，强化生产现场管理。开展生产安全隐患整治，投入786万元安装环保水冷空调和改造生产车间线路，实现生产安全。应对市场低迷的困境，深挖生产潜能，把生产任务完成情况作为单位评先评优的否定性指标，对水电管理实行定额考核，开展劳动竞赛活动，调动罪犯的生产积极性。加强市场调研和客户的引进及储备，所有的生产分监区实现保底合作模式，项目趋稳；全年月人均产值同比上年增长12%，完成年计划的112%，全监最高月单工产值达1794元，创下北江承揽加工的历史新高。

执法监督加强　落实党风廉政建设责任制，做好省厅巡察组反馈的7个方面意见的整改工作。建立健全事前事后监督机制，落实特邀纪检监察员巡视和罪犯入监及释放前谈话和问卷调查制度，出台落实两个责任和“三转”（转职能、转方式、转作风）的实施方案，对基建项目、土地管理、资金使用等进行审计，提出审计建议12条。完善北江警务督察机制，建立现场督察、随警督察、电子督察的立体化督察模式，督察结果每日公示，全年发现问题439起，同比增长4%，并落实责任追究和整改。规范刑罚执行，推进“两个平台”（网上协同工作平台和狱务公开系统）建设，全年办理减、假、保案件1946宗，做到零错案，提请假释人数同比增长230%；结合新法释的实施，提前应对做好宣传、解释和引导工作。

信息政务推进　于10月完成大安防建设，监狱指挥中心将全面启用。深化政务公开，完善政务公开实施办法；加强政务督办，对重点工作明确分工和期限进行跟踪督办；推行行政事务网上审批，满意度89%；设立监狱长信箱，推行网络问政；加强门户网站和信访及舆情处置，宣传和信息调研工作均被评为全省监狱先进单位。

队伍建设　“两学一做”知识竞赛获得粤北片第1名、全省第2名。监狱团委被评为广东省五四红旗团委标兵单位，青年之家被评为省直机关“团青之家示范点”。开展各种岗位技能竞赛，加大业务培训，开展优秀干事助理、优秀管教员、岗位标兵等评选活动，队伍整体素质得到提升，四监区在全省警务技能竞赛中获得粤北片区第2名、全省第7名。（刘文华）

【武江监狱】　1966年1月成立。2016年，武江监狱获得省监狱管理局以上单位表彰先进集体1个，先进个人5人次；记集体三等功1个，记个人三等功11人次，确定优秀等次93人。

安全稳定维护　监管设施升级改造。对围墙电网进行升级，购置多项物品检测、医疗设备，实行服刑人员生活用品全塑化，完成省司法厅安防项目建设并通过初验。健全规范监管制度。出台规范服刑人员出收工管理等工作流程，修改完善安全生产操作规程和消防疏散图，制定《服刑人员一日改造行为规范》等规章制度11项，安全管理规范化水平提升。增强联防力量。与驻监武警深入开展“三共”（共管、共建、共

▲2016年10月8日，北江监狱在办公楼前举行升旗仪式　（刘文华　摄）

▲2016年12月19日，监狱为三监区举行“广东省现代化文明监区”揭牌仪式。图为政委苏劲松（右一）、纪委书记刘瑞平（左二）揭牌（曾晓明　摄）

保安全）活动，构建“八联”（队伍联建、勤务联管、矛盾联调、隐患联治、演训联抓、考评联组、情况联处、平安联创）机制。提升监狱防控能力。探索运用狱内总监控模式，加快建设指挥中心，开展应急演练，落实“四防一体化”（人防、物防、技防、联防）制度，全面提升监狱应急处突水平，连续18年实现监管安全。

矫正与刑务工作　创新矫治方法，与韶关电大合作办学，建立警察教员交流授课模式，加强服刑人员文化和职业技术教育。完善入监教育流程和教学内容，出监教育课程紧贴社会发展潮流和现实生活需要。注重心理测试评估工作，开展新犯团体心理辅导活动，对思想异常服刑人员进行心理危机干预，成功化解2名服刑人员企图自杀危机；提升办案水平，全年办理保外就医案件6件，减刑案件1125件，假释案件63件，假释率为2.42%，无错案。通过门户网站、触摸查询机、电子显示屏等载体，向社会公众、服刑人员亲属等人员公开相关执法信息和重大事项；邀请驻监检察院和“两代表一委员”列席监狱评审会和参与保外就医罪犯面试，提高监狱执法透明度。及时在监狱门户网站回复公众咨询，在会见室候见大厅放置《狱务公开手册》，开展两次监狱开放日活动，公正执法得到社会、检察机关、服刑人员家属的高度认可。

发展升级　抓好监狱增容扩建项目建设，按照省局规定完成“十一五”时期基建项目建设，狱政管理用房于7月21日正式搬迁。抓好视频安防监控系统项目实施，建立狱内分控中心，推进信息技术与监狱管理工作融合，以科技强警，节约警力，发挥信息技术对警察严格履职、执行制度、提高效率的督促作用，对监管改造、教育改造、劳动改造等工作的支撑效用。9月，视频安防监控系统项目通过省局初验，监狱指挥中心完成硬件建设，加紧软件配套施工。“十二五”规划项目建设前期准备工作就绪，于12月19日正式开工。深化创建省级现代化文明监区工作，2016年7月，三监区顺利通过创建验收，9月29日，获省厅“广东省现代化文明监区”称号。以创建促规范，推广岗位规范化设置、警察执勤标准化流程等成功经验，提升监狱各项工作的规范化、精细化和标准化水平。（古志奎）

经济监督管理

发展与改革

【机构概况】 韶关市发展和改革局是负责研究提出全市国民经济和社会发展战略、发展规划和政策，进行总量平衡、结构调整，指导总体经济体制改革、宏观经济管理，负责相关价格管理和监督检查的市人民政府工作部门。原为韶关市计划委员会，2001年更名为韶关市发展计划局，2004年再度更名为韶关市发展和改革局。2014年6月，市物价局不再保留，将其职责整合划入市发展和改革局。2016年5月，将市政府办公室的公共资源交易管理办公室（3名行政编制连人带编）划转市发展和改革局管理。

2016年6月，将农村经济科、工业科技科整合为产业发展科，新设区域合作和协调发展科；将国民经济动员办公室更名为交通建设和国民经济动员办公室，投资服务与综合审批科更名为投资科（行政审批科）、经贸外资科更名为经贸财金科、转型发展办公室（资源节约与环境气候科）更名为资源节约与环境气候科。调整后，市发展和改革局内设机构个数、科级领导职数维持不变。2016年6月，将设立的“公共资源交易管理办公室”更名为“市公共资源交易工作委员会办公室”。2016年10月，撤销市发改局内设监察室科，收回行政编制3名。市发展和改革局下设16个内设科室，管理市粮食局、市价格认证中心。核定机关行政编制70名，其中，处级领导职数：局长1名、副局长4名（其中1名兼任市粮食局局长），总经济师1名，市重点建设项目办公室主任1名，市能源局局长1名；正科级领导职数17名（含市重点建设项目办公室副主任2名、市能源局副局长2名）、副科级领导职数15名；后勤服务人员数10名。韶关市粮食局（副处级单位）核定参公事业编制23名，其中，局长1名（由市发展改革局副局长兼任），副局长4名（副处级），正科级领导职数5名，副科级领导职数5名，后勤服务人员数2名。

【经济社会重大问题研究】 重点开展韶关融入珠三角的体制机制障碍及对策研究、投融资模式创新研究、生产性服务业发展研究、特色小镇规划建设研究等课题，促进研究成果转化运用，制定《关于加强政府和社会资本合作项目管理的指导意见》《关于加快发展生产性服务业的若干意见》《关于加快推进特色小镇规划建设的指导意见》等指导性文件。

【经济运行分析】 关注国家和省宏观经济运行态势，结合韶关市“十三五”规划和全面建成小康社会目标，做好国民经济和社会发展年度计划拟定和分解下达工作，跟踪和协调计划的实施、调整。创新经济运行监测预警分析方法，年初摸清抓准经济增长点，全年盯紧增长点，跟踪增长点实现情况，做到月分析、季报告，根据增长点实现过程中的突出问题，进行问题导向研究，及时提出稳增长的建议措施。

【发展规划编制】 完成《韶关市国民经济和社会发展第十三个五年规划纲要》编制工作，经市十三届人大六次会议审议通过和市政府印发实施，协调推进各县（市、区）“十三五”规划纲要和28个市“十三五”专项规划编制工作，形成完整的“十三五”规划体系。编制完成《韶关市城区老工业区搬迁改造专项规划》《韶关航空产业园概念性规划》《韶关市区供热规划》等重点规划。加强与省“十三五”规划纲要的衔接，争取将支持韶关融入珠三角、建设珠三角融合发展区，加大对资源枯竭型城市的支持力度等重大政策纳入省“十三五”规划纲要。

【广佛肇清云韶经济圈建设推进】 完善经济圈市长联席会议及工作协调机制，推动成立规划、交通、经信、环保等4个专责小组和旅游联盟，进一步加强政府间联系。编制和实施《广佛肇清云韶经济圈建设2016年度重点工作计划》，韶关市纳入计划的21项工作均取得明显进展。

【融珠大通道建设】 争取专项建设基金10.47亿元支持仁化（湘粤界）至博罗高速公路项目（安排9.72亿元）和龙川至怀集高速公路项目（安排0.75亿元）建设，加快项目建设步伐。推动韶新高速公路运用PPP模式进行融资建设，签订PPP投资协议和股东协议，获得融资资金118.4亿元。会同清远、肇庆两市发改、交通部门，开展韶关经清远至四会高速公路规划研究。

【产业共建平台建设】 启动广韶合作产业园前期工作，会同广州市发改委提出产业园的合作模式和共建方案，协调安排资源枯竭城市资金用于启动新丰创新产业园建设。协调省发改委支持韶关市产业园区建设，争取翁源产业转移园获批纳入省产业转移园管理，实现省级产业转移园县域全覆盖。争取省发改委支持韶关市开发区审核公告目录修订工作，韶关市9个开发区的申报材料通过省发改委初审，并上报发展改革委等部委。

【重点项目建设】 完善重点项目建设责任制度和调度督办制度，组织项目责任单位和建设单位制定重点项目进度台账和问题台账，推动重点项目加快建设。2016年，55个市重点建设项目完成投资235.4亿元，完成年度计划的106%。其中，15个新开工项目中有14个项目开工建设，完成投资38.5亿元；17个省重点项目完成投资135.9亿元，完成年度计划的105.6%。推动南雄市犁牛坪风电场、乳源大布风电场（一期）建成试运行。仁化董塘土壤修复15万千瓦光伏发电综合利用示范项目获省发改委备案，韶关丹霞机场项目可行性研究报告获省发改委受理，南水水库供水工程市城投集团与粤电集团成立合资公司，完成施工监理招标。韶柳铁路、赣韶铁路复线纳入国家《中长期铁路网规划》，其中韶柳铁路列入国家铁路“十三五”规划。建立“十三五”规划重点建设项目库，“十三五”期间规划建设重大项目175项，总投资5770亿元，“十三五”期间投资3388亿元。加强与国家、省的沟通协调，争取将韶关市重大项目纳入国家和省重点建设项目。韶关市有120个项目纳入省“十三五”规划重点项目计划，总投资2345亿元，“十三五”期间投资1038亿元；有78个项目纳入省政府投资项目三年滚动计划，总投资389亿元。

【韶关市争取上级资源】 编制《广东省韶关市新型城镇化试点方案》，成功争取韶关市纳入第三批国家新型城镇化综合试点。争取翁源、新丰列入国家重点生态功能区，2016年两县获得国家和省生态补偿资金1.4亿元，比2015年增长三分之一、比2014年翻一番。争取韶关市“智汇小镇”（鑫金汇）列入省级“双创”示范基地。启动国家老工业城市和资源型城市产业转型升级示范区、城区老工业区搬迁改造专项申报工作。利用现有的资源枯竭型城市、国家重点生态功能区、原中央苏区县等政策平台，加大资金争取力度，2016年争取中央、省财政性资金33.4亿元。争取国家发改委批复同意市城投集团发行企业债券10亿元，年利率3.67%。

【创新驱动发展战略实施】 制定《韶关市创新驱动发展三年行动计划（2016—2018年）》，作为韶关市实施创新驱动发展战略的纲领性文件。制定《韶关市实施创新驱动发展战略2016年工作要点》，组织储备宝钢韶钢高品质轴承钢的关键技术研究及产业化、大宝山矿7000吨/天铜硫选厂技改项目、韶关学院冷藏车车载制冷压缩机恒转速控制系统研究等59个创新驱动发展项目。举办2016年广东省“双创”活动周韶关市分会场活动。

【供给侧结构性改革】 制定《韶关市供给侧结构性改革总体方案（2016—2018年）及五个行动计划》，推动完成供给侧结构性改革年度任务。推进钢铁行业化解过剩产能，2016年淘汰10家钢铁企业，退出落后钢铁产能203万吨，占广东省钢铁去产能任务的三分之二。实施15项补短板重大工程，全年完成投资120亿元。启动新一轮农村电网升级改造，完成投资7.3亿元。

【投资项目审批制度改革】 制定《韶关市加快政府投资项目审批改革方案》《韶关市人民政府拟清理规范的投资领域行政审批中介服务事项目录》等文件，推动实施“一站式”服务和并联审批，清理投资领域中介服务，实现投资项目开工前审批事项压减40%以上，申报材料和审批时限分别压减50%以上。

【社会信用体系建设】 建成韶关市公共信用信息管理系统和信用韶关网，实现公共信用信息资源共享。制定《关于做好我市行政许可和行政处罚等信用信息公示工作的实施方案》，推进“双公示”工作。

【公务用车制度改革】 建成公务用车租赁平台和特殊事项应急保障平台，完成公务用车统一标识和取消车辆处置工作。

【公共资源交易制度改革】 出台《韶关市工程建设项目招标投标管理规定》，完成全市公共资源交易平台整合，加快推进电子交易及服务系统建设，全市公共资源交易的效率和效益提高。

【中心城市提升项目建设】 推进9亿元粤东西北振兴发展股权基金实现落地，支持芙蓉新区项目建设。加强城市提升项目资金保障，编制《政府购买服务模式融资建设项目计划》，计划融资项目31个，其中韶师搬迁、东环线土地整治、芙蓉新城地下管廊等18个项目获得融资批复，融资金额220亿元。

【县域发展】 制定《韶关市加快县域发展三年行动计划（2016—2018年）》和《韶关市县域发展督导工作制度》，按月开展县域发展情况通报。完成2015年度县（市、区）经济社会科学发展考核工作，制定《2016年韶关市县（市、区）工作绩效评价实施方案》，推动实现差异化考核。2016年，县域实现地区生产总值694亿元，同比增长8.1%，增速比韶关市平均水平高1.8个百分点。

【南雄市成为广东省原中央苏区县域经济创新发展示范县】 制定《关于支持原中央苏区县南雄市县域经济加快发展的若干政策措施（试行）》，明确10

个方面45条支持政策，加大对南雄市县域经济发展的支持力度。协助南雄市成功争取省委、省政府批复创建广东省原中央苏区县域经济创新发展示范县，南雄市成为广东省唯一获此殊荣的地区。2016年，南雄市地区生产总值增长8.3%，增速排名全市第三，地方一般公共预算收入、固定资产投资等经济指标增速排名全市靠前。

【民生事业短板补齐】 争取中央预算内投资4.59亿元，支持棚户区改造和保障性安居工程建设。争取中央预算内投资2155万元，支持卫生计生、教育、体育、残疾人康复、养老服务、文化和自然遗产保护等项目建设。成功争取南雄市列入国家结合新型城镇化开展支持农民工等人员返乡创业试点县，促进创业就业工作。

【生态功能区建设】 开展自然资源资产产权制度改革和碳排放权交易制度改革。组织七个国家重点生态功能区县（市）制定产业准入负面清单，并上报省发改委。制定《关于加快推进我市生态文明建设实施方案》和《2016年韶关市国家生态文明先行示范区建设工作要点》。

【低碳发展】 推进碳排放权交易试点，完成全市38家重点企（事）业单位温室气体排放报告核查工作，完成纳入广东省碳排放权配额在线交易试点的电力、钢铁、水泥三个行业12家企业的核查和报告。推进与广州碳排放权交易中心碳市场合作，率先在始兴县、翁源县的3个林场和1个建制村开展碳普惠制——林业碳汇试点工作。

【新能源汽车示范应用】 制定《关于加快推进新能源汽车推广应用的实施方案》，编制《韶关市电动汽车充电设施“十三五”规划》。组织清算转下达韶关市2015年省级新能源汽车推广应用专项补贴资金1138万元，补贴纯电动新能源汽车42辆。新购进新能源汽车181辆。

【节能减排】 争取中央预算内投资2220万元，支持仁化有色金属循环经济产业基地污水处理厂、乳源桂头污水处理厂、乳源新型垃圾热能处理站等环保基础设施建设。履行市节能减排领导小组办公室职责，牵头开展节能减排年度考核，做好国家节能减排财政政策综合示范城市三年总体考核工作。

【价格调控监管】 稳定价格总水平，在春节前实施一次性肉菜价格临时调控，加强“元旦、春运、五一、十一”等国家节假日期间价格管理，全年市区居民消费价格指数上涨1.9%，控制在年度调控目标之内。降低工商业用电价格和市区管道燃气销售价格，停征政府性基金和价格调节基金，年可减轻企业负担2.5亿元。规范涉企经营服务性收费和行政事业性收费，取消减免有关规费，规范行政审批中介服务收费。制定和调整一批收费政策。推动曲江区按照价格管理权限，实施居民阶梯水价“同城同价”。规范价格和收费行为，开展客运票价、住宅小区机动车保管服务收费明码标价、气象防雷设施检测服务收费、大型医用设备收费、景区门票价格、药品价格等专项检查整治工作，维护市场价格秩序。

【粮食安全】 落实粮食安全政府负责制，修订《韶关市粮食安全责任考核办法》，编制《粮食安全规划》。落实地方储备粮增储规模，截至2016年底，韶关市地方粮食储备规模落实18万吨，落实比例100.1%，完成省政府下达的增储目标，完成进度在全省排名第六。制定《韶关市市级储备粮社会代储管理办法》，公开选定4家市级储备粮社会代储企业，代储市级储备粮1万吨，缓解仓储和轮换压力。推进粮食基础设施建设，乐昌、翁源、始兴粮食仓储设施建设项目和全市“粮安工程”危仓老库维修改造项目开工建设，直属库自来水工程建成通水，市直属粮食储备库质检中心通过省检验检测机构计量认证审核。加强粮食流通监管，开展全市粮食库存检查、安全生产检查、粮食仓储设施、夏粮收购专项调查工作。拓展韶关市粮食产销合作，与粮食主产区粮食部门、粮油加工企业签署粮食产销合作协议。做好军粮供应工作，修订《军粮供应工作制度汇编》，健全军粮供应规范化管理机制。 （张 卿）

国有资产管理

【概况】 韶关市人民政府国有资产监督管理委员会（简称韶关市国资委）于2006年6月13日成立，早期与韶关市经贸局合署办公。2007年3月19日，设立韶关市国资委党委和纪律检查委员会。2007年5月18日，单独设置为市政府特设机构，列入市政府工作部门序列。市政府授权市国资委代表市政府履行出资人职责，实行管资产与管人、管事（不包括公共管理职能所涉及的事）相结合。市国资委的监管范围是：市政府指定的市属经营性国有资产（含股权）所涉及的企业和市政府持有的其它企业（含中省属企业）的股权及权益。接收划入的原由政府其他部门承担的指导政府指定范围内的国有企业改革、国有资产监管等职能。市国资委所监管的企业涉及行业覆盖建筑、运输、制造、商贸等。2016年，市国资委机关行政编制18名，后勤服务人员3名，设办公室、改革发展科、产权管理科、考核统评科（审计与监事会办公室）4个内设机构。

2016年，国资监管企业上缴税费7.36亿元，同比增长37.06%。实现利润总额7.76亿元，同比增长48.37%；上缴国资收益8313万元，同比增长324%，超出2016年目标任务数219%。

【市属企业改革推进】 科学谋划国资国企改革发展。市国资委起草《韶关市关于深化国资国企改革的实施方案》，报送市委全面深化改革领导小组审议。推进国资监管全覆盖工作。在对市属国有企业调查摸底的基础上，研究市属企业政企脱钩全面深化国有企业改革工作，探索全市经营性国有资产按照竞争性和准公共性进行分类改革、分类发展的监管全覆盖工作思路。

出清重组国有“僵尸企业”。市国资委起草《关于全市国企出清重组“僵尸企业”促进国资结构优化的实施方案》，经市政府常务会议审议通过，由市政府印发实施。2016年，完成韶关市（含县区）68家关停企业出清重组工作，实现4户特困企业脱困。

推进韶铸集团改革。市国资委引入战略投资者广州万宝集团有限公司。市国资委多次与广州万宝就合作对韶铸集团进行改革重组并实施搬迁事宜进行交流、协商和会谈，2016年7月20日，市国资委、广州万宝集团有限公司及广东韶铸集团有限公司三方正式签署战略合作框架协议。

推进市公汽公司进一步深化改革。市国资委制定《韶关市公共汽车有限公司改革发展方案》，指导市公汽公司根据方案推进新能源汽车充电站建设、智慧公交建设等项目。2016年，市公汽公司分别在原力士通公司内（南郊六公里）、二分公司（南郊八公里）、三分公司（十里亭）建设三座新能源汽车充电站，总投资2140万元，3座充电站于2016年6—8月相继建设完成并投入使用。

【韶关城市投资发展集团有限公司挂牌成立】 市国资委按照“大改革、大集团、大国资、大发展”的发展思路，指导韶关新鸿达城市投资经营有限公司筹备成立集团公司。经市政府批准，2016年10月17日挂牌成立韶关城市投资发展集团有限公司，标志着韶关新鸿达城市投资经营有限公司实现市场化转型的大跨越，迈出集团化发展的新步伐。

【市属企业监管职能强化】 研究制定市国资委出资人事项管理清单。市国资委在公布实施的《韶关市国资委权责清单》基础上，研究并出台出资人管理事项清单，重点管好国有资本布局、规范资本运作、提高资本回报和维护资本安全。完善企业负责人薪酬管理制度，开展企业经营业绩考核。市国资委起草的《关于规范市属企业负责人履职待遇和业务支出管理的实施方案》和《关于深化市属企业负责人薪酬制度改革的实施方案》于1月以市委、市政府名义印发实施，修改完善《韶关市市属国有企业负责人经营业绩考核与薪酬管理办法》，9月印发实施，根据该办法完成对各监管企业2015年经营业绩和负责人薪酬考核工作。指导理顺韶关市金财投资集团的股权工作。指导市金财投资集团开展下属公司股权划转的工作，实现资产优化布局，完成金财资产运营公司的股权变更工作，其他子公司的股权变更工作在推进落实。加强推进对公司重大事项审核备案制度工作的落实，规范国有产权管理。推进金投集团下属企业一建公司的改制工作。加强内部检查的监督。对监管企业进行一次内部财务、风险内控工作检查。对工贸企业下属子公司中侨实业总公司进行内部审计调查。督促企业做好安全生产工作。督促各监管企业落实“一岗双责、党政同责、失职追责”的安全责任制，督促各企业抓好公共安全、生产安全、消防安全等各项工作。贯彻执行《干部任用条例》。做好金投集团领导班子的选拔配备工作，并协助市委组织部做好董事长、总经理的推荐考察工作；做好工贸公司2名副总经理的推荐考察工作，加强工贸公司班子建设；完成韶铸集团公司领导班子换届考察提名工作，完善韶铸集团公司法人治理结构；完成市物管理中心主任和2名副主任竞聘工作等。跟进落实韶关市人才公寓改造工作，督促金财公司制定将“云峰诗意”楼盘改造成人才公寓的方案。开展人才管理工作。组织国资系统开展2016年专家服务基层项目和2016年国家“千人计划”申报工作。开展专业技术类职业资格清理规范检查。

【市属企业项目建设】 市金投集团、城投公司作为承接主体，拟承接政府购买服务融资用于城市提升建设项目计划23项，项目总投资金额423.4亿元，拟融资金额338.7亿元。市国资委召集有关企业研究国资系统闲置土地提质优化项目，参与城市整体提升。3月15日，韶能集团第二个生物质发电项目—新丰生物质发电项目动工建设，在施工。韶能集团珠玑公司延伸产业链项目进展顺利。优化建设和安装工作，基本上按计划完成土建与纸机、备浆设备、辅助设备的安装以及供电系统的施工工作。乐昌汽车客运站占地面积16454平方米，建筑面积7178平方米，总投资3300万元，2月投入使用，3月一次性通过省站级验收专家组的站级验收，评定为二级B类客运站。韶关粤运与广东省交通技工学校、粤运交通公司等单位合作，筹建大型客货车驾驶人职业化教育培训项目。金投集团公司与中银粤财股权投资管理（广东）有限公司、粤财公司签订《韶关市绿色发展基金合作框架协议》和《韶关市金财发展基金合作框架协议》。指导市工贸公司、物管中心按照新型农贸市场建设标准，将兴隆市场和启明北市场两个市场现有设施拆除重建，改造排水系统、监控系统、消防及办公设施等，重新调整规划布局，于2016年12月底完工。

【国有企业维稳】 推动成立韶关市驻韶央企“三供一业”（国有企业职工家属区供水、供电、供热（供气）及物业管理）分离移交工作领导小组，推进韶关市驻韶央企韶钢、矿冶局和广铁集团“三供一业”分离移交工作。组织开展韶关市国有企业办社会职能（“三供一业”）调查摸底工作并基本完成。牵头拟定韶关市工作方案和改造移交费用标准并报市政府审定。解决企业改制方面历史遗留问题。就原韶关市第二拖拉机厂未列入改制范围房产处置问题、新宇公司破产后离休人员安置问题等协调有关部门并请示市政府；多次协调广东远大机械集团有限公司水电分离改造费用有关问题；完成韶关医药保健品进出口公司、韶关畜产进出口公司的资产处置工作等。继续做好国有企业信访维稳工作。对国资系统企业不稳定隐患进行排查，重视职工来信来访所反映的问题，化解不稳定因素，维护社会稳定。2016年，市国资委共接待来访144人次；办理市信访局转办案件9件；答复民声热线、网络问政提出的问题21件；未发生大的进省、进京集体上访事件。市国资委配合法院做好涉及市国资委的两宗积案的有关执行工作并及时向市委、市政府报告；对乐昌市国有企业改革引发信访维稳问题开展调研，并提出解决的思路和建议；对困难国企欠缴社保费情况进行摸底等。（马红雨）

▲2016年，原曲仁矿棚户区改造项目二期田螺冲安置区现状 （市代建局 供）

政府投资非经营性项目代建管理

【概况】 韶关市政府投资建设项目代建管理局（简称韶关市代建局）为市政府直属公益一类正处级事业单位，主要职责是项目建设期间受市政府委托行使业主职能，负责政府投资建设的非经营性工程项目的组织实施和管理工作。韶关市代建局内设办公室、计划财务科、规划技术科、合同预算科、房建工程管理一科、房建工程管理二科、市政工程管理一科、市政工程管理二科8个科室；辖1个下属事业单位韶关市市政建设工程管理处。为配合即韶关市省属及市属棚户区建设的需要，代管韶关市金建房地产开发有限公司，并注资成立韶关市金禧城市建设投资有限公司。局机关核定事业编制36名，其中，局长1名、副局长3名、总经济师1名、总工程师1名，正科级领导职数8名、副科级领导职数8名。2016年，韶关市代建局承担代建项目51项，立项总投资额约104亿元，其中完工待结算项目10项，续建项目16项，新开工项目13项，储备项目12项，全年完成投资额约7.5亿元。

【项目建设全力推进】 主要项目进展：（1）原曲仁矿棚户区改造二期、三期工程2016年完成投资2.2亿元，基本建成安置房约1万套，4月25日起逐步安排8900多户办理搬迁安置手续，有7300多户领取新房钥匙陆续搬迁入住。安置区配套建设幼儿园、物管中心、山体公园、健身广场、市政道路一期基本建成。田螺冲G片区具备开工条件的六栋楼基本建成；C地块12月底完成地下室结构并完成约40%主体结构工程。（2）韶关市国有工矿棚户区改造项目（一期）7、8号地全面开工建设，完成约60%地下室结构，5%主体结构工程施工，2016年完成投资2.1亿元。（3）莲花大道（东环线）一期工程（黄金村至大学路段4.08千米）。2016年完成投资约5000万元，主体工程建安投资约为合同价款70%，给水工程建安投资约为合同价款90%，综合管沟工程建安投资约为合同价款90%，供电管沟工程建安投资约为合同价款90%，路灯外接电工程完成施工。（4）莲花大道（东环线）二期工程（大学路至段韶关钢铁厂段10.26公里）。一标段（浈江段），完成交地路段（莲花村1.1千米，K160+260～K161+360）范围内3道箱涵施工、鱼塘清淤及20万立方米路基挖填作业。二标段（曲江段），完成施工招标工作和项目经理部组建。（5）陵南路（鹅坑桥转盘至东郊客运枢纽站）改造工程。基本完成道路改造工程，剩余大陂河小桥改造正在施工。（6）完成芙蓉北（西出口）改扩建项目绿化工程建设。（7）移山路道路建设工程。主道、绿道连接线二完成主体工程建设，2016年底开放主道交通。（8）东冲河、沐溪水整治项目。东冲河治理工程全线治理河长8千米，完成治理工作量90%。沐溪水治理工程全线治理河长12.93千米，完成治理工作量85%。（9）市区内主次干道内涝整治项目。全面完成G323线良村段、芙蓉东路、韶南大道鹤冲村、华龙山庄、乐园加油站、站南路、G323线镇泰路段、鹅坑桥等八个内涝点的整治工作。（10）芙蓉北一路道路建设工程。完成主体工程施工，2016年底开放交通。（11）独芳路（摩尔城西侧）道路工程。2016年6月开放通车。（12）芙蓉北环山公路（摩尔城段）建设工程。完成摩尔城段的路面沥青及附属工程施工。（13）市食药检所食品检验楼项目。完成项目主体工程建设。（14）新华北道路交通改造工程。2016年11月底完成并开放交通。（15）韶南大道人行天桥项目。2016年12月进场施工。（16）韶关市风华路道路工程（一期），完成1150米箱渠及路基工程，完成总工程量的50%。（16）芙蓉北（西出口）改扩建项目绿化工程，年底前基本完成项目建设工作。（17）东田一路延长线，2016年底完成主体工程。芙蓉北环山路建设工程（一期）、韶关大道绿化提升工程、解放路人行天桥工程、陵南路滨江景观带项目等工程正按计划开展项目前期工作。

【项目融资】 2016年，韶关市代建局主动服务对接国开行、农发行等政策性银行，加强与相关金融机构的沟通，及时了解和掌握融资信息，促进项目融资工作。2016年，负责政府购买服务项目7个，筹融项目资金72.8亿元。

【优建工程建设安全】 加强安全生产管理，加大宣传教育力度。每年开展安全大检查、安全培训学习和安全应急演练10余次，保证在建项目安全生产形势总体稳定。贯彻落实《工程质量治理两年行动方案》，实行工程质量终身责任制，严格落实工程质量三级保证体系，狠抓项目施工阶段自检工作，配合市质量监督部门对工程的质量检查验收，对未检验的工程坚决不允许进行下道工序施工，确保工程质量。2016年，实现工程质量和安全生产“零事故”的管理目标。2016年，市代建局组织开展安全大检查等4次，总体情况良好，对发现问题的施工现场，要求及时整改，并细查复查，确保开工项目达到安全生产的要求。开展“安全生产月”观摩学习，扬尘治理活动动员会等培训会议，增强企业安全生产意识。（陆　茜）

工商行政管理

【概况】 2016年韶关工商系统全面实施属地管理。完成韶关市工商局机构改革调整，乐昌、南雄两市工商与质监合并组成市场监督管理局，其他县（区）暂未作调整。市工商局维持11个内设机构不变，下设2个直属行政单位（经济检查支队、工业园区分局），管理2个公益一类事业单位（韶关市消费者委会、“12315”投诉举报中心）。市本级编制147个，在职人数126人，离退休84人；在职人员中党员110名，本科以上学历80.16%，平均年龄43.21岁。

2016年，韶关市企业年报公示率为91.96%，在全省23个考核单位排名第五。韶关市商事制度改革工作得到国务院督导组、省工商局和市委市政府的肯定。工业园区分局登记股获国家工商总局通报表扬为商事制度改革以来全国工商、市场监管部门企业登记工作成绩突出窗口单位；市局获得全国工商和市场监管部门政务信息工作先进单位。1人获得全国工商和市场监管部门政务信息工作先进个人，1人获得全省工商系统政务信息工作先进个人。至12月底，韶关市市场主体达到143451户，其中：内资（非私营）企业5669户，私营企业17458户，外商投资企业742户，农民专业合作社2965户，城乡个体工商户116617户，对比上年同期增加9795户，增长7.33%。

▲2016年10月8日，副市长朱余旺（左）为企业颁发韶关首份“五证合一”营业执照 （市工商局　供）

【工商登记注册便利化改革】 从2016年7月1日起，将企业登记管辖权调整下放，强化属地登记管理；放宽登记条件。执行登记前置和前置改后置审批事项“两个目录”，落实注册资本认缴登记制和韶关市市场主体住所管理规定，降低工商登记准入门槛；规范办事流程。对现有企业登记注册流程进行梳理简化优化，做到“三个统一”：登记流程统一、材料标准统一、审批标准统一。实行当场办结，自2016年3月28日起，新设立企业和招商引资项目申请只要申请材料齐全且符合法定形式可当场办结；情况特殊不能当场办结的，在3个工作小时内办结。拓宽登记渠道，做好“网上登记、双向快递”服务，全市工商登记机关通过“网上注册大厅”受理6005笔网登业务；推进“同城通办”，利用工商系统信息化手段打通“直通乳源”企业登记注册快速通道，在全市范围内实行外商投资企业“一局多点”服务模式和在城区（浈江、武江、曲江和工业园区）范围内，经营场所在本辖区的冠市名企业可到辖区工商局（分局）登记注册；推行电子营业执照和全程电子化登记管理，1月15日颁发首张电子营业执照；与市建行、市工行签订《代办企业登记注册业务合作协议》，对建行32个网点代办工作人员进行工商登记业务培训。韶关市内资（非私营）企业中第一产业共116户，第二产业共1202户，第三产业4351户，新增企业中第三产业占比79.78%，增速明显高于其他产业，符合国家产业结构调整预期和方向。落实国务院“五证合一”改革部署，9月30日起实行企业“五证合一、一照一码”登记模式。推进个体工商户“两证整合”，11月1日起，在全市范围实施个体工商户营业执照和税务登记证“两证整合”改革。截至12月底，韶关市发出“五证合一、一照一码”营业执照3802份，“两证整合”营业执照4644份。

【工商部门扶持企业】 市工商局主动开展与东莞市工商局的对接行动，以全面复制推广新业态企业集群注册、“住所信息申报+负面清单”管理模式为突破口，推动韶关市商事制度改革发展。《韶关市深化商事制度改革方案》的三个配套文件（《韶关市商事主体住所登记管理办法》《韶关市企业集群注册登记管理试行办法》《韶关市规范查处无照无证经营行为暂行办法》）由市政府发布施行。制定《韶关市工商局关于促进韶关市经济发展的若干措施》，为“银企”对接牵线搭桥，发挥动产抵押登记职能，为企业盘活资产开辟融资道路。韶关市办理抵押登记286宗，登记抵押担保主债权金额29.77亿元；开展股权出质登记284宗，帮助企业担保融资94.5亿元；促进个体工商户上规模上档次，全市办理个体工商户转型升级为企业101户，注册资本金1.77亿元。省工商局联合省社科院开展为期8个月的开办企业便利度评估工作，根据12月13日公布的《2016年度广东各市开办企业便利度评估报告》，韶关在21个地级市中位列第9名。

【市场主体监管】 开展市场主体信息公示工作，企业年报率逐年上升，韶关市有96042户市场主体向国家企业信用信息公示系统（广东）报送公示2015年度报告，其中企业18959户，年报公示率为91.96%，在全省23个考核单位排名第5；个体工商户74560户，年报公示率为72.03%；农民专业合作社2523户，年报公示率为91.88%；有8609户次企业主动公示注册资本认缴、实缴变动、行政许可变动和知识产权出质等即时信息，其中始兴县局、新丰县局、乳源县局、

▲2016年1月15日，韶关工商颁发首张电子营业执照　　（市工商局　供）

翁源县局、工业园区分局企业年报率均达到90%以上，南雄市局个体户年报率达到97%。推进经营异常名录管理，全市列入经营异常名录的企业4635户次，标记为经营异常状态的个体户58301户次，农民专业合作社478户次；改正违法行为后申请移出（取消）经营异常名录（标志）企业848户次，个体户1783户次，农民专业合作社94户次，相关信息及文书在公示系统当中实时公开，对被列入经营异常名录的企业进行信息修复，并在办理变更登记业务等方面予以限制。推行信用监管联合惩戒机制，对韶关市的信息归集平台主管部门、建设运行情况、归集涉企信息内容、数据交换字段等情况收集摸底，由市局起草的《韶关市人民政府关于印发政府部门涉企信息统一归集公示工作实施方案》公布施行。推开“双随机一公开”监管机制，印发全系统“双随机”抽查工作指引，编制市场主体名录库和执法检查人员名单，2016年通过书面检查、实地核查、网络监测等方式，开展两期企业公示信息抽查工作。按照市场主体总数的3%的比例，韶关市共抽查企业798户，检查内容分别是企业自主公示的即时信息和年度报告信息。抽查发现经营正常的有481户，未按规定公示信息的7户，公示信息隐瞒真实情况、弄虚作假234户，通过登记住所（经营场所）无法联系的47户，不予配合严重的有18户，迁移、注销等其他情况的有11户。检查结果均通过企业信用信息公示系统对外公示，将288户企业列入经营异常名录。完成企业行政处罚信息公示工作。开展工商行政管理行政处罚信息排查和公示专项行动，通过制定工作方案、开展业务指导、加强补录查询、责令企业公示等，依法做好工商行政管理行政处罚信息排查和公示工作，在公示系统上公示2014年10月1日以来办结的企业行政处罚案件116宗。制定《韶关市商事主体首次轻微经营违法行为免罚清单（工商行政管理类）（试行）》，建立对商事主体情节轻微并及时纠正、没有造成危害后果的首次违法行为依法不予行政处罚的监管机制，采用提醒、约谈、告诫等方式实施监管，列出免罚清单，制定操作规范。

【工商执法】 韶关市工商和市场监管部门查处各类案件265宗，案值115.66万元，罚没入库180.96万元。依法查处流通领域走私贩私行为，牵头组织开展全市打击走私“国门利剑2016”联合整治专项行动4次，联合市食药监局等部门在京港澳高速粤北服务区查获涉嫌运输走私冻品5宗，查获进口冻品约175.18吨，案值350.36万元。市局对本级办案机构办结的案件提出核审意见，

2016年年共核审各类行政处罚案件27宗，无一提起行政复议和行政诉讼。

【合同管理】 做好“守合同重信用”企业公示工作，韶关市有7户企业被国家工商总局公示为2014—2015年度“守合同重信用”企业，其中连续公示企业5户，新公示企业2户；有235户企业被公示为2015年度广东省“守合同重信用”企业。制定下发《韶关市工商行政管理局开展公用事业类、旅游类、房地产类格式条款整治行动工作方案的通知》，重点针对经营者利用供水、供电、供气等公用事业类合同和旅游类、房地产类合同中的典型不公平格式条款，免除自身责任、加重消费者责任、排除消费者权利的违法违规行为开展集中整治规范。

【流通领域商品质量监管】 以与人民群众生活密切相关的主要商品为重点，开展流通领域商品质量监测工作，在流通领域抽查检验针织内衣、汽油、润滑油、电线电缆、人造板、洗涤用品、小家电等等13个品种250批次，其中不合格27批次；做好省工商局下发的抽检不合格商品后续处理工作，立案查处16宗商品不合格案件，案值1.293万元，罚没4.53万元。开展春、秋两季流通领域农资商品质量定向监测，抽检化肥样品80个，抽检发现不合格样品3个，大专项检查和整治的力度。及时查处曝光一批违法违规企业和不合格产品，以种子、化肥、农药、农机具及零配件等专项整治为重点，集中时间、集中力量，围绕重点地区、重点品种进行专项检查。

【市场监管】 市工商局先后分两期组织市场开办者实施改造，筹措社会资金1000万元投入改造，农贸市场脏乱差的状况得到明显改善。规范农贸市场管理，市局代拟的《韶关市农贸市场管理暂行办法》（征求意见稿）通过听证合法性审查。全市工商和市场监管部门落实“1110”制度联合执法。继续配合做好推行“集中屠宰，冷链配送，生鲜上市”，反复多次劝退辖区内的违规活禽经营者，口头警告、责令改正402户次。2016年12月，市个私协会被评为全国个私协会系统先进单位。规范完善网络经济户口，全市纳入主体数据库企业782户，网站（网店）960个，向网络经营主体网站发放“红盾电子标识”112个。开展2016网络市场监管专项行动，网上巡查网站、网店12988个次，实地检查网站、网店经营者288个次，删除违法商品信息1条，查处违法网络案件3件，发现涉嫌网络违法案件线索19条，对涉嫌虚假宣传微信公众号进行行政约谈并予行政指导警示。在全市范围内推行商品交易市场信用分类监管，韶关市采集核准认定商品交易市场138个，其中A类市场26个，B类市场83个，C类市场17个，D类市场12个。

【商标管理】 2016年，重点加大对商标专用权保护力度，韶关市查处商标侵权案件36宗，没收侵权商品3382件。开展地理标志摸底调查，挖掘特色农产品商标，扶持韶关市28家广东省重点农业龙头企业争创广东省著名商标。开展商标品牌宣传展览，集中展示的100家企业的商标品牌展示韶关市争创商标品牌中取得的丰硕成果。配合市政协开展韶关市茶叶产业商标现状调研并提出建议。韶关市商标有效注册量7508件，比2015年新增952件，增长率为14.5%。其中驰名商标1件、广东省著名商标25件、集体商标3件、地理标志（证明商标）1件。有8家企业在申请广东省著名商标认定。

【广告业管理】 开展虚假违法广告专项整治，联合有关部门印发《韶关市整治虚假违法广告联席会议工作制度》，组织召开全市广告监管联席会议，开展广告专项整治周行动、涉嫌非法集资广告咨讯信息排查清理活动、互联网金融广告整治工作、房地产领域社会矛盾专项治理工作，规范互联网金融、房地产、户外医疗等广告发布行为。助推广告行业健康发展，2015年度广告行业统计工作填报率100%；指导广告协会建立广告审查服务站，指导广告经营、发布者建立和完善广告审查制度，组织广告审查员培训和全市食品广告审查专题培训班；走访调研广告企业、召开座谈会，了解全市上规模以上广告产业发展状况，制定下发《韶关市工商行政管理局关于促进广告企业上规模发展服务措施》。

【无传销城市创建】 联合市公安局、市综治办、市文明办组成考评小组，对乐昌市等8个县（市、区）进行实地核查、综合认定。2016年8月16日，经韶关市人民政府同意，乐昌、南雄、仁化、始兴、翁源、新丰、乳源、工业园区等8个县（市、区）认定为无传销县（市、区）。

【消费维权】 发挥各级“12345”投诉举报机构作用，全年通过转办、来电、来访、来函、网络等途径，受理申诉330件，为消费者挽回经济损失163.28万元。全市各级消委会接待来电来访1700多人次，受理消费纠纷投诉236宗，成功调解结案217宗，调解成功率92%，为消费者挽回损失168.4万元。加强群众来信来访工作的政策研究，熟练理解和掌握政策、文件精神，严格在法定期限内回复当事人。2016年，受理办结群众来信来访50宗，完成网络问政受理、转办、回复60份，办结率100%。加强消费者权益保护宣传工作，动态更新韶关市消费维权网，编印《消费维权指南》，联合开展“3·15”国际消费者权益日大型宣传纪念活动，向行业十大“诚信单位”代表以及2016年“正版正货承诺”单位颁匾授证等与各主流宣传媒体合作，在韶关市广播电视台（综合广播FM105.7/89.1）开设为期一年的《韶关红盾》广播宣传小专栏，及时向社会公众传播消费者维权知识、百姓办事指南及工商局工作动态。加大网络市场普法宣传，深入企业开展培训指导，举办

"红盾电子标识申领和网络守法经营"主题培训，韶关电子商务商会的近百家网络商家会员参加培训；走访调研韶关市政府办网站"韶关市民声网"和民间网站"韶关家园网"，联系韶关市电子商务行业协会和电子商务商会及韶关本地平台"U购网"，争取网站媒体、行业协会和网商平台对网络市场监管工作的支持，引导社会大众举报网络经营违法行为。

【"两建"工作完善】 继续完善"两建"（建设社会信用体系，建设市场监管体系）工作制度和牵头开展市场监管体系建设，抓好工商局具体负责的市场准入体系建设、消费维权和社会监督体系建设、市场竞争秩序体系建设、企业诚信体系建设4个子体系建设。开展非行政许可审批事项清理工作，组织做好行政审批标准化前期工作。督促"12345"投诉举报平台完成升级改造建设，推动"12345"投诉举报平台运行走上正轨，与省"12345"数据分析研判中心实现无缝对接。组织开展《广东省市场监管条例》的学习宣传。

（陈惠韶）

价格管理

【概况】 2016年，韶关市价格总水平基本稳定，市区居民消费价格指数同比上涨1.9%，实现CPI控制在3%的预期目标。

【污水处理费用调高】 经对韶关市区5家污水处理企业成本审核，考虑韶关经济发展、企业健康发展以及合理回报等因素，韶关市区污水处理收费标准分两步实施：第一步从2016年12月31日起，居民类每立方米由0.68元调整到0.85元，非居民类由0.78元调整到1.20元。第二步从2019年12月31日起，居民类污水收费标准每吨由0.85元调整到0.95元，非居民类由1.20元调整到1.40元。

【水资源征收价格调高】 实施水资源费与销售水价的价格联动机制（联动系数1：1.21），从2017年1月1日起，韶关市区自来水的综合水价每立方米由1.89元相应调高到1.99元。

【医疗服务价格改革】 完成对韶关市18家城市公立医院取消药品加成、调整医疗服务价格的测算工作，制定《韶关市城市公立医院医疗服务价格调整方案》，规定从2017年4月1日起实施。

【价格管理事权下放】 从2016年9月26日起，将韶关市区（不含曲江区）学龄前教育和义务教育价格管理权限下放给浈江区、武江区人民政府，将区属公安机关涉案财物价格认定管理权限下放给浈江区、武江区、曲江区人民政府。

【涉企行政事业性收费落实"零收费"政策】 从2016年2月1日起，停征市级价格调节基金。推进国家涉企收费和减免工作，实施省定涉企行政事业性收费"零收费"政策。对省已明确免征省级收入的23项国家规定涉企行政事业性收费（不含防空地下室易地建设费），从2016年10月1日起免征市县级收入。从2016年10月1日起对特种作业安全技术考试费、IC卡道路运输电子证件工本费、劳动合同文本费、职业病诊断及鉴定费、河道管理范围占用费等11项省定涉企行政事业性收费，同步免征省级及市县级收入。经市政府同意，市发改局公布《韶关市实行政府定价的涉企经营服务收费目录清单》，明确项目名称、设立依据、收费标准等，分别在市政府和市发改局网站公开，接受社会监督。规范涉企行政事业性收费，发布《关于公布韶关市涉企行政事业性收费目录清单的通知》《市直部门行政审批中介服务收费目录清单》，要求各执收单位、市直各部门严格执行目录管理。规范行政审批中介服务收费及行为。

【电价、水价、燃气价格】 年内两次降低企业用电成本。自2016年1月1日起一般工商业电度电价每千瓦时统一降低0.58分（含税），自2016年6月1日起，工商业电度电价每千瓦时统一降低1.68分（含税）。经省政府同意，从2017年1月1日起，暂停在韶关市区（不含曲江区）供水价格中征收城市公用事业附加。年内两次降低企业用气成本，从2016年1月1日起，市区管道燃气销售价格每立方米由4.8元降低到4.5元；从2016年7月1日起，居民生活用气由每立方米4.5元降低到每立方米3.95元。

（张　卿）

国土资源管理

【土地规划】 调整完善土地利用总体规划，为韶关市今后发展扩展土地利用空间；做好重点项目规划修改和用地审核，对韶关市振兴发展、城市提升和交通等基础设施建设项目做到应保尽保。完成韶关莞韶城基础设施建设、广东省十六冶建设有限公司韶关分公司棚户区异地改造安置房、韶关芙蓉新城建设等项目的规划修改工作；完成曲江大道、仁化古洋水乡南门服务基地、省道S343线贤丰至县城及省道S244线贤丰至凉口段工程等项目占用多划基本农田的审核上报工作；完成新丰丰城街道有条件建设审核上报工作；跟进完善曲江大道、省道S248韶关市区过境段黄金村大桥至韶关钢铁厂公路改线工程（含乐村坪支线）、新丰金竹风电场等项目的用地预审工作。

【土地利用】 制定和完善市区用地报批、国有土地房屋征收与补偿、留用地安置及全市矿产资源开发利用等管理规定；修订市区土地和房屋征收标准，完善土地出让公开交易机制；全面梳理完善市国土资源局内部管理制度。各项工作实现制度化、规范化管理。开展用地报批。全市上报28宗批次用地，涉及新增建设用地470.72公顷；各县（市、区）上报11宗，涉及新增建设用地139.60公顷。取得批复35宗（含往年上报的批次），涉及新增建设用地696.86公顷，自行审批12宗，涉及新增建设用地67.80公顷。韶关市呈报“三旧”改造项目涉及旧村庄用地报批的项目24个，面积156.57公顷，取得省政府批复项目22宗，面积152.29公顷。完善历史用地项目9个，面积55.16公顷，取得批复2个1.78公顷。开展国土资源节约集约模范县（市、区）创建活动，曲江区、乳源县被国土资源部评选为国土资源节约集约模范县（区）。

【土地供应】 完成土地收储79.33公顷。其中，国有土地收储21.6公顷，集体土地征收57.73公顷。市区2016年度入库出让金3.86亿元；上饶路、韶塘片区、原大东裕项目及新城八个地块200公顷的储备地开展前期开发。完善土地出让公开交易机制，草拟并以市政府名义下发《韶关市国有建设用地使用权网上交易规则（试行）》。通过公开抽选评估机构，实行土地估价电子化备案，加强土地估价市场准入和制度化管理。韶关市供应土地3110.2公顷；市本级公开出让土地196公顷，为财政贡献出让金10.78亿元。加快批而未供土地的消化利用。韶关市五年平均供地率达到73.03%，达到上级要求的60%的考核线。对列入省督察的92宗疑似闲置土地进行全面处置。

【耕地保护】 组织开展各县（市、区）2015年度耕地保护目标责任履行情况自查工作，韶关市2015年末耕地保有量为22.97万公顷，基本农田面积19.50万公顷，均高于耕地保有量（21.15万公顷）和基本农田保护面积（18.61万公顷）的目标，通过省政府考核。仁化县获得省土地执法监察考核三等奖。完成全市城市周边永久基本农田划定工作。组织各地做好全域永久基本农田划定工作和城市周边永久基本农田局部微调工作。组织各地做好耕地占优补优、占水田补水田承诺兑现和耕地提质改造有关前期准备工作。省国土资源厅对曲江区、翁源县和始兴县的城乡建设用地增减挂钩试点项目下发验收确认函，确认面积131.73公顷。高标准基本农田建设竣工建设项目202个，面积6.82万公顷，占总建设任务的94.7%，建设进度走在全省前列，获得省政府奖励60公顷用地指标。

【矿产资源管理】 完成翁源铁龙铁矿、新丰江源温泉、曲江佳兴鸡麻头铜矿等3宗采矿权转让审批，韶关市龙韶实业有限公司石背山石场与原新珠石场资源整合登记发证。继续加快推进大宝山矿区资源整合工作。大宝山矿与3家拟整合的民营矿企中的2家签订相关协议，铁龙铁矿在省厅办理完采矿许可证变更，曲江佳兴向省厅提交变更登记资料。配合市公安局处置铁龙非法采矿案涉案矿产品挂牌交易后有关事项。对莞韶园区新G323线公路两侧两个施工点进行整治。完成2015年度矿山开发利用情况年检工作。完成市政府交办的丹霞山景区非采排查，对全市砂（非河道采砂）、石、土开采情况紧急排查。开展第三轮矿产资源总体规划编制，收集相关部门资料；指导县级开展规划编制。修订《韶关市矿产资源开发管理规定》。起草的《在韶关市新丰县设置稀土采矿权的请示》经省政府批复。

【地质灾害防治】 2016年，韶关市发生地质灾害40起，主要分布在乐昌市、浈江区、曲江区等地，规模以小型为主，其中崩塌8起，滑坡31起，泥石流1起。地质灾害造成直接经济损失2944.3万元，无人员伤亡，潜在威胁人数3170人，潜在经济损失8359万元。与上一年同期相比，2016年度地质灾害发生数量增加21%，直接经济损失增加68.5%，潜在威胁人数增加111.9%。2016年开展地质灾害应急调查41次，发布二级预警4次，三级预警35次，四级预警73次。避免因地质灾害发生造成不必要的人员伤亡和财产损失。利用“4.22”世界地球日、“防灾减灾日”和“安全生产月”举行地质灾害防治现场咨询活动，联合教育局组织专家对各县（市、区）中小学教师进行地质灾害防治知识培训，通过电视、电台，向人民群众科普宣传地质灾害防治等相关知识。韶关市获得省级地质灾害防治专项资金2565万元、省级矿山地质环境恢复治理专项资金800万元、省级地质遗迹保护专项资金450万元。全市2016年度100万元（含）以上500万元以下的地质灾害防治项目9个，均进入招投标及施工阶段。

【土地矿山执法监察】 在全市范围内开展违法违规用地查处整改工作，对卫片新增建设用地中违法占用耕地占耕地总数超过15%及开展违法违规用地治理工作不力的2个县（区）及3个乡镇进行约谈。督办翁源县龙仙镇群陂村龙翔大道项目违法占地案件等7宗。对全市涉矿违法行为情况进行摸底排查，开展打击非法开采行动，其中联合打击关停11处，移交公安立案查处并联合打击关停的19处。严肃查处新丰县黄礤镇雪峒村违法开采和越界开采行为，做好整改工作。启用无人机对土地矿产违法行为高发区域进行重点监控，结合2016年度卫片和无人机监测发现新增违法建设用地607宗，面积114.89公顷（耕地26.51公顷），非法开采点26个，根据监测结果对非法开采点打击整治，新增非法开采点现场全部按照“三不留一毁闭”（不留人员，不留采矿设备，不留建筑物、毁闭井筒，恢复地貌）等方式予以打击取缔。

【农村地籍调查】 按时完成2015年度土地变更调查，通过省厅审核，保证韶关市土地利用现状数据库的现势性。向省备案全市农村集体所有权数据库的例行备案，完成按不低于全市农村集体所有权成果总数40%的比例扫描所有权证、登记簿等原件的补录工作。通过督促各县（市、区）开展试点工作，落实工作经费，根据实际采用解析法、解析法和图解法相结合、图解法三种方式开展调查。2016年，在开展试点的乳源县，全部采取解析法，落实工作经费

459.27万元，完成全县9个乡镇中的6个镇的外业调查，地形测量及调查统计完成工作量的63%。使用解析法和图解法相结合有南雄市和仁化县，南雄市采取解析法完成雄州街道5.5平方千米；仁化县2015年开展周田镇试点工作，采取解析法完成周田镇和丹霞街道11平方千米外业工作，并在2016年采取图解法完成大桥镇和黄坑镇5平方千米；其余县（市、区）除试点时使用解析法，计划全部采取图解法来完成农村地籍调查。

【不动产统一登记】 通过权籍调查测绘单位的遴选备案登记工作，确定10家测绘单位为市本级权籍调查测绘单位。按照停旧发新的要求，韶关市在2016年6月底实施不动产统一登记颁证工作，全年全市颁发不动产权证20680本、不动产登记证明35089份，其中，市本级（浈江区、武江区）颁发不动产权证7671本、不动产登记证明13262份。各县（市、区）不动产登记信息数据整合建库工作有序进行，全部完成整合建库的招标工作。采取“全市统一打包招标、县（市、区）自行实施”的方法完成不动产信息平台的招投标工作，由省国土资源技术中心负责建设。不动产登记发证除南雄市作为试点使用北京安图公司的自建平台外都在使用省过渡版系统，由市国土资源局统一建设和部署正式版系统。韶关市不动产增量数据库的建设是按照省厅下发的相关规范建设，属性齐全，在权籍系统中能实现图属联动，各县（市、区）在跟省级平台对接后都能顺利上报数据，通过省和国家的审核，实现持续上报。其中市本级完成土地、一手房的首次，变更，转移业务和二手房的首次、变更、转移、抵押、查封等相关业务的持续上报。

【测绘管理】 韶关市本级数字韶关地理空间框架平台部署完成，市级专题数据完成升级改造，有市规划局等18家单位成为数字城市应用示范单位，无偿为政府部门提供基础地理信息服务。韶关数字县区地理空间框架建设全面铺开，其中曲江区、南雄市、仁化县、翁源县、乳源县完成数字县区地理空间框架建设并通过专家验收。全市“一村一镇一地图”工程建设全面推进，浈江区、武江区、曲江区、南雄市、乐昌市、仁化县、新丰县、乳源县均完成项目建设，其中浈江区、武江区、曲江区、仁化县通过省级验收，南雄市、乳源县通过市级验收，新丰县在准备验收工作。做好测绘资质审核申报、测绘行业统计、基础测绘成果使用审核、测绘作业证核发、不跨县域的公众版地图审核工作，推进测绘市场信用体系建设。开展2016年度全市30家丙、丁级测绘资质单位监督检查工作，完成测绘市场专项检查及测绘产品质量检查工作。组织在韶关注册的10家乙级测绘资质单位在青少宫门前开展“8·29”测绘法宣传咨询活动，发放宣传资料1.5万余份。联合市教育局在全市组织发动参加“美丽中国”第三届全国国家版图知识竞赛和少儿手绘地图大赛活动，经评选获得省二等奖、三等奖各1幅。

【农村土地突出问题专项治理】 做好农村土地突出问题专项治理工作，韶关市排查出拖欠被征地农民补偿费5935.56万元全部兑付。全市摸排2014年1月以来涉农土地“三乱”（乱占、乱卖、乱租）行为959宗，涉及土地面积72.93公顷（含耕地面积25.23公顷）。完成查处或整改。按照省下发的任务清单，韶关市在2017年底前要解决438.00公顷留用地历史欠账，其中2016年任务166.67公顷，截至11月11日，韶关市当年完成140.89公顷，进度为84.54%。2015—2016年，完成274.23公顷，完成2015—2016年任务数的91.41%。

【市区国土管理体制改革】 根据市委、市政府关于理顺市与市辖区权责关系的改革要求，市国土资源局浈江分局、武江分局及其所辖乡镇国土资源所编制人员分别下放浈江区、武江区管理，实行市国土资源局和区政府双重管理，以区管理为主。2016年1月，市土地储备中心由市政府办公室管理调整为由市国土资源局管理。11月，再次调整为由市财政局管理，业务接受市国土资源局指导。2016年4月，撤销市国土资源局丹霞山执法监察大队。2016年11月，市土地储备中心的土地征收职责划转市房屋征收管理中心（原市城管局管理），组建市土地和房屋征收管理办公室，并调整为由市国土资源局管理。2017年1月，市土地储备中心芙蓉新区分中心更名为芙蓉新区土地和房屋征收管理办公室，调整为由市国土资源局管理，市土地和房屋征收管理办公室负责业务指导，同时受芙蓉新区管委会和工业园区管委会具体领导和管理。按照市委的部署，做好改革方案的起草、事权下放、人财物的下放及划转的衔接和后续指导监管工作，完成市区国土管理体制各项改革的有关工作。 （莫新生）

审 计

【机构概况】 2016年1月—11月，韶关市审计局定编47人，2016年11月—12月，因调整市纪委派驻（出）纪检监察机构和市直单位内设纪检监察机构，韶关市审计局定编45人。内设办公室（计算机审计室）、法规审理科、经济责任审计办公室、财税金融审计科、行政事业审计科、农业与资源环保审计科、经贸外资审计科、固定资产投资审计科8个科室。

2016年，全市审计机关完成审计项目279个，审计查出主要问题金额65亿元，移送相关部门处理事项37项，市领导对审计工作及审计报告作出重要批示达30次。其中，市本级完成审计项目65个，审计查出主要问题金额49.32亿元，其中管理不规范金额48.96亿元；审计提出建议211条，被采纳审计建议192条；提交专题或综合性报告和信息简报103篇，被批示采用48篇。

【重大决策部署落实情况跟踪审计】 2016年，韶关市审计局组织开展稳增长

▲2016年10月14日，韶关市审计局联合市委组织部共同举办领导干部审计业务知识培训班（市审计局　供）

促改革调结构惠民生防风险政策措施落实情况跟踪审计。对省委、省政府以及市委、市政府重点战略部署落实情况进行跟踪审计。2016年韶关市审计局围绕市委十一届九次全会确定的“三大主题”工作，重点围绕芙蓉新城“三年基本成城”发展战略落实情况开展跟踪审计。通过审计发现：管理体制不顺；相关部门缺乏钉子精神；控制规划缺乏前瞻性、统筹性、合理性；涉及被征地农民切身利益的部分问题未解决，建设项目安排统筹不足，工程标段分割，不利于大型施工企业进驻；重点项目推进慢，新城引导资金尚未发挥作用，资金调度使用灵活性不够，导致巨额资金闲置等问题。江凌在审计报告中做出批示，要求相关部门研究办理市审计局报告所提建议。对供给侧结构性改革“三去一降一补”（去产能、去库存、去杠杆、降成本、补短板）专项行动计划执行情况进行跟踪审计。2016年，在对韶关市钢铁行业化解过剩产能行动专项资金筹集和管理使用情况审计调查中发现，被省列入去产能任务的10家钢铁企业的冶炼设备全部完成拆除，退出产能203万吨，占总任务数的100%。及时发现和揭示偏离政策要求、影响政策落实的突出问题。对精准扶贫精准脱贫的专题跟踪审计。组织全市审计机关提前介入，开展精准扶贫精准脱贫专题跟踪审计。通过对各级政府、部门落实国家、省、市扶贫政策、扶贫项目管理和资金分配使用情况的跟踪审计，查找各级政府、部门贯彻落实精准扶贫精准脱贫政策执行中存在的突出问题，重点对各地精准扶贫精准脱贫的前期基础工作进行检查，提出可行建议，促进各项扶贫政策落实到位。

组织开展对政府性债务风险情况跟踪审计，通过审计发现：财政资金统筹使用力度有待加强，市级财政尚未对预算执行单位的财政存量资金进行清理，部分县级财政存量资金规模较大等问题。

【金融机构风险审计】 加强对地方金融机构运行风险的审计调查。韶关市审计局对韶关市地方金融机构运行风险情况进行审计调查，对重要事项作必要的延伸和追溯，对韶关市区农村信用合作联社进行抽查。审计发现部分地方金融机构存在一定的信用风险和操作风险，在资产质量和信贷管理、股权管理和关联交易、业务导向等方面存在一些问题。将4条涉嫌违法骗贷的线索移交纪委监察部门和公安机关进行查处。

【财政预算执行审计】 2016年，韶关市审计局以数据助推财政预算执行审计。创新审计技术方法，首次利用大数据进行财政预算执行审计，通过市公共财政综合管理平台取得237个市级预算单位的财政财务核算电子数据并进行审计，列出市级专项资金部门管理清单，实现审计全覆盖，加强对财政资金使用绩效的审计监督，促进各单位履职尽责。

重点资金落实和使用情况。围绕督促相关部门单位履行职责推进财政资金统筹使用，促进提高财政资金使用绩效，立足盘活和消化财政存量资金，揭露不作为、慢作为、乱作为等问题，从体制、机制、制度层面揭示问题，分析原因，提出建议，促进加快财政支出力度，减少财政资金沉淀，促进更多的财政资金统筹用于韶关市重大政策措施最急需的方面，推动消除阻碍财政资金统筹使用的制度障碍，促进资金整合和有效使用，解决财政管理不到位等问题，发挥审计的监督和保障作用。此项工作得到市第十三届人大会常委会第三十三次会议的肯定。

【经济责任审计】 2016年，韶关市审计局审计经济责任人53人。通过审计，查出管理不规范金额7.64亿元，违规金额2832万元，向纪检监察机关等有关部门提供违纪违规线索17条，针对财经制度执行不到位以及管理不规范等问题，提出审计建议153条，被采纳146条。

重点加强对市直部门和领导干部的经济责任审计。对18个掌握重要经济决策权、执行权、管理权和监督权的关键岗位，以及管理重点项目、使用重点资金的市直部门和领导干部的经济责任审计，有效地帮助各单位加强内部财务管理。

切实加强对乡镇（街道）党政主要领导履行经济责任的同步审计。2016年市审计局统筹全市审计力量，完成对18个乡镇（街道）35名党政主要领导干部经济责任异地同步审计，查出违规问题47宗，移交当地县（市、区）政府责成有关部门依法进行处理的问题30宗，提交纪检监察部门进行处理违纪违规问题和疑点线索的17宗，纪检监察部门根据审计结果处理42人，其中立案13人，诫勉谈话16人，批评教育7人，书面检讨3人，谈话提醒3人。针对财经制度执行不到位以及管理不规范等问题，依法提出合理化审计建议76条。

【重点民生项目审计】 2016年，韶关市审计局对住房公积金、基本医疗保险基金、广东省水污染防治资金、保障性安居工程等重点民生项目开展审计。

组织开展住房公积金管理使用专项审计。摸清韶关市住房公积金缴存、管理和使用的总体情况，对韶关市住房公积金缴存、提取、使用和贷款等业务的合法性、规范性、真实性进行检查。对审计发现的违规审批发放贷款和违规审批造成超额提取住房公积金等严重违规问题，依法移送纪检监察部门处理。

组织开展对韶关市2015年至2016年6月基本医疗保险基金审计。重点关注基本医疗保障基金收支规模、结构和管理使用情况，关注制度运行和政策执行中存在的突出问题，揭露查处骗取医保资金和损害群众利益等重大违法违规问题，将涉嫌骗取医疗保险基金等犯罪线索移交公安机关进行查处。

组织开展2011年—2015年广东省水污染防治资金审计调查。重点关注水污染防治目标完成、水污染防治资金投入拨付和使用、水污染防治存在的重大风险隐患、水污染防治项目实施和运营等情况，揭示各地影响水环境安全、威胁人民群众健康的突出问题，从体制、机制、制度层面分析问题产生的原因，提出加强和改进水污染防治工作的建议。

【其他审计】 2016年，贯彻落实市委书记江凌的批示，选取和完成对山区五市中小河流治理具有代表性的南雄市瀑布水治理工程的审计，市委主要领导对审计报告做出批示。与市委组织部共同组织举办领导干部审计业务知识培训班。加强对政府性投资项目的审计，对韶关福田坪乳公路有限公司相关数据进行核查，对市城投公司投入至武江区江湾片区苗圃基地征地拆迁资金、对市城投公司垫付未结算的征拆资金情况，市第二技师学院一体化教学大楼建设资金进行审计。加强对市属国有企业的审计，重点对市公共汽车公司及原华侨公司经营资产情况进行审计。（朱 超）

统 计

【机构概况】 韶关市统计局是市人民政府工作部门，是负责全市统计工作规划，组织实施统计调查，提供统计资料，实行统计监督的职能机构。内设办公室、法制科、综合核算科、工业统计科、能源统计科、农村统计科、社会和服务业统计科、投资统计科等8个职能科室。有局长1名，副局长2名，纪检组长1名，科长7名，副科长5名。管理正科级参照公务员管理事业单位——市统计普查中心（加挂韶关市社情民意调查中心、韶关市统计数据管理中心牌子）。市统计局有行政编制29人，后勤服务人员数2名，实有28人；统计普查中心事业编制9人，实有6人。

【统计服务】 超前谋划。开展2016经济增长潜力调研，向市委市政府报送《2016年GDP目标测算及解读》，为政府和部门增强2016年经济工作的针对性和主动权服务。加强监测，强化研判。围绕经济运行中的突出问题和党政领导的关注点，开展统计分析研判，及时向市委、市政府汇报情况。及时召开行业主管部门经济运行情况通报会和GDP联席会议，研究存在问题及经济工作着力点，为各部门精准发力提出建议。市委常委会、市政府常务会议分别听取市统计局一季度和1—8月全市经济运行情况汇报；市、县召开季度经济形势分析会，统计局均作综合性建议性发言。关注县域经济发展，分别在南雄、翁源、乳源召开分片统计局长座谈会，了解各县（市、区）实现一季度经济较好开局采取的措施及对一季度经济增长的预判；根据各县（市、区）经济运行情况，及时与当地政府领导及主要经济部门负责人共同研讨，从统计角度提出建议。做好联系帮扶企业统计服务。落实市委、市政府《关于建立联系帮扶企业三项制度的实施方案》要求，成立联系帮扶企业统计服务小组，每月及时整理联系帮扶企业有关数据报送市领导，为市领导挂点帮扶企业做好服务。

【部门行业统计联动】 进一步加强与行业主管部门的经常性联系沟通，合力推进统计工作开展。联合开展调研。与经信局联合召开3次重点工业企业座谈会、深入重点企业调研，了解企业生产经营、投资、技改、节能等情况，围绕

▲2016年12月30日，韶关市审计局召开特约审计员座谈会 （市审计局 供）

▲3月13至19日，韶关市统计局联合中南财经政法大学统计与数学学院举办韶关市统计系统统计业务培训班（赵梓辰 摄）

完成节能目标与经信局共同研判、调研和督导；与发改局跟踪重点项目投资建设情况，与科技局联合开展重点企业科技研发专题调研。做好行业统计。与旅游局商讨旅游服务业、住宿业投资、发展和统计，与农业、林业部门对接特色农业培育，与商务局共谋新增规模以上服务业工作，与发改、环保、住建部门研讨资源枯竭型城市统计监测。做好新增企业入库。与行业主管部门共同做好新增“四上”企业（指规模以上工业企业、资质等级建筑业企业、限额以上批零住餐企业、规模以上服务业企业）申报入库工作，全年净增105家“四上”企业并纳入统计。

【社会统计小康监测】 部门联动、市县联动共同抓好小康监测工作。召开全面建成小康社会统计监测工作会议，介绍韶关全面建成小康社会实现情况及存在问题、短板指标等，组织各短板指标部门按工作职能做好专题分析，提出措施建议。市委书记江凌对市局8月报送的《2015年韶关市全面建成小康社会进程监测报告》做出批示，要求各县区针对短板指标结合新的五年工作计划安排，抓好落实。市局及时召开短板指标部门专题会议，传达江凌对韶关市全面建成小康社会的批示，就落实批示作部署。

【农业普查】 组建市、县、镇、村四级农业普查机构，选聘8595名普查员和普查指导员，开展市、县两级农业普查试点。与韶关调查队联合在仁化等4县（市）开展农普遥感测量实地调查；召开全市农普动员会议，全面部署韶关市农业普查工作；对200多名镇（街）农普业务骨干进行培训；开展普查宣传，举办“农业普查福到农家”统计开放日活动，营造普查氛围；进行普查摸底工作，掌握全市农户数和甄别登记对象；指导普查入户登记，开展普查督导，实施分组包干督查，确保数据质量。各地普查入户登记全面铺开。

【统计法治】 开展“数据造假、以数谋私”专项整治工作，韶关市统计部门清理2013年以来涉嫌违反统计法精神的文件和做法37项。开展统计普法宣传教育，印发《统计法》宣传漫画1万份、编印《统计执法检查手册》2000册。开展统计执法检查，韶关市检查594家企业，对存在轻微统计违法行为的24家企业下发《责令改正通知书》，违法单位对查出的问题进行整改。开展农村统计调查数据质量检查，举办工业、贸易等新增企业新任统计员培训班，不断夯实基层统计基础。

【统计改革与建设】 继续推进固定资产投资和贸易统计改革，完善批零住餐企业财务状况、电子商务和城市商业综合体统计。开展历史数据抢救工作。与中南财经政法大学联合举办统计业务培训班，市、县统计系统业务骨干和市直有关部门统计负责人60人参加培训，开展政府统计系统岗位技能竞赛。

（卓悦灵）

海 关

【概况】 韶关海关于1987年9月成立，为正处级单位，人员编制39人，有在编干部39人、职工3人，内设办公室、人事政工科、综合业务科、车场监管科、加工贸易监管科、稽查科6个科室。韶关海关缉私分局（正处级）于1999年6月成立，局内设办公室、侦查科、法制科3个科室，人员编制为25人，有干警8人。主要职责为监管进出境运输工具、货物和其他物品，征收关税和其他税、费，查缉走私，编制海关统计和办理其他海关业务。

韶关海关关区面积1.85万平方公里，下辖企业298家，有南郊港澳进出境货运车辆检查场、韶关跨境电商清关服务中心等监管现场。虽然地处内陆，与边境口岸间交通运输路程较远，2016年推广“区域通关一体化”改革，企业可自主选择向经营单位注册地或货物实际进出境地海关办理申报、纳税和查验放行手续，实现“多关如一关”，业务主要集中在陆路、水路运输货物监管和加工贸易监管，而税源商品则主要是铁矿砂。

【关税税收征管】 做好总体税收情况及异地纳税情况月度跟踪工作，在接单审核环节，加强对重点商品的价格、归类、原产地等的审核力度。2016年，实现税收入库7.43亿元，同比上升5.24%，完成调整后税收目标。

【通关监管】 该关不断推进优化布控查验工作，提高布控查验的精准性和针对性，确保监管到位。2016年，该关监管进出口货物1036.9万吨，同比增长21.3%。落实常规稽查双随机，加强企业后续管控，2016年办结稽查作业7家，稽查作业完成率100%；稽查补税2家，稽查补税5.99万元，移交缉私2家，稽查有效率66.6%；其他作业补税入库291万元；办结常规稽查双随机作业数1家。落实简政放权、放管结合，取消涉企收费。从2015年开始，该关共优化内部核批事项134项，取消行政审批事项6项，取消全部非行政许可审批事项，实行海关行政审批业务“一窗通办”。该关停止预录入及QP系统收费，取消全部涉企收费，减轻企业负担。

【加工贸易监管】 该关在保障和服务好关区重点加工贸易企业的同时，依托产业集聚优势，优先支持发展关区保税监管场所建设，推动保税物流的发展。2016年，加工贸易进出口总值13.92亿美元，及时报核率、及时结案率均为100%。关区“出口监管仓”“公用保税仓”进出仓货值5953.6万美元，进出仓数量3.5万吨，同比增长14.02%。其中，保税仓库进出仓货值为2021.22万美元，同比增长5.06%，进出仓数量33866.62吨，同比增长27.47%；出口监管仓进出仓货值为932.38万美元，进出仓数量1216.19吨，效益明显。

【缉私工作】 该关在前三季度量化指标不理想的情况下，完成指标从9月的26%，到10月的50%，再到11月的84%，实现阶段性增长。2016年，韶关海关缉私分局共立案7宗；其中行政案件6宗，侦破毒品走私刑事案件1宗，抓获毒品犯罪嫌疑人1名；行政案件案值800余万元，涉税8万余元；协办案件15宗；审理行政案件7宗（其中办结涉税案件4宗，涉税54.8万元），执行罚款合计16.2万元，补缴税款20.8万元；办理简易案件4宗，与韶关市打私办销毁一批无合法来源的冻品70余吨。

【海关服务地方经济】 2016年，该关坚持主动与地方政府寻求工作对接，“量身定制”支持地区经济发展的相关措施，推行“一企一策”扶持策略，制定《韶关海关重点企业服务工作实施办法》，围绕韶关市35家外经贸活动相对活跃的企业，发挥海关“企业协调员”作用，强化对企业的进出口动态管理，主动充当政策“宣传员”、企业“服务员”、问题“研究员”，定期组织谋划政策宣讲会，举办政策宣讲13次，关区近200家次企业、400人次参加，相关工作得到当地政府和企业的充分肯定。2016年，向市委市政府报送关于保外贸稳增长的专报建议5篇，每月向各级政府发送外贸数据及统计分析文章；利用海关领导担任政协委员的优势参政议政、建言献策，撰写提案，协助政协韶关市委员会组织开展以“无水港”为主题的专题调研，相关工作得到市委市政府主要领导的批示肯定，《韶关日报》《韶关新闻联播》等地方主流媒体对该关的正面宣传报道达30多条次。稳定韶关外贸增长，实现外贸进出口总值156.3亿元，比上年同期增长4.9%，其中，出口89.8亿元，增长1%，进口66.5亿元，增长10.8%。

【海关业务改革】 该关全面推广应用“互联网+易通关”改革，逐步将更多的“线下”有纸业务搬移到“线上”，推进“线上海关”和“自助海关”建设。其中“互联网+加工贸易”改革项目自4月开始推广以来，实现全覆盖，关区37家（有产生实际业务的）加工贸易企业足不出户即办理保税业务，每年节省代理报关费用300万元。2016年全年韶关海关有6.8亿元税款采用“互联网+自助缴税”缴纳，同比增长15.6%，占总税款额的98%。除推进“无水港”项目，有效保障“盐田—韶关铁海联运”项目运营外，该关第一时间在韶关地区复制推广“区域通关一体化”改革，2016年采用区域通关一体化模式，在韶关本地办理通关手续、在口岸进出口的货运量约为1036万吨，占关区总货运量的99.89%。

【海关支持韶关跨境电商清关服务中心上线运营】 韶关市跨境电商清关服务中心是韶关市2016年“大物流战略”的重要项目，该关在“跨境电子商务总署进口统一版”新系统上线后，其他地区海关缺乏经验、山区海关没有先例的情况下，率先取得突破，于2016年10月31日顺利办理首批跨境电子商务进口商品的通关，成为首个实质开展跨境电商通关业务的隶属海关。跨境电商清关服务中心运行以来，验放车辆78车次，监管

▲2016年10月31日，韶关跨境电商清关服务中心首票货物通关 （韶关海关 供）

验放跨境电子商务进口货物52622件，货值2354.7万元，成为韶关外贸发展的新增长点。（申华帅）

出入境检验检疫

【出入境检验检疫概况】 2016年1月，韶关检验检疫局通过广东省文明办复审，继续保留“广东省文明单位”称号。2016年6月20日，韶关检验检疫局正式启用2015式新式制服。2016年，韶关跨境电商清关服务中心上线运营；生态原产地产品保护申报工作启动并稳步推进；中国电子检验检疫主干系统（ECIQ）韶关口岸上线运行；辖区2家企业获得全国第五批出入境检验检疫信用管理AA级企业称号；7家企业入围首批省农产品出口示范基地；新增3C免办企业4家；实现植物提取物产品首次进入中国香港，红蓼、甜瓜种子首次出口日本；首次截获芝麻种子和缟苍科、斑啮虫科昆虫；首次签发无衬背腐蚀箔原产地证；行政处罚实现零的突破。

【检验检疫业务综合改革】 深化“三互”，（实现口岸管理相关部门信息互换、监管互认、执法互助）合作“单一窗口”建设。成立韶关检验检疫局推进“三互”大通关工作小组，与海关协同推进跨境电商检验检疫监管。促成粤北首个跨境电商清关服务中心落户韶关，实施“单一窗口”“一机双屏双控”关检深度协作。2016年1—10月，关检双方召开联席会议4次，联合走访企业3次，联合召开政策宣讲会1期。韶关检验检疫局重视ECIQ上线工作，参加总局、广东检验检疫局的主干系统操作培训，多次开展操作培训，演练，学习系统操作。为报检员进行主干系统操作培训，及时通知企业安装升级客户端软件，帮助企业解决遇到的问题。系统运行正常，企业普遍反映良好。

【检验检疫服务地方经济】 全面落实“国检十条”。2016年，该局出台“国检十条”细化措施。制定《韶关检验检疫局2016年重点工作》和《2016年韶关检验检疫工作措施》，并上报韶关市委、市政府，获得市委书记江凌批示称赞。支持韶关外向型经济发展，多次参与地方政府政策调研，主动献计献策，支持韶关重点项目建设和港口经济发展。服务南雄市建设全国精细化工知名品牌示范区和高端加工设备制造示范区建设，对符合条件的省市重点项目进口成套设备实施跟踪服务，实行口岸检疫、目的地检验等便捷通关模式。发挥民族地区资源优势，推进生态原产地产品保护申报工作。2016年7月5日，促成乳源新新生态农业股份有限公司生态原产地产品保护申报工作正式启动，成为韶关首家申请开展生态原产地产品保护的生态种、养殖企业。促成南雄康绿宝签订并实施ISO 9001、ISO 14001、OHSMS 18001认证。加快推进公共检测平台建设，内引外联，争取广东检验检疫局技术中心韶关分中心设立；与韶关市质监局联合，整合检验检测资源，实现优势互补。深化与韶关学院“检学研”合作。为韶关市安监局、食药监局的执法监管活动提供技术支持，完成样品检验30余批次，检出问题样品3批次。2016年1—10月，通过优惠帮扶为企业节省检测费用24万元。针对“毒跑道”“毒校服”、四害（苍蝇、蟑螂、蚊子、老鼠）扰民等群众关注的热点问题开展监测检测工作。在风险分析的基础上，把“合格假定”引入产地证签证领域，将“先签后查”“集中审单”“备案签证一步到位”“开放代理申报”等业务范围进一步扩大，促进韶关辖区出口企业享受进口国关税优惠。2016年1—10月，签发原产地证4716份，货值2.4亿美元，分别同比增长17%和48%，其中自贸区原产地证增长率达到178.8%，帮助企业享受进口方关税减免893.7万美元。

▲2016年，ECIO在韶关口岸上线，国检服务进入“互联网+”时代
（韶关检验检疫局 供）

【疫情疫病检疫防控】 落实并完成口岸规范化建设工作，配置并完善现场查验、快速检测、疫情监测、除害处理设施器具，达到口岸检验检疫查验、防疫、检测、处理设施的标准要求。2016年1—10月，该局截获入境植物疫情10批18种30种次，其中检疫性害虫7种次；在法定体检过程中，检出乙型肝炎、丙型肝炎各1例。2016年5月9日至11日，中国检验检疫科学研究院研究员吴品珊一行4人到韶关烟叶种植区开展一次有害生物监测重要调查。其间，专家组分别到南雄黄坑、油山等四镇烟叶、种植区进行大田有害生物调查监测，采集多种病叶样本，带回实验室进

行分离鉴定，调研期间，专家组在韶关举行座谈会，参观韶关检验检疫局植物实验室，对植检工作提出意见建议。

【进出口商品检验监管】 完善农产品质量安全保障体系。该局加强风险管理，以风险监控为手段，推进以分类管理为依托的监管模式改革，提升出口农产品质量安全监管能力和水平。2016年抽取样品1937份，检测项目2939个次；其中1份猪尿样品检出磺胺类超标，1份活鱼样品检出硫丹超标，1份四季豆样品检出醚菌酯超标。加强行政处罚工作，重点查处异地转单入境流向货物超期未报检、或报检后久未落实检验的企业。截至10月，办结未经检验擅自使用进口法检货物案件1宗，涉案货值1.06万美元，处罚金额6852元。2016年4月，韶关地区红蓼和甜瓜种子首次经韶关检验检疫局检验检疫合格出口日本。东阳光化成箔有限公司出口韩国的无衬背腐蚀箔产品经韶关检验检疫局现场调查，符合出口国相关优惠原产地规则，予以签证，为韶关地区首次签发该类原产地证。2016年5月，韶关检验检疫局人员在对来自澳大利亚的锌合金料及其集装箱实施检验检疫过程中，在锌合金料的薄膜包装夹层中发现活体昆虫。截获的昆虫样品经鉴定为缟蝇科、斑啮虫科害虫，属韶关口岸首次截获，韶关检验检疫局按规定对该批货物进行除害处理。2016年5月，韶关检验检疫局工作人员，对韶关某公司申报进口的ABS塑料粒进行现场检疫监管，在装载货物的集装箱的箱角及其底部发现许多土壤（泥块），此为该局首次从入境集装箱截获土壤。为防止传播有害生物，检验检疫人员立即对集装箱携带的泥土进行清理和消毒。

【2016年韶关检验检疫局班子成员分片联系工作启动】 2016年1月15日，韶关检验检疫局联合韶关市曲江区委，走进莞韶产业园白土片区（食品专业园区）外贸企业，开展外贸企业走访帮扶活动，标志着韶关检验检疫局2016年班子成员分片联系工作启动。该局每位党组成员分别联系2—3个县（市、区），对联系点地方党委、政府和外贸企业进行走访调研，掌握第一手资料并协调解决实际问题。该机制完成走访40多次。

▲2016年1月29日，市质监局局长车万里（左二）带队检查高铁电梯安全
（市质监局 供）

【检验检疫技术服务平台建设】 2016年2月25日，韶关检验检疫局官方微信公众平台经过试运行后开启“掌上微检疫”新时代。“韶关国检”官微是一个集政务公开、业务指南、新闻宣传、检企互通等功能为一体的检疫监管交流平台。10月19日上午，中国电子检验检疫主干系统（ECIQ）在韶关口岸上线运行，标志韶关市纳入全国检验检疫通关一体化体系，迈入“互联网+质检”时代。2016年10月，广东检验检疫局检验检疫技术中心韶关分中心签约及揭牌仪式在韶关检验检疫局举行，韶关检验检疫局实验室利用技术中心的品牌和技术优势，开拓本地食品、农副产品、危险化学品、金属材料等检测业务，与广东检验检疫局技术中心加强合作，实现优势互补、共同发展。

【检验检疫部门支持韶关跨境电商清关服务中心上线运营】 2016年11月2日上午10点整，韶关市第一个包裹通过传送带，依次通过国检和海关查验，进入邮政EMS分拣区，标志着韶关市跨境电商清关服务中心正式上线运营。上线当天首批清关货物为1800件，主要为婴幼儿乳品。中心采用新的通关平台系统，实现海关、检验检疫“单一窗口”申报，在监管场中实现集中查验等一站式服务。该中心主要定位于跨境电商进出口的清关服务，一期项目主要处理B2C直购进口业务，设计日最大处理量为6000件。 （黄捷文）

质量技术监督

【质量技术监督机构概况】 韶关市质监系统自2015年1月起由省以下垂直管理调整为属地分级管理。市质监局机关设11个内设机构，分别是办公室、人事监察科、政策法规科、行政审批科、质量发展科、产品质量监管科、标准化科、计量科、锅炉压力容器安全监察科、特种机电设备安全监察科、稽查分局（市打击制售假冒伪劣商品违法行为办公室），代管广东省韶关市质量计量监督检测所、广东省特种设备检测研究院韶关检测院2个事业单位。

【质量强市战略】 市质监局实施质量强市战略，向市委常委会汇报全市质量工作，提请市政府常务会议讨论通过韶关市贯彻落实省委、省政府《关于实施质量强省战略的决定》的实施方案，完成韶关市迎接2015—2016年度地级以上市政府质量工作考核的各项工作。实施名牌战略，推动南雄产业转移工业园成为首批获批筹建广东省精细化工产业知名品牌创建示范区的区域之一。在韶关市特色产业、金属加工业、装备制造业等行业中，实施名牌带动战略。通过开展培训和宣传引导，发挥社会团体、龙头企业的示范引领、技术标准引领作用，充实质量发展理念，强化品牌意识；组织专家上门调研和服务，深入企业开展“一对一”对口帮扶。帮助企业分析、解决质量发展短板，探索质量创新的有效路径，邀请广东卓越品牌研究院专家到韶关市工业园区，对企业开展卓越品牌建设培训，邀请中国方圆认证中心广东分公司专家对口上门服务，召开全市名优产品企业座谈会等活动，为企业申报2016年广东省名牌产品打下坚实基础。强化部门联动，开辟“绿色通道”。经信、环保、农业、工商、质监、统计、税务等部门联动，为企业开辟“绿色通道”，提升名牌申报效率，推动韶关市14家企业15个产品获评广东省名牌产品（工业类），其中新增产品10个，创历年之最，韶关市省名牌产品达28个。

【技术标准战略】 截至2016年，共推动企业获得26个采用国际标准或国外先进标准认证，主导1项国家标准制订，参与1项行业标准修订；推进韶关市旅游服务业建立和完善服务标准体系。宣传现代先进服务标准，结合韶关市发展“大旅游”，鼓励和指导企业建立完善服务标准体系。以骨干企业为试点，科学推进服务业标准化工作。先后推动丹霞山、南岭森林公园、经律论旅游文化小镇列入广东省现代先进服务标准体系建设试点项目，带动全市服务业标准化活动的开展，提高全市服务质量。联合财政、农业、林业等部门制定韶关市2016年省农业标准化项目实施方案，乐昌沿溪山白毛茶农业标准试范区通过省质监局验收。建设完成国家级、省级农业标准化示范区7个，在建农业标准化示范区3个，带动农户按标准生产，促进农业增效、农民增收。

【特种设备安全监察】 强化特种设备安全监察，开展隐患排查治理、城市风险点特种设备危险源排查整治、重点时段重要场所安全检查等专项行动。以电梯安全监管体制改革为抓手，在全省率先推动电梯维保公司驻点基本资源条件备案工作，从根本上解决维保市场“皮包公司”“挂靠公司”等乱象。组织大型游乐设施、客运索道等使用管理单位开展特种设备事故应急救援演练，提升企业的应急保障能力。2016年，出动检查人员2702人次，抽查特种设备3327台套，下达《特种设备安全监察指令书》340份，排查安全隐患1393项，整改1375项，整改率达98.7%，全市特种设备安全形势稳定，2016年未发生特种设备等级以上事故。

【质量安全多元共治】 强化重点产品质量安全监管，对95家企业129批次产品开展市级监督抽查，合格127批次，批次合格率98.45%。督促和帮助监督抽查不合格企业做好整改，监督抽查后处理到位率达100%，确保从源头上保障产品质量安全，提升群众的“质量获得感”。创新工作载体，开办“质监小剧场”，将特种设备安全常识、突发状况应急避险自救指引、质量维权策略、民生计量知识等与老百姓切身利益、权利关切息息相关的内容制作成“趣味广播剧”形式，每天滚动播放，提升消费者的维权意识和识假辨劣能力。

【执法打假】 深入开展节前专项执法打假、农资打假、服装整治等专项执法行动，全市质监系统出动执法人员6854人次，立案查处案件37宗，涉案货值8.11万元。配合做好钢铁行业淘汰落后产能工作，做好对韶关市11家钢铁行业落后企业的巡查工作。处理举报投诉，“12345”举报投诉中心和网络问政接到的70宗举报投诉全部按时处理。发挥市打假办牵头作用，组织各打假职能部门开展打假行动、落实打假责任制。全市各打假职能部门出动执法人员8.76万人次，检查生产、经销单位28.92万家次，立案555宗，查处涉嫌假冒伪劣商品货值1815.5万元；查处大要案7宗，刑事拘留犯罪嫌疑人18人，提请逮捕9人，3人判刑，总刑期12年，遏制制假售假违法行为，净化市场环境。

【民生计量】 完成2016年集贸市场与基层医疗卫生单位计量器具免费检定工作。2016年，免费检定强检计量器具2.5万台件，免收检定费用128万元。开展瓶装液化气、商场超市定量包装商品净含量、出租车计价器、加油站加油机、电子计价秤等民生计量专项监督检查，打击计量违法行为，保护消费者合法权益。为新申办的机动车安检站解决建设过程中遇到的问题，有1家对外营业，1家通过省局现场评审，2家向省局申请现场评审。市区有5家机动车安检站投入运营（含曲江区），缓解韶关市车辆年审检验等候时间过长的难题。

【公共检测平台建设】 建成“精密及大尺寸几何量公共检测服务平台”，为装备类产品的设计、生产和检测提供准确、可靠的技术支持。推进“国家铅锌及建筑钢材产品质量监督检验中心”建设，并于2016年11月通过“三合一认可”现场评审，为通过最终验收迈出关键一步。对接南雄产业转移园的日用精细化工产品省级检验站建成投入使用。初步形成以1个国检中心为龙头，4个省级授权质检机构在内的公共技术服务体系。

【质监系统惠企强业】 落实帮企惠企政策，优化企业发展环境。贯彻省政府相关文件精神，落实对中央、省设立的涉企行政事业性收费省级收入的免征工作。2016年，韶关市质监系统免征涉企行政事业性收费2684.2万元，减轻企业负担。开展质量提升活动，召开人造板、蓄电池等产品质量提升现场会，组织400名中小微企业质量管理人员免费开展质量培训，组织13名企业高级质量管理人员参加省局举办的首席质量官培训。帮扶和指导企业提升计量管理水平，全市二、三级计量保证体系确认获证企业分别达17家和90家。服务企业发展所需，如为扶持“比亚迪”电动叉车产品进入市场，中秋、国庆期间由省特种设备检测研究院韶关检测院派出技术骨干，分别前往西安、大连、青岛、郑州和成都等地开展检验工作。

（柯　敏）

食品药品监管

【食品药品概况】 韶关市食品药品监督管理局为市人民政府工作部门，设12个内设机构，下辖市食品药品检验所（参公管理事业单位）。市食品药品监督管理局机关行政编制28名，行政专项执法编制22名，后勤服务人员数6名。

2016年，未发生较大以上食品药品安全事故，全市食品药品安全形势持续稳定向好。

【食品药品监管体系建设】 编制全市食品药品监管体系“十三五”时期发展规划，印发《进一步落实食品安全属地责任工作方案》，推动完善韶关市食品药品安全治理体系。提升基层所监管实力，开展规范化乡镇监管所创建工作，韶关市有10个乡镇所取得规范化食品药品监管所称号。划分各项监管事权，理清与行政职权相对应的责任事项、责任主体、责任方式，依托“智慧食药监”平台，划分二、三、四级监管网格共127个，建立网格监管团队476人，覆盖全市23287家食品药品生产经营企业。加强技术支撑实力，加快推进食品检验室建设项目，完成中央投资项目2016年目标任务要求。开展“智慧食药监”工程建设，完成与省局中间库的数据对接，128台监管移动终端、52台便携式打印机、101台快检设备的配备，开展“智慧食药监”系统应用全员培训。推进食品安全追溯系统应用工作，韶关市有346家食品生产经营企业加入广东省食品安全溯源系统，加入率达100%。重点品种（食用油、酒类、婴幼儿配方乳粉、婴幼儿（谷类）辅助食品）覆盖成功率100%，重点品种溯源成功率为97.38%。

【食品药品市场专项整治】 在全市范围内组织开展农村食品安全“扫雷行动”、春秋季学校食堂食品安全专项整治、肉制品生产行业专项整治、食品非法添加“清源”行动、打击药品违法犯罪行为“雷霆行动”、打击保健食品违法犯罪“蓝剑行动”、化妆品安全综合整治、打击冻品等食品走私专项行动、医疗器械流通领域违法经营行为等专项整治行动，全系统共出动执法人员44858人次，检查各类食品药品生产经营单位35424家次，“四品一械”（药品、餐饮食品、保健食品、化妆品、医疗器械）立案522宗，移交司法机关案件42宗。组织完成5家肉制品生产企业的食品安全审计工作，在公众网公开审计结果。规范食品小作坊管理，印发《韶关市禁止食品小作坊生产加工食品目录》。开展食品小作坊登记工作，发放登记证116张。在春华食品小作坊集中加工基地建设检验室，推动全市小作坊集中加工园区建设，促进小作坊整合升级。继续做好新版GSP实施工作，发布19个认证公告，组织现场认证检查和发放GSP证书369家。迅速组织对辖区内疾病预防控制机构和接种单位进行疫苗专项检查，100%全覆盖疾控机构和接种单位。推行“双随机一公开”（在监管过程中随机抽取检查对象，随机选派执法检查人员，抽查情况及查处结果及时向社会公开）检查方式，在全省率先组织对药品零售企业实施GSP情况和医疗机构使用药品情况进行飞行检查，2016年对食品药品生产经营企业飞行检查493家，在局网站发布飞行检查情况通报19期。该局强化区域打假协作机制，2016年10月与清远签署食品药品稽查打假区域合作协议，11月签订湘粤桂三省九市食品药品稽查执法区域协作协议，通过搭建跨省信息平台，健全省内跨市协查通报机制，合力打击食品药品违法犯罪行为。2016年通过发函省外兄弟单位协查办理案件135起。加强与工商、公安、检察院等部门的联动，加大食品药品违法犯罪案件的查办。完善食品药品安全投诉举报管理机制，明确举报登记、来访接待、工作督办的相关程序及要求，共受理投诉举报433宗，办结率100%。

▲2016年12月21日，广东省食品药品监督管理局副局长黄绍龙（左二）率省食品安全工作考核组实地检查曲江大塘镇食品药品监管所　　（市食药监局　供）

▲2016年6月16日，韶关市在西河全民健身广场开展2016年“安全生产月”暨“安全生产万里行”活动（钟才乐　摄）

【食品药品风险防控】 该局定期召开食品药品安全风险研判例会，梳理分析“四品一械”监管存在的安全风险，提出8项防控应对措施。组织召开桶装饮用水企业质量分析会和餐饮服务食品安全风险管理交流会，督促企业落实食品安全主体责任。举办各类食品生产经营从业人员的食品专业知识培训班46期。加强食品药品抽检工作，抽检食品6751批次，合格率92.53%，药品1060批次，评价性抽验合格率100%，保健食品76批次，合格率100%，化妆品85批次，合格率98.82%，医疗器械45批次，合格率95.5%。开展不良反应监测工作，设立8家市级哨点医院，收到药品不良反应报告1595例、医疗器械不良事件448例、化妆品不良反应报告53例。推进全市30家农贸市场开展快速检测工作，全年共快检经营户1032家，快检蔬菜水产品66547批次，合格率99.56%，销毁处理快检不合格产品2378.2公斤。做好应急管理工作，2016年韶关市无发生食品安全重大舆情事件，举办韶关市食品安全应急桌面演练及培训班。加强监管人员快检技能培训，选派优秀选手参加全省系统快检竞赛，获得团体第四名和技术支持奖。

【食品药品安全知识宣传】 推进省级食品药品科普宣传教育基地建设，组织5家食品生产企业赴广州市食品药品科普宣传基地进行实地考察学习。参加“3·15”消费者权益保护、“3·31”投诉举报宣传活动，组织开展食品安全宣传周、安全用药月、保化科普宣传“五进”（进乡村、进社区、进企业、进家庭、进学校）等活动，开设《韶关日报》食药监管专题栏目、韶关电台“1分钟知识点”节目，在韶关电视台套播放《广东省食品安全条例》宣传片，运用微信、微博等深入普及新法新规和科普常用知识，强化百姓食药安全意识。

【食品药品安全示范工程】 该局重点推进乐昌市廊田镇、曲江区小坑镇食品安全示范工程创建，推行“明厨亮灶”、餐饮服务食品安全量化分级管理工作，新增“明厨亮灶”餐饮单位607家，韶关市“明厨亮灶”餐饮单位占获证单位的比例为23%，量化分级率达95%，其中A级单位数量248家，B级单位比例达到27.6%。联合市卫计部门开展医疗机构药房药库规范化建设工作，韶关市有51家医疗机构获得“规范药房药库”称号。开展化妆品市场安全治理示范区建设工作，新建武江、曲江2个省级示范区和仁化、翁源、新丰3个市级示范区。2016年韶关市化妆品市场安全治理示范区建设成绩在全省排名前列。推进韶关市学校食堂规范建设，联合教育部门创建100所中小学校（幼儿园）示范性平安食堂，惠及全市师生20万人。开展学校食堂“灭C行动”提升量化等级，韶关市有190家学校食堂量化分级达到A级。（蓝丽华）

安全生产监督管理

【安全生产概况】 韶关市安全生产监督管理局为市政府主管全市安全生产的职能部门，内设10个职能科室，机关行政编制22人，行政执法专项编制19人。

2016年，全市发生各类生产安全事故271起，死亡141人。情况如下：采矿业发生生产安全事故1起，死亡1人；商贸制造业发生生产安全事故4起，死亡7人（其中1起为死亡4人的较大事故）；建筑业发生生产安全事故5起，死亡5人；交通运输和仓储业发生生产安全事故258起，死亡125人；其他行业发生生产安全事故3起，死亡3人。较大事故起数2起，控制在省下达韶关市控制指标范围内（5起），韶关市安全生产形势总体相对平稳。

【安全生产责任体系建设】 出台《中共韶关市委办公室、韶关市人民政府办公室关于完善安全生产责任体系的通知》，明确和细化各级各部门安全生产责任，完善安全生产责任制考核等制度措施，落实以强化组织领导为重点的“党政同责、一岗双责、失职追责”，“管行业必须管安全、管业务必须管安全、管生产经营必须管安全”的三个必须责任目标得到落实。各县（市、区）结合实际出台完善安全生产责任体系的规定。实施安全生产责任制考核。市委、市政府与各县（市、区）、市安委会成员单位签订《安全生产责任书》，2016年11月起，由市安委办牵头，韶关市组织实施2015—2016年度安全生产责任制考核。将考核结果作为评价各级领导班子和领导干部的重要指标及选拔任用、培养教育、奖励惩戒的重要依据。制定《韶关市安全生产“一票否决”制度实施办法》《韶关市安全生产诫勉约谈制度》，对党政领导干部实施安全生产“一票否决”、诫勉约谈和责任追究制度，强化党政领导干部安全生产责任制。出台《韶关市落实生产经营单位安全生产主体责任规定》，强化生产经营单位安全生产主体责任。

【安全生产监管能力提升规划】 出台《韶关市安全生产“十三五”规划》，力争在5年内建立完善安全生产技术支撑体系、信息体系、培训体系、宣传教育体系和应急救援体系，提升全市安全生产监管能力和企业安全生产水平。加强全市镇（街道）、村、工业园区安全监管和职业卫生监管队伍建设，健全基层安全监管机构，逐步实现安全监管重心下移、关口前移、责任均衡。韶关市出台《韶关市安全生产委员会印发关于建立健全专职安全生产监督检查员队伍加强镇村园区安全生产监管工作的意见的通知》，要求各县（市、区）、财政独立的园区建立专职安全员队伍。韶关市计划配置专职安全员386人，实际到位409人。市、县两级加强对镇村园区专职安全员队伍的培训，先后举办各类安全监管人员培训班7期，培训监管人员659人次。

【重点行业安全生产专项整治】 韶关市制定安全生产隐患排查专项整治工作方案，完善各类事故隐患台账和数据库，实行隐患登记、整改、销号的全过程跟踪管理。突出生产经营单位在隐患排查治理中的主体责任，对存在重大安全隐患的生产经营单位实行挂牌督办、重点监控，督促企业及时整改到位。2016年，韶关市开展安全生产综合督查、城市风险点危险源排查整治专项行动、安全生产执法警示活动、岁末年初安全生产检查督查等一系列行动，成效明显。全市排查治理事故单位11974家，覆盖率为100%；排查一般事故隐患7063处、整改6889处，按期整改率达97.5%，落实隐患治理资金782.5万元。特别是对新丰伟帆矿业公司实行挂牌督办，完成重大安全隐患整治。

【安全生产基础工作】 信息化建设工作得到加强。建成全省联网的安全生产资格考试平台，韶关市安全生产监管信息平台建设完成招投标，进入建设阶段。完成2016年韶关市安全生产省级专项资金836万元9个项目的申报。加强全市安全生产应急管理体系建设。在广东省矿山救援韶关基地的基础上，韶关市在南雄、乳源、翁源等地建设三支危险化学品应急救援队，依托宝钢集团广东韶关钢铁有限公司的人员、设备及技术，整合全市金属冶炼行业抢险救援力量，建成全省第一支挂牌的省级金属冶炼应急救援骨干队伍。韶关市构建矿山、危险化学品、金属冶炼行业应急队伍体系网络，辐射全市各地，形成资源共享的应急救援框架。（冯　娫）

财政·税务·金融

财　政

【机构概况】　韶关市财政局为主管财政工作的人民政府工作部门，2016年共有机关行政编制91名，实有在编干部职工85人，其中含局领导编制6名（局长1名，副局长4名，总会计师1名），实有4名，另市纪委派驻第六纪检组长任韶关市财政局党组成员。韶关市财政局机关内设19个职能科室，其中监察室撤销。有7个下属单位，其中韶关市土地储备中心于2016年11月起职责划入市财政局管理。

【财政收入】　2016年，韶关市财政收入实现平稳增长。来源于韶关的财政总收入完成219.25亿元。上划中央67.42亿元，上划省22.17亿元。韶关市一般公共预算收入完成85.04亿元，可比口径增长2.28%。其中市本级一般公共预算收入完成36.36亿元，可比口径增长5.45%。曲江区财政收入突破8亿元。加强非税收入管理，优化缴库流程，市本级非税收入电子直缴国库系统于10月14日上线，成为全省首个将应上缴国库的非税收入资金直接缴入国库的地市。2016年韶关市非税收入34.43亿元，占一般公共预算收入比重40.49%。

【财政支出】　完善抓支出工作机制，定期召开专项会议，从年初就将支出工作任务布置到各县（市、区），并在人大通过预算后5个工作日内将预算下达到各预算单位，缩短资金拨付时限。每月制定支出计划，按计划督促市直各预算单位做好预算执行。及时掌握预算执行动态，做好督促检查工作，加大对重点部门、重点项目的监控力度，将预算单位支出进度情况列入年度绩效考核，将县级财政支出考核与转移支付挂钩，定期进行通报，督促其提高预算执行率。梳理支出情况，对未支出的项目资金逐项进行排查，及时收回统筹使用，采取措施加快支出进度，能支尽支。2016年，韶关市一般公共预算支出完成268.02亿元，执行率（不含省直管县）达86.7%，比上年提高8.5个百分点。其中，市本级一般公共预算支出完成77.46亿元，执行率85.50%，提高7.29个百分点。突出“压一般”，从严控制一般行政性经费和“三公”经费增长，落实各项节支措施，市级会议费和“三公”经费比上年减少13.86%。突出“保重点”，确保民生和重点领域支出需要。全市用于保障和改善民生事业资金200.53亿元，占一般公共预算支出比重达74.82%。

【全力支持经济稳定增长】　重点做好“三大主题”工作、“八大战略新兴产业”的财力保障，包括20.68亿元支持棚户区改造项目、8亿元支持市区四大交通出口整治项目、6.66亿元支持节能减排和污染防治工作、4.92亿元支持中小河流治理项目、3.5亿元支持市区污水处理厂及配套管网建设项目、1.44亿元支持98个城市提升项目、6000万元支持市区8个内涝点整治项目、前期费用3620万元支持乳源县南水供水工程等。全市纳入GDP核算财政八项支出169.05亿元，增长18.73%，超额完成增长15%的目标任务。

【民生财力保障】　落实民生保障资金。2016年，全市用于保障和改善民生事业资金200.53亿元。其中教育、社会保障和就业、医疗卫生与计划生育、粮油物资储备等支出增幅均超过全市平均水平，实现较快增长。全市基本公共服务支出110.33亿元，占一般公共预算支出的41.17%。落实底线民生保障。落实《底线民生精准扶贫三年攻坚实施意见》，加大投入力度，保障城乡低保补助、五保供养、医疗救助、基础养老金、残疾人保障、孤儿保障等六类底线民生项目，2016年全市投入底线民生保障资金8.38亿元，同比增长3.3%。做好民生实事资金保障，配合推进民生实事项目实施。韶关市投入省十件民生实事资金24.81亿元，完成年初计划的107.92%。提高民生保障水平。免学费政策、国家助学金补助标准分别提高到3500元/人和2000元/人，城乡居民基本医疗保险配套标准从每人每年380元提高到每人每年420元，城乡居民基本养老保险配套标准从每人每月100元提高到每人每月110元，基本公共卫生服务各级财政配套资金标准从每人每年40元提高到每人每年45元等，推动人民群众共享改革发展成果。落实精准扶贫精准脱贫工作要求。做好全市实施精准扶贫精准脱贫资金保障工作。2016年，韶关市落实精准扶贫精准脱贫资金4.55亿元，制定精准扶贫开发资金筹集和使用监管细则，按照规范资金筹集、分配、使用、项目管理、财务管理、严格监督检查、严格绩效考核、严格责任追究的“五规范三严格”抓工作落实。推进农村集体“三资”（农村集体资金、农村集体资产和农村集体资源）管理平台、农村产权综合交易平台等基层公共服务综合平台建设。履行牵头部门职责，筹集财政资金7612万元，提高村（社区）公共服务水平，推进公共服务向基层延伸，让群众实现“大事不出镇、小事不出村”。截至12月31日，全市10个县级基层公共服务平台建设完成9个，完成率90%；105个镇级服务平台建设完成105个，完成率100%；1427个村级服务平台建设完成1410个，完成率99%。推进农业综合开发项目建设。韶关市实施的2015年度国家农业综合开发土地治理高标准农田建设项目13个，总投资1.31亿元，完成计划任务，建设进度排在全省第一位。2016年实施的2015年国家农业综合开发产业化经营财政补助项目（翁源县33.33公顷优质蔬菜种植扩建项目），计划总投资350万元，基本竣工。争取到2015年度国家农业综合开发产业化经营中央财政贷款贴息项目4个。争取贴息额及其项目个数分别为全省第二、全省第一。

【投融资工作】　建立机构，落实人员，专职研究落实投融资工作，把融资资金等同于预算资金进行管理，力补投融资短板。探索并实践政府投融资改革，通过政府购买服务、PPP模式、政府投资基金等方式，引导和带动社会资本、金融资本参与韶关市经济建设。全年市级项目融资额度达415亿元，其中录入财政部PPP综合信息平台系统的项目2个（全市8个），累计获得融资资金约131亿元，实施城市提升项目融资18个，落实资本金22.4亿元，获得授信额度220亿元。设立政府投资基金规模39亿元，获得专项建设基金15亿元，发行企业债10亿元。建立融资落地、风险保障等长效工作机制，出台加强政府和社会资本合作项目管理的指导意见等一系列制度措施。

【开展供给侧结构性改革】　履行降成本行动计划牵头部门职责，牵头组织研究帮助企业降成本的政策措施，贯彻落实降低制度性交易成本、人工成本、税负成本、社会保险费成本、财务成本、电力等生产要素成本、物流成本等7个方面成本的35项政策，制定《韶关市供给侧结构性改革降成本行动计划（2016—2018）》，全年全市共为企业减负31.97亿元。配合上级部门开展重点企业税源快报、车辆购置税等税源调查、“营改增”扩围试点和资源税等税制改革工作，贯彻落实中央、省关于减税降费、减轻企业负担的各项政策，及时清理规范行政事业性收费项目。全年共停征、减免收费项目35项，减收资金6500万元。

【加强政府债务管理工作】　制定政府性债务管理实施意见和政府性债务风险应急预案，完善韶关市政府性债务监管体制，严格将债券收支纳入预算管理，健全风险预警机制，防范政府债务风险，做好地方政府存量债务置换工作。2016年底市本级共争取置换债券和新增债券到位资金共47.34亿元。

【财政改革】　深化零基预算改革，2017年预算编制实现市级预算单位全覆盖，形成“基本支出标准化、刚性项目支出保障化、零基预算项目编制精细化”的预算编制模式，实现预算安排由“基数+增长”向“动态+标准”转变，预算管理模式由“以资金分配为主线”转变为“以项目管理为主线”，由“先定预算，再定项目”转变为“先定项目，再定预算”，提高预算资金使用效益。开展权责发生制政府综合财务报告制度改革，进一步强化政府资产管理、降低行政成本、提升运行效率、有效防范财政风险。完成2015年度政府综合财务报告编制工作，上报省财政厅。注重资金的统筹和运作。建立政府投资项目成本控制工作机制，制定《韶关市政府投资项目成本控制指导意见》，用最严格的方式控制涉及财政资金项目成本。开展事权和支出责任相适应的体制改革。选择浈江区、武江区与市本级之间在教育、交通、社保、民政、水利、环卫、公安等领域开展试点，适当调整市与区财政收入划分，加大对区的财力支持，理顺政府间事权纵向配置，激活区级部门干事创业的积极性。做好丹霞山市县财权分配改革，制定分配方案，进一步划清市与县的财权。开展财政投资评审工作改革。制定《关于进一步优化市级财政投资项目评审工作有关事项的通知》，实现“管审分离”，改变以往财政评审“大包大揽”的局面，理清各方权责关系，明确业主单位的责任，实现投资项目经济性业主单位负责、财政部门监督、各方齐抓共管。全年评审完成项目440个，送审金额45.71亿元，净核减1.69亿元。推行政府购买服务。制定《韶关市人民政府办公室关于印发政府向社会力量购买服务暂行办法的通知》和《关于印发韶关市政府向社会力量购买服务指导目录的通知》，完善政府向社会购买服务标准体系。参与和支持其他领域改革。配合市商务局、市经信局和市国资委等部门支持民营企业参与PPP项目和国有、集体企业改制重组；配合市编办推进深化城市管理执法体制改革，建立城市管理经费保障机制；配合莞韶园做好理顺管理体制工作，制定园区财税分成机制方案及提出园区债务化解方案等。

【财政管理】　推进依法行政依法理财，市财政局在全市2015年度依法行政考评中得分93.73分，市直单位排名第二，考评等次为优秀。全年处理行政复议和行政诉讼案件22宗，案件维持率均达到100%。处理信访局转来信访办件6件和人大政协议案提案46件，答复率100%。规范财政专户管理，对存量财政专户进行全面清理，撤并财政专户16个，调入国库的财政支出专户存量资金10亿元。规范财政专项资金管理，开展财政资金安全检查工作和2015年市级财

▲2016年12月30日，召开韶关市2016年度财税金融年终结算汇报会（林楠彬　摄）

政专项资金和一般性转移支付资金重点检查工作，共查处违规资金445.22万元。加强库款管理。加强对库款的统计分析和动态监测，建立库款通报制度，督促县（市、区）增强库款管理水平，压减库款规模。全年全市库款保障水平为1.33倍，市本级为1.4倍，确保库款维持在合理水平，完成考核任务。完善市本级财政资金支出动态监控工作，探索国库集中支付电子化管理，为财政改革发展各项工作提供技术支撑。推进财政信息化建设。加强财政一体化信息系统建设，完善预算管理一体化系统，完成市本级非税收入电子直缴国库系统开发并上线试运行和全省财政资金实时在线联网监督系统建设，完善市本级财政资金支出动态监控工作。加强财政绩效管理，规范第三方绩效评价和预算绩效目标管理，完善预算绩效管理链条。2016年，选取6个部门共21个项目组织评审专家开展整体评审，涉及财政专项资金2.02亿元；选取6个项目委托第三方机构开展评价，涉及财政专项资金3.31亿元。开展2017年度韶关市市级部门预算项目绩效目标申报工作，有212个单位纳入绩效目标申报范围，申报项目996个，资金总额为43.1亿元。做好财政决算编审工作。韶关市2015年度财政决算编审工作顺利完成，并获得省财政厅通报表扬。其中：韶关市财政总决算编报工作获得全省一等奖，部门（含固定资产投资）决算类报表被省厅评为优秀单位，企业（含金融）类决算报表被评为表扬单位。加强财政内部控制工作。形成“1+8+X”模式的内部控制制度体系，并完善内部稽核规程，强化审计、督查反馈问题整改落实，全面加强内部控制管理。加强行政事业资产管理、政府采购监管、公务用车管理、投资评审管理、财政票据监管、会计管理及财政科研、离退休人员服务、全市禁毒经费保障等工作，注重统筹推进、资源整合。

【财务信息公开】　抓好财政预决算公开专项检查反馈问题整改。落实全省财政信息公开推进会部署，印发整改方案，统一信息公开模板和格式，针对预决算公开检查中发现问题落实整改，督促各市直单位对照整改。市直部门存在问题的已整改完毕。组织做好年度预决算公开工作。总结整改工作情况，进一步明确预决算公开要求，分类做好市直部门财政预决算公开工作。非涉密市直部门公开2016年部门预算、“三公”经费预算。做好牵头负责的重点领域信息公开工作。制定牵头负责的重点领域信息公开工作方案，细化明确工作任务和要求，落实各项工作责任。在市政府门户网站设置“韶关市财政局重点领域信息公开专栏”，推进信息公开规范化建设。在做好预决算、专项资金、“三公”经费信息公开基础上，将财政信息公开拓展到保障性住房、食品药品安全等重点项目资金、政府采购预算及减税降费等领域，全面推进财政信息公开。建立完善财政信息公开长效机制。制定《关于进一步推进市级预决算信息公开工作的实施意见》，健全责任机制、工作机制、沟通机制、督查机制。

（邓韶江　胡莹莹）

国家税务

【概况】　韶关市国家税务局成立于1994年9月，是韶关市主管国家税收工作的职能部门，主要职能是贯彻执行国家各项税收法律法规，结合本地实际拟定具体的实施办法，组织各项国家税收收入，对税收政策执行情况进行监督检查，促进本地经济发展。截至2016年底，全系统有干部职工1000人。10月，韶关市税务学会获得“2016年度全国社科组织先进单位”称号，广东国税系统仅有3个单位获此荣誉。6月8日，在市国税局挂牌成立全市首个机关“妇女之家”。韶关市国税系统完成税收收入104.41亿元，同比增长12.6%，增收11.68亿元。其中：国税部门组织国内税收收入（含营改增“四大行业”收入，如无特别说明，下同）97.19亿元，同比增长12.9%，增收11.10亿元，完成省国税局下达年度国内税收收入预期目标的102.3%，实现中央级收入68.08亿元；实现市本级收入5.81亿元，同比增长13.5%，增收0.69亿元，完成预期目标。全市国税系统共办理出口退（免）税7.45亿元，同比增长5.5%，增加退（免）税额3899万元。2016年，纳税评估入库税款6988万元，同比增长42.7%；非居民税收收入入库税款3271万元，增幅达133%；通过市协税护税平台提供的信息增加税收收入7650万元；税务稽查完成查补收入1.4亿元。

【营改增试点工作全面推开】 市国税局进行数据迁移、政策培训、税控发行、全面开票、申报征收等各项准备工作，营改增试点工作显成效。全市新纳入试点营改增纳税人13918户，占韶关市增值税纳税人的23.47%，全年四大行业的营改增收入实现入库10亿元，拉动全市国税国内税收增长11.6个百分点。营改增期间，国税部门增设临时办税服务厅4个、营改增专窗21个、绿色通道17个，成立党员先锋队、志愿服务队23个，开展办税服务厅应急疏导、业务支援、保障支持等工作，实现营改增纠错率全省排名第三。2月4日，韶关市科泰电脑网络有限公司开出韶关市第一张增值税电子普通发票，标志着增值税电子普通发票在韶关市进入应用推广阶段。5月1日，韶关10个县（市区）局均成功开出全面推开"营改增"后的第一张增值税发票，各应用系统运行正常，标志着全面推开营改增试点工作成功，实现新旧税制转换。5月5日，乳源国税局自助办税终端机开出全市首张自助代开增值税专用发票，标志着"互联网＋自助代开发票"新模式的正式开启。6月1日，营改增试点首月申报工作启动。税制改革首月总体运行平稳。

【国地税征管改革合作】 及时成立深化征管体制改革工作领导小组，制定符合本地实际的改革实施方案，形成"7+2"的改革目标，确定全市征管体制改革6大类38项具体改革内容。建立征管体制改革，推进督办落实工作机制，完善国地税联席会议制度，共建国地税信息共享机制，将征管体制改革7项专项改革试点工作和《国地税合作工作规范2.0》44项合作事项分解到位。市国地税局联合开展合作工作督导检查，覆盖面达到百分百。全市建办税服务厅11个、互设办税窗口20个、共同进驻政务中心9个、联合共建"24小时国地税自助办税厅"10个，办税服务体验区12个，形成"进一个门，办两家事，三方省事"的服务格局。联合开展培训辅导75次，培训纳税人2.4万人次，节约成本198万元。联合为54户大企业提供47项个性化纳税服务措施。增加落实少数民族地区企业所得税优惠政策和改革大企业管理机构等2项特色项目。1月4日，韶关市首个国、地税互设办税窗口的办税服务厅在南雄市国税局正式启用。3月29日，韶关市首个国地税共建办税服务厅在乐昌市坪石分局揭牌并正式使用，涉税业务覆盖国地税登记、申报、征收等88项业务，实现国地税税收业务高度融合。在12月14日召开的韶关市委十一届十一次全会上，韶关市委书记江凌在工作报告中对乐昌市国税、地税局坪石分局建成启用全市首个"一窗通办"联合办税服务厅工作给予充分肯定。

【依法治税规范高效】 全系统继续保持行政复议和行政诉讼案件零发生。深入开展税务行政审批制度改革。加强税收规范性文件制定管理，清理市级税收规范性文件120件。重视基层法治先进典型培育，1个基层单位被授予省级法治税务示范基地称号。在全市范围开展"三证合一"后续管理、"收过头税"和小微企业税收优惠政策落实情况专项督察，审核地方党政部门141份涉税文件。全市国税系统实现减免税额（含征前减免）16.3亿元，占同期国内税收收入的16.8%。特别是乳源少数民族地区所得税优惠政策落实得力，保障税收优惠政策惠民生作用发挥到位。税收守信激励和失信惩戒效应明显，全年评出A级纳税人122户，B级纳税人3639户，评选出全市模范纳税户100户，公告欠税企业8户次，曝光税收违法案件1宗。11月4日，"韶关市公安局派驻市国家税务局联络机制办公室"揭牌仪式在韶关市局举行，标志着韶关市国税局"税警联络机制办公室"正式挂牌成立。

【便民办税春风行动】 围绕税务总局推出的10类31项便民措施，细化推出101项具体行动措施。实现办税事项省内通办工作，设置20个省内通办的服务窗口，为纳税人提供5大类31项省内通办业务。继续加强纳税服务规范的实施，纳税服务基本规范实现率100%，升级规范实现率超过90%。加强对税务师行业的服务和监管。在各县级国地税局联合成立"纳税人维权中心"，维护纳税人权益。

【"银税保互动"工作拓展】 与9家银行、5家保险机构签订"银税互动""税保合作"，实现税银保深入互动。创新推出"纳税信用+农业"金融产品，首推"税易贷"合作项目，2016年，通过银税互动平台为95户纳税人发放5.3亿元贷款。6月22日，市国税局联合地税局、市金融局以及市保险协会在韶关市中保公司正式启动"税保合作"项目。8月9日，全市"税贷通"签约仪式在中国人民银行韶关市中心支行举行。韶关市国税局、市地税局与中国邮储银行韶关市分行共同推进"税银互动"项目向纵深发展。8月15日，市国税局、市地税局与交通银行韶关分行正式签署《银税合作协议》，正式向韶关市各中小企业推出"税融通"业务。9月8日，韶关市国税局联合韶关市地税局、市银监分局在韶关市金融局、人民银行韶关分行的见证下，与工商银行韶关分行、农业银行韶关分行、广发银行韶关分行、东莞银行韶关分行、韶关市区农村信用合作联社等5家金融机构签订"银税互动"合作协议，"银税互动"合作项目在韶关辖区内全面铺开，实现韶关主要商业银行的全覆盖。11月16日，韶关市国税局、地税局与中国人民财产保险股份有限公司韶关市分公司、太平洋财产保险股份有限公司韶关中心支公司、富德财产保险股份有限公司韶关中心支公司、太平财产保险股份有限公司韶关中心支公司、中国人寿财产保险有限公司韶关支公司等5家保险机构签订"税保合作"服务项目意向书，开启韶关市税保合作新篇章。

【电子税务】 开展实名认证、发票领用、发票代开、邮政配送、回单柜领取等项目的推广工作，进度在全省排名前列。韶关办理实名认证纳税人户数3.14万户，占全市电子税务局纳税人总数的51.61%，在全省占比排名第一，纳税人通过电子税务局办理的其他业务比率在全省排名第四。

【税收宣传】 开展“在线访谈”“民声热线上线”“网上课堂”“模范纳税户评选”等本地特色税宣活动，营造宣传合力。2016年，在《中国税务报》和《南方日报》等省级及以上媒体报道12次，《韶关日报》和韶关电视台《全市新闻联播》等市级媒体报道52次，通过“韶关税务”微信、微博推送消息600条，使税收宣传渗透人心。市国税局在韶关市政风行风“微评议”工作中群众满意率排名第一。

【税收征管】 推进“一照一码”登记制度改革。全市纳税人中换取“一照一码”证照的有1.53万户，占全市纳税人总户数的22.53%。加大风险管理力度。全年按管理因素增收2.32亿元，风险管理组织入库税款占国内税收收入的2.39%，同比提高1个百分点。加强货物和劳务税管理。推行增值税发票管理系统升级版推行工作。完成车辆购置税委托代征工作，推进车辆购置税多元化办税。加强企业所得税管理。实现年度企业所得税汇算清缴面和小微企业实际享受优惠面两个100%。做好进出口退税管理工作，服务和助力全市外经贸稳定发展。深化大企业税收管理。改革大企业管理机构，在直属税务分局增加大企业税收管理职能，将大企业个性化纳税服务、税收风险管理、税源监控等复杂涉税事项提升至市级税务机关统筹。国税、地税联动开展，建立运作模式统一、管理事项分级、工作资源共享、国地税协调联动的工作机制，形成信息对称、能力对等、组织层级匹配的大企业税收管理体系，逐步实现一体化管理。大企业全年通过风险管理补缴入库收入1591万元。7月28日，新的大企业税收管理机构正式成立，市局大企业和国际税务管理科将大企业税收管理职能划转给该局直属税务分局，由直属税务分局税源管理二股承担全市所有大企业税收管理的职能。　　（司德宝　封艳苹）

▲2016年3月29日，全市首个国地税“一窗通办”联合办税厅在乐昌坪石揭牌并正式启用　　（戴善娟　摄）

地方税务

【概况】 成立于1994年9月，内设科室11个，下设直属行政单位2个，事业单位1个，下辖10个县（市、区）地方税务局，主要负责全市3个区、7个县3万多家企业、事业单位和个体、私营工商业户的地方税收征管，主要负责12个税种，8种费金的征管。2016年，组织各项税费收入111.8亿元，可比增长7.9%（剔除营改增因素影响）。按省局考核口径税收收入52.9亿元，同比减收7亿元，下降11.6%，可比增长9.3%（剔除营改增因素影响），完成省局下达税收预期104.3%。其中：中央级收入8.8亿元，同比增收1.3亿元，增长17.2%，完成省局下达税收预期110.1%；省级共享收入9.2亿元，同比减收4.1亿元，下降30.6%，可比增长22.5%（剔除营改增影响），完成省局下达税收预期100.1%；市县级收入34.9亿元，同比减收4.2亿元，下降10.8%，可比增长4.6%（剔除营改增影响），完成省局下达税收预期104.1%。八项费金合计57.4亿元，同比增收4亿元，增长7.4%。其中社保基金收入50.3亿元，同比增收4.6亿元，增长10.1%。2016年，全市地税税收可比增长8.5%，工业税收增长10.6%，房地产税收增长30.4%，批发零售业税收增长25.7%，整体与全市经济指标相吻合。

税收收入特点主要表现如下：一是累计增速呈前振后稳态势，全省排名稳中有升。全市地税税收累计增速经历上半年震荡后逐渐回稳，2016年，增速比上半年提高2.9个百分点，增速比广东省平均增速（20.3%）低11.8个百分点，在广东省排名中位列17位，比上半年提升三位，比三季度提升一位，排名呈现稳中有升态势。二是从收入级次看，各级次收入均实现预期目标，中央级和省级共享收入达到两位数的增长。其中，中央级收入88721万元，同比增收13265万元，增长17.6%，完成调整预期109.4%；省级固定收入14633万元，可比减收3032万元，下降17.2%，完成调整预期100%；省级共享收入92069万元，可比增收16891万元，增长22.5%，完成调整预期100.1%；市县级收入348743万元，可比增收15301万元，增长4.6%，完成调整预期104.1%。三是从税种看，“共享四税”（包括营业税、企业所得税、个人所得税、土地增值税）成拉动税收增长主力军，城镇土地使用税是其他地方税种中唯一增长亮点。“共享四税”共入库284518万元，可比增收41041万元，增长16.9%，占总税收比重52.3%，对总税收增量贡献率96.7%，其中营业税入库99540万元，可比增收19752万元，增长24.8%。企业所得税入库55057万元，同比增收6237万元，增长12.8%；个人所得税入库82416万元，同比增收7556万元，增长10.1%；土地增值税入库47505万元，同比增收7496万元，增长18.7%。其他小税种中，城镇土地使用税增长最快，入库40893万元，同比增收5202万元，增长14.6%，主要由于巡察整改涉及两家企业入库2883万元，以及凡口铅锌矿因清缴税款增收1069万元。受资源税改革及房产交易环节税收优惠政策影响，资源税、契税降幅较大，分别同比下降11.3%和10.8%。四是从行业看，“两业”电力行业和批发零售业税收一改上年颓势，增收明显。“两业”税收入库198663万元，可比增收38398万元，增长24%，比上年（-11.5%）提升35.5个百分点。其中，房地产业入库118009万元，可比增收27543万元，增长30.4%；建筑业税收入库80654万元，可比增收10855万元，增长15.6%。电力行业税收增长喜人，入库37060万元，可比增收12259万元，增长49.4%，成为税收增长最快的行业；批发零售业入库40257万元，可比增收8219万元，增长25.7%。其他行业中，采矿业可比增长0.8%，制造业可比下降0.5%，金融业可比下降6.4%。

【企业所得税增长】 电力行业利润激增及一次性税源因素，拉动企业所得税的增长。电力行业增长势头迅猛，1—11月，受全市降雨频繁、雨量充沛影响，全市水力发电量达到40亿千瓦时，同比增长76%。火力发电在全社会用电量增长3.6%的带动下同比增长2.9%。从税收看，水电行业2016年共入库企业所得税10818万元，增长1.2倍；火力发电行业入库企业所得税700万元，增长

▲2016年11月16日，税保合作签约仪式 （市地税局 供）

1.1倍，电力供应业入库3003万元，增长7.7%。一次性税源因素推动水电税收增长，主要是峡江水电上年底的股权转让，一次性入库企业所得税1540万元；韶能集团乳源杨溪水有限公司因由分公司转制为全资子公司缴纳企业所得税1843万元。

【个人所得税稳步增长】 受部分行业薪酬发放水平提高影响，2016年工资薪金个人所得税入库55133万元，同比增收8599万元，增长18.5%。从行业看，医疗、人寿保险、水力发电三个行业贡献突出，入库个人所得税13820万元，同比增收5223万元，增长60.8%。韶关市利用少数民族自治地区企业所得税优惠政策招商引资初见成效，其中，引进的“步步高”集团销售企业群共入库股息红利所得个人所得税2740万元。

【数据管税】 数据管税上台阶。2016年，市地税局落实“互联网+税务”行动计划，通过推进电子文档管理系统和“智税”综合数据应用平台的建设，提升税收数据应用水平，通过拓展第三方数据采集途径，推动实现市地税局与32个协税护税成员单位交换涉税信息21.7万条，通过数据分析利用，追缴税款及滞纳金4.6亿元。

【耕地占用税减少】 土地市场交易趋冷造成耕地占用税下滑较大。2016年前11个月，韶关市入库国有土地出让金4.8亿元，同比减收5.9亿元，下降55.3%，土地出让金大幅下降，从一定程度上反映韶关市土地交易明显趋冷，造成2016年韶关市只入库耕地占用税49340万元，同比减收5438万元，下降9.9%，降幅比上年同期扩大6.4个百分点。

【税收减免】 税收服务供给侧改革力度加大，降成本作用凸显。2016年以来，市地税局服务“三去一补一降”供给侧改革大局，落实结构性减税政策，重点加大推进科技创新、扶持小微企业、保障民生等方面的税收优惠政策落实力度，发挥税收调控作用。2016年，全市减免各类税收82346万元，比2015年增加20225万元，其中征前减免78791万元，退库减免3300万元，其他减免255万元。从减免类别看：支持金融资本市场和改善民生方面的减免占比最大，分别减免税收29317万元和26725万元，两项合计占总减免税收的68.1%。促进小微企业发展减免税收3162万元，促进区域发展减免税收2946万元，节能环保减免税收2703万元，鼓励高新技术减免税收2227万元，支持三农减免税收2197万元。从税种减免情况看：企业所得税减免24545万元，其中乳源因少数民族地区企业所得税优惠政策减免3339万元；受国家下调房地产交易环节税收政策影响，代征增值税减免10289万元，契税减免7277万元。城镇土地使用税减免10648万元。受一年期以上返还

性人身保险产品退税影响，营业税退税减免3052万元。

【重点税源企业税收减少】 从13家主要重点企业税收看，除恒大地产、韶钢增长较快外，韶烟、碧桂园、韶冶等企业减收较大，税收贡献明显不足。2016年，13家重点企业共入库税收87157万元，可比增收150万元，增长0.2%，占全市税收比重由上年同期的17.3%下滑到16%，下滑1.3个百分点。其中：韶钢受年底土地房产转让影响（涉及税收4592万元）增收最多，可比增收5995万元，增长71.5%；韶烟受一、二类烟产量下滑39.2%影响减收最大，可比减收3076万元；碧桂园可比减收2010万元，下降11%；大宝山、东阳光等企业税收均出现不同程度的下滑。

【税费征管】 韶关市地税局强化组织收入责任，严格落实领导分片促收制度，将收入目标和任务量化分解到征收单位和个人，定期通报和分析税费收入完成情况，确保税款均衡足额入库。主动探索“后营改增”时期地方税费征管体制改革，推动税收专业化管理、税种精细化管理、大企业风险管理，上线财产行为税新申报表、规费监控分析管理平台，开展企业所得税风险核查、“以地控税、以税节地”试点，加强房地产税收管理，推进分类分级风险管理，启动“全省通办”业务，成立大企业管理局，实施国地税一体化联合办税、委托代征税费，促进税费收入稳定运行。

【纳税便民服务】 韶关市地税局以纳税人的满意作为检验自身工作的标准，宣传地方税收的法律法规、工作动态、办事程序，为纳税人提供税收咨询和纳税辅导；推进全省统一的电子办税服务厅、网上办事大厅、24小时自助办税服务厅的建设，基本实现涉税业务同城通办。

【纳税风险管理】 推进纳税信用管理，加强与国税局、金融局、银监局等部门合作，跨出税银保合作第一步，先后与8家银行、5家保险机构签订合作协议，2016年全市共有90户纳税人成功通过纳税信用评定结果获得贷款，发放信用红利5.75亿元。2016年，市地税局共完成推送风险纳税人总户数1.3万户，实施风险管理全流程1万户，累计查补税款及滞纳金3.3亿元。协助省局完成对韶关地税的巡察，推动巡察发现问题的整改，共追缴179户欠税，入库税款及滞纳金总计约5867万元；启动对相关违纪问题的调查处理程序，完成11件和41条案件线索的排查，2人被追究刑事责任的，并给予行政开除处分。

（邓粤雄）

▲2016年5月28日，在西河健身广场组织全市金融机构开展防范非法集资宣传活动。韶关市金融工作局局长汤满懿为群众现场作介绍 （陈枫 摄）

金融综述

【概况】 韶关市人民政府金融工作局（前身为韶关市人民政府金融服务办公室）成立于2005年，为韶关市人民政府协调服务金融业的工作部门。行政编制12名，设局党组，局长1名、副局长2名。内设办公室、银行市场保险科（地方金融市场科）、资本市场科3个科室。主要职责是培育监管金融市场。对担保机构、金融机构市场行业自律的监管，防范风险处置，开展金融产业发展政策规划组织实施，金融对外交流合作，统筹协调落实地方人民政府与金融机构的战略合作。截至2016年末，全市共有银行业金融机构22家，证券业金融机构8个，保险业金融机构32个。融资性担保公司7家，小额贷款公司16家。全市金融业增加值为53.78亿元，同比增长5.2%。金融业增加值占地区生产总值的4.41%，占第三产业比重为8.87%。三大市场运行平稳，存贷比46.3%、同比降低1.4个百分点。全市证券交易额3148.23亿元，同比降低51.1%。全市保险业金融机构保费总收入41.9亿元，同比增长13.9%。2016年，金融业增加值同比增长5.2%。

【金融支持韶关主动融入珠三角】 人民银行广州分行与韶关市政府签订金融支持韶关主动融入珠三角战略合作协议，在信贷支持、信用体系建设、人才交流等方面支持韶关金融业发展，助力韶关主动融入珠三角。中国银行与韶关市人民政府签署战略合作框架协议，承诺在韶关市基础设施建设、现代产业、创新驱动、社会民生、公共服务等领域为韶关市人民政府提供230亿元的授信支持。推动政策性银行与韶关市政府性重点建设项目进行对接，农发行、国开行两家政策性银行举办融资培训班，就政策性银行相关信贷政策和开发性金融产品进行专题辅导。农业发展银行和国家开发银行合计向韶关市城市提升项目授信136.28亿元。引导商业银行通过主动对接或参与银团贷款等方式，支持韶关市政府项目建设，交通银行、广发银行、邮储银行、东莞银行在部分项目上成功授信。2016年末，农发行、农行、建设银行、交通银行贷款余额较年初增长都超过10%。金融支持县域发展。信贷投放转向县域趋势明显，2016年末，仁化、新丰、乐昌、南雄贷款余额较年初增长超过10%，在韶关市存贷比下降的情况下，县（市、区）存贷比为44.24%，较上年增加0.6个百分点，扭转长久以来县（市、区）存款资源为市区抽血投放的局面，信贷投放结构得到优化。

【金融产品服务创新】 韶关市银行业机构先后与税务部门签订“银税互动”合作协议，实现“银税互动”工作在韶关市银行业全覆盖，并创新推出“银税互动”业务产品近20种。至2016年末，拓展的“银税互动”小微企业存量贷款客户有112户、发放的贷款余额共有7.38亿元，银税互动贷款客户数和贷款余额分别比上年末增加71户、4.53亿元。农行韶关分行推出“农民安家贷”信贷产品支持农民群体购房，截至2016年末，发放的“农民安家贷”余额6.09亿元。邮储银行韶关分行成立三农金融事业部并专门举办中小微企业金融服务推介会，拓展支农支小金融服务。中行韶关分行通过与行业协会、商会和汽车经销商联动，在业务集中的区域支行分别设立汽车分期业务中心、住房按揭贷款中心、商贸信贷中心，拓展零售金融服务，截至2016年末，零售贷款余额突破30亿元，通过实施“惠保障”“惠健康”“惠教育”等系列“惠民金融”工程，将惠民金融服务拓展到社保、健康医疗和教育等领域；各农合机构通过创新推出“下岗职工小额贴息贷款”“农户小额信用贷款”“车位贷”“家庭住房装修贷”等产品，为金融消费者提供更贴身金融服务。

【多层次资本市场】 出台《韶关市人民政府关于印发韶关市促进企业上市挂牌若干措施的通知》。市经信局、市金融局、中国银行韶关分行共同签署《促进资本市场发展金融战略框架合作协议》。将通过风险补偿与信贷支持相配套的方式，共同支持股改企业以及进入多层次资本市场挂牌的企业。补充完善韶关市多层次资本市场后备库，推动企业改制上市工作。及时掌握企业经营情况及发展计划，引导企业利用资本市场进行直接融资，实地走访企业，了解企业实际经营情况，筛选出42家优质企业补充完善韶关市后备库，其中改制上市后备企业库企业19家，新三板挂牌后备企业库企业23家。推动韶关市企业进入全国中小企业股份转让系统挂牌工作。2016年，韶关市新增天合牧科、连邦环保、广安科技三家企业在新三板成功挂牌，截至2016年，韶关市有6家企业在新三板上市挂牌融资；推动企业在各类股权交易市场挂牌融资。韶关市74家企业进入省内广东金融高新区、广州股权、深圳前海等股权交易中心挂牌。韶关市设立4支基金，总规模57亿元，分别为：韶关市武深、汕昆高速公路市级资本金股权基金11亿元，韶关前海熙正产业发展基金企业（有限合伙）20亿元，韶关市金财莞银投资基金8亿元，韶关市芙蓉新区股权投资基金18亿元。其中韶关市武深、汕昆高速公路市级资本金股权基金提款18600万元。探索通过资产证券化拓宽韶关市旅游景点融资渠道。对韶关市丹霞山等主要景点的门票、缆车、观光车船票等可预见的收入进行初步摸底，对开展资产证券化的可行性进行分析。

【金融生态环境优化】 联合市财政局修订并印发《韶关市促进银行业金融机构发展激励办法（试行）》。在原办法的基础上增加针对新设银行业金融机构的奖励条款，吸引银行业金融机构进驻韶关市。推出“政银保”合作贷款，韶关市正式开展“政银保”合作贷款项目，由市财政首期投入1000万元作为专项担保资金，放大20倍撬动银行贷款2亿元，专门为借款对象办理贷款项目业务时提供担保，合作银行（农行韶关分行、邮储银行韶关分行、市农信联社）为符合条件的借款对象发放免抵押贷款，合作保险公司（人保财险韶关分公司）为借款对象的免抵押贷款项目办理保险，2016年末，入库企业合计112家，3家企业获得160万贷款支持。落实普惠金融试点工作任务。2016年，增加乐昌市、仁化县、始兴县、乳源县纳入农村普惠金融试点县（市），列入市政府2016年为民办实事的项目之一，通过省政府督导检查验收，收到省考评组的高度评价。截至2016年末，韶关市5个试点县（市）县级征信中心建设完成，全部投入使用；采集农户数22.77万户，占总农户数比例的77%，录入广东省农户信用信息系统农户数21.96万户，占采集农户比例为96%。建成信用村563个，信用村建设完成比例为78%。认定信用户15.25万户，占录入农户总数的70%。贷款户数3112户，发放贷款28471万元。出台《关于构建农村信用体系助力金融精准脱贫三年行动计划（2016—2018年）》，健全农村金融服务体系，不断创新金融扶贫模式，盘活各类农村资产，助力县域经济发展。保险机构不断创新保险业务品种，政策性水稻玉米保险、政策性森林保险、政策性农房保险、巨灾保险的全覆盖，赢得老百姓的好评。小额贷款公司、融资性担保公司规范、健康发展。完成小额贷款公司县（市、区）全覆盖和融资性担保公司规范整顿工作，截至2016年末，韶关市小额贷款公司贷款余额68112万元，融资担保公司在保余额60029万元。缓解中小企业和三农贷款难问题，提升县域金融服务能力。打击非法集资，专项整治互联网金融风险，维护地方金融稳定。

【韶关市巨灾保险正式落地实施】 2016年7月29日，韶关市金融工作局依照磋商谈判等相关程序与中国人民财产保险股份有限公司韶关市分公司正式签订韶关市2016年巨灾保险合同，由中国人民财产保险股份有限公司韶关市分公司作为承保人成功承保韶关市巨灾保险项目，这标志着韶关市按照省要求全面开展巨灾保险工作，韶关市巨灾保险落地并进入实施阶段。根据协议，承保区域内因履行灾难救助、灾后修复和重建等公共利益责任而所发生的支出，由保险公司给予赔付，最高赔款限额为3.55亿元。（陈思思）

中国人民银行韶关市中心支行

【支持实体经济健康持续发展】 完善政银企合作机制，构建新型政银企合作关系。2016年10月26日推动广州分行与市政府签订《金融支持韶关“主动融入珠三角”战略合作协议》，发挥金融推动作用，引导更多金融资源支持韶关市经济发展，支持韶关“主动融入珠三角”，实现振兴发展。与市发改局、市经信局、市金融局等部门合作出台《韶关市政银企对接工作实施方案》，支持民营企业发展。联合市科技局出台《关于深化韶关市金融科技产业融合的指导意见》，推动设立科技信贷风险准备金，支持高新技术企业、民营科技企业、创新性企业发展。落实再贷款管理各项措施，管好用好支农、支小、扶贫再贷款，发放首笔1000万元1年期扶贫再贷款，支持“三农”发展，促进农民增收。截至2016年12月末，辖区支农再贷款限额18.79亿元。支持市政府做好供给侧结构性改革相关工作，落实金融支持供给侧结构性改革“三去一降一补”行动计划各项措施。截至2016年12月末，韶关市银行业本外币各项贷款余额772.51亿元，同比增长5.56%；金融机构本外币各项存款余额1669.7亿元，同比增长8.92%。

【金融和谐环境构建】 打造平安金融视频监控平台，推进平安金融建设，在省内率先开展金融系统视频监控平台建设，建成1个1级监控中心、8个2级监控中心和138个金融机构营业网点视频采集信号点。继续完善县域毗邻地区金融协作机制，金融稳定协调机制在粤湘赣毗邻地区推广扩大，毗邻地区金融稳定协调合作进一步增强。与市金融局联合制定《韶关市创建金融生态示范市实施方案》，推进金融生态建设工作。加强与公安部门协调合作，完善反恐融资工作机制，加大打击涉恐涉毒诈骗等违法犯罪力度，向公安机关移送重大可疑交易线索5条，协助公安机关破获案件3宗。加大对支付领域违法犯罪打击力度，加强与公安等政府部门联动，协助市政府出台《韶关市打击治理电信网络新型违法犯罪工作方案》，形成打击电信诈骗合力。

▲2016年8月17日，中国人民银行韶关市中心支行与始兴县人民政府举行金融支持“互联网+三农”建设合作框架协议签订议式（中国人民银行韶关市中心支行　供）

【普惠金融】 协助上级行在翁源县中心村的金融精准扶贫工作，探索“互联网+农业”众筹融资模式，综合舒缓“三农”融资难、产业化发展难、产品销售难等问题，推动农业产业化发展，扶贫造血功能有效增强。与市金融局、市银监分局联合协同推进金融精准扶贫工作，制定《韶关市扶贫小额信贷工作实施细则》（2016—2018年），解决建档立卡贫困户贷款难问题。联合市金融局、市委农办、市财政局、市银监分局出台《关于构建农村信用体系助力金融精准脱贫三年行动计划》，依托信用体系建设推动金融精准扶贫工作。辖内各支行金融扶贫工作“多点开花”。新丰支行凝聚金融扶贫合力，提高扶贫资金投放的精准度和效率，推动农业产业化发展和农民增收；仁化支行采用“农户征信+信贷”模式，重点支持贫困信用户扩大肉猪养殖和柑桔、沙田柚种植等特色产业，探索“造血式”扶贫新模式。在南雄成功试点的基础上，继续在仁化、乳源、乐昌、始兴推进农村普惠金融试点工作，广大老百姓金融服务的便利性和可获得性提升。

【外汇管理】 按照“扩流入、控流出”的工作部署，对银行实行窗口指导，引导各银行机构合理、均衡地使用外汇。推广全口径跨境融资业务，降低企业融资成本。截至12月末，为5家企业办理全口径跨境融资业务7笔，金额达3776万美元，企业融资成本进一步降低，深受企业欢迎。强化与海关、公安等部门的监管合作，建立企业信息共享、情报会商等通报机制，坚决打击各类外汇违规违法行为，增强防范异常跨境资金流动风险的联动性。2016年处罚违规企业3家，处罚金额71095元，收缴

25000元，申请法院强制执行56095元。拓展跨境人民币结算业务，做好跨境人民币业务监测，防范跨境人民币异常业务发生。截至2016年12月末，韶关辖区跨境人民币结算总额73.91亿元，同比增长77.24%，完成广州分行跨境办下达全年任务的164.24%。

【金融服务管理】 加强支付结算市场监管，提升支付服务能力，推动韶关市各级政府部门累计出台10余项手机支付业务扶持政策，在乐昌九峰镇实施“移动支付+特色水果产业+电子商务”移动支付模式，在南雄实施“手机银行+农村电商+金融服务站点”手机支付模式，联合始兴县人民政府签署《金融支持“互联网+三农”建设合作框架协议》，提升支付服务“三农”水平，促进农民增收致富。继续加大创新力度，在全省率先开展金融IC卡和移动支付在连锁超市刷卡免签、免密业务试点工作。继续推进金融IC卡及移动金融在菜市场、短途班车等公共服务领域的应用，增强金融IC卡便民惠民影响力。推进社会信用体系建设，建立健全中小微企业信用体系，解决银企信息不对称问题，缓解企业融资难题。依托广东省农户信用信息系统，开展农户信用档案建设，协助当地政府设立县级征信中心。截至12月末，全市有6个县（市）成立县级征信中心。推动地方政府出台担保基金、财政贴息等支持信用户融资的配套政策。乐昌、仁化、新丰3个县（市）设立担保基金427万元。加快国库信息化工作，与市财政局协作，共同规范非税收入电子直缴入库业务，10月上线非税收入电子直缴入库系统，提升国库服务效能。开展货币金银工作，维护人民币形象。完善金融消费权益保护工作机制，与韶关日报社建立联席会议制度，加强公众金融知识宣传教育。全面推广金融知识宣传综合服务平台，打造全省乃至全国独特的“互联网+”金融知识宣传模式，获得总行消保局、总行机关党委肯定。（邝 辉）

▲2016年11月11日，韶关银监分局在翁源县开展普惠金融——“金融知识进万家”系列活动 （市银监分局 供）

银行监管

【概况】 韶关银监分局成立于2004年2月，有8个内设部门。2016年，“编译小组”项目获2016年银监会系统“青春风采杯——青年精品工作项目展示”三等奖。截至2016年末，韶关银监分局在职干部员工60人。韶关市银行业资产总额1720.71亿元，比2015年末净增136.60亿元，增长8.62%。

【供给侧结构性改革推进】 督促辖内银行业机构落实“三去一降一补”任务，加大对实体经济的信贷支持力度。在“去产能”方面，督导辖内银行机构调整信贷政策，减少对钢铁行业中过剩产能的信贷投放，2016年末，全市银行业对“两高一剩”（指高耗能、高污染和产能过剩）行业的贷款余额合计比2015年末减少7.26亿元；开展对“僵尸企业”的贷款情况摸查并妥善处置出清。在“去库存”方面，督导辖内银行机构妥善压减房地产开发贷款，落实房贷新政并创新推出“农民安家贷”、开发二手房按揭信贷产品等。在“降成本”方面，加大对银行业机构不规范收费的清理，督导银行业机构合理确定贷款利率水平，主动为企业融资减负，部分贷款置换为地方政府债务后，为贷款单位延长还款期限，贷款利率大幅降低。在“补短板”方面，引导辖内银行机构做好新时期精准扶贫工作，重点加大对连片特困地区、革命老区、民族地区的信贷支持，韶关银监分局开展金融扶贫摸底调查，及时摸清掌握辖内银行业机构扶贫工作开展进度，在此基础上探索将金融扶贫与支农金融服务相结合，提升实效。

【主动对接重点项目】 加强对广东重点项目、重大工程的金融支持力度，及时印发《关于精准对接重点建设项目培育经济发展新动能配合推进供给侧结构性改革的通知》，督导辖内银行业机构主动加强与有关重点建设项目的对接。将银行业支持重点建设项目的情况及时报送市委市政府。截至2016年末，辖内银行业机构对全市确定的重点项目发放的贷款余额66.78亿元，比2015年末净增30.88亿元，增长86.02%。

【支持小微企业】 按季监测并通报辖内银行业机构“三个不低于”完成情况，会同有关部门专门召开“银税互动”推进会，推动银行业机构依托税务部门推送的优质纳税客户信息加强业务营销，于2016年9月8日会同韶关市金融局、人民银行韶关市中心支行组织辖内的工行、农行、广发行、东莞银行、市区农联社与韶关市国税局、地税局签署《银税合作协议》，推进“银税互动”合作在辖内商业银行实现全覆盖。督导辖内银行业机构持续加大对小微企业的信贷支持，着力解决小微企业融资瓶颈。截至2016年末，韶关全辖小微企业贷款余额288.94亿元，比2016年初增加24.69亿元，增长9.34%，比各项贷款增速高3.78个百分点；小微企业贷款户数12875户，比2015年同期减少108户；小微企业申贷获得率92.96%，比2015年同期高1.21个百分点，实现小微企业贷款“三个不低于”目标中的“小微企业贷款增速高于各项贷款增速”“小微企业申贷获得率高于上年同期获得率”。

【金融支农】 发挥监管督导作用，督促全市银行业机构落实扶贫小额贷款的有关要求，加大金融扶贫力度。指导辖内银行业拓展支农支小服务渠道，针对市场需求细分“三农”信贷市场，开发农户小额贷款、农业产业链农户贷款、农民专业合作社贷款等信贷产品；延伸“三农”金融服务触角，通过打造“金穗惠农通”、建设农村电子服务网络以及设立离行式自助银行、金融便利店和“惠农金融服务站”等形式，逐步提高农户金融服务的便利性和可获得性。

【“送金融知识进万家”宣传服务月活动】 加大金融知识宣传力度，部署推动全市银行业机构在2016年9月组织开展“送金融知识进万家”宣传服务月活动，开展集中宣讲活动65次、发放宣传资料2.2万份，增强金融知识宣传服务的覆盖面和渗透性、有效性。

【金融风险防范】 在信用风险防控方面，要求辖内银行业机构按季监测不良贷款变动情况，组织开展农村中小金融机构全面风险排查，针对重点领域、行业和客户不良贷款“名单”，对信贷风险实行动态监控管理。在大额重点客户信贷风险防范方面，针对辖内4家大额重点信贷风险客户分别组建债委会，按“一企一策”原则协调一致妥善推进对重点客户的信贷风险防化工作，防止各自行动分别压贷和抽贷，为贷款客户改制重组或盘活资产赢得宝贵的时间。在流动性风险监管方面，督导辖内各法人银行业机构按月做好资金头寸监测，科学测算信贷、客户存款、理财、同业业务等对流动性的影响，通过开展压力测试等方式加强风险监控预警，2016年末辖内法人银行业机构存贷比为56%，流动性控制良好。在案件防控方面，组织召开银行业案件防控工作会议，指导辖内银行业机构履行案件防控主体责任，组织签订《案防责任书》《廉洁从业责任书》《反赌承诺书》，加强对员工的管理，印发风险提示要求辖内银行业机构加强对存款类案件的监控和防范。督促辖内法人银行业机构落实利润分配监管要求，召开季度风险分析会议，开展与法人银行业机构的监管会谈，按季对法人银行业机构经营及风险情况进行通报，增强案防工作的前瞻性和有效性，2016年辖内除1家银行业机构发现和查处1宗基层网点员工挪用客户存款的案件外，其他均未发生大的案件风险。在合规风险防控方面，加大对辖内银行业机构的监管力度，开展“重塑合规年”活动，督促辖内银行业机构明确合规主体责任，建立健全主要负责人合规述职机制，组织开展合规建设自评自查，夯实内部管理基础。

▲2016年11月18日，工商银行韶关分行参观韶关市廉政教育基地深化“两学一做”学习教育成效 （工行韶关分行 供）

【金融消费权益保护】 组织辖内银行业机构开展打击非法集资宣传活动，开展非法集资风险专项整治工作。组织辖内部分银行业机构上线韶关“民声热线”栏目并现场解答市民咨询或投诉，回应社会公众关注问题。2016年，韶关银监分局受理并答复信访2项，网络问政31项，民生热线咨询3项。

【农信社改制农商行】 协同韶关市金融局、人民银行韶关市中心支行督导推进市联社着手制定市区、曲江农信社合并改制重组农商行方案，引导辖内部分改制条件相对成熟的农信社开始筹划改制农商行工作。 （茹雪芹）

主要银行简介

【中国工商银行股份有限公司韶关分行】 2016年末，中国工商银行股份有限公司韶关分行有在职干部员工775人，下辖16个内设部门、13个一级支行、40个营业网点（覆盖3个区7个县），党委书记、行长邓湧。2016年，本外币各项存款时点余额250.81亿元，日均余额246.16亿元；本外币各项贷款时点余额127.07亿元，其中本外币公司贷款余额71.84亿元，个人贷款余额54.72亿元。个人贷款和小企业贷款两项合计占各项贷款余额比重达到53.32%，比年初提升2.53个百分点。全年实现安全运营无事故、无案件的“双零”目标。

助力经济建设　2016年，公司贷款发放53.68亿元，其中一般流动贷款投放43.25亿元，项目贷款投放10.03亿元，小企业贷款发放13.09亿元。为满足客户多样化的融资需求，利用理财直投等多种形式支持地方经济建设，2016年表外资产运作19.1亿元，较上年增长6亿元。通过债券市场发债形式，帮助地方企业解决26亿元融资需求。

创新支持小微企业发展　推动内部管理机制创新，构建多层次的服务渠道。将企业融资业务办理权限授权到辖属支行，对业务的营销模式、操作模式进行变革，拉近民营企业与银行的距离，提高贷款审批效率。改革小企业期限管理，提高续贷效率。对需续贷企业要求提前一个月发起申请流程，实现贷款转贷无缝衔接。深化业务产品创新，加快审贷效率。针对科技局风险基金池及市中小微企业贷款风险补偿基金等，通过银证通业务申报创新方案办理，拓展该行小企业融资品种；加快税务贷推广力度，提升对诚信纳税的中小企业的服务水平。

网点智能化　建设客户满意度最高、客户最信赖推崇、客户首选的金融企业，开展“人民满意银行”建设年活动，提升服务品质。工行韶关分行践行韶关市普惠金融发展，不断优化物理网点、完善自助渠道建设，实现全部网点免费Wi-Fi覆盖，智能网点占全行网点占比超过50%，智能网点业务迁移率为90%，方便客户自助办理业务。

柜面服务提升　加强对柜员的考核和举办各种业务知识培训，提高柜员的服务能力。2016年，举办业务知识培训40期，培训人数895人次。普通客户柜面服务满意度98.9%，中高端客户柜面服务满意达99.1%。

▲2016年9月8日，中国银行韶关分行与韶关市旅游发展投资集团有限公司联合签订战略合作框架协议　（中国银行韶关分行　供）

金融安全宣传管理　开展金融知识宣传活动，通过户外、网点宣讲，宣传反假币、反洗钱、网络安全、银行基础产品等方面知识，同时深入韶关学院、松山学院举办大型讲座，传播金融安全知识。累计宣传活动百余次，发放宣传资料上万份，发送公益宣传短信、微信3125条。加强电话诈骗阻截，通过培训识别电话诈骗特征，要求前台人员在为客户办理汇款时保持高度敏感，柜员机巡视人员注意客户可疑操作等，识别并成功阻截24起电信诈骗，为客户挽回损失35.15万元。　（黎龙华）

【中国银行股份有限公司韶关分行】 简称中国银行韶关分行，是中国银行股份有限公司在广东省境内设立的二级分行。2016年末，全行有在职员工484人，设立网点24家，拥有ATM、存取款机等自助设备179台。

实体经济供给扩大　紧跟“一带一路”、广东自贸区、粤东西北振兴发展、创新驱动发展等战略实施，与市人民政府、市国税局、市旅游发展投资集团有限公司、农发行韶关市分行分别签署战略合作框架协议。支持供给侧结构性改革，持续提升服务实体经济质效，支持韶关市“三大抓手”（重点项目、城市扩容提质、县域经济）建设和支柱行业发展，全年累计向重点行业客户投放授信38亿元。

优势业务品牌打造　通过融易达、票据贴现、全球供应链融资、特色跨境结算等产品，为“走出去”“请进来”的企业提供全方位综合服务，为全市进出口企业叙做国际结算业务10.25亿美元，叙做跨境人民币结算业务51亿元，两项业务均超过全市总量的50%。推出“一站式”出国金融服务，提升外币存取、兑换服务能力，为广大市民出口留学、投资、旅游提供便利。

普惠金融服务　通过汽车分期、车位贷、住房按揭、家庭住房装修贷、“互联网+”金融服务民生代缴等业务，支持市民购房置业、投资增值和提高生活品质。与社保局共建社保IC卡项目，累计发放社保卡22万张。与市中医院、市铁路医院开展“银医互联”合作，方便市民就医结算。建设校园一卡通平台，发行校园卡3万余张，为院校师生提供便捷、安全金融服务。支持小微企业发展，对接小微企业融资服务需求，累计为相关企业提供近4亿元的授信支持。利用互联网和大数据技术研发中银E贷（个人网络消费贷款）产品，累计提供授信0.23亿元，满足个人客户各类金融、结算、资产配置的多样化需求。

金融诈骗防范　开展“人人合规、教育先行”合规大教育，强化防控欺诈风险宣传教育，收集48种常见诈骗手段及防诈骗技巧汇编成册，组织应急预案演练105次，提升员工防诈骗能力，堵截冒用他人身份开户等诈骗事件6起，协助公安成功抓捕在逃犯3起。实现全年“零案件、零重大违纪、零重大违规、零重大风险事件、零监管处罚”的五零目标，获得韶关市金融系统社会治安综合治理工作优秀单位、韶关市银行业机构综合评估A+等级。（杨　婧）

【中国农业银行股份有限公司韶关分行】　是农业银行的二级分行，本部位于韶关市惠民北路2号农行大厦。下辖13个一级支行（含分行营业部）、46个营业网点、49个离行自助银行，有224台ATM，649个“惠农通”金融服务点，营业网点县区覆盖率达100%，在职员工966人，是全市四大国有商业银行中网点最多、自助银行最多、自助设备最多的国有大型商业银行。获“2016年度诚信单位”“‘互联网+时代’企业文化创新优秀单位”和“2016年度省行网格管理先进单位”等荣誉。党委书记、行长钟杰。

经营概况　面对经济发展新常态，2016年，韶关分行实施机制调整、扩户提质、网点转型、基础管理等一系列重点工程，创新求变，推进经营转型，实现创新发展新局面。2016年末，全行实现各项存款时点、日均余额分别为267.01亿元、259.89亿元，比年初增加19.02亿元、23.53亿元，均为同业第一。各项贷款余额135.37亿元，比年初增加18.13亿元，个人住房贷款增量保持同业第一。全行全年实现安全运营无事故、无案件的“双零”目标，内控评价持续保持“一类行”。

助力经济建设　该行根植当地，推进三大主题工作。2016年累计发放贷款58亿元。重点支持对本地实体经济起重要作用的韶钢、华电南雄、韶关发电厂等大企业，累计提供融资85.17亿元。该行专门组建专业团队主攻政府重点项目融资运作，成功审批市区棚户区改造、乐昌高铁站、翁源县地下管廊、莞韶城三期（西区）、韶关上饶路等8个项目，审批融资规模59.9亿元，实现投放17.64亿元。运作和调查中的项目13个，合计金额180.34亿元。

支持小微发展　该行在做好“一大一小”的信贷投放的同时，支持优质中小微企业发展。针对中小微企业贷款特点，该行以“专业机构、专业经营、专业服务”模式，为中小微企业量身定做个性化融资方案。该行中小微企业贷款客户数达到89户，占全行法人贷款客户数的92.71%；中小微企业贷款余额27.53亿元，其中小微企业贷款余额13.69亿元。该行专门成立个人贷款和汽车、家装、车位业务经营中心，推出网捷贷、现金分期、粤通信用卡等一系列新产品，圆百姓“住房梦”“汽车梦”，助百姓实现“安居乐”。

创新发展　该行重点支持韶关市上市公司，3年累计提供融资82.17亿元。创新发展跨境融资和福费廷等国际业务，办理首笔0.13亿美元货币掉期业务，在韶关开立广东农行首笔、韶关同业首笔电子交单进口信用证0.13亿美元。以“大、新、特”为切入点，加大对大型项目、新型农业主体和新业务、特色产业的营销力度。2016年8月4日，该行与韶关市金融局、人保财险韶关分公司共同签署韶关市“政银保”合作项目三方合作协议，于9月20日发放首笔“政银保”贷款。通过政府购买融资的有效突破，取得三个县域行政事业单位养老基金专户。

服务三农　该行响应金融扶贫号召，及时提出“城乡联动协调发展”思路，打通金融服务最后“一公里”。推进惠农通工程，实现“惠农通”行政村全覆盖。实施渠道战略转型，服务农村市场，在11个中心乡镇设立自助银行，以中心乡镇自助银行、金融服务点等为平台，提供人员等各类资源支持，延伸网点服务半径，将服务和特色产品向农村市场渗透和延伸。2016年，该行11个中心乡镇自助银行开卡7874张，其中惠农卡999张；开通电子银行产品个人网银5134户、掌银4933户、个人信使4479户。将零售业务作为县域支行的主战场，利用业务扩面下沉和专业专营优势，打造县域个人存款、个人贷款、消费信贷等优势业务，重点推广针对农民进城购房需求的“农民安家贷”产品，全年已为2221户农民精准提供配套的金融扶贫服务，发放贷款金额合计6.09亿元。

（黄旭峰）

▲2016年10月13日，建行韶关分行与市工商局签署代办工商登记注册合作协议
（郑彬　摄）

【中国建设银行股份有限公司韶关市分行】 内设10个部门，辖属32个营业网点，其中分行营业部1个，市区支行22个，县支行8个，分理处3个；拥有自助银行33个，自助设备210台。全行在职员工667人。行长、党委书记石中心。2016年实现税前利润4.2亿元。一般性存款余额240.28亿元，其中，企业存款117.21亿元，个人存款123.07亿元；各项贷款余额117.73亿元，其中，对公贷款70.27亿元，个人贷款47.46亿元。

服务韶关城区重点项目 自2015年建行广东省分行与韶关市政府签订300亿元的金融战略合作协议以来，牵头或单独与市政府一起，根据需要设立各类股权基金4个，总金额43.3亿元，实现投放11亿元。包括粤东西北振兴股权基金（用于韶关重点建设项目、新型城镇化建设）、韶关市金财投资发展股权基金（用于韶关市基础设施、城市公共设施项目建设）、韶关芙蓉新区发展二号股权基金（用于韶关市芙蓉新区基础设施和公共设施建设）、韶关交投股权基金（用于武深高速、汕昆高速公路项目建设）。2015—2016年，向韶钢、东阳光等大中型企业投放贷款约95亿元，支持当地大广、汕昆、武深高速公路等重点项目近30亿元，缓解客户的融资压力，支持韶关当地重点项目的发展和城区扩容提质。

县域金融促进县域经济提升 支持县域重点建设项目，尤其是基础设施、城镇化、产业园等项目。2015—2016年，向县域实体投放贷款20多亿元。信贷支持南雄、曲江城镇化建设，大广高速公路基础设施，乐昌高铁站房建设。推行经营管理机制改革，加快小企业贷款、个人贷款业务下沉县支行，推动县域经济加快发展。

金融服务创新 推进“fit粤”科技金融服务。创新推出“韶科贷”产品，为全市37家高新技术企业的服务覆盖率接近100%，累计投放贷款8亿元。12月2日，与科技金融综合服务中心签订战略合作协议，从产品、流程到服务支持韶关市科技型企业，累计投放贷款4.32亿元。建立联动创新机制，与市国税局、地税局签订“税融通”合作协议，帮助优质纳税企业尤其是民营企业获得信贷支持，投放“税融通”32户，金额0.33亿元。推出“六贷一透”（信用贷、善融贷、创业贷、POS贷、税易贷、薪金贷、结算透）的小微企业大数据信贷产品，累计投放贷款近7亿元。探索小企业客户认定与信贷审批管理新模式，构建小微企业业务续贷全覆盖流程。6月6日，办理韶关市首笔全口径跨境融资备案。10月13日，与市工商局签署代办企业登记注册合作协议。在韶关市范围内，建行点通过设立代办专窗，专门受理客户工商登记注册业务，无偿代办企业登记注册。

▲2016年12月6日，广发银行韶关分行与中国人寿韶关分公司联合举办“银保业务全面业务协同启动大会” （广发银行韶关分行 供）

推广民生金融 继推出住房按揭、购车分期、装修分期、车位分期等多样化的消费信贷产品后，2016年又推出“建行龙信贷”“分期通”“快贷”“房抵贷”“龙支付”。多种便民利民的消费金融产品。在乡镇布放5台自助银行设备，满足广大市民多元化消费需求。累计发放个人贷款20多亿元，其中，个人住房贷款17亿元，分期业务5亿元，快贷近1亿元。

推广普惠金融 开展“造梦建行”“建行正在听”“满意在建行”等系列活动，每月为金融消费者举办12场宣传活动。以营业网点为主阵地，以互联网站、微信公众号为渠道，走进企业、走进学校、走进市民，着重宣传“防范网络及电信诈骗”“防范违法违规互联网金融活动”“防范校园贷款陷阱”“实施理财产品销售录音录像”等时下热点内容。

维护金融秩序 成功堵截不法分子利用假身份证开户、电信诈骗、非法集资和破坏自助设备案件47起，堵截涉案金额150万元，协助公安机关抓获犯罪嫌疑人4人。2015—2016年，协助全国各地司法查询涉案账户237个、调取各类涉案录像42起。

中标业务 2016年12月20日，韶关市分行中标矿山地质环境治理恢复保证金缴存银行服务商项目。2016年12月23日，中标韶关市市级机关事业单位养老保险基金（含职业年金）财政专户开户银行项目。

鸿景支行开业 辖属乌石支行搬迁至曲江区马坝镇府前西路源河鸿景1号综合楼首层，并更名为鸿景支行，于2016年12月29日开业。 （何敏嘉）

【广发银行股份有限公司韶关分行】 1988年，在韶关成立分行。2016年，分

▲2016年10月21日，农发行韶关市分行与曲江区人民政府签订合作框架协议
（刘科　摄）

行内设办公室、公司银行部、个人银行部、风险管理部、计划财务部（兼运营部），在职员工74人，下辖1个营业部、2个支行。党委书记、行长梁志辉。2016年，韶关分行期末各项营业收入1.2亿元，较上年略有下降；各项存款余额13.1亿元，较上年增长11.49%。各项贷款余额11.48亿元，较上年下降3.52%。

支持供给侧结构性改革　继续支持有市场、经营状态表现较好的企业；对经营暂时困难的企业，加强银企协调，发放信贷资金1.00亿元，帮助15户企业渡过难关。对小微企业的信贷投放总量占到对公投放比例的63.86%，促进共同发展。

信用卡业务　继续领先发展，结合自身实际，加快结构调整和业务转型，发展信用卡、理财、个人消费信贷等个人银行业务。通过创新市场营销方式、提升服务品质、优惠促销、商户合作、业务交叉联动等举措，广发信用卡持续领跑，信用卡业务营收0.49亿元，较上年同期增长27.68%。

银保业务协同全面启动　2016年，随着中国人寿成为广发银行最大单一股东，广发银行韶关分行主动加强与区域内中国人寿公司的合作，联合召开银保全面业务协同启动大会，研究、推动双方在人员、产品、资源等方面的协同与市场营销，代理保险中间业务收入较上年同期翻番，代销理财产品中间业务收入也实现40%以上的大幅增长。

（张昊天）

【中国农业发展银行韶关市分行】2016年，农发行韶关市分行农业政策性银行，服务三农建设，信贷资源全部投放于政府指定领域和主导项目，支持民生关注的重点项目建设。党委书记、行长雷明。年末，各项存款余额15.65亿元，比年初增加8.60亿元、增幅121.88%；各项贷款余额创历史新高，达到21.41亿元，比年初增加5.01亿元、增幅30.54%。

存贷款增长　全年累计发放贷款13.71亿元，同比增加4.06亿元、增幅42.05%。项目贷款营销取得历史性突破，受理项目63个、拟融资额131亿元，批复项目45个、授信101亿元。日均存款余额9.56亿元，比上年增加5.30亿元、增幅124.37%。中间业务收入159.59万元，同比增加105.84万元，增幅196.91%。全年各项贷款累计应收本金8.71亿元，累计实收本金8.71亿元（含债券置换收回4.23亿元），收贷率100%；累计实收利息0.73亿元，收息率101.43%，保持无不良贷款。

金融服务　韶关重点项目推介政策性金融产品，主动向市及各县区政府宣讲政策性金融政策，在全市银行业机构中率先推出政府购买服务融资模式。主动对接市及各县区重点项目，根据各级政府列出的重点项目，逐项目进行融资可行性研究，提出合理的融资方案。2016年，韶关市45个政府投资项目101.45亿元贷款获得审批通过，其中市本级项目8个，批复授信39.43亿元；10个县（区、市）项目37个，批复授信62.02亿元，实现投放项目24个、投放金额8.78亿元。

以优惠利率降政府融资成本　对多数项目贷款执行央行基准利率，全市45个政府投资项目90%的项目贷款执行基准利率。运用央行货币政策，对水利和农村公路项目下浮利率，降低企业成本和财政支出压力。争取国家专项基金，以特惠利率支持项目资本金，推动项目加快实施。发挥农发行优惠利率的引导作用，推动各家商业银行在承接政府投资项目时，向农发行看齐，主动下调利率上浮幅度，使政府主导项目融资成本降低。

金融支持国家粮食安全　做好粮油收储资金供应与监管工作，确保粮食收得进、储得好、轮得出、资金不流失。支持省下达的粮食增储任务的完成，通过与粮食部门的配合，提前完成省下达的市、县两级粮食储备增储任务。支持市级储备社会化代储试点工作，减轻财政负担。支持国有粮食企业发挥优势，争取代保管中央储备粮、省级储备粮，代保管珠海等地储备粮，为企业资产运营提供便利，增强企业盈利能力。

（刘　科）

【韶关市农村合作金融机构】2016年，韶关市农村合作金融机构10家法人机构，其中地市级联社1家，理事长邱爱昌，主任何宗志。农村商业银行1家，县级联社8家，辖营业网点171个，有在岗员工2000多人。韶关市人民政府专门出台《关于进一步支持农村信用社改革和发展的意见》，为加快农信社改革提供政策支持。1人分别获得广东省优秀党务工作者、省直机关优秀党务工作者。

存、贷款规模继续稳居全市首位　截至2016年末，全市农合机构各项存款余额412亿元，比年初增加54亿元，增长15.1%，占全市金融机构市场份额的24.7%；各项贷款余额231亿元，比年初增加9.6亿元，增长4.3%，占全市金融机构市场份额30.1%。各项贷款中，涉农贷款、小微企业贷款余额均为157亿元，分别比年初增加5.6亿元、9.1亿元，分别增幅3.7%、6.1%，约占各项贷款余额的68%。全市9家农合机构全部实现小微企业“三个不低于”（即小微企业贷款增速不低于各项贷款平均增速，小微企业贷款户数不低于上年同期户数，小微企业申贷获得率不低于上年同期水平）的目标。经营利润稳步上升，全年缴纳各项税赋1.6亿元。全市农合机构各项存、贷款总量稳居全市银行业首位。

电子银行业务快速发展　截至2016年末，全市农合机构累计发行银行卡250万张，比年初增加21万张，同比增长9%；手银网银存量约12.8万户，比年初净增约1.5万户。银联POS清算笔数（发卡方+收单方）41.8万笔；电子交易替代率69%，比年初上升10个百分点；新增自助设备70台，拓展POS商户630户。鲜特汇产品上架数91个，有效注册客户数5897户，悦享商圈商户存量净增542户。电子银行业务发展为客户带来更多的便利，给客户提供多样化的服务。

“互联网+”融入农信全市农合机构微信公众号全部通过官方认证正式上线运行。全市农合机构通过上线并使用FTP系统进行经营分析，对各项业务发展情况进行剖析从而优化资源配置和引导产品定价，从而实现精细化管理。全市农合机构推进涉农电子交易平台——“鲜特汇”建设拓展“悦享商圈”商户。部分机构完成智慧银行系统建设，分步实现网点查询、微信预约、智能客服、微信推广、客户经理抢单及贷后管理平台等功能。

金融风险防范　2016年，召开3次全辖性案防工作会议，组织观看宣教片1741人次，参观革命思想教育基地和警示教育997人次，开展主题教育和警示教育88场。层层签订《案件防控责任书》1966份、《廉洁从业责任书》1482份、《反赌博承诺书》2073份；对170个营业网点开展常规稽核现场检查2次，对重要岗位人员开展离任（岗）审计345人次。落实“三防一保”（防抢劫、防盗窃、防诈骗，保护金融资产安全）工作，确保全年安全无事故。

普惠金融宣传　全市农合机构开展“送金融知识下乡”“金融知识进万家”、防范电信网络诈骗、防范和处置非法集资、金融消费者权益保护等主题或内容的宣传活动，提高群众金融素养。全市农合机构以多种方式加大农合机构服务理念和业务宣传力度。全年开展户外宣传218次，派发宣传资料17万份，接受群众咨询14万人次。

（陈子睿）

【中国邮政储蓄银行股份有限公司韶关市分行】　2016年，韶关市分行在职干部员工472人（含省行交流干部3人），内设11个部门，下辖城区支行以及曲江、南雄、乐昌、乳源、始兴、翁源、新丰、仁化县（市、区）9个一级支行，全市有93个全国联网营业网点。党委书记、行长欧阳敬钧。

经营业绩　2016年，全市邮政金融实现收入4.28亿元，同比增长6.8%。自营业务实现收入1.81亿元，同口径对比增长1.42%。实现考核利润4831万元，完成进度100.91%。收入利润率同比增长39%，人均经济增加值同比上升9.7个百分点，经济资本回报率同比上升30.8个百分点。不良贷款实现“双降”，不良贷款余额较年初下降3031.2万元，不良率为2.87%，较年初下降1.53个百分点。存款市场占有率持续提升，储蓄存款市场占有率20.03%，较2015年末提升0.77个百分点。对公存款占有率为2.74%，较2015年末提升0.22个百分点。自2008年开办信贷业务以来，累计向韶关地区投放信贷资金83.5亿元，其中投向小微企业及“三农”3.54万笔，投放金额超过60.04亿元，发放小额贷款2.63万笔，笔均金额仅8万元。

服务效能改善　启动精细化管理工作，深入推进“9S”管理、流程优化、合规建设精细化、令您满意、对标竞标等五项活动，分支行环境、员工面貌、工作作风均得到大幅改善。推进信贷全流程考核。通过时限服务、工作质量、“一次性反馈”进行考核，实现流程的

▲2016年，韶关市农信联社与广电网络韶关分公司签订战略合作框架协议仪式

（市农信联社　供）

▲2016年8月9日，中国邮政储蓄银行韶关分行与韶关市国家税务局、韶关市地方税务局签订“银税互动，助力小微”合作协议（邮储银行韶关分行 供）

精细化管理，作业效能大幅提升。一手房作业效率提升53.24%；其他消费贷款作业效率提升15.56%；经营性贷款作业效率提升53.33%；“一审通过率”由56%提升至64%。全行推进“9S”管理。下发办公区域、网点等“9S”标准，每月开展检查，纳入员工每月绩效考核。围绕“提高发展能力、提升效益水平、夯实管理基础”三大目标，对一级支行、二级支行进行分组对标，对客户经理、理财经理、信贷员等个人进行对标，引导各单位和人员争先进位，提升效能。

内控案防　强化案防工作考核，首次开展合规述职活动，专设案防专项资金加大案防考核力度，提升案防积极性。改善问题整改督办模式，创新推行“责任单位整改、条线部门跟进、法规部门审核、行领导督办”的整改管理新模式，问题整改率97.6%，较2015年提高4.42%。落实监管要求，开展反洗钱工作及消费者权益保护工作，首次开展银监、邮储银行、邮政公司三方会谈，主动接受东莞银监局交叉检查，及时整改存在问题。成功堵截多起案件风险，曲江大坑塘支行成功拦截一起电信诈骗案件，为客户挽回经济损失21万元；市分行信用卡预审中心堵截冒名申请办理信用卡16件，避免经济直接损失48万元。

服务小微企业　从扩大抵质押品范围，建立风险分担机制等维度建立丰富的产品体系和业务模式。通过加强与政府部门合作，累计发放创业担保贷款998笔，发放金额超过1.07亿元，带动创业就业人数超过4000人。2016年，先后签订“银税互动，助力小微”合作协议、“政银保”合作贷款协议，实现放款11笔2010万元，分别与韶关市扶贫办、韶关市旅游发展投资集团公司、中国农业发展银行韶关市分行、市金融科技中心签订全面合作协议。举办韶关市中小微企业金融服务推介会，超过200家企业参会。举办“邮储银行杯”创富大赛，为参赛选手发放贷款66笔金额2384万元。

支持“三农”　2016年成立邮储银行三农事业部韶关市分部，从组织架构、资源配置、产品和服务等方面，持续提升服务“三农”能力。加强产品创新，拓宽融资渠道。支持民生项目，改善金融生态。先后在乳源游溪镇、南雄帽子峰镇增设金融服务网点，在武江区江湾镇、曲江白土镇、乳源一六镇及南雄油山镇等地投放离行式存取款机，改写当地金融空白的历史。通过布放助农取款服务点、农村综合金融服务站等形式，改善农村金融环境。通过承接政府公共项目，为全市87万人提供新农保服务，年代发社保农保超过55万人次，代发金额超过18亿元。（林敏怡）

【交通银行股份有限公司韶关分行】 2016年，交通银行股份有限公司韶关分行（简称交通银行韶关分行）共有员工54人，下设6个部门、1个支行（韶关曲江支行），党委书记、行长高延。截至2016年年末，交通银行韶关分行人民币各项存款年化日均余额14.34亿元，较年初新增2.72亿元；人民币各项贷款时点余额13.11亿元，年化日均余额10.06亿元，较年初新增2.58亿元；人民币存贷款比例为89%。2016年，交通银行韶关分行实现“零”不良贷款、“零”案件、“零”投诉，经营状况持续保持稳健。

助力地方三大项目工程　交通银行韶关分行围绕“交通基础设施建设、产业园区扩能增效、中心城区扩容提质”三大抓手不放松。对接东莞（韶关）产业转移工业园扩园项目。支持韶关市芙蓉新城城区建设，为韶关市芙蓉新城城区建设项目提供数亿元固定贷款授信，推动韶关市旧城改造与城区建设工程。

促进民生事业发展　2016年，交通银行韶关分行支持民生事业发展。为广东韶关实验中学提供固定贷款，支持本地教育板块基础设施建设。为韶关学院医学院提供流动资金贷款，推进医疗卫生事业发展。为丹霞山旅游投资经营有限公司提供固定资产贷款授信，推动韶关市丹霞山旅游项目配套基础设施建设。对接教育资源，成功获批韶关市教育资源整合包项目贷款。通过投放房地产开发贷款，支持韶关房地产开发企业，加快项目建设。采用降低房贷利率、开通绿色通道、优化房贷流程等优化措施支持韶关市房地产行业健康发展。

消费信贷产品创新　创新个人金融消费类产品，推出信用类E贷通2.0、抵押类E贷通等个人消费类金融产品，创新产品特点、优化产品结构，拓宽消费群体，支持消费经济发展。2016年，交通银行韶关分行探索实施“债贷组合”“投贷联动”融资模式，为韶关市粤华电力有限公司投放银团贷款资金，为企业新能源发电技术创新提供资金支持。

服务三农经济、小微企业 2016年，交通银行韶关分行投放“三农”贷款1100万元。提供贷款授信额度支持韶关市自来水公司城市污水处理项目。交通银行韶关分行支持小微企业发展，践行普惠金融，持续改进小微企业金融服务，全面完成“三个不低于”（小微企业贷款增速不低于各项贷款平均增速，小微企业贷款户数不低于上年同期户数，小微企业申贷获得率不低于上年同期水平）的监管目标。

用卡环境优化 2016年，交通银行韶关分行围绕社区、学校、饮食建立商圈11个，开展20场专属客户活动，覆盖韶关市民的衣、食、住、行和娱乐等各个方面。开展最红星期五优惠活动，通过与中石油、益华百货、沃尔玛超市、阳光造型等商家签约合作，以创新的活动形式不断带给客户增值体验，深受韶关市民好评。

消费保障服务 在韶关市社区、学校、企业等地开展“金融知识进万家”公益宣传活动，2016年开展62次大小型金融知识宣传教育活动，服务覆盖群体2.5万人。开展反洗钱及打击和防范非法集资宣传教育工作，提高社会公众的风险识别与防范能力。建设无障碍设施，提供无障碍服务。通过在厅堂提供大屏幕平板电脑、电子手写板、老花镜等自助设备，设置轮椅坡道、爱心座椅、语音呼叫系统等硬件设施，配备手语服务人员、设定专项服务流程、制定紧急预案等软件措施，提高员工服务水平与客户满意度。 （陈 萍）

【东莞银行股份有限公司韶关分行】 2014年开业。为东莞银行附属非独立核算分支机构，不具有独立法人资格。该分行可以从事中国银监会根据银行监管规定许可且经东莞银行明确授权的业务。2016年，东莞银行韶关分行有在职员工61人，内设综合管理部、风险管理部、财会部、公司业务部、个人业务部、营业部6个部门，行长汪朝华。支持新城区基础设施建设和产业园区建设，助力本地小微企业发展，为市民提供惠民金融服务。2016年期末，各项存款余额30.38亿元，各项贷款余额9.71亿元，购买地方政府及企业债近5亿元。全年实现“无案件、无差错、无事故”的三无目标。获得2015—2016年全国金融系统企业文化建设先进单位，获得2016年度金融保险行业诚信单位，获得东莞银行2016年度优秀集体奖。

签订三大股权基金 围绕韶关市政府主动融入珠三角的总战略，紧抓交通基础设施建设、产业园区扩能增效、中心城区扩容提质“三大经济提升引擎”重点工作，与三大产业基金的对口单位对接，签订韶关市芙蓉新区发展股权投资基金、韶关市金财莞银投资基金和莞韶工业园产业投资股权基金。

服务当地实体经济 立足做好莞韶产业园区的资金配套服务，以莞韶产业园区“一园、一城、七组团”项目开发平台公司为重点，为园区重点项目以及园区企业做好资金配套服务。主动对接政府重点项目建设，累计支持开发莞韶众创平台建设项目、芙蓉隧道建设等项目2.3亿元。

支持小微企业的发展 加大对中小微企业贷款的倾斜力度，推出一系列特色融资产品，丰富中小企业融资的担保方式。创新贷款还款方式，合理确定小微企业流动资金贷款期限，减轻小微企业的还款压力；利用“银税互动”平台，开启“银税快贷”业务，为优质纳税企业提供新的融资渠道。给予小微企业贴现利率优惠，降低财务成本，加大对经济薄弱环节的扶持力度。2016年，完成小微企业“三个不低于”的监管要求。

惠民便民金融服务 为市民提供各类金融服务，平均每个月外拓营销活动6场。通过开展“走进村委”“走进工地”“走进学校”系列活动，把金融服务送到家。深入工地一线拓展农民工工资户代发项目，推进个人按揭、家庭贷业务、购车分期贷款等惠民金融优质服务，开通住房按揭贷款“快速通道”，加快贷款审批效率，实现个人贷款投放1.15亿元。

合规经营管理 构建良好的内控环境、组织、制度、行为、精神文化，以建立内控长效机制为核心，形成“以强化内控促效益，业务发展坚持内控先行”的内控氛围，把风险防范措施嵌入到各个操作岗位之中。加强内控制度建设，制定压逾促降工作机制，把一户一策方案落实到位，明确贷款催收管理具体流程和考核标准。加强全行的安全运

▲2016年9月，东莞银行韶关分行与韶关市国税局，韶关市地税局签署“银税快贷”合作项目
（东莞银行韶关分行 供）

汇丰生活人民币白金卡

汇丰生活美元白金卡

（汇丰银行　供）

汇丰旅行人民币白金卡

汇丰旅行美元世界卡

（汇丰银行　供）

汇丰卓越理财旅行钻石卡

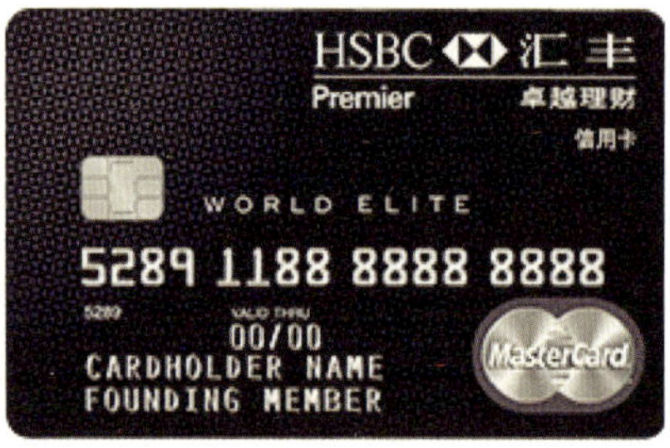

汇丰卓越理财旅行世界之极卡

▲2016年12月，汇丰独立品牌信用卡卡面设计　　（汇丰银行　供）

营管理，强化对抢劫、爆炸、恐怖活动、诈骗等恶性案件的防范。

履行社会职责　继续启动东莞银行（韶关）教育基金20万元，资助40名韶关市家庭经济困难、道德品质优良的大学新生；走进乐昌沙坪镇开展“扶志助飞”学生资助及图书馆回访。开展“3·15”金融消费者权益日、金融知识进万家、金融知识普及月、重塑合规年、防范电信网络新型违法犯罪活动等公益宣传活动。（饶丽华）

【汇丰银行（中国）有限公司韶关支行】　汇丰银行（中国）有限公司韶关支行和汇丰银行（中国）有限公司韶关曲江支行是汇丰银行（中国）有限公司广州分行下设的异地支行，分别位于浈江区和曲江区，2016年有在职员工15人。支行内设4个部门，即工商金融服务部、零售银行及财富管理部、营运部及合规部。汇丰银行（中国）有限公司韶关支行行长丘哲，汇丰银行（中国）有限公司韶关曲江支行行长莫瑞超。

支持韶关实体经济发展　在符合国家及政府的政策条件下，汇丰中国结合韶关当地经济发展情况，对国家及韶关当地重点支持产业给予金融支持。在为韶关当地重点大型企业提供信贷服务的同时，不断加大对当地重点中小型企业的信贷支持力度。汇丰中国致力为韶关辖区中小企业提供多样化的金融产品和服务，帮助其实现长远、可持续的发展。这些产品和服务包括买方供应链融资、流贷、固贷、保理、信用证、商票贴现、银承贴现等。2016年度，汇丰韶关对3家韶关重点企业开展信贷服务，授信总额合计人民币14000万元，包括流动资金贷款和发票融资。

全面开展信用卡业务　2016年12月，汇丰中国首次推出独立品牌信用卡。首推的信用卡分为三款：汇丰生活信用卡、汇丰旅行信用卡以及汇丰卓越理财旅行信用卡。汇丰韶关利用汇丰信用卡这一新业务，拓展目标客户群至大众消费群体，着力打造“财富管理”和“消费金融”双轮驱动的个人金融业务模式。

践行社会责任　汇丰韶关结合自身实际情况，履行金融机构法定义务，维护金融市场秩序，主动向社会公众传播金融知识，提升行业形象。2016年，汇丰韶关先后开展的行业宣传活动包括“打击非法集资，防范金融风险”户外宣传、“金融知识进万家”宣传服务月活动、《反洗钱法》颁布实施十周年广场主题宣传活动以及“送金融知识进校园”活动等。

拜访监管机构　2016年5月4日，汇丰银行（中国）有限公司常务总监、驻粤办公室总监林洵亲临韶关，与汇丰韶关支行、汇丰韶关曲江支行领导一同拜访中国人民银行韶关中心支行、韶关银监分局，就监管部门对汇丰韶关长期以来工作上的支持表示感谢，汇报两家支行业务发展情况和下阶段工作计划。林洵还到韶关支行和韶关曲江支行，对两家支行的工作进行了解与指导。

（罗　斌）

【东亚银行（中国）有限公司韶关支行】　是东亚银行（中国）有限公司广州分行下设的异地支行，于2013年10月16日正式对外营业。支行行长周均贤。母行东亚银行有限公司（简称“东亚银行”）于1918年在香港成立，是香港最大的独立本地银行。总行东亚银行（中国）有限公司（简称“东亚中国”）是东亚银行的全资子公司，于2007年4月2日在上海正式对外营业，致力于在中国内地为客户提供个人、企业及其他银行服务。

金融宣传　支行开展金融知识、消费者权益保护、反假货币、反洗钱、个人征信等知识宣传。宣传形式包括LED屏滚动播放活动口号、液晶显示器播放、柜台业务宣传、在商业广场设点宣传、利用官方网站宣传、微信宣传。

践行社会责任　支行一直致力于推动社会发展与环境保护，兼顾企业和社会的持续性发展。东亚中国成立上海宋庆龄基金会，每年通过公益活动为内地贫困儿童及青年提供更多接受教育的机会和改善教育质素。

获奖情况　2016年6月，东亚银行（中国）有限公司韶关支行获得“金融系统社会治安综合治理优秀单位”称号。（刘　蕊）

证　券

【概况】　全市证券业金融机构8个，证券交易额3148.23亿元，减少51.1%，新增开户数8.2万户，增长14.3%，利润总额1.14亿元，下降71.1%。

【广发证券韶关营业部】　广发证券成立于1991年，是国内首批综合类证券公司。公司先后于2010年和2015年分别在深圳证券交易所及香港联合交易所主板上市（股票代码：000776.SZ，1776.HK）。韶关营业部自1996年开业发展至今，韶关地区共有4家证券营业部，分别位于浈江区解放路、武江区怡华路、曲江区府前中路及南雄市新城区。其中，浈江区的韶关解放路营业部作为一级营业部，统一管理协调韶关地区证券业务发展。营业部经理钟国文。截至2016年12月31日，韶关营业部报表资产总额9.75亿元。

经纪业务　韶关地区营业部主要经营范围是经纪业务。本地区大众客户可通过电话、手机证券、网上交易等方式进行证券投资。营业部提供资讯服务、线上智能服务、投资顾问服务以及产品服务等增值服务。

证券金融业务　融资融券、约定购回式证券交易业务及股权质押融资业务、转融通业务及简约通业务、股权激励融资业务、股票期权业务、期货中间介绍业务（IB）业务、资产管理类业务、OTC柜台业务、现金管理类业务。

全管家财富管理　服务通道服务，信息资讯服务，增值服务：团队服务，上市公司走访、调研，优先享受公司或者营业部组织专项产品推介会的参与权，产品服务。

互联网金融平台　公司是行业率先推出包括平台、账户、支付、产品、交易和全天候响应服务的完整网上理财业务链的券商。建立五大互联网金融终端，包括：手机证券、网上交易金融终端、页面交易平台、官方微信、易淘金。所有终端都连接7x24小时实时“必答系统”，整合公司全国的客户经理和投资顾问资源，将其从线下连接到线上，为客户在线解决投资及业务咨询问题。（广发证券韶关解放路营业部）

【海通证券韶关文化街营业部】　海通证券股份有限公司韶关文化街证券营业部于2011年11月正式入驻韶关，总经理林镇明。营业部面积300平方米，设有柜台业务办理处、咨询投诉接待处、投资者教育专区，有证券市场教育视频滚动播放区。海通证券股份有限公司成立于1988年，是国内成立最早、综合实力最强的大型券商之一，业务范围涵盖经纪、投行、并购、资产管理、融资融券、基金、期货和PE投资等全方位金融服务。海通证券于2007年在上海证券交易所挂牌上市（600837）并完成定向增发，总资产和净资产位居行业第二位。公司于2012年4月27日在香港联合交易所成功上市。

互联网金融服务　基于互联网平台，构建互联网业务模式，发展“e海通财”互联网金融品牌，完善互联网账户、平台和产品体系的构建；打造行业领先的移动互联网产品“e海通财APP”，为客户提供便捷的移动金融服务；创设互联网创新金融产品，为客户提供一站式综合理财服务；开展互联网业务渠道合作，依托互联网大数据体系做好互联网平台的客户服务，提升客户体验。

特色服务　作为国内最早成立的知名券商之一，海通证券营业部每日为客户发送最及时的新股信息和市场热点信息；客户享受到专业营销经理一对一

▲2016年9月，海通证券韶关部参与人民银行举办反洗钱十周年宣传活动
（海通　供）

▲2016年7月8日，在韶关市国家森林公园举行“全国保险公众宣传日”彩虹定位跑宣传活动　（黄睿　摄）

的服务；营业部不定期举办各类投资讲座，方便客户了解最新业务资讯及投资策略。海通证券推出综合服务产品“海通证券彩虹俱乐部”，为客户提供一个专业财富管理中心和贴心服务平台。

金融知识宣传　2016年，反洗钱法颁布十周年，营业部开展以“打击洗钱犯罪，维护金融安全”为主题的宣传活动，参与当地人民银行举办的反洗钱广场主题宣传活动。2016年10月，营业部集中开展“防范非法证券活动风险投资者教育宣传月活动”，通过开展教育宣传活动，形成和扩大整治非法证券活动的效果。营业部订购一批《证券市场投资入门须知》《警惕网络洗钱陷阱，增强反洗钱意识》《防范和打击非法证券期货活动投资者教育宣传手册》的小册子，派发给投资者，安排专人向客户解释。（杨慧萍）

【联讯证券韶关新华北路证券营业部】成立于2011年，营业部地址位于韶关市武江区新华北路28号香槟小城一幢商铺二层，营业部设有营销中心、客服部、电脑部、财务部、综合部5个部门，2016年，有在职员工34人，总经理徐国庆。营业部支持证券经纪、证券投资咨询、与证券交易、证券投资活动有关的财务顾问、证券投资基金代销、证券资产管理、证券自营、代销金融产品、证券承销与保荐、融资融券、股票质押式回购交易业务、全国中小企业股份转让系统主办券商业务。（陈文婷）

【国信证券股份有限公司韶关沿江西路证券营业部】营业部成立于2014年9月12日，隶属于广东佛山禅城分公司，位于韶关市武江区沿江西路鸿泰花园首层。2014年12月19日，国信证券首次向社会公开发行股票并在深圳证券交易所上市，证券代码“002736”。

2016年7月23日，营业部携手中国建设银行韶关分行在韶关华美达酒店举办“市场行情分析与展望报告会”。2016年11月12日，营业部参加中国人民银行韶关中心支行组织的《中华人民共和国反洗钱法》颁布十周年宣传活动，向市民宣传反洗钱法律法规，普及反洗钱知识。（陈　欢）

保　险

【韶关保险业基本情况】　2016年，韶关市的保险主体有32家，其中寿险18家，财险14家。县（市）级支公司（营业部）机构44个，其中财产险21个，人寿险23个。营销服务部机构121个，其中财产险55个，人寿险66个。全市保险从业人员13005人，其中，财产险从业人员共1516人，寿险从业人员11489人。2016年，韶关市保险市场保费收入41.9亿元，同比增长13.92%。其中，财险公司保费总量12.25亿元，同比增长11.6%；寿险公司保费29.65亿元，同比增长14.9%。全市累计赔款（给付）19.21亿元，同比上升40.23%。其中，财险公司赔款6.23亿元，同比上升16.52%；寿险公司综合给付支出12.97亿元，同比上升55.41%。

【保险行业改革】　2016年，推动商业车险费率改革。韶关市保险行业协会建立以专业委员会为主导的车险自律约束机制，每月进行市场分析，及时协调解决市场存在问题，保持车险市场的稳步发展。加强对大项目和招标业务竞争的规范，及时协调大项目和招标业务承保问题，遏止以违规降费、高费用返还等的不当竞争，提高盈利能力。强化人员流动规范，维护公司利益。针对寿险增员中存在的恶性挖角现象，加强规范和约束，维护寿险销售队伍的稳定，保证人员的正常流动。2016年5月，协会召开规范寿险公司人员流动问题的会议，对加强人员流动自律和管控提出具体的措施和要求。2016年，协调处理人员流动的投诉反映15宗。

【保险纠纷调解处置】　2016年，韶关协会制订调处经费管理办法，完善调处人员的岗位职责。5月中旬召开全市人身保险公司调解和投诉处理工作会议，提升公司的服务能力。2016年协会受理客户投诉调解案件9宗，其中，财险1宗，寿险8宗；涉案金额41.03万元，解决7宗，结案金额24.69万元。

【保险宣传】　在“3·15”开展保险消费知识宣传。各保险公司参与韶关市消费者权益保护委员会组织的大型宣传活动，开展社区咨询、服务体验、受理投诉等社会性宣传活动，对引导群众理性投保、遏止销售误导起到积极作用。

参加2016年度防范和打击非法集资宣传活动。5月28日，29家保险公司参加由韶关市人民政府金融工作局主办的主题为“打击非法集资，防范金融风险”宣传活动。组织保险公司参加“无偿献血”活动，2016年6月14日，全市11家保险机构的100多名保险从业人员参加活动，献血16800毫升。开展“7·8”全国保险公众宣传日活动，31家保险公司430余人参与宣传日系列活动。开展“说保险”“名家说保险大讲堂”等活动，让保险通过各种宣传方式走进社区、走进学校。

【道路交通事故快处快赔服务】 2016年，为使广大车主了解、接受快处快赔服务，保险业加强与交警部门联动，采取措施推进。2016年处理案件5046宗，缓解因交通事故引发的交通堵塞，解放交警的警力，维护交通秩序。

【经营服务】 2016年，做好车险理赔服务测试。进行6次车险理赔服务质量现场测试。测试结果向广东保监局汇报，并在全市行业中通报，以促进各公司做好整改。2016年，开展反保险欺诈专项工作。5月，市保险行业协会召开产险公司反保险欺诈工作会议，布置和落实反保险欺诈专项行动的工作。于2016年11月14日成立韶关市保险行业协会反保险欺诈中心。

【保险服务扩面创新】 2016年，韶关市保险业积极创新，扩大保险覆盖面。推进个人和家庭保障性业务，重点推进养老、医疗保险。试点养老社区保险项目；加大对个人补充养老保险、个人补充医疗和大病医疗保险的拓展。在做好政府购买的城镇职工住院附加医疗保险服务的基础上，推进面向企事业单位的补充医疗保险。推进安全责任保险，发挥保险在服务社会治理上的职能作用。重点是做好食品安全责任保险、安全生产责任保险、医疗责任保险的推广。提高对高危企业、特种设备生产和使用的安全责任保险覆盖面，做好环境污染责任险的服务工作，使保险在化解社会矛盾纠纷中发挥更大作用。加强对小微企业的服务，推动小微企业贷款保证保险。2016年6月，市保险行业协会与市金融局、国税局、地税局召开联席座谈会，推动“税保合作”项目的进程。2016年11月16日，韶关国税局、地税局与中国人民财产保险股份有限公司韶关市分公司等5家公司分别签署《“税保合作”服务项目合作意向书》。

（市保险行业协会）

【中国人民财产保险股份有限公司韶关市分公司】 简称“中国人保财险”，下同）于2003年7月由中国人民保险集团公司发起设立，是中国内地最大的非寿险公司。其前身是1949年10月20日成立的中国人民保险公司。公司建立起延伸至县（市、区）、乡镇的服务网络，在全市3个区7个县（市）设有12个经营单位和27个营销服务部，有员工400多人。机构网点遍布城乡，在业务规模、服务网络、专业技术和人才队伍等方面均处领先地位，能为客户提供全天候、全方位、专业化、差异化的高品质保险服务。2016年，人保财险韶关市分公司保费规模7亿元，占据市场主导地位。

服务韶关经济社会发展 促成韶关市人民政府与中国人保财险广东省分公司签署《战略合作协议书》。2016年12月，与韶关市扶贫办签署《保险助推精准扶贫战略合作协议》，与市农业局和3家合作银行签署《农业“政银保”合作项目》。开办短期出口信用险业务，累计支持出口企业100余家，支持企业出口国家涉及亚洲、欧洲、美洲、非洲30多个国家和地区。开办的“政银保”农业小额贷款保证保险项目，累计支持农户及中小微企业超过100家。至2016年，开办10多个政策性农业保险品种，财政资金效能放大40倍。承办韶关市政策性农村住房保险，开办自然灾害公众责任险、巨灾保险，牵头承保韶关市大额医疗保险、补充医疗保险、城乡居民大病保险等项目，覆盖320万人。

服务客户 公司与地方政府、重点行业、各大商业银行等知名保险企业建立密切的合作关系，拥有稳定的客户群体，合作对象覆盖各行各业。公司共有客户10万多个。其中个人客户8万个，单位客户2万个。

助力社会活动和公益事业 分公司在扶贫开发“双到”工作中帮扶翁源县龙仙镇沙坪村，累计自筹投入帮扶资金30多万元，被授予韶关市扶贫开发“双到”优秀单位。2016年，韶关市分公司选派第一书记驻翁源县江尾镇葸岭村，

▲2016年10月，人保财险韶关市分公司联合韶关市农业局召开全市政策性家禽生猪保险推动工作会议 （人保财险韶关市分公司 供）

实现精准扶贫精准脱贫和基层党建工作“双促进”。（杨建明）

【中国人寿保险股份有限公司韶关分公司】 公司是国内寿险行业的龙头企业，总部位于北京，注册资本282.65亿元。公司向个人及团体提供人寿、年金、健康和意外伤害保险产品，涵盖生存、养老、疾病、医疗、身故、残疾等多种保障范围，全面满足客户在人身保险领域的保险保障和投资理财需求。公司下设10个县区综合性支公司、5个营业部及40个营销网点，全市系统员工及从业人员规模超过5300人。党委副书记、副总经理（主持工作）叶洪刚（任至5月），党委副书记、副总经理（主持工作）张延国（5月任职）

业绩新高　2016年，公司总保费收入10.94亿元、首次突破10亿元大关，市场份额占比36.88%，继续位居韶关寿险行业榜首。业务结构持续优化，期交新单占比稳步提升，近三年长期险业务期交新单保费收入同比增长分别达到26.31%、53.27%及54.09%；公司考核评级再获广东国寿“AAA”公司。

客户至上　2016年，推广微信自助查询、e宝账自助保单等服务，创新科技优化服务，提升客户服务满意度。持续开展VIP客户《特别文摘》赠阅活动，举办第六届少儿绘画比赛、知心姐姐讲座、第十一届广东省高考高分考生报告会（韶关站）以及“6·16”国寿客户节等系列活动，致力为社会大众提供优质的保险产品和服务。

合规经营　2016年，公司持续完善全面风险管理体系，强化提升依法合规经营意识，开展防范打击非法集资宣传教育活动，治理销售误导行为，保障保险客户权益，获得韶关市消费者委员会授予“2016年度韶关市诚信单位”称号。

服务民生　公司联合同业承办2016年韶关市城镇职工住院补充医疗保险、城镇职工大额补充医疗保险、省属煤矿补充医疗保险与韶关市城乡居民大病医疗保险等业务，保障服务覆盖全市296.61万职工及居民，保险赔付金额4574.05万元。公司联合韶关市民政局推进“银龄安康”工程，获得2016年度“银龄安康行动”达标奖。年度承保全市老年人数量达到18.55万人，60岁以上老年人承保覆盖率达到41%；保险理赔金额264.22万元，同比增长61.29%。公司2016年度给付满期、年金、死亡、医疗、伤残给付及赔款支出等综合给付保险金总额5.86亿元、同比增加2.59亿元，其中满期给付金额达到4.24亿元、同比增加1.81亿元。公司2016年利用扩大增员入口、政企合作、社会招聘与学校推荐等吸纳就业，创造超过5000个就业岗位，满足社会就业需求，主动融入和服务地方经济发展。

▲2016年8月7日，中国人寿保险韶关分公司举办“放飞梦想，一路同行”第十一届广东高考高分考生报告会（韶关场）活动　（中国人寿韶关分公司　供）

普惠金融　2016年公司加快普惠保险推广，通过老年人意外保险、计划生育家庭意外伤害保险、国寿小额贷款借款人意外伤害保险、妇女两癌险、学生保险与扶贫保险等多元化的惠民保险产品，为小微企业、城镇低收入人群、困难人群、农村贫困人口、老年人与留守儿童等特殊群体提供支持与保障。持续加强保险知识宣传，通过农村金融服务站、保险普及班、“银龄安康行动”宣传、村（居委）惠民保险宣传以及媒体平台宣传等方式，促进普惠金融的普及与发展。（沈婷芳）

【阳光保险集团股份有限公司】 阳光财产保险成立于2005年7月，是主要经营财产保险业务的全国性保险公司。有36家二级机构开业运营，三四级分支机构1500余家，服务网络实现全国覆盖。阳光财产保险股份有限公司韶关中心支公司是阳光财产保险股份有限公司下设的地市中心支公司，经中国保监会正式批准后于2008年8月19日在韶关开业。总经理：庞强旭。2016年，阳光财产保险股份有限公司韶关中心支公司实现保费收入2572.30万元，其中机动车辆险保费收入2389.84万元，企业财产险保费收入70.36万元，意健险保费收入112.10万元。保费占比在韶关地区14家财产保险主体排行第6位。

“快赔”“闪赔”服务　阳光财险先后推出“快赔”“闪赔”服务标准，不断刷新理赔周期。“快赔”指对凡单车损事故在5000元以下（非人伤）的案件，均可享受免单证，报案后24小时内赔付的服务。第一次将理赔主动权由保险公司转交至客户手中。“闪赔”服务是“阳光e车险”客户专享，5000元以下（非人伤）案件免单证，报案24小时内赔付，如有延时，执行实际赔款金额的100倍罚息。车主可以先拿到赔款，后由阳光产险理赔人员协助车主补办相应理赔资料。提升现有车险理赔服务标准，推动车险从拼销售走向拼服务的良性轨道，为兑现“闪赔”服务承诺，阳光产险在中国消费者协会专门设立100万元的阳光“闪赔”专项服务承诺保证金，作为“阳光闪赔专项服务”的罚息保证金，邀请中国消费者协会作为“闪赔”服务监督单位。（陈丽琼）

【珠江人寿保险股份有限公司】 简称珠江人寿，是由广东珠江投资控股集团有限公司、广东粤财信托有限公司、广东新南方集团有限公司、广东韩建投资有限公司、广州国际控股集团有限公司、衡阳合创房地产有限公司和广东珠光集团有限公司7家股东共同发起设立的综合性寿险公司，注册资本金67亿元。珠江人寿总部位于广东省广州市，是唯一的一家总部设在广州的寿险公司，于2012年12月28日开业。珠江人寿保险股份有限公司韶关分公司于2014年11月10日开业，2016年保费规模3.3亿元。珠江人寿股东均是广东省内国有和民营企业。珠江人寿提供寿险产品和服务，包括传统的长期寿险、健康保险、意外伤害保险，分红保险、万能保险和短期险产品等种类。

客户增值服务 珠江人寿4006-833-866电话热线服务，对承保客户实行100%电话回访；客户可以通过珠江人寿网站自助平台，“一站通”服务、客服“绿色通道”、短信提醒功能进行多种便利操作。生日问候、活动通知等增值咨询信息。续期收费、保单保全、信息咨询、投诉建议、理赔申请、客户活动、电话热线、标准服务中心及网上自助平台等售后服务体系为客户带来服务保障。

公司荣誉 在2016年中国保监会“公司季度风险综合评级”中，始终保持在B类以上；在“公司偿付能力风险管理”中，评估得分高于行业平均水平，在全部149家保险公司中排名第28位。2016年11月，在亚洲金融机构竞争力评选中获得“年度稳健经营保险公司”大奖。2016年，珠江人寿获得“最值得百姓信赖的保险机构”“卓越银保服务商”“年度保险创新产品”“年度创新力保险产品”“年度读者推荐保险产品”等18项行业和社会奖项。

（珠江人寿韶关分公司）

【前海人寿保险股份有限公司韶关分公司】 简称“前海人寿韶关分公司”，于2014年2月开业，是隶属于前海人寿保险股份有限公司广东分公司的三级机构，办公地址为韶关市浈江区北江北路1号财富广场4楼C401、C402、C403单元。在市场上搭建起内、外勤队伍架构。截至2016年底，前海人寿韶关分公司共有人员212人，其中销售人员187人，内勤人员25人。

前海人寿韶关分公司业务经营范围为个人（团体）意外伤害保险、个人定期死亡保险、个人两全寿险、个人终身寿险、个人年金保险、个人（团体）短期健康保险、个人（团体）长期健康保险、团体定期寿险、团体终身保险、团体年金保险以及经中国保险监督管理委员会批准的其他人身保险业务。

在韶关市场银保业务份额位居首位 前海人寿韶关分公司银保渠道业务与当地中国工商银行、中国农业银行、中国建设银行、中国邮政储蓄银行及农村信用社建立合作关系。韶关分公司2016年实现保费收入2.85亿元，其中银保渠道保费收入2.81亿元，韶关市场银保业务份额占比27.14%，位居市场排名第一。

（麦　帆）

工　业

综　述

【概况】　2016年，全市工业经济实现稳中有进、稳中向好，全市工业经济和信息化保持平稳发展。全市规模以上工业完成增加值331.74亿元，同比增长5%；产业转移园完成工业增加值124.03亿元，同比增长9.2%，单位GDP能耗下降3.81%，互联网普及率达64%。

【工业经济运行增速】　2016年，全市规上工业完成增加值增速比上年同期快2个百分点。园区工业发展有所加快，全市六大产业转移园（含集聚发展区）规模以上工业增加值增速比上年同期快3.6个百分点。先进制造业、高技术制造业快速发展。全市先进制造业完成工业增加值102.99亿元，增长11.6%，增速远高于全市工业平均增速，比上年同期增速快8.3个百分点，占全市规上工业增加值比重达31%，其中装备制造业完成工业增加值39.5亿元，增长7.6%；高技术制造业完成工业增加值16.4亿元，增长14.5%，增速比上年同期快16.4个百分点。

【产业载体建设】　全市实现省级产业转移工业园县域全覆盖，围绕打造珠西产业带韶关配套区，谋划并协调推动华南先进装备产业园、水电产业园、联炬军民融合产业园等特色产业载体的规划建设。加大园区融资力度。组织参加省产业园区建设投融资对接会，利用国家开发银行、农业发展银行的政策性贷款，融资83.04亿元用于园区基础设施建设。全市产业园完成固定资产投资164.28亿元，同比增长19.78%，其中完成工业固投153.08亿元，同比增长25.16%。

【产业对接合作】　围绕加快融入珠三角产业分工体系，先后组织韶钢、宏大齿轮、韶铸等一批企业与广汽集团、白云电气集团、广州电气装备集团、广州机器人联盟、中山明阳风电集团、广船国际等装备龙头企业开展对接合作。推介韶钢特钢产品，联合韶钢共同走访特钢客户，开展汽车零部件招商活动，先后到广州、佛山、江门等9家汽车零部件公司开展调研和招商考察。陪同市政府有关领导先后赴重庆、佛山等地开展精准招商。推进军民融合产业发展，邀请联炬、中威盛昌、绿巨人等公司到韶关市进行投资考察，组织相关企业参加交流座谈。组织参加全省承接珠三角产业梯度转移对接大会，全年承接产业转移项目47个，投资额81.64亿元。

【服务企业发展】　建立健全联系帮扶企业三项制度，将56户工业企业纳入市领导班子成员和市直部门挂点联系对象。建设运营“韶关政企通”微信服务平台，为企业提供政策精选及推送、政务诉求、行政投诉等十多项服务，拓展联系服务企业的渠道。联合市发改、财政等6个部门修订印发《韶关市中小企业贷款风险补偿基金管理办法》，着力降低企业融资成本。与财政局、金融局共同研究草拟《韶关市扶持中小企业融资专项资金操作办法（暂行）》，为企业提供临时转贷周转资金。

【信息化建设有新拓展】　牵头制定落实韶关市信息基础设施建设行动计划和相关实施方案，推动4G下乡活动，加快城市光纤入户和农村宽带网络建设。2016年，全市新增光纤行政村552个，新增光纤宽带用户24.7万户，新增4G通信基站3378座。在南雄市208个行政村被列入原中央苏区农村超高速无线局域网应用试点基础上，向省政府申请在韶关市全域推广超高速无线局域网应用试点，争取资金支持。制定落实《韶关市互联网+行动计划》，建立互联网与工业融合创新试点项目库，组织40多家企业开展项目申报，获得省扶持资金500万元，其中黄沙坪创新园被列入省首批8家“互联网+”培育小镇。

【争取上级政策资金支持实现新突破】全年，累计争取上级扶持资金56178万元，比上一年增加2735万元，其中技术改造专项资金24060万元，总额居全省第二位，占全省总额的7.5%，为历年最高。争取将韶关正式纳入珠西产业带，享受珠西各项扶持政策，韶关市优势产业“基础零部件和原材料的制造及应用等先进装备制造产业项目”被列入重点扶持范围。

【产业研究谋划取得新进展】　谋划发展大数据产业、规划建设“华南数谷”，牵头组织编制《韶关市大数据产业发展规划》（初稿），加强与省内三大运营商及阿里巴巴、腾讯、京东、浪潮和华为等国内知名企业的联系对接。省政府初步同意为“华南数谷”授牌，支持将其作为省内政务大数据、行业大数据、灾备中心建设。为应对国家电力体制改革研究，市经信局组织专家就改革对韶关市电力支柱产业的影响进行分析研究，提出应对策略，形成课题报告——《韶关市应对国家电力体制改革的策略研究》供市领导决策参考。

（谭桄华）

钢铁、有色金属、机械工业

【钢铁工业】 2016年，韶关市钢铁工业实现工业增加值23.68亿元，同比增长17.7%，工业增加值占全市七大支柱工业的比重达12.67%，是韶关市经济发展的重点支柱产业之一。钢铁工业主要产品产量成品钢材593.04万吨，其中特钢44.27万吨。韶关市钢铁工业的龙头企业——宝钢集团广东韶关钢铁有限公司前身是广东省韶关钢铁集团有限公司，始建于1966年8月，2011年8月，宝钢和广东省国资委签订股权划转协议，2012年4月挂牌成立。韶钢年产钢能力650万吨，是广东省重要的钢铁生产基地、国家高新技术企业和中国重要的船板钢、工程机械和水电站用高强度钢板、建筑结构用钢板、桥梁板、锅炉和压力容器用钢板生产基地。板材、线材、棒材、优特钢棒材等产品，主要在珠三角、华东地区及广东邻近省销售，部分出口。韶钢合金钢、优质钢棒材轧机改建工程在2012年开始动工，项目进展顺利，项目内容主要为新建直径20—80毫米汽车用合金钢棒材生产线，直径70—180毫米优质钢棒材生产线各1套，年产合金钢棒材53万吨、优质钢棒材62万吨，这是中国钢铁史上采用长流程工艺生产低成本、高质量汽车长型材的重要建设项目，将有效改变中国珠三角地区合金钢、优质钢棒材使用量大但缺乏生产企业的历史格局。2016年，宝钢集团广东韶关钢铁有限公司将特钢部分独立出来重点发展，成立宝钢特钢公司，新成立的公司当年生产特钢44.27万吨，完成工业增加值6.14亿元。

【有色金属工业】 2016年，有色金属工业完成工业增加值24.53亿元，同比增长7%，是韶关经济发展的七大支柱工业之一，工业增加值占七大支柱工业的13.13%。全年生产十种有色金属26.55万吨，有色金属选矿产品含金属量17.74万吨。有色金属工业以韶关冶炼厂、丹霞冶炼厂和凡口铅锌矿为主体。韶关冶炼厂始建于1966年，是国内首家采用英国帝国熔炼公司密闭鼓风炉炼铅锌专利技术（简称ISP工艺）的大型铅锌冶炼厂，隶属深圳市中金岭南公司，主要生产铅、锌及其合金、化工制品，综合回收锗、金、银、镉、铟等多种稀贵金属和硫酸，年生产能力35万吨，其中锌23万吨、铅12万吨，是中国南方重要的铅锌生产基地和出口基地。为实现企业的长远发展，韶关冶炼厂实施异地搬迁升级改造，2016年韶关冶炼厂累计完成工业总产值22.7亿元。

丹霞冶炼厂隶属于深圳市中金岭南有色金属股份有限公司，成立于2007年3月，是国内首家大规模引进加拿大锌氧压浸出专利技术，采用锌氧压浸出工艺并综合回收镓锗等稀贵金属的锌冶炼企业。主要产品有锌锭、硫磺、电镓、二氧化锗等（设计产能为锌锭10万吨/年，硫磺4.5万吨/年，电镓30吨/年，粗二氧化锗20吨/年），有在册员工900余人。2016年，丹霞冶炼厂累计完成完成工业总产值18.47亿元。

凡口铅锌矿是亚洲最大的铅锌银矿种生产基地之一，是集采、选于一体的综合性企业。矿山主产品为铅锌矿石、单一铅精矿、单一锌精矿、混合铅锌精矿，副产品为高铁硫精矿、硫精矿。凡口铅锌矿于1958年建矿，1968年正式投产，2009年开始形成日处理铅锌矿石5500吨、年产18万吨铅锌金属量的生产能力，先后从德国、芬兰、美国、加拿大等国家引进100多台套世界先进水平设备。凡口铅锌矿的采选工艺和装备处在国内先进水平。采矿采用的大直径深孔采矿法、盘区机械化中深孔采矿法、全尾砂充填、泡沫砂浆充填等工艺都具有国内外先进技术水平。选矿采用高碱快速浮选电位调控优化工艺和新四产品选矿工艺。2016年，凡口铅锌矿累计完成工业总产值17.6亿元。

【机械工业】 2016年，全市机械工业实现工业增加值20.82亿元，同比下降4.2%，是韶关经济发展的七大支柱工业之一，工业增加值占支柱工业的11.14%。韶铸集团作为中南区域最大的铸锻件专业生产企业，是中国最大的铸锻专业生产企业之一，年产单重100吨以下的铸钢件7万吨、单重25公斤以下的铸铁件6万吨、单重4000公斤以下锻件15000吨，1.2亿套精锻件，专业生产各种破碎机、吊钩总成等设备。韶铸集团有限公司是中国机械500强企业，国内铸钢件市场占有率约5%，在行业中仍然位居前列，产品出口美国、日本、韩国、欧洲、东南亚等世界各国，年出口额为4000多万美元，2016年累计完成工业总产值4.79亿元。

韶关液压件厂有限公司始建于1965年，2003年公司整体改制为民营企业，是一家专业制造液压缸的国家高新技术企业，能自行设计、制造缸径20毫米—2000毫米，行程达20米各类液压缸，产品开发包括AGC缸、AWC缸、结晶器振动缸、活套缸、R1、R2、R3控制缸、弯辊缸块、平衡缸、液压夹紧器、液压螺母、力士乐型号系列液压缸、工程系列液压缸、旋转接头、接近开关反馈液压缸、齿条摆动液压缸，应用于冶金、重工、矿山、港口及水利等多个行业，出口远销美国、德国、加拿大、日本、韩国、俄罗斯、乌克兰等海外市场，2016年累计完成工业总产值3.33亿元。

韶关宏大齿轮有限公司是广东省高新技术企业，前身为韶关齿轮厂，1998年改制为韶关宏大齿轮有限公司，由广东韶能集团股份有限公司（深圳上市公司）控股。公司主要产品为汽车变速器总成及其零部件、离合器零件、工程机械齿轮、工业减速机、农业机械零件、螺伞齿轮、电动叉车后桥等。自2002年开始，先后为美国伊顿（Eaton）、约翰·迪尔（JohnDeere）、卡特彼勒（Caterpillar）、三一重工、比亚迪等公司提供零部件配套。2016年累计完成工业总产值3.9亿元。（谭桃华）

重点监测工业

【概况】 2016年，市经信局建立完善市四套领导班子成员挂点联系重点工业企业以及市县两级经信系统挂点联系重点工业企业制度。市委办、市府办联合印发《关于建立联系帮扶企业三项制度的实施方案》，全市共有56户工业企业纳入市领导班子成员和市直部门挂点联系对象。通过实施三项制度，企业通过定期举行的市直部门沟通协调会、市委市政府主要领导座谈会、市领导挂点联系调研等渠道，面对面地与市领导或市直部门沟通情况、反映问题。可以通过市经信局构建的面向全市企业的投诉与服务平台，随时随地反映问题或进行投诉。市经信局制定完善市县两级经信系统联合挂点联系重点工业企业制度，加强工作协调联动。建立完善市经信局领导分片挂点联系制度，开展挂点工作，着力解决影响工业运行的突出矛盾和问题。采取“一企一策”等措施，协调解决韶钢、鸿丰水泥、利民制药厂等大型骨干企业在生产发展过程中遇到的困难和问题。

【监测工业规模】 全市50户重点监测工业企业累计完成工业增加值192.8亿元，占全市规上工业比重的58.12%。全市50户重点监测工业企业中产值超10亿元的企业共有13户，累计完成工业增加值133.74亿元，占全市规上工业比重达40.3%。其中产值超100亿元工业企业1户，产值50亿元—100亿元的企业3户，产值10亿元—50亿元企业9户。在产值超10亿元的企业中，国有企业共有8户，占61.5%，其中中省企业7户，产值较高的民营、外资大型骨干企业偏少。

【监测工业名单】 韶关市50户重点监测工业企业（集团）：宝钢特钢公司（曲江）、凡口铅锌矿（仁化）、东阳光集团（乳源）、韶关比亚迪实业（浈江）、韶关供电局（武江）、韶能集团（武江）、顺昌布厂（曲江）、鸿丰水泥（新丰）、粤江发电（曲江）、日本电产（始兴）、大宝山矿业（曲江）、佳山科技（始兴）、利民制药厂（武江）、新丰县丰城文生矿业、韶钢普莱克斯（曲江）、南雄市佳明化工、丹霞冶炼厂（仁化）、广东嘉盛化工（南雄）、南雄市合盈金属制罐、金悦通电子（翁源）、新丰县永强五金制品、至卓飞高线路板（曲江）、佳星科技（始兴）、翁源县凯通纤维板、新丰沙田镇建田矿业、建溢集团（始兴）、仁化县华粤煤矸电力、韶铸集团（浈江）、五联木业（曲江）、翁源县万成塑胶制品、五矿萤石公司（乐昌）、明华机械（浈江）、南雄市金源合成材料、韶关旭日（工业园）、建滔集团（始兴）、翁源县红岭矿业、韶关冶炼厂（浈江）、南雄市诚昌钢构、新丰杰力电工材料、翁源县中源发展、新丰县铁帽顶伟帆矿业、万达工业（始兴）、翁源县鼎源金属制品、曲江区晟源金属制品、曲江区新益金属制品、正星车轮（曲江）、坪石发电厂B厂（乐昌）、凌鹏水泥（曲江）、韶钢（曲江）、韶关卷烟厂（武江）。（钟全球 陈 芬）

产业转移

园区载体建设稳步推进。翁源产业转移工业园被省政府批准为省级产业转移工业园，享受省产业转移政策，韶关市实现产业转移工业园县域全覆盖。曲江食品工业园、装备园、武江甘棠工业园、始兴东湖坪工业园纳入省产业园管理，享受省产业转移政策。截至2016年底，全市省产业转移工业园入园建设项目666个，建成项目487个，其中规模以上企业295家，园区就业人数8.9万人。2016年，全市产业转移工业园完成固定资产投资161.66亿元，同比增长10.1%，实现规模以上工业增加值124.03亿元，同比增长9.2%，占全市规上工业增加值比重37.39%；实现税收13.75亿元，同比增长24.03%。2016年，全市承接产业转移项目47个，投资额81.98亿元。（李小娟）

东莞（韶关）产业转移工业园

【概况】 东莞（韶关）产业转移工业园成立于2008年，是东莞、韶关联手共建的省级产业园区。2016年，莞韶产业园党委书记、管委会主任：郭先桂。2016年获批为“珠江西岸先进装备制造产业带重点配套园区”。园区总规划面积53.89平方公里，辖沐溪阳山片区（核心区）、浈江片区、甘棠片区、曲江白土片区、华南先进装备园、龙归片区，2015年依托莞韶产业园建立的仁化、新丰两个产业项目集聚区纳入园区统计和考核范围。截至2016年底，园区累计完成征地3546.67公顷，开发使用1766.67公顷，征尚可利用513.33公顷。“十二五”时期以来，园区逐步形成装备制造、玩具制造、纺织制造、食品制造、生物制药、电子信息和生产性服务业等核心产业，拥有比亚迪、宏大齿轮、韶关液压等一批装备制造重点企业。园区工业企业300多家，建成投产工业企业295家，规上工业企业116家，高新技术企业30家，工业总产值1亿元—10亿元40家，10亿元以上3家。

2016年，园区突出经济发展中心工作，加快推进重点项目建设，强化服务企业和项目，着力优化园区发展环境，园区经济稳中求进，主要经济指标完成情况向好。园区全年完成工业总产值210.25亿元，与上年同期基本持平，约占全市工业总产值的18.7%。完成工业增加值48.05亿元，同比增长4%，约占全市工业增加值的15.9%。固定资产投资完成70.27亿元，同比增长7.7%；其中工业企业投资完成60.73亿元，同比增长11.4%，完成省下达目标任务的107%；设备购置完成26.24亿元，同比增长50%，完成省下达目标任务的153%；税收完成10.08亿元，同比增长26.18%，超出省下达目标任务1.18个百分点。

【园区产业布局完善】 2016年，园区管委会不断优化和完善园区规划和产业布局，明确各个片区的重点发展方向。沐溪阳山片区（核心区）重点发展以高新技术为主的机械装备、大数据、生物制药、电子信息四大产业以及生产性服务平台。浈江片区主要引入汽车零部件、机械加工、紧固件和能源产业等项目，发展机械装备制造产业。甘棠片区重点发展机械制造产业和服装制造业，打造机械装备制造和服装纺织产业集群。白土片区重点引入食品饮料项目和服装纺织项目，打造集食品、服装和电子信息零配件制造一体的产业集群。黄沙坪创新园（莞韶城一期）以电子商务、生产性服务业等项目为主，形成韶关服务产业、生活一体的新功能中心。龙归片区（莞韶城三期）以新能源汽车制造、物流为主导，打造区域商贸物流基地和先进制造业基地。华南先进装备产业园依托韶钢产业优势，重点引入机械装备、钢铁深加工等项目，打造循环经济于一体的韶关传统优势产业升级示范基地。

【重点项目建设推进】 2016年，园区完成固定资产投资70.27亿元，同比增长7.7%。投资5亿元的广东丹霞生物制药有限公司血液制品车间二期工程项目完成投资2.80亿元，主体建筑物完成封顶，进行内部装修，建成投产后其生产能力可提高至年投料血浆800吨。法思诺紧固件产业园项目累计完成投资6638万元，项目加快推进建设。粤商科技创新园完成投资3.43亿元，加快推进地下室、1栋、2栋、4栋、5栋、10栋基础施工。总投资额36.6亿元的粤华国电能源项目，第一批机组设备安装完毕，调试中。都市丽人粤北产业基地项目主体基本完成，完成总工程量的65%。

【开展精准招商引资】 2016年，园区引进工业项目21个，签约亿元项目14个，其中包括白云电气、浪潮集团等国内知名大型企业，合同引进资金25亿元。白云电气集团拟在韶关投资建设智能电网设备生产基地，总投资10亿元，分三期建设，项目选址在沐溪片区，用地面积约25.67公顷，进行土地挂牌前的各项准备工作。联炬军民融合产业园签订战略合作框架协议，项目选址在浈江片区，用地面积约133.33公顷，在黄沙坪创新园预留四栋办公楼作为联炬公司在韶关的总部，以及产业孵化和院士工作站，联炬公司在韶公司完成工商登记。“华南数谷”项目，园区管委会与中国电信广东公司、广东联通公司、浪潮集团广东公司等优质大数据企业进行对接，达成初步意向。2016年12月15日，园区在东莞举办商机推介会，现场与2个亿元项目签订意向协议书。

【一年提升计划实施】 莞韶产业园制定园区一年提升计划，提升改造核心区路网，完善公共配套服务设施，亮化、美化园区环境。提升改造沐溪阳山片区（核心区）路网工程。投资3.1亿元，对沐溪——阳山片区内沐溪大道、沐溪一路、沐溪八路、百旺西路、阳山七号路（西联路）约10.25千米道路进行改扩建、绿化提升和相关配套设施建设。该工程完成招投标工作，即将动工建设。完善园区生产、生活配套基础设施。投资16亿元，启动创智城项目、香樟公寓、双创中心、保障房和印雪精舍酒店项目建设，在沐溪阳山片区（核心区）完善商住、文化娱乐等生产生活配套设施。

【扶持企业力度加大】 2016年，园区财政预算安排3000万元扶持资金，分别在厂房建设补贴、租金补贴、贷款贴息补贴、技术研发补贴、品牌推广补贴等5个方面对企业进行扶持。通过组织第三方专家评审、申报企业现场答辩、扶持资金评审领导小组讨论、公示等相关程序，有31家企业符合扶持条件，获得园区产业扶持资金。

【国家高新区申报】 2016年3月，园区启动省级韶关高新区申报国家高新区工作，通过以申促建，实施高新技术企业倍增计划、创建国家级孵化和研发平台、建设院士工作站，促进园区科技创新提速。市政府和园区都相应成立申报工作领导小组，设立办公室，制定申报工作方案。申报材料由市政府上报省政府，拟由省政府报国务院审批。

【园区投融资能力提升】 2016年5月，针对园区投融资渠道单一的问题，园区管委会组建新的投融资平台——韶关工业园投资建设有限公司，负责园区新的开发和建设，推进政府购买服务模式开发园区基础设施项目建设工作，探索园区项目开发新模式。新的投融资平台组建以来，相继完成莞韶城三期东区、西区基础设施项目及沐溪-阳山片区基础设施项目采购流程，获得银行授信25.58亿元，其中农发行7亿元，交通银行9.9亿元，农业银行7.7亿元。

【黄沙坪创新园入选省“互联网+”培育小镇】 2016年6月21日，广东省首批“互联网+”小镇面向社会公示，东莞（韶关）产业转移工业园莞韶城一期黄沙坪创新园入围省首批产业型“互联网+”培育小镇名单，这也是韶关市唯一一个入选的小镇。2016年12月20日，黄沙坪创新园获得广东省生产性服务业示范功能区。园区黄沙坪创新园累计引进项目73个，商务楼使用率超过60%，形成产业加速集聚的势头。在市委十一届九次全会上，市委书记江凌提出加快黄沙坪创新园和“互联网+”培育小镇建设，打造莞韶产业园发展亮点，推动产业园区提速升级、扩能增效。

【第二届“珠西装洽会”园区签约50.8亿元】 在2016年9月28—29日举办的主题为“珠西智造，装备未来”的第二届珠江西岸先进装备制造业投资贸易洽谈会上，莞韶产业园签约项目4个，包括韶关紧固件产业园、铸锻基地、白云电气生产基地、新能源汽车及机器人项目，总投资50.8亿元。园区为珠三角装备制造企业提供配套的韶配动力、加法机电和中机重工、鸿源众力、韶关起重机厂等20家企业首次参会，斩获颇丰。

【园区行政审批程序优化】 2016年12月，园区启动一站式政务服务大厅建设，园区企业从公司设立、立项、规划报建、施工报建到竣工验收全链条的行政许可及公共服务事项全部可以在园区办事大厅统一收件、统一办理。办事大厅根据园区实际情况进行优化审批，园区行政审批权限内投资项目审批时限由原来的117天缩短为60天。（王凤军）

始兴产业转移工业园

【概况】 广东始兴工业园区管理委员会（简称始兴工业园管委会）前身为始兴县林产工业开发试验区管理委员会，为县人民政府的派出机构，是负责全县工业园区建设、管理和招商引资工作的正科级行政单位。机构内设4个股室，其中安全生产监督管理办公室为2016年10月新增设立，设有1个下属正股级公益一类事业单位为始兴县企业服务中心，服务中心前身为始兴县招商引资办公室。2016年1月1日，始兴工业园管委会从始兴县经济和信息化局合署办公中分离。2016年，核定行政编制5名，实有在编行政人员4名，后勤服务人员3名，核定事业编制10名，实有事业编制人员7名。始兴工业园管委会主任：罗祥山。园区建设专项工作组于2015年12月成立，下设办公室在县工业园区管委会。2016年，先后从相关单位抽调4名干部投入园区建设。

始兴产业转移工业园原名东莞石龙（始兴）产业转移工业园，是全省首批产业转移工业园。该园区位于始兴县太平镇与顿岗镇交界处，规划面积400公顷，开发166.67公顷，东西两侧分别与省道244线、国道323线相接。2015年12月，经省经信委批复，正式变更为现名，由此前的东莞石龙镇和始兴县合作共建调整为始兴县自建。2016年7月，始兴县太平镇东湖坪工业片区纳入产业园集聚区范围，依托始兴产业转移工业园集聚发展办公文具产业，享受省产业转移政策。截至2016年底，始兴产业转移工业园（含东湖坪工业片区）有工业企业76家，其中规模以上企业34家。2016年，始兴产业转移工业园（含东湖坪工业片区）完成工业项目固定资产投资21.19亿元，其中设备投资6.08亿元；规模以上企业工业增加值13.72亿元，同比增长25.6%；实现税收1794.81万元（其中国税890.28万元，地税904.53万元），同比下降57.43%。6月24日，始兴产业转移工业园被广东省经济和信息化委评定为“广东省循环化改造试点园区”。2016年，园区无安全生产事故发生。6月16日，2015年度产业园环保工作被广东省环境保护厅考评为“优秀”。2016年，始兴工业园管委会党支部成立，园区累计向观茶村拨付帮扶款7.5万元。2016年，园区协税护税任务数393万元，实际完成393.85万元，完成比例100.22%。从2016年起，始兴产业转移工业园纳入韶关市机关绩效考核范围单位。12月20日，被广东省工业园区协会评为2016年度“优秀会员单位”。

【始兴县工园管委会投资开发有限公司成立】 实行“管委会+投资公司”的投融资管理体制，2016年4月，始兴县产业转移工业园投资开发有限公司成立，抓住国家金融政策调整的契机，主动与国开行、农发行等金融机构对接，探索合作模式。7月，获得省农发行的融资授信，争取到园区建园以来最大一笔扩容提质项目融资贷款3.12亿元，该贷款无抵押、低息且还款周期长（还款期限20年），解决园区未来3年建设资金瓶颈问题，为加快推进园区发展打下基础。10月24日，获2016年度项目融资工作先进单位，被县政府督办通报表扬。

【园区基础设施建设】 起草《始兴县工业项目三年攻坚行动计划（2016—2018年）》，详细规划未来3年园区的工作方向和任务目标。组织实施一批基础设施建设项目，主要包括：沙水工业中心片区二期基础设施建设工程、污水处理厂（二期）工程、东森、骏汇二期项目土方回填工程、东湖坪工业片区主路延伸及七号道路（东侧）工程、搅拌站连接G323道路及管网工程等20个建设项目，合计投资达8796.87万元。2016年，园区完成铺设道路6000米，管网13720米，平整土地233.33公顷，种植行道树1100余株，绿化道路总长6千米，绿化面积3.6万平方米。11月，开展“园区环境卫生专项整治月”行动，着重整治园区内打场晒谷、放养畜牧、摆摊设点等现象，园区整体形象得到改善。

【园区招商引资】 根据县委、县政府对园区产业发展的战略部署，明确以办公文具、电子机械、食品加工等产业及其上下游配套为招商主攻方向，建立招商引资项目信息储备库和乡贤信息库，开展以商引商、乡贤招商、驻点招商、协会招商等招商活动，做到每周拜访企业常态化，每月组织企业到始兴考察常态化，每季有项目签约常态化。分别在广州、深圳、东莞等地举办招商推介会5场，共收集招商项目信息113家，收集乡贤信息562人次，外出拜访企业173家，分别邀请广州文具行业协会、东莞投资考察团、深圳投资考察团、三华企业集团、香港通用集团等13批次92家企业到始兴进行投资考察。与广州文具行业协会、广东省工业园区协会就始兴县文具产业发展分别达成战略合作协议，聘请文具销售龙头企业广东文一集团董事长叶建勋为始兴县经济顾问，合作共建模式初步成型。全年园区完成项目签约11个（其中文具企业2家），新登记注册项目6个，动工项目12个，投产项目4个。

【始兴县企业代办服务组成立】 2016年，始兴县企业代办服务组成立，实行项目“五个一”工作机制，即：一批项目入库、一批项目在谈、一批项目签约、一批项目在建、一批项目投产，由单位领导具体负责，专职团队为项目报批报建、办证办照、融资等方面提供全程跟踪服务，做好服务企业“最后一公里”，推动项目早签约、早落地、早投产。先后为31家企业代办证照、报批报建、协调解决问题53宗。

【扶持企业行动】 先后起草《始兴县关于加快推进文具制笔产业集聚发展的实施意见（试行）》《始兴县关于促进总部经济发展的若干措施》《始兴县文具产业中长期（2016—2025年）发展规划纲要》及相关配套的“1+N”扶持政策。为31家企业累计从园区发展资金中划拨扶持资金1431.06万元。为华洲木业、赛洁无纺布等企业争取循环化改造资金500余万元。扶持现有企业做大做强，开展“保姆式”服务，定期走访企业，不定期召开项目协调会，协调和解决企业在发展中遇到的困难和其他需求。始兴县有6家工业企业进行增资扩产，分别为：韶关骏汇汽车零部件有限公司、广东始兴县华洲木业有限公司、永捷电子（始兴）有限公司、广东东森家具有限公司、广州市中衡称重设备有限公司、广东江茂源粮油有限公司，投资金额7.78亿元。

【塘厦始兴民营企业创业基地项目】 塘厦始兴民营企业创业基地项目于2016年1月正式动工建设，由东莞市塘厦镇人民政府和始兴县人民政府成立的共建公司——韶关市塘兴实业投资开发有限公司，按照“政府指导、企业运作、市场推进”的模式进行开发建设，重点承接文具办公、家电生产、五金配件、机械电子等产业项目。该基地规划总用地面积约33.33公顷，其中：首期13.33公顷用地由塘兴公司自主开发，规划建设标准厂房24栋、配套员工宿舍5栋、科技研发大楼1栋，总建筑面积约16.8万平方米，计划总投资约3亿元；其余20公顷用地作为预留发展用地用于招商合作开发。12月，基地一期工程的科技研发大楼1栋、标准厂房4栋、员工宿舍2栋建设竣工，建筑面积约4.8万平米，累计完成投资8500万元。 （曹志恒）

乐昌产业转移工业园

【概况】 乐昌产业转移工业园于2006年9月被认定为省级产业转移工业园。产业园原由东莞市东坑镇与乐昌市联手共建，2013年省委省政府实施促进粤东西北地区振兴发展战略，安排东莞市大朗镇对口帮扶，2015年12月由合作共建园调整为自建园。开发区党工委书记、管委会主任兼产业园管委会主任：谭桂明（5月任职）。园区规划总面积897.5公顷，其中乐昌市区东郊6公里城东地块700.9公顷，主要发展壮大机械制造、新材料等产业；规划启动建设的乐广高速引线附近河南地块196.6公顷，计划重点培养发展新兴产业和商贸物流业，打造高速高铁空港经济带。6月，乐昌产业园被列入2016年广东省循环化改造试点园区。至2016年底，园区开发建设面积249.8公顷，累计基础设施投入9.32亿元，其中财政资金投入6.9亿元，建成污水处理厂、生活服务区、供水加压站、管道天然气等配套设施；工业项目45个，其中投产企业31家，规模以上企业15家。2016年完成工业总产值26.82亿元，规模以上工业增加值6.62亿元，税收4786万元，完成工业固定资产投资10.8亿元，吸纳就业2858人。

【完善基础设施建设】 投入园区建设资金1.99亿元，加快完善道路、绿化、供排水、供电、标准厂房、生活服务区等基础设施建设，提高园区承载能力。总投资2.5亿元的武广高铁乐昌东站项目主体工程建成，投资1.45亿元的乐广高速出口—武广高铁乐昌东站—园区连接线建设稳步推进，园区交通条件持续优化。

【园区招商】 促进制定《关于进一步优化乐昌市投资营商环境的实施办法》《关于进一步加强招商引资工作的意见》等一系列政策文件，强化招商工作。2016年，引进工业项目6个，总投资额17.08亿元，其中东华重工机械、同路血浆制品、科优精密机械、嘉宾葡萄酒业等4个项目落地建设，其余2个项目做规划设计。

【园区融资】 抢抓当前较宽松的政策性融资环境，通过园区投资开发公司融资平台，以标准厂房、路网工程和土地收储开发三个项目，向农发行、国开行申报政策性贷款，获2016年批贷款6亿元，到位贷款1.1亿元，为园区加快开发建设奠定基础。 （朱金鹏）

南雄产业转移工业园

【概况】 东莞大岭山（南雄）产业转移园区于2008年11月成立，是粤北首个精细化工基地，2010年被认定为广东省产业转移工业园。于2015年12月更名为南雄产业转移工业园。规划总面积785.47公顷。园区一期规划面积402.67公顷，以精细化工为主导产业，产品涉及涂料、树脂和包装、制罐等上下游配套产业，位于南雄市区西南郊，距市区2.5千米。园区二期位于南雄市区北郊，距市区约3.5千米，与园区一期相距4千米，规划面积336.06公顷，以新材料和电气机械及器材制造为主导产业。南雄产业转移工业园管理委员会作为南雄市政府的直属事业单位，不定级别，核实编制人员31人，核定党工委书记、主任各1名（副处级），副主任3名

（正科级），内设机构为党政办公室、基建室、企业发展室、融资服务室、统计信息室5个科室（副科级）。2016年，南雄园区被认定为省循环化改造示范试点园区，并通过“广东省知名品牌示范区创建”专家组评审论证。南雄园区成功申获省产业园多项扶持资金，促进园区开发建设进程。

【园区企业经济】 截至2016年底，园区一期入园企业共103家，试投产企业85家，规模以上企业66家，完成工业总产值135.9亿元，实现工业增加值33亿元，完成固定资产投资21亿元。2016年4月，园区获得产业集群区域品牌建设试点专项资金；6月，被认定为省循环化改造示范试点园区；7月，通过“广东省知名品牌示范区创建”专家组评审论证。8月起，一期污水处理厂实行收费，开启市场化运营道路。2016年引进的环保价廉的清洁能源中能建投公司光伏发电项目上半年实现首期屋顶光伏竣工并网，园区二期地面光伏项目也在施工中。

【园区企业整合】 2016年，盘活园区闲置厂房和闲置土地，加快“僵尸”企业置换，引进优质项目。全年处理“僵尸企业”9家，分别是华力、斯力宝、松下、青松、华凯、敏捷塑胶、凯达、仟邦、保洁星。

【服务企业发展】 助推企业上市，提升园区整体品牌效应。2016年，园内企业连邦化工在新三板挂牌上市，园区上市企业3家。重点扶持龙头企业发展，引导企业自主创新。2016年，园区新增康绿宝、三本、衡光、自由能等10家国家高新技术企业，占2016年韶关市新增高新技术企业（22家）的45%，园区有14家省级以上高新技术企业。2016年，园区新增瑞晟、金鸿泰、衡光、星辉4家“韶关市工程技术研究中心”，有6家“韶关市工程技术研究中心”。聘请专家前来为园区发展把脉，制定扶持企业发展若干措施，帮助企业走出困境。

【融资服务】 2016年，南雄市投资1000万元入股莞韶产业园直属企业韶关市圆融小额贷款有限公司，以在南雄产业转移工业园内成立分公司的形式，为园区内企业提供融资服务，由南雄市雄健担保公司实施担保和监督，缓解园区企业短期融资难问题。该公司于11月1日挂牌运营。南雄市与中国农业发展银行韶关市分行签订合作协议，争取到4.8亿元授信贷款用于园区基础设施建设。

▲2016年11月1日，南雄市园方投资有限公司与中科院广州化学有限公司签订中科院南雄新型特种精细化学品专业孵化器建设协议书 （李慧 摄）

【中科院南雄新型特种精细化学品专业孵化器项目启动】 2016年11月，南雄市与中科院广州化学有限公司签订合作协议，启动中科院南雄新型特种精细化学品专业孵化器项目建设。该孵化平台计划投资总预算为1.5亿元，以入股共建的合作模式，在南雄市园区建设专业孵化器，覆盖韶关以至整个粤北地区的精细化工产业的产业化支持和科技孵化服务。2016年，该项目挂牌，完成前期设计工作，预计将于2017年底完成。

（李 慧）

乳源经济开发区

【机构概况】 广东乳源经济开发区管理委员会（简称“开发区”）成立于1992年，2006年5月，经省政府批准为省级经济开发区，规划面积为667公顷，2015年5月，经省政府同意依托开发区建立产业转移工业园，批复面积为561.56公顷。开发区设富源工业园、东阳光高科技园、仙湖工业园、新材料产业园4个工业园区，2016年，园区共有规模以上企业52家，其中高新技术企业5家，拥有乳源东阳光实业有限公司、日本电产三协电子（韶关）有限公司、永恒实业有限公司、冠华食品有限公司等一大批龙头企业，园区企业主要以铝箔加工、食品加工、电子元器件制造、氯碱化工等产业为主。2015年，乳源产业转移工业园在固定资产投资（含设备投资）、规模以上工业增加值、税收、节约集约用地水平、环境保护水平等五项指标上取得明显成效，被广东省人民政府评为优秀产业园。副县长、党组书记林军（任至7月），党组副书记、主任邬宝华。广东乳源经济开发区管理委员会作为县政府的派出机构，实行两块牌子（广东乳源经济开发区管理委员会、乳源产业转移工业园管理委员会），一套人马的管理体制。历任主任为肖翔雄、吴湘涛、龙江东、张海平、黄立东、林军、黄立东、邬宝华。内设有：党组书记1名（一般由分管副县长兼任），主任1名，副主任2名。下辖办公室、经济发展股、规划建设股3个股室，在职人员17名，其中行政编制人员12名，专职安全员3名，后勤服务人员1名，合同制人员1名。

【园区经济增长稳步】 2016年，开发区纳入省产业转移工业园统计考核的42家企业完成工业产值73.25亿元，同比增长5.49%，占全县工业产值的比重78.5%；实现工业增加值13.83亿元，同比增长9.3%，占全县工业增加值比重58.1%；当年新增固定资产投资项目16个，其中新建项目2个，续建项目6个，年度完成固定资产投资15.11亿万元，设备投资8.97亿元；2016年度园区创税2.07亿元，其中国税征收13845万元，同比增收0.35亿元，增幅33.9%；地税征收0.69亿元，同比增收0.14亿元，增幅25.07%。

【招商引资成效显著】 2016年，开发区新引进并签约项目8个，其中天然冰片项目投资10亿元、大布农业科技光伏项目6亿元、6万吨粮食仓储及加工项目1.8亿元、富之光电子新材料项目0.22亿元、护理养老项目13亿元、腊岭瑶寨项目1.02亿元、虫草口服液项目1.7亿元，计33.74亿元。

【基础设施建设】 2016年，开发区运用省扶持产业园5000万元基础设施专项资金和农业发展银行贷款1.2亿元基础设施专项资金，推进园区基础设施建设。其中，开发区工业污水处理厂占地2公顷，近期日处理污水能力达2500吨，远期日处理污水能力达到5000吨，总投资达0.28亿元，在10月初完成招投标并施工；G323线泽桥至墩子公路新建工程，全长0.563千米，总投资249万元，4月完成招标，10月进场施工；新材料产业园河堤一起总长度450米，总投资达442万元，6月完成招投标，完成工程量达70%以上，二期河堤完成招投标；安全应急桥梁长约125米，总投资550万元，12月完成招投标。

▲光箔生产线 （钟华 摄）

【重点项目建设】 开发区对园区项目采取“保姆式”跟踪服务，解决项目推进过程中遇到的困难和问题，加强项目监管和指导。2016年，100吨天然冰片项目到12月初，完成征地工作，土地等待招拍挂。聚力胶粘制品有限公司二期主体工程在12月底完工，车间占地3940平方米、仓库999平方米，整个项目占地1公顷，投资达0.2亿元。永恒实业有限公司二期项目用地3.33公顷，厂房、仓库完成建设。鑫源环保有限公司二期的木竹坝整体搬迁完成。嘉旺二期在12月初建成，12月16日开始投入生产，产能达到160万吨，是原来的2倍。威鸣研磨项目在10月开始建成试产，深圳高立高空项目在12月底完成设备安装。

【化解钢铁去产能工作】 根据市政府下达的化解钢铁过剩产能目标责任，2016年，开发区督促、指导园区鸿峰特钢、尚东金属、鑫鹏特钢、三宝拉丝4家企业完成去产能拆除，超额完成全县118万吨压减粗钢产能任务。

（许红传）

翁源产业转移工业园

【概况】 广东翁源经济开发区创建于1991年11月，2016年4月经省人民政府同意批准为省产业转移工业园，在开发区范围建设，属于广东翁源经济开发区的“区中园”。园区先后被认定为国家工信部产业集群区域品牌建设试点单位，广东省中小企业创业基地、广东省涂料行业创新示范工业园。园区现有新材料、电源电子、食品科技、粤北危险废物处理中心、现代物流等几个专业园区。县委常委、开发区工委书记：叶有昌，开发区管委会主任：张洪。截至2016年底，产业园共引进项目57家，其中建成投产项目44家，规模以上企业22家。入园企业大部分来自广东省珠三角产业转出地区，产品涉及树脂、涂料、油墨、制罐、铅酸蓄电池、食品添加剂、五金、电子等产业。以开发区管委会为班底成立专门的园区管理机构翁源产业转移工业园管理委员会，2013年，开发区管委会经上级编办批准，整合为翁源县政府的派出机构（副处级）。内设办公室、招商科、建设科、财务科、投资企业服务中心、国有资产管理中心、人力资源和社会保障服务中心以及危险化学品应急救援中心8个部门。翁源县政府专门从发改、国土、建设、环保等部门抽调精干人员组成协调小组，专门负责协调、解决园区建设过程中遇到的有关问题。获得省级优秀产业转移工业园（起步园）。

【园区经济和社会效益】 2016年，园区引进投资5000万元以上项目10个，合同投资总额9.45亿元，其中超亿元项目6个。2016年，园区进入建设高峰期，共有48个项目投入建设，累计全年完成固定资产投资额21.09亿元，其中完成设备投资7.4623亿元。2016年，园区加强企业培育，深入开展“暖企”活动，持续为企业解决招工、融资等难题，并通过推动企业上规模，鼓励企业增资扩产，提升经济效益等，园区规模以上企业工业增加值实现快速增长。园区22家规模以上企业实现工业增加值8.84亿元，对比2015年增速21.9%。通过加快园区基础设施建设，加大招商引资工作力度，强化园区产业集聚，提升企业经济效益，园区产出水平提高，效益园区功能初步突显。2016年，园区实现全口径税收3095.08万元，对比2015年的2296.69万元增加798.39万元，增长34.72%，其中国税征收2130.45万元，地税征收964.63万元。新增动工项目8个，其中宏源、汇泉、赛力克二期、恒辉二期等4个项目完成主体工程，英格利、杰盛、统力等3个项目完成主体基础；新增试产或投产企业6家，分别是舜天、豪之盛、德信、顺召项目。

【投资营商环境优化】 制定各项政策措施。2016年，协助县政府制定《关于提高社会资本投资项目审批效率的通知》《翁源县提高社会投资工业项目行政服务效能制度（试行）》，严格落实“三个零”服务，加快工作流程，提高办事效率。落实每周联席会议制度。园区每周五定期召集相关职能部门召开联席会议，着力解决园区及项目建设过程中遇到的问题。加快推动服务企业机制改革。实行“一门式、一网式”服务，对项目的签约、筹建、在建各环节实行“一对一”跟单服务，凡涉及翁源县行政审批的事宜，从项目签约直至建成投产，由园区安排专人全程“一对一”跟单服务。加快配套设施建设，完善园区综合功能。完善华彩首期200公顷基础设施，建成园区废水收集池等排污设施，完成华彩B区道路两旁绿化工作；启动电源工业基地首期86.67公顷基础设施建设，铺设部分主干道、排水系统；建设商务中心区首期的主干道、厚源商务服务中心大楼。加强银企合作，为企业搭建便捷的融资平台。加强对接市农行等金融机构，解决广业清怡、金悦通等公司的融资需求。

【招商引资方式创新】 提高行政服务效能。对投资企业实行零距离服务、零障碍落地、零容忍跟踪“三个零”机制及联席会议制度，及时与企业沟通对接，及时了解掌握和解决项目在建设和生产过程中碰到的各种矛盾和问题，做到以优质的服务延伸招商新渠道，最终实现以商招商。深化企业服务，实施暖企活动。制定县领导联系企业制度，形成常态化的沟通对接，确保企业存在的问题及时得到解决。力促企业主动扩大产能，加快培育企业上规。实行中介招商。委托中介招商。通过政府购买服务的方式，与2家中介机构合作，并加强与各行业及商会的沟通对接。利用中介的信息优势与服务优势平台，加大力度提高投资企业的跟踪服务。加强产学研合作。园区与华南理工大学精细化工团队联合成立化工科研中心，为新材料主导产业的产品研发、升级换代提供技术支持，并引进培养研究型人才。构筑信息平台，实现信息化带动产业发展。园区建设完成园区招商信息平台，拓宽招商渠道，全面融入珠三角，发布可供招商项目、可供招商土地等重要招商载地信息，进入“互联网+招商”的全新招商模式。实施主动融入珠三角战略。由园区主要领导带头外出招商，实行招商引资月报制度，每月最少外出招商2次，加大对园区投资环境宣传力度，提升园区发展潜力。

【园区安全生产管理水平强化】 园区成立园区服务企业及环保安全监管组。定期协同安监、环保等职能部门邀请的专家到园区及企业进行专项检查和指导。园区项目落实“三同时”制度和安全生产标准化，2016年未发生重大安全生产事故。园区严格按“清污分流、雨污分流、循环用水”的原则优化设置给、排水系统。园区所有企业产生废水经企业处理达标后，全部通过配套排污管网接入污水处理厂集中深度处理，企业废水处理率达100%，达标率达100%。

【园区存在的困难与问题】 2016年，是园区落实“十三五”规划的第一年，存在一些困难和问题。国内、外经济环境影响，建设的企业均放缓建设速度，投产企业生产利润不高；受生态区划分制约，原有产业招商受到一定影响，部分项目无法落地；翁源县财政基础薄弱，在完善园区基础设施，配套生活设施方面压力较大。（何瑜航）

▲广东省翁源县经济开发区正门口 （翁源县产业转移园管委会 供）

电力供应

【概况】 韶关供电局是广东电网有限责任公司直属大型企业，担负着韶关3个区7个县（市）的电网规划建设和电力供应任务，供电面积1.85万平方公里，供电人口323万，供电客户121.6万户。设有职能部门13个，二级机构8个，直管武江、浈江、坪石供电局3个区局，管理乳源、南雄供电局2个县级分公司和新丰、翁源、曲江、乐昌、始兴、仁化供电局6个县级子公司。有在职员工4361人。局长刘伟辉（任至3月）、吴亦竹（3月任职）；党委书记叶秋云（任至3月），韩招文（3月任职）。

韶关供电网修建设　韶关电网通过3条500千伏线路、4条220千伏线路与广东主网架联网，电网联络点为500千伏曲江站和220千伏韶关A厂。湖南桥口、鲤鱼江电厂通过2条500千伏线路接入500千伏曲江站。韶关电网共有35千伏以上变电站173座，主变303台，容量1261万千伏安，其中500千伏变电站1座、220千伏变电站17座（用户站5座）、110千伏变电站90座（用户站21座）、35千伏变电站65座（用户站22座）。有35千伏及以上输电线路342回，总长度6995千米。韶关主网形成以500千伏曲江站为核心，220千伏电网为骨架，“一核四环两链”的主网架结构。县域电网形成以220千伏变电站为枢纽，110千伏变电站向县城中心等重要负荷直接供电，35千伏变电站作为补充，分区运行的供电网络。

社会用电量　2016年，受节能减排和钢铁去产能的影响，韶关市累计全社会用电量111.8亿千瓦时（全省第14位），同比增长0.45%（全省第21位，全省增长率为5.64%），增幅比2015年同期回升7.04个百分点。其中工业用电量75.29亿千瓦时（全省第14位），同比下降4.6%（全省第21位，全省增长率为4.54%）。按行业用电分，第一产业用电量1.55亿千瓦时，同比增长20.49%；第二产业用电量76.92亿千瓦时，同比增长6.97%，其中工业用电量75.29亿千瓦时（全省排名第14位），同比增长6%（全省排名第6位）；第三产业用电量15.45亿千瓦时，同比增长21.23%；城乡居民生活用电量17.88亿千瓦时，同比下降29.5%。

2016年1—12月韶关市全社会用电量情况表

表1　　单位：亿千瓦时

行业类别	1-12月	
	本年累计报表数据	报表数据同比增幅
全社会用电量总计	111.80	0.45%
A、各行业用电量总计	93.92	9.29%
第一产业	1.55	20.49%
一、农、林、牧、渔业	0.97	20.49%
第二产业	76.92	6.97%
二、工业	75.29	6.00%
三、建筑业	1.63	85.35%
第三产业	15.45	21.23%
四、交通运输仓储和邮政业	5.46	18.34%
五、信息传输计算机服务和软件业	1.18	23.65%
六、商业住宿和餐饮业	4.23	19.45%
七、金融、房地产、商务及居民服务业	1.59	29.11%
八、公共事业及管理组织	2.98	24.42%
B、城乡居民生活用电量合计	17.88	-29.50%

全年完成固定资产投资12.58亿元，是计划的102.29%。其中电网建设10.05亿元，是计划的103.42%；农网改造升级7.31亿元，是计划的103.68%。全年按计划投产220千伏国电粤华煤研石发电项目接入系统工程等10项35千伏

▲2016年3月24日，韶关供电局工作人员在夜晚大检修施工现场（市供电局 供）

及以上输变电工程。

2016年，韶关供电局完成年度安全生产目标，韶关电网连续安全运行6358天。供电服务连续8年获地方政府公共服务评价第1名。

【广东电网首次实战直流融冰完成】 1月23日，韶关供电局完成220千伏关通线、110千伏大梅线的直流融冰工作，是广东电网首次在灾害环境下的实战直流融冰，有效应对“霸王级”寒潮对电网的影响，保障电网安全稳定运行。

【农网改造】 韶关供电局全面推进新一轮农改工作，全年投资7.31亿元，完成142个“中心村”419个项目的改造升级。推进乳源县“小康电”示范县建设工作，完成投资1.29亿元，完成年度计划的102.36%。6月30日，市政府召开全市电网建设工作推进会。会议部署新一轮农村电网改造升级工作和全市电网建设工作，韶关供电局与各县（市、区）政府签订《加快推进农村电网改造升级工作协议书》。9月21日，韶关市新一轮农网改造升级暨乳源“小康电”建设示范县现场会在乳源召开。现场考察调研一六镇团结新会村、高元村农网改造升级示范点。2016年，韶关供电局共接收10个小水电自供区，对接管的独立供电区进行农网改造升级，推进供电服务的城乡均等化。

【韶关电网负荷五次创新高】 7月26日，韶关电网统调负荷达173.5万千瓦，年内五次创新高，同比上年增长15.4%，较原历史最高（2014年8月4日159.6万千瓦）增长8.7%。韶关电网负荷屡创新高，主要得益于两大因素的共同作用造成：一方面，2016年入夏以后，韶关地区降雨大幅减少，气温攀升，特别是7月中、下旬以来持续35℃以上高温天气，降温用电负荷大增。另一方面，工业用电负荷需求增加。受钢材、水泥、金属制品等市场回暖、产品价格上涨等因素影响，一些暂停部分容量的大用户恢复生产；新投产粤韶钢铁，带来7万千瓦的负荷增长。

【首个风电场接入系统工程启动投产】 12月4日，南雄犁牛坪风电场接入系统工程竣工验收合格，12月12日与风电场电源完成启动。南雄犁牛坪风电场接入系统工程是韶关供电局投资的第一个风电场接入系统工程项目，总投资1917万元，新建110千伏线路20.5千米，途径南雄邓坊、油山、黄坑三镇。

【国电粤华煤矸石发电项目接入系统工程投产】 12月26日，220千伏国电粤华煤矸石发电项目接入系统工程启动投产。该工程是广东电网公司、韶关市2016年年度重点建设项目，总投资5529万元，新建220千伏线路35.7千米，途经浈江区犁市镇、武江区西河镇一带。该工程的建成满足国电粤华煤矸石发电项目的电力送出，为韶关电网提供电源支撑。

【220千伏坦界输变电工程全面启动投产】 12月27日，110千伏坦堡甲、乙线送电成功，标志着韶关220千伏坦界输变电工程全面启动投产。220千伏坦界输变电工程总投资为1.937亿元，全站总征地面积3.3693公顷，新建主变压器2×180兆伏安，220千伏出线4回，线路长度8.18千米，110千伏出线6回，线路长度39.93千米。该工程的建成可满足韶关市区西南部特别是白土工业园及莞韶产业转移园发展的电力需要。

【电网依法规划】 韶关市政府将韶关供电局市规划委员会、市政专项规划委员会成员单位，韶关“十三五”电网规划纳入城乡总体规划。完成韶关“十三五”电网规划和3项专项规划，完成7963项共42.56亿元的电网项目储备。2016年完成固定资产投资12.58亿元，完成电网投资10.05亿元。电力设施保护立法工作列入韶关市人大五年立法计划。加快《韶关市电力供应设施保护条例》的出台，有利于电力产业的健康发展，有助于保障全市电力生产、电网运行和电力供应的安全稳定。

【民生用电工程建设】 2016年，韶关供电局投资1800.88万元建成投产21个电动汽车充电点62个充电桩（直流充电桩49个，交流充电桩13个）。包括韶关供电局办公产所停车场充电桩26个（直流桩、交流桩各13个），京珠高速韶关段9个服务区直流桩36个。韶关供电局配合曲仁棚户区改造民生用电工程建设，投资4138万元，解决1.16万户棚改户的生活用电需求。2016年12月19日，田螺冲供电营业厅正式营业，是韶关市所有服务单位中第一家正式营业的网点。

【县级子公司改制分公司】 12月1日，韶关南雄、乳源供电局作为广东省首批开展子公司改制分公司的单位，完成相关改制任务，成立广东电网有限责任公司韶关南雄供电局、韶关乳源供电局"子改分"后，县域电网建设资金由广东电网有限责任公司统一安排，有强大的集团资金为后盾，满足县域发展的电力需求。　（赵湘敏）

中央和省驻韶主要企业、矿业单位

【中国宝武集团广东韶关钢铁有限公司】 简称韶钢，前身是广东省韶关钢铁集团有限公司，始建于1966年8月22日。2011年8月22日，宝钢和广东省国资委签订股权划转协议。2012年4月18日，挂牌成立。董事长、党委书记李世平。韶钢年产钢能力650万吨，立足钢铁业，工、科、贸并举，多元化经营，是广东省重要的钢铁生产基地、国家高新技术企业。钢铁主业产品涵盖板材、棒材、品种线材以及特钢长材等，应用于汽车、石油化工、机械制造、能源交通、航天航空、核电等行业。产品主要在珠三角、华东地区及广东邻近省销售，部分出口。韶钢推进供给侧结构性改革政策落地，主动淘汰过剩产能，其中，炼铁75万吨，炼钢90万吨，轧钢160万吨。钢筋混凝土用热轧光面钢筋、拉丝用热轧圆盘条被评为广东省名牌产品。钢筋混凝土用热轧带肋钢筋被、合金结构圆钢（40Cr）、船舶及海洋工程用结构钢、冷镦用碳素钢盘条、优质碳素结构钢被授予广东省用户满意产品。板材厂精整电气QC小组、炼铁厂焦化分厂4.3米铵苯QC小组提出的课题在全国冶金行业质量管理活动成果竞赛上获得一等奖。11月，韶钢8项职工创新发明专利成果参加第九届昆山国际发明展，获得两银一铜。以主力身份代表韶关市参加广东省第二届珠江西岸先进装备制造业投资贸易洽谈会；主动推进"三去一降一补"（即去产能、去库存、去杠杆、降成本、补短板）改革，完成3次国检"大考"，被检查组点赞"国企典范"。

生产经营情况　全年产铁585.3万吨，同比增长11.5%。钢578.3万吨，同比增长11.11%。钢材558.6万吨（含轧制坯1.83万吨），同比增长11.32%。烧结矿849.2万吨，同比增长9.4%。自产焦炭265.9万吨，同比增长8.95%。自发电18.08亿千瓦时，同比增长14.56%。全年销售钢材549万吨，同比上升6.8%；实现营业收入150.5亿元，同比上升25.1%，完成年度预算的123.4%。各多元子公司考核口径全部实现盈利，合计实现利润0.93亿元，均超额完成年度预算利润目标。2016年再次获评集团"安全管理优秀单位"，被国务院安委办评为"2016年全国安全生产月先进单位"。公司两大股东宝钢集团、广东恒健投资控股有限公司分别按51%、49%的比例，对韶钢增资33亿元。

能源、环保指标完成情况　吨钢综合能耗558.2千克标准煤/吨，完成年度560千克标准煤/吨目标，同比降低30.9千克标准煤/吨。二氧化硫排放总量6075吨，同比降低1.7%；氮氧化物排放总量5147吨，同比增长0.16%；烟粉尘排放总量1300吨，同比降低13.19%；废水中COD排放总量321吨，同比降低1.5%；废水中氨氮排放总量46吨。

节能降耗　通过回收烧结脱硫运维项目，开展物流运输系统优化，加强散装物流运输车辆管理等措施，持续改善厂区空气环境质量，烟粉尘排放量和厂区平均降尘量下降13%，主要污染物全部达标排放，空气质量达到国家二级水平。2016年，公司集中拆除废弃建（构）筑物，新增加绿化面积5.23万平方米，厂区环境得到明显改善。能源管理体系通过认证审核。强化环保在线监测，全年迎接上级检查84次，全部合格。全年实现节约标准煤18.11万吨，降低用电成本1.51亿元，被评为"广东省清洁生产企业"。

国家化解钢铁过剩产能　淘汰1号、3号高炉，压减生铁产能75万吨；淘汰90吨电炉，压减粗钢产能90万吨，通过国务院国资委组织的化解过剩产能工作组检查验收。公司推进产线瘦身，

▲2016年8月29日，韶钢第七次党代会　（韶钢　供）

停产封存4号烧结机、2500毫米中板轧机和棒二产线，促使产线效率得到提升，炼铁、炼钢、轧钢产能利用率分别提高10.07%、8.42%、18.45%。制造过程控制能力在稳步提升，战略产品产量、铁水成分稳定率、合格钢坯收得率、钢材产品合格率分别提高80.9%、18.6%、0.4%和0.5%。2015—2016年全口径劳动效率提升41.4%，累计降本年化效益超5亿元。其中，2016年劳动效率提升26.1%，实现降本年化效益2.9亿元；人均产钢从544吨提升至826吨；吨钢人工费用累计下降89元。

降本增效增资 2016年，财务管控通过存货控制、结算政策调整、子公司之间资金协同等措施降低财务费用，全面提升资金效率，全口径财务费用同比下降2.23亿元。通过加强与集团协同，主动与银行沟通，争取银行支持，维护银行授信。通过对财税政策的密切跟踪和合理利用，实现全年财政资金政策利用创收超2亿元。推动股东双方同比例增资33亿元。增资后，公司资产负债率大幅下降至71%。生产制造、采购、物流、设备、能源环保等单元，强化标准化作业，通过“三岗”（即竞岗、试岗、待岗）活动、指标上墙、劳动竞赛、技术攻关、项目改造等措施，推进各工序指标优化和成本改善。其中，设备管理坚持推进“零故障”管理模式，着重提升设备管理体系能力。炼铁、炼钢、轧钢三大工序体系能力稳步提升，全流程钢铁加工成本同比降低130元/吨，工序加工费同比降低10.39亿元，降幅达10.4%；铁水成本逐步改善，7月、8月、11月三个月周边第一，全年铁水成本较周边平均低18元，同比进步60元；吨钢维修费84元，同比下降22元；吨钢能源成本694元，同比下降23元；转港物资物流成本87元/吨，同比下降11元/吨，内部物流成本45.7元/吨，同比下降6元/吨。优化“采购、制造、物流”三位一体的采购决策工作机制，实现“零”断料断供、“零”超龄库存。以低库存运转为目标，制订低库存采购策略，实施接点与生产断点管理，控制库存，原材料库存下降，周转天数同比降低13.8天。通过择机采购，优化辅耐材、合金、废钢的采购模式，优化进口矿、国内煤的采购策略，全年降低采购成本超2.8亿元，完成年度目标的153%。

产品结构优化 通过推进产销研一体化运行，聚焦公司重点产品和重要客户，发挥集团10个项目支撑团队的协同支撑优势，实现体系能力的提升。通过加大客户走访频度、加大技术服务力度，深化互信，实现服务增值。全年内、外部质量万元损失对比年度目标降低5.64%。加快新产品开发及技术创新，产品结构实现大幅优化。2016年普材新品开发28个，完成年度计划的175%，新品销售12万吨，完成年度中期调整目标的113%。工业线材实现销售51万吨，占比由31%提高至47%，重点产品冷镦钢实现销售12.3万吨，同比增加224%。特钢新品开发150个，完成年度计划的250%，战略产品（汽车、轴承、模具用钢）销量26.66万吨，同比增量21.62万吨，占年度总销量的44.2%，通过纳铁福、NSK、日进、桂林福达、重庆大江等40余家国内外知名企业的二方认证，特钢产品边际贡献达到431元/吨，四季度实现毛利为正。

创新营销模式 营销体系形成日调价、市场采集价、网价三方作用、相互推动的良性定价机制，实现韶钢价格在华南区域的主导地位，螺纹钢对比粤钢、湘钢溢价60～100元/吨。通过“欧冶建帮”实现钢企与蚂蚁客户的对接，2016年实现销量17.3万吨，完成年度目标的173%。2016年实现增值1.5亿元，普材自营渠道占比达48%，同比提升13%。钢材出口12.55万吨，同比增长73%。推进“韶钢营销在线”系统广泛应用，为客户提供从合同签订到生产制造、发货跟踪、开票对账等全过程的信息查询服务。建立内部物流装车指标管控体系，推进精准配送，普材装车发货能力2万吨/日，同比提升25%，平均装车用时降至3.9小时，效率较年初提升35%。

产品转型升级 2016年，宝特韶关推进与上海基地的营销体系融合，加强与宝特长材、平台公司、重点用户的三方协同，营销能力和服务水平稳步提升。2016年，宝特韶关特钢产、销量同比增加，其中：特材产量64万吨，同比增加84%，特材销量60万吨，同比增加93%。工序加工费降低，大方坯、大棒、中棒的加工费用分别降低140元/吨、322元/吨、683元/吨。通过对炼钢、轧钢、精整全工序进行分析诊断，梳理出20个核心技术能力“瓶颈”，全年开展技术攻关，产品质量控制能力提升。轴承钢全氧含量≤800万分之一的比例稳定在97%以上，控制能力步入国内一流水平。新品开发成效显著，初步形成高中低搭配的产品序列，与上汽集团、韶铸集团、宏大齿轮、瓦轴、广东富华、曾本五金等省内外客户建立良好的合作关系。炼钢厂试产12炉45钢和2炉40铁两个特钢品种。技术研究中心根据公司工业线材转型及高端工业线材用户需求，试制出一批生产难度较大、具有高附加值的美标SAE650弹簧钢盘条。韶钢松山钢卷开平加工产品通过中国船级社工厂认可，获得“中国船级社工厂认可证书”。

子公司实现全面盈利 各子公司通过资产梳理，建立低效、无效资产清单，推进资产盘活，提高资产运营效率；创造年化经济效益1.00亿元；实现“坐商”向“行商”的转变。2016年，完成对外拓展利润0.34亿元，多元子公司经营能力稳步改善，实现全面盈利、零亏损目标。（陈　建）

【中金岭南韶关冶炼厂】 韶关冶炼厂隶属于深圳市中金岭南有色金属股份有限公司，始建于1966年，是中国首家采用ISP工艺的大型铅锌冶炼企业。工厂主产品有电铅、精锌、电银、精镉、精铟、锗锭、铅锌系列合金30种，注册商标为“南华”牌。厂长杨立新，党委书记饶东辉。2016年，工厂完成铅锌总产量13.29万吨、工业硫酸17.1万吨，鼓风炉粗铅锌11.04万吨，实现工业总产值

22.7亿元，上缴税费0.21亿元。

过渡性生产 利用进口混合矿的有利条件，发挥ISP工艺优势，加大库存杂料和小矿山矿的配入量，推行设备预知管理，强化日常设备的巡检保养工作，设备作业率保持较高水平。组建项目攻关组，通过技术攻关解决生产瓶颈，开展创新成效活动，挖掘产能潜力。三季度开展以“战高温、保安全、稳生产、促环保”为主题的劳动竞赛，调动员工的积极性和创造性，实现稳产高产，粗炼系统生产水平提升，主产品产量创复产以来最好水平。

安全环保 加强安全环保培训，深化隐患排查治理，推进安全环保技术革新，做好环保设施运行维护及无组织排放控制。开展“安康杯”等系列群众性安全生产活动，继续开展“结对子”和“创星级班组”活动，从基层出发，加强提高整体安全生产意识和能力。2016年，工厂安全生产形势平稳、有序，轻伤以上事故为零，未发生环保事故，工业废水零排放，废气稳定达标排放，固废妥善处置，社群关系和谐，清洁生产审核及安标化稳步推进，环境信用等级被省厅评为环保良好企业。强化环保设施管理，确保全厂水、电、风、气稳定、优质、有序供应，确保工业废水零排放。

降本增效 编制并组织实施《运营改善方案》和《成本削减计划》，深入开展降本增效活动，减亏控亏，结合“关键绩效指标（KPI）”考核和“激励合同”引导，对可控成本、费用项目实行定额管理，建立KPI考核台账，每月编制KPI考核工作表。做好成本管理，着力从优化生产组织管理、优化安全环保、优化设备工程管理、优化采购管理、优化人力资源管理等方面推进实施，为工厂生产经营决策提供依据。从年初开始，按预算要求，强化技经指标管理，按进度严控辅材及备品备件、修理费发生额。每月核算产品成本，进行翔实的分析、对比。原料成本和加工成本均比预算降低。全年围绕精品冶炼战略，推进运营改善计划和成本费用削减

▲2016年11月，凡口铅锌矿242线FK1探矿孔在-400米层探得品位在30%以上矿层。图为矿长蔡文（中）与技术人员在察看矿层岩芯（张秋利 摄）

计划，主要技经指标持续好转，同比降低成本1300多万元。加强沟通协调，加大厂家直采比例，降低采购成本，严把进厂大宗原燃料的验收、入库关；严把进厂物资质量检验及环境监测关，确保环保达标的同时，提升生产运营水平。

创新创效 稳定烧结、制酸两大工艺，优化矿源结构，提高杂料配比，在下降杂料库存的同时，烧结块产量水平创复产以来新高。鼓风炉炉况持续稳定，清扫周期有效延长，粗铅锌产量达到复产以来最好水平。加强炉塔维护，紧跟市场，提高高附加值产品产量，创造效益。加强质量管理，加大综合回收力度，2016年铅系统锑单耗为零，实现锑的自身循环，粗铜产量有明显提高；开展群众性技术创新活动，全年申报群众性技术创新项目64项。出台《韶关冶炼厂开展劳模（职工）创新工作室实施方案》，成立3个劳模（职工）创新工作室。

整体搬迁升级 2015年5月，韶关市政府成立“韶关市韶关冶炼厂升级改造搬迁项目工作领导小组”。2016年7月，广东省环保厅听取韶关市、广晟公司、中金岭南公司关于韶关冶炼厂搬迁的汇报，表示在政策范围内支持韶关冶炼厂搬迁项目选址于丹霞冶炼厂现址。中金岭南公司委托环境保护部华南环境科学研究所开展丹霞冶炼厂现址环境质量现状调查，编制资源环境承载力分析报告。中金岭南公司委托相关单位对项目开展可行性研究报告编制和项目环境影响评价工作，为早日动工打下基础。

（韶关冶炼厂）

【中金岭南公司凡口铅锌矿】 2016年，深圳市中金岭南有色金属股份有限公司凡口铅锌矿（简称凡口铅锌矿）生产铅锌金属量16.55万吨，实现净利润6.6亿元，生产成本比预算节约0.3亿元，超额完成公司下达的各项生产经营任务。2016年，凡口铅锌矿矿长、党委副书记蔡文，党委书记骆建辉。凡口铅锌矿被评为国家科学技术进步奖二等奖，2016年，凡口铅锌矿职工书屋被评为全国示范性职工书屋。1人被评为广东省优秀共青团员。

企业管理 2016年，凡口铅锌矿力推机械化采矿，支撑产能稳定。用好激励机制，激发员工的积极性。9月27日启动技能人才评聘工作，经过理论和实操考试，12月聘任32名技师和4名高级技师；1月26日成立后勤服务中心小车队，撤销选矿厂机修工段，实现操检结合，降低运营成本，提高工作效率。

安全管理　强化系统风险的整治，11月井下溜破系统除尘及循环风利用综合治理项目建成投入使用，在解决整个污染风源除尘的同时，可以向3个中段供给新鲜风源。采用盲主井提矿，取消汽车运矿。推进矿山本质安全管理，至2016年底，井下生产除切采工作外，实现机械化作业。推行全员安全管理。实施隐患举报奖励制度，利用经济杠杆引导员工。2016年举报隐患166起，发放奖励金4.13万元，调动员工安全的主动意识，推进“自上而下抓安全”与“自下而上保安全”相结合的全员安全管理。矿区安全态势良好，凡口铅锌矿发生轻伤2人，千人负伤率为0.6‰，驻矿施工单位发生轻伤1人，千人负伤率为1.3‰，实现真正意义的安全生产年。

环保管理　2016年，针对有的尾矿管使用10多年的情况，抓住农闲、天气等有利时机，突击对跨河段和穿越公路、农田使用年限较长的尾矿管进行更换，全年更换管道6.2千米。推进尾矿库区生态恢复工程和清污分流工程，实施尾矿库外排水深度处理和回用，加强尾矿库日常监督管理及风险防范。通过技术创新进行回水利用、废石回填和资源综合回收，减少废水和废渣排放，保护生态环境。全年粉尘合格率为92.6%，环保态势平稳，各污染物达标排放。

成本管控　落实公司“运营改进计划”和“成本削减计划”，履行《凡口铅锌矿运营改善及强化成本费用管控办法》。2016年，实现废石回填10万立方米，节约水泥2万多吨，节约成本500万元。推进物资招投标采购，水泥、润滑油、锚杆、铁丝网等价格的下降，降低采购成本20%以上。2016年，申报的各类项目获得政策资金1800万元，部分项目在评审中。

创新管理　2016年，凡口铅锌矿井下采矿作业推行集中打孔、集中爆破、爆破后集中松石的生产工艺，减少松石次数，选厂一段磨矿进行优化，能力提升200吨/天，达到5700吨/天，实现规模生产，年直接经济效益400万元以上。尾矿中回收硫资源项目4月投入生产，每月多回收高硫2000吨，取得很好的经济效益。井下水泵房实行远程监控，提高企业自动化控制水平。细粒级铅、锌、硫系统运行畅顺，全年多回收细粒级铅锌金属1672吨，标硫7.79万吨。

重点项目　凡口铅锌矿推进探矿工作。在仁化县董塘中学附近施工8个钻孔，见矿效果可观。11月8日，242线FK1钻孔在-400米层高见矿品位在30%以上，锁定金属量在6万吨以上，取得新的较大突破。推进选矿5000吨技术升级改造工程，完成该项目总承包合同签订、场地准备等工作。12月9日举行“中金岭南凡口铅锌矿选矿厂技术升级改造工程开工典礼”。　（张秋利）

▲2016年，日处理量4.5万吨污水处理厂　（大宝山矿　供）

【广东韶关瑶岭矿业有限公司】　位于韶关市曲江区境内，由原瑶岭钨矿改制组建的股份制企业。原瑶岭钨矿于1919年开始开采，解放后1951年1月收归国有，属中央直属企业。2000年下放广东省管理，2003年改制为股份制企业，2003年3月注册成立，属上市公司广晟有色金属股份有限公司旗下的国有企业。董事长、总经理刘广云，党委书记、总工程师郑揭东。公司按照现代企业制度设置董事会、监事会、经营班子和党委、纪委、工会，下设5个部和3个分公司，年末员工299人。

主要产品　公司主要从事钨矿采选业和电力生产，主要产品有黑钨精矿、白钨精矿、铋钼矿，水电上网销售曲江供电公司。矿山开采方式为地下开采，平窿—盲斜井联合开拓，采矿方法为浅孔留矿法，最低主平窿标高450米。采矿最大垂深500米。设计生产规模为32.6万吨/年、选矿合格矿处理量为375吨/日。选矿工艺为手选与重选、磁选和浮选，回收黑钨矿精矿及少量白钨精矿、锡精矿。年产钨精矿能力有450～600吨。小水电装机容量为2940千瓦，具有600万—1000万千瓦时的年发电能力。

生产经营　重点抓好生产工艺技术和设备管理，加强企业内控管理。受市场价格和国际经济形势等各种因素影响，钨精矿价格持续低迷，营业收入大幅减少，2016年，公司工业总产值1875万元，销售产值1931万元，工业增加值813万元，主营业务收入1931万元，利税总额-518万元，利润总额-800万元，资产总额9235万元，固定资产净值平均余额2036万元，流动资产平均余额1501万元，负债总额6857万元。年末从业人数299人，全年平均从业人数315人，比上年减少40人。主要生产钨精矿，2016年生产钨精矿247.814吨（其中：黑钨精矿196.338吨，白钨精矿51.476吨）。劳动生产率2016年为25810元/人，比上年减少12294元/人。

环保安全　公司达到广晟有色公司要求的“六无三减少”（即无工亡事故、无重大火灾事故、无重大环境污染事故、无重大设备事故、无群伤事故、无群体新增职业病，减少工伤事故、减少污染物排放总量、减少外委单位的安全事故）目标，员工千人负伤率实际为1.08‰，低于4‰的控制目标，粉尘合格率达90%以上，“三废”排放达标。公司对《生产安全事故应急预案》进行修改，通过专家评审，在韶关市安全生产监督管理局备案。公司与韶关市矿山救护队签订救护协议，成立抢险小队。做好尾矿库重大危险源的监测、监控工作，加强在线监测系统的维护，做好值班值守，配齐配足应急物资。7月14日组织尾矿库洪水漫顶安全事故应急演练，演练效果明显。公司设立环保委员会，制定《环保管理措施》和《突发环境事件应急预案》等制度。

节能降耗　公司利用变压器能效提升项目、变压器及无功补偿综合节能技术改造项目，获得政府专项资金支持，更换1.60万米阻燃电缆，21台节能变压器，2台高压配电柜。降低变压器空损，无功功率降低45%—50%，提高有功功率，每年节约用电9万千瓦时—10万千瓦时，节省电费开支6万元—7万元。

（张　静）

【广东省大宝山矿业有限公司】　公司（下称大宝山矿）位于韶关市曲江区沙溪镇境内，1958年5月建矿，1966年10月建成投产，下设有全资子公司广东省南方特种铜材有限公司和韶关市大宝山资源综合利用有限公司以及控股子公司韶关市广宝化工有限公司，是一家主要从事矿产资源勘探、采选、综合利用、加工以及矿产品销售的国有独资矿山企业，规模为年产销铁矿石60万吨、铜金属量3600吨、硫精矿38万吨、硫酸10万吨、磷铜加工1万吨，年工业总产值约10亿元。董事长、党委书记吴泽林，总经理刘聪。公司党委获得广东省“先进基层党组织”称号。企业保有各类矿产资源潜在经济价值达1000亿元以上。

▲2016年，600兆瓦机组煤棚　（谢远波　摄）

生产经营　面对铁、铜、硫主营产品价格持续低迷的严峻市场，大宝山矿通过调整生产组织、严控成本费用、加大资源综合利用、盘活存量资产等措施，实现扭亏为盈，矿山经济运行平稳。全年累计生产成品铁矿石47.65万吨，铜精矿3639.67吨，硫精矿（含磁硫）34.84万吨，硫酸15.01万吨，PC铜4968.12吨；销售成品铁矿石53.66万吨，铜精矿3942.66吨，硫精矿（含磁硫）34.67万吨，硫酸11.70万吨，PC铜4950.47吨；实现营业收入6.57亿元，利润总额969.59万元，实缴税费6500万元。

资源综合利用　支撑大宝山矿主业从黑色铁矿向有色铜硫转型的资源综合利用示范基地重点项目铜硫大开发项目系统工程，在2016年底全面建成，开始单机试车和联动调试，实现投产顺产后，预计可产铜金属量达1万吨/年、硫精矿110万吨/年，同步回收铁、钨等相关副产和伴生资源。通过实行“提质达效”专项行动，建立起采、配、选、验的联动机制，配矿稳定性和均衡性得到提高，铜回收率逐步稳定在80%以上，打破大宝山矿铜回收率难以大幅提高的局面。330万吨/年采矿环评和企业长期采矿许可证的顺利取得，为大宝山矿的长远发展奠定坚实基础。

安全管理　全年实现轻伤以上事故为零，安全主体责任评价在整个广晟系统排名第一，也是评分唯一一个超过90分的一级企业。排土场、采空区、高边坡、尾矿库四大重点危险源点管理得到破解，其中采空区致灾机理及防控技术、露天矿超高边坡大规模滑坡灾变机理及防控技术，列入中国安科院重点研发计划专项。

环保治理　抓好《大宝山矿区及周边地区环境综合整治工作方案》落实工作，完成矿区范围内11项整治工程。经过整治，大宝山周边区域的环保情况发生根本性变化，治理成效得到省、市环保部门的认可，企业环保信用等级连续两年被评为“环保信用良好企业”（蓝牌）。重金属污染防治成功申请到专项资金1500万元，重塑企业社会形象。

节本增效　成本管理从原来的三级核算改为一级核算，通过严控三项费用、开展节能技改、电力直接交易等工作，累计节约费用7214万元。化融资方式，调整贷款结构，降低融资成本，利用国家税费优惠政策，全年同比减少利息支出1063.5万元。及时掌握税收政策，全年减少税费约1150万元。

（蔡浩双）

【韶关发电厂】 韶关发电厂是广东省粤电集团有限公司下属大型骨干发电企业之一。有4台在运机组，2台330兆瓦机组，2台600兆瓦机组，全厂装机容量1860兆瓦。2016年，韶关发电厂以489分（总分500分）的成绩顺利通过全国电力行业“标准化良好行为企业”AAAA级认证，被中电联评为“2015—2016年度电力标准化工作先进集体”。2016年，韶关发电厂获得“广东省五一劳动奖状”先进集体称号。厂长、党委书记何健康。

生产经营管理　2016年，韶关发电厂全年完成上网电量52.69亿千瓦时，同比增加2.86亿千瓦时；供电煤耗319.45克/千瓦时，同比下降10.87克/千瓦时；综合厂用电率7.23%，同比持平。年内实现安全生产3个一百天和安全生产十周年；成功承办粤电集团汽轮机检修技能大赛并获得团体和个人一等奖。在2016年年度计划电量仅有35.67亿千瓦时的不利条件下，争取市场电，全年争取到月度竞价电5.13亿千瓦时，大用户直购电10.23亿千瓦时，全厂实现上网电量52.69亿千瓦时，中调电量兑现率达100%。

节能环保　2016年，韶关发电厂进一步强化环保设备设施运维管理和环保监督管理，机组环保指标可控，污染物排放达标，其中1、2机组获得超洁净排放补偿电价；完成两台600兆瓦机组超洁净排放改造项目设计，启动2号机组超洁净排放及节能改造项目施工；推进新机组环保监测和环评验收，完成蒙里灰场闭库项目环保验收；通过各级环保部门环保督查及烟气在线监测系统现场比对审核。2016年10月，韶关发电厂再次获得广东省环保诚信企业（绿牌）称号，至此连续7年获此称号。2016年韶关发电厂实施经济煤种掺烧工作，开展运行岗位节能创新活动，其中《精细化管理在机组能效指标中的应用》获“第五届全国电力行业设备管理创新成果一等奖”。

科技创新　2016年，韶关发电厂继续深入开展“何健康劳模创新工作室”建设和管理。选取1、2号机组超洁净排放改造、工业废水系统综合再利用等5个创新项目开展活动，按照厂《新技术及科技成果管理标准》进行管理。建立"劳模创新工作室"信息平台和微信公众号，借助互联网平台使创新工作室发挥出最大效能。韶关发电厂与西安热工院合作课题《低挥发份W火焰锅炉低氮燃烧系统及关键设备的研制与工程应用项目》获得2016年中国电力科学技术进步奖二等奖。

节能降耗　2016年10号机进行轴加疏水系统自动改造、2号机通过氦气检测查漏治理等，全年真空严密性合格率达90%以上。对10号炉磨煤机出口分离器进行改造，改造后3台磨煤机运行机组即可带满负荷，节约1台磨煤机电耗（约140万元/年）。治理疏水系统阀门内漏及600兆瓦机组灰库漏水、漏灰，减少热源损失。2016年，推进印尼煤、高栏港神混煤等经济性煤种掺烧，全年掺烧印尼煤13.2万吨、高栏港神混煤19.1万吨，掺烧累积降低燃煤成本约1391.55万元。利用韶关市作为全国第二批节能减排综合示范城市的有利契机，电厂2016年申报“1号机组超低排放改造工程、2号机组超低排放改造工程、蒙里灰场闭库”“2×600兆瓦上大压小”技术改造节能减排补贴项目。全年获得政府专项补贴资金超过3000万元。

新机组验收　2016年是韶关发电厂两台600兆瓦机组投产后第一年，推进新机组验收等各项收尾工作。协调各施工单位现场整治，推进铁路项目建设，对各单项工程和建安、脱硫、设计等项目进行逐项审查，完成竣工安评、环评、消防、职业健康、水土保持等验收工作，主体工程结算进入收尾阶段。

（陶花艳）

▲3月25日，韶关市市长骆蔚峰（左二）等领导检查指导仁化中学地灾应急抢险工作（何莉　摄）

【广东省第五建筑工程有限公司】 公司始建于1951年8月，具有独立核算的经济实体，国家房屋建筑工程施工总承包一级、市政公用工程施工总承包一级、钢结构工程专业承包一级、建筑装饰装修工程专业承包一级的企业，通过中建协认证中心的ISO 9001质量管理体系、ISO 14001环境管理体系和GB/T 28001职业健康安全管理体系等三大管理体系再认证注册。董事长、党委书记：林松。截止2016年11月30日，签订工程施工承包合同造价总额10.5亿元，完成年度计划的97.5%，同比增长40%，履约率98%；产值8.71亿元，完成年度计划的100.77%，同比增长191%；竣工验收项目13个，竣工面积44402.53平方米，一次验收合格率达100%，顾客满意度92.55%；全员劳动生产率每人每年189191元，同比增长62.82%；主营业务性收入7.2亿元；上缴税收4688万元（包括应交工程结算税费及其他）；自主经营工程实际完成3.5亿元。全年未发生重大质量事故和安全责任死亡事故，没有重大的环境污染事故。连续29年获得广东省“守合同重信用”企业称号。

提升经营管理能力　公司增加自营工程和联营工程的承接力度，使中标率和中标额同比均有较大的增长，提升管理水平。公司风险防控得到提升，实现公司新的发展和突破。

安全管理　公司开展安全生产月和质量月活动，贯彻学习宣传安全生产和质量法规，提高全员安全生产和质量意识，组织专家对危险性较大的分部分项工程安全专项方案进行会审、论证，作安全技术交底，保证方案的可操作性，及时排除各种隐患。公司强化质量安全规范，编制《公司标准化达标检查评分表》，对上级主管部门和公司有关规定及时传达下发，项目部及时明确落实各级的要求。韶关市社会福利院老人服务综合大楼工程、韶关市武江区新华街道社区卫生服务中心综合大楼工程，分别获得韶关市建设工程“安全生产、文明施工示范工地”称号。　　（钟　丽）

▲2016年7月20日，国土资源部矿产勘查技术指导中心副主任李剑一行到九三二队开展调研工作　　（九三二队　供）

【广东省地质局第三地质大队（广东省韶关地质灾害应急抢险技术中心）】
隶属广东省地质局，为正处级事业单位。地质三队是2013年由705、706地质队合并成立，705、706队是20世纪50年代成立。2016年，有在职职工299人，各类专业技术人员175人，其中中高级专业技术职称83人。下设7个综合管理部门，8个业务部门，2个经营单位，在韶关、惠州、东莞、清远等地设有基地和分支机构。2016年地质队共选派4名年轻干部到地方国土部门挂职。新增“南粤地质人才工程”学科带头人1名。大队长、党委副书记：尤永春。地质队开展地质找矿、地质灾害评估与治理、工程勘察、施工、测量等多方位服务工作，通过质量、环境、职业健康与安全三标一体化管理体系认证。第二团支部被评为“全国五四红旗团支部”，队团委被评为“广东省地质局五四红旗团委”，第四团支部被评为“广东省地质局五四红旗团支部”。

地质找矿　加强地质立项工作。参与中国地调局项目投标6项，申报省财政项目和广东省地质勘查基金项目4项，其中，广东省翁源县丘屋一矿场预查项目获批准。推进老矿山找矿工作。大宝山铜多金属矿揭露到厚度较大、品位较好的铜硫矿体，经资源储量估算，新增铜硫矿资源量（333）1281万吨、铜金属量13.25万吨，新增铜硫资源量达中型规模。该项目通过野外验收和中国地质调查局终审，并获优秀等级。推进自有矿权维护和新立探矿权申请工作。加强项目质量管理和技术管理。地质队有探矿权9个，其中4个进行延续。选择8个找矿靶区进行探矿权申请范围查重。9月，地质队技术部门组织开展矿产勘查项目专业质量检查。开展商业性地质勘查项目23个。

民生地质　延伸地质工作服务链，以地灾防治为突破口，整合技术力量，主动提供地灾防治服务，开展3项1：50000县市地质灾害详细调查，5项矿山环境保护与恢复治理方案，10项地质灾害评估项目及4项地质灾害应急抢险，24项地质灾害应急调查工作，22项抢险施工及地质灾害治理勘查、设计工程。2016年，参与各县市地灾详查项目招投标6个，中标清远市阳山县、连山县地质灾害详细调查（1：50000）2个项目。与仁化县政府、市国土资源局、武江区和浈江区分局签署合作协议，成为其地质灾害防治技术支撑单位，派出技术人员165人次，为多地突发地质灾害灾情或险情进行专业调查，参与编制4项抢险应急预案。协助韶关、清远等市县开展地灾防治规划修编和地灾预报预警系统建设及升级维护工作，为乳源县建立群防群测系统。完成乳源瑶族自治县1：50000地质灾害详细调查项目，项目设计、野外验收及成果报告均被评为优秀。承担韶关市仁化县仁化中学宿舍楼后山滑坡、韶关国家森林公园山体滑坡、京广铁路乐昌武江河张滩武水桥船舶撞桥事故、乐昌庆云镇下黄村委会腊石头村小组滑坡、沙洲尾新君变电站边坡滑坡等多项应急抢险工作，得到韶关市有关领导和部门的肯定。承办广东省第47个世界地球日大型科普宣传活动。

地勘经济主要指标完成情况　2016年全队实现总收入30637.59万元，同比增长26.70%。其中：地质勘查收入841.02万元，同比减少13.60%；工勘、施工收入29488.76万元，同比增长29.12%；多种经营收入307.81万元，同比减少17.02%。预计全年利润总额突破250万元，同比增长93.37%。在职职工年平均工资收入92536元/人，同比增长15%。

做强工程地质　调整完善经营实体架构，明确各级经营班子成员，规范整合对外经营的分支机构，开展经营机构清理整顿工作，制定清理整顿工作方案和整改措施，按规定调整、撤销、合并有关分公司（分院）。开拓新业务，采用新技术、新方法，采购静载测试仪、氡气测试仪、电子水准仪、全球定位系统（RTK）、无人机等一批新设备，提高装备水平和工作效率。加强质量、技术管理，着眼于长远和可持续发展。加强工程项目招投标工作，着力跟踪国家重点投资的基础建设和民生工程项目，为其提供专业技术服务，打造“广东地勘”“韶勘院”和“地质公司”品牌。2016年加强招投标工作，共参与91个投标项目，中标23个。　（景承云）

【广东省有色金属地质局九三二队】 广东省有色金属地质局九三二队创建于1960年4月，隶属广东省有色金属地质局，正处级公益二类事业单位。九三二队设机关管理科室8个，队属二级单位12个，队长：蒋祖浩。在韶关市新华北路、西联小阳山、工业西路、广州、珠海、新疆等地设有基地和办事处。全年开展地质勘查项目14项，承担水工环地质勘查项目88项，开展商业地质勘查项目5个，有自主探矿权数5个。至2016年12月，全队在编在职职工154人。1人被授予有色局、省局“优秀党务工作者”荣誉称号。2016年，九三二队向韶关市地质学会提交地质灾害治理工程施工丙级资质申请资料，通过专家评审。

地质勘察　全年新增探矿权2个。其中，完成凡口铅锌矿接替资源勘查项目钻探进尺35608米（含井下），钻孔22个，6个钻孔单孔进尺1000米以上，15个钻孔见矿效果显著；广东省仁化县凡口铅锌矿区外围铅锌矿详查项目获得第五届中国有色工业协会地质找矿成果二等奖。承担的翁源县红岭钨矿接替资源勘查项目通过中国地质调查局组织的专家终审，取得新增大型钨矿的找矿成果，是广东省获中国地质调查局立项批准的五个项目中唯一一个取得大型成果突破的项目，该项目从野外验收、报告初审、报告终审都得到优秀。开展2014年省地勘基金项目2个。2016年，获得1个2015年省财政项目，项目设计通过有色局专家组的评审。获得1个省地勘基金项目，正在为开展野外工作做准备。2015年，九三二队向省财政申报的韶关市曲江区农业地球化学调查项目得到100万元的财政拨款，项目实施时间为2016年，完成项目设计编写，通过专家评审，正在野外采样和其他相关地质工作。广东省仁化县凡口铅锌矿区铅锌矿专门水文地质勘探获广东省地质学会2015年地质科学技术奖二等奖。

地质灾害防治　2016年，九三二队共完成地质灾害勘查、评估、设计及治理项目14个，服务地方地质灾害应急抢险工作1个。项目主要以韶关地区以及肇庆市为主，完成的曲江马鞍山环山南绿道西段滑坡（挡土墙）地质灾害应急加固以及广东省肇庆市高要区小湘镇黄禁村特大崩塌、滑坡地质灾害治理工程（二期）设计。

工程地质产业保持相应发展　2016年，工程地质产业增速明显放缓，下行明显。1—11月共签订合同项目74个。承接肇庆新区起步区长利涌上、下游，横槎、砚阳调洪湖水系综合整治工程、珠海高栏港综合保税区市政道路工程项目、东莞（韶关）产业转移工业园之特种材料创新园基础设施建设项目①号地块边坡工程等重点工程和民生工程，以及韶关市百旺隧道地灾勘察工程地质钻探、乐昌粮食局坪石粮食储备库施工勘察、翁源县2016年度高标准基本农田建设项目测量等项目。

“三旧”及棚户区改造　2016年12月，九三二队新华大院西区棚户区改造项目一期土建、配电房、验收工作完成，222套新房钥匙交到拆迁户手里。新华大院西区棚户区改造项目二期《工程规划许可证》办理完成并进行冲孔桩施工。完成小阳山“三旧”改造项目一期场地拆迁，进入土石方施工和配电工程施工阶段。小阳山“三旧”改造二期项目及新华大院“三旧”改造项目完成用地及上面构筑物的评估。（黄伟娟）

【中国中铁五局集团第四工程有限责任公司】 原铁道部第五工程局第四工程处，是“中国中铁”（601390）旗下的国有综合性一级大型施工企业，成立于1964年10月，2000年6月实现公司制改造。党委书记：张习亭，总经理：钟勇奇。公司是以公路、铁路、桥梁、市政工程施工为主的施工企业，具有3个施工总承包一级，3个专业承包一级等资质。2016年，承担非洲贝宁共和国GP公路，斯里兰卡南部铁路等项目施工。公司通过三标体系认证，是国家级计量合格企业和广东省AAA级信用等级企业。2016年，公司完成建安产值42.5亿元。完成新签合同额58.86亿元，其中路外新签合同额31.98亿元，局内分配任务27.06亿元。

施工生产　公司坚持把主要管理力量、主要生产资源投放到施工现场，为施工生产提供组织保障和资源保障。重难点项目顺利推进，京张项目高标准规划，高标准施工，为五局在全路树立良好形象。成贵、京沈、怀邵衡项目超额完成年度生产任务。沪昆、郑徐、西宁峡口、郑州地铁项目通过验收，顺利运营。现场标准化管理创誉效果显著，蒙华15标获得“中国中铁蒙华杯”劳动竞赛优胜单位；京张项目获得中华全国铁路总工会颁发的“火车头奖杯”；京沈项目朝阳北站高速铁路道岔全线首件工程一次性通过铁总工管中心验收；长临项目被业主选树为全线“标准化工地示范点”；合肥地铁3号线被合肥市评为“安全文明示范工地”。

经营开发能力　2016年公司区域经营成效显著，以片区经营为重点，在取得良好市场信誉的基础上，巩固已经取得的成绩，确保中标项目效益，全面提升中标质量。全年自主承揽任务15项，合同金额31.98亿元，同比增长50%。依据制度对取得成果的办事处进行奖励，公开面试、选拔一批公司员工，补充到办事处。成立地铁工程指挥部、长益办事处加强与相关单位的沟通和联系，精简部分办事处，优化专业化分公司的业务板块，调整土石方分公司为以“经租隧道施工固定设备资产和砂石料生产线经营管理”为主要职能的“经租服务公司”，将有限的经营力量集中，提高区域经营能力。

项目管理实验室活动　2016年公司稳步推进项目管理实验室活动开展，总结经验，系统梳理各层级制度。围绕项目管理过程的重点内容和薄弱环节，研究36项项目管理实验课题，其中《建筑施工企业以提升项目管控能力为目标的蓝领队伍建设》课题成果获得2016年度中国中铁企业管理现代化创新成果二等奖。该课题顺利通过全国审委会终审，评为“国家级企业管理现代化创新成果”。

人才科技　推进科技创新，开展重难点工程科技攻关，鼓励项目与高校联合搞科研项目；加强自主生产创新意识，钢结构分公司推进技术创新，开展隧道施工专用设备产品研发，研制出隧道中心水沟台车、八字筋压模机、深圳地铁多断面衬砌台车、风机段二衬台车等，拓宽市场，提升竞争实力；通过广东省四级营业性爆破作业单位审批，可在全国范围内从事营业性爆破工作；人才结构趋于合理，公司一级建造师60人，注册其他类工程师31人。

（刘　维）

【广东中烟工业有限责任公司韶关卷烟厂】　始建于1950年6月1日。2002年，在行业“1144”战略的指引下，兼并南雄卷烟厂，产量规模由18万箱提升到26万箱。2005年，广东卷烟工业企业重组，成为广东中烟公司属下的一个生产点。通过不断改革发展，2016年，韶关卷烟厂年卷烟生产能力达56.7万箱，主要生产“双喜”系列品牌卷烟。企业拥有5000公斤/小时的制丝线一条，570公斤/小时的二氧化碳膨胀烟丝生产线一条，卷接包机组17台套。企业占地面积约10.3万平方米。截至2016年底，共有从业人员762人。2016年，广东中烟工业有限责任公司韶关卷烟厂先后获得“韶关市模范纳税户”“全国烟草行业‘六五’普法先进单位”称号，1人被广东省人力资源和社会保障厅授予“广东省技术能手”，1人获全国烟草行业职业技能竞赛ZJ17第四名。党委书记、厂长张卓研。

经济指标　2016年，韶关卷烟厂完成卷烟产量41.7万箱，同比减少1.3万箱，下降3.02%；实现产值60.38亿元，同比减少4.92亿元，下降7.54%；税金实现数33.96亿元，同比减少4.54亿元，下降11.82%；税金入库数33.45亿元，同比减少5.11亿元，下降13.25%。

柔性化生产管理　在实现数据化管控生产的全过程中，通过采取错位生产的组织模式，应对软硬产品结构不平衡、生产计划频繁调整、仓库库容严重不足等不利因素，完成公司下达的生产任务，保障市场供应。2016年，为品牌转移、联合生产提供膨化烟丝299.79吨，提供加香增塑剂91吨。

降本增效　通过推进系统性的全员改善，企业整体运行效率得到整体提升。2016年，韶关厂降本增效节约1883.41万元；全年梳理、提炼出降本增效、精益管理和管理创新课题11个，选送公司发布的QC成果获公司二等奖1个、三等奖2个。共收集、反馈合理化建议654件，采纳493件，一点课件数319件，全员改善项目数267件。通过加强清洁生产规范的执行，促进企业清洁生产，年度清洁生产自评为432分，连续第八年达到国家“AAAA级”水平。

优化精益质量管理　以完善质量防差错管理为手段，结合专项检查、不定时工艺巡检等灵活检查模式，加强卷烟过程质量管控，落实“质量问题不过夜”的理念，产品质量整体受控。2016年，韶关厂产品市场抽检合格率、卷烟焦油量合格率、包装和卷制质量抽检合格率均为100%。根据行业卷烟工厂对标数据，韶关厂年度国家局抽检包装与卷制质量加权得分98.9分。卷烟焦油量

▲2016年4月15日，广东中烟党组书记、总经理唐健（右二）调研技改现场

（徐叶巧　摄）

值与实测值偏差0.3毫克/支。烘丝机出口水分偏差0.003%。等质量指标位于公司前列。年度市场投诉率处于受控水平。针对11月投产新品双喜（硬紫红玫王）的投产，制定落实相应工艺标准、产品质量控制等方案。在保障质量的前提下，原辅材料准时到货率和成品准时出货率均达100%，原料储存损耗率仅为0.001%，达到行业先进水平，同时也是多年来公司转版材料零报废的唯一生产点。

全面强化设备管理　2016年，韶关卷烟厂在设备类固定资产投资及维修改造投入达5969万元，项目共27个。韶关卷烟厂以加强设备自主维护、设备点检和设备状态监测为手段，持续开展设备改善活动，同时编制《设备维修质量验收标准》。2016年，韶关厂设备有效作业率102.81%、卷接设备运行效率103.44%、包装设备运行效率90.68%、设备故障停机率0.22%。

全员协同营销　按照公司全员协同营销工作的要求，先后组织3批共30人的团队到清远、韶关等地区，助力宣传推广双喜品牌。建立激励机制，制定《韶关卷烟厂全员营销奖励方案》，鼓励员工响应全员营销工作积极性。2016年，全厂员工累计助销双喜一类烟5192条。做好新品双喜（硬紫红玫王）上市前的意见征集、营销策略等相关工作，力争双喜（硬紫红玫王）韶关销售实现开门红。

升级技术改造水平　厂区片烟仓库于2016年2月正式收烟入库，作为韶关地区最大的单体仓储建筑，厂区片烟仓库已开始发挥仓储及物流等环节的作用，缓解仓储压力。制丝线及配套工程技术改造项目完成主体结构施工，所有工艺设备到货，动力、安全等模块按计划推进。

严控安全防线　以“安全标准化岗位安全达标”“安全生产月”“119消防月”等活动为载体，不断激励员工参与安全生产的积极性和主动性，结合层层签订安全责任书、开展安全专项检查和综合检查，生产作业和技改项目安全进行，实现公司“七个为零”（一般伤亡事故为零；工伤死亡事故为零；一般火灾、爆炸事故为零；一般交通责任事故为零；突发公共卫生事件为零；环境污染事故为零；突发恶性案件为零），厂部“八个不发生”（不发生责任重伤事故；不发生责任工伤重伤事故；不发生火灾、爆炸责任事故；不发生交通主责事故；不发生突发公共卫生责任事件；不发生环境污染事故；不发生责任治安刑事案件；不发生职业病）的安全管理目标。（曾　莹）

【丹霞山冶炼厂】　该厂成立于2007年，厂长：刘野平，党委书记：江晓武。2016年，丹霞冶炼厂全年生产锌及锌制品11.98万吨，为年预算的（11.5万吨）104%，同比提高1.2%。其中4N7锌锭3.63万吨；硫磺3.41万吨，为年预算的125%，同比提高13%；硫酸4.10万吨，为年预算的96%，同比提高72%。

生产技术指标再创新高　2016年，丹霞冶炼厂实行“精益生产，指标优先，消耗总控，梯次利用”生产管理原则，以问题为导向，抓住制约产能提升和指标优化关键因素和短板，组织生产，攻关技术难题，破解生产瓶颈，强化设备维护保养。主要技术指标：高压釜浸出率98.42%，比上年高0.59个百分点。铅银渣含铅12.94%，比上年高0.57个百分点。置换渣含锌16.7%，比上年低0.13个百分点。铁渣含锌13.09%，比上年低0.69个百分点。高银渣银品位5.85公斤/吨，比上年高0.67 公斤/吨。

经营实现重大转折　全年亏损约2900万元，比预算少亏9595万元，比上年减亏1.28亿元。通过推行运营改善与成本削减“两个计划”，工厂自4月开始扭亏为盈，实现连续8个月盈利（10月检修除外）。这是工厂历经八年磨砺后首次连续月度、季度、半年度盈利，是工厂发展史上的转折。

安全环保平稳有序　深入开展安全环保培训1000余人次，严格落实安全环保主体责任，夯实安全环保管理基础。利用移动互联网平台，按照“全覆盖、零容忍、严执法、重实效”要求，开展常态化安全环保检查和隐患排查治理活动，查处共整改各类隐患84项，降低安全环保风险。加强职业健康管理，委托韶关市职业病防治院对659名职工进行职业健康体检，并对生产现场及公共场所空气、物理因素等进行职业病危害现场检测，确保职工职业健康与安全。强化安全环保应急管理，修订各类应急预案20余项，组织开展综合回收火灾等10余项应急预案演练，参演人数700余人次，提高应对突发事件应急响应能力。实现三废达标排放，主要污染物减排达到国家要求，现场环境本质改善。

精简机构　推动“三项制度”改革，初步建立“职务能上能下、人员能进能出、收入能增能减”激励约束机制，营造干事创业良好氛围。深化用工制度改革。以“四定”（定岗、定编、定员、定责）工作为突破口，全面推进机构整合与职能优化，组织机构由17个压缩为15个。车间按军队模式管控，推行“小车间、大班组、大区域、大工种”作业，车间直管班组，实现“生产管控集成化”；职能部室推行“专业部门本职化、管理岗位实职化、工作职责清单化”管理模式，实现管理“流程化、精细化”，管理效能提升。实施工资总额包干核算机制，薪酬分配向生产一线倾斜。（黄育平）

【广东省储备粮管理总公司韶关直属库】　成立于2004年9月1日，隶属广东省储备粮管理总公司，非独立核算单位，主要职能为承储省级储备粮。库区总占地面积10.12万平方米，一期总仓容5.4万吨，二期总仓容5.1万吨。现有员工24人，主任侯传忠。2016年，韶关直属库实现年度经营总收入同比增长36%，比总公司核定的年度费用节约15%。

韶关直属库二期扩建工程完工　是广东“粮安工程”的重要组成部分，也是国家重大项目、省市级重点督办项目，于2016年10月完工，通过验收。二期扩建仓容5.1吨，缓解韶关地区粮食储备仓容不足的难题，它的完工填补粤北地区立筒粮仓仓型空白的历史，提高韶关市粮储技术的整体水平。

租仓代储　做好新早稻收购的有关工作，省储备粮利用社会粮食仓储设施，拓展租仓代储业务，2016年度在韶关地区租赁社会仓容8.8万吨。

平房仓屋补修　韶关直属库建库有12年，平房仓兼顾自身的缺点老化现象严重，2016年度韶关直属库对平房仓屋面和墙体进行维护和翻修，铲去原有沥青层，填补缝隙，使用改性沥青防水卷材重新进行高温黏补，使屋面墙体不再漏雨，同时也提高仓房气密性，为仓储保管工作奠定良好的设施基础。

水冷空调仓容实验　2016年度韶关直属库开展水冷空调在平房仓储粮中的应用实验。水冷空调的原理为利用自来水在波纹滤芯层表面形成水帘，空气经过水帘进入仓内时会被水帘吸热而降温，从而达到降低仓温的目的。水冷空调利用自来水或地下水等自然冷源降低介质温度，有着能耗低、廉价的优点，且降温效果明显。实验表明在炎热的夏季，使用水冷空调的仓房仓温比未使用水冷空调的仓房平均低10℃，平均粮温低5℃，帮助储粮安全度夏。空气在通过水帘时，除能降低温度外，还可以增加湿度，对于降低出库水分损耗有明显的效果。此项技术现十分成熟，多处兄弟单位及市县级粮库相继到韶关直属库参观学习。

粮库创新　采用“仓储工作台历”和“三单一志”（责任清单、任务清单、考核清单和工作日志）结合的管理模式，强化过程管理，力图在仓储条件、储藏技术和管理模式上都走在前列。

（麦毅莎）

▲珠玑服务区加油站获得“广东省第一大站”称号　（徐叶巧　摄）

【中国石化销售有限公司广东韶关石油分公司】　系中国石化下属销售分公司，于2000年8月16日注册成立，公司性质为股份有限公司（国有控股），覆盖韶关辖区7个县（市）3个区，有9个职能管理部门，下设8个市、区、县公司，在职员工842人。经理苏茂，党委书记吴小聪（任至10月）。

主营业务　公司主营汽油、柴油、润滑油、天然汽等，兼营加油站便利店、餐饮、汽服、电子商务等非油品业务，拥有88座在营加油站，3座加气站，2座在营油库、库容5.85万立方米。

企业效益　2016年，公司销售成品油69.06万吨，实现营业收入38.16亿元，非油品销售实现营业额2.06亿元，向当地缴税总额0.70亿元。

企业荣誉　2016年，公司获得广东石油“四好班子”荣誉，获评省公司2016年度“比学赶帮超”工作“优秀组织单位”称号、省公司“安全环保先进单位”称号。在中国石化销售企业地市公司综合竞争力排行榜中排名第38位，在中国石化集团公司易捷便利店“名品进万家”销售竞赛中进入年度及季度“五十强”。公司被广东省工商行政管理局授予“守合同重信用企业”称号，被团省委授予“广东省五四红旗团委”称号，翁源路通加油站被省总工会授予“2016年度广东省‘模范职工小家’”称号，30多项荣誉。

珠玑巷服务区继续保持广东省第一大站称号　2016年，珠玑巷服务区以“全国百佳示范服务区”“文明服务区”为依托，全年销量再创历史新高达10.78万吨，继续保持广东省第一大站称号，在集团公司油品销售企业获得“文明服务示范窗口”称号。

开展大型综合应急演练　2016年8月，公司联合韶关市及曲江区的消防、安监、环保部门及曲江区人民医院在曲江城区油站开展综合应急演练。5台大型消防车、1台110急救车、40多名身着防化服的消防官兵、50多名油站站长及员工参加应急演练。本次综合演练主要模拟罐区槽92号汽油泄漏、着火事故来开展，整场演练持续35分钟，为企业经营发展保驾护航。

环境保护　2016年，公司投入388万元对油站及油库进行隐患治理，对油罐、配电柜、电路等设备进行更新，对油站设施、油库化验室等进行整改。投资约2400万元，完成81座加油站油气回收改造工程、又投入500多万元完成油库油气回收治理工程，主动完成油气回收改造。开展“碧水蓝天”改造项目，投资约60万元对近70座油站的环保沟和隔油池进行改造。

志愿服务　2016年，先后有1000多人次参加“情暖驿站、满爱回家”“暖冬行动”“3·5”学雷锋、义务植树、“爱心加油站”“家文化建设”等50多次主题志愿活动，志愿服务活动投入资金20多万元。

（唐秋林）

市属重点企业

【广东韶能集团股份有限公司】 公司是以清洁、可再生能源的投资开发与经营为主营业务，兼有新能源、汽车零部件、植物纤维制品和贸易业务的上市公司。公司于1996年8月30日在深圳证券交易所挂牌上市，股票简称“韶能股份”，股票代码“000601”。截至2016年12月31日，公司总股本为10.81亿，资产总额90亿元，净资产44.98亿元；电力总装机97.221万千瓦，其中水电装机67.22万千瓦，综合利用发电装机24万千瓦，生物质能发电装机6万千瓦。可再生能源和清洁能源固定资产原值占总固定资产原值比例达80%以上。董事长、党委书记陈来泉。公司获得售电业务许可证牌照，列入广东省售电公司目录企业名单。

经营效益 2016年完成收入32亿元，与2015年同比（下同）增长6.4%；工业总产值27.27亿元，同比增长11.33%；工业增加值15.11亿元，同比增长18.37%；实现利润总额6.2亿元，同比增长48%，净利润4.63亿元，同比增长53.62%。受厄尔尼诺现象影响，2016年全国平均降水量比正常年份偏多23%。公司所有水电企业发电量均有大幅的增加，全面完成经营任务，经营效益提升，发挥核心资产应有的作用。公司下属贸易公司2016年完成营业收入5.55亿元，实现利润0.13亿元，分别完成年度预算目标任务的138.75%和396.33%，利润同比增长146.92%，继续保持有效增长的良好态势。

项目建设 2016年，公司新开工建设新丰旭能生物质发电项目、绿洲公司扩产三期项目、韶关市区充电桩项目，续建珠玑公司延伸产业链项目，均实现安全、优质、高效、廉洁、节约建设的预期目标。

电火产能 2016年面对降雨充沛，电力市场负荷锐减、火电上网负荷较大程度受限等诸多不利的因素，公司下属综合利用发电厂多措并举、创造性开展工作。加大上网协调力度抢发多发，强化设备管理，确保生产设备良好运行，做好低价位煤炭的合理存储，做好管理损耗，控制发电标煤耗、热值差、厂用电率；使得产能得到有效发挥。2016年生物质发电企业逐步建立燃料管理体系，规范各级各类人员行为，加强燃料品质的有效管控，实现稳产增效。

能源企业转型升级 年度内，公司下属企业绿洲公司实施创新驱动发展战略，推动产业转型升级，机器人应用项目获得广东省企业管理现代化创新成果一等奖。应用效果显著，达到降本增效的目标：劳动生产率提高3倍，制造费用下降20%以上。2016年实现不含税营业收入2.04亿元，利润1086万元，实现企业效率和效益双提升。2016年公司新能源板块逐步退出传统业务，向天然气、加油加气、充电桩一体化的汽车后服方向转型并初见成效。 （陆 颖）

▲2016年11月，韶能集团下属企业绿洲公司机器人应用项目获得广东省企业管理现代化创新成果一等奖 （韶能集团 供）

【广东省韶铸集团有限公司】 公司是市属国有企业，中国最大的铸锻件专业生产企业之一。股东分别为韶关市工业资产经营有限公司、中国东方资产管理公司、中国华融资产管理公司。1969年成立，注册资本1.68亿元，主要生产铸钢件、铸铁件、锻钢件、精锻件（轴承毛坯）、破碎机等，拥有广东省著名商标“韶铸”、广东省名牌产品“双拳牌破碎机”以及在行业中享有较高声誉的“宇航”牌吊钩。2016年有从业人员1658人，固定资产2.8亿元，实现工业总产值6.27亿元，出口交货值0.12亿美元，上缴税金0.32亿元。董事长沐清潞，党委书记沐清潞（任至8月）、杨国华（9月任职）。

推进内部改革 2016年2月成立经营办，整合公司经营力量。开展内部标杆学习，从2月至年底，在生产经营单位开展“学习精锻、赶超精锻”活动，调整部分生产经营单位领导班子。4月提出“原地升级改造择机搬迁项目”，开展前期方案论证等工作。7—9月，启动中国东方资产管理公司、中国华融资产管理公司两个股东的股权回购工作，中国东方资产管理公司和中国华融资产管理公司委托中介，完成对韶铸股权审计、评估等工作。9月起，打造锻造分厂改革试验田，批准锻造分厂试行独立经营，实施“独立运行、自负盈亏”考核，员工双向选择。

开展技术改造 共立项18项，开工12项，完工验收4项。技改完成投资126万元，技改合同支付611万元。主要项目为引进瑞士AMP50-9高速精锻机，完成主机及配套加热炉定购、项目前期设备平面布置论证及审核等工作。《高端汽车轮毂轴承套圈精锻件研究及产业化》项目获市科技进步一等奖。

与广州万宝集团签约合作 2016年7月20日，市国资委、广州万宝集团及韶铸集团三方在广州签约，达成战略合作框架协议，在市国资系统贯彻实施“主动融入珠三角”战略中率先取得重大突破。市委副书记、市长骆蔚峰，市委常委、常务副市长陈波，以及广州市委常委、市政府党组成员周亚伟等共同见证签约。

【韶关市工贸资产经营有限公司】 简称工贸公司，成立于2008年4月，注册资本为1亿元，企业性质属国有控股（其中：工业占68.5%，商贸占31.5%），拥有12家全资子公司，7家投资参股公司；经营范围涉及资产运营、房地产投资开发、矿业投资开发、物业服务、物业租赁、汽车维修、汽车检测、驾驶员培训、交通拯救、建筑机械制造及销售；全系统在职人员数330人。党委副书记、副董事长、副总经理林东军。

重点项目 兴隆市场和启明北市场升级改造完成总投资约1800万元，工贸公司组织专项组在不到半年的时间里，完成第一批公办市场改造升级工作，得到市领导高度赞扬和市民的肯定，创造较大的社会效益。江南公寓和顺和公寓项目完成投资约1000万元，累计收回政府回购资金4200万元，实现政府回购资金100%回笼的目标。江南公寓实现销售合同金额52万元，签订认购协议金额221万元。祥和公寓项目做好开工前准备工作，完成项目修建性详细规划指标调整，继续深化施工图设计工作，完成投资约3500万元（其中土建投资完成约800万元）。

社会问题处理 全年安置职工194人，其中五年内退休人员2人，解除劳动合同1人，离退休人员191人，合计安置费用约1500万元（借资）。1间企业待法院确认进入结案程序，1间企业待国资委批复进行资产处置，3间企业准备结案。完成省道248线建设涉及红线

▲2016年2月26日，市金财集团与广东国储物流股份有限公司、上海华信国际集团有限公司签署韶关国储石化有限公司增资及股东协议 （市金财集团 供）

范围内的市第一建筑材料厂86户职工住户和多个租户的搬迁工作，确保省道248线工程建设的顺利进行。完成167户住户的水改工作，支付水改费用45.32万元。接待查找和转接早期离职人员人事档案资料428人次。为市直行政性总公司逝世人员25人办理丧葬费和抚恤金的申报和发放工作。接待来访职工群众114人次，收到信访件10件，回复率100%。

安全管控 2016年组织安全管理人员9人考取安全管理证书，组织各项安全检查36次，排查安全隐患1222处，下达整改通知书366份，并组织3次安全学习和演练，防范重特大事故的发生，安全生产状况保持稳定。完成62处物业的日常维修工作，使物业得到有效维护。2016年以来，公司通过派发、张贴各项安全通知243份，整治排查安全隐患35处，保障出租物业的安全。本年公司管理的物业中没有发生任何因管理原因造成的生产、消防安全事故。

【韶关市东南控股有限责任公司】 成立于2009年2月，经营范围主要是对市国资委授权或委托管理范围内的企业国有资产进行经营管理。董事长、总经理高仁辉。公司前身为1987年成立的东南冶金矿产（香港）有限公司，为韶关市唯一的驻港窗口公司。公司成立后，对东南冶金矿产（香港）有限公司及之后陆续成立的韶关市盈通物流有限公司、韶关市盈创贸易有限公司等11家公司（境内公司6家，境外公司5家）履行出资人和管理人的责任，业务涉及进出口贸易、物流运输、委托加工、成品油销售、物业租赁等行业。经营止跌企稳。2016年，公司围绕“三个不”的总体目标，即力争经营业绩不下降、营业收入不减少、极端困难局面不出现，部署推动公司上市、化解经营及债务风险、开拓新项目和规范内部管理等四项重点工作任务，推动公司经营逐步企稳向好。截至2016年底，公司有员工总数195人，全年实现营业收入1.54亿元，代理跨境电子商务零售出口14.52亿元，营业额同比增长484%；实现净利润911万元，减少负债624万元；员工人均收入同比增长4.5%；化解0.33亿元的资金担保风险。

企业发展壮大 基于东南冶金矿产（香港）有限公司窗口企业独特发展优势和香港资本市场现状，在深入调研的基础上，公司提出整合有关企业组建集团赴港上市的思路，得到市委市政府领导的高度重视，被列入韶关市五大投融资平台公司之一。韶关市领导先后专题听取汇报，研究指导下一步工作。其

▲2016年12月29日，与广东海印集团有限公司签署战略合作框架协议
（市金财集团　供）

间成立韶关市推动东南公司上市工作领导小组。优化盈通物流公司的运力和管理，密切与广东中烟的联系沟通，谋划成品烟承运招投标工作，2016年新增营业收入800万元。开拓委托加工业务、新建加油站项目，实现当年启动、当年盈利，年新增营业收入2000余万元。

（谭桃华）

【韶关市金财投资集团有限公司】 简称“金财投资集团”，成立于2015年12月18日，注册资金5亿元，总资产41亿元，净资产18亿元。截至2016年12月，公司利润总额1亿元，上缴利税2.1亿元。公司内设9个部门，子公司15个，其中全资子公司9个、控股公司2个、参股公司4个。党委书记钟裕荣，董事长、总经理吴武超。2016年7月，成功召开中共韶关市金财投资集团有限公司第一次代表大会，选举产生第一届党委、纪委领导班子。

主营业务　初步确立做强做优“建设”和“能源”两大板块。建设板块方面，依托市一建，拓展各类工程建设项目业务。通过组建基金公司、设立产业基金，发行债券、银行融资等为公司各类项目所需资金提供保障，成立小额贷款公司及担保公司配套解决自身工程项目尾款问题。能源板块方面，依托绿能公司、金元燃气公司、韶关国储石化公司，利用好本市的优质能源资源，拓展电力购销、管道燃气经营、成品油批发与零售等业务，做强能源板块。

推进项目建设　加快推进续建工程项目的建设进度。云峰诗意一、二期项目、芙蓉北路（西出口）改扩建工程BT项目、儿童职业体验馆装饰工程等续建工程。加快推进新开工项目的组织实施。东环线土地整治项目、李汉魂公馆修缮项目等。完善城市花园乳韶路小区、广东北江中学新运动场、城市驿站泵站公园、芙蓉新城韶关市商会大厦、江湾片区项目包、广富楼等项目的前期工作，促进项目及早动工。

项目资金融资渠道拓宽　推进政府购买项目，与国开行、农发行对接，为政府购买服务项目提供资金保障。探索多种金融工具，与中国银行、建设银行对接保障自营项目资金到位。做好股权基金的设立及投放工作，与前海人寿公司、东莞证券公司共同设立基金公司，总规模28亿元。通过股权投资及其他投融资方式进行投资，以实现资本增值。与粤财公司及建行谈判另外两支基金，基金总规模初定35亿元。主要用于解决2017年各政府购买服务项目资本金问题。成立小额贷款公司，激发经济活力。围绕国家相关政策和小额贷款行业发展要求，贯彻落实普惠金融服务宗旨。

主动承接市政府采购服务项目　未来几年公司将承接包括“上饶路（桥）”在内的21个项目的建设任务。公司开展与各县（市、区）的PPP项目合作，参与融入全市的投资建设工作。推进韶关市三年提升计划——“五小项目”。公司委托相关单位完成十里亭全民健身广场、西河镇政府南社区公园、帽峰大桥西体育公园及南郊三公里全民健身广场的用地的放线、放点工作，其中帽峰大桥西体育公园和南郊三公里全民健身广场项目施工单位完成清表工作，相关工作在协调中。由公司负责市区范围内旧城提质项目推进工作，经甄选与市规划局多次沟通，公司选择沙洲尾交委地块（停车场）、三泉美食城地块（运动及小公园）等一批备选项目报市政府。对市区范围内有旧城提质改造需求的区域进行调查，储备新华北路石化公司、东岗岭五金批发市场等一批项目，开展前期准备工作。

市场开拓经营　立足国储油库，进军成品油市场。韶关国储石化有限公司项目是由广东国储物流股份公司上海华信国际集团公司以及金财集团成立的合作公司，2016年合作公司共赢利500多万元。防止垄断经营，拓展燃气市场。市政府参照省的做法，由市政府主导建设市区天然气门站项目。市金元燃气有限公司引入港华燃气公司。增资扩股后股权组成金元公司占70%，港华燃气占30%。推进增资扩股相关工作。落实电改政策，涉足新兴售电市场。集团公司联合具有资金和管理等优势的韶关市鸿正投资有限公司及具有电力技术、人才、设施设备和经营管理等优势的东莞市翔阳实业投资有限公司合作，于2016年5月共同成立韶关绿能售电有限公司，截至2016年12月，公司实现年交易电量1.1亿千瓦时，销售收入246.8万元，总签约用户30家，年总用电量约12亿千瓦时。成立韶关金涛贸易有限公司，其中股权结构：金财公司占65%，龙润公司占35%，公司业务开展良好。对闲置、到期资产进行盘活，提高资产的租金收入。把握商机，盘活自营项目。百年东街整体经营权出租挂网条件报市政府通过。与海印集团签订战略框架协议，涉及物业转型、新能源汽车、文旅项目等多元化发展战略。

（尹　加）

【韶关市荷花园酒店有限责任公司】 荷花园酒店前身为“沙湖宾馆”，市政府收回管理权后，全额投资改建和扩建该酒店。韶关市荷花园酒店有限责任公司成立于2009年10月26日，2009年12月8日开业。党支部书记、董事长、总经理曾玉梅。酒店位于韶关市武江区沙湖公园内，是一间集客房、餐饮、会议、商务中心为一体的按四星级标准建立的旅游商务酒店，绿化面积达99%。荷花园酒店由餐饮楼、客房主楼6号楼及7个附楼组成，出门即有绿道环绕，可徒步亦可骑行，客房103间，床位175个。各类服务配套设施设备配套齐全，满足客户会议、商务、休闲的需要。

酒店人事管理改革　2016年4月，根据酒店发展的实际情况和经营管理需要，成立酒店领导班子，明确班子成员分工安排。8月21日，经政府批准，韶关市荷花园酒店有限责任公司出资人变更为韶关市旅游发展投资集团有限公司。

开展护栏整治工程　2016年，荷花园酒店开展酒店渔塘边护栏整治工程，工程的总护栏面积为283平方米，人行道面积为275平方米，步梯2座。整治工程于12月动工，主要是将原来实木护栏及地板进行拆除，改造成水泥仿木护栏及水泥仿木的人行道地板，在平台路面设置2%的单向排水排水坡。

（谢月红）

【韶关市粤运汽车运输有限公司】 公司是由原广东省韶关市汽运集团有限公司通过股权转让、资源整合组建的国有控股企业，是韶关市唯一的“二级道路旅客运输企业”，有在岗职工1491人，下设19个客货运输分公司，10个控股子公司，在韶关市3个区6个县（市）均设有汽车客运站。于2014年通过ISO 9001质量管理体系认证，主要经营客运站场、班车客运、包车客运、出租客运、公交客运、货运物流、驾驶员培训、汽车维修、充电设施建设运营等。

经营业绩　公司占韶关区域（新丰除外）道路客运市场份额的67%，拥有客运站场29个，市内、市际和省际客运班线212条，营运客车、公交车、出租车等营运车辆1206辆，公路客运网络覆盖全省，向湖南、江西、广西、福建、浙江等省延伸。2016年，公司完成客运量2069万人次，客运周转量101984万人千米；完成营业总收入2.30亿元；实现利润总额0.37亿元，归属于母公司净利润0.27亿元。截至2016年12月末，公司总资产4.6亿元，净资产2.98亿元。

公司荣誉　2016年，公司被推选为广东省道路运输协会常务副会长单位、韶关市道路运输行业协会会长单位，被交通运输部、中国道路运输协会、中华全国总工会授予“中国道路运输百强诚信企业”“全国交通建设系统工人先锋号”“全国工人先锋号”等多项荣誉称号。

（张育强）

【韶关市公共汽车有限公司】 公司是韶关市人民政府国有资产监督管理委员会监管企业，属国有独资有限公司，主要从事城市公共交通运输工作。市公汽公司内设5个部门、4个分公司、1个修理厂，党委书记、董事长、总经理李维全。属下有6个分支机构。公司2016年在职职工753人；有公交站场7个（火车东站北广场、武广站场、碧桂园凤凰城站场、碧桂园太阳城站场、旭日站场、帽峰桥底站场、鑫金汇站场），站场面积5.4万平方米；营运线路49条（含10条快线），营运车辆536台。2016年，营运线路客运量4668.3万人次，行驶里程2091.8万公里，营运收入0.55亿元。

公交线路优化　市公汽公司2016年新开线路3条，优化线路13条，启用碧桂园太阳城和鑫金汇站场。公汽公司一分公司9路线获得2016年“全国工人先锋号”称号。

推广新能源汽车　2016年分三批购买纯电动公交车125辆，公司有新能源纯电动公交车240辆。市公汽公司被评为2016年广东省城市公共交通新能源汽车应用推广先进会员单位。

基础设施建设　加快推进充电站（桩）建设。公司在力士通场地（14个充电桩）、南郊八公里（7个充电桩）、十里亭（7个充电桩）投建的三座充电站，于6—8月相继建成并投入使用。9月—12月，韶冶（2个）、碧桂园凤凰城（1个）、大塘花海（1个）、鑫金汇（2个）充电桩建成并投入使用。在原力士通场地，南郊八公里、十里亭安装3台全自动巴士洗车机，为营运车

▲2016年4月，公汽公司一分公司9路线获得2016年“全国工人先锋号”称号

（市公汽公司　供）

辆保洁提供有力保障。

建造社会主义核心价值观示范基地 市公汽公司投入资金20万元，在公司办公大楼前面约2000平方米空地建造以社会主义核心价值观为主题，结合企业文化、职工健身、广场绿化为一体的社会主义核心价值观示范基地。（廖韶薇）

【**韶关市城市投资发展集团有限公司**】简称韶关城投集团，是2003年9月成立为有限责任公司，是芙蓉新城投融资建设主体。2013年8月，由韶关芙蓉新区管委会管理。2016年6月纳入市国资系统管理，2016年10月改名为韶关市城市投资发展集团有限公司。董事长兼总经理李功保。

主要经济指标 固定资产完成投资23.5亿元，较年度投资目标超额7.25%。融资放款超15亿元，较年度融资放款目标15亿元超额11.3%。完成非财政资金融资（含授信）94.52亿元，提前超额完成“韶关市城市提升三年基本成城行动方案”三年50亿元融资任务。合并经营收入达10769万元，较年度目标0.9亿元超额15.6%。韶关城投集团形成“股、债、贷”为代表的组合式融资体系。2016年，集团全年融资完成重点项目非财政融资（含授信）94.52亿元，其中政策性银行融资（含授信）55.6亿元，商业银行贷款10.3亿元，股权基金18.62亿元，企业债券10亿元。

企业债发行获市场认可 2016年10月，集团首次发行企业债，发行期限为8年，额度为10亿元。该企业债利率为3.6%，较同期贷款基准利率下降25%，显著低于同期发行的同级别AA级企业债券，是韶关市发行的第二支企业债券。

撬动社会资本13亿元 2016年，集团代表市政府履行出资人义务，出资4.48亿元与粤财投资公司旗下广东粤财信托有限公司共同成立芙蓉新区发展股权基金，撬动社会资本13.52亿元，推进城市改造基金设立工作。

项目、债券获取贷款 及时把握国家对于重点项目的政策支持，与国开行、农发行、华夏银行等多家政策性及商业银行达成合作关系。其中，芙蓉新区城市地下综合管廊及同步建设工程项目获得国家开发银行贷款授信50亿元，芙蓉新区土地储备项目取得农业发展银行贷款5.6亿元；芙蓉新区房屋拆迁安置项目取得华夏银行贷款授信8.8亿元，集团下属鸿源公司取得华夏银行流动资金贷款1.5亿元，累计获得贷款融资65.9亿元，解决项目建设资金。2016年办理债券转贷8.25亿元，累计办理债券转贷21.07亿元，解决近几年还本付息压力。

安居工程 芙蓉村、西联村安置房项目完成安置房主体施工。完成基础及主体验收，芙蓉村完成302户居民分房，西联村完成99户居民分房，车头村安置房主体工程基本封顶，下胡村安置房初步完成临时设施的建设。市国有工矿棚户区改造项目二期（南地块）的各栋主体工程完成封顶，市国有工矿棚户区改造项目（三期）进行主体结构施工路网建设，百旺路、滨江路完成主行车道、人行道及路灯架设工作，南华路具备竣工验收条件，5号路完成初步临时设施建设，8条路网项目包完成临时设施建设，开始道路施工。芙蓉隧道西线于2016年12月6日贯通，东线完成工程量80%。

公建项目 综合客运枢纽站项目完成四层裙楼，塔楼主体21层封顶。芙蓉新区地下综合管廊及同步工程启动一标段工程，盆景山公园项目完成修规报审工作，城市功能提升项目城投集团商务中心工程顺利启动建设。

经营项目多维度拓展 通过墓地、广告资源、停车场、物业租赁、南华纪念园、芙蓉园物业、地下管网等经营项目，取得经营收入约1600万元。与韶能集团、市公汽公司、韶关粤运、金投集团等实属开展新能源充电桩、驾驶员培训、小额贷款、融资担保、商业地产等业务合作，与广业资产公司、广东省机场集团、广东省粤电集团等签订合作协议并开展成品油、天然气、机场建设、航空产业园、南水水库合作等；与优秀民营企业东莞东阳光、中泰国际控股、韶关碧桂园等结成战略合作伙伴关系。

（兰光有）

▲2016年9月2日，韶关城投公司与韶能集团、韶关公汽正式签署了合资成立金源新能源科技有限公司的协议（市城投公司 供）

重点民营企业

【**广东五联木业集团有限公司**】公司成立于2002年5月15日，注册资本1亿元，是一个民营股份制有限责任公司，企业经营范围是：木材、人造板、装饰板、胶料及其制品的制造、收购、加工、销售；货物进出口。公司坐落于广东省韶关市曲江区白土工业园，占地面积26.67公顷，是以三剩物和次小薪材为原料生产高质量环保刨花板的资源综合利用生产企业，公司有员工300

多人。2016年销售收入3.28亿元，利润4000万元，增值税缴纳2300万元。公司拥有国际上最先进的德国Dieffenbacher9英尺年产30万立方米的刨花板全套生产线和技术，生产的刨花板为绿色环保（E1、superE0）产品，可根据市场需求生产特殊规格板材，深受客户喜欢，产品主要销往珠江三角洲市场及华东、华北、东北、西南市场。公司产品应用于高端家具，公司与欧派、索菲亚、皮阿诺、尚品宅配、曲美一线品牌宜家家居、红苹果等多家国内外上市公司签订长期合作协议。

【韶关市起重机厂有限责任公司】 前身为韶关起重机厂，始建于1976年，2002年12月转制重组为有限责任公司，是一家专业生产汽车起重机等工程机械、特种车辆的国有企业，是国家定点专用汽车改装厂、韶关市重型装备保障维修成员单位，有着丰富的汽车改装经历。公司发展注册资金1500万元，占地面积约11万平方米，建筑面积近2万平方米，主要生产设备200多台套。公司有员工230人，其中大专以上学历的科技人员54人，占总人数的23%。2016年销售收入6000万元，上缴税金268万元。公司是集研发、制造、销售、维修服务为一体的多元化经营企业，有“工程起重机”“专用车”两大系列30多个品种，形成年产5000多辆各类型专用汽车生产能力，在国内有一定的知名度。产品全部列入国家车辆生产企业及产品公告，通过国家3C认证，随车起重机获得国家质监总局颁发的特种设备制造许可证、汽车起重机特种设备制造许可证。公司产品销往全国20余省、市、自治区，与华菱、江淮等十多家大型汽车集团公司建立合作伙伴，成为各大厂家改装自卸等华南地区专用汽车改装基地之一。公司是国家高新技术企业、广东省民营科技企业。

【广东粤佳太阳能有限公司】 广东粤佳太阳能有限公司于2007年注册成立，是一家专业生产太阳能光热产品的有限责任公司，注册资金1000万元，有员工36人。公司经营产品主要包括：太阳能热水器、热泵热水器、太阳能光电产品（太阳能路灯、太阳能光伏发电系统、太阳能杀虫灯等），产品主要销往湖南、广西和广东本地。2016年实现销售收入总额560多万元，利润总额16万元，税收总额28万元。 （伍雪雁）

【广东鸿源众力发电设备有限公司】 广东鸿源众力发电设备有限公司是一家电气机械装备制造企业，具有60年生产水轮发电机组成套设备历史。公司注册资本1.1亿元，年工业总产值和年销售收入超2亿元、纳税超千万元；是广东鸿源机电股份有限公司属下一家独立法人、独立核算、自主生产经营骨干子公司。公司有员工600多人，公司占地面积23.6万平方米，拥有11座占地面积6000—12000平方米厂房。公司产品被中国电器工业协会连续6年推选为“质量可信产品”，获得欧盟产品质量许可证和中国出口产品质量许可证。公司产品销往全国近30个省、市、自治区，遍布1000多个水电站。在中国的长江、黄河、珠江、黑龙江都安装有鸿源众力产品。产品出口土耳其、缅甸、越南等国家。2016年，鸿源众力完成工业产值2.54亿元。

【广东韶配动力机械有限公司】 公司是2006年2月由韶关市配件厂有限公司与广东省风险投资集团共同组建成立的，韶关市配件厂有限公司前身是国营韶关市配件厂，韶关配件厂建于1958年，2004年2月通过挂牌交易，转为民营企业。韶配动力公司是一家集研发生产发动机配件的高新技术企业，是广东省滑动轴承工程研发中心，为国内多家知名发动机厂配套，公司是中国内燃机工业协会轴瓦分会副理事长单位。公司新厂区建筑面积2.2万平方米，引进仿奥地利美巴公司第三代全自动轴瓦生产线。公司拥有进口及国产先进设备200多台。公司有职工180多人，其中工程技术人员41人。2016年，公司的主导产品轴瓦产量1300万片，工业总产值0.52亿元，税利810万元，为韶关液压油缸企业产品镀铬。企业生产规模、生产能力、技术水平、装备水平均跻身于国内同行业前列。公司主要为东风二汽、广西玉柴机器股份有限公司、江西五十铃、杭州汽车发动机厂等主机厂配套汽车轴瓦，配套中船重工四0七厂、四0八厂、广州柴油机厂、宁波中策柴油机股份有限公司、无锡开普机械有限公司、无锡动力有限公司的船舶轴瓦及活塞环，配套四〇七厂、四〇八厂军用发动机。公司与上海交通大学、华南理工大学、广东工业大学、武汉理工大学、北京机械研究总院进行产学研合作，加快科学技术向现实生产力转化。2016年，公司与中船重工上海七一一研究所合作，研发大功率低速柴油机大型轴瓦及活塞环配套，填补国内空白。

【乳源东阳光】 乳源东阳光是东阳光集团在乳源的生产基地，基地拥有十多家分厂，有员工8000人。东阳光是以铝加工、生物制药、文化旅游三大产业为主导，涵盖磁性材料和氯碱化工等多个产业，集科研、生产、销售为一体的大型高科技企业。公司是A股上市公司，建成全国最大的铝箔生产基地。2016年，东阳光完成工业产值60.14亿元，同比增长18.2%。

【韶关比亚迪工业园】 韶关比亚迪工业园建立于2009年11月，位于韶关市浈江区，总占地面积79万平方米，主营两个项目（电动叉车、手机零配件），投资约6亿元。比亚迪电动叉车项目生产产品主要包括：电动平衡重式叉车（1.5吨、2.0吨、2.5吨、3.5吨）、电动前移式叉车、电动堆高式叉车、电动托盘式叉车等四大类，其中以电动平衡重式与电动托盘式为主打产品，根据客户需求可量身特制。手机零部件项目主要为各大品牌手机的机壳提供表面装饰工艺包括喷涂，印刷，NCVM等。比亚迪电动叉车项目于2013年8月投产，生产占地面积10万平方米（包括3栋厂房），4条总装线，全面投产产能3万台/年；手机零配件项目于2015年2月投产，生产占地1.7万平方米，包括4条喷涂线，1条印刷线，规划年总产能13200万件。手机外壳生产线360条，产能500K（1K相当于500万只外壳）。2016年，比亚迪完成工业产值9.81亿元，同比增长61.2%。（钟全球　陈　芬）

【**韶关东南轴承有限公司**】　韶关东南轴承有限公司前身为韶关轴承总厂，是国家重点轴承生产企业，是全国品种规格最齐全，年生产量最大的汽车轮毂轴承专业生产厂家。公司成立于1966年，有员工988人，其中各类专业技术人员160人。厂区占地面积48万平方米，建筑面积4万平方米。公司的IB牌产品主要有：第一代双列角触汽车轮毂轴承，第二、三代带法阑盘汽车轮毂轴承，汽车用张紧轮轴承，空调机轴承，离合器轴承等，形成800万套的上述汽车轴承生产能力。公司生产带座外球面轴承，深沟球轴承，按客户要求生产各种非标轴承。产品质量稳定，使用寿命长，技术指标跨入国际同类产品先进行列，多次获得国家，省市科技进步奖。公司的产品进入德国、意大利、法国等国家以及国内主机配套市场，80%的产品出口德国、意大利、法国、英国等40多个国家和地区。IB品牌在国内外轴承市场、汽车零配件市场享有良好的声誉。公司生产的汽车轴承适用于奔驰、宝马、雷诺、大众、奥迪、桑塔纳、欧宝、丰田、菲亚特、沃尔沃等国际名牌轿车和夏利、富康、捷达、长安等国内名牌轿车。公司组建专业化的“广东省轿车轮毂轴承工程技术研究开发中心”。2016年，东南轴承完成工业总产值2亿元，同比增长26.4%。（谭桃华）

重点港澳台企业·外资企业

【**日本电产（韶关）有限公司**】　成立于2010年9月，属中外合资企业，公司总投资1300万美元，注册资本500万美元，有员工1600人。公司主要生产开发大容量光磁盘驱动器及其部件（超精密马达）、新型电子元器件（新型机电元件、小型超精密无刷马达）、高性能风机马达及其零部件。2015年累计投入约0.2亿元进行技术升级改造，继续实施“机器代人”工程，实现生产设备的自动化、智能化，提高企业的生产效益。2016年的生产总值为8.1亿元，同比增长22.7%；纳税总额由2015年的0.48亿元提升至2016年的0.79亿元，同比增长64%，增额为0.31亿元。

【**韶关旭日国际有限公司**】　公司是香港旭日国际集团在韶关投资兴办的一家大型外商独资企业，位于韶关市西郊六公里，计划总投资20亿元，占地面积260公顷。公司主要生产电子玩具、手提袋、旅行袋、旅行箱、制衣等产品，产品全部出口远销欧美等国家和地区。公司的客户主要是世界知名的玩具入口商。旭日集团建立公用保税仓和出口监管仓，分别于2014年11月11日和2015年6月10日开仓投入运营。截至2016年底，韶关旭日国际有限公司解决约25万人次就业，实现产值226亿元，缴纳税费2.12亿元，进口3.7亿美元，出口12.66亿美元。其中2016年，解决3.9万人次就业，实现产值31亿元，进口1.26亿美元，出口3.2亿美元，缴纳税费0.44亿元。

【**至卓飞高线路板（曲江）有限公司**】是亚太地区最大的线路板制造商之一——至卓飞高线路板（香港）有限公司投资兴建的大型高新技术企业，位于曲江工业城，专业生产印制线路板PCB，注册资本1.09亿美元。公司占地面积13.33公顷，厂房占地面积达13万平方米，总体规划5000人，有员工1700多人。公司是一家以高技术生产PCB的印制线路板厂商，主要生产4至10层线路板，将着力于生产4层及8至16层线路板，月产能将达到150万平方英尺，是韶关市电子信息产业的龙头企业。公司产品大部分销往欧美、日本、新加坡、马来西亚、泰国、中国香港等国家和地区。2016年，公司营业收入4.43亿元，纳税总额达0.24亿元。

【**丽珠集团利民制药厂**】　成立于1966年，1997年转制加入丽珠集团，是广东省高新技术企业、广东省创新型企业、广东省数字化中药工程技术研究开发中心、广东省博士后创新实践基地、国家中药现代化工程技术研究中心注射剂研究所。公司拥有大容量注射剂、小容量注射剂、片剂、胶囊剂、颗粒剂等10条生产线，150个品种规格，核心产品“参芪扶正注射液”为国家二类中药新药，国家中药保护品种，国家食品药品监督管理总局批准的首个也是目前唯一的纯中药澄明大输液品种。其中“中药注射剂产品升级中的重大共性、关键技术研究与产业化运用”项目获得2016年广东省科学技术一等奖，“中药大品种（参芪扶正注射液、抗病毒颗粒）产业化关键技术与产学研深度合作开发研究”项目获得2016年中国产学研合作创新成果一等奖，“中药和天然药物的三萜及其皂苷成分研究与应用”项目获得2016年广东省科学技术一等奖。被广东省医药行业协会授予“2016年广东省医药行业优秀企业”，厂长被授予“2016年广东省医药行业优秀企业家”称号。2016年公司的销售收入7.89亿元，利润3.29亿元，税收1.20亿元。完成工业产值8.16亿元，同比增长6.8%。

【**建滔积层板（韶关）有限公司**】　是香港建滔化工集团于2002年在始兴县设立的独资企业，总投资为5.5亿元，主要生产电子行业所需的基础材料——纸基覆铜面板及电木板。公司拥有4条覆铜面板生产线，主要设备全部从日本、美国引进，自动化程度高。年产量1200万张，年产值6亿元，有员工195人，是全球最大的覆铜面板生产基地之一。公司终端客户包括索尼、三星、高信、荣信、康佳、飞利浦、长虹、夏普、

LG、TCL、HP等。2015年贯彻省市节能政策，累计投入60多万元完成淘汰老旧电机1943千瓦，更换高效电机，年节电量达15万千瓦时。2016年，公司主营业务收入4.96亿元，纳税1546万元。

【乳源东阳光精箔有限公司】 是广东东阳光铝业股份有限公司与日本株式会社UACJ合资设立的中日合资企业，为国家高新技术企业。主要产品有电子光箔、汽车钎焊箔等铝加工当中最尖端的产品。公司年产设计能力为15万吨铝板、带、箔；通过和日本株式会社UACJ等世界名企的合作，依托公司完善的产业链优势，中日携手倾力打造世界一流的铝加工企业。2016年，完成产量12.3万吨，实现产值20.65亿元，创造利润0.64亿元，上缴税收0.57亿元。

【万达工业（始兴）有限公司】 成立于2001年，隶属于香港美昌集团，投资总额3500万美元，注册资本1700万美元。公司有在职员工3300多人，用地面积25万多平方米。公司主要按照真车的内外观设计和体积大小，缩小比例生产合金模型车，拥有Maisto（美驰图）、Bburago（比美高）、MuscleMachines及Polistil等知名品牌，获得中国第一辆月球车“玉兔号”模型独家制造商。2015年，公司落实国家节能减排政策，累计投入217万元，完成电机能效提升和注塑机改造1490千瓦，年节电量达314万千瓦时。2016年，公司投资1000多万元增加机器人设备，改造现有设备为自动化操作，降低能耗，提高生产效率。2016年公司先后获得中银香港企业环保领先大奖、出入境检验检疫信用管理AA级企业、中国出口质量安全示范企业，该公司的“Bburago”品牌合金仿真玩具车申请成为“广东省名牌”等称号。

【鸿伟木业（仁化）有限公司】 是鸿伟（亚洲）控股有限公司在广东韶关投资的外商独资刨花板专业生产企业，创建于2003年5月，注册资金为3.02亿港币，专业于生产刨花板和配套贴面深加工。2012年公司投资4.396亿元从德国迪芬巴赫公司引进国际最先进的9英尺宽度连续压机生产线和工艺技术，生产线设计年产量为22万立方米，2013年9月29日首板下线，同年11月18日达标验收。该公司于2014年1月8日在香港创业板块成功上市。2016年，公司年生产总值3.94亿元，税收0.23亿元。

【金悦通电子（翁源）有限公司】 是香港金悦通集团投资的一家大型港资企业，位于韶关市翁源县翁城工业园内，注册资本2280.0847万美元，占地面积26.67公顷，有员工700多人。公司主要生产和销售高密度互联线路板（HDI）、盲埋孔线路板及树脂塞孔线路板，产品用于计算机、通讯、电子、汽车和医疗等行业。2016年，该公司营业总额为2.96亿元，纳税总额为017亿元。

【韶关丸仁电子有限公司】 由日本丸仁株式会社在韶关的独资企业。公司成立于1999年10月，投资总额393万美元，注册资本358万美元，于2001年10月投产。公司有厂房面积7634平方米，职工宿舍面积9081平方米，拥有员工900人。公司下设接插件部、细线同轴部和一般接插件部，主要生产索尼、东芝、佳能、埋光、NEC、夏普、富士通、柯尼卡美能达等客户的USB线及各种连接线。2016年，出口总额达0.24亿美元，纳税总额0.11亿元。

【韶关科艺创意工业有限公司】 是香港上市企业——星光集团有限公司的下属企业，是一家以设计、生产高端创意多功能儿童图书、纸艺精品和包装彩盒的大型港资企业，产品以出口为主。公司占地面积近13.33公顷，拥有员工1500人。公司不断创新，开发电子贺卡、木精品等多项业务模块，投资一批如3D打印机的高新、先进设备用于新产品的开发。公司为第41届在上海举办的世博会定制的4D纪念图书《魅上海》获得“美国印制大奖”之最高荣誉奖BennyAward金奖；获得第五届“省长杯”优良工业设计奖。2016年，销售收入2.08亿元，纳税450万元。

【韶关市韶瑞重工有限公司】 是由世界最大的矿山机械——破碎机设备供应商芬兰美卓集团公司与2013年股权并购韶关市韶瑞重工公司而成立的中外合资企业。公司前身是坐落于浈江区十里亭的韶关市韶瑞机械制造有限公司，始建于1992年。2002年10月迁至武江科技工业园（现址）落户新建并于2004年底新厂建成投产，是一家集研发、加工、制造、销售及售后服务为一体的专业矿山机械设备制造商。美卓集团的加入，为韶瑞重工投入数亿资金，提升技术和管理水平，依托美卓集团全球销售网络，推广韶瑞重工的产品和品牌。公司在全球20多个国家级地区设立分公司，在全国各主要城市设有销售公司及服务网点。2016年，公司主营业务收入1.3亿元，纳税1297万元。

农业·林业·水利·气象

农业综述

【农业概况】 管理机构为韶关市农业局（加挂中共韶关市委农村工作办公室牌子）。市农业局主要负责农业产业和农村经济发展等工作，市委农办主要负责全市农村工作的组织领导和统筹协调、决策服务等工作，承担市扶贫开发领导小组日常工作。2016年市农业局核定机关编制60名，其中行政编制43名，行政执法专项编制17名，设13个内设机构，下设9个直属事业（含行政、参公）单位；市委农办设4个内设机构，核定行政编制18名。2016年，全市各级农业部门贯彻中央、省、市农业农村工作会议精神，落实各项强农、惠农、富农政策，发展现代农业，全市农业农村经济持续稳步发展。2016年，全市第一产业增加值167.57亿元，同比增长4.1%；农村居民人均可支配收入12790.3元，同比增长10.2%。

【强农惠农政策】 2016年韶关市发放农业“三项补贴”（良种补贴、种粮直接补贴、农资综合补贴）资金1.93亿元。全年水稻承保面积15.16万公顷，玉米承保面积4986.67公顷，完成全年承保任务；落实农机购置补贴资金1189.97万元，补贴资金使用率85%；全年有12.5万头能繁母猪参保，同比增加1.5万头，增长13.6%。“一事一议”项目争取省级以上财政奖补资金3694万元，建设项目303个，完成投资1.22亿元，村容村貌改善。完成2015年度高标准基本农田建设14280公顷，竣工率98%，在全省排名靠前。完成2016年度15560公顷建设任务的规划设计评审，并报省备案。

【农产品品牌创建】 韶关市开展省级名牌产品申报推荐工作和广东省第二届“十大名牌”系列农产品评选推介活动。2016年，韶关市的广东省名牌产品（农业类）增长到46个，其中新增14个，包括曲江雪花岩牌行茶、乐昌炮弹牌香芋、乳源盘王鱼牌三角鲂等农产品。“凤鸣山”牌佛手瓜、“仙嶂”牌白茶、“长坝”牌沙田柚等34个农产品参与评选广东省第二届“十大名牌”系列农产品，其中10个农产品入选，比上届增加8个，包括名菜类4个，名茶类4个，名猪类1个，名鱼类1个。受理和审核28个企业49个品种的无公害农产品认证材料，全市通过“三品”认证的企业（单位）266家，认证产品559个。

【农产品质量安全检测】 2016年，韶关市农检机构开展蔬菜农药残留定性检测样品19336个，合格率99.6%；种植业产品农药残留定量检测样品911个，合格率98.8%；生猪尿样“瘦肉精”残留定性检测样品41635个、定量检测样品40个，合格率均为100%；禽产品药物残留检测样品80个，合格率100%；水产品药物残留检测样品80个，合格率100%；生鲜乳药物残留检测样品5个，合格率100%；饲料药物残留检测样品10个，合格率100%。全年开展省、市级农产品质量安全监督抽查4次，对10个县（市、区）列入农产品质量安全监管对象名录的蔬菜生产基地、生猪养殖场及生猪屠宰场抽检蔬菜样品61个、生猪尿样40份；省对市农产品质量安全例行抽查1次，抽检蔬菜样品120个，猪尿、猪肝、鸡肉、禽蛋样品140份。抽检结果全部合格。基层农产品质量安全检测手段加强，乐昌、乳源、仁化、南雄、曲江、翁源等地32个乡镇配备具备农产品快速定性检测能力的检测仪器和设备。2016年12月7日，翁源县被农业部命名为首批“国家农产品质量安全县”。乳源瑶族自治县被认定为第二批国家农产品质量安全县创建试点单位。

【农业综合执法】 2016年，韶关市农业部门组织开展农资打假专项治理行动、农药专项联合整治行动、拖拉机道路交通安全联合专项整治行动、生猪屠宰“扫雷”行动、“瘦肉精”专项整治、生鲜乳违禁物质专项整治行动、兽用抗菌药治理等七类农业行政执法行动，出动43029人次，检查企业9522家次，查处问题138起，责令整改233起，发放资料94080份。查处和打击涉农领域各种违法违规行为，全年立案查处47起，结案47起。

【农业产业化组织】 2016年，韶关市有各类农业产业化组织3618家。按组织类型划分，农业龙头企业带动型207家，中介组织带动型2965家，其中规模以上的专业合作经济组织396家；按产业类型划分，种植业2628家，畜牧业416家，水产类102家，林业221家，其他251家。全市农业产业化组织固定资产总值49.9亿元，其中龙头企业固定资产42亿元；带动农户数47万户，其中订单带动农户数25万户；经济组织种植生产基地面积9.87万公顷，牲畜饲养量237万头，禽类饲养量2032万只，养殖水面面积3933.33公顷。

【农业龙头企业】 2016年，韶关市人民政府认定的市级农业龙头企业120家（新增14家）。其中，国家级重点农业龙头企业1家、省级重点农业龙头企业31家（新增4家）；以种养业为主的企业64家，农产品加工为主的47家，农产品流通为主的8家，休闲农业乡村旅游为主的1家，覆盖包括粮食、蚕桑、糖业、养殖业、茶叶、兰花等领域。2015年全市龙头企业销售收入89.4亿元，其中，年销售收入超4亿元的企业5家，与上年相同，占4.17%；年销售收入1亿—4亿元的企业14家，比上年增加2家，占11.67%；年销售收入5000万—1亿元的企业26家，比上年增加5家，占21.67%；年销售收入3000万—5000万元的企业19家，比上年增加2家，占15.83%；年销售收入1000万—3000万元的企业52家，比上年增加8家，占43.33%；年销售收入1千万元以下的企业4家，比上年减少6家，占3.33%；全市龙头企业带动农户34.3万户，带动农户户均增收5001元。

【农民专业合作社和家庭农场】 2016年，全市依法在工商部门登记注册的农民专业合作社2965家（新增213家），出资总额22.5亿元，成员78723人，统一组织销售农产品14亿元，其中统一组织购买农业生产投入品8.6亿元。年末全市拥有市级示范社160家，省级示范社105家，国家级示范社24家。在工商部门登记注册的家庭农场有763家（新增365家），创建市级示范家庭农场109家。

【休闲农业】 2016年，韶关市创建一批休闲农业示范单位。其中，乐昌市九峰镇茶料村成功创建为中国最美休闲乡村（特色民居类），翁源县创建为全国休闲农业与乡村旅游示范县，南雄市主田镇、新丰县黄寨镇等2个镇创建为省休闲农业与乡村旅游示范镇，始兴县古塘秋月山庄、南雄元升两岸花博园、曲江区方园生态农业有限公司（大唐花海）、仁化竹稻农耕生态园等4个单位创建为省休闲农业与乡村旅游示范点。

【农业科技推广应用】 2016年，全市11个单位获得2015年度韶关市科学技术进步奖，其中一等奖2项，二等奖4项，三等奖6项。争取省级现代农业科技创新联盟建设项目资金150万元，用于宣传示范推广农业新品种、新技术。科技成果转化利用加快，2016年，全市培育、引进、示范、推广农作物新品种、新技术200多个（项）。

【中央基层农技推广体系改革与建设补助项目】 2016年，中央基层农技推广体系改革与建设补助项目覆盖全市10个县（市、区），落实中央资金1000万元。各项目县共遴选出农技推广指导员598名和4650户科技示范户，认定农业技术推广试验示范基地30个，累计筛选确定主导品种148个，主推技术60项。通过“专家+示范基地+农业技术指导员+农业科技示范户”的技术推广服务模式，推进农业科技进村入户。

【新型职业农民培训】 韶关市被成功列为全国新型职业农民培育整市推进示范市，争取项目资金640万元。各县（市、区）完成实施方案的制定、培训机构和培训学员的遴选等工作。制定《新型职业农民（生产经营类）认定办法》，组织申报新型职业农民培育项目。其中曲江区和仁化县作为2016年项目试点实施单位，完成1200名新型职业农民的培育工作。

【农业机械化建设】 2016年，韶关市农机装备数量持续增长。水稻生产耕种收综合机械化率67.4%，增长2.3%；农机总动力达182.03万千瓦，增长5.4%。推广一批适应山区特点的中、小型农机具，农作物机械作业能力得到提升，2016年，机耕面积累计15.78万公顷，机耕率89.1%，农机深松整地作业面积348.67公顷，完成年度深松整地任务。

种植业

【粮食生产】 2016年，韶关市粮食播种面积15.72万公顷，总产量89.27万吨。韶关市大宗粮食作物主要包括水稻、薯类、玉米和大豆。2016年，水稻种植面积12.3万公顷，总产量76.48万吨，面积比上年减少479.33公顷，总产量减少0.18万吨；玉米面积1.11万公顷，总产量4.43万吨，面积比上年减少68.4公顷，总产量减少0.02万吨；薯类1.28万公顷，总产量25.15万吨，面积比上年减少261.93公顷，总产量减少0.04万吨；大豆面积0.89万公顷，总产量2.74万吨，面积比上年增加33.8公顷，总产量增加0.05万吨。

【经济作物生产】 韶关市大宗经济作物主要有蔬菜、烟叶、花生、油菜籽、果用瓜、甘蔗等。2016年，韶关市蔬菜种植面积9.88万公顷，产量233.22万吨，产值94.97亿元，分别比上年增加4304.73公顷、12.74万吨和14.21亿元，增幅为4.56%、5.78%和17.6%。全市种植黄烟的有南雄市、始兴县、乐昌市、乳源瑶族自治县等4个县（市）约30个乡镇，种植面积1.31万公顷、总产3.21万吨，产值7.9亿元，分别比上年减少235.53公顷和0.09万吨和958.93万元。花生、油菜籽和芝麻等油料作物在面积和产量上实现“九连增”，全市油料种植面积4.79万公顷，产量15万吨，比上年面积增加1135.13公顷，产量增加0.41万吨。其中花生种植面积4.16万公顷，产量14.22万吨，比上年面积增加958.20公顷，产量增加0.38万吨。甘蔗主要包括果蔗和糖蔗，其中翁源县是甘蔗主产区。2016年，全市甘蔗种植面积566.6

公顷，产量58.63万吨，分别比上年面积增加123.53公顷和产量增加1.04万吨。其中糖蔗2841.73公顷，产量22.77万吨；果蔗2798.2公顷，产量35.86万吨。果用瓜种植品种主要有西瓜、甜瓜、草莓和小西红柿等，发展较快，种植面积和产量连年增加。2016年，果用瓜种植面积6922.8公顷，总产21.22万吨，产值3.06亿元，分别比上年增加290.73公顷、1.13万吨和2159.34万元。

【园艺作物生产】 韶关市主要园艺作物包括蔬菜、水果、茶叶和花卉。水果栽培品种资源丰富，除柑、橘、橙、柿子、梨等常规品种外，还有沙田柚、三华李、黄金柰李、九仙桃、油桃、大果枇杷、杨梅、白果等大批名优特色水果。2016年水果种植面积3.63万公顷，总产量53.79万吨，比上年面积增加2208.27公顷和产量增加3.79万吨。其中柑、李子、橘、柚子种植面积较大，分别为1.26万公顷、0.95万公顷、0.46万公顷和0.31万公顷，产量分别为17.69万吨、12.76万吨、6.98万吨和3.74万吨。花卉生产以盆栽植物、鲜切花、苗木为主，品种主要有兰花、茶花、桂花、樱花、菊花等。2016年，花卉种植面积951.67公顷，面积比上年增加55.6公顷。全年生产盆栽植物1679.82万盆，鲜切花24475万枝，观赏苗木1.2万株，合计产值5.43亿元。2016年，茶叶种植面积3784.67公顷，总产量0.45万吨，比上年增加140.73公顷和0.02万吨。韶关市名优茶有乐昌白毛尖、仁化丹霞红茶、曲江罗坑红茶、翁源珠江源有机茶、始兴车八岭有机茶等。茶叶生产以绿茶为主，有少量青茶和红茶，其中红茶占比不断上升。2016年，绿茶产量为0.3万吨，占茶叶总产量65.8%，红茶产量0.07万吨，占茶叶总产量15%。

（种植业科）

畜牧业

【概况】 2015年，全市生猪饲养量262.96万头，其中，出栏160.34万头，存栏102.63万头，分别同比减少2.4%、2.4%和2.4%；家禽饲养量2461.33万只，其中，出栏1795.59万只，存栏665.74万只，分别增长0.6%、0.6%和0.6%；山羊饲养量5.56万只，其中，出栏2.66万只，存栏2.9万只，分别增长-1.35%、-1.35%和-1.36%；禽蛋产量1.02万吨，增长-2.1%；肉类总产量14.77万吨，增长-2.2%。全市畜牧业生产整体运行良好，发展稳定。全市饲料工业产量56.8万吨，总产值15.48亿元。

【畜禽规模化养殖】 2016年，韶关市拥有“省级重点养猪场”16个，“省级重点家禽养殖场”4个，被农业部授予“国家级畜禽养殖标准化示范场”12个（其中生猪养殖场11个、肉鸡场1个）。

【农业源养殖污染减排】 2016年，全市启动和完成176个规模化养殖企业的养殖污染减排工程项目。经环境保护部的核查核算，全市有166家养殖企业（共计生猪年出栏量16.72万头）通过减排核算认定。2012年—2016年，全市累计有1230家养殖企业通过国家减排核算认定，累计削减化学需氧量约8500吨、氨氮约1600吨。

【重大动物疫病防控】 2016年，韶关市未发生重大动物疫病流行。全市免疫生猪口蹄疫319.9万头，猪瘟321.4万头，猪蓝耳病319.3万头，禽流感2428.1万羽，鸡新城疫2089.0万羽，牛口蹄疫19.5万头，羊口蹄疫10.01万头，羊小反刍兽疫9.76万头，存栏畜禽免疫率均在97%以上。监测H5N1禽流感血清样品10597份、H7N9禽流感血清样品2895份、新城疫血清样品4681份、口蹄疫血清样品6993份、高致病性蓝耳病血清样品5312份、猪瘟血清样品6133份、布鲁氏菌病血清样品5389份、小反刍兽疫1158份、鸡白血病320份、鸡白痢563份、猪乙型脑炎513份、猪细小病毒492份、猪圆环病毒297份、猪伪狂犬免疫抗体839份、猪伪狂犬野毒抗体1881份。开展H5N1禽流感病原检测4725份、H7N9禽流感病原检测5685份、新城疫病原检测1595份、口蹄疫病原检测2113份、猪瘟病原检测833份、高致病性蓝耳病1826份、小反刍兽疫396份。检测结果全部阴性。

【病死畜禽无害化处理】 2016年，韶关市屠宰环节无害化处理病害猪868头，中央、广东省、韶关市及县级财政共补贴74.62万元；2016年3月—2017年2月，全市养殖环节无害化处理病死猪82366头，中央、广东省、韶关市及县级财政共补贴658.928万元。家禽批发市场无害化处理病死禽19560羽。

【全国执业兽医资格考试】 2016年，韶关市有57名考生参加全国执业兽医资格考试。其中10名考生成绩达到执业兽医师合格分数线，经审核通过，取得执业兽医师资格；14名考生成绩达到执业助理兽医师合格分数线，经审核通过，有11名考生取得执业助理兽医师资格。

【动物诊疗机构清理整顿】 2016年，韶关市通过执业兽医师资格考试的执业兽医师43人，执业助理兽医师37人；经注册备案的执业兽医师32人，备案执业助理兽医师18人，登记乡村兽医665人；无执业兽医违法案件和出租、出借兽医师执业证书情况。韶关市开展动物诊疗机构监督检查专项行动，对符合条件的8家动物诊疗企业，换发动物诊疗许可证从事动物诊疗活动，对不符合条件的3家无证动物诊疗企业依法取缔。

【兽药监督管理】 2016年，韶关市通过兽药GMP验收的兽药生产企业1家（始兴县的广东天山药业有限公司），通过兽药GSP验收企业167家，通过非国家强制免疫计划所需兽用生物制品兽药GSP验收企业14家。完成省兽药残留监控抽检任务。开展兽药经营环节二维码试点工作，推荐韶关市康顺动物药品有限公司和韶关市喜牧动物药品有限公

司为韶关市兽药产品经营环节二维码追溯系统试点企业。 （兽医科）

水产业

【概况】 2016年，韶关市水产品总产量84872吨，同比增长2.9%；渔业总产值90345.71万元，同比增长7.1%；水产养殖面积20217公顷；渔业人口87685人，其中专业从业人员22687人。

【渔业生产】 2016年，全市繁殖鱼苗13.5亿尾，其中罗非鱼苗8779万尾，各类鱼种7812吨。成鱼池塘养殖以草鱼、鳙鱼、鲢鱼、罗非鱼、鲫鱼为主，养殖面积9311公顷，产量62988吨；成鱼水库养殖10854公顷，产量18309吨。2016年，全市有捕捞机动渔船774艘，主机总功率9194千瓦；江河捕捞产量2989吨，占全市水产品总产量的3.5%。

【名特优水产养殖】 2016年，全市发展生态渔业的有近120宗中小型水库和养殖基地，其中乳源新新生态农业股份有限公司在横溪水库有生态渔业养殖面积400公顷，三角鲂、草鱼获得有机食品证书，其中三角鲂为广东省农业类名牌产品。全市有稻田养鱼面积1290公顷，年产量435吨，主要分布在乐昌市和乳源瑶族自治县，平均产量每公顷337.5千克，高产的有每公顷825千克，市场价格每千克90元。

（水产管理局）

【渔船行政管理】 2016年，韶关市通过各县（市、区）渔政大队，对辖区内所有登记在册的渔船办理渔船年审、签证工作，当场审验、当场办结。签证数据录入省渔政总队系统。全市全年对登记在册的783艘渔船进行渔船年审、检验，检验率100%，检验合格率100%。

【渔业安全生产】 2016年，韶关市成立渔业安全生产工作领导小组，制定《广东省渔政总队韶关支队渔船渔港安全应急救援预案》。通过各县（市、区）渔政大队，与渔民签订《安全生产责任书》。2016年全市签订《安全生产责任书》783份，按照《中华人民共和国渔业船舶检验条例》检验渔船，受检率100%。强制为船主配备消防救生设备及航行信号灯，强化渔业船舶船员船舶基础知识、内河船舶避碰规则等法律法规知识和实际操作技能培训，举办新增渔船培训班，举行渔业船舶安全事故应急救援演练，落实渔业安全生产检查制度，支队定期每季度对全市渔船安全生产进行监督检查，检查各大队渔船安全生产落实情况及检查工作台账。2016年渔业安全生产实现“零伤亡”。

【珠江禁渔执法工作完成】 2016年，韶关市严格执行珠江禁渔期制度，禁渔期间，全市出动渔政执法船艇85艘次，执法车辆72车次，执法人员数294人次，达到“网封存、证集中、船靠岸”的目标。

【“电、毒、炸”等非法捕捞行为得到遏制】 2016年，渔政部门采用地毯式的方法，对电鱼违法作业高发水域进行全方位的监控，日夜伏击，采取开船检查和岸上巡视相结合，“打回头枪”、突击检查等方式，从严从重地打击破坏渔业资源的电毒炸鱼等行为。2016年查获违法电鱼案件8宗，共罚款2.4万元。 （李日华）

扶贫开发

【概况】 2016年，全市筹集扶贫开发资金14.79亿元，全市1.67万户、3.09万人实现脱贫，脱贫户年人均可支配收入6691元，相对贫困村低收入群体年人均可支配收入增长达10.2%，超额完成省下达韶关市2.8万人的脱贫任务。该市2016年度扶贫开发工作得到上级肯定，全省脱贫攻坚现场推进会在翁源县召开。

【扶贫开发成效】 2016年，韶关市得到40个省直单位和东莞市19个镇25个市直单位的帮扶，实现产业发展、乡村变美、生活便利、乡风文明、社会和谐。全市发展农民合作社2944家、家庭农场737家、国家省市农业龙头企业151家，分别联结带动5245户贫困户发展种养加、光伏、电商、乡村游等产业。全市完成危旧房改建4572户，修建水利设施134千米，新修硬化路156.5千米，安装路灯5625盏，新修“五小”广场169个，人居环境整治754个自然村。建成6个县级电商扶贫平台，1202个村级公共服务站，可直接为贫困户提供电商O2O、保障就业、医疗教育、农资农技等“一站式”服务。建成居家养老中心165个、文化活动室566间和文体广场169个，开展乡风文明与送戏送医送温暖活动698场次。3.09万户名“第一家长”结穷亲，帮扶3.49万户贫困户，解决1209名贫困人口未上户难题。

【六种帮扶模式】 韶关市创新打造扶贫开发“六种帮扶模式”。分别是：驻韶的省纪委、省府办公厅、省发改委和韶关市纪委、组织部、宣传部等工作队的“农村改革+美丽乡村+基层建设”整村推进模式。“产业+金融”模式。如翁源县出台“一扶持两奖补”政策，引导贫困户发展蔗、桑、花、果、菜5个万亩特色产业，设立扶贫小额信贷风险补偿金，由农商行放大5倍贷款额度，支持3765户贫困户产业投入。“互联网+电商+股份合作社”模式。如帮扶曲江区罗坑镇中心坝村工作队，通过成立合作社与邮政公司电商服务对接，用众筹的方式为农民销售红花莲藕，众筹7天，获众筹款12084元，受益扶贫户8户23人。“旅游+教育+产业”模式。如驻韶东莞市教育局工作队，兴建莞韶青少年户外综合实践基地20公顷和有机蔬菜种植和观光农业基地200公顷。“行业组织+社会力量”模式。如驻始兴县河渡村的市工作队，动员行业协会和企业等社会力量筹集50万元资金，建成1340平方米的文体广场、安装22盏路灯，有劳动能力的8户贫困户养鸡、鸭、蜂和种果。“党建+致富能手+外出乡贤”模式。如驻韶省编办工作队成立村级旅游开发公司，党员致富能手带头，引回外出乡贤任CEO，打响“红梨柚”乡村品牌。

【革命老区建设】 新时期精准扶贫精准脱贫工作中，韶关市革命老区有建档立卡相对贫困户16333户、41133人，分别占全市总数的49%和48%，老区相对贫困村154个，占全市278个相对贫困村的55.4%。2016年全市投入老区帮扶资金8亿多元，主要项目包括：乡村道路硬化工程、修复水毁公路、桥梁、人行便桥、机耕路、农田水利设施维修、群众饮水工程、修复部分革命历史遗址和烈士纪念碑、建设农村文化室和配套设施、部分新农村的公共设施以及教育、文化、卫生等有关项目。截至2016年底，全市有革命老区2824户、5994人实现脱贫。（刘志强）

林 业

【概况】 主管部门为韶关市林业局，设9个内设机构，核定机关行政编制32个，局直属单位13个。2016年，韶关市林业用地面积141.85万公顷，有林地127.4万公顷，森林（含非林地上的森林）蓄积量8965.82万立方米，森林覆盖率75.05%，林业产业总产值208.37亿元，其中第一产业产值54.9亿元，第二产业产值50.21亿元，第三产业产值103.32亿元。至年底，全市建立各种类型、不同级别的林业系统自然保护区24个，总面积22.2万公顷，占全市土地面积12%，其中国家级3个，省级10个，市、县级11个。

【造林绿化】 2016年，全市完成造林面积3.11万公顷，占年度造林总任务3.02万公顷的102.8%，其中人工造林9960公顷，退化林分修复8733.33公顷，更新改造4660公顷，新封山育林7700公顷。各地组织154.26万人次参加义务植树519.9万株。完成森林碳汇工程种植面积3466.67公顷，生态景观林带完善提升建设里程246.83千米、986.67公顷。完成乡村绿化美化工程建设点159个，省级示范点建设26个。新增森林公园23个、湿地公园3个。完成森林抚育面积7.56万公顷。

【森林防火】 2016年，全市有林火远程视频监控前端349个（其中新建108个），视频监控系统10套，升级和新建视频监控中心16个，监控有效监控面积占全市林地面积的60%。开发护林防火指挥调度系统，对护林员进行绩效管理、履职监督、指挥调度、信息收集。依托武警韶关支队，组建一支50人的森林防火应急预备力量，并配备防扑火专业装备和机具。建成全省首家林业自建森林航空消防基地。基地于8月正式开工建设，12月中旬竣工验收。占地面积22777平方米，其中直升机停机坪面积9960平方米，可供2架直升机同时停放。切实抓好山火扑救和火案查处工作。2016年，全市森林火灾受害率为0.07‰，远低于省0.5‰控制指标。

▲广东省航空护林站派出K-32大型直升机驻防韶关，开展森林航空消防作业（韶关市林业局 供）

【林政资源管理】 2016年是实施“十三五”期间采伐限额第一年，全市全年核发林木采伐许可证3918份，采伐面积13719公顷，蓄积981578立方米、出材680033立方米。完成全市林业生态红线划定工作。2016年，取得省厅同意书的项目有71宗，总面积413.24公顷。其中永久使用林地项目46宗，面积312.40公顷；临时使用林地项目25宗，涉及林地面积100.83公顷。请求省林业厅对韶关机场等部分重点项目追加用地指标125公顷。省林业厅下达韶关市占用征收林地定额272公顷。在全省地级市中率先启动新一轮森林资源二类调查工作。全市争取资金30万元，分别用于翁源县翁城林业站和乳源县大桥木材检查站标准化建设。

【国有林场改革】 2016年，韶关市国有林场调查摸底工作完成。参加此次国有林场改革的有38个国有林场，其中市属国有林场7个，县（市、区）国有林场31个。落实完成国有林场编制、职责和保障制度。有27个国有林场定性为公益一类事业单位，4个国有林场定性为公益二类事业单位。韶关市政府审议通过《韶关市市属国有林场改革实施方案》《韶关市县属国有林场改革实施方案》，待省政府审批后将全面实施。全市完成国有林场换（发）林权证面积11.69万公顷，占经营面积12.5万公顷的93.5%。

【森林公安执法】 2016年，韶关市森林公安部分机构编制进行调整。4月29日，直属丹霞山派出所划转仁化县管理，更名为仁化县公安局森林分局丹霞山派出所（副科级）。8月20日，直属莲花山派出所下划移交浈江区管理，更名为韶关市公安局浈江分局森林派出所，莲花山派出所5名政法专项编制下划移交给浈江区管理，收回莲花山派出所3名政法专项编制。重新核定曹溪、锦江、河口、九曲水、华溪等派出所编制各5名，共25名；市公安局森林分局政法专项编制由原来的55名减少为45名；截至11月30日，全市森林公安机关编制333名，实有民警276人、工勤2人。开展打击破坏野生动物资源、破坏林地资源、非法占用林地等违法犯罪专项行动（红线行动）。2016年各级森林公安机关办理各类森林刑事案件378宗、林业行政案件768起，侦破刑事案件121宗，查处林政案件745起。打击处理各类违法犯罪嫌疑人1101人，其中刑事拘留105人、取保候审104人，提请逮捕43人，移送起诉82人，行政处罚767人。收缴林木木材5201.4立方米，责令恢复林地面积56.22公顷，收缴野生动物28360只（头），其中国家重点保护野生动物92只。2016年12月26日，市公安局森林分局被国家林业局办公室授予“严厉打击非法占用林地等违法犯罪专项行动基层先进集体”称号。

【山林权属争议调处】 2016年，韶关市调处解决林权争议案件122宗，涉及面积5566.67公顷，处理涉林纠纷信访案件168宗，1211人次，劝阻群众集体上访和化解群体性苗头事件6起88人次，挽回经济损失1988万元，维护林区秩序的稳定。

【政策性森林保险】 2016年，全市森林承保面积74.03万公顷，承保保费2220.89万元。出具90笔保险单。其中，公益林承保方面：全市完成10个县（市、区）公益林和部分市林业局直属林场承保，承保面积64.1万公顷，承保保费1931.44万元，承保率100%；商品林承保方面：承保面积9.11万公顷，承保保费289.45万元，承保覆盖率12%，占商品林投保任务的32.5%。承保的政策性森林保险生效保单中，出险报案490宗，其中有效报案348宗，已决赔款支出1926.96万元。

【林业产业发展】 韶关市把发展林下经济作为林业产业发展的龙头之一，初步形成“四大类型”（林下种植、林下养殖、采集加工、森林旅游）、“十大模式”（林药、林菌、林茶、林果、林禽、林蜂、林畜、林笋、林脂、森林旅游）的林下经济发展格局。到2016年止，全市发展林下经济21.86万公顷，实现年产值28.5亿元，参与林下经济经营农户5.02万户，成立经济合作组织162个，农民来自林下经济收入2315.1元。茶叶面积3666.67公顷，茶青产值9亿元，成品茶10亿元，茶叶企业和茶叶专业合作社80多家，通过QS认证企业23家。 （龚志海 邓晗）

水 利

【概况】 韶关市水力资源丰富，境内主要江河有浈江、武江、墨江、锦江、南花溪、南水、滃江、北江干流及新丰江，水资源分区划分为浈江、武江（中下游）、北江上游、滃江、连江（连江中游支流黄洞河、大潭河）、新丰江（上游）、桃江和章江（长江流域）等8个四级水资源分区。

2016年，韶关市年降水量为2322.9毫米，折合年降水总量为427.06亿立方米，比上年多18.3%，比多年均值多38.1%，属丰水年。开汛后，全市各地遭遇8次强降雨袭击。主要江河洪水最大洪峰发生在3月。全市地表水资源量为251.99亿立方米，折合年径流深为1370.6毫米，比常年多40%；地下水资源量56.73亿立方米（不含中深层地下水），比常年多28.8%。全市36宗大、中型水库年末蓄水量为16.34亿立方米。其中大型水库年末蓄水量为10.44亿立方米，占66.7%；中型水库年末蓄水量为6亿立方米，占33.3%。

韶关市年供用水量21.49亿立方米，其中地表水源占93.5%，地下水源占3.9%，其他水源占2.6%。总用水中：农业用水占69.2%，工业用水占18.9%，城镇公共用水占3.1%，居民生活用水占7.6%，生态环境用水占1.2%。全市用水消耗量为9.95亿立方米。全市水资源利用率为8.5%，比上年略有减少。2016年除城镇公共用水、居民生活用水有所增加外，其余各行业用水量均比上年有所减少。全市人均综合用水量727立方米，万元国内生产总值用水量170立方米，万元工业增加值用水量105立方米（含火电），农田实灌亩均用水量732立方米，城镇居民生活人均生活日用水量178升，农村居民生活人均日用水量118升。

2016年，韶关市实施中小河流治理、村村通自来水工程、市区旧堤改造加固及环境改造、中型灌区改造、小农水重点县、水系连通治理、小水电增效扩容改造和水库移民等350多宗项目，完成投资20.1亿元。

【三防工作】 受强降雨影响，2016年韶关市10个县（市、区）98个乡（镇）不同程度受灾，受灾人口9.17万人，倒塌房屋662间，农作物受灾面积8460公顷，停产工矿企业2个，转移人口7333人，无因灾死亡人员；直接经济损失2.56亿元，其中水利设施直接经济损失4281万元。2月1日，市水务局与海事局牵头，对北江市区河段“聚湘酒舫”“船码头私家菜”原餐饮船进行拆除清理，及时消除防汛安全隐患。

【山区中小河流治理】 韶关市2016年度山区五市中小河流项目36宗，批复治理河长634.56千米，概算总投资11.96亿元，均按照省的要求完成年度治理任务，累计完成投资11.8亿元。2016年7月，省水利厅、省财政厅委托第三方中介机构对韶关市2015年度山区五市中小河流项目进行绩效考核评价，始兴县获得92.5分、武江区获得83.5分的成绩。治理河道的生态环境得到改善，项目防洪效果显著。2015年度29宗项目完成单位工程验收和完工验收工作并投入使用后，2016年全市洪涝灾害损失同比下降51%以上。

【村村通自来水工程】 2016年，韶关市村村通自来水工程完成投资1.85亿元，投资完成率110%，超额完成年度目标任务，建成198宗饮水工程，36万农村居民饮用水条件得到改善。韶关市规划总受益人口97.84万人，计划分三年实施（2016年—2018年），项目规划总投资10.2亿元，其中省级补助2.71亿元，地方自筹7.49亿元。主要建设内容包括县城水厂扩网，乡镇水厂改造、扩网，新建或改造小型农村供水工程等。

【市区旧堤改造加固及环境改造工程】 市区旧堤改造加固及环境改造工程分两期实施，工程总长度为16.86千米，其中：一期工程长度7.49千米，从韶关市第一污水处理厂出水口下游武江左岸起至浈江右岸东河桥；二期工程长度9.37千米，分别为浈江左岸铁路桥至北江左岸百旺大桥下游8.72千米和北江碧水花城段0.65千米，在浈江和北江左岸堤脚铺设排污管网10.91千米。项目为融资项目，总投资6.17亿元，建设期2年。一期工程于2016年4月完成；二期工程于2016年12月7日开工建设。

【小农水重点县项目】 韶关市10个县（市、区）均列入中央或省小农水重点县项目，乳源瑶族自治县列为中央第二批重点县，南雄市列为中央第三批重点县，乐昌市列为中央第四批重点县，曲江区、浈江区、翁源县和仁化县列为中央第五批重点县，新丰县、武江区列为中央第六批重点县，始兴县列为省级第一批重点县。2016年底，新丰县和武江区2016年度小农水重点县建设项目全面完成，完成投资4000万元。

【中小型灌区改造工程】 2016年年底，韶关市7宗中型灌区改造工程基本完成，完成投资2.91亿元。7宗中型灌区改造工程包括乐昌市廊北灌区、南雄市横江灌区、翁源岩庄水库灌区、曲江区小坑灌区、南雄市瀑布灌区、始兴县凉口灌区以及乳源瑶族自治县引杨灌区等，计划总投资4.21亿元，到位省级以上投资2.72亿元。

【水系连通试点县项目】 水系连通试点县项目是对纳入全国中小河流治理重点县综合整治和水系连通试点规划的流域面积在50—200平方千米的水系开展的综合治理，主要从加强水系沟通、河道整治及水生态修复等方面综合治理。南雄市6个乡镇6条河和仁化县5个乡镇6条河列入全省中小河流治理重点县综合整治及水系连通试点规划项目。11个项目区建设累计整治河道长度126.07千米，规划总投资2.69亿元。2016年底，8个项目区主体建设任务基本完成，完成投资1.85亿元。

【农村水电增效扩容改造项目】 韶关市纳入“十二五”农村水电增效扩容改造项目123宗，总投资3.6亿元，改造后总装机容量可达21.84万千瓦（其中新增发电装机2.94万千瓦），改造后的年发电量比改造前3年平均发电量增加2.4亿千瓦时。2016年底，123宗项目基本完工。韶关市纳入“十三五”农村水电增效扩容改造项目55宗，总投资4.2亿元，改造后总装机容量22.53万千瓦（其中新增发电装机3.12万千瓦），改造后年发电量7.2亿千瓦时，新增年发电量1.1亿千瓦时。2016年底，各项目进入设计审批、财政审核和招投标的前期阶段。

【水库移民工作】 2016年，韶关市水库移民后期扶持人数为78278人，其中大中型水库移民后期扶持人数为14881户68892人（其中核定到人60458人，未核定到人和生产安置人口8434人），安置在全市65个镇228个村691个自然村；小型水库后期扶持的人口1979户9386人（含投亲靠友869人），主要涉及曲江区、仁化县、始兴县、翁源县、新丰县、南雄市、乐昌市7个县（市、区）26个镇45个村86个自然村。南雄市、仁化县、乳源瑶族自治县、翁源县4个县（市）为省直管县财政改革试点县（市），其中大中型水库人口41163人，小型水库人口2363人。6月20日，市水务局、市财政局、市发改局联合印发《韶关市水库移民后期扶持“十三五”规划报告》，规划投资4.82亿元，涉及288个行政村，受益移民人口8.49万人次。至2016年底，全市完成15868户65264人的住房建设任务，占总任务数（66092人）的98.9%。韶关市大中型水库移民避险解困试点工作推进，2016年动工兴建118户421人移民住房，完成中央和省专项资金2119.12万元。

【最严格水资源管理与考核】 2016年，韶关市按照水资源开发利用控制、用水效率控制、水功能区限制纳污三条红线控制目标，落实最严格水资源管理制度。推进水资源论证规范化管理，完成6宗取水许可证新发、延续和2宗原县级取水许可证收归市发证的取水许可证审批发证工作，审查各县（市、区）取水台账，完成662宗取水证资料的审查入库工作。编制全市2015年度水资源管理年报和水资源公报。韶关市江河湖库重要水功能区纳污能力核定及限制排污总量控制方案和翁源县跃进水库污染源综合治理2宗项目纳入省2016年水资源节约与保护专项资金项目。印发节水型社区、学校、公共单位的考核评分标准，选定3个社区开展节水型社区建设。韶关市在全省最严格水资源管理制度“十二五”期末考核中获得优秀等次，得分90.8分，成绩排名第五名。

【依法治水管水】 开展日常执法巡查，查处各类水事违法案件。2016年出动执法人员2079人次、执法车辆593台次、执法船只80艘次，开展联合执法行动28次，查处水事违法行为28宗。市本级征收水规费1879万元。开展全市河道采砂专项整治行动。10月17日至11月30日，巡查检查发现违法采砂行为54起，梳理近两年违法采砂事件，检出违法采砂问题59件，清查并登记采运砂船舶89艘，堆砂场103个，采砂标段存在问题4个，违法签订河砂开采合同村组4个，河岸挖筑鱼塘项目9个。全市有河砂堆放场142个，混凝土搅拌站18个（均有工商执照并在住建部门登记备案）。

【河流水库水质达标评价】 2016年，韶关市境内江河湖库水体水质进行评价达标分析。全市河流水质总体情况良好，水库水质总体状况良好。根据《广东省水功能区划》和《韶关市水功能区划》，2016年度对57个（对有二级区的一级区只计二级区个数）河流水功能区进行评价，其中，水质达标的功能区48个，达标率84.2%；对28个水库水功能区进行评价，23个水库达标，5个水库不达标，达标率为82.1%。（刘　蔚）

2016年韶关市行政分区地表水资源量统计一览表

表2

行政分区	计算面积（平方千米）	地表水资源量（亿立方米）	占全市比例（%）	多年平均地表水资源量（亿立方米）	与多年平均值比较（%）	单位面积地表水资源量（万立方米/平方千米）
曲江区	1618	22.67	9.0	15.37	47.5	140.11
武江区	689	9.65	3.8	6.61	46.0	140.06
浈江区	567	7.31	2.9	5.22	40.0	128.92
乐昌	2421	32.51	12.9	22.10	47.1	134.28
南雄	2361	25.79	10.2	18.73	37.7	109.23
始兴	2152	25.71	10.2	19.14	34.3	119.47
仁化	2205	29.27	11.6	21.80	34.3	132.74
乳源	2227	36.38	14.4	27.29	33.3	163.36
翁源	2158	29.09	11.5	22.60	28.7	134.80
新丰	1987	33.61	13.3	21.08	59.4	169.15
全市	18385	251.99	100.0	179.93	40.0	137.06

2016年韶关市行政分区地下水资源量统计一览表

表3

行政分区	计算面积（平方千米）	地下水资源量（亿立方米）	占全市比例（%）	多年平均地下水资源量（亿立方米）	与多年平均比较（%）	单位面积地下水资源量（万立方米/平方千米）
曲江区	1618	4.76	8.4	3.65	30.4	29.42
武江区	689	2.03	3.6	1.56	30.1	29.46
浈江区	567	1.67	2.9	1.30	28.5	29.45
乐昌	2421	7.07	12.5	5.43	30.2	29.20
南雄	2361	5.83	10.3	4.52	29.0	24.69
始兴	2152	5.16	9.1	4.29	20.3	23.98
仁化	2205	8.48	14.9	6.88	23.3	38.46
乳源	2227	6.63	11.7	5.14	29.0	29.77
翁源	2158	6.46	11.4	4.90	31.8	29.94
新丰	1987	8.64	15.2	6.38	35.4	43.48
全市	18385	56.73	100.0	44.05	28.8	30.86

2016年韶关市行政分区水库蓄水动态统计一览表

表4　　单位：万立方米

行政分区	水库宗数		大型水库蓄水量		大型水库年蓄水变量	中型水库蓄水量		中型水库年蓄水变量	合计	
	大型	中型	上年末	当年末		上年末	当年末		年末蓄水量	年蓄水变量
曲江区	2	2	10600	11330	730	8700	8700	0	20030	730
武江区	1	1	900	0	–900	400	250	–150	250	–1050
浈江区		3				7500	6800	–700	6800	–700
乐昌	1	2	16300	15460		3000	2060	–940	17520	–940
南雄		6				9200	9590	390	9590	390
始兴		3				3900	3730	–170	3730	–170
仁化	1	3	15300	12810	–2490	7800	8030	230	20840	–2260
乳源	1	4	77200	64800	–12400	15100	15240	140	80040	–12260
翁源		5				3800	3800	0	3800	0
新丰		1				600	790	190	790	190
全市	6	30	120300	104400	–15900	60000	58990	–1010	163390	–16910

2016年韶关市行政分区供水量统计一览表

表5　　单位：万立方米

行政分区	总供水量	占全市比例（%）	地表水量				地下水量	占总供水量比例（%）	其他供水量	占总供水量比例（%）
			蓄水量	引水量	提水量	占总供水量比例（%）				
曲江区	21340	9.9	13560	1570	4480	91.9	1730	8.1	0	0.0
武江区	14590	6.8	3990	2890	6540	92.0	670	4.6	500	3.4
浈江区	13680	6.4	11360	1360	430	96.1	450	3.3	80	0.6
乐昌	29510	13.7	19800	7390	210	92.8	910	3.1	1200	4.1
南雄	34180	15.9	20770	11660	1480	99.2	170	0.5	100	0.3
始兴	21280	9.9	5600	7140	6410	90.0	1630	7.7	500	2.3
仁化	25870	12.0	18640	1050	5020	95.5	580	2.2	580	2.2
乳源	15710	7.3	10670	1870	1270	87.9	300	1.9	1600	10.2
翁源	22550	10.5	12630	4610	3960	94.0	1350	6.0	0	0.0
新丰	16210	7.5	3050	600	10950	90.1	610	3.8	1000	6.2
全市	214920	100.0	120070	40140	40750	93.5	8400	3.9	5560	2.6

2016年韶关市行政分区用水量

表6　　单位：万立方米

行政分区	生产用水量					居民生活	占总用水量比例（%）	生态环境	占总用水量比例（%）	总用水量	占全市比例（%）
	农田灌溉	林牧渔畜	工业	城镇公用	占总用水量比例（%）						
曲江区	11130	970	6130	930	89.8	1820	8.5	360	1.7	21340	9.9

续表6

行政分区	生产用水量					居民生活	占总用水量比例（%）	生态环境	占总用水量比例（%）	总用水量	占全市比例（%）
	农田灌溉	林牧渔畜	工业	城镇公用	占总用水量比例（%）						
武江区	3960	970	6770	700	85.0	1920	13.2	270	1.9	14590	6.8
浈江区	6340	1770	1660	1000	78.7	2520	18.4	390	2.9	13680	6.4
乐昌	22190	1680	2780	410	91.7	2250	7.6	200	0.7	29510	13.7
南雄	23790	3070	4630	680	94.1	1760	5.1	250	0.7	34180	15.9
始兴	15540	830	3160	460	93.9	1120	5.3	170	0.8	21280	9.9
仁化	15630	1860	5940	1010	94.5	1070	4.1	360	1.4	25870	12.0
乳源	11070	690	2100	670	92.5	980	6.2	200	1.3	15710	7.3
翁源	15380	2140	2730	470	91.9	1680	7.5	150	0.7	22550	10.5
新丰	8350	1380	4740	410	91.8	1190	7.3	140	0.9	16210	7.5
全市	133380	15360	40640	6740	91.3	16310	7.6	2490	1.2	214920	100.0

2016年韶关市各行政分区主要用水指标

表7

行政分区	人均GDP（元）	人均综合用水量（立方米）	万元GDP用水量（立方米）	万元工业增加值用水量（立方米）		农田实灌亩均用水量（立方米）	居民生活人均用水量（升／日）	
				含火电	不含火电		城镇	农村
曲江区	42282	674	159	108	102	801	180	126
武江区	72966	467	64	76	76	750	179	121
浈江区	51569	335	65	88	88	897	179	119
乐昌	28298	711	251	132	116	640	177	120
南雄	41578	1027	247	100	100	761	175	119
始兴	38604	993	257	111	111	764	177	121
仁化	49421	1238	250	171	179	897	179	115
乳源	39688	846	213	70	70	706	177	119
翁源	28360	651	230	104	104	589	177	111
新丰	37268	752	202	142	142	795	179	122
全市	42843	727	170	105	104	732	178	118

水文监测

【概况】 广东省水文局韶关水文分局是广东省水文局的派出机构，正处级行政类事业单位。内设5个职能科室，2016年有在职干部职工57人。下辖韶关水文测报中心、坪石水文站、新韶水文站、岳城水文站，负责辖区内的水量水质监测、水情预报等方面业务。管辖韶关行政区域内的15个水文站（含6个巡测站），其中3个国家重要水文站，4个省重要水文站；32个中小河流水文监测站点，其中21个水文站，11个水位站；274个雨量站，其中基本站158个；4个蒸发站；33个大中型水库水雨情监测站；11个冰冻灾害站；8个土壤墒情站；53个水质常规监测断面。其中雨量、水位、冰冻灾害、土壤墒情观测站点基本实现自动测报。犁市（二）站、乐昌（二）站、西河桥站、百年东街站及新丰站安装H-ADCP，实现在线自动测流，并配备雷达测速枪、水文测船、冲锋舟、GPSRTD（RTK）、全站仪、数字水准仪、水深测量仪等辅助测量设备。站网建设覆盖辖区大江大河、城乡防洪重点区域和主要供水水源地的监测网络，满足地方政府以及各涉水部门解决“洪、涝、旱、污”等水问题对水文技术服务支撑能力的需求。

【水环境监测】 2016年，广东省水文水资源监测中心韶关分中心完成北江流域连江口以上区域和东江上游部分区域53个常规监测站点水质采样、分析与评价工作，比2015年新增加8个监测站。站点能代表的功能区43个，覆盖率53%。完成2016年水功能区考核站点（28个）评价分析工作，其中省考断面24个，国考15个（有11个与省考重合），较2015年大幅增加9个。完成9个市界断面的监测评价工作。

【水文测验】 2016年，韶关水文分局开展辖区水文巡测方案和各水文站测洪方案修编工作，推广应用走航式ADCP、H—ADCP、电子水准仪、电波流速仪等先进的水文监测新技术新仪器。加强水文监测信息化建设，开展犁市水文站H—ADCP率定工作，在新韶水文站下游百年东街、岳城水文站上游新丰县城安装H—ADCP，进行百年东街站的比测；开展2016年度中小河流水文站在线非接触式雷达测速仪率定工作；开展水文测验技术分析，组织对结龙湾、滃江水文站的流量间测分析和小古菉水文站流量测验精简分析。

【服务水资源管理】 韶关水文分局组织实施2015年《韶关市水资源公报》《韶关市水资源管理年报》、2016年《韶关市水资源质量月报》《韶关市水务信息季报》的编制工作；完成《浈江流域水资源综合分析评价报告》《南水流域水资源综合分析评价报告》《韶关市水功能区划修编》《2016年北江流域水功能区监测评价报告》《2015年北江流域水资源状况报告》《龙山水库水资源保护规划报告》等编制工作。

【提升科技创新能力】 开展韶关市区三江六岸精细化预报模型研究，将水面线分析方法应用于洪水预报，实现预报地点的无缝对接，解决特殊洪水时单点预报代表性不佳的问题，为市区防汛指挥决策提供技术支撑并为类“Y”型河道精细化洪水预报提供示范借鉴作用。2016年完成总工作量的90%。基于WebGIS的北江流域水资源信息查询暨辅助决策系统获得韶关市科学技术进步一等奖。

【中小河流水文监测系统建设】 广东省中小河流水文监测系统建设项目是水利部下达的中小河流治理国家级水文监测系统的重点建设项目，分两期实施。2016年底，韶关水文分局基本完成32个水文（位）站的建设任务及档案资料归档工作，通过分部验收。

【山洪灾害调查评价】 2016年6月12日至17日，根据省水文局统一部署，韶关水文分局组织技术人员开展清远市“三连”山洪灾害调查评价工作。完成连州市、连南县、连山县3个县（市）242个重点防治区，24个重要集镇的外业测量调查和内业分析评价工作，完成各县的《山洪灾害调查报告》《历史洪水调查报告》《山洪灾害分析评价报告》《水文气象资料收集报告》编制并通过初步验收，完成“三连”山洪灾害项目80个简易水位站点的安装工作。

（刘　静）

2016年韶关水文分局管辖的水文站一览表

表8

水系	河名	站名	站别	断面地点
北江	浈江	小古菉	水文站	广东省韶关市始兴县马市镇都塘村委会小古菉村
北江	浈江	新韶	水文站	广东省韶关市浈江区新韶镇黄金村
北江	罗坝水	结龙湾	水文站	广东省韶关市始兴县顿岗镇大村村委会结龙湾村
北江	锦江	仁化（二）	水文站	广东省仁化县仁化镇水南村
北江	武江	坪石（二）	水文站	广东省乐昌市坪石镇灵石坝村
北江	武江	犁市（二）	水文站	广东省韶关市浈江区犁市镇五四村河边厂
北江	田头水	赤溪（四）	水文站	广东省乐昌市庆云镇湾雷村委会赤溪村
北江	滃江	滃江	水文站	广东省韶关市翁源县官渡镇利龙村河唇刘屋
东江	新丰江	岳城	水文站	广东省新丰县丰城镇岳城村
北江	浈江	南雄（一）	巡测站	广东省南雄市雄州街道水南村沿江路水务局新大楼前
北江	北江	韶关（二）	巡测站	广东省韶关市武江区西河镇红星村沿江路

续表8

水系	河名	站名	站别	断面地点
北江	北江	乌石	巡测站	广东省韶关市曲江区乌石镇濛浬村韶关电厂家属区
北江	墨江	始兴	巡测站	广东省韶关市始兴县太平镇东升居委会低坝村
北江	百顺水	大坝	巡测站	广东省韶关市仁化县黄坑镇高塘村委会大坝村下游桥下
北江	武江	乐昌（二）	巡测站	广东省乐昌市乐城街道榴村村委会大菜园村

2016年韶关水文分局管辖的蒸发量站一览表

表9

水系	河名	站名	测站地址
北江	浈江	小古菉	广东省韶关市始兴县马市镇都塘村委会小古菉村
北江	浈江	新韶	广东省仁化县大桥镇长坝村
北江	武江	坪石	广东省乐昌市坪石镇灵石坝村
北江	滃江	滃江	广东省韶关市翁源县官渡镇利龙村河唇刘屋

2016年韶关水文分局管辖的大中型水库监测站一览表

表10

水系	河名	站名	水系	河名	站名
北江	浈江	孔江水库	北江	杨溪河	横溪水库
北江	浈江	湾头水库（坝上）	北江	下陂水	西牛潭水库
北江	北江	孟洲坝水库	北江	沐溪河	沐溪水库
北江	北江	濛浬电厂	北江	南水	泉水水库
北江	新龙水	中坪水库	北江	南水	南水水库（大坝）
北江	宝江水	宝江水库	北江	马坝水	苍村水库
北江	南山水	横江水库	北江	樟市水	罗坑水库
北江	瀑布水	瀑布水库	北江	滃江	岩庄水库
北江	远迳水	尖背水库	北江	大坪水	桂竹水库
北江	都安水	山口三级	北江	大坪水	苍石水库
北江	沈所水	花山水库	北江	龙仙水	跃进水库
北江	锦江	锦江水库	北江	涂屋水	长潭水库
北江	澌溪河	澌溪河水库	北江	横石水	泉坑水库
北江	董塘水	赤石迳水库	北江	月坪水	坝美水库
北江	枫湾河	小坑水库	北江	大潭河	大潭河水库
北江	廊田水	东洛水库	东江	层坑水	鲁古河水库
北江	廊田水	龙山水库			

2016年韶关水文分局管辖的土壤墒情监测站一览表

表11

墒情站名	地点	土壤	经济作物
竹园	曲江区	红壤土	荒地
柴塘	始兴县	红壤土	烟叶
董塘	仁化县	红壤土	荒地
新尧	翁源县	红壤土	三华李
红云	乳源县	红壤土	桑树、红薯、玉米
回龙	新丰县	红壤土	龙眼
洪莲	乐昌市	红壤土	花生
黄坑	南雄市	红壤土	烟叶

2016年韶关水文分局管辖的冰冻灾害站一览表

表12

水系	河名	站名	类型
北江	武江	坪石	风向、风力、温湿度
北江	武江	梅花	风向、风力、温湿度
北江	杨溪河	大桥	风向、风力、温湿度
北江	杨溪河	红云	风向、风力、温湿度
北江	锦江	城口	风向、风力、温湿度
北江	田头水	赤溪	风向、风力、温湿度
北江	九峰河	九峰	风向、风力、温湿度
北江	九峰河	两江口	风向、风力、温湿度
北江	南山水	横江	风向、风力、温湿度
北江	南花溪	一六（宜章）	风向、风力、温湿度
北江	城口水	兰洞	风向、风力、温湿度

2016年广东省水文水资源监测中心韶关分中心水质监测站点一览表

表13

	监测站点	分布地址	监测频次（次）	监测项目
	福水	韶关市新丰县马头镇	12	
	小古菉	韶关市始兴县马市镇小古菉村	12	
	新韶水文站	韶关市浈江区新韶镇黄金村	12	
	沙口	英德市沙口镇	4	
河流水质监测断面	英德	清远市英德市英城镇观洲坝	12	pH、六价铬、总氮、铜、铅、镉、硫化物、砷、硒、汞、粪大肠菌群、氨氮、高锰酸盐指数、阴离子表面活性剂、挥发酚、总磷、氰化物、五日生化需氧量、溶解氧、叶绿素α、硫酸盐、氟化物、硝酸盐氮、氯化物、锌、铁、锰、透明度、水温、化学需氧量、石油类
	仁化	仁化县丹霞镇水南村	12	
	坪石	乐昌市坪石镇灵石坝村	12	
	乐昌	乐昌市乐城镇张滩村	12	
	龙归	韶关市武江区龙归镇	12	

续表13

	监测站点	分布地址	监测频次（次）	监测项目
河流水质监测断面	滃江	翁源县官渡镇河唇刘屋村	6	pH、六价铬、总氮、铜、铅、镉、硫化物、砷、硒、汞、粪大肠菌群、氨氮、高锰酸盐指数、阴离子表面活性剂、溶解性总固体、总硬度、挥发酚、总磷、氰化物、五日生化需氧量、溶解氧、叶绿素α、硫酸盐、氟化物、硝酸盐氮、氯化物、锌、铁、锰、透明度、水温、化学需氧量、石油类
	连州	连州市连州镇	12	
	阳山	阳山县阳城镇	12	
	高道	英德市西牛镇高道	12	
	长江镇	仁化县长江镇	2	
	周田	仁化县周田镇司土坝村	4	
	百家洞	乐昌市坪石镇百家洞村	2	
	马芫	南雄市界址镇马芫村	2	
	十里亭	韶关市十里亭	12	
	九公里	韶关市市区九公里	12	
	白土	曲江县白土镇白土北江大桥下游3公里	12	
	大坑口	韶关市曲江区大坑口镇	12	
	下榕角	韶关市翁源县官渡镇下榕角村	2	
	南雄	韶关市南雄市三洲桥	6	
水库湖泊水质监测断面	三溪	韶关市乐昌市三溪镇	6	
	古市	韶关市南雄市古市镇浈江大桥	12	
	金牛农庄人行桥	韶关市丹霞镇夏富管理区牛鼻组	12	
	小坑新田面电站	曲江小坑水库上游	4	
	泉水电站	韶关市乳源县东坪镇泉水电站	12	
	武江桥	韶关市武江区武江桥	12	
	贵联村桥	韶关市翁源县江尾镇贵联村	4	
	龙潭寺	清远市连州镇满竹洞村	12	
	杨溪村桥	韶关市乳源桂头镇杨溪村	4	
	锦江水库	韶关市仁化县锦江水库大坝	12	
	南水水库水文班码头	乳源县南水水库大坝	12	
	南水水库龙南码头	乳源县南水水库	4	
	长湖水库大坝	英德市大站镇	4	
	瀑布水库	南雄市瀑布水库	12	
	小坑水库	韶关市曲江区小坑镇小坑水库	12	
	苍村水库	韶关市曲江区苍村水库	12	
	花山水库	始兴县花山水库	4	
	赤石迳水库	仁化县赤石迳水库	4	
	跃进水库	翁源县跃进水库	12	
	白水礤水库	新丰县白水礤水库	12	
	茶坑水库	清远市阳山县大崀镇茶坑村茶坑水库	12	
	孟州坝水库	韶关市市区九公里	4	
	白石窑水库	英德市沙口镇	4	

续表13

	监测站点	分布地址	监测频次（次）	监测项目
水库湖泊水质监测断面	潭岭水库	连州市潭岭镇	4	pH、六价铬、总氮、铜、铅、镉、硫化物、砷、硒、汞、粪大肠菌群、氨氮、高锰酸盐指数、阴离子表面活性剂、挥发酚、总磷、氰化物、五日生化需氧量、溶解氧、叶绿素α、硫酸盐、氟化物、硝酸盐氮、氯化物、锌、铁、锰、透明度、水温、化学需氧量、石油类
	西牛潭水库	韶关市浈江区犁市镇	2	
	孔江水库	韶关市南雄乌迳镇孔江水库	2	
	沐溪水库	韶关市武江区沐溪水库大坝	2	
地下水水质监测断面	大宝山	韶关曲江区沙溪镇坝心蕉子河船肚	2	
入河排污口水质监测断面	韶关钢铁厂	韶关市区九公里	2	
	韶关冶炼厂	韶关市曲江区马坝	2	

说明：地下水监测项目增加亚硝酸盐氮，排污口监测项目增加色度和悬浮物

气　象

【概况】 韶关气象部门包括：广东省韶关市气象局（台），有韶关市生态气象中心（韶关市环境气象中心）、韶关市气象公共服务中心、韶关市气象局机关服务中心、韶关市气象公共安全技术支持中心等5个直属单位；广东省气象局独立设置的韶关天气雷达站；韶关市防雷减灾管理中心（韶关市人工影响天气中心、韶关市专业气象预报服务中心合署）、韶关市突发事件预警信息发布中心等2个地方气象事业机构；下辖8个县（市、区）气象局（台）。韶关市新丰县气象局（台）为省直管县试点。2016年，全市有在职气象职工230人，其中研究生4人，本科生200人，高级工程师7人，工程师73人。

2016年，韶关天气呈气温偏高、降水偏多、极端天气气候事件较多的特点。市气象台编发《重大气象信息专报》9期，《天气报告》52期，《气象信息》94期，《重大气象信息快报》31期，《手机气象专报》269次，《气象灾情快报》4期，预警信号161次，为春运、两会、高（中）考、韶关市互联网农业小镇试点工作推进会、徒步丹霞等重大活动提供气象保障服务。9月，韶关市气象发展“十三五”规划印发实施。“平安韶关”气象保障工程，突发事件预警信息发布体系，交通气象、生态气象、旅游气象保障体系等重点工程纳入韶关“十三五”规划纲要。韶关市气象局获得2016年度广东省气象局综合考评特别优秀单位；韶关市曲江区气象局被广东省气象局评为2016年重大气象服务先进集体。

【气候特点】 2016年，韶关市气温偏高、降水偏多，日照正常。气象灾害属于中等年景，极端天气气候事件较多，洪涝、强对流、高温、雷电等造成的灾害较重。年内没有发生大范围气象灾害，仅有1人因雷电灾害而死亡。

气温　全市全年平均气温20.6℃，较同期气候平均值偏高0.5℃。年内10个月出现气温正距平，4月、6月、10月和12月分别偏高1.9℃、1.1℃、1.5℃和2.0℃。极端最高气温为37.6℃—40.2℃，极端最低气温为-3.6℃—-0.4℃。全市各县（市、区）平均高温天气（最高气温≥35℃）天数共35.5天，较常年偏多10天。

雨量　全市年平均降水量2241毫米，较常年偏多36%，降水时间和空间分布极不均匀，4月最多（331.3毫米），12月最少（15.7毫米）；新丰县最多（2735毫米），乐昌市最少（1851毫米），仁化县、曲江区、新丰县年降水量创有气象记录以来最高记录。

日照与雾日　全市各地年平均总日照时数1490小时，与常年平均值持平。全市平均年雾日50天，突破1951年以来历史记录，其中雾日最多翁源县，达72天，最少乐昌市34天。1月2日—5日，全市出现大面积大雾天气，韶关市气象台发布三次大雾预警，其中4日发布大雾红色预警信号。3月16日—18日连续三天发布大雾黄色预警信号。11月14日—18日发布四次大雾预警信号。

极端气候事件　1月24日—25日出现低温雨雪天气，全市各地最低气温降至0℃以下，其中城区-4℃—-0.5℃，高寒山区-8℃—-3℃，京港澳高速云岩服务区录得最低气温-7.2℃，超历史极值（1999年12月23日早晨全市最低气温-6℃—-2℃）。全市全年出现5次大的强降水，分别是“3·19”强降水、“4·17”强降水、“5·19”强降水、“6·12”强降水、“6·15”强降水。强对流天气主要发生在3月和4月。4号台风“妮妲”（强台风级）8月2日登陆深圳大鹏半岛，受“妮妲”螺旋云带影响，韶关市中、南部地区出现6到10级大风和暴雨。乳源瑶族自治县、翁源县、新丰县发布台风黄色预警，市区、曲江区发布台风蓝色预警。韶关市区台风蓝色预警是有气象灾害预警信号以来首次发布。2016年，全市收到51宗雷击灾害报告，同比减少3宗，其中，农村雷灾事故9宗，1人死亡，出现在乳源瑶族自治县游溪镇烈村。直接经济

损失166.51万元，间接经济损失199.66万元。

【气象防灾减灾】 2016年，韶关市各级气象部门及时启动或变更应急响应66次，发布暴雨预警信号422次，其中暴雨红色预警3次，发送应急短信约1100万人次。完善停工停课机制。市气象局与人社部门共推恶劣天气停工机制，把恶劣天气停工机制写入《广东省韶关市劳动合同书》范本中。强化气象区域边界联防，在新丰县召开第十三届粤赣湘桂边界气象合作年会，加强与粤赣湘桂边界气象合作网成员间资源共享和沟通协作。深化部门合作，与城管、农业、旅游部门编制合作服务方案，与市安监局签订气象灾害易引发重大安全生产事故预警合作协议。突发事件预警信息发布体系得到完善，市县预警中心均按照“一模”的标准建设。

【气象现代公共气象服务】 2016年，韶关市公共气象服务能力提升。市气象信息发布渠道扩展至8种，“韶关天气”官方气象微博粉丝超过16万人，微信订阅用户超过7000人，手机短信息用户超过33万人，新浪微博在韶关政务指数排行榜中多次名列第一。探索开展专业气象服务。与旅游、农业和城管部门合作开展旅游气象、农业气象、城市运行保障服务，与乐昌峡合作开发流域面雨量精细化预报预警系统，与风电企业合作开展风资源评估。开展气象为农服务，面向春耕生产推出多项贴心服务；面向专业合作社和农业龙头企业等新型农业经营主体开展直通式气象服务；面向地方特色农业，如仁化县的沙田柚、贡柑、茶叶，南雄市的黄烟等，开展农业气象情报预报服务。乐昌市大源镇、始兴县顿岗镇被中国气象局评为标准化气象灾害防御乡镇。

【现代气象监测预报预警】 2016年，韶关推进“平安山区”气象保障工程建设。南岭生态气象中心一期工程建设完成，布设气溶胶浓度、GPS/MET水汽通量、生物舒适度、大气负离子浓度等26种环境监测设备。生态气象综合业务平台、生态农业气象服务和丹霞山旅游气象服务体系建设等二期工程有序推进，新丰云髻山超级生态站投入业务运行。综合生态气象业务结构初步建立；丹霞山机场临时气象观测站建成并有效运行，为机场建设论证提供气象保障；完成全国首例多普勒天气雷达双偏振技术改造升级，各项性能均达到同型号最新批次雷达的技术指标。预报质量稳步提升，格点预报综合排名从2015年的全省13名上升至第6名，冰雹、暴雨、雷雨大风的预警提前量分别为10分钟、33分钟和50分钟。全市预警信息发布中心建设进展顺利。市气象局、新丰县、翁源县、曲江区等气象局建设完成。新丰模式在全市复制推广。

▲2016年3月23日为世界气象日。图为市气象局开放当天，专家为市民讲解人工影响天气开展情况 （韶关市气象局 供）

【气象管理体制改革】 2016年，韶关推进防雷体制改革。在全省气象部门第一个完成房屋建设工程和市政工程防雷安全管理职能移交，形成可推广可复制的韶关模式。向社会公布第二批气象灾害防御重点单位，对第一批和第二批气象灾害防御重点单位相关人员进行培训。推进气象工作法制化。《韶关气象灾害防御条例》被人大纳入第一批地方立法计划项目。健全气象公共财政保障机制。2016年6月韶关市防雷减灾管理中心的类别由公益二类调整为公益一类事业单位，2016年市本级落实地方财政部门经费比上年增加9.4%，曲江、始兴、南雄、翁源落实地方津补贴纳入地方财政预算。推进气象工作政府化。市气象局成为韶关市政府新成立的城市发展与管理委员会、交通发展与建设委员会、旅游发展委员会等6个委员会和大数据产业发展工作领导小组成员单位，气象工作参与政府议事决策。

【气象科技创新和人才体系建设】 2016年，韶关市气象局立项课题9项，投入科研资金14万元。韶关天气雷达站“基于双偏振产品的强对流分区预警研究”、市气象局预报科“粤北山区气温在不同天气类型下的网格精细化智能订正”、新丰县气象局“基于雨滴谱型的双偏振雷达定量降水估测技术及应用”3个课题获得广东省气象局立项。年内全市正式发表技术论文27篇；与高校、科研院所、企事业单位的合作加强。新丰县气象局与成都信息工程大学合作建设双偏振雷达，与省局探测数据中心合作建设超级生态观测站。南京信息工程大学初步选定南岭生态气象中心为其生态环境气象试验基地；年内招聘引进硕士研究生3人。选拔推荐2名县局“头羊”技术人。2016年广东省气象行业职业技能竞赛，翁源气象局邓小良获得个人全能三等奖、雷达站朱永兵获得雷达探测单项二等奖。 （吴在明）

商贸服务·开放型经济·旅游餐饮

商贸服务

【批发零售业】 2016年，全市实现社会消费品零售总额638.21亿元，同比增长9.9%。从区域来看，全市城镇实现社会消费品零售总额555.44亿元，同比增长9.9%；全市乡村实现社会消费品零售总额82.77亿元，同比增长10.1%，乡村消费能力有所提升，消费增速高于城镇0.2个百分点。随着全市县域经济发展加快，农民收入进一步增长，县级以下的消费潜力还将进一步释放。各县（市、区）社会消费品零售总额增速排名前4名分别是新丰县、始兴县、南雄市、武江区，占比分别为13%、11.7%、11.2%、10.4%。分行业来看，2016年全市汽车类销售额为27.86亿元，同比增长18.7%；石油及制品类销售额为28.15亿元，同比增长4.7%；服装、鞋帽、针纺织品类销售额为2.22亿元，同比下降7.3%；家用电器、音响器材类销售额7.54亿元，同比下降0.9%；中西药品类销售额为4.36亿元，同比增长15.2%；日用品类销售额为2.64亿元，同比增长3.8%；文化办公用品类销售额为4.35亿元，同比增长1.9%。受房地产市场回暖，商品房销售增加，家具类、建材类等行业销售额增长较快，如建材类销售额为2.05亿元，同比增长36.8%；家具类销售额为0.42亿元，同比增长34.9%。2016年，全市批发零售业实现销售额985.57亿元，同比增长15%。其中，批发零售业增加值120.88亿元，同比增长9.6%。

2016年全年新增限上商贸企业108家（包括限下转限上的商贸企业），分别为批发业增加40家，零售业增加44家，住宿业增加11家，餐饮业增加13家。至2016年末，全市有限额以上批发零售业法人企业394家，限额以上住宿餐饮业法人企业192家。年销售额超亿元批发零售企业67家（批发业43家、零售业23家、住宿1家），较2015年增加29家。其中，超10亿元的大型批发零售企业9家，较2015年新增4家。

【连锁经营行业】 2016年，沃尔玛、大润发、肯德基、麦当劳、国美、苏宁、益华、新南康、屈臣氏、必胜客、味千等国内知名连锁商业企业在韶关发展良好，广客隆（东明）、爱心药房、惠福等本土连锁企业加快城乡网点布局，连锁经营行业市场主体多元化趋势明显。以连锁经营、物流配送、电子商务为代表的现代流通方式在韶关加快普及，综合卖场、超级市场、仓储式商场、便利店、专卖店等新型流通业态蓬勃发展。连锁经营行业注重提高规模化和规范化水平，扩大连锁经营的范围和领域，推动连锁经营向更大范围更深层次发展，逐步提高连锁经营在流通业的比重，引导和鼓励企业向乡镇连锁延伸，提高连锁经营的总体规模和水平。

【现代物流业】 2016年，韶关市交通运输、仓储和邮政业增加值89.07亿元，累计同比增长6.8%；全市公路货运量1.38万吨，同比增长10%，公路货物周转量236.8亿吨公里，同比增长11.7%；全市口岸通关运量956.3万吨，同比增长28.7%；快递业务量实现1183.27万件，同比增长58.7%；快递业务收入完成2.01亿元，同比增长53.5%。推进供给侧结构性改革，降低物流成本。2016年全市降低高速公路使用成本5941万元；全市4家物流企业享受国际货物运输代理服务免征增值税，免税销售额390.7万元。全市重点打造东环线商贸物流产业带、粤北国际物流中心、韶关港、公路物流园等物流平台。2016年11月2日，全省内陆地区首个跨境电商清关服务中心在韶关市正式上线运营，至2016年12月，监管验放跨境电子商务进口货物货值2354.7万元。鑫金汇财富广场一期42万平方米建成营业，华南农产品交易中心项目一期15万平方米破土动工；乳源中农批粤北农特产品电商物流商贸城项目一期3万平方米基本建成投产。

【拍卖业】 2016年，韶关市有拍卖业11家，从业人员82人，其中拍卖师22人。全年举办拍卖会161场次，交易额4.35亿元。全市拍卖行业保持平稳发展，但总体规模偏小，资源渠道狭窄，综合竞争力不强。拍卖委托部门主要以法院、政府部门、金融资产机构及破产清算组为主，拍卖额为2.58亿元，占拍卖总额的59%；拍卖标的物以土地使用权、房地产为主，拍卖额分别为1.41亿元及1.74亿元，占拍卖总额的32.4%及40%。

【二手车市场】 2016年，韶关市配套出台《韶关市促进二手车便利交易实施方案》。通过优化二手车自由流通的市场环境、完善二手车交易管理服务、搭建二手车流通信息平台、加强二手车市场主体信用体系建设、落实二手车交易税收政策、加大金融服务支持力度、鼓励二手车经营主体创新经营模式、推动二手车流通制度体系建设等手段，全市二手车流通布局进一步完善，二手车交易更便利、快捷。 （伍雪龙）

【成品油经营】 2016年全市有加油站（成品油零售企业）229座（全部为陆上加油站），分别为：中石化86座，中石油22座，中油碧辟8座，中海油5座，社会108座。分布上：中心城区106座，高速公路23座（中石化15座，中石油4座，中油碧辟2座，中海油2座）。有批发企业5家，库容分别为4.9万立方米和0.55万立方米油库2座，分布在韶关市区和乐昌市梅花镇。批发企业及油库均隶属中石化韶关石油分公司。中石化、中石油、中海油三大央企石油公司在韶关成品油零售经营量占80%以上，韶关市成品油零售来源主要是中石化、中石油两大石油公司。2016年，全市成品油销量84.67万吨，其中汽油31.86万吨，柴油52.82万吨。

【煤炭经营】 2016年，煤炭行业开启供给侧改革，煤炭生产企业的去产能工作使煤炭市场出现供不应求局面，煤炭价格从近三年来持续低迷状态开始恢复上涨。2016年度，全市煤炭消耗量921.69万吨，比上年略有上升。韶关市主要用煤单位为坪石发电厂有限公司B厂、广东省韶关粤江发电有限责任公司、仁化县华粤煤矸石电力有限公司、宝钢集团广东韶关钢铁有限公司等几家大型工业企业，煤炭消耗量占全市总消耗量80%以上。全市各用煤大企业主要通过自营渠道调运煤炭，煤炭价格的上涨使以煤炭为主要燃料的火力发电企业利润大幅下降。 （王彩丽）

▲韶关市直属粮食储备库库区 （郭真珍 摄）

粮 食

【概况】 管理机构为韶关市粮食局，副处级参公管理公益一类事业单位，下辖韶关市军粮供应中心、韶关市直属粮食储备库等2个具有独立法人资格的企事业单位。2016年全市粮食工作平稳开展，地方储备粮增储任务100%完成，粮食流通基础设施建设完成总投资1.33亿元（投资额的84.6%），争取中央和省危仓老库维修改造资金近3400万元，争取市级财政预算项目资金72万元。全市储备粮宜存率达100%，粮食安全责任考核工作全面落实，实现安全生产零事故。

【地方储备粮增储任务全面完成】 2016年，省政府下达韶关市的粮食增储目标18万吨，相比以前增加130%。韶关市地方粮食储备规模落实18万吨，落实比例100.05%。全面完成省政府下达的增储目标，完成进度在全省排名第六名。储备模式创新。韶关市本级盘活社会仓库资源，引入粮食企业参与储备，储备轮换方式由单一的常规轮换增加动态轮换，将部分原粮转为成品粮储备，推动部分常规储备实行租仓代储和动态储备。制定《韶关市市级储备粮社会代储管理办法》，公开选定4家市级储备粮社会代储企业，成功代储市级储备粮1万吨。储备品种调整。粮食储备品种由原来的单纯的早籼稻，扩展市场适销对路的优质晚籼稻、小麦、玉米。农民和粮食企业开展“订单农业”，调整种植品种，增加优质稻种植面积。

【粮食安全保障水平提升】 拓宽粮源渠道，资金足额到位。与安徽、湖南、江西等粮食产区签订粮食购销协议，增加优质晚籼稻的储备，替代常规早籼稻不足粮源。2016年全市国有粮食企业收购稻谷95447吨。争取农发行3亿元收购资金信贷支持，引导社会资本参与粮食收购。粮食储备费用保障到位，除仁化县和市本级外，曲江、乐昌、南雄、始兴、翁源、新丰和乳源等地均实现储备粮轮换差价财政兜底，储备粮轮换经营风险降低，承储企业生存和发展的能力提高。

【粮食基础设施建设推进】 2016年，韶关市各地抓住国家增加储备任务，加大粮食流通基础设施建设的契机，争取中央和省的投资，整合区域内分散的仓容资源，集中建设现代化的大型储备仓库。乐昌、翁源、始兴三地申报粮食仓储设施建设中央预算内投资项目共3个，建设规模总仓容14.44万吨，总投资估算1.57亿元，其中争取国家和省的资金3398万元，2016年底，完成总投资1.33亿元，完成投资额的84.6%。全市“粮安工程”危仓老库维修改造项目6个，总投资7158万元，其中中央专项资金（包括省级配套）1766万元，地方配套资金5392万元，2016年投资完成率67.3%。直属库自来水工程建成通水；10月，市直属粮食储备库质检中心通过省检验检测机构计量认证审核。

韶关储备粮油情况统计表

表14

单位	储备粮规模（吨）		其　中					
	原规模	现规模	原粮（吨）		成品粮（吨）		食用植物油（吨）	
			原规模	现规模	原规模	现规模	原规模	现规模
曲江	5882	16000	5882	16000	0	0	50	50
乳源	2941	8000	2941	8000	0	0	40	40
仁化	4118	8600	4118	8600	0	0	40	40
南雄	5882	13500	5882	13500	0	0	60	60
始兴	4412	8000	4412	8000	0	0	50	50
乐昌	7353	15800	7353	15800	0	0	60	60
翁源	5588	10800	5588	10800	0	0	60	60
新丰	3235	9200	3235	9200	0	0	40	40
市直	38588	90100	34118	78200	大米3040	大米7412.4 面粉720	500	500
合计	78000	180000	73530	168100	3040	8132.4	900	900

说明：原规模指2015年以前的规模，现规模指2015年以后的规模。2010年开始建立成品粮油储备。

【粮油市场保供稳价】 2016年，韶关市有粮食应急供应网点107个，应急加工企业21家，应急运输企业14家，应急配送中心3家。纳入粮油价格监测范围的企业36个，其中：国家级粮油市场监测点2个，省级粮油市场监测点3个，市级粮油市场监测点11个，市级以下粮油市场监测点33个（部分监测点同时为上级监测点和本级监测点）。7月—9月，在全市范围内开展为期3个月的夏粮收购监督检查工作，出动检查次数45次，参加检查人员206人次，检查收购主体60个，查出违法违规案件0例次。全市各大节日期间粮油市场供应和价格基本稳定。　（邵芳彩）

▲2月22日，市供销社、广东雪印商贸实业有限公司及市新供销雪印农副产品有限公司共同主办“韶关菜篮子服务快线”电商平台发布会暨韶关市新供销雪印农副产品有限公司股东增资签约活动　（韶关市供销合作联社　供）

供销合作经济

【概况】 2016年，韶关市有1个地级社——韶关市供销合作联社，8个县级社——曲江、仁化、始兴、南雄、乳源、乐昌、翁源、新丰县（市、区）供销合作社。年内，全市系统实现销售总额13.92亿元，同比增长10.91%；社会贡献总额2327万元，同比增长8.18%。

【供销合作社综合改革试点建设】 2016年，韶关市有南雄、曲江、乐昌和新丰等4个省级综合改革试点县。4个综合改革试点单位立足“三农”、服务城乡，坚持问题导向，破除在思想认识、体制机制等方面的发展障碍，围绕省提出的16项综合改革目标任务，先行先试，探索发展，于11月通过省供销社的初步评估验收。2016年9月，市委、市政府出台《关于深化供销合作社综合改革的实施意见》，对全市深化供销合作社综合改革做出安排部署。

【供销电子商务平台建设】 韶关市推进电子商务平台建设，打造“网上供销社”。与广东雪印商贸实业有限公司加强合作，双方在韶关市新供销雪印农副产品有限公司的基础上增资扩股，建设“韶关生鲜菜网”电子商务平台，可为市区的小区业主提供“网上下单、小区提货”服务。平台于2月启动建设，11月上线试运营。曲江区供销社建设的“曲江新供销荣丰生鲜超市”电子商务平台于6月投入运营。筹建韶关市富农电子商务有限公司，建设韶关名优特农副产品电子商务平台。2016年，全市供销系统电子商务销售额793.68万元。

【“新网工程”建设】 2016年，全市系统按以农业生产资料、农产品生产购销、日用消费品、再生资源回收利用“四大传统”网络为根本，实施“新网工程”建设。年内，撤并各类网点9个，新增各类网点20个。年末，全市拥有各类农村商品流通服务网点1372个，网点涵盖全市3个区7个县92个镇546个行政村，镇覆盖率97.8%、行政村覆盖率49.6%，工业品下乡、农产品进城的“双向流通”格局基本形成。

【供销社为农服务加强】 2016年，全市供销系统发挥农资商品供应主渠道作用和传统优势，满足农民备耕生产需求，累计供应农资商品29.98万吨，同比增长15.38%。推进技物结合，开展农业新技术推广、农资咨询、测土配方、农技培训等个性化服务活动。全年培训农村实用人才31人、派出科技特派员57人；开展农业社会化服务活动102场，参与人数5200多人次。

▲9月27日，市社与广州市供销合作总社签署社区服务工作战略合作框架协议
（韶关市供销合作联社　供）

【社有企业改革推进】 2016年，全市系统推进社有企业的改革发展。2月，在市供销社企业集团公司推行公开选聘机制，选任7名中层以上管理人员。4个省级综合改革试点单位建立健全“三会一层”治理机制，对重点企业派驻监事会负责人。

【供销社合作发展基金设立】 2016年，市政府召开十三届90次市政府常务会议研究决定，设立韶关市供销社合作发展基金，由市供销社与市财政部门研究出资办法和使用管理等问题。韶关市级以及南雄、乐昌、曲江、新丰、仁化等县级供销社分别与省新供销农业小额贷款股份有限公司在农村金融服务领域进行合作建设。曲江供销社筹资21.5万元设立曲江区供销合作社合作发展基金，为当地农业生产主体提供金融服务。

【城市社区综合服务体系探索建设】 2016年，与广州市供销合作总社合作，以“白云恒福”模式开展城乡社区综合服务体系建设。韶关市恒福社会工作服务社于9月正式运营，在市区开展居家养老、长者日托、家庭综合服务和军队离退休干部休养专项服务。

【本土龙头企业培育】 2016年，韶关市供销社注资102万元，直接控股仁化县红山镇富农茶叶专业合作社，推动集种植、加工、销售为一体化的茶叶产业化经营。富农茶叶专业合作社全年向茶农收购茶青75吨，助农增收120万元，生产加工制作茶叶产品20吨，实现茶叶销售489万元。　（朱书亮）

烟草专卖

【概况】 韶关市烟草专卖局是韶关市对全市烟草市场实行专卖专营集中统一管理和烟叶生产经营、卷烟经营的机构，与广东烟草韶关市有限公司合署办公，实行两块牌子、一套人马的管理体制。下辖曲江、乐昌、始兴、乳源、仁化、翁源、新丰、南雄等8个县（市、区）烟草专卖局（分公司），南雄烟科所行政关系隶属韶关市局（公司），共有员工1384人。2016年，全市烟草商业系统销售卷烟11.73万箱，销售烟叶42.49万担，完成销售收入43.05

亿元，同比增长2.2%，实现税利总额12.7亿元，其中上缴税金7.52亿元、利润5.18亿元。局（公司）被评为全省烟草商业系统精神文明建设先进单位、“十二五”科技创新工作先进集体。

【烟叶工作】 2016年，韶关以烟叶“双控”（控制烟叶种植面积和控制烟叶产量）为核心，按计划组织烟叶生产收购，烟叶发展稳定。全市收购烟叶37.2万担，完成计划的95.4%，收购均价1261元/担。规模化种植、集中连片水平提高，百亩以上连片种植7480公顷，占比83.2%。加强职业烟农培育，三十亩（含）以上种烟农户2258户，占比66.9%。9个烟农综合服务合作社建设深化，始兴马市基地单元精益生产试点工作推进。烟叶基础建设完善，南雄雄州烟站完成改造，投入4739.62万元，建设烟基项目3784项。

【卷烟经营】 全面落实促销量、提结构、调状态、降库存，2016年，韶关各项卷烟经济指标均有增长。全市销售卷烟11.73万箱，实现卷烟销售收入30.76亿元，同比增加1.57亿元；单箱结构30722元，同比提高1451元；销售毛利9.01亿元，增幅11.26%。深化卷烟品牌培育，2016年全市在销卷烟品牌41个，其中国产卷烟品牌35个，进口、雪茄卷烟品牌6个，销售重点品牌卷烟10.71万箱，低焦油卷烟和细支卷烟呈现增长态势，省产双喜品牌一、二类卷烟销量比重26%，全省排名第一位。加强卷烟市场调控，推进专销联合，开展“消费者在哪里，我们就到哪里”卷烟市场调研。终端建设、网络建设和物流建设扎实开展，现代终端比例保持在20%以上。

【烟草专卖管理】 2016年，韶关市查处涉烟案件2596宗，其中5万元以上大要案66宗，破获制假国标网络案件2宗，省标网络案件2宗。查获各类违法卷烟4659.5万支，涉案烟叶烟丝125.75吨，卷烟纸0.35吨，总案值1914.74万元。突出专项整治，深化专销联动，堵截卷烟非法流入、流出通道，规范市场秩序。强化与工商、公安等部门联合清理整顿市场，市场净化率96.5%以上。强化行政许可管理，有7家进驻政府办证中心，2家建好实体窗口；全市有效持证零售户10096户，发证率为3.1‰。全市烟叶和卷烟市场规范有序。

【管理效能提升】 韶关市烟草专卖局推进降本增效，落实费用控制，各项成本费用同比下降，实现降本增效1582.25万元。推进精益管理，举办QC成果发布会，新一轮QC课题申报立项24个。推进企业管理信息化，办公自动化系统与微信移动端上线运行，现代化办公模式逐步形成。推进标准化试点工作，初步形成一套涵盖621个标准在内的企业标准体系，并发布执行。

（赖晓媛）

▲2016年，韶关市烟草专卖局开展烟草打假打私活动　（吴雄辉　摄）

盐　业

【概况】 广东省盐业集团韶关有限公司（广东省韶关市盐务局）隶属于广东省盐业集团有限公司（广东省盐务局），是广东省国资委监管的有限责任公司（国有独资）。公司（盐务局）既是全市食盐专营的经营主体，又是依法行使盐业行政管理职能的部门，负责全市的食用盐、生产用盐、农牧盐供应任务和国家储备盐管理，担负着国有资产保值增值的经济责任和供应合格加碘食盐、消除碘缺乏病的社会责任。公司下设 4 个职能部门，2016年在岗员工70人；直属单位设 4 个经营部门：市区经营部（市区分公司、马坝分公司）、南片区经营部（翁源分公司、新丰分公司）、北片区经营部（乐昌分公司、坪石分公司、乳源分公司）、东片区经营部（南雄分公司、始兴分公司、仁化分公司）。盐务局下辖曲江、翁源、新丰、乳源、南雄、始兴、仁化分局和乐昌市盐务局。

2016年，韶关盐业实现报表利润总额622.8万元，较上年同期604万元增加18.8万元，税后净利润461万元，较上年同期448.6万元增加12.4万元。公司获得广东省盐业集团有限公司2016年度“碘盐覆盖率达标奖”。

【盐产品销售】 2016年，全市盐产品销售量11772吨，完成年度计划的83.5%。其中：小包装销售量为8469吨，完成年度计划的93.1%；食品加工盐1722吨，完成年度计划的86.12%；畜牧用盐33吨，完成年度计划的3.3%；小工业盐1548吨，完成年度计划的77.4%。

【非盐产品销售】 2016年，非盐产品实现销售757.66万元，完成年度任务的119%，同期对比增销284万元，其中，完成年度酒类销售任务的123%；完成年度奶类销售任务的26%；实现毛利63万元。

【食盐专营管理】 韶关市盐务局坚持食盐专营，加强食盐计划管理，严格执行食盐价格政策，开展区域联防、片区联防和三省联防机制，打击各类涉盐违法活动，确保食盐的安全供应。2016年，出动执法人员4419人次，检查市场1371个，检查商店、酒楼、饭堂、农户18883间（户），查处违法案件24宗，查没违法盐产品11.35吨（其中假冒小包装盐产品0.17吨）。

▲2016年11月1日，韶关市盐务局会同韶关市公安局、食药局联合执法检查，在某购销部仓库内现场查获违法购销散装工业盐10.75吨 （韶关市盐务局 供）

【盐业体制改革】 2016年5月5日，国务院下发《关于印发盐业体制改革方案的通知》，明确从2017年1月1日起开始，对现有盐业体制进行改革。这次改革的总体要求是：以确保食盐质量安全和供应安全为核心，在坚持食盐专营制度基础上推进供给侧结构性改革。韶关市发展改革局会同市经济和信息化局牵头，市直各有关单位、市盐务局、各县（市、区）人民政府配合，全面推进韶关市盐业体制改革各项工作，对《韶关市盐业体制改革实施方案（征求意见稿）》《韶关市盐业体制改革实施方案（第二次征求意见稿）》及相关配套方案，提出合理化意见和建议。

【食盐储备管理】 2016年12月完成省、市级食盐储备1600吨。按要求韶关市2017年食盐储备量核定为1600吨，其中：省级食盐储备600吨，市级食盐储备1000吨，承储单位为广东省盐业集团韶关有限公司。企业储备库存保持充足，市场供应稳定。 （欧阳宛华）

对外贸易

【概况】 2016年，全市对外贸易保持平稳增长，全年实现外贸进出口总额163.69亿元。其中，货物进出口总值156.32亿元，同比增长4.9%，服务进出口总额7.37亿元，同比下降36.2%。货物进出口中，进口66.46亿元，同比增长10.8%，增幅位列全省第五名；出口89.86亿元，增长1%，增幅位列全省第十四名。

【进出口贸易方式结构】 一般贸易出口41.85亿元，同比下降7.5%，占全市出口总值的46.6%；加工贸易出口38.81亿元，同比下降2.7%，占全市出口总值的43.2%。一般贸易进口56.67亿元，同比增长16.2%，占全市进口总值的85.3%；加工贸易进口7.91亿元，同比下降18.9%，占全市进口总值的11.9%。

【进出口主体结构】 出口以三资企业为主，三资企业略有增长，私营、集体企业大幅增长，国有企业下降。全市三资企业出口44.83亿元，同比增长2.3%，占全市出口总值的49.9%；私营企业出口37.23亿元，同比增长30.2%，占全市出口总值的41.4%；集体企业出口2.77亿元，同比增长60.4%，占全市出口总值的3.1%；国有企业出口5.04亿元，同比下降9.4%，占全市出口总值的5.6%。进口以国有企业为主，国有企业大幅增长，三资企业进口略有下降，私营企业大幅下降。全市国有企业进口49.98亿元，同比增长37%，占全市进口总值的75.2%；三资企业进口10.63亿元，同比下降0.8%，占全市进口总值的16%；私营企业进口5.32亿元，同比下降58.5%，占全市进口总值的8%；集体企业进口0.53亿元，同比增长5475.5%，占全市进口总值的0.8%。

【进出口商品结构】 出口产品以机电产品为主，机电和高新技术产品均呈下降趋势，传统劳动密集型产品出口平稳增长，玩具、服装等均有不同程度增长。其中，机电产品出口34.47亿元，同比下降12.6%，占全市出口总值的38.4%；玩具出口20.92亿元，同比增长12.4%，占全市出口总值的23.3%；服装出口15.72亿元，同比增长9.21%，占全市出口总值的17.5%；高新技术产品出口9.9亿元，同比下降8.9%，占全市出口总值的11%。进口商品以铁矿砂为主，铁矿砂、煤进口增长幅度较大。其中，铁矿砂及其精矿进口32.42亿元，增长35%，占全市进口总值的48.8%；煤进口17.29亿元，同比增长47.7%，占全市进口总值的26%；机电产品进口6.34亿元，同比增长1.8%，占全市进口总值的9.5%；高新技术产品进口1.87亿元，同比下降5.2%，占全市场进口总值的2.8%。

【进出口市场结构】 出口市场以亚洲、北美洲为主，对美国、欧盟出口保持较快增长。对美国出口22.39亿元，增长16.2%，占全市出口总值的24.9%；对欧盟出口17.13亿元，同比增长22.7%，占全市出口总值的19.1%；对“32个海上丝绸之路”国家出口10.31亿元，同比下降25.5%，占全市出口总值的11.5%；对“47个陆上丝绸之路”国家出口9.74亿元，同比增长17.1%，占全市出口总值的10.8%。进口以大洋洲、亚洲地区为主，对澳大利亚、巴西、“32个海上丝绸之路”和“47个陆上丝绸之路经济带国家”有不同程度的增长。2016年，全市对澳大利亚进口32.68亿元，同比增长18.6%，占全市进口总值的49.2%；对巴西进口10.39亿元，同比增长111.2%，占全市进口总值的15.6%；对“32个海上丝绸之路”国家进口6.89亿元，同比增长43.8%，占全市进口总值的10.4%；对“47个陆上丝绸之路经济带国家”进口6.71亿元，同比增长32.2%，占全市进出口总值的10.1%；对俄罗斯联邦进口4.34亿元，同比下降3.1%，占全市进口总值的6.5%。

【服务外包执行金额突破千万美元大关】 2016年，全市承接服务外包执行金额突破千万美元大关，达1680.2万美元，同比增长191.1%，总量位列粤东西北第一。

【文化贸易成果初显】 2016年，全市文化服务和文化产品出口584.8万美元，获得国家和省文化出口奖励资金185万元。韶关科艺创意有限公司和东阳光包装印刷有限公司等2家文化企业被文化部、商务部等五部委授予“2015—2016年国家文化出口重点企业”。其中韶关科艺创意有限公司从2011年开始，连续三届成功入选“国家文化出口重点企业”。

【韶关市企业参加第119届、120届广交会】 第119届、120届中国进出口商品交易会分别于4月15日、10月15日在广州琶洲会馆召开。韶关市有27家外贸企业参加展览，分别在大型机械及设备、汽车配件、轻工纺织、建筑及装饰材料等行业展馆参展，通过广交会贸易平台，宣传韶关产品，提升企业形象，抢抓出口订单，扩大外贸出口，两届广交会成交量合计1.8亿美元。

2016年韶关市外贸进出口情况表

表15　　金额单位：万元

指　标	累　计	同比增长（%）
进出口总额	1563189.54	4.91
一、出口总额	898561.89	0.97
按主要贸易方式分		
一般贸易	418536.82	-7.50
加工贸易	388112.16	-2.74
其他贸易	91912.71	139.34
按主要经济类型分		
国有企业	50367.98	-9.40
三资企业	448250.92	2.31
集体企业	27664.20	60.37
私营企业	372278.60	30.17
按主要国家（地区）分		
美　国	223879.91	16.17
欧　盟	171326.75	22.69
32个海上丝绸之路国家	103083.63	-25.52
47个陆上丝绸之路经济带国家	97359.43	17.05
按主要商品分		

续表15

指　标	累　计	同比增长（%）
机电产品	344664.47	-12.60
玩　具	209184.74	12.37
服　装	157229.56	9.21
高新技术产品	99030.94	-8.92
二、进口总额	664629.67	10.76
按主要贸易方式分		
一般贸易	566731.10	16.16
加工贸易	79134.84	-18.87
其他贸易	3.04	-96.26
按主要经济类型分		
国有企业	499819.50	37.03
三资企业	106258.47	-0.82
集体企业	5332.78	5.48
私营企业	53218.93	-58.45
按主要国家（地区）分		
澳大利亚	326800.61	18.64
巴　西	103911.37	111.19
32个海上丝绸之路国家	68929.63	43.81
47个陆上丝绸之路经济带国家	67057.36	32.15
俄罗斯联邦	43426.93	-3.08
按主要商品分		
铁矿砂及其精矿	324154.35	34.98
煤	172903.81	47.74
机电产品	63379.15	1.82
高新技术产品	18687.83	-5.21

吸收外来投资

【概况】 2016年，全市新批设立外商直接投资项目14个，同比下降33.3%；合同吸收外资金额19635万美元，同比增长45.1%。实际吸收外资金额5062万美元，同比增长5.3%。

【外资产业结构】 第二产业吸收外资占比较大，规模居三大产业之首。第一产业实际利用外资480万美元，同比增长135.3%，占总量的9.5%；第二产业实际利用外资3457万美元，同比增长21.5%，占总量的68.3%；第三产业实际利用外资1125万美元，同比下降36%，占总量的22.2%。

【投资来源地】 来自日本、安奎拉、分别为1170万美元、560万美元，分别占总量的23.1%、11.1%。

【来自中国、香港、台湾的投资】 中国台湾的投资210万美元，来自中国香港地区的投资为2939万美元，同比下降16.3%。

2016年韶关市吸收外商直接投资情况表

表16 单位：万美元

序号	地方名称	新批项目个数		合同吸收外资		实际吸收外资	
		本年数	同比增长（%）	本年数	同比增长（%）	本年数	同比增长（%）
	韶关市	14	-33.33	19635	45.10	5062	5.30
1	浈江区	2	-33.33	6358	2790.00	194	
2	武江区	1	0	2	0	153	73.86
3	曲江区	0	-100	4858	553.84	1000	233.33
4	乐昌市	0	-100	1280	5995.24	117	-31.58
5	南雄市	2		1223	7094.12	578	-28.11
6	仁化县	3		194	-69.16	82	-88.53
7	始兴县	1	-50	-233	-242.94	512	-25.04
8	翁源县	2	-33.33	4839	17.65	876	29100.00
9	新丰县	0	-100	0	-100	526	2091.67
10	乳源瑶族自治县	2	-33.33	662	-30.68	801	-8.35
11	广东韶关工业园	1	-66.67	452	25.91	223	-80.52

对外及港澳台经济合作

【概况】 2016年，韶关市商务局加强与重点商界组织、行业协会、知名企业的沟通和联系，先后拜访美国灏泰正元（Netswitch）、美国硅谷科技人员协会、美国硅谷科技咨询委员会、美国第一投资管理有限公司、日本丸仁公司、日本贸易振兴机构、日本株式会社UACJ、日本国际贸易促进协会等8家境外企业、商协会；接待日本贸易振兴机构广州代表处、香港贸发局广州办事处、香港汽车零部件工业协会等30批次的考察团；组织相关县（市、区）、市直单位及企业，参加“2016中国加工贸易产品博览会”“2016广东21世纪海上丝绸之路国际博览会”；承办前海新雪域、中国能建投资公司、浪潮集团、北京京城机电控股有限责任公司、硅谷科技咨询委员会、白云电气集团以及格鲁吉亚中国友好交流协会等7场市政府与大型企业签订战略合作协议活动。

【韶关市商务局与格鲁吉亚中国友好交流协会签订合作备忘录】 2016年12月20日，韶关市商务局局长李宏与格鲁吉亚中国友好交流协会主席乔治·阿赫夫列季安在韶关签订合作备忘录。该合作备忘录旨在推动韶关与格鲁吉亚在投资、经贸、科技等领域的深度合作和交流，在友好互利的基础上，鼓励和支持双方企业在招商引资、产业项目合作、产品推广、重大工程项目、科技创新等方面合作，并建立长期有效的合作平台与沟通机制，共同促进韶关和格鲁吉亚的经济发展。该合作备忘录的签订是韶关在融入国家“一带一路”工作中迈出的坚实一步。

【韶关组团参加2016中国加工贸易产品博览会】 4月21—24日，韶关市商务局组团参加2016中国加工贸易产品博览会并设立“韶关馆”，展出来自全市20家企业的51款产品。其间，翁源县万成塑胶制品有限公司、韶关市友盈贸易有限公司、新丰香知韵工艺品有限公司等5家企业共设9个展位参展，涵盖餐厨用品、婴幼儿用品、工艺品、儿童玩具等行业，展出产品得到美国、瑞典、中东地区、福建、中山等国内外及省内外采购商的关注。

【韶关参加广东21世纪海上丝绸之路国际博览会】 2016年10月27日，韶关市组织50家老挝企业和16家韶关企业参加2016广东21世纪海上丝绸之路国际博览会。围绕韶关市特色产业，重点推介先进制造业、现代农产品业的代表性企业，推出韶关市面向海上丝绸之路沿线国家的产品和贸易，促成一批投资、贸易和“走出去”项目，完成组委会下达韶关市的19亿元成交额任务。

【帮助企业设分公司】 2016年，韶关市商务局协助广东东阳光科技控股股份有限公司在中国香港地区新设立企业东阳光科技（香港）有限公司，投资额为386.7万美元。

对外招商

【概况】 2016年，韶关市组织各类招商推介会，在深圳、广州、佛山、东莞组织召开7场韶关专场招商推介会，主要面向乡贤、日资企业、珠三角汽车零部件产业、先进装备制造企业等，吸引更多的珠三角企业和投资者关注韶关、投资韶关。开展精准招商活动，由市政府领导带队主动上门拜访企业活动6批次，全年拜访广州汽车零部件集团、郑州机械研究所等37家企业，其中促成有意向的项目15个。开展走访活动，先后走访日本贸易振兴机构广州代表处、深圳韶关商会、广汽集团、香港贸发局等企业、商协会81家。2016年接待到韶关考察客商39批次，669人次，达成15项初步合作意向。

【韶关产业发展暨产融合作创新论坛在东莞举行】 2016年7月19日，韶关市商务局联合深圳华盈城市创新顾问有限公司、深圳华盈富通基金管理有限公司在东莞共同举办“2016韶关产业发展暨产融合作创新论坛”。论坛以“创新、发展、合作、共赢”为主题，分为产业推介、金融创新以及产融圆桌论坛三个环节，重点推介园区发展情况和优惠政策，带来钢铁深加工、装备制造等八大产业众多优质项目，发布由华盈富通联合合作伙伴搭建的创新型投融资平台及“华韶城镇化产业基金”等基金产品。

【韶关市美国硅谷华侨华人专业人才联络站揭牌】 2016年8月15日，韶关市委副书记、市长骆蔚峰应邀率团访问美国硅谷。访问期间，韶关代表团一行考察硅谷科技企业，并拜访美国硅谷科技协会和美国硅谷咨询委员会，向包括9名中国千人计划专家在内的50多名硅谷高科技人员推介韶关的创业环境，并与他们就韶关科技经济发展进行深入探讨。活动期间，骆蔚峰与中国驻旧金山总领馆科技参赞王俊明为“韶关市美国硅谷华侨华人专业人才联络站”揭牌，市政府秘书长朱裕华代表韶关市与硅谷科技咨询委员会签署《华侨华人专业人才引进合作协议》。根据协议，该委员会将发挥人才资源优势，推荐各类华人华侨人才到韶关考察，推荐有意回国

▲2016年12月20日，市商务局局长李宏与格鲁吉亚中国友好交流协会主席乔治·阿赫夫列季安在韶关签订合作备忘录 （市商务局 供）

创业发展的会员和企业到韶关发展。（注：美国硅谷科技咨询委员会是一家非盈利专业团体，会员包括众多创业和工作在硅谷地区的华人华侨高科技专业人士）

【汽车零部件产业韶关专场招商推介会在广州举行】 2016年9月20日，韶关市在广州举行汽车零部件产业韶关专场招商推介会。市委副书记、市长骆蔚峰，广汽集团总经理曾庆洪参加推介会，副市长朱余旺主持会议。市经信局、莞韶对口帮扶指挥部、莞韶园管委会、曲江区政府等有关单位负责人以及广汽集团汽车零部件配套企业、韶关本地企业代表逾百人参加推介会。

【韶关市参加第二届“珠西洽谈会”】 2016年9月29日，第二届珠江西岸先进装备制造业投资贸易洽谈会在佛山顺德开幕，广东省粤科产业园投资开发公司投资的韶关紧固件产业园、白云电气生产基地、韶能集团投资的新能源汽车及机器人项目、广州万宝投资的锻铸基地等4个项目签约，投资总额50.83亿元。当日下午，珠江西岸先进装备制造业投资贸易洽谈会韶关专场招商推介会在顺德举行。韶关市副市长朱余旺在推介会上致辞，100余家企业代表参加推介会。

口 岸

【概况】 2016年，韶关市有对外开放口岸5个。开设时总体设计年吞吐量为100万吨，经过多年改造升级，年吞吐能力现达到300万吨。5个对外开放的口岸分别是铁路口岸2个：韶关陆路（铁路）口岸、乐昌陆路（铁路）口岸；公路口岸2个：韶关陆路（公路）口岸、乐昌陆路（公路）口岸；内河口岸1个：韶关新港水运（河港）口岸（二类口岸）。2016年，全市口岸物流通关总量为956万吨，同比增长28.7%；交通工具16.7万辆，同比增长14.4%；进出口集装箱5670标箱，其中“铁海联运”班列进出口标箱4277标箱。

【韶关市与广铁集团签署战略合作协议】 2016年3月11日，韶关市市长骆蔚峰率队与广铁集团商谈黄岗铁路货运站改造扩建项目合作事宜，双方共同签署《韶关市人民政府与广州铁路（集团）公司战略合作协议》，协议约定双方合作将现有京广线黄岗站改扩建为铁路货物年吞吐量800万吨以上，具备无水港集装箱业务等功能的

韶关铁路货运中心站。

【韶关口岸相关费用改革】 根据广东省关于落实免除查验没有问题的外贸企业吊装、移位、仓储费用改革的工作部署，韶关市制定《韶关市开展免除查验没有问题外贸企业吊装移位仓储费用全面试点实施方案》，于6月28日正式对外发布施行。2016年，韶关口岸共免除7家企业的10个自然箱查验没有问题的吊装移位仓储费用，免除费用3600元。

【东莞韶关“三互”大通关模式对接行动】 2016年6月，东莞市商务局和韶关市商务局共同制定《东莞韶关2016年深化改革“三互”大通关模式对接行动方案》，莞韶双方在原有口岸监管单位合作的基础上，优化口岸管理模式。根据行动方案，两市有关部门在联合执法、信息互换、资源共享、监管互认、执法互助、试行韶关EMS跨境电商清关服务中心“三互”通关应用和促进两地海关保税监管“三互”机制建立等七个方面展开对接合作。

【韶关铁海联运】 7月20日，2016年韶关铁海联运工作会议在韶关召开。韶关市商务局（市口岸局）、盐田国际、广铁集团货运处、调度所、广州车务段、广州机务段、广州货运中心、韶关市口岸管理服务中心等单位负责人出席会议。韶关铁海联运2009年3月10日正式启动，7年间累计运送的进出口标箱6万多个，为企业节省近亿元运输费用，有效降低全市企业运输物流成本。

【中国电子检验检疫主干系统在韶关口岸上线运行】 2016年10月19日上午8时30分，中国电子检验检疫主干系统（ECIQ）在韶关口岸上线运行，标志着韶关市纳入全国检验检疫通关一体化体系，迈入“互联网+质检”时代。ECIQ上线，将为韶关口岸带来极大便利。可将原来在口岸与内地之间“转单”升级为“一号到底”模式。出境货物通过ECIQ主干系统只需向产地检验检疫部门一次申报，电子数据会自动传送到出境口岸，货物在出境口岸无需二次申报。韶关正式融入全国统一的检验检疫规则体系和数据平台服务共享，打破传统口岸、产地的分工模式，提升管理与服务效能。

【韶关跨境电商清关服务中心投入运营】 2016年10月31日，韶关市跨境电商清关服务中心顺利办理首批跨境电子商务进口商品的通关，成为广东省内陆地区首个开展跨境电商通关业务的地市。2016年，韶关市跨境电商清关服务中心验放车辆78车次，监管验放跨境电子商务进口货物52622件，货值2354.7万元，成为韶关外贸发展的新增长点。 （伍雪龙）

▲2016年12月11日晚，王伟阳（左五）、邹永松（右六）为2016广东高校“丹霞乡村旅游发展规划”金点子征集竞赛获奖团队代表颁奖 （韶关市旅游局 供）

旅游综述

【概况】 2016年，韶关旅游坚持以推进供给侧结构性改革为主线，主动融入珠三角，推进全域旅游建设，促进旅游、文化、体育、医养融合发展，打造珠三角生态休闲区和广东户外运动天堂，旅游产业快速发展。全市拥有旅游社59家（其中，国际社3家，国际分社7家，国内社分社3家），持证导游2233人，国家星级旅游饭店57家（其中，五星级1家，四星级4家，三星级44家）。全年全市接待游客3591.33万人次，同比增长13.3%；旅游收入324.98亿元，同比增长20.3%；到韶关过夜游客1432.53万人次，同比增长10.2%，占旅游总人数的40%。

【旅游体制机制创新】 旅游行政管理部门综合协调职能强化。韶关市旅游局根据新“三定”方案，将原行业管理科和质量监督科合并成为行业监管科，新设立公共服务科；设立韶关市旅游服务中心，为市旅游局下属公益一类事业单位，核定事业编制8名。成立韶关市旅游发展投资集团有限公司，作为旅游投融资平台公司，投资经营旅游全产业链。旅游标准化体系建设加强。出台《韶关市人民政府关于加快发展乡村旅游“1+N”政策意见》，包括1个主体文件《韶关市人民政府关于加快发展乡村旅游的指导意见》和旅游名县、名镇、名村和星级乡村民宿及旅游驿站建设与服务规范等5个标准子文件。

【韶关创建全域旅游示范区】 根据《国家旅游局关于公布第二批国家全域旅游示范区创建单位名单的通知》和《广东省旅游局关于公布首批“省级全域旅游示范区”创建单位名单的函》，2016年11月，韶关被列入第二批国家全域旅游示范区创建单位名单，韶关市、仁化县、始兴县、乳源县被列入广东省首批省级全域旅游示范区创建单位。韶关市按照国家全域旅游示范区创建的“四项优先验收指标”“五个围绕”“六项考核标准”和“九个转变”的创建标准，推动创建工作。

【旅游厕所建设】 2016年，韶关市取得省旅游扶贫专项资金700万元，新建旅游厕所30座，改扩建旅游厕所25座；韶关市财政安排市级旅游扶持资金500万元，新建旅游厕所30座，改扩建旅游厕所25座。财政扶持资金投入1200万元，同比增长336%；建设旅游厕所110座，同比增长400%。2016年，韶关市计划建设旅游厕所208座，其中新建129座、改扩建79座。实际开工建设341座，其中新建196座、改扩建旅游厕所145座。旅游厕所建设在资金投入和建设数量上均实现大幅增长。韶关市获得由国家旅游局颁发的全国2016年度厕所革命先进市。

【旅游交通公路建设】 2016年，按照《韶关市旅游公路项目建设实施方案》要求，韶关市旅游局和市交通局联合起草《旅游公路项目建设实施指引》，推进27条旅游公路建设。其中，国道106线丹霞山至沙溪路口段、省道251线黄岭亭至汤湖段、省道344线始兴司前至曲江小坑段、县道312线枫湾至白水温泉、隘子镇至张九龄故居、县道853线丰城至西坑、乡道939线红云至大坪、云门寺至云门度假区等8条旅游公路项目建设设计通过评审，各项工作有序推进。

【旅游+产业融合发展推进】 推动旅游与文化产业的融合发展，开展文化旅游活动，研发文化旅游商品；推动旅游与农业的融合发展，开展旅游名县、名镇、名村和“十大名牌”系列农产品韶关片区评选工作；推动旅游与体育的融合发展，举办徒步穿越丹霞山、乳源铁人三项赛、南粤古道定向越野比赛等户外活动，构建“户外运动+”发展新模式，打造“广东省户外运动天堂”。

【旅游宣传营销】 创新旅游产品营销模式，打造“九龄故里·百里画廊”乡村生态休闲旅游示范线路，通过示范带动在全市复制推广；开展联合营销，成立韶关旅游（香港）营销中心和韶关旅游（东莞）营销中心，加强与广州、清远、东莞等地旅游部门合作。

【旅游商品研发】 2016年，引进韶关雪印集团成立韶关市旅游商品研发中心，研发韶关特色旅游商品；举办韶关旅游商品大赛，选出韶关十佳旅游商品并在2016年韶关市旅游美食节中进行展销，加强旅游商品宣传推广。

【旅游节庆活动】 印发《2016韶关市旅游节庆活动总体方案》，全年举办各类旅游节庆活动54场，营造天天有宣传、周周有节庆、月月有亮点、季季有主题、全年都精彩的系列旅游节庆活动氛围。

【旅游人才队伍建设】 2016年，举办各类旅游培训班工作。3月和4月联合韶关市中职学校分别在仁化县及市区举办2016年两期景区讲解员培训班；11月9—16日，市旅游局举办两期全市2016年旅游经营者培训班；11月17—18日举办为期两天的全市旅游执法业务培训班。举办专家讲座，3月25日邀请著名旅游研究专家、广东财经大学教授张伟强到韶关专题讲授“全域旅游与旅游供给侧改革的若干思考”。跟踪服务旅游企业做好人才招聘工作，指导企业到武汉等地区参加招聘会。组织服务技能比赛，9月5日在广东省旅游协会主办的2016广东省“红海湾杯”导游职业技能大赛上，韶关市中国旅行社选手管庆文获得个人二等奖和“最具人气导游”二等奖，被授予“广东旅游推广大使”称号；韶关市代表队获得团体三等奖和最佳组织奖；韶关市选送的三名选手管庆文（韶关市中国旅行社）、吴志芬（韶关市广之旅旅行社）、肖凤秀（韶关市中国旅行社）均被授予“2016广东省明星导游”称号。

【莞韶旅游扶贫合作】 2016年4月7日，东莞、韶关两地旅游局共同商议制定《东莞市旅游局韶关市旅游局实施优质旅游对接帮扶行动计划工作方案》和《2016韶关市旅游局对接东莞旅游帮扶工作计划》；5月20日，韶关市旅游局联合东莞市旅游局、韶关学院、丹霞山管委会，在韶关百年东街举行“2016中国旅游日主题系列活动——莞韶万人互游暨2016韶关大学生旅游文化节启动仪式”；在东莞市设立韶关（东莞）旅游营销中心，加强旅游交流合作。

旅游行业管理

【旅游市场整治】 2016年，会同省、市有关单位对全市范围内的景区、旅行社等进行专项检查，加强监管力度，约谈相关违规企业，对存在的问题提出整改意见，责令限期整改并提交整改报告书；会同有关部门对全市旅游企业进行初步排查，开展联合执法，全力整治“黑社”“黑导”“黑车”等问题；按照国家旅游局《依法治理旅游市场秩序三年行动方案》要求，对全市旅游行业开展“秩序”“治黑”“清网”“督查”“规范”5个专项行动，进一步规范全市旅游经营和服务环境；建立健全统一的旅游投诉受理平台，完善属地投诉处理机制，受理旅游投诉，定期向社会公布旅游服务质量公报。

【国家A级旅游景区管理】 2016年，加强对翁源县东华寺景区创国家AAAA级旅游景区、曲江区大唐花海景区和仁化县石塘古村景区、乐昌市白水寨景区、新丰县恒胜景区、曲江区枫日泉景区和翁源县挑战者汽车特技表演景区创国家AAA旅游景区的指导，其中经律论文化旅游小镇景区被评为国家AAAA级旅游景区，石塘古村景区被评为国家

AAA级旅游景区。加强旅游标准化建设工作。8月22日，丹霞山被评为全国旅游标准化试点单位。

旅游景区建设与开发

【概况】 韶关市拥有国家A级旅游景区23个，其中AAAAA级1个（丹霞山），AAAA级10个（曹溪温泉度假村、大峡谷、丽宫国际旅游度假区、古佛洞天景区、云门寺佛教文化生态保护区、南岭国家森林公园、珠玑巷—梅关古道景区、银山户外运动养生景区、云天海温泉原始森林度假村景区、小坑经律论文化旅游小镇景区），AAA级12个，不收费景点和农家乐、乡村游等特色景点40多个，旅游景区景点基本覆盖生态、文化、民俗、宗教等各方面，形成以山水观光、温泉休闲、民俗风情、宗教文化、红色旅游为主要特色的旅游线路。

【奥园·韶关印象】 项目计划总投资56亿元，建设大型购物中心、商业街、酒店、演艺中心、高端住宅等为一体的商业、旅游综合体，总建筑面积85万平方米，坐拥2.8千米黄金江岸线，作为复合文化+旅游+商业+居住地产项目，联合山水盛典打造华南地区第一个禅宗故事大型实景演出项目“六祖坛经”。项目年度计划投资8亿元，实际完成投资额7.34亿元，占年度投资计划的91.8%。

【丹霞山北门水上入口综合服务区】 项目计划总投资7亿元，总建筑面积7.8万平方米，项目定位建设集水陆换乘、休闲购物、游客集散、市民活动等功能于一体的综合服务中心和水上入口。包括建设丹霞山水上入口交通枢纽（码头服务中心、票务中心、码头）、温泉休闲度假酒店、丹山碧水娱乐世界（水上世界、山水情景剧）、商业购物观光、游客活动广场等。项目年度计划投资2.4亿元，实际完成投资额1.79亿元，占年度投资计划的74.4%。

【仁化灵溪河森林旅游度假景区】 项目计划投资4.5亿元，项目以灵溪河森林公园天然优质的自然景观为资源基础，计划用三年时间实现国家AAAA级旅游景区（度假区）的建设目标。项目建设分两期进行，第一期从2015年至2016年，建设项目包括：接待中心、山水乐园、养生温泉、木屋别墅、溯溪探险、峡谷漂流、索道观光、枫叶主题公园；第二期从2016年至2018年，建设项目包括：农家别院、AAAA级原生态主题酒店、南北候鸟渡假基地、旅游房车营地等。项目年度计划投资1亿元，实际完成投资额1.29亿元，占年度投资计划的129.1%。

▲2016年7月21—25日，世界地质公园执行局专家到丹霞山实地开展中期评估

（刘加青　摄）

【新丰县云髻山旅游开发】 项目总投资13亿元，计划对景区基础设施进行升级改造，建设高端温泉酒店，构筑并活化原生态古镇系统，形成独一无二的“山麓古镇奇观”。项目年度计划投资3亿元，实际完成投资额3亿元，占年度投资计划的100.1%。

【乳源银山南岭温泉度假村综合开发】 项目总投资21.7亿元，总建筑面积23万平方米，建设温泉康疗中心、养老公寓、瑶乡文化园、温泉养生园、湿地会所、会议中心。建筑风格以巴厘岛风情为主，提炼瑶族文化元素，融合地方文化特色与现代休闲养生理念，利用山地自然生态环境，延展水域景观空间，融合多种业态元素，打造主题化精致型生态温泉小镇。项目年度计划投资5亿元，实际完成投资额6.38万元，占年度投资计划的127.5%。

【乳源源之都云门山旅游度假区】 项目总投资11.3亿元，规划建设云门山自然风景区、过山瑶民俗文化旅游区、云门山户外游乐区、印象洲街服务区、云门山旅游度假酒店区、观光农业休闲体验旅游区六大功能板块。包括建设酒店、会所、商业街、服务中心、疗养中心、活动中心、养老住宅等配套设施。项目年度计划投资2亿元，实际完成投资额6.23亿元，占年度投资计划的311.6%。（邓礼军）

丹霞山

【概况】 2016年4月，韶关市委市政府对丹霞山管理体制进行改革，韶关市丹霞山管理委员会不再加挂韶关市环丹霞山旅游产业园管理委员会牌子，仍与广东韶关丹霞山国家级自然保护区管理局合署办公，挂丹霞山国家级风景名胜区、国家级自然保护区、国家AAAAA级旅游景区、国家地质公园、世界地质公园、世界自然遗产几块牌子，一套人马，为市政府直属参照公务员管理公益一类事业单位，正处级。负责丹霞山风景名胜区的保护、开发、利用和管理工作。内设机构由党政办公室、国土规划建设环保科、文物宗教旅游发展科、农林与社会事业管理局和综合执法局调整为办公室、建设科、管理科、科技科4个科（室），机构人员编制15人。2016年，丹霞山接待游客262.12万人次，旅游总收入6.57亿元。

▲2016年5月20日，韶关队在“中国烹饪大师创意赛”上获金牌团队奖（李勇　摄）

【规划设计】 2016年全面启动丹霞山控制性详细规划编制工作，按照丹霞山总体规划划定的7个游览区，分片区实施，各片区均确定规划编制单位。根据市政府与中信正业投资发展有限公司签订的《环丹霞山游憩景观道建设项目合作框架协议》，完成可行性调研报告和选址、规划方案、立项审批等环丹霞山游憩景观道项目的前期工作，7月纳入政府购买服务模式融资建设项目计划。

【基础设施建设】 2016年，长老峰票站旅游公厕、丹霞山博物馆区域道路和阳元石步道改造工程、巴寨暖坑服务区供水工程完成并投入使用；丹霞山农村连片整治一期项目（大桥镇水江村委会）建设通过竣工验收。完成翔龙湖旅游步道改造工程各项前期工作，长老峰旅游步道（别传寺段）改造工程完成长老峰别传寺片区地形图测量、原有栈道桩基检测和预算编制工作，丹霞山游客中心及丹霞山管委会有关大楼的白蚁防治工作，丹霞山景区标识牌更新安装、办公室楼维修、电子显示屏、博物馆隔断玻璃安装等建设工作。

【丹霞山户外活动品牌】 丹霞山打造户外运动活动品牌。2016年5月28日，韶关市体育总会、韶关市丹霞山管理委员会主办第五届丹霞绿道快乐骑行活动，吸引近300名骑行爱好者参与。11月26日和12月3日，分两批举行2016年第九届徒步穿越丹霞山活动，全程46.3千米，泥土路由原来的20千米增加到29千米，占全程比例63%，来自港澳、珠三角和韶关本地的8000多名徒步爱好者从市区帽峰公园出发，穿越丹霞。12月10日，来自全省各地的1200名徒步爱好者参加由市丹霞山管理委员会、市体育局、市旅游局、仁化县人民政府等联合举办的“2016首届迷你徒步穿越丹霞山”。

【丹霞科普教育】 丹霞山强化“科学名山”品牌。2016年开展32场“中国丹霞进校园、进博物馆”科普讲座，实施5个批次丹霞山科普志愿者培训，承办国土资源科普基地办公室主办的4批次120人参加的“丹霞山科普志愿者体验营培训”班，举办各类科普展览、主题活动20余场。全年接待游客300多万人次，丹霞山博物馆接待游客近40万人次，吸引近10万师生和社会公众参与丹霞山主题科普活动。1月5日被省环保厅授予“广东自然学院试点学校”，成为广东省首批自然学校；3月3日列入省旅游协会公布的首批“广东游学旅游示范基地”；获得2016年度优秀全国科普教育基地称号。组织参加在贵州织金洞举办的2016年中国世界地质公园年会和英国里维耶拉世界地质公园大会，完成丹霞山世界地质公园代表团回访澳大利亚帕鲁鲁友好姊妹公园，与法国博日世界地质公园、克什克腾世界地质公园等国内外多家友好姊妹公园交流工作。

【丹霞山世界地质公园通过中期评估】 自2004年成功申报世界地质公园以来，2016年7月21—25日，联合国教科文组织世界地质公园执行局的2名专家在丹霞山开展第3次中期评估实地考察。北京时间10月1日在英国举行的联合国教科文组织第七届世界地质公园大会上，丹霞山世界地质公园通过2016年中期评估，成为2015年联合国教科文组织《国际地球科学和地质公园计划章程》施用后首批通过评估认证的公园之一。

【丹霞山通过全国旅游标准化试点单位终期验收】 2016年8月15日—16日，受国家旅游局委托，省旅游局行业管理处处长孔宪辉率“全国旅游标准化试点单位”评估专家组一行4人对丹霞山旅游投资经营公司创建全国旅游标准化试点单位进行试点终期评估验收。丹霞山旅游投资经营公司自2014年开展创建工作以来，落实责任机制、科学构建标准化体系、推进配套设施建设等，修订完

善《丹霞山录区旅游标准化工作手册》及《企标准手册》，打造广东省旅游行业中的标杆企业。（彭僖华）

餐饮业

【韶关本地厨艺交流】 2016年5月23日，韶关市餐旅烹饪协会名厨委的25位会员在龙腾鱼庄进行一场以清远泉水鸭为主材料的厨艺交流活动。大厨们用各种方法烹制出20多款菜品。11月14日，韶关餐旅烹饪协会名厨委举办以“鸡”为主题的2016“韶关味道”旅游美食季厨艺交流活动，全鸡宴带来23种花式烹调方法，展现胡须鸡的N种吃法，食物更具韶关特色。

【南雄参加“客语杯”厨艺大赛暨首届中国客家厨师饮食文化大会】 韶关的南雄食为先大酒楼和南雄万宝酒店参加中国客家厨师协会举办的“客语杯”厨艺交流大赛暨首届中国客家厨师饮食文化大会，获得1个白金奖和1个金奖。该活动于2016年5月24日在福建长汀举行，来自广东、福建、江西、香港、台湾等地的客家大厨共聚一堂，交流厨艺，朝着把客家菜打造成中国第九大菜系的目标而努力。

【韶关队在“中国烹饪大师创意赛”上获金牌团队奖】 2016年5月20日，在“第二届中国烹饪大师创意赛”中，韶关队与广州、深圳、东莞、佛山、清远等市级团队同场竞技，取得金牌团队奖。该创意赛是与5月20—22日在广州中国进出口商品交易会琶洲展馆C区举行的2016中国（广州）酒店餐饮业供应商博览会、中国餐饮业联合采购大会同期举办，由广东省餐饮服务行业协会、广东省团餐配送行业协会共同主办。

【第三届海峡两岸（南雄）客家美食小吃节】 2016年12月16日上午，第三届海峡两岸（南雄）客家美食小吃节暨梅岭梅花节在南雄市时代广场开幕。此次美食节活动持续到12月20日。台湾、福建、江西和广东等地近百家美食商家及20多家优质旅游手信产品商户现场展示，供市民游客现场品尝选购，让市民、游客品尝两地经典小吃，感受异地美食风情，一站式吃遍正宗海峡两岸美食。活动现场还有南雄酿豆腐、饺哩糍、酸笋鸭等几百种南雄当地特色客家小吃，吸引近千市民竞相品尝。（李　勇）

交通运输·邮政·信息

交通管理

【概况】 2016年年末，全市公路通车里程15273千米，公路密度83千米/百平方千米，通车里程比上年增加506千米。按技术等级分，等级公路14852千米，其中高速公路291千米、一级公路208千米、二级公路815千米、三级公路1308千米、四级公路12230千米，等外公路421千米，比上年减少8.1%。按行政等级分，高速公路291千米，国道440千米，省道1222千米，县道1842千米，农村公路11442千米；公路桥梁2177座/102325延米（含高速公路）。全市内河航道维护里程386千米（其中等级航道256千米），泊位23个，泊位年通过能力530万吨。全市道路运输车辆（不含公交、出租）7657辆，其中营运客车1101辆，营运货车6556辆。全市等级道路客运站20个，其中一级客运站1个，二级客运站8个。通镇农村客运班线126条，987个行政村开通农村客运班车。全市出租汽车保有量为1038辆，全市公交车辆795辆（年度新购纯电动公交车191辆）。

【交通基础设施投资建设】 2016年，全市完成交通基础建设投资62亿元，其中高速公路51.4亿元，北江航道3.5亿元，国省道1亿元，农村公路2.8亿元，铁路、道路运输站场2.6亿元，曲江大道0.7亿元。

【交通运输综合行政执法】 加强道路运输市场监管，组织开展打击非法营运、出租车市场、客运市场、危货运输市场专项整治行动。应对网约车“淘巴士”违法营运和出租车停运事件。开展公路路域环境综合整治，迎接2016年全省公路养护管理工作检查。水路巡查执法加强。固定治超、流动治超、源头治超工作开展。执法信息化加强，建成市级交通综合执法指挥监控平台，源头治超视频监控系统建设推进。创新执法监管手段，通过视频监控、卫星定位开展非现场执法。2016年，全市出动交通执法人员75320人次，出动执法车辆17862辆次，检查车辆10.2万辆次，查处违章车辆1434辆，查处违章案件1540宗。

（刘永刚）

【安全生产管理】 2016年，全市交通运输部门执行安全生产责任制，强化源头监管，突出重点领域，开展“安全生产月”活动、抓好汛期安全生产，推进“打非治违”专项行动，加强对韶关火车东站和武广韶关站等重点区域“黑车”现象的整治力度，开展危货运输企业的专项排查整治，抓好在建工程的安全生产整治工作，对在建的武深、昆汕高速进行拉网式的排查，对全市在建交通建设工程余泥渣土受纳场进行灾害隐患排查整治工作，开展水上交通安全专项治理，推进交通运输企业安全生产标准化达标评估工作。2016年，全市开展道路运输、水上交通应急救援演练10余次，应急处置能力水平提升。全年全市发生交通运输事故14宗（其中道路运输安全生产事故13宗，交通建设工程事故1宗），死亡16人，与上年同期对比（事故12宗，死亡13人）分别上升16.7%和上升23%。全市交通运输行业未发生较大及以上事故。

（陈新娥　王小兰）

【公交一卡通互联互通试点任务完成】 根据省交通运输厅关于全国公交一卡通互联互通工作部署，韶关市被列为广东省互通工作七个试点之一。2016年，在韶关市一卡通运营单位金迪金融网络有限公司及各公交公司的支持配合下，全市完成19条线路、149台车辆的全国一卡通终端设备互联互通改造安装。11月15日，省交通运输厅在广州召开7地市全国公交一卡通互联互通开通仪式，正式开通互联互通。

【交通发展规划得到完善】 2016年，《韶关市综合交通运输“十三五”发展规划》经市政府同意并经十三届102次市政府常务会议审议通过后印发实施。《韶关港总体规划》获得省交通运输厅批复，已由市政府印发实施。为优化公交线网，委托开展《韶关市公交线网规划研究工作》。（傅悦舟）

城市公共交通

【概况】 至2016年年底，全市有出租汽车企业14家，出租汽车1038辆（含纯电动出租车220台），其中市区有出租汽车789辆（含曲江区出租汽车100辆）；有公交企业4家，车辆597辆。市

▲2016年1月20日，韶关市召开2016年交通运输暨春运工作部署会

（韶关市交通运输局　供）

辖3个区有公交企业3家，车辆694辆，线路69条（其中：城市公交车辆598辆，线路48条；城乡公交车辆96辆，线路21条）；南雄市有公交企业1家，公交车辆75辆，线路5条；始兴市有公交企业1家，线路4条；乳源瑶族自治县有公交企业1家，线路3条。2016年，全市公交客运量6979.5万人次，其中市辖3个区公交客运量为6744.2万人次。

【新能源公交车更新及新增】 2016年，新购纯电动公交车191辆。其中浈江区新增125台，南雄市新增40台，始兴县新增16台，乳源县新增10台。

（傅悦舟）

【市区公交候车亭更新改造】 2016年新建候车亭27座，更新简易站牌41个，市政道路改造配套工程建成港湾式站台站点10个，迁移公交候车亭9座，新增站点17个。（傅悦舟　潘伟飞）

【市区新增公交线路、调整线路】 为方便群众出行，2016年市区调整公交线路13条，开通41路鑫金汇至市技师学院线路和莞韶园定制公交专线。

【全省一卡通继续推广应用】 按照省交通运输厅的统一部署，继续推广可全省联网使用的岭南通·韶州通公交IC卡。至2016年年底，全市发行岭南通·韶州通公交IC卡366810张，2016年使用岭南通·韶州通公交IC卡乘车3033.4万人次。

【韶关网约车管理实施细则出台】 根据《网络预约出租汽车经营服务管理暂行办法》和《国务院办公厅关于深化改革推进出租汽车行业健康发展的指导意见》等文件，经调研、部门征求意见、网络公开征求意见等环节，2016年11月16日《韶关市网络预约出租汽车经营服务管理实施细则》印发实施，为规范韶关市网络预约出租车发展提供依据。

（傅悦舟）

公路交通运输

【概况】 至2016年年底，全市有道路运输营运客车（不含公交车和出租车）1101辆，38307客位；营运货车6556辆、63794吨位。道路客货运输业户8996户，从业人员49543人，汽车维修业户2127户，汽车综合性能检测站9个，机动车驾驶员培训业户21户。道路客运线路324条，道路客运等级站20个，其中一级站1个，二级站8个，三级站1个。（傅悦舟）

【运输生产增长】 2016年，公路客运量5166万人次，客运周转量26.6亿人次千米；公路货运量1.38亿吨，货运周转量236.8亿吨千米，同比增长11.7%。水路货运量4518万吨，货运周转量103.5亿吨千米，同比增长6.5%。港口吞吐量45.3万吨。（廖声星）

【道路客运】 2016年，全市有道路客运业户34户，其中班车业户28户。客运班车946辆，旅游客车155辆；高级车524辆，中级车510辆，普通级车67辆。客运从业人员11290人。客运站日均发2781班次。跨省客运线路83条，跨市线路95条，跨县线路44条，县内线路102条。

【农村客运】 至2016年年底，全市99个乡镇全部通客运班车，通镇客运线路126条；通客运班车建制村987个，农村客运车辆508辆，客位13508个；乡镇等级客运站13座，农村客运候车亭998个。

【道路货运】 2016年，全市有道路货运业户8962户，从业人员12868人。其中危险品运输15户，从业人员3399人。营运载货车辆6556辆（个体3193辆）、63794吨位（个体16849吨位）。按种类分为货车3393辆、13701吨位；牵引车1471辆；挂车1692辆、50093吨位；按标记吨位分为大型车辆2461辆、59459吨位，中型车辆336辆、1284吨位，小型车辆2288辆、3051吨位。

【机动车维修与检测】 2016年，全市有一类汽车维修业户24户，二类汽车维修业户193户，三类汽车维修业户1010户，摩托车维修业户561户。全年完成维修量3519109辆次，其中整车修理283940辆次，总成修理243558辆次，二级维护820151辆次，专项修理1989459辆次，维修救援182001辆次。汽车综合性能检测站9个，全年检测车辆19005辆次，其中维修竣工检测8801辆次，等级评定检测3029辆次，维修质量监督检测3200辆次。

【机动车驾驶员培训】 2016年，全市有机动车驾驶员培训机构18家，其中一级机动车驾驶员培训机构5家，二级机动车培训机构10家；道路运输驾驶员从业资格培训机构2家和机动车教练场经营业户1家。2016年机动车驾驶培训教学备案车辆1487辆，教练员1820人。全年完成机动车驾驶员（含从业人员）培训64700人次，其中培训合格55676人次。

【驾培市场秩序管理】 推广应用驾驶员培训计时IC卡系统，2016年全市1487台教练车全部安装IC卡计时管理设备。

【行业燃油补贴资金申报】 2016年，配合财政部门为全市符合中央财政成品油价格改革补贴资金申报要求的公交车、出租汽车和农村客运、水路客运申报补贴资金4069.09万元。

【道路运输从业资格无纸化考试】 2016年，全市参加道路运输从业资格培训4675人次，其中初考1940人次，到期换证2735人次；考试合格561人次，其中初考1826人次，到期换证2735人次。（傅悦舟）

【车辆超限超载治理】 2016年，全市治超检测车辆21329辆次，查处超限车辆711辆次，卸载转运货物12702吨。其中固定治超检测车辆4672辆次，查处超限车辆128辆次，超限违章率2.73%；流动治超检查车辆16657辆次，查处超限车辆583辆次，卸载转运货物12702吨，超限违章率3.5%。加强联合执法，开展高速公路入口阻截劝返行动。压实源头管理，落实“市—县—企业”三级治超责任制，市区重点货运源头企业有21家安装地磅。推进源头治超远程视频监控系统建设，重点固定超限检测站和流动治超卸货场建设有序进行。（刘永刚）

【韶关粤运】 2016年，韶关市粤运汽车运输有限公司完成客运量2068.88万人次，同比减少18.14%；客运周转量101984.13万人千米，同比减少26.03%；客运收入22958.30万元，同比增加9.56%；交纳税金2713.48万元，同比减少7.63%；职工年人均收入6.62万元，同比增长6.19%；2016年投资388.62万元改造和建设客运站场；投资4284.34万元，更新和新增营运客车86辆；投入资金130.5万元，安装车载视频监控、站场监控及GPS行车记录仪。截至2016年年底，拥有营运客车787辆，出租小汽车374辆，教练车199辆。强化安全生产管理，实现安全生产，每百万车千米责任事故频率0.01宗，伤人率0人，死亡率0.01人，经济损失率990元／百万车千米，全部优于考核指标。（赖春燕）

【韶关市汽车运输有限公司】 2016年，韶关市汽车运输有限公司完成客运量500.32万人次，同比下降12%；客运周转量225272.46万人千米，同比下降7%；营运收入3088万元，同比下降13%；交纳税金172万元；全年更新和新增营运客车5辆。至2016年年底，拥有营运客车237辆，出租车180辆，所有营运车辆安装GPS行车记录仪和车载视频监控。2016年每百万千米责任事故频率0.0008，伤人率0.0001，死亡率0，经济损失率80元／百万车千米。全部考核指标均低于考核标准。（陈松南）

【新丰县汽车运输有限公司】 2016年，新丰县汽车运输有限公司企业质量信誉考核连续10年获得AAA。至2016年年底，该公司有营运客车86辆，其中市际45班线辆，县际班线8条，县内33辆，合计座位3081个。安全行车1039.21万千米，与上年同期对比上升1%；完成客运量93.24万人次，同比下降17.2%；完成客运周转量11809.55万人千米，同比下降21.3%。四项考核指标均优于考核标准。（陈敏锐）

公路建设与管理

【武深、汕昆高速建设】 武深高速公路韶关段长156千米，投资估算226亿元；汕昆高速公路韶关翁源段长47千米，投资估算47亿元。2016年，武深、汕昆高速公路韶关段完成投资51.4亿元，占年度计划投资的123%。除汕昆高速翁源县龙仙段个别拆迁个案仍在商谈，翁源东连接线的12公顷土地未完成征收外，红线范围内的征地拆迁任务全面完成。

【通自然村公路硬底化建设】 2016年，全市完成农村公路水泥路面硬化里程409.19千米（其中精准扶贫项目完成18.81千米），完成投资1.43亿元。其中浈江区完成10.21千米、武江区完成8.2千米、曲江区完成14.2千米、乳源完成44.71千米、乐昌完成78.95千米（其中精准扶贫项目完成1.32千米）、仁化完成26.24千米、南雄完成36.54千米、始兴完成40.65千米、翁源完成97.83千米（其中精准扶贫项目完成13.83千米）、新丰完成51.69千米（其中精准扶贫项目完成3.67千米）。

【地方公路桥梁改造与新建】 2016年，桥梁建设项目2079.56延米/24座，完工11座，实施13座，累计完成投资2473.37万元。其中：危桥改造（含水毁桥梁）项目13座，完工的有253.5延米/4座，施工的有494.356延米/9座，危桥改造（含水毁桥梁），累计完成投资1159万元；新建桥（含渡改桥）项目6座，完工的有209.16延米/2座，施工的有707.24延米/4座，新建桥（含渡改桥），累计完成投资932万元；桥梁维修加固完工415.3延米/5座，完成投资382.37万元。

【县道路面大修】 2016年，全市县道（含重要乡道）路面大修工程完成

70.79千米，完成投资1.17亿元。

【农村公路养护】 2016年，韶关市管养的县道里程1820.61千米，列养率100%，年平均优良路面率89.3%；管养的乡村公路里程12349.04千米，列养率100%，年平均良好路面率83.1%。

【农村公路旅游公路建设】 2016年，完成7段旅游公路的评审，有5个项目进场施工，分别是：始兴县X793大丘麻坝至大庙段旅游公路项目、始兴隘子镇至张九龄旅游公路项目、始兴隘子镇至张发奎故居旅游公路项目、新丰X853丰城至西坑旅游公路项目及南雄市横岭至澜河公路项目。其他旅游公路项目正在开展前期工作。

【农村公路水毁】 受强降雨影响，2016年全市中断交通的农村公路有77条 / 141处，其中坍塌方19万立方米 / 784处，水毁路基0.76万立方米/4.19千米，水毁路面1.1万平方米 / 7.37千米，水毁挡墙3.15万立方米 / 259处，水毁护坡1处 / 70立方米，水毁桥梁10座 / 450延米，损失3436万元。（惠艳莉 吴悦嘉）

【交通工程质量安全监督】 2016年，受理监督项目23个，里程160.4千米，建安投资20245万元；受理竣工申请项目15个，鉴定项目15个，合格15个，合格率为100%，质量安全监督覆盖率100%。加强监管力度，通过现场指导提升县级质量监督小组对农村公路交竣工验收工作水平。组织学习优秀工地试验室经验，促进各工地试验室规范管理。开展每季度质量大检查，对全市在建19个项目的主要原材料进行抽检。组织韶关市试验机构进行水泥和钢筋比对试验工作。完成2016年全市公路水运工程试验检测机构信用评价工作。强化安全生产工作，开展日常安全生产检查30多次，发出日常安全监督通知书13份，累计完成隐患排查300多起。通过专项检查，提交《我市余泥渣土受纳场所灾害隐患排查整治的专项检查报告》《关于进一步加强我市高速公路安全生产的通知》，同时细化《韶关市在建交通工程风险点、危险源排查整治专项行动工作方案》。确保韶关市在建项目的质量与安全生产全面受控。

【造价管理】 2016年完成项目审查22项，其中决算审查6项，概算、预算审查7项，清单核备12项，审查总金额81.49亿元（含韶赣高速决算73.61亿元），核减不合理金额5.2亿元（含韶赣高速核减4.83亿元）。与第三方联合完成韶赣高速决算审查工作，通过阳光政务上报韶赣高速公路竣工决算审查报告相关资料。完成2015年度造价监督检查。成立韶关市交通建设材料价格信息管理小组，做好每月地方材料的价格信息收集及汇总上报工作，并协助省造价站收集养护预算造价文件及数据。配合市交通运输局完成公路建设工程设计变更违规行为专项治理检查工作，以及治超卸货场的施工图设计工作。

（熊 霞）

▲2016年12月30日，韶关市人民政府举行新闻发布会落实取消车辆通行费年票制（韶关市公路局 供）

国省道公路建设与管理

【国省道公路建设“十三五”规划编制工作】 2016年，《韶关市国省道公路建设“十三五”发展规划》《韶关市国省道公路三年改造提升计划》经市政府十三届119次常务会议审议通过。根据规划，“十三五”期间，韶关市国省道公路建设投资总估算120.33亿元，其中部、省补助资金57.6亿元，地方配套资金62.73亿元。“十三五”期间预计将完成国省道干线新、改建共计34项、总长686千米，国省道干线路面改造工程17项291千米，危桥改造工程9项，还有渡口码头、渡船进行维修保养、应急物资储备中心、养护应急中心建设等内容。

【国省道公路三年提升计划】 韶关市公路局对三年提升改造计划进行调整，国省道公路三年提升改造计划项目31个，估算总投资60亿元。其中上级补助资金25亿元，地方自筹资金35亿元，地方自筹资金将通过县级财政自筹6.7亿元、旅游公路融资4.3亿元、市财政融资解决24亿元。2016—2017年消灭“次、差”路段和危桥改造计划10个项目，其中完成建设方案批复的项目有8个，建设方案上报省审批的项目有2个。2016—2018年国省道公路提升改造计划项目21个，取得“工可”报告批复的项目有6个，完成“工可”报告编制的项目12个，编制“工可”报告的项目3个。

【公路融资】 2016年，韶关市公路局成立项目前期工作办公室，抓好项目入库工作，做好项目储备，争取省厅、省局和市发改等部门支持。抓住国家投融资环境相对宽松的机遇期，推进政策性银行贷款工作，以市公路局下属路桥建设发展有限公司为合作平台，向政策性银行贷款，解决项目建设地方配套资金缺口问题。向中国农业发展银行融资的7亿元得到正式批复，向商业银行融资的5.5亿元融资方案上报市提升办审核。配合市旅游投资集团协助解决旅游公路融资的相关问题，第一批项目融资额9.95亿元获交通银行授信。

【建设项目进展】 2016年，国道323线市区过境段项目，完成线路勘察和可研，报省交通厅审批；乳源上围至沙坪段新建工程，完成勘察设计招标工作及勘测设计初测外业验收，现设计单位完成初步设计，报省交通运输厅待批。省道251线黄岭亭至汤湖段公路改建工程，全长17.1千米，进入施工监理与施工招标阶段。国道106线曲江区沙溪至大宝山隧道口段路面改造工程的主体工程完工。省道344线始兴司前至曲江小坑段旅游公路，进入可研阶段。省道258线乳源县鸭麻湖至大布段公路改建工程，监理招标工作已完成，正进行施工招标工作。省道244线始兴周所至翁源坝仔段路面改造工程，翁源段完工，始兴段完成招标工作，因仁深高速公路建设影响，按市的要求暂缓施工。省道249线坪乳公路老坪石至高家村段路面改造工程进入施工招标阶段。

【公路养护管理】 2016年，韶关市公路局开展国、省道“差、次”路段修复和危桥改造工作，保障公路、桥梁安全畅通。省道249线坪乳公路6座危桥维修加固工程于6月动工建设，总投资1677万元，11月11日提前50天完成；省道244线新丰县书田坑桥加固维修工程，投资526万元，提前60天完成。国道105线韶关段公路安全生命防护示范工程，长47.2千米，总投资1394万元，10月开工。国道106线、323线养护示范路建设项目，总里程257.6千米，总投资15779万元，项目完成投资3880万元，进度39%。省道248线韶冶1号门路段安全隐患整治工程，于8月底完工并开放交通；国道323线乳源腊岭滑坡路段整治工程于8月底动工建设，11月底完成主体工程并开放交通。

【路政管理】 2016年，加强驻政府行政服务中心窗口的工作，做好路政许可审批工作，办理许可38宗，印制发放《韶关市公路局路政行政许可窗口办事指南手册》2000份。推进路政与养护联合巡查模式，针对高速公路涉路施工损害国省道较多的情况，加强涉路施工路段的巡查。

【年票收费管理】 2016年，全市完成收费1.29亿元，其中：年票统收5887万元，次票收费1102万元，高速代收次票收费5927万元。制定《韶关市推动取消普通公路车辆通行费方案》，自2017年1月1日零时起，韶关市全面取消车辆通行费年票制，包括年票、国省道公路收费站次票、高速公路代收次票，所有的年票制项目不再设站收费。韶关市自2008年实施年票制以来，纳入年票制统筹还贷的公路收费项目24个，总里程为517千米。截至2015年12月，累计收费13.65亿元，其中年票8.24亿元，国省道次票2.01亿元，高速公路代收次票3.40亿元。收费收入近70%用于偿还公路建设银行贷款本息，其余主要用于公路大中修、小修保养、安保工程、水毁工程、缴交水利基金以及正常运作管理费等开支。 （马德才）

水路交通运输

【港口概况】 韶关港岸线2079米，建成泊位61个，其中正常使用泊位数23个，堆场102519平方米，堆场容积44.5万吨，年货物通过能力570万吨。2016年韶关港年吞吐量49.94万吨，同比下降20.1%。 （刘洪亮）

【港航基础设施】 北江（韶关至乌石）航道扩能升级工程1000吨级航道整治范围为北江航道韶关百旺大桥至曲江乌石段，全长34.5千米，北江（韶关至乌石）航道扩能升级工程1000吨级航道整治范围为北江航道韶关百旺大桥至曲江乌石段，全长34.5千米，包括新建孟州坝、濛浬枢纽二线船闸，枢纽设计概算为23.34亿元。至2016年年底，完成投资3.96亿元。 （李刚毅）

【港口企业】 2016年，登记在册港口企业7家，均为民营港口企业，其中1家客运港口企业，6家货运港口码头企业。6家货运码头企业中有4家处于停业或歇业状态，2家码头为集装箱码头和散货码头，经营规模不大。无危险品港口经营。有港口从业职工185人，其中港口管理人员46人，专业技术人员85人，安全生产管理人员31人，后勤人员23人。港口装卸设备包括吊机6台、铲车9台、输送机4台，吊机最大起重能力40吨。

【航运能力】 2016年，韶关市有航运企业13家。建造船舶70艘、131265载重吨。全市营运船舶871艘、1005447.01载重吨、582客位、253572.53千瓦，其中货运船舶853艘、1005447.01载重吨、252607.2千瓦。船舶数量和载重吨分别同比增长4.8%、19.7%。

（刘洪亮）

航 道

【概况】 航道主管单位为韶关航道局，隶属于广东省航道局的正处级参照公务员管理事业单位，公益一类，编制82人，内设3个机构，下设2个航标与测绘所。2016年，韶关航道局完成辖区航道及航道设施的维护、建设和管理；完成行政审批项目35宗；局公众网对外发布120条航道信息，上报省局56条，在南方日报、南方网、韶关日报各刊登1条，发布各项航道通告29条；会同有关

▲2016年3月23日，专业拆解打捞队伍作业人员将原“鹭岛”号水上餐饮船船体拆解成小件运走（张伟 摄）

部门处理水资源综合利用中与航道有关的事宜。

【航道基本情况】 韶关航道局辖区航道位于北江中上游，航道维护里程386千米，其中5~7级航道256千米。浈江、武江是北江的主要支流。浈江由南雄至韶关全长130千米，航道定级为七级。武江由坪石至韶关全长129千米，其中坪石至桂头91千米定级为七级航道，常年通航50吨级船舶；桂头至韶关38千米为六级航道，可通航100吨级船舶。北江由韶关市区至大坑口分界石全长49千米，与北江航道局辖区航道接壤，航道定级为五级，可通航300吨级船舶，除此，辖区航道还有龙归河、新丰江和墨江等。辖区内设有各类航标91座，各类航道维护工作船舶8艘。

【航道养护管理】 突出抓好春运、洪水、枯水等特殊时期养护，做好航道日常维护管理工作，提高保障能力和服务水平。2016年投入航道专项经费411万元，完成辖区浈江、武江、龙归河241千米航道的测量。制定《春运保通航实施方案》《枯水保通航实施方案》《防洪应急救援预案》等一系列工作计划和方案，确保春运、枯水期和洪水季节航道安全畅通。航道标准水深保证率实现100%达标。

【航标维护】 2016年，完成浈江（湾头至韶关）和武江（溢洲至韶关）31座航标改造工程，武江岸标标路和护坡维修加固等专项工程，新建浮标2座，全年航标维护工程量达到67020座/天，航标维护正常率100%，航标质量合格率100%，完成上级下达的工作任务。

【航道建设】 2016年1月28日上午，韶关市人民政府与省航运集团有限公司就广东省北江航道扩能升级工程韶关濛里枢纽征地拆迁工作协议举行签约仪式，北江航道韶关段扩能升级工程进入实质性阶段，该北江航道韶关濛里枢纽征地拆迁协议占地33.33公顷，主要用于千吨级二线船闸建设。9月26—27日，广东省航道局在韶关召开北江（韶关至乌石）航道扩能升级工程濛浬枢纽二线船闸工程（总平面布置、输水系统、大型临时工程）施工图设计审查会，设计单位据专家评审意见进一步修改完善施工图设计。11月4日，北江（韶关至乌石）航道扩能升级工程航道工程施工图设计通过省局审查。11月10—11日，省交通运输厅在韶关组织召开北江（韶关至乌石）航道扩能升级工程孟洲坝枢纽二线船闸工程初步设计审查会，并将设计成果修改完善后报批稿上报省交通输厅审批。

【船舶管理】 2016年，韶关航道局船舶管理方面无发生违章操作、违章指挥、违反劳动纪律现象，无发生海损、机损等事故。航行日志、轮机日志的填写，做到详细、齐全、准确。船舶技术档案按照特级档案要求建档，船舶技术资料比较齐全完整。船舶的各种设施处于正常的技术状态，船舶优秀率100%，完好率100%。

【航道依法行政】 2016年，全市办结许可事项35宗，其中初审意见4宗，跨、拦、过、临河审批3宗，施工许可11宗，专用航标审批17宗；航道巡查24次，巡查里程4438千米；完成行政监管12次，监管施工项目49项；发现违法案件3宗，处理完成3宗，其中移交市交通运输局综合行政执法局处理2宗；规范专用航标审批管理，对韶赣高速公路4条跨河桥梁、地方公路管理站9条跨河桥梁、仁新高速公路1条跨河桥梁、1条跨河电缆的设置专用航标进行审批；联合市交通局印发《韶关市交通运输局与韶关航道局航道行政执法业务协作办法》。全年未发生违章审批或超期限审批情况，航道行政监管、行政审批工作规范、有序。

【安全生产】 逐级签订《安全生产目标管理责任书》，强化职责分解，将安全责任层层分解落实。抓好安全生产月、安全生产大检查、安全隐患综合治理等各项安全生产专项活动。2016年落实28座桥梁桥涵标隐患整改，完成乌石航道站围墙安全隐患整改，南郊二公里码头隐患整改工作。全年安全生产形势持续稳定，实现安全生产无责任事故的目标。

【抢险救灾】 2016年3月21日，受强降雨影响，水位明显上涨，水流湍急，原停泊市区北江大桥下游的一组3艘闲置餐饮船受洪水冲击走锚失控漂移，其中1艘船于走锚后不久沉没，2艘船横沉停滞在百旺大桥东侧桥墩，乐昌1艘河道清淤船失控漂流，与京广铁路乐昌张潍武水桥发生碰撞并侧翻挂卡，发生4桥7船的船舶触碰桥梁事故，市航道局依据职责，严格预案，反应迅速，配合当地政府做好应急抢险和善后处理。

（王　雷）

海　事

【概况】　韶关海事局成立于2000年11月，为广东海事局驻韶关的分支机构，是韶关市水上交通安全监督管理主管机关，依法履行通航管理、船舶登记、防止船舶污染、船员考试、评估、发证、水上事故调查处理、水上搜寻救助等职责，依授权开展船舶及水上设施检验等工作。

【通航管理】　2016年，韶关辖区未发生水上交通事故。全年审核水上水下活动15宗，通航安全影响论证1宗，通航安全评估10宗，为涉水活动提供通航安全保障。全年组织涉水单位开展应急演练3次，提高应急反应能力。

【船舶管理】　2016年开展船舶安检555艘次，滞留船舶12艘次。完成船舶登记1058件，办理进出港签证6275艘次。开展未持有有效国籍证书船舶专项清查，完成“待清查休眠船舶列表”中422艘船舶的清查工作。推进海事监管模式改革工作，做好取消电子签证后的相关工作以及船舶进出港报告制度宣贯工作。强化涉客船舶监管，做好《广东省渡口渡船安全管理办法》宣贯工作，发放“渡运十大危险行为”宣传海报80余份。派员参加佛山片区安检业务交叉检查，提高船舶安全检查质量。

【巡航管理】　发挥“CCTV、VHF、AIS+现场巡航”为核心的“3+1”监管模式的优势作用，全年辖区巡航436航次，巡航里程累计3626海里，巡逻里程35096千米，发送预警信息4000余条。严厉打击各类水上违法行为，全年完成行政处罚6宗。加强法定节假日、寒暑假等重要节点的水上交通安全监管。

【韶关市水上搜救分中心成立】　2016年4月29日，经韶关市人民政府批准成立韶关市水上搜救分中心，该分中心由包括韶关海事局、韶关军分区、韶关市安监局、农业局、公安局、交通局等17个单位组成，分中心办公室设在韶关海事局。8月17日，韶关市水上搜救分中心举行揭牌仪式，并组织召开第一次成员会议。韶关市水上搜救分中心的正式成立，结束韶关市水上应急工作没有统一领导机构的历史，标志着水上搜救工作进入全新阶段。

【智慧监管】　全面推进智慧海事监管服务平台的应用工作，成立智慧海事监管服务平台建设工作小组，整合录入通航要素230条，制定1个重点水域管理规则，印发《韶关海事局智慧海事监管服务平台工作制度》，制定9个工作程序，规范智慧海事的应用管理，实现电子巡航、一键巡航等信息化监管模式，为管控辖区安全风险、提升现场执法效能提供技术支撑。

【航运公司管理】　加强航运公司源头管理，督促航运公司落实安全生产主体责任，提升航运公司安全管理水平，全年开展航运公司安全与防污染监督现场检查13次，发现整改安全与防污染缺陷47项。全年签发《船舶油污应急计划》68艘次，《船舶垃圾管理计划》68艘次，《油类记录簿》69艘次，《垃圾记录簿》69艘次。

【船员管理】　2016年开展船员考试23期，培训446人次；开展船员培训监督检查21次，实现日常检查监督率100%；受理船员证书申请1532件，核发1498件。加强船员履职检查、船员违法记分，检查船舶155艘次，检查船员202人次，要求整改缺陷254项，促进船员有效履职。全面开展内河船员信息采集工作，全年完成894人次。深入开展“绿色船员保障基地”品牌创建活动，开展船员管理廉政风险防范专项整治活动等专项活动，确保船员管理工作正常运行。

【船舶检验】　深化“绿色造船”品牌创建工作，打造广东内河中小型散货船建造集散地。加强焊工管理，提高造船工艺。做好涉客船舶检验工作，确保辖区客渡船、旅游船等涉客船舶的安全、适航。全年检验船舶1137艘次，其中建造检验67艘次，营运检验1070艘次，客渡船39艘次，共计66.8万总吨，额定功

▲2016年8月17日，韶关市水上搜救分中心举行揭牌仪式　（韶关海事局　供）

率295736.28千瓦，审查图纸32批次，检验船用产品11批次，船舶检验差错率及核发船舶吨位证书差错率均为0，组织船厂焊工考试培训班1期，36人参加考试。

【专项行动】 开展“安全生产月”“安全生产万里行”“韶关海事局岁末年初安全生产大检查活动”“韶关海事局‘平安交通’创建活动”“2016年春运水上交通安全监管工作”“韶关市水上交通领域非法运输专项整治活动”“水上交通风险点危险源排查整治专项行动”等一系列专项活动，辖区安全形势稳定。

【工作船码头建设】 按照《交通运输部海事局关于广东韶关海事局工作船码头工程初步设计的批复》文件要求，做好韶关海事局工作船码头工程项目建设工作。2016年，完成工作船码头建设工程的交工验收和结算审计工作。

（邝剑明）

韶关火车东站

【概述】 韶关东站全称是广深铁路股份有限公司韶关东站，是广深铁路股份有限公司广州车务段管内唯一的一等区段站，车站站型为双向纵列式一站二场，韶关东场中心里程为京广线K2048+248米，韶关直通场的中心里程K2051+630米。南与马坝站，北与黄岗站、赣韶线的腊石坝站相接，主要办理粤北地区、赣南地区大部分的客运业务；列车中转技术作业（机车换挂、列检、商检作业等）；部分直通、区段、摘挂货物列车的解编。2016年，韶关东站有职工540人，设运转、客运2个车间和1个综合后勤班组。韶关东站有办理营业的旅客列车60对120列。全年发送旅客312.5万人，比2015年减少10.7万人；客运进款完成2.52亿元，比2015年减少0.14亿元。至2016年年底，实现安全生产无责任事故2658天。

【运输安全管理强化】 韶关火车东站落实监管职责，督促指导所属运转、客运两个车间和综合后勤组对规章、文电、应急处理预案、各项管理制度和办法进行全面清理、完善和补强，建立较为完善的管理制度和办法。车站每月组织运转、客运和综合后勤组的管理人员召开月度安全生产分析会，分析和研判车站安全生产工作中存在的问题，制定有针对性的解决措施和方案，布置月度工作安排和重点工作事项。督促各车间做好现场作业标准落实、安全分析制度落实、管理人员安全管理量化、接发列车安全、调车作业安全、劳动人身安全、防火防盗安全、旅客乘降安全、站场封闭式管理、职教培训等方面的工作；抓好各重要时期的运输工作，在春运、清明、五一、中秋国庆等节假日期间都严格落实各项规定要求，要求各车间根据工作情况，制订好运输方案，做到有序可控，保证安全稳定。

【职工业务技能培训】 车站分工种做好安全问题及规章的学习和考试。加强对新职人员的培训，增强重点岗位人员的补充，依托单身宿舍的“圆梦园”，组织开展青工业务比武、知识竞赛、才艺展示等活动，加强对青工的培养。在广铁集团公司车务系统2016年职业技能竞赛中，运转车间的杨洪涛获得信号员工种实作第一名、理论第五名全能第一名的成绩；客运车间的王鹏杰获得客运值班员工种理论第五名、全能第五名的成绩。在2016年车务段组织的“进取杯”职业技能大赛中，韶关东站选手获得调车工种团体第一名和客运工种团体第二名的成绩。

【客运服务质量】 为提升客运服务质量，车站在进站大厅设置以韶关风情为特色的“风采温馨服务台”，为旅客提供引导帮扶、服务咨询、温馨寻人、电话预约、失物招领、爱心接力等多项服务，让旅客畅享服务，情满旅途。做好重点旅客服务，开设无障碍旅客专窗，军人、学生重点窗，设置爱心候车区，哺乳专区，对有需要的旅客实现购票、候车、乘降等各环节“一条龙”服务，客运服务质量提升。

（罗春辉）

武广韶关站

【武广韶关站概况】 位于韶关市武江区芙蓉新城，距离韶关中心城区约16千米，隶属广州铁路（集团）公司广州南站管辖，为一等站。车站毗邻韶关大道，背倚芙蓉山，东临北江水。于2009年12月26日与武广高铁（京广高铁武广段）一并建成投入使用。韶关站建有站台2座，4个站台面，6个股道。站房建筑面积15820平方米。

【韶关站运营情况】 2016年，武广韶关站办理营业列车122列/日，其中上行66趟，下行56趟，另有高峰时段开行列车9趟，日均输送旅客近7000人次，单日最高峰发送旅客1.4万人。2016年，韶关站发送旅客255.4万人，比2015年增长18%。

【旅客运输组织】 2016年，武广韶关站在春节、暑假、“清明”小长假、“十一”黄金周各阶段重点时期，抓好旅客售票组织、候车乘降组织、加强进站旅客随身行李物品安全检查工作，全年旅客运输工作实现安全稳定。

【韶关站服务品牌】 2016年，武广韶关站在服务旅客全过程中，按照铁路运输服务行业标准，成立“丹霞服务岗”，提高服务效率和质量，满足广大旅客对高铁运输行业更高一级的需求，实现旅客满意度、高铁社会形象的提升。

（唐　维）

邮政管理

【机构概况】 韶关市邮政管理局于2012年9月14日批准成立，是广东省邮政管理局和韶关市人民政府双重管理的中央国家行政机关直属机构，设办公室、普遍服务科（机要通信科）、市场监管科，编制10人，主要职责是贯彻执行国家邮政法律法规、方针政策和邮政服务标准；研究拟订本地区邮政发展规划；监督管理本地区邮政市场以及邮政普遍服务和机要通信等特殊服务的实施；负责行业安全生产监管、统计等工作；保障邮政通信与信息安全。

【邮政行业】 2016年，全市有邮政普遍服务网点136处，其中农村网点104处，点均服务农村人口2.3万人，实现行政村100%通邮，单程邮路总长度达3799千米；全市邮政快递寄递企业21家，下属分支机构77家，服务网点409个，拥有EMS、顺丰、“三通一达”（圆通、中通、申通、韵达）、百世以及联邦快递等20多个国内外快递品牌，各型运输配送车辆1100余辆，从业人员5000多人。2016年，全市邮政企业和快递企业业务总量完成4.69亿元，同比增长19%；业务收入（不含邮政储蓄银行直营业务收入）完成5.05亿元，同比增长21.4%。其中，快递企业完成快递业务量1183.27万件，同比增长58.7%；快递业务收入完成2.01亿元，同比增长53.5%。

【“双11”期间快递业务量再创新高】 2016年“双11”期间全市快递业务量快速增长，快递处理量再创新高。11月11—14日，全市快递企业日处理量逾90万件。14日当日处理量高达28万件，与上年同期相比增长40%。

【市政府工作报告数次提及快递业】 2016年1月18日，韶关市第十三届人民代表大会第六次会议召开，市长骆蔚峰代表韶关市政府作政府工作报告，报告中数次提到促进快递业发展。提出要大力发展物流，打造珠三角大宗商品仓储物流基地和粤湘赣商贸物流基地，加快打造区域航空快递物流中心，加快黄沙坪创新园和市电子商务产业园建设，规划建设快递产业园。发展跨境电商，

▲2016年6月15日，国家邮政局副局长赵晓光（左六）率调研组一行到韶关市调研普遍服务工作情况。图为在补白网点广东省乳源瑶族自治县分公司游溪镇营业所合影留念 （韶关市邮政管理局 供）

重点建设广东邮政EMS国际快件分拨中心。扶持发展农村电子商务，培育“互联网+农业”新业态，打造电商创业村，韶关快递业发展得到地方政府的高度重视。

【韶关市邮政业发展“十三五”规划完成】 完成《韶关市邮政业发展“十三五”规划》编制并作为市政府专项规划统一发布。谋划《韶关市大物流产业三年行动方案（2016—2018）》《韶关市物流发展十三五规划》对邮政行业的政策支持。

【邮政普遍服务执法检查】 重点检查邮政企业是否逾越两条“红线”（未经邮政管理部门批准，撤销提供普遍服务的邮政营业场所；未经邮政管理部门批准，停止办理或者限制办理邮政普遍服务和特殊服务业务）、邮政普遍服务营业场所是否规范合标、纪特邮票销售是否公开透明、机要通信是否保密安全、邮政寄递渠道是否严格执行收寄验视确保安全畅通等情况。开展邮政普遍服务合法合标检查、《丙申年》等特种邮票专项监督检查、全国“两会”期间邮政服务和安全检查、邮政标识专用车辆专项检查、无着邮件专项检查等。2016年，检查邮政营业场所89个，机要室18处次，县城投递部9个，信报箱4041户，出动检查429人次，下发责令改正通知书3份，通报4份，促邮政企业改善、提高普遍服务水平。组织邮政特邀监督员到市邮政分公司邮件处理中心、市邮政速递物流有限公司、顺丰速运韶关公司等生产场地，查找问题和提意见建议。2016年，全市邮政特邀监督员共监督邮政、快递网点347个，反馈报告571份，走访消费者509人，反馈意见及建议13条，反馈问题26个。

【落实各类财政专项资金项目重点工程建设】 2016年，联合市财政局组成验收小组完成对2014年、2015年省级邮政基本公共服务均等化专项资金项目的验收。争取省级邮政业发展资金项目邮政基本公共服务均等化方向专项资金123万元，联合市财政局组织韶关市2016年广东省邮政业发展专项资金（邮政基本公共服务均等化部分）项目专家评审工作。争取2016年省级邮政业发展专项资金（快递业安全发展方向）117万元，用于补助韶关市寄递企业配备X光安检机21台、整治快递下乡网点32个、智能快件箱20组。

【邮政普遍服务“两项审批”及备案工作】 开展“两项审批”（即停止办理或者限制办理邮政普遍服务和特殊服务业务、撤销提供邮政普遍服务的邮政营

业场所）及备案工作。2016年，受理邮政企业撤销提供邮政普遍服务营业场所的申请1个，提交的普遍服务营业场所信息备案申请58件，其中新增营业场所备案1件，迁址备案3件，营业场所信息变更备案52件，暂时业务停限办备案2件。完善邮政普遍服务监督管理信息系统基础数据，对邮政企业局所变动及时录入信息系统，实现邮政企业局所信息实时更新、动态监督。

【快递安全监管】 2016年组织企业排查隐患30多处，上报自查报告200多份，对邮政、快递企业及网点开展执法检查94家次，出动执法人员300多人次，作出责令整改11起，约谈告诫10家，做出行政处罚2宗。开展背景审查保人员纯净。全年审查从业人员2500人，及时排查涉案、涉毒人员，防范利用寄递渠道实施的犯罪行为。

【建立寄递安全多部门协作共管机制】 建立由市综治办牵头，市公安局、市国安局、市交通运输局、市工商行政管理局、市邮政管理局、韶关海关等7个部门的寄递安全管理领导小组，将寄递渠道安全管理工作纳入市综治考评体系指标；与市公安局联合召开座谈会，确定2016年寄递行业联合执法工作重点，调动基层派出所力量共同加强寄递行业安全监管。

【快递企业登记备案管理】 严把准入、变更、增设分支机构等许可审核关，全年受理分支机构变更申请30家，严格按《邮政业安全生产设备配置规范》标准开展标准工作，共做出不予核准决定5起，要求补正资料3起。

【推动“快递下乡”工程】 2016年，引导推动企业开辟或延伸乡镇快递物流运输线路，有效对接农产品市场（基地），拓展农产品、农资、农村消费品的流通加工、仓储配送等功能，构建农产品快递网络服务产地直销、订单生产等服务农业生产新模式，促进“互联网+快递+农特产品”新业态的发展。主要邮政快递企业通过寄递渠道销售的各类应节水果超过2000吨。其中主要寄递企业收寄销售生鲜杨梅8000多件，翁源三华李4万多件，乐昌奈李超过14万件，翁源鹰嘴桃及曲江水蜜桃超过1万件。特色水果寄递销售价比本地“溢价”50%，寄递销售收入超过4000万元。

【韶关市快递行业协会召开一届四次会员大会】 2016年5月12日，韶关市快递行业协会召开一届四次会员大会，全体会员单位参加会议。会议审议通过协会年度工作报告和财务报告，评选表彰韶关市“2015年度十佳快递员”。

▲2016年4月22日，韶关邮政分公司召开全市农村电商“十百千”工程现场推进会（韶关邮政公司　供）

【快递业务员职业技能鉴定考试】 2016年，韶关市邮政管理局组织4次快递业务员职业技能鉴定考试。在5月、8月、10月和12月组织初级快递业务员职业技能鉴定考试，在5月组织高级快递业务员职鉴考试。全市有191人参加考试，111人通过。（雷　炜）

邮政企业

【企业简况】 中国邮政集团公司韶关市分公司（以下简称韶关邮政）原名为韶关市邮政局，位于韶关市浈江区风采路3号，是一家肩负着全市邮政通信建设、运营与管理的现代服务企业，下辖市营业局、曲江、乐昌、南雄、仁化、始兴、乳源、翁源和新丰9个县（市、区）邮政局及商函广告局（下挂名址信息中心）、集邮公司、电子商务局、报刊发行局、机要通信局、邮区中心局、投递局等7个直属单位。

【服务地方经济发展】 韶关邮政以“互联网+流通”为切入点，启动邮政“十百千”战略工程，即建立“10个县级电商仓储物流园、100个乡镇电商物流服务中心、1000个农村电商物流站点”，建立邮政特色的三级农村物流服务体系。乐昌九峰邮政电商物流服务中心对辖下九峰镇果农提供“奈李寄递”的服务，曲江枫湾邮政电商服务中心为当地果农提供“白水蜜桃寄递“服务，通过邮政全国全网资源，帮助其扩大销量，在十余天内，配送鲜果近百吨，配送鲜果1万多件。

【猴票引爆集邮热潮】 2016年1月5日，《丙申年》猴票在市区风采和西河营业厅举行首发式，不到两小时，猴票抢购一空。该套邮票由《庚申年》猴票创作者、93岁的美术界泰斗黄永玉所画，全套邮票共2枚，第一枚画面中为一只猴的形象，猴子手托寿桃，面带笑容，形象生动传神。黑色的身体以及红色的脸庞金色的底色，给人以过年的喜庆感觉。第二枚为三只猴的形象，一只金色大猴抱着两只橘色的小猴象征亲情，寄托着希望来年人们都能阖家团圆，福寿双至的寓意。

【优化网运投递提质增效】 韶关市邮区中心局处理能力加强。利用皮带传输设备结合网运散件化流水化作业流程改革，优化内部处理流程，完善分拣资料库，实施PDA智能化分拣。区内邮路优化调整。优化调整韶仁邮路计划，返程增加仁化凡口交接点，加快仁化凡口邮件时限，实现当天收寄当天出口，比原来提前一天。调整后，收寄量同比增加103.4%。新增韶南二班邮路，解决韶南一班容间不足问题，加快南雄进口邮件时限。为更好支撑翁源、乐昌、乳源、仁化、南雄农产品寄递业务发展，旺季期间临时调整韶翁邮路、韶仁邮路、韶南一班、二班邮路，韶乐邮路。临时组开乐昌九峰至韶关直达邮路。自提服务网络建设加快。加快自助信包箱开通使用，日均格口使用率35.9%，缓解投递末端“最后一公里”压力问题，投递服务能力和服务品质提升。 （柯月华）

信息化建设

【概况】 2016年，韶关市经信局组织编制《韶关市信息化建设“十三五”发展规划》，谋划十三五信息化发展目标、主要任务、重点工程和保障措施；印发全市“互联网+”行动计划，推进全市互联网、物联网、大数据建设；制定并组织实施《韶关市信息基础设施建设行动计划（2016—2017年），推进光纤网络建设、移动通信基站建设和公共区域WLAN建设；落实2016年市政府公开承诺为民办实事工作，采用省、市财政补贴方式支持农村光缆建设，2016年市财政拨付500万元补贴新增光纤行政村552个，新增光纤宽带用户24.7万户，新增4G通信基站3378座。

【互联网+项目建设】 建立互联网与工业融合创新试点项目库。建立基于可变二维码权鉴技术的智能锁O2O应用产业化等32个“互联网+”试点项目库。其中：乳源东阳光精箔有限公司、广东省大宝山矿业有限公司、韶关市英诺维科技设备有限公司3家企业项目被列入2016年全省100家互联网与工业融合创新试点名单；韶关市华工高新技术产业研究院“韶关市中小企业设备智慧维修云（智修T2B）”、广东昆仑信息科技有限公司“昆仑城市级能耗监控大数据平台研究及应用”项目被列入2016年省“互联网+”试点项目。推进“两化融合”管理体系贯标试点。乳源东阳光电化厂、乳源瑶族自治县东阳光化成箔有限公司、韶关市英诺维科技设备有限公司、韶关市德丰机械有限公司4家企业被列入2016年广东省两化融合管理体系贯标试点企业名单。推进农村信息化先导村建设。乐昌廊田村、仁化黄屋村2个项目被列入广东省农村信息化先导村建设，获得省财政300万元扶持资金。推进“互联网+”小镇申报创建。黄沙坪创新园列入广东省首批8家“互联网+”培育小镇，获得“广东省互联网+小镇”200万元扶持资金。成立韶关市创建广东省“互联网+”小镇工作领导小组，协同莞韶园管委会制定建设实施方案，加强小镇创建交流学习。督导通信运营企业改善园区信息基础设施，铁塔和移动公司入驻黄沙坪小镇。园区实现全光纤网络覆盖、宽带用户接入速率达到100兆比特／秒，公共场所将实现免费开放Wi-Fi热点接入。

【宽带网络基础设施建设】 2016年，全市家庭宽带用户数605226户，手机上网用户数1911653户，固定宽带家庭普及率为61.5%，移动宽带用户普及率62.6%。全市光纤覆盖用户能力新增979532户，累计达到2219265户；光纤到户新增188251户，累计438603户；光纤到建筑大楼新增73402户，累计120309户；农村光纤接入用户新增43874户，累计达78647户；铜缆改光纤用户新增99013户，累计166724户。光线线路长度新增28465.47皮长公里，累计78207.47皮长公里。光纤端口新增46.92万个，累计101.99万个。WLAN热点2个，累计1621个；AP数22个，累计6281个。新增4G基站（RRU）7253座，累计18552座；新增4G基站（BBU）2766座，累计6527座；铁塔基站站址新增636座，累计总数5716座。光纤入户率48%，全省排名第14名。在全市经信系统的组织推动下，全市有韶关电信、移动、联通、铁塔、铁通、盈通、广电网络公司等7家电信广播电视运营企业推进宽带网络建设工作。组织协调移动韶关分公司启动4G下乡活动，分别在南雄珠玑镇、仁化长江镇、新丰沙田镇、翁源翁城镇举行系列活动，为广大乡镇农村提供信息化知识传播、4G通信应用和家庭宽带普及服务。

【省原中央苏区（南雄）农村超高速无线局域网应用试点】 南雄市210个行政村被列入粤闽赣三省政府和中国电信集团公司、广东新岸线公司共同签署合作推进赣闽粤原中央苏区农村超高速无线局域网应用试点，获得扶持资金1400万元。每个试点村安装1台中心接入设备，部署205台的终端接入设备，实现超高速无线局域网络覆盖，传输能力达到100兆比特／秒。 （彭映彦）

电子政务

【概况】 韶关市信息中心于2016年调整为市政府直属事业单位，内设办公室、网络管理科、信息采编科，编制15人。主要职责：负责规划全市党政机关电子政务系统建设并组织实施；负责市级政务系统计算机网络统一平台与网管中心的建设、维护与管理，推广并提供技术指导和服务技术维护。

【网络信息安全漏洞事件处理】 为有

效应对突发性网络信息安全事件的能力，2016年韶关市信息中心对全市政府网站进行安全检测，发现并处理网络信息安全问题42个，及时进行处置，确保党政机关的网络信息安全。

【网络问政平台维护】 截至2016年12月29日，网络问政平台累计点击率9235万人次，日均访问人数超过1.3万人次。受理问政贴58621条，及时答复58483条，及时答复率99.9%。网络问政平台运行效果良好，社会效益明显，一大批人民群众关心的热点难点问题通过公开、透明的网络问政平台得到解决。

【党风廉政信息公开平台应用推进】 2016年，韶关各地各单位信息公开的主动性和积极性有明显提高，公开信息规范，质量提高，红黄牌数量减少。2016年，发布信息350861条，其中党务公开信息2074条，政务公开信息38786条，村务公开信息303275条，所站公开数据6096条。

【办公业务系统应用推进】 办公业务系统功能进一步升级完善，2016年全市10个县（市、区）办公业务系统全部建成开通，韶关市级上线OA系统单位307个，10个县（市、区）上线单位1017个，实现办公业务系统公文的市县镇三级在线交换。2016年，市级307个单位对外发文79164件，办结78638件；收文403860件，办结390110件；发文、收文的办结率分别为99.3%、96.6%。10个县（市、区）通过市县公文交换平台实现发文7467件，收文131717件，及时接收率为99.8%。

【开展重点领域信息公开专栏建设】 按照《韶关市重点领域信息公开专栏建设规范（2016年修订）》的要求，2016年全市重点领域信息公开专栏上线单位近100个，该系统全年发布保障性住房、财政预决算和“三公”经费、环境保护等各类重点领域信息约12000条。

【韶关市电子政务云服务项目建设正式启动】 为贯彻省委省政府关于一门式一网式政务服务模式改革的决策部署，牵头制定《韶关市电子政务云服务项目总体建设方案》《韶关市电子政务云服务项目可行性研究报告》等一系列方案，并通过广东省电子政务协会组织的专家评审。2016年12月，韶关市信息中心按照《中华人民共和国政府采购法》《中华人民共和国合同法》的规定，分别与中标单位浪潮软件集团有限公司、中国移动通信集团广东有限公司韶关分公司联合体签订《韶关市电子政务云服务采购项目政府采购合同书》《韶关市电子政务云服务监理采购项目政府采购合同书》，启动韶关市电子政务云服务项目的建设工作。

【配合省推进欠发达地区信息项目建设】 为推动广东省电子政务建设的发展，贯彻落实《广东省电子政务发展规划（2014—2020年）》等文件精神，按照省统一采购、统一建设开发、统一布置部署、统一实施原则，配合省经信委、省信息中心推进该项目在韶关的调研，确定“欠发达地区信息化建设项目”的建设内容，制定“欠发达地区信息化项建设项目”各子项目的建设方案。其中，“统一申请受理平台推广实施项目”完成系统的安装部署，下一阶段将进行事项的实施和本地化开发。

【政府网站考评】 根据《广东省人民政府办公厅关于印发广东省政府网站考评办法的通知》《广东省人民政府办公厅关于印发广东省2016年度政府网站考评方案的通知》等有关要求，下发《韶关市人民政府办公室关于印发韶关市政府门户网站栏目优化调整及信息内容保障责任分工方案的通知》，由各单位按职能提供有关信息，保障政府网站发布内容。拟定《韶关市政府网站集约化建设项目建设方案》，对市政府门户网站按省考评要求进行升级改造。

【网上办事大厅建设】 开展韶关市网上办事大厅及市辖各县（市、区）分厅建设工作，拓展完善韶关市网上办事大厅功能，开始全面使用省统一身份认证平台，推广全市网厅存量账户和新账户统一使用统一身份认证平台，并按照省网厅手机版业务规范要求，完成与省网厅手机版的对接，制作审批事项手机版移动网页接入省网厅手机版；按照省的报送要求，及时规范提供办事全过程数据，将市分厅办事过程信息定时报送到省主厅。市直41个部门共进驻544项行政审批事项，行政审批事项网上申办业务总量为18360笔，网上全流程办理率为61.4%，网上办结率为70.2%。

【市政府门户网站的社会认知度和满意度提高】 2016年，“韶关市人民政府门户网”采编、发布各类日常信息、资料6840篇，制作“培育和践行社会主义核心价值观”“文明韶关”“巩卫创文”等专题，发布信息530多篇，推动韶关创文巩卫工作；协助市住建、水务、农业、交通部门按时准确发布各类工程招投标公告1332篇；协助有关单位及时发布公告、通知118篇；为迎接政府门户网站考评新增“五公开”“科技创业”“新闻发布会”多个栏目，发布信息592篇，发布涉及考评要求的教育、医疗、社保、就业、证件办理、企业开办、招商引资各类信息597篇。

（李建联）

电子商务

【概况】 2016年，韶关市委、市政府成立电子商务工作领导小组，设立韶关市电子商务产业园，印发《韶关市促进电子商务发展扶持措施（试行）》，先后与苏宁、阿里巴巴签订战略合作协议，电子商务取得初步的发展。2016年，全市快递服务企业完成快递业务量1183.27万件，同比增长58.7%，快递业务收入12月完成2501.07万元，同比增长89.7%，1—12月，累计完成20113.15万元，同比增长53.5%。

【与阿里巴巴集团签订合作框架协议】 2017年3月16日上午，韶关市人民政府与阿里巴巴（中国）软件有限公司签订合作框架协议，双方将在韶关市10个县（市、区）整体推进农村淘宝项目，并在农村电子商务、淘宝“特色馆”建设、电商人才培训等方面开展深入合作。市长骆蔚峰和阿里巴巴集团农村淘宝事业部广东大区总经理彭东出席签约仪式并见证签约。副市长许志新与阿里巴巴农村淘宝事业部粤北区域经理宋建平分别代表双方签约。此次签订合作框架协议，搭建起“互联网+农产品”营销新平台，将推动韶关农村电子商务经济发展，带动农民致富，解决从城市到农村服务的“最后一公里”问题，实现“网货下乡”和“农产品进城”的双向流通功能。

▲2016年1月5日，韶关市人民政府与中国电信广东公司签署《“推进创新驱动发展战略，落实互联网+行动”“十三五”信息化战略合作框架协议》。代市长骆蔚峰、广东公司总经理钟平分别代表双方签约 （韶关电信 供）

【组团参加阿里巴巴淘宝大学县长电商研修班】 2016年3月20—23日，由韶关市副市长许志新带队，市商务局组织全市10个县（市、区）县长或分管电商业务的副县长、商务（经信）局局长、分管电商业务的副局长以及市电子商务商会有关人员共44人，参加阿里巴巴淘宝大学举办的为期3天的县长电商研修班（韶关定制班）。该研修班采取开放式教学和小组讨论模式，邀请淘宝大学资深讲师、有多年电商研究经验的专家学者，借鉴重庆市奉节县、河北省清河县、浙江省常山县等农村淘宝示范县的案例，介绍农村淘宝发展规划，阿里巴巴农村金融战略等，以及各地在推动农村淘宝项目过程中遇到的瓶颈及解决办法。通过阿里巴巴集团滨江总部园区、常山县农村淘宝运营中心及村级服务站的实地参观，为下一步推进韶关市各县（市、区）农村淘宝项目拓宽视野、开拓思路。

【联合举办“创青春”农村电商赛宣讲会】 2016年4月28日，由韶关市商务局、市人社局、市农业局、市团委、市妇联联合主办，广东省电子商务协会、广东青年发展现代农业促进会、韶关市电子商务行业协会承办的“2016年广东‘众创杯’创业创新大赛之创青春农村电商赛（韶关赛区）宣讲会”召开，各县市区经信（商务）局及各协会代表、企业参加会议。大赛的成功举办，对于鼓励韶关市农村青年利用电子商务等互联网工具扩宽创业致富渠道，促进农村创业项目与创投资本、创业政策、创业服务的有效对接起到积极作用。

【与东莞市商务局开展电商业务对接】 2016年4月13日，韶关市商务局到东莞市商务局进行电商业务对接，了解东莞跨境电商、农产品电商的发展情况，学习借鉴东莞市“互联网+快递+制造+电商”的模式，创新莞韶两地在电子商务方面合作的新方式。

【举办邮政“十百千”工程现场会】 2016年4月22日，韶关市商务局参加邮政“十百千”工程现场推进会，号召各相关部门引荐合适的电商企业入驻，支持和推动“十百千”工程建设，邮政企业要完善已建园区服务，建设具备现代化电商配套服务设施的电商集聚区。

【召开阿里巴巴农村淘宝工作现场会】 2016年8月2日，韶关市人民政府在始兴县召开阿里巴巴农村淘宝工作现场会，总结全市农村电子商务发展经验，对下一步在全市各县（市、区）快速推进阿里巴巴农村淘宝项目进行全面部署。副市长朱余旺，省商务厅电子商务处副调研员王强，市商务局局长李宏，市直各有关单位、各县（市、区）领导，阿里巴巴集团相关负责人参加会议。与会人员先后参观始兴县马市镇都塘村农村淘宝服务站、县级农村淘宝运营服务中心等地。3个月时间，始兴首批33个阿里巴巴农村淘宝村级服务站在“6·18”电商节同时开业，当天创下1000多万元销售额，日均订单量居全省第一，全国第七名，为全市农村电商推进工作做出示范。

【南雄市电子商务公共服务中心暨创业孵化园正式启用】 2016年8月29日上午，南雄市电子商务公共服务中心暨创业孵化园举行启用仪式。韶关市商务局局长李宏、韶关各县市区电商协会代表以及签约入驻企业代表等上百人参加此次活动。仪式上，南雄市人民政府与阿里巴巴农村淘宝签订合作框架协议。南雄市电子商务公共服务中心、电子商务创业孵化园是南雄市2016年的重点、亮点工程。园区总面积5430平米，位于东方大润发广场西南面首层，是一个集办公孵化区、仓储物流区、人才培训区、产品展示区、公共服务区等五大功能为一体的电商创业集聚园区，有60多家电商企业入驻。

【韶关市电商人才培训班主办】 2016年11月8日下午，由韶关市商务局主办，韶关市电子商务商会承办的韶关市电商人才发展培训班在市碧桂园凤凰酒店举行。韶关市商务局副局长丁冰、各县（市、区）经信（商务）部门的代表、市电子商务商会、市电商行业协会及各县市区电商行业协会的代表参加培训。（伍雪龙）

电　信

【概况】 中国电信股份有限公司韶关分公司（简称韶关电信），是中国电信在韶关的本地网企业。下辖城区、曲江、乐昌、南雄、翁源、新丰、仁化、始兴、乳源9个县级分公司，全市有46个营销服务中心，服务网点遍布全市所有城乡。承担着韶关地区普遍服务、党政专网通信、应急通信、战备通信和抗洪救灾通信保障等重任，为全市人民提供移动通信、宽带互联网接入、信息化应用及固定电话等综合智能信息服务，是韶关信息化建设的主力军。2016年韶关电信完成年度预算100%，同比增长2.4%，连续五年完成经营收入任务；收入份额稳中有升，其中增量收入份额居全省第三位；4G、光宽用户规模实现翻番，新兴业务领域取得突破性进展；网络加快转型升级，建成“全光网城市”，实现“十三五”良好开局。获得2016年度广东省五一劳动奖状、广东公司年度先进绩效单位二等奖，被广东公司评为先进基层党组织、广东省年度“天翼争先优秀分公司”。

【“十三五”信息化建设合作】 2016年1月5日，韶关市人民政府与中国电信广东公司签署《“推进创新驱动发展战略，落实互联网+行动”“十三五”信息化战略合作框架协议》。韶关市委书记蓝佛安出席签约仪式并见证签约。代市长骆蔚峰、广东公司总经理钟平分别代表双方签约。市委常委、秘书长孔云龙，副市长许志新、朱余旺，广东公司副总经理杨小丰等领导参加签约仪式。市政府秘书长朱裕华主持签约仪式。“十三五”期间，中国电信广东公司将在韶关投资13亿元，全面部署新一代互联网基础设施网络，打造“光网韶关·智慧城市”。根据协议，双方重点在构建高效便捷的“互联网+”基础网络、发展“互联网+”工业制造、现代农林业、中小企业运营、政务、教育、旅游和新兴服务等八个方面加强信息化建设合作。韶关市政府委托市经济和信息化局，中国电信广东公司委托中国电信韶关分公司作为推进韶关市“互联网+”产业建设的具体推动部门。

【建成全光网城市】 韶关电信加大“互联网+”基础网络建设投资，实施光纤入户工程，推进全市城乡网络建设和光纤宽带普及。2016年，建成光端口60.52万个，光宽渗透率83%，达到全光网城市标准，全市9个县级分公司全部达到全光县标准，信息化建设走在全省同类地市前列。

【网络转型升级】 2016年，韶关电信城域网实现扁平化，网络架构由三层向二层转变，传输网波分实现“乡镇—县局—市区”三级结构，光网、4G网络成为宽带、移动用户主要载体。完成网络简化2.0目标，退网19个交换局、315个局点，退出机房面积1841平方米，全年节约电费248.7万元，是全省第二个零TDM端局。

【深化划小承包】 2016年，韶关电信完善倒三角支撑体系，率先在全省全员开通倒三角服务支撑平台发单权限，快速响应一线员工的需求，为一线承包单元提供专业化、集约化服务支撑。制定倒三角支撑逆向考评实施细则，小CEO拥有逆向考核权，考核结果应用到各部室、中心年度绩效考核。推行服务承诺制，保障资源穿透、权力下放，帮助员工提升业绩与工作成就感。2016年上半年，韶关电信在内部对城区和乐昌分公司进行合并承包试点，全市营销服务中心实际承包单元由108个调整为85个。12月，韶关电信针对营销服务中心组织架构现状，按照无行政机构的不再设中心，并入有行政机构所在地的中心管理；有行政机构但收入规模小的中心，根据实际情况进行合并的优化调整原则，将108个营销服务中心合并为46个营销服务中心，收窄组织架构。在12月31日，完成46个营销服务中心小CEO的公开竞标竞聘工作，划小承包工作走在全省前列。（白三军）

移动通信

【概况】 中国移动通信集团广东有限公司韶关分公司（韶关移动）是中国移动通信集团广东有限公司驻韶关分支机构，现有职能部门7个，中心6个，下辖市区、曲江、乐昌、翁源、南雄、仁化、乳源、始兴、新丰9个分公司。2016年，韶关移动加强信息基础设施建设，打造优质的无线宽带、有线宽带、物联网络，推进网络和IT的一体化发展，移动通信、家庭数字化服务、政企数字化服务等领域取得关键突破。2016年，全市有63个先进集体和个人获得省、市、县级的表彰。其中，公司获得广东省质量管理小组活动优秀企业，1个单位获得广东省巾帼文明岗、1个单位获得广东省青年文明号、3个单位获得省公司级先进基层党组织、1个单位获得广东公司五四红旗团委；1个单位获得广东公司五四红旗团支部；9个单位获得广东省优秀QC管理小组。

【网络优势深化】 2016年，韶关移动强化资源配置，无线网络重点实现城区、乡镇连续覆盖，农村热点100%覆盖，高速国道连续覆盖，行政村100%到达，累计4G基站超3600个，形成LTE规模化运营。基础网络延续“一张光缆网”的规划思路，网格密度加大，城区综合业务区光交箱密度由原3.8个/平方千米提升到5.3个/平方千米。高价值区域覆盖情况良好，专线平均接入距离为282米，较上年降低10%。骨干网出口带宽增加，较前一年提升4倍。韶关

"百万光纤入户工程"推进，成熟社区覆盖率超过80%，资源配置成功率提升至86%。

【网络保障能力提升】 2016年，韶关移动加强网络保障能力，确保关键时刻网络的畅通。网络安全冗余能力提升。为保障4G及宽带业务传输环网安全，完成现网单链站点成环优化，成环率从83.6%提升至94.5%。优化跨县域33个中继段OLP保护，跨县路由抗中断性能提高，LTE业务保护冗余及安全可靠性提升。加强网络隐患排查和整治。开展传输单边告警隐患整治，完成单边开环告警整治62处，传输迁改修缮完成219段，及时消除线路隐患，故障时长同比下降约20%。针对冰灾、洪涝灾害期间出现故障频率较高的重要汇聚段落完成应急纤芯预留及应急倒换演练，完成16段跨县区汇聚路由应急跳纤。提升应急响应能力。全年开展应急演练22项，修订应急预案12份。共启动应急响应18次，含常规响应8次，预案响应4次。其中抗冰冻保障1次，防汛保障4次。

【客户服务能力提升】 2016年，韶关移动以问题倒逼服务优改，以局部改善推动全面提升。以NPS提升为抓手，聚焦网络质量以及流量业务优化，建立责任分解、KCI过程监控、部门内部服务承诺机制，横向联动各部门、纵向联动分公司；落实投诉重热点问题优改机制，推动社会渠道业务办理规范执行及考核、外呼营销活动过程整改、不良信息复通流程梳理等多项问题优改，用户净推荐值同比提升3.1%。开展网络黑点攻坚行动，开展扫黑计划，通过"全员攻关网络建设黑点"方式，推进解决2016年遇到的基站建设黑点、小区家宽建设黑点，传输网建设黑点问题，优化客户的网络感知。

【推动地方信息化建设】 2016年，韶关移动以政府战略合作协议为契机，重点围绕"互联网+"、物联网、云计算、大数据等领域推进业务和应用创新，加快能力布局，拓展电子政务云、教育云平台等战略型项目，以政企数字化服务的大发展为大数据的互联、共享、开放应用奠定基础。挖掘企业信息化需求，进行各行业大项目拓展，在基础教育专网、基层公共服务平台、安全等大型项目取得突破，大型项目中标数9个。响应市委市政府精准扶贫、信息化扶贫的工作要求，开展"4G下乡"活动，完成与10个县区的签约，覆盖63个乡镇、200个行镇村。

▲2016年1月25日，韶关移动抗冰救灾队伍赶往乐昌、乳源等冰冻严重区域进行通信保障工作 （韶关移动 供）

【强化风险防控和安全防护】 2016年，韶关移动开展信息安全专项检查19次，检查服务器1296机/次，监测整改2445个信息安全高危漏洞，漏洞整改率超过95%。加强内外协作和违法打击，建立安全防护网。配合公安机关侦破伪基站案件3宗、缴获伪基站设备4套、作案车辆3辆、刑拘嫌疑人5人，侦破重大"三电"盗窃案件一起。 （包振华）

联通通信

【超卓网络传输能力提升】 2016年，韶关联通秉承沃4G+"全网通、更快速、更丰富"的理念，加快落实提速降费惠民政策。移动网建设：4G基站提供GE接入带宽，打造超卓视频网，保障移动互联网流量快速增长，支撑4G+大视频业务，确保高清视频体验，视频流媒体零卡顿占比95%。4G网络覆盖：全年新建4G基站552个，同比增长140%，市区、县城、乡镇4G覆盖得到改善，获广东联通"进度超卓奖"。宽带网络建设：2016年韶关联通加快新技术落地，全面推进以FTTH为主的全光网络布局，推动乡镇光纤宽带到镇到村。

【卓越服务口碑提升】 韶关联通在服务层面，聚焦客户体验，建立口碑优势，以传统服务优势提升客户感知。以NPS为导向，聚焦NPS主要短板，以网络感知主动修复模型和客户口碑洞察模型为抓手，由被动响应转变为主动精准修复，专项推进客户体验改善。优化人员配置，提升投诉处理技能，加强申诉分析，加大授权和精细管控，建立逐级升级解决机制。建立大服务挂牌机制，以月度用户满意度分析会为载体，解决流量消费、业务规则、触点服务、网络覆盖等问题，实现客户口碑提升。2016年网络质量投诉率4G从年初15次/万户下降至3.2次/万户，3G同比下降38.2%。对宽带装机维护提出"480"要求，即在受理业务后，四小时内装机、八小时内故障维护、实现零用户投诉。

【“互联网+”助力本地信息化建设】 韶关联通结合韶关市人民政府“华南数谷”战略规划，利用联通“云计算、物联网、大数据”三大核心平台优势，在芙蓉新城建成“中国联通粤北数据中心”，推动本地政务、执法、教育、交通等行业信息化建设，更好地满足各级政府、企业，以及广大用户个性化、多层次的信息服务需求。（古　越）

无线电管理

【频率台站管理】 根据《广东省无线电管理办公室印发广东省无线电频谱使用评估专项活动工作方案的通知》要求，严格按照测试频段、测试方式、测试时间、测试区域、参数设置、数据储存等标准，投入人员176人次，监测固定站2台，占总固定站比例16.7%，监测时长达到432小时，采集数据量0.66GB；投入监测车2辆，22车次，监测时长23.9小时，采集数据量4.91GB，监测总里程1529千米，移动监测覆盖率为46.97%。按时完成全市公众移动通信、广播电视、民航、卫星地球站等频段的监测、数据采集、路测及核实工作。

【无线电安全保障】 做好重大活动、各类考试无线电安全保障工作，排除干扰和不明信号，保证无线电通讯安全畅通。2016年，处置各类无线电干扰12起：其中航空干扰7起、广播电视干扰2起、超高速无线局域网1起、气象雷达干扰2起。投入人员120多人次，监测设备近50台次，行程约4000千米。维护考风考纪，防范无线电作弊。2016年，参与研究生入学考试、高考、成人高考、司法考试、会计考试、注册会计师考试、公务员考试、事业单位招聘考试、医师资格考试、执业药师考试、建造师考试、英语四六级考试、职称外语考试、卫生资格考试等20场考试保障工作，查获作弊信号数5起，其中实施无线电阻断数5起。出动车辆120多车次，出动人员300多人次，投入监测设施150多台次，监测保障600多小时，维护考试的公正公平。

【专项行政执法】 打击“伪基站”“黑广播”等非法无线电设台，维护空中电波秩序和无线电安全，保障人民群众的切身利益和国家安全稳定。2016年度，联合公安、文广新局等多部门，查处“黑广播”9起、“伪基站”5起。（秦卫平）

城乡建设·环保

城乡规划

【概况】 韶关市城乡规划局成立于2001年，为韶关市人民政府主管城乡规划的工作部门。内设8个科（室），机关行政编制31名。派出机构有市城乡规划局浈江、武江分局2个机构。下辖韶关市城市建设档案馆、韶关市城乡规划市政设计研究院、韶关市规划信息中心和韶关市测绘院4个事业单位。2016年，市城乡规划局围绕全市经济社会发展大局和中心工作，提高规划水平和服务意识，推动城市整体提升和乡村规划建设。

【规划编制】 2016年，韶关市城乡规划局公开招投标遴选出37家国内外高水平规划设计单位，分类建立园林、市政、建筑及旅游等规划设计服务企业库，提高城乡规划编制水平。推进城市总体规划修改，完成专家评审、规委会审议、市政府常务会审议等报审程序。编制城区综合交通规划、城市有轨电车线网规划、综合管廊等5项专项规划。启动编制近期建设规划和“三规合一”，明确以城市规划为主导，推进国土、规划、林业、发改、环保等行业规划合一，初步形成规划“一张图”。东环线、西河、韶冶等7个片区控制性详细规划获得市政府批复实施，实现市区内所编控规100%法定批复。组织开展芙蓉新区控规调整及《韶关市区控规实施性整合》等项目，核查控规疏漏，统一成果标准。完成《白土镇历史街区保护规划》等5个项目规划成果。完成第三批历史建筑认定与公布工作。启动韶关市消防专项规划、土地储备规划等项目编制等。

【城市设计】 2016年，韶关市城乡规划局开展全市道路标准横断面、绿地水系、滨江景观等城市设计导则的组织编制工作，组织修订城市设计技术规范导则，制定《韶关市市政道路标准横断面规划设计导则》，增强道路景观绿化设计，制定道路横断面设计标准，打造生态景观人性化路网。

【健全规划委会审议制度】 2016年，韶关市城乡规划局修订规划委员会章程和议事规则，增设市政设施交通委员会、环境艺术、城市发展策略委员会等若干专业委员会，增加“全市的产业园区规划和旅游规划及各县市中心城区、中心镇总规均需要经市规委会审议后报市政府审批”等审议内容，实行常态化规委会议事制度。全面推行无纸化办公系统，实现无记名决策投票。2016年9月30日新章程颁布后，召开2次全体会议和3次专业委员会会议，审议22项目（其中1个项目未通过）。

【审批制度改革】 2016年，韶关市城乡规划局调整内设机构，优化科室职能，整合原“综合审批科”和“建设工程管理科”到综合审批科，推行行政许可职能向一个机构集中；新设市政工程管理科，加强市政项目规划管理工作，并与用地规划管理科，加挂局政府投资项目前期规划设计办公室。理顺市区管理体制，申请增设市城乡规划局曲江分局，将曲江区规划管理事权收归市管。推进“一门式、一网式”政府服务模式改革，梳理行政许可事项目录，规范化、标准化办事指南和业务手册。研究制定《韶关新建住宅物业社区公共服务用房配建实施细则》、韶关市建设项目修建性详细规划管理实施细则》，起草修订《韶关市区私房建设管理办法》《韶关市既有住宅增设电梯建设规划管理办法》。以天子岭新村作为突破口，提炼出解决市区私房历史问题的新思路。严格“一书三证”（即《建设项目选址意见书》《建设用地规划许可证》《建设工程规划许可证》《乡村建设规划许可证》）管理，全年受理、办结622宗，提前办结率达98%。

【城市提升】 2016年，韶关市城乡规划局编制《韶关市城市提升三年行动计划（2016—2018年）》，梳理出城市整体提升项目118个，构建城市提升整体蓝图；精选出26个核心建设项目，牵头制定项目推进计划。采取规划设计工作批量发包方式。第一批交通黑点整治、内涝点整治及农贸市场升级改造项目建成完工；完成一批教育资源整合建、迁、扩学校的规划选址；完成市第三污水处理厂、东郊客运公交站等一批项目的规划选址；完成百旺路体育公园、八中健身广场等9个小公园、小绿地、小广场的规划选址；完成韶州公园、芙蓉山公园、林桥坑湿地公园的规划方案；启动韶关大道、陵南路、大学路等13条道路改造及景观提升工程的规划设计工作；组织编制教育路西延线、新兴路、生态路延长线、东堤北延长线等15条新建道路和桥梁的初步设计或规划方案；芙蓉新城5号路综合管廊示范工程开工建设；市政府常务会议审议通过有轨电车示首期范线工程规划方案。

【村镇规划】 2016年，韶关市城乡规划局制定韶关市《关于加强和规范农村村民建房管理的指导意见》，为乡村规划和农村村民建房规划管理提供依据。指导启动南雄市城市总体规划、乐昌市城市总体规划、翁源县龙仙镇总体规划和始兴县顿岗镇城市总体规划的修编工作。完成10个美丽（特色）村庄规划试点的编制工作。完成正觉禅寺、南雄市梓杉坳风电场工程等7个县（市）项目及相关规划审查。配合驻地城乡规划督察员对丹霞山景区内锦江游船码头项目和村民违规建设、新丰县云髻山旭日违建项目等进行专项督导和检查。

【“申名”工作】 2016年，韶关市城乡规划局组织市创文办及相关单位赴惠州、中山考察，学习“申名”（历史文化名域申报）工作经验。邀请省内专家来韶关考察，组织召开历史文化街区推荐会。《白土镇历史街区保护规划》等4个项目形成初步成果。启动推进《韶关优秀近现代建筑保护规划修编》等3个项目。完成第一批、第二批历史建筑挂牌，针对历史街区组织新一轮历史建筑普查、认定工作。

【城建档案管理】 2016年，韶关市城市建设档案馆签订报送建设工程档案责任书107宗；验收工程竣工档案项目90个，档案3245卷，出具“建设工程竣工档案验收认可证”73份；审核工程竣工纸质档案项目82个，档案2855卷；审核工程竣工电子档案项目74个，光盘188张；审核工程声像档案项目57个，声像档案光盘209张，照片档案102卷（9309张）；专题拍摄评审会、重点工程、民心工程等重大活动有效照片982张、录像1.92小时。城建案馆全面实现“存量数字化”“增量电子化”。

【项目测绘】 韶关市测绘院完成放线工作390栋，验线230栋，竣工480栋，各类管线规划放线及竣工测量31千米及地下管线探测25.8千米，完成1：500地形图数据更新修测15平方千米。受丹霞山管理委员会委托，先后完成丹霞山韶石山东片区范围内面积5.15平方千米、姐妹峰周边规划片区范围内约9.6平方千米的1：1000地形图测量工作，丹霞山风景名胜区旅游步道5.66千米的带状地形图测量工作，并标注沿线重要节点和主要景观的坐标、高程，及标注服务设施。（谢延珍）

住房和城乡建设

【概况】 2016年，韶关市围绕建设粤北区域中心城市，按照“绿色转型、振兴发展、质量强市”的思路，实施融入珠三角的总战略，推进城市提升建设工作。城市人居环境得到改善，房地产去库存工作取得成效。全年建成各类保障性住房4071套。市辖两区新建商品房销售24606宗，金额92.84亿元，净化解房地产库存132.27万平方米。城镇生活污水处理率85%，农村生活垃圾无害化处理率75%。2016年12月，韶关市被国务院列入第三批国家新型城镇化综合试点城市。

【保障性住房建设工作】 2016年，省政府下达韶关市住房保障工作目标任务是：新开工棚户区改造3231套，其中：城市棚户区改造住房627套、国有工矿棚户区改造住房2604套；基本建成各类保障性住房4071套。2016年韶关市完成新开工3231套（其中市区货币化安置865套，九三二地质队棚户区改造二期112套，乐昌市203套，广晟公司2051套）；保障性住房基本建成套数4283套，基本建成完成率为105.2%。完成对18户低收入家庭申请廉租住房、公共租赁住房的分配入住工作。

【棚户区改造工作】 韶关市城市棚户区改造工作进展顺利。棚改货币化安置比例提高。按照“一企一册、一户一档”标准，完成城市棚户区改造档案建立和管理工作。对城市棚户区改造项目开展督察督办。乐昌市坪石镇旧市场改造项目、大东街项目如期完成开工任务，广晟公司棚改项目2051套全面开工，全市棚改新开工任务套数3231套实现100%开工。原曲仁矿棚户区改造工作进入尾声。2016年3月起，分批组织丝茅坪矿、红尾矿、云顶矿、格顶矿棚改住户签订搬迁安置协议，购房手续办理等相关工作。至2016年12月，有7900多户完成办理手续并正式入住。

【公租房管理】 规范公房管理，理顺租赁关系。对公房（住宅）部分2590户未续签合同的承租户进行分类处理。通过续签、加收租金或清退的方式，逐一理顺公房租赁关系。

租金收缴工作　2016年公房租金应收5087.02万元，实际完成租金收入5025.71万元，完成率为98.8%。廉租房租金收缴方面。全年有697户符合条件的住户入住廉租房，应收租金50.93万元，实际完成租金收入50.8万元，完成率达99.8%。

公房管理工作　住宅合同续签290宗，非住宅合同到期或空置的63宗公房，通过公开招租成交50宗，年内完成租赁合同签订。完成芙蓉北路第54、56、58栋共14户内涝公房住户的选房安置及合同签订工作。完成和廷苑、水泥厂安置房、芙蓉丽景共115套准备纳入公房管理的房屋计算租金标准工作。

公房维修工作　完成2016年度大中修工程7宗，金额66万元；全年完成小修工程1300宗，金额267万元。完成四害消杀、白蚁灭治117宗，白蚁普查45万平方米，共计金额13万元。

【旧城改造工作】 2016年，完成市区

4583套公房住户的入户调查任务，做好一户一档的资料整理工作。完成市第一建筑材料厂宿舍5套需拆除公房住户的动迁工作。完成广富新街53户公房拆迁安置户搬迁落实和空置后房屋移交工作。完成工业西路原女子中学地块“三旧”改造项目内4栋房屋中41套直管公房的摸底调查工作。

【住房公积金资金管理】 2016年，全市职工提取住房公积金23.91亿元，比上年22.3亿元增加1.61亿元，同比增长7.2%，主要用于个人购房。全市累计提取住房公积金143.04亿元，同比增长20.1%。为全市5680户家庭发放住房公积金委托贷款16.53亿元，比计划15亿元增加1亿多元；全市为53423户职工发放住房公积金委托贷款85.32亿元，同比增长24%。贷款余额为60亿元，个贷率由2015年底的71.8%上升至81%。

落实降成本政策，公积金最高缴存比例从20%降为12%。全年有420个单位21339人降低缴存比例。2016年住房公积金增值收益平稳。住房公积金增值收益提取补充城市廉租住房（或公共租赁住房）建设补充资金1.44亿元，比2015年减少5829.2万元。住房公积金缴存额稳中有升，全市归集住房公积金30亿元，比上年28.95亿元增加10512.58万元，同比增长3.6%。贷款力度加大。开展韶关市户籍外地务工人员异地缴存本地贷款业务。2016年为95户异地缴存职工发放贷款3050.5万元。与清远市签署两市公积金互贷协议，取消户籍限制，实现两地职工公积金贷款互通。扩大人才贷款优惠范围。增加中国艺术类顶尖、一流大学毕业生为住房公积金优惠政策适用人才。与承办银行建立联合机制，为棚户区改造职工购房申请公积金贷款提供便捷服务。参加棚户区改造的购房职工，如未缴存住房公积金，允许以其缴存公积金的子女名义申请公积金贷款。公积金提取机制简化。针对单身职工租房、部分购房发票办理住房公积金提取、简化住房公积金贷款购房提取手续。开展一人多户清理工作。

【房地产市场监管】 开展房地产企业、中介机构非法集资检查。针对是否存在垫付资金和首付贷情况，对全市房地产企业和房地产经纪机构进行全面排查，防范房地产市场风险。制定《韶关市房地产领域不稳定问题专项治理工作方案》，化解涉房地产领域社会矛盾。开展房地产楼盘延期交楼问题的专项排查，排查掌握全市20个项目存在逾期交楼现象，涉及户数3765户。开展房地产市场秩序专项整治。围绕房地产开发企业是否明码标价、是否存在发布违法广告、囤房惜售、哄抬房价等违法违规不正当经营行为，对房地产市场进行专项检查。

【房地产市场调控】 制定《韶关市供给侧结构性改革去库存行动计划（2016—2018年）》《韶关市供给侧结构性改革去库存行动计划（2016—2018）督查方案》和《韶关市2016年度房地产去库存工作计划》，全面统筹解决各县市区的房地产市场调控工作。2016年，全市商品房库存面积497.61万平方米，较2015年年底库存下降21%。商品住房库存面积359.34万平方米，较2015年库存下降19.5%；去化周期为15个月，较2015年减少4个月；非商品住房库存面积138.27万平方米，较2015年库存下降24.5%。全年净化解商品住房86.54万平方米，净化解非商品住房45.73万平方米，分别超出省政府下达的2016年度去库存任务的8倍和11倍。市辖两个区新建商品房销售（网上签约）24606宗，面积223.4万平方米，金额92.84亿元；二手房网签成交3749宗，面积40.06万平方米，金额15.87亿元。

【商品房预售资金监管与房屋交易合同网签备案】 全年审核发放商品房预售许可证64宗，审批预售商品房面积116.56万平方米。完成2家外地物业服务企业的备案，10家房地产开发企业的定级，核发新房地产开发企业资质10宗。市辖两区全年完成商品房预售款审批1104宗，审批金额74.41亿元；商品房合同网签备案11638宗（含2015年网签未备案的），存量房合同网签备案3749宗，办理存量房资金托管893宗，托管金额8825万元。

【物业管理】 2016年，韶关调整住宅专项维修资金的缴存基数，根据《住宅专项维修资金管理办法》，重新核定并公布住宅专项维修资金缴存标准。开通住宅专项维修资金的跨行缴交和网上缴存功能，将韶关市棚改安置小区业主的住宅维修资金缴交的服务交由银行托管。全年新增归集维修基金17694户，归集额约1.25亿元，累计归集额为6.42亿元。审核维修资金支出申请352宗，实地查勘工程维修现场89宗次，审核通过并划拨的住宅专项维修资金申请197宗，划拨金额193.09万元。办理维修资金变更281宗，备案出函1宗。

【工程项目招投标】 深化招投标改革，打造阳光交易。自2016年起，针对韶关市房屋建筑和市政基础设施工程建设项目，执行招标投标全过程信息公开管理的规定进行公开，并从2016年7月起针对房建和市政工程项目推行电子（CA系统）招投标。开展招标代理机构动态管理，执行市外甲级资质招标代理机构年度诚信登记。全年完成年度诚信登记的工程招标代理机构有56家，其中本市5家，市外51家；甲级51家，乙级（含乙级）以下5家。2016年监管工程项目交易100项，交易金额47.98亿元。其中：公开招标工程项目进场交易97项，中标金额47.96亿元；邀请招标工程项目进场交易2项，中标金额107.24万元。经济竞争性发包工程项目进场交易1项，中标金额64.93万元。

【建筑业发展】 2016年，韶关市建筑业增加值呈下降趋势，同比下降16.7%。资质建筑企业在广东省完成的建筑业总产值142.44亿元，同比上升0.7%。

【建筑施工安全生产】 2016年全市建筑施工安全生产形势平稳。全年抽查项目500项次，建筑面积1566万平方米，发出整改通知书216份，动态扣分通知书226份、检查记录33份。开展打非治违，查处一批违法违规案件，对9家违法违规企业进行行政处罚，处罚金额40万元。对超过一定规模的危险性较大的分部分项工程现场验收。2016年监管高大模板支撑、深基坑、建筑起重工机械、高层外脚手架的危险性较大的分部分项工程613项，其中建筑起重机械安装拆卸工程533项，超过一定规模的危险性较大的分部分项工程80项。对有基坑工程的建筑工地建设单位加强管理，2016年有深基坑6项，开展基坑监测的6项，监控率达100%。2016年全市在监工程493项，总面积1358.68万平方米。其中市区193项，建筑面积797.9万平方米，受监率达100%。

【在建工程质量管理】 开展工程质量治理两年行动，严厉打击建筑施工转包违法分包行为，落实工程项目质量终身责任制。开展工程质量三检查一防治。年内组织开展在建房屋市政工程安全生产大检查、质量安全及工程质量治理两年行动交叉大检查、全省房屋市政工程质量检测工作专项检查、建筑工程勘察设计质量监督执法检查、工程质量通病防治。开展建材打假专项行动。在2016年，建材打假专项检查中，根据检查抽检的结果拟对韶关市的两个项目进行行政处罚，罚款金额共20万元。开展实体构件的监督抽查。对住宅工程质量分户验收。

【规范建筑市场】 韶关市建筑市场秩序进一步规范。严查工程转包违法分包挂靠行为，对韶关市中心业余体校综合楼施工单位转包行为进行处罚，罚款5445元；对韶关市鑫金汇建材家居广场项目一期（一区）施工总包单位鸿鑫建设集团有限公司涉嫌违法分包的问题，对保利中诚花园（1—5栋、9栋）建设单位为违法分包，对其处以合同价款580万元的0.75%计4.35万元罚款。开放外来施工图审查机构和预拌商品混凝土生产市场，完善质量诚信评价体系。

【建筑节能与绿色建筑】 全年办理建筑节能设计审查备案工程项目44个，建筑面积156.88万平方米；新建建筑筑节能项目全部通过节能设计专项审查，建筑工程节能备案率100%，设计阶段建筑节能标准执行率100%。全年新增绿色建筑面积115.9万平方米，其中取得省级绿色建筑标识项目7个，共计28.76万平方米，超额完成国家节能减排财政政策综合示范城市目标任务和省住房城乡建设厅下达的建设任务。

【既有建筑节能改造】 完成129栋国家机关办公建筑和大型公共建筑基本信息和能耗统计、公示。完成既有建筑节能改造项目4个，共计29.07万平方米。新增太阳能光热应用建筑面积3.38万平方米，新增太阳能光热应用集热面积0.07万平方米，新增太阳能光电建筑应用装机容量0.2兆瓦。

【墙体材料革新】 全市新建建筑节能设计审查备案项目327个，建筑面积450万平方米；新墙材专项基金征收项目317个，金额4789万元；新墙材专项基金返退项目117个，金额2589万元。全市新型墙体材料建筑工程应用比例95%以上，其中市区99%以上。全市办理确认备案企业14个（其中非黏土烧结多孔砖厂家9个，蒸压加汽混凝土砌块厂家5个），2016年生产新型墙材2.8亿块标准砖，节约土地30.8公顷，节约标煤1.73万吨，减少二氧化硫气体排放350吨，减少二氧化碳气体排放3.83万吨。

【散装水泥应用】 全年全市完成散装水泥供应量480.14万吨，同比增长70万吨，完成省考核指标150%，水泥散装率达70%；预拌混凝土使用量357.94万立方，同比增加17万立方，完成省考核指标119%；预拌砂浆使用量6.61万吨，同比增加1.47吨，完成省考核指标110%。完成散装水泥供应量、预拌混凝土使用量、预拌砂浆使用量三项目标任务，共节约标准煤10.65万吨，减少粉尘排放23.61万吨、二氧化碳29.13万吨、二氧化硫0.9万吨；综合利用工业固体废弃物261.16万吨；节约优质木材15.84万立方米，创综合经济效益3.09亿元。

【节能综合示范城市】 2016年，全市新开工项目全部通过节能设计审查，节能设计审查备案率100%，新建建筑设计阶段建筑节能标准执行率100%。全市新增绿色建筑面积115.9万平方米，其中取得绿色建筑标识项目7个（共28.76万平方米），超额完成省厅下达本市绿建面积50万平方米的考核任务。完成既有建筑节能改造项目4个，建筑面积29.07万平方米。完成节能综合示范城市年度工作任务和考核指标。

【农村生活垃圾治理】 截至2016年12月，全市村庄保洁覆盖率100%，县城和镇区生活垃圾处理费开征率93%；农村生活垃圾有效处理率约为80%，分类减量率约为34%，完成省下达的年度目标任务。编制完成《韶关市城乡生活垃圾“十三五”规划》。推进设施建设和达标运行，配合省环协对韶关市三个县级垃圾填埋场开展无害化等级评价工作，督促填埋场运营单位对评价工作中发现的问题进行整改。探索在乡镇一级建设符合国家环保政策要求的垃圾处理设施设备，推进垃圾就地处理。选取武江区重阳镇、浈江区花坪镇、南雄市坪田镇等3个乡镇开展新型热能垃圾处理站示范项目建设，3个试点项目均建成并投入使用。11月，在南雄市坪田镇召开全市加快推进新一轮生活垃圾和污水处理设施建设工作现场会议，组织各县（市、区）现场观摩热能垃圾处理站建设运行情况，对全市新一轮生活垃圾和污水处理基础设施建设工作进行动员和部署。

【农村生活污水治理】 加快推进全市

PPP模式整县推进村镇污水处理设施建设工作。全市村镇污水处理设施建设按进度计划开展，2016年，全市村镇污水处理设施建设完成投资1.5亿元，其中乳源瑶族自治县完成镇级项目招标，南雄市处于镇级项目招标阶段，其余各地处于选择项目咨询单位、摸底调查等前期工作阶段。开展全市城镇污水处理厂运行的监督、指导、协调工作，通过发函、现场督办，以及每月一通报、每两月一检查、不定期检查等方式，督促各地加强污水处理厂的规范化运行管理，提高运营管理水平，完善污水处理厂配套截污管网，充分发挥污水处理厂的处理效率和减排效果。

【改善农村人居环境】 制定《韶关市改善农村人居环境建设美丽乡村工作分工实施方案》，全面部署全市改善农村人居环境、建设美丽乡村工作，以规划为引领，分类指导农村人居环境治理。县（市、区）为作为责任主体，每年须整治20%以上的自然村（村民小组），力争2020年基本完成的村庄整治任务。建立韶关市改善农村人居环境建设美丽乡村联席会议制度，统筹推进全市农村人居环境、建设美丽乡村各项工作。

【城镇燃气管理】 开展燃气安全隐患排查工作，全年抽查17家燃气企业，发出整改意见书3份，要求对安全隐患限时整改。组织燃气企业进行换证评审，对市区内9家“燃气经营许可证”到期的企业进行更换新证的工作。

【农村危房改造】 2016年，广东省下达韶关市2016年农村危房改造任务为4572户。截至2016年12月31日，开工户数4572户，开工率100%。

【渔民上岸安居工程】 2016年，韶关渔民上岸安居工程年度开工任务393户，竣工393户，任务完成率为100%。各有关县（市、区）制定相关安置方案并全部安置完毕，国家、省级补助资金全部拨付至农户账户中。 （章 程）

城市管理

【城市提升项目完成】 2016年，韶关市完成一批城市提升项目。一是完成小岛片区慢行系统建设。慢行系统沿小岛河堤而建，北起五里亭河畔茗居，经西堤北路、海关广场、河滨公园、百年东街等路段，全长9.8千米。新增自行车绿道，补齐原有滨水环境功能短板，满足市民骑行需求。沿线在慢行系统与机动车道之间新增一条绿化带，保留原有绿地和大树，自然式配植各种有本地特色的乔灌木，改善沿线滨水生态环境和城市景观，降低机动车噪音、粉尘等影响。二是整治交通节点，提高道路通行能力。建成西河立交桥、火车东站片区、五里亭大桥东桥头、西河桥西端交叉路口、启明北路帽峰桥南侧桥底等一批交通节点整治工程，改善市区交通拥堵现象。三是实施亮化工程。完成东河沿江北路（风采桥—帽峰桥）的沿岸景观亮化和武江北路西河桥至五里亭桥路段楼宇亮化工作，提升城区的整体功能。四是整治内涝。完成市区韶南大道乐园加油站段、韶南大道华龙山庄、国道323线段（镇泰段）、站南路、鹅坑桥、鹤冲村、芙蓉东路、国道323线良村等8个内涝点整治。

【事权下放改革工作实施】 编制《韶关市城市综合管理局关于进一步理顺市与市辖区权责关系相关改革的实施方案》、市级3个新组建事业单位的岗位设置方案和《市城管局所属事业单位改革人员分流安置方案》。8月26日，组织召开改革工作业务交底会，对需下放到区的园林、市政两项具体业务与浈江、武江区政府进行沟通协。9月30日，与浈江、武江两区政府完成园林绿化、道路排水养护职能交接工作。9月23日，市房屋征收管理中心成建制及全部职能划转至市国土资源局。就“三山”城市化程度较高的公园部分管理问题与市林业局沟通，实行逐步过渡的工作原则。

【审批事项下放】 韶关市城市综合管理局（简称市城管局）第一批下放事项有13项，其中包括10项行政审批，2项行政征收和1项其他事项。制定《韶关市城市综合管理局第一批下放职权事项工作实施方案》和《韶关市城市综合管理局关于行政审批事项下放的公告》，自2016年12月12日起，市城管局将第一批下放事项中的10项行政审批、2项行政征收等事项交由各县（市、区）人民政府指定的承接部门开始受理办理下放的事项。

【违法建筑整治】 牵头组织市辖三区政府加大对市规划区内违法建筑巡查监管力度。2016年发出违法建筑督查通知书283份，其中武江140份，浈江143份，回复“12319”违法建筑投诉工单199份，巡查人员巡查发现违法建筑82宗，上报市拆违办涉嫌违法建筑案件37宗；核实分局拆除违法建筑119宗，其中武江56宗，浈江51宗，丹霞山景区12宗，总拆违面积3.6万平方米。

【扬尘专项整治】 2016年7月13日启动“扬尘专项整治活动月”活动。城管部门发出整改通知书124份，立案查处违章撒漏9起；公安交警部门查处无牌无证车辆93台，套牌使用假证车辆45台；住建部门督促施工工地加强工地出入口洗车槽管理，严格泥头车净车出场制度。市区空气质量改善，城区宜居指数提升。

【“数字城管”应用效能提升】 “数字城管”指挥平台自2013年开始运行，到2016年已处置超过10万件城市管理案件。2016年受理各类城市管理事件、部件6.7万件，平均每天立案约180件。“数字城管”平台通过网格化无缝巡查、城市管理全覆盖，明确辖区政府的属地管理责任，实现“发现问题及时全面、处置问题快速有效、考核评价客观公正”，城市管理效能提升。

【城市管理行政执法】 加强对各类“六乱”违章行为进行巡查、监控、拍照取证。2016年进行暗检26次，明检14次，拍明检照片368张；对巩卫创文工作中存在问题的道路进行重点巡查，发出督导通知书485份；清理占用人行道乱设置户外广告灯箱2425宗，拆除违章乱拉挂横幅广告1626宗，清理违章乱搭建促销雨棚585宗，清理乱张贴182宗；集中拆除大型违章和破损户外广告412块，拆除面积3440平方米。通过整治，之前列入拆除的破损或未办理审批手续的广告全部拆除。在韶关大学东门和北门两侧放置绿化箱150个，解决韶关大学周边摆卖摊档占道经营问题。

【人大代表建议和政协委员提案办理】 2016年交由韶关市城市综合管理局办理的人大建议14件（其中主办7件，会办7件），政协委员提案43件（其中主办13件、会办19件、转为群众来信5件，分工方案6件）。黄联锋《关于改善工业西到西冲路段交通环境的建议》在年底完工。周艳华《关于加强我市盲道管理的提案》，完成市区人行道缺损盲道砖的新增、补缺和修复，市区新建市政道路在施工图设计时按相关规范标准设置人行道盲道。詹三毛《关于五里亭耕进市场皇景路安装路灯的提案》，7月在该路段安装5套200瓦投光灯，7套10米路灯及1套180瓦三头投光灯，更换9套常年不亮的灯具。

【市政设施管养】 全年维修沥青砼路面面积2.6平方米，砼路面面积11.8万平方米，沥青灌缝1.2万米，人行道面积1.8平方米，下水道维修3000多米，清疏下水道480千米，冲洗“四防装置”1.6万次，封堵污水井盖孔2万多个，更换“四防装置”1300多套，更换铸铁井环井盖、格栅698套，调整明渠盖板63处；清理淤泥垃圾等7196立方米；清除道路、沟渠、挡土墙杂草2.9万平方米；工业西排涝泵站、韶关大道下沉式泵站、武广高铁站泵站、新城里泵站等4座泵站运行总排水量800多万立方米。

【园林绿化】 对市区各公园进行绿化扫黄复绿补植。2016年补种、换种1.25万平方米绿地，补种草坪2000平方米；矿山公园增植杜鹃花色品种350株，黄花风铃木220棵；西桥公园增植杜鹃花色品种250株；韶州公园内补种宫粉紫荆40棵，柳树10棵。苗圃场迁移引进大规格造型白兰树100株。国庆节摆花约8万盆，对中山公园、矿山公园等公园和街头节点进行美化装饰。对韶南大道乐园加油站路段等内涝点整治工程和交通节点整治工程进行绿化迁移和恢复，恢复绿化面积约5000平方米；完成城区绿化提质增植毛杜鹃工程。

【城市照明和景观灯管理】 2016年，更换各类灯具约1000多套，修复线路2.2千米。灯饰亮灯率和设施完好率分别保持达到98%和99%，超过住房城乡建设部颁发的道路照明各项标准。完成对沙洲路横巷、群立街、芙蓉小区横巷、幸福路、生态路、南郊洗涤用品厂、西河立交桥周边、浈江南路、芙蓉东路、沙洲路等10条主路及15条小街小巷的路灯新增改造工程，敷设线路46.4千米，新增改造620套路灯设施。完成小岛片区、市区主干道的灯杆标识牌的查漏补缺和定位坐标的原始资料采集试点安装工作。基本完成路灯杆标记地理信息与GIS地图结合定制灯杆标识定位信息系统软件建设。

【供水管理】 2016年实现优质供水6400万立方米，供水水质合格率达到100%；完成“一户一表”改造工程1.2万户，新敷设DN80以上的供水主管约7千米。制定市区供水旧管网改造计划，完成市区小岛新装主水管支管连接工程以及芙蓉北路、熏风路旧供水管网改造，侨新路、西冲路、莲花山路等路段的小街小巷供水管道改造。

【管道燃气】 2016年韶关港华燃气有限公司新增调压设施100台，管网检测820千米，管网巡线里程9.3万千米。配合市政道路改造和小区配套建设，完成埋地管约60千米（其中含市政管道约25千米、庭院管为35千米）；完成户内安装1.6万户，点火1.4万户，工业用户安装通气10户，商业用户通气190户。

【桥隧管养】 2016年对管辖范围内全部47座桥梁、4条隧道进行日常管理和养护。实施桥梁检测，由中铁大桥科学研究有限公司完成百旺桥、五里亭大桥、曲江旧桥三桥的检测；北京铁科工程检测中心完成其余5座桥梁内外检测报。由中铁西北科学研究院有限公司修编西联隧道可行性研究报告。完成西河桥西端交叉路口交通改造工程。

（高　涛）

芙蓉新区建设

【概况】 韶关芙蓉新区管理委员会为市人民政府派出机构，主要职责是根据市委、市政府授权或委托依法行使芙蓉新区规划、建设和发展等职能，负责新区开发建设效能监察工作。内设4个副处级职能部门，机构编制22名。2016年有在职干部18人。2016年，芙蓉新区管委会围绕芙蓉新城三年基本成城目标，加强与珠三角等地的招商合作和城市建设理念、体制机制对接，探索创新项目融资、建设和征拆工作方式方法，优化提升城市规划设计水平，重点加快城市基础设施、公建配套和产业项目建设，新城建设发展向好。芙蓉新城2016年安排建设项目44个，全年完成投资51亿元，超额完成年度计划任务，同比增长37%，增速比上年高24个百分点。

【规划编制提升】 由市规划部门牵头组织，对芙蓉新城南片区、道路断面、城市场馆、地下综合管廊、有轨电车、城市绿化、高铁站前片区、城市地下空间开发等规划设计内容进行全面优化提升。

【拆迁安置工作】 协调武江区开展征拆交地工作，实际交地约200公顷。芙蓉村、西联村整村签订拆迁协议238户、面积约4万平方米。落实被征地农民后续保障政策，完成首批经济发展用地办证工作，逐步善落实被征地农民养老保障方案。完成18公顷土地调规和103.67公顷用地报批；制订新城路网整体调规方案，推进路网用地打包办证工作。赤水安置新村全部交房入住；芙蓉安置新村和西联安置新村建成交付、完成房屋分配402套；车头安置新村主体完工，下胡新村动工建设。理顺新区土地收储和征拆资金拨付机制，制定《芙蓉新城房屋拆迁安置实施方案》和《芙蓉新城土地前期开发实施方案》，将芙蓉新城房屋拆迁和土地前期开发打包作为采购项目进行融资，获得贷款授信14.4亿元。

【路网工程建设】 曲江大道、5号路、8条次干道项目包开工建设，南华路建成验收，滨江路、百旺路基本完成路面施工，芙蓉隧道主体工程完成80%、实现单边贯通，综合管廊一标段（5号路）开工建设，主干道路绿化升级工程启动实施。

【公建配套建设】 综合客运枢纽站一期主体基本完工；韶关实验学校（二期）初中部建成，盆景山公园北面基本完工并对外开放，新城水系基础工程纳入省中小河流治理工程推进，滨江公园及市民文化活动中心等城市场馆类项目开展设计优化，新区妇幼保健院（儿童医院）开展初步设计。

【产业项目建设】 农信社、人保财险、中海投等总部型项目开展地块围蔽。前海人寿养老地产地块摘地，金融中心、三甲医院招拍挂等前期工作推进，高铁站前广场片区完成概念规划设计优化，韶关城投商务中心启动建设，移动生产调度中心主体工程建设按计划推进。协助地产项目开展宣传推介，保利、恒大、碧桂园稳步发展并扩大投资。招商宣传和推介工作力度加大，联合市广播电视台制订芙蓉新区专项宣传工作方案，建立客商信息资源库，开展招商对接。正在制订《关于加快芙蓉新城产业发展扶持政策》，扶持总部（楼宇）经济、金融保险、商贸流通、文化旅游、医疗养老等产业项目在新城落地发展。

▲2016年11月29日，西联村安置房分房　　（芙蓉新区管委会　供）

【融资保障工作】 发挥城投公司投融资平台优势，争取国家和省融资政策支持，通过发行企业债券、设立基金、争取银行贷款等方式，全年融资94.52亿元，提用15.84亿元。成功申请中央棚户区改造配套设施补助资金3.5亿元。

【下胡安置新村建设】 2016年1月28日，芙蓉新城下胡安置新村开工建设。下胡安置新村位于芙蓉新城东南部，东部邻近芙蓉山脉，滨江景观带。新村占地面积14公顷，计划建设492套四连排公寓安置1400多名村民。新村开工建设，标志着芙蓉新城最后一个旧村庄成为历史，下胡村民将彻底告别过去村庄简陋、环境杂乱的状况，享受新城发展成果。

【韶关市土地储备中心芙蓉新区分中心设立】 2016年4月22日，经市编委会同意，韶关市土地储备中心芙蓉新区分中心（韶关芙蓉新区征地管理办公室）正式设立，为市土地储备中心（市征地管理办公室）管理的分支机构，为正科级，公益一类性质，负责韶关芙蓉新城范围内土地与房屋的征收、收购、置换等工作。

【村集体经济发展】 2016年9月20日，西联镇下胡村村委领到芙蓉新区第一本农民集体用地不动产权证书，这是芙蓉新城各村集体经济发展方向的转折点，标志着各村集体经济向城镇复合经济方向转型迈出重要一步。芙蓉新城村集体经济发展用地选址规划已经市政府会议审核通过，芙蓉、西联、赤水、车头首期经济发展用地正在办理之中。

【安置新村分房】 2016年9月8日，芙蓉新村安置房第一批分配公开抽签工作完成，179套新房分配到各户村民。11月23日，芙蓉新村安置房第二批分配公开抽签完成，124户村民通过公开抽签分到新房。11月29日，西联新村安置房第一批分配公开抽签仪式完成，99户村民通过公开抽签分配到新房。

【芙蓉隧道西线贯通】　2016年12月6日，芙蓉隧道西线贯通。此次率先贯通的隧道西线（即左幅车道），长1540米。由于隧道东线地质情况复杂，增加施工难度，计划于2017年5月左右实现贯通。芙蓉隧道双线全面贯通后，将缩短新老城区的时空距离，紧密新城区与老城区的联系，提升新区商气、人气。

（曾善福）

环境保护

【概述】　韶关市环境保护局为韶关市人民政府组成部门，正处级单位。2016年，韶关市环境保护局行政编制20名、行政执法专项编制20名（原有行政编制24名，2016年6月连人带1个行政编制划转韶关市住房和城乡建设局；2016年10月，经调整市直部门内设纪检监察机构，收回行政编制3名）。内设9个职能科室（分局），有韶关市环境保护局浈江分局、韶关市环境保护局武江分局2个派出机构。下设韶关市环境监测中心站、韶关市环境保护科学技术研究所（韶关市环境技术中心）、韶关市环境信息中心、韶关市城镇污水处理管理中心（简称污水处理管理中心）等4个直属事业单位。2016年6月，污水处理管理中心及其职能全部划归韶关市住房和建设管理局。2016年9月，韶关市环境保护科学技术研究所（韶关市环境技术中心）更名为韶关市环境污染控制中心。2016年，韶关市加强污染防治和生态保护，强化环境监管，按照国家生态文明先行示范区建设的总体要求，推进韶关市生态文明建设，完成环境保护重点工作任务。

【主要污染物减排】　2016年，韶关市环境保护局推进主要污染物总量减排工作。钢铁、电力等行业脱硫脱硝治理设施运行正常，黄标车和老旧车淘汰数量超额完成省下达任务。完善市区第四污水处理厂，曲江区、乳源瑶族自治县、始兴县、南雄市等污水处理厂管网建设，完成176家规模化畜禽养殖场减排治理工程建设，大宝山矿业公司李屋外排水处理厂二期完成建设并运行正常。经省初步核算，韶关市2016年化学需氧量、氨氮、二氧化硫和氮氧化物排放量分别为2.89万吨、0.558万吨、3.01万吨和3.05万吨，与2015年相比分别下降3.8%、2.4%、7.1%和4.2%，超额完成节能减排财政政策综合示范城市目标任务和省下达年度减排目标任务。

【环境质量优良】　2016年，全市环境质量总体保持稳定。空气环境质量达到国家二级标准；饮用水水源地水质达标率、跨市河流交界断面水质达标率均为100%；各功能区域噪声基本符合标准要求。经省核定，韶关市在2015年度广东省环境保护责任考核中得91.05分，获得优秀档次。

▲2016年5月13日，广东省环境保护厅厅长鲁修禄同志（前排右二）察看横石水水质自动监测站监控运行情况　　（韶关市环保局　供）

【环境生态保护】　2016年，韶关市加强饮用水源保护，推进乡镇饮用水水源保护区规范化建设，制定和实施《韶关市南水水库生态环境保护实施方案》；结合中央环保督察，开展自然保护区违法违规项目清理整治；推进中心镇污水处理设施建设和城镇生活污水处理设施升级改造，实施新一轮生活垃圾和生活污水处理设施建设；推进规模化畜禽养殖场污染减排，科学划定畜禽养殖禁养区、限养区和适养区，推进禁养区畜禽养殖清理整治；加强矿区生态修复，防治矿区环境污染，推动大宝山矿周边环境综合整治；开展农村环境综合整治和生态示范创建活动。

【大气污染防治工作】　2016年，韶关市加快能源结构调整步伐，推广清洁能源的使用；完成火电、钢铁、水泥、有色金属冶炼、陶瓷等行业大气治理项目工程，扩大高污染燃料禁燃区，开展“禁燃区”内锅炉整治；加强城市扬尘污染控制，做好渣土运输车辆管理；推进加油站油气回收治理工程，强化机动车污染防治，加强机动车尾气检测，推进黄标车及老旧车的资金补贴和淘汰工作。2016年，全市淘汰黄标车和老旧车3765辆，核发机动车环保标志157290台；提高极端天气污染防治工作，加强大气污染防治预警信息的发布。2016年AQI优良达标率为93.4%，有效监测天数363天，达标天数339天。环境空气质量六项指标年平均浓度达到国家环境空气质量二级标准，完成省下达的年度大气污染防治目标任务。

【建设项目环境保护管理】　韶关把好环保审批关，简化审批程序，缩短审批时限，提高行政效率。全年办理各类新建项目环评审批240个（其中报告书31个、报告表91个、登记表47个、登记表备案管理71个）；建设项目环保设施竣工“三同时”验收办理74个；办理许可证份148个（其中广东省污染物排污许可证70份、建筑噪声排污许可证68份、办理辐射安全许可证份8个、医疗废物经营许可证书2个）；办理广东省危险废物转移许可审核事项184个。

【水污染防治工作】 2016年3月，韶关市人民政府印发《韶关市水污染防治行动实施方案》，加强饮用水源保护、推进城镇生活污水处理设施和配套管网建设、重点污染源达标整改和企业强制清洁生产，加强农村环境综合整治，切实推进水污染防治工作。推进中央支持的新丰江保护工程，到位资金7385万元。推进市区武江饮用水源保护区调整，科学合理优化市区供水格局。将《南水水库生态环境保护项目总体方案》申报纳入污染防治项目中央项目储备库，2016年该项目获得中央资金1500万元，获得省环保专项资金1000万元用于预警监测能力建设，《韶关市南水水库水污染防治专项2016年实施方案》报广东省环境保护厅（简称省环保厅）。韶关市乡镇饮用水源获得省环保专项资金825万元，用于水源地规范化建设。2016年11月，韶关市在2015年度南粤水更清第三方评估结果得分为76分，广东省排名第11名。2016年度，韶关市9个集中式饮用水水源地水质达标率100%，1个跨市河流交接断面水质达标率为100%，6个省控断面水质达标率100%。

【土壤污染防治“先行区”建设】 2016年5月28日，国务院印发《土壤污染防治行动计划》，韶关市被列为全国六个土壤污染综合防治建设“先行区”之一。韶关市人民政府成立韶关市土壤污染综合防治“先行区”建设办公室，全面负责全市土壤污染综合防治“先行区”建设工作。2016年7月，韶关市全面启动《韶关市土壤污染综合防治先行区建设方案》（简称《建设方案》）编制工作，并于12月通过省环保厅组织的专家评审，经韶关市人民政府批准实施，并报环境保护部、财政部备案。2016年争取到国家土壤污染综合防治专项资金12367万元。

【环境应急管理】 2016年1月15日，韶关市联合清远市开展2016年横石水水污染突发环境事件应急演练，磨合清远韶关两市环境应急联动机制，提高应对横石水突发环境应急事件的能力。截至2016年12月，202家韶关市辖区内的企业完成突发环境事件应急预案备案。9月韶关市环境保护局印发《韶关市环境保护局环境应急专家管理办法》，并公布韶关市环境应急专家库专家名单。专家库的建立，将为全市环境应急处置和管理工作提供切实可行的决策建议、专业咨询、理论指导和技术支持。2016年市环保局正式调度处理突发环境事件2起，经过及时的应对处置，均未造成环境二次污染事故。

【环境监察执法】 2016年，韶关市环保系统出动执法人员12024人次，检查企业4413家次，下达责令改正违法行为决定书72份，整改通知书199份；立案处理72宗，立案金额216.39万元，实施查封扣押案件4宗。全市排污费征收入库5064万元。清理整顿全市环境违法违规建设项318个，其中淘汰关闭类项目37个，整顿规范类项目254个，完善备案类项目27个，完成率100%。市环保局三个督办小组联合市公安、纪检监察等部门，现场督办中央环保督察交办韶关市的60宗来信来电案件，出动督办人员100人次，案件查处到位、整改到位、回复满意。

【环境信访维稳】 2016年，韶关市环保局接到群众反映各类环保问题信件1626件，同比下降0.4%，办结率98.5%。其中来信134件（包括省转办件、市转办件、群众来信），同比增长23%，来访152批次同比增长42%，韶关市网络问政760件，来电及韶关市12345热线580件，污染投诉较多为大气污染、噪声污染以及三产污染等问题。

【重金属管理】 落实《韶关市涉重金属行业环境综合整治方案（2015—2020年）》，2016年关停、关闭、核销（或关停电镀生产线）37家，转产36家，剩下1家制定关闭计划。93个涉重企业产业提升重点工程完成57家。落实大宝山矿区及周边地区环境综合整治、仁化县董塘镇环境综合整治实施方案。2016年6月、7月间，铁龙粤北危险废物处理处置中心的5个项目的整改通过专家评审。2016年投入4000多万元修复土壤重金属污染，分别开展韶关市翁源县铁龙林场重金属污染64.6公顷农田土壤修复示范工程；董塘镇凡口矿区周边33.33公顷受污染农田土壤治理与修复工程；凡口矿尾矿库13.33公顷库区场地生态恢复工程等土壤修复工程。

【环保宣传教育】 韶关市环保局召开“6·5”世界环境日新闻发布会，发布《2015年度韶关市环境状况公报》；在韶关市广播电台举办环保道德讲堂；开展环境保护宣传月系列宣传活动，主题为“改善环境质量，推动绿色发展”；开展大型户外宣传活动，发放环保宣传资料1000多册。改版内部刊物，将《生态韶关》改版为《韶关环保信息》。开展《中华人民共和国大气污染防治法》宣传工作，制作248块大气污染防治宣传警示牌发至各县（市、区）及乡镇一级。建立开通韶关环保政务微信公众号发布平台。韶关市中央艺术幼儿园和武江区沐溪小学被评为省级绿色学校。

（杨文怡）

2016年韶关市区饮用水水源水质状况表

表17

监测断面	监测年份	年取水量（万立方米）	年达标水量（万立方米）	水质达标率（%）	水质类别	年均值超标项目	年均值超标项目浓度（毫克/升）	污染指数
十里亭	2016	7422.8	7422.8	100	Ⅱ	–	–	0.14
苍村水库		1918.0	1918.0	100	Ⅰ	–	–	0.10

2016年韶关市区省控以上河流水质变化趋势分析结果表

表18

河流名称	断面名称（功能类别）	水质类别	定性描述	是否达标	超标项目	上年同水质类别	变化趋势
北江	孟洲坝电站（Ⅳ）	Ⅱ	优	是	–	Ⅱ	持平
	白沙（Ⅲ）	Ⅱ	优	是	–	Ⅱ	持平
	高桥（Ⅲ）	Ⅱ	优	是	–	Ⅱ	持平
浈江	长坝（Ⅲ）	Ⅱ	优	是	–	Ⅱ	持平
	曲江桥（Ⅲ）	Ⅱ	优	是	–	Ⅱ	持平
武江	坪石（Ⅲ）	Ⅱ	优	是	–	Ⅱ	持平
	武江桥（Ⅲ）	Ⅱ	优	是	–	Ⅱ	持平

2015年、2016年韶关市区大气监测结果统计表

表19

监测项目	测点名称	年平均		超标率（%）	
		2015	2016	2015	2016
二氧化硫	市八中	0.023	0.021	0	0
	碧湖山庄	0.014	0.013	0	0
	园林处	0.018	0.013	0	0
	韶关学院	0.015	0.012	0	0
	曲江监测站	0.026	0.020	0	0
	市区统计	0.019	0.016	0	0
二氧化氮	市八中	0.030	0.029	1.4	0
	碧湖山庄	0.018	0.022	0	0
	园林处	0.021	0.026	0	0
	韶关学院	0.022	0.020	0.3	0
	曲江监测站	0.033	0.033	0.6	0.6
	市区统计	0.025	0.026	0.3	0
可吸入颗粒物	市八中	0.050	0.048	0.6	0.6

续表19

监测项目	测点名称	年平均		超标率（%）	
		2015	2016	2015	2016
可吸入颗粒物	碧湖山庄	0.049	0.050	0.6	0.3
	园林处	0.052	0.057	1.1	2.0
	韶关学院	0.042	0.040	0	0
	曲江监测站	0.058	0.058	1.1	0.6
	市区统计	0.050	0.051	0	0.6
细颗粒物	市八中	0.032	0.035	4.0	5.0
	碧湖山庄	0.035	0.035	4.5	3.0
	园林处	0.031	0.036	3.6	4.7
	韶关学院	0.032	0.031	3.6	1.1
	曲江监测站	0.038	0.028	4.8	4.5
	市区统计	0.034	0.033	3.3	3.4
一氧化碳	市八中	1.1	1.1	0	0
	碧湖山庄	0.9	0.9	0	0
	园林处	1.0	1.1	0	0
	韶关学院	0.9	0.9	0	0
	曲江监测站	1.1	1.3	0	0
	市区统计	1.0	1.1	0	0
臭氧	市八中	0.084	0.085	3.9	3.3
	碧湖山庄	0.072	0.093	3.1	8.0
	园林处	0.083	0.071	2.2	2.0
	韶关学院	0.082	0.086	3.0	5.0
	曲江监测站	0.080	0.080	3.0	2.2
	市区统计	0.080	0.083	2.5	3.3
降尘（吨/平方公里·月）	市八中	1.78	2.28	0	0
	碧湖山庄	2.20	2.02	0	0
	园林处	2.17	2.16	0	0
	韶关学院	1.72	1.85	0	0
	曲江监测站	2.30	2.15	0	0
	市区统计	2.03	2.09	0	0

2015年、2016年韶关市区降水质量统计表

表20

监测站名称	2015年				2016年			
	样品个数	酸雨频率（%）	降水pH值		样品个数	酸雨频率（%）	降水pH值	
			范围	平均			范围	平均
韶关市	88	42.0	3.67 ~ 7.63	5.00	87	36.8	4.32 ~ 7.90	5.31

韶关市区道路交通噪声监测统计表

表21

行政区	测点数（个）	总路长（公里）	平均路宽（米）	平均车流量（辆/小时）	等效声级	达标率%	>70dB路段		声级范围（分贝）
							路长（公里）	（%）	
韶关市区	55	73.5	20.4	1931	66.7	97.3	2.00	2.7	58.6 ~ 72.8

韶关市区区域环境噪声功能区统计表

表22

功能区	网格大小（米）	网格数（个）	覆盖面积（平方公里）	等效声级（分贝）	超标率（%）
1类区	500 × 500	42	10.50	53.2	14.3
2类区	500 × 500	136	34.00	55.6	3.7
3类区	500 × 500	69	17.25	59.0	0
韶关市区	500 × 500	247	61.75	56.5	4.4

教育·科技·文化

教育综述

【概况】 韶关市教育局为市人民政府工作部门，机关行政编制30名，内设8个科室。2016年，韶关把教育工作作为“三大重点”民生工作之首，围绕市区基础教育资源调整、教育领域改革等开展工作。7月27日《韶关市教育事业“十三五”规划》正式印发实施。9月29日印发《关于理顺市区基础教育办学体制工作方案》和《市区教育资源整合方案》，将浈江区属的市第二中学、曲仁中学和武江区属的市第五中学收回市直属管理。市第二中学、曲仁中学收回后，两校合并至原市机电技工学校现址办学。将市机关第一幼儿园、市机关第二幼儿园下放给浈江区管理，市机关第三幼儿园下放给武江区管理。自2016年始，市政府将用三年时间投入16亿多元，通过搬迁及撤并、新扩建学校（幼儿园）等举措，优化市区学校布局，促进市区学校均衡、优质发展。整合中职和技工学校，调整经费供给方式，由原来的多种方式筹集全部统一为财政核拨，将几百名教师身份由公益二类转为公益一类，中职、技工学校教师长达10年“同工不同酬”的问题得到彻底解决。（卢　升）

【教育经费收支】 2016年，教育总收入686983万元，比上年增加86575万元，增长14.4%。其中：国家财政性教育经费558676万元，比上年增加61634万元，增长12.4%；民办学校举办者投入46934万元，比上年增加14998万元，增长47%；捐赠收入810万元，比上年减少329万元，减少28.9%；事业收入76463万元，比上年增加9882万元，增长14.8%；其他教育经费4099万元，比上年增加389万元，增长10.5%。总支出690489万元，比上年增加93961万元，增长15.8%。

【教育基本建设投入】 2016年，全市中小学校基建计划投资7.21亿元，实际完成投资6.85亿元，其中建安工程5.09亿元、设备购置1.53亿元、其他0.23亿元。2016年新增校舍建筑面积30.59万平方米，新增固定资产价值6.38亿元。（胡定安）

【教师队伍】 2016年，全市有中小学（幼儿园）教师33708人，其中，小学教师13420人，研究生学历26人，本科学历4284人，大专学历7938人，高中阶段学历1172人；初中教师8284人，研究生学历67人，本科学历6101人，大专学历2116人；高中教师4387人，研究生学历183人，本科学历4104人，大专学历100人；中等职业学校教师1533人，研究生学历146人，本科学历1221人，大专学历161人，高中阶段学历5人，双师型教师553人；幼儿园教师6084人，研究生学历2人，本科学历467人，大专学历3240人，高中阶段学历2244人，高中阶段以下学历131人。全年全市招聘教师704人（其中招聘农村教师369人），研究生学历35人，本科学历531人，大专学历121人，高中阶段学历17人。

2016年，继续落实山区边远地区教师生活补助，人均水平不低于800元；开展优秀乡村教师表彰培训活动，评选100名“韶关市优秀乡村教师（校长）”。

【教师队伍素质提升】 推进“强师工程”，加强教师队伍建设。2016年出台《中共韶关市委教育工委韶关市教育局关于建立健全教师师德建设长效机制的实施细则》，进一步加强师德师风建设，开展教师有偿补课，违规收受礼金等专项整治工作；出台《韶关市基础教育学校教师学历提升助学办法》，对学历提升给予一定的补助，2016年在读大专447人，在读本科3276人，在读硕士研究生282人；出台《韶关市乡村教师支持计划实施办法（2015—2020年）》，开展乡村教师素质提升专项培训。

继续落实《韶关市县域内义务教育学校校长教师交流轮岗工作的实施方案》，2016年全市有130名校长，1874名教师参与交流轮岗。落实省“三区”支教工作，韶关市会同东莞市、阳江市、茂名市，共安排76名优秀教师分别到乐昌、南雄、乳源、新丰等地支教，其中韶关市派出教师30名。

进一步规范教师培训向社会购买服务程序，通过公开招标确定10家培训资质单位作为韶关市中小学教师培训承担机构。2016年主要组织开展的培训：幼儿园、小学、初中、中等职业学校教师专业科目全员培训12418人。开展韶关市中小学教师信息技术应用能力提升培训，全市2044名幼儿教师、9622名小学教师、3532名初中教师参加培训；截至2016年年底，全市中小学教师“能力提升”全员培训率达到80.5%，参训人数26813人，居全省第四名。组织538名新教师参加新任教师培训。选拔推荐61名骨干教师参加“国培计划”的示范性项目培训；3名骨干教师参加全国中小学书法教师培训项目（翰墨新传）培训；2名校长参加“校长国培计划”的2016年示范性培训项目卓越校长领航工程研修。选派2名校长参加第五期京苏粤优秀中青年校长高级研修班；8名校长参加2016年广东省中小学校长省级培训；71人参加广东“提升工程”项目管理者、校（园）长及骨干教师培训；130人参加广东省中小学教师省级培训项目培训；17人参加广东省乡村优秀教师跟岗培训；8人参加广东省中小学英语语言村培训；24人参加2016年特殊教育学校骨干教师省级培训。组织80名教师参加韶关市蒲公英计划（2016）的中小学音乐、美术骨干教师培训；40名教师参加韶关市翰墨飘香计划（2016）的中小学书法骨干教师培训；150名教师参加韶关市初中地理（生物、政治）骨干教师培训；100名初中英语骨干教师开展培训；50名小学全科教师开展培训；100名教育技术骨干教师开展培训；325名市级学科带头人开展培训；100名优秀乡村教师（校长）开展素质提升培训；1000多名教师（校长、行政干部）参加201601—201603期广东韶关博雅文化教育大讲坛；71人次特殊教育学校教师前往浙江、江苏开展研修活动；130名保育员开展技能培训；280名校长参加韶关市教育国际化专题讲座；65名幼儿园园长开展培训；121名干部参加韶关市教育管理干部培训。

【人事制度改革】 2016年全省实施中小学教师职称制度改革。韶关市成立中小学教师职称制度改革工作领导小组，完成实施方案的制定、中小学教师职称的过渡、中小学教师职称评审委员会专家库的组建、中小学教师岗位的重新核定和开展“高职低聘”等工作。全市评审通过中小学正高级职称1人、中小学高级职称389人、中小学中级职称428人、中等职业技术学校讲师106人。2016年下半年全省实施教师资格考试制度改革。韶关市招生考试中心组织完成全市1466人笔试，市教育局会同韶关学院组织完成245人面试；认定中小学教师资格4121人。整合市教育局教学研究室、市教育局电教仪器站，设立韶关市教育科学研究院，为市教育局管理的公益一类事业单位，暂不定级别。核定事业编制31名，其中，院长1名，副院长3名。主要负责全市基础教育、职业与成人教育、幼儿教育、特殊教育、电化教育等教育理论和教学业务的研究、指导和科研成果推广；负责学校教育教学质量检测与评估；负责教师业务培训。

（朱俊英）

【“厚德弘善感恩励志”学校德育创新】 2016年，全市有11项中小学（中职学校）省级德育、心理健康教育课题顺利结题，其中5项课题被评为优秀等级。开展韶关市中小学德育科研课题申报，确定立项课题59项，其中10项课题为重点课题，49项课题为一般课题。开展“韶关市中小学毒品预防教育示范学校”评估，33所中小学校被授予“韶关市中小学毒品预防教育示范学校”称号。市教育局被省授予2016年“毒品预防宣传教育组织工作先进单位”。启动第三批市中小学名班主任培养工程，确定48名教师为第三批市中小学名班主任培养对象。全市新增省级中小学名班主任工作室2个（全市有省级名班主任工作室4个，市级名班主任工作室15个），初步形成以名班主任及名班主任工作室为引领的班主任培养模式。9月，举办2016年全市中小学班主任专业能力大赛，评出综合一等奖11名，综合二等奖和综合三等奖各18名。市教育局德体卫艺科被共青团广东省委员会命名为2016—2017年度广东省“青少年维权岗”。

【体育艺术教育工作】 2016年，广东北江中学等11所学校成功申报2016年全国青少年校园足球特色学校，乐昌市中等职业学校等12所学校被授予广东省校园足球推广学校，乐昌市被评为广东省校园足球试点县。举办韶关市第二十一届中小学生“英东杯”文体竞赛，全市1700多名学生参赛。仁化中学参加2016年广东省中学生武术套路锦标赛获得甲组团体总分第一名，市中等职业技术学校参加首届广东省高中学生军事训练营活动获得全省第二名，广东北江中学参加2016年广东省中学生田径锦标赛获得甲组团体总分第三名。

【卫生工作】 2016年，完成韶关市百所中小学校（幼儿园）示范性平安食堂建设，全市投入学校食堂建设资金3000多万元，其中新增设施设备680万元，新改造食堂57所，提升43所，培训人员300人，惠及全市师生20万人。

（张烽艺）

【教育教学改革】 2016年，韶关市重点推进两项教育改革：深化教研工作改革，出台并实施《“蹲点教研”与“定点指导”工作方案》，通过建设教研基地，强化“研以教为基础，教以研为引领”，促进教与研的一体化；推进教育教学对口帮扶，启动广东北江中学与韶关市第五中学、市第十五中学，韶关市第一中学与韶关市第二中学、市第十三中学的对口帮扶与结对办学工作，探索强校帮扶弱校的教学管理模式。

【中小学教师、学生参加各类比赛获奖】 2016年，组织和指导学生参加各类学科竞赛35科（项）次，获得全国一、二、三等奖分别有37、90、137人次，获省一、二、三等奖分别有328、640、869人次；组织中小学教师参加各类竞赛（评比）活动49科（项）次，获得全国一、二、三等奖分别有28、64、89人次，获省一、二、三等奖分别有84、166、214人次；组织全市中小学教师参加2016年度的“一师一优课，一课一名师”活动，韶关市有14536位教师参与该项活动，晒课数10585节，是全省参与度较高的地市之一。

【高考成绩】 2016年高考，第一批本科上线人数2014人，较上年增加373人，增幅38.8%，上线人数占实考人数的比例比上年提高1.97个百分点。本科以上上线人数8825人，较上年增加343人，增幅3.9%，上线人数占实考人数的比例为41.4%，比上年提高2.52个百分点。专科以上上线人数19160人，上线人数占实考人数的比例为89.8%，比上年提高2个百分点。各批次上线率继续名列广东省山区市前列。

【教育教学交流活动】 2016年，在“东莞韶关对口帮扶”工作中，韶关市增加43所各级各类学校与东莞市相应学校实行为期三年的“一对一”结对帮扶行动计划，使两地“一对一”对口帮扶学校增加到58所；近2000人次参加23批次的“广佛肇+清云韶”教育教学交流活动。

【教育教学科研】 2016年，韶关市中小学教育科研市级课题（市教育局）结题260项，立项335项；在省教育厅立项的省级课题11项；评出2015年市级（市教育局）中小学教育教学成果奖项52项，其中一等奖2项，二等奖19项，三等奖31项。

【教育信息化】 2016年，韶关落实教育部提出的教育信息化“三通两平台”工程，“校校通”“班班通”覆盖率100%，“人人通”试点工作进展顺利；完成2016年市政府承诺为民办实事内容之一——韶关教育云数据中心项目：基础设施平台、公共资源管理平台建设；完成第三期教育专网实施提速扩容工程建设。

【教育装备】 2016年全市中小学校装备和教育信息化工程建设全年投入资金1亿多元，全市新增：计算机室39间、计算机6017台、校园网络144套、实现“班班通”班数1223个、多媒体专用教室64间、其他功能场室164间、纸质图书35.44万册、常规教学仪器824万元。

（谭均汉）

▲2016年7月6日上午，副省长蓝佛安到韶关学院考察调研韶关市教育资源整合工作（韶关学院 供）

【助学工作】 2016年，韶关市有13.8万名学生受到资助，资助金额1.52亿元。有733人次办理大学生生源地信用助学贷款手续，发放贷款金额537.36万元。韶关市教育局获得广东省地市2015年度学生资助工作绩效考评第一名。

（陆智南）

【国家义务教育发展基本均衡县实现全覆盖】 2016年，韶关市实现国家义务教育发展基本均衡县全覆盖。各县（市、区）从2013年启动创建工作，始兴县于2014年率先成功创建。2015年11月初，韶关市9个县（市、区）成功通过国家义务教育发展基本均衡县“国检”，2016年2月23日被国家教育部授予“全国义务教育发展基本均衡县（市、区）”。2016年6月27日至30日，乐昌市和武江区通过国家复查。

【教育质量监测】 根据国务院教育督导委员会办公室和广东省教育厅的通知要求，始兴县、翁源县作为样本县参加国家监测、其余各县（市、区）参加省级监测。2016年5月26日，完成2016年义务教育阶段学生语文、艺术学习质量监测工作，浈江区教育局、曲江区教育局、仁化县教育局、新丰县教育局等被授予“县级优秀组织单位”称号。

（刘 炬）

基础教育

【概况】 2016年，全市有幼儿园524所，其中公办140所、民办384所；九年义务教育阶段学校318所（不含完全中学和特殊教育学校），普通高中学校25所（完全中学9所，独立高中16所），其中省一级普通高中学校22所（含国家级示范性普通高中学校12所）。小学在校生227248人，毛入学率为103.9%；初中在校生97295人，毛入学率115.1%；普通高中在校生56167人，户籍人口毛入学率97.7%，比2015年提高0.52个百分点。

【学前教育】 2016年，全市有幼儿园524所，其中公办140所，民办384所，公办幼儿园和普惠性民办幼儿园占全市幼儿园的82.1%。全市在园幼儿123078人，3~5周岁幼儿学前三年毛入园率为98.2%，其中农村学前三年毛入园率92.6%。5月13日制定出台《韶关市普惠性民办幼儿园认定、扶持和管理工作方案》，9月，全市10个县（市、区）的《普惠性民办幼儿园认定、扶持和管理工作细则（管理办法）》全部制定完成并公布实施。

【义务教育】 2016年，韶关坚持民办初中学校免试入学，秋季市区3所民办初中学校全部以面谈形式进行招生。开展“九年一贯制学区管理试点工作”，市田家炳中学2016年秋季初中招生由原来对口1所学校（武江区金福园小学）直升扩大到3所学校（武江区金福园小学、红星小学、向阳小学）。做好异地务工人员随迁子女入学工作。2016年秋季，全市安排异地务工人员随迁子女6.11万人（含本市各县区农民进城务工人员子女2.08万人及外省市进城务工人员随迁子女4.03万人）就读，其中0.58万人（占全市义务教育阶段异地务工人员随迁子女总数的9.5%）自主选择民办学校就读外，其余的5.53万人（占全市义务教育阶段异地务工人员随迁子女总数的90.5%）全部安排进入公办学校免费就读（其中，小学安排学位4.31万个，初中安排学位1.22万个）。

【普通高中教育】 2016年，做好“指标到校”工作，全市省一级以上公办普通高中学校严格按省要求“安排不低于50%的公费招生名额，按初中学校在校生数和实施素质教育的情况，直接分配到区域内各初中（含民办）学校”。全市普通高中学校首次实行“大互通”招生：乳源高级中学、始兴中学、仁化中学、乐昌市一中与市辖三区区属普通高中各拿出招生计划的50%实现招生生源互相开放（另外50%属指标到校，县属学校仍面向原区域招生，区属学校按市文件执行）；翁源县与新丰县实现招生互通；南雄市及其他未列入的普通高中学校暂时维持原有招生范围不变。2016年全市普通高中秋季招生人数17576人，有649名考生符合《关于进城务工人员随迁子女接受义务教育后在韶参加初中升学考试工作方案》的普通高中录取相关条件，享受与本市户籍考生同等录取的待遇。

【民族教育】 2016年，全市有少数民族学校6所，专任教师191人，义务教育阶段少数民族在校生6093人，少数民族学龄人口入学率100%。

（基础教育科）

高等教育

【概况】 韶关市有普通高等教育学校2所，2016年招生11289人，在校生39044人，毕业生8664人。教职工2431人，其中专任教师1720人。学校占地面积223万平方米，校舍建筑面积94万平方米，教学设备总值31255万元，图书总藏量为313万册。

【韶关学院】 位于韶关市浈江区大学路288号，是广东省人民政府举办的全日制普通高等学校。校园占地面积167.4公顷（全校179.6公顷）。校本部设有大塘（主校区）、韩家山、黄田坝等校区，另有独立法人二级学院——韶州师范分院、医学院校区。校本部校舍总建筑面积58.8万平方米，固定资产总值12.64亿元，教学科研仪器设备资产总值2.11亿元，图书馆纸质藏书190万册。有省级实验教学示范中心11个，校级实验教学示范中心24个，专业实验室40个。设有19个二级学院，2个教辅部门，2个独立法人二级学院。有韶文化研究院、动物疫病研究室等37个科研机构。开设本科专业69个，专科专业53个（含与英国北安普顿大学、澳大利亚联邦大学合作办学2个专科专业），涵盖11大学科门类，有省级特色重点学科3个，省级特色重点扶持学科1个，副教授评审权学科5个；国家级特色专业1个，省级特色专业5个，省级战略新兴产业特色专业1个，省级专业综合改革试点专业21个；国家级专业综合改革试点建设项目、国家级产学合作协同育人项目各1项。举办第五届董事会换届大会，市长骆蔚峰当选第五届校董会董事长。

招生与就业 学院面向全国21个省（市、区）和港澳地区招生，有全日制本、专科在校生2.2万人（全校2.9万人）。2016年全日制教育实际录取9022人（含香港免试生及联招生6人），省内文科录取分数线超过省最低控制线57分，理科超51分。录取成教学生专科5036人、专升本2361人，成教学生规模1.35万人。举办各类招聘会，提供就业岗位近1.4万个。2016届毕业生初次就业率96.6%，134名毕业生参加“三支一扶”、西部计划。加强创业教育，成功申报韶关市创业孵化基地，评出第三届“鑫金汇创业奖”学生创业团队10个。应届毕业生考研录取率首次突破5%，考研上线人数340人。

党建与思想政治工作 学院强化政治理论学习和领导班子建设。2016年组织党委中心组学习扩大会议等集中学习10次，组织党校专题培训班4期、专题报告会、讲座20场。廖益被省委任命为学院党委副书记、院长，并被续聘为国家督学。年内制定《党委工作规定》等5项规章，出台《中层干部管理办法》等制度，选任4名处级、19名科级干部，完成中层领导班子和领导干部届中考核，培训党员领导干部314人次。学院党建“书记项目”再次获得省委教育工委立项，研究确定24个二级党组织“书记项目”并抓好落实。2016年发展党员615人。落实全国高校思想政治工作会议精神，研究推进大学生思想政治教育工作，意识形态工作在韶关市专项检查中获得好评。推进全媒体中心建设，完成校园网改版，评出“2016年度十大新闻”，宣传思想和校园文化工作获得省级以上奖项37项。

学院顶层设计 推动省市共建本科高校战略工程，2016年12月20日与省教育厅、市政府签订共建协议。编制形成学校“十三五”发展规划、8个专项规划、19个二级学院发展规划和《韶关学院转型发展方案（2016—2020年）》。落实教育资源整合，做好韶州师范分院整体迁入大塘校区办学各项工作，配合开展7.8万平方米迁建工程。盘活资源，启动韩家山校区举办附属学校的筹

备工作。与江西理工大学签订战略合作协议；与广州大学签署共建教育硕士研究生合作培养基地协议。推进中央财政专项建设，“粤北应用生物技术创新创业产学研合作示范基地”等3个项目获得中央财政立项，获得专项经费600万元。

教育教学改革　调整优化专业结构，新增4个本科专业。启动学分制改革和专业OBE建设。推进与中兴通讯等企业的产教融合，共建行业学院。获得国家级专业综合改革试点、产学合作协同育人项目各1项，获得省级质量工程项目11项、教改项目15项。19项省质量工程项目和教改项目通过省级审核验收。开展创新创业教育，获得国家级大学生创业项目20项、省级40项。成立创新创业学院，被列为省创新创业教育示范学校建设单位，并与市政府成功申报省“双创”区域示范基地。

学院平台建设与科研工作　2016年，省级协同创新平台“粤北生猪生产及疫病防控协同创新发展中心”通过省教育厅检查考评。“轻工化工类应用型创新人才协同育人中心”获得广东省立项，粤北机械制造工程技术研究中心、粤北特色食品工程技术研究中心获得省级工程中心认定。成立学校科学技术协会，并召开第一次代表大会。教育学、蔬菜学被评为省级特色重点学科，计算机科学与技术被评为省级特色扶持学科。获得市级以上纵向课题186项，其中国家级3项，省部级37项。获得专利授权28项，软件著作权6项。成功承办第十五届全国低温物理学术会议等大型学术研讨会。

“强师工程”　2016年，引进教师50人，其中二级学院院长1人，教授4人，博士7人。新增国家督学1人，享受国务院特殊津贴专家1人，省“扬帆计划”2人。增补聘任重点岗位特聘教授1人。学校被评为省高校副教授职称评审权单位，5个学科获得评审权，并开展第一次评审，6人获得副教授专业技术资格。2016年，全校有7人晋升教授，21人晋升副教授。至年底，有在编在岗在职教职工1897人，其中正高级职称110人、副高级306人，博士136人，硕士673人。有国家督学1人，全国教育系统先进工作者1人，享受国务院特殊津贴专家3人，省级教学名师5人，省“扬帆计划”人才7人，省高等学校“千百十人才培养工程”省级培养对象8人，韶关市第七期专业技术拔尖人才14人。

国际交流与合作　2016年与澳大利亚联邦大学、新西兰梅西大学、英国西英格兰大学、哈德斯菲尔德大学等学校开展本科合作办学项目（课程）的洽谈、对接。与美国旧金山艺术大学、韩国又石大学签订协议。与俄罗斯、乌克兰有关科研机构和高校协议共建“中—俄岭南特色中药材国际联合研发中心”“中乌粤北机械装备制造与测量国际联合研发中心”。与英国、澳大利亚的合作办学项目录取新生110人，其中与澳方的合作项目在高职高专中外合作办学项目试点评估中位列广东参评高校第一名。留学生（含短期交流团）193人，出国交流学生58人，招聘外籍教师8人。组织港澳地区14个交流团442人次到校开展交流。派出8名学生到台湾姐妹学校交流。

服务社会　深化校地校企合作，拓展与南雄市等地方政府的交流合作，推进与韶关市环保局、环境监测站共建共享环境监测中心实验室，与韶关市中级人民法院等政府和企业签署合作框架协议近10项。完成《广东省供用电条例》等6个法规的起草工作。10人入选韶关市宣传文化本土人才“育鹰”工程，新增韶文化研究课题40多项。成立45个校级科研创新团队开展服务地方工作，获得横向课题98项。集聚社会优质资源协同办学，广东碧云集团捐资300万元助建现代农业产学研孵化基地，和韵公司投资约3100万元共建文化艺术孵化基地。

继续教育　协同地方政府、部门推进省级中小学教师发展中心建设，中心发展成为韶关市校长、中小学教师培训基地等平台，并联合市社科联、市教育局设立基础教育社科规划项目，确定26个项目。获得省、市培训项目49项，培训经费1107万元。

办学条件改善　教学实验用房总建设规模调整优化至8.27万平方米。完成省级中小学教师发展中心主体工程等38项主要基建项目和多项绿化工程，完成占地面积1万平方米的汽车系驾驶教学实训场地建设并投入使用，新增绿化面积2500多平方米。维修改造北区6栋学生宿舍，新建、改造实验室14个。新增教学、行政设备2775台件。投入近576万元购置图书10.8万册，引进、续购数据库14个，订购报刊1671种。加强校园网和信息化建设，“校园一卡通”项目、办公自动化（OA系统）实现上线

▲2016年12月20日，广东省省市共建本科高校工作部署会暨共建协议签署仪式在广州举行，校长廖益代表学校与广东省教育厅厅长罗伟其、韶关市人民政府副市长李欣在共建协议上签字
（韶关学院　供）

运行。（戚鹏宇　邹　云　徐文渊）

【广东松山职业技术学院】 位于韶关市曲江区南华寺旁，是由广东省政府举办、省教育厅管理、韶关地区唯一的高等职业技术学院。校园占地面积43.7万平方米。设有机械工程系、电气工程系等8个二级教学单位。开设39个专业，其中省级重点专业4个、省级示范专业1个、省级二类品牌专业1个、中央支持高职院校提升专业服务产业发展能力项目重点建设专业2个。建有82个校内实验实训室，在韶关和珠三角地区设有87个校外实践基地，其中中央财政扶持的职业教育实训基地2个，省级高等职业教育实训基地7个，省级高等职业教育专项资金支持高技能人才培养基地建设项目2个。设有职业技能鉴定所和全国计算机高新技术考试站等职业技能鉴定机构，可进行41个工种的技能鉴定，是韶钢职工专业理论和专业技能培训的重要基地。馆藏纸质图书56.65万册，电子图书17060GB；自行设计的校园网络布有12000多个有线信息点，出口带宽3.4G，校园建筑群子系统为万兆主干网。2016年学院学生会首次获表彰为“广东省优秀学生会”，该院被评为“2015年韶关市职业技能竞赛先进集体”。

2016年引进教职工46人，其中硕士及以上学位26人，全日制本科及具有学士学位17人，1人入选“广东省高等学校优秀青年教师培养计划”，19名青年教师被江西理工大学录取为工程硕士学位研究生。年内有教职员工503人，其中副高以上职称96人，研究生学历或硕士学位以上178人，南粤优秀教师2人，广东省技术能手3人，广东省高等学校优秀青年教师培养对象2人，广东省高等学校国内中青年教师访问学者21人，广东省高校“千百十工程”校级培养对象14人。并聘请以全国人大代表、全国技术专家、能工巧匠罗东元为代表的一批优秀企业技术人才为客座教授。

招生就业　2016年有全日制在校大专学生9157人。2016年招生专业35个，较2015年增加6个招生专业，计划招生3700人，实际录取3726人，其中录取普高新生3656人，三二分段新生70人。普高新生报到2856人，报到率78.1%。三二分段报到新生67人，报到率为95.7%。2016年毕业生2951名（其中获得职业资格证书的学生总人数为2772人，持证率94%，同比提高4%，机电类专业的持证率100%），截至12月10日，整体就业率为99.3%。有11名学生入伍。

创新创业　2016年新增省级大学生创新创业训练计划项目4项，派出教师15人次参加创新创业专题培训，从校外聘请23位创新创业导师；建设《创新创业课程》网络学习平台。与广东鑫金汇投资公司合作设立大学生创业园、鑫金汇创业奖；为63名困难毕业生申请广东省高校毕业生求职创业补贴。举办优秀毕业生创新创业主题汇报会、大学生创新设计大赛、校园科技文化活动。

编制“十三五”规划　学院围绕提高人才培养质量和增强核心竞争力两大主题，形成该院“十三五”总体规划及专业建设与人才培养、师资队伍建设、科研与校企合作、校园文化与公共服务体系等四个重点专项规划。

破解学院发展难题　2016年6月6日省编制办核定该院财政补助二类事业编制279名，用于解决移交在职人员编制。副省长蓝佛安、韶关市委书记江凌、省教育厅副厅长魏中林先后来院调研，韶关市市长骆蔚峰召开专题会议研究，同意东校区基建解冻，拆旧建新。

人才培养模式改革与创新　2016年开设“机电设备维修与管理”“冶金技术”两个现代学徒制试点专业，有8名“现代学徒制”学员在校学习。有5个专业开展“三二分段”试点工作，两所中职学校招收三二分段对接专业中职新生436人，该院录取三二分段试点专业新生70人，另有72人参加三二分段转段考核。深化订单式人才培养，与宝钢湛江公司完成2017届毕业生的订单招募工作，组建“湛钢班”，毕业后直接进入该公司工作；与深圳市贝特瑞新能源材料公司签定订单式人才培养协议，推进产教融合。

专业与课程建设　2016年新增8个专业，向教育部备案39个专业，新增2个省级重点专业，1个省级品牌专业；投入94万元建设教学资源共享平台项目，实现以课程为主线的校内、校外优质教学资源共享。

教科研工作　2016年有教研教改项目院级立项8个，省级立项12个，科研项目院级立项21个，5个课题获2016年度韶关市哲学社会科学规划课题立项，3个课题获2016年度韶关市科技局课题立项，1个项目获广东省档案局科研项目立项。另有6个省级教研项目、22个院级教科研课题结题；教师发表论文104篇，其中中文核心7篇，EI收录1篇。

基础设施建设　落实使用财政专项资金1511万元，用于专业建设、实训基地建设、师资培训等。2016年校内实践基地新增设备价值1680多万元，校内实践教学基地总工位数达到3202个。工业机器人公共实训中心获立项为2017年省高职教育公共实训中心建设项目。投入约760万元用于信息化建设，学院的出口带宽由2015年的1400兆增至3400兆，办公云平台正式上线试运行。投入511万元改造校园路灯系统、人行道、部分实训场所。

学生资助工作　2016年投入资金1104.07万元，有4315人次获得各类奖助学金的资助，人均受助额为2559元。293人参加校内勤工助学固定岗位工作，50人在校外勤工助学岗位上岗，198名经济困难新生通过绿色通道入学。

（杨　飞）

【韶关学院韶州师范分院】 简称韶师，是韶关学院的校外二级学院，其前身是广东省重点师范学校——广东韶州师范学校，始建于1903年，2000年12月升格为普通高等学校。是粤北地区唯一一所既承担大专层次小学、幼儿教师培养任务，又承担小学、幼儿园教师继续教育培训任务的普通高等师范专科院校。学校占地面积47729平方米，校舍建筑总面积41177平方米，运动场地面积1.11万平方米，学校设备总值7140万元，其中教学仪器设备产值2038万元，信息化设备产值170万元，学校图书馆藏书17.7万册，电子图书25万册。学校以全日制大专教育为主，面向全省招生，另设有中职部。2016年，韶师被评为“韶关市关心下一代工作先进集体”；由计算机专业学生组成的“网页终结者”团队获得“2016年第四届多迪杯全国高校大学生IT专业技能竞赛网站设计开发大赛二等奖”。

师资队伍 2016年，学校有教职工146人，其中专任教师128人，正高职称2人，副高职称47人，博士1人，硕士研究生40人，有广东省级南粤优秀教师和优秀教育工作者4名，韶关市十佳校长1名。主讲教师全部取得高校教师资格。

办学规模 有6个职能部门和9个教学系，开设本科专业1个，大专专业12个，办学形式有全日制本科、大专教育，三年制中职教育，两年制本科“相沟通班”，三年制本专科函授，小学幼儿教师继续教育以及劳动力转移等名师培训，形成中职、大专、本科一体化的办学模式。2016年有全日制在校学生3417人，成人函授学生481人。

特色学科 2016年3月，韶师学前教育专业通过新增学士学位授权专业评审，符合授予学士学位专业的条件。为打造学前教育本科特色专业，学院加强对外交流访问，分别于4月7日和10月27日邀请台湾辅英科技大学博士蒋立中在韶关学院国际交流合作处副处长陈永生的陪同下，与广东白云学院党委委员、校长助理暨广州白云工商技师学院校长助理肖军田到韶师访问，并就韶师学前教育进行交流。11月17日，韶师党委书记、院长吴奇峰一行到华南师范大学对师范教育平台及网络信息教育进行专项参观学习。

教学管理 学院开展青年教师公开课和骨干教师教学开放周公开课。2016年5月举办历时一个月的青年教师说课比赛，树立说课典型，以赛促教。

学术交流 3月和10月，学院选派政史系教师代表参加由广东省教育厅主办的2016年广东高校“形势与政策”课备课会和高校思政课骨干教师培训，促进教师准确把握“形势与政策”课教学的难点、热点问题。4月10日，与到韶师考察的香港公理职业教育学校领导就两地合作办学增强互补性等问题进行探讨。

校园文化 2016年，举办以“青春跟党走、励志促成才”为主题的校园科技文化艺术节，艺术节包括品牌活动校园辩论赛、职业规划大赛、涂鸦比赛等20个比赛项目，全校大中专学生约2000人次参加该届艺术节。

教育资源整合 根据全市教育资源整合工作的安排，韶师搬迁并入韶关学院。7月6日，广东省副省长蓝佛安到韶师调研指导工作，对百年老校韶师今后的发展提出具体的指导意见。2016年，韶关市领导江凌、骆蔚峰、王青西、李欣、邓小杰、廖益、张立江等先后到韶师调研，听取韶师的办学及搬迁并入韶关学院的相关工作报告。

实习就业平台建设 2016年5月和6月，韶师与韶关市武江区玫语幼儿园、腾欢中英文幼儿园签署《韶关学院韶州师范分院教育实习基地协议书》，副院长叶逢福代表韶师参加学前教育专业校外实践基地签约暨挂牌仪式。8月，韶师选派20名学前教育专业学生到西藏林芝市巴宜区幼儿园支教。10月31日，新加坡人民行动党社区基金一行在人事部执行董事梁莹带领下到韶师举办幼托教师宣讲招聘会，2016年有11名学生赴新加坡就业。11月21—25日，韶师党委副书记许晓梅一行先后奔赴清远、东莞、佛山、中山、珠海等地对学校毕业生就业情况开展跟踪调查。（蒋春容）

【韶关学院医学院】 前身为国家级重点中专——广东省韶关卫生学校，2002年经省人民政府同意并入韶关学院，现为韶关学院的校外二级学院，同时保留中专部。是粤北地区仅有的高等医学院校，也是唯一设置本科临床医学专业的普通高校。学院有新华南和西郊（中专部）两个校区共7.4万平方米，均坐落在韶关市武江区，其中新华南教学区5.2万平方米，西郊教学区2.2万平方米，建筑面积8万多平方米。教学、科研、生活、文体等各种设施较为齐全，有“香港道德会实验大楼”“霍宗杰实验大楼”“香港道德会临床医学实训中心”“香港道德会影像实训中心”以及“香港道德会网络中心”等实验实训中心。学院被授予“全国乡村医生培训先进集体”“白求恩式先进集体”“广东省文明校园”“韶关市职业教育先进集体”等称号。2016年有在职教职工454人，离退休143人；专职教师218人，教授、副教授等高级职称83人（正高职称7人、副高职称76人），博士研究生3人、硕士研究生72人。开设有临床医学、护理学和医学检验技术3个本科专业，临床医学、口腔医学、中医学等8个专科专业，农村医学、护理、助产等6个中专专业。有全日制在校生8831人，其中本科生1748人、专科生2898人，中专生4185人。

对外交流与合作 与韩国、新加坡、香港、澳门等多个国家（地区）的院校和医疗卫生机构建立友好合作关系。2016年举办的毕业生供需见面会，有超过160家来自全省及港澳地区的医药卫生机构（单位）到校招聘毕业生。学院本、专科毕业生就业率94.6%，中专毕业生就业率93%以上。

扶助贫困学生工作 2016年获得国家奖助学金274.6万元，争取社会资助。2016年获得陈国威先生助学金项目120人共24万元，李震熊先生助学金项目75人共15万元，薪火计划助学金项目79人共34.9万元，春晖膳食补助430人次共30.1万元，福慧奖学金项目20人共5万元，霍宗杰先生为西郊教学区运动场建设捐赠40万元，捐赠给学生5500多件羊毛衫。学院发放勤工助学补贴4.1万元。（胡健文）

成人高等教育

【概况】 韶关市成人高等教育2016

年招生8049人，在校生20390人，毕业生11222人，教职工总人数2549人（其中专任教师1573人）。全市学校占地面积195万平方米，校舍建筑面积62万平方米。

【农村成人教育】 2016年，根据教育部《面向21世纪教育振兴行动计划》的要求，韶关市发展农家书屋，抓好乡镇成人文化技术学校基础能力建设，提高乡镇成人培训的数量和质量。2016年，南雄市、浈江区和曲江区接受省级社区教育实验区的复检。7月，南雄市顺利地通过省专家组的复检，创建成为省级社区教育实验区。浈江、曲江两区政府和有关部门进一步厘清社区教育的工作思路，为下一步迎接省级社区教育实验区的复检工作做大量的准备工作。乳源瑶族自治县全面启动创建工作。

【韶关市广播电视大学】 位于韶关市西河松山山麓，武江河畔。创办于1980年，是韶关市政府所属的一所采用现代化教育手段进行多媒体远程教学的新型开放大学，是没有门槛限制的成人高等教育学校。1997年被省高教厅评定为广东省电大系统“先进学校”。学校实行党委领导下的校长负责制。下辖8个县（市、区）电大分校。校本部占地面积12075平方米（其中绿化用地面积4230平方米，运动场地面积1350平方米），校舍建筑面积7864.68平方米。学校的固定资产总值1085.83万元，其中教学、科研仪器设备资产总值556万元，信息化设备资产总值1.5万元，电教、实验器材总值近400万元。各项设施除满足本校教学的需要外，还作为“韶关市成人高等、中专教育实验中心”向全市大、中专学校开放。2016年，学校有教职工39人，其中，高级职称4人，中级职称19人，初级职称4人。

特色教育　学校打造天网、地网、人网合一的学习环境，其教学信息通过网络平台和国家提供的卫星电视系统覆盖全国，开设适合从业人员学习需求的专业和课程，通过学习者自主学习，培养应用型高等专门人才。2016年4月25日，市电大在韶关监狱、乐昌监狱建立广东开放大学教学基地，开办电子商务、市场营销两个专业，开展服刑人员大专层次的学历教育。和奥鹏远程教育中心、福建师范大学合作，开办中小学教师学历提升班，招收本专科生850人。2016年，学校承办博雅论坛讲座、监狱服刑人员出监教育、基层妇女创业、城市管理局执法、财税改革等系列培训工作，培训人数近1万人次；开办会计人员从业资格培训；挂牌建立中小企业培训基地；发展社区教育，承接市委宣传部牵头举办“家风家训进社区”活动，5月29日启动金融进社区活动。

专业设置　2016年，学校开设有38个大专、本科专业，学制二年。有电子商务、广告（设计与制作方向）、市场营销（互联网营销方向）、室内设计、工程造价管理、建筑施工与管理、公共文化服务与管理、文秘等20个专科专业，社会工作、标准化工程、文化产业管理、土木工程（建筑工程方向）、信息安全、汉语言等18个本科专业。

招生与就业　专科招收具有高中或中专及同等学历的人员，本科招收国民教育专科以上学历的人员。2016年，在校生2599人，其中广东开放大学招生213人。同时举办各类培训班，培训学生上万人次。（植　艳）

【韶关市技师学院】 韶关市高级技工学校、韶关市职工大学，创办于1964年5月，是国家重点技工院校，2013年获批成为第三批国家中等职业教育改革发展示范建设学校。学院占地总面积34.8万平方米，建筑面积12.6万平方米。拥有各类先进实训设备6556台（套），体育运动场地23个，四轴联动加工中心、模具装配维修实训室、三菱电机FA/CNC实验室、畜牧养殖实训基地等112间。学院以电气系、数控系、汽修焊接系、农牧系等八个系部为支撑，开设有工业设计（3D打印方向）、工业机器人应用与维护、珠宝首饰技术等多个专业。其中模具制造技术、畜牧兽医等6个专业为韶关市名专业，汽车运用与维修、电梯运行与维护等4个专业为省级重点专业。2016年有在校生1.2万人，在职教职员工538人，其中高级职称95人，高级技师115人，硕士研究生及以上学历20人，市级名师17人，“双师型”专业教师占90%以上。

创新校企合作方式和机制　先后与合作企业开办“创维液晶班”“伊戈尔班”“东方精工”等冠名班和多个“校企双制班”，将企业文化引入校园，使企业的制度、品牌意识、经营理念融入学生的学习和生活，实现学生能力与企业需求的无缝对接，学生就业率保持在99%以上。

技能育人　多次承办省、市技能竞大赛，师生参加技能竞赛成绩斐然。2016年学院师生在省市及以上的各级各类竞赛中有28人次获奖，其中第一名2人次，一等奖14人次。

教研工作　学院获得10项国家专利，86项国家级优秀教研成果奖励，67项省级优秀研究成果奖励。

（韶关市技师学院）

职业与成人教育

【概况】 2016年，全市有中等职业学校（含韶关学院韶州师范分院中职部和韶关学院医学院中职部）15所，其中公办11所，民办4所；国家级重点中等职业学校3所，省级重点中等职业学校4所。有省级实训中心5个，省级中等职业学校重点建设专业（点）6个。

【资源整合】 2016年，根据韶关市人民政府印发《韶关市属中职（中专）学校资源整合方案》的有关要求，韶关市教育局组织协调、落实韶关市贸易中专、韶关市建筑中专撤并工作。至2016年12月，两所学校的撤并工作任务如期全面完成。整合后韶关市市属中等职业教育资源配置进一步优化，市属中等职业教育办学质量和效益得到提升。

【招生工作】 2016年韶关市中职学校

实际完成招生人数9344人，占招生计划任务数的103.8%。在中职招生的过程中，各校严格按照《关于重申我市中等职业学校技工院校招生工作纪律的通知》的有关要求，实事求是，不作虚假宣传，尊重学生的意愿和选择，不以非法手段争取生源，确保全市中等职业学校招生工作在“阳光”下进行。

【教学诊改】 根据国家和省“从今年起，中等职业学校全面开展教学诊断与改进工作”的要求。2016年韶关市制定韶关市教学诊断与改进工作方案，建立韶关市市级中等职业学校教学诊改专家库，开展中等职业学校教学诊改的宣传动员和培训工作；指导试点学校对照教学诊改指标要求，制定学校的诊改工作方案，有计划开展诊改工作。

【教师培训】 2016年，韶关市委托清华大学组织举办“广东韶关地区职业教育领导干部创新管理高级研修班”；组织举办“全市中职学生学籍系统管理员培训班”“韶关佛山教育信息化平台操作知识培训班”“全市中职学校信息化教学设计培训班”“全市中职学校机电专业教师培训班”。支持和鼓励全市各中等职业学校加大选送教师参加“国培”和“省培”工作力度。2016年韶关市中等职业学校参加各级各类培训的中层以上干部和教师570人次，比上年增加100多人次。

【职业教育活动周】 韶关市响应国务院2015年作出“每年五月的第二周为职业教育活动周”的决定，2016年5月8日在市区百年东街婚庆广场举办“韶关市第二届职业教育活动周”启动仪式。全市有18所中等职业学校和2所省、市属技工院校组队参加启动仪式，仪式上举办全市中等职业学校文艺展演和学生技能展示活动。活动周期间，韶关市中等职业学校开放校园、走入社区，开展为民便民服务，展现职业教育的良好形象，营造职业教育发展氛围。

【职业技能竞赛】 2016年韶关市中等职业学校学生技能竞赛在曲江中等职业学校举行，设立12个竞赛项目，全市有14所中职学校、340多名选手参加竞赛活动。竞赛项目、参赛学校、参赛选手为历年最多。各校开展校内学生技能竞赛活动，激发学生的专业兴趣，在校园内形成学技能、讲技能、比技能的良好氛围。同时选拔优秀选手组织26个学生代表队和3个教师队代表备战2017年全省中等职业学校师生技能大赛。

【莞韶职教对口帮扶】 按照年初韶关市教育局与东莞市教育局联合制定的《2016年东莞韶关教育对口帮扶工作计划》，韶关市在中职学校联合办学、教师交流培训、建立学生顶岗实习基地等方面与东莞市进行对接。2016年韶关市挑选10所中职学校与东莞市优质的中等职业学校建立“一对一”对口帮扶关系，使韶关市与东莞市对口帮扶的职业学校增加到13所，双方学校签订合作协议，明确在未来三年内帮扶的责任与义务。2016年11月，韶关市教育局与东莞市教育局在韶关市共同组织莞韶中职学校学生心理健康教育论坛，相互交流学生心理健康教育的经验与做法。

民办教育

【概况】 截至2016年12月，韶关市经批准开办的民办教育机构有503个，在校生数为132822人。其中民办幼儿园395所，在园幼儿86570人；民办小学3所，在校学生2445人；初级中学6所，在校学生10744人；民办完全中学1所，在校学生1426人；民办中等职业学校，7所，在校学生5594人，非学历文化类培训机构92个，学员26043人。全市各级各类民办教育教职工总数11798人，其中专任教师9326人。全市现有民办幼儿园中，有5所被评定为省一级幼儿园，62所评定为韶关市一级幼儿园，172所被评为县（区）一级幼儿园，规范化幼儿园覆盖率92%；所有民办义务教育学校均被认定为义务教育标准化学校，达标率100%；仅有的1所民办完全中学是按省一级以上标准规划建设的；6所民办中等职业学校均达到国家中等职业学校设置标准。

【加大民办教育扶持力度】 韶关市本级财政早在2000年，就开始设立市级民办教育发展专项资金，2015年出台的《韶关市人民政府办公室转发市教育局关于促进民办教育规范特色发展意见的通知》（韶府办[2015]20号）里明确提到：“从2015年起，市财政每年安排300万元作为市级民办教育发展专项资金并列入年度财政预算，今后，视财力情况逐年增加”。各县（市、区）也相继出台“以奖代补”政策，引导和鼓励举办者不断增加投入，改善办学条件，走内涵发展道路。乐昌市、武江区、浈江区、仁化县等7个县（市、区）都设立民办教育发展专项资金。

韶关市同时将民办学校（幼儿园）教师与公办教师一并纳入年度教师培训计划，民办学校校（园）长、专任教师享受公办学校校长、教师的培训待遇，做到一视同仁，不区别对待。民办学校（幼儿园）的教改教研工作与公办学校（幼儿园）一并指导和帮助，同步进行，相互交流，共同进步。

【规范办学行为】 2016年，韶关市以民办学校年度检查为抓手，注重日常管理。各县（市、区）都建立教育、财政、公安、民政、工商、物价、卫生等有关部门参与的联席会议制度，对民办学校（含民办非学历文化类培训机构）进行全面监管，确保其依法办学，规范办学行为。各地由联席会议单位组成联合执法检查组，对辖区内民办幼儿园进行全面清理整治，依法取缔无证幼儿园，净化所辖地区民办教育的发展环境。

特殊教育

【概况】 2016年，全市有特殊教育学校8所，专任教师113人，义务教育阶段残疾儿童少年在校生1607人，其中：普通学校随班就读893人，特殊教育学校307人，特教班14人，送教上门393人。残疾儿童少年入学率98.3%，“三残”儿童入学率98.8%。

【特殊教育培训】 2016年3月，韶关组织30多名特校教师赴杭州开展“全市特殊教育教师省外研修”学习。6月，选派2名老师分别参加省培“特殊儿童心理与教育评估培训”和“随班就读骨干教师培训”。8月，组织特殊教育学校骨干教师前往南京参加“全市特殊教育学校校长、中层干部研修”；另选派1名教师参加国培“培智教育”、2名教师分别参加省培“智障教育骨干教师培训”与“孤独症儿童教育与康复务实培训”。

部分中学

【广东北江中学】 广东北江中学位于韶关市惠民路66号，学校占地面积约17万平方米，建筑面积7.91万平方米。该校坚持“将资源放在离学生最近的地方”理念，推进“管理重心下移，领导工作下沉”的“低重心管理”的扁平化管理，打造校园科技文化节，推动学生微社团建设，深化校本课程建设，倡导培养学生核心素养。2016年有60个高中教学班，学生2969人；2016年招生885人；在职教职工275人，专任教师213人（其中4位特级教师），专任教师中，中学高级教师103人，中学一级教师82人，中学二级教师24人，见习期老师4人。

2016年有1113人参加高考，第一批上线率为58.3%，第二批及以上上线率为93.2%，第三批及以上上线率为99.4%。

该校学生参加数学、物理、信息学、生物、地理、机器人、电脑制作、通技、艺术、语文等学科竞赛，荣获全国一等奖10人次，全国二等奖27人次，全国三等奖25人次，省一等奖45人次，省二等奖81人次，省三等奖53人次。在2016年广东省中学生田径锦标赛中，获得4金3银4铜，3个第七名，1个第八名；获得男子总分第一名，女子总分第八名，团体总分第三名，11人次达到国家二级运动员标准。在韶关市第二十一届中小学生“英东杯”毽球竞赛中，获得女子双打第一名、第二名各两项并获得团体总分第一名。在2016年IAP英语阅读与写作，获得金奖1人次，银奖3人次。

（刘水连）

【韶关市第一中学】 韶关市第一中学运行“校级决策；处室规划、监督、检查评价；年级、科组实施”的管理模式。全寄宿封闭式管理模式下，学校举办体育节、艺术节、科技节、才艺节四大节日，丰富校园文化生活。指导学生开展社团活动及兴趣小组活动。2016年办学规模为60个班，在校学生人数3006人，在编教工236人，其中专任教师205人，高级教师81人，高级教师占专任教师人数的39.5%。教师中有在职广东省特级教师6人，国家级骨干教师培养对象4人，全国优秀教师6人。有广东省劳动模范2人，韶关市首席教师1人、教学能手1人，学科带头人23人。2016年高考一本上线人数333人，市教育局预测目标数为287人，超过46人，目标达成率116%，创历史最好成绩；二本以上998人，市教育局预测目标数为946人，超过52人，目标达成率105.5%；AAA以上1097人，市教育局预测目标数1075，超过22人，目标达成率102%，市教育局下达的预测目标数实现全超越。

2016年，教师获得国家级奖励有：论文评比获得国家级二等奖2篇，发表1篇，优秀课例二等奖2例。省级奖励有：教改结题4个，获得优秀竞赛辅导员2人。市级奖励有：课题立项6个，优秀课例二等奖1例，三等奖2例。学生获奖有：物理奥林匹克竞赛（国家级三等奖1人，市级一等奖1人，市级二等奖7人）、生物竞赛（国家级三等奖1人）、数学竞赛（国家级三等奖1人，省级一等奖1人，省级二等奖2人，省级三等奖2人，市级一等奖4人，市级二等奖7人，市级三等奖5人），体育艺术（韶关市英东杯足球联赛第二名；书法获得市一等奖；独唱获得市二等奖；独奏获得市三等奖）。

（李志国）

【韶关市田家炳中学】 韶关市田家炳中学创建于1992年，是由香港著名实业家田家炳先生捐资，政府兴办的市直公办重点完全中学，学校分惠民南校区（高中部）、沙洲校区（初中部）两个校区，2016年有教学班71个（高中38个班，初中33个班），学生3359人。

2016年，市田中强化基层党组织建设，制定党委抓党建工作责任清单；完善制度建设，推进依法治校进程；完善教师专业化成长制度及培养提升长效机制，打造德才兼备的教师队伍。2016年，市田中有教职员260人，专任教师236人，特级教师2人、高级教师128人，市拔尖人才1人，市高层次人才2人，市首席教师3人，市教学能手5人，第一批、第二批市名教师4人，第一批、第二批市学科带头人31人，市政协委员1人，武江区政协委员2人。教师竞赛获奖111人次（国家级2项，省级22项）。

2016年，学校投入235万元在50间课室及部分功能室安装交互式触摸一体机教学平台；投入125万元打造云办公室和云多媒体教室；投入73万元建成先进视频直播、点播系统；投入130万元修缮运动场，改善师生学习工作环境。

2016年，高考重本上线人数47人，本科上线人数360人，第三批上线人数600人。中考上省、市重点中学分数线共200人，居全市公办学校第一位（上北中线63人，上一中线121人），单科满分188人。学校以课题《“共创成长路”德育课程校本化的路径研究》为引领，更新班主任德育观念。陈丽丽、湛志薇获得“韶关市第二批名班主任”称号。2016年，学生竞赛获奖近700人次（其中国家级奖项35项，省级奖项130项）。

（刘秀琼）

【韶关市中等职业技术学校】 韶关市中等职业技术学校是韶关市直属的一所国家级重点中等职业技术学校，广东省示范性中等职业技术学校，“国家中等职业教育改革发展示范校”建设学校，也是韶关市职业与成人教育师资培训中心和国家职业技能鉴定所，韶关市旅游行业岗位培训基地。

学校占地面积16.86公顷，校舍建筑面积78382.55平方米。学校管理采用部系二级管理，有机电系、信息系、经贸系、旅游系、化学分析与食品检测系和升学部6个部系，开设计算机应用、数控、汽修、电子商务、旅游服务与管理、会计、化学分析与食品检测等15个专业，其中，电子与信息技术专业于2003年2月被评定为省重点建设专业；计算机网络技术于2012年被评定为省重点建设专业；电子与信息技术、计算机网络技术和旅游服务与管理三个重点建设专业分别在2009年、2011年被批准为广东省中等职业学校课程改革试点专业。

强化实训中心功能，“韶关市第九职业技能鉴定所”建设无纸化技能鉴定考试平台，开展全市中职学校的职业技能鉴定工作，两年内在该校参加鉴定考证的人数近5000人。

2016年，学校有学生3000多人，教职工431人，其中在职在编教职员工259人，退休教职工172人。在职在编教师中有专任教师211人，文化课教师91人，专业教师120人，高级教师88人，双师型教师98人。

2013年4月，该校获批正式成为“国家中等职业教育改革发展示范学校”第三批立项建设学校，是粤北地区唯一一所进入“国家中职示范校”建设队伍的中职院校。2016年1月学校通过省检查组的验收检查。

部分中等职业技术学校一览表

表23

序号	学校名称	属性	学校等级	隶属情况
1	韶关市中等职业技术学校	公办	国重	市属
2	韶关市曲江职业技术学校	公办	国重	区属
3	乐昌市中等职业技术学校	公办	国重	县属
4	仁化县中等职业学校	公办	省重	县属
5	南雄市中等职业学校	公办	省重	县属
6	始兴县中等职业学校	公办	省重	县属
7	广东省翁源县中等职业技术学校	公办		县属
8	乳源瑶族自治县中等职业技术学校	公办	省重	县属
9	新丰县中等职业技术学校	公办		县属
10	韶关市北江中等职业学校	民办		市属
11	韶关市振华中等职业学校	民办		市属
12	韶关市育威中等职业学校	民办		市属
13	韶关市浈江中等职业学校	民办		市属
14	韶关学院医学院	公办		市属
15	韶关学院韶州师范分院	公办		市属

科技综述

【概况】 2016年，围绕全面建成小康社会总目标和主动融入珠三角总战略，韶关市科技局以落实国家和省创新驱动发展战略为总抓手，深化科技交流合作，加快科技成果转化和产业化，培育发展高新技术产业和战略性新兴产业，实施知识产权战略，激发科技人员创新热情，推进防震减灾工作，提高企业核心竞争力和技术创新能力，增强全市科技综合实力，为韶关经济社会平稳较快发展提供科技支撑。

【韶关市“十三五”科学技术发展规划】 《韶关市“十三五”科学技术发展规划（2016—2020年）》共四章，第一章科技发展现状与形势；第二章“十三五”期间科技发展总体要求，包括指导思想和发展目标两部分；第三章“十三五”期间科技发展重点任务，包括“优化科技协调发展格局，增强发展整体性”“进一步打造全孵化链条，完善创新创业生态体系”“强化创新主体地位，全面提升企业创新能力”“支撑老工业基地振兴发展，增强内生活力和动力”“深化产学研合作，强化消化吸收再创新”“落实知识产权战略，增强激励科技活力”“构建共享型创新体系，优化科技支撑环境”“深入实施开放式创新，构建开放发展新模式”“以科技创新推动绿色发展，提升生态文明建设水平”九个方面；第四章“十三五”期间科技发展保障措施，包括“完善科技管理体制”“加大科技研发投入”“提升政策服务体系”“加强规划评估和动态调整”“强化规划实施的链接协调”五个方面。

【科技政策环境】 2016年，韶关市推动区域创新体系建设、优化创新制度环境。推出科技创新券，制定实施《韶关市科技创新券实施细则（试行）》，支持符合条件的科技型中小微企业、科技服务机构开展科技创新服务。加快科技金融结合，完成《韶关市科技信贷风险准备金管理办法实施细则》等政策文件的制定，与交通银行韶关分行签订了战略合作协议，推动中小微科技企业低成本获得贷款额度。制定《韶关市2016年高新技术企业工作实施方案》，推动韶关市企业申报高新技术企业。出台《韶关市科技企业孵化器认定和管理办法（试行）》和《韶关市科技企业孵化器产权分割管理暂行办法》等文件，促进科技企业孵化器发展。

【科技金融】 2016年，韶关市33家科技型中小微企业成功入池，科技信贷风险准备金信贷额度1.74亿元，入池企业获得银行9776.5万元的科技贷款。韶关市是科技金融工作在粤东西北地区启动最早、做得最实、效果最好的地市之一。

【科技计划】 2016年，韶关市在企业研发、科技发展、应用型科技研发及重大科技成果转化等方面实施一批关键共性技术攻关项目，获得省级科技项目资金7000多万元支持，撬动企业投入10亿元以上。2016年，韶关市组织实施一批科技计划项目，涉及产学研结合引导及平台专项、创新基金、科技金融专项、农业科技项目及专业镇专项、专利技术实施计划、高校和医疗卫生类科技专项等，共下拨科技项目经费756万元。

【科技企业孵化器（众创空间）】 制定出台《韶关市科技企业孵化器认定和管理办法（试行）》和《韶关市科技企业孵化器产权分割管理暂行办法》等政策，鼓励发展科技企业孵化器（众创空间）。开展市级孵化器认定工作。南雄市电子商务创业园、新农业创新创业园、星火创客科技有限公司等3家单位认定为韶关市科技企业孵化器。引导新型特种精细化学品专业孵化器、鑫金汇智汇小镇、莞韶双创空间等一批新型创新载体创建孵化器（众创空间）。

▲2016年12月9日，韶关市科技局组织召开全市创新驱动发展座谈会

（韶关市科技局 供）

【第五届中国创新创业大赛（广东·韶关分赛区）】 2016年6月，韶关市有101家企业和41个团队报名参加第五届中国创新创业大赛。韶关分赛区是在粤东西北地区唯一连续两届设立的分赛区。有5家企业获得广东赛区三等奖、7家企业获得广东赛区优胜奖，5家企业和1个团队晋级国赛。市科技局、市科技金融综合服务中心分别蝉联“广东赛区优秀组织单位”“广东赛区优秀服务单位”称号。

高新技术

【概况】 2016年，韶关市高新技术产业主要依靠科技进步和创新，实施高新技术企业培育计划，落实研发费用税前抵扣政策、研发补助等多项优惠措施，实现传统产业高新化和高新技术产业化，提升高新技术企业规模和质量，高新技术产业呈现良好的发展势头。高新技术产业成为韶关市推进产业转型升级、构建现代产业体系的主要途径。

【高新技术产品】 2016年，韶关市高新技术产品保持较快增长，装备制造业引领高新技术产品生产。全年30家企业新增省级高新技术产品56个，同比增长64.7%。高技术制造业增加值16.4亿元，增长14.5%，高新技术制造业增加值占规模以上工业增加值比重为4.9%。

【高新技术企业】 2016年，韶关市新增高新技术企业27家，同比增加170%，截至2016年底，全市有国家高新技术企业65家。2016年，高新技术企业营业收入108.73亿元，同比增幅达67.8%。新增高新技术企业属新材料（化工材料）类有14家，其余分别集中在先进制造与自动化、生物医药、电子信息等类别中，韶关市新材料（化工材料）产业进一步的壮大和完善。经认定的高新技术企业在有效期内可享受企业所得税按15%的税率征收优惠，2016年，高新技术企业享受普惠制税收优惠达7586.7万元，同比增幅17.9%。

【工程技术研究开发中心建设】 2016年，韶关市新增省、市工程技术研究开发中心23家，增幅52.3%，其中依托广东丹霞农机有限公司等5家企事业单位组建“广东省丘陵农业机械工程技术研究中心”等6个省级工程技术研究中心，依托韶关比亚迪实业有限公司等17家企业组建17个市级工程技术研究开发中心。截止2016年年底，韶关市有省、市工程技术研究开发中心63家，其中省级工程技术研究中心24家。

农村科技

【概况】 2016年，韶关加强生物种业、生物安全、食品安全（种养安全）等领域的技术研究，重点开展动植物良种选育、动植物高产增效种养、农产品质量安全、农产品精深加工、农业生态安全技术、农业信息化及现代农业装备等领域共性技术的研发，组织实施19个省、市农业科技计划项目，获得项目资金440万元。培育科技型农业龙头企业和农村创新创业基地。广东韶关国家农业科技园区建设提速。农业新技术的引进、示范、推广工作取得新进展。

【广东韶关国家农业科技园区】 2016年初，韶关国家农业科技园区通过认定，成为第七批国家级农业科技园区。韶关市实现国家农业科技园区建设零的突破。园区规划为核心区、示范区和辐射区。核心区位于仁化县大桥镇，有科技研发、展示示范、成果转化与推广、新型农民培训、服务体系、休闲观光等六大功能；示范区由生态特色农业示范区、高效现代农业示范区、创新农业示范区等3个部分组成，范围涉及仁化全县，突出茶叶、优质蔬菜、特色水果、优质油料、石斛、生态休闲农业等地方特色优势；辐射区包括整个韶关市及周边地区。2016年在园区核心区组织实施4项省、市科技计划项目，把园区打造成农业新技术集成创新和应用示范的重要基地。

【农业科技】 2016年，韶关孵化和培育一批科技型农业龙头企业，推进富然农科等企业实现技术集成化、产品深加工，加快形成以优质粮食、优质油料、优质蔬菜、特色种植、生态休闲农业为主的五大主导产业。

【农村创新创业基地】 推进农村创新创业基地建设，2016年11月韶关市玉覃创业园被列入国家第一批“星创天地”名单。

科技服务

【概况】 2016年，韶关有60项科技成果获得国家、省、市科技奖励。组织实施2016年度科技服务发展、医疗卫生等社会发展领域专项科技计划项目，启动科技创新券的项目支持科技型小微企业成果转化。2016年韶关市下达社会发展创新项目49项，支持经费90万元。有4个社会发展创新项目获得省科技计划立项，支持经费110万元。

【科技成果】 2016年，韶关市企事业单位科研人员获得国家科学技术进步奖二等奖1项，获得2016年度省科学技术进步一等奖1项、二等奖2项和三等奖2项。2016年评选出“2015年度韶关市科学技术进步奖”54项，其中一等奖6项，二等奖19项，三等奖29项。获奖的医疗卫生等民生保障科技成果项目，社会效益良好；获奖的工农业项目30项，新增产值近10亿元，新增税利1.5亿元，节支近1亿元，经济效益显著。

【科技创新券】 2016年启动韶关市科技创新券工作，首次以科技创新券的形式支持科技型小微企业成果转化。出台《韶关市科技创新券实施细则（试行）》和《韶关市科技创新券绩效评价工作方案（试行）》。2016年度有17个单位申报科技创新券项目，申报金额计460万元，兑现创新券后财政补助资金171万元，科技创新券项目促进30多项科技成果转移转化，产出专利20多项，为企业新增产值900多万元。

【青少年科技教育基地】 2016年乳源瑶族自治县一峰农业发展有限公司的一峰生态园青少年科技教育基地被评为广东省青少年科技教育基地，至2016年底，全市有11家广东省青少年科技教育基地。

产学研结合

【产学研活动】 深入企业广泛收集企业技术需求，有针对性地开展产学研对接活动。2016年5月30至6月1日，组织韶关市化工企业代表、科技管理部门相关负责人赴北京化工大学开展产学研交流对接活动，初步达成14项合作意向。11月16—18日组织近20家装备制造业企业负责人参观国际机器人&智能装备及制造技术展览会、第十八届国际高新技术成果交易会和广东国际应用科技交易博览会，了解行业最新科技动态和产品趋势。8月17—19日由韶关市政府主办、韶关市科技局和广东省产学研促进会协办的广东省新型特种精细化学品专业孵化器推介会暨韶关市精细化工产业升级研讨会在南雄市成功举办，来自武汉大学、四川大学、北京化工大学等12名国内化工行业知名专家参加此次活动。

【莞韶合作】 推进莞韶对接工作。2016年4月18—19日，韶关市科技局赴东莞市科技局对接科技创新平台建设、创新资源，双方就精准帮扶机制进行探讨。邀请北京大学东莞光电研究院专家到韶关市企业实地考察，就该院“生物生长光源及无线智能温控系统”等项目与韶关市畜牧所和信达茧丝丝绸有限公司达成合作意向，促进韶关市畜牧养殖业的增产增收。

【创新人才】 2016年，韶关出台《韶关市扶持紧缺适用人才创新创业实施意见》《韶关市引进百名紧缺适用人才实施意见》《韶关市“百名”享受市政府特殊津贴人才选拔管理实施意见》等一批人才政策。开展创新人才的引进和培育工作。组织韶关市3家企业申报广东省“扬帆计划”引进创新创业团队。组织申报企业科技特派员工作站1家，院士工作站1家，省企业重点实验室2家。推荐申报“广东特支计划”科技创新领军人才1人，科技创业领军人才1人。2016年新增1家省级新型研发机构——韶关市华工高技术产业研究院。

知识产权

【概况】 2016年，韶关深入实施创新驱动发展战略和知识产权战略，抓好知识产权宣传培训、执法保护等方面工作，全市专利申请的数量和质量提升，专利结构优化，发挥专利制度激励和保护创新的作用，支撑韶关市创新驱动发展。2016年，全市专利申请量3428件，同比增长10.5%，其中发明和实用新型专利申请1948件，发明和实用新型专利申请量占专利申请总量60%；专利授权量2087件。

【知识产权保护】 2016年8月，韶关成功设立“广东省知识产权维权援助中心韶关分中心”。该中心将为韶关的权利人在知识产权维权方面提供更方便、高效服务。开展知识产权执法专项行动。12月6日，韶关市双打办在全市开展打击侵犯知识产权和制售假冒伪劣商品专项执法检查，对市区商场、书店等经营单位进行执法检查，现场查处假冒专利等知识产权违法行为，立案一宗，并对经营者进行专利标识规范、假冒专利辨识、假冒商标认定等知识产权法律法规宣传教育。

【知识产权试点示范】 2016年，金悦通电子（翁源）有限公司被认定为广东省知识产权示范企业。2016年全市拥有国家级知识产权试点县（区）3个、省级知识产权试点县（区）4个、省级知识产权优势企业11家、省级知识产权试点事业单位2个、省级中小学知识产权教育试点（示范）学校10所、省知识产权战略试点企业1家、广东省知识产权示范企业2家。

【企业知识产权工作】 2016年3月31日，韶关市在市区举办创新驱动发展专题活动——中小微企业专利信息推送暨企业知识产权贯标服务推送活动，韶关市中小微企业负责人及技术人员、各县（市、区）知识产权局代表等130多人参加活动。推进《企业知识产权管理规范》国家标准认证培育工作。2016年，乳源东阳光精箔有限公司通过贯标认证。2016年全市有11家企业正在贯标培育中。组织韶关市企业申报省专利技术实施计划项目。设立市级专利技术实施计划项目，2016年全市有5家企业获得市级专利技术实施计划项目资金支持。

防震减灾

【概况】 2016年，韶关市的监测预报、震灾预防、应急指挥和应急救援演练等防震减灾各项工作均取得进步。完成“韶关市地震应急指挥系统”建设项目，组织全市中小学校和城市社区开展地震应急疏散演练，开展防震减灾科普知识宣传工作，多措施抓地震安全示范社区建设，提升城市防震减灾水平。2016年新增国家地震安全示范社区2个、省示范社区1个，地震安全示范社区总数14个，位于全省前列。

【地震台网建设】 按照国家地震台网布局，韶关市在现有6个地震台（站）的基础上，再增加10个地震监测台（站）。2016年完成“国家地震烈度速报与预警工程”在韶关市新建1个基准站和9个基本台站的选址、用地协调工作。该项目是国家地震局和省地震局承担建设的一项重点工程。

【地震应急指挥系统】 2016年1月，完成“韶关市地震应急指挥系统”建设项目。实现与国家抗震救灾指挥部、省地震应急指挥中心和各市地震指挥中心联网、实时视频。韶关市地震应急指挥系统集地震应急指挥、视频会议、现场数据采集通信、地震快速评估及辅助决策、宣传教育等功能于一体。提高韶关市地震应急管理能力。市地震局开展每月全省地震应急指挥平台综合模拟演练工作，9月底、11月中旬在地震应急指挥中心开展全国地震系统视频培训及应急指挥演练活动。

【地震应急联合模拟演练】 韶关市地震局于5月10日、5月12日在部分小中学校开展“地震应急疏散演练”活动，组织韶关市第二中学、韶关市第十中学、执信小学、华泰小学等师生们进行地震应急疏散演练。11月在乐昌市大源镇举办建设安全民居培训班和库区村民地震应急疏散演练活动，提高库区群众防震减灾应对能力。

【地震安全示范社区】 2016年，韶关市地震局开展“地震安全示范社区”创建活动。8月乐昌市乐城街道府前社区被认定为省级地震安全示范社区。12月，浈江区风采街道办事处环园路社区、乐昌市乐城街道府前社区2个社区被认定为“国家地震安全示范社区”。2016年韶关市有国家级地震安全示范社区6个，省级地震安全示范社区14个，数量位于全省前列。 （李培元）

科学技术研究

【核工业二九〇研究所】 核工业二九〇研究所（简称“二九〇所”）隶属

于中国核工业集团公司，是一所集地质科研、地质调查、水文地质调查、环境地质调查、遥感地质调查、地球物理勘查、地球化学勘查、地质灾害评估与治理、矿产开发、工程勘察、工程物探、环境评价、环境监测、环境影响评价、环保工程、环保科研、环境监理、清洁生产、环境治理、节能评估、分析测试、测绘、遥感信息技术应用为一体的多学科地质调查与科研机构，是承担国家放射性矿产资源勘查任务的重点单位之一。现有职工279人，其中，在职职工175人，离退休人员104人；在职专业技术人员139人，管理人员29人；其中，教授级高工9人，高级工程师25人，中级职称49人，享受国务院政府津贴4人。办公地位于韶关市武江区科技工业园广前路。

资质情况　2003年通过ISO 9001质量体系认证，拥有固体矿产勘查甲级；水文地质、工程地质、环境地质调查甲级；地质钻探甲级；区域调查、地球物理勘查、遥感地质调查、分析测试乙级；测绘乙级；地质灾害评估、勘察与设计乙级；地球化学勘查丙级和地基基础工程检测等14个相关资质证书，是国家二级档案管理单位和国家二级保密资格认证单位，具备承担相应等级武器装备科研生产项目能力。

科研能力及成果　2016年，二九〇所共承担铀矿普查、资源潜力评价、生产中科研、铀矿远景调查等项目15项。投入钻机15台，完成钻探工作量28276.42米，优质孔率为100%，累计新增铀资源量（333+334）Xt，取得较好的科研生产成果，由中核集团地矿事业部组织验收的11个项目中，有7个项目被评为优秀项目，优秀率为63.6%。2016年，二九〇所被中核集团地矿事业部授予“十二五”铀矿找矿先进单位称号，同时获得“优秀机台”和“优秀机长”奖励各1项，获得“科技进步奖”2项、“找矿发现奖”1项，在国内各种学术期刊（核心期刊）发表论文10篇，申请3项实用新型专利和1项发明专利。

科研技术服务　近几年投入资金2000多万元对科研设备和生产设备进行更新改造，拥有2000米以上钻机5台、多功能数字测井仪、重力仪等一批进口先进技术设备。利用科技人才和技术装备方面的优势，开展技术开发和技术服务，加强与地方有关部门的合作，参与地方经济建设，在遥感信息开发利用、国土资源调查、矿产开发、地质灾害评估、环境评价和监测、各类样品分析测试、工程勘察、工程物探等方面承接大量的项目，其中，二九〇所环评中心承担多个国家环保部委托的核与核辐射安全监管科研项目，取得较好的经济效益和社会效益。　（罗媛媛　沈荣福）

▲2016年3月8日，韶关市人民政府与广东省农业科学院合作共建的广东省农业科学院韶关分院框架协议签订暨揭牌仪式举行　（市农业科技推广中心　供）

【韶关市生产力促进中心】　韶关市生产力促进中心（韶关市科韶开发中心、韶关市科技情报研究所、韶关市科技企业创业服务中心）是韶关市科学技术局直属正科级公益二类事业单位，实行四块牌子、一套人马办公。在编人数6人，大专以上学历5人，中级职称2人。2016年，该中心围绕科技发展大局，推进科技企业创业园建设、科技查新、科技统计、科技业务培训、科技创新券申领兑付、市级孵化器认定、创新基金项目验收和服务中小微企业创业创新。

科技服务领域延伸　承担市科技创新券申领、兑付服务和市级孵化器认定服务工作，对企业申报资料进行严格审核，组织省市专家对申报项目进行评审。2016年受理企业创新券申领项目29项，兑现9项，兑付资金171万元；受理企业申报市级孵化器5项，通过专家评审认定3家市级孵化器。

市科技企业创业园建设　新引进机械制造项目3个，组织创业园3家企业参加第五届中国创新创业大赛广东韶关赛区。开展基础设施维护，优化创新创业环境。园区有23个项目进驻入孵，园区入孵企业13家，培育出国家高新技术企业1家、省级民营科技企业3家，毕业企业3家。

服务企业创新　2016年围绕企业申报省、市科技计划项目需求，完成科技查新56项，解决企业申报政府科技计划项目的难题，帮助企业获得省和市科技计划项目40多项，立项资金超过400万元。

科技统计　确保统计数据反映发展水平。2016年按照省科技厅和市科技局部署和安排，完成各类国家级及省级科技创新统计年报和快报的统计及报送汇总等各项统计工作。　（刘锡禧）

【农业科学研究】　2016年，韶关市农业科技推广中心发挥广东省农业科学院韶关分院科技平台及科技优势，以承担实施国家、省、市级重大农业科技项目为载体，开展农业（农机）优良品种、先进技术的试验研究和示范推广。全年承担实施“国家重大农业科技推广服务试点项目”“省级农业科技园区建设项目”“省级农作物良种良法示范基地建设项目”等国家、省、市级农业科技项目共8项，试验鉴定农业优良品种464个，示范推广农业优良品种16个，示范推广作物高产栽培、设施栽培、测土配方施肥、水肥一体化等农业先进技术8项，生产受益面积超过1.33万公顷。其中，由市农业科技推广中心与湛江源泰种业公司合作攻关选育的杂优组合韶优766通过广东省农作物水稻新品种审定，申报国家植物新品种权属。

“广东省农业科学院韶关分院”揭牌成立运作　2016年3月8日，韶关市人民政府与广东省农业科学院合作共建的广东省农业科学院韶关分院框架协议签订暨揭牌仪式在韶关荷花园酒店举行。“广东省农业科学院韶关分院”在韶关市农业科技推广中心挂牌办公与开展科技业务，以仁化国家现代农业示范区古洋核心园区为研发平台，以粮食、水果、茶叶、蔬菜和特色农业产业等良种良法引进、试验、示范、推广为切入点，开展共建农业科技创新平台、重大课题项目研究、科技成果转化、农业产业化、农业科技人才培训、科技战略咨询活动等方面的合作。2016年开展“柑橘无病容器大苗设施栽培技术示范”“枣树新品种引进栽培示范”等2个科研项目，对韶关市7个县3个区进行农业生产调研和技术指导，承办广东省农业科技创新成果与韶关市新型农业经营主体对接会1场，签约24项科技成果合作意向，促进科技成果转化和农业科技创新与转型升级。　（徐永亮）

【林业科学研究】　韶关市林业科学研究所成立于1962年，是广东省认定的第一批非营利性的科研机构，隶属于韶关市林业局，正科级事业单位，位于韶关市武江区沐溪大道8号。2016年，在职职工65人（其中在职研究生2人，本科10人，大专18人，大专以上学历占46.2%；各类专业技术人员25人，高级职称3人，中级职称14人）。单位主要承担林业科研项目试验示范、珍贵良种苗木引种繁育、林业技术推广、林业技能培训等林业技术活动。

林业科研　2016年，韶关市林科所实施的国家、省、市科研项目共有4项。重点开展油茶良种良法的试验、示范、推广和优良乡土阔叶树种良种选育和高效栽培技术研究与示范工作，进行珍贵树种引种繁育、植物组织培养技术研究等林业科研项目。其中，中央财政林业科技推广资金项目《木荷等优良品种推广》和广东省林业科技创新专项资金项目《枫香等重要乡土阔叶树种优良家系选育和区域性试验》通过省林业厅组织的专家组验收，验收结果“优秀”。《重瓣一品红新品种锦上花的组培技术开发与应用》创新专项资金项目获得2016年韶关市科学技术进步二等奖。

林业技术推广　韶关市林科所通过专家出诊、现场教授、科技宣传、技术咨询等方式，开展油茶专题培训、乡土树种栽培技术等林业科学技术推广工作。

省级林木种苗生产示范基地建设　韶关市林科所省级林木种苗生产示范基地建设项目是以现珍贵树种繁育基地为基础，规划建设规模67公顷，种苗培育区14公顷，大苗培育区53公顷。2016年培育香樟、山杜英、木荷、枫香、火力楠、深山含笑、灰木莲、乐昌含笑、闽楠、桢楠、滇润楠、米老排、红锥等13个品种苗木130万株（其中100万株为无纺布营养袋苗，另30万株采用新型轻基质容器苗）；培育木荷、枫香、樟树、山杜英、深山含笑、火力楠、楠木（桢楠）等珍贵阔叶树种1年生营养袋苗35万株，为市森林碳汇造林等提供苗木。韶关市林科所承建“2014年广东省现代农业生产发展资金南岭茶叶产业带示范建设项目”，包括200万元“茶叶良种繁育基地建设”和100万元“茶叶科技支撑体系建设”项目。“茶叶良种繁育基地建设”项目完成建设4000平方米茶叶产业薄膜1号、2号温室，并通过专家组的竣工验收。

林业技能培训　韶关市林科所针对市林业专业技术人员开展继续教育和林业技能培训，培训专业科目学员316人次，选修科目学员206人次。

造林设计监理　韶关市林科所成立具有造林规划设计、监理资质资格部门，在造林设计上完成乐昌市石漠化综合治理（2012年、2013年）新建防火带、广东省森林碳汇重点生态工程（二期）2016年武江区造林、曲江区2015年森林碳汇林造林、曲江区2016年省级碳汇林抚育、曲江区2015年中央财政造林补贴、韶关市曲江区2016年度乡村绿化美化工程、韶关林场2016年度省碳汇造林、铁龙林场省级林木种苗生产示范基地建设等9个项目造林作业设计。在林业监理上完成“韶关市交通主干道（三边）森林景观改造项目”“乐昌石漠化综合治理林业工程”等项目的抚育的监理工作。韶关市浈江区2016年松材线虫病飞防项目（犁市镇梅村）和韶关市国营韶关林场2016年松材线虫病飞防项目（黄岗山工区）的监理工作通过专家组验收。　（谭景成）

【水产研究】　2016年，韶关市水产研究所更名为韶关市渔业技术推广站，加挂韶关市水产研究所、广东省（韶关）区域性水产试验中心、韶关市渔业资源增殖站牌子，增加以下工作职责：负责组织实施渔业科技成果和先进技术的试验、示范、推广；负责组织渔业职业技能鉴定；负责渔业专业技术培训；组织渔业技术推广项目验收、评审和鉴定工作。

水产科研项目进展　光倒刺鲃良种选育技术研究项目中，对光倒刺鲃遗传学研究取得重要进展。根据光倒刺鲃良种培育技术路线，分别选育出北江品系及长江品系子一代，利用北江品系及长江品系进行杂交，获得具有生长优势的杂交品系并推广养殖试验，效益显著。光倒刺鲃良种选育方面取得阶段性成果。北江水系光倒刺鲃种质资源保护与选育技术研究项目中，保存北江水系的亲本及后备亲本200余尾，保护其宝贵的种质资源；完成光倒刺鲃北江原种品系子一代的选育，获得一批种质纯正的北江品系子代，为该品系的良种选育奠定基础。

水产科技成果 2016年5月，韶关市水产研究所完成的科技成果"桂华鲮人工驯养及繁育技术研究与推广应用"项目成果获得2015年度韶关市科技进步三等奖。桂华鲮是珠江水系特有名贵江河土著经济鱼类，有较好的开发养殖前景。因过度捕捞、环境变化等原因，北江流域桂华鲮的种群数量极为稀少，其种质资源亟待保护。市水产研究所自2005年起开展桂华鲮人工驯养技术优化及全人工繁育技术的研究，先后突破和完善其驯养、亲鱼培育及人工繁育技术，提高人工驯养成活率及鱼苗繁育量，形成苗种批量生产能力，累计推广养殖及增殖放流苗种约60万尾。

水产科学技术推广 市水产研究所通过引导参观、示范讲解等方式传播现代水产、高产养殖等方面的技术及实践经验，开展水产科学技术普及、推广、技术咨询等工作，接待渔农、专业户、技术人员等300余人次。

苗种生产 开展名优鱼类的良种选育、苗种繁育及推广养殖工作，调整、优化苗种生产种类及数量结构。2016年生产及推广养殖三角鲂、光倒刺鲃、倒刺鲃、良种鲫鱼及桂华鲮等名优鱼类苗种约600万尾，为韶关市名优特色鱼类养殖提供苗种保障。（罗钦洪）

【韶关市畜牧研究所】 韶关市畜牧研究所成立于1978年，是韶关市农业局下属的畜牧科研事业单位，粤农〔2001〕233号文批准设立的16个广东省区域性农业试验中心之一。2016年有在职人员12人，其中高级职称1人、中级职称2人。单位主要负责畜禽品种改良、繁殖、选育的研究及有关技术的引进、试验、示范、推广、培训，承担畜牧业区域性试验、表证、示范的研究工作，负责地方畜禽遗传资源的调查与保护。

科研项目 向市科技局、省农业厅分别申报产学研、省级农业与农村项目三项，分别为《猪场智能保育系统关键技术研发与应用》《猪伪狂犬病流行病学和净化技术》和《生猪产业创新团队》示范基地项目，获得38.5万元资金扶持。对韶关市科技局2012年科技创新项目《新丹系种猪的培育技术研究》、2013年科技创新项目《猪地方品种资源的保种选育》进行项目验收。

梅花猪保种与繁育生产 制定《韶关市梅花猪品种资源保护及选育实施方案》，开展韶关梅花猪的引种、繁殖育种、营养和饲养规程等试验研究。猪场现有6个梅花猪家系，为梅花猪保种选育增加基因库，降低近交系数，2016年没有发现因近交系数的原因造成的遗传缺陷疾病发生。提高梅花猪的生产繁殖，15—50千克体重的猪只成活率从2015年的80%提高到98%，产房哺乳仔猪成活率从92%提高到93%。猪的品质有所提高。存栏猪只比例合理。在2016年3月前彻底卖掉110公斤以上的那一部分猪只，2016年12月31日存栏猪只575头，2016年10月31日存栏为280多头。

技术推广 开展畜牧科学技术普及、推广、技术咨询等工作。2016年，参加韶关市农业局组织科技下乡活动1次（仁化黄坑）、培训教师2期，技术人员下乡指导20多次，接待农户、专业户、技术人员等近50人次，不定期进行技术电话解答、现场传授、生产情况随访等工作。（钟 澜）

【矿产研究】 广东省矿产应用研究所原名地质部第九实验室，始建于1964年，是全国地矿系统唯一从事放射性矿产综合利用评价和放射性检测的专业实验室、国土资源部放射性矿产资源监督检测中心、国土资源部放射性与稀有稀散矿产综合利用重点实验室、广东省矿产应用研究所微量司法鉴定所，现隶属于广东省地质局，正处级事业单位。单位原址在乐昌黄圃，占地5.91公顷；韶关现址分设科研区（芙蓉东路108号）和职工生活区（新华南路19号），两区分隔2千米，占地2.66公顷。2016年有职工163人，其中在职69人，正高职称2人，高级职称13人，中级职称27人。硕士8人，本科48人，大专生2人，大专以上学历占84%。各位专业技术53人，在职人员年轻化，80后的职工有31名，占44%。退休94人，高级职称占40%。有仪器设备399台套，能满足各类矿石可选性试验研究与实验检测的要求。

业务范围及资质 业务范围为矿产的可选性评价、矿产资源综合利用研究、选矿工艺试验、冶金工艺试验、岩矿测试、岩矿鉴定、岩土试验、放射性检测、放射性环境地质调查与研究、水工环地质调查、地质灾害危险性评估与治理、工程勘查、环境影响评价、工程物探、微量物证鉴定等多个领域，具有地质勘查资质证书（地质实验测试：甲级）、国家级计量认证证书、ISO 9000质量体系认证证书以及微量司法鉴定许可证。

矿物组分和可选性研究 2016年开展项目7项，其中部公益项目1项：攀西钒钛磁铁矿稀散元素赋存状态及选冶关键技术研究；社会委托项目6项：包括台山朗南银多金属矿选矿试验、英德八宝铅锌银多金属矿选矿试验、祁阳县茶盘口高岭土选矿试验、湖南新晃鲍溪重晶石选矿试验、从化良口亚髻山霞石正长石地球化学特征及大地构造研究岩矿鉴定、龙川天堂山锡多金属矿实验流程试验等。国土资源公益性行业科研专项《典型微细粒矿利用新技术研究》通过课题成果验收，该所承担子课题《微细粒钼矿利用新技术研究》各项指标均达到甚至超过预期指标，完成任务书要求。在试验研究过程中探索出新型微细粒辉钼矿捕收剂KY-6，获得国家发明专利（专利号：ZL201410027819.7）。

废料处置和回收利用工艺研究 进行粗铟生产收尾工作，对浸出尾渣、熔炼渣等进行回收。开展《湿法处理ITO靶材及真空蒸馏提纯技术研究》工作，

以ITO靶材为研究对象，进行湿法冶金分离和真空氯化蒸馏前期研究，取得较好工艺指标，为后期制备精铟打下基础。结合国内外现有废水处理基础，研究应用膜技术处理工业废水新技术、新工艺，探索一条成本低、效果稳定、处理程度高工艺流程。利用该技术对仁化兴达、凡口铅锌矿等工厂废水进行试验研究，效果显著。对仁化兴达含铵氮废水进行一次性膜处理铵氮废水，铵氮废水符合国家工业排放标准，在处理废水同时，对废水中有价元素锌等进行二次回收，达到良好技术及经济指标；通过膜处理技术可使COD和其他阴、阳离子降到微量，可实现选矿废水合理回用，目前正在完善和推广该研究成果。

地勘、矿业开发样品测试和农业、生态地质工作　完成7163个批次、31600个市场样品检测。开展地勘类测试项目《大宝山矿业有限公司10000米探采空区工程》《广东省翁源县丘屋金多金属矿预查》《广东省潮州市应急水源地地下水资源监测与保护》《广东省韶关市新丰县桥全大石场石灰岩预查》《广东省韶关市地热资源调查》《广东省仁化县凡口铅锌矿外围勘查》等。与广东省地质实验测试中心共同开展土壤污染修复试验田项目进展顺利，初级阶段基本完成。

样品放射性指标测试和工程检测技术研究及应用　2016年完成土壤氡30批次16622个检测点，室内环境62批次1628个检测点；完成韶关市芙蓉新城安置房建设项目（芙蓉村、西联村、车头村）、韶关市食品药品检验所食品检验实验室建设工程、韶关市武江区龙归镇中心卫生院、韶关市武江区东岗小学（新建综合楼）、韶关市住房保障中心（红尾坑4—14号楼）等动力触探检测共20批1473孔。

科研项目申报及成果　2016年向省科技厅申报项目4项；向国家知识产权局申请发明专利两项，分别是《高分子复合絮凝剂及其制备方法》（专利号ZL201610075550.9）、《复合型无机高分子净水剂及其制备方法》（专利号ZL201610075549.6）。　（梁　导）

文化综述

【管理机构】　韶关市文化广电新闻出版局（简称市文广新局）成立于2005年3月，由原市文化局、广播电视局、新闻出版办三个行政管理部门调整归并组建而成，加挂市版权局牌子。韶关市文化广电新闻出版局是韶关市人民政府主管文化、广播电视、新闻出版、版权等方面的职能部门。内设9个科室。直属机构有韶关市文化市场综合执法大队。下属单位有韶关市文化馆、韶关市图书馆、韶关市博物馆、韶关市粤北采茶戏保护传承中心。2016年，市文广新局推进文化建设，加强公共文化服务体系建设，文化惠民工程实施展示新亮点，文艺精品创作生产呈现新气象，文化遗产传承保护实现新发展，文化交流合作项目取得新突破，文化产业和市场管理有新成果。

【韶关市一批基层文化单位获省级荣誉】　2016年12月22日，广东省人力资源和社会保障厅、省文化厅、省新闻出版广电局对第三届广东省基层文化工作先进单位和先进文化工作者进行表彰。韶关市有2个单位和4名个人获得表彰，其中乐昌市文化馆、乳源瑶族自治县民族文化传习馆被授予第三届“广东省基层文化工作先进单位”称号。乐昌市文化馆周丽萍、乐昌市九峰镇综合文化站李良城、翁源县博物馆罗胜奇、乳源瑶族自治县图书馆刘丽霞被授予第三届“广东省基层先进文化工作者”称号。

【基层综合性文化服务中心及文体广场示范点建设开展】　2016年，为贯彻落实《广东省人民政府办公厅关于推进基层综合性文化服务中心建设的实施意见》的要求，推进基层公共文化资源有效整合和统筹利用，提升基层公共文化设施建设、管理和服务水平，韶关市文广新局争取专项资金，推进20个综合性文化服务中心和13个文体广场建设，使群众在家门口就能享受的公共文化服务。

【韶关市11个文化馆达到三级馆以上标准】　2016年，全市11个文化馆在第四次全国文化馆评估定级中全部达到三级以上标准，其中，一级馆2个（始兴县文化馆、乐昌市文化馆），二级馆5个（浈江区文化馆、曲江区文化馆、仁化县文化馆、翁源县文化馆、南雄市文化馆），三级馆4个（韶关市文化馆、武江区文化馆、乳源瑶族自治县文化馆、新丰县文化馆）。2015年5—11月，中华人民共和国文化部组织开展第四次全国文化馆评估定级工作。经评估，拟确定全国上等级文化馆2550个，其中，一级文化馆1152个，二级文化馆675个，三级文化馆723个。

【县级图书馆、文化馆总分馆制试点工作启动】　2016年，为推动基层图书馆、文化馆（站、室）联运机制的建立和服务效能的提升，韶关将乳源瑶族自治县图书馆、乐昌市文化馆列为总分馆试点建设，推进县域公共文化资源的统筹利用和互联互通。

文化事业

【《南岭瑶族文化资源多媒体数据库》通过省专家组验收】　2016年1月7日，广东省专家组就《南岭瑶族文化资源多媒体数据库》建设项目到乳源进行验收。《南岭瑶族文化资源多媒体数据库》项目于2014年由广东省文化厅信息中心与乳源文化部门联合申报并获国家文化部批准，并于2015年正式启动，历时一年。项目集合数据库、资料库、档案库等多项功能，是广东首个少数民族文化数据库。收录上传《南岭瑶族文化资源多媒体数据库》的文字资料20多万字，照片3043张，视频录像23部，总时长263分钟；瑶族民歌音频33首，总时长221分钟以及瑶绣作品上百幅。

【莞韶两市签订文化精准帮扶协议书】 2016年10月26日上午，东莞韶关文化精准帮扶工作会议在韶关市召开。会上，东莞市文广新局与韶关市文广新局签订文化精准帮扶协议书，东莞市10个镇（街道）文化单位与韶关市10个县（市、区）文广新局分别签订结对帮扶协议书。根据帮扶协议，东莞将投入帮扶资金626万元，帮扶韶关市粤北采茶戏传承基地、韶关市乐昌花鼓戏传承基地、韶关市博物馆多功能DIY活动室等文化项目建设，并在三年内援助韶关建成一批具有示范性的基层文化站点。东莞还向韶关捐赠流动舞台演出车。

【韶关参加“广东省第十届少儿艺术花会”获奖】 2016年8月，在广东省河源市举办的广东省第十届少儿艺术花会上，韶关市选送14件舞蹈及书法美术作品参加花会，获得2枚银牌9枚铜牌3枚优秀的成绩。其中，少儿群舞《童瑶》获舞蹈类铜奖；少儿才艺大赛作品中，独舞《傣画》获得铜奖，独舞《红星照我去战斗》《在那遥远的地方》获得优秀奖。美术书法作品中，儿童画《大山里孩子的梦》获得美术类银奖，龚维一《楷书中堂》获得书法类银奖、陈凯瀛《楷书中堂》获得书法类银奖、线条画《绿来自手中》获得美术类铜奖、蜡笔画《书包带我去上学》获得美术类铜奖、彩砂画《微世界》获得美术类铜奖、写意国画《多植荷花地自清》获得美术类铜奖、杨嘉蓉《隶书中堂》获得书法类铜奖、陈鑫《行书中堂》获得书法类铜奖、周彧茜《楷书中堂》获得书法类铜奖。韶关市雅马哈音乐艺术中心被批准为第三批“广东省少儿艺术培训示范基地”。

文化活动

【2016年度全国农村电影“三下乡”活动在韶关启动】 2016年1月20日，2016年度全国电影“三下乡”活动启动仪式在乳源瑶族自治县举行，旨在让农村广大的群众能够共享中国电影发展的成果。国家新闻出版广电总局电影局巡视员、副局长毛羽，省新闻出版广电局局长白洁、副局长刘小毅，副市长王伟阳等出席活动。启动仪式上，国家新闻出版广电总局电影局、中国电影集团公司向韶关市赠送两套流动电影放映设备以及2000场农村电影放映场次。随后，500多名瑶汉同胞现场观看近期热门电影《寻龙诀》，这也是《寻龙诀》在全国农村地区的首映。

【农村电影放映工程推进】 2016年度，全市放映农村公益电影15892场，放映异地务工人员电影专场951场，完成任务数的110%，完成比例在享受省财政放映补贴的15个地级市中排名第二位，超额完成省下达的农村公益电影放映任务。

【第二轮农家书屋图书轮换试点工作开展】 2016年，韶关市开展第二轮农家书屋图书轮换试点工作。在各县（市、区）各选取5家书屋（共50家）作为试点单位进行图书轮换。试点工作开展期间，全市开展图书轮换（阅读）活动380多场次，出动流动书香车50多辆次，为农家书屋补充、更新出版物3万多册。

【韶关市首届音乐舞蹈花会举办】 2016年9月30日，韶关市首届音乐舞蹈花会在市中山公园举办。音乐舞蹈花会是韶关三大花会活动品牌之一，集中展示全市各地近年来新创编的几十个舞蹈、音乐作品。该届花会4天6场，其中4场比赛，选调全市各县（市、区）文化馆、大中小院校、艺术培训机构、群众社团等精心准备的音乐、舞蹈类精品参加比赛，参赛节目数量超过50个、演职人员达2000人。活动期间吸引近10万观众人次观看。经过2天、4场角逐和专家评委的评审，共评选出音乐类金奖4个、银奖5个、铜奖8个，舞蹈类金奖6个、银奖10个、铜奖14个，优秀组织奖4个。

【“我们的节日”庆元旦群众文艺演出活动】 2016年1月1日上午，由韶关市文化广电新闻出版局主办，市文化馆承办的“我们的节日”庆元旦群众文艺演出在市区中山公园中心舞台举行。演出主题是关于践行社会主义核心价值观、齐心共筑“中国梦”创文明城市等。演出包括舞蹈《妞妞闹春》《张灯结彩》，独唱《喜事多》，吉他弹唱，川剧变脸，《红梅赞》等特色节目。

【“我们的中国梦”——2016送欢乐下基层系列演出活动】 在新春佳节到来之际，由中共韶关市委宣传部、市文广新局主办，市文化馆承办的“我们的中国梦”——2016送欢乐下基层系列演出活动，旨在弘扬社会主义核心价值观主旋律，传播社会主义先进文化，营造浓郁的节日氛围，丰富群众文化生活。市文化馆组织广大艺术工作者深入到社区、乡镇、企业、军营等，表演文化节目，丰富精神生活。

【“幸福家庭·和谐社区”文艺展演暨2016年欢乐春节游园活动】 2016年2月8日（大年初一），韶关市委宣传部、市文广新局主办，市文化馆承办的“幸福家庭·和谐社区”文艺展演暨2016年欢乐春节游园活动在市区中山公园盛大举行。活动内容包括“欢乐广场，百姓舞台”、民间民俗大拜年、新春祈福纳祥、“金猴送宝”游园活动、“幸福家庭·和谐社区”文艺展演等。同时在中山公园举行的有贺新春书画笔会、猜灯谜等活动。

【庆“五一”群众文化广场系列活动暨韶关市粤北采茶戏保护传承中心成立专场演出】 5月1日，在韶关市中山公园文化广场开展庆“五一”群众文化广场系列活动暨韶关市粤北采茶戏保护传承中心（韶关市采茶戏剧院）揭牌成立仪式。副市长王伟阳、市委宣传部副部长李晓林等为活动揭牌，采茶剧院演员们表演一台粤北地方特色的采茶戏，吸引数千群众观看。

【永远跟党走——2016韶关市“百歌颂中华”暨庆祝建党95周年、纪念红军长征胜利80周年歌咏比赛活动】 2016年6月30日晚，7月1日晚在韶关市中山公园文化广场分别举行永远跟党走——2016韶关市“百歌颂中华”暨庆祝建党95周年、纪念红军长征胜利80周年歌咏活动歌手大赛、歌咏合唱决赛比赛活动，本次活动由韶关市文化馆承办。歌咏比赛分为歌手大赛和合唱比赛两大环节，各机关及县市区代表队以歌声表达对党的敬意。来自韶关学院的参赛选手蒋志伟以及来自韶关市粤北采茶戏保护传承中心的参赛选手贺琼获得本次歌手大赛比赛一等奖。韶关学院代表队、韶关市财政局代表队、韶关市教育局代表队获得本次合唱比赛的一等奖。

图书·文物·博物

【韶关各级公共图书馆、博物馆、文化馆免费开放】 根据中央和省关于公共图书馆、美术馆、文化馆免费开放的部署要求，韶关市各级公共图书馆、博物馆、文化馆加大力度，继续实施免费开放，使越来越多的人走进公共文化机构，享受文化的魅力，放大公共文化资源的社会效益。2016年，市博物馆接待参观总人数近60万人次，市图书馆接待读者32万人次。

【韶关地区公共图书馆第一届馆长论坛】 2016年6月23日至24日，韶关地区公共图书馆第一届馆长论坛在韶关市图书馆和仁化县格物图书馆举办。来自韶关地区各县（市、区）公共图书馆20多位馆长参加论坛。广东省立中山图书馆研究辅导部副主任、广东省图书馆学会副秘书长彭杰出席会议。此次论坛契合广东省图书馆事业发展的潮流与趋势，是韶关地区公共图书馆打破单一力量，最终实现互联的开始，促进韶关公共图书馆事业发展，加强馆际交流协作。

【“5·18”国际博物馆日宣传活动】 2016年5月18日，韶关各县市区博物馆结合“5·18”国际博物馆日开展丰富多彩的宣传活动。全市有近8万市民群众参与活动，活动悬挂21条国际博物馆日宣传横幅，派发文物保护宣传资料5000多册，10多条LED宣传信息全天滚动播放。

【韶关市博物馆年接待观众近60万人次】 韶关市博物馆现为国家二级博物馆、韶关市爱国主义教育基地，韶关市著名旅游景点，2016年市博物馆接待观众近60万人次。

【韶关市博物馆系列展览活动】 2016年，韶关市博物馆举办《“抗日战争在广东”巡回展》《市文联迎春书法展》《丹霞山摄影作品展》、韶阳楼《馆藏出土文物图片展》《共和先驱——纪念孙中山先生诞辰150周年特展》《南雄珠玑书画院万名世家书家书雄州诗词书法展》《王世同、刘晓鹏、廖杏光书画交流展》《突围·长征——纪念红军长征胜利80周年大型图片文物展》《纪念中国共产党建党95周年暨红军长征胜利80周年广东省美术作品展韶关巡展》《永远的丰碑，光辉的历程——韶关市纪念建党95周年图片巡回展》《重走长征路——岭南书画名家韶关行书画展》《风雅翁山——翁山诗书画院作品巡展》等18个非固定陈列展览，平均每月都有临时展览。

【市文广新局举办韶关市传统村落保护与可移动文物普查业务培训班】 2016年12月28日，韶关市文化广电新闻出版局在市博物馆举办韶关市传统村落保护与可移动文物普查业务培训班，市文广新局、市博物馆及各县（市、区）文广新局、博物馆相关领导和工作人员共50余人参加。培训班上，广东省第一次全国可移动文物普查办副主任邱立诚和广东工业大学建筑学院院长朱雪梅分别就“广东省‘一普’工作的开展和成果利用”和“岭南传统村镇特色价值与保护利用”两大主题做专题辅导。

文化市场

【韶关市建成网吧视频监控系统全面强化网吧监管】 2016年，韶关市文化广电新闻出版局投入100万元建设网吧视频监控系统，在网吧安装摄像头、高灵敏拾音器等设备，并在市文化市场综合执法大队设置监控中心，实现对市辖三区90家网吧实时监控，强化对网吧的监管。该系统具有实时调看、回放、下载等功能，网吧终端可以存储10天以内的监控录像。（张 健）

新闻出版

【韶关日报】 《韶关日报》是中共韶关市委主管、主办的机关报，1984年1月1日创刊。韶关日报社系公益二类正处级事业单位。实行党委领导下的社长负责制。现有领导班子成员7人，其中社长、总编辑、党委书记1名，副社长3名（其中1名副社长兼任纪委书记），副总编辑3名。内设13个科级部门。2016年有干部职工148人，其中事业编人员65名、退休人员35名、合同制人员48名。社党委设立5个基层党支部，拥有党员97名。韶关日报社主要负责编辑出版、发行《韶关日报》，每天12个版面，分为要闻、社会、经济、文化“四大版块”。按照构建现代传播体系思路，韶关日报社建成以《韶关日报》为主体，以《韶关日报·数字报》《韶风》《平安韶关》、韶关新闻网、韶关文明网、韶关政府新闻发布平台、韶关日报微信公众号、户外阅报栏、航拍业务和视频制作为一体的多方位立体传播体系，初步形成采编、经营“两分离”，传统媒体与新兴媒体“相融合”，优势互补，互相促进，共同发展的新格局。

年度主题宣传 2016年，韶关日报社深入宣传党的十八届历次全会和习近平总书记系列重要讲话精神，宣传党的十八大以来经济、政治、文化、社会、生态文明、党的建设取得的丰硕成果，引导全市干部群众更加自觉地在思想上政治上行动上与以习近平同志为核心的党中央保持高度一致，坚定不移地走中国特色社会主义道路；宣传报道全市在落实讲话精神、推进“三大主题”主要工作的战略部署、重大进展和具体实践，在市两会、党代会、建党95周年、红军长征胜利80周年等重要节点，推出专题报道；在围绕市委市政府中心工作方面，策划开展“两学一做”、创文巩卫、“新春走基层”“主动融入珠三角”等主题宣传和系列报道。加大民生新闻报道力度，办好房产、教育、汽车、保健、旅游、消费、财经等“周刊”，增加本地元素，服务韶关经济社会发展；办好“新闻调查”“内参”和“民情专报”，为政府提供决策参考依据。

融合改革发展 面对媒体变化的新情况，韶关日报社拓展新媒体发展领域，整合采编资源，成立和完善全媒体信息中心、全媒体技术中心，将视频、声像的制作，韶关发布、微信编辑与发布，非平面传播平台的采编、发布和后台监管工作进行专业分工，集中编辑，做到资源共享。对“韶关新闻网”等各个新传播平台进行全新的打造、改版，设置《北江评论》、直播韶关、深读韶关、县域等栏目。韶关日报微信实现“新闻早餐”语音播报。“韶关文明网”“韶关发布”等微信突出各自的特点和亮点。

多元开拓创新经营体制 根据媒体发展面临的新形势，探索报业经营发展的新模式，推出“项目制”和分线承包责任制，承办“文明旅游好司机韶关集结赛（始兴站）活动”，完成“鑫+装饰”网站建设，实现互联网在线DIY装修互动功能；拓展电子高端阅报栏向县（市区）辐射，实现新的突破，打造新的经济增长点。发行、广告、专题和其他项目均按计划完成全年经营目标。

完善管理机制 严格规范采编、经营、管理等主要工作领域的运作流程，强化内控管理，实行主要工作和重要领域风险防控和标准化工作流程。主要有：“收发文标准化运作流程”“采编风险防控标准化运作流程”“财务开支风险防控标准化运作流程”“物资管理标准化运作流程”等。在财经方面，坚持对经营、开支、财务等重点领域工作进行审核，聘请常年法律顾问对单位涉法工作、合同等进行把关和咨询，聘请第三方会计师事务所对单位财务进行内部审计和业务咨询。2016年，配合市审计局完成社长任期经济责任的审计工作。采取“请进来”“走出去”方式，进行员工政治理论与业务培训，提高干部员工的综合素质，加强干部队伍建设。（姚彦珊）

广播·影视

【机构概况】 韶关市广播电视台于2005年3月由原韶关市广播电视局及所属的电台、电视台等机构合并而成，为市直正处级公益二类事业单位。2016年有内设科级部门15个，全台干部职工513人，其中离退休116人，在职397人，有高级职称8人，中级职称103人。2016年，该台加快媒体融合发展，全面实施“一三九”（瞄准一个总目标、坚持一个总战略、书写一篇好文章、推进三大平台融合发展、建立三大支撑系统、实施三大提升工程、做好九方面重点工作）发展方略，广电影响力提升。

【广电管理效能提升】 实行扁平化管理。按照媒体融合发展的要求，理清部门职责，重构内容生产和经营部门，2016年全台内设机构由19个减少到15个。其中，新组建全媒体新闻中心、广播节目中心、电视节目中心、新媒体中心，再造生产流程，基本形成“一次采集、多种生成、多元传播”立体化传播新局面。新设产业发展中心，探索“广电+”产业布局，为经营转型打下基础。提升管理部门效能，理顺办公室、人事监察科、总编室、财务科等6大管理部门职能，条块管理职责更清晰。初步探索双向选择、竞争上岗机制。组建物业管理中心、车队，强化后勤保障。全年投入230万元用于新建办公电梯、铺设专业光纤、更新办公设备、室内墙体翻新等项目，改善台机关大院、东院及融创园TV8的办公条件。

【韶关广播电视收视收听率上升】 2016年，韶关广播、电视收视收听率在全国70%广电媒体收视收听下滑的大背

▲2016年11月21日，由韶关市广播电视台承办“相约韶关 触摸未来”2016全国媒体大型联合采访活动启动
（李胜选 摄）

▲2016年6月23日，韶关广电媒体融合与传媒产业创新园揭幕，正式开园
（李胜选　摄）

景下实现上扬，市场占有率领跑区域市场。其中，广播收听及市场占有率在韶关地区位列首位。在韶关落地的110个电视频道中，电视收视率和市场份额由2015年的前8名提升到前4名。“全市新闻联播”“民生关注”“县市区连线”“新视点”等自办品牌栏目，收视率比2015年分别增长135%、148%、122%、225%。韶关广播、电视全年投入近百万元，实施内容生产提升工程，对全台栏目全面改版升级。

【新闻宣传强化】　2016年，韶关广播、电视实行每周一重点、每月一主题、每季一系列的宣传策划，强化全媒体组织实施，完成韶关市第十二次党代会、市委十一届九次全会、各级“两会”等重大会议宣传；重点推出《聚焦两会 绘就蓝图》《主动融入珠三角》《城市提升》《纪念建党95周年》等新闻专栏；策划“崇尚实干、大抓落实”“振兴发展三大主题工作”“红军长征在粤北”“两学一做”“精准扶贫”等重大主题宣传；承办“3+3”大型全媒体异地采访活动、“相约韶关 触摸未来”全国媒体大型联合采访活动。其中，在联合采访活动中，邀请到包括新华社、中新社、央视等27家中省媒体，完成航拍、纪录片、微视频、新媒体等作品47条，系列作品在中省媒体的新媒体端阅读量有800多万次，并通过中央、省级卫视和多个海外频道向全国、全球传播韶关形象，传播振兴发展正能量。12月22日，在新一届市委常委与新闻记者见面会上，市委书记江凌对该台运用无线韶关移动客户端、韶关民声网微信公众号三次对市第十二次党代会现场直播报道给予充分肯定。

【广电精品创作】　2016年，韶关市广播电视台的广播电视作品获得省级以上奖励34件。其中，大型抗战纪录片《血铸河山之烽火弦歌》获中国广播电视协会电视社教节目系列片一等奖；纪录片《抗战中的中共广东省委（1938—1942）》获2015度广东省广播影视作品一等奖；纪录片《万里长征第一步：借道粤北》获得“光影纪年”2016第六届中国纪录片学院奖。

【经营创收】　2016年，在全国城市台经营收入普遍持续下滑的情况下，该台经营创收实现逆势回升，同比增长49.7%。以“广告栏目化、栏目活动化、活动规模化和品牌化”的融合思路搭建经营平台，重构媒体与客户关系。成功举办媒体融合现场推进会暨全媒体资源推介会，与鑫金汇集团等13家省内外知名企业签订战略合作伙伴，实现互利共赢。以“广电+”理念，开发多元化、多样化的产品和服务，创新发展媒体新业态，构建广电产业链。创办“媒体融合与传媒产业创新园——融创园TV8”，在园区布局影视创意制作、演艺培训、青少年素质拓展、电视购物等10余项“广电+”产业发展项目。开园以来，有3家企业入驻，并与广东省电影协会、杭州梦想小镇等多家企业达成共建园区的战略合作意向。

【媒体融合发展】　2016年韶关广播电视台制定并实施《韶关广播电视台加快媒体融合发展工作方案》（简称媒体融合“1334”规划布局）。三大平台（以广播、电视、韶关民声网、周报为核心的广电传统媒体，广东IPTV印象韶关专区为核心的网络媒体，无线韶关移动客户端为核心的移动媒体）融合发展，初步形成广电传统媒体与新媒体协同融合、一体化发展的格局。推进高清采编播、全媒体发布、大数据存储应用三大支撑系统建设。探索内容生产流程再造、大数据综合应用媒资云平台、全媒体立体传播体系、影响力评价四大工程。2016年新媒体矩阵实现“爆发式”增长，粉丝总量160万+。其中，韶关民声网用户数94万+，韶关民声网微信公众号粉丝25万+，韶关民声网微博粉丝8万+，比2015年分别增长43%、38%、81%。

【广电基础设施建设】　2016年，韶关广播电视台高标清系统改造项目建成并投入使用，采、编、播系统及高清转播车迈入全高清时代。通过项目专项申请、自筹等举措，投入340万元用于广电设施设备更新换代和维护，重点完成七二二台高压线路改造、微波机房搬迁，微波中心供电变压器改造、信号监测系统升级、皇岗山发射点搬迁等工程，其中七二二台高压线路改造工程被省技术中心评为工程项目三等奖。配合省新闻出版广电局推进中央、省台节目地面数字无线覆盖工程，完善刊播制度，广播电视信号传输全年实现安全播出。

【市属新闻媒体全面深化改革工作】　2016年10月27日，韶关市委全面深化改革领导小组第六次会议审议通过《关于韶关市市属新闻媒体深化改革的指导意见》（简称《指导意见》）。该《指导意见》的出台前后历时9个月，经过2次市委书记专题会议研究、5次相关部门集体研究、市委宣传部4次书面征求意见，几经易稿，为市属媒体改革做好顶层设计、路线图、时间表。年内该台按照《指导意见》要求，初步制定《韶

关市广播电视台全面深化改革实施方案》，推动改革创新。（李胜选）

档　案

【概况】　韶关市档案局与韶关市档案馆为局馆合一体制，一套人马两块牌子，是韶关市政府直属正处级参照公务员管理事业单位。韶关市档案局主要履行档案行政管理职能，韶关市档案馆是韶关市综合性国家档案馆，集中统一管理全市档案的文化事业机构，是永久保管韶关市有关政治、经济、文化、科技等档案的重要基地，是全市经济建设、政治建设、社会建设、文化建设、生态建设和科学研究等各方面工作利用档案资料的中心。韶关市档案局（馆）内设机构6个，定编24人，2016年有在职人员20名。全市设有档案行政管理部门11个、国家综合档案馆11个、专业档案馆1个。2016年，韶关市档案局（馆）围绕市委、市政府的工作大局，履行档案行政管理和保护利用双重职能，做好各项工作并取得积极成效。

【重大公务活动声像档案】　做好每天《韶关新闻》的录制工作，2016年录制324集。完成2015年、2016年市领导公务活动照片的冲洗工作。制作完成《蓝佛安同志在韶工作影集》。做好市委书记政务活动跟踪拍摄以及照片资料归档工作。全年外出拍摄214批次，收集韶关市第十三届人民代表大会第六次会议、中央政治局常委、中央书记处书记刘云山莅临韶关调研等韶关市重要政务活动照片4800多张，制作《江凌同志在韶关工作影集》。

【建立区域性档案修裱中心】　2016年4月，韶关市档案馆投入近50万元建立档案修裱中心。派出3位工作人员参加省局专项培训学习，提高档案修裱技能。根据《广东省区域性档案修裱中心管理办法》，制定修裱中心工作职责、中心的管理制度、修裱操作流程等，健全中心工作机制，经常性邀请省档案局技术处档案修裱专家到市档案馆现场指导重点档案修裱工作。修裱中心于2016年9月正式投入运作，中心配备2名专职工作人员，对市档案馆待修裱的档案进行梳理。截至2016年底，修裱495页破损馆藏重点档案。

【重点项目档案监督指导】　2016年，韶关市档案局加强全市重点建设项目档案的行政监管和技术咨询服务。与水务局、供电局、公路局、路桥公司等单位的联系，做好项目档案监督指导，并对广东储备物资管理局七三三处建设项目参建单位的档案人员进行业务培训；完成始兴县罗坝河治理工程（丰收陂至顿岗大桥段）项目档案专项验收工作。强化与韶关工业园区管委会的联系，推荐3家民营企业参加省民营企业档案工作协作组，并跟踪开展咨询指导工作。

【档案目标管理工作推进】　2016年，韶关市档案局（馆）加强对各单位归档工作的业务指导。加强对韶关市技师学院、乳源瑶族自治县纪委、南雄市纪委、国家统计局韶关调查队、武江区航道所档案综合管理和晋级工作的业务指导，完成韶关市技师学院、国家统计局韶关调查队、乳源瑶族自治县纪委和南雄市纪委档案综合管理晋升省特级的验收工作。通过现场和电话咨询对全市100多个市直和企事业单位的文书、业务档案归档工作进行指导。完成市直30个机关事业单位的档案工作年度督导任务。

【民生档案工作】　为推进韶关市农村土地承包经营权确权登记颁证归档工作的全面铺开，2016年6月底与市农业局联合召开全市农村土地承包经营权确权登记颁证档案管理工作培训班，市、县、镇三级土地确权工作负责部门和档案部门的主管领导及经办人员100余人参加学习，为做好韶关市农村土地承包经营权确权登记颁证档案归档工作培训骨干，奠定基础。

【档案资源体系建设】　2016年，韶关市档案局（馆）突出资源建设，夯实档案工作基础。做好档案收集工作，丰富馆藏资源。全年接收各门类档案1825件（卷），征集接收各类资料229册，整理23家破产企业的文书、基建、会计档案共903卷，接收23个单位的政府信息公开目录93份，政府信息公开文件1138份。健全馆藏档案目录数据库，加强档案管理。全年录入馆藏档案目录98875条，完成180477条馆藏档案机读目录的

▲2016年8月，韶关市区域性裱糊中心正式成立并运作。图为市档案局领导在裱糊中心视察档案裱糊情况　（韶关市档案局　供）

校对。做好档案利用服务工作。市档案馆2016年接待来人查阅档案资料359人次，调阅档案资料787卷，复印摘抄2381张。做好国家重点档案开发利用工作。完成国家重点档案普查工作，启动国家重点档案文件级目录的规范化建设工作，在馆藏5069卷珍贵档案中筛查出214卷、4116件、12909页抗战档案上报国家档案局数据库。

【档案安全管理工作】 2016年，韶关各地档案部门未发生一起重大安全事故。严格遵守库房的各项规章制度，坚持"以防为主、防治结合"的原则，按照"十一防"要求，每天做好库房温湿度的测量、登记、调节与控制工作，2016年投入近10万元新添置档案防虫消毒设备1台，添置馆库温湿度记录仪2台，更换破损库房大门，改善档案保管条件。做好库房定期巡查和馆藏档案的翻检工作，发现问题及时解决。完善档案安全保管责任制，重大节假日前夕坚持领导实地巡查制度，注重库房的卫生和安全检查工作，确保档案实体安全。

【档案数字化工作】 2016年完成600卷、5696件、63021页馆藏档案数字化扫描数据的验收工作。珍贵馆藏档案数字化扫描数据总量达到2892卷，43994件、243595页，占馆藏档案的3.4%。加强对县级馆档案数字化工作的指导，定期下县现场指导档案数字化工作，帮助解决黑点清除、页面纠正、数据编号、软件更新、分辨率调整等技术性问题，规范业务流程，提高数字化扫描工作效率，确保数字化数据安全。

【档案信息化建设管理】 加强档案信息网络维护，定期对档案信息网做好网站更新维护。做好档案信息网改版升级的后续工作，完善信息网的功能。2016年，档案信息网站阅览量为5846人次，累计浏览人数为361090人次。帮助各机关单位维护软件164次，电话咨询指导94次，升级和新装档案管理软件7套。

【档案编研工作】 2016年，编辑《韶关市档案利用事例选编》一书；编辑4期《韶关档案》杂志；做好市党政主要领导公务活动信息收集及编写；完成《韶关大事记》和《韶关年鉴》《地方志》档案章节部分的撰写。

【档案宣传展览】 韶关市档案局利用各种馆库设施功能，开展服务社会活动，主动推出各类档案宣传精品。印发《2016年〈韶关档案〉宣传工作要点的通知》和《韶关市档案局2016年"国际档案日"宣传活动方案》，创新宣传方式及内容指导全市档案部门开展宣传活动。举办"档案与民生工程摄影展"，征集100多幅档案人拍摄的民生工程照片，筛选20组（幅）优秀作品制作展出并收藏进馆。配合市委宣传部和市文广新局做好"韶关市纪念建党95周年图片巡回展"，为展览提供馆藏图片和档案材料，协助市政府完善孙中山北伐纪念馆展厅布展。做好档案宣传报道工作，扩大档案工作的宣传覆盖面和社会影响力，2016年在地市级以上媒体刊物发表文章34篇。

【档案工作人员教育培训】 2016年5月上旬，韶关市档案局在市委党校举办第66期档案工作人员岗位培训班，培训学员213人，并为学习合格的学员颁发岗位培训证书。 （张福志 王爱青）

党史·地方志

【概况】 中共韶关市委党史研究室前身为中共韶关地委党史资料征集、党史资料研究办公室，成立于1981年8月。韶关市人民政府地方志办公室的前身为韶关市地方志编纂委员会，成立于1985年9月。此后两个机构几易其名。至2001年8月，韶关市委党史研究室与韶关市地方志办公室合并为韶关市史志办公室。2015年7月，韶关市史志办公室更名为中共韶关市委党史研究室（韶关市人民政府地方志办公室）两块牌子，一套人马，合署办公。2016年，韶关市党史、地方志各项工作形成编史修志主业突出、其他各业齐头并进的全面协调发展格局。至2016年底，全市有史志工作机构人员编制47个，在编人员46人。全市累计完成党史一卷6部，党史二卷7部（其中乳源县为第一卷、第二卷合订本），党史三卷正在编修中，内部出版1部（南雄人民革命史）。全市累计完成第一、二轮志书共20部，其中第一轮市志1部、县区志8部，第二轮市志1部、县区志10部；编纂出版市级综合年鉴1种13部，县区级综合年鉴10种68部，专业年鉴2种35部；韶关市、各县市区召开自然村落历史人文普查全面启动会议，落实机构、人员、经费，完成普查前期调查工作；建立省市县资源共享的市县级地情网站11个，曲江区、乐昌市、浈江区、仁化县地情网访问量突破百万；申报广东省地方志资源开发利用项目立项14项，结项6项，发挥资政育人作用；已建和已立项各级方志室1个，服务功能不断拓展。

【党史三卷编写】 市室在2015年资料收集和纲目编写的基础上，推进《中国共产党韶关历史（1978—2002）》编写工作。为确保党史三卷的编写质量和进度，市室采取多项措施。形成主要领导亲自抓，分管领导具体抓的领导机制。形成编委会协调、专家顾问具体统筹、科室跟踪落实的工作机制。不定时召开编写人员碰头会，汇总、分析、解决存在的问题及困难。截至2016年，初稿基本完成。县（市、区）方面，始兴党史一卷出版发行；各县（市、区）党史二卷全面扫尾；仁化党史三卷送省委党史研究室（简称"省党史室"）终审，其他县（市、区）党史三卷都启动并作为部门主要工作开展。

【党史专题研究】 《朱德革命活动在韶关》一书历时三年，几易其稿。2016年市室召开该书送审稿评议会，送出版社审稿。该书作为朱德在韶关开展革命活动的重要史料，填补多项空白，也获得中央党史研究室、省委党史研究室专家的一致肯定。《广东省革命遗址通览（韶关市）》出版发行。《中央苏区县（南雄卷）》完成撰稿并送省委党史研究室审核。《始兴革命史迹通览》出版发行。《云髻山飞出的雄鹰——红军早期领导人李任予》进入二审。《改革开放实录第二辑》的三篇稿件全部入选，并参加省委党史研究室组织的审稿会。《改革开放实录第三辑》确定6个专题并报省党史室。报送“大跃进”时期农田水利建设的专题材料。各县（市、区）党史部门针对部门发展现状和存在困难，撰写调研报告上报省党史室。做好红色军事文化遗址普查。第三届全国党史文化论坛征文、广东中央苏区历史研讨会征文、2016年度党史课题研究征稿等专题和论文的撰写，市室人员稿件入选并参加社会主义制度确立暨中共八大召开60周年学术研讨会和纪念澎湃诞辰120周年研讨会，撰写有关习仲勋在韶关、杨家寨、犁铺头、红军长征在粤北等文章报送至《红广角》、广东党史网等省级刊物发表。协助完成《韶关革命历史文献资料汇编》上下册、《韶关革命老区图文集》《北江农军参加南昌起义》等书籍的编辑和审稿工作。

【配合红军长征胜利80周年开展系列工作】 市室为纪念红军长征胜利80周年和朱德诞辰130周年，在《韶关日报》上开设3个专版介绍红军长征过粤北和朱德率南昌起义部队转战粤北的史实和历史意义。市室作为主办单位之一参与筹备以“长征突围——红军长征在粤北”为主题的纪念红军长征胜利80周年图片展，落实市委的要求做好红军长征过粤北的史料征集研究和材料撰写。市室参与“永远的丰碑，光辉的历程——韶关市纪念建党95周年图片巡回展”。全市党史系统配合省室完成《长征：永远讲不完的故事》和《图说长征》电视素材、图文集的资料收集。仁化参与“红军长征过境粤北纪念馆”选址并做好相关党史资料佐证。

▲11月29日，中共韶关市委党史研究室举办党史专题讲座暨《朱德革命活动在韶关》（送审稿）评议会 （李武辉 摄）

【党史宣传利用】 该室分管方志工作的副主任作为市“两学一做”宣讲团分团团长到各县（市、区）及市直系统宣讲党史。市级专人负责成立党史宣讲团。邀请中央党史专家研究员王新生到韶关市开展党史专题讲座，提高党史系统人员的业务能力和对党史研究的认知。协助市委宣传部做好爱国主义教育基地申报。始兴编印《始兴红色经典》内部党史教育读本。全市党史系统向有关单位提供历史资料，如为军分区军史馆的筹建提供大量粤赣湘边纵队、北江支队的资料；为老干局提供建国前教育机构有关材料，解决人员待遇问题；提供有关叶发青、陈汝棠、张显歧等史料，提高党史资料的利用价值。

【自然村落历史人文普查取得阶段性成果】 韶关市自然村落历史人文普查试点工作于2015年10月在始兴县司前镇启动，2016年3月基本结束。2016年2月，召开全市自然村落历史人文普查工作会议，全面启动普查工作。韶关市共有自然村落9761个，自然村落浈江区最少，有311个；乐昌市最多，有1921个。10个县（市、区）在3月至4月陆续召开自然村落历史人文普查全面启动会议，市地方志办分赴各县（市、区）开展普查培训，做到培训全覆盖。4月，按照省地方志办部署，在普查中，优先开展古驿道沿线自然村落调查。截至6月底，基本完成全市5条主要古驿道、5个驿站、67个驿铺、200余处遗迹的调查，报送调查资料1000余万字，电子资料超过7G。市、县、镇三级普查机构全部落实。自然村落历史人文普查全面启动以来，全市地方志工作者用不到50名地方志工作者的力量，推进全市9761个自然村落的历史人文普查工作。2016年11月印发《韶关市自然村落历史人文普查经费以奖代补方案》。2016年的主要用于县（市、区）的以奖代补资金52万元落实到位。各县（市、区）争取落实20万元~30万元不等的普查经费。特别是仁化县、武江区的分管领导亲自下到镇、村检查督促普查工作，增强基层普查工作的信心。采取高校合作的方式推进普查工作。如浈江区与韶关学院政管学院、仁化县与韶关学院旅地学院采取合作普查方式，成效显著。聘请退休的老教师、专家专项负责。如乐昌市、仁化县、始兴县、新丰县。加强沟通协调。各县（市、区）基本建立县级普查交流QQ群、微信群等，及时解答普查中发现的疑难问题。重视普查宣传。市地方志办在韶关日报、韶关电视台新闻综合频道、经济生活频道黄金时段分别刊发宣传专版、播出宣传标语，多个县（市、区）在电视台播出宣传标语；全市分别印发普查简报或动态；南雄市、新丰县、始兴县印制宣传册；新丰县发布普查通告。加强督促检查。市普查办多次到各县（市、区）各县（市、区）的普查办人员深入各镇（街），督

▲2月24日，韶关市自然村落历史人文普查工作会议召开，标志着全市自然村落工作正式全面启动
（李武辉　摄）

促检查普查工作。截至12月，全市普查完成普查表填表8694个、平台录入4446个、调查初稿4649个、总纂1608个、初审2553个、复审1360个，普查表填表完成率90%，初稿完成率50%。市普查办对递交上来的始兴县司前镇、澄江镇，乐昌市沙坪镇、秀水镇、廊田镇进行初步审核。普查进度较快的仁化县全部完成910个自然村普查表的填写、平台录入、初稿撰写、总纂、初审，复审856个，复审进度94%。其他调查初稿完成率在50%以上的县（市、区）有浈江区、武江区、曲江区、乐昌市、新丰县。

【地方志资料年报常态化发展】 全市地方志资料年报工作自2013年开展以来，进入常态化发展阶段。各单位和部门逐步认识到资料年报工作的重要性，一些原来一直没有报送资料的单位，2016年相继全面完成志书下限年以来的补报工作。截止2016年，市直单位2015年度报送任务完成率88%，志书下限年2001—2011年度补报完成率40%。韶关市地方志办注重年报质量的提高。争取承报单位的支持，比如市政府办一直没有报送资料年报，经市地方志办领导与政府办分管领导多次沟通并上门指导，市政府办于2015年完成2001—2011年、2012年、2013年、2014年度的补报。加强审查验收，市地方志办资料年报验收组对每份年报进行审查验收，对不合格的年报退回给承报单位修改，确保年报资料的质量。加强沟通指导，通过OA、电话定期催报和在线指导，及时解决发现的问题。县（市、区）的资料年报工作也取得长足进展，其中仁化县完成志书下限年以来的补报任务，审查验收年报资料约9000余万字，步入当年报送的正轨，受到省地方志办多次表扬。

【地方志资源开发利用】 地方志资源开发利用自2013年开展以来，取得一定成效。2016年，全市结项资源开发利用项目4个，其中《新丰乡情》影响较大，该书图文并茂的介绍新丰的风土人情，是全市资源开发利用项目较为成功的典范。结项阶段项目2个，中国历史文化名村——石塘报省地方志办结项，乳源瑶族传统村寨调查申请结项。实施的项目5个，包括曲江“库区人家”曹角湾文化保护与旅游展、马坝人和石峡遗址历史文化景区建设规划、仁化恩村古村、始兴石下古村落资源开发利用、翁源县治历史变迁，各项目进展顺利。2016年的资源开发利用项目为浈江区、武江区、曲江区3个区的自然村落历史人文普查，进展顺利。

【综合年鉴常编常新】 自2009年年鉴划转地方志机构以来，逐步走向正规。2016年，完成《韶关年鉴（2016）》的编纂出版发行工作。各县（市区）也完成2016年年鉴的编写，除南雄没有做到当年出版外，其余县（市、区）都做到“一年一鉴，当年出版，公开出版”。韶关年鉴在做好规范化发展的同时，注重提高编纂质量。10月，韶关年鉴加入中国出版协会年鉴工作委员会，增加跟同行学习交流的机会。9月，召开《韶关年鉴（2016）》出版前评议会，特别邀请广东年鉴社社长莫秀吉到会指导培训。对《韶关年鉴（2016）》的结构进行调整，对全市概况、四套班子、民主党派等条目进行调整。参加省里举办的年鉴培训班，提高编纂人员水平。《乐昌年鉴（2016）》《仁化年鉴（2016）》进度较快，于9月出版发行。在“第十六次全国地州区县年鉴研讨会暨第五届年鉴编纂出版质量评比颁奖大会”上，《乳源年鉴（2014）》《浈江年鉴（2014）》获得综合二等奖，《仁化年鉴（2014）》《乐昌年鉴（2013）》获得综合三等奖。市地方志制定《韶关年鉴编纂规范（试行）》，规范全市综合年鉴编纂。

【地情宣传教育】 全市地情网站自2009年陆续建成以来，实时更新，及时上传史志动态、综合年鉴等内容，利用地情书籍和史志业务信息这些特色栏目，吸引读者，增强网站实用性。全市地情网站点击访问量日益增加，浈江区、乐昌市访问量突破100万次。探索“互联网+史志”新模式，开通韶关史志公众号，将其与韶关市地情网链接。编印《韶关地情宣传册》，普及地情知识。拍摄制作韶关市情短片《韶关风韵》，宣传韶关。

【地方志工作拓展】 仁化影印《仁化县历代方志集成》（上下卷），乐昌对康熙五年、康熙五十八年、同治八年、民国二十年四套《乐昌县志》古籍进行点注、勘校、整理重新出版。市地方志指导《韶关发电厂志》编修。曲江指导编纂《罗坑镇中心坝村志》。仁化指导《仁化县人民检察院志（续编）》（2006—2014）编修。始兴全面开展村史修编工作，20多个村出版，30多个村完成初稿。仁化启动《石塘村志》编修。新丰拟启动《秀田村志》编修。

（朱彩云）

卫生·体育

卫生综述

【卫生概况】　2016年，韶关市有医疗卫生机构637家，其中，医院57家，卫生院103家，门诊部28家。固定资产29.47亿元，业务用房面积1271178平方米。医疗机构床位数16856张，比2015年增加808张，增长5.03%，常住人口拥有病床5.7张/千人。卫生人员总数（含村卫生站）24663人，比2015年增长5.63%，其中，卫生技术人员19700人，占人员总数的79.88%，比2015年增长7.64%；中级以上职称人员5424人、大专以上学历人员12751人；执业（助理）医师7303人，注册护士8599人。每千常住人口卫技人员6.66人，执业（助理）医师2.47人，注册护士2.91人。2016年，韶关市拥有村卫生站1493个，村卫生站拥有执业（助理）医师354人，注册护士40人，乡村医生和卫生员1284人。

【计划生育概况】　2016年，全市人口计生工作总体水平呈稳步发展态势。全市常住人口出生36200人，出生率为13.11‰，自然增长率为7.05‰，政策生育率为97.01%，其中一孩出生17315人，一孩率为47.83%，二孩出生17511人，二孩率为48.37%，政策外多孩出生235人，政策外多孩率为0.65%。比省下达的常住人口出生45200人、自然增长率指标8.6‰分别少9000人和低1.55个千分点。完成省下达的计划任务目标。

医政管理

【疾病预防控制】　2016年，完成全市传染病疫情直报虚拟专网全覆盖建设工作，成立第三届韶关市预防接种异常反应调查诊断专家组、韶关市卫生计生局防控寨卡病毒病专家组，加强高致病性禽流感、群体性不明原因疾病、急性传染病的监测、预警和处置工作，开展蚊媒密度监测工作，每月、每季、每年定期开展重点急性传染病疫情风险评估和突发事件公共卫生风险评估。全市无甲类传染病报告，乙丙类传染病发病20468例，发病率698.21/10万，发病数同比上升18.12%，发病率同比上升17.58%。全市报告1例实验室确诊登革热病例，为境外输入性病例，未出现二代病例。完成全市预防接种门诊评审及分级，对综合医院产科接种点、村级接种点、犬伤门诊等进行考核验收，组织开展二类疫苗预防接种专项检查，按时落实国家新的脊髓灰质炎疫苗免疫策略，继续维持高免疫接种率，免疫规划疫苗接种率保持在95%以上。2016年，全市报告HIV/AIDS病例1281例，其中HIV感染者590例、AIDS病人691例，死亡328例；65岁以上老年人健康管理人数229427人，高血压规范管理人数108880人，糖尿病规范管理人数34356人。建立全市严重精神障碍患者救治救助工作联系会议制度和信息报送制度，配合综治、公安完成全市严重精神障碍疾病排查工作。2016年严重精神障碍患者管理人数17411人，检出率5.97‰。完成全市预防与控制梅毒规划和麻风病防治规划中期自查评估工作，完成全市麻风病愈后存活者调查工作，现有麻风现症病7人。维持血吸虫病消除状态通过国家现场复核。完成重点职业病监测与职业健康风险评估等工作，完成职业性放射性疾病监测与职业健康风险评估和医疗卫生机构医用辐射防护监测工作。

【卫生应急管理】　2016年，重点加强人感染高致病性禽流感、手足口病、登革热和新发急性传染病等严重威胁公众安全的重大突发公共卫生事件的预警监测和防范应对工作。及时处置突发公共卫生事件9起，分别为误食毒蘑菇引起的食物中毒1起，家庭误食野生蜂巢中毒事件1起，诺如病毒感染性腹泻病暴发疫情4起，流感暴发疫情1起，手足口病暴发疫情1起和乙脑病例1例；及时处置韶关新丰县布鲁氏菌病事件1起。2016年6月，组织韶关市疾控中心，在韶关始兴县罗坝镇开展突发公共卫生事件应急队野外应急拉练，拉练内容包括洪涝灾害应急消杀技能、个人防护服穿脱、野外生存技能、队员体能锻炼、队伍协作机制建立等应急技能培训。完成卫生系统突发事件风险隐患排查和整改工作。

【卫生综合监督】　规范窗口管理，提高窗口效能。2016年该局窗口办理各类卫生行政许可事项1359件，接受业务咨询4675余件，提前预约上门服务975件，提前办结率100%。开展预防接种监督检查工作，组织对各县（市、区）二类疫苗使用情况开展督导检查，结合《国务院关于修改<疫苗流通和预防接种管理条例>的决定》及国家卫生计生委对《传染病防治卫生监督工作规范》作出的修改调整，对疫苗尤其是二类疫苗使用和管理工作进行具体部署。加强公共场所的卫生监督管理，按照国家卫生城市的要求，对市辖两区1460间公共场所实施监督巡查工作，通过国家卫生城市暗访。推进学校卫生综合评价工作，按照“试点先行、分步推进、动态管理”的原则，2016年对全市127所学校开展学校卫生综合评价工作，评出优秀学校（A级）14所，合格学校（B级）106所，不合格学校（C级）7所。逐步建立县乡村一体化的食源性疾病信息报告系统，按照省的部署，全市实现食源性疾病监测医院覆盖所有二级以上医院。加大卫生监督行政执法查处力度，2016年立案查处各类违法行为45宗（含简易程序），罚款8.69万元，没收非法所得9.09万元。

【家庭医生服务】 在全市10个县（市、区）全面开展家庭医生签约服务工作，通过开展“滚雪球式”的家庭医生式服务团队骨干培训提升团队的服务能力。2016年，全市组建服务团队535个，签约130329户，建立健康档案数200664份，为60岁以上老年人、0~6岁儿童、孕产妇、慢性病患者等重点人群提供服务251325万次。

【群众满意乡镇卫生院创建】 组织开展“群众满意乡镇卫生院”创建活动，提升基层医疗卫生机构服务能力。韶关市有乐昌市坪石镇卫生院等9间卫生院被国家卫生计生委评为“2015—2016年度群众满意的乡镇卫生院”。

【基层卫生岗位练兵】 2016年9月，韶关市卫生计生局与韶关市总工会联合举办2016年韶关市基层卫生岗位练兵和技能竞赛市级选拔赛，通过活动充分调动基层医疗卫生专业技术人员学习和工作的积极性。韶关市选手参加广东省的竞赛，获得一个二等奖，三个三等奖。

【基本药物制度实施】 2016年，全市各级医院基本药物使用率三级医院为35.1%，二级医院为51.3%，县级公立医院改革试点医院为56.7%。加大培训力度，提高用药安全性。为促进临床合理用药，提高用药安全性，举办基本药物、抗菌药物临床应用、麻醉药品和合理用药培训班，2016年培训业务骨干500多人次。

【医疗安全管理】 2016年5月，开展医院感染管理。对全市18家医疗机构进行预防控制院内感染和血液透析管理工作专项检查。2016年8月，组织开展医疗机构危险化学品管理的安全大检查，重点检查医疗机构危险化学品安全管理，制度落实情况。开展临床合理用血培训班，对全市二级以上医院临床用血进行专项检查，提高临床用血水平，促进临床科学合理用血。

【就医体验改善】 2016年8月，粤北人民医院继全国首家开通微信就诊全流程服务平台后，推出病历面向患者开放工作，在院病人签订病历开放知情同意书后，本人和亲属凭授权密码等登录信息即可通过手机APP查看住院运行病历，了解医嘱、检查结果、病程记录、手术记录、医疗费用等内容。粤北人民医院获得国家卫生计生委授予“改善医疗服务示范医院”。

【平安医院创建】 2016年9月，配合市综治办和韶关电视台完成“平安医院”专题记录片的拍摄工作。2016年10月12日，印发《关于在全市医疗卫生机构开展医患纠纷人民调解工作及医疗责任保险投保工作的通知》，推进医疗责任险全覆盖，进一步规范公立医疗机构的医疗责任赔偿制度。2016年11月15日，联合市综治办、宣传部、人民法院、检察院、公安局、司法局等七部门制定印发《韶关市严厉打击涉医违法犯罪专项行动施方案》，打击暴力伤医等涉医违法犯罪行为，健全医疗机构安全管理制度。督促各地各医院按照广东省医疗机构医疗纠纷应急处理预案制定本院的医疗纠纷应急处理方案并开展演练，协助调解医疗纠纷93宗，其中90%处理完结。

【用血安全保障】 2016年1月1日起，全市全面开展血液核酸检测项目，有效降低经血传播疾病的风险，确保血液质量和安全。连续18年实现临床用血100%来自无偿献血。加大无偿献血宣传力度，创新宣传形式，举办血站“公众开放日”、纪念“6·14”世界献血者日宣传活动，让社会各界了解无偿献血工作，参与到无偿献血工作中来。

【大型义诊健康活动】 2016年9月3日，开展“服务百姓健康行动”大型义诊系列活动，赢得社会各界和广大群众的一致好评，全市有62家医疗机构，334名医务人员参加，服务人数达19400人次，派发健康知识宣传资料13203册，收住患者19人，减免患者费用30314元。

【大型医院巡查】 为加强对公立医院的监管，维护医院公益性，促进医院健康发展，保证医疗质量和安全，2016年10月，组织相关专家开展为期四天的大型医院巡查工作。从医院的行风建设、医院管理、财务管理、医疗质量、护理质量、药事管理、安全管理等方面对韶关市大型医院的工作进行督导检查，针对检查中发现的问题和情况提出改进建议和意见。

【中医药服务能力提升】 持续推进中医药健康管理工作，加强全市医疗机构中药饮片管理，为辖区常住累计19.66万的老年人和儿童提供中医药服务健康管理服务。开展省名中医师承项目集中理论培训，2016年9月9日，举办弘扬

"大医精诚"主题演讲表演大赛暨中医药传统技术比武活动，全市各中医院及市属综合医院中医科的医务人员37人参加比赛。推荐国家中医药健康旅游示范区（基地、项目）申报创建工作。推进市直医疗机构精准帮扶南雄市乌迳镇中心卫生院中医帮扶项目工作。

【分级诊疗试点】 2016年1—2月，部署启动全市分级诊疗试点工作，全面开展宣传发动工作。2016年3月，南雄市和仁化县先行启动分级诊疗试点工作。试点县（市）均落实医疗机构主体责任，建立分级诊疗和转诊规范化程序，开展分级诊疗政策及相关知识的宣传，引导患者科学合理就医。2016年两个试点县（市）共上转607人，其中县内转诊124人，县外转诊483人。

【公立医院改革】 2016年6月，粤北人民医院正式托管乳源瑶族自治县人民医院，加挂"粤北人民医院乳源分院"院名。粤北人民医院将利用其品牌、技术、人才和管理优势，创新医疗服务体制，采取措施，输入优质资源，将粤北人民医院乳源分院打造成医疗技术、服务水平市内领先的县级综合医院，确保三年内实现乳源县群众大病不出县，县域就诊率达到90%的目标。推进临床路径管理工作，加大二级以上医院实施临床路径管理工作推进力度，扩大实施临床路径的覆盖面和病种范围。

【城市公立医院综合改革】 2016年5月，印发《韶关市城市公立医院实行药品零差率改革实施方案》，2016年6月，以破除医疗机构"以药补医"机制为切入点，全面实行公立医院取消药品加成改革。

【全市首届"韶关好医生"评选】 2016年5月，韶关市卫生计生局、韶关市文明办联合组织开展全市首届"韶关好医生"评选活动。活动受到全市各医疗单位、医务工作者和广大市民群众的关注和参与，网络投票10多万人次。经推荐、投票、审核、公示等环节，最终评选出林晟铠、植昌嘉、江继荣、刘兰军、刘一鸣、陈亚洲、赖葵凤、胡广平、钟德福和曾祥毅10人为首届"韶关好医生"。

计划生育

【计划生育目标管理责任制考评】 在广东省2016年度计划生育目标管理责任制落实情况综合考评中，韶关市以及所辖的武江区、南雄市、仁化县被评为优秀等次，浈江区、翁源区被评为良好等次，曲江区、始兴县、乳源瑶族自治县、乐昌市、新丰县被评为合格等次。

【优生健康优质服务】 2016年，在全市实施"全面两孩"政策，以计划生育"幸福家庭"创建活动为抓手，推进免费孕前检查、出生缺陷防控项目等基本公共卫生惠民工程。落实免费孕前优生健康检查，为25636人提供检查；为31054人提供地贫血常规初筛服务，终止中重型地贫胎儿24例；全市免费补服叶酸2.7万人；落实出生缺陷综合防控项目，为12465人提供产前唐氏干预检查，确诊14人；为19175人提供产前结构畸形超声筛查干预检查，确诊43人；为24169人提供新生儿代谢病筛查；为16389人提供新生儿听力筛查。武江区、浈江区获"2014—2016年全国计划生育优质服务先进单位"称号。

【计划生育惠民政策】 2016年，韶关市落实计划生育奖励扶助金6978.98万元，其中，农村部分计划生育家庭奖金1067.24万元（8146人），发放率95.1%，计划生育家庭特别扶助金763.33万元（974人），发放率100%，城镇独生子女父母计划生育奖励金2962.76万元（30667人），发放率100%，广东省农村计划生育"节育奖"2137.28万元（33994人），发放率100%。

【依法行政】 2016年11月3—4日，组织举办2016年全市卫生和计划生育依法行政培训班。培训班对新形势下计划生育政策进行解读，对广东省生育登记和再生育审批等内容进行培训。共培训市县卫生计生工作人员、卫生计生执法骨干165人，增强各级卫生计生工作人员依法行政的意识和能力。

【"两非"整治】 2016年8月19日，印发韶关市整治"两非"（非医学需要的胎儿性别鉴定和选择性别人工终止妊娠）专项行动实施方案。2016年8月23—24日，召开全市10个县（市、区）的出生人口性别比集中整治专项工作会议。全年打击"两非"工作立案9宗，办结案件5宗。

【流动人口卫生计生服务管理】 截至2016年9月，韶关市流出流入半年以上的流动人口765459人，其中，流出半年以上的有608242人，已婚育龄妇女有188267人；流入半年以上的有157217人，已婚育龄妇女有34927人。为在辖区居住半年以上的流动人口建立电子健康档案112164人，建档率75.7%；辖区内居住满3个月的0—6岁流动儿童7253人，接种国家免疫规划疫苗6910人，接种率95.3%，建立接种档案6703人，建档率97%。2016年为辖区内流动人口319对夫妇进行孕前优生健康检查，对流动孕产妇进行产前随访，随访率82.5%，产后视访率83.3%。对0—6岁流动儿童家庭视访率为82.7%，定期健康检查率为78.2%。全市免费为流动人口落实计划生育技术服务834例，常见病普查942例。

全市开展流动人口卫生计生服务管理专项活动，活动中清查出租屋、商铺、工地、住宅小区、厂区宿舍、窝棚等29662个（间）；新建流动人口信息档案卡5430人；清理无效人口信息档案4164人；接收PADIS协查信息2360条，已反馈2359条，反馈率为99.96%；接收省内业务通报信息7763条，处理7763条，处理及时率100%；集中开展流动人口宣传活动359场次，参加人次39421，发放宣传资料140126份；为流动人口提供基本公共服务，新建健康档案5758份，新增孕产妇健康管理档案405人，为儿童预防接种4063人次，提供计划生育服务4027人次；省内流入人口出生158人，政策内出生154人，政策生育率为97.5%，跨省流入人口出生217人，政策内出生203人，政策生育率为93.6%，政策外多孩出生4人，政策外多孩率为1.8%；为流动人口办理电子婚育证明889人次；本次专项活动韶关市投入经费239.35万元。（孙　欣）

爱国卫生

【机构概况】 韶关市爱国卫生运动委员会（简称市爱卫会）是负责组织领导、统筹协调全市爱国卫生和防治疾病工作的机构。单位定编8名，内设公共卫生科、综合科。下设办公室（简称市爱卫办），是市爱卫会的常设办事机构，承担着委员会的具体工作，负责爱国卫生工作日常的组织协调、综合调研和督导检查，是参公管理副处级事业单位，挂靠市卫计局。

【韶关通过国家卫生城市复审】 韶关市于2009年成功创建国家卫生城市，2013年通过首轮国家复审，根据《国家卫生城市评审和管理办法》有关规定，2016年是新一轮复审考核之年，4月底前为省级考核，5月至12月为国家考核。2016年1月，韶关市巩卫工作通过省级暗访；4月6日至8日，省爱卫会检查组对韶关市巩卫工作进行复查，通过听汇报、观看录像、查阅建档资料和深入现场实地进行全面检查考核后，认为各项考核指标达到标准要求，同意通过省级复查。9月和11月，全国爱卫办专家组先后对韶关市巩固国家卫生城市进行暗访，各项指标基本达到国家卫生城市标准要求。

【卫生镇村创建】 2016年，全市新创建国家卫生县城1个（翁源县城），省卫生镇1个（乳源必背镇）；创建市卫生镇18个，省卫生村12个，市卫生村168个，市灭鼠达标镇18个。

【病媒生物防制活动】 2016年，韶关市爱卫会制定《2016年韶关市病媒生物防制工作计划》《韶关市开展除“四害”孳生地本底调查的通知》等有关文件。先后举办市辖三区除四害培训班，对市直及浈江区、武江区、曲江区街道办（镇）、社区居（村）委干部职工负责病媒生物防制工作人员560人进行培训。11月，组织召开市区物业小区安装四防装置布置会议，要求物业公司做好四防装置安装工作。组织专业队伍对城区主次干道、公园、广场、河堤等公共场所开展集中消杀，消灭“四害”密度控制在国家标准范围之内。加大城区病媒生物防制基础设施建设，对芙蓉新区的高铁站广场、韶关大道等主要干道广场新安装“灭鼠屋”设施，对原有的市区公共场所绿化带“灭鼠屋”进行更新维护。在省爱卫会专项考核中，病媒生物防制通过省的复审。省爱卫会重新确认韶关市鼠类、蚊类、蝇类密度控制水平达到B级标准，蟑螂密度控制水平达到C级标准。（陈洁莹）

▲2016年7月5日，韶关市举办基本公共卫生服务慢病管理全面健康生活方式行动培训班（徐志鹏　摄）

公共卫生与疾病预防

【重大传染病监测】 截至2016年12月11日，韶关市无甲类传染病报告。法定传染病报告发病数19797例，较上年同期16819例上升17.7%，其中乙类传染病8199例，较上年7792例上升5.2%，丙类传染病16819例，较上年9027例上升86.3%；报告死亡数41例（其中艾滋病19例、肝炎11例、肺结核5例、狂犬病2例、手足口病3例、流感1例），比上年上升5.13%。

【突发公共卫生事件处理】 2016年，韶关市在“突发公共卫生事件管理信息系统”上报突发公共卫生事件（不含未分级）3起，其中2起级别为较大，1起为一般级别，2起较大级别事件分别为食物中毒事件和急性职业中毒事件，食物中毒事件因误食有毒蘑菇引起，发病5人，死亡3人，波及5人；急性职业中毒事件由一氧化碳中毒引起，发病5人，死亡4人，波及4人；一般级别事件为流行性感冒引起的丙类传染病事件，发病54人，波及3186人，无死亡病例报告；事件起数较上年同期持平。报告未分级事件13起，均为传染病类事件，共发病263人，无死亡病例报告。

【艾滋病监测防治】 根据艾滋病疫

情网络直报系统定时统计，至2016年11月30日，住址在韶关市累计报告HIV/AIDS病例1284例，报告新发艾滋病病毒感染者156例。抓好艾滋病综合监测和防治体系建设，开展戒毒所哨点监测和看守所日常监测共6117人次，自愿免费咨询检测6460人次。加强重点人群行为干预，对14362人次流动人口、吸毒人群等对象开展艾滋病知识培训和专题宣传等干预活动，派发宣传资料34663份。提高艾滋病防治措施质量，韶关市应随访HIV/AIDS人数1360人，完成随访1337人，随访率98.3%。

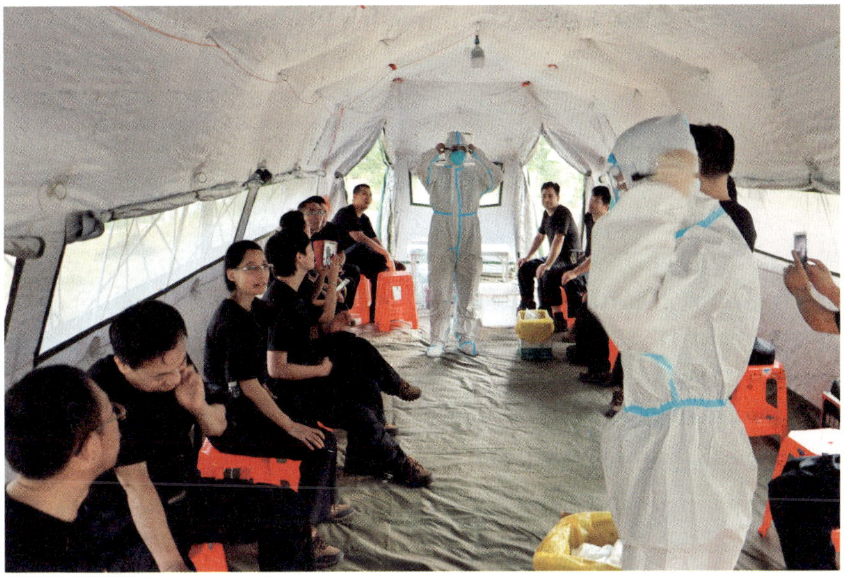
▲2016年6月23日，韶关市疾控中心疾控突发事件应急队始兴车八岭拉练演练
（徐志鹏 摄）

【高血压、糖尿病、老年人管理项目】 截至2016年11月30日，韶关市35岁以上居民首诊测血压人数215080人，已管理高血压、糖尿病人数分别为160719人、45595人，规范管理高血压、糖尿病人数分别为106499人、31702人，血压、血糖达标人数分别为95366人、30009人。全市纳入管理的老年人230114人，免费体检106161人，进行老年人保健指导113119人次。1—11月，韶关市区各医疗机构共报告例慢性病病例20972例，其中高血压15134例、糖尿病5838例，已分发至各县（市、区）和市区各社区卫生服务中心、乡镇卫生院建立专档和规范管理。

【全民健康生活方式行动】 2016年，韶关市10个县（市、区）全面启动全民健康生活方式行动。截至12月，全市开展健康生活方式、慢性病相关知识现场活动及媒体宣传、技术培训42场次，直接参与人数约7000人、发放宣传品分数20000余份、发放控油壶、限盐勺等健康支持工具4000余套。“行动”至2016年年底，全市创建11个健康社区、11个健康单位、10个健康食堂、8个健康餐厅、1个健康小屋，培养健康生活方式指导员600名。2016年新创建武江区龙归镇中心卫生院、龙归社区、龙归镇政府饭堂、重阳镇卫生院、重阳社区、重阳镇政府饭堂、韶关市疾控中心、江湾社区、韶关市疾控中心饭堂等9个健康支持性环境示范点。

【团队健走竞赛】 2016年，依托南雄市省级慢病综合防控示范区，韶关市疾控中心、南雄市疾控中心、南雄市卫计局、南雄市体育局等4个团队，组成15个小组近150人参加全国265个慢病综合防控示范区共同参与的“万步有约”职业人群健走激励大奖赛。通过佩戴计步器记录每天的健走数据，累计积分，在全国各示范区之间、各省之间、省内各示范区之间、示范区各小分队之间，开展四个维度、为期100天的团队健走竞赛。

【免疫规划】 2016年，韶关市卫计局、教育局联合印发《韶关市入托、入学儿童预防接种证查验指导方案》，规范入托、入学儿童预防接种证查验的技术流程和管理。市卫计局成立市级预防接种门诊评审专家组，历时7个月，于2016年3月24日完成全市预防接种单位的评审、分级和考核验收工作，并对全市的预防接种单位进行公布，规范预防接种单位设置和资质管理。全市有124间预防接种门诊，42间产科接种点，97间村级接种点，105间犬伤门诊。

【三价脊髓灰质炎减毒活疫苗停用】 2016年4月22日，韶关举办“脊灰疫苗免疫策略转换相关工作进展培训班”；4月29日对tOPV（三价口服脊髓灰质炎疫苗）进行清点、封存；5月1日正式停止使用；5月10日逐级回收到市疾控中心；5月11日将全部封存回收好的tOPV交由取得市级以上人民政府环境保护行政主管部门许可的医疗废物集中处置单位处置；5月3—5日和5月16—20日，市卫计局两次组织对全市脊灰疫苗免疫策略转换核查时，均未发现冷链中有tOPV，bOPV（二价脊髓灰质炎疫苗）和IPV（灭活脊髓灰质炎疫苗）严格按储存要求存放，使用情况良好；5月31日前韶关市按省脊灰疫苗转换工作进展时间要求完成全部tOPV回收销毁及相关核查认证工作。

【重点寄生虫防治监测和信息管理】 截至2016年12月12日，韶关市报告1例输入性疟疾病例，经粤北第二人民医院院确诊为恶性疟感染，经过抗疟治疗，痊愈出院。经调查，该病例家人及周边人无类似感染症状。韶关市连续30多年未发现活钉螺和新感染的血吸虫病人。2016年3月，曲江区作为广东省维持消除血吸虫病状态复核的现场之一，通过国家考核评估专家组的复核评估。血吸虫病原疫区曲江区、仁化县和翁源县均按时按质填报血吸虫病防治系统的有关表格，为消灭血吸虫病的巩固提供依据。

【公共环境健康监测】 2016年，韶关完成省食品风险监测任务36类662份，其中，自行抽样集中送检化学污染物部分的监测样品28类488份，自行抽样自行检测2类60份，完成监测计划中食品中微生物和致病因子的监测样品19类114份的监测任务。

【公共场所和生活饮用水监测与评价】 截至2016年11月30日，监测旅馆业、公共浴室、文化娱乐场所、美容美发、商场、候车室等各类场所315户，合格299户，合格率94.9%；监测布点1225个，开展消毒效果监测5497份，监测各类样品24711项次，合格24671项次，合格率99.8%。监测市政供水出厂水、入厂水及末梢水116份，检测各类指标3916项次，全部合格。二次供水监测6份，合格6份；检测各类指标187项次，合格187项次。9月中旬完成对12家住宿场所、8家公共浴室、26个游泳场所、7个商场、3个候车室等公共场所的监督抽检工作。

【医疗机构消毒质量监测】 2016年，全市监测各级医疗机构418间次，抽检样品4812份，合格率93.2%；监测幼儿园119间，抽检样品1491份，合格率84.3%。其中市区监测各级医疗机构7间次，抽检样品188份，合格率87.8%；监测幼儿园2间，抽检样品32份，合格率为84.4%。

【病媒生物密度监测】 截至2016年11月，布放回收鼠夹2161个，鼠密度为0.68%；布放回收捕蝇笼111个，蝇密度为1.36只/笼；布放回收粘蟑盒1119个，蟑密度为0.84只/盒，侵害率为7.69%；布放回收诱蚊灯163盏次，蚊密度为18.99只/灯；诱蚊诱卵指数（MOI）监测：自2016年4月起，各县（市、区）城镇区域全部启动，全市投放诱蚊诱卵器10267个，回收9642个，全年平均MOI为9.75，其中5—10月的平均MOI超过密度控制指标；布雷图指数（BI）监测：全市105个乡镇的监测覆盖率81.9%，共调查40062户，全年平均BI为4.86，其中5—8月的平均BI超过密度控制指标。

【疾控应急野外拉练】 2016年6月下旬，韶关市疾控中心突发公共卫生事件应急队到始兴县罗坝镇开展野外应急拉练。拉练内容包括洪涝灾害应急消杀技能、个人防护服穿脱、野外生存技能、队员体能锻炼、队伍协作机制建立等应急技能培训。拉练活动有26名中心应急队员参加，中心5台应急车辆协同拉练。

【卫生检验与质量控制】 按照《检测和校准实验室能力认可准则》《检验检测机构资质认定评审准则》的要求，韶关开展年度检测结果有效性控制、检测仪器期间核查、仪器设备检定校准、内审和管理评审等质量管理工作。截至2016年12月12日，各类检测报告总数717份，其中医院消毒效果检测10份、公共场所卫生检测320份、生活饮用水检测361份，食品检测2份，应急检测25份，食具检测3份检测报告及时率100%（717/717）；事故发生率为0；客户投诉率为0；质量监督员完成质量监督工作记录88份，未发现不符合项。

（温劲翠）

卫生监督与执法

【机构概况】 韶关市卫生监督所是韶关市卫生和计划生育局下属的执法机构，是参照公务员法管理的公益一类副处级事业单位。主要工作职责包括公共场所卫生、学校卫生、生活饮用水卫生、医疗机构、采供血机构监督和传染病防制、职业卫生和放射诊疗机构监督等各项卫生监督工作。下设8个科室，核定编制44名。2016年有干部职工40名。2016年，在国家、省卫生监督业务微课竞赛中获得1个全国二等奖，1个省一等奖、2个省三等奖；1个行政执法案例被省卫生和计划生育委员会评为优秀执法案例。

【卫生监督信息化建设】 2016年，全市填报公共卫生领域监督记录2956条，建库率100%，向省市媒体和相关部门报送信息40篇。办好“韶关卫生监督信息网”，2016年通过网站对外发布各类通讯报道200余条次。

【卫生监督协管网络建设】 2016年，韶关市10个县（市、区）共聘用近300名卫生监督协管员，卫生监督协管网络覆盖全市97个乡镇卫生院和9个社区卫生服务中心。据不完全统计，全市全年在公共卫生领域巡查公共场所4101户次，二次供水128户次，学校1282户次，提供线索409条，协助各级卫生监督机构立案14宗。2016年9月，韶关市卫生监督所承办广东省卫生监督所在韶关举办的“2016年区域卫生监督协管工作培训班”。通过理论和实际相结合的培训模式，为惠州、河源、清远、韶关4个市（县、区）卫生监督所培养卫生监督协管骨干。

【卫生监督设施设备补充更新】 2016年，韶关市卫生监督所补充、更新甲醛分析仪、游离氯检测仪器、ATP荧光检测仪、α、β/γ便携式表面污染仪、X、γ射线防护测量仪、测距仪等一批公共卫生监督快速检测设备，全市公共卫生监督技术能力得到提高。

【公共卫生应急演练】 2016年10月18日，韶关市卫生监督所在仁化县某游泳场馆，举办游泳场突发公共事故应急演练。7个县和1个区的卫生监督所派卫生监督员参与演练。在演练过程中，各演练单位能掌握泳池水卫生监督现场快速检测工作技能。

【卫生监督业务培训】 2016年，韶关市卫生监督所举办各类监督员培训班4

期，培训卫生监督员105人次；举办被监管对象培训班8期，培训被监管对象544人次；举办卫生监督业务培训2期，164人次参加培训。

【卫生行政许可效率提高】 2016年，韶关市卫生监督所受理发证科办理各类卫生行政许可事项1471件，接受业务咨询4875件，提前预约上门服务987件，提前办结率100%。通过行政审批系统（含自动报送业务）办理业务（含许可和非许可）占所有业务的比例为95%以上，办事深度三级。

【公共场所日常卫生监督】 2016年，韶关市卫生监督所对82间新、改、扩建公共场所经营单位开展建设项目卫生设计审查工作，对82间竣工单位实施卫生学验收工作。完成176间新办卫生许可证申请单位的现场审核、118间复核申请单位的复核、37间单位的变更申请，注销公共场所经营单位77间，完成263间单位的延续审核，完成754间申请单位的卫生审核工作。对全市1331间公共场所经营单位进行巡查，监督覆盖率85%。引导213家经营单位完成卫生许可证办理工作。监督检查中书写检查笔录968份，发出限期整改意见书630份。

【公共卫生重点监督检查】 2016年，全市抽检五类公共场所124间，并对124间经营单位进行卫生管理制度落实情况调查。

【公共场所卫生监督量化分级管理】 2016年，韶关市卫生监督所对1331间公共场所单位实施卫生监督量化分级管理，包括302间住宿场所、890间美容美发场所、56间文化娱乐场所、60间公共浴室和23间游泳场馆。市卫生和计划生育局对评审结果进行审核，评出A级单位15间、B级单位131间和C级单位1185间。新评级A级2间、B级9间、C级88间。

【公共场所卫生专项监督检查】 2016年，开展健身室专项检查。对全市40间健身场所进行卫生监督专项检查，其中35家健身场所持有效“卫生许可证”，5家未取得“卫生许可证”。截至2016年12月，卫生设施和管理不符合卫生要求的健身场所均整改完毕并基本达到相关的卫生要求。同时对5家未取得“卫生许可证”的单位，督促办理“卫生许可证”。2016年10月，中山市卫生监督所对韶关市住宿场所卫生监督工作进行双随机交叉检查，在市辖区和曲江区分别随机抽取卫生信誉等级为A级和C级的住宿场所各1家。中山市卫生监督所检查组对韶关市住宿场所卫生监督工作成效表示认可。

【公共卫生突发危害健康事故的预防管理】 2016年，韶关市卫生监督所对辖区内各类型的公共场所1356间进行多次全面的监督检查，发出整改意见869份。年内辖区未发生突发公共卫生事件。

【医疗机构日常监督】 2016年，韶关市卫生监督所完成市区内105家医疗机构执业许可证年度校验、22家换发证的现场审查工作、18家医疗机构新发证审核、34家医疗机构设置资料和现场审查工作、13家医疗机构申请变更审查工作、1家合并医疗机构延伸点审查工作、12家医疗机构注销，完成16家医疗机构母婴保健技术服务许可证年度换证现场审查工作。对辖区内222家医疗机构开展巡回卫生监督，监督覆盖率达100%，并对33家存在不良执业行为的医疗机构进行记分处理。

【血液交叉检查专项监督检查】 2016年，韶关市卫生监督所根据广东省卫生监督所印发的《关于开展血液安全交叉检查工作的通知》要求，对辖区内的2家单采血浆站，清远的三个单采血浆站两个采浆点进行血液交叉检查工作，对不符合相关要求的单位下发《卫生监督意见书》限期整改。

【医疗机构医疗废物集中处置和污水处理情况专项行动】 2016年，韶关市卫生监督所开展辖区内医疗机构医疗废物集中处置和污水处理专项卫生监督检查，检查医疗机构162家，有污水处理的医疗机构24家，对27家在医疗废物管理工作中存在不规范行为的医疗机构作不良行为记分处理，下发《卫生监督意见书》限期整改。

【重点卫生监督抽检专项检查】韶关市卫生监督所对“韶关市联进纸业有限公司”“韶能本色集团南雄纸业公司”进行传染病防治监督抽检。对全市的二级及以上医院进行年消毒产品监督抽检。对市区范围内4家医疗美容机构（1家美容医院、3家含有医疗美容科的医院）进行医学美容机构使用药物专项监督检查。对所有全市具有接种资质单位，包括1家疾控中心、8间新生儿预防接种医院、5家预防接种门诊进行强预防接种专项监督检查，对3家不符合要求的单位责令整改。对市区内的2家餐饮具集中消毒单位开展餐饮具集中消毒单位卫生监督监测专项行动。对辖区内的2家三甲医院开展专项监督检查。

【医疗卫生机构传染病防治分类监督综合评价试点】 2016年，韶关市卫生监督所从全市医疗机构中抽选出2家三级医院、31家二级医院、113家一级医院、54家其他医疗机构、9家疾控机构、1家采供血机构开展传染病防治监督综合评价工作，举办1期县区监督员培训，2期医疗机构负责人培训。

【“号贩子”和“网络医托”整治】 2016年，韶关市卫生监督所对市区内人流量较大的医疗机构如粤北人民医院、韶关市妇幼保健院、韶关市中医院、韶关市第一人民医院进行随访，与当地公安部门建立联效机制。

【学校卫生监督】 2016年，韶关市卫生监督所对市区内85间学校进行学校传染病防控监督检查。完成对韶关市区69

间学校的教学、生活环境监督检查；对主城区44间学校使用现场快速检测仪器开展学校卫生综合评价监测工作，通过100余项指标的现场监测和评价，44间学校的学校卫生综合评价结果分三个等级，其中优秀11间、合格33间。对4间供水设施、消毒剂余量都不符合要求的学校限期整改。

【市区二次供水及管道分质供水单位卫生监督管理】 2016年，韶关市卫生监督所对韶关市区48家二次供水单位和9家管道分质单位进行全面监督检查。并对10家二次供水单位的二次供水水质进行现场快速检测臭和味、肉眼可见物、消毒剂余量等指标。

【市区集中式供水单位卫生监督管理】 2016年，韶关市卫生监督所加强对市区4间市政水厂及5间乡镇集中式供水单位的卫生管理制度及落实情况、水源防护情况、水质检验能力及水质检验情况等方面的检查；使用快速检测设备对这9间水厂的出厂水水质进行臭和味、肉眼可见物、消毒剂余量等指标的检测，根据检测结果下达卫生监督意见书责令水厂限期改正。

【涉及饮用水安全产品卫生监督】 2016年，韶关市卫生监督所开展强化全市涉水产品专项执法行动，着重对市区销售净水器、饮水机等涉水产品销售单位进行全面清理排查，共检查涉水产品销售单位40户次，集中式供水单位9户次，管道分质供水单位11户次，检查60种涉水产品。

【非法行医查处】 2016年出动卫生监督员2810人次，查处违法行医案件14宗，罚没金额7.028万元，警告7宗，没收药品器械仪器2宗，吊销“医疗机构执业许可证”1宗。查处案件涉及无证行医、使用未取得处方权人员开展诊疗活动、医疗机构违规处置医疗废物、生活美容场所开展医疗美容活动等。其中取缔非法“诊所”5家，非法开展医疗美容活动场所2家，非法开展采集末梢血检测场所1家。同时，对28家存在不良执业行为的医疗机构作记分处理。

【传染病防治监督抽检】 2016年，对2家三级医院、30家二级医院开展监督检查和监督抽检，对9家疾病预防控制中心、383家基层医疗机构进行消毒隔离措施情况的落实、病原微生物实验室生物安全管理方面的监督检查和抽检，共抽检样品96件。

【职业和放射卫生监督】 2016年，韶关市卫生监督所抽查市职防院职业健康检查档案10份、职业病诊断档案10份、放射诊疗建设项目职业病危害放射防护评价报告5份、放射诊疗设备及其工作场所检测报告10份和18间放射诊疗机构进行监督检查。完成全市放射诊疗机构基本情况、三个哨点单位的基本信息、职业健康监护情况、个人剂量监测报告、放射诊疗设备及其场所检测情况等相关资料的汇总上报工作。对韶关市2家三甲医院的放射诊疗工作进行监督检查。

【公共卫生领域稽查和查处】 2016年，韶关市卫监所对当年新办证的75间公共场所进行稽查，各级卫生监督机构2016年内新办的公共场所基本符合发证要求。开展案件评查29次，执法专题培训30次。全年对市辖区的45间违法生产经营单位进行立案查处，罚没结案金额177753.92元。（戴甲文）

市属医疗机构

【粤北人民医院】 创建于1886年，是粤北地区规模最大、综合实力最强的三级甲等综合性医院。医院占地面积9.02万平方米，建筑面积229092.34平方米。2016年，医院获评“全国百姓放心示范医院”“全国改善医疗服务示范医院”“全国医院后勤管理创新先进单位”。

2016年，医院有职工3066人，其中专业技术人员2473人，硕士研究生导师12人，主任医师等高级职称人员349人，主治医师等中级职称人员602人；有博士30人，硕士327人。编制床位2500张，开放床位3200张。有省级临床重点专科19个，占全院临床医技科室总数的42%；有14个韶关市重点专科和特色专科。投入3700万元购置CT、MR等先进设备，医院设备总值达5.29亿元，固定资产12.15亿元，设备设施整体配置水平居省内领先。2016年，医院诊疗出院病人112532人次，同比增长7%；服务门诊病人1175595人次，同比增长7.7%；手术量67991人次，同比增长16.7%。骨科四区和眼科成功为111岁超高龄手术患者行髋关节置换术和白内障手术，均创国内同类手术最高年龄纪录。获批开展体外受精—胚胎移植及卵胞浆内单精子显微注射技术（试管婴儿）的筹建工作。

住院病历全公开　2016年，医院在全国行业首创向患者开放住院病历全部内容。在院患者本人及亲友通过手机即时查看包括病程记录、病例讨论、会诊记录等主观病历及检查检验结果、药物使用等在内的住院运行病历的全部内容，改变国内住院病历只开放客观病历而不开放主观病历的历史。

医疗服务模式优化　推进微信、支付宝、自助终端等便捷服务模式，实现医保统筹结算和全省异地医保即时结算，推广零押金住院流程，引进X光、CT/MR报告、胶片自助打印机。严格控制门诊输液，门诊输液人数较实施前减少70%。2016年，在由省卫生计生委委托第三方独立机构开展的公立医院满意度测评中，该院在全省91家三级甲等综合医院中名列第5。

医药卫生体制改革　2016年，托管韶关市乳源县人民医院，在省内率先推行主诊医师负责制，投入200多万元购买医疗责任险，运用保险手段为解决医疗责任赔偿问题建立第三方的途径和渠道，预防、化解医患矛盾。

医院科研创新实力在广东省地市级

医院居先进水平 2016年度评为广东省博士后创新实践基地。89项科研获各级立项，其中省部级立项1项，市厅级立项34项，市卫计局立项54项。12项科研成果获韶关市科学技术进步奖，第22次居韶关市各行业各单位之首。全院发表论文214篇，其中发表SCI论文3篇，影响因子达10.538。

临床带教 2016年完成各院校临床医技专业实习生286人的临床带教。接收全科医生培训学员6人，基层医院来院进修医生98人，减免基层医院进修费约10万元。招收住院医师规范化培训学员65人。汕头大学医学院26名实习研究生在院临床实习及开展科研工作。10月，与广东医科大学签订共建临床学院协议。

继续医学教育活动 举办国家级项目5项，参加人员1720人；省级继续医学教育项目22项，参加学员4823人；举办市级继续医学教育项目33项，参加人员7799人次；举办37次学术会议，听课者9937人次。 （张碧琳）

【粤北第二人民医院】 粤北第二人民医院（韶关市结核病防治所）始建于1972年7月1日，是一所集医、教、研为一体的非营利性以传染病防治为特色的大专科小综合园林式医疗单位，全省四大传染病专科医院之一，广东省中山大学附属第三医院联盟医院。是粤北区域传染病防治中心，承担着粤北区域传染病防治工作，医疗技术水平达省内先进。其中感染科（肝病专科）是韶关市医学重点专科，肺科（肺病专科）是韶关市医学特色专科，是市级结防机构和定点医疗单位，承担浈江、武江两个区70万人常住人口的结核病防治工作任务。医院位于武江区沐溪大道13号，单位占地18.79万平方米，建筑面积3.5万平方米，其中医疗用房面积2.9万平方米。全院绿化覆盖率88%。

2016年，在职人员428人，离退休人员170人。其在职人员中专业技术人员341人，正高职称5人，副高职称48人，中级职称91人，初级职称197人。医院设有7个住院科室，编制床位412张，开放床位430张。设有院部门诊、风度分院门诊、结防门诊、西河门诊等4个门诊部，诊疗科目有内科、普通外科、神经外科等。其中西河门诊部是广东省指定韶关市餐饮及公共场所服务从业人员健康体检的定点单位。

2016年，医院固定资产累计9063万元。全年投入49万元，添置X射线数字成像系统1台、低温等离子灭菌器1台等医疗设备。传染病综合大楼建设项目得到市政府的立项，该楼配置设备3.59亿元。医院传染病综合大楼建设被列入韶关市创建卫生强市首批实施项目。

2016年，门诊诊疗105438人次，同比减少4.06%。入院10633人次，同比增长11.27%。手术699人次，同比增幅20.73%。

开展结核病控制工作 重新修订《肺结核病人规范诊断、治疗和管理工作制度》。举办结核病防治管理工作和学校结核病防控培训班，全年举办地市级培训班4期，共245人参加学习。各县（市、区）分别举办各类型结防培训班60期，共2534人参加学习。加强学校结核病防控。

健康教育和宣传 2016年医院开展健康咨询、扶贫济困、服务进乡镇、进学校、进社区等志愿者义诊活动10次，为群众免费服务3670人次，发放宣传资料和健康教育处方8400多份。医务人员撰写的医疗科普文章在韶关日报“卫生与健康”征文发表26篇。配合市委宣传部拍摄《医者仁心》微电影。结合“世界结核病防治日”“世界肝炎日”等各种卫生日活动，承办“健康中国行——韶关市志愿者结核病防治知识传播活动”。

学科建设和人才培养与引进 聘请原青岛市传染病医院主任医师、青岛大学医学院兼职教授、中西医结合专业毕业博士学位的教授刘中景，担任医院中西医结合肝病科带头人。与深圳大学陈心春教授实验室达成战略合作协议，打造结核病重点实验室，推进深圳大学科研成果的临床转化应用，提升医院传染病尤其是结核病临床诊治和科研水平。 （彭裕强）

【韶关市第一人民医院】 始建于1939年，是一所集医疗、教学、科研、预防保健、指导基层等任务于一体的三级甲等综合医院；是广东省高等医学院校教学医院，广东医学院硕士研究生联合培养基地，广东医学院、南方医科大学、海南医学院、赣南医学院等10所高等医学院校教学基地，第二军医大学长海医院骨科博士协作培养工作点；台北医学

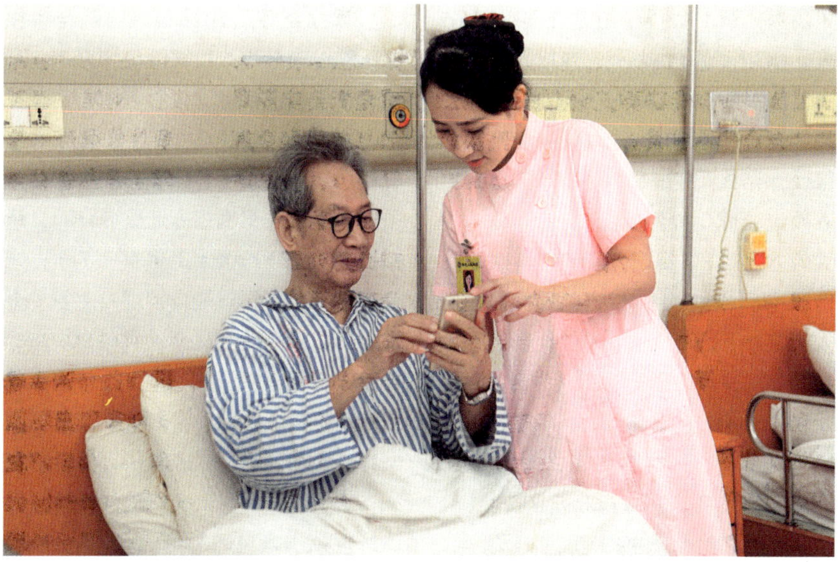

▲全国首家面向病人公开所有病历资料，病人查实时查看住院期间所有资料
（粤北人民医院 供）

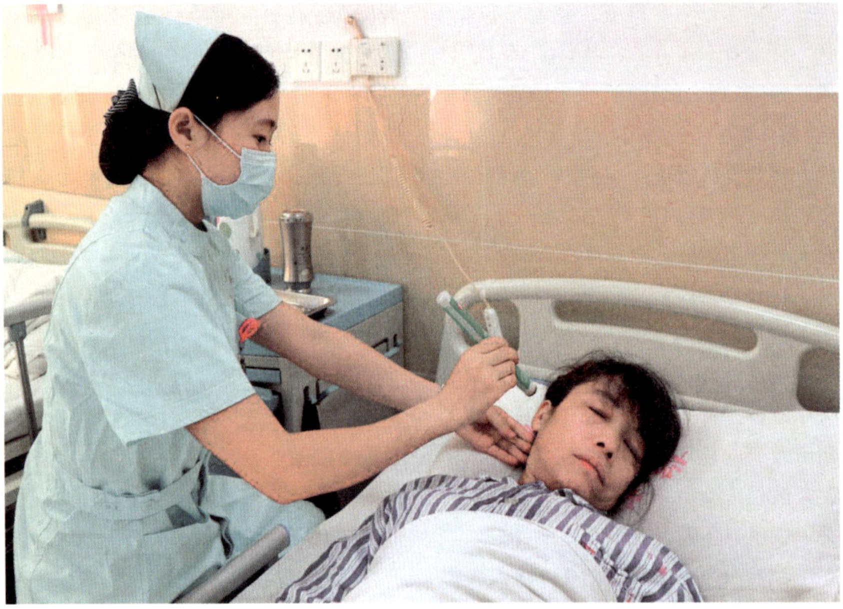

▲ 中医特色疗法——灸法治疗耳鸣耳聋。图为韶关市中医院耳鼻喉科护士为耳鸣耳聋患者施灸（杜洁红 摄）

大学附属双和医院友好合作医院。

医院有血液净化、心血管疾病、骨科3个市立研究所。医院内设机构69个，其中临床医技科室55个，职能科室14个。医院骨科、呼吸内科、临床护理、病理科是广东省重点专科；重症医学科、妇科是广东省重点建设专科；普通外科、神经内科是韶关市重点专科；泌尿外科、神经外科、耳鼻喉科是韶关市重点特色专科。床位定编875张，开放床位1010张。

2016年，医院职工总人数为1606人（离退休职工348人，在职在编职工665人，聘用人员458人），专技人员1031人（高级职称173人，中级职称280人，初级职称578人），行政人员66人，安保及保洁人员135人，返聘专家13人。有硕士研究生导师7人，市专业技术拔尖人才2人，享受国务院政府特殊津贴专家1人。2016年，引进高层次人才14人（其中博士研究生1人，硕士研究生10人，副主任医师3人）。

2016年，门诊诊疗总人数527897人次，同比增长1.8%；出院总人数35672人次，同比增长8.2%；业务总收入4.31亿元，同比增长12.4%。

完善医疗服务　2016年，医院增设医学影像科、B超室、儿科排队叫号系统，完善门诊自助打印检验检查报告、自助挂号缴费充值、放射自助打印服务系统等，开放微信和手机APP等平台方便群众就医；优化体检中心服务流程，是浈江区唯一的征兵定点体检站，健康体检业务量较上年增长15.5%；成立急危重症医学部和伤口处理中心；全面实行诊疗实名制。开展志愿服务38场次，453人次志愿者参与，服务群众逾万人次。建立糖尿病防治、眼科、关爱儿童自闭症等相对专业化的志愿者队伍，提供导诊、维持秩序和义诊等服务。

医疗合作　2016年，医院与市铁路医院、南雄市人民医院等20家市、县级医疗机构及社区卫生服务中心签订技术合作协议；挂牌成立韶关市民营医疗机构协会指定技术合作单位；与韶关市公安局签订购买医疗专业服务合同，承担公安监管场所医疗卫生服务工作；牵头组建韶关市伤口造口护理专业委员会及血透护理专业委员会；对口帮扶南雄市人民医院、始兴县人民医院等7家基层医疗机构，派出专家17人支援基层医院14个专科建设，接收基层医院医师11人、护士23人到医院免费进修培训；派出医疗技术人员213人次到乐昌市人民医院、韶关监狱医院等7家县级医院、社区卫生服务中心坐诊、查房、会诊、教学。

培训与带教　2016年，接收11所医学院校720名医学、护理实习生来院实习、见习；完成广东医学院成人本科护理专业26人的教学任务；完成三期社区全科医师培训16人；医院规范化培训医师27人；接收基层医院进修人员34人。举办继续医学教育项目76项，其中国家级项目12项，省级项目17项，市级项目30项，医院主办学术活动17项。

医院科研　2016年，获得韶关市科技进步一等奖1项、三等奖2项；获得广东省科技发展专项基金1项；获得广东省科技发展专项资金20万元；韶关市科研立项16项，其中6项获韶关市科技局科研基金计6万元，市卫计局科研立项19项。通过科研鉴定4项。医务人员在国内各类医学杂志发表论文97篇。2016年医院应用新技术、开展新项目20项，2项新技术项目获得省级护理竞赛大奖。

荣誉　通过创建南方医科大学非直属附属医院评审工作；院长全红荣获“全国医院管理优秀院长”、护士黄蝉娟的摄影作品《击掌为盟》《爱的表达》获得全国卫生计生系统摄影大赛奖。（黄　慧）

【韶关市中医院】　始建于1964年，2014年6月通过三级甲等中医院的评审，是韶关市首家三级甲等中医医院，服务范围涵盖韶关市7县3区。占地总面积29110平方米，业务用房总建筑面积29820.89平方米，有病床489张，由院本部、和平分院、十里亭分院、新华门诊和中药加工场组成。医院设内科、外科、妇产科、儿科、骨伤科、康复科等18个临床科室。门诊部设有30多个专科、专病门诊，并设置“治未病中心”，2016年新增男性病科门诊。辅助科室有药学部、检验科、放射科等8个科室。医院有螺旋CT机、全自动生化分析仪、系列康复设备等一批现代仪器设备。是一所集医疗、教学、科研、康复、预防保健于一体的现代化综合性中医医院，广州中医药大学的教学医院和非直属附属医院创建单位，是全科医生规范化培训基地，广东省中医名院创建单位。在编员工326人，其中高级职称62人。

新业务与新技术 2016年，开展老年人胸腰椎压缩性骨折微创椎体成形手术，膝关节骨性关节炎微创单髁置换技术，嗓音训练及针灸治疗嗓音疾病，中医治疗耳鸣耳聋。

中医专科建设 打造专科专病品牌，将原内二科分为心脑血管科（内四科）、肺病科（内二科），突出专病专治，实施精准医疗，提升疗效及患者满意度。

"治未病"服务平台建设 "治未病"服务平台设置有健康状态信息采集与辨识及其风险评估区域、健康咨询与指导区域、健康宣教区域。新增体质辨识软件和自助机、骨密度检测仪、骨质疏松治疗仪、人体成分分析仪、精神压力分析仪，医院治未病服务检测和评估信息化水平提升，中西医体检服务加强。

教学与科研 2016年，完成广州中医药大学、韶关学院医学院等多所院校的43名实习生的毕业实习工作。接受基层医院进修医生14名。组织实习生岗前培训2次，病历书写规范专题讲座4次。举办市级继续教育活动8次、省级7次；全院发表专业论文28篇；申报并通过市级科研立项11项，省级项目1项；通过市级科研成果鉴定1项，市级科研成果三等奖1项。进行中医住院医师规范化培训31人次，4人次完成培训；参加省级培训1期6人次。开展中医全科医师培训四期，完成2期13人次，实施中2期13人。

医疗帮扶和义诊 继续帮扶始兴县中医院、乳源县中医院二级中医院，支付8.6万元予乳源县中医院改善设施设备；指导马市镇卫生院、风采社区卫生服务中心开展中医适宜技术。捐赠价值7200元的专科医疗设备，派出肛肠科专家1人，常驻南雄市乌迳中心卫生院进行肛肠专科建设。免费接收培训基层医务人员14人次，开展双向转诊工作。2016年，下乡义诊、巡回医疗15次，服务3000多人，送医送药价值2.5万元。

（董彩兰）

【韶关市妇幼保健院】 建于1952年，是集医疗、保健、科研、教学、全市妇幼保健工作指导于一体的地级市妇女儿童专科医院，是韶关市新生儿急救中心。2016年3月医院与原市计划生育服务中心资源整合，组建韶关市妇幼保健计划生育服务中心（市妇幼保健院、市妇产医院、市儿童医院），为四块牌子、一套人马的医疗机构，是广东省重症孕产妇救治联盟成员单位、中山大学妇科联盟成员单位。韶关市卫计局授予医院为韶关市危重症孕产妇救治中心、韶关市危重症新生儿救治中心。2016年通过省级母婴友好示范医院、儿童早期发展示范基地等评审。生殖医学中心被省妇联评为2016年度巾帼文明岗。

医院占地面积5228平方米，业务用房面积12317.7平方米，其中租用业务用房3353平方米。固定资产6378万元。有现代化信息系统、层流手术室、多套新生儿抢救监护、全数字胃肠机等一批现代医疗仪器设备。医院分临床与保健两部分，临床部分设生殖医学中心、新生儿急救中心、遗传与产前诊断中心、新生儿疾病筛查中心等10多个科室，保健部分设儿童保健、妇女保健及体检中心等专科。

2016年，医院在职职工552人，其中卫技人员占86.7%，正高职称11人，副高级职称61人，编制床位350张。2016年门急诊人次34.33万人次，同比增长15.7%，出院病人1.71万人次，同比增长了18.5%；手术人次同比增长12.6%；产科分娩人数2868例，同比增长30.7%；业务收入1.83亿元，同比增长24.4%；药品收入占业务收入21.2%。妇幼两个系统管理始终保持在95%以上，（3+1报表）浈江、武江的婚检率平均维持在58.5%，全市19项保健指标低于国家和省控制水平。全年无医疗事故发生。

专科特色 生殖医学中心是全市医学重点专科，是粤北地区唯一通过国家卫生部准入评审允许开展"试管婴儿"技术的医院。2016年门诊6.29万人次，增长42.2%，完成试管婴儿1394个周期，增长38.8%，成功率60%。遗传产前诊断中心是市内唯一经省卫生厅批准筹建的产前诊断中心，每年完成的全市新生儿疾病筛查近4万例，全市筛查率96.8%；2016年给予地贫产前诊断服务对象补助150余人次，金额23.1万余元。新生儿急救中心负责全市急危重症新生儿的转运和救治，开展的多项技术

▲2016年3月19日，韶关市第一届高龄生育与生殖内分泌学术会在韶关市财政局学术报告厅举办
（李锦昌 摄）

▲2016年6月，韶关市第三人民医院医护人员参加韶关市金属冶炼生产安全事故演练（曾懿豪 摄）

填补韶关市空白。乳腺病防治中心是省妇幼安康工程乳腺癌防治定点单位，有无创检查的钼靶X机及粤北地区首创的麦默通乳腺微创手术系统。

群众满意度高 2016年，医院收到患者赠送的锦旗28面，表扬信31封，医护人员拒收红包38个，累计已知金额1.91万元，部分不详。医疗服务满意率达98%，2016年广东省第三方测评妇幼保健院系列排名13位。

医疗科研 开展新技术新项目有30余项，2016年有7项获得市卫计局立项，6项获得市科技局立项，省推荐立项2项，有7项共获得市科技局资助2万元，有6项市科技局项目结题发表论文15篇。

新院项目进展 2016年实施新院建设前期工程。新院选址位于芙蓉新区南华路以南、二十二号路以北，面积9.57公顷。第一期按500张病床规模建设，一期总投资估算5.5亿元（含医疗设备7000万元）。总建筑面积80438平方米，其中地上建筑面积55838平方米，地下建筑面积24600平方米。

（李锦昌）

【韶关市职业病防治院】 韶关市职业病防治院暨韶关市第二人民医院、韶关市职业卫生监测中心，成立于1986年2月，是一所以防为主防治结合的专科医院。位于韶关市武江区建设路11号，全院总占地面积8公顷，建筑面积2.5万平方米，业务用房建筑面积1.8万平方米。医院主要业务分为职业卫生、临床医疗、社区卫生、残疾人康复四大部分；主要业务科室有职业卫生科、质量控制科（理化实验室）、监测科、职业健康监护科、放射卫生科；设置有内科、外科、儿童康复科、残疾人康复中心（特教部）及惠民、新华社区卫生服务中心等20多个业务科室。开放病床470张。2016年有在职职工510人，卫生技术人员占80%，中、高级专业技术人员110人。通过检测中心CNAS评审和职业健康检查机构资质换证评审。开展评选“星级护士”和“优秀护士长”活动，妇产科被评为2016年省级“巾帼文明岗”称号。

2016年全院业务收入8735万元，住院病人数7053人次，门诊量215200人次，医院新增固定资产150万元，其有职业健康监护车一台（内含DR、肺功能、听力计、X透视设备）、康复理疗、康教器材等一批。2016年完成评价项目65份，完成工矿企业生产环境监测198家，监测点2034个，完成153家企业及29579人次职业健康体检；开展全市放射卫生检测单位数132个，个人剂量监测1986人次，放射工作人员培训337人次。2016年上半年配合省职业病防治院调查处理仁化县丹霞街道狮井石灰厂不明原因气体中毒事故1起。

病历质量控制和管理 2016年组织6次病历检查，甲级病历98.9%，处方点评合格率100%。全年收治病人数7053人次，产妇分娩量110人次，未发生新生儿死亡、医疗事故和重大医疗纠纷。

医院感染管理工作 定期进行细菌学监测，对8个项目715份样品进行监测，合格681份，合格率95%，全年未出现医院感染暴发事件。

职业病工伤与残疾人康复治疗工作 加强康复科室建设。2016年收治职业病及工伤康复病人1600人次，康复效果良好。与韶关市残联联合推进残疾人康复中心发展，全面保障在训0~6岁残疾儿童免费康教。2016年中心收训患儿262人（其中，聋儿70人，脑瘫105人，自闭症56人，智障31人）；7月有23名孩子毕业后进入普小普幼随班就读。全年收治入院患儿969人次，康复效果明显。

中医特色建设加强 第一门诊开展调整亚健康状态、针灸、推拿、拔罐、养生保健等一系列“治未病”项目，全年康复患者18964人次。

社区卫生各项服务能力提升 惠民和新华社区卫生服务中心完善居民健康档案，建档率90%；加强慢性病管理，高血压及糖尿病管理率50%；做好计划免疫工作，2016年两社区中心为辖区各适龄儿童接种疫苗86415人次；开展辖区65岁以上老人免费健康体检活动，受检人数3437人次。2016年惠民中心收治住院病人1692人次，同比增长14.6%，门诊量34786人次。（邓有生）

【韶关市第三人民医院】 又名韶钢医院，建于1966年10月，位于韶关市曲江区马坝韶钢东区。2013年7月前隶属宝钢集团广东韶关钢铁有限公司，2013年10月，医院正式移交韶关市政府管理，为市卫生局管理的公益二类事业单位，副处级。是一所集医疗、教学、科研、预防、保健、康复、养老为一体的国家二级甲等综合性医院。

医院占地面积7.3万平方米，建筑面积3.1万平方米。开设有心脑血管内科肾病肿瘤内科、呼吸消化内科等18个临床科室和6个医技科室。医院的品牌专业有心血管介入、骨科、泌尿外科、恶性肿瘤微创治疗、重症监护、精神科、老年保健中心。编制床位385张，实际开放725张。2016年年末职工401人（含退休职工9人），其中专业技术人员301人，包括高、中级专业技术人员124人。2016年，医院投入1480万元采购进口GE64排螺旋CT、中央监护仪等设备仪器、配件。年末资产总额10657.16万元。

2016年，医院新开展肩胛盂粉碎骨折开放复位内固定术、椎间盘突出症靶点射频消融术、改良Henry入路联合LCP钢板微创治疗桡骨远端粉碎性骨折、Mippo技术（经皮微创接骨板技术）治疗四肢骨折、牙齿种植术，运用新进64排螺旋CT行心血管造影检查、骨关节多维成像、全身各系统多平面成像；同时扩大微创手术施行范围，开展胸腔镜下肺叶切除术、肺大疱切除术，子宫、附件、胆囊、阑尾切除等腹腔镜手术，关节镜手术等，实现年度运营目标：门（急）诊总诊疗病人146173人次，比上年度增长8.9%；出院病人10078人次，与上年度持平；完成各类手术6670例次，比上年度增长8.1%；各类体检20093人次，与上年度持平；实现业务总收入10300.85万元，比上年度增长5.8%。

2016年，组织完成10个韶关市卫生计生科研项目的立项申报，安排参加各类学习、培训、学术会议834人次，接收连州卫校、韶关学院、广东药科大学等院校实习生63人；围绕各类活动日、医院重点学科、技术服务与卫生健康开展宣传工作，制作宣传栏25期，组织义诊5次，举办糖尿病知识讲座12期，印制发放各类宣传资料（册子）6670份。

2016年患者对医院服务工作满意度98.39%，医院收到群众送来的感谢信、锦旗等43封（面）。（张唯娟）

【韶关市口腔医院】 始建于1953年，韶关市口腔医院（韶关市牙病防治指导中心）是韶关市卫计局直属口腔医疗专科医院。位于武江区惠民北路33号，工作用房占地面积430.2平方米，建筑面积1812.5平方米。有牙科综合治疗台48张，配有牙科CT、口腔全景X光机、X光数字牙片成像系统等一大批先进口腔医疗设备。设有牙体牙髓科、牙周粘膜病科、正畸科等科室，其中牙体牙髓科、修复科是韶关市特色专科。在武江区、浈江区设有二个口腔门诊部。开展的业务有补拔牙、牙髓病等手术治疗、活动义齿等的修复、固定正畸等医疗服务项目。承担着韶关市口腔疾病的预防、治疗、教学及科研任务，是韶关学院医学院口腔专业的教学实习基地。

2016年在职职工83人（含临聘人员36人），正高职称2人，副高职称1人，中级职称21人，医生35人（硕士研究生6人、本科24人、大专5人），退休人员39人。

2016年门诊人次91250人次，比上年增加8%，全年未发生医疗事故和医疗差错。开展韶关市儿童口腔疾病综合干预项目工作，医院派出专业人员到市区学校、幼儿园为儿童免费进行窝沟封闭和涂氟防龋工作，窝沟封闭完成5间学校2099颗牙，涂氟完成30多间幼儿园1.3万名儿童，发放宣传资料3万多份，获评为广东省儿童口腔疾病综合干预项目优秀实施单位。（叶隆住）

【韶关市铁路医院】 始建于1954年，一所集医疗、预防、急救、科研、教学为一体的综合性国家二级甲等医院，是市卫计局直属医院。

2016年，医院引进主任医师1人，副主任医师2人，骨干13人。年内有在职职工415人，硕士研究生5人，其中卫生技术人员数367人，占全院人员88.4%，中高级职称卫生人员数147人，占卫生技术人员数40%。医院全年开放床位300张，出院人次11895人次，同比增长1.2%；门诊人次227834人次，同比增长8.2%；手术例数3414人次，同比增长19.6%。

专科建设　韶关市重点专科——

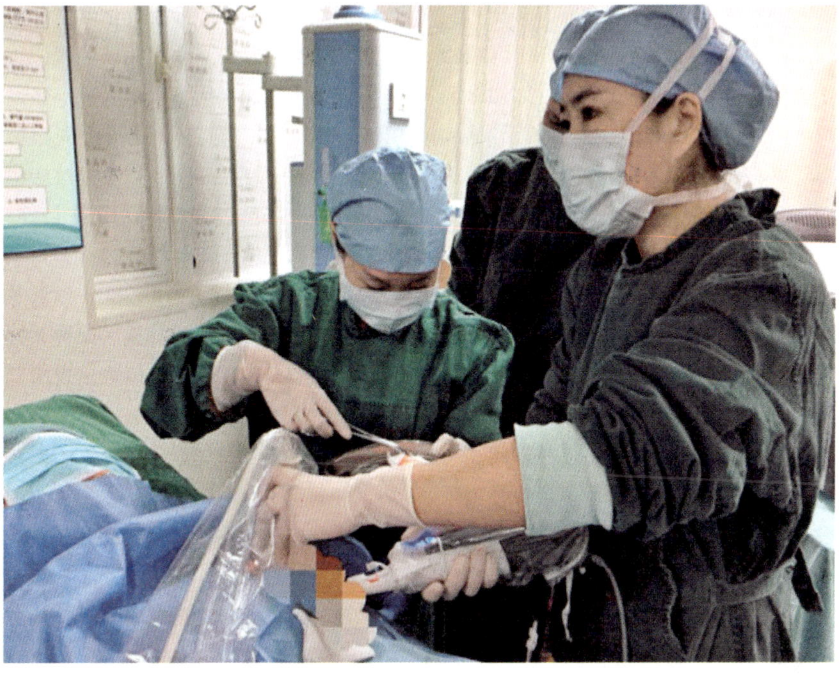

▲2016年12月30日，粤北首家超声介入室在韶关市铁路医院正式启用。图为进行乳腺旋切手术　　（韶关市铁路医院　供）

▲2016年“6·14”世界献血者日活动现场　（周伟敏　摄）

眼科完成年度贫困白内障患者免费手术747例，开展荧光眼底血管造影术等4项新技术，掌握糖网的眼底激光治疗术；11月，邀请健康快车海外专家到医院开展全市性的学术讲座、专家门诊带教以及手术指导等一系列教学、诊疗活动。内科系开展人工动静脉内瘘成形术等5项新技术，痛风性关节炎的规范化治疗等4项新治疗。外科系开展输尿管镜、超声刀行甲状腺次全切除术及腹腔镜下的一系列手术；开展全髋置换的四级手术及经皮椎体成形术PVP等前沿技术。12月，粤北首家超声介入室在医院功能检查科正式启用，并在广东省妇幼保健院乳腺外科专家李文萍教授的指导下成功开展首例乳腺微创旋切术。

医院荣誉　3月，眼科获得市“巾帼文明岗”称号。5月，医院团总支在市直卫生计生系统党团知识竞赛决赛暨卫生计生团工委五四表彰活动中获得“党团知识竞赛三等奖”“先进基层团组织”“韶关市五四红旗团支部（总支）”等称号。6月，医院获得武江区“征兵工作先进单位”称号。11月，医院被中华健康快车基金会授牌为“中华健康快车糖尿病视网膜病变筛查糖网中心”。12月，医院代表韶关市参加广东省第四届华夏杯急救技能大赛，获得“优秀团队”称号，取得心肺复苏组第二名及气管插管组第四名。姚广飞、钟义春、廖清华分别当选为韶关市党代表、人大代表及政协代表；罗三娣、罗少生、邬章林当选为韶关市浈江区政协代表；医院有一人获得首届“韶关好医生”称号。

【韶关市应急救护指挥中心】　韶关市应急救护指挥中心主要负责指挥、组织、协调全市重大传染病等突发公共卫生事件的医疗救治和当地“120”呼救的受理、院前急救指挥和调度，开展韶关市区120网络医院和各县（市、区）医疗急救队伍院前急救专业技能规范化培训等工作。2016年有工作人员14名，9人为调度员。“120”全年接到报警呼救电话73612次，其中有效受理15953次，有效派车14592次，救治病人12755人。调度员平均派车时间为47秒，11家急救站平均院内响应时间为1分32秒。指挥中心参与指挥抢救、现场处置并按时上报重大突发事件36起。未出现因调度失误病家投诉现象、未出现误派车。

首家民营医院加入院前急救体系　8月15日，第一家民营医院——韶关启德医院正式加入全市120网络急救系统，市区120急救体系更加完善。

院前急救病历全面升级为电子病历　2016年年初，120指挥调度系统由V5升级到V7，各急救站从1月1日起统一执行电子病历填写管理，将院前急救医生从繁琐的纸质病历书写中解放出来，提高工作效率，病历书写更加标准和规范。

组织参加省第四届急救技能竞赛　市指挥中心选拔、培训市铁路医院代表队，参加12月9—10日的广东省第四届急救技能竞赛，在全省26个队中获得心肺复苏单项第2名，气管插管单项第4名，团体第13名的成绩，获得优胜奖。

实地外伤应急救治演练　12月31日，指挥中心制定演练方案，模拟各种外伤的医疗救援工作，在武江区、浈江区、曲江区三区组织开展5地11场应急演练，粤北人民医院、市第一人民医院等11家医院50多名急救人员参加演练。

（奉振辉）

【韶关市慢性病防治院】　始建于1952年，韶关市慢性病防治院（韶关市皮肤病医院、韶关市性病防治中心）是韶关市卫计局直属医疗事业单位，负责全市皮肤病、性病/艾滋病、麻风病的防治、监测、培训、宣教及对市内各级皮肤性病防治专业机构的业务督导。医院占地面积2305平方米，业务用房建筑面积2854平方米，固定资产2484万元。2016年有职工109人，卫生技术人员79人，其中具有高级职称16人，中级职称28人，初级职称35人；具有硕士研究生学历4人。

皮肤科配套检查、检验项目齐全，可进行皮肤病理及院外皮肤病理会诊，各种过敏原检测及免疫、生化、真菌、细菌培养等检测项目。对各种常见皮肤病如湿疹、荨麻疹、带状疱疹、手足癣、银屑病、白癜风、痤疮、玫瑰糠疹及疑难、危重皮肤病如系统性红斑狼疮、天疱疮、红皮病、关节病性银屑病、重症药疹、皮肌炎等有丰富的诊疗经验，治疗效果明显。成熟的医疗项目有过敏源检测治疗、美容冷冻、性病激光治疗、光子嫩肤、冰点脱毛、药浴、火针等10多种。新引进除皱术、激光生发治疗仪等项目。皮肤科除提供国内外各种最新的皮肤科专用药物外，还自行研制20余种价格低廉、使用方便、疗效显著的院内特色制剂。

优化服务设施 2016年在门诊四楼和住院部增加2个收费点，实现病人的诊疗、收费一站式完成。在门诊一、二楼安装叫号系统，解决病人排“长龙”的问题。

加强全市性病、麻风病的监测管理和防治 开展麻风病知识宣传活动，利用“世界防治麻风病日”纪念活动，向社会公众宣传麻风病可防、可治的科学道理及防治成效。开展全市性病麻风病培训工作，全年在各县（市、区）举办5期培训班，培训医务人员500多人次。开展全市麻风现症病人经济状况调查及麻风愈后病人存活者调查。通过公安系统和医疗机构协助完成2784例历史愈后者筛查，2016年全市有麻风病愈后存活者422人，麻风院休养员21人，现症病例7例。（罗玉香）

【韶关市中心血站】 前身为广东省血液中心，始建于1966年，是经市编委批准的、直属市卫计局领导的公益一类事业单位（副处级），担负着全市无偿献血宣传招募、采血、质控以及辖区内所有医疗机构的临床供血与安全合理输血指导等任务。2013年与市公民无偿献血委员会办公室整合，组建市中心血站（市公民无偿献血委员会办公室）（简称血站），设8个科室，内设志愿组织协调办公室，参与管理韶关市无偿献血者联谊会、韶关市无偿献血志愿者服务队等2个志愿社团组织。血站本部位于市芙蓉北路四路6号，总用地面积为10179平方米，建筑面积8902平方米。在市区设立3个固定献血屋和3处流动采血点，并分别在各县（市、区）（武江、浈江外）设立采血站。2016年在编人员62人，合同聘用人员47人，离退休人员47人。大专以上学历55人，占77%；医疗卫生专业技术人员占73%，其中卫技人员51人，医生16人，护士25人，医护比1∶1.6；中级以上职称人数26人。

至2016年底，血站有固定总资产4651万元，拥有全自动酶免分析系统、核酸检测系统等万元以上设备263台，设备总价值2151万元（累计折旧后资产）。

2016年，全市临床用血保持100%来源于无偿献血。全市无偿献血人数49498人次，总采血量9.9吨，与上年同期实际采血量基本持平，其中机采血小板2707.5个治疗量，增长12%。全市公民献血率17.3/千人口，提前实现国家“十三五”规划要求的“人口献血率达到15‰”的目标，基本保障全市临床用血需要，确保血液质量安全。2016年9月，举办“全国献血宣教和志愿服务工作交流会”，创新拓展性召开“全国无偿献血志愿者恳谈会”。每月定期举办血站“公众开放日”活动。全年举办“公众开放日”活动14场，接待公众1086人。2015年起步开展的“百名百次”献血楷模培养工作成效明显，已有15人成功捐血百次以上。

荣誉 2016年11月15日，在全省表彰2013—2014年度全省无偿献血先进单位和个人中，韶关市获得广东省“无偿献血先进城市”称号。血站首次获得单位“无偿献血促进奖”；血站职工张天弼、李慧文获得个人“无偿献血促进奖”。11月，韶关市获得2014—2015年度全国“无偿献血先进城市”称号；血站职工李慧文获得无偿献血志愿服务“全国终身荣誉奖”，向庆林获得“全国五星级志愿者”奖，姚志英获得“全国四星级志愿者”奖。4月，“中国献血网”在全国范围内评选出宣传工作成绩较为突出的血站，血站获得“2015年度综合宣传奖”。（郭健生）

体育综述

【概况】 韶关市体育局是主管体育工作的市人民政府工作部门。体育局与体育总会一个机构，两块牌子。市体育局机关编制18名，内设5个科室。有市体育彩票管理中心、市中心业余体校、市体育场馆管理中心等3个直属单位。2016年，韶关体育工作全面实施《全民健身计划纲要》，打造“广东户外运动天堂”，发挥体育职能，服务全市经济转型，服务民生改善，各项工作有序开展。赛艇运动员邱秀萍代表中国赛艇队参加2016年8月在荷兰举行的赛艇世界锦标赛获得第九名，7月代表广东省参加全国青少年赛艇锦标赛获得冠军；10月举重运动员赵秀云代表广东省参加全国女子举重冠军赛获得冠军。

【公共体育场地设施】 争取体育彩票公益金374万元用于补助全市大型公共体育场馆免费或低收费开放。按照《韶关市体育场馆设施向社会开放实施办法》继续实施市级公共体育场地向社会开放，安排43.3万元资助全市40.26万平方米的公共体育场地设施向社会开放。争取省级体育彩票资金460万元用于采购376副篮球架和156条健身路径发放到村（社区）安装，争取省体育局下拨43条健身路径，72个篮球架，212张乒乓球台，健全基础体育健身器材。指导全市户外运动驿站规划建设，完成6个以上市级户外运动驿站建设任务。配合浈江区政府新建南片区、东片区、北片区市民健身广场。

【国民体质监测】 2016年，完成省、市国民体质监测工作任务4980个；指导各县（市、区）完成监测样本量1万个，韶关市城乡居民达到国民体质测定标准合格水平的人数比例为93%以上，超过全省平均水平。

群众体育

【全民健身活动】 2016年，举办端午龙舟赛、“羽林争霸”羽毛球赛、广东省第二届百街千镇乒乓球（韶关）赛、8月8日全民健身日系列活动、南粤幸福活动周系列活动、第九届干部职工体育运动会等大众体育项目和首届广东省（仁化）南粤古驿道定向大赛、第二届奔向广东第一峰铁人三项挑战赛、第四届环南水湖自行车公开赛、第九届徒步穿越丹霞山活动、首届迷你徒步穿越丹霞山活动、第五届丹霞绿道快乐骑行活动等户外运动项目。全年全市各地组织开展群众体育活动赛事1000多场次，参与人数20万人次。

【社会体育指导员队伍】 2016年，韶关城乡公园和小区等近1000个早晨、晚间活动点均配有社会体育指导员。在农村，依托建好的农民体育健身工程，以综合文化站为组织，由社会体育指导员负责本地体育健身活动的组织协调。2016年市本级新增培训二级社会体育指导员600名，全市拥有社会体育指导员8791人，其中国家级25人、一级291人、二级1810人，每万人拥有社会体育指导员29名，排在全省前列。

【体育组织全覆盖】 印发实施《2016年韶关市体育局向市级体育协会购买参加省以上全民健身活动项目试行办法》和《2016年韶关市体育局向市级体育协会购买开展全民健身活动项目试行办法》，通过购买服务的方式安排34.6万元专项资金用于资助18个市本级体育协会举办全民健身活动和参加省级以上全民健身赛事，推动体育协会开展全民健身活动；加强对农村、企业、老年人、残疾人、少数民族体育的指导，组织指导开展群众体育活动，倡导科学文明的生活方式至2016年底，韶关市所有的街道（乡镇）都建立起社会体育指导员服务站，全市有109个社会体育指导员服务站，实现全覆盖。

【韶关体育协会组织参加省以上比赛】 2016年，武术协会组队代表韶关市参加“2016年广东省第九届武术精英大赛暨（中国武术段位制）中段位技术考评”，取得金奖49个、银奖17个、铜奖9个；武术协会组队代表韶关市参加“第十一届香港国际武术比赛”，获得16枚金牌、2枚银牌；武术协会组队代表韶关市参加“2016年广东省健身气功站点联赛暨广东省高等院校健身气功比赛”，取得6个项目一等奖；老年体协代表韶关市参加“2016年广东省老年人太极拳、剑比赛”，取得集体项目2个一等奖、个人项目10个一等奖；棋类协会组队代表韶关市参加“2016年全国象棋业余棋王赛广东赛区总决赛”获得两个第一名。

青少年体育

【青少年体育本周期指导性文件】 2016年，制定、印发《2016—2018年韶关市青少年体育训练规划》《2016—2018年韶关市业余训练重点班管理办法》《韶关市青少年体育俱乐部创建管理办法》《韶关市第十五届青少年运动会竞赛规程总则》《韶关市参加广东省第十五届运动会备战工作方案》等政策文件，为韶关市本周期青少年体育工作提供政策支撑。

【青少年体育业余训练重点班】 2016年，韶关市开展业余训练重点班评定工作，命名16个市级业余训练重点班，完善韶关市青少年体育训练网络。

【青少年体育俱乐部】 开展2016年市级青少年体育俱乐部评定工作，命名17家市级青少年体育俱乐部，申报韶关市时代阳光青少年体育俱乐部为省级青少年体育俱乐部。2016年，韶关市有4家国家级青少年体育俱乐部、6家省级青少年体育俱乐部、17家市级青少年体育俱乐部。

【市级体育传统项目学校】 2016年，韶关市体育局与市教育部门合作，开展2016—2018年韶关市体育传统项目学校评定工作，命名28所市级传统校，推荐其中8所学校成功申报2016—2020年广东省体育传统校。

【青少年体育竞赛活动】 举办2016年市青少年锦标赛，设田径、举重、射击、武术套路、乒乓球、羽毛球、跆拳道、足球、赛艇、皮划艇10个大项、156个小项，全市10个县（市、区）和3个青少年体育俱乐部13个代表团，772名运动员参加，曲江区、仁化县、南雄市分别获得团体总分前三名。举办2016年韶关市中小学生跆拳道、羽毛球、网球三个项目公开赛，学校和俱乐部570名运动员参赛；与市教育局举办市“英东杯”中小学生毽球、乒乓球、武术套路、足球4个项目比赛。

【省青少年锦标赛】 2016年，韶关市体育局组织市运动员311人参加2016年广东省各项目青少年锦标赛田径等17

▲2016年“体彩杯”龙舟赛比赛现场 （韶关市体育局 供）

个大项的比赛，获得金牌9枚、银牌7.8枚、铜牌11枚、团体总分961.67分。

【运动员培养输送】 2016年，韶关向省体校输送高水平运动员3人。审批二级运动员7人。

【教练员队伍建设】 2016年5月举办广东省校园足球指导员培训班（韶关市），全市足球教练、教师90名参加培训。举办2016年全市体育师资培训班，有98名教练员、体育老师参加培训。

▲2016年市青少年锦标赛射击比赛现场　（韶关市体育局 供）

体育产业

【户外运动品牌活动】 2016年7月10日，在仁化县石塘古村举办的广东省（仁化）首届南粤古驿道定向大赛，有600多名运动员参赛；8月24日在乳源举办的广东省（乳源）迷你铁人三项赛，来自各地的200名限额参赛选手参加；9月24日在乳源县南水湖国家湿地公园至南岭国家森林公园举行的第二届奔向广东第一峰铁人三项挑战赛，来自法国、德国等国家（地区）和全国23个省市区的260名选手参赛；10月30日在乳源县城至南岭国家森林公园举行第四届环南水湖自行车公开赛，有380多名自行车选手参加。第九届徒步穿越丹霞山活动因天气原因分为11月23日和12月3日两场举行，逾8000名徒步爱好者参加；12月10日举行首届迷你徒步穿越丹霞山活动，有来自全省各地1200名徒步爱好者参加，线路为徒步穿越丹霞山活动的精品路段。

【救生员培训】 2016年，韶关市举办三期游泳救生员培训班，271人参加培训，有196人通过理论和实操获得国家职业资格证书，培训合格率72%以上。举办首批游泳社会体育指导员培训班，35人参加培训，有18人获得国家职业资格证书，培训合格率51.4%。

【体育彩票发展】 2016年度，韶关市体育彩票销售3.62亿元，超额完成省、市上级部门下达年销量2.8亿的任务，完成任务率129.57%，筹集留成体育彩票公益金2262.82万元，用于全民健身及群众体育事业。获得广东省体育彩票中心颁发的2016年完成销售任务奖、超级大乐透综合考评奖、高频11选5综合考评奖、竞猜型彩票综合考评奖、网点建设综合考评奖。

【城市提升三年行动计划体育提质优化项目】 2016年，韶关有2项体育提质优化项目正式施工。韶关市体育馆运动场改造项目主要改造内容是建设400米标准8道塑胶跑道及西面观众看台。6月7日建设，11月21日完成塑胶铺设工作，12月6日通过设计方、施工方、监理方和质检部门的验收。韶关市游泳场维修改造项目主要对游泳场大门雨棚、保管室、票房等进行维修改造，于12月20日施工。（余丽芬）

2016年韶关市向省输送高水平运动员名单

表24

序号	姓名	性别	项目	输入单位	输出单位	输送教练
1	梁羽恩	女	羽毛球	省体校	时代阳光俱乐部	沈样祥
2	戴诗凝	女	羽毛球	省体校	时代阳光俱乐部	沈样祥
3	黄梦怡	女	赛艇	省体校	仁化县	吴晓勇

2016年韶关市获得二级运动员等级称号名单

表25

体育项目	姓名	等级
田径	卢运红	国家二级运动员
	张承权	
	冯伟熙	
	张榕鑫	
	朱瑞琼	
赛艇	李金霖	
	李玉锋	

2016年韶关市业余训练重点班名单

表26

体育项目	重点班名称	等级
田径	曲江区	市级
	南雄市	
	仁化县	
举重	曲江区	
	南雄市	
	始兴县	
武术	仁化县	
	翁源县	
	韶关市精英青少年体育俱乐部	
射击	新丰县	
摔跤	曲江区	
柔道	曲江区	
网球	韶关市悦动青少年体育俱乐部	
手球	翁源县	
曲棍球	翁源县	
拳击	韶关市精英青少年体育俱乐部	

2016年韶关市各级青少年体育俱乐部名单

表27

序号	体育俱乐部名单	级别
1	韶关市山鹰青少年体育俱乐部	国家级
2	韶关市时代青少年体育俱乐部	

续表27

序号	体育俱乐部名单	级别
3	曲江区益康青少年体育俱乐部	国家级
4	乐昌市现代青少年体育俱乐部	
1	韶关市星辰青少年体育俱乐部	省级
2	韶关市精英青少年体育俱乐部	
3	韶关市时代阳光青少年体育俱乐部	
4	始兴县青少年体育俱乐部	
5	仁化县丹霞旭日青少年体育俱乐部	
6	翁源县时光青少年体育俱乐部	
1	韶关市山鹰青少年体育俱乐部	市级
2	韶关市时代青少年体育俱乐部	
3	韶关市精英青少年体育俱乐部	
4	韶关市星辰青少年体育俱乐部	
5	韶关市时代阳光青少年体育俱乐部	
6	韶关市悦动青少年体育俱乐部	
7	韶关市锐博青少年体育俱乐部	
8	韶关市飞鱼青少年体育俱乐部	
9	曲江区惊涛足球俱乐部	
10	曲江区瀚武青少年体育俱乐部	
11	乐昌市精英乒乓球俱乐部	
12	乐昌市乐盛青少年体育俱乐部	
13	南雄市震昇青少年体育俱乐部	
14	南雄市泓达青少年体育俱乐部	
15	仁化县精武道青少年体育俱乐部	
16	翁源县时光青少年体育俱乐部	
17	新丰县江源青少年足球俱乐部	

2016—2020年韶关市省级体育传统项目学校名单

表28

体育项目	学校名称	级别
田径	广东北江中学	省级
	仁化中学	
	仁化县第一中学	
毽球	韶关市田家炳中学	
篮球	韶关市第一中学	
	南雄中学	

续表28

体育项目	学校名称	级别
足球	韶关市第五中学	省级
排球	新丰县第一中学	
武术	仁化中学	
健美操	南雄中学	

2016—2018年韶关市市级体育传统项目学校名单

表29

体育项目	学校名称	级别
足球	韶关市第九中学	市级
	韶关市第五中学	
	浈江区沙梨园小学	
	浈江区赖新小学	
	曲江区第一中学	
	乐昌市第三中学	
	南雄中学	
篮球	韶关市第一中学	
	南雄中学	
健美操	南雄中学	
田径	广东北江中学	
	韶关市第十四中学	
	韶关市第二中学	
	曲江区樟市中心小学	
田径	曲江区初级中学	
	南雄市第一小学	
	南雄市第一中学	
	始兴县墨江中学	
	仁化县第一中学	
	仁化中学	
武术	仁化中学	
	仁化县实验学校	
跆拳道	仁化中学	
乒乓球	韶关市田家炳中学	
	武江区东岗小学	

续表29

体育项目	学校名称	级别
乒乓球	浈江区执信小学	市级
毽球	韶关市田家炳中学	
	浈江区站南小学	
	韶关市第四中学	
	浈江区韶师附小	
羽毛球	广东韶关实验中学	
	浈江区和平路小学	
排球	新丰县第一中学	

2016年韶关市运动员参加省以上正式比赛获奖名单

表30

序号	姓名	性别	比赛名称	项目	小项	名次	单位	教练
1	邱秀萍	女	2016年全国青少年赛艇锦标赛	赛艇	单人双浆	第一名	南雄市	吴晓勇
2	赵秀云	女	2016年全国女子举重冠军赛	举重	青年组58公斤总成绩	第一名	曲江区	李竹青
3	赵秀云	女	2016年全国青年女子举重锦标赛	举重	58公斤总成绩	第二名	曲江区	李竹青
4	邱秀萍	女	2016年全国赛艇锦标赛	赛艇	双人双浆	第五名	南雄市	吴晓勇
5	邱秀萍	女	2016年全国赛艇锦标赛	赛艇	四人双浆	第六名	南雄市	吴晓勇
6	赵秀云	女	2016年全国女子举重锦标赛暨2016里约奥运会选拔赛	举重	58公斤总成绩	第八名	曲江区	李竹青
7	付小萍	女	2016年广东省青少年举重锦标赛	举重	甲组44公斤总成绩	第一名	曲江区	李竹青
8	付小萍	女	2016年广东省青少年举重锦标赛	举重	甲组44公斤抓举	第一名	曲江区	李竹青
9	付小萍	女	2016年广东省青少年举重锦标赛	举重	甲组44公斤挺举	第一名	曲江区	李竹青
10	刘永龙	男	2016年广东省青少年举重锦标赛	举重	乙组52公斤总成绩	第一名	曲江区	李竹青
11	刘永龙	男	2016年广东省青少年举重锦标赛	举重	乙组52公斤抓举	第一名	曲江区	李竹青
12	刘永龙	男	2016年广东省青少年举重锦标赛	举重	乙组52公斤挺举	第一名	曲江区	李竹青
13	廖夫鸣	男	2016年广东省青少年举重锦标赛	举重	甲组+77公斤挺举	第一名	曲江区	李竹青
14	黄俊鹏	男	2016年广东省青少年举重锦标赛	举重	丙组52公斤抓举	第一名	乐昌市	徐寿央
15	吕保晨	男	2016年广东省青少年赛艇锦标赛	赛艇	甲组轻量级单人2000米	第一名	曲江区	吴晓勇
16	廖夫鸣	男	2016年广东省青少年举重锦标赛	举重	甲组+77公斤总成绩	第二名	曲江区	李竹青
17	廖夫鸣	男	2016年广东省青少年举重锦标赛	举重	甲组+77公斤抓举	第二名	曲江区	李竹青
18	罗雨森	男	2016年广东省青少年举重锦标赛	举重	甲组69公斤抓举	第二名	新丰县	李竹青
19	邱文健	男	2016年广东省青少年田径锦标赛	田径	甲组跳高	第二名	浈江区	张永强

续表30

序号	姓名	性别	比赛名称	项目	小项	名次	单位	教练
20	陈伟强	男	2016年广东省青少年田径锦标赛	田径	甲组4×400米	第二名	曲江区	张永强
	罗　坚						曲江区	张永强
	曾顺杰						曲江区	何　漳
	刘　威						曲江区	尹科成
21	杨　晨	男	2016年广东省青少年赛艇锦标赛	赛艇	甲组轻量级双人2000米	第二名	曲江区	吴晓勇
	李玉峰						曲江区	吴晓勇
22	黄梦怡	女	2016年广东省青少年赛艇锦标赛	赛艇	甲组轻量级双人2000米	第二名	仁化县	吴晓勇
	卢　婷						省体校	/
23	许青怡	女	2016年广东省青少年柔道锦标赛	柔道	乙组70公斤级	第二名	曲江区	李小孝
24	罗雨森	男	2016年广东省青少年举重锦标赛	举重	甲组69公斤挺举	第三名	新丰县	李竹青
25	邓国梅	女	2016年广东省青少年举重锦标赛	举重	甲组48公斤挺举	第三名	始兴县	李竹青
26	张帮茂	男	2016年广东省青少年田径锦标赛	田径	乙组400米	第三名	曲江区	尹科成
27	陈林峰	男	2016年广东省青少年田径锦标赛	田径	甲组800米	第三名	南雄市	许冬灵
28	邓勇通	男	2016年广东省青少年赛艇锦标赛	赛艇	甲组公开组单人2000米	第三名	乐昌市	吴晓勇
29	陈　涛	男	2016年广东省青少年赛艇锦标赛	赛艇	乙组轻量级双人4000米	第三名	仁化县	吴晓勇
	周远维						省体校	/
30	张梁非	女	2016年广东省青少年射击锦标赛	射击	乙组气手枪40发团体	第三名	曲江区	赵集川
	文莘颖						浈江区	
	邱慧珊						新丰县	
31	张梁非	女	2016年广东省青少年射击锦标赛	射击	乙组运动手枪15+15发团体	第三名	曲江区	赵集川
	张晋英						始兴县	
	邱慧珊						新丰县	
32	成思琛	男	2016年广东省青少年柔道锦标赛	柔道	乙组52公斤级	第三名	曲江区	李小孝
33	李　超	男	2016年广东省青少年柔道锦标赛	柔道	甲组66公斤级	第三名	曲江区	李小孝
34	林嘉伟	男	2016年广东省青少年摔跤锦标赛	摔跤	甲组古典式	第三名	曲江区	王　景

社会生活

重点人群

【妇女·儿童】 “三八”妇女节期间，市妇联表彰50名市“三八红旗手”、15个市“三八红旗集体”、44个市“巾帼文明岗”、22户市“优秀书香之家”、160户市“五好文明家庭”；4名省“三八红旗手”、2个省“三八红旗集体”、16个省“巾帼文明岗”。韶关市推荐的许玉英家庭获得2016全国“最美家庭”。陈小清、吴玉芳2户家庭获得第十届全国“五好文明家庭”。仁化县的蓝均昔家庭获得第十一届广东“十大优秀书香之家”；新丰县丰城街道南区社区成功申报省级家庭文明建设创新工作项目，始兴县顿岗镇围下村被定为广东省家庭文明建设示范点。与市委宣传部、市文明办联合开展2016年韶关寻找“最美家庭”系列活动，评选出韶关“十大最美家庭”和“十大最美家庭提名”给予通报表彰。韶关市推荐17户家庭参加广东省“最美家庭”评选活动，有4户被评为“百户广东省最美家庭。2016年马小青获得“全国维护妇女儿童权益先进个人”，郭惠银获得“全国妇联系统先进工作者”。

家庭教育工作 市妇联组织家庭教育大课堂、家庭教育讲座、亲子活动、书香幼儿园等家教宣传活动。2016年全市举办各级各类家教讲座、咨询报告会等270场，受益群众达10多万人次，发放宣传资料9万余份。全市各级建有65个家教讲师团，培训家教骨干231人次；有家庭教育指导机构/基地/中心155个，家长学校952个，培训家长212543人次。韶关市借助各村（居）所在的中小学及幼儿园家长学校、社区家长学校、儿童友好社区、儿童之家、妇女之家、妇幼保健院等开展家庭教育讲座。2016年6月初，市妇联下发《在全市城市社区中广泛建立家长学校的通知》，要求各县（市、区）重视家长学校的建设工作，争取在全市城市社区建设家长学校创办率达70%以上。市妇联指导各社区家长学校建立微信群，利用心海榕社工微信平台，推进家教系列公益专题微电台讲座进社区活动。2016年市妇联加大家庭教育指导队伍建设，两次选派人员去东莞、中山参加学习。上半年，召开全市家庭教育工作座谈会。依托家庭教育机构，举办全市家庭教育骨干培训班。市妇联联合市关工委、教育局、文明办于2016年9月召开全市推进中小学“三教”结合工作经验交流会，始兴县妇联在会上作经验发言。联合中共韶关市委宣传部、韶关市创建全国文明城市指挥部办公室在市区开展60场“家风家训进万家”征集宣讲活动。开展“巾帼心向党”群众性主题教育活动。

“平安家庭”创建工作 支持指导省、市级“平安家庭”创建示范村（社区）工作，选择浈江区车站街道东升村社区和翁源县江尾镇蒽岭村作为韶关市平安家庭创建活动示范点。评选表扬2015年度韶关市“平安家庭”创建活动示范集体30个、“平安家庭”创建活动示范户100户，向市级平安家庭示范户赠阅2016年度《家庭》杂志。

农村女性创业 联合市女企协、苏氏集团召开妇女创业就业工作座谈会暨妇女创业就业示范基地挂牌仪式。组织女企业家走访仁化县董塘镇联创白鸽养殖农民专业合作社等8个合作社、巾帼基地。组织巾帼创业骨干参加韶关市巾帼“互联网+”现代农业创业培训班。举办“韶关市手拉手·幸福+”巾帼电商创业培训班。在乳源天井山粤凰科技生态园组织巾帼基地负责人、女能手开展妇女创业就业现场交流活动。

妇女普法维权宣传 利用妇女节、母亲节、国际禁毒日等节点，普及法律、禁毒、反邪、防拐卖、防艾滋病等知识。以“不让毒品进我家——生命无毒人生无悔”为主题，编印禁毒宣传品及资料15000多份，在学校、社区开展识别毒品、拒毒宣誓签名等宣传活动。联合市文广新局、卫生局、林业局等单位在森林公园、韶阳楼举办“欢度三八 畅游韶阳”——维权周送法律、送健康、送服务宣传咨询活动。“三八”维权周期间，全市各级妇联开展“建设法治韶关 巾帼在行动”户外宣传咨询活动61场、普法文艺宣传16场、专题讲座19场、制作宣传栏、宣传横幅223个、发放《妇女权益保障法》、反家暴宣传折页、平安家庭创建知识等各类维权宣传资料7万多份，10多万名群众受到普法宣传教育。全市各级妇联主席接听热线电话22宗，为妇女群众解答咨询22宗。 （钟 涛）

【青年人】 2016年，新建韶关市大学生创业基地、东莞韶关众创平台、黄沙坪创新园、鑫金汇电子商务产业园、南

▲2016年10月17日至20日市妇联举办巾帼“互联网+”现代农业创业培训班，助力妇女创业（市妇联　供）

雄电子网商创业园、韶关（鹏洲）国际电子商务孵化港等6个团属青年创新创业阵地，举办创业沙龙、创业大讲堂等面向青年、基层的青年创新创业交流活动共计12场，举办大学生创业论坛、韶关电商之夜活动、2016年韶关市大众创业万众创新活动周双创主题讲座、韶关共青团“大众创业万众创新”专题培训班等活动共计12场。选拔推荐和跟踪培养10名优秀青年企业家、12名大学生创业精英、10名农村青年致富带头人等创新创业青年领军人才，吸纳市电商协会、广东海龟鑫金汇园区运营有限公司、韶关市创亿谷等团队的创业导师，完善韶关青年就业导师队伍，为青年创业提供政策、资金、技术、培训等方面的指导，培训覆盖青年6万人次。

【老年人】 2016年，全市户籍人口330多万人，其中，60周岁以上老年人口超过53万人，约占全市户籍总人口的15.9%。2016年全市老龄工作取得新进展。每两年举办一届全市老年人文艺汇演、全市老年人运动会。

养老服务体系健全　2016年，韶关市落实市政府办公室印发《韶关市加快发展养老服务业实施方案》精神，加快推进养老服务业发展，支持以公建民营、民办公助、政府补贴、购买服务等多种方式兴办养老服务机构，初步构建具有韶关特色的以居家养老和机构养老为基础、社区养老为依托、其他养老服务为补充的养老服务业发展新格局。截至2016年底，全市共有养老服务机构184间，市养老机构共有养老床位14897张。其中城市公办、民办养老福利机构24间，“星光老人之家”68间，乡镇敬老院92间。建设省级城市居家养老服务示范点3个，街道（镇）一级城市居家养老服务中心10个，建成和在建农村养老“幸福计划”项目45个。民办养老机构建设发展迅速。全市现有正式运营的民办养老机构13间，拥有养老床位约1980个，民办养老机构的服务水平、硬件设施、入住率等稳步提升。

城市社区居家养老服务试点　为促进城市社区居家养老服务健康、有序和可持续发展，提高居家养老服务的质量和水平，2016年5月，市民政局印发《韶关市城市社区居家养老服务建设试点工作方案》，在武江区、浈江区（市区范围）的10个街道（镇），各建立1个街（镇）一级城市社区居家养老服务中心试点，每个试点投入建设经费50万元。试点中心以无偿服务为主，低偿、有偿服务为辅的服务方式，为社区内年满60岁周岁的老年人，主要是“三无”、高龄、独居、特困等老人，提供日托照护、日常生活照料、康复保健、配餐助餐、文化娱乐等居家养老服务。同时，在市辖3区各建设1个区一级居家养老服务中心（省试点），每个中心投入资金220万元，浈江、曲江试点建成运营，武江正在筹建中。

农村养老“幸福计划”项目建设　加快农村养老服务业发展，继续选择在留守老人较多、照料需求大、居住相对集中的建制村或自然村开展农村养老服务“幸福计划”项目建设。2016年，全市共建设农村养老“幸福计划”项目14个，每个项目投入资金60万元（其中省专项资金40万元，市级配套资金20万元）。“幸福计划”项目建设，提高农村养老服务的能力和覆盖面。

城市养老机构设施发展　各地加大财政投入，先后完成一批公办养老机构新建、改（扩）建项目，完善养老机构硬件服务设施，实现每个县（市、区）拥有一间公办综合性养老福利机构的目标。投入1980万元在韶关市社会福利院院内新建一栋老人综合服务大楼，新增养老床位250张，投入使用。投资约1000万元建设乐昌福利院老年公寓；投资1592万元建设的南雄福利中心于2016年完工，并投入使用。

（黄永雄　唐焕威）

优待老年人各项政策落实　开展“敬老月”活动。市民政局、市老龄办在“敬老月”期间组织慰问困难老人和敬老院，拨付每个县（市、区）1.3万元。印制7000多本2015年重新修订施行的《韶关市老年人优待办法》单行本分发各县（市、区）。组织相关县（市、区）、单位参加全国“敬老爱老助老”和“老有所为”评选活动。全面实施高龄津贴发放制度。从2015年11月起全面发放提出申请并获得批准的高龄老人的高龄津贴。2016年，全市为77.56万人次高龄老人发放高龄津贴，支出资金1705万元。

“银龄安康行动”　深入开展“银龄安康行动”是本市2016年10项重点民政工作之一。乐昌市、仁化县、始兴县、乳源瑶族自治县、新丰县对困难老人参加“银龄安康行动”资金纳入地方财政预算，其他县（市、区）也相应的在慈善资金项目列支，为当地60周岁以上五保、低保、三无人员、重点优抚对象、80周岁以上高龄老人购买一份意外伤害综合保险。乐昌市把此项工作列入《2016年市委、市政府重要工作部署落实分工方案》中，并以市政府办的名义下发《关于加快推进“银龄安康行动”工作的通知》，取得工作的新突破，在全省“银龄安康行动”工作会议上作经验交流。截至2016年底，全市“银龄安康行动”投保人数19.45万人（其中：政府出资统保10.25万人，自付费9.2万人），覆盖率41%，实现保费收入722.5万元，理赔1898人，赔付金额264.2万元。完成2016年省民政厅、省老龄办下达韶关市“银龄安康行动”工作任务，受到省的表彰。

老年人文体活动丰富多彩 举办“2016年老年人歌舞汇演晚会”。10月9日，韶关市2016年老年人歌舞汇演晚会在市区百年东街婚庆广场举行。晚会由市老龄办、浈江区老龄办联合主办，以建设“和谐韶关、幸福韶关”增强老年人乐观向上健康精神为主题。由各县（市、区）、单位选送的12个优秀节目参赛。近200名老年人演员载歌载舞欢庆九九重阳老人节。承办2016年广东省持杖健步走教练员培训班及各种培训展示活动；在市区开展迎春、三八妇女节、五一劳动节、全民健身日、国庆节、九九重阳节等大型活动；分别举办2016年韶关市第二届太极拳（剑）个人项目公开赛和韶关市第八届“福彩杯”老年人门球邀请赛。组队参加全国全省老年人系列健身交流活动。组织门球队参加广东省文化基金流动杯门球赛，参加全国老年人门球赛（四川简阳），三省五市门球赛；组织太极拳队、广场舞队参加全省交流；组织柔力球队参加全国老年人柔力球交流活动；组队参加广东省第八届老年人运动会。获得二等奖和组织奖。（李秀珍 唐焕威）

【残疾人】 2016年，全市残疾人18.9万人，占全市总人口的5.38%。

残疾人津贴补贴 根据国家政策调整，市残联主动与民政部门沟通，确定2016年县级可根据当地实际，组织开展残疾人“两个补贴”（困难残疾人生活补贴、重度残疾人护理补贴）发放，2017年再统一交由民政部门实施。2016年全市发放困难残疾人生活补贴16246人；发放重度残疾人护理补贴23592人，两项共计金额5836.05万元。

残疾人小康进程加快推进 6月6日，市政府常务会议审议通过《韶关市人民政府关于加快推进残疾人小康进程的实施意见》（简称《实施意见》），要求各部门对实施办法的内容进行逐条分解，逐项制定可操作的具体措施，最大限度扩大政策效力。10月20日、21日，省政府残工委督导组到韶关市督查，对韶关市落实省《实施意见》表示满意。

残疾人康复工作 继续开展0—7周岁残疾儿童康复救助项目。全市共有484名残疾儿童在机构康复训练，完成率100%，其中聋儿70人，培训家长70人；肢体残疾儿童215人，培训家长215人；智障儿童123人，培训家长123人；自闭症儿童86人，培训家长86人。市残疾人康复中心共收训患儿262人（其中新收训59人）；有23名孩子本年度毕业后进入普小普幼随班就读。康复有效率达89.6%，家长对服务工作的满意率为97.8%。通过和人社局沟通，2016年解决该中心教师长期以来未能取得专业技术认证问题，有10位教师获得资格认证。开展对康复机构规范化建设督导和残疾等级评定业务培训。市残联配合省检查组对申请省三级验收的三家县级机构进行初检，并提出整改意见。各机构已完成整改，等待复检。省残联对翁源“肢体残疾儿童（三级）康复机构”进行初级评审。南雄市残疾人康复中心取得“事业单位法人证书”。市残联组织专家对全市评残医生和残联办证人员进行残疾等级评定业务培训。加强辅具适配工作。继续在全市各县（市、区）开展“七彩梦”项目，完成假肢装配81具、矫形器装配95具；配发轮椅、座便器、助行器、腋杖等82人次95件；为有需要的残疾人适配并发放市级各类辅助器具125人次204件（套），提供康复咨询80多人次。筛查符合低视力康复对象260名，配发各类助视器视力辅具665件（个）。实施居家康复项目服务。全市各县（市、区）残联继续做好居家康复工作。其中曲江区采用政府购买服务的方式，聘请定点康复机构“曲江区华力展能服务中心”常驻区残疾人康复中心，为残疾人提供一对一的日常康复护理知识培训等康复服务。武江区投入7万元对20户家庭困难且身体功能重度障碍的残疾人提供居家康复服务，指派康复理疗师和社工师定期上门服务。始兴县对20位重度肢体残疾人开展居家康复，为30户残疾人家庭进行居家无障碍改造。

特殊教育 完成785名适龄残疾儿童少年的入学情况核实工作，736名未入学的适龄残疾儿童少年重新入学。完成2016年残疾人自学考试、单考单招和普通高考工作，全市参加普通高考残疾考生35人。做好省培英中专招生工作，录取15人。开展扶残助学和“南粤扶残助学工程”，分别有167名残疾学生、33名残疾大学生获得资助。

残疾人就业培训 做好残疾人就业年审和残疾人就业保障金征收，建立和完善本市残疾人求职求学资料库，组织实施城镇残疾人万名就业工程。举办包括盲人按摩、养蜂创业、电脑学习、毛线手工编织和农村实用技术学习等种类班，培训残疾人180人次。通过组织专场招聘会，网站发布就业信息和向用人单位推荐失业登记残疾人员等方式，帮助残疾人就业。扶持残疾人自主创业，其中始兴县安排7.08万元用于对残疾人的创业扶持，曲江创办“巧家园”残疾人工疗站和两个康园中心，培育创业带头人。做好残疾人实名制就业培训管理工作，全市实名制数据完整性为96.22%，录入率为96.16%，全年新增就业人数525人。组织开展2016年广东“众创杯”创业创新大赛之残疾人公益赛，报名参赛项目27个，入围12个。完成全市残疾人辅助性就业机构建设情况

调查。开展残疾人精准扶贫工作，安排一名市残联分管领导到市扶贫办工作（时间三年）。全市贫困残疾人14081人，列入住建部门实施危房改造的残疾人贫困人1387人。

残疾人维权组织建设　2016年市本级受理残疾人来信来访（含网络问政）250余件次。做好残疾人机动轮椅车燃油补贴申报。市政府2016年重点办好的10件民生实事之一是“将全市乡镇（街道）残疾人专职委员列为社会公益岗位，对财政转移支付地区乡镇（街道）109名残疾人专职委员给予每人每月1100元补贴”，要求全市在年底前完成镇级专职委员公开招聘。市残联对全市1500多名专职委员进行轮训，完成全国残疾人基本服务状况和需求信息数据动态更新工作。在全市60438名调查对象中，实际在户残疾人总数56557人，3881人因死亡、搬迁等原因注销，入户率达90%以上。（黄婷婷）

民　政

【概况】　2016年，韶关市民政局机关核定行政编制34人。内设10个科（室），直属事业单位有：韶关军用供应站、韶关市福利彩票发行中心、韶关市殡仪馆、韶关市救助服务管理站、韶关市复退军人医院、韶关市红星综合厂、韶关市五祖路军休所、韶关市工业东路军休所、韶关市惠民北路军休所、韶关市社会福利院等10个。2016年，全市民政工作以“解决民生、维护民利、落实民权”为主线，重点推进社会组织培育管理，社会救助、社会福利、社区服务、基层政权建设、社工人才培养、优抚安置和慈善事业等项工作，民政事业实现持续健康发展。（唐焕威）

【社会组织登记管理】　2016年，韶关市本级和县（市、区）两级民政部门依法登记注册的社会组织共1734家，比上年底增加166家，同比增长10.6%。每万人拥有社会组织数5.4个，全市社会组织呈现快速发展的良好态势。建立“一门一网式”行政审批模式，扩大直接登记范围。落实社会组织税收优惠政策，推进政府购买社会组织服务，2016年市本级有10家社会组织承接政府购买服务项目，涉及资金118万元。推进行业协会商会脱钩试点工作。推进社会组织等级评估，有15家社会组织获得AAA以上等级。建立社会组织信息化管理系统和社会组织法人信息库，加强社会组织信息公开的透明度和行业自律体系建设。成立中共韶关市社会组织委员会，2016年直接隶属社会组织党委的社会组织党组织22家，有党员299人。

（刘宝玲　唐焕威）

【优抚安置】　军休干部管理服务　2016年，韶关市有军休所3个、服务站1个、服务点7个，军休干部103人，无军籍退休退职职工101人。2016年军休所的设施改善。工业东路军休所筹集资金30多万元改善办公条件，惠民路军休所的加装电梯工程投入施工，3月五祖路军休所实现新办公场所的搬迁，并筹集资金20多万元对荣誉室进行改造。2016年广东省民政厅在潮州举办的“军休杯”门球比赛活动中，惠民路军休所获得第三名。（陈搠宝　唐焕威）

退伍军人安置　2016年全市接收退伍士兵807人（含1名伤病残人员），转业三级以上（含三级）士官25人（全部安置完毕），复员干部2人。继续实施以自谋职业为中心的城镇退役士兵安置政策，对自主就业的一次性发放补助金，全年全市发放退役士兵自主就业一次性经济补助金1594.36万元，实现安置工作率100%。提高退役士兵的就业技能，组织退役士兵免费参加职业教育和技能培训，确保有意愿的退役士兵100%参加教育培训，全年全市参加就业培训的退役士兵599人（其中短期培训33人），就业率100%。

（赵海峰　唐焕威）

抚恤优待工作　截至2016年年底，全市享受定恤定补优待的优抚对象16256人（户）。其中享受定恤的烈属112人，因公牺牲军人家属33人，病故军人家属73人，在乡老复员军人797人，带病回乡退伍军人414人，部分参战涉核军队退役人员5655人，60周岁以上农村籍退役人员6449人，烈士子女364人，直接参与铀矿开采退役人员857人，“五老”人员（老游击队员、老通讯员、老堡垒员、老党员、老苏区干部）714人；享受国家伤残抚恤金的革命残疾人员788人。2016年10月1日起，韶关再次提高重点优抚对象抚恤补助标准。其中残疾军人残疾抚恤金标准在原来基础上提高约10%；烈属、因公牺牲军人遗属、病故军人遗属、在乡复员军人、回乡务农抗战老战士、红军失散人员、带病回乡退伍军人、参战涉核退役人员、老烈士子女人员、60周岁以上农村籍退役人员、“五老人员”的定期生活补助标准均有所提高。提高标准后，烈属城镇与农村实行统一标准每月2034元；因公牺牲军人家属城镇与农村实行统一标准每月1775元；病故军人家属城镇与农村实行统一标准每月1687元；在乡复员军人标准每月1190元；回乡务农抗战老战士标准每月1198元；红军失散人员标准每月1955元；带病回乡退伍军人标准每月602元；参战涉核退役人员标准每月590元；老烈士子女人员标准每月340元；60周岁以上农村籍退役人员标准每服一年义务兵役每人每月补助25元；“五老人员”标准每月433元。2016年，全市支出优抚对象保障资金6863万元。韶关市复退军人医院抽调11名医护人员组成巡回医疗队，在韶关、清远两市范围开展为期两个月的送医送药活动。巡迴医疗队先后派出医护技术人员138人/次，为各类重点优抚对象诊治疾病（开出处方送药）1826人次，进行体格检查1934人次，测量血压1518人次，心理咨询350人次，赠送拐杖142支，轮椅13辆，电子血压计112台，免费送出药品（器械）总价值约60万元。

（廖源慧　唐焕威）

【双拥工作】　拥军工作　2016年，韶关完善《韶关市拥军优属规定》《韶关市随军家属就业安置办法》《韶关市征兵优抚安置规定》等13项地方性政策法规文件。双拥经费单独列支并逐年递增。开展走访慰问，全市组织慰问团（组）慰问驻韶部队200多个，走访慰问重点优抚对象代表2000多户；开展军地座谈会92场。开展双拥共建活动，全市建成科技拥军培训基地（学校）3个，赠送部队科技图书6050册、电脑等科技设备260台（套），培训大专以上学历人才18人，投入科技拥军资金243.2万元；开办第14届军地两用人才培训班，有来自驻韶部队190多名优秀士兵参加。全市举办第三届军地青年联谊活动共14场。

（廖源慧　唐焕威）

韶关市获得全国双拥模范城称号　2016年7月29日，在全国双拥模范城命名暨双拥模范单位和个人表彰大会上，韶关市被全国双拥工作领导小组、民政部、中央军委政治工作部授予第十届“全国双拥模范城”称号，实现创建全国双拥模范城三连冠。8月18日召开的广东省双拥模范城（县）命名暨双拥模范单位和个人表彰大会上，曲江区、仁化县、南雄市、乳源瑶族自治县获得第十届“广东省双拥模范城”称号，广东电网韶关乐昌供电局被授予“广东省爱国拥军模范单位”；96318部队政治部被授予“广东省拥政爱民模范单位”；市人力资源和社会保障局军转办主任李燕山、市民政局优抚科科长卢学文、曲江区民政局副局长金梅英等3人被授予“广东省爱国拥军模范”；95032部队部队长彭洪波被授予“广东省拥政爱民模范”。　（廖源慧　唐焕威）

【救灾减灾】　**自然灾害及抗灾救灾**　2016年韶关市遭受低温冰冻、风雹、洪涝、台风等自然灾害，共有12万人受灾，紧急转移安置1662人，紧急生活救助1324人。灾情发生后，各级民政部门累计发放救灾大米、矿泉水、面包、食用油、棉被等生活物资折款675万元，保障受灾群众应急期基本生活。灾情稳定后，各级民政部门开展因灾“全倒户”、过渡期救助对象的核查工作，核定全市因灾“全倒户”370户。推进灾后民房重建家园工作和保障灾民冬春期间基本生活，全市争取中央、省、市三级自然灾害生活补助资金2146.67万元，其中省级自然灾害补助资金1485.17万元；中央级冬春补助资金285万元；市级重建家园补助资金376.5万元。全市370户因灾“全倒户”于2017年春节前完成重建家园工作。截止2017年2月，全市救助2016—2017年因灾需冬春救助困难人数6747人。开展“全国综合减灾示范社区”申创活动，2016年韶关市曲江区马坝镇城南社区、始兴县太平镇城西社区居民、南雄市帽子峰镇富竹村等3个社区被民政部命名为“全国综合减灾示范社区”，市基层防灾减灾能力提升。　（朱小燕　唐焕威）

【社会救助】　**提高最低生活保障标准**　2016年5月，韶关市下发《韶关市民政局韶关市财政局关于印发2016年韶关市城乡低保最低月标准及农村五保供养最低年标准的通知》，部署全市低保提标工作。全市所有县（市、区）均在规定时间内完成低保保障水平提标任务，并足额支付到户到人。最低城乡低保月标准提高到485元/人月、335元/人月，达到或超过规定的最低标准418元/人、190元/人，比2015年分别增加66元、75元。城乡低保人均补差标准分别提高到424元/人、209元/人，比2015年分别增加47元、34元，并按新标准从1月足额补发。截至2016年12月底，全市有32097户64655人享受低保，其中城镇7545户12231人，农村24552户52424人。全年支出低保资金19084.93万元。市民政局以政府购买服务方式，委托相关机构于10月—12月期间对全市低保户开展入户抽查工作。抽查全市833户低保家庭，发现不符合条件低保家庭43户。

（邵文桥　唐焕威）

五保供养　2016年，韶关市有五保供养对象6738人，其中分散供养5128人，集中供养1610人。全年分散供养支出2467.19万元，集中供养支出1145.6万元。人月均集中供养标准604元，分散供养标准603元。2016年6月，韶关市民政局下发《韶关市特困人员供养服务机构公建民营社会化改革实施方案》的通知，完成4个试点申报工作，分别是乳源瑶族自治县乳城镇区域性敬老院、翁源县江尾镇敬老院、曲江区马坝镇敬老院、乐昌市社会福利院。落实广东省关于开展“敬老院消防工作”规定，下达市级福彩公益金资金200万元，资助全市20间敬老院，每间资助10万元，用于添置消防器材、建设消防实施。根据《广东省民政厅社会救助处关于开展全市五保数据录入工作的通知》，组织各地开展为期1个月的五保历史信息采集录入工作。　（班　冰　唐焕威）

实施精准扶贫精准脱贫社会保障兜底政策　2016年6月，经韶关市政府批准，由市民政局牵头，出台三个制度文件，明确今后3年精准扶贫社会保障兜底工作任务和措施。分别是：《韶关市社会保障兜底精准扶贫工作实施方案》，明确根据农村低保对象的年龄、健康状况、劳动能力以及家庭收入来源等情况实行分类施保，并逐年提高低保、特困供养（含五保、孤儿）水平，实行政策性保障兜底；《韶关市精准扶贫医疗救助工作实施方案》，加大医疗救助帮扶力度，将精准扶贫建档立卡贫困人口中符合大病医疗保险报销条件的大病患者全部纳入医疗救助范围，对各项医保政策报销后的合规医疗费用按照不低于70%的比例给予补助，并将年度农村医疗救助封顶线由原来各县（市、区）0.5万元—2万元不等，统一提高为农村戈谢病患者15万元，农村低保对象、扶贫对象5万元；《韶关市“广东扶贫济困日”活动捐赠管理办法实施细则》，明确韶关市“广东扶贫济困日”活动募集捐款全部用于帮扶市精准扶贫建档立卡相对贫困村、贫困人口，鼓励社会力量助力精准扶贫。

（邵文桥　唐焕威）

【基层政权和社区建设】　**城镇社区**

▲2016年5月30日，省考核组组长、省卫计委副巡视员温伟群（右五）一行就2015年暨“十二五”期间殡葬事业发展目标实地查看南华纪念园树葬区　（蓝师武　摄）

建设　2016年，韶关市人民政府解决浈江区、武江区30个社区公共服务用房问题，其总面积由原来的1888平方米，增加到现在的14087平方米，总面积增加12199平方米，平均面积由原来的62平方米，增加到现在的469平方米，改善社区居委会的综合服务条件。社区居委会统一标识。2016年浈江区、武江区社区专职工作人员工资在原来的基础上每人每月增加600元，由市、区两级财政各承担50%，社区办公经费每个每年增加3万元，由市级财政承担。浈江区、武江区形成每两年调整提高一次社区居委会工作人员工资标准机制。抓好社区减负和社区协商规范性文件的制定，与市委组织部联合下发《关于印发韶关市社区减负工作实施方案的通知》和《关于进一步规范社区印章使用、考核评比的通知》。制定《韶关市关于加强城乡社区协商实施意见》（代拟稿），推进全市城乡社区协商建设。

（陆华芳　唐焕威）

农村社区建设　2016年，韶关城乡社区设施建设加强，市级福利彩票公益金投入300万元资助建设5个城乡社区公共服务站、5个城乡社区家庭服务中心。探索村民自治的新思路，研究草拟《韶关市关于以村民小组为基本单元的村民自治试点方案》。推进社区（村）自然人事项一门一网式政府服务模式改革延伸工作，印发《关于开展〈广东省社区（村）一门一网式政务服务自然人事项指导目录（试行）〉工作的指导意见》。开展村务公开“五化”创建活动，印发《韶关市关于开展村（居）务公开“五化”创建活动实施方案》。下拨省、市村监会成员补贴。2016年年初，下拨全市1202个村委会村务监督委员会成员省级补助资金1190万元，同时发放2015年、2016年全市698个贫困村村务监督委员会成员市级补助资金，两年402.048万元。配合省推进乳源瑶族自治县、新丰县农村社区建设试点和乡镇（街道）和职能部门与村（居）委会双向考核试点工作。截至2016年12月底，两县农村社区建设试点和双向考核试点工作初步完成并通过省民政厅的考核。

（陆华芳　唐焕威）

【区划地名】　行政区划工作　2016年，韶关市行政区划无调整变化。行政区域界线管理工作加强，落实界线委托管理，全市完成省、市级界线“湘粤线”和“韶惠线”第三轮联合检查工作。“湘粤线”界线总长320.46千米，共埋设9颗界桩（其中乐昌—宜章线有4颗界桩，乐昌—汝城线有1颗界桩，仁化—汝城线有3颗界桩，汝城县有1颗湘粤赣三交点界桩）。“惠韶线”界线总长61.77千米，共埋设界桩3颗（其中2个界桩分别为广韶惠、韶惠河三市交汇点）。完成始兴县—翁源县等6条县级行政区域共316.19公里的界线联合检查工作，联检中6条线界边界线及两侧地形、地貌、地物没有明显变化，界线实地位置清晰易辩，界桩完好无损，界桩方位物齐全。完善市、县、镇、村四级平安边界共建体系，2016年12月1日至2日在韶关市仁化县城口镇举办粤湘平安边界联谊活动。　（刘慧芳　唐焕威）

地名管理工作　2016年，韶关推进第二阶段第二次全国地名普查工作。3月22日，专题部署地名文化保护暨清理整治不规范地名工作。4月下旬，市普查办印发《韶关市第二次全国地名普查领导小组关于印发〈韶关市加强地名文化保护清理整治不规范地名工作实施方案〉的通知》。7月20—21日，市普查办组织人员到曲江区罗坑镇、乐昌市廊田镇等两个试点乡镇实地开展地名普查实操培训。8月中旬，开展全省地名普查交叉检查工作，肇庆市地名普查检查组到韶关市，韶关市地名普查办组织检查组前往梅州市开展地名普查交叉检查。9月，韶关市10个县（市、区）完成地名普查购买社会服务工作，全市有6家外包服务单位中标，中标总金额957.57万元。全市落实经费1135.7万元（其中，中央和省补助527万元，市本级和各县市区财政配套608.7万元）。10月，市普查办组织10个县（市、区）开展地名普查交叉检查工作。11月22日，市普查办召开全市地名普查交叉检查情况反馈意见座谈会。全市建立地名普查信息报送制度，全市通过部、省审核信息17篇，编纂地名词典条目770条。2016年，市民政局审核批准市区5个住宅小区的命名。

（刘慧芳　唐焕威）

【社会福利和慈善事业】　慈善事业　2016年，全市接受活动捐款3181.49万元，其中市本级接收捐款1711.44万元，各县（市、区）慈善会接受捐捐款1470.05万元。2016年，韶关慈善总会理事会开展“希望行动”“光明行动”

一系列慈善助学、助医活动，资助80名贫困高中生每人5000元、150名贫困白内障患者每人1000元。2016年开展助医济困、助学济困、赈灾济困、扶老助残，为社会公益机构捐助等共支出善款1875.98万元。（董秋培　唐焕威）

儿童福利保障　完成孤儿基本生活保障“提标”任务，提高孤儿基本生活最低养育标准，其中，集中供养孤儿提高到每人每月1340元，散居孤儿提高到每人每月820元，惠及孤儿773人（其中集中供养161人，分散供养612人），2016年全市发放孤儿基本生活费861.1万元。完善困境儿童社会救助体系，初步建立事实无人抚养儿童基本生活费保障制度，2016年度全市完成事实无人抚养儿童审批1120人，按照每人每月500元的标准（已享受低保的补差）发放基本生活费。推进省适度普惠型儿童福利制度建设试点工作（曲江区）。

（黄永雄　唐焕威）

落实残疾人“两项补贴”制度　2016年，韶关市民政局与市财政、市残联协调配合，推动建立困难残疾人生活补贴和重度残疾人护理补贴制度。做好重度残疾人、困难残疾人的申报审核工作；按照重残护理补贴每人每年1800元、困难残疾人生活补贴每人每年1200元的标准发放补贴，全市惠及重度残疾人23673人，困难残疾人16326人。

（黄永雄　唐焕威）

收养登记　2016年，全市各级民政部门共办理收养登记135宗（全部为国内公民收养，不含港澳台），使弃婴、孤儿回归家庭、回归社会，体现“一切为了孩子”的收养工作宗旨和保护收养当事人的合法权益。

（黄永雄　唐焕威）

福利彩票　2016年，全市销售福利彩票投注站235间，在线即开视频票4间，一线福彩销售人员近350人。2016年年发行福利彩票3.93亿元，完成年度任务的112.2%，同比增加3580.44万元，较2015年增长10%，总销量增长率全省排名第一位，视频票、即开票两个票种分别以23.6%、22.4%的增长率位列全省第一名。全年筹集福彩公益金1.09亿元，其中市本级留成3860万元，主要用于爱心助学、精神病人医疗救助以及危重、流浪儿童救助、残疾人专项救助、孤儿抚养等。

（孙志敏　唐焕威）

【社会事务】　婚姻登记管理　2016年，全市办理结婚登记25352对，其中，国内婚姻登记25240对，涉外、港澳台、华侨婚姻登记112对；离婚登记8033对，其中，国内离婚登记8009对，涉外、港澳台、华侨离婚登记24对。婚姻登记合格率为100%。做好网络问政答复工作，全年受理网络问政11件。

（陆华芳　唐焕威）

落实殡葬政策措施　2016年，韶关继续实施《韶关市城乡居民殡葬基本服务免费实施细则》，全市免除城乡居民殡葬基本服务16192宗，免费金额2290万元，全市城乡户籍人口殡葬基本公共服务均等化步入常态。党员干部带头推动葬改革工作落实。2016年全市火化遗体17209具，其中本地数15931具。全市火化率保持稳定。（蓝师武　唐焕威）

推进绿色殡葬　韶关推行节地安葬，树葬、壁葬、寄存等方式，2016年参加节地生态安葬的骨灰9748份，节地安葬率为56.7%。推进文明低碳祭扫以敬献鲜花、植树绿化、踏青遥祭、网络祭扫等方式缅怀故人。完成省政府对全市2015年暨“十二五”期间殡葬事业发展目标检查考核，在全省考核中，在粤东西北地区排名第二位。加强对经营性公墓的监管。完成全市经营性公墓年检换证工作，全市11家经营性公墓全部评为合格等次。（蓝师武　唐焕威）

殡葬设施建设和服务管理　2016年，全市投入资金1254万元，进行殡葬设施设备改造和公益性骨灰存放设施建设，有3家殡仪馆安装13套除尘和烟气净化系统；新建公益性生态公墓3座、骨灰楼（堂）6间、树葬区1个。各殡葬服务机构推行标准化、规范化、信息化建设，通过开展殡仪馆“公众开放日”“三规范一推行”专项整治“回头看”活动，规范殡葬服务行为和价格管理，营造公平、规范、诚信、有序的殡葬市场环境。（蓝师武　唐焕威）

【社会工作与志愿服务】　社工人才建设　截至2016年年底，全市发展社工机构12家，其中，注册登记专业社工机构8家，民政直属单位社工机构4家，社工机构从业人员基本持有社会工作者职业水平证书。全市持证社工人数2225人，完成“幸福广东”考核评价体系中每万人5名持证社工的目标任务。加强社会工作教育培训。举办2016年全市社会工作者职业水平考试考前辅导培训班，培训报考全国社会工作者职业水平考试的考生1200多人。组织全市社会工作者职业水平考试，全市有715人通过社会工作职业水平考试。2016年10月，举办全市社会工作者继续教育培训班。

（黄永雄　唐焕威）

发展“社工+志愿者”服务模式　开展“专业社工、全民义工”试点工作。2016年3月17日，市民政局印发《韶关市开展“专业社工全民义工”试点工作方案》，确定2016年老年人领域作为试点内容，武江区惠民街道为试点单位，以专业社会工作服务领域为主线，按“1个专业社会工作服务领域+1个志愿服务组织+N名志愿者”（1+1+N）模式，在各县（市、区）、镇（街道）、社区等层面分别推进。

（黄永雄　唐焕威）

人力资源和社会保障

【概况】　韶关市人力资源和社会保障局内设19个科室，下属事业单位18个。2016年，人社系统坚持“民生为本、人才优先”工作主线，促进就业惠民创业富民，健全社会保障体系，深化人事制度和工资收入分配制度改革，构建和谐劳动关系，完成各项工作目标任务，全市人社事业“十三五”开局良好。

【就业促进】　贯彻落实《韶关市人民

政府关于进一步做好新形势下就业创业工作的实施意见》《关于进一步明确省级促进就业专项资金补贴项目申请和核发有关事项的通知》等政策文件，全面开展就业困难人员认定工作，规范职业中介、创业培训（实训）等定点机构认定工作，进一步放宽小额担保贷款额度、贴息范围，制定《韶关市创业孵化基地认定实施细则》，加强创业孵化基地认定管理。2016年全市支出就业创业资金4576.09万元，其中发放社保、岗位等各项补贴1759.92万元，惠及1.47万人次；发放创业担保贷款524笔7196.5万元；审核发放技能晋升培训补贴1128.03万元，惠及7172人。认定就业困难人员3561人。实现促进创业1645人，带动就业3403人，实现创业带动就业的倍增效应。

【公共就业服务】 2016年，韶关开展“南粤春暖”等公共就业人才服务专项活动375场，提供岗位24.42万个，达成就业意向4.4万人。推进就业技能精准扶贫工作，对贫困劳动力就业和技能培训意愿进行摸底，通过组织举办精准扶贫专项招聘活动成功实现就业45人。全市发放“就业失业登记证”33491本，其中市本级发放12602本。登记招聘企业1284家，登记招聘信息4844条，登记空岗70639个。全市新增转移到广州、东莞等地就业的劳动力1.78万人，其中组织输送本市户籍农村劳动力到莞韶产业园区转移就业4050人。就业形势保持总体稳定，全市实现城镇新增就业3.48万人，城镇失业人员再就业2.97万人，就业困难人员实现就业2666人，城镇登记失业率2.45%。

【社会保险】 2016年全市参加城镇职工基本养老保险（含离退休）69.2万人，其中企业职工基本养老保险参保46.2万人。参加城镇职工基本医疗保险55.6万人。参加失业保险29.3万人。参加工伤保险38.5万人。参加生育保险25.6万人。城镇职工基本养老、医疗、失业、工伤、生育“五项”基金全年征集收入465387万元，待遇支出570538万元。参加城乡居民基本医疗保险228.6万人，城乡居民基本养老保险94.4万人。征地社保资金分配取得突破，提前完成被征地农民养老保险滞留资金2.15亿元的分配，完成2015年已批复项目征地社保资金0.87亿元的分配。

社会保险制度改革 2016年，韶关降低社会保险成本，将失业保险费率从2%降至1%，工伤保险平均费率从0.77%降至0.69%，两项全年减轻企业负担8500多万元。出台机关事业单位养老保险制度改革的贯彻实施意见。落实灵活就业人员参加企业职工基本养老保险有关规定，办理参保缴费0.64万人。修订《韶关市城镇职工基本医疗保险实施办法》和《韶关市公务员医疗补助实施方案》。制定《2016年医保付费总额控制实施方案》。优化调整城乡居民大病保险制度，建立盈余和亏损双向调节机制。规范工伤康复工作，在全省率先采用“竞争性磋商”的竞争办法，对劳动能力鉴定工作实行政府采购模式。

社会保险待遇水平 2016年，全市领取养老金人数47.99万人，其中：职工15.59万人，待遇支出409425万元；居民36.92万人，待遇支出44246万元。享受城镇职工基本医疗保险住院报销15.26万人次，待遇支出133748万元。享受城乡居民基本医疗保险住院报销49.12万人次，待遇支出99216万元。办理领取失业保险金43514人次，待遇支出5943万元。申领工伤保险7186人，待遇支出14192万元。申领生育保险3104人，待遇支出7230万元。社会保险待遇水平提高，企业退休人员月人均基本养老金提高138元，达到2061元。惠及15.59万人；城乡居保养老金标准提高到每人每月110元，惠及36.92万人。

【人事人才】 编制《韶关市2016年度急需紧缺高层次人才需求目录》。配合起草出台《韶关市百名享受市政府特殊津贴人才选拔管理实施意见（试行）》和《韶关市引进百名紧缺适用人才实施意见（试行）》等人才政策。组织实施“三支一扶”计划，审核发布102个岗位，选拔派遣39名高校毕业生到岗服务。对2016年回韶报到的9644名高校毕业生信息进行实名登记，对3740名离校未就业高校毕业生进行跟踪和就业指导服务。组织44家企事业单位赴外引才，达成意向53人。印发《韶关市深化中小学教师职称制度改革工作方案》。粤北人民医院获评省第六批博士后创新实践基地。落实韶关市职业技能人才发展计划，组织职业技能鉴定3.12万人次，其中高级工以上8106人次。举办工业机器人、电子商务师等5个项目的韶关市职业技能大赛竞赛活动，为韶关市八大产业发展培养技能人才。

技工教育 2016年，启动市属技工教育资源整合工作，将粤北、机电技校整合到市二技校区并实现开学。全市技工院校实现招生9064人，其中省属学校4944人，市属学校4120人。推进产教融合、校企合作，向企业输送毕业生3452人，校企双制培养人数347人，累计合作共建生产实训中心83个。研究出台《关于建立韶关市属技工院校专业动态调整机制的实施意见》。完成市技师学院创建“国家中等职业教育改革发展师范学校”省级验收工作。

人事管理 开展公务员招录工作，强化面向基层招考的导向。面向社会公开招考公务员955名，网上报名人数14092名，笔试和现场资格审核后确定面试对象2391名，经面试、体检后有894名考生进入考察、公示和录用环节。全年开展各类培训班42期，培训公务员（含参公管理工作人员）6982人次。组织两批次44名由市政府任命的国家工作人员进行庄严宣誓。办理公务员转任123人，调任1人。办理公务员登记787人，参公登记102人。向市政府报请任免副处以上领导干部98人，其中任职50人、免职48人。全市事业单位全部纳入岗位设置管理，核准30个新、旧市直事业单位的岗位设置，办理10个县（市、区）岗位设置备案302个单位（含重新设置）；对52个市直事业单位办理竞聘材料共308人。组织10个县

（市、区）参加粤东西北地区乡镇事业单位专项公开招聘，招考岗位606个，招考人数849人。做好广东省2016年集中时间组织事业单位公开招聘工作，共280个岗位。全年组织各类人事考试33项，4.4万人参加。

军转干部安置服务　完成2016年度62名军转干部接收安置，其中：计划安置正团职干部2人，副团职干部14人，营职以下（含专业技术）军转干部38人；自主择业军转干部8人。加大解困工作力度，适当提高企业军转干部解困生活补助标准。加大对企业军转干部维稳工作的排查力度，做好日常来信来访的答复和服务工作。

【劳动关系】　工资收入分配制度改革　建立健全乡镇机关事业单位工作人员乡镇工作补贴制度，月人均增加700元，其中乡镇党政正职每月另外增加1000元。完成市直机关事业单位住房维修和物业管理补贴审核工作，月人均1252元。配合制定出台《关于深化市属企业负责人薪酬制度改革的实施方案》，开展2014年—2015年市属企业在岗职工工资统计工作，经审核认定2014年、2015年的市属企业负责人基本年薪基数分别为5.2万元和5.6万元。制定发布韶关市2016年企业工资指导线，平均工资水平为3320元/月。

2016年全市在岗职工人数43万人，签订劳动合同40.4万份，合同签订率94%。已建工会企业的工资集体协商签订率82%。参加创建和谐劳动关系示范区工程的企业达到75%，符合创建标准的示范点达到65%。受理劳动人事争议案件1789宗，涉及劳动者2569人，涉及金额4250.61万元，法定审限内结案率连续六年100%。建立行政执法与刑事司法“两法”衔接，严格执行建设领域工资保证金制度和工资分帐管理办法。排查劳资纠纷案件807宗，其中调解处理420宗，立案查处387宗，结案率98.5%。主动监察企业3905户单位，为4455名劳动者追回被拖欠工资7170.34万元，劳动关系保持总体和谐稳定。

（蔡春林　李志伟）

民族事务

【概况】　韶关是粤北重镇，历史上是少数民族重要聚居地之一。唐代已有瑶族先民聚居；明代形成“南岭无山不有瑶”的大分散、小聚居的分布局面。2016年，全市有瑶族、畲族等43个少数民族成份，少数民族人口5.5万人，占全市总人口的1.7%。全市辖一个自治县——乳源瑶族自治县；一个民族乡——始兴县深渡水瑶族乡。始兴县、武江区、曲江区、仁化县、乐昌市、南雄市、翁源县等县（市、区）是少数民族人口较多地区，全市散居少数民族人口3.1万人，占全市少数民族总人口的56.4%。

【举办少数民族科学种养技术培训班】　4月7日，在曲江区罗坑镇举办少数民族茶叶专题技术培训班，由全国科普惠农兴村带头人、韶关市民族宗教事务局（简称市民宗局）副局长江卫华为当地150名茶农授课。5月17日，市民宗局和乳源瑶族自治县联合举办科学养猪知识讲座，来自乳源瑶族自治县各乡镇的养猪专业户、部分贫困户和韶关学院部分师生共300人参加。市民宗副局长江卫华和韶关学院英东农业科学与工程学院研究员彭国良授课。

【妥善处置涉疆少数民族交通事故案】　2016年7月25日，1名在韶经商的新疆维吾尔族青年因交通事故身亡，韶关市民宗局会同浈江区和市直有关部门妥善处置。10月7日，在广乐高速梅花段因交通事故造成新疆维吾尔族群众1死1伤，市民宗局会同乐昌及市直有关部门开展协调处置工作，做好善后工作。

【民族工作会议】　2016年7月26日，在乳源瑶族自治县召开韶关市扶持民族地区加快发展推进会。11月24日，召开城市民族工作会议，学习贯彻全国城市民族工作会议和全省城市民族工作现场会精神，总结交流韶关市城市民族工作经验，研究分析韶关市城市民族工作面临的问题及对策。12月25日至26日，全省推进民族地区加快发展现场办公会在乳源瑶族自治县召开，会议内容为深入贯彻落实中央和全省民族工作会议精神，推动广东省民族地区加快发展，确保2018年与全省同步全面建成小康社会。

【举办2016年民族团结进步宣传月活动】　2016年9月，韶关以“美美与共·和美大同”为主题，开展民族团结进步宣传月活动。8月31日，联合乳源瑶族自治县人民政府在东阳光公司举办2016年民族团结进步宣传月走进东阳光文艺晚会暨宣传月启动仪式。各县（市、区）通过各种形式开展民族团结教育活动，弘扬民族传统文化，营造各民族“共同团结奋斗、共同繁荣发展”“三个离不开”的浓厚氛围。

（梁妙珍　赵伟明）

宗教事务

【概况】　韶关市有佛教、道教、天主教、基督教四个宗教。有全市性宗教团体4个，分别为韶关市佛教协会、韶关市道教协会、韶关市天主教爱国会和韶关市基督教三自爱国会；有宗教活动场所54处（其中佛教20处，道教4处，天主教7处，基督教23处），有宗教院校2所，分别是广东佛学院曹溪学院和云门学院；有宗教教职人员516人（其中佛教僧尼470人，道教乾道、坤道22人，天主教神父、修女3人，基督教牧师、长老、传道21人），宗教教徒4.4万人。

【禅宗文化交流】　2016年，韶关市人大组织有关部门和佛教界代表人士赴湖北、安徽五祖寺、四祖寺、三祖寺、二祖寺调研。云门寺两批共32名法师赴台湾开展宗教交流活动。仁化妙善禅寺举办大雄宝殿落成开光活动，始兴上奉寺举办藏经楼落成开光活动，南雄莲开净寺举办迎请本焕长老舍利活动。

【开展全市宗教类社会团体有关事项核查】 2016年，对全市宗教活动场所、宗教院校开立单位银行结算账户和申领组织机构代码证工作情况进行调查，对全市宗教场所设立网站和微信、微博账号情况进行统计。

【加强宗教院校形势政策教育教学】 进一步规范广东佛学院曹溪学院、云门学院规范化办学。2016年10月18日，广东省民族宗教委在韶关组织召开2016年广东省宗教院校思想政治教育工作联席会议。会议期间，与会代表调研考察位于韶关市的广东佛学院曹溪学院、云门学院，了解两所学院的办学环境和实际教学情况。

【民族宗教系统开展依法行政】 2016年，对韶关市民族宗教事务局的9项行政审批事项编制《办事指南》和《业务手册》，实行网上审批。鼓励宗教界人士参政议政。推荐释顿林、冷寒冰、刘俊平、黄影新4名宗教界代表人士作为政协韶关市第十二届委员会委员候选人。

【开展和谐寺观教堂创建活动】 2016年12月9日，韶关市乳源云门山大觉禅寺被中央统战部、国家宗教局评为第三届全国创建和谐寺观教堂先进集体。韶关市民族宗教事务局联合市公安消防局开展加强宗教活动场所消防安全专项治理工作，制定《宗教活动场所消防安全技术指导意见》。全市宗教界为“6·30”广东扶贫济困日活动捐款36.3万元。 （龙　晖　赵伟明）

城乡居民收入与消费

【居民消费价格低位上涨】 2016年，韶关市区居民消费价格总水平上涨1.9%，涨幅比2015年（上涨1.2%）扩大0.7个百分点。其中：消费品价格上涨2.2%，服务项目价格上涨1.6%，非食品烟酒价格指数上涨0.6%，食品烟酒价格上涨4.6%；从类别上看，居民消费的八大类商品（服务）价格累计同比呈现“五涨三降”的格局。其中：食品烟酒价格上升4.6%，教育文化和娱乐价格上升2.8%，医疗保健价格上升2.6%，其他用品和服务价格上升2.5%，衣着价格上升0.8%，生活用品及服务价格下降0.8%，交通和通信价格下降0.7%，居住价格下降0.2%。

【城乡居民收支情况】 2016年，韶关市全体居民人均可支配收入19977.5元，比上年增长10.1%，扣除价格影响因素，实际增长8.1%，其中，按常住地分，城镇居民人均可支配收入25854.6元，比上年增长10%，扣除价格影响因素，实际增长7.9%；农村居民人均可支配收入12790.3元，比上年增长10.2%，扣除价格影响因素，实际增长8.1%，城乡居民收入差距继续缩小。

2016年韶关市居民人均可支配收入增长情况表

表31

指标名称	金额（元）	名义增长（%）	实际增长（%）
全体居民	19977.5	10.1	8.1
城镇常住居民	25854.6	10.0	7.9
农村常住居民	12790.3	10.2	8.1

【城乡居民消费情况】 2016年，韶关市全体居民人均消费性支出14804.1元，同比增长10.6%，其中，城镇居民人均消费性支出18142.5元，同比增长9.3%，农村居民人均消费性支出10825.1元，同比增长12.1%，全体居民人均食品烟酒消费5705.4元，人均衣着消费696.7元，人均居住消费2701.5元，人均生活用品及服务消费831.4元，人均交通、通信消费1828.4元，人均教育文化娱乐消费1887.8元，人均医疗保健消费854.9元，人均其他用品及服务消费298元。

【城乡居民耐用消费品拥有量情况】 2016年，韶关市城乡居民耐用消费品拥有量情况：平均每百户拥有家用汽车21辆、摩托车102辆、助力车（电动车）26辆、洗衣机84台、电冰箱96台、微波炉30台、彩色电视机120台、空调115台、热水器94台（其中太阳能热水器25台）、消毒碗柜48台、洗碗机1台、固定电话28台、移动电话267台、计算机54台（其中接入互联网的43台）、摄像机2台、照相机14台、中高档乐器4台、健身器材3台、组合音响18台。

（关韶光　雷明平）

新农村建设

【概况】 2016年，韶关市以推进省级新农村连片示范建设工程等项目为抓手，开展农村人居环境综合整治，提升全市新农村建设水平。乳源瑶族自治县“五彩瑶乡”和仁化县“丹霞彩虹”省级新农村连片示范建设工程完成省定的“一年初见成效”各项目标任务，全面进入“两年基本完成”的提升阶段。南雄市“千年驿道、广府原乡”省级新农村连片示范建设工程示范片完成项目招投标工作，进入施工阶段。各地加大对农村公共民生事业的投入力度，推进农村卫生医疗、文化教育、社会保障、交通通讯、健身娱乐等民生工程建设，构建新型农村基本公共服务体系，农村发展活力增强，农民群众安居乐业。2016

年，完成142个中心村电网升级改造、2750千米农村公路硬底化、1186千米山区中小河流治理。建成95个乡镇农民体育健身工程；农村居民卫生厕所普及率97%；新型农村合作医疗参合率100%。乡镇便民服务中心实现全覆盖。

【乳源县“五彩瑶乡”省级新农村连片示范建设工程】 至2016年年底，示范片投入资金14134万元，其中省级财政专项资金7366万元、市级272万元、县级1411万元、社会投入和群众自筹资金5085万元。完成村巷道硬底化36.7千米，铺设自来水管2.38千米、雨污分流管网58千米，完成外立面改造的有835户，拆除危旧弃房514间15680平方米，清理垃圾574吨，复绿面积6000平方米，种植绿化树3000棵，建设污水处理设施23个。

【仁化县“丹霞彩虹”省级新农村连片示范建设工程】 至2016年年底，示范片投入资金7676万元，其中中央财政资金408万元、省级财政专项资金1993万元、市级3.4万元、县级392万元、社会投入和群众自筹资金4508万元。完成村巷道硬底化3.9千米，铺设自来水管23千米、雨污分流管网13千米，完成外立面改造的有152户，拆除危旧弃房31间1720平方米，清理垃圾599吨，复绿面积3900平方米，种植绿化树1120棵，建设污水处理设施6个。（范 莹）

消费者权益保护

【消费调解概况】 2016年，韶关市各级消委会共接待来电来访1700多人次，受理消费纠纷投诉236宗，成功调解结案217宗，调解成功率92%，为消费者挽回损失168.4万元。其中商品质量类投诉102宗、占43.2%，合同纠纷类投诉45宗、占19%。商品消费热点表现在家用电子电器类有62宗，占26.2%，其次是生活服务类和交通工具类等方面；服务消费热点表现在电信服务类和房屋及材料类两个方面。

【消费年主题宣传】 2016年3月15日，韶关市消委会联合韶关市工商局在韶关市百年东街爱情广场举办大型现场宣传咨询活动。26家政府职能部门、行业协会、律师代表参加活动，并设点为广大群众提供法律法规咨询。活动现场为2015年度“消费维权先进单位”“消费维权之星”“诚信共建先进单位”、行业十大“诚信单位”代表以及2016年“正版正货承诺”单位颁匾授证；现场组织文艺汇演、假冒伪劣商品展示、消费维权知识有奖问答、向群众提供法律法规咨询、现场受理消费者投诉及立即查办假冒伪劣商品等不法行为等活动，向群众派发各类等法律法规宣传资料8000多份，现场受理消费投诉32宗。

【消费监督与评议】 开展2016年度“诚信单位”评选活动，552家企业（个体户）通过各级消委会全年的考察期和有关政府职能部门的审查，最终获得“2015年度诚信单位”称号。对韶关市内的商业游泳池开展池水水质比较试验工作，通过对7个游泳场所21个游泳池取样进行取样检测，监督水质安全；在韶关市区流通环节中的手洗餐具用洗涤剂商品中抽样开展比较试验工作，随机购买各类品牌手洗餐具洗涤剂样品30份，对样品进行9个指标项目进行专业检测和比较分析。对检查中发现的不合格情况进行曝光批评、督促整改，为消费者营造放心的消费环境。（何思静）

关心下一代工作

【社会主义核心价值观教育加强】 2016年，韶关市各级关工委在全市青少年中开展“童心向党”歌咏活动、建党95周年系列演出和演讲、“学党史、学国史、跟党走”等主题教育活动，组织“五老”编写宣讲教材，用建党教育和社会主义核心价值观引领青少年。韶关市民政局关工委为韶关北江技术学校和翁源县官渡中学各捐赠1万元购买图书，建立“朝阳读书”阅览室。南雄市关工委开展“爱国、敬业、诚信、友善”的价值观教育活动和在“三守三爱”（守规、守法、守诚信，爱民、爱党、爱国家）主题活动。韶关市关工委讲师团运用讲故事等多种形式宣讲“两史”。仁化县关工委开展各项主题教育活动120多场次，参与人数2万多人次；演出16场次，观众1万多人。新丰县关工委与县教育局关工委举办“红军长征胜利80周年”图片展览，参观师生2.2万人次。

【青少年普法教育活动】 2016年，韶关市各级关工委、司法、公安、综治办、教育等相关部门组织开展青少年普法教育活动。关工委组织“五老”成员及讲师团到中小学及大中专院校开展以第三届“关爱明天、普法先行”为主题的普法教育宣讲活动；韶关市关工委、市教育局、市综治办、市司法局、市普法办联合发出通知，结合第三届“关爱明天、普法先行”青少年普法教育活动，在全市青少年中开展青少年“中华魂”（遵纪守法从我做起）主题教育活动。韶关市司法局、市普法办、市教育局关工委联合组织全市30多万中小学生进行法律知识测试。翁源县30所中小学校均成立普法工作领导小组，聘请30位公安、司法干警担任学校法制副校长；新丰县关工委打造学校“法治文化教育中心”阵地；乐昌市关工委在全市49所中小学校建立青少年法制教育阵地。

【“三教”结合工作开展】 2016年，韶关市关工委会同市教育系统及各有关部门、团体共同推进“三教”结合工作发展。全市中小学校、幼儿园100%成立家长委员会和家长学校。全市有全国优秀家长学校19所，全国规范化家长学校实验区2个（全省11个），分别是始兴县全国规范化家长学校实验区和南雄城区全国规范化家长学校实验区。2016年9月22日，韶关市关工委、市教育局、市文明办、市妇联联合在始兴县召开全市推进中小学“三教”结合工作经验交流会，推动全市今后的“三教”结合工作。2016年，浈江区全区26所中小学都开展“四方签约”工作，近5000名学生与班主任、家长、派出所优秀民警签订“合约”。武江区各学校以家长学校为载体，成立学校、年级和班“三级家长委员会”，定期举行“心连心”感恩教育等活动。

【农村创业青年培训】 2016年，全市10个县（市区）举办农村创业青年培训班10期，培训农村创业青年927人次。市举办提高班1期，培训农村创业青年52人。部分学员成为当地带头创业、带动群众创业致富的“双带”领头人。经过培训的学员年纯收入5万元以上有1100户，年纯收入10万元以上有420户，年纯收入20万元以上有230户，年纯收入30万元以上有122户，年纯收入40万元以上有85户，年纯收入50万元以上有78户，年纯收入60万元至100万元有51户，年纯收入150万元以上有16户，年纯收入500万元以上有7户，年纯收入1000万元以上有4户。

【留守儿童和困境儿童得到关爱】 2016年，韶关市关工委和各有关部门加强对留守儿童关爱保护，配合主管单位开展农村留守儿童关爱保护工作，采取多种形式关爱农村留守儿童健康快乐成长。建立健全关爱“留守儿童”档案，设立“留守儿童”活动室，开展留守儿童关爱保护工作的教育研究。始兴县在高峰小学建立“留守儿童心灵加油站”示范点。南雄市学校德育处建立困境儿童情况表，对困境儿童进行帮教或转化。近三年来，南雄市学校的困境儿童均未出现违法乱纪的问题，“三失”青少年始终保持零纪录。

【“五老”的“十个一”活动开展】 2016年，韶关市各级关工委，注重发挥“五老”的作用，配合各职能部门开展对青少年的关爱活动，为青少年的健康成长营造良好的社会环境。全市关工组织和“五老”为青少年作各类辅导报告2571次，撰写有教育意义的文章2416篇，为营造良好育人环境提建议12331条，为保护青少年的合法权益3250件，为青少年教育问题作专题调研1398次，与青少年谈心9037次，为青少年传授科学技术2514项，帮教失足青少年1216人，为5952名贫困学生提供资助款470.7万元，为青少年做其他好事和实事26489件。

▲2016年3月15日，韶关市消委会联合韶关市工商局在韶关市百年东街爱情广场举办大型现场宣传咨询活动 （韶关市消委会 供）

【扶贫助学】 2016年，韶关市关工委落实省关工委“香江育才计划”扶贫助学工作，下拨20万元到各县（市、区）资助贫困学生，各地关工委动员社会力量捐资助学。乐昌市关工委筹集善款107.06万元，资助贫困学生612人。曲江区关工委全年筹措资金83万元，资助困难家庭大、中小学生入学。宝钢集团广东韶关钢铁有限公司关工委支付扶贫助学资金47万元。帮助困难家庭学生考读中职学校，与深圳德昌电机技术学院沟通联系，做好贫困学生推荐就读工作。非公企业关工组织帮助青年职工解决在工作、生活中遇到的困难。乳源瑶族自治县关工委发挥县民族实验学校“中国关心下一代教育示范基地”作用，促进民族教育健康发展。帮助始兴县澄江小学、南雄市梅岭小学、仁化县红山小学、乐昌市坪石小学建立营养厨房。

【编写“两书一册”】 2016年，韶关市关工委与市委老干部局联名编印《为了下一代》一书，由各地关工委推荐“五老”先进典型，经编委会研究，确定34人入选本书。同年，韶关市关工委编印《关爱》纪念册，总结和纪念市关工委成立15周年；编辑出版一本《韶关市推进中小学“三教”结合工作经验交流会材料汇编》，推动全市“三教”结合工作持久良好开展。 （温祖娟）

县（市、区）

浈江区

【概况】 位于韶关市区东北部。2016年，下辖5个镇、3个街道和2个办事处，面积572.14平方千米，年末户籍人口33.06万人，常住人口40.86万人，人口自然增长率6.62‰。耕地面积0.71万公顷，粮食播种面积1.04万公顷，粮食产量2.56万吨。林地面积3.13万公顷，森林覆盖率60.7%，林木绿化率60.9%，活立木蓄积量200.88万立方米。重要矿产资源有煤炭、锑、锌、铝等，储藏量1.5万亿吨以上，土特产有无渣粉葛、莲花山香芋、犁市香瓜等，辖区内有明弘生态园有机沙田柚种植基地、花坪镇养羊基地、犁市镇兔子养殖基地等。主要旅游景点包括国家森林公园、樱花公园、中山公园、湾头现代农业科技示范园、浈江区友丰湖湿地公园、十里亭花场、韶州府学宫、风采楼、大鉴寺、粤北省委旧址等。11月，被国家卫计委授予“2014—2016年全国计划生育优质服务先进单位”称号。

2016年，全区生产总值（GDP）210.7亿元，比上年增长5%。其中：第一产业增加值6.98亿元，增长3.9%；第二产业增加值27.6亿元，下降19.4%（工业增加值18.93亿元，增长4%）；第三产业增加值176.2亿元，增长10.4%。人均地区生产总值5.18万元，增长4.2%。固定资产投资77.25亿元，增长17.4%。社会消费品零售总额221亿元，增长9%。外贸出口额12012万美元，增长21%；实际利用外资194万美元，增长100%。地方一般公共预算收入3.45亿元，下降9.1%。城镇居民人均可支配收入31085.1元，增长9.8%；农村居民人均纯收入14858.9元，增长9.4%。

【特殊医用食品产业示范基地落户浈江】 2016年3月26日，韶关邦世迪健康实业有限公司特殊医学用途配方食品产业基地启动暨授牌典礼在莞韶产业转移园浈江园区举办，中营营养与健康促进产业技术联盟副主席刘小鹏为该基地授牌，标志着华南地区最大的特殊医学用途配方食品生产示范基地落户浈江。医用食品行业是集科技、健康、绿色、环保为一体的新兴产业，邦世迪公司是莞韶产业转移园浈江园区引进的重点招商项目，也是该区2016年唯一一家申报上市的企业，基地占地8.67公顷，产品符合最新医用食品标准，达到GMP规范，预计年产值可达数十亿元。

【浈江区图书馆开馆】 2016年5月31日上午，浈江区图书馆举行开馆仪式，广东省立中山图书馆、韶关市文广新局以及区主要领导出席仪式并共同为该馆揭牌。年初，区委、区政府将图书馆建设列入全区五件惠民实事之一，先后投入120多万元用于修缮和布置，2016年4月底完成建设，填补该区无区级图书馆的空白。该馆位于启明南路，室内面积800平方米，藏书3万册，有电子阅读终端25台，设有期刊阅览区、成人借阅区、少儿阅读区、电子阅览区等区域。面向社会公众免费开放，读者凭身份证办理借阅卡即可借还书籍。该馆与新华书店签订“你悦读，我购买”协议，读者可凭该馆借阅卡到新华书店免费借阅

▲2016年5月31日，浈江区图书馆开馆仪式举行并揭牌 （浈江区委宣传部 供）

▲2016年11月20日，韶关市茶花森林公园首届茶花节开幕式在浈江区犁市镇梅村举行　（浈江区档案局　供）

自己喜欢的图书，阅读完后直接把书还到图书馆，由图书馆买单。

【浈江区首批普惠性民办幼儿园确定】 2016年7月，浈江区政府制定印发《浈江区普惠性民办幼儿园认定、扶持和管理办法》，组织区教育、发改、财政、人社等部门从办学资质、办学规模、收费合理、制度健全、财务规范、保教质量等方面对提交申请的幼儿园进行资格认定和现场抽查，经公示确认54所幼儿园具备普惠性民办幼儿园基本条件，认定为浈江区首批普惠性民办幼儿园。12月15日，区政府在区实验学校会议室举行授牌仪式，向获得首批普惠性民办幼儿园称号的幼儿园颁发牌匾和扶持资金。

【首届茶花节开幕】 2016年11月20日，韶关市茶花森林公园在浈江区犁市镇梅村举办首届茶花节开幕式暨“韶关市茶花森林公园”“浈江区友丰湖湿地公园”项目授牌仪式，广东友丰油茶科技有限公司与犁市镇政府、区扶贫办在仪式上进行扶贫签约。该公园位于犁市镇梅村，距离市区20多千米，占地面积371.37公顷，种植有茶树100多万棵，每年10—12月是油茶花盛花期，游客在公园内可以欣赏油茶树、徒步、垂钓、烧烤，品尝茶油主题山庄养生美食、住公园山脚下休闲别墅。首届茶花节持续到12月31日。

【浈江区获得全国计生优质服务先进单位称号】 2016年11月，浈江区被国家卫生计生委授予“2014—2016年全国计划生育优质服务先进单位”称号。2014年—2016年，该区计生事业经费投入6214.14万元，征收社会抚养费2152.35万元，兑现农村部分计划生育家庭奖励对象244人；免费孕前优生健康检查目标人群覆盖率分别为85%、111%、116.5%；流动人口卫生和计划生育基本公共服务均等化试点投入302.6万元；建立流动人口健康档案3.21万份，建档率86.1%；发放奖励金94.17万元；兑现农村计划生育节育奖对象980人，发放奖励金183.96万元；兑现计划生育家庭特别扶助对象274人，发放扶助金579.31万元；城镇独生子女父母奖励9758人，发放奖励金2141.98万元。设置健康宣传栏485个，发放宣传单、小册子、宣传画、折页26种9万余份，举办知识讲座23场，通过“计生协会纪念日”“世界人口日”等计生主题日活动，开展“零距离”新家庭生育关怀行动和文化培育服务，推进“新家庭人口文化示范”创建活动。

【新韶镇】 位于浈江区东北部，东邻曲江区大塘镇，南至市区韶瑶路与车站等街道相连，西接东河街道辖区，北与仁化县大桥镇相接。下辖12个行政村（97个自然村）及2个社区居委会。辖区总面积91.91平方千米，年末常住人口2.5万人，农业人口1.54万人，耕地面积986.67公顷，适宜种植水稻、蔬菜、水果等作物，其中以种植淮山、粉葛、香芋、香瓜而出名，是韶关市重要蔬菜基地之一。2016年，固定资产投资2.24亿元，同比增长49.3%；税收收入24.74万元，同比增长3.3%；农业收入9.99亿元，同比增长6.9%；农村人均收入1.23万元，同比增长10.5%。经济发展以农业为主，镇域经济主导产业转变以工业和建筑业为主；镇属新江加油站和顺禾加油站限上商贸企业，截至12月底总营业收入339.6万元。辖区内有大学1所、技校3所、中学2所、小学9所。

解决征地历史遗留问题　1998年以来，新韶镇12个村委开展各项征地项目，累积征收集体土地面积1255公顷，需安排留用地面积172.66公顷。2016年，该镇与区政府、市政府协调，与市、区两级国土局对接，与村委协商，将经济发展用地以25万元/亩（部分以20万元/亩）计价置换购买鑫金汇商铺。截至12月底，完成2.26亿资金划拨，落实留用地面积114.47公顷，解决莲花、大陂、府管、侯山、水口5个村委征地历史遗留问题。

党委书记：彭荣华（任至7月）
　　　　　刘喆焱（7月任职）
镇　　长：李建华

【乐园镇】 位于韶关市北江河畔，浈江区南面城郊结合部，东与新韶镇接壤，南与武江区西河镇、韶关冶炼厂交接，西与北江河为界，北与车站办事处相连。下辖7个行政村（21个自然村）及4个社区居委会。辖区总面积29.18平方千米，年末户籍人口5.54万人，常住人口7.05万人，农业人口7108人，耕地面积168公顷，土特产有淮山、粉葛。2016年，固定资产投资2.07亿元，同比增长39.2%；实现农民年人均纯收入1.69万元，限上商贸企业发展30家，占浈江区限额以上服务企业总数的40%。引进的新能源汽车应用基地和新能源物流园建设项目总投资2.2亿元，项目第一期建设相关平整土地工作开始动工。辖区内有中学2所、小学6所、综合文化站1间。

上坝村安装路灯70盏　上坝村位于乐园镇东南部，2016年，该镇与上坝村委共同筹资3.5万元，购买灯具和各种安装材料，安装LED路灯70盏，并于6月9日开通使用，完善上坝村照明盲区，方便村民夜间出行，加强村庄治安管理。

党委书记：曾永红

镇　　长：叶先林

【十里亭镇】　位于浈江区北部，东与仁化大桥镇交界，南隔浈江与新韶镇相邻，西隔武江，与武江区重阳镇相邻，北与犁市镇五四村相接。下辖6个行政村（49个自然村）及10个社区居委会。辖区面积54.49平方千米，年末户籍人口5.68万人，常住人口6.7万人，农业人口1.5万人，耕地面积346.6公顷，粮食播种面积262.27公顷，粮食产量477吨，林地面积3460公顷。2016年，财政收入535万元，同比增长4.8%；固定资产投资1.89亿元，同比下降18.3%；限上批发业3829.2万元，同比增长61.3%；限上零售业2431.2万元，同比增长37.2%；限上住宿餐饮业2946.7万元，同比增长12.8%；农村经济总收入7.38亿元，同比增长7%；农村人均收入1.37万元，同比增长7%。辖区内有技校1所、中学1所、小学2所。

新设5个社区　12月29日，十里亭镇在原有5个社区的基础上调整为10个社区。新设立的5个社区分别是：十里亭东社区、乌教塘社区、前进路社区、碧桂园北区社区、碧桂园南区社区。10个社区核定居委会成员职数63人。

党委书记：曾大海

镇　　长：刘喆燚（任至7月）

【犁市镇】　位于韶关市北郊13千米，东毗仁化县、南临十里亭镇、北连乐昌市、西接乳源县。15个行政村（165个自然村）及2个社区居委会。辖区面积304.94平方千米，年末户籍人口4.79万人，农业人口3.83万人。耕地面积3086.07公顷，种植水稻，花生、萝卜、蕃茄，养殖生猪、鸡、兔等，土特产有香瓜、糟菜、美香黏米等。2016年，固定资产投资1.45亿元，同比增长11.7%；国税收入9028.83万元，同比增长45.3%；地税收入5456.7万元，同比增长50.6%。辖区内有中学2所、完小3所、村小7所。

五四村妇代会改建试点　4月1日，犁市镇五四村委召开第一次妇女代表大会，宣布将村妇代会正式更名为妇联的决定，会议通过举手表决方式产生村委第一届妇联执行委员会、主席以及兼职副主席，并举行五四村妇女联合会挂牌仪式，将村妇代会更名为妇联，成为全区首个村（社区）妇代会改建试点。作为试点，五四村妇联做好组织联系凝聚妇女群众，对村和社区分类指导，研究解决改建工作中出现的新情况、新问题，为其他村（社区）改建工作提供经验。

党委书记：罗奕文

镇　　长：曹志文（3月任职）

【花坪镇】　位于浈江区北部，东面与仁化县相连，北面与乐昌市相接，南面和西面与犁市镇接壤。下辖5个行政村（38个自然村）及1个社区居委会。辖区面积65.2平方千米，年末户籍人口7938人，常住人口5327人，农业人口7581人。耕地面积324.93公顷，山地面积5666.67公顷，森林覆盖率74%，西牛潭水库总面积2666.67公顷，属典型的丘陵型水库，也是浈江区最大的水库之一。2016年，固定资产投资7348万元，同比增长267.4%；地区生产总值2.5亿元；镇级财政预算收入416.63万元；地方财政收入653.27万元；农村人平纯收入9950.41万元；国税收入412.42万元；地税145.87万元；非税收入21.62万元；农村新型农村保险参保人数3523人。辖区内有中学1所、教学点2个，农贸市场3个，广东省煤炭工业总公司曲仁留守处和浈江区曲仁办事处。

光伏扶贫项目　2016年，花坪镇投资40万元开展光伏扶贫项目，建设该镇第二个采用“光伏发电站”。该电站占地面积300多平方米，装机容量40千瓦，发电7.30万千瓦时/年，使用寿命30年。与南方电网并网发电，发电所得收益根据是年项目总纯收益和有劳动能力精准扶贫户持股比例等综合因素进行收益分红，为该镇每年增加收益6.50万元，助推精准扶贫工作开展，帮助贫困户和贫困人口脱贫。

党委书记：吴永亮

镇　　长：唐孝坤

【东河街道办事处】　位于韶关市区东部，东起新韶镇，南靠东河南韶路，西与风采街道隔岸相望，北与十里亭镇隔江相望。下辖6个社区居委会，辖区面积4.2平方千米。年末总户籍人口2.92万人，常住人口2.74万人，人口自然增长率4.49‰。2016年，固定资产投资1.3亿元，同比下降1.8%。财政收入314万元，同比增长9%；参加医疗保险人数7621人，覆盖面98.9%。辖区内有惠福超市、东明广客隆、信德万汇广场、莱斯大酒店等商场和酒店，市公路局、市汽运集团等单位，高中1所、初中1所、小学2所、幼儿园5所，全民健身广场1个、文化站1间。

首次录制道德讲堂节目　11月29日，东河街道办在韶关市电视台演播厅以“讲一讲我们身边好人的道德故事”为主题录制《道德讲堂》节目，内容包括开篇诵读、看一看、演一演、学模范、议一议、唱一唱、诵经典、宣誓8个环节，这是该街道办自2010年举办《道德讲堂》活动以来第一次录制节目。市创文办、区宣传部、区文新局等单位领导，该街道办领导班子以及辖区学校学生老师和群众代表共120余人参加活动，节目于12月4日在韶关公共频道正式开播。

党工委书记：刘子龙（任至8月）

街 道 主 任：余　华

【车站街道办事处】 位于韶关市区东南面，东邻新韶镇，南连乐园镇，西临浈江与风采街道办隔江相邻，北与东河街道办对接。下辖7个社区居委会，辖区面积4.2平方千米。年末户籍人口3.43万人，常住人口3.59万人，人口自然增长率6.17‰，森林覆盖率65%。2016年，固定资产投资1.15亿元，同比下降21.5%；税收收入256万元，同比增长30%，主要经济以第三产业商贸、批发、零售、物流为主。辖区内有火车东站、客运站、公交总站，大小批发街11条，快递物流企业20余家，技校1所、中学2所、小学4所。

成立党群连心社 2016年，车站街道办以“两学一做”学习教育活动为契机，在8个社区党支部分别成立“党群连心社”，下设暖心服务队、便民服务队、创平巡逻队、文娱活动队、文明创建队5个党员志愿者服务分队，每个服务分队均有3—10名热心老党员参与。志愿服务队定期对辖区低保户、困难户、残疾人、失业低收入者等弱势群体进行帮扶和走访慰问。2016年，连心社社员从不足100人上升到200余人，开展大小志愿服务活动100多场次，服务群众2万多人次。

党工委书记：张翠萍

主　　　任：唐　波（任至7月）

【风采街道办事处】 位于浈江区中部，东临浈江与东河街道隔江相邻，南濒浈江、武江汇合处，西临武江与武江区隔江相望，北与十里亭镇的五里亭接壤。下11个社区居委会，辖区总面积3.02平方千米，年末户籍人口6.22万人，常住人口5.37万人。2016年，固定资产投资1.11亿元，同比下降14.2%；税收收入426万元；限上商贸企业20家，限上商贸企业营业额24.34亿元；征收社会抚养费26万元；低保对象133户，发放低保金107.98万元。辖区内有风度名城、百年东街、风采楼、大鉴寺、太傅庙、余靖纪念馆等人文历史旅游资源，驻有韶关市党、政机关，人民团体及企事业单位96个，大学1所、中学3所、小学5所，配有医院4所、门诊部29个。

社区合并 12月1日，风采街道办将原有的19个社区调整合并为11个，其中风度北社区与北直街社区合并为风度北社区；中山路社区与升平路社区合并为中山路社区；风采路社区与市政府社区合并为风采路社区；风度中社区与学工街社区合并为风度中社区；东堤南社区与建国路社区合并为东堤南社区；壮志街社区与圣堂巷社区合并为壮志街社区；老东门社区与井巷社区合并为老东门社区；河滨社区与解放路社区部分地域合并为河滨社区；环园路社区与解放路社区部分地域合并为环园路社区；峰前路社区和文化街社区保持不变。

党工委书记：麦章彬

街 道 主 任：李建华（任至7月）

【曲仁办事处】 位于浈江区东北部，东与仁化县董塘镇董塘村连接，南与浈江产业园连接，西与花坪镇属奎塘村接壤，北与仁化县董塘镇江头村相连，下辖7个居民区。辖区面积10.7平方千米，年末户籍人口2.59万人，流动人口1452人，低保对象1199户，发放低保金1002.75万元。辖区经济主要依附原企业的闲置厂房、场地、土地及其他资源实现招商引资，发展生产。2016年，固定资产投资1.1亿元，同比增长263.4%；曲仁棚户区改造田螺冲安置点9281套新居建成。

棚户区改造工程建设 曲仁矿棚户区改造是国家重点工程、广东省工矿企业棚户区改造样板工程和韶关市“十二五”“十三五”规划民生工程。2016年，曲仁办事处针对棚户区改造工作接访31批460人次，下访12次；组织党代表、人大代表、老职工代表到安置区检查2次；协助配合市、区有关单位做好签约入住7917户。在市属棚户区改造中，曲仁办事处配合区棚改办完成第二次、第三次入户调查，对符合政策的居民进行查漏补缺；协调市、区相关单位完成棚户区改造安置点云顶、格顶、花坪、茶山等居民区办公场地设置，并组织居民区人员开展管理服务工作。

党工委书记：林　航

办事处主任：钟　荔

【田螺冲办事处】 位于浈江区东郊六公里处，东起花拉寨山脚，南至禾叶冲，西连黄金村，北接323国道，4个社区居民委员会。辖区面积1.3平方千米，年末户籍人口7646人，总户数2430户，由于矿区历史遗留原因及地理位置的特殊情况，辖区内无第一、二、三产业经济发展，故全年无经济税收收入，主要财政收入来源于区财政行政工作经费拨款、非税收入返还及各类专项工作经费拨款。2016年，固定资产投资1.24亿元，同比增长3%。首次通过区产业园引进韶关市绿建住宅工业有限公司，投资工业化住宅PC预制构件及绿色建材产品建设项目，项目计划总投资1.5亿元，年产值5.5亿元，该项目完成前期准备。

安居工程建设 2016年，田螺冲办事处着力开展原棚户区安居工程建设，8月1—4日，启动第一批560户住户签约入住，成功签约472户，签约率84%，缴款人数399人，缴款率71%；12月22—23日，启动第二批234户签约入住，成功签约151户，签约率64.5%，缴款人数106人，缴款率70%。做好配套工程施工，年内完成东田一路、国田三路、鑫金汇仓储用地和公交车临时车站4大征拆项目，完成需周转临时安置住户117户。

党工委书记：钟沛珍

办事处主任：郭永绍

（刘姣妹）

2016年浈江区国民经济发展情况一览表

表32

指标	单位	绝对值	比上年增长（%）
地区生产总值	亿元	210.7	5.0
第一产业增加值	亿元	6.98	3.9
第二产业增加值	亿元	27.6	-19.4
工业增加值	亿元	18.93	4.0
第三产业增加值	亿元	176.2	10.4
人均地区生产总值	元	51823	4.2
规模以上工业增加值	亿元	7	15.2
农林牧渔业总产值	亿元	11.6	4.0
固定资产投资	亿元	77.25	17.4
社会消费品零售总额	亿元	221	9.0
外贸出口总额	万美元	12012	21
实际利用外资	万美元	194	100
地方财政一般公共预算收入	亿元	3.45	-9.06
地方财政一般公共预算支出	亿元	10.93	18.66
城镇居民人均可支配收入	元	31085.1	9.8
农村居民人均可支配收入	元	14858.9	9.4

武江区

【概况】 位于韶关市区西部。2016年辖2个街道，5个镇。土地面积682平方千米。年末户籍人口27.48万人，常住人口31.22万人，人口自然增长率6.57‰。耕地面积0.67万公顷，粮食播种面积0.5万公顷，粮食产量2.74万吨。林地面积5.28万公顷，森林覆盖率72.2%，活立木蓄积量441.72万立方米。重要矿产资源有煤、铁、铅锌、锑、锡、钨、金、银、石灰石、萤石、高岭土等。土特产有龙归淮山、重阳花生、重阳丝茅姜、江湾木耳、江湾香菇等。主要旅游景点有张九龄公园、芙蓉古刹、文武阁塔、南昌起义军朱德部队旧址、八路军驻韶关办事处旧址、抗战时期中共广东省委旧址等。

2016年，武江区有中小学29所，其中，完全小学20所（包括11个教学点），初级中学6所，九年一贯制学校2所，普通高中1所。年末全区学校在职教职工1695人，学生32555人，其中，高中2216人，义务教育阶段中小学生30339人。武江区属卫生院3所，社区卫生服务中心2所，床位148张。

2016年全区生产总值229.72亿元，比上年增长5.2%。其中，第一产业增加值6.69亿元，增长3.3%；第二产业增加值105.62亿元，增长2.4%；工业增加值92.65亿元，增长2.2%；第三产业增加值117.41亿元，增长8.1%。人均地区生产总值7.39万元，增长4.2%。规模以上工业总产值176.53亿元，下降1%。农林牧渔业总产值11.06亿元，增长3.5%。固定资产投资111.29亿元，增长9.4%。社会消费品零售总额111.45亿元，增长10.4%。外贸出口额13805万美元，增长787.8%；实际利用外资153万美元，增长73.9%。地方公共财政预算收入3.85亿元，增长1.5%。城镇常住居民人均可支配收入3.08万元，增长10.1%；农村常住居民人均可支配收入1.54万元，增长9.5%。

【第三产业发展】 2016年，武江区第三产业增加值完成117.41亿元，增长8.1%。限下商贸企业转限上5家。商贸、商务及旅游行业发展，汇展、碧桂园酒店高端品牌效应凸显，奥园文化旅游综合体项目建设推进，集禅文化、旅游、商业、居住于一体的奥园旅游文化街初具雏形。碧桂园、保利、恒大为品牌的房地产精品产业发展势头良好，全年完成房地产销售面积100.15万平方米，增长23.2%，房地产去库存成效显著。

【工业经济回升】 2016年，武江区实现规上工业增加值75.76亿元，工业下滑势头得到遏制。烟草、玩具、制药、电力、机械等五大传统支柱产业发展平稳，完成工业增加值72.14亿元。民营企业服务力度加大，全年民营企业完成工业增加值9.58亿元，增长16.7%。打造园区工业经济，甘棠工业园累计引进千万元以上签约投资项目44个，投资总额51.8亿元，园区11家企业完成厂房建设，其中5家企业实现投产。武江科技园完成工业总产值约4亿元，实现增加值0.79亿元，增长2.8%。妥善处理莞韶城土地征收一期征地370多公顷的后续问题，31家企业进驻黄沙坪创新园。全区规上工业企业50家，其中亿元以上企业14家。

【现代农业推进】 2016年，武江区实现农业增加值6.69亿元，增长3.3%。现代农业发展，实现土地流转1100公顷，建设高标准农田433.33公顷，种养殖、畜牧业健康发展。全区专业合作社63家，新培育农业产业化龙头企业7家，其中国家级农业龙头企业1家、省级龙头企业2家、市级龙头企业3家，新培育家庭农场18家。

【芙蓉新城建设步伐加快】 芙蓉新城征拆和项目建设进度加快，2016年武江区完成房屋拆迁面积6.3万平方米，交地371.9公顷。西联联合商业中心、韶实教师公寓、盆景山公园、百旺路扩建、新城综合管廊等18个项目实现净地交付，芙蓉、西联新村402套安置房完成抽签分房。芙蓉隧道西线贯通；曲江大道、5号路、20号路、22号路、12号路等8个路网包开工建设；滨江路、百旺路、芙蓉大道、南华路完成路面施工；盆景山公园基本完工并对外开放；碧桂园、恒大、保利三大居住片区初具规模；前海人寿金融中心、三甲医院地块招拍挂前期工作开展。新城11条主干道全部通车，城市路网框架基本形成。

【老城区品质提升】 2016年，完成3家社会办农贸市场升级改造；芙蓉北路（西出口）改扩建、移山路、独芳路、芙蓉一路等项目基本完成建设，实现惠民南横街全面改造，芙蓉隧道北端（水泥厂地块征收）取得突破，成功整治西河桥头、新华北三角花园等4个交通节点。新增3个社区公园、绿地，完成长城世家、富康等13处共3623.05平方米社区服务用房建设。成功创建金洲、五祖路和新华北3个省级宜居社区。棚户区改造取得新进展。社主轩小区完成第一批125户签约，完成第一批64户棚改住户的旧房腾空工作，惠民花园、鸿裕花园等棚改项目有序推进。沙湖绿洲、芙蓉丽景、恒熙华城、繁荣锦苑等4个“三旧”改造项目销售中。

▲2016年10月24日，武江区城管执法人员整治嘉晖市场周边“六乱行为”

（武江区史志办　供）

【农业农村发展基础完善】 2016年，武江区实施县道323线犁市至万侯段（二期）路面改造工程10.36千米，重阳镇重阳桥建成通车，完成通自然村公路路面硬化15条。完成65个村庄规划，启动农村生活垃圾和污水处理基础设施项目。实施农村清洁工程，重阳镇新型垃圾处理站成为全市三个示范点之一。完成村村通自来水项目680万元工程进度。做好森林培育和保护，完成碳汇造林74.4公顷，义务植树45万余株，建设生态景观林带21千米，建设乡村绿化美化示范点8个。

【民生保障水平增强】 2016年，武江区城乡居民基本医疗保险参保任务完成率95.2%，基本养老保险参保任务完成率91.2%，失业率控制在2.8%以内，全年新增就业2430人，失业再就业2025人。全年发放低保金791.86万元，发放社会救济金135.18万元，底线民生得到保障。成功建设龙归镇农村幸福院，启动4个城区居家养老服务中心示范点建设。完成精准扶贫识别辖区内相对贫困户工作，完成729户1642人口的脱贫任务，分别占相对贫困户和贫困人口总数的89%和82.4%。

【法治政府建设】 2016年，武江区办理区人大建议22件，区政协提案31件，答复率和满意率均为100%。做好市下放各项职能承接工作，全年承接289项下放职能，重点承接公安、国土、市政、园林等职能。深化商事登记制度改革，落实“五证合一、一照一码”企业登记制度，一门式一网式办事大厅和区、镇（街）、村（居）三级公共服务平台初步建成，建立统一规范的公共服务体系。落实政务公开、信息公开，控制“三公”经费开支与上年度相比只减不增。

【院士工作站落户武江区】 2016年9月24日，韶关市首个院士工作站在位于武江区甘棠工业园的新科农生物科技有限公司揭牌成立。出席揭牌仪式的专家有中国工程院院士麦康森，汕头大学副校长温小波，华南农业大学海洋学院党委书记辛其兴以及韶关市、武江区有关领导等。该院士工作站由武江区甘棠工业园的新科农生物科技有限公司与中国工程院院士麦康森共同搭建。该工作站重点围绕植物源性的功能性饲料添加剂进行研究开发，培养相关科技人才，提高企业的创新能力和竞争能力，促进科技成果的转化。

【芙蓉隧道西线贯通】 2016年12月6日，中铁隧道集团有限公司三处在芙蓉隧道北洞口举行庆祝仪式，宣布芙蓉隧道西线贯通。芙蓉隧道工程北起武江区的老城区芙蓉北路，南接芙蓉新城的芙蓉大道与南华路交叉口，是芙蓉新区投入最大、施工难度最高的基础设施建设项目。此次率先贯通的隧道西线（即左幅车道）长1540米。隧道东线因地质情况复杂，施工难度较大，计划于2017年5月实现贯通。芙蓉隧道双线全面贯通后，将缩短来往新老城区的时空距离。

【西河镇】 位于武江区城区西北部。2016年辖14个行政村46个自然村。土地面积63平方千米。年末户籍人口17139人，农业人口9549人，外来人口2989人。耕地面积493公顷，粮食播种面积331公顷，粮食产量1813吨。林地面积3833.5公顷，森林覆盖率44.9%，活立木蓄积量33.41万立方米。

党委书记：何远韶
人大主席：何远韶（任至9月）
　　　　　刘尚周（9月任职）
镇　　长：孙青文（4月任职）

【西联镇】 位于武江区中部。2016年辖8个行政村41个自然村。土地面积69平方千米。年末户籍人口19871人，农业人口7501人，外来人口16893人。耕地面积127公顷，粮食播种面积95公顷，粮食产量458吨。林地面积3578.7公顷，森林覆盖率52.5%，活立木蓄积量35.1万立方米。

安置新村建设　该区有芙蓉新城5个安置村，至2016年底，赤水新村建成并有90%以上村民搬入居住；西联新村和芙蓉新村建成并交付使用，其中西联新村分配安置房99套，芙蓉新城分配安置房303套；车头新村完成主体工程建设；下胡安置新村奠基；各安置新村经济发展用地“金包银”项目同步开发建设。阳山安置新村“三通一平”工作基本完成；沭溪大村、沭溪细村安置新村完成98%以上符合条件村民的安置工作；甘棠三石王整村拆迁安置工作推进。

党委书记：聂平南
人大主席：聂平南（任至9月）
　　　　　余　聪（9月任职）
镇　　长：粟　健（任至4月）
　　　　　杨国浩（9月任职）

▲图为惠民街道便民服务中心办事大厅　（武江区史志办　供）

【龙归镇】 位于韶关市区西郊，距市区20千米。2016年辖15个行政村111个自然村。土地面积237平方千米。年末户籍人口41815人，农业人口36300人，外来人口420人。耕地面积4137公顷，粮食播种面积3123公顷，粮食产量16444吨。林地面积18106.4公顷，森林覆盖率77.8%，活立木蓄积量153.17万立方米。

通过省教育强镇复评督导验收　2016年1月，广东省教育强镇复评督导验收组对龙归镇创建省教育强镇五年来的工作进行督导复评。经过听汇报、召开座谈会、查阅资料等方式，并分3个组对武江区龙归镇中学、小学（村教学点）实地察看，龙归镇各项指标达到要求，通过复评督导验收，成为武江区首批接受省督导复评并通过的单位之一。

党委书记：曾　宏（4月任职）
人大主席：钟爱民（9月任职）
镇　　长：洪维陶（任至4月）
　　　　　王洪明（9月任职）

【江湾镇】 位于武江区西部。2017年辖6个行政村44个自然村。土地面积217.3平方千米。年末户籍人口7386人，农业人口6528人，外来人口120人。耕地面积601公顷，粮食播种面积593公顷，粮食产量3914吨。林地面积22741.9公顷，森林覆盖率93.3%，活立木蓄积量179.63万立方米。

恢复金融服务网点　2016年1月25日，由镇政府投入15万元建成的邮政储蓄银行CRS机启动运行。标志着自2004年8月因曲江县撤县设区被撤销的镇内金融机构重新恢复。CRS机不受营业网点营业时间限制，通过CRS机村民能够随时办理存款、取款、转账汇款业务，还能提供定期存款存等增值服务。

亮灯工程建成　2016年9月初，江湾镇正式启动“亮灯工程”。该工程采取政府奖补，村民自筹的方式，结合精准扶贫项目，投入近10万元，在45个自然村安装479盏路灯。老百姓晚上出门难的问题得到解决。

党委书记：欧伟强
人大主席：欧伟强（任至9月）
黄永和（9月任职）
镇　　长：苏拥兵（任至7月）
曾玉玲（9月任职）

【重阳镇】 位于武江区西北部。2016年辖9个行政村41个自然村。土地面积82平方千米。年末户籍人口17941万人，农业人口16984人，外来人口1230人。耕地面积1329公顷，粮食播种面积810公顷，粮食产量4722吨。林地面积4553.5公顷，森林覆盖率53.4%。活水蓄积量33.2万立方米。

重阳桥建成通车　2016年年底，重阳桥正式建成通车，重阳城镇通行难问题得到解决。重阳桥改建工程是在原桥址拆除旧桥，重建1座2×20米预应力钢筋混凝土空心板桥，设计荷载公路—Ⅱ级，桥长45.41米，桥宽10米。总投资167.35万元。

党委书记：谭木初
人大主席：谭木初（任至9月）
侯福清（9月任职）
镇　　长：龚映韶

【惠民街道】 位于武江区中北部。2016年辖13个社区，总面积6.2平方千米。年末户籍人口71735人，外来人口7806人。全街有中学3所，小学5所；有文化站1个。2016年，惠民街新华北社区被评为"广东省四星级宜居社区"。

2016年惠民街爱心超市发放慰问3249人次，发放救灾物资近14万元。全年参加医疗保险人数23614人；办理就业困难人员认定305人；办理住院和门诊医疗补贴64人次，306275元；办理企业申请社保补贴申请33人次，岗位补贴申请23个单位35人；灵活就业人员备案登记329人。

惠民街道便民服务中心投入使用　2016年2月6日，惠民街道便民服务中心正式投入使用。该服务中心设立有社区党建、计生办证、社会救助、住房保障、信访维稳等17个服务窗口，全方位为群众提供方便、快捷"一站式"服务平台，简化办事程序，提高办事效率。

党工委书记：古寿英
人大工委专职主任：
杨　岚（8月任职）
街 道 主 任：汤应辉

【新华街道】 位于武江区东部，2016年辖16个社区。土地面积13.84平方千米。年末户籍人口98948万人，外来人口18284人。

2016年新华街爱心超市发放慰问品978户，发放救灾物资91304万元。全年参加医疗保险人数30578人；办理就业困难人员认定468人，累计1073人；办理住院和门诊医疗补贴91人次，申请补贴资金181.89万元；办理企业申请社保补贴申请23个单位69人次，补贴金额114738元，岗位补贴申请27个单位106人，补贴金额58200元；灵活就业人员备案登记1251人。城居养老参保人数1453人。

党工委书记：钟　真（任至3月）
粟　健（4月任职）
人大工委专职主任：
李　毅（8月任职）
街 道 主 任：王洪明（任至7月）
罗北京（7月任职）

（董素梅）

2016年武江区国民经济发展情况一览表

表33

指标	单位	绝对值	比上年增长（%）
地区生产总值	亿元	229.72	5.2
第一产业增加值	亿元	6.69	3.3
第二产业增加值	亿元	105.62	2.4
工业增加值	亿元	92.65	2.2
第三产业增加值	亿元	117.41	8.1
人均地区生产总值	元	73923	4.2
规模以上工业总产值	亿元	176.53	-1.0
农林牧渔业总产值	亿元	11.06	3.5
固定资产投资	亿元	111.29	9.4
社会消费品零售总额	亿元	111.45	10.4
外贸进口总额	万美元	1229	-19.3
外贸出口总额	万美元	13805	787.8

续表33

指标	单位	绝对值	比上年增长（%）
实际利用外资	万美元	153	73.9
地方一般公共预算收入	万元	38518	1.5
地方一般公共预算支出	万元	96290	-3.2
城镇常住居民人均可支配收入	元	30844	10.1
农村常住居民人均可支配收入	元	15394	9.5

曲江区

【概况】 曲江区地处韶关市粤北中部、北江上游，傍依五岭南麓、汇集浈武二水，东临始兴县，西至乳源瑶族自治县，南接翁源县、清远英德市，北毗浈江区、武江区、仁化县。位于北纬24° 27′ —24° 52′ 和东经113° 11′ —113° 58′ 之间。2016年辖9个镇1个街道办事处。年末户籍人口31.66万人，常住人口31.68万人。土地面积1620.77平方千米（曲江区第二次土地调查统计数据）。耕地面积2.04万公顷，粮食播种面积1.5万公顷，粮食产量8.73万吨。森林面积12.37万公顷，森林覆盖率74.69%，森林蓄积量789.86万立方米。水力资源理论蕴藏量14.1万千瓦。矿产资源迄今共发现各类矿48种之多，其中铁矿储量在1亿吨以上、占广东省总储量的1/8，铜矿储量名列全省第一，锑矿储量居全省第二，钨矿的储量居全省第三位，是全国黑色金属、有色金属之乡。土特产有马坝油粘米，沙溪冬笋、香菇，樟市消雪岭柑橙柚，罗坑茶、番薯干，白土龙皇洞沙田柚，大塘火山无渣粉葛，枫湾白水蜜桃、石峰火龙果、新村皇帝柑、小笋油茶、大笋百香果、紫玉淮山等。主要旅游景点有佛教“南宗祖庭”南华禅寺，史前期古人类“马坝人”遗址和“石峡文化”遗址，有小坑国家级森林公园和罗坑沙溪两个省级自然保护区，有曹溪温泉假日度假村，枫湾生态温泉度假村和小坑大森林温泉度假村等多个休闲度假基地等。2016年荣获中华人民共和国国土资源部授予“第三届国土资源节约集约模范县（市）”称号。

2016年全区实现地区生产总值133.95亿元，增长3.6%。人均生产总值达4.30万元，增长2.8%。完成一般公共预算收入8.07亿元，增长6.3%。固定资产投资56.17亿元。金融机构本外币存贷款余额分别为133.1亿元和74.6亿元，分别增长11%和18.9%。农业和农村经济全面发展。农业完成增加值18.1亿元，增长4.1%。不断改善农业生产条件，规划建成高标准基本农田3.87万亩，治理中小河流39.28公里，改善灌溉面积5.89万亩。初步形成“公司+基地（合作社）+农户”格局，新增市级农业龙头企业1家，农业合作社9家，家庭农场38家。工业经济运行质量稳步提高。新增规上企业2家，规上工业完成增加值52.15亿元，增长5.5%。民营经济快速发展，全区民营企业达1675家，注册资本总额52.32亿元，分别增长17.96%和19.62%。第三产业发展步伐不断加快。第三产业完成增加值54.11亿元，增长6.3%。

【项目建设】 曲江经济开发区投资1亿多元，完善路、网、气、电及排水、排污等基础设施。2016年园区完成工业增加值17.83亿元，增长2%。华南先进装备产业园纳入珠江西岸先进装备制造产业带韶关配套区建设，明确由东莞韶关对口帮扶指挥部主导开发建设管理。2016年招商引资1000万元以上项目34个，签约投资总额337亿元；新登记注册项目16个，注册资本7.07亿元；新动工项目23个，实际到位资金11.01亿元。拓宽项目融资渠道，组建城投公司等6家融资公司，通过政府项目融资与社会资本合作（PPP）建设模式实施政府购买服务项目7个，总额11亿元。实施“项目攻坚三年行动计划”，2016年全区新开工重点项目19个，完成投资26.85亿元。

【推进城市提升】 由广东省城乡规划设计研究院编制的曲江新城控规基本完成，启动乡村规划编制工作。城市规划委员会审议有关城市规划建设议题30多宗。曲江大道开工建设，预计2019年可建成通车；莲花大道二期进场施工；新白线（曲江段）进行招标前期工作；营顶至邓屋公路完成招标，即将开工建设。狮岩路、环山北路、建设北路、环城路、梅花中路等城市主干道改扩建工程推进，上门路建成通车。上门村安置房建设工程、马坝人——石峡遗址环境风貌整治项目一期工程进场施工，启动马坝河、梅花河“两河四岸”景观改造提升工程的规划设计工作，马坝河清淤工程完工并蓄水，完成城区中心贸易市场和江畔农贸市场改造升级工程，建成幸福社区综合服务中心，实施马鞍山田径运动场改造工程，启动城区公共绿化升级改造项目，对城区主要市政道路实施绿化升级改造。新增路灯526盏，敷设供水管道约6000米，治理城区内涝点7处，城市配套设施完善，城区形象提升。城市建设与管理同步推进，正式启动“数字城管”平台。开展“两违”查处工作，拆除违建面积4万多平方米。

【全面深化改革】 深化政府机构改革

和行政审批制度改革，优化和调整部门职能，推行政府部门权责清单工作。规范机关单位津补贴和事业单位绩效补贴，落实公务员职务与职级并行制度。完成交警市区三大队移交工作。加快推进“一门式一网式”政府服务模式改革，建成区、镇（街道）、村（社区）三级公共服务平台，基本公共服务均等化水平提高。全面梳理公共服务事项目录，取消行政审批事项75项，清理规范政府部门行政审批中介服务事项31项。推进“营改增”工作，营改增企业入库增值税税款9104万元。深化商事制度改革，全年办理“五证合一、一照一码”营业执照326户。实施不动产登记改革，发出不动产权证书763本。推进供给侧结构性改革，化解钢铁行业过剩产能60万吨，通过国家和省、市的验收。推进中小学教师职称改革工作，遴选出800多名一线教师进入评委库。做好农村土地确权工作，完成土地承包经营权调查面积1.07万公顷。

【生态环境改善】 推进节能减排。做好水、大气、重金属、土壤污染综合防治工作，通过第一阶段中央环保督查，完成省、市下达的主要污染物减排指标任务，区域空气环境质量达到国家二级标准。生态保护有成效。开展新一轮绿化广东大行动和“大种树、种大树”活动，完成生态红线划定工作，全区森林覆盖率74.9%。完成9个地质灾害隐患点的治理，垦复灾毁农田67.73公顷。城区饮用水源水质达标率100%，城镇生活污水处理率90%。完成农村饮水安全工程18宗，农村饮水安全覆盖率87.8%。做好农村环境综合整治，推进“大清洁·乡村美”工作，建成“户投放、村集中、镇运转、区处理”的四级农村生活垃圾运营管理模式。

【社会事业发展】 2016年全区民生支出13.11亿元，占公共财政预算支出的79.3%。城镇新增就业人数2922人，城镇登记失业率2.4%。提高城乡低保标准，基本实现城乡居民养老保险全覆盖。发放城乡低保、五保和残疾人两项补贴等资金2726万元，发放各类惠农补贴1.69亿元。筹集帮扶资金1306万元，启动产业帮扶项目63个，基础设施项目6个，危房改造51户。推进“广东省推进教育现代化先进区”创建工作，全面启动教育综合改革筹备工作，高考成绩位居全市前列。开展“卫生强区”工作，新建罗坑卫生院。推进大塘中学等3所中小学校运动场改造，免费开放体育运动场（馆）5处共3万平方米，青少年竞技体育在全市始终名列前茅。推进巩卫创文工作，通过国家和省的巩卫复审与文明城市年度测评。连续被省评为“双拥模范（县）区”。获得“全国第三届国土资源节约集约模范县（市）”和“中国温泉之乡”称号。深入推进平安建设，加强专项整治和社会治安管控，不断完善治安防控体系，狠抓矛盾纠纷排查化解，综治创平工作考核名列全市第一。

【曲江区获“全国第三届国土资源节约集约模范县”称号】 6月，曲江区获得“全国国土资源节约集约模范县”荣誉称号。曲江区在确保耕地动态平衡、开展建设用地增减挂钩、重视矿山治理、园区开发建设、“三旧”改造、加强国土资源执法等方面取得一定的成绩。至2014年底，曲江区耕地开发项目累计共6个批次43个项目，新增耕地面积约15841亩，申请四批省级补助资金共计3151万元；通过增减挂钩补充等方式新增耕地312.9亩。同时开展城乡建设用地增减挂钩项目，通过广东省第二、八批次城乡建设用地增减挂钩试点项目取得周转指标3992.8亩，其中涉及拆旧区面积4594.67亩，新建区面积3992.43亩。2012年大宝山矿业公司与省国土资源厅、省财政厅、韶关市人民政府、广晟资产经营有限公司共同签署并建立大宝山铁铜硫资源综合利用示范基地，这是全国首批矿产资源综合利用示范基地之一，也是广东省唯一的示范基地。示范基地的建成有助于解决伴生矿资源浪费和改善生态环境等问题，使矿区资源环境和生态环境得到很好保护。示范点设立以来已累计完成投资8143万元，减排300万吨，回收高铁硫26万吨，产值约7800万元。

【2016年中国舟钓路亚公开赛（广东韶关站）在经律论小镇举办】 7月8日～7月10日，由国家体育总局社会体育指导中心、广东省社会体育中心、中国钓鱼运动协会、广东省韶关市体育局、广东省钓鱼运动协会等主办，广东经律论文化旅游小镇承办的，广东省韶关市曲江区人民政府、广东狂人国际路亚基地协办，卡亚克（北京）体育娱乐有限公司策划运营的国家一级赛事——“Rapala杯”2016年中国舟钓路亚公开赛（韶关站）在经律论文化旅游小镇的狂人国际路亚基地成功举行。来自全国20个县市地区的 88名通过晋级赛选拔的舟钓运动员参赛。整个钓鱼过程中，选手们需要不停的将鱼线抛出、收回，反复调整角度，这种主动诱鱼上钩的新兴钓法，不仅增加运动赛事的乐趣，并且饵料不会对水质造成污染，体现生态环保理念。最终选手黄帅力以总重5.13kg获得韶关站赛段冠军。狂人国际路亚基地作为舟钓路亚公开赛第二站，自建成以来就致力于路亚运动的发展。不但让参赛运动员不仅能安然比赛，更能享受路亚于山水间的乐趣。基地坐落于经律论文化旅游小镇内，位于广东省韶关市曲江区小坑国家森林公园。经律论文化旅游小镇占地16.8平方公里，是由韶关大森林温泉世界有限公司投资23亿元打造的国家级禅文化主题园区。小镇拥有中国十大最美乡村曹角湾古村落，至今比较完整地保留着古村落的古朴风貌，珍藏有国家瑰宝乾隆版大藏经、世界最大的翡翠玉观音像，景区内集温泉、度假、禅修、养生为一体，融合清凉山景、花海竹山，完整诠释自然之美。基地依"龙湖"而建，湖水面积4000余亩，蓄水1亿多立方米，栖息着鱼类20余种；山光水色相映成趣。基地配套设施高端完善，不仅配备美国专业油推中控路亚艇30余艘，而且还配备

有先进的救援艇、观光艇，可独立举办或承办各类型的锦标赛、商业赛、邀请赛、俱乐部赛等大型赛事。经律论小镇现已获得广东省文体休闲服务先进标准化试点和全国旅游体育优选项目，基地已成功承办多场次国内外最具影响力的赛事。如SFCU国际路亚精英赛，LTW 2016年度开幕站，2016FLWChina 中国区鲈钓大赛首站等。

【曲江区举办“风度曲江.客家情”山歌节系列活动】 继2015年曲江区首届“风度曲江·客家情”山歌节系列活动举办山歌培训、山歌会、山歌创作征集、山歌赛等活动后的山歌巡演活动于2016年3月23日在韶关市青少年社会实践活动中心新建礼堂拉开帷幕，随后巡演分别在曲江区各中小学校、各镇进行11场演出。2016年“风度曲江·山歌巡演”结合“送戏下乡”到各乡镇活动从6月底开始全面展开。随着当地生产、生活方式和生活条件的改变，曲江客家山歌主要传唱在马坝、小坑、枫湾、罗坑等乡镇，在现代文明潮流的冲击下，年轻人对客家山歌已经陌生，客家山歌的传承迫在眉急。为此，曲江区区委区政府实施“文化兴区”战略目标，开展群众性文化活动，制定 “风度曲江·客家情”山歌系列活动计划。2016年11月，韶关市曲江区第二届“风度曲江·客家情”山歌节山歌原唱比赛在该区河边公园举行，来自大塘镇的山歌联唱《大塘好地方》、区实验小学的《山歌传给下一代》以及区山歌协会的《客家妹》获得比赛的一等奖。

【经律论文化旅游小镇被评为国家AAAA级旅游景区】 2016年12月12日，经广东省旅游景区质量等级评定委员会评定，韶关市经律论文化旅游小镇景区被评为国家AAAA级旅游景区。经律论文化旅游小镇位于曲江区小坑镇国家森林公园内，距广州约200公里，距韶关市区30公里，是以禅修文化为主题的温泉旅游度假景区。小镇极具粤北特色，以最富禅意文化的山水、建筑、景观等，打造独树一帜的禅意生活方式。这里森林覆盖率达85%。空气负离子是重要的森林旅游资源，园区内拥有被誉为“空气维生素”的负离子浓度最高达12.32万个/立方厘米，是名副其实的“天然氧吧”。小镇内的天然氡温泉资源，日出水量可达800多吨，分为室内温泉水疗馆及室外森林罗汉泉，拥有60余种大小、功能不一的养生温泉。小镇拥有世界上最大的翡翠观音圣像，观音圣像高5.3米，宽3.8米，该臻品出自中国玉雕大师宋世羲等之手。小镇酒店拥有各类客房共448间。梵华阁餐厅由大厅、室外休闲区及7间包房组成，餐厅设有室外休闲区。餐厅备有斋菜和客家美食。

【曲江区被命名为“中国温泉之乡”】 2016年，中国矿业联合会发文，批准命名广东省韶关市曲江区为“中国温泉之乡”，成为韶关市首个被评为“中国温泉之乡”的县（区）。曲江区拥有丰富的温泉资源，目前发现地热（温泉）资源产地7处，温泉水温在46℃—59.5℃之间，为低—中矿化的中性硫酸钠（钙）和重碳酸钙型氟、硅理疗温热矿水，具备理疗温热矿水的开发利用条件。12月29日，曲江区举办广东韶关曲江“中国温泉之乡”文化旅游节暨温泉旅游与休闲养生论坛，邀请多名国家级和省级专家教授围绕温泉旅游和休闲养生展开演讲，共谋曲江温泉产业发展。

【广东·韶关曲江首届罗坑大草原露营节】 2016年11月5日，韶关市曲江区旅游局、罗坑镇人民政府主办，中国汽车房车露营联盟（CFCC）广东分会承办的“2016广东·韶关曲江首届罗坑大草原露营节暨中国汽车房车露营联盟（CFCC）广东分会年会”活动在曲江罗坑镇开幕。此次活动吸引近千名来自全国和世界各地的露营爱好者进驻罗坑大草原安营扎寨，其中有近百辆房车远道而来。为期两天的活动设置丰富多彩的节目：风筝表演、帐篷露营及扎营比赛、自行车特技表演、罗坑红花莲藕美食宴、现代歌舞晚会、篝火舞会、怀旧电影播放、挖莲藕比赛、环罗坑湖徒步活动、罗坑特色乡村文艺汇演、罗坑土特产展销、随手拍美图大赛等。

【曲江生态旅游形成品牌】 “广东·韶关曲江第三届罗坑茶文化节”“曲江区第三届‘芦溪韵’徒步穿越”“曲江区枫湾镇第三届花果节”“中国舟钓路亚公开赛（广东韶关站）”等系列活动形成品牌。经律论文化旅游小镇被评为国家AAAA级旅游景区；带动曲江区乡村旅游业的发展，曲江的知名度和美誉度提升。

（杨文捷）

【马坝镇】 曲江区人民政府驻地。位于粤北中部、韶关市区南部，是曲江区政治、经济、文化和信息中心，属省级中心镇。东与大塘、沙溪两镇接壤，南与乌石为邻，西与白土镇相连，北与浈江区相毗连。京广铁路、京港澳高速公路、乐广高速公路、韶赣高速公路、国道106线、省道248线、北江航道穿境而过。辖区总面积177.5平方千米，总人口16.9万人。下辖16个村委会229个村民小组，8个社区居委会。耕地面积1305.13公顷，山林面积9666.67公顷。矿产资源主要有石灰岩、煤炭、陶瓷土、石英砂、稀土、温泉等品种，其中开发的有陶瓷土、曹溪温泉和南华温泉等。盛产水稻、玉米、豆类、蔬菜、水果、水产品等，传统土特产有马坝油粘、南华草菇、莲藕、荸荠等。

2016年，全镇规模以上工业总产值45.9亿元，农业总产值5.15亿元；完成社会固定资产投资（归马坝镇统计部分）6.78亿元；农村人均纯收入16796元，同比增长14.3%；招商引资签约引进新项目6个，协议引进资金总额1.8亿元，到位资金9500万元。

党委书记、人大主席：

王爵承（任至3月）

黄　华（3月任职）

镇　长：刘日夫

（甘永腾）

【沙溪镇】 位于曲江区东南面，南邻翁源县，106国道贯穿镇境，京港澳高速公路从南面穿过并在镇内设有出入口，连接京广铁路的大宝山矿专用铁路贯穿镇境西部。沙溪镇人民政府驻地沙溪镇解放路17号，距离曲江区人民政府11千米。辖7个村委会和1个居民委员会；下设88个村民小组和1个居民小组，总人口13562人。全镇总面积210平方千米。境内蕴藏有铁矿、铜矿、铅锌矿、钼矿等典型多成因迭生矿床，省属企业大宝山矿驻于镇境内；已经开发的有铁、铜、硫铁、铅锌、钼，其中铁矿地质储量4800万吨，可采量4000万吨。耕地面积1107.2公顷，其中水田857.47公顷。山林面积1.6万公顷，森林覆盖率82%，其中毛竹林基地6500公顷。活立木蓄积量40万立方米以上，是曲江区的主要林区镇之一。全镇可供开发的水能蕴藏量为5240千瓦，建成水力发电站15座，总装机容量4000多千瓦。特产有华子山天然酸笋、野生淀粉——沙溪粉、沙溪冬笋和沙溪香菇等。沙溪镇是市级水资源保护区、市森林生态示范镇，设有沙溪省级自然保护区。境内有百丈崖漂流景区、窝子宝山卢屋乡村生态旅游、木坪狮洞人文古道，仙人嶂、大宝山、大风坳、笔架山、十二栋、笠麻顶等海拔千米左右的山峰。2016年获得“韶关市灭鼠达标镇”“韶关市卫生镇”称号。

2016年全镇实现工农业总产值155850万元，同比增长7.3%。农民人均纯收入15065元，同比增长12%。固定资产投资完成19724万元。

党委书记：蓝振球
镇　　长：王爵凌

（曹　灿）

【乌石镇】 位于曲江区南部，东靠翁源县及曲江区沙溪镇，南邻清远英德市沙口镇，西与樟市镇隔北江河相望，北靠马坝镇。镇人民政府驻地距曲江区人民政府15千米。2016年土地面积118.6平方千米，山林面积7333.33公顷，耕地面积1107.27公顷，活立木蓄积量32万立方米。全镇辖6个村委会和2个社区居委会，下设90个村民小组；年末全镇有6893户、18285人。京广铁路、乐广高速公路、省道253线公路和北江河由北至南贯穿乌石全境，境内设有乐广高速乌石互通和火车货运站，火车年货物中转量180万吨，拥有年货物吞吐量100万吨的水运码头3个。矿产资源有石灰石、高镁石、白云石等，其中石灰石储量8亿多吨。可开发的水利资源约1万千瓦。土特产有西洋菜、红瓜子等。

2016年，实现工农业生产总值27.23亿元，其中工业总产值24.6亿元，工业增加值9亿元；农业总产值2.63亿元；农村经济总收入7.1亿元；工商税收0.87亿元，其中国税收入0.62亿元，地税收入0.25亿元；固定资产投资2.1亿元；财政收入0.1亿元。

党委书记：谢伟强
镇　　长：蒋　慧

（黄　品）

【樟市镇】 地处曲江区西南端，东临北江与乌石镇隔江相望，南接清远英德市沙口镇，西连罗坑镇，北接白土镇，镇人民政府驻樟市街1号，距城区马坝22千米，武广铁路及乐广高速纵贯南北。全镇总面积204平方千米，下辖11个村委会和2个居委会，总人口28899人，境内有瑶族村委一个，人口592人。山地面积3万公顷，耕地面积2479公顷。自然资源丰富。矿产资源主要有煤、铁、瓷土、铅锌矿等，水力资源蕴藏量丰富，具有较大开发价值。盛产优质谷、柑橙柚类水果、优质蔬菜，生猪生产基地，是优质谷白马牌马坝油粘米的主要产地，消雪岭柑橙柚是粤北著名农产品品牌之一。有天池、雪花顶、梅花顶、黄思脑、深达潭等景观，享有“小黄山”之名，是户外驴友的旅游之地。两大特色菜肴分别是蒸猪红和黄豆腐。

2016年，全镇实现农村经济总收入11.9亿元，同比增长13.3%；农民人均纯收入16015元，同比增长16.5%；完成固定资产投资8500万元；全年财政总收入1763万元。

党委书记：陈卫红（任至8月）
镇　　长：何宗成（任至1月）
　　　　　廖韶军（8月任职）

（陈福生）

【罗坑镇】 位于曲江区西南部，东连樟市镇，南接清远英德市云岭镇、横石塘镇，西邻乳源县大布镇，北毗武江区江湾、龙归二镇。镇政府所在地罗坑街距曲江城区马坝镇45千米。2016年全镇辖5个村委会和1个社区居委会，99个自然村，人口10900多人，其中瑶族人口1261人。土地总面积218平方千米，其中山林面积2.13万公顷，生态公益林1.87万公顷，是曲江区主要林区之一，属亚热带常绿阔叶林，有极度濒危的国家一级保护动物瑶山鳄蜥等多种国家重点保护的珍稀动植物，建有广东省罗坑鳄蜥国家级自然保护区，是目前中国野生鳄蜥分布较集中、数量最多、栖息环境最好的地区。境内有较多古茶树，树龄最长的达1000多年，是罗坑镇发展茶业产业的宝贵资源。最高山岭船底顶海拔1586米，是韶关市区第一高峰，广东省第二高峰。境内已探明矿产有金、银、铝、锡、锌、稀土、温泉等，其中，温泉水日自流量达1000立方米。盛产罗坑茶、罗坑番薯干、大米、冬菇、木耳、蜂蜜、野生灵芝、胡须鸡等土特产。雪花岩高山红茶被评为广东省茶叶界十大名牌、广东省名特优新农产品。

2016年，全镇国民生产总值2.9亿元，比上年增长10%；农民人均纯收入12546元，比上年增长15%，全年财政（预算）总收入1844万元，比上年增长10%，镇财政实现收支平衡。

罗坑大草原成为全国最美十佳露营地 2016年，罗坑大草原在由中国汽车房车露营联盟（CFCC）发起的“全国最美露营地”评选投票活动中获评最美露营地称号。活动参选的露营地遍布全国各地，国内有50多个知名度较高的露营地参加评选。在经过12天的角逐后，广东罗坑大草原获得第三名，成为全国最美十佳露营地之一。

党委书记：黄　华（任至3月）
钟佩军（3月任职）
镇　　长：钟佩军（任至3月）
谢国健（3月任职）
（王伊嫔）

【白土镇】 位于曲江区西南部，东与马坝镇隔河（北江）相望，南邻樟市镇，西与武江区龙归镇相接，北与武江区西联镇接壤，镇人民政府驻白土镇市场街1号，距区人民政府8千米。2016年辖11个村委会和1个社区居委会；下设172个村（居）民小组。总面积139.05平方千米，有山林面积106平方千米，林区活立木蓄积量10.21万立方米。全镇总人口25780人。北江自北向南沿白土东侧流过，历来是北江上游主要交通中转站，清代已有8个水运码头，为北江沿线码头最多的地方。乐广高速公路在白土镇设有出入口。境内矿产有煤矿、铁矿、稀土、钨矿、河沙、石灰石等。旅游资源有河边村乌泥角铜鼓洲，40多处古建筑、古墓碑、古码头、近现代重要史迹、不可移动的文物。土特产有龙皇洞沙田柚、白土月饼、由坪腐竹。

2016年完成地区生产总值4.26亿元，同比增长1.9%；农民年均收入16097元，同比增长14%；实现财政收入1895万元，同比增长6.3%。

党委书记：廖伟忠（任至4月）
邓春鸿（4月任职）
镇　　长：曹　权
（谭兴华）

【大塘镇】 位于曲江区东北部，东接枫湾、小坑两镇，西接浈江区新韶镇，南靠马坝、沙溪两镇，北临仁化县大桥镇。镇人民政府驻大塘镇府前路20号，距曲江区人民政府13千米。明末清初已有大塘墟（街）。2016年年底全镇总人口36059人，其中农业人口33117人，城镇人口2942人。总面积175平方千米。辖15个村委会和1个社区居委会；下设189个村民小组和1个居委会。镇境与韶关市教育功能区相连，毗邻韶钢集团，是省道315线、韶塘国家一级公路、塘马公路、塘枫公路的交汇处。耕地面积2866.67公顷，山地面积1.23万公顷。农副产品有优质谷、花生、蔬菜、粉葛、莲藕等。探明矿产有铀矿、煤矿、铁矿、石灰石等，开发的有煤矿和石灰石。镇内有宋代的仙人塔、明清时代的烽火台遗址、梅花桥及水村街等古迹，天然的汤溪地下温泉。是第三批全国小城镇发展改革试点镇和农业科技示范镇，广东省中心城镇、山区信息化建设试点镇、蔬菜专业镇技术创新试点镇、小城镇技术集成应用试点镇、曲江区农村综合改革试点镇。

2016年全镇社会总产值47985万元，同比增长7.3%，其中，农业增加值2.99亿元，工业增加值5197万元，第三产业增加值15088万元；固定资产投资额1.5亿元；乡镇财政总收入4508万元，同比增长9.1%；农村人均纯收入15913元，同比增长13%。

党委书记：王伟强
镇　　长：杨　彦（任至3月）
吴伟中（5月任职）
（龚然英）

【枫湾镇】 位于曲江区东北部，距离韶关市市区24千米，距城区马坝34千米。东接始兴县，西连大塘镇，南邻小坑镇，北靠仁化县周田镇。辖区面积196.91平方千米，总人口1.83万人，辖9个村委、1个居委会。耕地面积1133.33公顷，林地面积1.82万公顷。农副产品有油粘米、优质蔬菜、浪石白莲、茶园山毛竹、白水蜜桃、石峰火龙果、新村皇帝柑、小笋油茶、大笋百香果、紫玉淮山等。境内温矿泉水质与世界著名的法国维尔矿泉相似，日流量3500立方米，含硫、碳酸钙、镁等多种人体不可缺少的元素，辖区内的枫湾温泉度假村是韶关地区著名的休闲旅游胜地。

2016年地区生产总值9.29亿元，增长12%，其中农业总产值4.18亿元，工业总产值3.25亿元，第三产业总收入1.86亿元，分别同比增长17.5%、16.2%、10.2%；农民人均收入13635元，增长10.7%；完成固定资产投入2.3亿元，增长9.5%。

党委书记：邓春鸿（任至3月）
钟毓清（4月任职）
镇　　长：钟毓清（任至3月）
邝发文（4月任职）
（曾　婷）

【小坑镇】 位于曲江东部，东与始兴县隘子镇为邻，南与翁源县新江镇接壤，西与枫湾毗邻，北与大塘镇相连。距曲江中心城区34千米。总面积164平方千米，森林覆盖率91%，其中林地、湿地红线划定面积分别为14696.73公顷、310.97公顷。耕地面积312公顷。2016年年末辖5个村委会和1个社区居委会，下设37个村民小组和1个居民小组。总户数1830户、户籍人口6128人，其中城镇人口1036人、农业人口5092人。境内探明矿产有萤石矿、钨矿、稀土矿和温泉等。土特产有香蜜橙、枇杷、杨梅、冬笋等。有国家AAAA级旅游景区经律论文化旅游小镇景区、小坑国家森林公园。2016年，小坑曹角湾农家乐被评为“三星农家乐”称号。

2016年全镇农业农村经济总收入6.57亿元，同比增长9.9%；农民人均收入1.5万元，同比增长13.5%。村委集体经济总收入427.41万元，同比增长45.1%，其中电站承包款收入288.13万元。全社会固定资产完成1.7亿元，完成镇本级可支配的财政收入851.31万元，支出824.94万元。

党 委 书 记：陈亚雪（任至3月）
邓会成（4月任职）
镇人大主席：陈亚雪（任至3月）
邓会成（5月任职，任至9月）
镇　　　长：邓会成（任至5月）
唐玲君（9月任职）
（陈远明）

【松山街道办事处】 因承接驻区国有企业宝武集团广东韶关钢铁有限公司剥离办社会职能而设立的，2014年3月19日松山街道办事处正式挂牌成立，为区人民政府派出机构，正科级建制。位于韶关市南郊，松山街道办事处地址为韶钢厂南大道（原西区居委会所在地），下设4个居委会，总面积约10平方千米，小区与大塘镇、马坝镇行政区相连，均在马坝镇行政区域范围内，有城镇居民13905户，总人口4.5万人，全部为城市居民人口。

2016年引进企业1家，项目投资总金额800万元。全年慰问现役军人、参战退役人员33人，发放慰问金3300元；慰问辖区残疾人10名，发放慰问金1000元；37户家庭享受最低生活保障。办理6宗临时救助，发放临时救助金9700元。完成辖区办理80岁以上老人津贴申请183名，办理老年优待证62本。为部队输送6名社区优秀青年入伍。组织开展道德讲堂6次。办理灵活就业社保补贴75人、“就业困难人员认定”20人、新生儿童参加城乡居民医疗保险13人。5月4日，松山街道妇女联合会成立暨第一届妇女代表大会召开。

党工委书记：张卫琪

街 道 主 任：江绍德

（蔡燕君）

2016年曲江区国民经济发展情况一览表

表34

指标	单位	绝对值	比上年增长（%）
地区生产总值	亿元	133.95	3.6
第一产业增加值	亿元	18.21	4.1
第二产业增加值	亿元	61.64	1.2
工业增加值	亿元	56.79	5.4
第三产业增加值	亿元	54.11	6.3
人均地区生产总值	万元	4.30	2.8
规模以上工业总产值	亿元	52.15	5.5
农林牧渔业总产值	亿元	无	无
固定资产投资	亿元	56.17	-39.1
社会消费品零售总额	亿元	62.72	9.9
外贸进口总额	万美元	3811	8.3
外贸出口总额	万美元	12789	-5.9
实际利用外资	万美元	1000	233.3
地方一般公共预算收入	亿元	8.07	6.3
地方一般公共预算支出	亿元	16.54	-17.2
城镇常住居民人均可支配收入	元	24860	10.2
农村常住居民人均可支配收入	元	13845	10.6

乐昌市

【概况】 乐昌市位于韶关市北部，东与仁化县为邻，南与曲江区交界，西南与乳源瑶族自治县相连，北部、西部与湖南省宜章县毗连，东北与湖南省汝城县接壤。地理位置优越，素有“广东北大门”“楚粤孔道”之称，西京古道和宜乐古道途径乐昌境内，京广铁路、京港澳高速、京广高铁、乐广高速、国道107线、省道247线、省道248线、省道249线纵贯境内。南齐初年，析曲江县地置灵溪县，梁天监七年（508）置梁化县，1994年7月，撤县建市（县级）。2016年辖16个镇、1个街道和2个办事处，土地面积2419.28平方千米。年末户籍人口52.99万人，常住人口41.48万人，人口自然增长率7.98‰。

乐昌市有耕地面积1.93万公顷，粮食播种面积2.25万公顷，粮食产量16.8万吨。林地面积18.4万公顷，森林覆盖率75.1%，活立木蓄积量940.24万立方米。重要矿产资源有锑、钨、铅锌、铁、硫铁、萤石矿、煤和石灰石等。土特产有北乡马蹄、张溪香芋、沿溪山白毛尖茶、九峰柑橘、九峰柰李、坪石水蜜桃、秀水布朗、梅花猪、黄圃板栗、白石紫薯等。主要旅游景点有龙王潭生态旅游区、古佛洞天风景区、金鸡岭风景区、后洞生态庄园、杨东山十二度水生态旅游区、九峰花果园、“7011”工程旅游点、五山梯田、西石岩寺、白水寨生态园等。是全国青花石之乡、观赏石之乡、马蹄之乡；全国义务教育发展基本均衡市、全国体育先进市、全国健康促进县。

2016年，全市有中等职业学校和技工学校2所，在校学生0.65万人；普通中学9所，在校学生1.5万人；小学28所，在校学生3.48万人。有医院、卫生院19所，床位2473张。群众艺术馆、文化馆1座，公共图书馆1座，博物馆1座。

2016年，全市地区生产总值117.38亿元，比上年增长7.1%。其中：第一产业增加值24.62亿元，增长3.8%；第二产业增加值27.39亿元，下降0.6%（规上工业增加值15.4亿元，下降0.5%）；第三产业增加值65.37亿元，增长12%。人均地区生产总值28422元，增长6.3%。固定资产投资37.16亿元，增长15.2%。社会消费品零售总额61.27亿元，增长9%。外贸进出口额1307.1万美元，下降35.3%；实际利用外资117万美元，下降31.6%。地方一般公共预算收入5.3亿元，下降7.2%。2016年，城镇常住居民人均可支配收入22122元，增长9.1%；农村常住居民人均可支配收入12524元，增长9.6%。

▲2016年8月18—22日，广东省青少年象棋锦标赛暨第二届亚洲象棋嘉年华系列推广活动在乐昌碧桂园举行　（乐昌市体育局　供）

【发展质量提升】 2016年，实现财政总收入32.04亿元，财政总支出27.13亿元，增长15.1%。完成工业增加值21.12亿元，增长0.8%。实现产业园区税收0.45亿元，增长45.2%。引入东华重工机械制造等10个项目，投资总额38.68亿元，其中超亿元项目6个。实现农业增加值24.62亿元，增长3.8%。新增韶关市级以上示范农民专业合作社6家、示范家庭农场23家，百臻生态农业成功挂牌“新四板”。乡村旅游稳步发展，全年接待游客391.84万人次，实现旅游综合收入25.69亿元，分别增长13.8%、18.1%。九峰互联网农业小镇试点工作有序推进，快递物流网点实现乡镇全覆盖。实现商品房销售面积49.18万平方米，增长23.6%。全年民生支出22.7亿元，占地方本级支出的83.8%。完成农村危房改造343户、原坪石矿棚户区改造925户。

【发展环境优化】 2016年，乐昌市社会固定资产投资完成37.16亿元，增长15.2%。京广高铁乐昌东站站房主体工程整体竣工。启动建设乐昌峡库周公路硬底化25千米，农村公路硬底化60千米如期完工。全面完成山区五市中小河流治理年度任务。高标准基本农田建设、张滩闸坝枢纽重建、村村通自来水、中小型灌区改造等项目稳步推进。启动新一轮农村电网改造升级工程。城乡互联网宽带基本实现全覆盖。城市总体规划修编、新城控制性详细规划编制工作初步完成。城区“三旧”（旧城镇、旧厂房、旧村庄）改造项目稳步推进。完成省道248线环城路段节能照明工程，城区防洪排涝、地下综合管廊等项目建设前期工作有序开展，推进进站进园道路建设。启动坪石镇省新型城镇化“2511”综合试点建设。启动城乡环卫一体化PPP项目，南部八镇（街道）生活垃圾清运项目全面实施。完成省教育强镇创建工作，通过国家义务教育基本均衡县复评检查。

【改革创新深化】 推进供给侧结构性改革。实施国资国企改革，完成105家国有（集体）企业清产核资。降低商品房库存13.26万平方米。“放管服”（简政放权、放管结合、优化服务）改革深入推进。完成278项行政审批事项标准化建设，清理规范30项中介服务事项，完成公共服务事项目录编制工作。“一门式一网式”政务服务模式改革稳步推进，工业项目建设审批时限压缩至57日内。基层公共服务平台建设基本完成。农村综合改革稳步推进。农村土地承包经营权确权登记颁证工作有序推进。完成195个经济联合社、2069个经济社的农村“三资”清理。商事登记制度改革持续深化，“五证合一、一照一码”登记制度稳步实施。农村普惠金融工作扎实开展，城乡金融服务体系日益健全。投融资体制改革不断深化，政府投融资平台建设得到加强。融资渠道不断拓宽，争取中央专项建设基金及上级财政专项资金1.49亿元，13个项目获批政策性银行贷款23.3亿元。

【乐昌市通过“全国健康促进县”评估】 2016年9月28—29日，国家、省健康教育专家评估组对乐昌市创建全国健康促进县工作进行考评。乐昌市“全国健康促进县”项目工作达标，成为全国健康促进县。乐昌市于2015年成为全国首批64个健康促进示范县（区）试点（广东省仅有韶关乐昌和东莞石龙2家），经过两年的努力，全市创建142

个健康促进单位，各类健康促进单位均达到创建比例要求。环境指标方面，乐昌市空气质量指数和空气污染指数不超过100的天数大于350天，水质达标率98.53%，垃圾无害化处理率100%，生活污水集中处理率86.02%，均达到标准要求。近年来，无食品安全事故和职业病案例。健康人群指标方面，居民健康素养水平7.8%，比2014年基线调查时的2.0%提高290%。居民吸烟率为25.5%，比全省居民27.02%的吸烟率低1.52%。经常参加体育锻炼的人口比例达到37.3%。

【茶料村入选“中国最美休闲乡村”】 2016年8月，农业部对外公布150个2016年中国最美休闲乡村推介名单，乐昌市茶料村入选“中国最美休闲乡村”（广东省有4村庄入选该名单）。茶料村位于乐昌市九峰镇南部，距镇政府5千米，乐昌市区28千米，占地面积2040公顷，林地面积1553.3公顷，果树面积400公顷，下辖18个村民小组，人口2099人。茶料村人文历史悠久，完整保留大量明清古建筑。利用花果连片的生态自然优势，发展第三产业，形成“春赏花、夏秋摘果、冬戏雪”的旅游格局。2012年被评为农业部“一村一品”示范村。茶料村出产九峰小脚红茶，2015年被评为广东省消费者协会“广东茶王”。

【广东省青少年象棋锦标赛在乐昌举办】 2016年8月18—22日，广东省社会体育中心、亚洲象棋联合会和乐昌市人民政府联合主办的“碧桂园杯”2016广东省青少年象棋锦标赛暨第二届亚洲象棋嘉年华系列推广活动在乐昌举行。其间安排有楚河汉界象棋文化展、象棋大师棋如人生大讲堂和车轮大战、盲棋对战等活动。按照年龄段分12组，来自全省300多名小棋手参加比赛。经过5天9轮的鏖战，在团体排名中，广州市排名第一，汕头市排名第二，乐昌市排名第三。此次活动得到亚洲各地象棋协会的关注，中国象棋协会、新加坡象棋总会、柬埔寨棋联总会等12个国家和地区的象棋协会向大赛发来贺信。

【乐昌市第一个农业招商项目签约——东骏现代农业示范园项目落户云岩镇】 2016年8月8日上午，东骏现代农业示范园项目签约仪式在乐昌市云岩镇政府会议室举行。该项目是由广东东骏实业集团投资建设，东骏集团总部位于东莞市，主要从事实业投资，企业涉足范围广泛，是集建材、商业地产、酒店、资源开采等多元化为一体的集团公司。东骏集团有意向农业领域发展，经指挥部牵线，经过多次实地考察和洽谈，最终确定选址乐昌市云岩镇，计划建设东骏现代农业示范项目。项目总投资1.2亿元，占地5000亩（含山头用地），分三期建设，首期拟建20万平方米的高标准养殖场、1000亩绿色有机果蔬、水稻种植；二期拟建5万平方米的“农业+旅游”观光路线设施；三期拟整合建设现代化农业主题公园。项目建成后，将成为乐昌农业+旅游主要资源平台之一，推动乐昌农业+旅游的发展。项目前期工作率先启动。乐昌市商务局接触项目以来，携手云岩镇政府协调项目土地租赁问题，做好项目落地的跟踪服务工作效。

【乐昌电商水果节】 2016年7月23日—8月20日，乐昌市举办2016年乐昌电商水果节。其间开展爱心企业助学扶贫摘果体验、东莞分会场线下体验活动、电商水果节开幕仪式、农产品电商化等系列活动。开幕式当天，举行乐昌——京东战略合作签约仪式、京东乐昌馆授权仪式、乐昌金牌黄金柰李王颁奖仪式及文艺表演。乐昌市果树栽培面积7640公顷，总产量17.62万吨，全市水果年总产值超5亿元。黄金奈李、水晶梨、鹰嘴桃、马蹄等一批特色产品借助电商平台走出乐昌，其中九峰黄金奈李获韶关“网络十大最具人气农产品”。

【乐昌汽车客运站投入使用】 2016年2月6日，乐昌汽车客运站投入使用。该站位于乐昌市人民南路9号，是乐昌市国有控股最大型运输企业，国家二级B类汽车客运站。占地面积16581平方米，建筑面积7178平方米，设有8个售票窗口，5个检票口，9个发车位。总投资约3300万元。功能定位为乐昌城区中心客运站，所有省际、市际、乡镇班车都在该站发车。

【乐昌葡萄酒庄园项目正式落户】 9月25日上午，乐昌葡萄酒庄园项目签约仪式在市政府举行。市委常委、市政府党组副书记宋在军及相关职能部门负责人出席签约仪式。该项目是由广东嘉宾葡萄酒业有限公司投资，该公司主要投资原生态农业、旅游观光业等，具体包括水果种植、果酒加工、销售、旅游基础设施及相关配套设施的开发和建设、旅游资源开发与经营管理。该公司拟在乐昌投资2亿元，分2期进行。一期计划于2017年底前投资1.2亿元，种植400亩葡萄，兴建葡萄酒加工厂房及配套观光旅游设施；二期计划在2019年底前，投资8000万元，扩大种植面积和产能，完善配套观光旅游设施。该项目作为广东省第一家真正意义上的葡萄酒庄园，弥补我省此类项目的空白，对开创中国的X.O高端酒类生产也具有重要意义。该项目从洽谈考察到签约仅用36天。

【乐昌市首个风力发电项目正式签约】 梅花风电场项目是乐昌市首个风力发电项目，11月18日，乐昌市与中国电力工程顾问集团投资有限公司举行签约仪式，标志着该风电项目正式启动。市委常委、常务副市长宋在军及有关部门、相关镇负责人参加签约仪式。乐昌市气候资源比较丰富，境内千米以上的山峰有156座，风力资源尤为突出。该项目建成投产后，推动乐昌市风电产业发展，为乐昌市注入新的发展活力，下一步乐昌市还将推进白石、两江云祖峰风电场、五山松子岭风电场等后续项目的开发建设。

【乐城街道办事处】 位于乐昌市区武江河畔，东与廊田镇相邻，南与长来镇相连，西与乳源县交界，北与北乡镇相接，地理位置优越，是乐昌市人民政府所在地。于2003年7月，由乐城、河南两镇合并组成。辖11个居委会和16个村民委员会。辖区总面积187.78平方千米，其中城区面积12.2平方千米。2016年末，总人口127403人。全年实现农村经济总收入49758.58万元，增长5.6%；农村人均纯收入12530.43元，增长8.9%；财政总收入3135.38万元。境内有旅游景点古佛岩，市（县）文物保护单位龟峰塔、文峰塔、西寺岩寺、伯陵堂、赵佗城遗址等。自然资源丰富，武江河贯穿而过，溪水众多，森林资源以松树、杉树为主，有国家一级保护植物——红豆杉和名贵植物——乐昌含笑。名优特农产品有张溪香芋、香葱、下西反季节蔬菜、塔头番茄、小洞毛茶、河南莲藕等，是乐昌市的重要“菜篮子”基地。

大昌社区获全国和谐社区建设示范社区 1月27日，乐城街道大昌社区举行“全国和谐社区建设示范社区”揭牌仪式，成为乐昌市首个获此殊荣的社区。大昌社区以党建为龙头，以服务群众为重点，以居民自治为方向，以维护稳定为基础，以文明建设为载体，在促进社区全面、协调和可持续发展等方面起到示范、引领、带动作用。曾先后获得“全国综合减灾示范社区”“广东省六好平安社区”“广东省地震安全示范社区”“韶关市粤北女职工文明岗”“乐昌市科普示范社区”等多项荣誉。

党工委书记：万广平
主　　任：吴伟标（任至5月）
　　　　　熊海泉（5月任职）

【长来镇】 位于乐昌市南面，东邻廊田镇，南与乳源瑶族自治县桂头镇交界，西和北与乐城街道办事处接壤，距县城7千米，属粤北山区丘陵平原地带，地处乐昌盆地南部。全镇总面积116.5平方千米，其中山岭面积6000公顷，耕地面积1493公顷（水田1133公顷）。下辖长来街社区1个居委会，长来、昌山、大赛、安口、和村、东边、金竹山、罗村、水口、前溪、上坪和灵口12个村委会，56个自然村，总户数6410户，户籍总人口25000人（常住人口18960人），人口自然增长率8.47‰。全年造林153.33公顷，森林覆盖率86%以上。2016年，全镇工农业总产值4.8亿元，比上年增长4.3%；财政总收入1716.15万元，增长3.2%；农村经济总收入4.65亿元，增长4.4%；农村人均纯收入12080元，增长8%。

城乡居民参加合作医疗21178人，农村人口参合率100%。全镇有中学1间，中心小学1所，中心幼儿园1所，民办幼儿园2所。地方特产主要有前溪村香芋、大棚西瓜、草莓、无公害蔬菜、安口“松子鸡”“松子鸡”鸡蛋、灵口地膜西瓜、和村无公害蔬菜、鸡蛋糍粑等。长来的特色主要有传统节日“过会”（糍粑节）和乐溪谷油菜花。境内有著名的新石器时代园岭遗址。唐代，长来出产的灵溪春酒为岭南两大名酒之一。古时因师爷出名。

党委书记：肖永剑（任至5月）
　　　　　朱新玉（5月任职）
镇　　长：朱新玉（任至5月）
　　　　　邹方球（9月任职）

【北乡镇】 位于乐昌市市区北郊6千米，全镇总面积93.6平方千米，山岭面积7266.6公顷，水田面积1113.3公顷。辖茅坪、东红、上丛、新村、黄坌、前村、上西坑7个村民委员会和下西坑1个瑶族村民委员会，共85个自然村，居民4260户，人口16038人，其中瑶族652人。2016年，全镇农村经济总收入40332万元，比上年增长17%；农村人均纯收入12901元，增长6.6%；全镇财政一般预算收入908万元，增长9.5%。固定资产投资733万元。

北乡素有“马蹄之乡”美称，马蹄是北乡镇特色农业产业，也是农村经济支柱产业，占农民总收入70%。2009年5月，被国家评定为原产地理标志保护产品；2011年3月，获得绿色食品认证。发展腊味特色产业，通过扶持腊味深加工企业、注册“北乡腊味”商标等措施，打造北乡腊味品牌。

黄坌村党总支获得“全省先进基层党组织”称号 2016年6月，黄坌村党总支被评为“广东省先进基层党组织”。该党总支有党员66名。2013年，黄坌村被确定为新一轮扶贫“双到”省定相对贫困村和省基层组织问题突出村，2013年至2015年，黄坌村发挥党员种养能手的帮带作用，实施“村村红”工程（党建固村、民主管村、法制治村、产业富村、清洁美村、和谐稳村），促进村产业发展，带领贫困户脱贫致富。2013年、2014年分别作为省、韶扶贫“双到”工作现场会参观点，2015年6月，被评为“广东名村”。

党委书记：华癸莲（女，任至5月）
　　　　　谭　辉（5月任职）
镇　　长：邓继润

【廊田镇】 位于乐昌市东部，距市区13千米，省道345线和247线贯穿境内，素有“粤北粮仓”称号。全镇总面积147平方千米，林地面积约1万公顷，耕地面积约2200公顷。辖17个建制村和1个居委会，263个村民小组、5个居民小组，共169个自然村，年末人口3.7万人。2016年，全镇工农业生产总值9.5亿元，同比增长8%；完成财政收入2267万元，增长16%；农民人均纯收入12647元，增长7.26%。主要种植有“银粘”“美香粘”“台香粘”“宜香10号”“超级稻五优308”等优质水稻品种。沙糖橘、四季葱、香芋、马蹄等经济作物具有一定规模。特色农产品有廊田香米、廊田糍粑、廊田马蹄、廊田香芋、葫芦坪冬笋和笋干等。廊田镇是广东省首批划定的中心镇之一，2015年被评为广东省宜居示范城镇；2016年创建韶关市卫生镇，王屋、新寮村创建为韶关市卫生村。镇内有九年一贯制中心学校1所，教学点7个，公办幼儿园1所，民办幼儿园3所。主要景点有“三龙谷”、灵君山等自然生态景区，古迹有宝林寺遗址、天石岩、楼下古村等。

寨头村获评乐昌市首个信用村 2016年5月9日，乐昌市首个信用村——廊田镇寨头村挂牌成立。廊田镇以寨头村为试点村，通过分片包干、现场指导、入户走访等方式，完成176户农户信用信息采集和信用等级评定，占全村总户数的84.6%，被评为信用村。

党委书记：欧建来

镇　　长：陈金旺（10月任职）

【五山镇】 位于乐昌市东北部，东部与仁化县红山镇交界，南部与廊田镇相邻，西部与九峰镇、北乡镇接壤，北部与湖南省汝城县毗邻。全镇平均海拔380米，省道247线南北贯通，距乐昌市区33千米。辖石下、青岭、小山、嶂下、牛头洞、大乐、文书、沙田、山溪、麻坑、坪田等11个村委会，128个村小组（其中沙田村的长老坑村小组和赤水村小组为少数民族聚居村，是瑶族人口居住点），总人口21270人。全镇有中心学校1所，镇级幼儿园1所，村教学点4个，镇级卫生院1间，村级卫生站11个。

辖区面积186平方千米，耕地635公顷（水田514.7公顷），林业用地16008.85公顷，其中生态公益林10050公顷，森林覆盖率93%，是以林业为主的镇，属乐昌四大林区之一。有毛竹8667公顷，年产毛竹300万条（13.3厘米以上），是粤北著名的“毛竹之乡”。农业生产方面，主要以种植水稻（中造）为主，农副产品有香菇、生姜、紫心薯、指天椒、竹笋、竹器等。粮食播种总面积560.27公顷，粮食总产量5295.82吨，其中水稻播种面积173.05公顷，总产1573吨。矿产资源丰富，主要有莹石矿、钨矿、石英矿、稀土矿、钾长石矿等，其中小山莹石矿贮量在广东省名列前茅。沙田村龙王潭、大乐村白水寨、石下村梯田是乐昌市乃至粤北地区小有名气的生态旅游休闲观光景点。

2016年，全镇农村经济总收入3.22亿元，农村居民人均纯收入12407.98元。7月6日，五山镇被广东省教育厅授于“广东省教育强镇”称号。

党委书记：马建民（任至5月）

　　　　　张广润（5月任职）

镇　　长：梁新来

【九峰镇】 位于乐昌市中部，东北面与湖南省宜章县、汝城县交界，西与两江镇毗邻，南与北乡、大源两镇相连，距乐昌市区31千米，省道248线贯穿境内。境内群峰叠嶂，以有五指、向日、马蹄、青云、紫微、云祖、太乙、羊角、三星九座山峰而得名，是林区中心镇。辖12个建制村和1个社区，171个自然村，总人口22245人，总面积192平方千米，其中耕地面积903.1公顷，林地面积17800公顷，森林覆盖率85%以上。2016年，全镇完成地区生产总值3.45亿元，比上年增长7.8%，其中农业总产值2.5亿元，增长8.7%；工业总产值6000万元，增长5%；第三产业总产值3500万元，增长16.6%。农村居民人均纯收入13063元，增长9.1%。

九峰素有“粤北水果之乡”之称，被广东省人民政府评为水果专业镇，以种果、种树为主，种菜、养殖相结合，形成“山上种树、山腰种果、山下种菜”的立体农业格局。土特产主要有柰李、黑布朗、油桃、水蜜桃、水晶梨、橘子、椪柑、脐橙、金银花、茶叶、红薯干、魔芋、禾花鱼、莪术、食用菌等。人文鼎盛、旅游资源丰富。山歌《啦打》被列入省级非物质文化遗产保护项目，境内的景点有抗日名将薛岳家居（广东省文化厅第六批文物保护单位）、九峰杨东山十二渡水生态自然保护区等。九峰利用环境优美、风景秀丽、花果连片的生态自然优势，发展第三产业，形成“春赏花、夏秋摘果、冬戏雪”的旅游格局。2016年，九峰镇茶料村入选“2016年中国美丽休闲乡村”。

乐昌市桃花节开幕式在九峰镇举行 2月29日，2016年乐昌桃花节开幕式在九峰镇政府大院举行。该次桃花节由韶关市旅游局、乐昌市人民政府主办，广东广播电视台珠江经济台、广东省华夏文化促进会共同协办。桃花节期间，九峰镇接待游客40万人次，创造GDP约4000万元，餐饮、住宿、农家乐等第三产业顺势发展。

党委书记：许建武（任至5月）

　　　　　马建民（5月任职）

镇　　长：沈家和（3月任职）

【两江镇】 位于乐昌市中部，距乐昌市区45千米。东与九峰镇相邻，南与大源镇交界，西与庆云镇接壤，北与白石镇相接，因镇区大、小两江交汇而得名。省道248线横贯全境。全镇总面积130.91平方千米，耕地面积1153.3公顷，林地面积11240公顷，是乐昌市“四大林区”之一。同时还是“粤北小水电之乡”，有小水电站23座，总装机容量2.3万千瓦时。下辖7个村委会，101个村小组，总人口1.3万人。2016年，全镇农村经济总收入2.07亿元，农业生产总值11664万元，农民人均纯收入12816元。全镇有中心学校1所，中心幼儿园1所，在校学生590人。两江镇素以“果蔬之乡”著称，主要土特产有油桃、奈李、特早柑、蜜桔、筑水梨、辣椒、大肉姜等。2016年，两江镇以“乐昌市桃花节两江镇分会场”为契机，举办“相约两江，为爱而行”专题活动。瞄准南岭徒步养生特色小镇的目标，逐步打造以“赏桃花、观古楠、品佳肴、享养生”为主线的乡村休闲旅游路线。

优质水果产量提高 2016年，两江镇加强农业技术培训，优质水果产量明显提升。推广“互联网+农业”的发展模式，促进镇村电商服务平台的覆盖率。“黄金奈李”成为两江镇优质水果的名片，全镇一半以上的黄金柰李通过互联网下单、快递运输的形式销售。

党委书记：孙俊华

镇　　长：黄元勇

【大源镇】 位于乐昌市中部，东与北乡、九峰、两江三镇相连，南与乐城街道办事处毗邻，西与梅花镇交界，北与坪石、庆云两镇接壤，武江河、京广铁路、乐广高速公路贯穿境内。全镇总面积282.2平方千米，总人口10753人，辖9个村委会，78个村小组，279个自然村。

大源镇自然资源条件优越，是广东省重点林区之一，是乐昌市最大的林业镇，盛产杉木和其他用材林木。全镇有林面积2.8万公顷，耕地面积453公顷。以耕山营林为主，同时种植水稻、茶叶、水果等作物。土特产有茶叶、蜂蜜、黄姜、烟熏腊肉、腊肠、走地鸡、冬菇等。主要旅游资源有“燕子岩”溶洞、大瑶山隧道、“乐昌峡”库区、湖洞革命老区、江南果茶蜂蜜生产基地等。

2016年，全镇农村经济总收入2.26亿元，农村人均收入12831.4元，分别同比增长4.32%和9.0%。全社会固定资产投资完成2335万元。

党委书记：连旷怡（女，任至5月）
邹　亮（5月任职）
镇　　长：邹　亮（任至5月）
邓东梅（女，9月任职）

【坪石镇】 位于广东省北部，岭南山脉南麓，武江上游，北与湖南省相邻，是乐昌市北部地区的经济、文化、金融中心，同时也是一个旅游城镇。历史上曾被誉为广东八大重镇之一，素有“广东北大门、岭南第一镇”之称。1965年被省政府批准为建制镇。2002年4月，撤销原罗家渡镇，其中田头、河丰、罗家渡、长排寮、天堂等5个村委会划入坪石镇管辖。2003年7月，撤销老坪石镇，其管辖的15个村委会和1个居委会划入坪石镇管辖。2016年，全镇辖25个村委会，4个居委会。年末户籍人口5.88万人，常住人口7.45万人。

全镇土地总积267.6平方千米，其中城区面积7.4平方千米。坪石地处交通要道，毗邻湖南省宜章、临武、汝城县，京港澳高速公路、乐广高速公路、107国道、省道248、249线在镇内交汇，京广铁路自北向南纵贯全镇，镇内坪石火车站年客流量170多万人次，是广东北部的重要交通枢纽和重要边贸城镇，是省内外和南来北往物资的重要集散地。

坪石镇1998年被省建委列入小城镇规划建设管理7个试点镇之一，2001年被乐昌市委、市政府确定为重点发展的中心镇，2003年2月被省计委列入第二批小城镇健康发展综合试点镇，2004年被列为国家经济综合开发示范镇，2010年，被列入广东省城镇化技术集成应用试点，2013年乐昌市委、市政府把坪石镇列为副中心城市，2014年被评为全国重点镇，2015年成功创建韶关市卫生镇并申报为广东省新型城镇化“2511”综合试点镇。

2016年，全镇国民生产总值39.94亿元，比上年增长8.27%；城镇居民人均可支配收入20261元，农村人均年纯收入12572.8元。镇内拥有完全中学1所、初级中学2所、完全小学5所、幼儿园14所（其中公办幼儿园2所，民办幼儿园12所），医院2家，银行5家（中国工商银行、中国农业银行、中国建设银行、中国邮政储蓄银行、广东省农村信用社联合社），农贸市场6个。主要土特产有天堂生姜、转村提子、水牛湾无花果、杨梅等。坪石镇具有得天独厚的旅游休闲资源，开发建成的有金鸡岭风景区和7011工程景区等2处，金鸡岭风景区是广东省四大名山之一和八大风景区之一，属省级风景名胜区。

坪石十大名片　2016年6月，坪石镇正式启动“坪石十大名片”评选活动。8月4日，坪石镇启动第二届“金鸡杯——我眼中的坪石十大名片”摄影大赛。12月12日，举行颁奖仪式。通过名片征集、网络投票、公开征求意见、评选工作领导小组确定等环节，最终确定出“坪石十大名片”：金鸡岭景区、坪石大捷、天堂姜、皈塘古村、中国华电集团公司韶关市坪石发电厂有限公司（B厂）、回龙庙、中山大学坪石遗址、朱氏宗祠、7011工程景区和坪梅铁路。

管埠村获评省文明村　2016年，坪石镇河丰村委会管埠村在广东省2014—2015年度精神文明建设中被评为省文明村，是韶关市唯一获得此项荣誉的村。管埠村位于坪石镇西南部，耕地面积80公顷，全村178户728人，党小组1个，党员18名。按照“产业拉动、龙头带动”的思路，加大农业产业培育，形成蔬菜种植、生猪养殖为重点的农业龙头产业，2015年实现农业总产值180多万元，人均收入比上年增加250元。村庄基础设施完善，村容村貌整洁，投资28万元硬化通村主道路，兴建有文化综合教育室、体育场、老年人活动中心，户户改水改厕，配置齐全垃圾桶、垃圾屋、垃圾池。村民遵纪守法、邻里团结和睦，成立村舞蹈队，定期开展健康娱乐文化活动。常年配备3名夜巡队员开展夜间巡逻，维护村庄治安稳定。

党委书记：刘允曾
镇　　长：邓勇健

【三溪镇】 位于乐昌市西北部，南、西、北三面与湖南省宜章县交界，东面与坪石镇接壤。距乐广高速公路坪石西出口24千米，坪石镇火车站37千米，乐昌市区80千米。因武江河在境内沿着“海星”状丘陵弯曲迂回，河道呈“之”字形，长达25千米，从三溪墟后山山顶向东北方向俯视，酷似三条溪水流经境内而得名。全镇总面积113.3平方千米，山地面积6273公顷，耕地面积719.33公顷，森林覆盖率75.6%。水力资源丰富，有水电站3座。辖三溪、大坪头、丫告岭、仕坑、车头园、石村、神前岭、白露塘等8个村委会，92个自然村。2016年末，全镇户籍人口12877人，农业人口10770人。

2016年，三溪镇财政收入1556万元，同比增长71.6%；农村经济总收入25441.13万元，增长5%；农村人均纯收入11863.6元，增长8%；粮食播种面积368.2公顷，粮食产量2761.5吨。全镇有九年制完全学校1所，教学点（石村）1个，幼儿园1所，在校学生415人。土特产有红薯干、豆腐乳、脐橙等。三溪镇重视非物质文化遗产的保护与传承，2015年被评定为乐昌市首个省级非物质文化遗产传承基地。三溪青蛙狮、乐昌花鼓戏和乐昌渔鼓先后列入广东省非物质文化遗产保护项目。

党委书记：张广润（任至5月）
吴伟标（5月任职）
镇　　长：吕锦东（任至5月）
丁　琦（9月任职）

【梅花镇】　位于乐昌市西北部，坪乳公路、京港澳高速、乐广高速、乐梅公路贯穿境内，是“梅寮四地”（梅花、秀水、沙坪、云岩4个镇的简称）经济、文化、交通中心。全镇总人口5.9万人，辖17个行政村、1个居民委员会、210个自然村，总面积197.77平方千米，耕地面积1853.3公顷。2016年，全镇农村经济总收入7.5亿元，同比增长5%；农民人均收入11900元，同比增长7.8%。参加医疗保险人数45970人，覆盖面100%。地方特产主要有梅花猪、子姜辣椒、黄烟、无公害绿色蔬菜（青瓜、茄子、辣椒、西兰花等）、紫心薯、香花梨（沙梨）等。全镇有蔬菜、生猪种养合作社67家，蔬菜种植面积1533.33公顷，有5家合作社被评为韶关农业龙头企业，6家合作社成功申报省级示范合作社。有4间“子姜辣椒”加工厂、3家“梅花猪”专业养殖场，子姜辣椒、梅花猪等产品成为梅花镇的名牌产品。在石带村委会创建百亩高产稻示范片1个，面积10公顷，示范品种“超1000”百亩攻关田全田实收达标。

梅花镇境内旅游资源丰富，有著名的黄巢石、莲花潭（邓小平同志指挥“梅花战役”指挥部）、与丹霞地貌相似的铁罗岭姐妹石、万古金城以及九仙杯、仙人岩等古迹；市级文物保护单位的韩泷祠；坪溪村的金山温泉、大坪村的桥背温泉；“红色革命老区”的大坪村委和“游击革命老区”的流山、大富村委；明清古建筑群大坪杨家寨、深塘古子坑古村和“韶关市爱国主义教育基地”红七军革命烈士纪念园等景点。还有极具观赏价值的万亩油菜花海。位于韶关市旅游名村深塘村的百臻生态农业园，是一处集休闲、餐饮、购物、住宿于一体的乡村旅游胜地。

2016年，梅花镇铜山村和大塘边村获得“韶关卫生村”称号。梅花卫生院被评为全国满意卫生院。

党委书记：朱长林（任至5月）
颜昌松（5月任职）
镇　　长：颜昌松（任至5月）
林俊仪（9月任职）

【秀水镇】　位于乐昌市西北部，西部与湖南省宜章县关溪乡、栗源镇相邻，北部、东部、南部分别与梅花、云岩、沙坪接壤，为典型石灰岩地区。全镇总面积56平方千米，耕地面积629.33公顷，其中水田面积355.2公顷，旱地面积274.13公顷。辖10个村委会，77个自然村，总人口2.17万人。2016年，全镇工农业总产值2.68亿元，其中农业产值1.83亿元，工业产值8481万元。全镇有初中1所，小学1所，幼儿园1所，教学点3个；文化站1个，广播站1个；农村专业合作社23个。主要地方特产有良种肉猪、山地鸡、秀水鱼干、黄烟、无公害绿色蔬菜、柚子、花生豆腐、黄糍粑、油茶等。主要旅游资源有朱家村紫阳书院、楼下村紫气书院、大竹山森林公园等。

党委书记：何平良（任至5月）
邝贤松（5月任职）
镇　　长：邝贤松（任至5月）
朱裕超（9月任职）

【沙坪镇】　位于乐昌市西南部，东、南两面与乳源瑶族自治县交界，西面与湖南省宜章县关溪乡、白沙乡毗邻，北面连接秀水镇、云岩镇，距乐昌市区公路里程约60千米。全镇总面积146平方千米，辖雷家窝、沙坪、马子坪、关山、山坪、柘洞和茶园等7个村委会和1个八宝山林场，86个自然村，146个村小组。总人口24844人，其中党员427人。全镇耕地面积965.3公顷，其中望天水田73.3公顷，其余为石花地。沙坪镇属石灰岩地貌，有“七分石头三分土，食水用水贵如油”之称，自然条件极为恶劣。主要土特产有土榨花生油、花生豆腐、山地玉米鸡、土鸡蛋、番薯干等。

2016年，沙坪镇农业生产总值9171.45万元，同比增长6％；农村工业总产值678万元，农村经济总收入2.37亿元，同比增长5％；全镇财政一般预算收入884万元，同比下降15.73%。村集体经济总收入102.29万元，平均达14.6万元，农村人均收入11832元，同比增长10%。2016年，雷家窝村委会被评为“韶关市卫生村”。

党委书记：陈世军（任至5月）
廖远强（5月任职）
镇　　长：廖远强（任至5月）
余树晗（9月任职）

【云岩镇】　位于乐昌市西南部，距乐昌市区50千米，是典型的石灰岩高寒山区，东南部与乳源瑶族自治县大桥镇交界，西南部与沙坪镇相连，西接秀水镇，北部与梅花镇接壤。京港澳（G4）高速公路和省道坪乳公路（S249）及县道357线经过境内。辖9个行政村，总人口1.6万人，总面积66平方千米，其中耕地面积678.4公顷（水田454公顷，旱地224.4公顷）。境内有钨、锡、砷、铁、煤、石灰石等矿产资源，平均海拔680米，东部、南部最高海拔850米，西南、北部平均海拔400米，昼夜温差大，年平均气温16.4℃，属亚热带湿润性气候。农村经济收入主要靠外出务工和传统种养业，农业种植以水稻、黄烟、辣椒、玉米、青瓜、茄子为主。主要土特产有雪莲果、红衣花生、紫心红薯、黑美人西瓜、香芋冬瓜等。2016年，全镇财政收入944万元，实现农村经济总收入1.72亿元，农民人均纯收入11446元，增长9%；参加合作医疗人数12246人，覆盖面100%。云岩镇有著名的“青莲山”、云岩水库、西京古道、观音岩等名胜古迹。

党委书记：黄常春（任至5月）
罗其桓（5月任职）
镇　　长：罗其桓（任至5月）
丘永和（5月任职）

【黄圃镇】 位于乐昌市北部，距乐昌市区97千米，东与白石镇相连，南邻庆云镇，西、北两面与湖南省宜章县白石渡镇、杨梅山镇和赤石乡三个乡镇交接，距京港澳高速公路坪石出口27千米。黄圃镇属盆地丘陵，土壤由红色砂页岩石风化而成，呈红色或紫红色，表土容易流失，山脊土壤浅薄。全镇总面积79.97平方千米，耕地面积800公顷、林地面积4800公顷。辖10个行政村、1个居委会。总人口1.9万人，以农业经济为主。2016年，全镇生产总值2.43亿元，农村人均纯收入11987元，镇财政公共预算收入1002.79万元。全镇有九年一贯制中心学校1所，在校生1266人，公办中心幼儿园1所、民办幼儿园2所、紫溪村教学点1个。黄圃镇是乐昌种植黄烟大镇，2016年种植黄烟333.33公顷，收购烟叶650吨，实现税收1000万元。该镇素有“板栗之乡”美称，所产板栗香甜可口，独具风味。其他土特产有西瓜、香（蜜）瓜、金银花、水晶梨、油茶等。主要旅游资源有里村碧水洞、应山村“四古”（古村、古桥、古庙、古亭）、“三白虎”（位于鱼池岭村的白虎嶂、白虎砦和白虎仙）、石溪古村、紫溪甘棠镇古村、东村欧阳古祠及桃坪革命老区等。

应山古村首届乡村春节晚会 2016年2月6日，应山古村首届乡村春节晚会在应山村举行。该晚会由应山村委会全体村民自发参与、自行编排、自主设计、共同筹备，节目包括歌曲、舞蹈、武术等24个节目，彰显了应山古村深厚的文化底蕴和优良的文化传统。

党委书记：张以社
镇　　长：熊海泉（任至5月）
　　　　　欧志勇（5月任职）

【庆云镇】 位于乐昌市北部偏西，武水支流田头水上游流域，地处蔚岭山西侧，狮子山脚下，面积90.24平方千米，人口1.26万人，辖土佳寮、五里冲、下黄、永乐、金坪、袄田、广田、湾雷等8个村委会，105个村小组。全镇地势东高西低，地貌以石灰岩见多，平均海拔约400米，狮子山高地海拔890米。镇内交通便利，省道248线贯穿全境，镇区距坪石24千米，通村公路全部水泥硬底化，武广客运专线从境内穿越9.7千米。全镇以农业为主，林业为辅，锑矿为补。主要地方特产有高山有机茶、“华航丝苗”优质稻米、板栗、蔬果等。该镇出产的高山云雾绿茶于1998年获广东省农博会食品奖，2009年获广东省无公害绿色食品奖。2016年全镇社会生产总值2.88亿元，农村人均收入11316.3元。

庆云镇重视乡村旅游发展，发挥地域旅游文化资源及独特的生态优势，开发“游古山（狮子山），访古村（户昌山），行古道（宜乐），拜古庙（凑云仙庙），品古韵（人文庆云）”的“五古”旅游线路（乐昌市规划建设的3条乡村旅游示范线路之一），打造庆云特色乡村旅游品牌。

党委书记：王小勇
镇　　长：何勇斌（9月任职）

【白石镇】 位于乐昌市最北端，总面积79.3平方千米。辖油甫、水井、坛祖、新田、上黄、当阳、富村、三界圩、涧水9个行政村，总户数5130户，年末户籍人口17599人。耕地面积1292公顷（其中水田面积520公顷），林地面积7654.3公顷。全镇有中心学校1所，成人职业教育学校1所，幼儿园1所，在校学生832人；文化站1个，广播站1个。土特产有黑布朗、辣椒、板栗、水晶梨、西瓜等。主要旅游景点有铜鼓岩和云祖峰。

2016年，全镇农村经济总收入2.12亿元，同比增长5.7%；财政收入1105万元，同比增长38%；农民年平均收入12062元，同比增长9.21%；村级集体经济收入105.7万元，同比增长24%。

美化亮化工程 2016年，白石镇全面启动美化亮化主要公路工程，投入近30万元，在通往黄圃、两江、里田的三条主要公路和重点路口安装路灯80盏，于年底安装完成并投入使用。

党委书记：宁芝花（任至5月）
　　　　　丘永锋（5月任职）
镇　　长：丘永锋（任至5月）
　　　　　丁钢文（9月任职）

【坪石办事处】 位于乐昌市西部，总面积约10平方千米，是省属企业原坪石矿务局破产关停后，为使矿区各项社会职能实行属地管理而设立，行政级别为正科级，乡镇建制。办事处机关驻地位于乐昌坪石镇坪南路1号，附设乐昌市坪石办事处企业退休、失业人员社会化管理分中心、便民服务中心。辖南岭、八字岭、关春、河西、新村等5个居民区，人口约1.1万人。辖区内驻有乐昌市三益水泥股份有限公司、乐昌市南岭水泥厂等多家民营企业；有广东省煤炭工业总公司坪石留守处、乐昌市关春中学、乐昌市坪石镇卫生院等省、市企事业单位。

党工委书记：詹彬文
主　　任：吴回礼

【梅田办事处】 是原省属企业梅田矿务局于2002年12月26日关闭破产后，对其各项社会职能实行属地管理而设立的乐昌市人民政府派出机构，正科级，管辖坪石镇武水河西岸约1.5平方千米的居住面积。机关驻地位于乐昌市坪石镇群众路97号。附设机构有：原企业离退休人员管理分中心、城镇居民医疗保险办公室、城镇居民社会养老保险办公室。下设5个居民区：坪东、坪西、坪北、坪中和坪梅居民区，其中坪梅居民区主要管辖具有该市户籍的异地居住人员。坪东、坪西、坪北、坪中管辖常住人口。管辖矿区内有乐昌户籍职工家属20957人，河西生活区常住人口2985户，9557人。河西生活区有初级中学1所（坪梅中学），在校学生964人；小学1所（坪梅小学），在校学生1011人。辖区内有西河湾、坪石新城、恒辉花苑3个高档住宅小区。

党工委书记：李兴军
主　　任：杨容斌

（陈懿茜）

2016年乐昌市国民经济发展情况一览表

表35

指　标	单 位	绝对值	比上年增长（%）
地区生产总值	亿元	117.38	7.1
第一产业增加值	亿元	24.62	3.8
第二产业增加值	亿元	27.39	–0.6
工业增加值	亿元	21.12	0.8
第三产业增加值	亿元	65.37	12
人均地区生产总值	元	28422	6.3
规模以上工业总产值	亿元	55.38	–7
农林牧渔业总产值	亿元	38.92	3.8
固定资产投资	亿元	37.16	15.2
社会消费品零售总额	亿元	61.27	9
外贸进口总额	万美元	64.6	–83.6
外贸出口总额	万美元	1242.5	–23.6
实际利用外资	万美元	117	–31.6
地方一般公共预算收入	万元	5.3	–7.2
地方一般公共预算支出	万元	27.13	15.1
城镇居民人均可支配收入	元	22122	9.1
农村居民人均可支配收入	元	12524	9.6

南雄市

【概况】　南雄市地处广东省东北部、大庾岭南麓。南雄设县制始于唐光宅元年（公元684年），取名为浈昌县。北宋开宝四年（公元971年）改为南雄州，“南雄”之名由此始。民国始（1912年）废州置县为南雄县，1996年6月撤县设市（县级），由韶关市代管。2016年辖17个镇1个街道办事处。土地面积2326.18平方千米，年末户籍人口48.59万人，常住人口33.28万人。

南雄是古代中原与岭南交往的重要通道，史称“居五岭之首，为江广之冲”“枕楚跨粤，为南北咽喉”，历来为兵家必争之地；是古代岭南政治、经济、文化的重要郡都，是粤赣边境的商贸重镇，古有“岭南第一州”之称；是珠三角地区居民的“七百年前桑梓”“广府文化”的发祥地。

南雄有光荣而悠久革命斗争历史，是广东省重点革命老区县之一，中国工农红军长征经过地。孙中山两次北伐，均以南雄为前哨。土地革命时期，1927年12月成立中共南雄县委；1928年2月全县农民武装暴动，建立南雄县苏维埃政府，南雄属中央苏区县之一；1932年7月，毛泽东与朱德在南雄水口指挥水口战役。中央红军长征后，项英、陈毅等以南雄油山为中心，坚持艰苦卓绝的三年游击战争。抗日战争时期，中共广东省委机关曾驻南雄黎口瑶坑。解放战争时期，南雄是中共五岭地委驻地和粤赣湘边区解放总队所在地。

全市耕地面积4.35万公顷，粮食播种面积3.6万公顷，粮食产量21.69万吨。林地面积15.94万公顷，森林覆盖率66.9%，林木蓄积量947.39万立方米。主要农作物有水稻、烟草、花生、大豆。主要特产有黄烟、银杏（白果）、板鸭、香菇、冬笋、金友米、腐竹等。主要矿产资源有钨矿、铀矿、稀土矿、莹矿、石灰石、花岗石等。主要河流有浈江、凌江。

主要旅游景点有梅关古道、珠玑古巷、三影古塔、古生物恐龙化石群、钟鼓岩、青嶂山、孔江湿地公园、莲开净寺、大雄禅寺、苍石寨、帽子峰森林公园、坪田古银杏森林公园以及省级古村落等。有张九龄、苏东坡、陈毅等名人遗迹。南雄是全国“国际型优质烤烟生产基地”，中国黄烟之乡、中国银杏之乡、中国恐龙之乡、中国特色竹乡、国家可持续发展实验区、原中央苏区县。2016年南雄市荣获“全国绿化模范单位”“广东省双拥模范县”称号。

【经济发展状况】　2016年，全市地区生产总值138.37亿元，比上年增长

8.2%。其中；第一产业增加值为28.59亿元，增长4.1%；第二产业增加值为55.03亿元，增长9.5%（工业增加值46.15亿元，增长12%）；第三产业增加值为54.75亿元，增长8.9%。人均地区生产总值41735元，增长7.3%。固定资产投资115.53亿元，增长8.1%。社会消费品零售总额50.7亿元，增长11.2%。外贸进口总额731.7万美元，增长62.7%；外贸出口总额4358.7万美元，下降4.5%。实际利用外资578万美元，下降28.1%。地方公共财政预算收入5.82亿元。城镇居民人均可支配收入22583.1元，增长10.4%。农村居民人均可支配收入12261.9元，增长10.4%。

▲2016年2月，新发现植物——金缕梅　（南雄市史志办　供）

【孔江国家湿地公园（试点）通过国家验收】 2016年10月，国家林业局公布，广东孔江国家湿地公园（试点）正式成为“国家湿地公园”。广东孔江国家湿地公园位于南雄市东北部，距城区43千米，是南雄市浈江水域源头，公园总面积1667.9公顷，其中湿地总面积639.2公顷，占土地总面积38.3%。区内有野生维管植物171科571属1029种，野生陆生、水生、两栖动物48目166科357属574种。公园周边罗汉岩是典型丹霞地貌，公园以孔江湿地生态系统为核心，以人工湖、河流、沼泽、丹霞地貌和环湖森林组成湿地—森林复合生态系统为特色，兼备发电、灌溉和防洪调蓄功能。

【梅关古道被评为“2016中国十大古道”】 2016年6月，全国重点文物保护单位、国家AAAA旅游景区南雄梅关古道被评为“2016中国十大古道”。梅关古道位于市区北面30千米，唐相张九龄于开元四年（716年）奉诏劈关开道，是古代南北交通要道。史称南雄“居五岭之首，为江、广之冲”“南北咽喉，京华屏障”。宋嘉佑年间建关楼，为砖石结构，南雄历代州、县均有修葺关楼，明万历年间南雄知府蒋杰在关楼上立匾题刻，北面门额署着“南粤雄关”四字，南面门额则写着“岭南第一关”。清康熙年间南雄知州张凤翔在北面门侧立刻“梅岭”石碑。梅关古道从梅岭向南北两边蜿蜒而下，古道约2米宽，路面铺就地取材小石块，至今保存较完好2.5千米。古道自古多梅，以梅盛、花奇、风雅特色名闻五岭南北。古来便有“梅开庾岭为香国”之称。驿道寒梅以其特有风姿吸引历代文人墨客，留下近千首咏梅诗词。

【南雄发现珍稀植物金缕梅】 2016年2月，南雄市小流坑—青嶂山自然保护区林业技术员进行野外调查。在油山山顶发现几十棵开黄花树。这种植物花形奇特，花数朵簇生叶腋，色金黄，其金瓣如缕。经华南植物园相关专家确认为活化石树种金缕梅。野生金缕梅分布在四川、湖北、湖南等地，国内记载最南分布在湖南衡山。金缕梅为金缕梅科金缕梅属植物。金缕梅距今已有6000万~8000万年。因花瓣如缕似腊梅，称为金缕梅。它先花后叶，每年春节前后盛开，迎雪怒放，状似蜡梅，花开时花瓣向外托出，像玲珑金丝缕，散发着芳香，是著名观赏花木之一。

【工业园光伏电站开工】 2016年11月，中国能源建设集团韶关电力有限公司南雄工业园光伏电站项目举行开工仪式。中国能源建设集团投资总公司副总经理裴华参加并致辞。光伏发电被誉为二十一世纪最有开发价值绿色环保新能源之一，是南雄地区电力补充，有利于缓解环境保护压力，实现经济与环境协调发展。南雄工业园光伏电站项目总投资1.5亿元，将建设11个光伏区，总装机容量约20兆瓦，控制工期为5个月。项目建成后，每年将提供2000万千瓦清洁能源。

【油山上朔村被认定为“广东省古村落”】 2016年10月，油山上朔村被广东省民间文艺家协会认定为“广东省古村落”，是南雄市继南亩鱼鲜、乌迳新田、黄坑溪塘、百顺黄屋城、水口篛过后第6个“广东省古村落”。油山上朔村位于南雄市东北部粤赣交界油山南麓，距市区30多千米，是南雄为数不多大村庄，村庄范围南北距离近3千米，东西走向1.5千米。上朔村历史悠久，宋末明初，该村拥有31个姓氏1300多户，近9000人口，被称为“百家姓、千家村”。现有9个姓氏800多户，3000多人口。明嘉靖《南雄府志》记载：保昌县（南雄市旧称）有5个墟镇，上朔墟就其中之一。历经1000多年风雨沧桑，依旧保留不少、保存较好古屋、古墙、古巷、古树，上朔村是二十世纪二三十年代大革命时期南雄地区进行农民暴动、游击武装斗争革命根据地和核心地区，是南雄第一届苏维埃政府所在地，是南雄红色革命摇篮。土地革命时期曾任南雄县委书记彭显模和中华人民共和国开国将军彭显伦，是上朔人。

【南雄市电子商务公共服务中心启用】2016年8月，该中心建成启用，南雄市电子商务公共服务中心是南雄市2016年重点、亮点工程，是推进该市电子商务产业发展重要平台。服务中心总面积5430平方米，位于东方大润发广场西南面首层，是一个集办公孵化区、仓储物流区、人才培训区、产品展示区、公共服务区等五大功能为一体电商创业集聚园区，有60多家电商企业入驻。100多家农电商企业线上线下销售额8778万元，其中农产品上行2741万元。全市18个镇街建立镇级农村电商服务站，村级服务站有56个站。

【雄州街道】 位于市境中南部，北纬24° 7′，东经114° 8′ 8″。浈江和凌江的汇合处，自东按顺时针方向分别与湖口、江头、主田、古市、全安、珠玑等镇相连。街道办事处设在雄州大道。为市人民政府所在地。辖区总面积96.93平方千米。林地面积2774公顷，耕地面积2210公顷。地处南雄市政治、经济、文化中心。下辖13个村、7个社区，户籍总户数26566户，总人口9.03万人，街道有小学13所。2016年，街道农村经济总收入8.4亿元，黄烟收购1055.8吨，农民人均所得1.2万元。非物质文化遗产有传统舞蹈八一社区宾阳瑞龙瑞狮。旅游景点有三影古塔、广州会馆、瑶坑省委旧址、莲花净寺、古生物恐龙化石群。主要特产有腊鸭、黄烟。

瑶坑村居家养老服务中心建成使用 瑶坑村居家养老服务中心是南雄市13个试点之一，2016年6月建成投入使用。该中心占地面积200平方米，建筑面积400平方米，累计投入建设资金100多万元。内设图书室、娱乐室、健身室、棋牌室、多功能活动室、日间照顾室、书画室、医务室、爱心厨房、餐厅等，外设老人门球场、篮球场、羽毛球场、乒乓球台等基础设施，可同时为近百名老人提供日间照料、文体娱乐、心理关爱等养老服务。

党工委书记：叶凌峰（任至11月）
办事处主任：朱祖纯

【乌迳镇】 位于市境东部，北纬25° 14′ 48″，东经114° 35′ 55″。东邻界址镇，南邻坪田镇、南亩镇，西邻黄坑镇、油山镇，北邻江西省大余县、信丰县。镇政府所在地在乌迳村委会，距市区35千米。辖区总面积157.01平方千米。林地面积8067公顷，耕地面积3222公顷。下辖21个村、1个居委会，户籍总户数14988户，总人口4.66万人，镇有初级中学1所，小学15所。2016年，全镇农村经济总收入9.4亿元，黄烟收购1025.2吨，农民人均所得1.5万元。旅游景点有新田古村落、观音山、孔江国家湿地公园。矿产资源有稀土矿、花岗石。主要特产有黄烟、朝天椒。

党委书记：孔建国
镇　　长：陈光文（任至8月）
　　　　　黄得龙（9月任职）

【珠玑镇】 位于市境东北部，北纬25° 11′ 53″，东经114° 21′ 24″。东邻邓坊镇，南邻湖口镇、雄州街道，西邻全安镇、帽子峰镇，北邻江西省大余县。镇政府所在地在珠玑村委会，距市区9千米。辖区总面积197.52平方千米。林地面积11336公顷，耕地面积2121公顷。下辖22个村、1个居委会，户籍总户数13402户，总人口4.44万人，镇有初级中学1所，中心小学1所，村小学教学点12个。2016年，全镇农村经济总收入9.2亿元，黄烟收购723.9吨，农民人均所得1.3万元。非物质文化遗产有传统音乐珠玑村龙船歌、传统舞蹈洋湖村双龙舞双狮、舞春牛。旅游景点有珠玑古巷、梅关古道、钟鼓岩、大雄禅寺。矿产资源有稀土矿、石灰石。主要特产有黄烟、腐竹、梅岭板栗。

党委书记：陈志光
镇　　长：黄德忠

【湖口镇】 位于市境东部，北纬25° 10′ 14″，东经114° 23′ 59″。东邻黄坑镇，南邻水口镇，西邻珠玑镇、雄州街道，北邻邓坊镇。镇政府所在地在湖口村委会，距市区11千米。辖区总面积73.64平方千米。林地面积1545公顷，耕地面积2427公顷。下辖12个村、1个居委会，户籍总户数11804户，总人口3.58万人，镇有初级中学1所，完全小学8所。2016年，全镇农村经济总收入8.3亿元，黄烟收购1470.3吨，农民人均所得1.1万元。旅游景点有罗佛寨。主要特产有黄烟。

党委书记：朱运通
镇　　长：陈　华

【油山镇】 位于市境东北部，北纬25° 16′ 53″，东经114° 31′ 20″。东邻乌迳镇，南邻黄坑镇，西邻邓坊镇，北邻江西省大余县、信丰县。镇政府所在地在大塘村委会，距市区33千米。辖区总面积146.62平方千米。林地面积8582公顷，耕地面积3319公顷。下辖17个村、1个居委会，户籍总户数10409户，总人口3.27万人，镇有初级中学1所，中心小学1所，村小学教学点16个。2016年，全镇农村经济总收入4.3亿元，黄烟收购779.5吨，农民人均所得1万元。矿产资源有稀土矿、花岗石。主要特产有黄烟、香菇、腊鸭。

党委书记：雷　毅
镇　　长：钟小娟

【全安镇】 位于市境西北部，北纬25° 8′ 6″，东经114° 15′ 46″。东邻珠玑镇、雄州街道，南邻古市镇、始兴县，西邻百顺镇，北邻澜河镇、帽子峰镇。镇政府所在地在全安村委会，距市区7千米。辖区总面积199.44平方千米。林地面积14061公顷，耕地面积2015公顷。下辖13个村、1个居委会，户籍总户数8887户，总人口2.77万人，全镇有初级中学1所，小学9所，村小学教学点5个。2016年，全镇农村经济总收入5.7亿元，黄烟收购44.9吨，农民人均所得1.2万元。旅游景点有苍石寨、杨历岩。矿产资源有稀土矿。主要特产有田七、三仁花生。

党委书记：姚远华（任至7月）
　　　　　潘　彬（8月任职）
镇　　长：潘　彬（任至8月）
　　　　　陈汉铭（9月任职）

【黄坑镇】 位于市境东部，北纬25°13′55″，东经114°29′55″。自东按顺时针方向依次与乌迳、南亩、水口、湖口、邓坊、油山6个镇相连。镇政府所在地在黄坑村委会，距市区21千米。辖区总面积58.26平方千米。林地面积1223公顷，耕地面积1898公顷。下辖10个村、1个居委会，户籍总户数8173户，总人口2.58万人，镇有完全中学1所，中心小学1所，村小学教学点6个。2016年，全镇农村经济总收入4.3亿元，黄烟收购1705.2吨，农民人均所得1.2万元。旅游景点有溪塘古村落。主要特产有黄烟。

党委书记：沈文昌
镇　　长：黄恢伟（任至5月）
　　　　　陈冬生（9月任职）

【水口镇】 位于市境东南部，北纬25°9′19″，东经114°28′22″。东邻南亩镇，南邻江头镇、江西省全南县，西邻雄州街道，北邻黄坑镇、湖口镇。镇政府所在地在水口村委会，距市区21千米。辖区总面积106.79平方千米。林地面积6029公顷，耕地面积1794公顷。下辖13个村、1个居委会，户籍总户数7016户，总人口2.45万人，镇有初级中学1所，小学4所。2016年，全镇农村经济总收入4.6亿元，黄烟收购976.8吨，农民人均所得1.3万元。非物质文化遗产有传统舞蹈水口村火龙、火凤、火虾。旅游景点有篛过古村落、水口战役公园。主要特产有黄烟、沙葛、李。

党委书记：温春花（任至11月）
镇　　长：陈如华

【南亩镇】 位于市境东南部，北纬25°10′，东经114°33′。东邻坪田镇，南邻江西省全南县，西邻水口镇，北邻乌迳镇、黄坑镇。镇政府所在地在南亩村委会，距市区30千米。辖区总面积111.26平方千米。林地面积8657公顷，耕地面积904公顷。下辖11个村、1个居委会，户籍总户数4460户，总人口1.61万人，镇有初级中学1所，中心小学1所，村小学教学点10个。2016年，全镇农村经济总收入3.4亿元，黄烟收购131.3吨，农民人均所得1.4万元。非物质文化遗产有传统舞蹈官田村里溪茶花灯。旅游景点有鱼鲜古村落、邓坑古银杏群落。矿产资源有稀土矿。主要特产有山茶油、荞头、茶叶、凉果。

党委书记：池宏安（4月任职）
镇　　长：池宏安（任至4月）
　　　　　赖建志（4月任职）

【江头镇】 位于市境南部，北纬25°4′35″，东经114°26′。东邻水口镇，南邻江西省全南县，西邻主田镇，北邻雄州街道。镇政府所在地在江头村委会，距市区13千米。辖区总面积132.29平方千米。林地面积10560公顷，耕地面积955公顷。下辖9个村、1个居委会，户籍总户数4119户，总人口1.26万人，镇有初级中学1所，中心小学所，村小学2所。2016年，全镇农村经济总收入2亿元，黄烟收购158.8吨，农民人均所得1.1万元。旅游景点有青嶂山。矿产资源有稀土矿、莹矿石。主要特产有毛竹、竹笋。

云峰山生态旅游项目建设　该项目位于江头镇武岭村委会，是韶关市重点项目，由南雄市云峰山生态旅游开发有限公司投资建设，项目预计总投资约9亿元，总规划面积约1200公顷，建设周期约5年，计划于2018年10月完工并试营业。项目将开发建设蓝莓种植园133.33公顷，红枫、银杏、美国紫薇各33.33公顷观赏景区，建设汽车营地、跑马场、篝火晚会场地、高端酒店、原生态民宿等，项目集农业生态观光、休闲、养生、娱乐、度假功能于一体，项目建成后为游客提供旅游观光、休闲养生度假。2016年项目建设已投资1.07亿元，用于基础设施建设，种植蓝莓新品种1万株，移植银杏、红枫等观赏树木1.5万株。

党委书记：陈华林（任至5月）
　　　　　邱荣胜（5月任职）
镇　　长：钟爱莲

【主田镇】 位于市境南部，北纬25°3′55″，东经114°13′51″。东邻江头镇，南邻始兴县澄江镇、江西省全南县，西邻古市镇，北邻雄州街道。镇政府所在地在主田村委会，距市区6千米。辖区总面积165.66平方千米。林地面积12922公顷，耕地面积1248公顷。下辖8个村、1个居委会，户籍总户数4498户，总人口1.49万人，镇有中心小学1所，村小学教学点7个。2016年，全镇农村经济总收入3.4亿元，黄烟收购1049.6吨，农民人均所得1.2万元。矿产资源有稀土矿、钨矿。旅游景点有两岸花博生态园，主要特产有黄烟。

党委书记：刘　飞（任至8月）
　　　　　叶　飞（8月任任职）
镇　　长：丘铭山（任至8月）

【古市镇】 位于市境西南部，北纬25°57′，东经114°13′。东邻主田镇、雄州街道，南西邻始兴县，北邻全安镇。镇政府所在地在古市村委会，距市区10千米。辖区总面积98.62平方千米。林地面积5613公顷，耕地面积1695公顷。下辖8个村、1个居委会，户籍总户数6011户，总人口2.17万人，镇有中心小学1所，村小学教学点7个。古市镇是南雄黄烟生产主产区，2016年，全镇农村经济总收入4.5亿元，黄烟收购1286.6吨，农民人均所得1.2万元。矿产资源有稀土矿、陶土。主要特产有黄烟。

党委书记：吴少华（任至8月）
　　　　　陈光文（8月任职）
镇　　长：夏新坤

【百顺镇】 位于市境北部，北纬

25° 1′，东经114° 1′。东邻澜河镇、全安镇，南邻始兴县，西邻仁化县，北邻仁化县、江西大余县。镇政府所在地在百顺村委会，距市区58千米。辖区总面积191.41平方千米。林地面积17451公顷，耕地面积759公顷。下辖9个村、1个居委会，户籍总户数3815户，总人口1.33万人，镇有初级中学1所，小学9所。2016年，全镇农村经济总收入1.8亿元，农民人均所得1.4万元。矿产资源有稀土矿、铀矿。非物质文化遗产有传统舞蹈白竹村香火龙。旅游景点有黄屋古城。主要特产有毛竹、竹笋、罗汉果。

党委书记：谭福志
镇　　长：高春花

【澜河镇】 位于市境北部，北纬25° 14′ 43″，东经114° 8′ 40″。东邻帽子峰镇，南邻全安镇，西邻百顺镇，北邻江西省大余县。镇政府所在地在澜河村委会，距市区35千米。辖区总面积139.25平方千米。林地面积12976公顷，耕地面积558公顷。下辖6个村、1个居委会，户籍总户数3091户，总人口1.06万人，镇有九年一贯制学校1所，完全小学1所。2016年，全镇农村经济总收入5.1亿元，农民人均所得1.1万元。矿产资源有稀土矿、铀矿。主要特产有毛竹、竹笋。

党委书记：钟祥文（任至8月）
　　　　　丘铭山（8月任职）
镇　　长：郭　君

【帽子峰镇】 位于市境北部，北纬25° 13′，东经114° 13′。东邻珠玑镇，南接全安镇，西邻澜河镇，北邻江西省大余县。镇政府所在地在富竹村委会，距市区24千米。辖区总面积97.21平方千米。林地面积8190公顷，耕地面积809公顷。下辖5个村、1个居委会，户籍总户数3007户，总人口0.98万人，镇有九年一贯制学校1所，村小学教学点4个。2016年，全镇农村经济总收入1.6亿元，黄烟收购180.7吨，农民人均所得1.2万元。旅游景点有帽子峰森林公园。主要特产有毛竹、竹笋。

林业生态资源建设 2016年，造林绿化60多公顷，炼山53.33公顷，在富竹坑河堤两岸种植1500多米400多株黄金香柳等树种，铺盖“台湾草”草坪700多平方米，铺筑人行道450多平方米，形成一条绿化带。帽子峰森林公园建设筹备工作，确定森林公园范围规划、林地权属界线及景观资源调查。

党委书记：朱世平
镇　　长：徐精华

【坪田镇】 位于市境东南部，北纬25° 11′ 53″，东经114° 37′ 11″。东邻界址镇、江西省信丰县，南邻江西省全南县，西邻南亩镇，北邻乌迳镇。镇政府所在地在老龙村委会，距市区43千米。辖区总面积138.26平方千米。林地面积9546公顷，耕地面积1778公顷。下辖14个村、1个居委会，户籍总户数7360户，总人口2.72万人，镇有初级中学1所，完全小学2所，村小学教学点2个。2016年，全镇农村经济总收入3.6亿元，黄烟收购601.1吨，农民人均所得1.1万元。旅游景点有坳背、冯屋、军营寨古银杏群落。矿产资源有稀土矿、莹矿石、铀矿。主要特产有白果、黄烟、山茶油、香菇、荞头。

广东坪田古银杏省级森林公园 2016年9月，广东省林业厅批准设立广东坪田古银杏省级森林公园，面积为906.2公顷，其中北部坳背景区269.6公顷、东部冯屋景区488.8公顷、南部军营寨147.8公顷。森林公园内资源丰富、环境优美，风景知名度、组合度高。森林风景资源包括千年古银杏群、坳背风水林景观、太傅名第、古树名木、洪泰山、马鞭山等。园内有原生态银杏林多处，上百年银杏树1000多棵。每年从11月中旬至12月中旬，古银杏树树叶染黄，随风而落，一片金黄，是旅游观光、休闲养生好去处。

党委书记：何少波（任至7月）
　　　　　刘　均（8月任职）
镇　　长：叶　飞（任至8月）
　　　　　廖海泉（9月任职）

【界址镇】 位于市境东部，北纬25° 14′ 59″，东经114° 43′ 15″。东、北邻江西省信丰县，南邻坪田镇，西邻乌迳镇。镇政府所在地在大坊村委会，距市区47千米。辖区总面积56.38平方千米。林地面积4044公顷，耕地面积1080公顷。下辖8个村、1个居委会，户籍总户数4381户，总人口1.5万人，镇有初级中学1所，小学8所。2016年，全镇农村经济总收入2.2亿元，农民人均所得1万元。非物质文化遗产有传统舞蹈龙马舞。矿产资源有稀土矿。主要特产有荞头、朝天椒、鱼干。

发展特色农业 扩大中草药种植面积。2016年种植中药莪术33.33公顷、玉竹13.33公顷、黄花菜13.33公顷，下屋村引进外商种植蓝莓40多公顷。玉竹和黄花菜有收成，莪术长势良好，农民增产增收。

党委书记：李泉洲（任至5月）
　　　　　蔡庆娟（5月任职）
镇　　长：李见宏

【邓坊镇】 位于市境东北部，北纬25° 16′ 12″，东经114° 26′ 35″。东邻油山镇，南邻黄坑、湖口镇，西邻珠玑镇，北邻江西省大余县。镇政府所在地在邓坊村委会，距市区26千米。辖区总面积118.04平方千米。林地面积7390公顷，耕地面积1240公顷。下辖9个村、1个居委会，户籍总户数5564户，总人口1.69人，镇有初级中学1所，小学8所。2016年，全镇农村经济总收入3.9亿元，黄烟收购604.5吨，农民人均所得1万元。旅游景点有泉水谷漂流度假村，主要特产有黄烟、香菇、甜玉米、三华李。

党委书记：郭才标
镇　　长：刘小弘（任至4月）
　　　　　蓝北华（9月任职）

（谢　平）

2016年南雄市国民经济发展情况一览表

表36

指　标	单 位	绝对值	比上年增长（%）
地区生产总值	亿元	138.37	8.2
第一产业增加值	亿元	28.59	4.1
第二产业增加值	亿元	55.03	9.5
工业增加值	亿元	46.15	12
第三产业增加值	亿元	54.75	8.9
人均地区生产总值	元	41735	7.3
规模以上工业总产值	亿元	40.42	13
农林牧渔业总产值	亿元	46.5	4
固定资产投资	亿元	115.53	8.1
社会消费品零售总额	亿元	50.7	11.2
外贸进口总额	万美元	731.7	62.7
外贸出口总额	万美元	4358.7	−4.5
实际利用外资	万美元	578	−28.1
地方公共财政预算收入	万元	58200	−3.1
地方公共财政预算支出	万元	265100	−4.4
城镇常住居民人均可支配收入	元	22583.1	10.4
农村常住居民人均可支配收入	元	12261.9	10.4

仁化县

【概况】 仁化县位于广东省韶关市北部。地处南岭山脉南麓，地势总体北部及东南部高，中部低；地貌类型以中低山、丘陵为主，北部及东南部主要为中低山及丘陵，中部以丘陵为主。域内最高点北部万时山海拔1559.3米，最低点南部长坝一带海拔61.5米。全县处中亚热带南沿，具有明显的季风气候特点。2016年，年平均气温20.3℃，年降雨总量2276.2毫米，无霜期209天。2016年辖1个街道10个镇。行政区域面积2223.22平方千米。年末户籍人口24.5万人，常住人口20.9万人。人口自然增长率13.4‰。

域内土地、森林、矿产、水力、旅游等资源丰富。全县有耕地面积2.14万公顷，粮食播种面积1.62万公顷，粮食产量10.3万吨；林地面积17.35万公顷，森林覆盖率78.9%，活立木蓄积量0.12亿立方米，竹林面积2.06万公顷。北江支流锦江斜贯县域，水力资源蕴藏量16万千瓦。矿产资源主要有铅、锌、钨、铁、铜、铀、硅、磷、水晶、花岗岩、稀土等50余种。域内的凡口铅锌矿是全国最大的铅锌生产基地。旅游资源有世界自然遗产、世界地质公园、国家级重点风景名胜区、国家AAAAA级旅游景区、国家级自然保护区、世界地理学“丹霞地貌”命名地丹霞山，仁化县丹霞源国家水利风景区，“中国历史文化名村”“中国传统村落”“最具红色景观村落”“广东省最美古村落”“广东旅游名村”石塘村，“中国传统村落”“广东省古村落”古夏村，“广东省古村落”“广东省最美古村落”“广东旅游名村”夏富村，“广东省古村落”恩村，“中国乡村旅游模范村”黄屋村，南越王赵佗所筑之城口古秦城，建于唐代至清朝时期的古塔、庙宇、会馆，“全国重点文物保护单位”“广东省爱国主义教育教育基地”“广东省中共党史教育基地”“仁化县廉政教育基地”石塘双峰寨，高坪省级森林自然保护区，万时山南国高山草原，丹霞山灵溪河森林旅游度假公园，丹霞山博士生态园，丹霞山中华性文化博物馆，温泉等。民间文化有列入省级非物质文化遗产名录的“石塘月姐歌”“仁化土法造纸技艺”“石塘堆花米酒酿造技艺”，列入市级非物质文化遗产名录的“梅花龙”“闹春牛”“丹霞红豆饰品制作”“走马灯”“装故事”“仁化八音”及县级非物质文化遗产民俗“扶溪南台庙会”，传统技艺“土法榨油技艺”“竹篾编织技艺”“长江白糖饼制作”，传统舞蹈《板凳舞》《万时山传说》等。土特产有茶叶、沙田柚、香

▲2016年7月14日，铜鼓岭红军烈士纪念碑荣登“中国工农红军长征胜利80周年”纪念邮资片首发仪式在仁化县城文化广场举行。图为邮资片　（郑玉江　摄）

菇、灵芝、竹笋干、白菜干、木耳、贡柑、马蹄、板鸭、丹霞山茶油、“农民头”牌辣椒酱、丹霞铁皮石斛、仁化土纸等，其中“长坝沙田柚”“仁化白毛茶”为地理标志产品，全国名优茶产品“丹霞红·红茶”“丹霞岩红·红茶”“丹霞雪芽”均获第十一届“中茶杯”特等奖，丹霞白白茶获第十一届“中茶杯”一等奖。仁化是中国“有色金属”之乡，“古塔之乡”，素有广东省“毛竹之乡”“白毛茶之乡”“贡柑之乡”美誉。

2016年县政府残工委被国务院残工委评为“全国残疾人工作先进单位”，县人武部党委被中共中央军委国防动员部评为“先进师旅团级单位党委”。

【综合实力平稳】 2016年，全县地区生产总值103.3亿元，同比上年增长8.6%。其中，第一产业增加值21亿元，同比增长4.6%；第二产业增加值37.7亿元，同比增长5.5%；工业增加值34.8亿元，同比增长9.6%；第三产业增加值44.6亿元，同比增长13%。人均地区生产总值49599元，同比增长7.7%。规模以上工业总产值80亿元，同比增长3.4%。农林牧渔业总产值33.4亿元，同比增长4.6%。固定资产投资63.7亿元，同比增长5.3%。社会消费品零售总额30.5亿元，同比增长10.3%。外贸出口额746万美元，同比下降30.4%；实际利用外资82万美元，同比下降88.5%。地方财政一般预算收入6.27亿元，同比增长6.35%。

【招商引资】 2016年，全县招商新签约项目10个，总投资额96.1亿元；新登记注册千万元以上项目25个，注册资本6.56亿元，新动工项目17个，到位资金3.33亿元。引进拟投资20亿元的安徽祥源文化旅游、拟投资10亿元的北京顺峰丹霞·水上人家和拟投资3.5亿元的丹霞湖山温泉旅游度假村等重大项目一批。

【营造宜居环境】 2016年，仁化县统筹推进城乡协调发展，加快以人为核心的新型城镇化建设。城区建成区面积19.6平方千米，全县户籍人口、常住人口城镇化率分别为39.3%和39.6%。建成使用县城至丹霞山绿道一期项目，开工建设丹霞绿道二期项目、县体育馆至丹霞新城道路贯通主体工程，推进北门片区道路及管网改造提升工程。盛世铭庭、丹霞新城二期等房地产开发项目进展顺利。武深高速公路建设推进。开展农村人居环境综合整治工作，投入1710万元撬动社会资金7011万元建成美丽乡村示范点22个，投入1.2亿元实施“丹霞彩虹”省级新农村示范片项目33个。实施县级以上乡村绿化美化示范点建设项目14个，新增通自然村硬底化公路40千米。耕地保护力度加大，实现耕地保有量2.14万公顷、基本农田面积1.88万公顷，超额完成上级下达任务。整治“两违”建筑94宗1.55万平方米。国家重点生态功能区建设成效明显。环境执法监管加强，依法清理和整治破坏环境违法项目一批，做好中央环保督察阶段性工作，生态环境总体保持良好。完成森林碳汇抚育和生态景观林带抚育提升2320公顷，森林覆盖率78.9%。

【政府机构改革推进】 2016年，仁化县推进以“三去一降一补”为重点的供给侧结构性改革，制定实施商品房购房契税补贴优惠政策，商品房销售面积和销售额分别增长6.8%和13.5%；提前完成2016—2020年压减粗钢产能不低于30万吨的任务。深化行政审批制度改革，清理和调整20个县直部门非行政许可事项97项，公布38个县直部门权责清单职权事项6640项。推进政府职能转变和机构改革，完成劳动保障监察和农业综合行政执法体制改革及6个国有林场改革，做好县委办、政府办等6个单位职能调整和“三定”编制工作。加快国有企业改革步伐，成立国有资产经营集团公司。推进商事登记制度改革，实行企业“五证合一、一照一码”和个体工商户“两证整合”。全县新增各类企业176户、个体工商户940户，农民专业合作社16家。全县各类市场主体9798户，增长9.3%。农村土地承包经营权、集体建设用地使用权、宅基地使用权确权登记颁证工作进展顺利。

【民生福祉改善】 2016年，仁化县继续实施教育优化发展战略，推进创建省教育现代化先进县工作，普通高考重本、本科和专科以上上线率继续保持位居全市八县（市、区）第一。基层医疗卫生机构综合改革全面深化，全县11间基层医疗机构100%实施基本药物零差率销售制度，医保系统与社保局的平台互联对接，实现实时报销。家庭医生式服务试点和分级诊疗试点工作开展。新增城镇就业人数1990人、城镇失业再就业人数1641人。城乡居民养老保险、医疗保险参保人数分别为7.5万人和17.66万人，城乡低保、“五保”和困难家庭临时救助标准提高。仁化县连续5届被评为省“双拥模范县”。县政府残工委被国务院残工委评为“全国残疾人工作先进单位”。民生保障加强。全年民生支出18.42亿元，占财政支出81.39%。10件惠民实事开展。建成省市县镇村五级网络互联的全县村居人社服务平台，创建中小学校（幼儿园）示范性平安食堂示范点13个，治理山区中小河流104千米，完成县道336线长江至城口段路面改造一期、周田镇中心小学综合楼建设等工程。全县投入帮扶资金5924万元，实现2758名贫困人口稳定脱贫，完成年度任务100%。干部职工工资福利提高。干部职工人均月增工资350元，实施住房维修和物业管理补贴、行政人员公务交通补贴、社会购买人员住房公积金补贴等政策，离退休干部、村（居）干部福利待遇提高。全县城镇保障性安居工程建设完成450套，比上年增长661%。城镇居民和农民人均可支配收入分别比上年增长10%和11%。完成周田、大桥和黄坑等3个镇新一轮农网改造升级项目建设。治安防控体系建设全市综合排名第2。“飓风2016”专项行动开展，任务完成率96.8%；侦破仁化县有史以来的最大毒品案“386”省目标毒品案件；完成“1117”警卫任务。法制宣传教育工作开展，人民调解、社区矫正工作规范运行，矛盾纠纷排查化解力度加大，全年实现全国、全省“两会”期间零进京上访。

【仁化国家现代农业科技园区通过国家级认定】 2016年1月，韶关国家农业科技园区通过国家科技部认定，成为第七批82家国家级农业科技园区之一，韶关市实现国家农业科技园区建设零的突破。

第七批国家农业科技园区建设工作于2015年启动，旨在加快推进农村科技创新创业，进一步发挥国家农业科技园区在发展现代农业上的示范带动作用。韶关市于2015年9月以仁化国家现代农业示范区管理委员会为申报单位，向国家科技部申报韶关国家农业科技园区。2015年11月，受科技部委托，省科技厅组织相关专家对韶关市申报的国家农业科技园区进行现场考察。2015年12月，韶关市通过第七批国家农业科技园区申报视频答辩。

【仁化长征旧址入选“我心中的长征纪念地”】 2016年11月4日，仁化县红军长征突破第二道封锁线旧址入选“我心中的长征纪念地”。该活动由人民日报社新媒体中心和全国红色旅游工作协调小组办公室、中央党史研究室宣传教育局共同主办，根据网友投票和专家评议情况，综合确定20个“我心中的长征纪念地”及10个“我心中的长征纪念地”提名奖，代表分布于全国15个省区市的众多长征纪念地，旨在纪念红军长征胜利80周年，铭记红军丰功伟绩，弘扬伟大长征精神。仁化县“红军长征突破第二道封锁线”旧址是广东省唯一一处候选地点，因其为确保红军主力继续西进创造条件发挥重大作用而成功入选“我心中的长征纪念地”。

【铜鼓岭红军烈士纪念碑入选邮资明信片】 2016年7月14日，铜鼓岭红军烈士纪念碑荣登“中国工农红军长征胜利80周年”纪念邮资片首发仪式在仁化县城文化广场举行。该活动由中共韶关市委宣传部主办，中共仁化县委宣传部联合市县邮政部门协办。“中国工农红军长征胜利80周年”纪念邮资片由中国邮政发行，全套15枚，面值80分，售价1.2元，邮资片以“弘扬长征魂，同筑中国梦”为主题，选取15个长征途经各省区市具有代表性的图片作为附图。经过前期调研以及实地考察，仁化县铜鼓岭红军烈士纪念碑代表广东省荣登该套邮资片。

【广东省首家县级新华文化广场落户仁化县】 11月，仁化县举办新华文化广场落成仪式暨“书香仁化”全民阅读启动仪式。新华文化广场是在广东新华发行集团斥资近千万元，在全省县级区域投资建设的第一个新华文化广场。新落成的新华文化广场共6层，建筑面积3000平方米。一楼、二楼是新华笑翠鸟体感智慧城，集合感运动城、淘气堡、邦宝积木素养教育区和4K教育剧场。三楼是新华书城，设置书籍销售及免费休闲阅读空间，这里定期举办“朗读者计划”，还不定期举办故事会、书影会、书法教学专题讨论、绘画大赛等丰富的读、学、玩活动。四楼是“忆触记发”全脑教育培训中心。

【扶溪古夏村上榜中国传统村落名录】 2016年12月，扶溪镇古夏村被列入中国传统村落名录。古夏村以形成时间较早，人文历史、古迹遗址丰富，文物保护单位等级达标，有较高的历史、文化、科学、经济、社会价值而被列入第四批中国传统村落名录予以保护、传承和发展。

【《仁化年鉴2014》获中指组通报表扬】 2016年7月11日，中国地方志指导小组下发《关于对全国地方志优秀成果（年鉴类）的通报表扬》，《仁化年鉴（2014）》在由中国地方志指导小组开展的全国地方志优秀成果（年鉴类）评审工作中获得一等年鉴的通报表扬。

【丹霞街道】 位于县境中南部，四周与黄坑、闻韶、扶溪、仁化林场、董塘、大桥、周田及浈江区接壤，是中共仁化县委、县人民政府驻地，全县政治、经济、文化、金融、信息和科技中心。街道办事处驻水南社区，丹霞大道仁桥东路1号。国道106线、省道246线、省道342线贯穿全境，浈江支流锦江自北向南贯穿全街道，水陆交通便利。辖区面积227.5平方千米。辖胡坑、康溪、官口、城南、新东、中心、岭田、狮井、麻塘、车湾、夏富、黄屋、高联等13个村委会，高坪、水南、老城、新城社区等4个居委会。年末总户数21464户，户籍人口63155人，农业人口17062人，外来人口629人。有初级中学1所，小学9所（其中，中心小学1所，完全小学2所，教学点7个），幼儿园13所（其中，公办幼儿园0所），在校学生1671人。有文化站1个，农家书屋13个。参加城乡居民基本医保参保33803人，覆盖面100%。

耕地面积2722公顷，粮食播种面积3208公顷，粮食产量17529吨。林地面积12717公顷，森林覆盖率56%。主要经济来源有种植业、养殖业、旅游业和第三产业等。主产优质稻、花生、蔬菜、水果、竹类，土特产有丹霞沙田柚、贡柑、砂糖橘、潮菜、红皮香芋、铁皮石斛、大果红花油茶、“农民头”牌辣椒酱等，其中以丹霞沙田柚闻名。域内旅游资源丰富，主要有世界自然遗产、世界地质公园、国家AAAAA级风景名胜区、中国红石公园“丹霞山”，“水上丹霞”以及历史悠久的瑶前晒谷岭古人类遗址、省级文物保护单位明代文峰塔、“广东省古村落”夏富村、“中国乡村旅游模范村”黄屋村，是“广东省休闲农业与乡村旅游示范镇”。工业以木材加工、电力行业为主，企业有鸿伟木业、智能木业、丹霞印象连锁客栈等规模以上工业、重点服务业、限额以上贸易业、资质建筑业与房地产业等80余家。

2016年，全街道生产总值372554万元，比上年增长8.7%；财政收入14331.59万元，比上年增长83%；农业产值70210万元，比上年增长4.7%；城乡居民人均收入15245元；工业增加值61245万元。

党工委书记：连辉标

街道人大工委主任：

连辉标（任至7月）

张增清（7月任职）

街 道 主 任：王剑斌

【董塘镇】 位于仁化县城西南部，东邻丹霞街道办，北接红山镇，西毗石塘镇和乐昌市，南连浈江区，属中心镇。镇政府驻董塘社区，距县城12千米。交通便利，境内有省道246线、345线，董塘河流与锦江河相接。辖区面积243.34平方千米。辖五一、安岗、高宅、高莲、江头、红星、董联、董中、白莲、新龙、新莲、岩头、河富、坪岗、南湖、瑶族、塘联等17个村委会和董塘、广东铅厂、凡口社区等3个居委会，总户数13549户，年末户籍人口44976人，农业人口33429人，外来人口5948人。全镇有初级中学1所、小学10所（其中，中心小学1所，完全小学2所，教学点7个）、幼儿园9所（其中，公办1所），在校学生4621人；有文化站1个。全镇参加城乡医疗保险人数31537人，覆盖面100%。

耕地面积3405.77公顷，粮食播种面积2416.67公顷，粮食产量15129吨。林地面积1.8万公顷，森林覆盖率73.9%。主要经济来源有优质水稻、花生、淮山和竹类种植等。主产优质水稻、花生、淮山、竹类、甘蔗等；土特产有黑皮蔗、淮山、火龙果、白鸽、莲藕等，其中以莲藕闻名。域内矿产资源丰富，工业以铅锌、铁矿、石灰石为主，有规模以上企业中金岭南凡口铅锌矿、丹霞冶炼厂、华粤煤矸石发电厂等3家。旅游景点主要有巴寨、云龙寺塔、五仙岩、飞花瀑布、大石山等。

2016年，全镇地区生产总值296326万元，比上年增长8.6%。镇财政收入4256.39万元。全年农业产值49745万元，比上年增长4.6%。农民人均收入13361元。工业产值213814万元。

举办仁化县首届荷花垂钓旅游文化节　2016年7月30日，仁化县首届荷花垂钓旅游文化节在仁化县董塘镇喜洋洋休闲农庄开节。该次活动以“相约荷花·走进仁化”为主题，发挥仁化县休闲农业和乡村旅游、历史和民族文化特色优势，集中展现仁化经济社会成就和良好的投资创业环境，满足民众对近郊生态观光旅游的需求，助推休闲农业和乡村旅游发展。主要内容有迎宾文艺汇演、荷花科普知识长廊观赏、特色旅游景点推荐，美食、特产介绍及品尝，“清风荷韵”送温情现场书法、绘画展，“福气莲莲”亲子活动，荷花垂钓大赛，“魅力董塘”随手拍活动启动等。

党 委 书 记：谭家琪（任至6月）

万志明（6月任职）

镇人大主席：谭家琪（任至6月）

林伟浩（6月至10月任职）

镇　　　长：万志明（任至6月）

刘志坚（6月任职）

【石塘镇】 位于县境西部，东连董塘镇，南接浈江区花坪镇，西与乐昌市廊田镇为邻，北与红山镇交界。镇政

▲2016年7月10日，南粤古驿道定向大赛在首站仁化县石塘镇石塘古村开锣。图为部分完赛选手在开幕式上合影　　（龙全明　摄）

府驻石塘村，距县城19千米。省道345线贯穿全境，石塘河与董塘河相接，交通便利。辖区面积77.92平方千米。辖上中坌、下中坌、石塘、光明、水历、京群等6个村委会和石塘1个居委会（社区），总户数3612户，年末户籍人口13581人，农业人口9122人，外来人口87人。全镇有初级中学1所、小学5所（其中，中心小学1所，完全小学1所，教学点4个）、幼儿园1所（其中，公办1所），在校学生1021人；有文化站1个，广播站1个。全镇参加医疗保险人数10564人，覆盖面100%。

耕地面积1634.25公顷，粮食播种面积1612.07公顷，粮食产量10178吨。林地面积5176.33公顷，森林覆盖率66.4%。主要经济来源有：水稻、花生、蔬菜、马蹄和贡柑等。主产水稻、花生、甜竹笋，土特产有石塘堆花米酒、马蹄、灵芝、贡柑等，其中以堆花米酒闻名。域内资源丰富，旅游景点主要有石塘双峰寨、石塘古村、李仲生故居等。

2016年，全镇地区生产总值2.12亿元，比上年增长8.6%。镇财政收入1600.75万元，比上年增长49.7%。全镇农业生产总值2.37亿元，比上年增长4.6%。农民人均收入11207元。工业产值986万元。

*石塘村被评为AAA国家级旅游景区*2016年2月，石塘古村被评为AAA国家级旅游景区。年内，石塘镇配合县文广新局完成双峰寨第三期维修工程，抓好石塘古村保护和利用工作，争取上级资金300万元修缮古村房屋，对接韶关“大旅游”格局。建成古村小型健身路径1处，开通仁化至石塘旅游公交线路，新培育1家农家乐以及特色民宿客栈6家。

首站南粤古驿道定向大赛在石塘镇成功举办 2016年7月10日，南粤古驿道定向大赛首站活动在石塘镇举办。该次大赛由广东省体育局主办，广东省委农办、广东省住房和城乡建设厅、广东省文化厅、广东省旅游局、广东省人民政府地方志办公室等单位指导，中国体育报、南方日报社、广东广播电视台体育频道、广东广播电视台文体广播、韶关市体育局、韶关市仁化县人民政府、韶关市仁化县石塘镇人民政府承办，广东省社会体育中心、广东省户外运动协会协办，有600多名运动员参赛。赛程设计以石塘古村历史文化底蕴为依托，巧妙融合体育元素，凸显古村人文风情，带动旅游项目愿景。

党委书记：江艳芬
镇人大主席：江艳芬（女，任至7月）
李培林（7月任职）
镇长：叶文华

【红山镇】 位于县境西北部，东连城口镇，南接董塘、石塘镇，西与乐昌市五山镇为邻，北与湖南省汝城县大坪镇交界，属山区镇。镇政府驻红山墟，距县城52千米。县道335线贯穿全境，域内有高坪水库、高坪省级自然保护区等。辖区面积169.64平方千米。辖青迳、新白、新山、前洞、中山、鱼皇、烟竹、小楣水等8个村委会和居委会（社区）1个，总户数2966户，年末户籍人口10900人，农业人口10592人，外来人口25人。全镇有初级中学1所、小学5所（其中，中心小学1所，教学点4个）、幼儿园1所（其中，公办1所），在校学生600人；有文化站1个，广播站1个。全镇参加医疗保险人数8300人，覆盖面100%。

耕地面积1188.4公顷，粮食播种面积512公顷，粮食产量3208吨。林地面积14985.71公顷，森林覆盖率88.3%。主要经济来源有：竹木、茶叶和水电等。主产水稻、茶叶、竹木和萝卜，土特产有灵芝、茶叶、萝卜等，其中以茶叶闻名。域内资源丰富，工业以小水电、茶叶为主，有企业仁化县高坪水库管理所、广东丹霞天雄有限公司、仁化县红山镇富农茶叶专业合作社等48家。旅游景点主要有黄岭嶂、高坪自然保护区、锡坪嶂、红山湖等。

2016年，全镇地区生产总值44964万元，比上年增长8.2%；镇财政收入563万元；农业产值12807万元，比上年增长4.7%；农民人均收入13578元；工业产值25543万元。

党委书记：刘普新（任至6月）
刘志宏（6月任职）
镇人大主席：刘普新（任至6月）
李培云（9月任职）
镇长：刘志宏（任至5月）
何海生（9月任职）

【城口镇】 位于县境北部，东连长江镇和扶溪镇，南接丹霞街道，西与红山镇为邻，北与湖南省汝城县三江口镇交界，属山区镇。镇政府驻城口镇城群村委会辖区（墟镇内），距县城38千米。国道106线公路贯穿全境，城口东河河流与城口西河相接。辖区面积266.89平方千米。辖东罗、东坑、城群、上寨、东光、恩村、厚坑等7个村委会和城口镇社区1个居民委员会，总户数2647户，年末户籍人口10767人，农业人口9262人，外来人口241人。全镇有初级中学1所、小学1所（其中，中心小学1所，完全小学0所，教学点3个）、幼儿园2所（其中，公办1所），在校学生765人；有文化站1个，广播站1个。全镇参加医疗保险人数8661人，覆盖面100%。

耕地面积1431公顷，粮食播种面积1113公顷，粮食产量7061.4吨。林地面积24317公顷，森林覆盖率91.1%。主要经济来源有农业生产、水力发电、畜牧养殖、矿产资源等。主产优质水稻、柑橘、辣椒和茶叶，土特产有冬笋、香菇、木耳等，其中以“古秦城板鸭”闻名。域内资源有水利、林木和矿产，工业以萤石矿开采、小型水电站为主，有企业岭田萤石矿、广东丰泰集团有限公司、水电管理所、仁化县城口镇城兴加油站等25家。旅游景点主要有恩村古村落、上寨美丽乡村、蓝森生态园等。

2016年，全镇地区生产总产值30227万元，比上年增长8.6%；镇财政收入896.2万元，比上年增长30%。农业总产值18697万元，比上年增长4.7%。农民人均收入元。工业产值5912万元。

“长征路·新故事”到城口取材 2016年9月13日，央视记者到城口镇红军长征遗迹、遗址走访，进行《新闻联播》“长征路·新故事”栏目素材拍摄采访。10月13日，“长征路·新故事”《广东韶关：民忧卡带民致富，为民解忧》在中央电视台新闻联播播放。

“百名文化记者走进粤北重走长征路”到城口镇寻访 2016年9月25日，“百名文化记者走进粤北重走长征路”活动在城口镇革命老区进行。该活动由羊城晚报报业集团联合中共韶关市委宣传部和仁化、南雄、乐昌三县（市）宣传部以及韶关学院为纪念红军长征胜利80周年而联合推出，通过走访红军长征遗址，探寻长征遗迹。

粤湘“平安边界”联谊活动在城口镇举行 2016年12月1日，粤湘韶关、郴州两市联合组织仁化县、乳源县、乐昌市、宜章县、汝城县5县民政部门及周边乡镇干部群众，在仁化县城口镇举办首届创建“平安边界”联谊活动。

党委书记：李建平（任至6月）
　　　　　李汉辉（6月任职）
镇人大主席：李建平（任至6月）
　　　　　钟叶山（9月任职）
镇　　长：李汉辉（任至6月）
　　　　　谭卫财（9月任职）

【长江镇】 位于县境东北部，东连江西省内良乡、河洞乡，南接扶溪镇，西与城口镇为邻，北与江西省崇义县聂都乡、乐洞乡交界，属省级中心镇。镇政府驻沙坪村委会，距县城49千米。锦江河贯穿全境，公路经省道246线与县城接连，经县道336线至城口镇与国道106线相连。辖区面积300.64平方千米。下辖沙坪、锦江、莲河、浒松、油洞、木溪、高洞、芭蕉垅、里周、冷饭坑、学堂圳、凌溪、河田、塘洞、陈欧、石等16个村委会和1个社区居委会，总户数8121户，年末户籍人口27434人，农业人口24944人，外来人口355人。全镇有初级中学1所、小学8所（其中，中心小学1所，完全小学3所，教学点4个）、幼儿园6所（其中，公办1所），在校学生2985人；有文化站1个，广播站1个。全镇参加医疗保险人数23070人，覆盖面99.8%。

耕地面积3101公顷，粮食播种面积2991公顷，粮食产量7455吨。林地面积24424公顷，森林覆盖率81%。主要经济来源有：竹木生产加工、小水电站、香菇种植、生猪养殖等。主产水稻、花生，土特产有玉扣纸、冬笋、白糖饼、香菇等，其中以玉扣纸、浒松腊鸭、白糖饼闻名。域内资源丰富，山林面积、木材蓄积量均居全县首位，活立木蓄积量130.88万立方米，毛竹8275.9公顷，是全县最大毛竹基地。全镇有小水电站72座，总装机容量27194万千瓦。矿藏资源丰富，有铀、钨、铜、硅石、钾长石、辉绿石、花岗石等，其中铀分布面最广，储量最多，为中国最大铀矿之一。旅游资丰富，镇内有全省第三高峰——万时山（海拔1559米），有风景秀丽、蔚为壮观的万亩竹林，有保留完好的古塔、会馆等自然景观和人文景观。工业以矿产、水电站、竹制品加工为主，有中核锦原铀业有限公司、中成竹业有限公司、长江电管所等企业3家。旅游景点主要有万时山、长江中山公园、广州会馆等。

2016年，全镇生产总值77658万元，比上年增长8.5%。镇财政收入5452万元，比上年增长75%。全年农业产值21059万元，比上年增长4.7%。农民人均收入13618元。工业产值13951万元。

党委书记：邹汉明
镇人大主席：邹汉明（任至9月）
　　　　　熊世伟（9月任职）
镇　　长：谭卫财（任至6月）
　　　　　李杏兰（6月任职）

【扶溪镇】 位于县境东北部，东连百顺镇，南接闻韶镇，西与丹霞街道、县城为邻，北与长江镇交界，属山区镇。镇政府驻紫岭村委会，距县城37千米。省道246线和342线公路贯穿镇域，锦江河流与扶溪河相接。辖区面积187.9平方千米。辖紫岭、长坑、厚塘、古夏、斜周、蛇离、扶中、左龙、水口等9个村委会和社区居委会1个，总户数3896户，年末户籍人口13719人，农业人口8790人，外来人口17人。全镇有初级中学1所、小学1所（其中，中心小学1所，完全小学1所，教学点3个）、幼儿园2所（其中，公办1所），在校学生1260人；有文化站1个，广播站1个。全镇参加医疗保险人数11171人，覆盖面100%。

耕地面积1927.43公顷，粮食播种面积1124公顷，粮食产量7243吨。林地面积15942.5公顷，森林覆盖率84.9%。主要经济来源有水电站、种植业、养殖业等。主产优质稻谷、竹木、柑橘等，土特产有优质稻米、板鸭、砂糖橘等，其中以优质稻米、板鸭闻名。域内水资源丰富，工业以水电站为主，有水电站28座。矿产资源有铀、铁、钨和硅石、花岗石等。旅游资源有古村、古亭、古桥、古道、梯田、竹海、瀑布等，旅游景点主要有中国传统村落古夏古村、厚塘南台庙、水口白塔、蛇离梯田等。

2016年，全镇地区生产总值31288万元，比上年下降1.9%。镇财政收入1026万元。全年农业产值21573万元，比上年增长7.3%。农民人均收入11666元。

古夏村入选第四批中国传统村落名录 2016年12月，扶溪镇古夏村被列入中国传统村落名录。古夏村以形成时间较早，人文历史、古迹遗址丰富，文物保护单位等级达标，有较高的历史、文化、科学、经济、社会价值而被列入第四批中国传统村落名录予以保护、传承和发展。

党委书记：彭国强
镇人大主席：彭国强（任至6月）
　　　　　肖武荣（9月任职）
镇　　长：詹碧清（任至4月）
　　　　　邓文光（9月任职）

【闻韶镇】 位于县境东部，东连南雄市百顺镇，南接黄坑镇，西与丹霞街道办事处为邻，北与扶溪镇交界，属山区镇。镇政府驻闻韶墟，距县城32千米。省道324线贯穿镇域，4条河流与北江相接。辖区面积85.78平方千米。辖下徐、塘源、白竹、华塘、江南等5个村委会和闻韶居委会（社区）1个，总户数1126户，年末户籍人口6284人，农业人口5665人，外来人口103人。全镇有九年一贯制学校1所、幼儿园1所（其中公办1所），在校学生535人；有文化站1个。全镇参加医疗保险人数4509人，覆盖面100%。

耕地面积702.55公顷，粮食播种面积368公顷，粮食产量3325吨，林地面积7266.6公顷，森林覆盖率82.9%，主要经济来源有农业种植、小水电、竹木加工。主产贡柑、水稻、毛竹、花生、罗汉果。土特产有罗汉果、冬笋、贡柑、优质米。域内矿产资源有金、银、铜、磁铁、稀土、翡绿岩、黄腊石、温泉。工业以小水电为主，有水电站12座，有企业竹制品厂、竹炭厂、林木制品厂等5家。旅游资源有华林寺塔、风车巷、笔架山、古盐关，以及山寨、古村、石拱桥、庙宇、温泉等。

2016全镇地区生产总值12362万元，比上年增长1.5%，镇财政收入585万元，比上年增长1.7%，全年农业产值10829万元，与上年持平，农民人均收入10932元。工业产值2789万元

党委书记：陈俊华（任至6月）
刘普新（6月任职）
镇人大主席：陈俊华（任至6月）
黎名全（7月任职）
镇　长：冯　鹄

【黄坑镇】 位于县境东南部，东连南雄市、始兴县，南接周田镇，西与世界自然遗产、世界地质公园丹霞山为邻，北与闻韶镇交界，属山区镇。镇政府驻黄坑墟镇，距县城15千米。国道106线于西南部穿境而过。辖区面积164.94平方千米。辖高塘、下营、黄坑、小溪、蓝田、曰庄、古竹等7个村委会和黄坑社区居委会1个，总户数4164户，年末户籍人口15897人，农业人口14774人，外来人口381人。全镇有初级中学1所、小学2所（其中，中心小学1所，完全小学0所，教学点1个）、幼儿园2所（其中，公办1所），在校学生1370人；有文化站1个，广播站1个。全镇参加医疗保险人数11805人。

耕地面积1479.98公顷，2016年，贡柑、沙糖橘等优质果树发展到1000多公顷，新种贡柑200余公顷，可挂果面积666.67公顷，实现产量超3万吨，产值2亿元。林地面积13589.91公顷，森林覆盖率76%。主要经济来源有水稻、花生、蚕桑、贡柑和茶叶等。主产水稻、贡柑和花生，土特产有贡柑、茶叶、冬笋等，其中以贡柑闻名。域内森林资源主要有竹木，矿产资源以硅石、稀土矿等为主，工业以小型水电站、加工业为主，有企业上坑水电站、中寨水电站、辉祥果业打蜡厂等68家。旅游景点主要有黄坑南庄生态名园、东庄门楼、黄坑镇冯屋文明公祠等。

2016年，全镇地区生产总值2.96亿元，比上年增长7.4%。镇财政收入847万元，比上年12.6%。全年农业产值2.15亿元，比上年增长5.5%。农民人均收入16908元。工业产值5035万元。

仁化县第三届黄坑电商旅游文化节开幕 2016年12月2日，仁化县第三届黄坑贡柑电商旅游文化节在宝能丹霞山休闲旅游度假村开幕，活动吸引1000多名来自各地的群众参加，刘锋、王晓梅、李秀荣等在家的县四套班子领导出席开幕式。该活动以“一网情深，苦尽‘柑’来”为主题，活动内容包括爱心贡柑树拍卖活动、文艺演出、金牌贡柑王颁证、水果拼盘现场制作表演、农家小吃，“吃好‘柑’，赢好礼”抽奖等，目的是打造“互联网+贡柑”专业特色小镇。

党委书记：谭建华（任至6月）
谭家琪（6月任职）
镇人大主席：谭建华（任至6月）
许俊华（10月任职）
镇　长：邓永林

【周田镇】 位于县境南部，东连始兴县，南接曲江区，西与世界地质公园丹霞山及大桥镇为邻，北与黄坑镇交界，属省级中心镇。镇政府驻月岭村附近，距县城17千米。国道323线、106线穿境而过，赣韶铁路、韶赣高速公路途经该镇，设有“丹霞山”火车站和“丹霞”高速公路出入口。浈江河流与北江相接，水陆交通便利。辖区面积296平方千米。下辖周田、较坑、平甫、龙坑、上道、鸡龙、台滩、新庄、谭屋、上坪、雷坑、麻洋、灵溪、下洞、瑶溪等15个村委会和周田社区居委会1个，总户数5570户，年末户籍人口28660人，农业人口25100人，外来人口1653人。全镇有初级中学1所、小学1所（其中，中心小学1所，教学点4个）、幼儿园3所（其中，公办1所），在校学生2175人；有文化站1个，广播站1个。参加医疗保险人数21757人，养老保险续保人数3951人，领取待遇人数3750人。

耕地面积2160.88公顷，粮食播种面积1768.2公顷，粮食产量11683吨。林地面积22331.4公顷，森林覆盖率72%。主要经济来源有：企业税收、河砂开采协调费、有色金属循环产业经济、种植业、养殖业、外出务工等。主产优质谷、柑橘、西瓜、花生和蒿竹，土特产有灵溪冬菇、平甫奈李、贡柑、花生、粉葛、西瓜等，其中以灵溪冬菇和平甫奈李闻名。域内资源丰富，工业以有色金属加工为主，有广东志成冠军电气器材科技有限公司、博世铝业、盈保电业、富然农科有限公司等企业10余家，还有丰富的铅锌矿、水力发电资源和河砂资源等。旅游景点主要有灵溪河森林渡假公园、周田风度（张屋）古村、灵溪客家大围古村等。

2016年，全镇地区生产总值80575万元，比上年增长8.8%。镇财政收入1033.6万元，与上年持平。全年农业产值45110万元，比上年增长4.5%。农民人均纯收入13351.2元。工业产值26976万元。2016年2月，灵溪大围村、周田风度村被广东省文学艺术界联合会、广东省民间文艺家协会评为第五批广东省古村落。

周田火灾隐患重点地区通过省验收 2016年，周田镇被列为全省第八批火灾隐患重点地区，由省人民政府挂牌

督办整治。周田镇有“三小”场所384家、出租屋15家、公共场所32家，企业11家。先后投入资金500多万元，推进周田镇火灾隐患重点地区整治工作。经过整治，周田镇通过省验收，周田镇消防中队受到广东省消防总队表彰。

党委书记：邱志坚（任至6月）
冯奋德（7月任职）
镇人大主席：邱志坚（任至6月）
侯政春（9月任职）
镇长：冯奋德（任至9月）
曾凡军（9月任职）

【大桥镇】 位于县境南部，东连周田镇，南接曲江区，西与浈江区为邻，北与周田镇交界。镇政府驻大桥镇鸿桥路65号，距仁化县城24千米。国道106线、323线贯穿全境，锦江河与浈江河在镇辖区内交汇。辖区面积132.8平方千米。辖大桥、共和、亲联、水江、古洋、长坝等6个村委会和大桥居委会1个，总户数2854户，年末户籍人口11228人，农业人口8520人，外来人口44人。全镇有初级中学1所、小学3所（其中，中心小学1所，教学点2个）、幼儿园1所（其中，公办1所），在校学生690人；有文化站1个，广播站1个。全镇参加医疗保险人数8532人，覆盖面98%。

耕地面积1328.57公顷，粮食播种面积846.9公顷，粮食产量5463吨。林地面积10560.1公顷，森林覆盖率75%。主要经济来源为种植业、农业休闲观光等。主产水稻、沙田柚、桑葚、西瓜和贡柑，土特产有沙田柚、桑葚、西瓜、贡柑等，其中以长坝沙田柚闻名。域内资源丰富，工业以加工业为主，企业有宇鑫机电设备有限公司、园成木材加工厂、仁化县中鑫橡塑有限公司、钢瓶检测厂等4家。旅游景点主要有五马归槽、韶石山、金喆园、青云寺等。

2016年，全镇地区生产总值34236万元，比上年增长8%。镇财政收入1032.98万元，比上年减少13%。全年农业产值23284万元，比上年增长4.3%。农民人均收入13688元。工业产值7469万元。

水江码头启用 2016年12月1日，大桥镇水江码头正式启用。该码头连接水江村委水江东、西码头村庄，修建改造工时2个月，造价87.7万元。

党委书记：林伟清（任至11月）
黄银泰（12月任职）
镇人大主席：林伟清（任至6月）
钱世全（7月任职）
镇长：郭兰招（女）

（徐诚林 谢嘉文）

始兴县

【概况】 始兴县位于韶关市东部。2016年辖9个镇1个乡，113个村委会，14个居委会。土地面积2131.9平方千米。年末户籍人口25.89万人；常住人口21.42万人。耕地面积2.17万公顷，粮食播种面积1.43万公顷，粮食产量8.9万吨。林地面积17.26万公顷，森林覆盖率77.3%，活立木蓄积量1437万立方米。重要矿产资源有：钨、锡、铋、铜、铅、锌、黄金等8种有色金属；石英、莹石、绿柱石、钾长石、瓷土、石灰石等6种非金属。主要土特产有：香菇、木耳、灵芝、冬笋、蜂蜜、西瓜、马蹄、莲藕、柑橘、枇杷、杨梅、三华李、茶油、茶叶、澄江娘酒、旺满堂清化粉、古塘腊肉、古塘板鸭、腊肠、鱼干、花生饼、老朋友辣酱、生姜、火龙果等。是恐龙之乡、枇杷之乡、杨梅之乡、围楼文化之乡、温泉之乡等。主要旅游景点有：车八岭世界生物圈国家级自然保护区，全国重点文物保护单位岭南第一围——满堂客家大围，粤北民俗第一村——东湖坪客家民俗文化村，中共广东省委旧址——红围，沈所铜钟寨国家AAA级旅游景区，深渡水瑶乡景区，刘张家山温泉渡假村、深渡水樱花谷和南岭红沙漠景区景区等。

全县有中等职业学校1所，在校学生1529人；普通中学12所，在校学生11204人；小学50所（含33个教学点），在校学生15339人。医院、卫生院15所，床位939张。群众艺术馆、文化馆1座，公共图书馆1座，博物馆1座。

2016年，始兴县被农业部认定为第三批全国农村集体“三资”管理示范县。

【综合实力增强】 2016年，全县完成地区生产总值82.7亿元，增长8.2%；固定资产投资66.7亿元，增长9.8%；规上工业增加值24.6亿元，增长12.2%。签约引进招商项目26个，6家企业实现增资扩产，新增“四上”企业26家、新型农业经营主体89家，新培育省名牌产品3个、“三品”认证农产品11个。

【第三产业发展迅速】 2016年，全县完成社会消费品零售总额19亿元，增长11.7%。建成县级电子商务运营中心和34个村级淘宝服务站，被评为省农村电子商务示范县。商品房销售面积27.8万平方米，增长13.3%。旅游综合收入实现2.36亿元，增长25%。

【财税金融实现突破】 2016年完成一般公共预算收入3.87亿元，增长5%。成立投融资平台4个，获得省农发行融资贷款9.44亿元。开展农村普惠金融试点，建成乡村金融（保险）服务站113家、助农取款点113个。

【人民生活质量提高】 2016年，全县城镇、农村居民可支配收入分别为2.2万元、1.3万元，分别增长11.7%、12.6%，城镇新增就业1602人。全面推进精准扶贫工作，实施产业帮扶项目61宗，落实帮扶资金6566.3万元，2772名贫困人口实现脱贫。建成棚改房768套，改造农村危旧房94户，建成“公建民营”村级卫生站25间。

【“三区”建设取得新成效】 2016年，始兴县推进“三区”（园区、城区、景区）建设。启动园区基础设施建设项目30个，落实企业帮扶资金1382.8万元，完成塘厦始兴民营企业创业基地

（一期）主体工程；东湖坪工业片区成功申报为产业集聚区，沙水产业转移园被列入省循环化改造试点园区。实施城区提升三年行动计划，启动5条城区道路“白改黑”，完成5个街区城市夜景亮化工程，山水大桥、金润大桥、丹凤西路建成通车，城市电动公交开通运行，建成临时停车场3个，全面完成县城供水管网改造，城区环卫工作实现市场化运营；完成城区土地收储20公顷。制定创建省全域旅游示范区实施方案，推进“九龄故里·百里画廊”旅游路线建设，签约引进流星花语温泉旅游度假区等旅游项目6个，开通始兴旅游综合频道和微信公众号，举办“杨梅节”“围楼文化节”等十大旅游节庆活动。深渡水乡被评为“省休闲农业与乡村旅游示范镇”，始兴县入选首批“省全域旅游示范区”创建单位。

【推动项目落实】 抓好交通建设大会战、重点项目和重点工作攻坚。2016年，武深高速公路（始兴段）、武深高速公路始兴南互通连接线延伸段建设推进，基本完成省道244线贤丰至周所段、省道343线贤丰至县城段改扩建工程路基建设，改造农村公路34千米，开工建设旅游公路2条。城西小学、县人民医院迁建等项目前期工作推进。司前温泉小镇、深渡水瑶族风情小镇规划建设推进。完成农业综合开发986.67公顷，建设高标准基本农田1053.33公顷，治理中小河流109.66千米，完成农村电网改造升级项目40个。推进村村通自来水工程，启动4个乡镇33个行政村通自来水工程。

【民生事业发展】 加强生态环境保护，划定林业生态红线，2016年完成造林更新2900公顷，新增镇级森林公园3个、乡村绿化美化示范点14个。落实最严格水资源管理制度，清化河流域综合整治效果明显。城乡居民养老保险、医疗保险有效扩面，城乡低保、五保和医疗救助标准提高，住民生底线。推进省卫生强县、省教育现代化先进县创建工作，6个乡镇通过省教育强镇复评，成功创建市级卫生镇2个、卫生村19个，省级卫生村1个。全面落实二孩政策，计生服务水平提升。10个乡镇文化站全部达标升级，全面完成127个村（居）电子阅览室建设任务。推进“平安始兴”“法治始兴”建设，完善社会治安视频监控系统，落实安全生产责任，加强食品药品安全监管，社会大局和谐稳定。

【农村电商开局良好】 2016年3月17日，始兴县与阿里巴巴集团正式签订农村淘宝项目合作协议，成为韶关市首个正式运营的农村电商试点县。6月18日，始兴县举办首个电商节，全县10个乡镇33个农村淘宝服务站同步开业，当天交易额突破1000万元，交易额居广东省第一。截至2016年年底，始兴县创建5个县级农村淘宝服务示范站、38个村级农村淘宝服务站。

【车八岭保护区又现新记录物种——虎舌兰】 5月，车八岭保护区科研人员开展兰科植物资源调查时，在核心区内发现车八岭新记录物种——虎舌兰。虎舌兰为兰科植物，虎舌兰属，植株高20–45厘米，地下具块茎；茎直立，白色，肉质，无绿叶；花白色，不甚张开；花果期4–6月。生于林下或沟谷边荫蔽处，主要分布于中国台湾、广东、海南、云南南部至东南部和西藏东南部。这一发现，进一步丰富车八岭保护区野生兰科植物资源种类。车八岭国家级自然保护区有42种野生兰科植物资源，且均列入濒危野生动植物国际贸易公约（CITES）附录Ⅱ保护。

【杨梅节召开】 2016年6月6日，始兴县杨梅节暨招商引资经贸洽谈会开幕，当天18宗项目签约，签约金额89.6亿元。涉及工业、农业、旅游等多个领域。始兴县杨梅种植历史300多年，是中国杨梅之乡，全县种植面积达2万多亩，杨梅总量3000吨，主栽品种内东魁杨梅，果大、色艳、味美。

【始兴首届“围楼文化节”开幕】 12月16日上午，“千年古县 福地始兴”2016首届始兴围楼文化节在该县东湖坪民俗文化村开幕。活动现场，婚庆民俗表演，春麻糍、花生饼、菜糍等当地特色小吃展示。现场还进行围楼保护者协会授牌仪式和“始兴全域旅游”手绘地图、明信片首发仪式。后续几天，文艺名家们前往各个乡镇参观考察红围、满堂客家大围、笔子敷围楼等多个著名围楼，以及三栋屋围楼、万古观

▲2016年12月16日上午，始兴首届围楼文化节系列活动——“绿色崛起”环墨江河健步走活动举行
（温汉良 摄）

光围、竹苞松茂围、刘张家山廖屋围等多个已被认养修缮的围楼。始兴“围楼文化节”活动将持续到2017年1月1日，期间举办多场活动，如“围楼是我家”文艺名家摄影看始兴采风活动、“文艺名家看始兴”采风活动座谈会、“美丽车八岭”摄影大赛，以及一系列乡镇节庆活动。活动当天，该县举行“绿色崛起”环墨江河健步走活动。始兴是中国围楼文化之乡，在当地，有着“有村必有围，无围不成村”的说法。该县至今保存完好的围楼仍有249座，最著名的有被誉为“岭南第一大围”的全国重点文物保护单位满堂客家大围，还有作为抗战时期省委旧址的红围等等。早在2012年，始兴县就出台围楼“认养”政策，鼓励民间资本参与围楼的保护与开发，12月，该县成功入选首批“省级全域旅游示范区”创建单位。

【太平镇】 位于始兴县中北部，是始兴县城所在地。东与顿岗镇相连，南与城南镇隔江相望，北接马市镇，西与仁化县接壤。辖18个村委会、6个居委会，总人口6.7万人。全镇总面积283.3平方千米，森林覆盖率72.3%。地处墨江河下游，浈江河纵贯其中，水力资源丰富。韶赣高速、韶赣铁路、国道323线、省道244线贯穿全境，交通便利。气候温和，盛产枇杷、杨梅，2016年种植水果2600多公顷，建成江口、上台等3个石斛、桔梗、金银花中草药种植基地，打造五十里毛竹长廊。旅游资源丰富，有“广东省古村落”东湖坪民俗文化村、罗围汉代古城堡、位于始兴中学内的大成殿、墨江艺苑古迹、天子地石书房、丹凤山公园等人文景观，北山毛竹长廊等自然景观及杨梅山庄等10多家生态农庄。

2016年，全镇地区生产总值为362163.99万元，同比增长11.4%，其中农业生产总值为44156.4万元，同比增长5.3%，工业生产总值为218847.36万元，同比增长17.2%，第三产业生产总值为99160.23万元，同比增长11.6%。太平镇获得“国家级生态乡镇”“全国文明村镇”“全国优秀人民调解委员会”“广东省教育强镇”“广东省文明镇”“广东省生态示范镇”“广东省卫生镇”等省级以上称号。

农业组织化程度提升 2016年，全镇有注册的黄烟、毛竹、水果、渔业、蜂业等农业专业合作社30多个，县级农业龙头企业5个，县级农民专业合作社示范社4个，县级家庭农场示范点4个。成功申报“柚来俚”沙田柚有机农产品。完成农村淘宝合伙人招募并建设首批9个农村淘宝服务站。

党委书记：陈尚福（任至11月）
胡长江（11月任职）
镇人大主席：陈尚福（任至7月）
郭胜全（7月任职）
镇长：张国华

【马市镇】 位于始兴县东北部，距县城12千米，东临澄江镇，西、南连接太平镇，北靠南雄市古市镇。国道323线、省道244线贯穿境内，浈江河贯穿中部。行政区域总面积280平方千米，耕地3066.67公顷。下辖远迳、堂阁、都塘、柴塘、陂田、安水、红梨、涝洲水、高水、联俄、黄田、陆源、赤谷、坜坪、侯陂、文路、溪丰、岭头等18个村委会和1个居委会，总人口41560人，是全国重点镇，省级中心镇、广东金叶第一镇、广东省宜居示范镇、广东省教育强镇，韶关市卫生镇。

马市属中亚热带季风气候区，是广东省生态宜居示范镇。全镇森林资源丰富，森林覆盖率57%，属宜烟、宜林的丘陵地带。拥有布局合理的工业片区，是始兴县“一园多片区”工业发展格局之一，有深广兴混凝土、博泰纸业、强强农产品深加工、江茂源粮油等规模以上工业企业落户园区。有独特的现代农业，是始兴县的主要黄烟种植区、主要粮产区之一。主要特色农产品为黄烟、黄田萝卜、候陂芋头、红傅氏沙田柚、猪洞迳茶、俄井茶、高水莲藕、美香粘水稻。旅游资源丰富，有典型丹霞地貌的“四寨九岩”风景区、全天然原始森林的佛祖圣地圣公殿、恐龙遗址、明清古戏台、元代始兴县城故址陆源村井下古建筑、红梨村大安坪祠堂以及“南岭红沙漠”。

2016年有县级农业龙头企业2家，家庭农场9家，各类农民专业合作社37家。全镇工业园区有企业8家，各类企业注册资本1.6亿元。2016年，全镇完成地方生产总值5.04亿元，增长9.5%；财政总收入2622.7万元，增长5.3%；农民人均纯收入13334元，增长10.2%。

党委书记：张相高（任至11月）
钟俊锋（11月任职）
镇人大主席：张相高（任至7月）
王优亮（7月任职）
镇长：钟茂柱

【顿岗镇】 位于始兴县东南方，距离县城8千米，始兴3个中心镇之一，镇区是始兴县重要交通枢纽，省道244线和县道343线、346线、344线贯穿其中。全镇总面积95平方千米，有耕地1271.2公顷，山林5128.2公顷。2016年，下辖11个行政村委会和1个社区居委会，175个村民小组，总户数7776户，总人口26002人。主要种植优质水稻及花生、马蹄、黄烟、蚕桑、柑果等经济作物，素有“粤北粮仓”之称。2016年，顿岗镇农村经济总收入42650万元，同比增长5.6%，其中农业生产总值20447万元，工业和建筑业生产总值11327万元，第三产业生产总值10873万元。农村人均纯收入13433元，同比增长10.2%。

“游九龄故里·赏万亩李花”赏花节活动 2016年1月，该镇举办“游九龄故里·赏万亩李花”赏花节活动，组建始兴土特产一条街，举办“福地顿岗”摄影展，开展“随手拍”活动等，赏花节接待游客达5万人次，带动省道244线新增农家乐6家。

党委书记：钟俊锋（任至11月）
刘春明（11月任职）
镇人大主席：陈乙明（9月任职）
镇长：刘春明（任至11月）

【城南镇】 位于始兴县中部。下辖

10个村委会和1个社区居委会，总户数6129户，总人口20466人，其中农业户4607户，居住人口主要为汉族、瑶族两个民族，以汉族居多，瑶族主要分布于胆源村。2016年，全镇有初级中学1所，在校学生310人；小学2所，在校学生495人；幼儿园1所，在园儿童224人。全镇总面积52.86平方千米，有耕地1157.6公顷，林地2484公顷。除南部外，中部和东、西、北部地势平整，土壤肥沃。县道344线贯穿全镇，东西两翼与省道244线、国道323线相连向外延伸。境内资源丰富，森林资源有樟、枫、楠、酸枣、毛竹、木等；经济林有油茶、油桐、柑桔、茶叶、杨梅、青梅、沙梨、李子等；矿产资源主要有铁、石墨、煤炭、耐火材料等。

2016年，全镇工农业总产值3.51亿元，比2015年同期增长7.1%（其中农业总产值3.2亿元，同比增长6.5%）。农村人均收入13417.37元，同比增长10.2%。

党委书记：夏　昶
镇人大主席：罗丽华
镇　　长：李大兴

【沈所镇】　位于始兴县西南部，距离县城3.5千米，东与城南镇相邻，南与深渡水瑶族乡接壤，西与仁化县周田镇相连，北与太平镇相邻。辖11个行政村和1个居委会，有6585户、1.93万人。区域面积168平方千米，始花公路、沈江公路贯通于境内，并与韶赣高速、国道323线、县道344线相衔接。镇内地势南高北低，属丘陵地区。耕地面积1160公顷，森林面积1.29万公顷，素有“粤北粮仓”之称。主要农产品有稻谷、花生、香菇、香瓜、柑橘等，旅游特色农产品有生姜、茶叶、大米等，手工产品有外营草席（市级非物质文化遗产）、扁担、竹笠等。旅游资源丰富，“红、奇、古、瑶、绿”特色突出，境内有广东省委、粤北省委机关办公旧址（红围）、地下联络交通站（日新小学）、外营惨案遗址等；有国家AAA级旅游景区铜钟寨、花山平湖及阿公岩景区；有“广东省古村落”（石下村）、古墟镇（二庙四围九街）、文峰塔、邓氏宗祠（沈北村）、大小围楼等明清代建筑，且保存比较完好；有列入全国少数民族特色村寨保护与发展名录的瑶族村，初步开展特色村寨规划建设工作；有南山省级自然保护区、始花公路绿道。

此镇先后获得“国家特色景观旅游名镇”“国家级生态乡镇”“全国人口和计划生育依法行政示范乡镇”“广东省教育强镇”“广东省宜居示范城镇”等称号。

旅游资源开发　新建海陆空农庄、瑶韵农家乐。2016年暑期，与如归国际文化工作营进行合作，开展主题为“寻村可能”的旅游策划活动，形成《寻村可能·民宿可能》《寻村可能·张九龄宗亲祭祀》《寻村可能·时代变迁的沈所瑶寨》《寻村可能·沈所独特的南山姜》《寻村可能·沈所手绘地图》《寻村可能·沈所旅游路牌标识指引》《寻村可能·沈所公共空间想象》一系列调研报告。开展第四届穿越“铜钟寨”徒步活动，吸引400多名徒步爱好者参加。

党委书记：朱慧芳
镇人大主席：陈卫军
镇　　长：苏　斌

【澄江镇】　地处始兴县以东32千米，东与江西省全南县交界，南与罗坝镇接壤，西与顿岗镇相连，北与南雄市毗邻。2016年下辖1个社区居委会，7个村委会，116个村民小组，总人口17665人。辖区总面积219平方千米，其中农业耕地面积886.67公顷，山林面积1.767万公顷，森林覆盖率83%，盛产杉木和苗竹，是始兴县林业重点乡镇之一。当地物产丰富，有稀土矿、钨矿、铅矿、锌矿和瓷土矿等矿产资源，有澄江娘酒、野生灵芝、香菇、冬笋、柑橘、油茶等名优产品。境内风景优美，有人间仙景南石岩、暖田温泉和方洞天主教堂等旅游景点。澄江镇先后获得“广东省教育强镇”“档案工作目标管理市一级单位”（善亨村）、“全国农村五保供养工作先进单位”（澄江敬老院）、“广东省卫生村”（方洞下洞村）、“湘粤赣闽第三护林联防区先进集体”“韶关市卫生镇”等称号，澄江镇有机农业（蔬菜）标准示范园被定为“广东省农业科学院蔬菜研究所科技转化基地”，该企业被评定为省级农业龙头企业，通过“供港澳蔬菜生产基地备案”，取得“国家菜果茶标准化创建项目”立项。

2016年全镇农村经济总收入2.32亿元，增加2266万元，同比增长10.8%；完成社会固定资产投资1.67亿元，为任务数的128.77%。全年农村人均收入1.3万元，同比增长10.2%。

党委书记：刘过源
镇人大主席：刘过源（任至9月）
　　　　　　李大胜（9月任职）
镇　　长：陈春银

【罗坝镇】　位于始兴县东南部，距县城18千米，属革命老区，东与澄江镇毗邻，南与司前镇接壤，西与深渡水瑶族乡交界，北与顿岗镇交接。行政区域总面积316平方千米，耕地面积846.7公顷，下辖12个村委会和1个居委会，总人口20868人，其中有畲族600多人和瑶族500多人。罗坝镇是广东省“民情日记”活动发源地、全国环境优美乡镇、广东省蚕桑专业创新示范镇。林业用地面积1.87万公顷，活立木蓄积量110多万立方米，森林覆盖率78.9%，是始兴县森林资源保护最好的乡镇之一。罗坝水资源丰富，发源于县境东南部山区的罗坝河从东南向西北贯穿全镇中部，发展生态林业带动小水电产业，形成“以林蓄水，以水发电，以电养林”的良性循环格局。罗坝矿产、地热资源丰富，蕴藏大量的铅、锌、钨、钼和温泉资源，主要分布在角田、上岗、上营、田心等村。旅游资源丰富，主要的风景名胜分布在刘张家山国家森林公园、下迳万亩阔叶林场、都亨石笋和古围楼以及燎原长围、和平白围和石头城等。

2016年，罗坝镇农村经济总收入22667万元；农民年人均纯收入达到13313元；固定资产投资实现9002万元。始兴县车八岭茶叶有限公司获得由北京中安质量认证中心颁发的有机转换认证证书。

党 委 书 记：何祺琦
镇人大主席：何祺琦（任至7月）
　　　　　　李文斌（7月任职）
镇　　　长：王志军

【深渡水瑶族乡】 位于始兴县中部，乡政府所在地距始兴县城20千米，是广东省七个少数民族乡之一，是韶关市唯一的少数民族乡，是始兴革命老区。东与刘张家山林场相接，南与司前镇、隘子镇毗邻，西与曲江县交界，北与顿岗镇、沈所镇接壤，全乡总面积190.4平方千米。下辖横岭村委会、深渡水村委会、坪田村委会、长梅村委会等4个村委会。2016年，全乡农村总户数1381户，农业总人口5574人，其中瑶族人口1549人，畲族447人，主要分布在长梅、深渡水、坪田村委会。有养蜂、灵芝、香菇、木耳等林下经济特色产业。旅游景点有樱花谷景区、樟树林和米椎王生态森林公园等。2016年全乡农村经济总收入9728万元，比2015年增长10.5%；农民人均纯收入11013元，完成农村固定资产投资4200万元。

打造瑶族特色小镇 计划投入560多万元对墟镇街景外立面进行改造，在墟镇街景融入瑶族文化、图腾、瑶秀等瑶族元素，打造一条瑶族风情街。投入160多万元对荔竹坝双围及旧村民居进行修缮，还原其古村落风貌，与米椎王生态森林公园相呼应，凸显生态风情。2016年整理编写《瑶乡——深渡水》《瑶歌嘹亮》等乡土书籍，提炼瑶族服饰，组建瑶族民俗表演队，发展瑶族文化。

党 委 书 记：邱焕雄（任至12月）
　　　　　　王志军（12月任职）
乡人大主席：邱焕雄（任至7月）
　　　　　　朱伟军（7月任职）
乡　　　长：邵耀发

【司前镇】 位于始兴县城南部，距县城45千米，东与江西省全南县相邻，南与翁源县交界，西与隘子镇接壤，北与深渡水瑶族乡相连。全镇总面积242平方千米，其中，林地面积2.08万公顷，耕地面积1354.67公顷，是典型的“九山半水半分田”的粤北山区乡镇。辖9个村委会，1个居委会，总人口14551人，其中农业人口13971人，有汉族、瑶族、畲族3个民族。特色农业有仿原生态灵芝、九节茶、石斛、仙草等特色中草药，柑橘、杨梅、三华李等特色水果，以及冬瓜、反季节蔬菜、养蜂等特色产业。2016年，实现生产总值2.03亿元，增长4.09%，农村经济总收入2.11亿元，增长8.2%，完成固定资产投资9600万元。农村人均纯收入12929元，增长10.2%。

党委书记：钟万年
人大主席：钟万年（任至9月）
　　　　　陈智祥（9月任职）
镇　　长：郑树生

（陈伟俊）

【隘子镇】 隘子镇位于广东省始兴县南部，距韶关67千米，距县城65千米，东靠司前镇，南与翁源县毗邻，西与曲江区接壤，北与深渡水瑶族乡交界。下辖13个村委会和1个社区居委会，4687户，总人口2.12万人。总面积323平方千米，林地面积3万公顷，耕地面积733.33公顷，是典型的“九山半水半分田”山区镇。全镇有初中1所，小学1所，幼儿园3所；文化站1个，广播站1个。2016年全镇参加医疗保险人数17448人，覆盖面96.4%。主要经济来源有：种植农作物、发展林下经济、养殖业等。土特产有田菇、灵芝、笋干、木耳、清化米粉等，畜牧和水产业具有一定规模，土地、山林、矿产、水力等自然资源十分丰富。是全县旅游资源最丰富的乡镇，是市县联合打造“九龄故里·百里画廊”精品旅游示范线路的重要乡镇，主要景点有：岭南第一大围——满堂客家大围（全国重点文物保护单位）、抗日名将——张发奎将军故居（省级重点文物保护单位）、唐朝宰相故里——张九龄故居、世界最大陨石坑——龙斗斜陨石坑自然奇观、通利古桥、井下和风度温泉等。

2016年，全镇农村经济总收入3.2亿元，其中农业收入8389万元，林业收入6531万元，工业收入2722万元，第三产业收入11055万元，农民人均年收入12566元。湖湾村香菇生产地（隘子祥源农副产品专业合作社）被广东省农业厅认定为无公害食用菌产地。

党委书记：聂金鑫
人大主席：聂金鑫（任至7月）
　　　　　张朝焱（7月任职）
镇　　长：唐代勇

（李　干）

2016年始兴县国民经济发展情况一览表

表37

指　标	单　位	绝对值	同比增长（%）
地区生产总值	亿元	82.68	8.2
第一产业增加值	亿元	18.75	4.3
第二产业增加值	亿元	32.32	7.5
工业增加值	亿元	28.54	11.2

续表37

指　标	单　位	绝对值	同比增长（%）
第三产业增加值	亿元	31.6	11.2
人均地区生产总值	元	38737	7.4
规模以上工业总产值	亿元	89.19	9.6
农林牧渔业总产值	亿元	30.8	
固定资产投资	亿元	66.7	9.8
社会消费品零售总额	亿元	19.0	11.7
外贸进口总额	万美元		
外贸出口总额	万美元	20250	−10.4
实际利用外资	万美元	512	−25
地方一般公共预算收入	万元	38721	5
地方一般公共预算支出	万元	159555	-3.5
城镇常住居民人均可支配收入	元	21971	10.6
农村常住居民人均可支配收入	元	13143	10.5

翁源县

【概况】 翁源县位于韶关市东南部。2016年辖7个镇1个林场。土地面积2175平方千米。年末户籍人口41.22万人，常住人口35万人。人口自然增长率11.38‰。耕地面积3.16万公顷，粮食播种面积1.97万公顷，粮食产量10.4万吨。林地面积16.39万公顷，森林覆盖率69.1%，活立木蓄积量0.08亿立方米。重要矿产资源有煤、铁、锰、硫铁矿、黑铁矿、金、银、铜等。土特产有三华李、六里柑、九仙桃、黑皮蔗、马古塘莲等，是全国最大的兰花生产基地和国家级黎蒴丰产林标准化示范区，中国三华李之乡、中国九仙桃之乡、中国兰花之乡。主要旅游景点有东华禅寺、八卦围、湖心坝客家围楼、涂志伟美术馆、文安艺术馆、冷泉滩等。

2016年，全县地区生产总值98.2亿元，比上年增长8.3%。其中：第一产业增加值24亿元，增长4.5%；第二产业增加值30.5亿元，增长6.3%；第三产业增加值43.7亿元，增长11.9%。人均地区生产总值28360万元。规模以上工业总产值21.2亿元，增长6.1%。农业总产值37.4亿元，增长4.5%。固定资产投资69.5亿元，增长9.1%。社会消费品零售总额34.4亿元，增长9.8%。外贸出口额8629万美元。地方公共财政预算收入3.98亿元，增长3.1%（按财政可比口径计）。城镇常住居民人均可支配收入21405元，增长10.3%；农村常住居民人均可支配收入1.1807万元，增长10.7%。

【翁源主动融入珠三角投资环境推介暨第一届“中国兰花之乡”（东莞）兰博会举行】 2016年1月17日—19日，翁源主动融入珠三角投资环境推介暨第一届“中国兰花之乡”（东莞）兰博会在东莞厚街镇广东现代国际展览中心举行。活动由翁源县与东莞厚街镇共同举办，主要推介翁源的投资环境及重点合作项目，展示出翁源良好的区位优势、投资环境和翁源兰花的独特魅力，推动翁源建设成为韶关主动融入珠三角的先行区和示范区、广东现代农业示范区和生态旅游休闲宜居地。来自广州、东莞等珠三角地区企业集团、行业协会、商会、参展、签约客商以及东莞、韶关两地相关领导和新闻媒体记者等250多人参加此次活动。

【翁源获2018中国兰博会举办权】 2016年2月在云南省大理市召开的中国花卉协会兰花分会理事会2016年会上获悉，广东省翁源县将承办2018年第二十八届中国兰花博览会。

第二十六届中国（大理）兰花博览会于2月21日—26日举行。翁源县组团参加该届兰花博览会，参评兰花获得2个金奖、2个铜奖和1个栽培奖。1998年，台商张建邦在翁源江尾镇种植兰花首获成功后，翁源县开始发展兰花种植。以粤台农业合作试验区翁源鹤仔岗核心区的广东（翁源）兰花文化产业园为平台，引进仙鹤花卉种植基地、德芳兰园等外资企业50多家，包括在江尾镇境内省道S245线两旁建成的面积达6000多亩的“兰花长廊”在内，全县兰花种植面积约1.5万亩，品种1200多个，其中规划培植的兰花品种有100多个，年产值6亿元，在全国及各地兰展中共获得金、银、铜等奖项200多个，是名副其实的“兰花之乡”。

【2016首届广东（翁源）桃花节】 2016年2月25日，翁源在县城文体广场举行2016首届广东（翁源）桃花节启动仪式。此次桃花节的主题是心有桃花、春归翁源”，翁源将其创建为精品旅游品牌，打造成广东旅游的新名片。南方报业传媒集团副总编辑王垂林，南方日报社社委郎国华，中国摄影家协会副主席、广东省文联副主席、广东省摄影家协会主席李伟坤，广东省政协常委、华南师范大学旅游研究所所长徐颂军教授，韶关市委常委、常务副市长陈波等省、韶关市有关领导和翁源县四套班子领导，以及40多位中央驻粤、省内主流媒体记者等参加启动仪式。

【广东省脱贫攻坚现场推进会在翁源召开】 2016年12月5日，广东省脱贫攻坚现场推进会在翁源召开，全省各地扶贫办、帮扶单位、驻村工作组等单位部门相关负责人参观调研翁源县新一轮扶贫攻坚工作开展情况。会议全面总结全省新一轮扶贫攻坚工作开展情况，对下一步工作进行部署。翁源县的“书记抓、抓书记”三级书记抓扶贫责任机制、“三三制”工作机制和精准扶贫“第一家长”帮扶机制，“一村一品”“专业合作社+基地+贫困户”的产业帮扶模式，“一扶持两奖补”等激励政策，得到认可。省扶贫办主任梁健、韶关市副市长李欣、翁源县委书记颜亮等参加调研并出席会议。

【“高速公路+”经济发展】 2016年，翁源县完成《翁源县“高速公路+”产业发展》报告。报告创新性提出“高速公路+”概念，打造汕昆、武深高速公路产业经济带，推动翁源县争当韶关对接珠三角的前沿阵地和绿色门户。翁源县“高速公路+”经济带产业规划成“一心、两带、四区”的产业发展格局。“一心”指“高速公路+”经济中心，包括县城西、县城东两个出入口片区。“两带”指汕昆高速沿线经济带（主要发展花果休闲旅游和现代工业、农业）和武深高速沿线经济带（主要发展民俗生态旅游和现代农业）。“四区”是指六里（含官渡工业园区）、三华、江尾、坝仔四个高速公路出入口片区。

【翁源被纳入国家级重点生态功能区】 9月28日，中国政府网公布国务院关于同意新增部分县（市、区、旗）纳入国家重点生态功能区的批复，并列出新增纳入国家重点生态功能区的县（市、区、旗）名单。其中广东省有10个县（市）纳入名单，韶关市的翁源县在名单之内。10月，国务院印发《关于同意新增部分县(市、区、旗)纳入国家重点生态功能区的批复》，同意新增部分县(市、区、旗)纳入国家重点生态功能区，翁源县榜上有名。翁源县地处南岭南麓，是北江重要支流——滃江的源头，境内各种动植物、土地矿产等各种资源丰富，全县现有省级生态公益林面积4.98万公顷，建成半溪市级自然保护区和青云山省级自然保护区和青云省级森林公园，森林覆盖率达71.8%。被纳入国家重点生态功能区，今后将获得相关财政、投资等政策支持，保障绿色发展。

【翁源获得全国休闲农业和乡村旅游示范县】 11月，国家农业部公布2016年全国休闲农业与乡村旅游示范县（市、区）名单，翁源县名列其中，成为74个全国休闲农业和乡村旅游示范县（市、区）之一。为探索发展模式，充分发挥典型的示范带动作用，农业部开展全国休闲农业和乡村旅游示范县（市、区）创建工作。通过自愿申报、省级农业主管部门审核、专家评审和网上公示等程序，最终评选出74个县(市、区)为全国休闲农业与乡村旅游示范县。翁源县是“中国三华李之乡”、“中国九仙桃之乡”、“中国兰花之乡”和明朝抗倭名将陈璘的故乡。该县依托独特的自然生态和丰富的人文旅游资源，围绕打造“休闲度假旅游强县”和“千年花果乡、生态休闲地”目标，不断加大旅游基础设施建设力度，加大对休闲农业与乡村旅游的宣传力度，通过举办三华李节、九仙桃节、兰花节及各种节庆活动，向外强力推介翁源的“休闲生态旅游”品牌，打造现代特色生态农业、观光旅游农业等，实现“以农带旅、以旅兴农、农旅结合”的绿色生态发展新思路，为当地居民开辟出一条新的致富之路。“十二五”期间，翁源打造休闲农业与乡村旅游景点105个，接待游客

▲2016年1月17—19日，翁源主动融入珠三角投资环境推介暨第一届“中国兰花之乡”（东莞）兰博会在东莞厚街镇举行 （翁源县史志办 供）

611.39万人次，年均增长26.66%；旅游总收入43.93亿元，年均增长27.12%。

▲2016首届广东（翁源）桃花节启动仪式于2月25日在翁源县城文体广场举行

（翁源县史志办　供）

【龙仙镇】 位于翁源县境东部，为县城所在地，属全省规划建设的中心镇之一。2004年12月由原龙仙镇、南浦镇、三华镇合并而成。总面积427.3平方千米，其中耕地面积5340公顷，林地面积2.8万公顷。辖34个村委会，6个社区居委会，总人口127675人，其中城镇居民54894人，农业人口72781人。有中学2所，小学26所；镇级卫生院2所。省道341、244线穿境而过。工业以水电、建筑、家私、纺织为主。农业以水稻、蔬菜、蚕桑、淮山、糖蔗、水果、渔业和畜牧业为主，主要特产有岭南佳果三华李、李洞椪柑、马古塘莲等。镇内有著名的东华山旅游风景区、新建的龙湖旅游风景区、历史文化遗产——晚唐著名诗人邵谒筑室攻书处书堂石、涂志伟美术馆、青云山省级自然保护区、新兴休闲观光果园、冷泉滩等。

2016年实现工农业生产总产值26.81亿元，比上年同期增长64.4%；其中工业总产值19.16亿元，农业总产值76509万元；实现财政收入13189万元；比增24.7%；固定资产投资完成3800万元；农村人均纯收入11715元，同比增长10%。

党委书记：甘志初

人大主席：甘志初（任至9月）

徐神辉（9月任职）

镇　　长：练培新

【翁城镇】 地处翁源县西部，距韶关约60千米，曾为翁源县政治、经济、文化的中心。镇域总面积146平方千米，其中山林面积0.93万公顷，耕地面积0.14万公顷，人均耕地面积0.04公顷，植被0.75万公顷，森林覆盖率67%。辖18个村（居）委会（其中1个为瑶族村委会），163个村民小组。总人口36387人，其中农业人口30316人。家庭总户数9461户，劳动力16233人，墟镇外来流动人口1万多人。京珠高速公路、106国道、省道翁英路在境内贯穿而过，京珠高速在镇内设有出入口，交通便利。农业以传统种植业为主，是蔬菜和果蔗种植大镇，蔬菜和果蔗种植面积933.33公顷。其中广东黑皮甘蔗是传统种植项目，每年大量销往湖南、湖北、浙江、江苏、河南、河北、山东等地。

2016年，全镇实现生产总值21.08亿元，增长9.8%。其中第一产业（工业）10.9亿元，第二产业3.5亿元，第三产业6.68亿元。农村人均纯收入11286元，同比增长10.3%，本级财政收入9050.8万元，同比增长19.1%。固定资产投资超过4500万元。

党委书记：王有龙

人大主席：王有龙（任至9月）

李宗强（9月任职）

镇　　长：涂清华

【新江镇】 位于县域西部，东经113°44′—113°52′，北纬24°25′—24°36′。国道106线在境内贯穿而过。总面积336.57平方千米，其中耕地面积3535.4公顷，林地面积2.83万公顷，森林覆盖率74%。辖19个村委会，1个居委会，252个村小组。全镇总户数10828户，总人口47008人，其中农业人口44817人。全镇有中学1所、九年一贯制学校1所、中心小学1所、校区14所、幼儿园4所，有文化站1个、文体广场8个、文体活动场所23个；有中心卫生院1所、分院1所、乡村卫生站27所，敬老院1所。有供电所1座，小水电站16座。有邮政网点1个，投递点1个；有电信网点1家，服务网点4个，电话交换机总容量8000门，固定电话用户835户，宽带接入用户2313户。境内资源主要有硫、铁、铅、锌、硅、高岭土等20多种，工业行业有竹木加工、藤艺、纺织、建筑材料、塑料制品等。全镇已形成一定规模的蔬菜、蚕桑、糖蔗、果蔗、水果、香菇、木耳、蘑菇、畜牧、水产等商品生产基地。其中香菇、木耳、笋干、砧板、竹椅、卫生筷及沙田柚、蜜桃、枇杷、龙眼、反季节蔬菜等商品畅销全国各地。新江素有“鱼米之乡”“水果之乡”称谓。

党委书记：李芳足（任至8月）

人大主席：何新平（任至3月）

李芳足（3月任职，任至8月）

何卓新（9月任职）

镇　　长：丘有忠

【江尾镇】 位于翁源县北部，是中国九仙桃之乡、中国兰花之乡、广东省兰花专业镇、广东省教育强镇及城镇化建设中心镇。总面积334平方千米，其中耕地面积0.48万公顷，林地面积2.76万公顷。辖24个村委会、3个居委会，272个村民小组，总人口48389人、12428

户，其中农业人口42886人。工业以钨矿、小水电、建筑、户外家私、纺织等为主；农业以水稻、蔬菜、兰花、九仙桃、铁皮石斛、金线莲、葡萄、柑橘、南药、蚕桑、果蔗、糖蔗、水果、淮山等为主，全镇铁皮石斛种植53.33公顷，种植面积866.67公顷的十里兰花长廊及533.33公顷的九仙桃基地，成为广东省独具特色的生态农业景观带。人文景观有颇具客家文化建筑特色的南塘客家群楼、葸岭八卦围、在建筑文化和建筑艺术及国学方面颇具研究价值的长江罗盘围、铁石径古道、保存完好的清咸丰年间南塘“仁川社学”旧址。

2016年，全镇地区生产总产值为121886.56万元，同比增长33.5%；其中第一产业总产值62993.56万元，同比增长15.6%；第二产业总产值44660万元，同比增长27%；第三产业总产值21691万元，同比增长12%。财政收入10222.54万元，与上年同比增长54.9%。

党委书记：李金桓
人大主席：李金桓（任至9月）
　　　　　罗德谦（9月任职）
镇　　长：钟敏梅

【坝仔镇】 位于翁源县东北部，毗邻始兴县、河源市和江西省，距县城20千米。省道244线、245线贯穿镇境。总面积384平方千米。下辖22个村委会、2个居民委员会及林场、综合场，331个村民小组，741矿区位于中洞村，全镇总人口为55278人。

2016年，全镇实现地区生产总值14.024亿元，增长8.5%。其中，第一产业增加值0.263亿元，增长4.8%；第二产业增加值0.676亿元，增长23.77%；第三产业增加值0.52亿元，增长11.3%。全镇财政总收入1.225亿元，其中地方财政一般预算收入实现0.823亿元。全社会固定资产投资完成0.3亿元。城乡居民人均可支配收入实现1.21万元，增长9.8%。

党委书记：刘　恒
人大主席：刘　恒（任至9月）
　　　　　张永平（9月任职）
镇　　长：陈思佑

【周陂镇】 位于翁源县南部，距县城21千米，南与新丰县交界，辖18个村委会和2个居民委员会，总人口48993人，总面积230平方千米，耕地面积5200公顷，林地面积14160公顷。是传统的农业镇，种植有蔬菜、糖蔗、蚕桑、水果、花卉等经济作物。有陈家祠、鹤蚌舞、烟火戏等传统文化遗产。是韶关市百镇千村平安建设示范镇和广东省教育强镇。

党委书记：何新平
人大主席：何新平（任至9月）
　　　　　黄镜光（9月任职）
镇　　长：李文华

【官渡镇】 位于翁源县西南部，北接江尾镇、翁城镇，东与龙仙镇、周陂镇交界，南与清远英德市青塘镇为邻，北江支流——翁江自西向东横穿境内。国道106线与省道341线在境内交汇。全镇总面积约240平方千米，下辖19个村民委员会和2个居民委员会。全镇户籍总人口50138人，其中农业人口41438人，非农业人口8900人。官渡人杰地灵。有与陈嶙同一时期的明朝抗倭名将吴广（官渡坪田村人），原全美油画家协会主席、杰出旅美华人油画大师涂志伟，中国摄影家协会会员、国际摄影家协会常务理事涂文安。有糖蔗、蚕桑、蔬菜、红葱头、渔业、葡萄、火龙果等特色优势产业，其中下陂村为民红葱头种植基地、利龙村瑞丰葡萄园、六里火龙果园均具有一定规模。

2016年，全镇实现地区生产总值5.39亿元，同比增长9.9%；公共财政预算收入完成8943万元，同比增长21.38%；农民人均收入达到11222元，同比增长9.8%；实现固定资产投资0.48亿元。

党委书记：赖永兴
人大主席：赖永兴（任至9月）
　　　　　曾朝志（9月任职）
镇　　长：刘彩新（任至5月）
　　　　　叶米昌（5月任职）

【铁龙林场】 地处翁源县西部，东邻新江镇，南与清远英德市交界，西北与曲江区大坑口和沙溪接壤，距县城82千米，离韶关市区45千米。下辖社区居委会1个，龙集、龙体、龙化等3个农业工区，共33个村民小组。2016年总户数2058户，总人口5962人，其中农业人口4756人。总面积96.5平方千米。山地面积9334公顷、耕地360公顷（其中水田241公顷、旱地161.3公顷）。林场内有粤北危险废物处理处置中心、中源水泥厂。

党委书记：张朝养

（翁源县史志办）

2016年翁源县国民经济发展情况一览表

表38

指　标	单　位	绝对值	比上年增长（%）
地区生产总值	亿元	98.2	8.3
第一产业增加值	亿元	24	4.5
第二产业增加值	亿元	30.5	6.3
工业增加值	亿元	26.3	8

续表38

指　标	单　位	绝对值	比上年增长（%）
第三产业增加值	亿元	43.7	11.9
人均地区生产总值	元	28360	
规模以上工业总产值	亿元	21.2	6.1
农林牧渔业总产值	亿元	37.4	4.5
固定资产投资	亿元	69.5	9.1
社会消费品零售总额	亿元	34.4	9.8
外贸进口总额	万美元	1697	
外贸出口总额	万美元	8629	
实际利用外资	万美元	876	
地方一般公共预算收入	万元	39800	3.1
地方一般公共预算支出	万元		
城镇居民人均可支配收入	元	21405	10.3
农村居民人均可支配收入	元	11807	10.7

新丰县

【概况】 新丰县位于韶关市南端。南齐永明元年（483年）置县，取“物产丰富”之意而得名新丰县。2016年辖6个镇和1个街道。土地面积2015.2平方千米；年末户籍人口26.7万人，常住人口21.56万人。

2016年，新丰县有耕地面积1.63万公顷，粮食播种面积1.2万公顷，粮食产量7.01万吨。林地面积16.9万公顷，森林覆盖率80.8%，活立木蓄积量1100万立方米。水力资源蕴藏量可供开发14.9万千瓦。重要矿产资源有稀土矿、瓷土矿、铁矿、水泥用灰岩。土特产主要有冬菇、木耳、灵芝、高山茶、笋干、番薯干、蜂蜜、汤料、花生油、山茶油、云髻山米、阿里山味梅菜、美少女西瓜、樱花蜂密、樱花红酒、佛手瓜系列产品、雪山铁皮石斛系列产品、云髻山酒及高浓度醇香的回龙松山米酒等。主要旅游景点有云髻山旅游区、云天海森林温泉度假村、新丰江源温泉旅游度假山庄、樱花峪、佛手瓜村等。

2016年，新丰县有中等职业学校1所，在校学生1200人；普通中学9所，在校学生1.11万人；完全小学15所，教学点24个，在校学生1.61万人。医院、卫生院17所，床位1015张。群众艺术馆、文化馆1座，公共图书馆1座，博物馆1座。

【经济社会发展】 2016年，全县地区生产总值80.35亿元，比上年增长7.1%。其中：第一产业增加值12.77亿元，增长4.2%；第二产业增加值36.23亿元，增长5.9%（工业增加值33.32亿元，增长6.8%）；第三产业增加值31.35亿元，增长9.6%。人均地区生产总值37443元，增长6.2%。固定资产投资37.78亿元，下降28.1%。社会消费品零售总额24.3亿元，增长13%。外贸出口额2047万美元，增长41.2%；实际利用外资526万美元，增长2091.7%。地方一般公共预算收入3.1亿元，下降13.3%。城镇常住居民人均可支配收入21395元，增长9.2%；农村常住居民人均可支配收入11552元，增长10.2%。

【特色工业集聚发展】 2016年，广韶（新丰）创新产业示范园区规划建设推进，推进“云髻生态健康小镇”申报省特色小镇。韶能生物质发电厂项目即将投产。回龙、马头、横江片区工业园投产企业17家，与中能建设公司签署投资9亿的风电项目合作框架协议，引进崇象小风电、中电投风电项目。新增规上企业3家，限上企业7家，工业支撑作用增强。

【推进生态旅游】 2016年，完成《关于加快发展大旅游的实施意见》《新丰县建设“岭南生态养生度假旅游名县”行动计划方案（2016—2020年）》编制。云髻山旅游项目完成45栋古建筑主体建设，入选“全国优选旅游项目名录”，获评海外华人最喜爱的“广东自然风光景区”；岭南红叶世界、雪山氧吧谷项目、碧水云天旅游项目、大风门旅游度假酒店项目建设加快推进。完成云天海、樱花峪等3座新建及改扩建旅游配套设施建设。举办2016年福寿新丰旅游文化节、2016年枫叶节暨“中国·新丰”丛林摩托车障碍赛，打响“越野新丰，休闲天堂”新名片。

【现代农业发展】 2016年，黄礤现代

▲全国先进基层党组织新丰县秀田村村景　（张京泉　摄）

高山农业生态园规划完成初稿。佛手瓜、有机蔬菜以及高山茶、油茶等特色农产品规模超1.32万公顷；新大康弘、喜事顺两大现代生态农业园区平稳发展，农业企业46家，县级以上农业龙头企业13家；全县农民专业合作社293家；黄磜镇被评为“全国一村一品示范村镇”。

【城乡建设加强】　2016年，沙田、遥田、梅坑、黄磜镇总规编制及马头、回龙镇控规编制获专家评审通过。丰江新城龙围起步区路网、尚江路景观等项目建设推进；完成碧桂园一期及滨江国际一期商住小区建设。人民东路南侧三旧改造项目推进，启动新龙公路市政道路建设。

【新丰县被纳入国家重点生态功能区】　2016年11月，新丰县获批国家重点生态功能区获批。今后将获得相关财政、投资等政策支持。完成丰城雪山、雁塔及大席、沙田、黄磜岭南红叶世界等森林公园建设。完成森林碳汇重点生态工程造林633.8公顷、社会造林1880公顷。落实节能减排目标责任制，城区环境空气质量保持优良，水环境质量达标率100%。

【新丰建成广东首个超级生态气象站】　1月，广东省第一个全要素超级生态气象站，在新丰县云髻山省级自然保护区建设完成，通过一系列专业测试，成功将观测数据传回新丰气象局。新丰超级生态气象站为广东省气象探测数据中心自主研发项目，其建设观测要素完备度不仅在广东省内是第一个，在国内气象部门行列中也尚属首例。它能实现自然生态常规气象要素、能见度、太阳辐射、紫外线及日照等要素的观测，也能实现对土壤水分、土壤酸碱度、环境噪声、PM2.5、负氧离子、二氧化碳、生物舒适度等二十多种观测要素进行全方面的观测，生成农田、森林以及城市等生态气象产品。

【韶能集团新丰生物质发电项目开工】　经过一年的筹备，3月15日上午，韶能集团新丰生物质发电项目在广东省新丰县马头工业园区内正式开工。该项目总投资约5.95亿元，建设规模为2×30兆瓦汽轮发电机组，配2台30吨/小时生物质锅炉，是以农林业采伐及木材加工厂剩余物、林下草灌植物、城市绿化修剪枝桠材及其他废弃木质材料等生物质资源为燃料，引进国内外先进技术进行生物质直燃发电项目，总投资约5.95亿元，是广东韶能集团继在韶关市浈江区成功建设运营一座6万千瓦的生物质发电厂后的第二座。项目建成后该项目可为粤北年供电量3.186亿千瓦时，每年可燃用大量富余的生物质燃料约36万吨，每年可替代标煤高达16万吨，节能减排效果显著。利用新丰是国家重点生态发展区的林业资源丰富的特点，是工业反哺农业的一个重要举措，年可增加农民收入约1.24亿元。

【新丰县秀田村党支部受中央表彰】　2016年7月1日，在庆祝中国共产党成立95周年大会上，新丰县马头镇秀田村党支部受到中央表彰，获全国先进基层党组织称号。近几年来，新丰县秀田村党支部团结和带领全村群众脱贫攻坚，发展蔬菜种植和其他多种特色作物，村集体经济收入从2012年的2.36万元增加到21.16万元，村民年人均纯收入由4408元增加到12076元，贫困户年人均纯收入由2800元增加到9133元。

【新丰举行丛林摩托车障碍赛】　2016年12月8日，新丰县举行“勇者无疆”2016中国·新丰丛林摩托车障碍赛，共有来自9个国家和地区的100多名专业越野摩托车手报名参加。整个赛事持续4天，分为排位赛暨城市街道障碍赛、河道挑战赛、夜间越野挑战赛、丛林砂石竞速赛、丛林石头山挑战赛等五个赛段。在参赛的100多名专业越野摩托车选手中，有3位为前世界冠军，包括全球华人摩托车冠军、全美AMA冠军、FIM全亚洲冠军。

【黄思婷出战里约残奥会】　2016年9月7—18日，黄思婷出战里约残奥会，成为新丰县史上首位参加残奥会的运动员，也是本次残奥会中韶关市唯一入选的运动员。黄思婷，新丰县马头镇人，中国轮椅篮球女队运动员。11岁因发烧导致双下肢残，2012年进入广东省轮椅篮球队，2015年进入国家队，曾获全国残运会亚军和世青赛季军。

【丰城街道】　位于新丰县中部。2016年辖25个行政村和60个自然村，土地面积329.6平方千米。年末户籍人口87922人，农业人口35117人，外来人口3178人。耕地面积1092公顷，粮食播种面积

2122公顷，粮食产量12965吨。林地面积1.8万公顷，森林覆盖率80%，活立木蓄积量881716立方米。

2016年，丰城街道农业总产值3.7亿元，增速3.6%；规上工业增加值11.02亿元，增速4.8%；固定资产投资3.02亿元，下降20.9%。

实施“一村一镇一地图”工作 丰城街道联合县国土部门组织实施数字新丰地理空间框架建设及“一村一镇一地图”项目。“一村一镇一地图”是数字县区的一项重要内容，是城域范围内自然、社会、经济、人文与环境等各种信息的定位基础、集成工具和交互平台，是数字中国、数字广东、数字韶关地理空间框架建设的重要组成部分，是服务于各级政府和社会公众的一项公益性事业，将促进城市信息化及加快县域社会经济发展。

党工委书记：李翠琼（任至3月）
潘小定（3月任职）
人大工委主任：
李翠琼（任至3月）
潘小定（3月任职，任至8月）
陈子筹（8月任职）
街 道 主 任：陈赞写（任至3月）
谭志雄（3月任职）

【马头镇】 位于新丰县东北部。2016年辖30个行政村61个自然村。土地面积529.85平方千米。年末户籍人口4.6万人，农业人口44003人，外来人口5863人。耕地面积1959公顷，粮食播种面积2283公顷，粮食产量12698吨。林地面积38666.7公顷，森林覆盖率80.5%，活立木蓄积量2160554立方米。2016年马头镇秀田村党支部荣获全国先进基层党组织荣誉称号。

2016年，马头镇农业总产值4.17亿元，增速3.6%；规上工业增加值4.49亿元，增速15%；固定资产投资0.9亿元，下降0.7%。

林木声到秀田村调研 1月20日，省委常委、省委办公厅秘书长林木声一行到马头镇秀田村调研，考察蔬菜生产基地、生态项目、新建村道等项目，并在秀田村委会召开扶贫座谈会。副市长王青西以及县、镇负责人参加调研。

党 委 书 记：潘小定（任至3月）
陈赞写（3月任职）
镇人大主席：潘小定（任至3月）
陈赞写（3月任职，任至7月）
周建长（7月任职）
镇　　　长：罗　翔（任至12月）
谭展如（12月任职）

【梅坑镇】 位于新丰县西南部。2016年辖20个行政村，51个自然村。年末户籍人口2.88万人，外来人口234人。总面积310平方千米，耕地面积1418公顷，粮食播种面积4993.4公顷，粮食产量59833吨。林地面积2.4万公顷，森林覆盖率82.6%，活立木蓄积量1530654立方米。

2016年，梅坑镇农业总产值3.39亿元，增速3.4%；规上工业增加值2.16亿元，增速22.9%；固定资产投资0.59亿元，下降83.5%。

梅坑镇梅南乡村旅馆成效显现 梅南乡村旅馆是在第二轮扶贫开发工作中，对口挂扶单位省民政厅支持和帮助建设的“造血”扶贫项目之一。该旅馆原为当地村民废弃的住宅，但仍保存得较为完好。帮扶单位利用附近的温泉资源，将该民宅修葺一新，改建为农家风味浓厚、可同时接待40多人住宿的乡村民宿。建成开放使用近两年来，接待旅客3000多人，总收入40多万元。该村村民特别是贫困户通过出租房屋、在旅馆帮工、销售优质农产品等形式获得收益，实现脱贫目标，并逐步走上致富道路。

党 委 书 记：彭富山（任至12月）
陈雄章（12月任职）
镇人大主席：谭青天
镇　　　长：王春家

【黄礤镇】 位于新丰县北部。2016年辖13个行政村29个自然村。土地面积254.78平方千米。年末户籍人口1.92万人，农业人口1.87万人，外来人口171人。耕地面积1005.6公顷，粮食播种面积808公顷，粮食产量3570吨。林地面积2200公顷，森林覆盖率79%，活立木蓄积量1102558立方米。该镇获第六批“全国一村一品示范村镇”称号。2016年建成大丰农场、茶峒高山茶观光休闲景区、樱花峪等旅游景点。

2016年，黄礤镇农业总产值1.87亿元，增速3.4%；规上工业增加值2.34亿元，增速9.3%；固定资产投资2.16亿元，下降34.9%。

黄礤镇入选“全国一村一品示范村镇” 2016年7月22日，农业部公布第六批“全国一村一品示范村镇”名单，有316个村镇入选，新丰县黄礤镇凭借特色农产品“佛手瓜”跻身其中，成为此次韶关市唯一入选的示范村镇。该镇现有佛手瓜种植面积400多公顷，平均年产量3.1万吨，从事佛手瓜产业的农户1925户。佛手瓜种植是该镇的主导产业，农民增收致富的主要来源之一。

党 委 书 记：潘文辉（任至12月）
朱　君（12月任职）
镇人大主席：潘文辉（任至9月）
陈志新（9月任职）
镇　　　长：朱　君（任至12月）
镇 长 人 选：陈小玲（12月任职）

【沙田镇】 位于新丰县西部。2016年辖17个行政村46个自然村。土地面积241.5平方千米。年末户籍人口2.45万人，农业人口2.19万人，外来人口463人。耕地面积1538公顷，粮食播种面积1872公顷，粮食产量10655吨。林地面积17138公顷，森林覆盖率71%。

2016年，沙田镇农业总产值2.44亿元，增速3.5%；规上工业增加值0.98亿元，下降30.9%；固定资产投资0.65亿元，下降65.9%。

党 委 书 记：刘祥铁（任至3月）
陈雪东（3月任职）
镇人大主席：罗志华（7月任职）
镇　　　长：陈雪东（任至3月）
谢罗生（3月任职）

【遥田镇】 位于新丰县西南部。2016年辖19个行政村41个自然村。土地面积214平方千米。年末户籍人口37888人，农业人口36472人。耕地面积1467公顷，粮食播种面积2067公顷，粮食产量1.55万吨。林地面积15095公顷，森林覆盖率90%，活立木蓄积量88万立方米。

2016年，遥田镇农业总产值2.54亿元，增速3.5%；规上工业增加值0.73亿元，增速22.3%；固定资产投资1.6亿元，下降50.1%。

党委书记：黄剑武

镇人大主席：黄剑武（任至9月）

陈文林（9月任职）

镇　　长：温巧靖

【回龙镇】 位于新丰县西北部。2016年辖17个行政村65个自然村。土地面积193平方千米。年末户籍人口2.23万人，农业人口2.01万人，外来人口124人。耕地面积1021公顷，粮食播种面积1319公顷，粮食产量8489吨。林地面积13495公顷，森林覆盖率73.2%，活立木蓄积量744865立方米。

回龙镇传统民间舞蹈——鲤鱼舞亮相校园舞台 鲤鱼舞是回龙镇的传统民间舞蹈，至今已有100余年历史。因寄托“富贵有余”的美好愿望，因此深受群众欢迎，是县级非物质文化遗产。为传承非遗文化，回龙镇文化站工作人员与传承人一起到回龙中学，传授鲤鱼舞表演技巧，并在节庆期间亮相校园舞台。

2016年，回龙镇农业总产值1.98亿元，增速3.4%；规上工业增加值5.03亿元，增速16.6%；固定资产投资1.19亿元，下降80.8%。

党委书记：欧阳历（任至12月）

徐建平（12月任职）

镇人大主席：欧阳历（任至6月）

许海洋（6月任职）

镇　　长：胡海峰（任至3月）

徐建平（3月任职）

（黄文武）

2016年新丰县国民经济发展情况一览表

表39

指标	单位	绝对值	比上年增长（%）
地区生产总值	亿元	80.35	7.1 %
第一产业增加值	亿元	12.77	4.2%
第二产业增加值	亿元	36.23	5.9%
工业增加值	亿元	33.32	6.8%
第三产业增加值	亿元	31.35	9.6%
人均地区生产总值	元	37443	6.2%
规模以上工业增加值	亿元	26.74	7.2%
农林牧渔业总产值	亿元	20.01	4.2%
固定资产投资	亿元	37.78	–28.1%
社会消费品零售总额	亿元	24.30	13.0%
外贸进口总额	万美元	681	31.3%
外贸出口总额	万美元	2047	41.2%
实际利用外资	万美元	526	2091.7%
地方财政一般公共预算收入	亿元	3.10	–13.3%
地方财政一般公共预算支出	亿元	16.88	–7.8%
城镇居民人均可支配收入	元	21395	9.2%
农村居民人均可支配收入	元	11552	10.2%

乳源瑶族自治县

【概况】 乳源瑶族自治县位于广东省北部，韶关市西北部。东邻浈江区、武江区、曲江区，南连清远英德市，西接清远阳山县，北与乐昌市、湖南省宜章县交界。2016年辖9个镇13个居民委员会，102个村民委员会，1158个小组（其中居民小组65个），境内有30个少数民族（世居少数民族有瑶族和畲族）。行政区划面积2299平方千米。年末户籍人口22.32万人，常住人口18.57万人，少数民族人口总数2.62万人（其中瑶族人口2.42万人，占全县总人口的10.84%，畲族、壮族、满族、回族等少数民族人口占全县总人口的0.9%），占全县总人口的11.74%。全县人口自然增长率8.06‰。

乳源瑶族自治县地处粤北山区和广东第一高峰山脉南缘，五岭山脉中段，骑田岭南麓，资源丰富。总耕地面积1.97万公顷，粮食播种面积18.13万公顷，粮食产量5.95万吨。林地面积19万公顷，森林覆盖78.27%，活立木蓄积量817.6万立方米。境内重要矿产资源有28种，水力资源蕴藏有56.25万千瓦（待核），水电装机总容量54.6万千瓦。主要土特产有还原笋、香笋、瑶家腊肉、瑶家苦爽酒、大布腐竹、金竹峰单丛茶、山坑螺、食用菌、南水水库野生淡水鱼、番薯干、巴西果汁等。

乳源是中国的铝箔生产基地之一，农业部绿色食品生产示范基地，中国农村水电之乡、中国观赏石之乡、中国瑶绣之都，被誉为世界过山瑶之乡。主要旅游景点有南岭国家森林公园、广东乳源大峡谷、云门寺佛教文化生态保护区、云门峡漂流景区、天井山国家森林公园、天景山仙人桥景区、必背过山瑶之乡生态旅游景区、南方红豆杉森林公园、通天箩地下森林公园、西京古道等。

2016年6月，乳源瑶族自治县获由国土资源部授予的“第三届国土资源节约集约模范县（市）”称号。

【社会经济快速发展】 2016年，乳源完成12场招商推介会。工业引进1000万元以上项目31个，投资总额38.7亿元。新增规上（2000万元规模以上企业）工业企业4家。工业污水处理建设推进，乳源产业转移园获评广东省优秀起步产业园。县域规上工业产值93.38亿元，增长3.6%；电力生产和供应产业产值12.49亿元，增长23.2%；工业增加值29.67亿元，增长12.1%。出台扶持农业产业化发展政策，扶持水果、茶叶、中药材等产业发展，全县种植茶叶533.33公顷、中草药500公顷；水果种植面积达2666.67公顷，其中新增面积1000公顷；发展农业体验式稻田养鱼，禾花鱼养殖面积666.67公顷。新增农民专业合作社19家、家庭农场46家，拥有农业产业化经营组织504家。全县“三品”认证产品17个。全县农业总产值12.6亿元，增长3.9%。

【特色旅游持续推进】 2016年，南岭国家森林公园木屋别墅和银山南岭温泉度假村酒店、综合楼等项目设施建设，云门山旅游度假区梯田花海、机动乐园等项目投入运营，古母水旅游度假区、大瑶山户外徒步等项目开展前期工作。完成“乳源新八景（峡谷飞瀑、云门禅韵、天井杜鹃、南岭云海、必背梯田、南湖烟雨、古道遗踪、乳江晨雾）”评选，制作旅游形象宣传片《粤北明珠·乳源》。举办瑶族“十月朝”系列节庆活动。成为广东省首批全域旅游示范县创建单位。全县接待游客413.6万人次，增长10%；旅游综合收入34.7亿元，增长12%。

【重点项目建设扎实推进】 大布风电一期、恒扬二期、威鸣研磨等项目建成投产，中农批项目一期一标段农产品批发市场板块建成，东阳光氟化工基地、锂电池正极材料、100吨天然冰片等项目推进。建成源水居、富邦华景等一批商住小区，亿华时代广场、滨江印象等一批旧城改造项目推进。建成朝阳路、建设路等一批市政道路，完成南环路汽车站段和广播电视台段排水设施改造，兴建南水桥头、风光岭等一批城市公园，基本完成县城主要街道柏油路面铺设。“五彩瑶乡”省级新农村示范片投入资金1.27亿元，实施项目110个。省道258线鸭麻湖至大布段动工建设，红云至大坪等旅游公路和环瑶山公路推进，完成农村公路硬底化40千米。全年完成固定资产投资67.2亿元，增长3%，其中39个重点项目完成投资28亿元。

【商贸物流加快发展】 2016年，新增市场主体1450户，限上商贸企业11家，规上服务企业1家。步步高集团在乳源瑶族自治县注册省级代理商43家，实现营业收入120亿元，占全县批发业总额的75%。全县批发零售业销售额135亿元，增长70%；社会消费品零售总额22亿元，增长9%，以批发零售业为主的第三产业成为拉动经济增长的主力，第三产业增加值占GDP比重达43%。快递企业发展迅速，快运服务业务总量递增。

【社会事业全面发展】 全面启动新时期精准扶贫工作，精准核实建档立卡贫困户2944户7508人，各项帮扶工作推

▲2016年11月28日，乳源“两学一座“党性锤炼培训班开班（乳源县史志办　供）

进。金禧小学、鲜明八一希望学校二期改扩建工程动工建设，一六、大布通过省教育强镇复评，广东省推动教育现代化先进县创建工作推进。通过省级卫生县城复评。文化下乡、激情广场等文化惠民活动持续开展，《双朝节》等列入市非遗名录。2016年，举办“春风行动”“南粤春暖”等招聘会30场，提供就业岗位10429个。城镇新增就业人数2085人，农村劳动力转移就业人数3010人。乳源创建全国文明城市工作推进。平安乳源“十大工程”和“平安细胞”建设推进，安全生产形势保持稳定，社会治安秩序良好。

【社会服务改革体制环境优化】 政务服务改革深化。制定《投资项目建设行政审批改革工作方案（试行）》，实行项目直接落地、模拟审批、代办服务和行政审批中介服务改革。2016年，清理首批行政审批中介机构服务项目33项，细化政府工作部门权责清单，取消18项非行政许可审批事项，调整各类职能事项31项。“全天候一窗式”公共服务改革深化。办事大厅全年365天对外办理业务，设立24小时自助办事服务区，实现多个职能部门事项集中到一个窗口办理。商事制度改革深化。实现异地办理乳源企业营业执照。供给侧结构性改革推进，完成58万吨钢铁产能退出任务。出台商品房去库存措施，全县商品房销售面积17.89万平方米，销售额5.49亿元。全面落实民族地区税收优惠政策和“营改增”改革，2016年累计为51户企业减税4536.36万元。农村土地承包经营权确权登记颁证和集体林权制度改革、普惠金融试点等农村综合改革推进。

【乳源大布一期风电场首台机组并网发电】 由广东水电二局股份有限公司投资建设的乳源大布一期风电升压站于11月28日成功受电，风电场首台风力发电机组也于12月成功并网发电。该风电场位于乳源大布镇，总装机容量40兆瓦，安装20台单机容量2兆瓦的风力发电机组。项目总投资3.4亿元，于2015年12月开工建设，2016年7月首批机组开始吊装，在解决升压站和风机防雷接地难题后，于11月30日成功并网发电。项目计划于2017年5月全部投产，届时每年可提供清洁绿色能源7392.9万千瓦时电。项目建设弥补粤北地区风电开发的空白，改善韶关市的能源结构。

【“第二届粤北（乳源）农特产品博览会”在乳源举办】 2016年10月30日至11月2日，由韶关市农业局、乳源瑶族自治县人民政府主办，广东中农批承办的第十届乳源瑶族“十月朝”文化旅游节暨第二届粤北（乳源）农特产品博览会在乳源瑶族自治县举行，展会总面积约1万平方米，来自国内近200家企业参展。展区分乳源特色农产品展区、韶关市高端农产品展区和综合展区三个展区。其中在综合展区设置有粤北农特产品展示区、中国供销系统节点市场农产品展示区、特色美食产品展销区、韶关旅游景点展示区、乳源瑶族工艺品展示区、乳源彩石展示区和非物质遗产展示区等。

【市级医院托管县级医院新模式在乳源率先实行】 2016年5月，乳源瑶族自治县达成粤北人民医院对该县人民医院的托管，在韶关率先开启市级医院托管县级医院新模式。新模式主要在管理制度改革创新、就医环境改善（床数由240张增加至400张，面积由4666平方米增加到11566平方米，投入1400多万元，分别购置神经外科手术动力系统、可视喉镜、呼吸机、心电监护仪、多功能超声清创仪等设备）、门诊建设突破（重点针对医院相对薄弱的耳鼻喉、甲状腺等专科，分别增设头颈乳腺外科〈广东省临床重点学科〉、肝胆外科、神经内科、眼科、耳鼻喉科等5个专家门诊，推广3项适宜新技术新项目）、人员技术提升等方面。基本实现医院服务能力和服务效率双提升。

【瑶族文化资源数据库通过文化部验收】 2016年9月，文化部全国公共文化发展中心发布《全国文化信息资源共享工程地方资源建设项目2016年验收工作情况的通报》，《“南岭瑶族文化资源”多媒体数据库》建设项目通过验收。该项目是《岭南文化》系列资源建设项目之一，于2014年由省文化艺术信息中心和乳源文广新局联合申报并获文化部门批准立项，是广东省第一个特色文化资源数据库项目，项目历时两年。数据库收录上传《南岭瑶族文化资源多媒体数据库》文字资料达234369字，照片5000张，视频录像23部（总时长达263分钟），瑶族民歌音频33首（总时长221分钟）。该项目支撑和促进乳源地方文化传承发展、乳源瑶族文化宣传、公共文化产品供给以及推进广东省瑶族文化生态保护实验区建设。

【乳城镇】 乳源瑶族自治县人民政府所在地，位于乳源东南部，东临武江区龙归镇、南接武江区江湾镇，西连东坪镇，北与游溪、一六镇交界。镇政府驻地侯公渡，境内国道323线、省道249线和250线、县道358线纵横交错，京港澳高速公路在境内设有1个出入口，区位优越，交通便利。是乳源3个中心镇之一，全镇总面积209平方千米（其中总耕地面积1639.7公顷，林地面积1.42万公顷，森林覆盖率68%），辖13个村委会，5个居委会，216个村民小组。年末户籍总数22453户，户籍总人口67237人，其中农业人口37227人。有中学4间，中等职业技术学校1间，小学4间，特殊学校1间；镇级卫生院1间，村级卫生站20个。2016年，全镇国民经济生产总值31.42亿元，城镇居民人均纯收入22268.13元。镇内历史不可移动文物遗产有泽桥山古墓群、文昌塔、西京古道遗址大富桥、刘氏宗祠、宋田古戏台、宋田文塔、天德寨、金狮公园的革命烈士纪念碑、上街古巷。有千年古刹云门寺、桂花潭、金狮公园、文昌公园、乳源温泉、乳源公园、双峰山、云门峡风景区、国公岩、丽宫国际旅游度假区等景点。主要特产有竹笋、巴西果（果汁）、香蕉李、葡萄、蜜柚、茶叶、冬菇、木耳、山羊、腊味、茶油等。

党委书记：许钧华（任至2月）

林桥远（2月任代职，4月任职）

镇　　长：林桥远（任至4月）

肖福城（4月任职）

【桂头镇】 位于乳源瑶族自治县东北部，距县城25千米，距韶关市区29千米。东与武江区重阳镇、浈江犁市镇接壤，南邻游溪镇、武江区重阳镇，西邻游溪镇、必背镇，北与乐昌市长来镇毗邻。乐广高速公路在杨溪设有出入口，省道248线、250线交汇，县道325、326线纵横贯穿全境。武江河经镇域由北向东南从中部流过。总面积125平方千米，耕地面积1807公顷，森林面积8000公顷，森林覆盖率为72%。辖14个村民委员会，1个居民委员会，93个自然村。总户籍数11660户，总人口37372人，其中农业人口33206人。有中学1间，专任教师72人，在校生881人；小学12所，专任教师135人，在校学生2508人；幼儿园7所。有中心卫生院1家，执业医师19人、助理医师5人、卫技人员62人，设有床位33张，建有乡村卫生站16个。2016年，全镇国民经济生产总值8.4亿元，农民人均纯收入8833元。镇内历史保护文物有南宋陈军名将“陈司空征北将军侯公安都墓”。主要特色农产品有杨溪砂糖橘、杨溪马蹄、杨溪杨梅、小江三华李、皇帝柑、阳陂香芋、杨溪甘蔗、均村甘蔗。

党委书记：吴衍雄

镇　　长：邓桂雄

【大桥镇】 位于乳源瑶族自治县西北部，东邻必背镇，西邻乐昌市沙坪镇，南邻东坪镇，北邻乐昌市云岩镇，镇政府驻地距县城33千米，为乳源3个中心镇之一。省道249线与258线于境内石角塘交汇，县道325线、327线、357线、358线贯穿全境，京港澳高速公路在境内设有1个出入口。总面积384平方千米，耕地面积2667公顷，森林面积1.87万公顷，森林覆盖率72%。辖21个村委会，1个居委会，265个村民小组，户籍总数9891户，总户籍人口41451人。有中学1间，小学19间，在职教师165人；镇级卫生院1间，村级卫生站26个，在职医师51人。2016年全镇国民经济生产总值4.98亿元，农村人均纯收入6984元。境内有红豆杉公园、通天箩、南岭国家森林公园等景点，历史文化遗产有西京古道、观澜书院等，市非物质文化遗产大桥客家传统民俗“契娭生日”活动（亦称“南岭观音诞”活动）。主要特产有石头猪、酸姜、大桥河鱼、禾花鱼等。

党委书记：饶峻洪

镇　　长：张桂辉（任至9月）

黄祖胜（9月任职）

【大布镇】 地处乳源南部，镇政府驻地距县城67千米，东与武江区江湾镇、曲江区罗坑镇交界，南与英德市波罗镇相邻，西北与洛阳镇相连。属典型石灰岩高寒山区镇，是乳源的生态发展镇和革命老区重镇。1993年大布镇被广东省人民政府确认为革命老区乡镇，全镇原始村庄均为革命老区村庄，老区与曲江江湾、英德英西相连。区位优越，交通便利，省道258线贯穿镇境。总面积220平方千米，其中耕地面积989公顷，林地面积1.94万公顷，森林覆盖率为75%。辖7个村民委员会，1个居委员会，84个自然村（108个村民小组）。全镇家庭总户数2979户，总人口数13569人，其中农业人口数13068人。有中学、小学各1间，在职教师72人；镇级卫生院1间，村级卫生站7个，在职医护人员21人。2016年，大布镇国民经济生产总值2.75亿元，比2015年增长8%；财政收入2800万元，比2015年增长63%；农民人均纯收入7644元，比2015年增长13%。境内景点有国家AAAA级旅游景区广东乳源大峡谷。历史遗存典型建筑有钨英村委牛婆洞四角楼。古驿道途径大布镇夹水、英明、埕头三个村委，夹水村委红田村民小组段古道保存较为完好。主要土特产、获省名优特色食品有蕃薯干、腐竹、荷兰豆、竹笋等。

党委书记：李世华（任至4月）

赵财保（4月任职）

镇　　长：杨川毅

【游溪镇】 位于乳源瑶族自治县东北部，为乳源3个瑶族人口聚居镇之一。总面积133.6平方千米，耕地面积541公顷，林地面积8600公顷，森林覆盖率71%。年末户籍总数3072户，户籍人口12113人，其中瑶族6799人，占总人口的56.1%，农业人口11727人，占总人口的96.8%。辖11个村委会（汉族3个，瑶族8个），74个村民小组，1个社区居委会。距县城23千米，省道250线（乳桂线）贯穿而过，距乐广高速公路出口3千米，距京港澳高速公路出口18千米。有小学3间，幼儿园1间，在职教师53人；镇级卫生院1间，村级卫生站7个，医护人员28人。2016年全镇生产总值1.22亿元，人均收入7405元。盛产水稻、槟榔芋、黑美人西瓜、甘蔗、花生、木材、山棕、冬菇、竹笋等。镇域内有八一瑶族新村、新会村、中心洞政研瑶族新村、冷水岐木笼博爱瑶族新村、营康新村等具有瑶族风情的特色村寨。

党委书记：李国洪

镇　　长：赵天聪

【东坪镇】 位于乳源瑶族自治县西北部，距县城14千米。国道323线、省道258线、省道249线、县道358线贯穿镇境，京港澳高速公路在境内东田村设出入口1处。是乳源3个瑶族人口聚居镇之一。总面积359平方千米，耕地面积340.86公顷，林业总面积33580.1公顷，森林覆盖率92.9%。辖1个居委、10个村委会，80个村民小组，年末户籍数2883户，户籍总人口13016人，其中瑶族人口7158人，占全镇总人口的55%。设小学2间、幼儿园1间，在职教师38人；镇级卫生院1间，村级卫生站7个，在职医师8人；镇级综合文化站1个，村级农家书屋11间。2016年，全镇国民经济生产总值7008万元，农民人均纯收入7301

元。自然生态资源丰富，南水湖库容12.5亿立方米，是韶关市城市用水一级备用水源。有南水湖、西京古道、朱德祖居地等。特产有南水湖鱼、生姜、茶叶、柑桔、葡萄、蜂蜜等。

党委书记：廖功文（任至8月）
　　　　　华　跃（9月任职）
镇　　长：赵财保（任至4月）
　　　　　赵春英（5月任职）

【一六镇】 位于乳源瑶族自治县东北部，东邻韶关市武江区，南邻乳城镇，西邻东坪镇，北邻游溪镇。镇政府驻地一六村委，是乳源瑶族自治县3个平原镇之一。乐广高速、省道250线穿境而过。距武广高铁韶关站35千米，京港澳高速公路出口12千米，乐广高速乳源出口7千米。总面积84平方千米（其中耕地面积1029.4公顷，林地面积5762.7公顷，森林覆盖率76.7%）。辖7个村委会，1个居委会，64个自然村，103个村民小组。年末户籍总数5773户，户籍总人口16825人，其中农业人口16267人。有中学1间，完全小学1间，村级小学3间，幼儿园4间，在职教职工191人；镇级卫生院1间，村级卫生站6个，在职医师16人、护士8人。2016年，全镇农村经济总收入11958万元，农民人均收入8710元。镇内历史文化遗产有西岸石拱桥、一六招田石拱桥、东粉村平安阁、一六大村围楼、团结莲塘村平安阁、东七下门秦氏祠堂、乐群乐夫村欧氏祠堂、团结上社王氏祠堂、罗屋下南村何氏祠堂、乐群乐夫村农民协会旧址、鲶鱼寨遗址等。景点有乌石岭客家新村、东粉温泉、乐群乐夫村农民协会旧址、牧草园农场、现代蔬菜生产基地以及东粉湿地公园等。主要特色农产品有槟榔芋、大棚西瓜、蓝莓、青枣等。主要特色饮食有芋头鸭、麻辣花生豆腐煲、辣椒拌凉菜、辣椒花鱼、榨粉以及米酒等。

党委书记：邓远林
镇　　长：马新萍（任至7月）
　　　　　潘　鸿（7月任职）

【洛阳镇】 位于乳源瑶族自治县西南部，镇政府驻地洛阳村委，距县城36千米。东与东坪镇、大布镇、武江区江湾镇交界，南与清远市的英德市波罗镇、阳山县江英镇相邻，西与阳山县秤架瑶族乡接壤，北靠五指山。有4条镇村主干道公路，国道323线、省道258线和县道324经过境内。总面积558平方千米（其中耕地面积969.5公顷，林地面积31259.2公顷，森林覆盖率为95%）。辖12个村民委员会，1个居民委员会，有91个村小组（其中1个少数民族村小组）。年末户籍数2903户，户籍总人口10149人，其中农业人口8942人。有小学2间，分教点2个，在职教师28人；镇级卫生院2间，村级卫生站9个，在职医师15人。2016年，全镇国民经济生产总值24040.7万元，城镇居民人均纯收入7942元。镇内历史文化遗产有东平山正觉寺遗址、洛阳桥、蔡襄祠、洛阳古街、陈金城故居。景点有天景山仙人桥、南岭国家森林公园、天井山国家森林公园、天井山生态长廊、白竹绿家缘瑶乡生态农场。主要特产有洛阳茶、九节茶、蜂蜜、笋干、柠檬、木耳、黑山羊、海狸鼠、中华鲟、三文鱼、古母水鸡等。

党委书记：华　跃（任至9月）
　　　　　吴志俭（9月任职）
镇　　长：吴志俭（任至9月）
　　　　　张　杰（9月任职）

【必背镇】 地处乳源瑶族自治县北部，距县城54千米，距乐广高速杨溪出口15千米，县道325线贯穿全境，是乳源3个瑶族人口聚居镇之一。东靠桂头镇，西临大桥镇，南邻东坪镇和游溪镇，北邻乐昌市长来镇。总面积147平方千米。耕地面积250公顷，其中水（旱）田186公顷，水浇地64公顷。林地面积12497公顷，其中生态公益林4985.7公顷，森林覆盖率85%。辖必背、王茶、桂坑、方洞、半坑、公坑、横溪等7个村委会和必背口社区1个居委会，52个自然村，58个村民小组。年末总户数2529户，总人口8032人。其中，农业户口2292户，人口7749人；瑶族2087户，人口6183人。有小学1间，幼儿园1间，在职教师15人（其中小学13人，幼儿园2人）；镇级卫生院1间，村级卫生站7个，在职医师5人（均为助理医师），护士1人。2016年，全镇国民经济生产总值5760万元，农民人均纯收入7323.53元。镇内景点有必背瑶寨景区、必背口村特色村寨、大村古瑶寨、桂坑尾村等；瑶族历史文化项目有拜盘王、瑶歌、瑶舞、瑶绣、瑶服、瑶医药等；不可移动文物有盘安山墓、莫氏祠堂。主要特产有瑶家腊肉、瑶爽酒、白毛尖茶叶、公坑辣椒等。

党委书记：黄燕斌（任至4月）
　　　　　李世华（4月任职）
镇　　长：赵伟明

（赵天养）

2016年乳源瑶族自治县国民经济发展情况一览表

表40

指标	单位	绝对值	比上年增长（%）
地区生产总值	亿元	73.7	9.5
第一产业增加值	亿元	8.06	3.9
第二产业增加值	亿元	33.86	8.6

续表40

指标	单位	绝对值	比上年增长（%）
工业增加值	亿元	29.67	10.3
第三产业增加值	亿元	31.78	12.1
人均地区生产总值	元	39857	8.6
规模以上工业总产值	亿元	93.38	3.6
农林牧渔业总产值	亿元	12.86	3.9
固定资产投资	亿元	66.97	2.7
社会消费品零售总额	亿元	22.47	10.1
外贸进口总额	万美元	2153	下降22.5
外贸出口总额	万美元	10652	14.1
实际利用外资	万美元	801	下降8.4
地方一般公共预算收入	万元	5.21	3
地方一般公共预算支出	万元	22.29	减少10.32
城镇常住居民人均可支配收入	元	21529	10.7
农村常住居民人均可支配收入	元	11734	9.7

人 物

中共韶关市第十二届委员会常委

江　凌　男，1964年9月出生，籍贯广东紫金，出生地广东梅州，1984年7月参加工作，1986年6月加入中国共产党，研究生学历，管理学硕士学位。1984年7月惠阳师范专科学校中文系中文专业毕业后，历任东莞县石龙镇政府干部、东莞县委办公室办事员、东莞市委办公室办事员、东莞市委调查研究室副主任、东莞市委政策研究室调研科科长、东莞市委办公室秘书科科长、东莞市委副秘书长。1992年9月后任东莞市寮步镇党委副书记、镇长，党委书记、镇人大主席。2000年12月任东莞市委秘书长。2001年6月任东莞市对外贸易经济合作局局长（其间，2000年6月至2002年6月，参加中山大学高等继续教育学院汉语言文学专业自考本科学习；2001年3月至2001年7月，在省委党校中青一班学习；2002年8月至2003年8月参加省第四批高层次管理人才进修班赴美国旧金山州立大学学习）。2004年4月任东莞市委常委、宣传部部长。2007年1月任东莞市委常委、副市长（其间，2005年9月至2007年6月，参加华南理工大学工商管理学院企业管理专业在职研究生学习，获管理学硕士学位）。2011年9月任清远市委副书记、代市长。2012年1月任清远市委副书记、市长。2015年1月任珠海市委副书记、代市长。2015年2月任珠海市委副书记、市长。2016年1月任韶关市委书记，市人大常委会主任候选人。2016年2月任中共韶关市委书记，市人大常委会主任候选人、党组书记。第十二届全国人大代表，省第十二届人大代表，第十一届省委委员。

骆蔚峰　男，1964年9月出生，籍贯广东龙川，出生地广东广州，1984年9月参加工作，1987年4月加入中国共产党，省委党校研究生学历，中山大学高级管理人员工商管理硕士学位。1984年9月广州市机电中专学校机械制造专业毕业后，先后任广州市汽车农机公司团委干事、副书记（其间：1985年8月至1990年6月中国人民大学工业经济管理专业函授五年制本科学习）。1988年7月任广州市机电局团委代理副书记、副书记、书记。1993年7月任共青团广州市委副书记、党组成员（其间：1994年9月至1997年7月省委党校研究生经济管理专业学习）。2000年12月任共青团广州市委书记、党组书记。2003年2月任广州市番禺区委副书记（市正局级，2003年5月兼任区委政法委书记）。2004年6月任广州市番禺区委副书记（市正局级）、政法委书记，副区长、代区长。2004年8月任广州市番禺区委副书记、区长。2009年2月任广州市白云区委书记、区人大常委会主任（其间，2008年10月至2010年12月中山大学管理学院高级管理人员工商管理专业学习，获高级管理人员工商管理硕士学位）。2012年9月任广州市萝岗区委书记，广州开发区党工委书记、管委会主任，中新广州知识城管委会主任。2014年5月任广州市副市长人选、市政府党组成员。2014年6任广州市副市长、市政府党组成员。2015年5月任韶关市委副书记，副市长、代市长。2015年6月任韶关市委副书记，代市长、市政府党组书记。2016年1月任韶关市委副书记，市长、市政府党组书记。

陈　波　男，1966年3月出生，籍贯广东新丰，出生地广东曲江，1985年7月参加工作，1987年6月加入中国共产党，中央党校研究生学历，讲师职称。1985年7月韶州师范学校普师专业后，历任韶州师范学校图书馆管理员、学校团委副书记、书记、办公室副主任、副校长（其间，1986年1月至1988年12月，参加韶关教育学院中文专业函授大专学习；1989年9月至1992

年7月，参加华南师范大学中文专业本科班学习；1995年11月至1997年3月，借调到省教育厅师范处参加全省中师办学条件标准化验收工作）。1997年6月，任共青团韶关市委副书记、党组成员，市青联副主席。1999年12月，任共青团韶关市委书记、党组书记，市青联主席（其间，2000年8月至2000年12月参加广东省委党校中青年干部培训班学习）。2002年12月任乐昌市委副书记（正处级）。2004年6月任乐昌市委副书记、副市长、代市长（正处级）。2005年3月任乐昌市委副书记、市长。2006年9月任韶关市政府副秘书长（正处级）、市政府办党组成员（其间，2007年3月至2009年2月，加任市行政服务中心主任、党组书记）。2009年12月任韶关市旅游局局长、党组书记。2011年2月任韶关市委秘书长、市委办主任，市旅游局局长、党组书记。2011年4月任韶关市委秘书长、市委办主任（其间，2008年9月至2011年7月参加中央党校经济学〈经济管理〉专业在职研究生学习）。2011年12月任韶关市委常委、秘书长、市委办主任、市社工委副主任，2012年9月兼任市丹霞山风景名胜区管理委员会主任、党委书记。2012年11月任韶关市委常委、秘书长、市社工委副主任，市丹霞山（市环丹霞山旅游产业园）管理委员会主任、党委书记，广东韶关丹霞山国家级自然保护区管理局局长（兼）。2013年8月任韶关市委常委，副市长、市政府党组副书记，市丹霞山（市环丹霞山旅游产业园）管理委员会主任、党委书记，广东韶关丹霞山国家级自然保护区管理局局长（兼）（其间，2013年9月参加广东省第15期领导干部美国高级培训班学习）。2014年9月任韶关市委常委，副市长、市政府党组副书记（其间，2015年6—7月参加广东省领导干部瑞士金融班学习）。2016年12月任中共韶关市委副书记，副市长、市政府党组副书记。

郭健生 男，1963年10月出生，籍贯广东揭阳，出生地广东潮州，1983年8月参加工作，1987年2月加入中国共产党，研究生学历，管理学硕士学位。1983年8月华南农学院农业经济系农业经济管理专业毕业后，任韶关市委农村工作部经营管理科干事。1984年12月任韶关市北江区物价局副局长。1988年12月任广东省物价局办公室秘书科副科级干部。1992年1月任广东省物价局重工处正科级干部。1994年2月任香港嘉信达发展有限公司董事、副总经理。1995年7月任广东省物价局驻港信息部助理调研员。1997年5月任广东嘉信达发展有限公司总经理。1999年9月任广东省物价局收费管理二处副处长。2001年3月任广东省物价局直属机关党委专职副书记（其间，1999年9月至2002年7月，参加省社科院经济学专业在职研究生学习；2002年2月至2002年7月，参加省委党校中青一班学习）。2005年3月，任广东省物价局商品价格管理处处长（其间，2006年5月至2006年8月，参加省高级公务员公共行政管理知识专题研究班学习）。2009年3月，任广东省统计局党组成员、纪检组长、监察专员（其间，2009年5月至2009年7月，参加省委党校地厅级领导干部进修学习；2009年9月至2013年6月，参加暨南大学行政管理专业在职研究生学习，获管理学硕士学位）。2014年4月，任广东省民政厅党组成员，省纪委、省监察厅派驻省民政厅纪检组组长、监察专员。2015年9月，任韶关市委常委、市纪委书记。

黄劲东 男，汉族，1967年4月出生，广东中山人，1989年7月参加工作，1995年7月加入中国共产党，大学学历，经济学学士学位，经济师职称。1989年7月汕头大学经济系企业管理专业毕业后，任中山市中山港工业开发总公司开发部科员、海宝鞋业有限公司副总经理、工业开发总公司开发部副经理、经理。1995年2月起先后任中山市火炬开发区工业开发总公司副总经理（正科级）、总经理、党总支书记。2000年3月任中山火炬高技术产业开发区管委会工交办主任。2001年7月任中山火炬高技术产业开发区管委会副主任、党委委员（副处级）。2002年6月任中山市阜沙镇党委书记（副处级），2002年7月任中山市阜沙镇党委书记、人大主席（副处级）（其间，1998年9月至2004年7月，以远程方式进修清华大学继续教育学院企业管理专业研究生课程学习，结业）。2008年2月任中山市发展和改革局副局长。2008年7月任阳江市江城区委书记。2009年2月任阳江市江城区委书记、区人大常委会主任。2012年7月任韶关市委常委，中共韶关市曲江区委书记。2012年8月任韶关市委常委，中共韶关市曲江区委书记、区人大常委会党组书记。2013年1月任韶关市委常委，中共韶关市曲江区委书记，区人大常委会主任、党组书记。2016年6月任韶关市委常委、政法委书记。

孔云龙 男，1965年8月出生，浙江杭州人，1991年7月参加工作，1986年4月加入中国共产党，研究生学历，管理学博士学位。1984年9月至1988年7月，在中山大学管理学院本科学习，1988年9月至1991年7月，就读中山大学工业企业管理专业硕士研究生。1991年7月历任广东省计委法规处科员、副主任科员，科技处主任科员、副处长（其间，1996年10月至1998年1月任省领导秘书；1999年12月至2000

年5月，赴荷兰奈洛德大学工商管理学专业进修）。2000年5月任广东省发展计划委外资处副处长。2002年5月任广东省发展计划委外资处调研员。2004年6月任广东省发展和改革委对外交流处（国外资金利用处）调研员。2004年12月任广东省发展和改革委研究所所长（其间，2001年9月至2005年12月，参加中山大学管理学院企业管理专业在职博士研究生学习，获管理学博士学位）。2007年9月任广东省产业发展研究院秘书长（副厅级）。2010年1月任广东省产业发展研究院秘书长（副厅级），韶关市副市长（挂职）、市政府党组成员。2011年10月任韶关市副市长（挂职）、市政府党组成员。2012年1月任韶关市副市长、市政府党组成员。2013年8月任韶关市委常委、秘书长，市社工委副主任（兼）。2016年9月任韶关市委常委、秘书长。

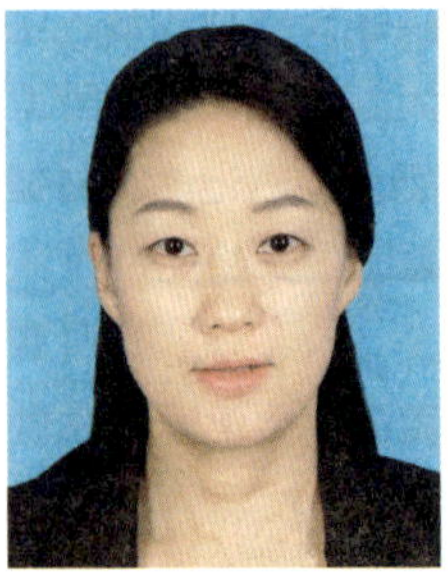

柳琛子 女，1973年9月出生，籍贯湖北仙桃，出生地湖南衡阳，1995年7月参加工作，1994年1月加入中国共产党，大学学历，法学硕士，高级经济师职称。1995年7月武汉大学外语学院英国语言文学专业、武汉大学管理学院国际投资系投资经济专业毕业后，历任建设银行广东省分行国际业务部、信贷管理委员会办公室、发展研究处科员、副主任科员、副经理、经理（其间，1998年9月至2001年12月，参加武汉大学法学院经济法学专业学习）。2002年1月任建设银行广东省分行团委书记（副处级）。2003年12月任建设银行广东省分行国际业务部副总经理兼单证中心总经理（其间，2004年12月取得高级经济师资格）。2008年7月任建设银行广东省分行广州海珠支行副行长。2008年11月任广东省广弘资产经营有限公司副总经理、党委委员（其间，2011年6月至2014年4月，作为第三批公选高级外交官派驻美国使馆任公使衔参赞，副司级）。2014年4月任广东恒健投资控股有限公司副总经理、党委委员。2014年9月任韶关市委常委。2014年10月任韶关市委常委、宣传部部长，市丹霞山管委会（市环丹霞山旅游产业园管委会）主任、党委书记。2016年7月任韶关市委常委、宣传部长（其间，2016年3月起参加2016年中央党校中青年干部培训二班第16期学习）。

华旭初 男，1967年5月出生，浙江嵊州人，1985年9月参加工作，1987年10月加入中国共产党，研究生学历，医学硕士学位，副研究员职称。1985年9月至1988年7月就读第一军医大学电子专业。1988年7月任第一军医大学高温医学研究室助理实验师（其间，1989年9月至1992年7月参加华南理工大学应用数学系电脑软件应用专业函授大专班学习；1993年7月至1994年9月参加第一军医大学研究生队硕士课程班学习）。1995年9月至1997年7月，读第一军医大学卫生学与军队卫生专业硕士研究生。1997年7月任第一军医大学高温医学研究室助理研究员。2000年6月任第一军医大学热带军队卫生学系参谋。2004年3月任第一军医大学热带军队卫生学系参谋、副研究员。2004年8月任南方医科大学热带军队卫生系参谋、副研究员。2005年6月任南方医科大学继续教育学院党委书记、副研究员。2005年9月任清远市佛冈县副县长（正处级）。2006年2月任清远市佛冈县副县长、县政府党组成员（正处级）。2006年12月任清远市佛冈县委常委（正处级）。2009年3月任清远市佛冈县委副书记、副县长、代县长（正处级）。2009年4月任清远市佛冈县委副书记、县长。2011年7月任清远市佛冈县委副书记、县长（主持全面工作）。2011年8月清远市佛冈县委书记。2011年11月任清远市佛冈县委书记、县人大常委会主任（其间，2013年10月参加新加坡公共服务学院加强和创新社会管理专题研讨班学习）。2015年9月任韶关市委常委。2015年10任韶关市委常委、组织部长，市委党校（市行政学院、市社会主义学院）校（院）长。

朱余旺 男，1965年11月出生，安徽太湖人，1986年7月参加工作，1986年4月加入中国共产党，研究生学历，管理学博士学位。1986年7月华东交通大学电力牵引与传动控制专业毕业后，任铁道部北京铁路分局助理工程师。1989年12月任铁道部北京铁路机械学校助教。1990年3月任广东省人事厅综合计划处副主任科员。1999年6月任广东省人事厅（省机构编制委员会办公室）主任科员（其间，1997年9月至1999年7月，参加中山大学管理学院企业管理专业研究生课程进修学习）。2002年2月任广东省人事厅（编办）事业机构编制处副处长。2004年9月任广东省人事厅（编办）事业机构编制处调研员。2004年11月任翁源县委副书记（正处级）。2005年2月任翁源县委副书记、政法委书记（正处级）（其间，2001年9月至2005年11月，参加北京交通大学经管学院管理科学与工程专业学习，获管理学博士学位）。2006年10月任翁源县委副书记、副县长、代县长。2006年12月任翁源县委副书记、县长（其间，2008年3—7月参加广东省委党校中青一班学习）。2009年12月任翁源县委书记、县长。2010年2月任翁源县委书记。2010年3月任翁源县委书记、县人大常委会主任。2014年10月任韶关

市副市长、市政府党组成员，翁源县委书记、县人大常委会主任。2014年11月任韶关市副市长、市政府党组成员，翁源县人大常委会主任。2015年1月任韶关市副市长、市政府党组成员。2016年12月任韶关市委常委，副市长、市政府党组成员。

曾风保　男，1971年8月出生，江西宁都人，1993年7月参加工作，1992年2月加入中国共产党，中央党校研究生学历，理学学士学位，中教一级职称。1993年7月江西赣南师范学院化学教育专业毕业后，任韶关市第一中学教师（1993年10月任团委副书记）。1996年8月借调韶关市教委办公室工作（1999年9月任韶关市教委办公室副主任）。2001年10月任韶关市教育局办公室主任。2003年1月任南雄市副市长。2006年11月任南雄市委常委。2006年12月任中央人民政府驻香港特别行政区联络办公室港岛工作部宣教处副调研员、调研员。2010年3月任乳源瑶族自治县委副书记（正处级）（2010年4月任乳源县委党校校长）。2011年11月任韶关市教育局局长、市委教育工委副书记。2012年2月任韶关市教育局局长、市委教育工委书记。2013年9月任南雄市委副书记，韶关市教育局局长。2013年10月任南雄市委副书记、市政府党组书记、副市长、代市长。2014年1月任南雄市委副书记、市政府党组书记、市长。2014年11月任南雄市委书记、市长。2015年5月任南雄市委书记。2015年6月任南雄市委书记、市人大常委会主任（其间，2012年9月至2015年7月参加中央党校在职研究生经济学经济管理专业学习）。2016年10月任南雄市委书记。2016年12月任韶关市委常委，南雄市委书记。

2016年全国、广东省五一劳动奖章获得者

黎有锡　男，1964年6月生，广东番禺人，中共党员，广东电网有限责任公司韶关供电局市场营销部主任。通过打造多元化、分层次、立体式的服务渠道，推行“互联网+服务”，为单位建立完善“以客户为中心”的营销服务文化，做到“哪里有产业园，哪里就有供电服务”，确保棚户区、工业园等市政重点建设项目早用电、用好电，推行服务三农、惠及三农的好政策、好服务。作为第一批农网改造的带头人，推进农网建设与改造，于2008年12月消灭韶关境内无电村、无电户，实现两网一同价。2008年带领抢修队伍火速赶赴坪石镇抗冰第一线，在过年前为受灾群众通电。多次前往乳源、乐昌等扶贫点扶贫，支助多名困难村民子女上学。1997年5月被评为广东省希望工程贡献奖；2008年3月被评为广东电网公司抗冰救灾抢修复电先进个人；2010年3月被评为广东电网公司2009年增供扩销工作先进个人；2013年1月被评为广东电网公司2012年度先进工作者；2016年获全国五一劳动奖章。

王宗亚　男，1974年8月生，安徽宿州人，中共党员，深圳市中金岭南有色金属股份有限公司韶关冶炼厂锌精馏车间主任兼党总支书记，高级工程师。作为车间主任，对工艺技术刻苦专研、精益求精，始终战斗在生产一线。2013年带领生产、技术人员挑战锗渣预处理生产新工艺，确保1700多吨锗渣的综合回收，创造可观的效益；2015年啃下回收电解转炉渣这一“硬骨头”，从破碎方法、选址、设备改造多方面着手，完成300吨转炉渣的破碎。潜心研究工艺并应用于实践。他组织带领的项目《延长精馏塔炉龄技术研究》使精馏塔平均炉龄显著延长至24个月，达到国内领先水平，于2005年获中国有色金属工业科技奖二等奖。组织宝钢、广钢JFE、武钢等多家热锌开发与生产，种类几十个品种。以他为主参与低铁锌锭开发与生产前期开发，年均产低铁锌1万吨；参与2008年车间扩产项目规划、设计，并主持投产。连续四年获评厂“先进集体”，个人于2014年获深圳中金岭南公司“十佳科技工作者”称号，2016年获广东省五一劳动奖章。

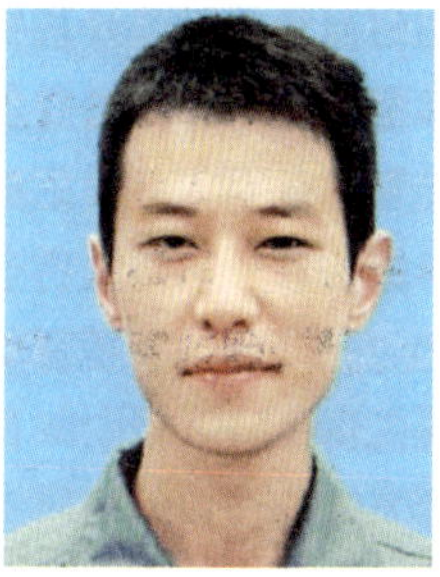

林庆辉　男，1980年4月生，广东梅州人，韶能集团韶关宏大齿轮有限公司比亚迪试制工段工段长。他虚心向老工人学习，刻苦专研技术，掌握程序编程和机床操作，拿到图纸就能在机床上编写加工程序，做出合格产品。2015年宏大公司专门成立生产线，为比亚迪公司生产新能源汽车核心部件电子转轴系列。该系列产品精度高，部分关键工序加工难度大。林庆辉勇挑重担，经常主动放弃休息时间加班加点，每天转工序十几次，连续工作12小时，带领比亚迪班组全体员工学习新设备操作、生产，主动为分厂和公司解决暂时困难。在他们的辛勤劳动下，2015年比亚迪新能源汽车完成零件交库10万件，完成交库产值不含税4380万元，完成公司下达年计划3000万的146%，成为宏大公司新的增长点。其本人自2013年起连续3年获公司“十佳班组长”称号。2016年获广东省五一劳动奖章。

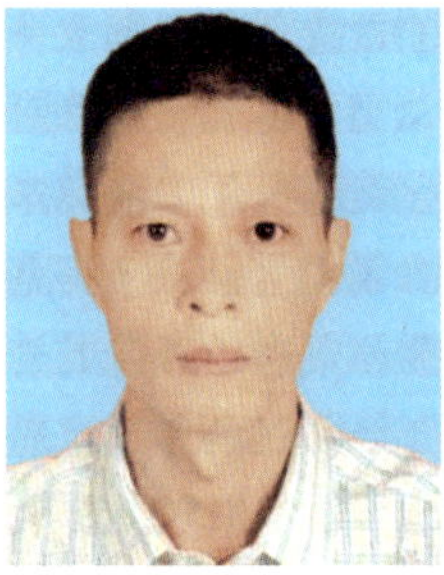

谢永科 男，1980年2月生，广东韶关人，中共党员，韶关市曲江顺翔混凝土有限公司实验室品控员。作为一名顺翔建站以来长期工作在生产一线的老员工，有着敏锐的洞察力和丰富的工作经验，能及时发现制程中的品质问题，使异常能得到及时的管制，不至造成批量不良或报废。经常到工地现场观察混凝土的现场工作性，及时做出解决方案。根据生产调度的要求，选用适合的配合比，及时提供给搅拌楼的电脑操作人员，复核确认。全过程地监控搅拌楼的投料情况，做好每车出厂砼工作性的监控。发挥党员的先锋模范带头作用，春节期间放弃假期坚持每天到公司值班。他从2010年到2015年连续6年被评为“优秀员工”。2016年获广东省五一劳动奖章。

杨 娟 女，1975年3月生，广东曲江人，中共党员，韶关市地方税务局税政科副科长。1996年至2013年一直在基层一线税收管理和征收岗位工作。为做好各项税收优惠政策的落实工作，她经常深入基层分析政策落实效应，从中查找各种原因，指导基层将优惠政策落实到位。由她负责的各项税收优惠政策落实工作得到省、市各级领导的肯定。2004年至2011年，连续8年在公务员年度考评中获得“优秀”等次，两次荣立三等功；2008年被韶关市人民政府评为“窗口之星”称号；2009年6月被评为韶关市市直机关2007—2009年度“优秀共产党员”；2011年被评为韶关市地方税务局“优秀共产党员”，被韶关市妇联评为“岗位建功先进个人”；2011年、2012年她带领所在部门先后被评为市级和省级“巾帼文明岗”；2013年入选韶关市地税系统“业务岗位能手”；2015年入选广东省第四批兼职教师师资库；2016年被评为韶关市“三八”红旗手，获得广东省五一劳动奖章。

付结卫 男，1970年1月生，广东连县人，中共党员，广东省大宝山矿业有限公司选矿部铜选厂磨浮一班大班长。他是操作岗位能手，实现生产指标节节攀升。通过跟踪原矿品位变化，寻求最佳的药剂条件和操作方法，带领班组的铜回收率年平均为71.55%，比另外2个班组高出2个百分点以上，每年为公司增产增收300万元以上。参与硫化钠单独添加的改造方案，重新安装硫化钠添加系统。经改造后，硫酸锌和硫化钠的用量减少明显，从原来的1200克/吨和1500克/吨降低到600克/吨和900克/吨，铜回收率提高8个百分点以上。在年终检修中，对多台JJF型浮选机及SF型浮选机调整叶轮与盖板间隙，从而降低故障发生率，稳定浮选指标，减少叶轮盖板的严重浪费，节约维护成本。作为一名选矿技师，做好“传、帮、带”工作，培养出6位得力班长。同时作为浮选QC小组成员，参加可浮选流程工艺改造、优先浮选优化工艺改造，以及一、二段磁选工艺的改造。将所在班组打造成为安全模范班组。2016年获广东省五一劳动奖章。

朱先女 女，1970年9月生，湖南永兴人，中共党员，粤北第二人民医院感染科二区主任，主任医师。作为一名肝病专家，每年接诊肝病患者近4000多人次，指导患者抗病毒及抗肝纤维化治疗，通过中西医结合治疗重症肝炎300多例，治疗肝硬化患者近万例，减少患者癌变率及死亡率，减少上消化道出血等严重并发症的发生。带领科室，把院部门诊从一个70年代简陋的小门诊发展为一个较大型综合门诊。2009年配合医院成功开展120急救中心工作。2016年调入传染科工作，大幅提高住院率、床位周转率及治愈率，未发生医疗事故及纠纷。参与各种国内及省内学术活动。主持两项广东省科研课题，并获2008年度及2013年度韶关市科学技术进步三等奖（第一完成人）。2016年获广东省五一劳动奖章。

2016年省级以上道德典型

何万松 男，1955年12月生，中共党员，原韶关市公安局浈江分局太平派出所副所长。从警41年来，何万松坚守基层、甘愿平凡，为更好地服务群众、为百姓排忧解难，练就一身水上救援本领，既能救落水者，又能打捞尸体，被群众称为“两栖所长”“三江六岸守护神”。在水上派出所工作9年，何万松从水中救人无数，先后打捞处理尸体就达200多具，平均每年参与水上救生80余起，打捞处理尸体20多具。2013年11月，何万松获得第二届“韶关市十佳卫士”称号；2014年3月，被授予第四届广东省“人民满意的公务员”；同年5月，被评为“全省优秀人民警察”、荣立“个人三等功”一次；2014年10月，获得“全国公安机关爱民模范”，并受到习近平、李克强、刘云山等国家领导人的接见。2016年4月获评敬

业奉献“中国好人”。

汪　洋　男，1983年11月生，中共党员，大学本科学历，一级警司警衔，武江公安分局新华派出所民警。汪洋一直是单位推荐的业务骨干。2016年3月10日上午10时，武江公安分局新华派出所接到报警称武江北路江段有人跳水轻生。汪洋接报警后立即到场，发现江水已淹到该女子的脖颈位置。危急时刻，汪洋来不及脱下警服，不顾脚下河床因挖掘沙石而囤积的大量坑洼，扑入武江河中，经过一番努力和随后赶到的支援警力一起把女子救起，正要护送轻生女子上岸时，汪洋却突发脑溢血倒在河水中，其颅内右侧出血，伤情危急。经过紧张抢救和后期理疗，汪洋身体状况明显好转，逐渐康复。2016年获评第一季度敬业奉献“广东好人”。

杨　帆　男，1971年6月出生，中共党员，韶关市山宝商贸有限公司总经理、市个私协党总支副书记、粤北工业开发区个私协会党支部书记。杨帆把文明诚信、守法经营作为发展企业的经营理念和信条，靠诚信经营、公平竞争，赢得消费者的信任。2008年5月，杨帆为到韶关务工的流散中共党员组建中共粤北工业开发区个私协会党支部；在2008年韶关遭受严重冰灾、“5·12”汶川地震、玉树地区地震时，杨帆率先组织募捐义演义卖活动，募集的捐款。2010年至2013年，韶关山宝土特产专卖店被国家工商总局评为“全国先进个体工商户”“广东省守合同重信用企业”。杨帆被评为“优秀党务工作者”“优秀共产党员”。2016年获评第一季度诚实守信“广东好人”。

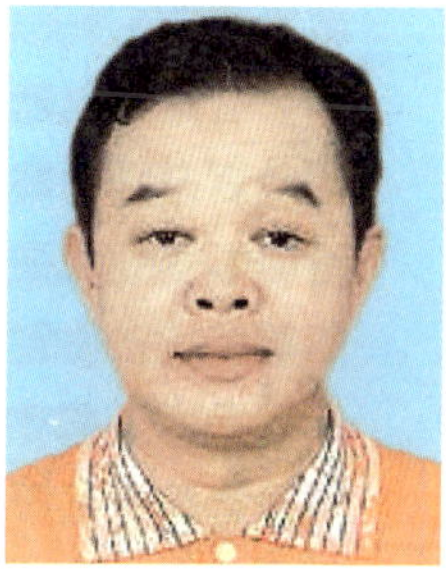

陈景标　男，1965年9月出生，广东仁化人，中共党员，广东省农民专业合作社联合会副会长、仁化县风顺养殖农民专业合作社的理事长、周田镇生猪定点屠宰场负责人。2009年1月，陈景标注册成立仁化县首个养殖专业合作社，他从不拖欠别人货款、承包款，从不短斤缺两，坑蒙拐骗，与社员签订生猪保护价收购协议，真正让利于社员。为帮助一些养殖户解决资金困难，陈景标还借钱给这些养殖户买饲料、将猪苗赊给他们，并提供技术服务，帮助他们渡过难关，带动本地及周边乡镇养猪产业的发展，带富一方百姓。2016年获评第一季度诚实守信“广东好人”。

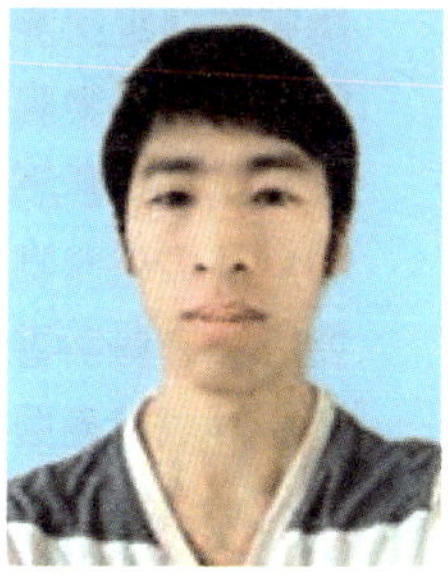

陈　鹏　男，1994年2月出生，乳城镇鹰峰社区人，自主经营一家农庄饭店。2016年6月12日，323国道乳源腊岭路段突然出现大面积塌陷，有一辆摩托车连人带车掉下悬崖，途径此地的陈鹏夫妇为防止后方来车发生意外，冒着大雨留在现场，他们围绕着黑漆漆的大窟窿边缘摆一道警示标志，打开手机的手电筒，示意对向车道的车辆小心数十米后的悬崖。在夫妇俩人的努力下，10余辆车在悬崖边上紧急刹车、避让，避免一起起重大事故的发生。陈鹏的事迹相继被央视新闻频道的《24小时》栏目、《东方时空》栏目、人民网、《广州日报》、南方日报、羊城晚报、韶关日报、腾讯网等各大主流媒体争相报道。2016年获评第二季度见义勇“广东好人”。

马国权　男，1972年2月生，中共党员，大专文化，广东韶钢现代产业发展有限公司物业管理工厂物业部业务经理。在母亲中风的十八年里，马国权十八年如一日，照料卧病在床的母亲，每天坚持给母亲洗澡，2—4个小时就给母亲翻一次身，直到凌晨两点给母亲翻完最后一次身后才去睡觉，他用行动恪守“君子入则孝”“事父母能竭其力”的格言，用自己的言行谱写一曲新时代孝老爱亲的赞歌。马国权也没有因为家庭而影响工作，他出色地完成韶钢厂区的垃圾转运及洒水降尘任务，解决韶钢社区垃圾机械化作业的问题，获得国家专利。他先后获得“韶钢最佳实践者提名奖”“韶钢党员登高之星”“韶钢最佳员工”“第五届曲江区道德模范”等称号。2016年获评第三季度孝老爱亲“广东好人”。

调研报告

从徒步穿越丹霞山看韶关市打造户外运动天堂的对策建议

市委政研室

近年来，我市成功举办了徒步穿越丹霞山、铁人三项挑战赛、环南水湖自行车赛等一系列户外运动活动。其中，徒步穿越丹霞山活动是我市规模最大、群众参与度最高、最具影响力的户外运动品牌。现从分析徒步穿越丹霞山发展入手，探讨韶关市打造户外运动天堂的对策建议。

一、徒步穿越丹霞山的发展情况及存在问题

徒步穿越丹霞山活动始创于2008年，以全民健身和群众体育活动为主旨，以徒步穿越丹霞山腹地为运动形式，每年举办一届，每年11月最后一个周六进行，迄今连续举办9届，参加人员由首届的800多人发展至2016年的8000多人，吸引了来自全国31个省市区（西藏除外）和港澳台地区，以及美国、英国、法国、加拿大、韩国及东南亚等国家和地区的户外运动爱好者，已成为广东乃至全国一年一度的群众性户外运动盛事。

经过9年多的打造，徒步穿越丹霞山活动呈现迅猛发展态势，但也存在一些亟需解决的问题：

*一是活动举办主体不明晰，制约活动成长发展。*徒步穿越丹霞山活动自首届起由市体育局、市旅游局、丹霞山管委会主办，先后分别由韶关市登山协会、粤北广告公司、韶关市九州广告文化传播有限公司（简称“九州公司”）、韶关市徒步协会承办（市登山协会自举办首届后退出，市徒步协会和九州公司负责人为同一人即原粤北广告公司总经理），活动的策划营销由承办方负责。凭借主办方的名义和承办方的精心组织把该活动做大做成了品牌，实现了双赢效果。近年来，主办方不再单独指定由市徒步协会和九州公司承办，而是以对外招标方式将该活动一年一标对外发包，九州公司瞄准契机于2014年申请徒步穿越丹霞山国家注册商标，并于2015年获得国家工商行政管理总局颁发的“注册商标证”，拥有徒步穿越丹霞山户外运动、广告服务品牌商标。2016年主办方仍以徒步穿越丹霞山品牌对外招标，尽管仍由九州公司竞得，但导致活动品牌所有权、活动举办的主体不明晰，挫败了市场主体的积极性。

*二是财政资金和相关支持不够，基础设施和配套设施落后。*徒步穿越丹霞山活动在群众运动领域的影响力日益增强，得到了省社会体育中心的关注和支持，2015年起连续五年对该活动给予100万元—150万元/年的专项经费支持。但根据2015年和2016年经费支出来看，主要用于活动品牌营销，对项目规划和基础设施投入不足。而由于我市对户外运动关注迟缓，2016年起才有经费投入。由于投入欠缺和投入方向问题，致使徒步穿越丹霞山活动基础设施和配套设施落后，徒步路线全程40多公里，有近18公里硬底路，部分路面较窄、坡度较大，地面不平整，与徒步绿道标准相差较大。途中的签到点和补水点设施简陋，沿途厕所数量不足，不能很好地满足参与人员的休息调整要求。该路线还缺乏必要的庇护场所，如遇天气突变，难以保障人员迅速安全撤离。

*三是市场化运作水平不高，产业相互融合不足。*徒步穿越丹霞山活动通过招标方式确定承办单位，但招标的一些硬性规定和要求，与市场规律不相符合。比如，在一年一标的情况下，将路线修建、配套设施建设等成本转由承办方承担，在承办方自负盈亏的前提下还要求报名费按不超过120元/人的标准收取，要求活动参与人数必须不少于5000人，不超过8000人，这种做法不利于活动成长。作为我市影响力最大的户外运动品牌和我省唯一的穿越名山的大型群众性体育项目，徒步穿越丹霞山活动没有充分发挥出推动体育产业与旅游产业、休闲服务业等产业融合发展的作用，活动在短时间内一定程度上促进了旅游消费，但活动拓展的广度和深度远远不够，与服务业等周边产业关联度不高。

二、关于打造户外运动天堂的对策建议

户外运动是以自然山地和其他自然场地为活动场所开展的体育运动，兼具竞赛性、灵活性和休闲性。韶关是山区，高山、峡谷、湖泊、森林等一应俱全，户外资源在

广东首屈一指，有广东最高峰南岭石坑崆、广东最大峡谷乳源大峡谷、世界地质公园丹霞山、世界生物多样性保护示范区车八岭、千年古寺南华禅寺、保存完好的梅岭古道和西京古道等，适宜发展越野、登山、徒步、自行车、攀岩、探险、潜水等户外运动。可以说，韶关大力发展户外运动，打造户外运动天堂，完全有条件，并大有可为。

根据徒步穿越丹霞山活动的探索实践，对韶关打造户外运动天堂提出以下对策建议：

一是突出市场的主体作用，最大限度调动和发挥社会资本在发展户外运动中的作用。遵照市场规律，把我市户外运动定位为体育产业的子产业，把户外运动活动定位为产品，把户外运动活动的开发和经营定义为市场行为，在市场条件下统筹考虑景区景点打造、体育用品生产和旅游线路产品开发、体育赛事安排和旅游宣传营销。引导大量社会资本投入我市户外运动产业，充分发挥市场决定性作用，发挥企业的主观能动性，在优胜劣汰中造就精品做成产业。探索将我市户外运动活动资源开发模式，由政府主导型向政府支持、市场运作型转变，政府从主办方退居到支持者，只需起到引导和带动作用，做好市场主体的资质审核和质量鉴定、活动的审批备案等监管和服务工作，具体活动的组织策划营销由市场主体全权负责。如，徒步穿越丹霞山活动，政府应放手由市场主体自主发展，退居幕后做好线路设施、配套服务等基础性工作，活动策划、宣传、定价、参与人数等由市场运作决定。

二是加大资金和政策扶持力度，完善基础设施建设和配套服务体系建设。建立健全户外运动发展规划，对场地设施、活动供给、市场主体、产业能级等做出详细的指引。研究制定我市户外运动管理办法，细化户外运动的报批、活动要求、遇险救援、法律责任等规则，推进户外运动行业管理服务规范化标准化。规划建设户外运动项目时，在项目审批、用地指标等方面给予适当倾斜。在积极争取和用活用好上级扶持资金的同时，设立我市体育产业发展专项基金或户外运动专项资金，重点加大对基地和线路设施、应急救援体系及配套公共服务设施等基础性户外运动工作投入力度，为户外运动招商引资提供基础保障。此外，对举办户外运动活动且达到一定社会效益、经济效益、生态效益的组织给予一定的资金支持，并以项目补贴、贷款贴息、以奖代补、政府购买服务等形式使用，调动社会力量兴办户外运动的积极性，推动户外运动产业投入主体多元化和投资渠道多样化。

三是打造精品活动，做强活动品牌，以点带面，促户外活动的拓展和延伸。鼓励和支持社会主体和市场主体创建户外运动品牌，以品牌壮大活动，靠活动铸造品牌，使韶关市户外运动品牌走上快车道。大力支持已有一定规模和影响力的户外运动活动，使之成为韶关户外活动的精品活动、龙头品牌。在此基础上，充分利用现有基础设施，结合各地特别是景区的地形、地貌等自然资源条件，打造梅关古道、京西古道、九龄故里·百里画廊、石塘古村落等户外运动线路和基地，力争每个县域至少有一个户外活动线路或基地和一个户外活动品牌。同时，重视专业组织的发展，积极培养专业人才，由专业组织和人才引导带动，着力拓展登山、攀岩、溯溪、漂流等特色户外运动，提升户外运动的项目技术水平。

四是促进体旅农文融合发展，提高户外运动的经济效益和社会效益。随着人们对体验型体育、体验型旅游、体验型农业需求的不断增长，户外运动作为一种跨界产品"体育休闲+乡村旅游+生态农业"，引起城市人的消费欲望与需求。发力市场的需求侧，用供给侧改革的思维构建全市"大体育大旅游"格局。在户外运动投资经营市场尚不活跃的情况下，依托我市现有的体育、旅游和农业资源中具有资源互补性的体育旅游产品，利用徒步穿越丹霞山、铁人三项挑战赛、环南水湖自行车赛等活动载体，积极融入旅游、文化、生态元素，增强旅游和生态休闲功能，以户外运动带动体育、旅游、休闲农业等产业融合发展，促进第三产业的发展。同时，积极引进体育用品研发、生产、展销企业和户外运动专业公司进驻，逐步把户外运动产业做大做强。

进一步深化市广电台改革的调研报告

市委政研室

近年来，在经济新常态下，随着媒体环境深刻变化和市场竞争日益激烈，市广播电视台（简称"市广电台"）发展面临前所未有的困境。为进一步发挥市广电台主流媒体的阵地作用，助力其走出困境，推动其转型发展，市委政策研究室、市委宣传部、市广电台组成联合调研组到清远、珠海、茂名、湛江、郴州、长沙等地开展专题调研，形成了此调研报告。

一、基本情况

自2005年3月成立以来，市广电台始终牢记党台姓党，坚持正确的政治方向和舆论导向，立足主流新闻媒体功能定位，运用广播、电视、报纸、网络等平台优势，贯彻落实党的路线方针政策，凝聚全市人民智慧和力量，为服务市委政府中心工作和我市经济社会发展大局做出了积极贡献。

近10年来，市广电事业不断向前发展，特别是喉舌功能、品牌效应和本土优势不断显现，成为今后改革发展的坚实基础。目前有干部职工513人，其中在职397人，离退休116人。有广播（含综合、交通旅游2个频率）、电视（含新闻综合、经济生活两个频道）、韶关民声网、广播电视周报等四大媒体，其中有线数字电视用户40多万户，韶关民声网注册用户40多万人。同时，拥有交互式网络电视、广电官方微博、微信公众号、无线韶关移动客户端等新媒体资源。现有固定资产9725万元。

二、突出问题及原因分析

目前，市广电台生存发展陷入困境，其突出问题和原因分析如下：

（一）体制机制不顺。市广电台是事业单位，既有党委政府新闻舆论主阵地功能，又有广告、产业等企业经营行为。我市现行管理体制机制不适应广电媒体发展规律和产业经营特点，对市广电台在财务、用人、薪酬等方面限制较多，导致其长期“戴着镣铐跳舞”。财务制度按一类行政事业单位会计制度执行，不但“收支两条线”审批程序较多，导致资金周转期偏长、利用率低下，而且难以核定收入、成本和费用，难以反映真实的运营，严格限制了市广电台的经营自主权。用人制度和分配制度缺乏活力，编内人员能进不能出、岗位能上不能下、待遇能高不能低，习惯于捧着事业单位“铁饭碗”过日子，全台执行人均72499元/年的薪酬调控线，不能起到有效的激励作用。

（二）影响力传播力弱化。突出表现为自办节目时间缩短、收听收视率下降、市场份额减少、年轻用户流失等。以《韶关新闻联播》和《民生关注》为例，平均到达率分别由2011年的71%和82%，降至2015年的55%和48%；晚间18：00—24：00时段，韶关经济生活频道收视率仅为1.25%，新闻综合频道收视率仅为1.02%，为近五年来最低水平，比2012年高峰时期，分别下降0.8、0.9个百分点。造成这一问题的主要原因：一是新兴媒体冲击，二是同业竞争激烈，三是自办节目质量不高。

（三）经营收入大幅下滑。广电台收入主要来源于广电网络分红、广告收入和产业经营收入等，而我市广电台仅仅依靠单一的广告创收。近年来，受台网分离、影响力传播力弱化、产业经营空白、新《广告法》实施及限娱限医限插播广告政策出台等因素影响，经营收入出现断崖式下降（2013年为5400万元，2014年为3400万元），2015年仅为3100万元，比2009年下降56.34%，与珠海台的1.1亿元、清远台的5050万元相比，存在明显差距。即使加上财政差额拨款的650万元，距5400万元/年的保底运作经费，仍缺口1650万元。这造成全台干部职工2015年8月以来的奖励性绩效工资（占总工资的60%）不能发放，拖至2016年春节前夕才靠“借款”一次性补发，导致部分职工人心不稳，已有8名骨干人才辞职。

（四）办公场所和设施设备不适应发展需要。市广电台是我省21个地级市中唯一没有广电大楼的城市台，也是唯一没有多功能现代演播厅的广电台，而且办公场所陈旧，散落在三个不同的地方。设施设备也非常落后，帽子峰发射传输台不但信号不能全面覆盖芙蓉新区，而且存在安全隐患，亟需拆除重建。此外，很多采编播设备都到了更新换代的时间仍在超期服役。

三、对策建议

针对市广电台发展中的突出问题，建议借鉴各地广电台改革发展的成功经验，在提升传播力、影响力的基础上，通过深化改革来推动广电事业的振兴发展。

（一）全面深化体制机制改革，激发发展活力。体制机制不活是制约市广电台发展的最大障碍。目前，清远、长沙等市级广电台进行了体制机制改革，构建了现代传媒集团，实行全员聘用、以岗定薪，执行灵活的财务管理制度；珠海台也正在推进改革组建集团。通过改革，长沙台获得“全国最具实力城市台”“中国最具影响力区域广播电视台”等奖项，清远台两个电视频道也进入当地收视市场第一梯队之列，广播在本地区的市场份额达40%以上。与之相反，茂名等市广电台因为体制机制改革滞后，目前也与我市广电台一样，发展陷入困境。因此，要破解市广电台发展困局，首先要借鉴清远、长沙等市的经验，加快体制机制改革，进一步增强发展活力。一是实行集团化改革。在市广电台的基础上组建广电传媒集团，按照“事业单位、企业化管理、公司化运作”的模式，实行管办分离、宣传与经营“两分开”，既做好新闻舆论工作又做好产业经营。二是实行人事管理制度改革。实行事业编制、人事代理等身份固化入档，打破身份界限，全员聘用、双向选择、竞争上岗，实现从身份管理向岗位管理的转变，形成能进能出、能上能下的机制。同时，积极试行节目策划招标和制片人制等制度，逐步推行制播分离。三是实行分配制度改革。实行全员聘用后，按岗位定薪酬，岗变薪变，并推行按目标和任务管理的绩效考核，实现由平均分配向绩效分配的转变。四是实行财务管理体制改革。在市财政核拨的基础上，实行预算开支管理，财政在宏观上监控，微观上放活，给予市广电台更大的收支自主权。同时，推行对资产、负债、损益进行审计的财务审计办法。

（二）一手抓融合发展，一手抓产业经营。要把市广电台做强做大，必须顺应媒体传播发展趋势，要在全面提高传播力、影响力的基础上，大力发展产业经营。要按照《广东省推动传统媒体和新兴媒体融合发展实施方案》，继续推进交互式网络电视平台、无线韶关移动客户端APP平台、韶关广电媒资云平台等建设，打通并用好群众信息交流新渠道，推动广电传媒与新媒体融合发展。同时，要在进一步提高广告经营收入做大存量的基础上，大力拓展产业经营，做大增量。要加强与省内外城市台和我市各县级台的合作，开展传媒+旅游、传媒+剧院、传媒+培训、传媒+活动等多元化产业经营，不断提高产业经营收入占广电总收入的比重。

（三）加大财政等政策支持力度。一是剥离市广电台现有离退休人员116人，转为财政供养。清远台2005年就已将离退休人员全部转为财政供养，2005年后退休的人员则由社保负责，不足部分由台自筹解决。二是继续实施先缴后返政府调剂金财政政策，允许可经营性资产剥离注入集团，允许社会资本参股广电集团经营，鼓励引导机关企事业单位向市广电台购买宣传广告服务。三是支持改善广电办公用房问题，可通过无偿划拨建设用地或旧办公用地置换方式，并允许社会资本合资合作兴建广电大楼，改变全省21个地级市中唯一没有广电大楼的落后状况。同时，为满足芙蓉新区信号覆盖需要，建议市里在芙蓉山选址建设发射塔，把发射塔建设成类似“小蛮腰”“东方明珠”的韶关标志性景观。

破解市广电台发展困局，必须依靠全面深化改革。全面深化广电台改革是一项系统工程，需要宣传、文广新等部门积极参与，特别需要财政、人社、编办、审计、国土、规划、住建等部门通力配合，只有这样，才能推动我市广电事业振兴发展，把韶关广电台建成全国先进城市台。

文献专载·法规

韶关市国民经济和社会发展第十三个五年规划纲要

（2016年1月22日市十三届人大六次会议审议批准）
2016年10月

本规划纲要根据《中共韶关市委关于制定全市国民经济和社会发展第十三个五年规划建议》编制，主要明确“十三五”期间韶关经济社会发展的指导思想、发展目标、发展理念，谋划重大战略，部署重大任务，是战略性、纲领性、综合性规划，是政府履行经济调节、市场监管、社会管理、公共服务和环境保护职责的重要依据，是未来五年我市经济社会发展的宏伟蓝图。

第一篇　发展基础与发展环境

“十三五”时期（2016—2020年），是我国全面建成小康社会、实现第一个百年奋斗目标的决胜阶段，将为实现第二个百年奋斗目标、实现中华民族伟大复兴的中国梦奠定更加坚实的基础，我省将率先全面建成小康社会，迈上率先基本实现社会主义现代化的新征程。我市必须按照“四个全面”战略布局，围绕“三个定位、两个率先”总目标，牢固树立创新、协调、绿色、开放、共享的发展理念，大力实施主动融入珠三角总战略，推动改革创新、转型升级，保持经济中高速增长，实现提质增效、更可持续的发展，与全国同步全面建成小康社会，携手共建更加幸福美好的新生活。

第一章　发展基础

“十二五”时期，面对错综复杂的国内外经济环境，在省委、省政府的正确领导下，我市全面贯彻落实国家和省宏观调控政策，紧紧围绕绿色转型、振兴发展这一主题，坚持稳中求进工作总基调，着力推进稳增长、促改革、调结构、惠民生、防风险各项工作，积极应对困难挑战，经过艰苦努力，规划实施情况总体良好，在城市转型、体制改革、生态文明建设、民生改善等方面取得新成效，经济社会保持平稳发展，为“十三五”发展打下坚实基础。

——经济综合实力不断增强。全市地区生产总值2013年跃上千亿元新台阶，2015年达1150亿元，五年年均增长10%，比全省高1.5个百分点，与“十一五”时期年均增长12.7%相比，由高速增长向中高速增长转变较为明显。人均地区生产总值2015年达到39380元，年均增长9.4%，居全省山区市首位；地方一般公共预算收入和全社会固定资产投资五年累计完成354.2亿元、3134亿元。

——转型升级不断加快。产业结构由2010年的14：41.4：44.6调整为2015年的13.2：37.5：49.3，资源枯竭城市转型发展初见成效。农业经济稳步发展，农业增加值五年年均增长4.7%，增速稳居全省前列，农业现代化水平不断提高。新型工业化带动作用明显增强，七大支柱工业增加值占全市规上工业增加值比重达到58.24%，生物医药、电子信息、风电、稀土、铝箔等战略性新兴产业加快发展。服务业加快发展，现代服务业与先进制造业加速融合，生态旅游、现代物流、金融、电子商务等现代服务业规模不断壮大，服务业占GDP的比重达到49.3%。产业园区扩能增效加快推进，产业转移园规上工业增加值占全市比重达27%，比2010年提高16个百分点。莞韶对口帮扶成效明显，五年累计实际引进资金580.3亿元，年均增长23%。

——基础设施不断完善。综合立体交通网络建设初步形成，大广高速、赣韶铁路、广乐高速公路及其北连接线建成通车，韶关成为粤北首个、全省第四个拥有环城高速公路的城市，新增普通铁路117公里、高速公路327公里、改造国道省道743公里，完成农村公路硬底化2779公里，全面实现了县县通高速、村村通水泥路；2015年末，全市公路通车里程达到16131公里，公路网密度87.7公里/百平方公里。电源保障能力增强，韶能生物质发电两台3万千瓦机组和韶关电厂“上大压小”两台60万千瓦机组建成投产，全市电源装机总容量达到475万千瓦。水利基础设施建设成效明显，乐昌峡水利枢纽建成，南水水库供水工程动工建设，市区旧堤加固、水库除险加固、中小河流治理、中小型灌区改造等水利工程建设加快推进。

——城乡建设不断加快。《广东韶关芙蓉新区发展总体规划》获省政府批准实施，起步区建设明显加快，芙蓉新城五年累计完成投资96亿元，骨干道路已联网成环，城市总体框架基本成型；安置新村建设全面铺开，广东韶关实验学校（一期）建成办学，市民文化活动中心、盆景山公园等公建项目扎实推进，华南师范大学附属韶关中学建设启动，城市功能不断完善，芙蓉新城初具雏形。老城区提质加快推进，五年累计完成市区市政重点项目投资28亿元，市区北出口、南出口、西出口改造工程以及第四污水处理厂、工业西内涝整治等市政项目完工，莲花大道（东环线）建设加快推进，老城区交通设施日趋完善；百年东街建成开业，东环商贸城建设加快，“三旧”改造有序开展。2015年，市区建成区面积达到99.2平方公里，比2010年扩大了21.2平方公里；常住人口达到102.6万人，比2010年增加23.3万人。各县（市）县城、中心镇建设加快，规划建设了一批县城新区，城市面貌得到改善和提升，城镇化率达到54.3%，比2010年提高1.8个百分点。县域经济发展速度超过全市平均水平，占全市比重达53.6%，比2010年提高4个百分点。新农村建设稳步推进，完成农村危房改造9372户。

——体制改革不断深入。简政放权和职能转变步伐加快，初步构建实体大厅、网上办事大厅和掌上政务大厅“三位一体”的政务服务体系和12345投诉举报平台。2012年以来共取消调整行政审批事项552项，2015年市级保留行政审批项目比2011年底压减了48.92%。完成公务用车制度改革，事业单位分类改革全面完成，法治政府和服务型政府建设取得积极进展。商事登记制度、财税、金融、价格、国有企业等领域改革深入推进，现代市场体系不断完善。收入分配制度改革和社会治理体制创新稳步推进，民生和社会治理的制度体系进一步完善。

——生态文明建设不断强化。国家财政政策节能减排综合示范市、生态文明建设取得阶段性成效，省下达的节能减排任务全面完成。全市环境质量总体保持稳定，五年淘汰落后水泥产能508万吨、钢铁75万吨、蓄电池17.5万千伏安时、造纸4.2万吨，单位生产总值能源消耗和单位GDP水耗分别累计下降22.8%、32%。污染防治设施建设成效显著，2015年城镇生活污水集中处理率达到75%以上，市区生活垃圾无害化处理率为100%。碳排放权交易工作稳步推进。市区空气质量达标率达94.3%。森林覆盖率达到74.38%，居全省第一，城市人均公园绿地面积提高到12.5平方米。

——人民生活水平不断提升。城乡居民收入比、基层民主参选率等13项指标提前达到小康社会标准。2015年，城镇居民人均可支配收入、农村居民人均可支配收入分别达到23504元、11607元，五年年均增长11%、12.8%，城乡收入比缩小为2.025：1，城镇居民恩格尔系数下降到37.7%。2015年全市民生支出完成226.9亿元，占财政支出比重达80.6%，比2010年提高18.2个百分点。完成和基本完成2.41万套棚户区改造，基本完成原曲仁矿棚户区改造项目，初步形成市区主城区东部新组团。城镇登记失业率2.45%，全市养老、失业、工伤、医疗、生育保险参保人数稳步增长。累计落实扶贫开发“双到”帮扶资金21.5亿元，改建低收入住房困难住房9372户，搬迁“两不具备”贫困村庄202条。

第二章　发展环境

“十三五”时期，国际形势继续朝多极化、多元化方向发展，世界经济仍处在国际金融危机后的深度调整期，亚太地区总体繁荣稳定的态势不会改变，和平与发展仍然是时代主题，加快发展仍是我市第一要务，韶关处于人均生产总值向全国平均水平迈进的发展阶段，我市仍将处于大有作为的重要战略机遇期。

从国际上来看：

国际分工格局加快调整。美国通过“再工业化”政策吸引中高端制造业回流，欧盟推进“工业4.0”战略增强制造业竞争力，新兴经济体通过产业升级和对外直接投资，延伸产业链，向产业链高端扩展，低收入国家以成本优势加速吸引劳动密集型产业。在全球价值链重构过程中，国际分工不断深化，围绕高端产业或价值链高端环节的竞争与合作呈现新的态势。

科技革命和产业变革步伐加快。世界正在进入以信息产业为主导的新经济发展时期，信息技术将率先渗透到经济社会的各领域，未来可能在移动互联网与云计算、人工智能与先进机器人、3D打印、合成生物学与生物工程、页岩气技术、可再生能源技术、新材料等领域取得不同的突破，信息技术、生物技术、新能源技术、新材料技术等交叉融合引发的科技革命和产业变革将给人类生活发展带来新的变化，形成新的生产方式、商业模式和增长点。

国际秩序之争更趋激烈。全球投资贸易规则和国际政治格局酝酿新变化，围绕贸易规则和标准制定权的争夺更加激烈，金砖国家积极参与国际治理，20国集团、上海合作组织、亚洲基础设施投资银行等国际组织逐渐成为国际经济合作的重要平台，新兴经济体话语权不断提升。“跨太平洋伙伴关系协议”（TPP）、“跨大西洋贸易与投资伙伴关系协定”（TTIP）等新的区域投资贸易协定将对全球投资贸易格局产生重大影响。地缘政治和大国关系更加复杂多变，美国全球战略重心进一步移向亚太，我国周边环境中不确定、不稳定的因素增多。

从全国来看：

国内经济发展进入新常态。正从高速增长转向中高速增长，经济发展方式正从规模速度型粗放增长转向质量效率型集约增长，经济结构正从增量扩能为主转向调整存量、做优增量并存的深度调整，经济发展动力正从传统增长点转向新的增长点，呈现出一系列新特征。

消费、投资、出口呈现新转变。消费从模仿型排浪式消费阶段向个性化、多样化消费转变。投资机会从传统产业向基础设施互联互通领域和新技术、新产品、新业态、新商业模式转移，投融资方式不断创新。出口竞争优势依然存在，但低成本比较优势发生了转化，高水平引进来、大规模走出去正在同步发生。

产业组织方式、生产要素、资源环境、市场竞争呈现新特征。传统产业供给能力大幅超出需求，产业结构必须优化升级，企业兼并重组、生产相对集中不可避免，新兴产业、服务业、小微企业作用更加明显，生产小型化、智能化、专业化将成为产业组织新特征。要素的规模驱动力减弱，能源资源和生态环境约束日益趋紧，经济增长将更多依靠人力资本质量和技术进步，绿色低碳循环发展将成为经济发展新方式。市场竞争力将逐步从数量扩张和价格竞争转向质量型、差异化为主的竞争。

经济风险化解和资源配置模式呈现新方向。各类隐性风险逐步显性化，化解以高杠杆和泡沫化为主要特征的各类风险将持续一段时间。全面刺激政策的边际效果明显递减，既要全面化解产能过剩，也要发挥市场机制探索未来产业发展方向。

从全省来看：

我省经济社会发展进入重大转变时期，整体上将处于工业化发展后期阶段，转型升级进入转折期，有望迎来转型升级的“拐点”，将率先全面建成小康社会，迈向现代化建设新征程。新常态下，经济社会发展呈现出一系列新转变。发展速度上，从高速增长转向中高速增长；发展阶段上，人均GDP有望达到高收入国家标准，发展水平从中等收入迈向中高收入，进入跨越“中等收入陷阱”的关键发展阶段；发展动力上，从依靠规模扩张、要素驱动转向提质增效升级为主要特征的创新驱动发展；发展格局上，从主要依靠珠三角驱动向珠三角、粤东西北两大板块共同驱动转变；生态建设上，资源环境约束将更加趋紧，加强生态文明建设成为社会普遍共识，发展中重保护、保护中求发展成为必然选择；社会发展上，社会结构发生深刻改变，人民群众对保障和改善民生、促进公平正义、实现有效治理提出新的更高要求；全面深化改革、全面依法治省深入推进，治理体系和治理能力现代化水平将进一步提升。

第三章　发展机遇

“十三五”时期，经济社会进入新常态，加快发展面临难得的发展新机遇。

全面深化改革将释放新的发展活力。党的十八届三中全会就全面深化改革作出总体部署，涉及15个领域、330多项重大改革举措。广东省作为全国改革开放先行先试地区，深化改革各项工作走在全国前列。我市也出台了全面深化改革的实施意见，制定了一系列改革措施，随着新一轮改革的深入推进，我市要素市场、国有资本、社会管理、公共服务等重要领域和关键环节改革将不断深化，市场化、法治化、国际化营商环境将更加成熟，发展动力和活力将更加充足。

新一轮科技创新催生新的发展动力。当前，世界新一轮科技革命和产业变革蓬勃兴起、孕育突破，以信息技术为代表的新技术与产业发展深度融合，“互联网+”深刻影响经济形态变革，将催生出全新的生产方式和商业模式。国家大力实施创新驱动发展战略，广东省列为全国全面创新改革试验区，未来科技创新的支撑引领作用将更加凸显。我市有较好的产业基础，专利申请量、授权量连续10年居全省山区市首位。这一轮科技革命和产业变革与我市加快转型升级形成历史性交汇，大力实施创新驱动战略将成为我市经济社会转型发展强有力的助推器。

新的需求变化孕育新的发展潜力。随着新型工业化、信息化、城镇化、农业现代化“四化”协同推进，国内各类需求潜力进一步释放，将为“广货”提供更加广阔的国内市场，我市作为“广货北上”桥头堡，发展空间进一步拓展。同时，我市人均GDP已超过6500美元，进入了中等收入阶段，消费升级空间广阔，随着收入分配格局的逐步优化，居民消费能力将极大增强，消费将成为经济持续发展的一个主要增长点。新的需求变化，有利于我市加快推动产业结构转型升级。

国家和省政策支持注入了强大动力。“十二五”时期，国家将我市列为国家资源枯竭城市、财政政策节能减排综合示范市、生态文明先行示范区，给予一系列政策、资金支持，这些政策效应在“十三五”时期仍将持续发力。省委、省政府出台《关于进一步促进粤东西北地区振兴发展的决定》《关于进一步加快县域经济社会发展的决定》等一系列政策措施，在政策、资金等方面给予诸多扶持，大力支持韶关市芙蓉新区重大平台、“三大抓手”建设以及县域经济社会发展，为韶关实现振兴发展注入了强大动力。

珠三角强大的辐射带动力提供了广阔的融合发展空间。2015年，珠三角经济总量达6.2万亿元，人均GDP突破10万元大关，广州、深圳分别是国家中心城市和全国经济中心城市，对周边地区具有强大的辐射带动力。目前，我市已融入广佛肇+清云韶“3+3”经济圈，东莞对口帮扶持续推进，“十三五”时期，还将建成武深高速、汕昆高速、向西大通道、北江航道升级改造以及韶关丹霞山机场等重大交通基础设施，我市与珠三角的时空距离进一步拉近，交通区位、生态资源、产业基础等优势更加突显，接受珠三角地区强大的经济辐射带动的能力进一步增强，为我市与珠三角融合发展提供了广阔的空间。

坚实的发展基础提供了重要支撑。“十二五”时期，韶关经济社会保持平稳增长，产业基础更加厚实、区域交通优势更加明显、生态环境更加优美，发展基础和条件更趋优化，未来发展空间广阔。我市经济发展将进入新常态，只要我们正确认识新常态、适应新常态、引领新常态，准确把握新常态下重要战略机遇期内涵和条件的变化，保持战略定力，坚持问题导向，强化辩证思维和战略思维，充分利用并积极培育有利于经济社会持续健康发展的各种积极因素，经济社会将会继续保持平稳增长，完全有能力与全国同步全面建成小康社会。

第四章　面临挑战

“十三五”时期，韶关正面临转型升级的阵痛、资源枯竭的困境、环境治理的压力，加快经济发展面临新的挑战。

外部环境存在诸多不确定性因素。“十三五”时期，新常态下，经济运行潜在风险加大。经济增速放缓，高速增长时期掩盖的风险可能会进一步积累，部分中小微企业盈利能力下降、债务风险上升。财政增长的不确定性因素增加，但保障和改善民生、改善生态环境等刚性支出增长，各级政府财政支出的压力增大。实体经济风险和财政金融风险相互交织，加大了我市经济保持平稳增长的难度。

转型发展任重道远。“十三五”时期，推进产业转型升级、经济结构战略性调整更趋紧迫，还存在不少短板，相当一部分制造业和服务业还处于产业链的低端环节，创新能力不强，缺乏核心技术和自主品牌，面对未来更趋激烈的高端制造业和服务业竞争将处于劣势。随着人口红利的逐步减弱、各种要素成本上升，改造提升传统产业的任务将十分紧迫。

深化改革进入攻坚期。“十三五”是全面推进深化改革的关键期，也是全面完成改革任务的重要时期。重点领域、关键环节的各项改革已进入“深水区”，人民群众对改革的要求更高、期望值也高，深化改革进入攻坚期，时间紧，任务重。

区域竞争更加激烈。韶关地处广东的粤北山区，是珠三角连接内陆的桥头堡，“十三五”期间，与江西的赣州、湖南的郴州以及粤东西北地区在产业布局、招商引资等方面竞争会更加激烈。同时与珠三角等先进地区相比，在人才集聚和科技实力等方面都有一定差距，竞争力也弱，亟需改善加强。此外，县域经济发展不平衡，城乡二元结构和城市内部二元结构矛盾凸显，推动城乡区域协调发展的任务十分艰巨。

生态环境保护与治理压力大、约束性强。韶关是国家生态功能区，是广东省的生态屏障，部分产业的准入门槛会提高。在经济快速发展的同时，我市部分地区开发强度过高，单位生产总值能耗依然较高，大气、水和土壤等环境污染严重，生态系统出现退化的趋势，长期积累的生态环境问题正在集中显现。随着社会发展和人民生活水平的不断提高，广大人民群众对生态文明建设的期望越来越高，我国承担的国际减排责任越来越重，国家相关约束政策越来越紧，我市节能减排和环境保护治理的压力将逐年增大，资源环境对经济社会发展的约束将更强。

社会领域矛盾多发期。目前，我市城乡居民收入总体水平仍然较低，人民群众日益增长的多层次需求与政府公共财力和公共服务供给能力不足的矛盾比较突出。同时，因为社会转型时期出现的社会不公、诚信缺失、道德滑坡等问题与各种社会思潮交织影响，社会治安、安全生产、食品药品安全、劳资纠纷等可能引发的矛盾和冲突不容小视，这些都对我市社会风险管控、社会服务管理和基层组织建设带来一定挑战。

总体来看，综合研判国内外形势和我市发展的机遇与挑战，“十三五”时期韶关面临的发展机遇大于挑战，是韶关加快转型升级、加快发展，与全国同步全面建成小康社会的重要机遇期。我们要增强机遇意识、忧患意识和责任意识，正确认识、主动适应、积极引领经济发展新常态，增强发展信心，强化责任担当，狠抓工作落实，进一步完善发展思路，明确发展定位，调整发展战略，抓住可以大有可为的重要战略机遇期，积极应对挑战，努力防控风险，奋发有为、锐意进取、攻坚克难，全力推进我市经济社会持续健康发展，开创全面建设小康社会新局面。

第二篇　总体要求和主要目标

第一章　指导思想

高举中国特色社会主义伟大旗帜，以马克思列宁主义、毛泽东思想、邓小平理论、“三个代表”重要思想、科学发展观为指导，全面贯彻党的十八大和十八届三中、四中、五中全会以及省委十一届二次、三次、四次、五次全会精神，深入贯彻习近平总书记系列重要讲话精神，按照“四个全面”战略布局，坚持发展第一要务，坚持创新、协调、绿色、开放、共享发展理念，坚持全面深化改革，以全面建成小康社会为总目标，以主动融入珠三角为总战略，以城市经济和县域经济为主战场，狠抓交通基础设施建设、中心城区扩容提质、产业园区扩能增效“三大抓手”，加快发展战略性新兴产业，推进传统产业转型升级，统筹推进经济建设、政治建设、文化建设、社会建设、生态文明建设，努力将韶关建设成为珠三角融合发展区、国家生态文明先行示范区、“一带一路”节点城市，确保与全国同步全面建成小康社会。

第二章 发展定位

——珠三角融合发展区。韶关将实施主动融入珠三角总战略，坚持在融入珠三角的大视野、大格局下谋划和推进各项工作，建立健全与珠三角地区对接合作机制，推进理念、交通、产业、市场、人才等全方位对接，促进与珠三角地区生产要素合理流动和资源优化配置，实现全面融入，加快推进建设“广佛肇+清云韶”经济圈，把韶关建设成为珠江西岸先进装备制造业产业带配套区、珠三角生态休闲区和珠三角连接内陆腹地桥头堡，努力构建与珠三角融合发展的新格局。

——国家生态文明先行示范区。韶关是广东省的绿色生态屏障，是国家发改委等六部委认定的全国首批国家生态文明先行示范区，“十三五”期间将继续推进主体功能区建设，优化国土空间布局，加强生态建设与保护，同时，改造提升优势传统产业，提高资源综合利用水平，大力发展生态农业、商贸物流、休闲旅游等绿色产业，构建绿色产业体系，打造经济发展、生态宜居、文明法治的国家生态文明先行示范区。

——“一带一路”节点城市。韶关历来是内陆腹地通往珠三角走向海上丝绸之路的重要节点城市。“十三五”期间，韶关将重点依托世界自然遗产丹霞山、禅宗祖庭南华寺、世界“过山瑶”瑶族祖居地、广府文化发祥地等开展人文交流，同时，加快建设连接湘赣和珠三角的快速便捷立体交通运输骨干网络，加强与广东自贸区的对接，加快发展跨境电商，推进粤湘赣商贸交流合作，加强与港澳乃至东南亚地区的商贸往来，积极参与海上丝绸之路建设，打造“一带一路”重要的人文联通、商贸流通节点城市。

第三章 发展理念

实现“十三五”时期发展目标，必须按照中央要求，牢固树立创新、协调、绿色、开放、共享的发展理念。

创新是引领发展的第一动力。必须把振兴发展的基点放在创新上，不断推进理念创新、产业创新、科技创新、环境创新和体制机制创新等各方面创新，让创新贯穿一切工作，让创新活力竞相迸发，让创新价值充分体现，不断增强经济社会发展新动力。

协调是持续健康发展的内在要求。必须正确处理发展中的重大关系，统筹推进新型工业化、信息化、城镇化、农业现代化，促进城乡区域协调发展，聚焦城市经济和县域经济两个主战场，促进经济与社会、物质文明与精神文明协调发展，不断增强发展整体性。

绿色是永续发展的必要条件和人民对美好生活追求的重要体现。必须坚持可持续发展，坚守生态底线，把生态文明建设融入经济、政治、文化和社会建设各方面和全过程，加快建设资源节约型和环境友好型社会，巩固广东绿色生态屏障，充分发挥生态独特优势，努力把生态优势转化为经济优势，促进人与自然和谐发展，建设绿色美丽韶关。

开放是繁荣发展的必由之路。必须增强开放合作意识，注重内外联动，坚持内外需并重、进出口并重、引资和引技引智并重、引进来和走出去并重，发展更高层次的开放型经济，构建开放发展新格局。

共享是中国特色社会主义的本质要求。必须坚持发展为了人民、发展依靠人民、发展成果由人民共享。努力提高农村公共服务水平，促进基本公共服务均等化，努力解决人民群众最关心最直接最现实的利益问题，使人民群众在共建共享发展中有更多获得感。

第四章 发展目标

综合考虑发展的现实基础和未来发展趋势，与经济新常态相适应，与全面建设小康社会任务相衔接，力争到2018年全市生产总值比2010年翻一番，到2020年人均GDP达到全国同期平均水平、城乡居民人均收入比2010年翻一番以上，小康指数达到97%。基本建立与珠三角地区融合发展的新格局，基本建立具有区域竞争力的现代产业新体系，基本建成功能完善的现代化新型城市，基本形成有利于加快发展的新机制，综合实力、竞争力和抗风险能力重大提高，人民物质文化生活明显改善，与全国同步全面建成小康社会。

——经济实力进一步增强。经济保持平稳较快增长，到2020年，全市生产总值约1800亿元（2010年不变价，下同），年均增长10%；人均生产总值约6万元，年均增长9%，达到全国同期平均水平；城乡居民人均可支配收入比2010年翻一番以上，年均增长9%；固定资产投资突破1300亿元，地方一般公共预算收入超过130亿元。

——经济结构优化升级。传统优势产业进一步巩固提升，新兴产业加快发展，形成钢铁深加工、先进装备制造、能源电力、大旅游、大物流、大农业、新材料和烟草食品药品纺织服装玩具等特色轻工业八大战略性支柱产业，基本建立具有区域竞争力的现代产业新体系，三次产业结构由2015年的13.2：37.5：49.3调整为10：41：49。消费、投资、出口协调拉动，价格总水平基本稳定。抵御风险能力进一步增强。

——创新能力不断增强。全市研究与发展经费支出占地区生产总值比重达到2%，每万人口发明专利拥有量4件，科技进步对经济增长的贡献率进一步提高，科技创新综合能力进一步增强。

——基础设施提速升级。加快现代综合交通运输体系建设，融入珠三角的大交通格局基本形成，全市新增高速公路307公里，改造国道省道743公里，通自然村公路硬化改造2000公里。能源、水利、环保、信息化等基础设施支撑保障能力明显提升，基本建成布局合理、结构优化、功能完善、运行高效的现代化基础设施体系。

——城乡建设稳步加快。到2018年，实现芙蓉新城“三年基本成城”目标，到2020年，芙蓉新区起步区主体功能形成，核心区初具规模，人口规模达到65万人，地区生产总值达到600亿元，人均地区生产总值达到9.2万元。老城区人居环境得到改善，城市品质明显提升，市区建成区面积达到120平方公里。各县（市）新区基本建成，城镇体系进一步完善，中心城区、县城、中心镇协调发展。新型城镇化稳步推进，全市户籍人口城镇化率达到50%，城镇化质量稳步提升，基本建成功能完善的现代化新型城市。新农村建设加快推进，全力打造美丽乡村。

——改革开放持续深化。重点领域和关键环节的改革取得突破性进展，符合科学发展要求的经济体制、行政体制、文化体制、社会体制等基本健全，基本形成有利于加快发展的新机制。开放水平不断提高，市场经济意识不断增强，对外开放和区域合作进一步深入，招商引资成效显著，营商环境更加优化，市场活力充分释放，区域竞争力明显提高。

——生态环境更加优美。资源节约型和环境友好型社会建设取得突破性进展，资源利用效率和环境质量显著提高，宜居城乡建设成效明显，人居环境明显改善，广东绿色生态屏障地位进一步巩固提升，珠三角北部生态休闲区建设步伐加快。单位生产总值能源消耗、单位生产总值二氧化碳排放以及主要污染物排放减少量达到省下达的约束性指标要求，空气质量优良率达到90%以上，耕地保有量不低于21.15万公顷，森林覆盖率达74.86%，建成全国生态文明先行示范区。

——法治建设深入推进。立法能力不断加强，有计划、分步骤制定一批地方性法规和政府规章。法治韶关建设取得明显成效，社会管理体制更加完善，服务型政府建设全面推进，基层民主更加健全，人民权益得到依法保障，人民生活更加尊严和体面，基本实现经济、政治、文化和社会生活的法治化。

——社会民生建设扎实推进。努力实现居民收入增长和经济发展同步、劳动报酬增长和劳动生产率提高同步。教育、文化、卫生、体育等社会事业全面发展，公共文化服务体系进一步完善，初步实现基本公共服务均等化，公民素质进一步提高。社会保障体系逐步健全，城镇职工基本养老保险人数达67万人以上，基本医疗保险参保率达98%以上。高中阶段教育毛入学率达到98%以上，九年义务教育巩固率达到95%以上。人口自然增长率控制在8‰以内，平均预期寿命达到78岁。社会管理更加完善，社会大局保持和谐稳定，防灾减灾和公共安全保障能力进一步提高。

第三篇　主要任务

立足经济发展新常态，主动融入珠三角，坚持创新驱动，以转变经济发展方式为导向，以保障和改善民生为出发点和落脚点，着力推进经济、政治、文化、社会和生态文明建设，推动经济保持平稳可持续发展和社会全面进步，努力实现与全国同步全面建成小康社会的宏伟目标。

第一章　主动融入珠三角
基本建立与珠三角地区融合发展的新格局

大力实施主动融入珠三角总战略，立足资源特色、发挥比较优势，加快区域合作平台建设，推进与珠三角地区全方位对接和全面合作，着力构建与珠三角地区优势互补、错位发展、互利共赢的新格局，将韶关打造成为珠三角融合发展区。

第一节　推动与珠三角地区全面对接

实施主动融入珠三角行动计划，建立健全与珠三角地区对接合作机制，积极融入“广佛肇+清云韶”经济圈，加强与珠三角地区在交通基础设施、产业、市场、经贸和社会民生领域的交流合作。

积极融入“广佛肇+清云韶”经济圈。抢抓“广佛肇+清云韶”合作发展新机遇，推动建立“3+3”交流合作机制，积极参与“广佛肇+清云韶”经济圈一体化建设，以产业分工协作为重点，不断拓宽合作的广度和深度，形成资源高效配置、要素自由流动、产业优势互补的发展格局，使我市成为“广佛肇+清云韶”经济圈中重要的增长极，实现互利共赢。

加强交通基础设施对接。积极利用国家和省加大基础设施建设的机遇，积极谋划和推进融入珠三角地区的交通基础设施项目，加快武深高速公路、汕昆高速公路建设进度，大力推进韶新高速公路、韶关至肇庆四会高速公路、北江航道扩能升级等项目前期工作，构建连接珠三角地区的快速通道，实现交通基础设施与珠三角地区的无缝对接，进一步拉近与珠三角地区的时空距离，为全面融入珠三角提供更加便捷的交通条件。

加强产业对接。建立产业转移区域合作机制，制定承接产业转移指导目录，明确产业承接发展重点，主动参与珠三角地区产业分工协作，接受珠三角地区的辐射带动。加大面向珠三角的招商引资力度，主动承接产业转移，加强在信息、新能源、新材料、生物医药、节能环保等战略性新兴产业创新合作，深化产业链分工合作，把韶关打造成为优势互补、协作配套的珠三角地区产业融合发展区。大力引进珠三角地区产业链项目和龙头项目，深化产业链分工合作，强化产业配套，加快形成特色产业集群。突出先进装备制造业等重点产业，着力打造珠江西岸先进装备制造产业带配套区。充分利用广东自贸区建设的“溢出”效应，抢抓承接自贸区产业转移的机遇，大力培育引进生产性服务业，建设自贸区大宗商品仓储基地和保税物流配套区，将韶关打造成广东自贸区企业在产业布局、商务配套、休闲旅游等方面的大后方。依托丰富的农产品资源，大力发展特色农业，建设面向珠三角地区的优质农产品供应基地。依托旅游资源和生态优势，大力发展生态休闲旅游，建设珠三角地区休闲旅游主要目的地。充分利用高铁、高速公路、航道、机场等交通网络，建设面向珠三角地区、辐射内陆的仓储物流基地，推动港口经济大发展。推进与珠三角在电子商务、下一代互联网、物联网、云计算及信息服务业等领域的交流合作，优化产业布局，改造提升传统产业，积极培育大型骨干企业，调整优化产业结构，构建现代产业体系，将韶关建成面向粤港澳的现代产业配套中心。

加强市场体系对接。坚持以市场为导向，完善资本、劳动力、技术、信息等市场体系，破除行政干预和地域壁垒，推进与珠三角地区金融服务、信用建设、信息资源、人才创新等全方位合作交流。加快与珠三角地区工商、质检、环保、信用等方面的互通互认，促进生产要素合理流动和资源优化配置。加强与珠三角地区信贷、金融市场交易等方面的合作，引导珠三角地区金融资本和社会资本参与我市投资。鼓励珠三角地区产权交易、股权交易机构在韶设立分支机构。

加强与珠三角地区旅游合作交流。积极推动与珠三角地区旅游一体化，建立公开透明的市场准入和运行规则，打破行业、地区壁垒，通过市场配置，加快旅游资源开发，鼓励跨地区连锁经营，加快建设无障碍旅游区。与珠三角地区联合打造旅游精品线路和旅游品牌，加快推进建设世界级观光旅游线路。完善与珠三角旅游合作机制，构建务实高效、互惠互利的区域旅游合作体，打造国内一流的旅游休闲基地。

加强与珠三角的经贸合作交流。推动与珠三角在金融、物流、信息等生产性服务业方面的深度合作，大力发展我市金融、物流、信息等现代服务业。探索建立与珠三角地区经济双向交流合作机制和产业互补发展协调机制。鼓励珠三角地区机构参与我市产业合作发展中心、产品展示展销中心等经贸交流合作载体建设，积极搭建承接珠三角地区产业转移的投资服务平台，加快形成与珠三角地区全方位、多领域经贸合作新格局。

推动社会民生领域的交流合作。加强与珠三角地区教育、医疗等领域的专业人才交流合作，多渠道多形式面向珠三角地区招才引智，推动人才交流共享。探索创新与珠三角地区知名高校合作办学的模式，引进高水平职业培训机构，开展职业技能培训合作办学。扩大开放医疗服务市场，积极引进珠三角地区社会资本和先进管理模式，多形式开办民营医院。推动我市与珠三角地区在产品质量认证、质量检测结果互认。推进社会管理体制机制创新，逐步推进与珠三角地区实现异地就医即时结算、医保关系转移接续、社保关系无障碍转移接续、公积金异地购房贷款。

第二节　加强区域产业合作平台建设

加快推进“一园一城七组团”、粤湘赣商贸物流基地、产业服务平台和民间文化交流平台建设，推动我市产业与珠三角地区产业的深度融合。

加快“一园一城七组团”建设。改革完善对口帮扶合作机制，重点围绕“一园一城七组团”帮扶合作平台的基础设施、产业服务平台建设和产业集聚，深化东莞韶关对口帮扶合作。一是推动我市与东莞方面合作设立园区投资开发公司，利用东莞的资金优势和产业园建设经验，按照利益共享的理念，共同把“一园一城七组团”建设成为基础设施完善、营商环境优越的产业发展平台。二是利用东莞产业转型升级的机遇，利用我市资源和区位优势，吸引东莞相关产业向我市产业园区转移，同时，推动与东莞开展联合招商，借助东莞的招商渠道，促进我市的园区招商。三是鼓励与东莞方面合作设立产业基金和创新研发服务平台、产品检验检测服务平台等，扶持园区内中小企业的发展壮大。四是鼓励与东莞方面合作设立创业基金、创业孵化器等，通过推动大众进驻园区创业，促进园区产业繁荣。

加快粤湘赣商贸物流基地建设。利用韶关至珠三角、湘南赣南地区的运输时间距离都在3小时以内的交通区位优势，以及我市土地资源丰富的优势，着力打造韶关丹霞山机场空港产业园、市区莲花大道（东环线）商贸物流产业带、粤北国际物流中心、韶关港、龙归物流园、黄沙坪创新园、乐村坪公路运输物流园区等七大商贸物流平台，吸引珠三角地区知名大型商贸物流企业进驻发展，将韶关建设成为：为内地商品销往珠三角、珠三角商品销往湘赣地区提供仓储和配送服务的粤湘赣商贸物流基地。

合作建设产业发展服务平台。推进与广州港集团公司的合作，加快建设韶关港，着力打造韶关无水港，完善提升韶关口岸的通关功能，降低企业的通关物流成本。推进广州超算中心在韶关建设分中心，建立服务于产业发展的大数据平台，全面提升面向企业的信息管理服务能力。鼓励我市有关机构与珠三角方面合作设立研发创新服务平台，通过加强与珠三角地区的协同创新，促进我市企业和产业和创新发展。

加强民间文化交流平台建设。发挥我市作为禅宗文化圣地、广府文化发祥地、客家人聚居地、世界过山瑶祖居地等人文资源优势，加强民间文化交流平台建设，促进我市与珠三角地区的民间文化交流。通过加深区域文化的认同，促进经济交流和产业合作。

第二章 加快基础设施建设
为经济社会发展提供基础支撑

加快推进交通、能源、信息、水利等重大基础设施建设，基本建成布局合理、结构优化、功能完善、运行高效的现代化基础设施体系，保持全市基础设施网络体系总体适度超前国民经济和社会发展需要。

第一节 推进综合交通运输体系建设

以“八高四铁二航”为主骨架，国省干线公路网、普通铁路和内河航道为支撑，高密度农村公路网为基础，运输枢纽港站为节点，构建公路、铁路、水运、民航、管道等多种运输方式衔接紧密的综合交通运输体系，将韶关打造成国家一级铁路枢纽和国家公路运输枢纽，使韶关成为推进泛珠区域合作和衔接西江—珠江经济带的重要支点。

——公路建设。加快建设汕昆、武深等高速公路，规划建设韶关经清远至四会高速公路、韶新高速公路，积极开展始阳高速公路、雄乐高速公路、武深高速公路与南韶高速公路始兴连接线、韶关丹霞山机场进场道路、南韶高速公路欧山互通立交等高速公路项目前期工作。加快推进G323、G106、G105线韶关境内改造，推进S244、S343、S258、S250线等省道主要公路干线的改造，积极推进省道升国道。到2020年末，高速公路里程超过800公里，密度超过4.6公里/百平方公里，基本实现市到县通高速公路，工业园区等重要节点15分钟内上高速公路。形成以韶关市区为中心，外联各市、内通各县的高速公路网，实现县县通高速，以国省道干线公路为主的区域干线网等级明显提高。

——铁路建设。规划建设韶柳铁路，力争“十三五”期间开工建设，形成跨赣、粤、桂的区域铁路通道。启动赣韶铁路复线项目前期工作，完善我市铁路运输网络。

——机场建设。加快推进韶关丹霞山机场项目前期工作，力争在“十三五”初期动工建设，早日实现韶关丹霞山机场复航；按照全省通用机场布局规划，重点推进长坝水上飞机机场项目建设。

——航道和港口建设。加快与铁路、公路相连接的运输枢纽港口码头建设。完成北江航道扩能升级工程，积极推动北江航道沿浈江向仁化县周田镇、始兴县江口镇延伸，沿武江向乳源县桂头镇、乐昌市乐城镇延伸，并按三级航道标准建设，提高北江、浈江、武江的航道等级。到2020年，高等级航道里程超过120公里。加快港口码头等相关配套设施建设。

——站场枢纽建设。打造粤北地区国家级公路运输枢纽。重点建设芙蓉新城综合客运枢纽、韶关东郊客运中心枢纽站、乐昌综合客运枢纽等多种运输方式零换乘的客运站，加快推进京广铁路韶关黄岗货场、韶关南郊8公里和北郊黄岗公交综合站场等项目前期工作。

——客运系统建设。长途客运线路进一步延伸，客运车辆数量稳步增加、车型更加现代化；农村客运方面，在全面实现农村客运“三个100%”的基础上，开拓一批新的农村客运线路，实现区域专营和规模化经营。

——货运系统建设。通过货运枢纽的建设和改造升级，建设与韶关城镇空间布局和工业、商贸产业布局相协调的区域物流、快递配送中心，夯实区域现代物流业发展基础，加速传统运输业向现代物流业的转变，完善铁路、水运口岸装卸点建设，充分发挥站场在物流运作中的节点作用，提供延伸服务和增值服务，培育第三方物流龙头企业，促进区域物流网络的形成。

——交通支持系统建设。在公路支持保障体系、水运支持保障体系和交通安全预警与应急处理等重点交通领域方面，加快交通科技创新，加快交通信息系统建设。加强交通运输安全管理，增强应急指挥调度能力。建设韶关市水陆空交通气象保障服务体系。

专栏 韶关市交通网络“八高四铁二航”	
八高	京港澳（原京珠）高速、乐广高速、南韶（原赣韶）高速、大广高速、汕昆高速、武深高速、韶关经清远至肇庆四会高速、韶新高速
四铁	京广铁路、京广高铁、韶赣铁路（含增建二线）、韶柳铁路
两航	北江航道、韶关丹霞山机场

第二节 加强电网和天然气管网建设

坚持“节约、清洁、安全”的战略方针，继续完善电网体系，完善西气东输管网体系，提高能源保障能力。

——继续完善电网体系。继续加强电网升级改造和建设，加快韶关北500千伏变电站建设，并新建、扩建一批220千伏变电站和110千伏变电站。优化电网结构，电网主网架逐步由内外双环网向“分区模式”过渡，增强电力分区供应和相互支援能力，促进电源电网协调发展，提升电网系统运行效率和安全保障水平。加强配电网络建设，逐步规范区内配电网接线模式，提高配电网供电能力和供电质量，开展覆盖城乡的智能、高效、绿色变电站建设。发展智能用电小区，加强电动汽车充电网络建设。全面提升输、变、配、用电的智能化水平，提高电网承接各类型电源接入能力和抗灾减灾能力，打造绿色智能电网。到2020

年，全市形成结构合理、安全可靠、先进节能、适度超前的现代化绿色电网。

——完善接用西气东输天然气管网体系。建成西气东输始兴分输站和市区门站，加快市区供气管网改造和扩建，加快建设西气东输管网至始兴、南雄、仁化、翁源等县（市）的支线管网建设，推进县城天然气管网建设，实现市区和有条件的县城使用经济、洁净的天然气。

第三节　加快信息基础设施建设

加快全市信息基础设施建设，完善信息基础设施布局，重点推进网络提质增速，增强信息基础设施服务能力。

加快信息网络建设。完善宽带、泛在、融合、安全的信息基础设施体系。实施“光网城市”工程，加快发展下一代互联网（NGN），推进骨干网、城域网、接入网、互联网数据中心和支撑系统的升级改造，提升城域网络综合业务承载能力，加快IPv4向IPv6业务迁移、推动IPv6宽带网络规模化商用。实施“村通光纤”工程，加快农村信息网络建设，缩小城乡宽带发展差距。加强信息基础设施的共建共享，开展频谱资源共享试点。

提升网络接入服务水平。全面提升宽带接入能力，大幅提高互联网网速，加快城市光纤入户和农村宽带网络建设，逐步实现光纤到自然村。加快下一代广播电视网络建设步伐，深入推进三网融合工作。推动第四代移动通信网络（4G）全覆盖，加大第五代移动通信技术（5G）研发力度，积极布局SG网络。加快推进无线宽带城市建设。借助无线技术延伸宽带网络覆盖面，实现全市公共服务区域无线局域网（WLAN）全覆盖。

推进城镇基础设施智能化。加快传感器、地理空间信息技术、卫星定位和导航技术、新一代信息网络技术在城镇化建设中的应用，推动基础设施智能感应、环境感知、远程监控等无线传感网络建设，形成全面覆盖的智能感知网络。深入实施韶关智慧城市建设，推进建设地理空间信息平台、智慧城乡空间信息平台等一批智慧城镇的信息基础设施。

提升信息技术应用支撑能力。发展互联网产业，重点在移动互联网、物联网、云计算、大数据、智能终端等新一代互联网技术领域进行开发应用。建设市电子政务云平台及韶关学院云计算平台、物联网实验室、韶关学院—中兴通讯ICT产教融合基地，建设粤北地区云计算数据中心（IDC），加快推进广州超算中心“天河二号”在韶关建设分中心，提升高性能计算、海量数据处理、信息管理服务能力。建设自主时空信息、移动互联网开放应用、宽带测速与互联网性能监测等平台，支撑互联网普遍应用和服务。

推进民生领域信息技术应用。加快推进信息惠民公共服务平台、应用项目建设，推进社会治理信息化建设。加快基层医疗卫生机构管理信息系统和省级卫生综合管理信息平台建设，建设覆盖城乡的电子健康档案和电子病历，提升互联网医疗服务，推广远程医疗和健康咨询保健智能应用。推进教育信息化一体化工程，推动优质教育信息资源开放共享和创新应用，加快发展远程教育。推进公共交通、食品药品、水电气、人口计生、环保、文化、城市管理等公共服务领域智能化，推进信息化便民服务。

深入推动农业信息化发展。加快农村信息化建设，推动电子商务进农村、电子政务连农民、信息技术兴农业。加强涉农信息资源整合，建设支撑“三农”发展数据库，逐步推动精准作业、智能控制、远程诊断、遥感监测、灾害预警、地理信息服务及物联网等现代信息技术在农业农村的应用。着力开展农产品网上贸易和溯源，推进阿里巴巴集团、唯品会、苏宁易购、京东商城等与县（市、区）合作开展县域农村电子商务试点，推动韶关企业在“特色中国·广东馆”上线交易，为有条件的县（市）建设淘宝“特色馆”；以雪印、华南农产品交易中心、农丰公司、中农批粤北商贸城等为龙头，全面实施“原产地直销计划”；建设网上农资交易平台，发展生鲜速递、特产专卖等农产品定制开发和深加工的互联网直销运营新模式；扩大“农家网店”规模，支持农民个体、农民专业合作社在线营销特色品牌农产品；建设食用动物、蔬菜监管溯源系统和食品监管溯源追踪管理网络平台。

推进生产服务体系信息化。构建面向企业供应链管理、交通、电力、环保、食品溯源、现代农业种养的物联网应用创新平台，设立面向中小微企业信息化服务和技术创新的云计算平台，建设面向企业经营管理及社会服务和管理的大数据挖掘应用平台和创新平台。支持和鼓励行业协会、中介组织开发深度加工的行业应用数据库，建立行业应用和商业服务大数据公共服务平台。

保障信息安全。增强电信网、广播电视网、互联网以及无线宽带网络的安全防护能力，加大无线电安全管理和重要信息系统无线电频率保障力度。加强对互联网网站、地址、域名、信息内容和接入服务单位的管理，规范互联网服务市场秩序。强化信息资源和个人信息保护，保障信息系统互联互通和部门间信息资源共享安全。强化企业、机构在网络经济活动中保护用户数据和国家基础数据的责任。支持信息安全技术研发，鼓励发展信息安全产业。

第四节　加强水利基础设施建设

落实“节水优先、空间均衡、系统治理、两手发力”的治水思路，加强水利基础设施建设，完善水利防灾减灾体系，增强城乡供水安全保障能力，探索水利管理与改革工作，提升水安全保障能力。

完善城乡水利防灾减灾体系。推进各项水利工程建设，基本建成全市城乡水利防灾减灾工程体系。加快推进全市66条纳入《广东省山区五市中小河流治理实施方案》中小河流治理工程建设。抓好病险水库除险加固工程建设，推进韶关罗坝水库枢纽工程、城市防洪体系的排涝站工程、中心城镇的乡镇防洪堤工程建设，切实增强城乡水利防洪减灾能力。到2020年，市城区防洪标准力争达到100年一遇，县级市城区防洪标准基本达到50年一遇，重点乡镇、重要村庄等防洪标准达至10—20年一遇。

增强城乡供水安全保障能力。优化水资源配置，着力加强水库库区的保护和综合治理，维持水库水质达标；加强饮用水源保护，保障人民群众饮水安全。调整部分水库功能和调度方式，逐步转为以防洪或供水为主。合理布局供水水源工程，注重构建应急供水备用体系，加快推进南水水库供水工程项目建设，提高市区供水安全保障能力。继续开展灌区续建配套和节水改造，有序推进中小型灌区改造。继续推进农村村村通自来水工程建设，到2018年全面完成村村通自来水任务，提高农村地区生产生活用水保障水平。

探索水利管理与改革工作。抓好最严格水资源管理制度落实，按照中央和省实施最严格水资源管理制度工作要求，修改完善《韶关市实行最严格水资源管理制度考核暂行办法》，进一步加强水资源管理与保护工作。探索推进水务改革，加强基层水管能力建设。完成全市水管单位体制改革任务，水管单位的公益性人员基本支出纳入当地财政预算，由当地财政进行核拨或核补，保证水利工程维修养护经费。继续实施《关于加强我市小型水库管理工作的意见》，将小型水库管理人员经费列入政府财政安排。积极探索成立农民用水合作组织等基层水管理方式。

第三章　以培育壮大八大产业为抓手
基本建立具有区域竞争力的现代产业新体系

以创新驱动推动工业转型升级，加强与珠三角地区产业对接，重点抓好“八大产业”发展行动计划的实施，提升传统优势产业，培育战略性支柱产业，着力打造若干个年产值500亿以上的支柱产业，基本建立具有区域竞争力的现代产业新体系。

第一节　全力推进新型工业化

实施新型工业化战略，改造提升传统优势产业，鼓励发展战略性新兴产业，进一步提高工业化水平。力争到2020年，先进制造业增加值占规模以上工业增加值的比重达35%，高技术制造业增加值占工业增加值的比重达4%以上。

大力发展钢铁深加工产业。以珠三角产业发展需求为导向，加快技术进步和产品结构调整，引进宝钢特钢的技术和产品，加快建设华南先进装备产业园，延伸钢铁产业链，以汽车零部件、紧固件、精密模具、机械制造等为重点发展方向，促进韶钢加快转型升级和结构调整，打造“宝特”品牌。用炼钢废渣、矿渣等生产建材产品，促进炼钢余热综合利用，努力构建钢材深加工产业集群和固（废）资源综合利用产业集群。大力发展板材个性化订单生产，加快建设韶关钢材产品交易和配送中心，实现钢铁产品在本地增值。联合珠三角地区积极申报国家级钢材产品质检中心等技术服务平台。到2020年，力争以韶钢为龙头的钢铁产业集群及相关产业配套项目年产值达到500亿元以上，建成我省重要的金属原材料供应基地。

大力发展先进装备制造业。把握国家和省实施《中国制造2025》《珠江西岸先进装备制造产业带布局和项目规划（2015—2020年）》的战略机遇，聚焦瞄准珠三角和东北、京津冀、沪宁杭、长株潭等地区的央企、上市企业、国内装备制造500强等重点企业，引进优势企业进驻韶关，加强产业协作，进一步优化装备制造业产业布局，发展资金技术密集、关联度高、带动性强的机械装备制造业，构建竞争力强的优势产业链。重点发展锻铸件、汽车零部件、液压油缸、模具等产品，支持发展汽车改装车、发配电设备、矿山工程机械、轻工机械等整机及成套设备生产，拉长补齐做强产业链。积极开展技术创新，依托韶关比亚迪、宏大齿轮、飞翔自动变速箱、东南轴承、正星车轮、韶配动力、富洋粉末冶金等企业，提高汽车变速箱、离合器配件、发动机配件等产品的自主开发能力和与珠三角企业配套协作水平。引导机械装备企业入园集聚发展，逐步建成机械装备总部经济基地。全面对接融入珠三角特别是珠江西岸先进装备制造产业分工体系，到2020年，力争装备制造产业年产值达到400亿元以上，初步建成具有自主创新能力的广东重要装备制造业基地和珠江西岸先进装备制造产业带韶关配套区。

大力发展能源电力产业。发挥能源电力资源优势，加强电源建设，安全发展核电，清洁高效发展煤电，有序发展气电，积极发展可再生能源、分布式能源站等。重点建设华电南雄2×35万千瓦“上大压小”热电工程、国粤韶关2×35万千瓦综合利用发电新建项目；积极推进始兴羊角山、雪风山、观音栋、都塘，新丰金竹、回龙、遥田，南雄犁牛坪、前岭、百顺，乐昌梅花、云祖峰，翁源县福岭、大腊岭，仁化长江以及乳源大布、游溪、县城周边等风电场项目；继续稳妥推进韶关核电500万千瓦、韶关电厂2×100万千瓦燃煤发电、乳源抽水蓄能电站、新丰抽水蓄能电站、新丰生物质发电、国粤乐昌低热值煤资源综合利用发电、国粤韶关综合利用发电（二期）等项目前期工作；积极开发太阳能资源，加快开展始兴、南雄、新丰、仁化、曲江、乳源等地区太阳能光伏发电项目前期工作，推进光伏发电、天然气分布式能源站等新能源项目建设。到2020年，全市电源结构合理，布局进一步优化，装机容量超过600万千瓦。完善接用西气东输天然气管网体系，推进天然气入户，积极推进华南地区国家成品油动员保障基地建设，力争到2020年能源电力产业产值达到500亿元以上。

大力发展新材料产业。依托现有产业基础，进一步延伸产业链条，发展新材料产业集群，打造各具特色的新材料产业园区或新材料产业基地。加快新丰稀土分离项目、稀土产业园建设，发展具有资源优势的ITO粉与稀土高新材料。支持发展环保有机新型涂料、特种油墨等精细化工产品，推进南雄精细化工、乳源氯碱化工、翁源华彩新材料、新丰环保涂料、始兴有色金属产业等园区建设。加快省认定的乳源铝箔产业集群省级示范区建设，以铝箔加工为龙头，化成箔、亲水箔为两翼，向上下游拉长产业链，促进铝箔产品多元化，使产品延伸到装备制造业的低压电器、微电子和电力电子器件、仪器仪表及自动化控制系统方面，加快乳源铝箔特色产业发展。结合韶关产业乃至珠三角地区产业发展态势，以电子信息材料、新能源材料为突破口，形成新材料开发、生产及加工产业集群式发展。支持乐昌发展锆材料、新型绝热隔音材料。到2020年，力争新材料产业产值达到500亿元以上。

大力发展特色轻工业。加强培育和扶持，发挥现有轻工业产业基础和产业发展资源优势，积极推进质量品牌建设，加快发展特色轻工业。力争到2020年，特色轻工业产值达到500亿元。

——稳定发展烟草产业。对接广州，争取广东省烟草专卖局（公司）和中烟公司支持，优化卷烟生产布局，加快推进韶关烟厂技改项目建设，提高现代化制造装备和工艺水平，提升卷烟产品档次，培育集种植、复烤、再造烟叶、卷烟生产、销售、物流于一体的烟草产业链条。发展烟草深加工产业、相应生产设备配套产业以及观光旅游产业。配合广东中烟集团500万大箱“双喜”发展规划的实施，提高韶关卷烟厂的生产能力。大力推进广东中烟物流基地建设，扩大韶关的烟草销售及物流能力。稳定烟草种植，发展集中烤烟，促进韶烟扩量提质，做大国润等烟草薄片项目，力争到2020年烟草产业产值达到150亿元以上。

——扶持发展纺织服装产业。加大纺织服装产业的招商力度，积极引进先进技术改造传统工艺技术设备，积极引进品牌服装制造、布艺家纺零售等纺织行业上下游高关联度产业，加快培育轻纺工业产业集群，推动形成完整的纺织服装产业链，打造粤北纺织服装生产基地。重点支持韶关顺昌布厂、广东新纺联纺织、翁源信达茧丝绸、始兴金兴茧丝绸、始兴赛洁无纺布科技、乐昌恒发纺织等企业发展高档服装面料、装饰用布、产业用布三大纺织产品；积极推进乐昌纺织服装产业发展基地、东盈服装生产基地、以纯服装韶关生产基地、广东东都实业有限公司等项目建设，努力把韶关建设成为粤北地区服装产业设计中心和纺织服装产业链集成中心。支持基业创新时装、天山制衣等企业，开发生产高档服装、内衣系列产品，创造品牌发展优势和持续竞争能力。力争到2020年，纺织服装产业产值达到80亿元，形成一批在面料技术和清洁生产方面具有行业先进水平的纺织服装企业。

——积极发展食品饮料产业。加强与省食品协会和制造业协会合作，建设食品加工制造业和食品机械设备制造业两大产业基地以及食品安全公共信息和食品质量检验中心两大服务平台，打造食品产业集群。支持翁源慧园粮油、南雄金友、始兴江茂源和中江农业、乐昌中健行、新丰云髻山、仁化富然农科、乳源宝华以及青岛啤酒等企业，以大米、山茶油、乳饮料、黄酒、啤酒、茶叶等为主要产品，积极发展绿色食品、新型特色食品、功能性食品、保健食品等新特产品。重点支持曲江娃哈哈、康师傅、王老吉、青岛啤酒等食品饮料企业做强做大，打造曲江食品专业园。力争到2020年，食品工业总产值达到100亿元以上。

——培育壮大生物医药产业。利用丽珠利民制药厂的中药研发和新药开发优势，发展中药针剂、抗肿瘤药物等现代中药和生物医药，加快推进参芪扶正注射液先进生产质量控制技术的综合示范应用等项目建设，打造新型中药研发生产基地。依托乳源东阳光药业公司、丹霞生物制药公司、翁源青云山制药厂等企业，大力发展生物培养和拟生态条件下规模化种植的濒危稀缺、名贵中药材，逐步建立以生物制药、血液制品、现代中药、名贵药材种植、保健食品等几大领域协调发展的产业格局。加快建设乳源东阳光生物制药园和东莞（韶关）产业转移园医药科技园等制药产业专业园区，着力引进一批生物工程、医药生产企业和研发机构，引导现有制药企业在韶设立研发中心、教育学院和中试基地，形成集生物医药创新、制造、流通和服务一体化的产业链条，不断培育壮大生物医药产业集群。力争到2020年，生物医药产业总产值达到70亿元以上，形成一批国内领先、具有较强市场竞争力的知名企业和品牌。

——继续发展玩具产业。充分依托韶关已经形成的玩具制造产业基础，主动对接珠三角，坚持自主培育与积极引进并重，引进知名玩具企业到韶关投资设厂，提升玩具产业技术水平，壮大玩具产业集群的规模。坚持主导企业与上下游配套企业发展并举，大力促进玩具开发与创意设计产业相互融合，结合文化发展，建设玩具市场，以市场力量带动上下游配套企业发展，不断延伸玩具产业链，激发规模聚焦效应，把韶关市建设成为集研发、生产制造、销售于一体的广东省重要的玩具制造基地。以旭日、镇泰、万达等企业集团为龙头，重点发展塑胶、电子电动、模型、益智、合金、毛绒等6个主导品系。支持发展玩具包装印刷、精细加工、电镀、小五金、模具、锌铝合金等6个配套品系。力争到2020年，玩具产业产值达到100亿元以上。

改造提升传统优势产业。大力推进传统产业内部重组融合，传统产业与高新技术产业、网络经济和创意产业融合，围绕有色金属、建材等传统优势产业，推动全市工业企业新一轮技术改造，鼓励企业引进先进技术装备，加强消化吸收再创新，形成自主知识产权和拥有核心关键技术，实施工业生产数字化和自动化，提高生产效率。

——做强做大有色金属产业。充分发挥我市有色金属资源优势，挖掘以铅、锌、铜、钨矿为主的产业链价值，积极推进锌铝合金加工产业发展，做大有色金属产业集群，加快“中国锌都”建设步伐。积极争取中金岭南等大型企业加大投资力度，推进韶关冶炼厂升级改造搬迁、丹霞冶炼厂二期、三期等项目进度，加快始兴有色金属深加工基地、仁化有色金属循环经济产业基地、大宝山330万吨/年铜硫资源综合利用示范基地建设，支持打造集生产、加工、研发、交易于一体的有色金属产业链条，建设省火炬计划韶关有色金属材料特色产业基地。支持建设资源回收、清洁生产、节能降耗和循环经济等项目，发展区域有色金属回收交易市场。到2020年，力争有色金属产业集群年产值达到300亿元以上，将韶关有色金属产业基地打造成华南地区乃至国内有色金属产业示范型基地。

——发展新型建材产业。按照“控制总量、调整结构、提高质量、保护环境”的原则，支持水泥生产企业做大做强，大力发展预拌水泥混凝土、预拌水泥砂浆、水泥混凝土建筑构件和工程预制件，提高水泥应用的工厂化加工率。加快南雄彤置富水泥项目、台泥（韶关）水泥生产线及配套生活垃圾处理设施项目建设。支持新丰越堡、翁源中源、乐昌中建材及永威混凝土、建成混凝土等企业实施技术改造和产品升级。大力推行清洁生产，开发节能、高效、环保的窑炉及配套技术，推广燃料改造和烧成新工艺，解决陶瓷生产的能耗和污染问题。提高优势特色产品的质量和档次，大力发展日用陶瓷、卫浴陶瓷和建筑陶瓷等。重点支持新丰建设现代建陶产业基地。力争到2020年，新型建材产业产值达到150亿元。

第二节　大力发展现代服务业

积极对接珠三角市场需求，创新服务业发展思路，大力发展大旅游、大物流，稳步发展金融业，培育发展新兴高端服务业态，实现服务业发展提速、比重提高、水平提升。到2020年，服务业增加值占GDP比重达到49%。

大力发展大旅游。树立旅游旺市、旅游富市理念，紧紧围绕发展大旅游的目标，组织编制大旅游发展规划，深化旅游管理体制改革，充分利用旅游发展专项资金和旅游交通公路建设引导资金，大力推动旅游景区景点开发、配套基础设施和服务设施建设，按照“旅游产业社会化、社会产业旅游化”的理念，全力推动一、二、三产业与旅游业的融合发展，将韶关建设成为珠三角生态旅游休闲区和国家旅游产业集聚区。努力实现“十三五”期间接待游客人次年均增长13%以上，旅游收入年均增长15%以上，到2020年，4A、5A级景区达到15家，力争全市接待游客达到6000万人次以上、旅游总收入达到600亿元以上，旅游总收入对地区生产总值的贡献率达15%以上，实现旅游业的跨越发展。

——完善旅游基础设施。加快推进南华寺至丹霞山、“九龄故里·百里画廊”等项目建设，加强连通景区道路和停车场建设，完善城市及国道、省道至A级景区连接道路的旅游公路网，完善韶关境内旅游标识解说服务系统。建设环丹景观大道和游憩道路，加强城市与景区、景区与景区之间交通设施建设，打通旅游“毛细血管”，加快实现从机场、车站、码头到主要景区公路交通无缝对接。加大景区和乡村旅游点停车位建设力度，加强景区气象灾害监测、预警设施建设。与珠三角联合建设旅游综合自助服务平台，完善城市旅游咨询中心和集散中心。在3A级以上景区、重点乡村旅游区以及机场、车站、码头等建设旅游咨询中心。依托京广高铁韶关站、韶关丹霞山机场、乐昌高铁站等区域性交通枢纽，建设布局合理、功能完善的游客集散中心，完善交通、住宿、购物、娱乐、信息服务等设施配套，服务丹霞山、南华寺等著名景点的游客需求。力争到2020年，实现重点旅游景区、旅游线路、旅游商品等咨询服务全覆盖。

——推进旅游产业集聚发展。实施不均衡发展战略，引进战略投资者，全力推进“大丹霞、大南华、大南岭、大珠玑、大马坝”旅游区建设。加快环丹霞山旅游产业园“六个园区、八个结点”建设，引导旅游产业集聚，培育发展综合性旅游产业园。加快南华寺扩容建设，以“禅宗祖庭”南华禅寺为中心，“禅宗文化圣地”“马坝人遗址”两大品牌为基底，开发集艺术创作、动漫创作、祈福文化旅游用品、禅修养生文化于一体的禅宗文化旅游产业链，创新引入新业态，活化禅宗文化，丰富旅游体验性，打造“中国第一祈福名城”品牌。以南岭国家森林公园、广东大峡谷两大景区为核心，联合南水湖、天井山森林公园等生态资源，加快建设南岭—大峡谷生态旅游区。以车八岭国家自然保护区、始兴北山梯田竹海等自然资源打造生物考察、骑行体验、摄影探险生态旅游目的地。以姓氏文化为底蕴，创意文化为特色，完善寻根问祖、民间艺术、文化创意、游览观光等功能，推出姓氏文化祭祖产品体系，加快建设大珠玑文化创意产业园。加快“九龄故里·百里画廊”、经律论文化旅游小镇、云髻山综合旅游等项目建设，推动新型城镇化建设与现代旅游产业发展有机结合，到2020年建设一批集观光、休闲、度假、养生、购物等功能于一体的全国特色旅游城镇和特色景观旅游名镇，培育一批收入达亿元以上的旅游企业。

——大力开发休闲度假旅游产品。重点依托现有旅游设施和旅游资源，建设一批高水平旅游度假产品和满足多层次多样化休闲度假需求的国民度假地。加快推动“三江六岸”城市休闲旅游项目建设，鼓励发展休闲街区、城市绿道、骑行公园、慢行系统，拓展城市休闲空间。支持重点景区积极发展印象六祖等旅游演艺节目。解读韶关旅游符号，积极发展生态旅游、乡村旅游、文化旅游、自驾游、老年旅游、户外旅游、养生健康旅游等旅游业态。依托自然和文化遗产资源、红色旅游景点景区、大型公共设施、知名院校、科研机构、工矿企业、大型农场开展研学旅行，支持建设一批研学旅行基地。立足南岭资源特色和生态环境优势，突出乡村生活生产生态特点，积极发展民宿和农家乐，深入挖掘乡村文化内涵，开发建设形式多样、特色鲜明、个性突出的乡村旅游产品。开发南岭特色气候景观旅游项目。

——丰富提升特色旅游商品。扎实推进旅游商品的大众创业、万众创新，鼓励市场主体开发富有特色的旅游纪念品，丰富旅游商品类型，增强对游客的吸引力。加强产学研结合，培育一批旅游商品研发、生产、销售龙头企业，加大对老字号商品、民族旅游商品的宣传推广力度。加快实施旅游商品品牌提升工程，推出地方特色旅游商品系列。鼓励优质特色旅游商品进驻主要旅游购物区和城市大型商场超市，支持在线旅游商品销售。

——着力改善旅游消费软环境。建立健全旅游产品和服务质量标准，加大旅游从业人员培训，规范旅游经营服务行为，提升宾馆饭店、景点景区、旅行社等管理服务水平。大力整治旅游市场秩序，严厉打击虚假广告、价格欺诈、欺客宰客、超低价格恶性竞争、非法“一日游”等旅游市场顽疾，进一步落实游客不文明行为记录制度。健全旅游投诉处理和服务质量监督机制，完善旅游市场主体退出机制。深化景区门票价格改革，调整完善价格机制，规范价格行为。大力弘扬文明旅游风尚，积极开展旅游志愿者公益服务，提升游客文明旅游素质。

——积极发展“互联网+旅游”。积极推动在线旅游平台企业发展壮大，整合上下游及平行企业的资源、要素和技术，加大线上线下旅游营销力度，形成旅游业新生态圈，推动“互联网+旅游”跨产业融合。支持有条件的旅游企业进行互联网金融探索，打造在线旅游企业第三方支付平台，拓宽移动支付在旅游业的普及应用，推动境外消费退税便捷化。加强与互联网公司、金融企业合作，发行实名制国民旅游卡，落实法定优惠政策，实行特惠商户折扣。放宽在线度假租赁、旅游网络购物、在线旅游租车平台等新业态的准入许可和经营许可制度。到2020年，全市4A级以上景区和智慧乡村旅游试点单位实现免费Wi-Fi（无线局域网）、智能导游、电子讲解、在线预订、信息推送等功能全覆盖，在全市打造50家以上智慧景区和智慧旅游乡村。

——加强旅游宣传推介。围绕“岭南风度，禅韵韶关”的主题，深度挖掘禅宗文化、珠玑文化、九龄文化和丹霞地貌自然资源内涵，设计旅游形象口号，大力开展联合营销，打响“世遗丹霞”“传奇禅宗”“十泉十美”“生态岭南”“乐美乡村”“七彩游线”“围楼之乡”“九龄故里”等品牌。积极举办各类韶关旅游节庆活动推介会。坚持联合营销，整合旅游营销的资源和生产要素，树立韶关旅游的整体形象，推介城市形象。创建智慧旅游城市，建设韶关智慧旅游信息服务推广平台；启动全市智慧旅游景区试点工作。

——推进旅游管理体制改革创新。优化休假安排，落实职工带薪休假制度。鼓励错峰休假、弹性作息。加大政府支持力度，设立市旅游产业发展基金，支持企业通过政府和社会资本合作（PPP）模式投资、建设、运营旅游项目。加大对重点旅游景区、生态旅游开发和乡村旅游扶贫等旅游基础设施和公共服务设施的支持力度。落实差别化旅游项目用地政策，对投资大、发展前景好的旅游重点项目，优先安排、优先落实土地计划指标。拓展旅游企业融资渠道，支持符合条件的旅游企业上市，鼓励金融机构加大对旅游企业的信贷支持。加快丹霞山景区管理体制改革，推进丹霞山锦江段旅游项目综合整治。

大力发展大物流。树立大物流发展理念，编制物流业发展规划，加快韶关丹霞山机场空港产业园、市区莲花大道（东环线）商贸物流产业带、粤北国际物流中心、韶关港、龙归物流园、黄沙坪创新园、乐村坪公路运输物流园区等七大商贸物流平台建设，将韶关建设成为粤湘赣商贸物流基地。

支持传统专业市场升级，打造“专业市场+电商+物流”的商业模式，推进城市大型综合体差异化发展，重点建设社区商业，积极引导农村商贸向中心镇集聚。依托交通枢纽中心的优势，加快发展第三方物流业，重点建设现代物流公共服务平台，引进大型商贸企业和知名物流企业，着力培育物流龙头企业。壮大提升专业市场，发展若干个大型化、高档次的专业批发市场，打造区域性物流商贸中心，重点加快推进韶关市鑫金汇财富中心、粤北国际物流中心、广东中烟韶关物流基地、华南农产品交易中心、韶关快递物流专业园区、中农批农产品电商物流商贸城、始兴现代仓储物流园、七里香黄岗粮油物流园、新丰横江商贸物流城、翁源官渡物流产业园等项目建设。加快建设韶关港，着力打造韶关无水港。深入推进万村千乡、农超对接、快递下乡工程，加快发展现代信息服务业，完善城乡市场网络。到2020年，培育业务收入超亿元的物流企业10家以上，将韶关市建成服务于粤、湘、赣三地的华南区域性物流节点，基本形成现代大物流格局，物流业产值达到500亿元以上。

大力发展金融业。扩大金融业对内对外开放，建立健全多层次的金融体系，提升金融业对经济社会发展的服务水平。

——着力发展多层次的资本市场。加大企业上市培育力度，完善扶持政策，按照“政府引导，政策扶持”的原则，充分发挥政府在推动企业上市过程中的引导作用，帮助企业解决改制上市过程中遇到的困难，引导和支持企业在境内外交易所上市融资。加大宣传力度，推进企业进入中小企业股份转让系统、省内各股权交易中心挂牌融资。探索设立不同类型的发展基金，为企业创新发展提供金融动力。加大债券市场产品创新力度，鼓励上市企业发行公司债券和可转换债券，支持企业在银行间债券市场发行短期融资券、中期票据等。

——完善促进金融发展的体制机制。建立政府职能部门与金融机构沟通协作的机制，加强货币信贷政策、财政政策、产业政策的协调配合，为金融发展提供稳定的市场预期。建立重大项目推介及资金需求资料库，定期向金融机构发布相关产业政策，通报重点项目的建设进展情况，形成银企对接的良性机制。制定加强和改进信贷管理、优化信贷结构的政策措施，对金融机构开展执行信贷政策效果导向评估。运用税收和财政贴息等手段，引导金融机构大力支持符合国家产业政策和市场准入条件的工业重点项目、地方特色工业、农业产业化项目和第三产业发展。

——加大重点领域的金融支持。围绕全市“三大抓手”“八大产业”以及社会民生等重点领域，探索建立旅游产业发展、科技风险投资基金、农业产业、基础设施建设等各类基金，强化金融支持。引导金融机构创新交通基础设施项目的信贷管理模式，推动金融机构通过中长期固定资产贷款、银团贷款、经营收益权质押贷款等方式，加大对交通运输网络建设的信贷支持。创新中心城区扩容提质和新型城镇化建设的投融资方式，支持民间资本通过公共私营合作制（PPP）等商业模式，参与城市建设。加大对产业园区的金融支持，积极申请运用广东省产业园区基础设施扶持资金，通过贷款贴息、信用担保方式，引导金融机构增加对园区基础设施建设的信贷支持，推动发展前景好的园区经营主体利用资本市场工具进行融资。支持新型工业化发展，引导金融机构根据韶关特色工业产业集群的特点，向工业企业提供融资、结算、资金管理、债券承销、财务顾问等综合金融服务。完善财政扶持政策，通过股权投资、贷款贴息、融资担保等手段，促进工业集聚发展。支持旅游产业发展，引导金融机构为旅游基础设施建设、景区开发、宾馆酒店建设、旅游消费等提供优质金融产品及服务。大力发展绿色金融，依托韶关生态资源禀赋，制定绿色金融发展规划，鼓励金融机构引入绿色信贷产品，加大对碳汇林业、节能环保等产业的信贷投入，打造韶关新型生态增长极。加快推进金融IC卡在社会民生领域应用，突出金融IC卡在“吃住行游购娱”旅游产业链中的作用，并逐步在其他公共服务领域行业推广金融IC卡小额快速支付业务。

——加快农村金融业发展。积极探索农村金融综合改革，加快推动农村信用社改制为农村商业银行；促进农村互联网金融发展；创新农村贷款机制，积极推动村镇银行、农村小额贷款机构、农村资金互助合作组织等新型农村金融机构试点，充分发挥民间金融的作用；积极推动设立涉农类产业投资基金（公司），探索林权市场、土地银行等试点，建立农户利用土地经营权作为抵押到银行贷款等制度，争取设立大宗农产品期货市场交割点，积极争取农村金融机构开展综合经营试点等。逐步形成专业分工合理，商业性金融与政策性金融功能定位准确，激励竞争与强化服务结合，规范制度与创新发展并重，有助农村社区建设和农民创业、有利金融机构做精做强与“三农”共同发展的、多层次的农村金融体系和广覆盖、强功能的农村金融服务能力，着力解决“三农”融资难的问题。推进金融“村村通”工程，建设农村征信系统，建立农村金融服务站，推广非现金支付工具。

——创新金融服务。大力发展产业金融、绿色金融、科技金融和普惠金融。规划建设金融商务区，吸引各类金融组织来韶设立分支机构。发展地方法人金融机构，支持民间资本依法发起设立中小型银行、消费金融公司、金融租赁公司。支持中小企业信用担保机构发展业务，增强担保能力。完善保险经济补偿机制，落实巨灾保险制度，构建农业保险体系。大力推动社区金融服务体系，借鉴先进地方社区金融服务站经验，发展“一站式”基础金融服务，推广设立网上“金融超市”，加大“互联网+”金融领域的创新力度。

保持房地产业和建筑业平稳健康发展。从供需两端发力，加快化解房地产库存。制定实施非城镇户籍人口在城镇落户方案，落实户籍制度改革方案，加快农民工市民化，满足新市民住房要求，稳定房地产市场。促进房地产业兼并重组，提高产业集中度。引导社会资本参与保障性住房购建和运营管理，积极支持棚户区改造。取消过时的住房消费限制性措施，落实国家和省促进房地产业发展的鼓励措施，促进放低产业健康发展。着力提升建筑企业竞争力。积极争取措施，培育壮大建筑施工企业队伍，支持建筑施工企业晋升资质等级，鼓励我市建筑施工企业开拓外地市场，不断推动我市建筑业发展壮大。

培育发展新兴服务业。促进制造业与新兴服务业相互融合、互动发展，在巩固发展教育培训、会计、审计、法律、咨询、评估等中介服务产业的基础上，不断拓展新型服务领域，突出发展养老服务业、健康服务业、会展业、社区服务业。

——养老服务业。培育发展养生养老服务业，充分利用优美的自然山水和良好的生态环境，建设疗养、保健、休闲等服务设施，加快相关保健医疗服务机构发展，提供养生、养老、康复医疗等高端健康服务，发展以养生养老为主题的现代服务业，推动和完善养老院、老年活动室、老年人日间照料中心等养老设施建设，鼓励社会资本兴办规模化、连锁化养老服务机构。

——健康服务业。推动以健康管理、医药保健、体育健身、健康文化、健康旅游为重点的综合健康服务联动融合发展，形成医药产品、医疗及康复器械、健康管理服务等领域为重点的健康服务产业集群。大力发展医药连锁、医药物流、医药名店，方便群众购药。

——会展业。通过整合资源，成立专业会展机构，统一承办、组织各种会展活动，采取政府推动与市场主导结合，鼓励企业“走出去”和“请进来”，打造韶关特色的会展经济，培育新兴经济体和经济增长点，为企业提供宣传、拓展市场空间、沟通信息平台，加快经济发展转型升级，真正使会展经济起到“助推器”的作用。

——社区服务业。重点发展医疗保健服务、家政服务、托幼服务和市政公用事业，满足居民生活多层次需求，发挥社区基础平台作用，加强社区公共服务组织、专业服务机构建设，扶持社区商业发展，鼓励发展社区组织和社会组织非营利性服务，为社区服务业提供良好的发展环境。

大力发展港口经济。推动交通网络与经济发展的融合，依托韶关丹霞山机场、铁路公路枢纽、港口码头、北江航道等，科学编制港口建设规划、港口经济区发展规划和空港产业园发展规划，明确功能定位和产业定位，依托韶关丹霞山机场及长来镇、桂头镇规划建设韶关丹霞山机场空港产业园。积极打造高铁经济、航道经济、航空经济和高速公路经济等，推动港口、城市、产业的联动发展和集群发展，最大限度地发挥交通基础设施对经济社会发展的拉动作用。依托韶关港，加快保税仓储等海关特殊监管区域建设，将港口优势与保税仓储等海关特殊监管区域政策、少数民族地区经济发展政策等优势有机结合起来，实现港区联动、一体运作，促进韶关经济外向发展。力争到2020年，港口经济产值达到300亿元以上。

第三节　大力发展大农业

对接珠三角农产品市场，加强农业科技创新驱动，提高农业综合生产能力，培育地方特色的优势农产品品牌，逐步实现传统农业向特色农业、高效农业和生态农业的转变，将韶关建成特色农产品主产区、港澳和珠三角地区优质农产品供应地。到2020年，大农业产值达到500亿元以上。

提高农业综合生产能力。按照统筹规划、分工协作、集中投入、连片推进的思路，拓宽资金渠道。加大投入力度，大规模改造中低产田，建设旱涝保收高标准农田。加快大中型灌区、排灌泵站配套改造，新建一批灌区，大力开展小型农田水利建设，增加农田有效灌溉面积。实施“科技兴粮”战略，推行“互联网+粮食+公司+农户”的粮食发展方式，加强新增千亿斤粮食生产能力规划田间工程建设，开展农田整治，完善机耕道、农田防护林等设施，推广土壤有机质提升、测土配方施肥等培肥地力技术。完善高标准农田建后管护支持政策和制度，延长各类设施使用年限，确保农田综合生产能力长期持续稳定提升。力争到2020年，全市耕地保有量达到22.5万公顷，其中高标准基本农田达到12.53万公顷，经整治的基本农田质量平均提高1个利用等级，土地综合生产能力明显增强。

积极发展现代生态高效农业。突出抓好100万亩优质蔬菜、100万亩优质稻、350万头生猪和5000万只家禽、150万亩乡土珍贵阔叶树、350万亩速生丰产林为主的特色经济林、100万亩特色精品产业基地建设。力争五年内优质稻、优质蔬菜、生猪、家禽、优质鱼、优质水果、蚕桑发展成为农业支柱产业，建成优质农产品生产加工基地和承接珠三角地区农业产业转移优选之地。

大力发展生态休闲观光农业。充分发挥农业和旅游两个行业的优势，将韶关丰厚的人文底蕴、多样的自然景观与现代特色农业发展相融合，构建以休闲、度假需求为主要功能，包括果蔬采摘、特色餐饮、乡村休闲、农事体验、乡村娱乐、科普教育等多种产品组合的高水平农业观光项目，培育休闲观光旅游龙头企业或社区，使观光农业成为韶关农业的新兴支柱产业。以“农业科技与生态休闲观光旅游”为宗旨，充分发挥现代高科技农业生产的观光效应，拓宽农业产业发展的新方向。

培育地方特色的优势农产品品牌。围绕各地的名优特农产品，充分挖掘农产品品牌的历史、地理、传统、风俗等文化特征，形成农产品特色文化，推进特色农产品区域布局规划实施，大力发展一乡一品、多乡一品，争创自主特色品牌，做大区域优势品牌。加快发展无公害农产品、绿色食品和有机农产品，加大“三品”认证和监管力度。加强我市省级“菜篮子”基地建设，完善基地产品质量追溯与生产电子档案制度建设。大力开展名优特农产品推介活动，加强品牌宣传和保护，打造拳头产品的规模效应与品牌效应。到2020年，力争全市拥有省级名牌40个以上、“中国名牌产品”和“中国名牌农产品”分别达4个以上，打造一批产值超亿元的品牌农产品。

支持发展林业经济。大力发展良种油茶种植，推动形成100万亩高产优质油茶种植，建设全省重要的油茶生产加工基地。开发森林景观资源，以创建森林生态旅游示范基地为契机，以优质的森林生态资源为基础，以森林公园为重点，大力发展森林生态旅游，提升旅游品质。大力发展竹子、茶叶和优良乡土阔叶树种，引进、培育、推广效益好的经济林新品种，延长林业产业链，重点建设200万亩竹子、11万亩茶叶种植基地，打造一批特色产业园区，培育一批以名牌产品为龙头、以资产为纽带，具有一定规模和影响力的技术、产业和市场集群。发挥山地森林优势，因地制宜大力发展林下经济。基本建成有粤北特色、优势突出、结构和布局合理、竞争力强、经济和生态效益“双赢”的现代林业产业体系，努力打造林业经济强市。

鼓励发展中草药种植业。抓住我国中药现代化和我省中药强省等重要机遇，充分发挥我市中药材资源优势，统筹规划，合理布局。因地制宜，建立具有地方特色的中药材规范化基地，改进传统种植方式，提高规范化操作技术水平，并以点代面，充分发挥基地示范辐射作用，支持南雄、乳源、翁源、新丰、始兴等地扩大田七、九节茶、甘木通、牛大力、溪黄草、灵芝、胶股蓝、石斛等品种中药材种植规模，努力打造广东省重要的中药材规范化生产产业基地。鼓励和支持中药制药企业和中药商业公司带动农户进入市场，形成利益共享，风险共担，形式多样、灵活可行的发展模式。

加快发展农林产品加工流通业。加大引进培育力度，重点抓好农产品加工流通中心和林产品加工流通中心建设，努力建设成为粤湘赣重要的农林产品深加工流通中心。加大政策扶持力度，提供优质服务，支持农林产品加工流通骨干企业建设基地，实行科研开发、生产加工、营销服务一体化经营。支持发展造纸、制糖、缫丝、人造板、林化工、家具、竹木制品、纸制品、米面制品、食用油、饮料、罐头、饲料、肉制品、蔬菜制品、茶叶、山货加工等农林产品加工产业。整合粮食产业链，支持引导发展一批重点粮食产业龙头企业，促进粮食企业转型升级，提升粮食产业化水平。

加强农业科技创新驱动。加强农业科技攻关，构建农业科技创新平台和示范基地。大力发展现代种业，打造良种育繁推一体及产业化体系。大力发展设施农业，实现农业集约高效发展。加快完善多元化的农业技术推广服务体系，构建农业大数据，建设全市农业资源数据平台、农业科技推广信息服务平台及气象为农服务信息平台。加快发展农业机械化，研发推广适用于丘陵山地分散小规模生产的特色农机具和设施装备，到2020年，全市农机总动力达到200万千瓦以上，主要农作物耕种收机械水平达到60%，水稻耕种收综合机械化水平达到75%。

构建新型农业经营体系。深化农村综合改革，建立以农户家庭经营为基础、合作与联合为纽带、社会化服务为支撑的立体式、复合型现代农业经营体系，积极探索土地股份合作与联合、土地托管等多种经营方式，促进土地有序流转，推进农业适度规模经营。扶持发展家庭农场、种养大户、农民合作社、农业龙头企业等4大类新型经营主体。积极推广农产品电子商务，推进“互联网+农业”生产经营模式，通过实施快递下乡等工程拓展和完善农产品流通销售渠道，实现“龙头带基地、基地连农户、产加销一条龙、贸工农一体化”的现代农业产业化经营模式。到2020年，力争农业增加值达180亿元以上，全市农业龙头企业发展到150家以上，其中省重点农业龙头企业发展到50家以上，农业产业化龙头企业销售收入达到100亿元以上，带动全市70%以上农户发展。

第四章 实施创新驱动 培育经济发展新动力

牢固树立创新发展理念，建立健全创新体制机制，壮大科技人才队伍，提升产学研创新水平，提高科技创新能力，大力发展互联网+，加快形成大众创业、万众创新的生动局面，实现发展动力从依靠规模扩张、要素驱动向提质增效为主要特征的创新驱动转换。

第一节 深化创新体制改革

加快完善和落实激励自主创新的政策，深化科技创新体制改革，完善创新驱动导向评价体系，构建有利于创新发展的政策环境。力争到2020年R&D经费占GDP比重提高到2%以上。

完善技术创新市场导向机制。利用市场化手段改革技术创新项目的形成机制和支持方式，发挥市场对技术研发方向、路线选择、要素价格和各类创新要素配置的导向作用。推进市属科研机构体制改革，加快完善和建立法人治理结构，支持应用型科研机构转制改企。推进科技成果处置权改革，试行科技成果公开交易备案管理制度。

建立和完善创新驱动导向评价体系。完善科研评价机制，建立全市科技发展水平评估体系和创新驱动发展评估体系。改进和完善地区生产总值核算方法，体现创新的经济价值。研究建立科技创新、知识产权与产业发展相结合的创新驱动发展评价指标，并纳入国民经济和社会发展规划。健全企业技术创新经营业绩考核制度，加大技术创新在企业经营业绩考核中的比重。对企业研发投入和产出进行分类考核，形成鼓励创新、宽容失败的考核机制。把创新驱动发展成效纳入对地方领导干部的考核范围。

转变政府科技管理职能。创新政府科技投入机制，逐步将政府对企业技术创新的投入方式转变为以普惠性财税政策为主，进一步扩大研发费用加计扣除等普惠性政策适用范围，提高普惠性财税政策支持力度。改革科技管理体制，建立依托专业机构管理科研项目的机制。实施严格的知识产权保护制度，探索开展知识产权“三审合一”和“三权合一”改革。优化政府采购政策，试行创新产品与服务远期约定政府购买制度。完善要素价格倒逼创新机制，出台创新型企业、研发机构等创新主体用地保障和价格优惠政策。

完善企业为主体的产业技术创新机制。鼓励构建以企业为主导、产学研合作的产业技术创新模式。更多运用财政后补助、间接投入等方式，支持企业自主决策、先行投入，开展重大产业关键共性技术、装备和标准的研发攻关。开展龙头企业创新转型试点，探索政府支持企业技术创新、管理创新、商业模式创新的新机制。完善中小企业创新服务体系，加快推进创业孵化、知识产权服务、第三方检验检测认证等机构的专业化、市场化改革，壮大技术交易市场。

第二节　大力培养和聚集创新创业人才

深入实施人才强市战略，完善引才引智工作机制，加大育才工作力度，创新人才培养模式，营造有助于人才发展的环境。

加强育才工作力度。加快培育和积累人力资本，重点培养和引进国际化、高层次、复合型、创新型、急需紧缺人才，培育一批科技领军人才和企业家。以提高人才创新能力和综合素质为导向，支持韶关学院扩大专业学位研究生招生比例，着力提高本科教育质量，开展校企联合招生、联合培养试点，拓展校企合作育人的途径与方式。改革完善职业教育体制机制，努力构建现代职业教育体系，加大资源整合力度，集中优势，采用产教融合、校企合作、现代学徒制等多种培养模式，打造基层专业技术人才和具有专业技能的产业工人队伍，做强技工教育品牌。

完善引才引智工作机制。继续实施广东“特支计划”和“扬帆计划”，深入实施韶关市“创新人才引进培养工程”，完善引才引智机制，建立韶关市人才专家库，提升人才的吸引力和凝聚力。加大对“人才开发专项资金”的投入，保障“人才计划”的实施。坚持把引进项目、技术和引进人才紧密结合起来，制定和实施引进高素质人才的配套政策，多渠道、宽领域、多形式引进高层次人才，广泛吸收各类学科带头人、管理专家和优秀青年人才。研究制定灵活便捷的引才引智政策，扩大用人单位招聘任用人才的自主权，深入实施引进领军人才和创新型科研团队计划，全方位配置集聚创新人才，充分发挥各类人才的创业平台作用，鼓励国内外优秀人才来韶创业。积极加强和全国各大学、研究机构对接，进一步加强韶关新型智库建设，扩大充实专家智库力量，让智库在融入珠三角产业转移、技术辐射过程中发挥重要作用。

优化人才发展环境。以提高创新动力为目标，建立健全创新激励机制，完善高层次、高技能人才特殊津贴制度和科研人员成果转化收益分配与激励机制，出台高层次人才在住房、医疗、户籍、配偶安置等方面配套政策。建立分类分层、灵活的人才评价体系，推动实施第三方评价。进一步改革职称制度，按照“谁用人、谁评定”原则，创新评价机制，完善评价条件，扩大评价范围。改进科研人员薪酬和岗位管理制度，促进科研人员在事业单位和企业间合理流动。加强人才供需预测和监测，加强高层次人才服务专区建设，健全人才服务机制，完善人才服务体系。

第三节　提升产学研创新水平

加强产学研相结合，大力支持企业建立研发机构，提升产学研水平。

加强产学研相结合。在市场创新体系中，必须以企业为主体、在市场机制下实现“产学研”的结合。加快建立与国内外高校、科研机构深入开展产学研合作模式和机制，通过共建工程技术研发中心，企业科技特派员工作站、院士工作站、博士后工作站等多种形式，以及成果转让、委托开发、联合开发等多种方式，开展深入合作，建立紧密的关系。引导有条件的企业积极参与省部省院产学研合作“企业特派员”行动，根据企业技术需求，组建企业科技特派员工作站。围绕韶关地区产业特色和需求，引导和组织骨干企业、核心企业与中国科学院相关研究院所、国内优势高校和其他科研机构共同组建相关研发机构，联合开展重大产业共性技术、核心技术的攻关，制定有关技术标准。

支持企业建立研发机构。引导企业围绕市场需求和长远发展，建立研发机构，健全组织技术研发、产品创新、科技成果转化的机制，大幅度提高大中型工业企业建立研发机构的比例。在行业骨干企业建设一批国家、省或市级工程技术研发中心、支持企业开展技术成果产业化研究。加强对企业技术中心和技术创新示范企业的认定工作。对民办科研机构等新型研发组织，在承担国家科技任务、人才引进等方面与同类公办科研机构实行一视同仁的支持政策。

提升研发机构建设水平。加快出台新型研发机构扶持政策和实施细则，鼓励社会力量创办一批企业化管理、适应市场机制、以需求为导向、多投资主体、多元化发展的新型研发机构，推动新型研发机构可持续发展。鼓励支持珠三角地区研发机构在我市设立分支机构或与我市合作设立研发平台，推动我市与珠三角地区开展协同创新。

第四节　提高科技创新能力

构建以市场为导向的科技创新体系，强化企业创新主体地位，促进科技创新成果转化应用，提高科技创新能力。

构建以市场为导向的科技创新体系。坚持以市场需求为导向，发挥市场配置资源的基础作用，加快科技资源流动和技术转移。优化配置科技资源，统筹安排工业、农业与社会发展领域的科技创新活动，统筹安排传统产业、新兴产业和高新技术产业发展领域的科技创新活动，统筹安排项目建设，加大对人才和基地的支持力度，实现从技术突破的单一目标向提高科技持续创新能力的综合目标转变，增强科技资源的活力和效率。

大力培育发展高新技术企业和创新型中小企业。完善高新技术企业政策扶持机制，着力提高高新技术企业数量和规模。到2020年，高新技术企业数量达到60家，比2015年增长71%。努力实现20%以上规模以上工业企业设立研发机构。在科技资金、科研机构、人才、政策等方面加大扶持力度，培育一批具有核心技术的龙头骨干企业和创新型中小微企业，形成科技型龙头企业、高新技术企业、中小微创新企业协同发展新格局。

促进科技创新成果转化应用。市场导向型创新体系的建设目标是引导和支持创新要素向企业集聚，促进科技成果向现实生产力转化。完善激励创新的产权制度，建立健全科技成果转移转化和技术扩散机制，建设技术交易服务平台，打通从科技强到产业强的通道。优化完善科技、标准、专利协同机制，推进科研攻关与技术标准研究同步，成果转化与技术标准制定同步，成果产业化与技术标准实施同步。建设竞争有序的市场环境，加强知识产权创造和保护，力争2020年全市每万人口专利拥有量达到4件。

推进质量强市建设。优化质量发展环境，加强质量品牌建设，实施政府质量奖励制度，建立标准化协调推进机制，提升产品质量整体水平，促进经济体制增效升级，大力推动地理标志产品保护，加强产品质量公共检测服务平台建设。到2020年，制造业产品质量合格率稳定在93%以上，地理标志保护产品总量处于全省前列，国家铅锌及建筑钢材产品监督检测中心建成并投入使用。

第五节 鼓励创新创业

完善创新型企业孵化环境，发展面向创新创业的金融服务，构建众创空间创业平台，大力推动大众创业万众创新平台建设，推进大众创业、万众创新。

构建创新型企业孵化体系。鼓励社会力量规划建设小企业创业基地和创业孵化基地。大力发展创新型企业孵化器，重点建设面向中小微企业的综合性前孵化器、大型孵化器，打造“前孵化器—孵化器—加速器—专业园区”完整孵化链条。启动市科技创业园（孵化器）二期项目建设，创新生产性服务领域的孵化器，依托科研机构创建有机材料专业孵化器。加快发展“互联网+”创业网络体系，支持建设互联网创新创业园区和研究院，促进创业与创新、创业与就业、线上与线下相结合。重点建设鑫金汇、黄沙坪等电商人才实践基地（青年创业中心），支持“创亿谷”科技公司双创平台建设和壹码惠网络科技公司的“O2O体验推广平台”，规划建设新丰横江创新创意产业孵化园。力争到2020年，科技企业孵化器达到12家，孵化总面积达到15万平方米，在孵化的企业300家，新增毕业企业100家，实现县（市、区）科技企业孵化器全覆盖。

提升创新金融服务水平。大力发展天使投资、创业投资，建立天使投资风险补偿制度，完善中小微企业信贷风险补偿机制，设立创业投资引导基金，实施新兴产业创投计划。支持设立科技银行、科技支行、科技保险、科技小额贷款公司等金融机构或组织，实行专门的客户准入标准、信贷审批和风险控制。探索知识产权质押融资贷款贴息扶持政策。

大力发展众创空间。鼓励支持创新大众化，构建线上线下相结合、面向大众的“众创空间”服务平台，大力培育创客中心，为小微创新企业成长和个人创业提供低成本、便利化、全要素的开放式综合服务。重点支持韶关电信、韶关移动、韶关联通、韶关铁塔、韶关盈通、韶关长讯等企业，大力发展众创、众包、众扶、众筹空间，形成开放的网络创新创业生态圈。培育创新意识和创业文化，鼓励“草根创新”、微创新、微创业。

第六节 积极发展“互联网+”

推动实施“互联网+”行动计划，促进互联网与传统产业融合发展，加快发展电子商务产业和互联网金融，创新信息消费发展模式，实现“互联网+”与经济社会深度融合，促进产业结构升级。

促进互联网与传统产业融合发展。实施信息化战略，推动信息化和工业化深度融合，以改造传统产业为重点，以推进制造系统智能化为主要方向，加强信息技术的推广应用，提高信息产业支撑融合发展的能力，加快走新型工业化道路步伐，促进工业结构整体优化升级。充分发挥信息技术对经济的助推作用，大力推进装备制造、钢铁、有色金属、烟草、电力、制药、玩具、建材、食品饮料、化工、稀土新材料、家具等主导产业“两化”深度融合工程，以提高装备智能化水平和优化工艺流程为重点，推进计算机辅助设计（CAD）、辅助工程（CAE）、辅助工艺（CAPP）、辅助制造（CAM）、企业资源计划（ERP）等信息技术在企业研发、生产、管理、营销等环节中的应用，促进信息技术与制造技术的融合发展。推进智能制造发展，推进信息技术在节能减排中的应用。推动工业企业电子商务创新发展，实施互联网与工业融合创新行动。加快推进企业开展大数据应用，开展“两化”融合管理体系贯标试点工作。实施两化深度融合标杆引领工程，在全市打造5个两化深度融合标杆企业；实施信息化普及工程，打造30个信息化普及应用骨干企业，深化骨干企业基于信息共享、系统集成和业务协同的信息化应用。进一步推进面向中小微企业的公共服务信息平台建设，利用信息技术整合政府、市场和社会的服务资源，借助公共平台的集约化、专业化优势，帮助中小微企业定制各类大数据应用解决方案，有效降低中小微企业运行成本。为公众和服务机构提供全面的企业基本信息，推动智慧型工业发展。着力打造韶关智能制造装备产业集聚区，落实《广东省智能制造发展规划（2015—2025年）》和机器人发展专项行动计划，围绕东莞（韶关）产业转移工业园韶关智能装备制造产业核心区，以装备制造产业集聚为基础，以暨南大学韶关研究院、华南理工大学韶关现代产业技术研究院等创新平台为核心，吸引高端数控机床及其配套功能部件企业、智能制造设计、机器人、装备控制系统生产及供应商等来韶发展，集聚国内外智能装备及关键零部件研发机构，构建适合韶关行业发展需要的专用智能制造装备产业体系，推动企业设备更新和智能化改造。到2020年，力争形成约20家数控整机装备及功能部件企业的产业集群，年产值超过70亿元；传统产业企业数字化研发设计工具普及率达到80%，规模以上工业企业关键工序数控化率达到60%，推动30家规模以上工业企业开展“机器人应用”。

加快发展电子商务产业。积极营造发展电子商务的良好环境，积极构建电子商务支撑体系建设，大力推进各类电子商务平台建设，实施电子商务示范工程，鼓励重点骨干企业按产业链带动上下游企业建立电子商务关系，推动企业间积极开展电子商务；积极发展第三方电子商务综合服务平台，推动面向公众的电子商务广泛应用。加快推进广州超算中心在韶关设立分中心，探索“互联网+商贸+快递”的发展模式，完善面向中小企业的电子商务服务；加快培育本地电商龙头企业，鼓励电商企业打造“韶货”品牌网上销售，引导企业积极参与“广货网上行”；以黄沙坪创新园、鑫金汇电子商务产业园、南雄电子网商创业园、乳源中农批电子商务城等为平台，支持韶关（鹏洲）电子商务孵化港、U购网、“咚咕街”、韶乐购、铜道电商、快捷健等电商发展，推动形成电商集群，力争建设省级电子商务试点示范城市。大力发展跨境电子商务，支持商贸企业面向海外市场拓展B2B、B2C贸易渠道，加快推进广东邮政EMS在韶设立国际快件分拨中心。发展移动电子商务，开展基于移动互联网、社交网络等的新兴商务应用。加快推进RFID、二维码、智能卡、传感器等新技术在物流、供应链管理和金融服务等领域的广泛应用。大力推动电子商务进城镇、进社区、进农村。到2020年，全市网络零售交易额占社会消费品零售总额比例达到10%；网络购物普及率达到60%以上；物流与供应链领域重点企业RFID应用普及率达到50%以上。

大力发展互联网金融。健全互联网金融创新发展的体制机制，统筹指导互联网金融加快创新、规范经营、健康发展。发展互联网银行、互联网证券公司和互联网保险公司，积极培育P2P网络贷款、网络第三方支付、供应链金融等为代表的互联网金融新业态，开展互联网股权众筹融资试点，促进基于互联网的小额创业融资等业务。充分发挥互联网金融协会的作用，加快互联网金融民间征信体系平台建设，在行业准入、教育培训、信息披露等方面加强监管。

创新信息消费发展模式。推动发展基于信息技术和互联网的新兴消费模式，推进以互联网为载体的信息消费。丰富信息消费内容，推动餐饮、酒店、商场、旅游等消费服务企业发展线上线下联动的体验式消费、群体共享式消费、个性需求定制服务等新消费模式。

第五章　大力发展城市经济
基本建成功能完善的现代化新型城市

加快南部城区与芙蓉新区、老城区的融合，优化城市空间结构，全面完成扩容提质硬任务，不断提升城市环境质量、人民生活质量、城市服务功能、城市竞争力，提高市区人口、产业集聚水平，增强城区辐射带动能力，把韶关城区建设成为带动全市城市经济加快发展的火车头。

第一节　加快推进芙蓉新区建设

坚持“五个融合”“五个优先”原则，实施“三年基本成城”行动计划，打好新区建设攻坚战，加快城市基础设施建设、公共服务设施和中央商务区建设，完善城市功能，实现“三年基本成城”目标，将芙蓉新区建设成为环境优美、功能完善、宜居宜业的“北江明珠”，推动韶关市区建成区面积到2020年达到120平方公里。

以科学规划引领新区建设。以《广东韶关芙蓉新区发展总体规划》为总纲，加强总体规划、土地利用规划和各个专项规划之间的紧密衔接，高起点、高标准组织实施《广东韶关芙蓉新区城市基础设施建设专项规划》《广东韶关芙蓉新区环境保护专项规划》《广东韶关芙蓉新区产业发展专项规划》等专项规划。按照芙蓉新区的空间布局和发展时序要求，加快芙蓉新区起步区、核心区和整体区建设，重点抓好起步区14平方公里的建设。规划建设地下综合管廊。

加快推进公共服务设施建设。加大公共财政投入力度，推进新区行政、教育、卫生、文化等城市公共服务设施建设，提升芙蓉新城吸引力和集聚能力。稳步推进行政服务中心向新城转移，大力加强市便民服务中心建设工作，引导人气和投资集聚新区。加大招商工作力度，推进新区三甲医院、新市妇幼保健院的建设，完善商住片区的社区卫生服务，形成以三甲医院为核心、专科医院为枢纽、社区卫生服务中心为网底的医疗卫生服务体系。加快华南师范大学附属韶关中学及产学研基地、广东韶关实验学校（二期）、新建住宅小区配套基础教育设施等项目建设，加快推进教育人才资源向新区集聚。加快建设和完善新区生活服务设施，增强新区城市生活的便利性。加快“三馆”和体育中心项目建设，建成新区市民文化体育活动中心，努力提高新区公共文化体育服务水平。

加快推进中央商务区建设。围绕京广高铁韶关站区域交通枢纽，集聚发展商务金融、商贸会展、总部经济、文化休闲等功能，打造服务粤北地区和粤湘赣边界地区的中央商务区（CBD）。加快推进前海人寿金融中心、新城商业步行街、保利城市综合体、金融街等项目的建设，增强商业集聚作用，切实提升新城商贸服务功能；加快高铁站前片区商贸城、空间一体化体验区建设，打造高端、高效、复合的城市高铁经济门户区，发展总部经济；加快恒大、碧桂园、保利等房地产项目建设，建设宜居新区；加快发展会计、审计、法律、咨询、评估、信息、职业教育培训等服务产业，不断拓展以现代商贸业为核心的新型服务领域。

打造旅游集散区。依托京广高铁韶关站、韶关丹霞山机场等区域性交通枢纽，建设旅游集散地。重点建设芙蓉新城旅游服务基地，将新区打造成为辐射周边区域的旅游综合服务中心。依托新区特色资源，发展森林生态旅游和文化旅游，开设北江城市游，将丹霞山至市区的公路建设成为旅游景观大道；加快恒大酒店为核心的一批高品质星级酒店和会展设施建设，提升旅游会展服务功能，大力发展旅游会展经济；结合都市农业，发展以休闲、观光、体验等为主题的农业旅游，扶持建设一批农业生态旅游产业园。

第二节　加快老城区和曲江城区建设

大力实施老城提质系统工程，优化城市空间结构，拓展城市服务功能，营建环境优美的宜居乐居城市与休闲度假城市，全面提升韶关城市品位，提高城市集聚力，实现老城区“三年大变样、五年大跨越”的目标。

改造提升老城区。突出优化城市功能、改善城市形象和治理“城市病”。完成市区莲花大道（东环线）建设，探索公共交通新模式，综合施策缓解交通拥堵问题。加快供水、供气、截污管网建设。继续实施一批便民惠民的“五小”工程。加强背街小巷和桥底环境整治。加快推进城市地下空间开发建设，开展地下空间商业开发试点工作。制定实施城区老工业基地搬迁改造规划，优化城市内部空间布局，提升城市功能。大力实施“三旧”改造工程，加强历史文化街区的保护和开发利用，鼓励历史街区物业业主按街区保护规划自行开展“三旧”改造。加快棚户区和城中村改造，推进市区农民新建住房从分散建设向集中安置转变。优化老城区居住、商贸空间布局，大力发展现代服务业，引导传统商业、文化休闲与创意产业发展，启动韶关市物流配送中心等项目建设，打造现代服务业集聚区，建设韶关市的中心商务区。优化教育、卫生、文化等优质公共资源配置，引导小岛片区等过度密集地区的机构与人口向外疏散。推进低碳生态城市建设，着力打造绿色生态示范城区和低碳生态社区。

促进曲江城区与老城区融合发展。加快城市基础设施建设，加强韶关南部城区（曲江城区）内部道路与京港澳高速公路、南韶高速公路、106国道、248省道以及253省道的衔接，加快推进新白线、曲江大道、府前西路改造升级等项目建设，强化曲江城区与韶关市区、现有马坝镇区的联系，加速实现同城一体化。以韶关钢铁厂和特钢大型企业内部服务社会化为目标，加快完善曲江城区公共服务设施建设，推动韶关钢铁厂与曲江城区公共服务和基础设施的共建共享，实现大型国有企业与地方城市建设的互动发展。加快曲江新城建设，拓展城市框架，提升城市环境和公共服务水平，打造服务大型工业企业和南华寺旅游的城市功能区。

第三节　加快推进城市基础设施建设

加快综合交通运输枢纽建设，重点加快芙蓉新城综合客运枢纽、韶关东郊客运站等客运枢纽，龙归、犁市、白土物流中心和韶关物流配送中心等陆路货运枢纽，以及韶钢龙头寨码头等航运枢纽建设。

加快建设连接新城中心与老城中心、曲江城区的快速通道，推进S248莲花大道（东环线）改造工程建设，完善“三横三纵”的干道网络，“三横”重点是完善工业路，扩建百旺大道，加快建设滨江路—江湾大桥—韶冶路—府前路。“三纵”重点是完善韶关大道，加快建设芙蓉北路—芙蓉隧道—芙蓉大道，优化韶南大道，构建新区快速便捷城市交通路网。进一步完善广乐高速公路、韶赣高速公路和广乐高速—韶赣高速北连接线组成的高速外环线，以及韶关大道—滨江路—韶南大道—启明路—323国道组成的城市环线，实现城市各个组团的快捷联系。

实施公交优先战略，完善公交线网、站场和换乘设施，大力提高绿色公交比例，合理设置公交站点，实现无缝换乘。规划建设城市有轨电车，缓解韶关主城区日益紧张的交通压力，实现组团间的快速公交联系，提升韶关旅游城市形象。提倡低碳出行，发展步行、自行车等慢行交通系统，优化交通出行结构，构建绿色公交系统和慢行系统。加快推动电子政务，打造智慧高效的“数字新区”。

第四节　提高主城区生态宜居水平

科学划定新区基本生态控制线，提高土地节约集约利用率，构建网络化生态格局。优化生态保护区和基本农田保护区布局，加强森林公园、湿地、饮用水源保护区等生态敏感地带保护，维护生态系统的完整性和多样性。依托自然山体、水体和农田合理划定新区组团之间的生态隔离带，推进以“青山、碧水、田园”为重点的生态系统建设。重点加快建设皇岗山、芙蓉山和莲花山国家森林公园；加快建设城乡绿道网工程、绿道水系网络建设；加快车头洲、同古洲等江心洲湿地公园建设，塑造滨江湿地特色景观带，着力打造以石背窝为核心的城市绿心。加强市容环境卫生管理，健全优质的给排水体系、现代化的垃圾处理体系，加强新区环保工程建设。重点建设芙蓉新城、黄金村、犁市、韶大和桂头等污水处理厂，加快芙蓉新城垃圾中转站建设和污泥无害化处理。力争到2020年，城市人均公园绿地面积达到15平方米，提高主城区生态宜居水平，促进产业、人口向主城区聚集，推动城市经济大发展。

第六章 推进协调发展
促进城乡及物质文明精神文明协调发展

牢固树立协调发展理念，完善城乡一体化体制，进一步加快新型城镇化进程，构建城乡区域协调发展的新格局，增强城乡发展的整体性和协调性。加强社会主义核心价值观宣传教育，用中国梦和社会主义核心价值观凝聚共识、汇聚力量。

第一节 优化城镇布局和形态

按照统筹规划、因地制宜、分类指导、适度开发的原则，优化城镇化的发展布局和空间形态，形成布局科学、功能互补、环境优美的城镇化发展格局。

优化区域功能布局。加强分类指导，明确各县（市、区）功能定位和产业分工，推动产业结构优势互补、产业布局合理优化、相关产业集聚发展，促进各县（市、区）特色发展、差异发展、协调发展。依托市辖三区和乐昌、南雄城区现有城市规模以及韶关丹霞山机场建设，将浈江、武江、曲江、乳源东北部和乐昌、南雄城区打造成为“3+1+2”城市经济圈；发挥乐昌、南雄与湘赣两省相邻的区位优势，将乐昌、南雄重点建设成为粤北门户城市；发挥新丰、翁源韶关南大门的地缘优势和乳源瑶族自治县少数民族政策优势，将新丰、翁源、乳源重点建设成为主动融入珠三角先行区；发挥仁化、始兴的旅游、生态优势，将仁化、始兴重点建设成为生态休闲示范区。

完善城镇空间体系。对接国家“两横三纵”城镇化布局，在全面实施市主体功能区规划的基础上，进一步优化城镇化布局，打破传统地理分区，加快区域经济发展，加大中心镇建设力度，形成以市区为核心、以县城为重点、以小城镇为补充的网络化城镇空间格局，促进市区主城区、县城和小城镇科学布局、合理分工、协调发展。

塑造美丽城镇形态。按照人口资源环境相均衡、经济社会生态效益相统一的原则，控制开发强度，优化重塑城镇空间组织形式。以卫星城镇空间形态，构建职住平衡、功能完善的城镇群。合理把握城市新区规模，加强产业支撑，打造集实体产业发展、完整生活配套设施为一体的城镇新区。推行TOD（公交导向型）开发，围绕综合交通枢纽站场，建设集多种功能于一体的新型城市综合体。积极引导文化娱乐、观光博览、教育医疗、运动休闲等功能向中心城区集聚，建设功能完善的中央活动区。打造开放式街道邻里空间，建设覆盖面广、关联性强的小广场和街头公园绿地，构建人性化的公共空间体系。

打造宜居城镇。注重城市品质和功能提升，全方位打造宜居、绿色、智慧、人文的宜居城市。按照城市建设与承载人口规模“紧平衡”的原则，优化城市基础设施和学校、医院、文化、体育等各类公共服务设施的建设总量和时序，提升设施建设水平，完善多元化基本公共服务供给体系。适应新型城镇化发展要求，健全规划管理体制机制，提高城市规划管理水平和建筑质量。优先发展城市公共交通，大力提升交通、能源、市政、应急指挥等的信息化和智能化水平。注重城市历史文化传承，实现历史文化遗产的永续利用。完善城市治理结构，创新城市治理方式，扩大绿地面积，加强卫生管理，开展城市内涝监测预警服务，提升城市社会治理水平，有效预防和治理各类“城市病”。积极促进城市更新和有机再生，大力推进“三旧”改造。到2020年，全市实施“三旧”改造总面积5.9万亩以上。

第二节 加快发展县域经济

坚持“城乡统筹、产城融合、区域一体、各具特色”的原则，优化县域发展环境，发展壮大县域经济，提高县城和中心镇集聚功能，增强县域综合实力。到2020年，县域经济总量占全市50%以上。

优化县域发展环境。加强县域基础设施建设。推进武深高速公路、昆汕高速公路、韶新高速公路、雄乐高速公路等重大项目建设，实现县城15分钟可上高速公路。加快完善县域供水、供气、道路、绿化以及污水、垃圾处理等重大基础设施。完善县域经济社会科学发展绩效考核体系，充分发挥考核的导向作用，调动县域发展经济的积极性，推动县域经济社会加快发展。

鼓励培育县域特色优势产业。依托县域现有产业园区，全面深化莞韶对口帮扶，加强产业对接，发挥比较优势、生态优势，促进形成深植本土的特色主导产业，进一步做优做强县（市）产业园区，促进县域产业集聚发展，提高县域产业化水平。乐昌市以东莞东坑（乐昌）产业转移工业园为载体，重点发展能源、建材、机械铸造、生物保键、纺织、新材料、物流等特色产业；南雄市以东莞大岭山（南雄）产业转移园为载体，重点发展精细化工、建材、黄烟、清洁能源等特色产业；仁化县以有色金属循环经济基地为载体，重点发展有色金属、旅游、油茶、水果等特色产业；始兴县以东莞石龙（始兴）产业转移工业园为载体，重点发展文具制笔、高端家具、电子机械等特色产业；翁源县以翁源经济开发区为载体，重点发展环保涂料、电源电子、消防器材产业，以粤台农业示范区为载体，重点发展花卉、水果、茶叶等特色产业；新丰县以丰城、回龙、马头工业园为载体，重点发展新材料、新型建材、农副产品深加工、创意创新服务业等特色产业；乳源以乳源经济开发区为载体，重点发展生物制药、铝箔、化工等特色产业。努力建设农业专业镇，打造地区特色农业“一乡一业”“一村一品”。

第三节　有序推进农业转移人口市民化

把推进农业转移人口市民化作为城镇化的首要任务，以推进人的城镇化为核心，加快转变城镇化发展方式，努力提高城镇化质量，稳步提高城镇化水平，力争2020年全市城镇户籍人口比重达到50%，城乡居民收入比缩小到2∶1。

推进符合条件的农业转移人口落户城镇。以资源环境承载力为基础，结合城市规模，推进差别化户籍制度改革，优化人口布局，引导人口向市区、县城和中心城镇有序转移。全面放开建制镇和小城市落户限制，有序放开城市落户限制，合理确定城市落户条件。继续推行高技能人才入户制度。完善流动人口居住证“一证通”制度，积极拓展居住证的社会应用功能。到2020年，实现不少于40万农业转移人口及其他常住人口落户城镇。

推进基本公共服务覆盖全部常住人口。保障农业转移人口随迁子女平等接受公共教育，鼓励公办学位供给不足的地方向符合条件的民办学校购买义务教育服务。健全农业转移人口社会保障体系，鼓励农业转移就业人口参加职工基本医疗保险。落实不分户籍、不分经济类型和用工形式的失业保险制度。

第四节　建设美丽乡村

按照社会主义新农村建设要求，强化规划引领，加强农村基础设施建设和村庄人居环境整治，建设农民幸福生活的美好家园。

优化农村规划布局。提高村庄规划编制质量和覆盖率，科学引导农村住宅和居民点建设，建设各具特色的美丽乡村。完善农村基础设施。改善农村道路通行条件，加快建设农村自来水村村通建设，建立农村自来水安全供管机制，实施新一轮农村电网升级改造，加强农村邮政设施和宽带网络建设，推广沼气等清洁能源。

加快农村社会事业发展。推进农村义务教育学校标准化建设，建立健全新型职业化农民教育、培训体系，加强乡镇卫生院标准化建设，推进农村卫生站“公建民营”，加强乡镇综合文化站等农村公共文化和体育设施建设，完善农村最低生活保障制度，健全农村留守儿童、妇女、老人关爱服务体系。

推进农村环境综合整治。加快建设农村垃圾、污水处理系统，建立健全农村垃圾收运处理体系和管理长效机制，实现农村废弃物和人畜粪便无害化处理，基本完成村庄整治任务，农村生活垃圾无害化处理率达到75%以上。

保护传承传统优秀乡村文化。提升自然村落功能，保持乡村风貌、民族文化和地域文化特色，保护传统村落、少数民族特色村寨和民居，传承发扬韶关传统村落文化。推进农村特色档案和村史编修工作，丰富地方文化内涵。深入推进农村精神文明创建活动，弘扬善行义举。

第五节　完善城乡一体化体制

着力破除城乡二元结构，健全城乡一体发展的体制机制，在城乡资源要素市场、产业发展、规划建设、基础设施和公共服务等方面推进一体化。

推进城乡规划建设一体化。统筹经济社会发展规划、土地利用规划和城乡规划，合理安排城镇建设、村落分布、产业聚集、农田保护和生态涵养空间，优化城乡空间布局和结构。加快编制村镇体系规划，加强城市规划与村镇体系规划的衔接。加大以城带乡、以工促农力度，统筹城乡基础设施建设，强化城乡基础设施连接，推动水电路气等基础设施城乡联网、共建共享。

强化城乡资源要素市场一体化。加快建立城乡统一的人力资源市场，推动形成城乡劳动者公平就业、同工同酬的制度环境。建立健全农村急需的专业技术型、市场经营型人才引进和常驻机制。加快农村集体资产资源交易平台建设，建立城乡统一的建设用地市场。创新涉农金融产品与服务，保障金融机构农村存款主要用于农业农村。鼓励社会资本投向“三农”，在农村兴办各类事业。

推进城乡基本公共服务和公共资源配置一体化。合理配置城乡基本公共服务资源，建立健全优质教育、医疗资源城乡共享机制，缩小城乡基本公共服务水平差距。推动城乡各类基本公共服务和社会保障实现自由顺畅转移、无障碍对接。加大强农惠农富农政策力度，扩大公共财政覆盖农村范围，提高农村基础设施和公共服务的财力保障水平。

第六节　促进物质文明和精神文明协调发展

以创建全国文明城市和申报国家历史文化名城为抓手，大力培育和践行社会主义核心价值观，深化文化体制改革，构建现代公共文化服务体系和现代文化市场体系，加快文化事业和文化产业发展，为全市经济社会加快发展提供精神动力、智力支持和产业支撑，促进物质文明和精神文明协调发展。

培育和践行社会主义核心价值观。大力培育和践行社会主义核心价值观，大力弘扬优秀传统文化和时代精神，积极构筑新时期韶关人文精神，全面提高公民思想道德文化素养，用中国梦和社会主义核心价值体系引领社会思潮、凝聚社会共识。

——加强社会主义核心价值观宣传教育。打造一批社会主义核心价值观主题公园（广场）和示范点，把社会主义核心价值观融入国民教育和精神文明建设全过程，加强理想信念教育。按照社会主义核心价值观的基本要求，健全各行各业规章制度，完善市民公约、乡规民约、行业准则等行为规范，使社会主义核心价值观成为人们日常工作生活的基本遵循。

——全面提升公民思想道德文化素养。广泛开展群众性精神文明创建活动，加强思想道德建设和社会诚信建设，提升公民国家意识、法治意识、社会责任意识，倡导科学精神，提升公民现代文明素养。开展公民思想道德教育，加强现代公民文明礼仪教育、道德品格教育、社会主义民主法治理念教育，深化未成年人思想道德建设。弘扬志愿服务精神，推动志愿服务常态化制度化。加强网络文化建设，净化网络环境，培育网络文明新风。开展全民阅读活动，普及科学知识，发展哲学社会科学，加强地方特色文化研究和宣传教育，提高全民科学文化素养。推进文明城市、文明村镇、文明单位、文明家庭、美丽乡村创建活动，提升城乡文明程度。

构建现代公共文化服务体系。完善公共文化基础设施，整合公共文化资源，提高公共文化服务能力，构建与经济社会发展相适应、相配套的现代公共文化服务体系，加快建设文化名城。

——完善公共文化服务网络。推进实施“基层文化设施全覆盖工程”，构建覆盖城乡、结构合理、功能健全、实用高效的公共文化服务体系，切实保障人民基本文化权益。加快完善市、县（市、区）、镇（街）、村（社区）四级公共文化设施网络，建成城市“十分钟文化圈”和农村“十里文化圈”。推动芙蓉新区市民文化活动中心等标志性文化场馆设施加快建设。市、县图书馆、文化馆达到国家二级馆以上标准，乡镇（街道）综合文化站达到省二级站以上标准，行政村（社区）每万人拥有公共文化设施面积达到1200平方米。加强城市雕塑、城市夜景、文化广场、文化主题公园、文化商业街等城市特色文化景观的规划、建设、管理，增强我市宜居城乡建设文化内涵。继续实施和推进广播电视村村通、文化信息资源共享、乡镇和社区综合文化站（室）、农村电影放映和农家书屋等国家、省重点文化惠民工程项目建设，着手实施一批新的文化惠民工程建设项目，提高公共文化服务水平。

——提高公共文化服务能力。按照中央和省的要求，制定基本公共文化服务保障标准、技术标准和评价标准，促进基本公共文化服务标准化、均等化。不断提高公益性文化事业单位的管理水平和综合服务能力，推行“菜单式”服务，扩大文化产品和服务供给范围，满足城乡群众就近选择享受文化服务、参与文化创造的需求。广泛开展群众文化活动，繁荣社区文化、企业文化、校园文化、广场文化和民间文化，促进全民文化艺术素质的提高。坚持面向基层、服务群众，加快推进重点文化惠民工程，加大对农村文化建设的帮扶力度，继续推动公共文化服务设施向社会免费开放。引入市场机制，推行政府购买公共文化服务模式，推动公共文化服务社会化发展。建立和完善公共文化服务经费保障机制，搭建文化精品创作生产平台，实施优秀文化人才培养和引进工程。到2020年，人均公共文化财政支出提高到280元。

——努力创建全国文明城市。以城市规划合理、生态环境良好、经济比较发达、劳动就业充分、基础设施完善、社会保障健全、科技教育进步、文化体育繁荣、市民素质优良为目标，扎实推进文明城市创建工作，力争2017年进入“全国文明城市”行列。以挖掘和展示文化底蕴、激发和提升文化活力、打造本土特色文化品牌、塑造城市文化形象为目标，加强城市特色文化景观建设，提升城市文化品位和内涵，坚持以人民为中心的创作导向，培养文艺人才，打造特色文艺精品。加强对文化遗产的保护，大力弘扬粤北优秀传统文化，深入挖掘地方特色文化资源，全面推进国家历史文化名城申报工作，增强我市的文化影响力和竞争力。

——构建现代文化产业体系。制定全市文化产业发展规划，加强对全市文化产业的统筹规划和科学布局。重点发展出版发行业、广电服务业、文化艺术服务业、娱乐业、会展业、广告业、文化产品制造业等优势产业。建立完善主动融入珠三角的政策措施，加大文化招商力度，打造一批文化产业规模企业。坚持产业引领理念，推进文化创意与其他产业融合发展，做大做强环丹（生态）旅游产业园、大南华文化旅游创意园、印象岭南·奥园文化旅游城、新丰云髻山古民居文化创意园、翁源兰花文化创意产业园、始兴制笔产业园、广东信达茧丝绸产业文化体系、乳源世界过山瑶文化旅游城等一批优质文化产业项目，形成重大产业项目、特色文化项目、小微文化企业并驾齐驱的良好局面。培育发展特色文化产业，做大做强优势产业和龙头产业项目，打造粤北特色文化产业聚集区，构建特色文化产业体系，使特色文化产业成为经济发展新增长点。推动文化与旅游融合，挖掘整合生态文化、禅宗文化、珠玑文化、丹霞文化、名人文化、瑶族文化等特色文化资源，大力发展文化旅游休闲产业。推动文化与体育健身产业融合，大力发展文化体育产业。创新文化商业模式，健全多层次的文化产品、服务和要素市场。推动文化与科技融合，以科技创新推动文化业态和生产、传播方式创新，拓展新型文化产品和服务。加大文化传播推广能力，鼓励与珠三角等地区的文化产业合作，推动文化产业“走出去”。到2020年，全市文化及相关产业增加值超过90亿元，占全市生产总值的比重达到5%。

——培育现代文化市场体系。充分发挥市场在文化资源配置中的决定性作用，健全多层次的文化产品、服务和要素市场。加大版权保护力度，规范市场秩序，完善文化市场准入和退出机制，鼓励金融资本、社会资本发展文化产业，推动各类市场主体公平竞争、优胜劣汰，优化文化市场环境，构建统一开放、竞争有序的现代文化市场体系。鼓励有实力的国有文化企业跨地区、跨行业、跨所有制兼并重组，提高文化产业规模化、集约化、专业化水平。完善社科文艺精品创作生产评价制度，充分发挥扶持奖励机制在文化产品创作生产中的示范、导向和激励作用。积极挖掘地方文化资源，打造地域特色文化精品，推动文化产业与金融机构的战略合作，拓宽民营文化产业投融资渠道，引导和培育多层次、多样化的文化消费，形成促进文化产业发展的市场体系。

深化文化体制改革。完善文化管理体制和文化生产经营机制，鼓励非公有制文化企业发展，推动文化事业全面繁荣和文化产业快速发展。

——推进文化管理体制机制创新。按照政企分开、政事分开原则，进一步理顺党政部门与文化企事业单位关系，推动政府部门由办文化向管文化转变，由微观事务管理向宏观行业管理转变。健全国有文化资产管理体制，出台国有文化资产监管办法，建立党委和政府监管国有文化资产管理机构，实现管人、管事、管资产、管导向相统一。创新和完善政府采购、服务外包、志愿者服务等公共文化服务方式，推动公共文化服务项目外包和设施委托管理。创新公共文化场馆管理运行机制，推动公共图书馆、博物馆、文化馆、科技馆等组建理事会，吸纳有关方面代表、专业人士、各界群众参与管理，完善决策和监督机制，提高服务水平，提升使用效率。

——推进文化事业单位管理体制改革。分类推进文化事业单位改革，明确不同文化事业单位功能定位，完善绩效考核机制，深化事业单位内部人事、收入分配、社会保障制度改革。推进国有文化事业单位管理体制改革，加快推进国有文化事业单位经营性业务转企改制，加快公司制、股份制改造，建立现代企业制度和规范的法人治理结构，形成规范、高效的运行机制。深化新闻单位经营管理体制改革，加强传统主流媒体和新兴媒体建设，加快推进传统媒体与新兴媒体融合发展，提高主流媒体的整体实力和综合竞争力。

——鼓励非公有制文化企业发展。降低社会资本进入门槛，扩大非公有制文化企业准入领域，在国家许可范围内，引导社会资本以多种形式投资文化产业，参与国有经营性文化单位转企改制，参与国有文化企业重组，参与重大文化产业项目实施和文化产业园区建设，并在投资核准、信用贷款、土地使用、税收优惠、对外贸易和申请专项资金等方面，给予与国有资本投资同等支持。培育文化非营利组织，引导和鼓励社会力量通过兴办实体、资助项目、赞助活动、提供设施等形式参与公共文化服务体系建设。加强和改进对非公文化企业服务和管理，引导投资方向，抑制无序竞争，促进其自觉履行社会责任。支持各种形式小微文化企业发展，鼓励小微文化企业走“专、精、特、新”路子，激发全民创业热情和文化创造活力。

第七章 扩大对外开放 构建开放合作新格局

牢固树立开放发展理念，积极参与“一带一路”建设，主动融入珠三角，加强与红三角区域合作，促进对外贸易转型升级，提高对外开放水平，构建全方位开放发展新格局。

第一节 积极参与“一带一路”建设

落实国家建设“一带一路”战略，主动融入珠三角，创新对外合作模式，以互联互通为基础，以经贸合作为重点，以人文交流为纽带，务实推进与“一带一路”沿线国家、内陆地区合作，将韶关建设成为珠三角地区与内陆连接的桥头堡。

提升基础设施互联互通水平。加快建立大通关电子口岸信息平台，推进电子口岸互联互通和资源共享。完善口岸综合服务和口岸联络协调机制，推进与珠三角地区通关协作，实现口岸管理相关部门信息互换、监管互认、执法互助。积极推进国际贸易“单一窗口”，加强口岸与珠三角地区检验检疫机构的合作，全面推进“一次申报、一次检验、一次放行”模式，实现海关区域通关一体化和检验检疫一体化。主动加强与广东南沙自由贸易试验区的对接，继续推进铁海联运，建立统一的全程运输协调机制，促进通关、换装、多式联运有机衔接，实现运输便利化。推动口岸、港口、航空基础设施建设，畅通陆水联运通道，深化港口、机场、陆路交通与珠三角、内陆地区合作，形成安全高效的陆海空通道网络。加强能源基础设施互联互通合作，推进与珠三角、内陆地区电力与输电通道和光缆等通信干线网络建设，畅通信息丝绸之路。

拓宽经贸合作领域。积极创新经贸合作模式，建设重大合作平台，深入推进与“一带一路”沿线国家、内陆地区在产业投资、旅游推介、贸易往来和能源资源等领域的务实合作。积极搭建贸易促进平台，加快发展跨境电商，进一步加大市场开拓力度，加快培育出口竞争新优势，扩大沿线国家特色产品进口。鼓励正星车轮有限公司、东阳光公司、中铁五局四公司等企业走出去。合作建设经贸合作示范园区、商品展销平台、生产基地、资源开发基地和研发基地，初步形成优势互补、融合发展、互利共赢的区域经济合作格局。

加强人文交流。充分依托禅宗祖庭南华寺、世界“过山瑶”瑶族祖居地、广府文化发祥地等历史文化渊源，深入开展“海上丝绸之路”与过山瑶迁徙、西京古道和珠玑文化研究，发挥华侨华人融通中外的独特作用，加强与“一带一路”沿线国家、内陆地区在教育、医疗、体育、旅游、文化、科技等人文交流，将韶关建设成为“一带一路”人文联通重要支点。

第二节　大力推进招商引资

实行更加积极主动的开放战略，紧紧牵住招商引资“牛鼻子”，把招商引资工作作为经济工作的重中之重，坚持“引进来”和“走出去”相结合，推进全方位对外开放，着力提高开放型经济水平。

优化招商引资环境。优化服务环境，打响“韶关服务”品牌，落实各级涉及招商引资的财税、金融等支持政策，狠抓签约项目的跟踪落实，提高项目工商注册率、资金到位率和开工投产率。完善招商引资政策，落实招商引资责任制，全面掀起招商引资高潮，引进新的生产力布局，促进韶关经济结构优化。建立健全招商引资责任、激励和考核机制，市政府每年安排一定资金，支持各类重大产业项目的引进、重要产业链和产业集群的发展，对招商引资成效显著的企业、社会引资人进行奖励。

加大承载力建设。加大资金投入，统筹全市各类园区的开发建设，加强协作，将各类园区建设成为招商项目落户的主载体、主平台。加大对园区的政策引导和扶持力度，不断完善园区基础设施和配套服务，扩大经济管理权限，提高园区的项目承载力和竞争力。抢抓省开展扩园调区工作的政策机遇，推动我市符合条件的省级经济开发区及产业转移园区扩区或调整区位发展，为推进大招商、大项目落地提供空间支撑。推动莞韶产业园建设，争取申报国家级经济技术开发区及高新技术开发区，打造成为全市最重要的经济增长极。

强化要素保障。在坚持节约利用资源的前提下，对符合产业发展政策的招商引资项目，做好项目用地和水、电、气等生产要素的保障。鼓励和引导落户园区的外来企业建设和使用多层标准厂房，提高土地投资强度和用地密度，促进集约和节约用地。对列入《广东省优先发展目录》且用地集约的工业项目，在确定土地出让底价时，可按不低于所在地土地等别相对应的《全国工业用地出让最低价标准》的70%执行。鼓励采取租赁方式取得土地，降低企业前期投入成本。支持高校、职业技术学校等与重点招商引资企业开展校企合作，实施定单培训、定向培训，为企业提供数量充足、技能熟练的劳动用工。

加大质量招商力度。坚持引进外资与引进内资相结合，扩大引资规模与提高引资质量相结合，完善入园项目评估机制，强化投资产业导向和区域投向，提高招商引资项目规模和质量。注重招大引强、集群引进，大力开展“产业链招商”，着力引进一批补链型、强链型的项目，不断完善产业链条，以重大项目的引进带动产业集聚，优化产业结构，实现招商引资和推动产业升级同步。发挥政府引导作用与突出企业主体作用相结合，切实提高招商引资工作的针对性和有效性。主动融入珠三角，充分做好需求对接，重点围绕钢铁深加工、先进装备制造业、能源电力、大旅游、大物流、大农业、新材料以及特色轻工业（烟草、纺织服装、食品药品、生物制药、玩具）等八大产业开展招商，着力引进大项目、好项目，加快产业优化升级。畅通与全国各地的合作渠道，根据我市产业转型升级需要，引进有实力的上市公司，改造提升弱势产业，合作发展优势产业，整体提升产业发展水平。创新利用外资方式，扩大招商引资主体，大力引进产业链项目和龙头项目。重视招才引智，积极引进先进技术、管理经验和智力资源。到2020年，力争每年引入100家以上的企业入驻韶关，全市招商引资到位资金累计达到1200亿元以上；在引进世界500强企业、行业龙头企业和高端项目等方面有较大突破。

促进对外贸易转型升级。壮大外贸经营主体，培育外贸龙头企业，不断提升对外贸易规模、质量和效益，促进对外贸易持续健康发展。调整优化出口商品结构，加大市场开拓力度，扩大出口规模。扩大玩具、机械装备、高新技术产品出口，促进农产品出口。支持企业加强自主营销网络建设，开展自营进出口业务，争创一批省级出口名牌。坚持把扩大进口与改造提升传统产业、缓解资源要素制约相结合，扩大关键设备、先进技术和资源性、原料性产品进口。促进跨境电子商务发展，打造粤北“粤北跨境电商清关中心”，通过创新外贸服务模式。加强关贸、检贸合作，提升外贸公共服务水平，大力推进韶关“无水港”、粤北国际物流中心、韶关港等口岸项目建设，完善口岸通关功能。优化韶关至深圳盐田集装箱铁海联运，加快建设铁路口岸南雄装卸点，扩建乐昌南头装卸点。加强通关建设的综合管理和协调，推进口岸电子化建设。充分发挥韶关保税仓和出口监管仓的作用，转变外贸发展方式，打造新型外贸服务平台。推进外贸转型升级示范基地建设，培育“韶关创造”“韶关制造”的区域品牌和集体商标。积极支持企业走出去，积极引导我市优势产业和企业参与国际竞争，鼓励有条件的企业开拓国际市场，提高对外贸易水平。

第三节　加强与红三角地区合作交流

加强与“红三角”地区基础设施、旅游、文化、经贸的交流与合作，促进区域经济协调可持续发展。

加强“红三角”区域合作。加快推动韶关与赣州、郴州“红三角”区域交通一体化建设，积极推进宜章（省界）至乳源高速公路、雄乐高速公路等重大区域交通基础设施项目对接工作。全面深化“红三角”区域旅游合作，继续完善“红三角”旅游合作协调机制，构筑旅游联盟合作平台，共同推进粤北湘南赣南游，整合网络资源，实现三市旅游官方网站的互通链接，共同开发红三角精品旅游线路。加强“红三角”区域产业合作，增强医学等学术交流。

推动湘粤开放合作试验区建设。加强与郴州市的交流合作，充分发挥各自区位优势、产业优势、资源优势及文化旅游优势，积极探索高效的合作试验区管理体制、合作模式和利益分配机制，打破行政垄断和市场壁垒，积极推动试验区与周边市场深度融合，构建互动、互补、互惠的发展格局，构筑全面对内对外开放的新高地。

第八章 推动绿色发展 建设美丽韶关

牢固树立绿色发展理念，把生态文明建设放在突出的战略位置，融入经济、政治、文化、社会建设各方面和全过程，全面促进资源节约和循环利用，加大自然生态系统和环境保护力度，补齐全面建成小康社会的资源环境短板，建设天蓝、地绿、水净的美好家园，打造广东最重要的生态屏障。

第一节 推进主体功能区建设

大力实施主体功能区规划，形成主体功能定位清晰、结构优化、效率提升、区域协调、可持续发展的国土空间开发格局。

落实主体功能区战略。加快实施《韶关市主体功能区规划实施纲要》，进一步明确县（市、区）的主体功能定位。科学规划生产、生活、生态空间，引导人口、经济合理分布，提高空间利用效率，保障生态安全，构筑与资源环境承载力相匹配的生态安全格局、新型城镇化格局、生态产业发展格局和综合交通格局。强化主体功能区分区管控，严格执行差别化的财政、投资、产业、土地、农业、环境、应对气候变化等配套政策，实施各有侧重的绩效考核评价办法。完善重点生态功能区、禁止开发区的生态补偿机制。探索建立重点生态县、镇（乡）取消地区生产总值考核的机制。

优化国土空间开发格局。将全市国土空间划分为重点发展区、生态发展区、禁止开发区。完善重点发展区基础设施建设，优化发展环境，促进产业和人口集聚，提高城市综合竞争力，打造宜居城市。积极探索生态发展区限制开发区域协调发展的新模式、新途径，提高生态产品供应能力，基本形成“特色农业及特色农产品加工业”为主体的农业战略格局，农业综合生产能力得到切实加强，农产品供给安全得到有效保障。加强对禁止开发区的生态保护，构建“三大绿色屏障、三条清澈河流”为主体的生态安全战略格局，生态安全得到有效保障。加快推进国家主体功能区试点建设，加强乐昌、南雄、仁化、始兴、乳源等试点县（市）的生态保护和建设，积极争取新丰、翁源划入南岭山地森林及生物多样性国家重点生态功能区。探索推动县级经济社会发展、城乡、土地利用、生态环境保护等规划“多规合一”，形成一个县级一本规划、一张蓝图。到2020年，全市基本形成主体功能定位清晰、结构优化、效率提升、区域协调、可持续发展的国土空间开发格局。

专栏 韶关市主体功能区区划

类型	亚类	范围（街道、乡、镇）
重点发展区	核心区	浈江区东河、车站、风采、新韶、乐园、十里亭、犁市、花坪；武江区新华、惠民、西联、西河、龙归、重阳；曲江区松山、马坝、白土、大塘、乌石、樟市、沙溪（21个）
	增长极	乐昌市乐城、长来、坪石；仁化县丹霞、周田、董塘；始兴县太平、顿岗；南雄市雄州、珠玑（部分）、全安（部分）；翁源县翁城、官渡、龙仙；新丰县回龙、沙田（部分）、遥田（部分）、丰城；乳源县乳城、桂头（20个）
生态发展区	生态农业发展区	乐昌市廊田、北乡；始兴县沈所、马市；南雄市古市、主田、湖口、珠玑、邓坊、黄坑、乌迳、油山；翁源县新江、坝仔、江尾、周陂；乳源县一六（17个）
	山地森林、水源涵养及生物多样性保护区	武江区江湾；曲江区小坑、枫湾、罗坑；乐昌市黄圃、五山、大源、九峰、两江、庆云、白石、三溪、梅花、秀水、沙坪、云岩；仁化县石塘、长江、红山、闻韶、扶溪、城口、大桥；始兴县澄江、罗坝、司前、隘子、城南、深渡水；南雄市水口、百顺、澜河、南亩、坪田、江头、主田、全安（部分）、界址、帽子峰；乳源县必背、大布、大桥、洛阳、东坪、游溪；新丰县马头、梅坑、黄磜、沙田（部分）、遥田（部分）（49个）
禁止开发区		各级政府所列入的生态公益林、各级自然保护区、森林公园、湿地公园以及重要水源地、重要湿地，坡度大于35度以上和海拔300m等高线以上山体（主要分布在生态发展区域）

推进国家生态文明先行示范区建设。按照《韶关市国家生态文明先行示范区建设方案》确定的建设目标和重点任务，推动落实先行示范八大重点战略措施，加快实施生态产业体系建设、水和森林生态建设、节能减排、耕地保护和矿山地质环境治理、生态文化和民生保障、绿色发展支撑平台建设等六大工程，实施示范项目100个。力争到2020年，韶关国家生态文明先行示范区建设取得重大突破，形成可复制、可推广的生态文明建设典型模式，把韶关打造成为“青山、碧水、蓝天、绿地”的现代生态城市。

第二节　加强环境保护

按照防治结合、标本兼治、综合施策的原则，强化区域防控，加快解决水、大气、土壤污染等突出环境问题，切实改善环境质量。

改善水环境。深入实施南粤水更清行动计划，强化用水总量、用水效率和水功能区限制纳污控制。实施以水资源开发利用、用水效率、水功能区限制纳污为核心的最严格的水资源管理制度。开展北江、浈江、武江、东江等跨区域河流水环境联防联治，加强中小河流综合治理。推广高效节水技术和产品，发展节水农业，加强城市节水，推进企业节水改造，建设节水型社会。严格监控污染源，整治、搬迁和关闭威胁饮用水源和供水河道水质安全的重点污染源。加强畜禽养殖污染防治，严禁在水资源保护区、生态敏感区新建扩建改建规模化畜禽养殖场。完善雨污分流系统，推进生活污水、工业废水集中处理，强化重点污染源工业废水达标排放。到2020年，完成流经市县城区的主要河涌环境综合整治，全市优良水质断面比例达85%以上，水功能区水质达标率达到95%。

治理大气污染。全面实施大气污染防治行动计划，推进大气污染防治。深化工业源污染治理，全面推动锅炉污染整治，深入推进电力行业污染减排，重点加强水泥、钢铁等行业脱硫脱硝和清洁生产。促进全市有用热需求的产业园区、产业集聚区实现集中供热。着力削减挥发性有机物，加强挥发性有机物排放控制。强化城市扬尘治理，全面加强城市道路、建筑工地抑尘降尘。加强机动车污染减排，全面淘汰“黄标车”，大力推广新能源汽车。加大对PM2.5、PM10的监控力度，加强空气质量、重污染天气的监测预警。到2020年，大气质量明显改善，全市城市环境空气质量优良率达到90%以上。

综合防治土壤污染。制定实施土壤污染防治行动计划。加强土壤污染源头防治，严格土壤环境监管，优先保护耕地和饮用水水源地土壤环境。实施大宝山等典型区域土壤污染综合治理，重点对受重金属污染的耕地、涉重金属行业搬迁场地、简易垃圾填埋场以及陶瓷、涂料、化工等受污染场地进行修复。推进矿山复绿。严格控制农业污染源，减少使用农药化肥，推进畜禽养殖业规模化、标准化、生态化发展。

加快环保基础设施建设。建立覆盖城乡的环保基础设施体系。加大城镇污水处理设施及管网建设力度，实现污水处理设施建制镇全覆盖，强化污泥无害化处理处置。加快建设城乡生活垃圾无害化处理设施，鼓励区域处理设施共建共享和技术集成创新，提升生活垃圾全过程资源化利用水平。提高工业、农林废弃物的利用水平，加快危险废物处置中心建设，集中处置和回收利用钢铁、铅锌冶炼等废物，建设台泥水泥生产协同处理生活垃圾、餐厨垃圾处理等项目。到2020年，全市城镇生活污水处理率达到90%，城镇生活垃圾无害化处理率达到100%以上，主要污染物排放强度指数提高到94%以上。

第三节　加强节能降耗

以推动产业生态化、低碳化发展为导向，推动清洁生产、节能降碳，促进资源循环利用。

推进节能降耗。推进国家节能减排财政政策综合示范城市工作，在产业低碳化、交通清洁化、建筑绿色化、服务业集约化、主要污染物减量化、可再生能源利用规模化等六大领域建成一批节能减排综合示范项目。加快实行能源消费强度与消费总量“双控”制度，开展全市煤炭消费减量管理。严格实施固定资产投资项目节能评估和审查制度，加强重点地区节能监控，严格控制年综合能耗300万吨标准煤以上的县（市、区）新上项目能耗增量。抓好电力、医药、建材、冶炼等重点耗能行业的节能降耗工作，加快淘汰落后产能。继续实施十大重点节能工程和节能产品惠民工程。推广应用节能环保技术，鼓励开展合同能源管理。到2020年，单位GDP能耗下降10%、能源消费总量控制在1500万吨标准煤以内。

发展循环经济。遵循减量化、再利用、资源化原则，加快建立循环型工业、农业、服务业体系，提高全社会资源产出率和循环利用率。推进矿产资源、水资源、废弃物以及再生资源的循环利用，深化循环经济试点，扩大循环经济规模。推进环境友好企业、生态经济园区和循环经济园区建设，努力把省级产业转移工业园建设成为循环型、低碳型示范园区。推进碳排放权交易，控制碳排放总量。推进浈江工业园、武江工业园以及特色产业转移园的循环经济示范区建设，创建省级循环经济示范区。鼓励采用先进清洁生产工艺，全面推进清洁生产。强化生态农业循环体系建设，强化农作物秸秆和畜牧养殖废弃物综合利用，到2020年全市桔杆利用率达到80%以上，畜牧养殖废弃物资源化利用率达到90%以上。

发展绿色产业。大力发展节能环保产业，推行环境污染第三方治理，推动节能环保技术、装备和服务水平显著提升。大力发展生态农业、观光农业，努力创建农产品区域品牌。发展壮大林业产业，加强经济林基地建设，发展林下经济。积极发展生态旅游业，扶持建设一批省示范性旅游产业园区，把生态旅游打造成为我市重点生态功能区的支柱产业。

第四节 打造广东绿色生态第一市

加强生态环境的建设与修复，增强生态产品供给能力，维护自然生态的完整性、连续性和多样性，全力打造“广东绿色生态第一市”。

保护和培育森林生态系统。全面落实生态控制线、林业生态红线，加快实施森林碳汇重点生态工程、生态景观林带工程、森林进城围城工程、乡村绿化美化工程，着力构建森林生态体系，重点建设南岭生态屏障体系，努力提升生态屏障森林质量和数量。加快建设生态公益林示范区，完善生态公益林效益补偿机制。加强造林抚育，积极开展植树造林、封山育林和中幼龄林抚育改造，修复区域地带性森林植被，大力推进林木良种化进程。全面禁止天然林商业性采伐，严禁移植天然大树进城。加强森林防火、有害生物治理和森林病虫害防治体系建设，完善森林火灾应急管理体系，确保森林生态安全。到2020年，森林覆盖率达到74.86%，森林面积达到135万公顷，森林蓄积量达到9000万立方米。

保护湿地与河湖生态系统。建立水域生态保护和管理体系，保持和维护水的自然流态，严控对天然河流、湿地的侵扰。加强湿地自然保护区、湿地公园、湿地多用途管理区建设，逐步引导可持续利用湿地资源，优化湿地生态系统结构和恢复湿地功能。到2020年，全市湿地保护率达到25.7%。加强江河湖库管理，严格饮用水源保护，强化生态修复，确保水环境质量持续改善。

加强生物多样性保护。维护生态平衡，实施生物多样性保护重大工程，保护生态系统多样性、生物物种多样性和遗传资源多样性。加强自然保护区建设，优化自然保护区结构和空间布局，完善自然保护区和森林公园网络体系，加快建设全国自然保护区示范市。加强生物物种和遗传资源保护，推进南岭山地森林及生物多样性生态功能区建设，对重要生态系统和物种资源实施强制性保护。建立生物多样性、生态气象环境监测评估与预警体系，有效防范物种资源丧失和外来物种入侵。

第五节 倡导绿色低碳生活

加强城乡生态环境建设，拓展绿色空间，倡导低碳生活和绿色消费，形成人人、事事、时时崇尚生态文明和践行绿色低碳理念的社会新风尚。

推动低碳发展。建立碳排放总量和强度“双控”机制，加强低碳发展基础能力建设，完善温室气体排放的统计监测核算体系。加快低碳技术革新与推广应用，实施一批碳捕集、利用和封存试验项目。提升应对气候变化能力，探索建立碳普惠制度，健全碳排放管理和交易制度，推进低碳试点示范、碳排放权交易试点，建成一批具有典型示范意义的低碳城市、园区和社区。

改善生态宜居环境。全面加强城市发展的布局和形态规划，合理确定城市开发边界和开发强度，强化城市建设的生态和文化元素。加强城市基础设施和社区低碳化改造，推行低冲击开发建设模式，开展海绵城市试点工作，拓展城市绿色开敞空间，加强公园、道路林荫绿化建设，对接国家公园体系。推进森林进城围城，建设集中连片的城市森林。加快建设低碳生态城市和秀美乡村。

积极推行绿色低碳生活方式。推动个人和家庭践行绿色低碳生活理念，倡导适度消费，引导消费者转变消费观念，节约能源资源，形成“资源有价、污染付费”的绿色消费预期。鼓励家庭闲置和废旧物品的循环利用，减少使用一次性用品，推动居民消费结构向低碳、节能、可再回收的方向发展。鼓励能效标识产品、低碳认证产品等绿色产品的生产使用，政府优先采购绿色产品，逐步引导全社会形成绿色消费模式。积极倡导低碳出行，鼓励使用公共交通工具，探索发展共乘交通。建立碳普惠制度，推动低碳社会建设。

弘扬生态文化。深入挖掘生态文化内涵，塑造具有时代气息、鲜明特色的生态文明理念。大力开展生态文明宣传教育活动，推动绿色低碳知识进学校、进课堂、进企业、进机关，引导全社会树立生态文明意识，形成生态自觉。培育生态文化载体，创作一批生态文化作品，创建一批生态文明教育基地。积极开展群众性生态科普活动，组织好世界地球日、世界环境日、节能宣传周、低碳日等主题宣传，营造崇尚生态文明的社会氛围。

第六节 完善生态文明制度建设

深化生态文明体制改革，加快建立系统完整的生态文明制度体系，推进形成生态文明建设的长效机制。

健全决策和监督机制。各级政府在重大开发和重大项目决策中，把环境、资源等生态因素作为重要评判依据，充分考虑环境影响和生态效应。建立健全专家咨询机制和公众参与监督机制，对环境立法、执法、重大环境保护决策以及环保焦点事件实行公众听证制度。

完善生态环境管理制度。建立生态红线保护制度，构建以生态保护红线、环境质量底线和资源利用上线“三线”为核心的生态保护红线体系。健全自然资源资产产权制度和用途管制制度。建立和完善污染物排放监管制度，探索独立进行环境监管和行政执法。建立健全生态保护与污染防治的联动机制，加大跨区域、跨部门联合执法力度。健全环境应急体制，完善环境应急监测网络和处置系统，全面提升突发环境事件应急处理能力。

推行市场化机制。建立反映市场供求和资源稀缺程度、体现生态价值和代际补偿的资源有偿使用制度。以增强生态发展区域生态发展能力为导向，完善生态保护补偿机制。加大对重点生态功能区、禁止开发区和农产品主产区的转移支付力度，提高其基本公共服务供给能力。建立完善重点领域节能减排市场化机制，推进节能量、碳排放权、排污权、水权交易试点。

健全评价考核和责任追究制度。加快构建生态文明建设评价体系，建立和完善生态价值评价、生态安全评价、环境影响评价制度。探索编制自然资源资产负债表。逐步建立体现生态文明要求的干部考核体系，建立资源环境离任审计制度。推行生态环境损害责任追究制，对不顾生态环境导致严重后果的责任人，终身追究责任。

第九章　发展社会事业　不断增进民生福祉

牢固树立共享发展理念，坚持把保障和改善民生作为经济社会发展的根本出发点和落脚点，大力推进基本公共服务均等化，补齐全面建成小康社会的社会民生事业短板，促进社会公平正义、和谐稳定、健康发展，提升人民群众的幸福感。

第一节　大力推进精准扶贫精准脱贫

把脱贫攻坚摆在改善民生的首要位置，继续实施新一轮扶贫开发“双到”工作，落实精准扶贫、精准脱贫，坚决打赢脱贫攻坚战。到2018年，实现现行标准下的贫困人口全部脱贫、贫困县全部摘帽。

加强贫困地区基础设施建设。着力完善贫困地区基础设施建设，切实改善贫困地区生产生活条件。加大对革命老区、边远山区和少数民族地区的支持力度，提高基本公共服务水平。重点加大欠发达革命老区的扶贫攻坚力度，优先安排基础设施、民生工程项目和资金投入，力争到2020年，欠发达革命老区农村水泥公路村村通，农田水利全修复，供水、供电、通讯网络进村入户全覆盖，贫困户和人均年收入4000元以下的贫困人员实现全面、稳定脱贫，在革命老区建设一批具有特色的美丽乡村。

实施产业发展扶贫。精准识别扶贫对象，坚持“一户一策”、因人因地施策，积极实施产业扶贫、金融扶贫、电商扶贫、旅游扶贫等。对有劳动能力的贫困户，依托地区自然禀赋，选准产业方向，发展脱贫增收优势产业。帮助相对贫困村提高生产组织化程度，发展农业产业化带动相对贫困农户增收脱贫，加快农业现代化建设。推进金融扶贫，增强对贫困地区的信贷投放。发展农村电商，帮助相对贫困农户销售农产品。大力扶持旅游扶贫产业，加大重要革命历史遗址修复与保护力度，加快红色旅游项目建设；围绕相对贫困村打造旅游景点、线路和产业集聚区，形成旅游产业链。实施光伏扶贫工程，积极鼓励光伏发电企业，通过创新合作建设模式参与项目建设。

实施转移就业扶贫。结合新型城镇化，推进有条件的贫困人口劳动力到城镇就业。组织开展老区和相对贫困户劳动力职业技能培训，落实相对贫困家庭子女就业促进计划，促进农村贫困家庭劳动力转移就业。鼓励企业吸纳相对贫困户劳动力就业。

实施低保政策兜底脱贫。对丧失劳动能力，无法通过产业扶持和转移就业实现脱贫的相对贫困人口，通过纳入低保体系实施政策性兜底扶贫。五保户、无劳动能力低保户、丧失劳动能力的残疾人、低收入家庭中的老年人和未成年人分别纳入社会救助体系和城乡居民基本医疗保险体系，享受最低生活保障和基本医疗保障。

完善精准扶贫工作机制。落实市、县、镇、村四级一把手扶贫责任制，层层签订脱贫攻坚责任书，强化脱贫工作责任考核。落实省精准扶贫结对帮扶、对口帮扶、定点帮扶机制，完善对口扶贫开发机制。实施精准扶贫考核机制，建立常态化的督导考核机制，探索扶贫项目第三方验收和评估的脱贫成效评估机制。完善财政扶贫资金增长机制，改善教育、卫生、文化、体育方面的硬件环境。探索对贫困人口实行资产收益扶持制度，提高扶贫成效。健全社会参与机制，办好扶贫济困日等社会扶贫活动，充分调动社会各界参与扶贫开发积极性。建立重点帮扶地区退出机制，以及相对贫困户、相对贫困人口进出调整机制等精准扶贫动态调整机制。

第二节　提高就业水平

坚持把促进就业放在经济社会发展优先位置，实行更加积极的就业政策，鼓励多渠道多形式的就业，促进创业带动就业，构建和谐劳动关系。

扩大就业规模，增加就业岗位。实施更加积极的就业政策，引导社会资本进行创业项目投资和创业平台建设。继续发展就业容量大的中小微企业，增加公共服务领域的就业岗位。把促进就业与推进资源枯竭城市产业转型有机结合，培育吸纳就业能力较强的产业。建立健全促进农村劳动力转移就业的政策，统筹规划跨地区流动就业、就地就近就业、返乡自主创业等多种转移就业渠道。

建立健全统筹城乡的就业促进体系。积极推进公共就业服务均等化，建立城乡统一的人力资源市场体系。继续提升公共就业服务体系建设水平，统筹城乡和不同性别、不同地区、不同文化程度群体就业，做好对城镇新增劳动力、农村富余转移劳动力和高校毕业生就业的指导和服务。建立健全覆盖城乡全体劳动者的职业培训体系，加强对新成长劳动力和失业人员的就业创业培训。继续加强就业、失业、人力资源市场供求情况动态监测，建立失业调查统计制度。“十三五”期间城镇新增就业人数16万人，城镇登记失业率控制在3.5%以内。

优化创业环境，构建和谐劳动关系。加大就业创业扶持力度，鼓励支持自主创业，加快健全创业带动就业机制，完善促进创业的政策体系，重点扶持智力型、技能型创业，加大初次创业者、外来创业者在韶创业的财政、税收及金融支持力度，尤其大学毕业生创业就业的扶持力度，吸引更多的高层次人才来韶就业创业。实施城乡就业援助计划，加强农民工进城后的就业援助，建立和完善就业援助办法。建立健全维权和服务体系，健全劳动关系协调机制，继续引导企业改善用工环境，加强企业文化建设，加强人文关怀，畅通职工表达合理诉求渠道，构建和谐劳动关系。

第三节　提高居民收入水平

改进和完善收入增长机制和分配机制，提高城乡居民收入水平，形成合理有序的收入分配格局。力争到2020年城乡居民人均收入比2010年翻一番以上，居民消费支出占GDP比重提高到44%左右。

提高城乡居民收入水平。改进和完善企业工资与经济效益协调增长机制。逐步提高最低工资标准和离退休人员待遇。保护劳动所得，以工资集体协商为重点推动集体合同制度。扩大农民增收渠道，千方百计带动农民增收。完善机关事业单位工作人员工资正常增长机制和定期调整制度。

建立健全收入分配机制。完善初次分配机制，健全再分配调节机制，形成合理有序的收入分配格局，不断缩小城乡、区域、行业和居民之间的收入差距。继续扩大中等收入群体，提高中低收入群体收入。大力推进扶贫开发，实施精准扶贫，显著减少贫困人口。探索增加财产性收入渠道，保障农民公平分享土地增值收益。完善劳动、资本、知识、技术、管理等要素按贡献参与分配的制度，充分发挥市场机制在要素配置和初次分配中的决定性作用。明显改善收入分配秩序，依法保护合法收入，合理调节过高收入，有效规范隐性收入，坚决取缔非法收入。

第四节　完善社会保障体系

坚持可持续发展，全面建立公平、制度化、城乡一体的社会保障体系，不断提高社会保障水平。力争到2020年基本社会保险覆盖率达到98%。

完善公平可持续的社会保障体系。进一步扩大社会保险覆盖面，提高保障水平，切实保障困难群体基本生活，重点解决好非就业群体社会保障问题。做好城乡居民基本养老保险与城镇职工基本养老保险衔接工作，落实基本养老保险关系转移接续政策，实施机关事业单位养老保险制度，实现新老制度平稳过渡。按照“多层次、全覆盖、保基本”的原则，健全全面医疗保障体系，完善城镇职工基本医疗保险和城乡居民基本医疗保险制度，真正实现市级统筹、城乡统筹。健全城乡居民大病保险、职工医保住院补充、普通门诊统筹等多层次医疗保障制度，深化医保支付制度改革，逐步推进异地就医即时结算和医保关系转移接续，稳步提高医保待遇水平。建立健全被征地农民社会保障制度。到2020年，基本医疗保险参保率达到98%，城镇工伤、生育保险参保人数分别达到41万人和28万人。

完善社会福利服务体系。合理提高待遇标准，推进城乡、区域、行业和人群间的标准水平衔接平衡。落实企业退休人员基本养老金和城乡居民基础养老金正常调整机制。提高城乡居民最低生活保障、五保供养、医疗救助和孤儿基本生活等底线民生保障水平。完善社会保障公共服务体系信息化建设和“一站式”服务平台。稳步发展多元化养老服务，进一步完善城乡福利院设施，继续提高福利事业的保障水平。贯彻落实《国务院关于加快推进残疾人小康进程的意见》，支持残疾人事业发展，保障残疾人合法权益，加大对残疾人生产扶助和生活救助力度。建立综合预防严重精神障碍患者肇事肇祸行为和救治救助长效机制。大力做好“双拥”优抚安置工作，提高优抚对象保障标准。积极培育和规范社会慈善组织，鼓励社会力量投入社会福利事业，拓展社会志愿服务，扶持发展社会慈善事业。

加大住房保障力度。完善住房保障政策体系，强化各级政府的住房保障责任，落实土地、财政等政策。保障性住房建设用地纳入当地年度土地供应计划，确保优先供应。加大政府投入，鼓励引导社会资本参与保障性住房建设，加强保障性住房建设和管理。扩大保障性住房覆盖面，通过新建、改建、政府购置、租赁等方式增加保障性住房房源。加大棚户区改造项目建设力度，加快推进农村危旧房改造、渔民安居工程。进一步完善保障性住房分配、退出和社区管理等制度，规范保障性住房使用。到2020年，城乡居民家庭人均住房面积达标率提到60%以上。

第五节　加快教育事业发展

坚持教育优先发展，统筹优化教育资源配置，推进教育领域综合改革，以“巩固创强成果，高水平普及15年基础教育，努力实现教育现代化”为总目标，努力建设一个在粤东西北地区中“教育资源布局合理、教育均衡优质发展、教育教学改革深入、素质教育全面实施、教育体制充满活力”的可持续发展的现代化教育强市。

统筹优化教育资源配置。调整优化财政支出结构，增加教育投入。促进教育投入多元化，加强城镇新建住宅区教育设施配套建设，科学优化城区教育资源，努力推进义务教育优质均衡发展。继续整合优化义务教育资源，促进义务教育均衡发展，提高义务教育发展水平；增加农村义务教育投入，缩小区域、城乡、校际间差距。积极发展学前教育，大力发展公办幼儿园，积极扶持民办幼儿园，注重保基本、广覆盖、多形式，不断满足适龄儿童入园的需要。推进普通高中优质特色多样化发展，提高普通高中教育质量和办学水平。统筹协调中等职业学校和技工学校发展，整合优化职业教育资源，进一步提升职业教育办学实力。推动高等教育内涵式发展，积极发展继续教育，加快推进特殊教育发展，重视发展民族教育，大力加强民办教育和成人、社区教育，促进各类教育协调发展。继续提高基本公共教育服务均等化水平。到2020年，新增劳动力人口平均受教育年限达到13年，主要劳动年龄人口（20—59岁）平均受教育年限达到12年；3—5周岁幼儿毛入园率达到98%以上，小学适龄儿童入学率和初中毛入学率保持100%，高中阶段教育毛入学率达到98%。

加快教育体制改革步伐。坚持立德树人教育理念，把综合素质作为评价教育质量的核心内容，全面实施素质教育。深化考试招生制度改革，逐步形成分类考试、综合评价、多元录取的招考制度，拓宽学生成才发展通道。在基础教育阶段积极鼓励基础教育探索与社会实践、亲近自然相结合的教学形式。推进职业教育改革，鼓励组建职业教育集团，引导高等教育向应用技术类型转型发展。鼓励和扶持社会力量举办各类教育，承担义务教育的民办学校纳入经费保障机制，促进各类民办教育规范特色发展。积极推进教育综合改革。

建立健全教育发展保障体系。加强师资队伍建设，加大教师教育和培训力度，提高教师的品德素质和教学能力；落实教师待遇，维护教师合法权益。统筹义务教育阶段教师资源的配置，完善校长、教师轮岗交流制度。推行户籍与学籍相分离的管理办法，继续坚持以“两个为主”解决异地务工人员随迁子女平等接受义务教育问题，继续保持随迁子女入读公办学校比例并力争有所提高，在政策范围内妥善解决随迁子女在我市参加中考、高考问题。健全特殊教育体系，努力提高特殊儿童、青少年接受基础教育和职业教育的比例。健全家庭困难学生资助体系。对不同阶段的教育设定区别化、科学化的评价体系，积极推动第三方评价。加强教育信息化建设，努力提升教育现代化水平。积极推进宽带网络全覆盖，营造优质教育资源共享的信息化学习环境，提高教育管理信息化水平，促进信息技术与教育融合发展。到2020年，全面完成国家、省《教育规划纲要》所提出的教育信息化建设任务，形成与教育现代化发展目标相适应的教育信息化体系。

第六节　提高人民健康水平

倡导健康生活方式，发展体育事业，增强人民身体素质，加强爱国卫生工作，深化爱国卫生运动，继续深化医药卫生体制改革，提高医疗健康服务水平，实现城乡基本医疗公共服务均等化。

大力发展体育事业。不断完善城乡基本公共体育服务体系，加强体育场馆和社区体育设施规划、建设和管理，逐步免费向社会开放，在城市社区建设15分钟健身圈，新建社区的体育设施覆盖率达到100%。广泛开展全民健身活动，不断增强人民体质。发展竞技体育，积极拓展体育业态，扩大和引导体育消费，推动体育产业与旅游、文化等相关产业的互动发展，打造韶关休闲旅游和户外运动基地新形象。

创建卫生强市。坚持医疗卫生事业公益性质，建立与任务功能相适应的医疗卫生财政投入增长机制。鼓励公共卫生医疗服务向社区倾斜，全力推进基本公共卫生服务均等化进程，着力构建综合性医疗卫生服务体系。到2020年，居民健康水平进一步提升，人均期望寿命达到77岁以上，孕产妇死亡率和婴儿死亡率分别控制在万分之一和3‰以下；卫生资源配置水平进一步提升，每千常住人口执业（助理）医师数、公共卫生人员数、注册护士数和床位数分别达到2.8、1.0、3.5和6，每万常住人口全科医生3名以上；医疗保障水平进一步提升，全民医保体系健全，基本医保与大病保险、医疗救助、疾病应急救助等制度有效衔接，个人卫生支出占卫生总费用比例25%以下；疾病预防控制水平进一步提升，当年甲乙类法定报告传染病发病率不超过近5年的平均发病水平；城乡环境卫生水平进一步提升，城区病媒生物密度控制水平达到国家标准。居民健康档案规范化电子建档率达到90%以上。完善疾病预防控制、妇幼保健、精神疾病等公共卫生服务网络。整合市区卫生医疗资源，推进芙蓉新区医院建设。

继续深化医药卫生体制改革。明确公立医院保基本职能，统筹推进公立医院管理体制、补偿机制、人事分配、药品供应、价格机制等综合改革。落实基本药物制度，完善药物采购、配送和零差率机制。深化基层医疗卫生机构综合改革，建立健全综合性医院与社区医院结对帮扶机制，加强基层医疗卫生机构服务能力建设。探索建立分级诊疗制度，健全完善医疗卫生机构绩效考核、收入分配和人员聘用等机制。进一步理顺医疗服务价格，实施财政、医保、价格三联动的补偿机制。探索跨区域统筹设置检验中心、影像中心和病理中心，提高资源共享率和利用效率。切实加强人口健康信息化建设，建成市、县互联互通的人口健康信息平台。不断加大优质医疗服务供给，发展远程医疗服务应用。鼓励社会资本以多种形式兴办大型医疗机构、社区医院，促进非公立医疗机构与公立医疗机构享有同等待遇。

第七节　促进人口长期均衡发展

坚持计划生育基本国策，优化人口结构，提高人口素质，积极稳妥有力应对老龄化挑战，实现健康老龄化。

调整优化人口结构。全面落实一对夫妻可生二孩政策，统筹推进生育政策、服务管理制度、家庭发展支持体系和治理机制综合改革，努力实现规模适度、素质较高、结构优化、分布合理的人口均衡发展。改善出生人口素质，普及优生优育优教知识，强化出生缺陷的预防和干预，提升生殖健康水平，加强对出生人口性别比偏高问题的综合治理。

应对人口老龄化。积极应对人口老龄化，建立覆盖城乡的老年保障体系，稳步提高养老保障和老年人医疗保障水平。加快发展养老服务业，全面建立居家养老为基础、社区养老为依托、机构养老为支撑的功能完善、规模适度、覆盖城乡的养老服务体系。培育发展养老服务产业，鼓励扶持社会力量积极参与养老服务运营和管理。到2020年，每千名老人拥有养老服务床位数35张。发展适度普惠型的老年健康医疗福利，加强康复护理救助等面向老年人的公共服务设施建设。支持老年人继续为社会贡献宝贵经验和知识。重视老年人精神文化生活需求，积极推动老年文教体育事业发展，弘扬敬老、爱老、助老新风尚。

促进妇女儿童发展。进一步落实男女平等基本国策，坚持儿童优先原则，切实保障妇女儿童合法权益。促进妇女平等就业，提高妇女社会参与程度。关注妇女儿童身心健康，改善儿童成长环境，加强未成年人保护。实施妇女儿童困难救助工程，积极解决贫困、特殊妇女儿童安居、就业问题，妥善解决留守妇女儿童人身安全问题，努力改善农村妇女儿童的生存、发展状况，努力开创妇女儿童事业新局面。

加强人口服务管理。加强全员人口管理，创新流动人口服务管理体制，完善居住证制度，拓展居住证基本公共服务功能，依法保障流动人口的合法权益。建立城乡统一的户口登记制度，完善全员人口信息库，建立人口基础信息共享机制，逐步实现跨部门、跨地区信息整合和共享，加快建立人口监测和预警机制。

第八节 建设平安韶关

适应公共安全形势的新特点，强化政府责任，坚持预防第一，推动建立主动防控与应急处置相结合、传统方法与现代手段相结合的公共安全体系，切实增强人民群众安全感。

构建公共法律服务体系。有效整合公共法律服务资源，建设市、县（市、区）和镇（街）、村（社区）四级公共法律服务实体平台，建立健全政府法律顾问、法律服务帮扶联系、社会普法工作、矛盾纠纷排查化解、社区矫正工作等体制机制，加强基层司法所建设，大力拓展公共法律服务领域，建立健全公共法律服务网络，不断提高公共法律服务能力和水平，努力满足群众基本法律服务需要。

保障食品药品安全。加强食品药品安全监管，推进广东省食品安全示范城市建设，完善产地准出、市场准入、问题食品药品召回和信息可追溯制度。开展食品药品安全风险和舆情监测，建立风险监测网络。完善“四品一械”安全检验实验室能力，把市食品药品检验所建设成为粤北地区示范性综合检测基地。健全食品药品安全管理“零容忍”机制，加快建立最严格的覆盖全过程的监管制度。强化质量抽检和检测，严惩制假、贩假等违法犯罪行为，切实保证食品药品质量和安全，维护人民生命安全健康。

提高安全生产水平。深化安全生产管理体制改革，扩大县级安全监管部门管理权限，推动安全生产责任重心下移。健全安全生产监管监察体制机制，大力推行“党政同责、一岗双责、齐抓共管”，落实安全生产责任制，加强重点行业领域、重点地区隐患治理，加大执法检查和隐患整治力度，防止和减少安全事故。加强企业安全管理，推进安全生产标准化建设，保证安全生产投入。制定油气管网应急预案，最大限度降低管道保护突发事件的危害程度，保障能源通道安全和人民群众生命财产安全。提高公众安全意识，保障全民职业安全健康权益，有效控制工矿商贸就业人员的伤残率及职业病发病率。

完善公共突发事件应急处置体系。健全对自然灾害、事故灾难、公共卫生事件、食品安全事件、社会安全事件、重大环境污染事件的预防预警和应急处置体系，完善市县突发事件预警信息发布体系，提高政府应对公共突发事件能力。加强应急联动机制，加快三级基础应急平台建设。实施分级管理，明确各级政府的责任，进一步完善突发公共事件专项应急预案、部门应急预案和地方应急预案，强化各应急委成员单位的预案对接。强化公共场所应急体系建设。建设防灾减灾救灾科普场所，加强宣传教育和应急演练，提高公众自救、互救和应对各类突发公共事件的综合能力。

建立健全粮食安全保障体系。加强粮食储备仓库建设，落实国家下达的18万吨粮食储备任务；加强粮食市场流通体系建设，强化粮食流通监管，完善粮食购销管理体系；创新储备粮管理体系，积极探索藏粮于库逐步转为“藏粮于地”和“藏粮于技”的方式，努力减轻仓储压力和财政补贴负担。加强粮食安全保障体系建设，完善粮食安全考核工作机制，加强粮食宏观调控，确保区域粮食供给安全。推进军粮供应、应急、放心粮油、成品粮储备、主食产业化“五位一体”的粮油供应网点建设，完善粮油加工体系。

增强防灾减灾能力。加强气象、地震、地质等灾害监测预报工作，完善重大灾害监测预警和应急服务体系。加强人口和产业密集地区防灾减灾设施建设。加密气象灾害高发区的监测网络建设，提高气象监测预报水平，建立气象信息共享平台，完善突发事件预警信息发布体系，增强部门间气象及其衍生灾害的协防和预警联动能力。加快建立地质灾害易发区调查评价体系、检测预警体系、防治体系和应急体系，加大重点区域地质灾害治理力度，加强灾害救援队伍建设，提高物资保障水平。推行自然灾害风险评估，科学安排生产生活设施布局。加强消防基础设施建设，大力开展“三小”场所、出租屋、公共场所和工业建筑等场所火灾患排查整治。

加强社会治安综合治理。推进社会治安立体防控体系建设，严密防范、依法打击各类违法犯罪活动，全面加强禁毒工作。完善重大社会决策、重大工程项目社会稳定风险评估机制。健全社会舆情汇集分析机制，完善网络问政和信访工作机制，畅通群众利益诉求和权益保障渠道，积极预防和妥善处置各类群体性事件，切实把各类矛盾纠纷解决在萌芽状态。扎实推进人民来访接待厅和基层综治信访维稳中心建设。健全互联网安全管理制度。维护国家安全和社会稳定。

加强国防动员基础能力建设。增强国防观念，加强后备力量建设，积极支持国防建设，推动经济建设和国防建设融合发展。继续完善国民经济动员组织机构体系，大力推进国民经济动员常态化建设。重点在交通基础设施、城市管网、电力电信基础设施以及重大信息化建设上，兼顾国防动员需求。认真贯彻落实《中华人民共和国国防动员法》，推进国防科技工业军民深度融合发展。

第十章　全面深化改革
基本形成有利于加快发展的新机制

坚持社会主义市场经济改革方向，以问题为导向，找准改革的突破口和着力点，着力破解阻碍经济社会发展的体制机制障碍，消除与珠三角融合发展的体制机制障碍，建设国际化、市场化、法治化的营商环境，推动韶关跨越发展。

第一节　深化行政体制改革

继续深化行政体制改革，创新行政管理方式，切实转变政府职能，增强政府公信力和执行力，建设法治政府和服务型政府，打造“韶关服务”品牌。

优化政府职能配置。健全宏观调控体系，完善财政政策与产业、价格、土地等政策的协调配合机制。加强政府发展战略、规划、政策、标准的制定和实施职能，强化公共服务、市场监管、社会管理、环境保护等职能。推动市县政府机构改革，积极稳妥推进大部制改革。推进基层公共服务平台建设，深化乡镇行政体制改革，加强村镇建设管理。建立政府部门权责清单制度，贯彻实施市直各部门权责清单和职能调整目录，加强对权责清单的动态管理。优化权责事项办事流程，简化办事环节，明确办理时限，逐步公开权责运行流程。

深化行政审批制度改革。最大限度地减少政府对微观事务的管理，继续精简行政审批事项，全面取消非行政许可审批事项。建立行政审批目录管理制度，严格控制新设行政审批事项。优化审批流程，压减前置审批环节，推行并联审批，简化跨层级、跨部门审批事项的办理，推广实施行政审批标准化，建立统一的行政审批信息管理服务平台。

完善电子政务系统。利用移动互联网、物联网、云计算、大数据等新技术，推动各级政府实体行政办事大厅向网上迁移，构建完善横向到行政部门、纵向到镇（街）的规范统一的市网上办事大厅，全面推动行政审批服务事项网上办理，实现政务信息网上公开、公共决策网上互动、投资项目网上审批、社会事务网上办理、公共资源网上交易、政府效能网上监察。健全电子政务系统，改造升级全市政务信息网络，建设全市统一的政务数据信息资源库和政务大数据中心，建立各级政府和部门联动的大数据形成机制。推广企业专属网页和市民个人网页，提供便捷的电子政务和民生服务。

深化事业单位分类改革。推进政事分开、管办分离，实行总量控制和结构调整，理顺公办事业单位与主管部门关系，深化国有林场改革，逐步取消学校、科研院所、医院等单位行政级别，推动有条件的事业单位转为企业或社会组织。重点推进教育、卫生、文化领域事业单位完善法人治理结构建设。建立各类事业单位统一登记管理制度。完善政府投资非经营项目代建体制，推进法定机构试点。

第二节　推进经济所有制结构改革

坚持两个“毫不动摇”，建立现代产权制度，发展混合所有制经济，深化国资国企改革，大力促进民营经济发展，不断增强国有经济活力、控制力、影响力，激发非公有制经济活力和创造力。

建立现代产权制度。建立归属清晰、权责明确、保护严格、流转顺畅的现代产权制度。完善保护各种所有制产权的法规规章和政策体系，清理和废止各种影响投资者产权保护的现行制度。健全公有制经济产权管理制度体系，严格履行资产评估报告备案和核准制度，鼓励民营企业产权制度创新。完善产权交易市场，推动产权规范有序流转。建立不动产统一登记制度，构建标准统一、信息共享、监管联动的不动产登记信息基础管理平台和依法公开查询系统。

稳妥发展混合所有制经济。鼓励国有企业和集体、民营、外资企业相互投资参股、联合组建公司。支持优势民营企业参与国有、集体企业改制重组，参与经营性事业单位改制。鼓励非国有资本参股国有资本投资项目，大力发展非公有资本控股的混合所有制企业。探索推行混合所有制企业实行经营者和员工持股，形成资本所有者和劳动者利益共同体。健全支持企业做强做大机制，加快培育一批主营业务收入超10亿元、50亿元、100亿元的骨干企业。完善综合服务体系，优化中小微企业发展环境。

深化国资国企改革。完善国有资产管理体制，以管资本为主加强国有资产监管，推动国有资产优化重组和国有企业改革。改革国有资本授权经营体制，组建国有资本运营公司，支持有条件的国有集团公司改组为国有资本投资公司。加强国有企业与珠三角地区企业的对接，做优做强做大国有经济。完善国有资本经营预算制度，逐年提高国有资本收益上缴公共财政比例，到2020年提高到30%，更多用于保障和改善民生。准确界定商业类和公益类等功能定位，推进国有企业分类改革。规范国有企业董事会、监事会建设，健全协调运转、有效制衡的公司法人治理结构，完善现代企业制度。落实国有企业领导人员任期制和聘任制，建立经营者、员工薪酬与经营业绩相挂钩的激励与约束分配机制，实行任期奖励奖金延期支付制度和任期责任追究制度。探索推进国有企业财务预算等重大信息公开。

大力支持民营经济发展。落实促进民营经济加快发展的政策措施，坚持权利平等、机会平等、规则平等，消除对非公有制经济的隐性壁垒和差别待遇。

——放宽投资领域。降低准入门槛，放宽注册登记和市场主体场所登记条件限制，降低组建民营企业集团的条件约束。严格“非禁即入、非禁即许”原则，凡是法律、法规和政府限制行业“负面清单”以外的，均允许和鼓励民营资本进入。拓宽民间投资领域，鼓励民营资本投资金融服务、基础设施、公用事业、社会事业等领域。建立重大项目面向民间投资招标长效机制，支持民营资本参与政府PPP模式开发运用。

——培育市场主体。落实创业扶持政策，加强创业辅导、信息咨询、融资担保、技术支持等服务，鼓励高校毕业生、退伍军人、科研人员、农村返乡青年等开展各种形式创业。积极支持设立新小微企业、“个转企”民营企业、“小升规”工业企业。鼓励支持新办民营企业，加大民营企业培植孵化力度。鼓励社会力量规划建设小企业创业基地和创业孵化基地。优先规划发展工业类小企业创业基地，为产业园区培育后备进园工业企业。

——减轻企业负担。落实国家和省对民营企业的扶持政策，帮助解决资金、土地、技术、人才等问题。完善中小微企业服务体系，清理、规范涉企收费项目，完善严格控制涉企检查、严禁向企业摊派制度，切实减轻企业负担。支持各级工商联更好发挥管理服务非公有制经济的助手作用。设立中小微企业发展基金。

——强化融资服务。完善中小微企业信贷风险补偿机制，健全中小企业信用担保体系，支持民营企业实施资本市场融资，强化对民营企业的金融服务。继续完善国家网络窗口服务平台的服务功能和基础设施建设，加大对中小企业公共技术服务平台的财政扶持力度，搭建服务性的全市公共质量检测平台体系，带动社会资本参与中小企业公共技术服务平台建设与发展。

——提升科技信息化水平。支持有条件的私营企业建立现代企业制度。促进小微工业企业上规模，推进中小微企业联合重组。鼓励支持新办民营企业，建立民营企业发展基金，鼓励骨干民营工业企业做大做强，支持规模以上民营工业企业加快发展。推动民营企业技术进步，支持企业新一轮技改，鼓励实施“机器人应用”工程，促进“两化深度融合”，推动“互联网+”协同发展，促进民营企业转型升级。

第三节 完善现代市场体系

加快形成企业自主经营、公平竞争，消费者自由选择、自主消费，商品和要素自由流动、平等交换的现代市场体系，提高资源配置效率和公平性。

建立宽进严管的市场准入和监管制度。推动实行统一的市场准入制度，在制定负面清单基础上，各类市场主体可依法平等进入清单之外领域。探索对外商投资实行准入前国民待遇加负面清单的管理模式。推进商事制度改革，全面落实工商营业执照、组织机构代码证、税务登记证“三证合一”登记制度和“一证一码”，加强商事制度改革后续监管。健全优胜劣汰市场化退出机制，完善企业破产制度。严格市场监管，清理和废除妨碍统一市场和公平竞争的各种规定和做法。落实市场监管体系规划，建立政府负责、部门协作、行业规范、公众参与、司法保障的市场监管新格局。完善网上市场监管机制，规范网上市场经营秩序。

推进价格体制改革。严格控制由政府定价的范围与项目，放开竞争性领域的商品和服务价格，将政府定价范围缩小到重要公用事业、公益性服务、网络型自然垄断环节。重点推进电力、天然气、用水和交通等公用事业竞争性环节价格改革。完善综合施策的价格调控机制和市场价格监管机制，建立健全价格监测预警体系。

建立城乡统一的建设用地市场。在符合规划和用途管制前提下，允许农村集体经营性建设用地出让、租赁、入股，实行与国有土地同等入市、同价同权。明晰农村集体经营性建设用地流转的范围、方式、主体和条件等，研究建立城乡土地交易的统一规则。继续推进“三旧改造”和棚户区改造，盘活城乡存量建设用地。建立公益性项目建设用地保障制度。深化建设用地审批制度改革。坚持集约节约用地，建立有效调节工业用地和居住用地合理比价机制，创新工业用地弹性出让制度，建立低效土地市场化退出机制。探索加快实行经营性的基础设施和公共事业用地有偿使用，原则上取消非公益性用地划拨。建设城乡一体的土地二级市场交易体系。建立兼顾国家、集体、个人的土地增值收益分配机制，合理提高个人收益。

推进社会信用体系建设。全面实施市社会信用体系建设规划，推进行业、部门和个人信用建设，提高政务诚信、商务诚信、社会诚信和司法公信。加快建设覆盖全社会的公共联合征信系统，突出社会成员信用信息的记录、整合和应用。培育发展信用服务市场，实行信用分类监管制度，建立守信企业“绿色通道”和失信企业综合惩戒机制。

第四节　建立现代财政制度

按照完善立法、明确事权、透明预算、提高效率的原则，加快构建科学的财税体制。

完善预算管理机制。大力推行零基预算改革，按照新《预算法》的精神，完善政府预算体系，建立覆盖一般公共预算、国有资本经营预算、政府性基金预算和社会保险基金预算的预算体系，实现“四本预算”有序衔接。将政府收入和支出全部纳入预算管理，建立跨年度预算平衡机制。严格执行各级人大批准的年度预算，进一步深化国库集中支付制度改革、政府采购制度改革、“收支两条线”改革。全面规范专项资金使用管理，强化结余结转资金管理，建立盘活存量资金的约束与激励机制。完善政府性债务管理体系，规范政府依法举借债务，实行债务规模控制，建立债务风险预警机制，落实债务偿还责任。强化财政监督和绩效管理，推进财政信息公开。

完善事权和支出责任相适应的运行机制。根据上级事权和支出改革部署，梳理各级政府承担的事权，逐步推进事权优化调整；按照权责对称、合理分担、协调平衡的原则，合理划分各级财政承担的支出责任；健全与事权和支出责任改革相衔接的财政转移支付制度。

建立权责发生制政府综合财务报告制度。改进市本级权责发生制政府综合财务报告试编方法，健全完善试编工作机制。逐步扩大试编权责发生制政府综合财务报告的试点范围。探索建立覆盖全市各级政府的权责发生制政府综合财务报告体系，真实全面地反映政府财务状况和运营情况。

完善财政保障和配置机制。进一步强化财政保障作用，拓宽基本公共服务供给范围，逐步提高各项基本公共服务的财政保障标准和覆盖水平。创新财政保障基本公共服务的政策措施，完善财政保障基本公共服务的供给机制。构建政府公共资源投入的公平配置机制。创新财政资金分配、使用方式，财政资金用于经营性领域的分配体现杠杆性和股权性，规范财政资金竞争性分配方式，发挥财政资金的引导放大作用。规范公共资源交易平台管理，完善公共资源交易监管机制。

大力推进政府购买服务改革。健全政府购买社会服务管理制度，完善购买服务的目录范围、招投标运作、绩效评价、信息公开和社会监督机制。拓宽政府购买服务领域，通过委托第三方机构公开招标、政府采购等形式，交由具备条件、信誉良好的社会组织、企业、机构等社会力量承担，建立健全对政府购买服务项目实施效果的监管和评价制度，鼓励和引导社会组织、工青妇等枢纽型组织参与提供多层次、多样化社会公益服务。

深入落实中央税制改革。根据中央和省的统一部署积极推进税制改革，探索建立地方税收体系，完善市以下分税制财政体制，抓紧推进营改增改革，适时将建筑业、房地产业、金融业和生活服务业纳入营改增试点。推进消费税改革，按照上级要求调整消费税征收范围、环节、税率，将消费税由主要集中生产（进口）环节征收逐步适当向批发或零售环节后移。兼顾生产地税源需求，对部分在批发或零售环节征收。抓紧落实资源税制度，理清资源税费关系，积极推进资源税“从价、扩围”改革。四是以财税政策为导向，因地制宜地挖掘新的经济增长点，以建设和完善韶关各类工业园为手段，培育地方税源。

第五节　加快投融资体制改革

着力推进投融资管理体制改革，创新投融资服务，充分发挥社会资本特别是民间资本的积极作用，激发市场活力。

深化企业投资管理体制改革。厘清政府与市场的边界，确立企业投资主体地位。推动企业投资项目实行准入负面清单、行政审批清单、政府监管清单“三单”管理，进一步放宽企业投资准入，强化事中事后监管，构建市场开放公平、规范有序，企业自主决策、平等竞争，政府权责清晰、监管有力的企业投资管理新体制，营造优质高效的投资环境。

推进政府投资管理体制改革。完善政府投资基本建设项目管理体制，修订市级政府投资基本建设项目管理办法。合理界定政府职责，完善投资决策机制，强化投资规划计划调控，加强项目管理与监督，建立健全责任追究制度。加强财政预算与投资计划的衔接，统筹各类用于基本建设的专项资金，集中投入使用。研究制定基本建设项目库管理办法，改革先定预算、后找项目模式。加强基本建设项目储备，有序开展项目前期工作，以共建共享的模式建立统一的、跨部门的、可跟踪的市本级基本建设项目库、政府投资基本建设项目子库。

积极开展政府和社会资本合作（PPP）。健全PPP机制，拓宽社会资本投资渠道。政府通过特许经营、购买服务、股权合作等方式，与社会资本建设利益共享、风险分担及长期合作关系，促进投资主体多元化，增加公共产品和服务的有效供给。建立PPP项目库，定期集中向社会推介条件成熟的PPP项目。

拓宽融资渠道。探索创新信贷服务，支持开展担保创新类贷款和预期收益质押贷款业务。落实我市产业投资基金和创业投资引导基金，鼓励民间资本进入创业投资、私募股权投资、风险投资领域。设立财政引导资金，吸引金融、保险等机构投资于棚户区改造、交通基础设施、城市扩容提质、产业园区基础设施和旅游文化产业等重点领域，并支持重点领域建设项目采用企业债券、项目收益债券、公司债券、中期票据等方式通过债券市场筹措投资资金，争取省支持韶关发行公益性项目政府一般债券和有一定收益的公益性项目专项债券。争取发行城市地下综合管廊建设、战略性新兴产业、养老产业、城市停车场建设等领域专项债券。鼓励企业在垃圾处理、污水处理、电力、保障性住房等行业领域开展项目收益债券发行试点。鼓励市属企业加大银行贷款及发行企业债券，鼓励具备条件的企业开展资产证券化业务。

第十一章 加强法治韶关建设
促进社会和谐稳定

全面推进依法治市，加快建设法治韶关。坚决维护宪法法律权威，依法维护人民权益、维护社会公平正义、维护社会大局稳定，实现科学立法、严格执法、公正司法、全民守法，促进治理体系和治理能力现代化。

第一节 加强地方立法

恪守以民为本、立法为民理念，贯彻社会主义核心价值观，使每一项立法都符合宪法精神、反映人民意志、得到人民拥护，切实提高立法质量。

加强政府立法制度建设。科学合理编制政府立法规划和计划，完善政府规章制定程序，健全规章立项制度。完善规章起草制度，坚持政府法制机构组织起草与部门起草、委托起草相结合，重要规章由政府法制机构组织起草。完善公众参与政府立法机制。探索开展立法成本效益分析、社会风险评估等工作。

加强重点领域立法。加强城乡建设与管理等领域立法，制订城乡建设、城市管理等方面的法规规章。加强历史文化保护等领域立法，制定完善历史文化保护、历史文化资源利用等方面的法规规章。加强环境保护等领域立法，制定完善大气、土壤、水污染防治等方面的法规规章。

做好立法和改革决策的衔接。坚持立法先行，发挥立法的引领和推动作用，保障重大改革于法有据、有序进行。及时将改革发展急需的、实践证明行之有效的政策措施上升为法规规章，将需要先行先试的举措按照法定程序取得相应授权。建立常态化的法规规章清理工作机制，及时修改和废止与发展改革要求不适应的法规规章。

第二节 建设法治政府

建立权责统一、权威高效的依法行政体制，使各级政府在法治轨道上开展工作，加快建设职能科学、权责法定、执法严明、公开公正、廉洁高效、守法诚信的法治政府。

依法全面履行政府职能。优化政府组织结构和运行机制，完善部门职能、机构、人员编制的规定，推进机构、职能、权限、程序、责任法定化。行政机关严格履行法定职责，没有法律法规依据不得减损公民、法人和其他组织合法权益或者增加其义务，不得法外设定行政权力。坚决纠正行政机关不作为、乱作为，行政机关不得以权力下放、职能转移为由推卸监管责任。

健全依法决策机制。强化行政机关依法决策主体责任，明确重大行政决策事项范围和操作细则，严格落实公众参与、专家论证、风险评估、合法性审查、集体讨论决定的法定程序。以政府法制机构为平台，积极推行政府法律顾问制度，保证法律顾问在重大行政决策、推进依法行政中发挥积极作用。建立重大决策终身责任追究制度及责任倒查机制，建立健全重大决策记录制度，完善重大决策实施后评估等监督制度。

严格规范公正文明执法。深化行政执法体制改革，大幅减少市县两级政府执法队伍种类，推动执法力量向基层倾斜，重点加强食品药品安全、安全生产、环境保护、劳动保障等重点领域基层执法力量，探索推行综合行政执法。加强市县政府行政执法规范管理，理顺城管执法体制，严格行政执法人员持证上岗和资格考核、管理。理顺行政机关、人民法院的行政强制执行机制，健全行政执法与刑事司法衔接机制。制定执法标准化流程并向社会公开，完善行政执法全过程记录制度。严格执行重大执法决定法制审核制度，建立健全重大行政执法决定备案制度和行政裁量权基准制度。全面落实行政执法责任制，完善责任追究机制。

加强对行政权力的制约和监督。强化对重点部门和岗位的权力制约，对权力集中的部门和岗位实行分事行权、分岗设权、分级授权，定期轮岗。加强行政权力监督制度建设，构建各监督主体协调联动和紧密衔接的工作机制，增强监督合力和实效。强化政府内部层级监督，加强行政复议决定的执行。加强和改进行政监察工作，完善纠错问责机制。完善审计制度，保障审计机关依法独立行使审计监督权。加快推进政务公开，依法拓宽公开范围，完善公开程序，提高政务公开信息化水平。

保证公正司法。深入推进司法体制改革，落实司法体制改革试点任务，实施确保依法独立公正行使审判权和检察权的制度，建立领导干部干预司法活动、插手具体案件处理的记录、通报和责任追究制度。严格执行行政诉讼法，健全行政机关依法出庭应诉、支持法院受理行政案件、尊重并执行法院生效裁判的制度。加强对司法活动的监督，构建开放、动态、透明、便民的阳光司法机制，全面推进审判公开、检务公开、警务公开、狱务公开，完善保障人民群众参与司法调解、司法听证、涉诉信访等司法活动的机制，提高司法公信力。

第三节　推进法治社会建设

大力弘扬社会主义法治精神，建设社会主义法治文化，增强全社会厉行法治的积极性和主动性，形成守法光荣、违法可耻的社会氛围。

深入开展法治宣传教育。加强社会主义法治文化建设和群众性普法教育，提高普法针对性和实效性。全面推进法治宣传教育进机关、进乡村、进社区、进学校、进企业，推动领导干部带头学法，增强全社会尊法学法守法用法观念，引导群众自觉守法、遇事找法、解决问题靠法。注重青少年法治教育，充分利用青少年法治教育基地，增强中小学法治教育的针对性和实效性。广泛开展群众性法治文化活动，建立一批具有韶关特色的法治文化建设示范点。健全普法宣传教育联动机制，实行“谁执法谁普法”的普法责任制。

健全依法维权和矛盾纠纷预防化解机制。建立健全社会矛盾排查预警、利益表达、协调沟通、救济救助等机制。加强社情民意的收集分析和研判，全面推进按法治框架解决基层矛盾试点工作。健全利益表达、利益协调、利益保护机制，引导群众依法行使权利、表达诉求、解决纠纷。贯彻落实《广东省信访条例》，落实涉法涉诉信访制度改革，建立涉法涉诉信访依法终结制度，把信访纳入法治化轨道，强化信访问题源头治理。完善网上信访制度。完善调解、仲裁、行政裁决、行政复议、诉讼等有机衔接、相互协调的多元化纠纷解决机制。以医疗卫生、道路交通、劳动争议、环境保护、征地拆迁、物业管理等领域为重点，加强行业性、专业性人民调解组织建设。健全劳资纠纷排查预警机制，加大劳动保障监察力度。依法妥善处置涉及民族、宗教等因素的社会问题。

健全法律服务体系。推进覆盖城乡居民的公共法律服务体系建设，加强民生领域法律服务。统筹城乡、区域法律服务资源，构建面向基层的法律服务网络，深入开展一村（社区）一法律顾问工作。健全司法救助体系，扩大司法救助的适用范围和救助对象，完善司法救助的标准和内容，简化司法救助审批程序。完善法律援助制度，扩大法律援助覆盖面，降低受援门槛，推进法律援助便民窗口规范化建设，建立城区半小时、农村1小时、偏僻地区2小时法律援助服务圈。加强对律师、公证、司法鉴定等法律服务行业的政策扶持和监督管理。发展壮大律师队伍，加强民生领域法律服务。积极鼓励律师、公证等专业服务业发展，力争2020年全市每万人拥有律师数达到2.3人。

第四节　创新社会治理体系

遵循社会各方面共同参与社会治理的改革方向，着力改进社会治理方式，提高社会治理水平，实现政府治理和社会自我调节、居民自治良性互动。

激发社会组织活力。大力推进社会组织体制改革，实施政社分开，推动社会组织去行政化、去垄断化，完善社会组织内部治理结构，鼓励和支持社会组织参与社会治理。加强社会治理法制保障，完善社会组织综合监管体制，规范管理社会组织，加强对非政府组织的管理。引导社会组织规范有序发展，重点培育、优先发展行业协会商会类、科技类、公益慈善类、城乡社区服务类组织。

完善城乡基层社会治理机制。健全基层综合服务管理平台，推进基层管理网格化、基层服务社会化，建立多元主体参与的新型社区治理模式。强化基层治理责任，推进基层工作重心下沉，提高依法服务和管理水平。健全村（社区）民主自治制度，创新符合地方实际的村（社区）民自治有效实现形式。完善村（社区）民参与社会治理机制，增强参与社会治理能力，扩大对公共事务参与范围。积极稳妥推进村（社区）政经分离改革，增强村（社区）公共服务能力。完善城乡基层治理体制，强化基层治理责任，健全党组织与基层群众普遍直接联系的制度。力争到2020年基层民主参选率提高到96.5%。

完善社会志愿服务体系。健全社会工作制度，加大社工专业人才队伍建设力度。支持和发展志愿服务组织，大力发展志愿服务事业，建立覆盖全社会的志愿服务体系。健全志愿服务事业国际化、社会化发展机制。

第十二章　狠抓重大项目建设
强力推动加快发展

以重大项目为抓手，积极推进规划实施载体建设，为规划有效落实提供坚实保障。谋划一批、实施一批重大项目，优化重大项目投资行业结构和区域分布结构，健全重点项目储备库。“十三五”期间规划建设的重大项目175项，估算总投资5769.8亿元，“十三五”期间投资3388.4亿元。项目涉及交通通信、能源、水利、先进制造业、现代服务业、现代农业、城市扩容提质、产业发展平台、环境保护和生态建设、民生保障等10个重点领域和重点行业。

第一节　交通通信项目

规划建设28项，估算投资1015.6亿元，“十三五”计划投资647亿元。重点建设武深高速公路韶关段、汕昆高速公路韶关段、北江航道扩能升级工程韶关段、韶关丹霞山机场改扩建、韶关翁源至新丰高速公路、韶关经清远至肇庆四会高速公路、韶柳铁路（韶关段）、雄乐高速公路、始阳高速公路、G323线韶关市区过境段改线以及通信基础设施建设等项目。

第二节　能源保障项目

规划建设25项，估算投资1541亿元，“十三五”计划投资398.4亿元。重点建设广东国粤韶关综合利用发电新建项目、广东华电南雄“上大压小”热电联产工程、韶能新丰生物质发电厂、风力发电资源开发、太阳能光伏发电、华电（仁化）分布式能源、市区充电桩以及韶关北500千伏输变电工程等项目。

第三节 水利项目

规划建设8项，估算投资83.1亿元，“十三五”计划投资65.6亿元。重点建设南水水库供水工程、山区五市中小河流治理工程、大江大河治理工程、韶关罗坝水库枢纽工程、乐昌市张滩闸坝枢纽（重建）工程以及市区河堤建设工程等项目。

第四节 先进制造业项目

规划建设22项，估算投资338.3亿元，“十三五”计划投资249亿元。重点建设韶关冶炼厂环保搬迁、华南先进装备产业园、大宝山铜硫资源综合利用示范基地、韶钢转型升级、中色南方稀土（韶关新丰）有限公司稀土分离、台泥（韶关）水泥生产线及配套生活垃圾处理设施、乐昌锆城以及仁化县有色金属循环经济产业基地基础设施建设等项目。

第五节 现代服务业项目

规划建设24项，估算投资896.3亿元，“十三五”计划投资765.5亿元。重点建设韶关空港产业园、粤北国际物流中心、广东中烟韶关物流基地、韶关东环商贸物流园、摩尔城（武江）城市综合体、粤北（乳源）农特产品电商物流商贸城、始兴现代物流园、环丹霞山旅游以及各县（市、区）旅游工程等项目。

第六节 现代农业项目

规划建设11项，估算投资51.5亿元，“十三五”计划投资45.5亿元。重点建设曲江区方园生态农业、翁源县中天玫瑰种植加工产业基地、台湾农协（韶关）生态农业开发、新丰县现代高山生态农业园区、始兴县中汇农业科技生态园、粤台农业合作实验区翁源核心区以及韶关市南岭茶叶产业带等项目。

第七节 城市扩容提质项目

规划建设36项，估算投资1127.4亿元，“十三五”计划投资825.7亿元。重点建设芙蓉新区配套公建和基础设施、芙蓉隧道、曲江大道（含江湾大桥）、芙蓉新城综合客运枢纽站、芙蓉新区安置房、市区市政道路、市区市政公用设施、市区有轨电车、韶关市“三旧”改造、曲江新城建设项目、始兴县城西新城改造建设、南雄市区北城发展片区、曲江区韶钢生活区环保搬迁以及省级新农村示范片等项目。

第八节 产业发展平台项目

规划建设2项，估算投资500.5亿元，“十三五”计划投资234亿元。重点建设韶关市产业转移园基础设施和入园项目。

第九节 环境保护和生态建设项目

规划建设8项，估算投资59.7亿元，“十三五”计划投资40.1亿元。重点建设韶关市湿地公园、源生态新丰红叶森林公园、仁化县董塘镇污染土壤综合治理开发、韶关市污水处理、粤北危险废物处理处置中心、乐昌市农业资源循环利用处理中心以及始兴文化旅游绿地系统工程等项目。

第十节 民生保障项目

规划建设11项，估算投资156.4亿元，“十三五”计划投资117.6亿元。重点建设市卫生强市建设工程、原曲仁矿棚户区改造、市区国有工矿棚户区改造、广晟（韶关）棚户区改造、“平安韶关”气象保障工程以及粮库改造和扩建工程等项目。

第四篇 保障措施

进一步改革创新，完善规划实施机制，充分发挥规划对资源配置的导向作用，加强和改善宏观调控，强化监督检查，凝聚各界力量，确保规划有效实施。

第一章 建立和完善规划实施保障机制

完善规划体系，强化政策引导和要素保障，制定规划年度实施方案，建立保障规划实施的长效机制，狠抓各项工作落实。

第一节 完善规划体系

强化市国民经济和社会发展总体规划的引导地位，市级专项规划和县域规划要切实贯彻市总体规划的战略意图和主要任务，加强与总体规划各项指标的衔接。以国民经济和社会发展规划为依据，突出主体功能区规划的总控性地位，探索推行主体功能区规划、城乡规划、土地利用规划、环保规划等各类空间规划“多规合一”。探索推进市县经济社会发展规划改革创新，统筹推动市县空间“一张图”管理。

第二节 加强政策引导

围绕发展重点领域，研究制定一系列能够有效解决突出矛盾、营造公平环境、激发社会活力的重大政策举措，为各项发展目标提供有力支撑。重点围绕完善现代市场体系、推动经济转型升级和创新驱动发展、提高民生保障水平、促进城乡区域一体化发展、推进资源节约和环境保护、提升文化软实力等重点领域和关键环节，加强政策储备、研究制定和协调落实，推动形成有效的政策预期和导向。

第三节 制定年度实施方案

按照规划确定的发展目标、主要任务，各县（市、区）、各部门要制订规划年度实施方案，细化工作分工，明确工作责任，逐年逐项落实目标任务。强化对推进全面建成小康社会各项任务目标的落实，把实施12项短板指标的推进工作作为年度任务重点，确保完成全面建成小康社会目标。加强年度实施方案与年度计划的衔接协调。

第四节 强化要素保障

加强资金、土地、能源及重要商品物资等要素对规划实施的保障作用。优化财政支出结构和政府投资结构，优先安排涉及民生、公共服务和城乡一体化等领域的财政支出和项目投入，集中财力保证政府投资重大项目的资金需求。科学调控土地供应，合理调整用地结构，优化土地资源配置和空间布局，优先保证保障性住房、重点发展平台开发、公共服务改善、重大基础设施和高端产业项目建设等方面的土地需求。注重需求侧管理和供给保障能力建设，完善能源和重要商品物资管理。

第二章 建立健全规划监督考核机制

完善规划实施监督评估制度，强化组织实施，扩大公众参与，落实规划目标任务。

第一节 加强指标约束

本规划确定的约束性指标要纳入县（市、区）、市直有关部门经济社会发展综合评价和绩效考核，并分解落实到各县（市、区）和市直有关部门，实行规划目标责任制。市政府要将约束性指标和各项任务分解到年度，纳入经济社会发展年度计划。

第二节 建立抓落实的工作机制

深入贯彻2015年全市抓落实提高执行力工作大会精神，在全市形成抓落实的浓厚氛围，强化各级各部门抓落实的责任和能力。建立“横向到边，纵向到底”的抓落实工作机制，完善工作抓落实的完整体系，使工作责任落实到每个单位、每个岗位、每个人，形成抓落实的完整网络，使网络的每个节点都发挥应有的作用，抓紧抓实目标任务落实的各个环节，做到工作全程跟进、全程负责、一抓到底，形成上下贯通、层层负责的责任链条。健全督查督办机制，严格实施《关于进一步加强督查督办推进落实提高执行力的实施意见（试行）》，更好发挥督查督办在打通关节、疏通堵点、推动落实、提高执行力方面的作用，全面提高落实和执行能力。完善激励、监督、问责、考核等工作制度，以责促行、以责问效，确保各项工作有力、有序、有效推进，确保“十三五”规划目标的实现。

第三节 加强评估考核

各级政府要强化对规划有关结构优化、民生改善、资源节约、生态环境、社会环境和基本公共服务等方面目标任务完成情况的综合评价考核，建立科学合理的各级政府考核机制。考核结果作为各级政府领导班子调整和领导干部选拔任用、奖励惩戒的重要依据。完善规划年度考核和中期评估制度，检查规划落实情况，分析规划实施效果，及时查找问题、解决问题。

第四节 加强社会监督

加大规划宣传力度，使公众深入了解“十三五”经济社会发展宏伟蓝图，进一步凝聚社会共识，激发发展热情。积极探索创新公众参与形式，拓宽公众参与渠道，完善规划实施的公众参与和民主监督机制。及时公开规划实施情况，主动接受社会民主监督。

韶关市政府工作报告

——2016年1月18日在韶关市第十三届人民代表大会第六次会议上

韶关市代市长 骆蔚峰

各位代表：

我代表市人民政府，向大会作工作报告，请予审议，并请政协各位委员和其他列席人员提出意见。

一、“十二五”时期和2015年工作回顾

过去五年，市政府在市委的正确领导下，在市人大及其常委会和市政协的监督支持下，全面贯彻落实中央和省委、省政府决策部署，全力推动绿色转型振兴发展，基本完成“十二五”规划的主要目标任务，改革开放和现代化建设取得重大成就。

（一）努力加快经济发展，综合实力迈上新台阶。“十二五”期间，我市地区生产总值突破1000亿元大关，2015年预计达1163亿元，年均增长10%。人均生产总值4万元，年均增长9.5%，居全省山区市首位。来源于韶关的财政总收入突破200亿元、2015年达220亿元，是2010年的1.5倍；2015年地方一般公共预算收入85.2亿元，比2010年增长78.3%。产业结构由2010年的13.7：42.6：43.7调整为

12.9：37.5：49.6，农业增速稳居全省前列，工业产值跃上千亿元台阶。五年累计完成固定资产投资3137亿元、社会消费品零售总额2366亿元、外贸出口总额51亿美元，分别是“十一五”的1.57倍、1.95倍和1.88倍。2015年末金融机构本外币存贷款余额分别为1533亿元和732亿元，是2010年的1.69倍和1.95倍。市场主体突破13万户，比2010年增长34.7%。民营经济稳占半壁江山，成为推动发展的重要力量。

（二）深入推进改革创新，发展环境得到新优化。重点领域改革取得新成效。行政管理体制改革和行政审批制度改革不断深化。完成简政强镇事权改革。乳源完成大部制改革试点。2012年以来累计取消调整审批事项552项。建成网上办事大厅、公共资源交易中心、政务互动平台和12345投诉举报平台。完成公务用车制度改革。农村综合改革、事业单位分类改革以及商事登记、财政、金融、价格、国企、投融资等领域改革深入推进。社会信用体系和市场监管体系建设全面推进。科技、教育、文化、医药卫生体制改革取得新进展。收入分配制度改革和社会治理体制创新稳步推进。创新驱动更加有力，我市荣获“国家科技进步考核先进市”“产学研结合示范市”称号，专利申请授权量连续十年居全省山区市首位。莞韶对口帮扶成效明显，累计引进落地项目194个，总投资额达422亿元。广韶战略合作关系全面构建，区域合作深化发展。五年累计实际引进资金580亿元、年均增长23%。

（三）狠抓基础设施建设，城乡面貌呈现新变化。以“三大抓手”为重点，全面加快城乡建设。交通基础设施不断完善。五年累计投入318亿元建设交通基础设施，比“十一五”增长18.6%。新增铁路117公里、高速公路327公里，改造国省道743公里、并通过交通运输部“十二五”国省道公路路况检测，完成农村公路硬底化2779公里。韶关电厂“上大压小”项目建成投产，开展大规模电网建设和改造，新增电力装机容量120万千瓦。产业园区逐步成为重要增长极。乳源产业转移工业园纳入省产业转移园管理；仁化县、新丰县依托莞韶园被认定为省产业集聚区，享受省产业转移政策，各获得5000万元专项资金。2015年产业转移园规模以上工业增加值108.6亿元，是2010年的4.8倍；占全市规上工业比重达32.1%，比2010年提高21.1个百分点。芙蓉新区建设全面提速，老城区功能优化提升。五年完成市区市政重点项目投资28亿元，建成第四污水处理厂、工业西片区内涝整治、百年东街、通天塔等一批项目，新铺设截污管网14公里，新增公园绿地面积245公顷。市区建成区由2010年的78平方公里拓展到99.2平方公里，常住人口由79.3万人增加到102.6万人。各县（市）规划建设了新城区或连片改造了旧城，集聚要素能力增强。新农村建设扎实推进。县域经济占全市比重达55%，比2010年提高6.4个百分点。2015年，全市城镇化率达54.8%，比2010年提高2.3个百分点；人均住房面积39平方米、拥有小汽车16.9万辆、宽带用户46万户，分别比2010年增长41%、59%和118%。群众生产生活条件明显改善。

（四）深入推进生态建设，生态文明提升新水平。制定实施主体功能区规划。乐昌、南雄、始兴、仁化、乳源被纳入国家重点生态功能区。我市在省实行最严格水资源管理制度考核中获得优秀等次。跻身省林业生态市和国家生态文明先行示范区行列。石漠化治理成效明显，城乡生态环境改善。五年累计造林204.5万亩，建成生态景观林带473.5公里，“三边”造林9.5万亩，有林地面积净增82.7万亩，生态公益林面积扩大290万亩，森林覆盖率提高3.5个百分点、达74.95%。利用列入国家节能减排财政政策综合示范城市的机遇，加强综合防治，全面完成省下达的节能减排任务。五年淘汰落后水泥产能508万吨、钢铁75万吨、蓄电池17.5万千伏安时、造纸4.2万吨，减排二氧化硫1.9万吨。城镇生活污水集中处理率达75%以上。规模以上工业增加值综合能耗和万元生产总值能耗分别比2010年下降44.3%、22.8%。加强大气、水、噪音污染防治，开展对重点工矿企业重金属污染综合整治和环境修复。推广新能源汽车804辆，淘汰“黄标车”及老旧汽车1.94万辆。五年完成1157项污染减排工程。综合整治农村人居环境，乡村“清洁美工程”成效明显。2015年空气质量优良率达94.2%。通过城乡建设用地增减挂钩、“三旧”改造、严打违法非法行为等综合措施，促进土地节约集约利用。

（五）持续加强民生事业，社会建设取得新进步。2015年民生支出占财政支出比重达80.6%，比2010年提高18.2个百分点。城镇居民人均可支配收入2.34万元，农村居民人均可支配收入1.15万元，分别比2010年增长68.3%和82.5%。城镇居民恩格尔系数下降到37.7%。市区居民消费价格指数涨幅为1.2%。五年累计新增城镇就业26.5万人，培训农村劳动力11.2万人，转移就业26.1万人。城镇登记失业率控制在3%以内。实施城乡居民大病保险，基本实现社会保险全覆盖。底线民生保障水平明显提高。完成第三次全国文物普查和各项文化惠民工程任务。19个项目入选国家级或省级非物质文化遗产名录。基层医疗卫生和公共卫生服务体系不断完善，人口和计划生育工作稳步推进。建成95个乡镇农民体育健身工程，免费向社会开放55万平方米体育场馆，举办了市第十四届运动会。社会管理综合治理全面加强，安全生产“四项指数”全面下降，食品药品安全监管水平提高，信访形势保持平稳，“平安韶关”创建成效明显。国防建设和双拥工作有新成绩。妇女儿童、残疾人、对台、民族宗教、外事侨务、司法、史志、统计、审计、粮食、档案、供销、新闻出版、气象水文、防震减灾、人防应急等工作取得新进步。

（六）全力办好一批大事，城市形象实现新提升。“十二五”时期，我们着力办了一批既利当前又利长远的大事。我们全力推进教育创强争先，率先在全省山区市普及15年基础教育，实现省教育强县（市、区）和国家义务教育发展基本均衡县（市、区）全覆盖。我们全力推进城乡防灾减灾体系建设，基本完成山区中小河流治理550公里，建成乐昌峡水利枢纽，市区防洪标准大幅提高。我们全力打好高速公路建设大会战，南韶、乐广、大广高速公路建成通车，实现县县通高速公路，成为粤北首个、全省第四个拥有环城高速公路的城市。我们全力推进棚户区改造，成为全省棚户区改造主战场，建成和基本建成2.41万套，基本建成原曲仁矿棚户区改造这个全省最大的棚改项目，在主城区东部初步形成一个城市新组团。我们举全市之力建设芙蓉新区，起步区五年累计投资约96亿元，骨干道路联网成环，城市功能不断完善，产业集聚初见成效，人气明显提升，城市总体框架基本成型。我们深入推进扶贫开发“双到”工作，五年累计落实帮扶资金39.9亿元，改建低收入住房困难户住房2.53万户，搬迁“两不具备”贫困村庄277个。我们成功承办广东国际旅游文化节、禅宗六祖文化节、2015年中国佛教讲经交流会，成功创建第九届全国双拥模范城，成为全省首批“全国文明城市提名资格”地级市。这些大事，提升了韶关美誉度和知名度，增强了城市凝聚力和影响力。

（七）大力推进依法行政，政府建设开创新局面。我市成为全省首批被授予地方立法权的设区市。坚持向市人大及其常委会报告工作，向市政协通报情况，自觉接受监督。虚心听取各民主党派、工商联、人民团体、无党派人士和社会各界的意见建议，加强与工会、共青团、妇联等人民团体的联系。五年累计办理市人大议案1件、代表建议368件，市政协建议案18件、提案722件。在交通运输、城市管理等领域推行综合执法，行政执法监督加强。建立重大行政决策专家咨询论证、风险评估等制度，规范决策程序，政府决策水平进一步提高。实现了村（社区）法律顾问全覆盖，“六五”普法全面完成。行政复议和政府法律顾问工作加强。建成政府信息公开平台，政务公开深化发展。深入开展党的群众路线教育实践活动和“三严三实”专题教育，认真落实中央八项规定精神，坚决整治“四风”，“三公”经费大幅下降。机关效能建设、廉政建设和纠风治理工作取得实效。

2015年是“十二五”规划的收官之年。面对错综复杂的发展环境和经济下行压力持续加大的严峻形势，我们沉着应对，迎难而上，扎实推动经济运行企稳向好，全面冲刺“十二五”规划目标，努力为“十三五”的发展奠定更加坚实的基础。一是全力稳增长。坚持问题和目标导向，多措并举，着力推进“三大抓手”，大力促进消费，支持实体经济发展。全市生产总值由一季度的3.8%回升到全年的6.5%左右。地方一般公共预算收入增长4%，社会消费品零售总额增长10.8%。旅游接待人次、旅游收入分别增长13%和20%。二是大力促合作。莞韶对口帮扶深化发展，融入珠三角扎实有效。我市分别与广州市政府以及前海人寿、华侨城、中信正业、保利文化、广州港等企业签订合作框架协议。省政府批准建设珠江西岸先进装备制造产业带韶关配套区，支持打造“广佛肇+清云韶”经济圈。全市新签内联项目620个，投资总额266亿元，实际到位289亿元。三是强力优环境。建立招商引资工作联席会议制度。出台促进民营经济发展49条、招商引资19条、发展大旅游21条、进一步优化投资营商环境36条和加强督查督办推进落实提高执行力等一揽子政策措施，开展不作为、慢作为、乱作为整治。对小微企业和个体工商户免征42项行政事业性收费。四是着力增活力。公布市直部门权责清单和职能调整目录。全面取消“非行政许可审批”类别。实施“三证合一、一照一码”商事登记制度改革，市场主体增长8.9%。稳步放开取消下放62项政府定价项目。优化国有资本配置，组建市金财投资集团。设立熙正产业基金、旅游产业发展基金、众创基金和中小微企业发展基金，健全政策性担保体系，着力缓解企业融资难。引进战略投资者参与国企改革。首次举办PPP项目推介会。积极开展县镇村三级政务服务平台试点，乳源经验在全省推广。五是努力惠民生。市政府公开承诺办好的九件实事基本完成。全市民生支出完成226亿元，增长58%。基本公共服务均等化水平进一步提高。新开工各类保障性住房2.71万套，基本建成1.58万套，超额完成任务。完成576公里新农村公路路面硬底化。完成市区11万户自来水“一户一表”改造。

各位代表，过去五年的成绩来之不易，这是全市上下团结奋斗的结果。在此，我代表韶关市人民政府，向全市人民、驻韶部队官兵、各民主党派、人民团体以及社会各界人士表示崇高的敬意！向所有关心和支持韶关振兴发展的港澳同胞、台湾同胞、海外侨胞和国际友人表示衷心的感谢！

回顾过去五年的工作，我们深刻体会到，加快新常态下的发展，一是必须抢抓发展机遇，坚持发展第一要务，解放思想，增强忧患意识、责任意识和发展意识，主动作为，顺势而为，奋发有为，聚精会神谋发展，凝心聚力抓落实；二是必须扩大有效投资，创新理念抓项目，突出重点抓项目，注重实效抓项目，大抓项目抓大项目，以有效投入保增长、调结构、促转型；三是必须扩量提质发展，加大招商引资力度，正确处理量与质的关系，优化存量与培育增量并举，做大总量与提升质量并重，推动产业结构优化升级，加快实现产业兴韶；四是必须生态优先发展，正确处理发展与保护的关系，巩固生态屏障功能，促进绿色低碳循环发展，走生态文明发展道路；五是必须优化发展环境，提高政府效能，加强社会建设，改善人居环境，营造法治化国际化营商环境；六是必须深化改革开放，积极走出去请进来，主动融入珠三角加快发展，与时俱进创新体制机制，充分激发市场活力和社会创造力；七是必须发展惠民利民，坚守底线民生、保障基本民生、关注热点民生，使广大群众在共建共享的发展中增强获得感，凝聚发展正能量，增强发展新动力；八是必须狠抓工作落实，紧盯目标任务，强化责任担当、紧抓快办、扭住不放、一抓到底，确保市委市政府各项决策部署不折不扣落实到位。

在看到成绩的同时，我们也清醒认识到，我市发展仍面临不少困难和问题，发展不足仍然是主要矛盾，我市发展长期积累的经济结构不合理、创新驱动乏力、内生动力不强、市场活力不足的问题仍然突出。特别是在适应新常态、应对经济下行的严峻形势时，问题进一步凸显：经济产业结构单一、企业所有制结构单一的历史性困局仍没破解，发展方式粗放，转型升级任务艰巨；重点项目储备不足，投资拉动作用减弱，发展后劲不强；资源环境约束加剧，节能减排形势严峻；社会事业历史欠账多，公共服务任务艰巨。同时，改革任务繁重，政府职能转变还不到位，责任意识和服务意识有待增强，执行力有待提高。对此，我们将高度重视，采取有效措施认真加以解决。

二、“十三五”时期奋斗目标和主要任务

“十三五”时期，是我市战略转型产业兴韶、与全国同步全面建成小康社会的攻坚阶段，也是我们大有可为的重要战略机遇期。机遇与挑战并存，合作与竞争同在。我们必须认清形势，增强忧患意识、责任意识，抢抓机遇，奋发进取，有效应对风险和挑战，努力掌握主动权，不断开拓发展新境界。

“十三五”时期政府工作的总体要求和主要目标是：高举中国特色社会主义伟大旗帜，以马克思列宁主义、毛泽东思想、邓小平理论、“三个代表”重要思想和科学发展观为指导，全面贯彻党的十八大和十八届三中、四中、五中全会以及省委十一届二次、三次、四次、五次全会精神，深入贯彻习近平总书记系列重要讲话精神，按照“四个全面”战略布局，坚持发展第一要务，坚持创新、协调、绿色、开放、共享发展理念，坚持全面深化改革，稳中求进，统筹推进“五位一体”总体布局，着力提高质量效益，努力将韶关建设成为珠三角融合发展区、国家生态文明先行示范区、“一带一路”节点城市，确保与全国同步全面建成小康社会。“十三五”时期的主要目标是“一个同步，四个基本”：与全国同步全面建成小康社会；基本建立与珠三角地区融合发展的新格局，基本建立具有区域竞争力的现代产业新体系，基本建成功能完善的现代化新型城市，基本形成有利于加快发展的新机制。为实现上述目标，要认真实施“一一二三八”发展方略。

瞄准一个总目标，即与全国同步全面建成小康社会。2020年全市生产总值达1800亿元（2010年不变价）；人均生产总值6万元；城乡居民人均收入达2.5万元；小康指数达到97%，广大群众幸福感普遍提升。强化创新驱动，深化改革开放，促进城乡区域协调发展，促进新型工业化、信息化、城镇化、农业现代化同步发展，促进经济与社会、物质文明与精神文明协调发展。建设绿色美丽韶关。打赢扶贫开发攻坚战，加强公共服务，创新社会治理。

坚持一个总战略，即主动融入珠三角。建立健全区域合作机制，实现与珠三角互补发展、互利共赢。推进“广佛肇＋清云韶”经济圈一体化建设合作机制取得重大突破，在交通、产业、市场、人才等领域对接合作实现重大突破。建设珠江西岸先进装备制造产业带韶关配套区、珠三角生态休闲区和珠三角连接内陆腹地桥头堡。

突出两个主战场，即城市经济和县域经济。发挥各县（市、区）比较优势，构建区域错位发展、协调发展、共赢发展新格局。打造市辖三区、乳源东北部和乐昌、南雄城区“3＋1＋2”城市经济圈；乐昌、南雄建成为粤北门户城市，新丰、翁源、乳源建成为主动融入珠三角先行区，仁化、始兴建成为生态休闲示范区。

强化“三大抓手”。充分发挥交通基础设施的先导作用、产业建设的支撑作用、城市建设的承载作用，推动发展新突破。加快交通基础设施建设，构建“八高四铁二航”的现代综合交通运输体系。健全产业转移区域合作机制，加快“一园一城七组团”建设；打造自贸区大宗商品仓储基地和保税物流配套区，促进产业园区扩能增效。坚持“五个融合”和“五个优先”，全面加快芙蓉新区建设，打造北江明珠；深入推进老城区提质优化，加速曲江同城一体化，促进中心城区扩容提质。

大力发展八大产业。实施产业发展三年行动计划，加快发展战略性新兴产业，依靠改革创新扩增量、优存量、促转型，重点加快发展八大战略性支柱产业，着力打造若干个产值500亿元以上的支柱产业，加快实现产业兴韶。大力发展钢铁深加工产业，建成全省重要的金属原材料供应基地；大力发展先进装备制造业，初步建成广东重要的装备制造业基地和珠江西岸先进装备制造产业带韶关配套区；大力发展能源电力产业，建成全省重要电力能源生产输出基地；大力发展大旅游，建成广东生态旅游休闲区和国家旅游产业集聚区；大力发展大物流，打造珠三角大宗商品仓储物流基地和粤湘赣商贸物流基地；大力发展大农业，建成特色农产品主产区、港澳和珠三角农产品供应地；大力发展新材料产业，打造各具特色的新材料产业园区（基地）；大力发展特色轻工业，打造轻工业特色区域和产业集群。同时，积极改造提升其他传统优势产业，加强与珠三角地区的产业协作，推动传统产业新一轮技术改造，拓展产业链，提升价值链。大力发展港口经济，积极打造高铁经济、航道经济、航空经济和高速公路经济，推动港口、城市、产业的联动发展和集群发展。

三、2016年工作安排

2016年是“十三五”的“打基础、抓落实”之年，也是在新起点上全面融入珠三角加快发展的关键之年。今年政府工作的总体要求是：全面贯彻党的十八大和十八届三中、四中、五中全会及中央经济工作会议精神，深入贯彻习近平总书记系列重要讲话精神，按照省委、省政府和市委的部署，以全面融入“广佛肇+清云韶”经济圈为契机，以提高质量效益为中心，聚精会神谋发展、凝心聚力抓落实，全力推进战略转型产业兴韶，加快振兴发展，为实现“十三五”规划目标打好基础。

全市经济社会发展的主要预期目标是：生产总值增长10%左右；人均生产总值增长9%左右；固定资产投资增长15%；社会消费品零售总额增长11%；地方一般公共预算收入增长5%；城乡居民人均可支配收入增长9%；城镇登记失业率控制在3.5%以内；居民消费价格指数涨幅控制在3%左右；研究与发展经费支出占地区生产总值比例提高到1.3%；完成省下达的节能减排等任务。

围绕上述目标，今年重点抓好以下八个方面的工作：

（一）着力强化投资拉动，促进发展提速

加强基础设施建设。完成韶关丹霞山机场项目前期工作，争取年内动工建设；完成机场空港产业园规划编制，启动空港基础设施规划建设，加快打造区域航空快递物流中心和通用航空服务基地，促进空港经济发展。加快推进武深高速、汕昆高速、韶新高速、芙蓉新城客运枢纽和东郊客运枢纽等项目建设。建成武广高铁乐昌东站。完成100公里以上国省道干线改造和300公里农村公路建设。加快北江航道扩能升级和韶关新港、韶关港水运口岸等项目建设。实施“光网城市”工程，加快城市光纤入户和农村宽带网络建设，推动城乡基础设施智能化。加快市电子政务云平台、广州超算中心韶关分中心建设。加快韶关电网改造和国粤韶关综合利用发电、华电南雄热电联产、韶能新丰生物质发电等项目建设。加快推进南水水库供水工程建设。完成市区小岛片区旧堤加固工程。完成2015年度高标准基本农田建设23.63万亩。抓好小农水重点县、中小型灌区改造等民生水利工程建设。

加强招商引资。更新招商理念，改革招商体制，创新招商模式，发挥投资人、专家学者、中介组织的招商积极性，力争在引进先进装备制造业方面取得新突破。实行招商引资“一把手”工程，完善招商引资项目库、乡贤信息库。围绕重点产业补链强链、招大引强，引进战略投资者和行业大中型骨干企业20家以上。落实“四个一”和“四定”工作机制，用好乳源少数民族地区政策，优化投资营商环境，推动项目落地开工和企业投产达效。力争新签约项目总投资250亿元以上、新签约项目动工率50%以上、实际利用外资增长5%以上。深入研究珠三角产业体系，重点围绕珠江西岸先进装备制造业和深莞惠电子信息业，有针对性开展产业链招商。完善莞韶华南钢铁深加工科技产业园的规划编制，做好土地调规工作，完成5000亩土地征拆和基础设施建设；积极开展面向珠三角的产业招商，加快推进宝钢（韶钢）集团在韶关建设优特钢长材精品基地，建设机器人特种金属材料生产基地，打造集钢铁深加工、汽车零部件、整机生产和产研结合的珠江西岸先进装备制造产业带核心配套区。力争特钢园新引进项目总投资20亿元，到位资金10亿元。

撬动社会资本投资。整合优化财政资金和国有资源，充分发挥财政资金和国有资本的杠杆作用，精准发力，引导民间扩大投资。制定民间资本投资准入负面清单，放宽市场准入，鼓励进入交通基础设施、社会事业、保障性安居工程、生态环保等领域。支持战略投资者和民营资本参与国企改革。推动投融资模式创新，建立健全PPP项目库，积极开展政府与社会资本合作。

加强项目要素保障。深入研究政策，着力解决项目征拆、土地报批、资金筹措、环评、行政审批等瓶颈问题。完善市领导联系重点项目制度，加强重点项目调度。完善政府投资项目审核运行、重大项目绿色审批通道、跟踪协调机制，推动项目早开工早竣工。落实政府投资项目计划，推动政府投资规范化制度化。突出抓好51个市重点建设项目，完成投资253.8亿元以上。做深做实重大项目前期工作，建立健全重点项目库和重点项目储备库。加强沟通对接，争取更多项目纳入国家和省的盘子。

（二）着力加强产业培育，壮大实体经济

推进工业转型攻坚。加强莞韶城、粤商高科创新园、特钢园等工业平台建设，积极申报国家级高新技术开发区，加强北部产业园规划，支持翁源经济开发区申报享受省级产业园政策。深入实施工业转型升级攻坚战三年行动计划，重点推动钢铁、冶金行业与珠三角产业对接，建立稳定协作关系。推进珠江西岸先进装备制造产业带韶关配套区建设，提升产业发展水平，打造粤北汽车及零部件生产基地和矿山建筑工程机械研发生产基地。落实市领导联系重点企业制度，深化“一企一策”点对点服务，重点推进都市丽人、新丰稀土分离厂、南雄彤置富水泥、台泥（韶关）水泥生产配套生活垃圾处理等项目建设。狠抓新一轮技术改造，落实省智能制造发展规划和机器人发展专项行动计划，促进韶钢改造、韶烟二期技改、大宝山铜硫资源综合利用示范基地等一批重大技改项目加快投产达效，完成技改投资84亿元。编制工业新增长点目录，新增规模以上工业企业30户，实现工业增加值增长11.6%。

加快服务业发展。实施好旅游产业三年行动计划，用好旅游发展专项资金和旅游交通公路建设引导基金，全力推动全域旅游发展。改革丹霞山景区管理体制，强化与华侨城、保利文化等战略投资者的合作，加快环丹霞山旅游产业园建设。推动大南华文化旅游创意产业园和马坝人遗址公园建设。制定乡村旅游发展指导意见和乡村民宿、乡村旅游驿站建设标准，完善乡村旅游配套设施。推出“九龄故里·百里画廊”等一批精品旅游示范线路。创建全国休闲农业和乡村旅游示范项目。推进“互联网+旅游”，建设韶关智慧旅游公共管理和服务信息平台。健全旅游联合营销机制，打响旅游节庆品牌。做好“旅游+”文章，培育新业态新产品，形成消费新热点。加快发展商贸流通业。推进贸易本地化，鼓励制造企业扩大物流外包需求，鼓励广晟、韶钢和粤电集团在韶设立物流法人机构。支持社会资本建设大型专业批发市场和商贸流通企业，重点推进鑫金汇、新雪域、粤北农特产品电商物流商贸城等项目建设。加快黄沙坪创新园和市电子商务产业园建设，规划建设快递产业园。大力发展跨境电商，重点建设广东邮政EMS国际快件分拨中心。

大力发展特色农业。落实强农惠农富农政策，推进一二三产业融合发展。划定永久基本农田保护红线。着力保障粮食安全和农产品质量安全。加强农业科技推广。推进农村土地流转，发展适度规模经营。因地制宜发展特色种养业、加工业，培育专业村、专业镇，推进农业产业化、标准化、品牌化、信息化。加快国家现代农业示范区、粤台农业合作试验区等农业园区建设，壮大设施农业、生态农业和休闲观光农业。大力培育新型职业农民，发展壮大多元农业经营主体。大力发展特色林业经济，打造南岭茶叶产业带，建设中药材种植基地。加强农产品流通设施和市场建设。扶持发展农村电子商务，培育“互联网+农业”新业态，打造电商创业村，促进农产品精深加工和农村服务业发展。

（三）着力强化双创支撑，增强创新能力

实施“互联网+”行动计划。鼓励企业实施智能制造提升工程，抓好韶钢、东阳光等企业“两化融合”管理体系贯标试点。支持韶乐购、U购网等电商发展和南雄创建全国电子商务进农村综合示范市，打造省级电子商务试点示范城市。推动发展“互联网+产业”等项目，促进互联网与经济社会各领域深度融合。

鼓励大众创业万众创新。大力培育科技企业孵化器，加强孵化育成服务，发展众创空间。完善评估机制和创新创业激励政策，扶持东莞韶关众创平台、黄沙坪创新园、大学生创业孵化基地建设，力争全市新登记初创企业户数增长10%以上。实施创业培训补贴，扶持初创企业发展。支持科技企业 孵化器拟毕业企业入驻园区扩大生产。落实加快创新驱动发展“1+N”政策，大力发展高新技术产业，加快科技成果转化。支持组建产业技术创新联盟，大力发展新型研发机构，推动高新技术企业、研发机构落户韶关。

加快发展民营经济。加快小企业创业基地建设。用好产业、创投等基金和“助保贷”“过桥贷”，完善中小微企业信贷风险补偿机制和担保体系。支持中小微企业进入股权、债券 等市场直接融资。支持民营企业参与 PPP项目和国有、集体企业改制重组。搭建信息服务、技术支撑、公共检测、“互联网+”营销、“产学研”应用合作和企业素质提升等六大服务平台，推进质量检验检测技术平台建设。鼓励个转企、企转规、规改股、股上市，支持民营企业转型升级、做强做大。

加强人才队伍建设。加大人才引进培养力度，完善高层次人才信息库和服务体系，优化人才政策，着力营造尊重人才、鼓励创造、激励创新的氛围。加强新型智库建设。大力引进、用好创新创业领军团队和人才。落实国家中小企业银河培训工程，实施企业家和 高 端技术人才培养工程。加强高技能培训基地实训项目和技能大师工作室建设，推进职业教育资源整合，着力加强高技能人才队伍培育。支持韶关学院内涵发展，鼓励职业院校与企业建立紧密用工协作关系，支持校企合作办学。

（四）着力扩容提质，加快城乡发展

强化规划引领。修编城市总体规划和城区综合交通规划，完善城市近期建设规划。积极谋划芙蓉新城起步区南片区项目规划和城市设计，编制曲江新城规划，完成小岛核心区风貌整治规划、城市防涝（雨水）详细规划编制。推进美丽（特色）村庄、市级中心镇和古村落等镇村规划编制，提高规划覆盖率。加强各专项规划及城市总体规划的协同，推进“多规合一”，加大控制性详细规划的编制和规划信息化工作力度，加强规划公开性强制性。

加强城市建设。落实芙蓉新城三年基本成城行动方案，加快新区建设。全面完成农民安置新村建设，抓好拆旧工作。推进前海人寿金融中心、中海投资、人保财险、农信社、保利商业综合体等总部经济项目建设。加快滨江公园、华师附中等公建项目建设。加快芙蓉隧道、莲花大道（东环线）二期、江湾大桥、滨江路、曲江大道、新白线等道路建设。推进老城区提质优化，完成韶关大道、芙蓉北路等主次干道以及主道路信号灯升级改造，整治城市内涝和交通拥堵，完成城乡结合部路灯安装，新建一批市民健身广场。稳妥谋划有轨快速公交，统筹开发公交线路，完善新能源汽车配套设施。合理规划建设公共停车场，扩大停车场建设配比，缓解市区停车难问题。实现市区和县城周边镇镇通公交车。推进城市地下综合管廊建设，完成市区地下管线普查，筹建管道运营公司。促进房地产市场平稳健康发展。支持各县（市）加快城市新区和重点中心镇建设，推进基础设施网络化，提高集聚能力。抓好省级新型城镇化建设试点工作。

加强城乡管理。强化“数字城管”建设，打造智慧城市，提高城市管理水平。健全环境卫生、交通秩序整治和城市内涝综合防治等长效机制，促进城镇管理常态化、规范化、精细化。统筹农村村村通自来水工程、改水改厕、垃圾处理等工作，综合整治农村人居环境。制定污水、垃圾处理设施全覆盖规划，抓好铁路、高速公路和国省道公路沿线环境整治，实现村庄保洁覆盖面达70%、农村生活垃圾处理率达75%以上。抓好村级公益事业建设“一事一议”项目和五彩瑶乡、丹霞彩虹、“千年驿道、广府原乡”等新农村连片示范项目建设。加强历史文化名村、历史建筑、传统村落、古树名木保护。加强城乡规划管理，深化“两违”综合治理。

（五）着力深化改革开放，激发市场活力

推进重点领域改革。抓好权责清单组织实施，完善市级行政许可事项保留目录，落实行政许可监督检查和年度报告，全面推进市、县两级政府行政审批标准化。加强供给侧结构性改革，着力去产能、去库存、去杠杆、降成本、补短板。深化投融资体制改革，对企业投资项目实现“三单”管理。理顺市与市辖区权责关系，力争在城市管理、国土资源、城乡规划、环境保护等方面取得突破。深化城市管理体制改革。扎实推进户籍制度改革，全面实行城乡统一户口登记制度。推进不动产登记制度改革。深化事业单位分类改革。继续深化商事登记制度改革，加强后续监管。健全财政转移支付制度，完善财政保障基本公共服务供给机制，深化政府购买服务。深化国企改革，改革市属企业负责人薪酬制度。深化农村综合改革，完成农村土地承包经营权确权登记颁证工作。推进农村集体“三资”管理平台和基层公共服务综合平台建设。加快推进林地确权登记发证到户，抓好国有林场改革。

全面拓展区域协作。实施主动融入珠三角实现加快发展行动计划。依托“广佛肇+清云韶”经济圈沟通协作机制，加强重大合作项目建设，实现协同发展。建立健全广韶两市紧密合作机制，突出围绕交通、产业、工业、旅游、金融、物流、环保和社会公共事业合作，谋划落实一批具体合作项目。巩固和深化莞韶对口帮扶工作，建立对口帮扶重大项目管理台帐，实施对口帮扶评估考核和创新工作评选。加强与红三角城市合作，推进粤湘开放合作试验区建设。

推动金融服务创新发展。大力发展产业金融、绿色金融、科技金融和普惠金融，补齐金融短板。优化金融生态环境，鼓励引导银行业扩大信贷投放。探索建立政策性再担保公司和开展小额贷款保证保险业务，实施“政银保”金融服务项目。大力发展多层次资本市场，积极培育企业上市，完善上市后备企业库，推动3—5家优质企业上市融资。鼓励企业进入新三板及区域股权市场挂牌融资。发展融资租赁和金融租赁。支持城投公司发行企业债券。加强与基金合作，吸引金融机构来韶设立分支机构。引导和支持P2P、众筹等新型互联网金融企业在韶发展。推进普惠金融村村通和农信社改制，支持设立新型农村金融机构，建设社区金融服务站。创新中小微企业、农村特别是贫困地区的金融服务。

大力发展对外经贸。推广自贸区改革试点经验，主动对接广州南沙自贸试验区，设立韶关跨境电商体验店。用好扶持外贸发展政策，促进外贸优进选出。推广旅游购物出口。强化出口订单信保和融资支持，鼓励企业有效扩大出口规模。积极参与“一带一路”建设，支持企业设立境外营销网点。积极利用外资，拓宽利用外资领域，鼓励外资企业增资扩股。加快韶关无水港建设，做强做优“铁海联运”，提高通关便利化水平。实现外贸进出口增长2%。

（六）着力抓好生态环保，建设美丽韶关

加强生态建设。推进国家生态文明先行示范区和主体功能区建设。抓好森林进城围城、生态景观林带、碳汇造林、乡村绿化美化等林业重点生态工程建设，完成造林28.8万亩，新增29个森林（湿地）公园。划定生态红线，扩大生态公益林面积，提高林分质量。加强封山育林。严格林木采伐管理。加快森林防火远程视频监控系统和航空护林基地建设，加强自然保护区、森林（湿地）公园等生态重要地区森林资源管护。加快南岭生态气象中心建设。

强化环境保护。大力发展循环经济、推行清洁生产，实行污染物排放总量控制。落实大气、水、土壤污染防治行动计划。突出大气污染防治，加强工业废气、施工扬尘、油烟、机动车尾气的治理，淘汰“黄标车”和综合治理老旧汽车，严管秸秆、生活垃圾和建筑废弃物露天焚烧。继续推广新能源汽车，推进碳排放权交易、碳普惠制试点工作。加快污水处理设施建设，城区污水处理率达80%以上。抓好规模化畜禽养殖场治理。落实最严格的水资源管理制度，开展省水生态文明城市建设试点。强化土壤污染防治，对重金属、化学品生产和危险固废处理等重点企业，实行全过程监管和风险防控，严打违法非法行为。抓好水土流失、尾矿库、石漠化等生态脆弱区治理。

节约集约利用资源。编制2016——2025年土地储备规划。用好国家支持城市更新、棚户区改造等政策，盘活存量土地，推进节约集约用地。鼓励和引导企业建设和使用多层标准厂房。完善土地供后监管机制，建立闲置用地清查督导机制。全面推进土地信息化管理工作。探索推行合同能源管理和合同节水管理。严格耕地保护，加强耕地占补平衡审查和耕地储备指标管理。大力倡导绿色低碳发展方式和生活方式。

（七）着力保障改善民生，推进共享发展

加大精准扶贫精准脱贫力度。启动第三轮扶贫开发“双到”工作。统筹协调扶贫规划与城镇化规划，整合扶贫资金资源，加强贫困村交通、水利、电力、信息等基础设施建设，加大产业、智力、科技和电商扶贫力度。完成4541户农村低收入住房困难户危房改造。通过输出劳务、发展产业、加强培训、推动创业，因人因地施策，促进有劳动能力的贫困户脱贫，对无劳动能力的实行政策兜底，以精准帮扶促进贫困村贫困户精准脱贫。

增强社会保障能力。实施积极的就业创业政策，统筹做好大中专毕业生、农村转移劳动力、城镇困难人员、退役军人就业工作。扩大社会保险覆盖面，推进机关事业单位养老保险制度改革，建立健全职业年金制度。抓好被征地农民社保工作。完善城乡居民大病保险和城镇职工基本医疗保险政策，出台重特大疾病特殊医保补助政策。推进建筑业工伤保险，落实农房险等政策性保险，开展计生家庭意外险等三农保险。完善医保付费方式，实现省内异地就医即时结算。出台政策鼓励社会资本进入养老服务领域，推进医疗卫生与养老服务融合发展。开展“银龄安康行动”。加强保障性住房建设和管理，推进公租房保障货币化，新开工各类保障性住房3200套以上，基本建成3700套。

大力发展社会事业。加强社会主义核心价值观宣传教育，打造一批主题公园（广场）。进一步推进各类教育均衡优质发展，推进市区基础教育资源整合，创建广东推进教育现代化先进市。落实文化惠民工程任务，推进基层文体中心和基层公共数字文化服务管理平台建设。加快建设市民文化活动中心等标志性文化场馆。加大文化遗产保护力度。出台政策鼓励和引导社会力量参与提供公共文化服务。加快文化产业发展。加强创文申名工作。深化医药卫生体制改革，落实分级诊疗制度，推进医疗资源共享和下沉，逐步实现大病不出县，实现社区卫生服务中心全覆盖。加快中医药发展。加强流动人口计生服务管理，全面落实二孩政策。广泛开展全民健身活动，完善体育设施，发展体育产业。完善食品安全“黑名单”制度和突发事件预警信息发布体系。

加强社会治理创新。加强市场监管体系和社会信用体系建设。落实安全生产主体责任，坚决遏制重特大事故发生。推进社会管理重心下移，积极探索“城中村”、城乡结合部、老城区居民区综合治理模式，逐步推行社区化管理。加强社会组织管理，推进社会组织诚信和行业自律。加强矛盾纠纷排查调处，积极化解信访积案。深入开展双拥共建，推进军民融合深度发展，积极支持国防和军队改革。推进和谐劳动关系示范区创建。全面建成县镇村三级公共法律服务体系实体平台。加快公安“四项建设”，完善社会治安防控体系，大力创建“平安韶关”。开展老旧小区物业管理规范化行动，加强物业和快递行业管理。

今年，市政府重点办好十件民生实事：1. 完成市区主次干道8个内涝点整治；2. 完成山区中小河流治理625公里；3. 实施老城区提质便民工程；4. 建设韶关教育云数据中心；5. 建设百所中小学校（幼儿园）示范性平安食堂；6. 加大对困难弱势群体帮扶力度；7. 强化低收入住房困难群体住房保障；8. 改善农村生产生活条件；9. 促进创业带动就业；10. 解决浈江区、武江区30个社区公共服务用房。

（八）着力推进依法行政，建设法治政府

坚持做到依法行政。自觉接受人大及其常委会和人民政协、新闻舆论、人民群众的监督，认真办理人大代表议案、建议和政协委员提案，主动听取社会各界的意见建议。强化依法行政意识，落实市政府常务会议学法制度，加强政府立法和规范性文件制度建设。落实重大行政决策法定程序，加强重大决策公众参与平台建设。完善政府法律顾问制度。深化行政执法体制改革，加强行政执法检查，规范行政执法行为。深化政务公开。加强行政复议和行政应诉工作，完善行政争议协调化解机制。

坚持做到高效务实。始终牢记政治责任，把纪律建设摆在更加突出位置，严守政治纪律和政治规矩。弘扬“三严三实”作风，加强公务员队伍建设，全面提升政府工作人员服务水平。加快行政服务中心功能升级，实现“两集中两到位”，探索将部门分设窗口整合为综合窗口，建设“一门式”政务服务体系。推动实体政务大厅向网上办事大厅延伸，推进“互联网+公共服务”。试行简单事项立等审批、联办事项一口办理、关联事项一章多效、网上审批一次领证、踏勘验收统一勘验的审批流程，方便群众办事创业。加强现场办公和现场督办，建立科学高效的督查督办制度。加大问责追责力度，建立健全问责追责制度，大力整治“慢浮僵推梗懒怕”七种问题，坚决纠正不作为、乱作为。建立健全窗口服务投诉处理机制，加强12345投诉举报平台建设。打造“东莞速度+韶关服务”品牌。

坚持做到清正廉洁。严格落实中央八项规定精神和“两个责任”实体制度，深化标本兼治，加强廉政建设。健全惩治和预防腐败体系，从源头上预防和治理腐败。强化对权力运行的制约和监督，突出工程建设、矿产开发、土地出让和国有资产管理等重点领域，推进廉政风险防控工作全覆盖。加大行政监察和审计监督力度，严肃查处各类违纪违法案件。切实纠正部门和行业的不正之风，着力解决损害群众利益的突出问题。努力做到干部清正、政府清廉、政治清明，不断改善政治生态。

各位代表，“十三五”时期的宏伟蓝图已经绘就，形势催人奋进，发展任重道远！做好2016年的工作，任务艰巨、责任重大、使命光荣。让我们在市委的正确领导下，以更加开放的思想，更加昂扬的斗志，更加扎实的工作，为跟上全省科学发展步伐、与全国同步全面建成小康社会而努力奋斗！

韶关市政府工作报告

——2017年1月9日在韶关市第十四届人民代表大会第一次会议上

韶关市市长 骆蔚峰

各位代表：

我代表韶关市第十三届人民政府向大会作工作报告，

请予审议，并请政协各位委员和其他列席人员提出意见。

本届政府工作回顾

2012年至2016年，市政府深入贯彻党的十八大、十八届三中、四中、五中、六中全会精神和习近平总书记系列重要讲话精神，在省委、省政府和市委的正确领导下，在市人大和市政协的监督支持下，牢记韶关发展使命，团结带领全市人民，改革创新，真抓实干，较好地完成了“十二五”规划和十三届人大历次会议确定的主要目标任务，实现了“十三五”规划良好开局，各项建设取得新成绩。

——经济实力显著增强。全市地区生产总值迈上千亿元台阶，2016年达1227亿元（预计数，下同），五年增长52.2%；人均生产总值4.17万元，居全省山区市首位；地方一般公共预算收入85亿元，五年增长57.7%；固定资产投资736亿元，五年增长56%；社会消费品零售总额635亿元，五年增长65.4%。

——经济结构持续优化。规模以上工业增加值中，钢铁和有色金属两大传统产业占比由33%调整到14.1%，中央和省属企业占比由55%调整到39.3%，产业园区占比由15.5%提高到39.8%。县域经济和民营经济分别占全市生产总值的54.1%和52%，成为推动经济发展的重要力量。

——交通区位日益凸显。五年新增高速公路202公里、普通铁路117公里，改造国省道128公里，全面实现县县通高速公路，在粤东西北地区率先建成环城高速公路，形成了连接珠三角城市群的高快速通道，整体纳入大珠三角两小时生活圈。

——城市新格局初步成形。市区建成面积扩展到99平方公里，常住人口103万人。芙蓉新区建设全面提速，老城区、芙蓉新城和曲江城区一体化发展加快，长期以小岛为中心的城市格局正在改变。成为第三批国家新型城镇化综合试点城市。

——生态环境更加优美。全市森林覆盖率74.95%、有林地面积2128万亩、活立木蓄积量8822万立方米，均居全省首位。空气质量优良率达93.4%。饮用水源水质达标率100%。跻身国家生态文明先行示范区行列，通过国家园林城市复查，成功创建省林业生态市。

——民生福祉不断改善。民生支出797.4亿元，五年增长3.53倍。城镇、农村居民人均可支配收入达2.56万元和1.27万元，五年分别增长63.4%和71.2%。实现社会保险制度全覆盖，基本医疗保险参保率达98%以上。在全省山区市率先普及15年基础教育。22万贫困人口实现脱贫，贫困发生率从10.87%下降到5.16%。

五年来，市政府围绕建设粤北区域中心城市，按照“绿色转型、振兴发展”的思路，实施“五大战略”，开展“百项工程兴韶关”系列活动，强力推进“三大抓手”和对口帮扶。积极适应经济发展新常态，大力推进供给侧结构性改革。面向“十三五”，按照“一一二三八”的经济发展思路，积极实施主动融入珠三角总战略，开展“三大主题”工作，促进经济社会持续健康发展。

一、狠抓“三大抓手”，不断夯实发展基础

坚持以“三大抓手”为核心工作，全力以赴打响振兴发展攻坚战。加强交通基础设施建设，乐广、大广高速公路和赣韶铁路建成通车，武深、汕昆高速公路和北江航道扩能升级工程动工建设，韶新、雄乐高速公路和韶柳铁路开展前期工作，韶关丹霞机场项目取得突破性进展。推进产业园区扩能增效，省级产业转移园实现县域全覆盖，规上工业增加值达132亿元，是2011年的3.5倍，成为全市重要增长极。深化莞韶对口帮扶，由东莞市主导或协助引进产业项目达322个，完成投资820亿元。黄沙坪创新园进驻企业68家，成功入围省首批“互联网+”小镇。推进中心城区扩容提质，芙蓉新城“三纵三横”主干路网基本成型，5个安置新村建设全面推进，商住小区初显规模，广东省韶关实验学校建成开学，商气人气明显集聚。大力开展“三旧”改造，实施项目32个。全力推进棚户区改造，建成棚改房2.79万套。在主城区东部初步形成可容纳10万人的城市新组团。实施一批“三江六岸”美化、绿化、亮化工程，城市功能稳步提升，面貌焕然一新。

二、加快转型升级步伐，着力优化产业结构

坚持优化存量与引进增量并举，实施先进装备制造、大农业、大旅游、大物流等八大产业发展三年行动计划，大力培育特色产业。五年累计签约项目2350个、开工项目5544个、投产项目4489个、新增“四上企业”857家，完成工业技改投资324.3亿元。先进制造业增加值、高技术制造业增加值分别达102.6亿元、15.6亿元，五年分别增长29%和1.3倍；民营工业增加值140.8亿元，五年增长1.8倍。新增国家AAAA级旅游景区5家，2016年旅游收入和旅游者人数达324.7亿元和3582.6万人次，五年分别增长108.3%和64.5%。新落户金融机构18家，翁源农信联社成功改制农村商业银行，2016年全市存贷款余额分别达1630亿元和765亿元，五年分别增长56%和82.7%，存贷比由42.3%提高到46.9%。第三产业增加值624亿元、五年增长60.3%。粮食生产稳步增长，新增1个国家现代农业示范区、21家省级以上农业龙头企业和37件省名牌农产品，农业增加值达到167亿元、五年增长24.2%。三次产业结构由2012年的13.8：41.3：44.9调整为13.6：35.5：50.9。

三、深入推进改革创新，有效激发发展活力

坚持把改革创新作为推动振兴发展的不竭动力，坚决破除体制机制障碍，释放改革红利。深化“放管服”改革，制定行政许可事项目录，市级行政许可事项压缩至327项。市直49个部门全部制定并实施权责清单。开展“一门

式一网式”政府服务模式改革，政府投资项目审批时限由273天压减到92天以内。改革商事登记制度，实行“多证合一、一照一码”，新登记市场主体90343户。深化国资国企改革，实现39户国有“僵尸企业”出清，国企利润增长36%。改革投融资体制，设立9只投资基金、总规模达139亿元。深化农村综合改革，完成集体林权改革，开展农村土地承包经营权确权登记颁证。出台创新驱动发展“1+N”政策，80家企业通过高新技术企业认定，专利申请量和授权量连续十年居全省山区市前列，荣获国家科技进步考核先进市称号。

四、坚持绿色发展引领，更加突显生态优势

坚持绿色发展理念，坚守生态红线，努力把生态优势转变为发展优势。实施主体功能区规划和环境保护规划，所有县（市）已纳入国家重点生态功能区。落实新一轮绿化广东大行动，实施《关于切实加强全市封山育林工作的议案》，五年造林204.5万亩，建成生态景观林带473.5公里。建成国家和省级自然保护区13个、森林公园81个、湿地公园10个。推进碳普惠制试点，成为全省唯一的碳排放权交易试点城市。综合治理石漠化，新增森林面积60多万亩。实行最严格水资源管理制度，连续三年获省考核优秀等次。加强对重点工矿企业重金属污染综合整治和环境修复，完成4个防控区重点工程，大宝山污水处理扩建工程投入运行。五年淘汰落后水泥产能488万吨、钢铁产能278万吨、蓄电池产能17.5万千伏安时，淘汰“黄标车”及老旧汽车1.94万辆，纳入国家节能减排财政政策综合示范城市。市区生活垃圾无害化处理率、城镇生活污水集中处理率分别达100%和80%以上。开展乡村清洁美工程。建成610个乡村绿化美化示范点。

五、大力实施民生工程，全民共享发展成果

坚持调整优化支出结构，集中有限财力保障和改善民生。每年承诺为民办实事，五年办了45件民生实事，努力解决住房难、看病难、出行难等群众普遍关心的突出问题。狠抓扶贫开发“双到”工作，五年落实扶贫资金40亿元，改造低收入困难户住房和农村危房3万户，搬迁“两不具备”贫困村庄277条、7551户，贫困村生产生活条件明显改善。大力开展市区基础教育资源布局调整，理顺办学体制，成功创建省教育强市，实现省教育强县和国家义务教育发展基本均衡县（市、区）全覆盖，高考综合成绩位居全省欠发达地区前列。优化配置市区医疗卫生资源，县级公立医院全部取消药品加成，完成基层医疗卫生机构综合改革，开展分级诊疗试点工作，推进人口计生优质服务。扩大就业和促进再就业，新增城镇就业24.5万人，完成劳动力技能晋升培训9.2万人，转移就业22.7万人。建立完善城乡居民大病保险制度。城镇、农村居民低保补贴分别提高到每人每月485元、335元以上，五年分别增长1.77倍和1.93倍。新开工保障房4.69万套，基本建成3.2万套。实施文化惠民，设立文化建设专项资金，建成一批文化场馆，县（市、区）数字影院、行政村农家书屋实现全覆盖。开展“群众点单、政府买单”的文化活动。完成142个中心村电网升级改造、2750公里农村公路硬底化、1186公里山区中小河流治理。建成95个乡镇农民体育健身工程，免费向社会开放96.2万平方米公共体育场地面积。深入推进“平安韶关”建设，全面加强社会管理综合治理。落实安全生产和食品药品监管责任，安全形势稳中趋好。前移审计关口，建立科学高效监督机制。依法依规做好统计工作，统计数据质量不断提高。成功创建第九届全国双拥模范城，连续两届获得“全国文明城市”提名资格。民族宗教、外事侨务、档案史志、新闻出版、气象水文、防震减灾、人防应急、妇女儿童、工会、残联、对台等工作取得新进步。

六、切实转变政府职能，加快建设法治政府

坚持依法行政、从严治政，努力建设人民满意政府。严格执行中央“八项规定”和国务院“约法三章”，扎实开展党的群众路线教育实践活动、“三严三实”专题教育和“两学一做”学习教育。坚持向市人大及其常委会报告工作、向市政协通报工作情况，注重发挥民主党派、工商联、无党派人士和人民团体的作用。五年办理人大议案1件、代表建议363件、政协建议案26件、政协提案635件，办复率100%。落实重大行政决策法定程序、咨询论证和政府法律顾问制度，我市成为全省首批被授予地方立法权的设区市。完成“六五”普法，建成四级公共法律服务中心（站），实现法律顾问村（社区）全覆盖。完成市县两级政府机构改革，精简议事协调机构374个、事业单位154个，精简率分别为80.4%和45.4%。开展办公用房专项清理工作。完成公务用车改革。开展市县镇村四级政务服务平台建设，乡镇便民服务中心实现全覆盖。强化廉政建设，成立市预防腐败局。

2016年是“十三五”开局之年，市政府做了大量谋划性、基础性、开篇性和突破性的工作，着力稳增长、促改革、调结构、惠民生、防风险。在全国全省经济增速放缓和我市经济下行压力不断加大的情况下，全市地区生产总值增长6%、在全省排位稳中有进，固定资产投资增长5%，地方一般公共预算收入增长2.28%（按可比口径），社会消费品零售总额增长9.3%。一是主动转变发展思路。在大珠三角经济区的格局下谋划韶关发展，积极与珠三角城市开展理念、交通、产业、市场、人才等方面对接，主动融入珠三角，成功纳入珠江西岸先进装备制造产业带。二是全面推进体制机制改革。启动了近年来涉及面最广、系统性最强、力度最大的体制机制改革，在行政审批、市与区财事权、投融资、国地税征管、教育、医疗卫生等方面取得重大突破。实施供给侧结构性改革，化解钢铁产能203万吨，超额完成商品房去库存任务，为企业减负28.8亿元，补短板基础项目完成投资120亿元。三是打造重大产业共建平台。与东莞共建华南先进装备产业园，为我市对接珠江西岸产业提供发展载体。积极谋划珠江东岸产业合作区，为推进大珠三角产业共建提供载体。谋划了“华南数谷”、空港产业园等一批打基础、利长远的重大平台，为我市产业发展厚植基础条件。四是开展招商引资培育经济新增长点。围绕装备制造、钢铁等传统优势产业，开展精准招商，引进和培育大数据、新能源汽车、先进装备等新兴产业，补齐补强产业链，推进产业转型升级提质。全年签订项目300个，总投资250亿元。五是破解融资瓶颈。充分用好用足用活国家政策性银行贷款，推动PPP项目，破解融资难融资贵问题，成功实施政府购买服务融资项目18个总额达220亿元，韶新高速和曲江大道成功通过PPP模式向社会融资，政府与社会资本合作实现零的突破。六是强力推动城市整体提升。围绕提升中心城市竞争力和市民认同感自豪感，按照既要“补短板”、又要“抢高点”的思路，启动城市整体提升三年行动计划，实施“五大提升工程”，计划三年投资300亿元、实施133个项目，力争“年年见成效，三年换新貌”。全年完成投资52.6亿元，开工项目47个、竣工24个，促进城市更加宜居宜业。七是突出抓好精准扶贫、教育现代化和卫生创强“三大重点”民生，统筹推进市区教育卫生资源整合，提升全市基本公共服务均等化水平。

本届市政府取得的工作成绩，离不开历届市委市政府打下的坚实基础，是全市上下共同努力的结果。在此，我代表市人民政府，向全市广大干部群众和企业家、驻韶部队官兵、各民主党派、人民团体以及社会各界人士，致以崇高的敬意！向所有关心和支持韶关振兴发展的港澳同胞、台湾同胞、海外侨胞和国际友人，表示衷心的感谢！

同时，我们清醒地看到，我市经济总量小，产业支撑力不强，民营经济薄弱，加强产业共建、加快经济发展任重道远；中心城区辐射带动能力不强，县域基础薄弱，城乡差距仍然较大，完善城市功能布局、促进城乡一体化任重道远；基本公共服务不够完善，民生和社会建设领域欠账较多，改善民生、发展社会事业任重道远；制约发展的陈旧观念和体制机制仍有不少，创新环境不优，人才聚集难，干部作风有待进一步转变，深化改革、优化发展环境任重道远。对此，我们将高度重视并认真解决，努力把各项工作做得更好。

新一届政府奋斗目标和主要任务

市第十四届人民政府履职期间，正是全面建成小康社会的决胜阶段，是我市主动融入珠三角、实现振兴发展的关键时期。纵观国内外形势，世界经济在艰难复苏，新一轮科技革命和产业变革蓄势待发，国内经济区域发展面临深度调整。我省区域开放合作日趋紧密，珠三角地区发展动力正在切换，对环珠三角城市的扩散效应逐渐增大，全面对口帮扶工作更加深入，“9+6”大珠三角经济区，以及珠三角与粤东西北一体化发展新格局加快形成，我市发展所面临的格局正发生深刻变化。我们相信，只要在新一轮发展中主动融入珠三角，充分发挥我市交通区位优越、工业基础较好、发展腹地广阔的后发优势，坚持改革创新、真抓实干，今后五年将是韶关振兴发展的重要战略机遇期。

市第十二次党代会敏锐又准确地把握了区域发展的新态势，全面吹响了践行新发展理念、主动融入珠三角，全面建成小康社会实现振兴发展的号角，为今后五年的政府工作指明了方向。今后五年政府工作的总体要求是：深入贯彻习近平总书记系列重要讲话精神，紧紧围绕“五位一体”总体布局和“四个全面”战略布局，牢固树立和落实“新发展理念”，坚持稳中求进工作总基调，适应把握经济发展新常态，坚持以提高发展质量和效益为中心，以供给侧结构性改革为主线，坚定不移主动融入珠三角，强力推进“三大主题”工作、“三大重点”民生，加快韶关振兴发展，确保与全国同步全面建成小康社会，开启社会主义现代化建设新征程。

今后五年政府工作的主要目标是：以全面建成小康社会为核心任务，加快振兴发展步伐，力争地区生产总值年均增长10%左右，2020年全市小康指标指数达97%，全面建成小康社会；2021年地区生产总值突破2000亿元，人均生产总值达6万元以上，加快实现与珠三角一体化发展，建成更高质量的小康社会。

——交通条件提档升级。新增高速公路307公里，实现市到县通高速公路，国省道提升改造，韶关丹霞机场复航，北江航道扩能升级，建成跨赣粤桂的区域铁路通道，基本形成“八高四铁二航”的现代综合交通运输体系，融入珠三角一体化大交通格局。

——产业共建更加深入。传统优势产业巩固提升，新兴产业成为重要增长点，老工业基地实现转型发展，深度融入珠三角产业体系，建成广东重要的装备制造基地，与珠三角产业一体化发展。形成1至2个产值超500亿元的产业集群，基本建成现代产业新体系。

——城市功能大幅提升。芙蓉新区起步区初具规模，市区东部新城加快建设，曲江城区与主城区融合发展，市区建成区120平方公里以上，人口110万人以上。中心城区人居环境明显改善，城市竞争力整体提升。各县（市）新区基本建成，城镇体系进一步完善，全市户籍人口城镇化率达到50%。

——县域经济快速崛起。县域生产总值突破1200亿元，年均增长12%左右，经济总量占全市60%以上，特色产业体系基本形成。基本建成覆盖城乡的现代化基础设施体系，适度超前经济社会发展水平，县域发展迈入粤东西北地区前列。

——生态环境不断优化。节能减排任务全面完成，空气质量稳步提高，森林覆盖率、有林地面积、活立木蓄积量保持全省首位，成功创建全国生态文明先行示范区，打造广东绿色生态第一市，绿色生态优势进一步巩固提升。基本形成具有韶关特色的生态文明制度体系，资源节约型和环境友好型社会建设取得重大进展。

——民生福祉持续增强。城乡居民人均可支配收入达3万元以上，年均增长10%左右；现行标准下的贫困人口如期全部脱贫，贫困村贫困群众自我发展能力显著增强；建成城乡统一的社会保障体系；成功创建全国文明城市和省推进教育现代化先进市、省卫生强市；巩固发展双拥共建成果；公民科学素质明显提升，群众安全感明显增强。

围绕新一届市政府奋斗目标，着力完成以下主要任务：

一、坚定不移主动融入珠三角，构建一体化发展新格局

坚持把改革贯穿工作始终，在实现与珠三角一体化的格局下谋划韶关发展，学习借鉴珠三角先进经验，加强以市场为导向的改革，破除制约发展的思想和体制机制障碍。主动对接珠三角城市群发展规划，继续推进交通、园区等基础设施建设，加快实现与珠三角基础设施互联互通，谋划建设“华南数谷”、华南先进装备产业园、珠江东岸产业合作区和五大物流基地等重大产业平台，高标准打造参与珠三角乃至华南地区产业共建的重大平台，成功创建国家级高新区。打造大珠三角先进制造业基地、珠三角现代服务业的后援中心和高端农产品生产基地，建立公共资源互联共享机制，推动交通、产业、政策与珠三角一体化，推动基本公共服务均等化，在加快与珠三角一体化进程中实现振兴发展。

二、坚定不移推进供给侧结构性改革，全力振兴实体经济

坚持以满足需求为最终目的、以提高供给质量为主攻方向、以深化改革为根本途径，着力优化存量、引导增量、有效减量，全面完成省下达的“三去一降一补”任务。注重运用市场机制、经济手段、法治办法，完善企业退出机制，积极稳妥化解过剩产能，提高国有资本配置效率。多措并举打通供需通道，有效化解房地产库存，促进房地产市场健康发展。加强政府债务管理，防范政府债务风险，维护地方金融稳定。综合施策降低企业成本，构建普惠性政策扶持体系，优化实体经济发展环境。深入实施创新驱动发展战略，强化高新技术企业培育、新型研发机构建设、企业技术改造、孵化育成体系建设、创新人才队伍等工作，R&D经费占GDP比重提高到2.4%以上。大力推进大众创业万众创新，加强与珠三角协同创新，提升钢铁、烟草、有色金属、能源电力、建材等传统产业竞争力，战略性新兴产业占规上工业比重15%以上，民营经济占比提升至60%以上。精准发力，扩大有效投资，补齐产业项目、城市建设、县域经济、基础设施、社会民生等方面的短板，增加有效供给。

三、坚定不移抓好三大主题工作，增强发展新动能

深入推进项目攻坚，推进与大珠三角产业共建，构建与珠三角同一体系、不同环节的产业分工协作体系。发挥钢铁等基础材料、装备制造和农业生态等方面优势，巩固提升传统优势产业，培育壮大新兴产业，大力发展特钢产品，形成300万吨的特钢精品基地。五年新签约项目总投资1800亿元以上、新签约项目动工率60%以上、新签约超亿元产业项目600个以上。以“三规合一”为基础推进多规融合协调，构筑“一带两翼三心”城市空间发展格局，提升规划建设管理水平，打造大珠三角城市群北部战略节点城市。坚持“显山露水、用好山水”的思路，推进以“青山、碧水、田园”为重点的生态系统建设，彰显山水城市风貌。加快芙蓉新区和市区东部新城建设，推进曲江城区与主城区融合发展。完善基础设施和公共服务功能，整治“城市病”，改善人居环境，建设智慧城市，提升中心城市综合竞争力。围绕“一县一特色、一园一集群”，推进国家新型城镇化综合试点工作，加强县城、中心镇和全国重点镇建设，加强分类指导和差异化发展，激发县域发展活力。五年培育打造30个市级特色小镇，力争成功创建黄沙坪“互联网+”小镇等3个以上省级特色小镇。

四、坚定不移恪守生态底线，推进绿色低碳发展

深入实施主体功能区规划，加强生态建设和环境保护。大力发展现代农业、生态旅游、生命健康等绿色生态产业，将生态优势转化为发展优势，将生态产业培育成为新的经济增长点，实现“从绿掘金”。加强节能减排降耗工作，完成省下达的年度任务。加强大气、水、土壤污染防治。空气质量优良率不断提高。完成流经县（市、区）城区主要河涌整治，优良水质断面比例达85%以上、水功能区达标率达95%。全面治理农业面源污染。加强城市污水和农村垃圾处理，城镇生活污水处理率达85%以上，农村生活垃圾无害化处理率达75%。深入推进全国生态文明先行示范区建设，扎实开展新一轮绿化广东大行动，建设广东绿色生态第一市，森林覆盖率达75%以上，加快美丽韶关建设步伐。

五、坚定不移保障和改善民生，增强群众的获得感

拓宽共享发展道路，围绕民生事业发展短板加大投入，民生支出占比保持在75%以上，提高基本公共服务均等化水平。努力实现居民人均可支配收入年均实际增长和经济增长同步。坚决打赢精准扶贫、精准脱贫攻坚战，确保现行标准下的农村贫困人口在2018年全部脱贫。实施更加积极的就业政策，努力促进扩大就业。建立更加公平更可持续的社会保障制度，基本社会保险覆盖率稳定在98%以上。提高底线民生保障水平，大力发展慈善事业。坚持教育优先发展战略，深化教育综合改革，统筹教育资源配置，推进教育布局调整，促进各类教育协调发展，2018年成功创建省推进教育现代化先进市。深入实施12项国家基本公共卫生服务项目。推进城市公立医院综合改革，加快市级医疗资源整合和布局调整，全面提升基层医疗卫生服务能力，推进市县、县镇和镇村三个一体化，到2020年实现人人享有基本医疗卫生服务，2021年成功创建省卫生强市。构建现代公共文化服务体系，打响韶关特色文化品牌。广泛开展全民健身活动，城乡普遍实现15分钟健身圈。加强法治政府和精神文明建设，人民群众安全感和幸福指数明显提升。全面补齐单位生产总值能耗、每万人拥有律师数、文化产业增加值占生产总值比重等13项小康社会短板指标，确保2020年与全国同步全面建成小康社会。

2017年工作意见

2017年是新一届市政府的履新之年，也是保障“十三五”规划目标顺利完成的关键之年。今年经济社会发展的主要预期目标是：地区生产总值增长8%；固定资产投资增长12%以上；社会消费品零售总额增长10%；地方一般公共预算收入与经济增长基本同步；城乡居民人均可支配收入增长8%；居民消费价格指数涨幅控制在3%左右；城镇登记失业率控制在3.5%以内；R&D经费占GDP比重达1.2%；完成省下达的节能减排任务。

为实现上述目标，我们将重点做好以下工作：

一、强化体制改革，破除发展瓶颈

坚持以供给侧结构性改革为主线，以基础性、关键性改革为牵引，主动对接珠三角的思想观念和体制机制，进一步深化改革，构建高效的政务环境和良好的营商环境。

深化供给侧结构性改革。深入推进“三去一降一补”，实现更高水平的供需平衡。采取分类处置方式，实现全市国有“僵尸企业”基本出清、非国有“僵尸企业”处置有序推进。以实施去产能行动为契机，大力引入先进产能，全年承接珠三角地区转移项目50个，省级产业园完成工业增加值达到160亿元。加大不良贷款清收力度，鼓励银行业金融机构加大对中小微企业和“三农”的支持力度，确保金融机构杠杆率控制在合理水平。加大棚改货币化安置力度，积极培育商品房屋租赁市场，促进农村转移人口在城镇落户，力争全年化解商品房库存20万平方米。全面落实减税降费政策，打好降低企业制度性交易、人工、社会保险、财务、物流等成本组合拳，进一步减轻企业负担。

深化行政体制改革。加大“放管服”改革力度。推进“一门式一网式”政府服务模式改革，推动网上办事大厅的建设应用，构建市县镇村四级政务服务体系。理顺市与市辖区权责关系，建立事权和支出责任相适应的财政制度，推动管理和服务重心下移。健全“多规合一”基础数据和业务审批平台。完善园区管理体制，促进产城融合。落实丹霞山管理体制改革。建立重点项目和招商引资项目用地预审制度，强化土地供应后续监管。健全公共资源交易管理体制。推进社会保障体制改革，多渠道解决养老保险资金缺口问题。加强社会信用体系建设，力争在政府采购等六项重点领域实现突破。推进文化体制和生态文明体制改革。

深化经济体制改革。深化商事登记制度改革，健全企业经营异常名录管理及“双随机”抽查监管机制，强化事中事后监管。建立现代产权制度，清理和废止各种影响投资者产权保护的制度。清理整顿“红顶中介”，切断中介机构与行政机关的利益关联。深化国地税征管体制改革和税制改革。推进农信社改制工作。落实促进民营经济发展的政策，消除对非公有制经济的隐性壁垒和差别待遇。

深化国资国企改革。加快国资监管部门职能转变，推进国有资产监管全覆盖。健全有效制衡的公司法人治理结构，构建灵活有效的市场经营机制。整合盘活国有资产，转化为国有资本。引进战略投资者参与国企改革，推进国资国企按板块组建集团公司，支持有条件的国企改制上市或发行企业债券，积极开展资本运营，做大做强政府投融资平台。稳妥发展混合所有制经济，支持国企和集体、民营、外资企业相互投资参股、联合组建公司。

深化人才体制改革。深化人事制度改革，增强事业单位用人自主权。实施“双百”人才工程，落实引进培养紧缺适用人才政策，优化人才环境。深化收入分配制度改革，积极搭建人才引进平台，发挥人才基金的撬动作用，完善人才服务机制，健全人才经费投入和保障机制，推动产业发展和公共服务领域的人才集聚。

二、强化投资拉动，做大经济总量

抢抓政策机遇，发挥投资对经济增长的关键性作用，持之以恒抓项目、抓投入，扩大有效投资的关联效应、乘数效应、结构效应，引导社会投资尤其是民间投资，增强经济发展后劲。

努力拓宽投融资渠道。优化政府投资方向，通过投资补助、基金注资、担保补贴、贷款贴息等方式，引导社会资本扩大投资。健全PPP项目工作机制，全力推进8个PPP项目组织实施，抓紧推出一批新的PPP项目。继续抓好政府购买服务项目政策性融资落地工作。用好各类产业基金，加大股权、债券等直接融资力度。发挥城投、交投、金投、旅投和东南五大公司的融资作用，建立市中小微企业信用信息和融资对接平台，落实省粤财公司在我市开展政策性融资担保工作，进一步缓解融资难题。支持各县（市、区）培育、发展和壮大政府融资平台，提升投资拉动能力。

持续狠抓招商引资。坚持把招商引资作为振兴发展的核心工作来抓，用好“一带一路”、珠西产业带等政策，从被动承接珠三角低端产业转向主动参与珠三角产业共建。实行市政府领导分区域带队招商和部门“一把手”招商。重点围绕先进装备制造、现代物流、大数据、现代农业、生态旅游等产业，在产业契合度高的城市设立招商代理处，开展驻点招商、中介招商、精准招商、以商引商和产业链招商。进一步理顺政府职能部门与县（市、区）、园区招商联动机制，落实好县（市、区）和园区的招商主体责任。加大乳源县少数民族税收优惠政策宣传力度，争取新增注册销售公司20家。开展以珠三角地区为重点的招商推介活动5场，新签约项目总投资280亿元以上、动工率50%以上。积极跟进龙浩集团、白云电器、浪潮集团、通用文具等重点招商项目，争取更多项目早日落地。

突出重点项目建设。加强项目调度工作，加快项目落地开工和竣工投产。实施重点项目66个，完成投资326.3亿元，其中工业项目15个、投资58.8亿元。全力推进重大基础设施建设，开工建设韶关丹霞机场和韶新高速，加快北江航道和武深、汕昆高速等项目建设，完成171公里国省道改造和50公里旅游公路建设。建成并投入运营京广高铁乐昌东站。投资6亿元推进新一轮农村电网改造。强力推进工业项目建设，建成国粤发电项目，加快南雄华电热电冷联供和韶能新丰生物质发电等项目建设，抓好韶钢提升改造等115项技改项目，完成技改投资80亿元，努力扩大制造业投资比重。深入实施中心城市“五大提升工程”，力争开工建设50个项目，完成投资110亿元，建成一批重大城建项目。

三、强化产业共建，提升集聚能力

深入实施项目攻坚三年行动计划，强化与珠三角产业共建，积极融入珠三角产业分工协作体系。

打造产业平台，完善共建载体。构建工业发展平台。推进产业园区扩能增效，促进园区内企业配套，实现园区新增投产工业项目14个，规上工业增加值增长12%。加快韶关高新技术产业开发区创建国家级高新区；高标准建设华南先进装备产业园，完善园区规划，健全基础配套，力争新引进企业20家，完成投资20亿元；在南部地区谋划建设珠江东岸产业合作区，积极承接珠江东岸城市的外溢产业和孵化企业；规划建设水电产业园，培育水电装备产业链。构建商贸物流平台。重点建设航空产业园、粤北国际物流中心、韶关港、东环线商贸物流产业带和公路物流园等项目，打造大珠三角重要物流基地，促进贸易转型发展。构建大数据产业平台。编制实施大数据产业规划，大力推进“华南数谷”建设，加快异地容灾备份中心、金融机构数据备份后援服务中心建设，组建大数据产业联盟。重点发展大数据云服务和衍生产业，将我市打造成广东大数据产业先行区。

致力转型升级，提升产业层次。坚持做特一产、做强二产、做旺三产的思路，推进产业融合发展，继续推进资源枯竭城市转型发展，培育新业态新经济，着力振兴实体经济。壮大先进制造业。大力发展宝钢特钢产品，积极为珠三角先进制造业提供优质特钢原材料；依托华南先进装备产业园引进汽车零部件、机械装备、紧固件、模具等产业，配套珠西先进装备产业。积极创建电力装备等优势产业联盟，引导企业“抱团出海”，参与国际产业分工。编制工业新增长点清单，力争投产项目80个，新增规上工业企业30户，全市规上工业增加值增长8%。发展现代服务业。突出环丹霞山旅游产业园和“九龄故里·百里画廊”乡村旅游示范线建设，推进南雄、翁源全国休闲农业与乡村旅游示范县建设，着力创建全国、全省全域旅游示范市，实现旅游收入和旅游者人数分别增长15%和18%。培育影视传媒、广告创意等文化企业和产业基地。鼓励珠三角地区金融机构来我市设立分支机构。新增限上商贸企业20家，批发零售业增加值增长7%以上。促进住宿餐饮消费，实现住宿餐饮业增长12%。推进农业现代化。围绕珠三角等地消费市场，深入推进农业供给侧结构性改革，狠抓农产品标准化生产、品牌创建、质量安全监管，增加绿色优质农产品供给。加强特色农业生产基地建设，重点打造南岭特色优质水果产业带、南岭茶叶产业带、特色烟叶产业带、粤北优质蔬菜和优质稻产区。

坚持创新驱动，激活内生动力。落实创新驱动发展“1+N”政策，组建7亿元的科技创业基金，鼓励企业自主创新。重点在装备制造、生物医药、新材料等领域加强产学研合作，规划建设大学科技园。推进黄沙坪创新园、紧固件产业园、创智城、创亿谷等科技孵化器建设。推动3家省级新型研发机构与我市企业开展合作。推行高新技术企业倍增计划，新增高新技术企业10家，实现高技术制造业增加值增长10%以上。大力推进质量强市建设，促进发展质量提升。实施“互联网+”行动计划，推动制造业与互联网融合发展，促进智能制造工程深入实施。

优化企业服务，构建新型政商关系。出台扶持政策，推动更多企业上市。落实市领导挂点联系企业制度，积极帮助企业解决实际问题。优化政务服务，完善投融资、检测检验等产业公共服务平台。支持大众创业万众创新，新登记初创企业户数增长8%。实施“一企一策”，促进宝钢特钢、韶能、东阳光等重点企业平稳增长。鼓励金融机构支持项目业主在韶关辖内金融机构融资贷款，存贷比提高到48%；搭建中小微企业信用信息共享平台，提高中小微企业融资成功率，金融业增加值增长7%以上。建立完善高成长小微企业名录库，重点培育扶持50家小微企业。完善“政企通”微信平台和企业诉求处理机制。

四、强化扩容提质，提升城市功能

实施城市整体提升三年行动计划，优化城市空间发展格局，加强城市基础设施建设，提升城市功能和管理水平。

加快芙蓉新区建设，打造北江明珠。坚持“五个优先”“五个融合”的原则，加大政府主导项目投资力度，建立项目高效推进工作机制。加快推进地下综合管廊建设，启动新城水系活化工程，打造“海绵城市”。建成高铁站综合客运枢纽和百旺路、滨江路、芙蓉大道、芙蓉隧道等骨干路网。优先建设邻避设施，动工建设滨江公园、市民文化活动中心、市妇幼保健服务中心、三甲医院等一批公共服务项目，完善公交站场、路灯、农贸市场等配套设施。加强高铁站前片区、总部经济区和文旅休闲区的规划建设。推进芙蓉新城与莞韶产业园融合发展。

提升老城区功能，推进曲江融入主城区。实施老城提质系统工程，优化城市空间结构，严格控制新建项目，突出优化城市功能、改善城市形象。探索公共交通新模式，综合施策缓解交通拥堵问题；完善供水、供气、截污管网，加强社区体育公园和街边公园建设；实施城区老工业基地搬迁改造；抓好棚户区和城镇危旧房改造，推进市区东部新城适度开发；优化教育、卫生、文化等优质公共资源配置，引导小岛片区等过度密集地区的机构与人口向外疏解。加快江湾大桥和曲江大道建设，促进曲江城区与主城区融合发展；主城区部分文化体育功能向曲江区延伸，迁建市博物馆；推进曲江新城建设，打造服务大型工业企业和“大南华”的城市功能区，加速实现同城一体化。

加强功能配建，推进市区基础设施建设。实施交通顺畅、城市功能和环境与景观提升工程。加强道路建设，启动建设芙蓉北环山路、东堤北延长线，开工建设新兴路“小内环”和生态路东接莲花大道“大内环”。完成17个交通节点整治，建设一批公共停车场，新建优化一批公交站场，完成16个港湾式公交站改造，启动有轨电车首期示范线工程建设，谋划韶关火车东站新站项目。完成西河体育中心、市体育馆改造升级。加快“三江六岸”亮化工程建设。建设3大城市公园，疏理2条行洪通道，打造3个亲水平台，实施6条道路景观提升，全面优化城市出入口及内部景观环境。整饰广富新街、升平路历史街区，彰显城市文化特色。

强化服务管理，提高城市宜居水平。加强城市服务和管理体系智能化建设，建设智能交通管理系统，打造“智慧韶关”统一平台。推动“镇改街”和“村改居”工作。加快户籍制度改革。完善城市治理机制，实行“网格化”服务管理。严格维护公共空间，加强城市建筑物立面管理，严厉打击“两违”行为。推进城市市政基础设施、市政公用事业、便民服务设施等的市场化运营。

五、强化特色打造，做大县域经济

实施加快县域发展三年行动计划，加强县域发展统筹，实施差异化政策，努力塑造特色发展、错位发展新格局。

大力打造特色园区。坚持把园区作为县域经济发展的主战场，科学谋划产业发展定位，支持各县（市、区）以特色园区为依托，培育1至2个特色支柱工业产业，促进区域产业优势互补。完善园区功能布局，加强基础设施建设，提升园区承载力。完善配套政策，激发园区发展活力，全力提升园区产业集聚力和竞争力。着力做好项目引进和落地，壮大园区产业规模，打造各县特色产业集聚板块，实现县域规上工业增加值增长15%。

做大做强特色农业。加快国家现代农业示范区、粤台农业合作试验区翁源核心区和特色农业生产基地建设，重点抓好130万亩优质稻、30万亩高产油茶、60万亩水果、150万亩蔬菜、3万亩特色水产等绿色优质农产品基地建设。积极培育新型农业经营主体和服务主体，新增市级示范家庭农场50家以上、市级农民合作社20家以上、省市级农业龙头企业15家以上，实现农业增加值增长4.5%。推广农村电子商务，培育一批农产品专业市场电子产销平台，支持发展农产品物流平台，构建农业物流体系，拓宽农民增收渠道。

积极培育特色小镇。坚持规划先行、多规融合、文化引领，科学编制特色小镇发展规划。加强全市统筹协调，强化政府引导和服务保障，支持县域依托自身的产业特色、生态特点和文化特征，围绕单个产业打造生态圈，培育旅游休闲、商贸物流、生态农业、先进制造、“互联网+”和生命健康等特色小镇。

激发农村发展活力。落实承包土地“三权分置”，开展农村集体产权制度改革试点。推进国有林场、供销合作社改革。建立健全县域综合征信体系。创新农村普惠金融服务，开展涉农资金整合试点，建设政策性涉农融资担保平台，支持在农村增设金融机构服务点和设立村镇银行。建设县镇村互联互通的“三资”管理平台。改革农村公共服务体系和农村社会治理体系，推动村民自治和公共服务重心下移。

六、强化生态底线，建设美丽韶关

坚持“绿水青山就是金山银山”，强化主体功能区分区管控，实施各有侧重的绩效考核评价办法，建设全国生态文明先行示范区。

巩固绿色生态屏障。实施绿化造林三年行动计划，继续抓好森林碳汇造林、生态景观林带、森林进城围城、乡村绿化美化等重点生态工程建设，确保全年造林36.6万亩、森林抚育73万亩。加强封山育林，强化生态红线划定，严厉打击乱砍滥伐等林业违法犯罪行为。推进森林航空消防基地建设。发展森林生态旅游，建设一批森林公园、湿地公园。大力发展林下经济和林业产业。依托我市现有的产权交易平台，建立健全碳排放权、集体林权等权属的流转和交易机制，开发“绿色黄金”。

强化节能减排工作。鼓励清洁生产和资源综合利用，淘汰落后产能。推进化工、有色金属、铅蓄电池等行业实施效能提升、循环利用技术改造。扩大重点用能单位监管范围，推进能耗监控大数据管理平台建设。严格环保准入，实行污染物排放总量前置审核制度。加强污染减排工程建设，彻底清理禁养区畜禽养殖场。

注重环境保护治理。加强大气污染防治，强化机动车污染防控，推广新能源汽车200辆，淘汰“黄标车”及老旧汽车3200辆以上。强化工业废水治理，实施江河湖库水生态修复和饮用水水源保护工程，加快市区6万吨污水处理项目及雨污分流排水管网建设，实现城镇生活污水处理率达83%以上。抓好全国土壤污染综合防治先行区建设，开展土壤分级管理，推进大宝山、凡口等周边土壤治理与修复。加强园区污染防治，推进园区污染治理设施和集中供热工程建设。推动城市垃圾强制分类，加快市区生活垃圾处理设施规划建设。严格环境监管执法，严厉打击恶意排污、违法排污以及非法盗采矿产资源等违法行为。

改善农村人居环境。抓好五彩瑶乡等新农村示范片项目建设。实施农村人居环境综合整治“五项攻坚工程”，推进农村环境连片综合整治，实现全市20户以上自然村村庄整治覆盖率达50%。加快推进新一轮农村生活垃圾和污水处理基础设施建设，促进农村生活污水就近净化处理。积极推动生态示范镇创建，建成12个省级以上生态文明乡镇；建成156个乡村绿化美化示范点。新增296个行政村通自来水，实现全市行政村自来水覆盖率、农村生活饮用水水质合格率均达88%以上。加强历史文化名村、历史建筑、传统村落、古树名木保护。

七、强化公共服务，增进民生保障

坚持发展为民，优先安排民生支出，民生占比提高到75%以上，进一步提高基本公共服务支出占比，解决好群众普遍关心的突出问题。

突出“三大重点”民生。加快扶贫大数据平台建设，实施“五个一批”重点工程和“三个到户”项目，推进精准扶贫精准脱贫，实现3.35万相对贫困人口稳定脱贫。推进教育现代化建设、基础教育改革和市区教育资源整合，提高教学质量和办学水平，完成20间中小学和幼儿园的改扩建，力争创建4个以上省推进教育现代化先进县（市、区）。推进省卫生强市创建，启动18家城市公立医院综合改革，推进“三医”联动改革，扩大分级诊疗试点，建设纵向医联体、医共体，推动医疗服务重心下移和诊疗资源下沉，加强基层医疗卫生服务能力建设，推进市区2家医院整合。

持续增进民生福祉。大力促进创业带动就业，加强原北江技校、韶关学院和鑫金汇等创业孵化基地建设。推进基本医疗保险城乡一体化，完善异地就医即时结算程序，实现社保业务进村（社区）。加快农村危房改造，基本建成保障房2247套。加强被征地农民社保工作，提高城乡低保、农村五保救助保障水平。发展适度普惠型社会福利和慈善事业，保障特殊困难群众基本生活。培育养老服务多元主体，探索医养融合模式，试点敬老院公办民营。加快建设芙蓉新城文化组团等标志性文化场馆。落实文化惠民工程，建成10个示范性基层综合文化服务中心。加大文化遗产保护力度。建设市妇女儿童活动中心。推广全民健身活动，发展体育事业，擦亮广东户外运动天堂和南粤古驿道旅游品牌。完成397.7公里中小河流治理，做好病险山塘水库除险加固。完成99个中心村电网改造。在南雄试点的基础上全域推广超高速无线局域网应用，加快打造信息高速公路先行市。

推进社会治理创新。着力打造立体化、数字化的社会治安防控体系，深入创建“平安韶关”。加强矛盾纠纷排查，着力化解信访积案。加强公民思想道德建设。统筹推进创文巩卫申名工作。加强法治宣传教育，启动“七五”普法，完善“一村（社区）一法律顾问”制度。加强应急指挥平台和突发事件预警信息发布平台建设，提高公共安全和防灾减灾能力。完善安全生产监管体系，实行食品药品安全风险分级管理，维护市场交易和质量安全。

今年着力办好10件民生实事：1. 完成南水水库供水一期工程；2. 完成市区教育资源整合一期工程；3. 完成基层医疗卫生服务能力提升工程；4. 完成市区10个农贸市场升级改造；5. 完成市区2000个公共停车位建设；6. 完成市区旧堤加固和环境提升工程；7. 完成市区公园绿地10万平方米；8. 完成5600户农村危房改造；9. 完成农村公路硬底化500公里以上；10. 实施农村生活垃圾治理工程。

八、强化政府建设，提升服务能力

落实法治政府建设实施纲要，加强政府建设，不断提升政府公信力执行力，着力打造法治型、高效型、廉洁型政府。

坚持依法行政，打造法治政府。自觉接受人大及其常委会和人民政协、新闻舆论、人民群众的监督，认真办理人大代表议案、建议和政协委员提案，主动听取社会各界的意见建议。加强生态环境保护、城市升级改造、岭南历史文化传承与保护等方面立法工作。实施重大行政决策目录管理。加强新型智库建设。坚持严格规范公正文明执法，强化对行政权力的制约。深化政务公开。加强行政复议和行政应诉，完善行政争议协调化解机制。

坚持勤勉从政，打造高效政府。加快转变政府职能，加大简政放权力度，优化政府组织架构，不断提升行政效能。建立科学高效的督查督办制度，加强现场办公和现场督办。加强公务员队伍建设，强化干部担当精神。继续改进文风会风。加强监督管理，加强12345政府服务热线建设，落实行政许可年度报告制度，逐步建立健全审批、管理、监督运行机制。

坚持从严治政，打造廉洁政府。落实中央八项规定精神和“两个责任”实体制度，将“三重一大”事项纳入风险和可控性评估管理，从源头上预防和惩治腐败。强化对财政资金分配使用、国有资产监管、政府投资、政府采购、工程建设、公共资源转让等重点领域的监督。加强机关作风建设和效能问责，开列“负面清单”，推动责任落实和作风转变。加强行政程序制度建设，推进廉政风险防控工作全覆盖。加大行政监察和审计监督力度，严肃查处各类违纪违法案件。切实纠正部门和行业的不正之风，着力解决损害群众利益的突出问题。

各位代表！功崇惟志，业广惟勤。主动融入珠三角，全面建成小康社会，实现振兴发展，是我们共同的责任和担当。新的航程已经开启，新的任务光荣艰巨。让我们在市委的坚强领导下，紧紧依靠全市广大干部群众，真抓实干、不忘初心、继续前行，为加快实现韶关振兴发展作出更大努力！

韶关市制定地方性法规条例

（2016年1月22日韶关市第十三届人民代表大会第六次会议通过2016年3月31日广东省第十二届人民代表大会常务委员会第二十五次会议批准 2016年4月5日公布 自公布之日起施行）

目 录

第一章 总 则

第一条 为了规范地方立法活动，提高立法质量，发挥立法的引领和推动作用，根据宪法、地方各级人民代表大会和地方各级人民政府组织法、立法法和其他有关法律的规定，结合本市实际，制定本条例。

第二条 本条例适用于本市地方性法规（以下简称法规）的制定、修改、废止及其相关活动。

第三条 制定法规应当遵循立法法规定的基本原则，不与上位法相抵触，适应经济社会发展和全面深化改革的要求，结合本市实际，注重地方特色。

第四条 法规规定应当明确、具体，具有针对性和可执行性。

第五条 市人民代表大会（以下简称代表大会）和市人民代表大会常务委员会（以下简称市人大常委会）加强对制定法规工作的组织协调，发挥在制定法规工作中的主导作用。

第二章 立法规划、立法计划和法规起草

第六条 市人大常委会通过立法规划、年度立法计划等形式，加强对立法工作的统筹安排，提高立法的针对性和可执行性。

第七条 市人大常委会编制立法规划和年度立法计划，应当向市人民代表大会代表（以下简称市人大代表）、本市选出的省人民代表大会代表（以下简称省人大代表）、全国人民代表大会代表（以下简称全国人大代表），县（市、区）人民代表大会常务委员会（以下简称县（市、区）人大常委会）、有关单位和公众征集立法建议项目。

国家机关、各政党和各社会团体、各企业事业单位、公民都可以向市人大常委会提出制定法规的建议。提出制定法规的建议应当说明理由。

有权提出法规案的机关，应当于每年第三季度向市人大常委会提出下一年度立法计划的建议。提出年度立法计划项目建议时，应当报送立法建议项目书，并附法规建议稿，明确送审时间。

代表大会各专门委员会、市人大常委会有关工作机构应当分别对立法建议项目和制定法规的建议进行初步审查，提出是否列入立法规划和年度立法计划的意见。

第八条 立法建议项目列入市人大常委会立法规划和年度立法计划前，应当进行论证。

立法建议项目的论证可以邀请相关领域专家、实务工作者、人大代表和有关单位负责人参加。

第九条 市人大常委会法制工作机构应当根据代表议案和建议等方面意见以及论证的情况，提出立法规划草案和年度立法计划草案。

市人大常委会法制工作机构应当于每年第四季度对各方面提出的立法意见和建议进行综合研究，提出下一年度立法计划草案。年度立法计划草案应当明确法规草案拟提请市人大常委会会议审议的时间。

立法规划草案和年度立法计划草案应当向市人大代表、省人大代表、全国人大代表征求意见。

第十条 立法规划和年度立法计划，由市人大常委会法制工作机构提请主任会议通过，并向社会公布。

市人大常委会编制的年度立法计划应当报送广东省人民代表大会常务委员会（以下简称省人大常委会）有关工作机构。

第十一条 立法规划和年度立法计划由市人大常委会

法制工作机构、市人民政府法制工作机构分别组织实施。代表大会有关的专门委员会和市人大常委会有关工作机构在各自职责范围内组织实施。

第十二条　立法规划和年度立法计划需要进行调整的，由市人大常委会法制工作机构提出调整意见，报请主任会议决定。

第十三条　负责法规起草的有关部门和单位应当根据年度立法计划的安排，按照起草工作要求，做好有关法规草案的起草工作，按时提出法规草案。

代表大会有关的专门委员会、市人大常委会工作机构应当参与有关方面的法规草案起草工作；重要的法规草案，可以由有关的专门委员会或者市人大常委会工作机构组织起草。

专业性较强的法规草案，可以吸收相关领域的专家参与起草，或者委托有关专家、教学科研单位、社会组织起草。

第十四条　起草法规草案应当注重调查研究，广泛征询社会各界的意见。设定行政许可以及涉及社会公众切身利益等内容的，应当依法举行论证会、听证会或者以其他方式公开听取意见。

第三章　市人民代表大会立法权限和程序

第十五条　下列事项由代表大会制定法规：

（一）城乡建设与管理、环境保护、历史文化保护等方面特别重大事项的；

（二）规定代表大会及其常委会制定法规程序的；

（三）其他必须由代表大会制定法规的。

第十六条　代表大会主席团可以向代表大会提出法规案，由代表大会会议审议。

市人大常委会、市人民政府、代表大会各专门委员会，可以向代表大会提出法规案，由主席团决定列入会议议程。

十名以上的代表联名，可以向代表大会提出法规案，由主席团决定是否列入大会议程，或者先交有关的专门委员会审议，提出是否列入会议议程的意见，再由主席团决定是否列入会议议程。

有关的专门委员会审议时，可以邀请提案人列席会议，发表意见。

第十七条　向代表大会提出的法规案，在代表大会闭会期间，可以先向市人大常委会提出，经市人大常委会会议依照本条例第四章规定的有关程序审议后，决定提请代表大会审议，由市人大常委会向代表大会全体会议作说明，或者由提案人向代表大会全体会议作说明。

市人大常委会依照前款规定审议法规案，应当通过多种形式征求人大代表的意见，并将有关情况予以反馈；有关专门委员会和市人大常委会有关工作机构进行立法调研，可以邀请有关的市人大代表参加。

第十八条　向代表大会提出法规案，应当同时提出法规草案文本及其说明。修改法规的，还应当提交修改前后的对照文本。法规草案的说明应当包括制定或者修改该法规的合法性、必要性、可行性和主要内容，以及起草过程中对重大分歧意见的协调处理情况。

第十九条　市人大常委会决定提请代表大会会议审议的法规案，应当在会议举行的一个月前将法规草案发给市人大代表。

第二十条　向代表大会提出的法规案，在列入会议议程前，提案人有权撤回。

第二十一条　列入代表大会会议议程的法规案，大会全体会议听取提案人的说明后，由各代表团进行审议。

各代表团审议法规案时，提案人应当派人到会听取意见，回答询问。

各代表团审议法规案时，根据代表团的要求，有关机关、组织应当派人到会介绍情况。

第二十二条　列入代表大会会议议程的法规案，由有关的专门委员会进行审议，向主席团提出审议意见，并印发会议。

第二十三条　列入代表大会会议议程的法规案，由法制委员会根据各代表团和有关的专门委员会的审议意见，对法规案进行统一审议，向主席团提出审议结果报告和法规草案修改稿，对重要的不同意见应当在审议结果报告中予以说明，经主席团会议审议通过后，印发会议。

第二十四条　列入代表大会会议议程的法规案，必要时，主席团常务主席可以召开各代表团团长会议，就法规案中的重大问题听取各代表团的审议意见，进行讨论，并将讨论的情况和意见向主席团报告。

主席团常务主席也可以就法规案中重大的专门性问题，召集代表团推选的有关代表进行讨论，并将讨论的情况和意见向主席团报告。

第二十五条　列入代表大会会议议程的法规案，在交付表决前，提案人要求撤回的，应当说明理由，经主席团同意，并向大会报告，对该法规案的审议即行终止。

第二十六条　法规案在审议中有重大问题需要进一步研究的，经主席团提出，由大会全体会议决定，可以授权市人大常委会根据代表的意见进一步审议，作出决定，并将决定情况向代表大会下次会议报告；也可以授权市人大常委会根据代表的意见进一步审议，提出修改方案，提请代表大会下次会议审议决定。

第二十七条　法规草案修改稿经各代表团审议，由法制委员会根据各代表团审议意见进行修改，提出法规草案表决稿，由主席团提请大会全体会议表决，由全体代表的过半数通过。

第四章　市人民代表大会常务委员会立法权限和程序

第二十八条　下列事项由市人大常委会制定法规：

（一）城乡建设与管理、环境保护、历史文化保护等方面的事项作具体规定的；

（二）代表大会授权市人大常委会作规定的；

（三）法律规定由设区的市制定法规的。

在代表大会闭会期间，市人大常委会可以对代表大会制定的法规进行部分修改和补充，但不得同该法规的基本原则相抵触。

第二十九条　主任会议可以向市人大常委会提出法规案，由市人大常委会会议审议。

市人民政府、代表大会各专门委员会，可以向市人大常委会提出法规案，由主任会议决定列入市人大常委会会议议程，或者先交有关的专门委员会审议、提出报告，再决定列入市人大常委会会议议程。主任会议认为法规案有重大问题需要进一步研究的，可以建议提案人修改后再向市人大常委会提出。

市人大常委会组成人员五人以上联名，可以向市人大常委会提出法规案，由主任会议决定是否列入市人大常委会会议议程，或者先交有关的专门委员会审议、提出是否列入会议议程的意见，再决定是否列入市人大常委会会议议程。不列入市人大常委会会议议程的，应当向市人大常委会会议报告或向提案人说明。

有关的专门委员会审议时，可以邀请提案人列席会议，发表意见。

第三十条　向市人大常委会提出法规案，应当同时提出法规草案文本及其说明，并提供征求意见资料及其他必要的参阅资料。修改法规的，还应当提交修改前后的对照文本。法规草案的说明应当包括制定或者修改该法规的合法性、必要性、可行性和主要内容，以及起草过程中对重大分歧意见的协调处理情况。

第三十一条　市人大常委会收到提请审议的法规案后，由市人大有关的专门委员会提出审议意见或者由市人大常委会法制工作机构提出初步审查意见，向主任会议报告，由主任会议决定列入市人大常委会会议议程，并印发市人大常委会会议。

第三十二条　法规草案与本市其他法规相关规定不一致的，提案人应当予以说明并提出处理意见，必要时应当同时提出修改或者废止本市其他法规的议案。

法制委员会和有关的专门委员会审议法规案时，认为需要修改或者废止本市其他法规的，应当提出处理意见。

第三十三条　向市人大常委会提出的法规案，在列入会议议程前，提案人有权撤回。

第三十四条　列入市人大常委会会议议程的法规案，一般应当经三次市人大常委会会议审议后再交付表决。

列入市人大常委会会议议程的法规案，各方面意见比较一致的，可以经两次市人大常委会会议审议后交付表决；调整事项较为单一或者部分修改的、废止的法规案，各方面意见比较一致的，可以经一次市人大常委会会议审议即交付表决。

第三十五条　市人大常委会会议第一次审议法规案，在全体会议上听取提案人的说明，由分组会议对法规草案、有关的专门委员会的审议意见或者市人大常委会法制工作机构的初步审查意见进行初步审议。

第三十六条　市人大常委会会议第二次审议法规案，在全体会议上听取法制委员会关于法规草案修改情况的报告，由分组会议进一步审议。

第三十七条　市人大常委会会议第三次审议法规案，在全体会议上听取法制委员会关于法规草案审议结果的报告，由分组会议对法规草案修改稿进行审议。

第三十八条　列入市人大常委会会议审议的法规案，由法制委员会根据市人大常委会组成人员、有关的专门委员会的审议意见和各方面提出的意见，对法规案进行统一审议，向市人大常委会会议提出修改情况报告或者审议结果报告和法规草案修改稿，对法规草案的修改有重要的不同意见应当在修改情况报告或者审议结果报告中予以说明。

法制委员会审议法规案时，应当邀请有关的专门委员会的成员列席会议，发表意见。

第三十九条　市人大常委会会议审议部分修改的法规案、废止的法规案，在全体会议上听取提案人的说明，由分组会议对法规的修改的、废止的决定草案进行审议。

第四十条　市人大常委会审议法规案时，根据需要，可以召开联组会议或者全体会议，对法规草案中的主要问题进行讨论。

第四十一条　市人大常委会分组会议审议法规案，提案人应当派人到会听取意见，回答询问。

市人大常委会分组会议审议法规案时，根据小组的要求，有关机关、组织应当派人到会介绍情况。

第四十二条　市人大专门委员会审议法规案时，应当召开全体会议，根据需要，可以要求有关机关、组织派有关负责人说明情况。

第四十三条　市人大专门委员会之间对法规草案的重要问题意见不一致时，应当向主任会议报告。

第四十四条　列入市人大常委会会议议程的法规案，法制委员会、有关的专门委员会和市人大常委会工作机构应当听取各方面的意见。听取意见可以采用座谈会、论证会、听证会等多种形式。

第四十五条　法规案有关问题专业性较强，需要进行可行性评价的，应当召开论证会，听取有关专家、部门、人大代表等方面的意见。论证情况应当向市人大常委会报告。

第四十六条　法规案有关问题存在重大意见分歧或者涉及利益关系重大调整，需要进行听证的，应当召开听证会，听取有关基层和群体代表、部门、人民团体、专家、人大代表和社会有关方面的意见。听证情况应当向市人大常委会报告。

第四十七条　市人大常委会工作机构应当将法规草案发送相关领域的市人大代表、县（市、区）人大常委会以及有关机关、组织和专家征求意见。

列入市人大常委会会议议程的法规案，应当在市人大常委会会议后将法规草案及其起草、修改的说明等向社会公布，征求意见。但是经主任会议决定不公布的除外。向社会公布征求意见的时间一般不少于三十日。

征求意见的情况整理后，可以根据需要印发作为市人大常委会会议审议参阅资料。

第四十八条　拟提请市人大常委会会议审议通过的法规案，在法制委员会提出审议结果报告前，市人大常委会法制工作机构可以对法规草案中主要规定的可行性、法规出台时机、法规实施的社会效果、可能出现的问题等进行评估。评估情况由法制委员会在审议结果报告中予以说明。

第四十九条　列入市人大常委会会议议程的法规案，在交付表决前，提案人要求撤回的，应当说明理由，经主任会议同意，并向市人大常委会报告，对该法规案的审议即行终止。

第五十条　法规草案修改稿经市人大常委会会议审议，由法制委员会根据市人大常委会组成人员的审议意见进行修改，提出法规草案表决稿，由主任会议提请市人大常委会全体会议表决，由市人大常委会全体组成人员的过半数通过。

第五十一条　法规草案表决稿交付市人大常委会会议表决前，主任会议根据市人大常委会会议审议的情况，可以决定将个别意见分歧较大的重要条款提请市人大常委会会议单独表决。

市人大常委会组成人员五人以上联名、市人大专门委员会或者市人大常委会法制工作机构可以书面提出对法规草案中个别重要条款进行单独表决的建议，由主任会议决定提请市人大常委会全体会议对该条款进行单独表决。

单独表决的条款经市人大常委会会议表决后，主任会议根据单独表决的情况，可以决定将法规草案表决稿交付表决，也可以决定暂不付表决，交法制委员会和有关的专门委员会进一步审议。

第五十二条　法规案经市人大常委会会议审议后，对于法规草案的合法性、必要性、可行性等重大问题存在较大意见分歧，需要搁置审议的，由主任会议决定。

第五十三条　列入市人大常委会会议审议的法规案，搁置审议满两年的，或者因暂不付表决经过两年没有再次列入市人大常委会会议议程的，由主任会议向市人大常委会报告，该法规案终止审议。

第五章　地方性法规的报请批准和公布

第五十四条　代表大会和市人大常委会制定的法规，应当在法规通过后三十日内报请省人大常委会批准。

报请批准的报告，应当提交法规文本及其说明、修改法规的，还应当提交修改前后的对照文本。

第五十五条　代表大会、市人大常委会制定的法规报经批准后，由市人大常委会发布公告予以公布。

省人大常委会附修改意见批准的法规，市人大常委会法制工作机构依照修改意见进行修改，报告主任会议后由市人大常委会发布公告予以实施。

法规公布后，应当及时在市人大常委会公报、韶关人大信息网和《韶关日报》上刊载，法规被修改的，应当同时刊载修改后的法规文本。

在市人大常委会公报上刊登的法规文本为标准文本。

第五十六条　公布法规的公告应当载明该法规的制定机关、批准机关，通过、批准和实施时间。

第五十七条　市人大常委会应当在法规公布后的十五日内，将公布的法规公告、法规正式文本和说明及其电子文本报送省人大常委会。

第六章　地方性法规解释

第五十八条　代表大会和市人大常委会制定的法规，由市人大常委会解释。

第五十九条　市人民政府、市中级人民法院、市人民检察院、市人大专门委员会以及县（市、区）人大常委会可以向市人大常委会提出法规解释的要求。

第六十条　市人大常委会法制工作机构应当对法规的解释要求进行审查，认为有必要作出解释的，应当拟订法规解释草案，由主任会议决定列入市人大常委会会议议程。

第六十一条　列入市人大常委会会议议程的法规解释草案，由市人大常委会法制工作机构在会议上作法规解释草案的说明。分组会议对法规解释草案进行审议。

第六十二条　法规解释草案经市人大常委会会议审议，由法制委员会根据市人大常委会组成人员的审议意见进行审议修改，提出法规解释草案表决稿。

法规解释草案表决稿由主任会议决定提请市人大常委会全体会议表决，由市人大常委会全体组成人员的过半数通过。由市人大常委会发布公告予以公布。

第六十三条　法规解释，应当在法规解释作出后的十五日内报省人大常委会备案。

第六十四条　市人大常委会的法规解释同本市法规具有同等效力。

第七章　附　则

第六十五条　法规规定明确要求有关国家机关对专门事项作出配套具体规定的，有关国家机关应当自法规施行之日起一年内作出规定。有关国家机关未能在期限内作出配套具体规定的，应当向市人大常委会说明情况。

第六十六条　法规实施两年后，或者社会环境发生重大变化的，市人大有关的专门委员会、市人大常委会工作机构可以组织对法规或者法规中有关规定进行立法后评估。评估情况应当向市人大常委会报告。

第六十七条　本条例自2016年4月5日起施行。

法规文件目录

2016年韶关市人大常委会制定的重要文献、法规目录

表41

序号	名称	文号
1	韶关市人大常委会关于报请批准《韶关市制定地方性法规条例》的报告	韶常〔2016〕5号
2	关于印发全市法院执行工作情况报告审议意见的通知	韶常〔2016〕14号
3	韶关市人民代表大会常务委员会关于批准政府购买服务模式融资建设项目计划决议	韶常〔2016〕15号
4	韶关市人民代表大会常务委员会关于批准韶关市2015年市级决算的决议	韶常〔2016〕16号
5	关于印发2015年市本级预算执行和其他财政收支的审计工作报告审议意见的通知	韶常〔2016〕17号
6	韶关市人民代表大会常务委员会关于批准《韶关市人民政府关于政府投融资项目建设资金预算的报告》的决议	韶常〔2016〕18号
7	韶关市人民代表大会常务委员会关于批准2016年第一、第二批新增地方政府债券资金安排方案报告的决议	韶常〔2016〕19号
8	关于印发韶关市2016年上半年国民经济和社会发展计划执行情况报告审议意见通知	韶常〔2016〕24号
9	关于印发2016年上半年财政预算执行情况报告审议意见的通知	韶常〔2016〕25号
10	关于印发检查《中华人民共和国环境保护法》实施情况报告的审议意见的通知	韶常〔2016〕26号
11	韶关市人民代表大会常务委员会关于批准韶关市芙蓉新区发展股权基金回购资金纳入财政预算报告的决议	韶常〔2016〕28号
12	关于印发《芙蓉新城建设情况报告》审议意见的通知	韶常〔2016〕32号
13	韶关市人大常委会关于报请批准《韶关市烟花爆竹安全管理条例》的报告	韶常〔2016〕35号
14	印发《关于听取和审议我市新建住宅区教育设施配套建设情况的审议意见》的通知	韶常〔2016〕37号
15	关于做好《韶关市烟花爆竹燃放安全管理条例》实施工作的通知	韶常〔2016〕38号
16	印发《关于召开韶关市第十四届人民代表大会第一次会议的决定》的通知	韶常〔2016〕40号
17	韶关市人民代表大会常务委员会关于批准调整2016年国民经济和社会发展计划部分指标增长目标报告的决议	韶常〔2016〕45号
18	韶关市人民代表大会常务委员会关于批准韶关市2016年市级预算调整方案以及地方政府债务限额情况报告的决议	韶常〔2016〕46号

2016年度韶关市人民政府规范性文件目录选

表42

序号	名称	文号
1	韶关市城镇居民基本医疗保险实施办法	韶府令第129号
2	韶关市民办养老服务机构扶持资助办法	韶府令第130号
3	韶关市重大行政处罚备案办法	韶府令第131号
4	韶关市人民政府关于促进慈善事业健康发展的实施意见	韶府〔2016〕30号
5	韶关市户籍管理规定	韶府令第132号
6	韶关市市政消火栓管理办法	韶府令第133号
7	韶关市商事主体住所登记管理办法	韶府令第134号
8	韶关市企业集群注册登记管理试行办法	韶府令第135号
9	韶关市规范查处无照无证经营行为暂行办法	韶府令第136号
10	韶关市人民政府关于禁止猎捕陆生野生动物的通告	韶府〔2016〕58号
11	韶关市落实生产经营单位安全生产主体责任规定	韶府令第137号
12	韶关市市级国有资本经营预算管理办法	韶府令第138号
13	韶关市行政机关规范性文件管理规定	韶府令第139号

2016年中共韶关市委、市政府颁发的规范性文件目录选

表43

序号	名称	文号
1	中共韶关市委关于进一步加强少年儿童和少先队工作的意见	韶发〔2016〕1号
2	中共韶关市委、韶关市人民政府关于建设卫生强市的决定	韶发〔2016〕8号
3	中共韶关市委、韶关市人民政府关于深化供销合作社综合改革的实施意见	韶发〔2016〕10号
4	中共韶关市委、韶关市人民政府关于印发《韶关市法治政府建设实施纲要（2016-2020年）》的通知	韶发〔2016〕11号
5	中共韶关市委、韶关市人民政府印发《韶关市关于完善审计制度若干重大问题的实施意见》及相关配套文件的通知	韶发〔2016〕12号
6	中共韶关市委、韶关市人民政府转发《市委宣传部、市司法局关于在全市公民中开展法治宣传教育的第七个五年规划（2016-2020年）》的通知	韶发〔2016〕13号
7	中共韶关市委办公室、韶关市人民政府办公室印发《关于规范市属企业负责人履职待遇和业务支出管理的实施方案》的通知	韶办发〔2016〕1号
8	中共韶关市委办公室、韶关市人民政府办公室印发《关于扶持民族地区加快发展的实施意见》的通知	韶办发〔2016〕3号
9	中共韶关市委办公室、韶关市人民政府办公室印发《关于推进构建和谐劳动关系的实施方案》的通知	韶办发〔2016〕12号
10	中共韶关市委办公室印发《关于加强我市社会组织党的建设工作的实施意见》的通知	韶办发〔2016〕15号
11	中共韶关市委办公室、韶关市人民政府办公室关于印发《韶关市农村改革发展三年行动计划（2016—2018）》的通知	韶办发〔2016〕16号
12	中共韶关市委办公室、韶关市人民政府办公室印发《关于我市深化国税、地税征管体制改革实施方案》的通知	韶办发〔2016〕18号

社会经济统计资料

韶关市2016年国民经济和社会发展统计公报

韶关市统计局　韶关调查队

2017年3月20日

2016年，全市人民在市委、市政府的正确领导下，积极适应新常态，紧紧抓住省委、省政府促进粤东西北地区振兴发展的机遇，坚持以推进供给侧结构性改革为主线，坚定不移主动融入珠三角，强力推进产业共建、城市提升、县域发展“三大主题”工作，经济发展保持平稳，社会发展取得新成就。

一、综合

国民经济在新常态下保持了平稳发展。初步核算，全市生产总值1218.4亿元，比上一年增长6.3%。其中：第一产业增加值167.6亿元，增长4.1%；第二产业增加值442.1亿元，增长3.5%；第三产业增加值608.7亿元，增长9%。三次产业结构为13.7：36.3：50。按常住人口计算，人均生产总值41388元，增长5.4%，按平均汇率折算为6231美元。分区域看：韶关市区生产总值572.5亿元、增长4.2%，占全市生产总值45.2%，人均生产总值5.54万元；县域生产总值694亿元、增长8.1%，占全市54.8%，人均生产总值3.63万元。现代产业中，先进制造业增加值103亿元、增长11.6%，现代服务业增加值247.7亿元、增长10.9%。第三产业中，批发和零售业增加值增长9.6%，住宿和餐饮业增加值增长7.1%，金融业增加值增长5.2%。民营经济增加值635.6亿元，增长6.8%，占全市生产总值的52.2%。

劳动生产率稳步提高。全年地区生产总值与全部就业人员的比率为84597元/人（按2015年不变价计），增长6.1%。

居民消费价格基本稳定。韶关市区居民消费价格比上一年上涨1.9%。其中，消费品价格上涨2.2%，服务项目价格上涨1.6%。消费价格中，食品烟酒价格上涨4.6%、衣着价格上涨0.8%、居住价格下降0.2 %、生活用品及服务价格下降0.8%、交通和通信价格下降0.7%、教育文化和娱乐价格上涨2.8%、医疗保健价格上涨2.6%、其他用品和服务价格上涨2.5%。全市工业品出厂价格下降1%。

从业人员持续增加。年末从业人员144.48万人，增加0.30万人。其中：第一产业58.69万人，增加0.08万人；第二产业32.14万人，减少0.07万人；第三产业53.65万人，增加0.29万人。年末工商登记注册的私营企业和个体户从业人员36.9万人，增长6%。全年城镇新增就业人数3.48万人，城镇失业人员再就业2.97万人，其中就业困难人员再就业2666人。城镇登记失业率2.45%，比上年下降0.01个百分点。

全年地方一般公共预算收入85亿元，增长2.3%（可比口径）。其中税收收入50.6亿元，增长3.2%。地方一般公共预算支出268亿元，下降5%。民生支出占财政支出的比重74.8%。

经济社会发展存在的主要问题：经济发展速度较慢，长期积累的经济结构不合理，创新驱动乏力，内生动力不强，固定资产投资项目前期工作耗时长，投资拉动作用减弱，工业发展后劲不强等问题仍然突出，全面建成小康社会还存在较多短板指标。

二、农业

农业发展稳定。全年农林牧渔业总产值269.7亿元，增长4.1%。其中：农业增长4.1%，林业增长4.9%，畜牧业增长3.6%，渔业增长4.3%。

2016年主要农产品产量

表44

农产品名称	计量单位	产量	比上年±%
粮食	万吨	89.3	0
其中：稻谷	万吨	76.5	-0.2
蔬菜	万吨	233.2	5.8
甘蔗	万吨	58.6	1.8
花生	万吨	14.2	2.8

续表44

农产品名称	计量单位	产量	比上年±%
烟叶	万吨	3.2	-2.7
水果	万吨	53.8	7.6
茶叶	吨	4546	5.2
蚕茧	吨	8505	2.8
肉类	万吨	14.8	-2.2
其中：猪肉	万吨	11.8	-2.9
水产品	万吨	8.5	2.9

全年粮食作物播种面积235.8万亩，下降0.4%；甘蔗种植面积8.5万亩，增长2.2%；油料种植面积71.9万亩，增长2.4%；烟叶种植面积19.6万亩，下降1.8%；蔬菜种植面积148.2万亩，增长4.6%。

农村用电量5.2亿千瓦小时，增长3.3%；化肥施用量（折纯）12.3万吨，增长1.4%。

三、工业和建筑业

全部工业增加值383.5亿元，增长7.5%。年末规模以上工业企业630个、比上年底减少3个，规模以上工业增加值331.7亿元、增长5%。在规模以上工业中，国有及国有控股工业增加值145.0亿元，增长2.1%；股份制工业261.0亿元，增长3.3%；民营工业139.7亿元，增长5.9%；外商及港澳台工业50.2亿元，增长10.2%。轻工业增加值128.1亿元，增长3.6%；重工业增加值203.7亿元，增长5.5%。年末产业转移园规模以上工业企业295个，规模以上工业增加值124.0亿元，增长9.2%。

七大支柱工业增加值186.8亿元、增长2.1%，占规模以上工业增加值的56.3%。其中：烟草工业下降7.6%，玩具工业下降12.2%，制药工业增长22.9%，钢铁工业增长17.7%，有色金属工业增长7%，机械工业下降4.2%，电力工业增长7.6%。

高技术制造业增加值16.4亿元，增长14.5%。

先进制造业增加值103.0亿元，增长11.6%。其中装备制造业增加值39.5亿元，增长7.6%。

优势传统工业增加值103.4亿元，增长0.1%。其中：家具制造业增长13.3%，建筑材料业增长0.8%，金属制品业增长37.9%，纺织服装业下降6.8%。

全年淘汰落后钢铁产能203万吨。

2016年规模以上工业主要产品产量

表45

产品名称	计量单位	产量	比上年±%
成品钢材	万吨	593.0	1.9
十种有色金属	万吨	26.6	-3.7
发电量	亿千瓦小时	153.9	12.7
其中：火电	亿千瓦小时	112.4	1.1
水电	亿千瓦小时	41.5	63.6
水泥	万吨	754.6	-10.6
滚动轴承	万套	1046.8	9.4
布	万米	6519.6	22.4
糖	万吨	1.47	-12
卷烟	亿支	208.5	-3
其中：一、二类烟	亿支	15.0	-39.5
人造板	万立方米	158.8	-0.2
机制纸及纸板	万吨	3.8	3.9

全年规模以上工业企业资产贡献率13.5%，资产保值增值率124.2%，资产负债率62%，成本费用利润率7%。主营业务收入1168亿元、增长4.6%。利润总额75.2亿元、增长95.8%，其中亏损企业亏损额7.5亿元、下降78.6%。

全年建筑业增加值59.6亿元，下降 16.7%。年末资质等级建筑企业86个，资质建筑业省内完成产值142.4亿元、增长0.7%，实现利润6.4亿元、增长16.6%，利税总额13.3亿元、下降14.7%。房屋施工面积1071万平方米、增长0.3%，房屋竣工面积476.5万平方米、下降1.5%。

四、固定资产投资

全年完成固定资产投资702.1亿元，增长0.1%。分投资主体看：国有及国有控股经济投资296.4亿元，增长21.1%；外商及港澳台经济投资48.2亿元，增长18.5 %；民营经济投资357.5亿元，下降14.1 %。分产业看：第一产业完成投资34.7亿元，下降29.8 %；第二产业中的工业完成投资250.3亿元，增长4.7 %；第三产业完成投资417.1亿元、增长0.8 %，其中房地产开发完成投资146.8亿元、增长11.3%。

市重点项目完成投资235.4亿元，完成年度计划的106%。武深高速公路、汕昆高速公路韶关段全面开工建设，北江航道扩能升级工程建设顺利推进，华南先进装备产业园建设加快，曲江大道开工建设。

芙蓉新区完成投资115.4亿元（占全市固定资产投资16.4%），其中基础设施投资16.9亿元，工业投资53.3亿元，房地产开发投资30.8亿元。分片区看：武江片完成投资64亿元（其中核心区63.4亿元，核心区中的起步区42.5亿元），浈江片31.8亿元，曲江片16.3亿元，乳源片3.3亿元。

全年商品房销售面积368.7万平方米、增长17.1 %，其中商品住宅销售面积333.4万平方米、增长16.8%。商品房销售额166.3亿元、增长21.2%，其中商品住宅销售额136.4亿元、增长18%。

五、贸易和外经

全社会消费品零售额638.2亿元，增长9.9%。年末限额以上批发零售企业417个，比上年增加57个；限额以上住宿和餐饮企业177个，比上年增加1个。批发零售业销售额985.6亿元，增长15.0%；住宿和餐饮业营业额72.8亿元，增长9.8%。

限额以上批发和零售业零售额中：建筑及装潢材料类比上年增长35.7%，中西药品类增长15.2%，汽车类增长10.3%，家具类增长9.5%，粮油、食品类增长5.8%，日用品类增长1.4%。

全年进出口总额156亿元，增长4.9%。其中：进口66亿元，增长10.8%；出口90亿元，增长1%。按贸易方式分：一般贸易出口42亿元，下降7.5%；加工贸易出口39亿元，下降2.7%。按经营主体分：国有企业出口下降9.4%，“三资企业”出口增长2.3%，私营企业出口增长30.2%。按出口商品分：玩具出口增长12.4%，机电产品出口下降12.6%，服装出口增长1%，高新技术产品出口下降8.9%。按出口市场分：对香港出口下降11.1%，对欧盟出口增长22.7%，对美国出口增长16.2%，对日本出口增长28.4%。实际利用外资0.51亿美元，增长5.3%。全年新批外商直接投资项目14个，下降33.3%。

六、交通、邮电和旅游

全年交通运输、仓储和邮政业增加值89.1亿元，增长6.8%。

公路货运周转量236.8亿吨公里，客运周转量26.6亿人公里，水路货运周转量103.5亿吨公里。年末公路通车里程16409公里，公路密度89.2公里/百平方公里。按路面类型分，高级、次高级路面公路11866公里。按技术等级分，等级公路16372公里，其中高速公路491公里、一级公路222公里、二级公路817公里。年末实有公共汽车营运车辆 795辆，其中浈江和武江585辆。公共汽车客运总量6980万人次。内河航道维护通航里程386公里，其中等级航道256公里，泊位23个。港口货物吞吐量45.3万吨。年末民用汽车拥有量24.89万辆、比上年增长39.4%，其中私人汽车23.22万辆、增长48.6%。民用轿车拥有量14.52万辆、增长24.5%，其中私人轿车14.19万辆、增长29.5%。

全年完成邮电通信业务总量（按2015年不变价计，下同）73.6亿元，增长62.8%。其中：邮政业务（含快递）总量4.7亿元，增长19.5%；通信业务总量68.8亿元，增长67%。固定电话42.2万户，移动电话用户274.7万户。全市家庭宽带用户数60.52万户，手机上网用户数192.17万户，移动基站总数1.19万个，WLAN无线局域网1621个，AP热点6281个。

全年接待旅游者人数3591万人次、增长13.3%，其中入境过夜旅游者4.43万人次，下降18.6%。旅游总收入325亿元，增长20.3%。新增国家AAA、AAAA级旅游景区各1个。

七、金融和保险业

年末金融机构本外币各项存款余额1669.7亿元、增长8.9%，其中住户本外币存款余额1008.9亿元、增长9.1%。年末金融机构本外币各项贷款余额772.5亿元、增长5.6%。住户贷款余额342.3亿元，增长19.1%。其中：住户中长期消费贷款243.1亿元，增长28.6%；住户短期消费贷款15.2亿元，增长19.5%。

全市证券金融机构交易额3148.2亿元，下降51.1%；新增开户8.2万户，增长14.3%。

全年保费总收入41.9亿元，增长13.9%。其中：人寿险保费收入29.6亿元，增长14.9%；财产险保费收入12.2亿元，增长11.6%。财产险赔付支出6.2亿元，增长16.5%。

八、教育和科学技术

全年各级各类教育（含技工学校，不含成人高等教育和非学历培训）在校学生47.2万人，增长0.4%。拥有全日制高等学校2所，技工学校4所，普通中学152所，中等职业学校18所，小学191所。

各类学校教育发展情况

表46

	学校数（所）	在校学生数（人）	比上年增长（%）
全日制高等学校	2	39044	1.5
技工学校	4	27622	-18.8
其中：市属	1	13480	-11.9
中等职业学校	18	24888	-0.5
普通中学	152	153462	-0.9
其中：高中	25	56167	-7.5
初中	127	97295	3.4
小学	191	227248	4.2

新增国家高新技术企业27家、省级工程技术研发中心6家。年末拥有省级工程技术研究开发中心24家，省市工程中心累计达到63家，其中省级重点研发中心2家。国家级高新技术企业65家，省级民营科技企业81家，省级火炬计划特色产业基地3个。全年取得科技成果56项，其中5项获省科技进步奖。全年专利申请3428项，专利授权2087项；发明专利申请719项，发明专利授权117项。

九、文化卫生和体育

年末共有文化馆11个，博物馆9个，剧场、影剧院21

个，公共图书馆10个。公共图书馆图书总藏量184.7万册。微波线路总长72.5公里，广播电视微波站3座，广播调频发射台13座，广播节目综合人口覆盖率99.98%。电视发射台8座，有线电视用户61万户，电视节目综合人口覆盖率99.95%。

年末共有医疗卫生机构637个，其中医院、卫生院160个。医疗卫生床位数1.69万张；疾病预防控制中心9个；妇幼保健院（站、所）9个。各类卫生技术人员1.93万人。其中：执业（助理）医师4991人，注册护士7018人。乡镇卫生院103个，床位2882张，卫生技术人员3235人，乡村医疗点1514个。食品安全风险监测总体合格率93.6%。农村居民卫生厕所普及率97%。

全市体育场馆共4524个。全年销售体育彩票3.62亿元、增长15.2%。全市体育健儿参加省锦标赛中的17个项目，共获得9枚金牌，7.8枚银牌，11枚铜牌。

十、人民生活、社会保障与安全生产

全市居民人均可支配收入19978元，增长10.1%。其中：城镇居民人均可支配收入25855元，增长10%；农村居民人均可支配收入12790元，增长10.2%。城乡居民收入比为2.02：1。居民家庭食品消费支出占消费总支出的比重（恩格尔系数）为38.5%，比上年下降0.5个百分点。

全年落实帮扶资金5.8亿元、落实贫困村帮扶项目1674个，贫困村集体经济平均收入3.3万元，贫困户人均纯收入6725.4元。

参加城镇职工基本养老保险（含离、退休人员）69.1万人、增长2%。参加城乡居民基本养老保险94.4万人。参加基本医疗保险（含城乡居民基本医疗保险）284.3万人，增长0.3%。其中参加城镇职工基本医疗保险55.6万人，增长3%。参加工伤保险38.5万人，增长0.4%。参加失业保险29.3万人，增长0.4%。参加生育保险25.6万人，增长7.5%。年末享受城镇职工基本养老待遇的离、退休人员15.6万人。养老、失业、工伤、生育、医疗（不含城乡居民基本医疗）保险基金全年征缴46.5亿元，增长10.2%。

年末敬老院80所、社会福利院11所；敬老院床位数3351张、社会福利院床位数2579张；敬老院在院人数1489人、社会福利院在院人数1274人。城乡居民享受最低生活保障6.5万人，其中城镇居民1.2万人。全年发放保障资金1.9亿元，其中城镇6529万元；发放救灾资金743万元，救济物资折款675万元，累计救灾0.85万人次。全年销售社会福利彩票3.9亿元，筹集社会福利基金1.1亿元。

新开工各类保障性住房3231套，基本建成4283套，补助低收入户农民家庭改造住房4572户。

工矿商贸生产安全事故13 起，死亡 16人，受伤2人，直接经济损失1072万元；道路交通事故457起，死亡199人，其中生产经营性道路交通事故258起，死亡125人；消防火灾事故734起，受伤3人，直接经济损失1113万元，生产经营性消防火灾未发生人员死亡。

十一、人口、资源与环境

年末常住人口295.61万人，比上年增加2.46万人，增长8.4‰。城镇常住人口比重为54.8%，比上年提高0.5个百分点。户籍人口334.4万人，其中城镇人口150.5万人。全年出生人口3.62万人，人口出生率13.11‰；死亡人口1.67万人，死亡率6.06‰；人口自然增长率7.05‰。

已探明的矿产资源储量中：煤1.31亿吨，铁矿石2910万吨，锰矿石74万吨，铜矿石8142万吨，铅矿石9278万吨，锌矿石1.33亿吨，钨矿石1.87亿吨，钼矿石1.15亿吨，锑矿石234万吨，铋矿石1.28亿吨。

全年水资源总量252亿立方米。全年降雨量2241毫米，增长17.9%。年平均气温20.6℃，年日照时数1490小时。年末大中型水库蓄水量12.5亿立方米，下降10.6%。

全年规模以上工业综合能源消耗量（等价值）649.44万吨标准煤，同比增长6.6%。全年全社会用电量111.8亿千瓦小时，增长0.5%。其中：工业用电75.3亿千瓦小时，增长6%。

完成荒山（沙、土）造林面积9961公顷。全市林业用地面积141.9万公顷，森林覆盖率为75.1%、比上一年提高0.1个百分点，林木绿化率为77.2%，活立木蓄积量9054万立方米、增长2.7%。全市共有省级以上自然保护区13个（其中国家级3个，省级10个），面积22.2万公顷。

注：

1. 本公报中2016年数据为初步统计数，统计图中2012—2015年数据为年报数。部分数据因四舍五入的原因，存在着与分项合计不等的情况。

2. 地区生产总值、各产业增加值绝对数按当年价格计算，增长速度按可比价计算。

3. 从2011年起，规模以上工业统计口径由年主营业务收入500万元以上调整为2000万元及以上；固定资产投资项目统计起点由计划总投资50万元提高到500万元，增速为可比口径。2013年起按照新的调查口径对外发布城乡居民人均可支配收入和分城镇、农村常住居民人均可支配收入数据。从2015年起，“地方公共财政预算收入”更名为“地方一般公共预算收入”；各项存款余额中，“单位存款”更名为“非金融企业存款”，“储蓄存款”更名为“住户存款”。

4. 现代服务业主要包括金融业、现代物流业、信息服务业、科技服务业、外包服务业、商务会展业、文化创意产业和总部经济八个产业。先进制造业包括装备制造业、钢铁冶炼及加工业、石油及化学制造业。高技术制造业包括核燃料加工业、信息化学品制造业、医药制造业、航空航天器制造业、电子通信设备制造业、计算机制造业、医疗仪器设备制造业。

韶关市各县（市、区）国民经济和社会发展主要指标

表47

		全市	一、县域	始兴	仁化	翁源	乳源	新丰	乐昌	南雄	二、市区	武江	浈江	曲江
地区生产总值	总量（亿元）	1218.39	694.02	82.69	103.29	98.24	73.70	80.35	117.38	138.37	572.47	227.80	210.71	133.95
	增长（%）	6.3	8.1	8.2	8.6	8.3	9.5	7.1	7.1	8.2	4.2	3.8	5.0	3.6
规模以上工业增加值	总量（亿元）	331.74	181.41	24.64	29.21	21.20	23.80	26.74	15.40	40.42	143.80	75.76	15.56	52.48
	增长（%）	5.0	9.3	12.2	10.3	6.1	11.4	7.2	−0.5	13.0	0.7	−3.0	3.8	5.5
商品房销售面积	总量（万平方米）	368.70	176.15	27.77	18.08	20.87	18.56	11.94	49.18	29.75	192.55	100.15	81.51	10.89
	增长（%）	17.1	12.5	13.3	6.8	8.7	7.9	75.7	23.6	−7.4	21.6	23.2	60.7	−58.7
全社会用电量	总量（亿千瓦时）	111.8	56.27	4.38	12.39	6.96	13.97	6.56	7.28	4.73	55.25	11.66	12.17	31.42
	增长（%）	0.5	11	22	8.9	19.4	6	5.6	12.5	16.7	−8	17.6	−21	−9.6
工业用电量	总量（亿千瓦时）	75.29	39.55	2.37	10.46	4.05	12.14	4.9	3.58	2.05	35.66	3.58	3.94	28.14
	增长（%）	6.0	8.6	16.1	5.7	17.8	4.9	5	17.1	17	−15.5	38.5	−51.1	−10.8
规模以上工业能耗	总量（万吨标煤）	649.44	190.39	11.62	42.91	23.57	44.00	25.95	25.83	16.51	459.07	8.76	30.85	419.46
	增长（%）	6.6	3.4	5.1	−0.5	27.9	0.4	−1.8	0.7	5.4	8.0	9.8	4.2	8.3
社会消费品零售总额	总 量（亿元）	638.21	242.58	18.97	30.48	34.36	22.47	24.30	61.27	50.73	395.63	111.45	221.46	62.72
	增长（%）	9.9	10.4	11.7	10.3	9.8	10.1	13.0	9.0	11.2	9.6	10.4	9.0	9.9
固定资产投资完成额	总量（亿元）	702.09	457.38	66.71	63.75	69.47	66.97	37.78	37.16	115.53	244.71	111.29	77.25	56.17
	增长（%）	0.1	3.5	9.8	5.3	9.1	2.7	−28.1	15.2	8.1	−5.8	9.4	17.4	−39.1
实际利用外资	总量（万美元）	5062	3492	512	82	876	801	526	117	578	1570	153	194	1000
	增长（%）	5.3	6.7	−25.0	−88.5	291倍	−8.4	21倍	−31.6	−28.1	2.4	73.9		2.3倍
金融机构各项贷款余额（本外币）	总量（亿元）	772.51	334.71	38.24	36.74	48.12	40.78	41.19	72.21	57.43	431.99	373.49（两区合计）		58.51
	增长（%）	5.6	11.9	8.1	10.4	5.7	4.0	32.3	11.0	15.8	1.9	0.8		9.4
金融机构存贷比（本外币）	%	46.27	44.27	42.97	40.53	37.23	46.77	53.57	48.98	42.32	47.34	47.90		44.05
	提高（个百分点）	−1.5	0.9	1.6	0.6	−1.6	−4.0	11.1	1.1	0.1	−3.2	−3.6		−0.6

续表47

		全市	一、县域	始兴	仁化	翁源	乳源	新丰	乐昌	南雄	二、市区	武江	浈江	曲江
地方一般公共预算收入	总量（亿元）	85.04	33.55	3.87	6.28	3.98	5.21	3.10	5.30	5.82	51.49	3.85	3.45	8.07
	增长（%）	2.3	-0.1	5.0	6.4	3.1	3.0	-13.3	-7.2	0.1	3.9	1.5	-9.1	6.3
税收收入	总量（亿元）	50.61	22.06	2.64	3.51	2.74	3.76	2.08	3.62	3.71	28.55	2.47	2.37	4.64
	增长（%）	3.2	3.5	3.3	-1.0	4.5	16.6	-14.8	9.7	2.5	3.0	-4.3	-8.0	4.4
地方一般公共预算支出	总量（亿元）	268.02	153.46	15.96	22.64	22.06	22.29	16.88	27.13	26.51	114.56	9.63	10.93	16.54
	增长（%）	-5.0	-0.8	-3.5	2.9	2.9	-9.2	-7.8	12.6	-4.5	-10.1	-3.0	18.7	-17.9
国税国内税收收入	总量（亿元）	97.19	30.75	3.80	5.37	3.55	6.65	2.46	5.57	3.35	66.44	6.47	6.14	6.49
	增长（%）	12.9	33.8	41.3	24.6	49.6	62.5	14.9	18.7	24.7	5.3	54.7	38.9	16.7
地税税收收入	总量（亿元）	54.42	23.34	2.43	3.44	2.88	4.42	2.21	3.81	4.16	31.07	14.86	10.08	4.62
	增长（%）	-13.6	-15.5	-19.4	-15.2	-27.1	5.0	-31.2	-13.2	-13.1	-12.1	-12.2	-15.2	-7.2

2016年韶关市环境状况公报

韶关市环境状况公报

（2016年）

根据《中华人民共和国环境保护法》第五十四条的规定，现发布2016年度韶关市环境状况公报。

一、环境状况

（一）大气环境

1、空气质量

（1）韶关市区

按照国家和省的部署，我市市区自2014年1月1日起按新的《环境空气质量标准》（GB3095-2012）开展空气质量监测工作，监测项目增加了细颗粒物（PM2.5）、一氧化碳（CO）、臭氧（O_3）等3项。

2016年，市区空气质量保持良好，各项监测指标（二氧化硫、二氧化氮、可吸入颗粒物、细颗粒物、一氧化碳、臭氧）年平均浓度均达到国家环境空气质量二级标准。

市区2016年环境空气综合质量指数为3.83，环境空气质量指数（AQI）介于23～154之间。空气质量达标（0<AQI≤100）天数为339天，达标率为93.4%；超标（101<AQI≤150）天数为24天，占6.6%，其中轻度污染23天，中度污染1天。首要污染物为臭氧（O_3-8h），其次为细颗粒物（PM2.5）。

二氧化硫（SO_2）年平均浓度值为16μg/m^3，比上年（19μg/m^3）下降了15.8%，达到国家环境空气质量二级标准（60μg/m^3）。

二氧化氮（NO_2）年平均浓度值为26μg/m^3，比上年（25μg/m^3）上升了4.0%，达到国家环境空气质量一级标准（40μg/m^3）。

可吸入颗粒物（PM10）年平均浓度值为51μg/m^3，比上年（50μg/m^3）上升了2.0%，达到国家环境空气质量二级标准（70μg/m^3）。

细颗粒物（PM2.5）年平均浓度值为33μg/m^3，比上年（34μg/m^3）下降了2.9%，达到国家环境空气质量二级标准（35μg/m^3）。

一氧化碳（CO）日均值第95百分位数平均值为1.6mg/m^3，与上年（1.6mg/m^3）持平，达到国家环境空气质量二级标准（4mg/m^3，参照24小时平均标准）。

臭氧（O_3）日最大8小时均值第90百分位数平均值为135μg/m^3，比上年（134μg/m^3）上升了0.7%，达到国家环境空气质量二级标准（160$\mu g/m^3$，参照日最大8小时平均标准）。

降尘年平均浓度值为2.09吨/平方公里·月，低于广东省参考评价值（8.00吨/平方公里·月）。

（2）各县（市）城区

按空气质量标准实施年限，我市各县（市）2016年执行新的《环境空气质量标准》（GB 3095-2012）。

二氧化硫（SO_2）年平均浓度值范围在10～30$\mu g/m^3$之间；其中，仁化县城区达到国家环境空气质量二级标准（60$\mu g/m^3$），其余各县（市）城区均达到一级标准（20$\mu g/m^3$）。

二氧化氮（NO_2）年平均浓度值范围在12～22$\mu g/m^3$之间，均达到国家环境空气质量一级标准（40$\mu g/m^3$）。

可吸入颗粒物（PM10）年平均浓度值范围在31～52$\mu g/m^3$之间；其中，始兴县、仁化县、乐昌市城区达到国家环境空气质量二级标准（70$\mu g/m^3$），其余各县（市）城区达到一级标准（40$\mu g/m^3$）。

细颗粒物（PM2.5）年平均浓度值范围在22～33$\mu g/m^3$之间，均达到国家环境空气质量二级标准（35$\mu g/m^3$）。

一氧化碳（CO）日均值第95百分位数平均浓度值范围在1.1～1.6mg/m^3之间，均达到国家环境空气质量二级标准（4mg/m^3，参照24小时平均标准）。

臭氧（O_3）日最大8小时均值第90百分位数平均浓度值范围在106～141$\mu g/m^3$之间，均达到国家环境空气质量二级标准（160$\mu g/m^3$，参照日最大8小时平均标准）。

各县（市）城区降尘年平均浓度值在1.79～4.51吨/平方公里·月之间，均低于广东省参考评价值（8.00吨/平方公里·月）。

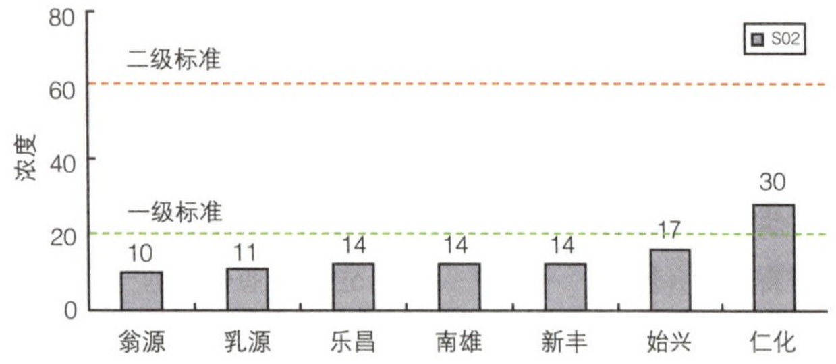

各县（市）城区SO_2年平均浓度值比对图（单位：$\mu g/m^3$）

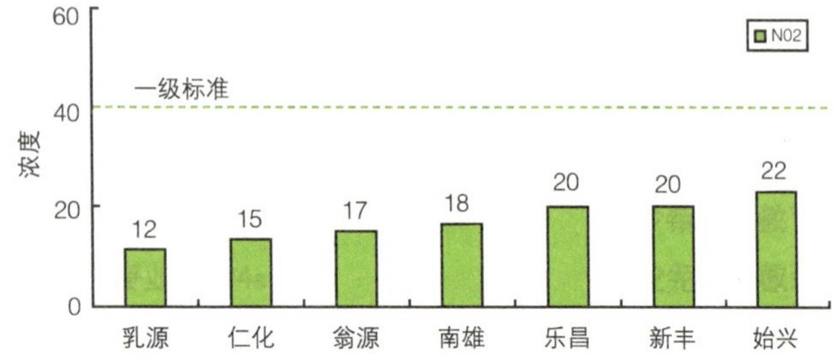

各县（市）城区NO_2年平均浓度值比对图（单位：$\mu g/m^3$）

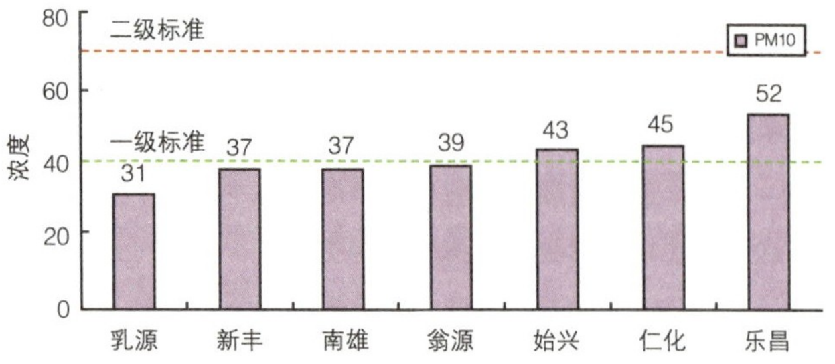

各县（市）城区PM10年平均浓度值比对图（单位：$\mu g/m^3$）

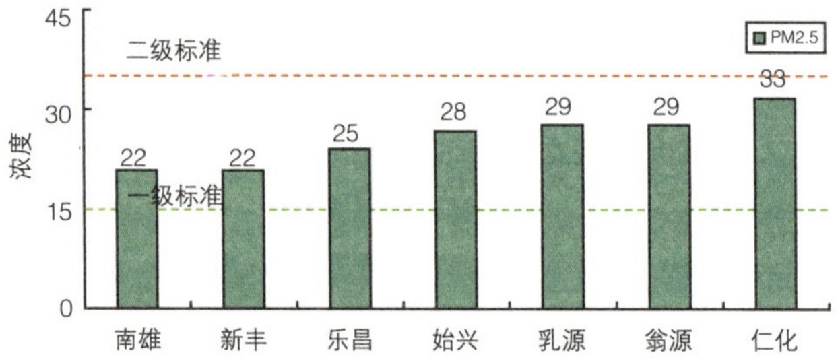

各县（市）城区PM2.5年平均浓度值比对图（单位：$\mu g/m^3$）

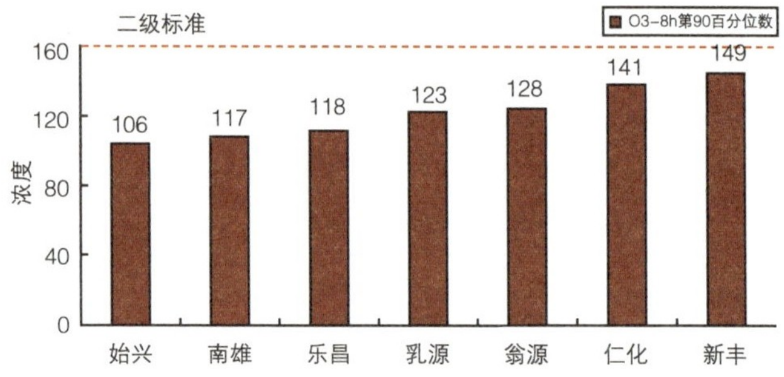

各县（市）城区O_3日最大8小时均值第90百分位数平均浓度值比对图（单位：$\mu g/m^3$）

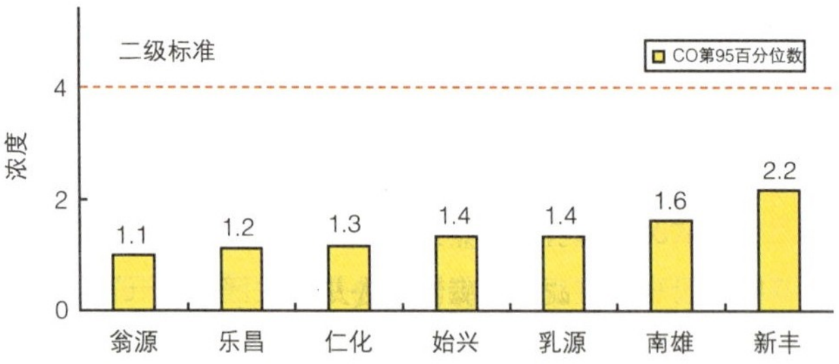

各县（市）城区CO日均值第95百分位数平均浓度值比对图（单位：mg/m^3）

（二）降水

韶关市区降水pH值范围为4.32～7.90，降水pH值年均值为5.31，比上年（5.00）上升0.31个pH单位；酸雨频率为36.8%，比上年（42.0%）下降5.2个百分点，降水质量整体比去年有所提高。

各县（市、区）降水pH值范围为4.01～7.84，降水pH值年均值平均为5.56。

（三）地表水环境

1、饮用水源地水质

集中式饮用水源地水质保持稳定达标。监测结果表明，韶关武江十里亭、曲江苍村水库、始兴花山水库、仁化赤石迳水库、翁源园洞水、乳源南水水库、新丰白水礤水库、乐昌武江铁路桥上游、南雄瀑布水库等9个饮用水水源地水质达标率均为100%，部分水源地优于水质控制目标。

韶关市区武江十里亭、曲江苍村水库等2个饮用水源地按国家环保部要求进行了水质全分析，109项分析监测项目全部达标。

2、江河水质

2016年主要江河水系水质状况总体良好，水环境质量与上年相比无显著变化。监测结果表明，全市9条主要江河（北江、武江、浈江、南水河、墨江、锦江、马坝河、滃江、新丰江）17个监测断面（13个Ⅱ类、4个Ⅲ类）的水质均达到所属功能类别水质标准，水质达标率为100%。

1个跨市河流交接断面（高桥断面）水质达标率为100%。

（四）城区噪声环境

1、市区

区域环境噪声等效声级年平均值为56.2分贝，达到国家声环境质量2类限值（60分贝）。

道路交通噪声等效声级年平均值为66.7分贝，达到国家道路交通噪声一级标准（68.0分贝）。

2、各县（市）城区

区域环境噪声等效声级年平均值范围在49.8～55.0分贝之间；其中，南雄市城区达到国家声环境质量0类限值（50分贝）；其余县（市）城区达到国家声环境质量1类限值（55分贝）。

各县（市）城区道路交通噪声等效声级年平均值范围在64.1～71.5分贝之间，除南雄市达到道路交通噪声三级标准（72.0分贝）外，其余各县（市）均达到一级标准（68.0分贝）。

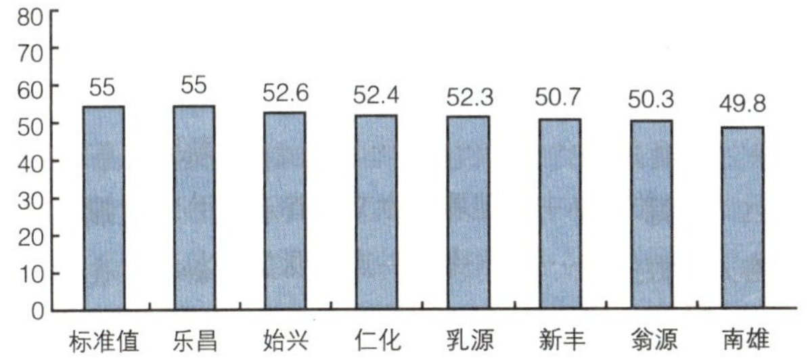

各县（市）城区区域环境噪声等效声级年平均值（单位：分贝）

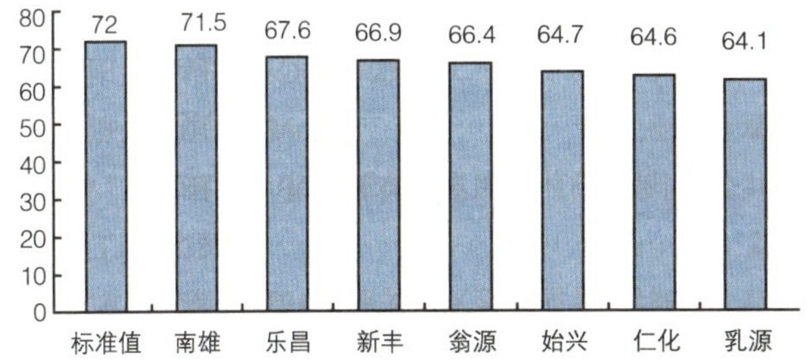

各县（市）城区道路交通噪声等效声级年平均值（单位：分贝）

（五）自然生态保护与绿色创建情况

据统计，我市已建成各级自然保护区36个，其中国家级4个、省级12个、市级3个、县级17个，总面积达26.34万公顷，自然保护区面积和各种野生动植物数量居广东之首。

我市目前共有7个乡镇被命名为“国家级生态乡镇”，2个乡镇、2个行政村和6个自然村以及4个生态园被命名为“省级生态示范镇（村、园）”，22个行政村、55个自然村被命名为“市级生态示范村”。

2016年，我市获得广东省环保厅命名为“绿色学校”的学校有2所，分别是：韶关市中央艺术幼儿园、韶关市武江区沐溪小学；获得命名为“广东省环境教育基地”的单位有1个，为：丹霞山国家级自然保护区。

二、措施与行动

（一）深入开展大气污染防治工作，打造天蓝气净环境

继续落实大气污染防治行动实施方案，将市区及周边工业区全部划为高污染燃料禁用区，并加快能源结构调整步伐，积极推广清洁能源的使用，2016年市区共淘汰燃煤/油锅炉13座；加强机动车尾气检测，进一步强化机动车污染防治；推进黄标车及老旧车淘汰和资金补贴工作，2016年全市淘汰黄标车和老旧车共3765辆；核发机动车环保标志157290个；加强大气污染防治预警信息的发布，对恶劣天气及时告知、及早防控，提高极端天气污染防治效率；开展建筑工地扬尘专项整治行动；完成市区所有加油站油气回收工程。

2016年，市区空气优良达标率为93.4%，有效监测天数363天，达标天数339天。

（二）积极推进水污染防治工作，改善区域水环境质量

认真落实国务院《水污染防治行动计划》，贯彻落实“以防为主、防治结合”工作思路，印发了我市《水污染防治行动实施方案》，明确了水污染防治职责分工、目标任务；立足横石水流域环境调查，制定了《韶关市横石水流域达标整治方案》，并通过专家评审；印发并实施《韶关市畜禽养殖污染清理整治工作方案》。通过系列方案的制定及实施，有效统筹水资源、水环境、水生态，推进水环境系统治理。推进市区第四污水处理厂、曲江、翁源、南雄等地污水处理厂配套管网完善工作；推进中央支持的新丰江保护工程，项目2016年到位资金7385万元；推进市区武江饮用水源保护区调整，科学合理优化市区供水格局，“西河一水厂和帽子峰取水口取消和上移工程”主体工程已完成，“十里亭饮用水源地环境整治工程”（截污治理工程）已建设，南水水库供水工程已完成项目可行性研究，进入勘探设计阶段。《南水水库生态环境保护项目总体方案》成功纳入水污染防治中央项目储备库，2016年获得中央资金1500万元用于网箱养殖清理、生态安全调查、富营养化控制工程；获得省环保专项资金1000万元用于预警监测

能力建设；编制了《韶关市南水水库水污染防治专项2016年实施方案》；全市乡镇饮用水源保护区33个共获得省环保专项资金825万元用于水源地保护。2015年度南粤水更清第三方评估结果于2016年11月通过省环保厅认定，全省排名第十一。

（三）有序进行重金属污染防治，优化生产生活环境

全面落实《韶关市涉重金属行业环境综合整治方案2015～2020年）》。截至2016年底，已关停、关闭、核销（或关停电镀生产线）、转产36家，1家正在制定关闭计划；93个涉重企业产业提升重点工程已完成57个；2016年投入4千余万元中央专项资金，用于开展韶关市翁源县铁龙林场重金属污染969亩农田土壤修复示范工程、董塘镇凡口矿区周边500亩受污染农田土壤治理与修复工程及凡口矿尾矿库200亩库区场地生态恢复工程。积极落实《大宝山矿区及周边地区环境综合整治工作计划》《仁化县董塘镇环境综合整治实施方案》，制定相关年度工作计划，对市直有关部门、相关企业职责和年度任务完成时限进行细化，各项整治工作有序进行。

（四）启动土壤污染防治先行区建设，保障土壤生态安全

2016年5月，国务院印发《土壤污染防治行动计划》，我市被列为全国6个土壤污染综合防治先行区之一。2016年12月，《韶关市土壤污染综合防治先行区建设方案》通过了省厅组织的专家评审，经市政府批准实施，并报环境保护部、财政部备案。同时与省环保厅达成了共建先行区的共识，省环保厅在政策、技术、资金等各方面全力支持我市先行区建设工作。2016年国家土壤污染综合防治专项资金12367万元已经到位，正按计划推动相关项目实施。

（五）巩固主要污染物总量减排成效，提高人居环境质量

我市“十二五”主要污染物总量减排工作取得优秀成绩，“十三五”开端之年，我市继续以创建国家节能减排财政政策综合示范城市为契机，统筹部署，扎实巩固全市主要污染物减排工作各项成效。各地城镇污水处理设施及配套管网建设运行工作保持有序进行，市区小岛片区截污管网实现贯通，市区第四污水厂运行负荷达到80%以上，运行正常，并通过了“三同时”环保验收；曲江区、乳源县、始兴县、南雄市等污水处理厂管网完善工作稳步推进；钢铁、电力、水泥行业脱硫脱硝治理设施运行正常，黄标车和老旧车淘汰数量超额完成省下达任务；广东省大宝山矿业公司李屋外排水处理厂二期工程建设完成并投入正常运行；全市176家规模化畜禽养殖场减排治理减排项目完成工程设施建设，161家通过核查核算，减排认定率91.5%；2016年，我市超额完成了节能减排财政政策综合示范城市目标任务和省下达的年度减排目标任务。

（六）切实做好环境监察执法工作，消除环境安全隐患

一是加强日常监督管理，依法查处违法行为，按照《韶关市污染源日常环境监管随机抽查实施方案》要求，运用环境监管移动执法系统，对排污单位实行双随机抽查，督促企业加强管理；组织各县（市、区）开展汛期环境安全检查、危险化学品环境安全专项检查、重点行业环境保护专项执法检查、打击涉危险废物环境违法犯罪行为专项执法检查等各类环保专项检查。2016年，全市累计出动执法人员12024人次，检查企业4413家次，下达责令改正违法行为决定书72份，整改通知书199份，下达处罚决定书43份，罚款234万元，实施查封扣押案件4宗，移送行政拘留案件1宗，移送环境污染犯罪案件1宗。2016年全市排污费累计征收入库5064万元。二是推动违法违规建设项目清理整顿，2016年，全市环境违法违规建设项目共计318个（其中：淘汰关闭类项目37个，整顿规范类项目254个，完善备案类项目27个），已完成整改318个，整改完成率达100%。三是开展中央环保督察交办案件督查工作，2016年12月，联合市公安、纪检监察等部门对中央环保督察交办我市的60宗来信来电案件进行督办，共出动督办人员约100人次。四是开展无人机移动式执法，提高环境监察执法工作效率和质量。五是实施网格化管理，制定并印发了《韶关市环境监管网格化管理工作实施方案》及《韶关市环境监管网格化管理责任制考核办法》，实现环境监管全覆盖。六是开展自动监控系统有效性审核，确保自动监测数据有效，2016年全市国控企业的自动监控数据传输有效率为95.49%。七是成立环保警察联合执法办公室，完善环保警察机制，确保联合执法成效，提高环境违法犯罪行为打击效率。八是开展省市周边联动执法，有效推动调查处理工作。九是开展环保约谈工作，督促严格落实环保责任，消除环境安全隐患。

（七）全力做好环境信访维稳工作，构建文明和谐社会

结合环境执法平台的环境信访系统，将我局信访业务接入移动执法平台试运行工作，提高信访工作流转效率；制定印发环境信访维稳工作方案，提高信访问题处理水平，及时有效解决问题，维护环境安全稳定；完成了12369环境信访举报平台在韶关市环境保护公众网平台的挂网工作。

2016年，全市受理各类环保问题信访件共1626宗，比上年同期上升了12%。其中，来信134件（包括省转办件、市转办件、群众来信），来访152批次，韶关市网络问政760件，来电及韶关市12345热线580件。案件处理率100%，办结率100%。市本级受理各类环保问题信访件共829宗，比上年同期增加了6.9%。其中，来信31件（包括省转办件、市转办件、群众来信），来访50批次，韶关市网络问政248件，来电及韶关市12345热线503件。案件处理率100%，办结率100%。市、县（区）两级投诉案件类型均以大气污染、噪声污染以及第三产业污染投诉为主。

（八）改革提高行政审批效率，服务社会经济发展

改进审批方式，提高行政审批效率。出台《关于建

设项目环境影响评价豁免审批及环境影响登记表备案管理的通知（试行）》，坚持“急事急办、特事特办、大事快办”的审批原则，简化审批程序，缩短审批时限。配合市编办做好行政许可标准化工作，更新现有行政许可13项并纳入《韶关市市级行政许可事项目录（2016年版）》，完善了该13项行政许可事项的办事指南及业务手册的编制工作，并完成了韶关市一门式一网式政府服务信息系统的相关录入工作。完善环保审批模式，对规划环评和重大项目环评实现提前介入，科学指导了广东省仁化县有色金属循环经济产业基地规划、翁源县电源工业规划（2014-2017）等规划的修编工作，并办理了相关的环评文件审查；参与深圳市中金岭南有色金属股份有限公司尾矿资源综合回收及环境治理开发项目、大宝山多金属矿区铜流原矿330万吨/年采矿扩建工程、台泥（韶关）水泥有限公司 6000t/d带余热发电熟料水泥生产线等项目的建设指导。以“优布局、调结构、严整治、强监管、保安全”为主线，按分类指导、分区防控原则，调整优化园区行业结构和发展布局，科学引导符合园区主导产业的项目有序入园。结合新环保法实施，严格环保准入，落实总量指标环保前置审批，严格执行环境影响评价制度，对“两高一资”项目严格把关，对重大项目和环境敏感项目的审批，采取听证会等形式充分听取公众意见，扩大公众参与范围，强化社会监督实效。落实环境监理制度，为企业了解环保政策及时提供帮助，促进社会经济发展。

2016年，全市共办理各类新建项目环评审批656个（其中报告书39个、报告表283个、登记表263个、登记表备案管理71个），同比减少了41%；办理建设项目环保设施竣工“三同时”验收163个，同比减少了51%；办理许可证份732个（其中：广东省污染物排污许可证561份、建筑噪声排污许可证161份、辐射安全许可证份8个、医疗废物经营许可证书2个），同比上年增加了38%；办理广东省危险废物转移转移许可审核事项309个，同比增加了25%。

其中，市本级共办理各类新建项目环评审批 240 个（其中报告书31个、报告表91个、登记表47个、登记表备案管理71个），同比减少了17%；办理建设项目环保设施竣工“三同时”验收74个，同比减少了7%；办理许可证份148个（其中：广东省污染物排污许可证70份、建筑噪声排污许可证68份、辐射安全许可证份8个、医疗废物经营许可证书2个），同比增加了2%；办理广东省危险废物转移转移许可审核事项184个，同比减少了3 %。

（九）稳抓实做环境应急管理工作，提高风险防范意识

一是开展突发环境事件应急演练，奠定妥善处理坚实基础。2016年1月15日，我市在省环保厅的指导下，联合清远市开展了2016年横石水水污染突发环境事件应急演练，有效健全了清远韶关两市环境应急联动机制，提高了应对横石水突发环境应急事件的能力。二是推进应急预案编制备案，提高行业应急救援能力。认真贯彻落实《省环保厅关于转发环境保护部<企业事业单位突发环境事件应急预案备案管理办法（试行）>的通知》，不断加强宣传和指导，推进企业、事业单位规范、完善预案编制，积极指导配合相关县（市、区）以及企业做好预案备案管理工作。三是建立突发环境事件应急专家库，发挥专家咨询决策作用。我市现已建立相应管理办法和韶关市环境应急专家库，可为全市环境应急处置和管理工作提供切实可行的决策建议、专业咨询、理论指导和技术支持。四是做好联防联控工作，积极开展环境应急保障。2016年3月下旬，我市与郴州市开展湘粤跨界流域联防联控交流，进一步加强边界区域环境监管协作，提高了跨界突发环境事件防范和处置能力。

2016年，我市未发生较大以上的突发环境事件。

（十）规范推进危险废物管理工作，展现管理新水平

认真落实危废规范化管理督查要求，做好危险废物规范化管理工作。2016年3月，省环保厅下达《广东省环保厅关于2015年危险废物规范化管理督查情况的通报》（粤环函〔2015〕198号），我市总体合格率为81.4%，相对2014年度有较大幅度的提高。贯彻落实省环保厅《转发环境保护部华南环境保护督查中心<关于反馈广东省2015年度危险废物规范化管理监督考核考核情况的函>》，对存在问题的企业提出整顿要求，做好监督检查工作。积极开展危险废物专项执法督察工作，严格按照省环保厅通知要求开展固体废物环境保护专项执法行动，对各危废产生企业、处理处置企业危废规范化管理进行督察。建成了我市危险废物转移电子联单管理系统，并组织各县（市、区）环保部门、危废处置企业、产废企业代表召开了管理系统培训班，展现了我市在危废规范化管理工作中的新高度、新水平。

附 录

2016年韶关市各级政府公开承诺为民办实事一览表

表48

	实事项目
韶关市	1. 完成市区主次干道8个内涝点整治
	2. 完成山区中小河流治理625公里
	3. 实施老城区提质便民工程
	4. 建设韶关教育云数据中心
	5. 建设百所中小学校（幼儿园）示范性平安食堂
	6. 加大对困难弱势群体帮扶力度
	7. 强化低收入住房困难群体住房保障
	8. 改善农村生产生活条件
	9. 促进创业带动就业
	10. 解决浈江区、武江区30个社区公共服务用房
浈江区	1. 完成18个自然村公路联网改造
	2. 完善村（居）治安视频监控系统
	3. 建成浈江区图书馆，向公众免费开放
	4. 建设中小微企业公共服务平台
	5. 建设1所标准化特殊教育学校
武江区	1. 实施村村通自来水工程（重阳、西河片区）
	2. 全面完成小型农田水利重点县建设
	3. 新建镇泰小学教学综合楼
	4. 搭建武江区基层公共服务综合平台
	5. 实施向阳小区等9条小街小巷综合整治
曲江区	1. 城区饮水水源改善工程
	2. 推进马坝河（城区段）治理及美化、亮化工程
	3. 稳步推进中小学校运动场改造工程
	4. 大力实施“卫生创强”工程
	5. 建设幸福社区综合服务中心示范单位
	6. 实施城区小街小巷及城中村LED路灯安装工程

续表48

	实事项目
曲江区	7. 实施农村光明工程
	8. 开展农村环境综合整治
	9. 完善生态镇旅游基础设施
	10. 改造马鞍山田径运动场
乐昌市	1. 完成武广高铁乐昌东站项目建设
	2. 完成60公里农村公路硬底化建设
	3. 完成4宗山区中小河流治理项目
	4. 完成省道248线环城路段节能照明工程
	5. 完成大东街第一农贸市场修建工作
	6. 完成基层公共服务综合平台建设
	7. 建成10所中小学（幼儿园）示范性平安食堂
	8. 实施南部八镇（街道）垃圾集中清运项目
南雄市	1. 完成市社会福利中心建设，镇（街道）各建成一个村级居家养老服务中心
	2. 投入1.8亿元，完成省山区五市中小河流治理南雄市2016年项目
	3. 投资3500万元，完成雄州公园建设并开园，完成城区森林进城围城首期工程
	4. 投入2000万元奖补资金，全面推进城乡环境卫生综合整治、农村路灯亮化工程和“五小”场所建设
	5. 投入500万元，提高村（居）委会基本财力保障水平
	6. 投资6500万元，启动北城大道新建工程，年内完成路基建设
	7. 投资近1亿元，启动陵园路改建工程，年内完成路基建设
	8. 投资6000万元，完成新图书馆、档案馆主体工程
	9. 投资1.2亿元，进行工矿棚户区改造，年内完成2万平方米的房屋主体建设
	10. 投资1.5亿元建设人民医院住院综合大楼，上半年完成前期工作，年内完成投资4000万元
翁源县	1. 启动建设滃江源国家湿地公园
	2. 实施县城小街小巷改造工程
	3. 深入开展“百警进社区、为民保平安”活动
	4. 开通县城公共交通
	5. 建设镇（场）便民服务中心
	6. 建设县城新区休闲广场
	7. 实施县城街巷亮化工程
	8. 继续开展中小河流治理工程
	9. 提高城乡居民基本医疗保险大病筹资标准
	10. 建设10所示范性平安学校（幼儿园）食堂
新丰县	1. 后山公园规划改造
	2. 完善城乡生活垃圾收运体系
	3. 电大（党校）和老干活动中心改造迁建
	4. 农村环境综合整治示范县项目

续表48

	实事项目
新丰县	5. 中小河流整治
	6. 新建新丰一中体育馆
乳源瑶族自治县	1. 创建成为省推进教育现代化先进县
	2. 完成县城主要街道柏油路面铺设
	3. 完成县城区北片自来水工程建设和县城区自来水旧管网改造
	4. 改造南环路排水设施和滨江西路，兴建南水健身公园
	5. 建设老年人活动中心和青少年活动中心
	6. 改扩建特殊教育学校，新建残疾人康复中心
	7. 建设县运动中心，新建村级健身广场10个
	8. 规划建设环瑶山公路
	9. 修缮保护革命遗迹遗址，建设大布革命纪念公园和大桥红七军纪念园
	10. 完成4条中小河流8个河段治理

韶关市行政区划简明表
（2016年12月31日）

表49

县（市、区）名	镇（乡、街道办）名	镇乡数	街道办数	村委会数	居委会数
乐昌	坪石、北乡、长来、廊田、九峰、三溪、黄圃、梅花、五山、大源、两江、白石、庆云、秀水、云岩、沙坪、乐城。	16	1	195	20
南雄	乌径、黄坑、水口、湖口、珠玑、界址、百顺、澜河、古市、坪田、邓坊、主田、油山、南亩、江头、全安、帽子峰、雄州。	17	1	208	24
曲江	马坝、樟市、乌石、沙溪、大塘、枫湾、小坑、白土、罗坑、松山。	9	1	85	22
仁化	董塘、长江、扶溪、石塘、红山、城口、闻韶、周田、黄坑、大桥、丹霞。	10	1	109	16
始兴	马市、顿岗、司前、隘子、罗坝、澄江、沈所、城南、太平、深渡水。	10		113	14
翁源	龙仙、翁城、新江、周陂、坝子、江尾、官渡。	7		153	18
新丰	回龙、梅坑、沙田、遥田、马头、黄磜、丰城。	6	1	141	16
乳源	乳城、桂头、大布、大桥、必背、一六、东坪、游溪、洛阳。	9		102	13
武江	西联、西河、重阳、龙归、江湾、惠民、新华。	5	2	51	33
浈江	新韶、乐园、花坪、犁市、十里亭、风采、车站、东河。	5	3	45	47
合计		94	10	1202	223

韶关市中国传统古村落名单

表50

序号	村落名称	获批名称批次
1	仁化县石塘镇石塘村	2012年第一批中国传统村落

续表50

序号	村落名称	获批名称批次
2	翁源县江尾镇湖心坝村	2013年第二批中国传统村落
3	南雄市乌迳镇新田古村	2013年第二批中国传统村落
4	仁化扶溪镇古夏村	2016年第四批中国传统村落

韶关市中国历史文化名村名单

表51

序号	名村	获批名称批次
1	仁化县石塘镇石塘村	2010年第五批中国历史文化名村

韶关市广东省传统村落名单

表52

	村落名	获批名称批次
1	仁化县城口镇恩村大村	2014年第一批广东传统村落
2	仁化县丹霞街道夏富村	2014年第一批广东传统村落
3	仁化县周田镇张屋村	2014年第一批广东传统村落
4	始兴县罗坝镇白围村	2014年第一批广东传统村落
5	始兴县罗坝镇长围村	2014年第一批广东传统村落
6	始兴县罗坝镇廖屋村	2014年第一批广东传统村落
7	始兴县马市镇黄塘村	2014年第一批广东传统村落
8	始兴县太平镇东湖坪村	2014年第一批广东传统村落
9	始兴县榲子镇满堂围	2014年第一批广东传统村落
10	翁源县官渡镇楼子村	2014年第一批广东传统村落
11	翁源县江尾镇陈屋村	2014年第一批广东传统村落
12	翁源县江尾镇八卦围	2014年第一批广东传统村落
13	曲江区小坑镇曹角湾村	2014年第一批广东传统村落
14	曲江区黄圃镇应山村	2014年第一批广东传统村落
15	韶关乐昌市庆云镇户昌山村	2014年第一批广东传统村落

韶关市广东旅游名镇名村名单

表53

序号	镇村名	旅游亮点	获批名称
1	韶关市乳源必背镇	瑶族村寨黄龙寨风景区	2014年广东旅游名镇
2	韶关市仁化丹霞镇夏富村	古祠、古门、古庙、古树。	2014年广东旅游名村
3	韶关市仁化石塘镇石塘村	《月姐歌》。双峰古寨、大革命时期双峰寨保卫战	2014年广东旅游名村

韶关市广东省历史文化街区、名镇、名村名单

表54

序号	镇（街区、村）名	获批时间
1	南雄市珠玑镇	2009年第二批名镇
2	仁化县石塘镇石塘村	2009年第二批名村
3	南雄市乌迳镇新田村	2009年第二批名村
4	曲江区曹角湾村	2010年第三批名村
5	翁源县湖心坝村	2010年第三批名村
6	乐昌市户昌山村	2010年第三批名村

韶关市广东省古村落名单

表55

序号	所在县、镇、行政村	村落名称	建村年代	村落占地面积	现居住人口	获得时间批次
1	南雄南亩镇鱼鲜村	鱼鲜村	南宋乾道五年（1169年）	（村庄建成区）约160公顷	2169人	2008年第一批广东省古村落
2	仁化县城口镇恩村	恩村	清代	（村庄建成区）5公顷	230人	2009年第二批广东省古村落
3	仁化县石塘镇石塘村	石塘村	明洪武年间	（村庄建成区）15公顷	3400人	2009年第二批广东省古村落
4	南雄市乌迳镇新田村	新田村	西晋建兴三年（公元315年）	（村庄建成区）200公顷	2358人	2009年第二批广东省古村落
5	南雄市黄坑镇溪塘村	溪塘村	920年	（村庄建成区）180公顷	1650人	2009年第二批广东省古村落
6	始兴县太平镇东湖坪村	东湖坪村	清乾隆年间	（村庄建成区）91000	315人	2009年第二批广东省古村落
7	曲江区白土镇大村	大村	宋瑞平三年（公元1234年）	15公顷		2012年第三批广东省古村落
8	曲江区小坑镇上洞村委	曹角湾村	清初康熙年间（公元1662-1722年）	3.8公顷		2012年第三批广东省古村落
9	翁源县江尾镇南塘村	湖心坝居民群	明正统年间	30万平方米		2012年第三批广东省古村落
10	南雄市百顺镇百顺村	黄屋城村	明洪武	25公顷	389人，其中城内112人	2012年第三批广东省古村落
11	始兴县马市镇大安坪村	大安坪	清代	4000平方米	230人	2012年第三批广东省古村落
12	始兴县沈所镇石下古村	石下村	清代	3600平方米	1300人	2012年第三批广东省古村落
13	乐昌市庆云镇户昌山村	户昌山村	南宋末年	62500平方米	500人	2012年第三批
14	仁化县丹霞街道夏富村	夏富村	南宋理宗年代（1275年）	22公顷	1739人	2012年第三批广东省古村落
15	南雄市水口篛过村	篛过村	南宋皇佑元年（公元1253年）		2000人	2014年第四批广东省古村落
16	始兴县罗坝镇长围村	长围村	清代			2014年第四批广东省古村落

续表55

序号	所在县、镇、行政村	村落名称	建村年代	村落占地面积	现居住人口	获得时间批次
17	仁化县扶溪镇古夏村	古夏村	元初		800人	2016年第五批广东省古村落
18	仁化县周田镇大围村	大围村	北宋	8.7公顷	1000人	2016年第五批广东省古村落
19	仁化县周田镇风度村	风度村	贞观年间			2016年第五批广东省古村落
20	仁化县黄坑镇南庄村	南庄村	清雍正年间	1.33公顷	200人	2016年第五批广东省古村落
21	南雄市油山镇上朔村	上朔村	后唐天成年间（926—930年）		3600人	2016年第五批广东省古村落

韶关市国家级、省级重点文物保护单位一览表

表56

序号	名称	时代	类别	详细地址	公布机关	公布时间	备注
1	三影塔	北宋	古建筑	南雄市永康路	国务院	1988年1月13日	
2	云龙寺塔	唐乾宁—光化年间（894—901年）	古建筑	董塘镇安岗村委会安岗村小组	国务院	1988年1月13日	
3	满堂围	清道光十三年（1833年）	古建筑	隘子镇满堂村委会大围村	国务院	1996年11月20日	
4	马坝人遗址	旧石器时代	古遗址	广东省韶关市曲江区马坝镇东风居委狮岩路3号	国务院	2001年6月25日	两处合并公布为：石峡遗址
	石峡遗址	新石器时代	古遗址	广东省韶关市曲江区马坝镇东风居委狮岩路3号	国务院	2001年6月25日	
5	南华禅寺	宋代至清代	古建筑	广东省韶关市曲江区马坝镇城东居委会东南6公里	国务院	2001年6月25日	
6	双峰寨	1889年	近现代重要史迹及代表性建筑	石塘镇石塘村委会石塘村	国务院	2006年5月25日	
7	南粤雄关与古道	唐代	古建筑	南雄市珠玑镇梅岭村	国务院	2013年3月5日	
8	丹霞山摩崖石刻	北宋—中华民国	石窟寺及石刻	丹霞山风景名胜区	国务院	2013年3月5日	
9	长围村围屋	清咸丰五年（1855年）	古建筑	罗坝镇燎原村委会长围村	国务院	2013年3月5日	
10	珠玑石塔	元代	古建筑	南雄市珠玑镇珠玑村（珠玑巷）	广东省人民政府	1979年12月19日	
11	南雄广州会馆	明代	古建筑	南雄市区青云东路	广东省人民政府	2002年7月17日	
12	南雄府城正南门	明代至清代	古建筑	南雄市城区中山街	广东省人民政府	2002年7月17日	
13	钟鼓岩摩崖石刻	唐代至清代	石窟寺及石刻	南雄市梅岭钟鼓岩岩洞内	广东省人民政府	1989年6月29日	
14	里东戏台	清代	古建筑	南雄市珠玑镇里东街	广东省人民政府	2008年11月18日	

续表56

序号	名称	时代	类别	详细地址	公布机关	公布时间	备注
15	中共粤北省委旧址	中华民国	近现代重要史迹及代表性建筑	浈江区五里亭牛头冲村	广东省人民政府	2010年5月10日	原公布名为：中共广东省委粤北省委机关旧址
	南雄市瑶坑村中共广东省委旧址	中华民国	近现代重要史迹及代表性建筑	南雄市雄州街道荆岗村委会	广东省人民政府	2010年5月10日	
	红围中共广东省委机关旧址	清道光年间	近现代重要史迹及代表性建筑	沈所镇沈北村委会	广东省人民政府	2010年5月10日	
16	大成殿	明代	古建筑	南雄市区爱民路	广东省人民政府	2012年10月20日	
17	回龙寺塔	宋代	古建筑	南雄市湖口镇罗田村	广东省人民政府	2012年10月20日	
18	溪头塔	宋代	古建筑	南雄市百顺镇溪头老村	广东省人民政府	2012年10月20日	
19	应山村应山石桥	清乾隆三十一年（1766年）	古建筑	广东省韶关市乐昌市黄圃镇应山村委会应山村	广东省人民政府	2002年7月17日	
20	大路下村薛氏家祠	民国28年（1939年）	近现代重要史迹及代表性建筑	广东省韶关市乐昌市九峰镇坪石村委会大路下村	广东省人民政府	2011年1月19日	原公布名为：薛岳故居
	江湾村伯陵堂	民国29年（1940年）	近现代重要史迹及代表性建筑	广东省韶关市乐昌市乐城街道办事处西联村委会江湾村附近	广东省人民政府	2011年1月19日	
	大路下村薛岳家居	民国35年（1946年）	近现代重要史迹及代表性建筑	广东省韶关市乐昌市九峰镇坪石村委会大路下村	广东省人民政府	2011年1月19日	
	大路下村薛岳故居	民国28年（1939年）	近现代重要史迹及代表性建筑	广东省韶关市乐昌市九峰镇坪石村委会大路下村	广东省人民政府	2011年1月19日	
	大路下村薛岳家族墓	清代至中华民国	近现代重要史迹及代表性建筑	广东省韶关市乐昌市九峰镇坪石村委会大路下村南山腰	广东省人民政府	2011年1月19日	
	大路下村薛岳家族墓寮	中华民国	近现代重要史迹及代表性建筑	广东省韶关市乐昌市九峰镇坪石村委会大路下村南山山脚公路边	广东省人民政府	2011年1月19日	
21	朱家村紫阳书院	1940年	近现代重要史迹及代表性建筑	广东省韶关市乐昌市秀水镇秀水村委会朱家村北向200米处	广东省人民政府	2012年10月20日	
22	五汪村谭氏宗祠	清代	古建筑	广东省韶关市乐昌市长来镇和村村委会五汪村	广东省人民政府	2012年10月20日	
23	仙人塔	宋代	古建筑	广东省韶关市曲江区大塘镇新桥村委会上新塘村南约300米	广东省人民政府	1979年12月18日	
24	拱桥岭遗址	新石器时代晚期	古遗址	广东省韶关市曲江区樟市镇樟市村委会拱桥岭自然村对面的山岗上	广东省人民政府	2012年10月20日	

续表56

序号	名称	时代	类别	详细地址	公布机关	公布时间	备注
25	韶州府学宫大成殿	明代	古建筑	广东省韶关市浈江区风采路	广东省人民政府	2008年11月18日	
26	鲶鱼转遗址	新石器晚期	古遗址	周田镇周田村	广东省人民政府	1978年7月18日重新公布	
27	澌溪寺塔	北宋	古建筑	董塘镇安岗村委会澌溪庙村小组	广东省人民政府	1979年12年19日	
28	华林寺塔	北宋元丰五年（1082年）	古建筑	闻韶镇下徐村委会下徐村	广东省人民政府	1989年6月29日	
29	水南文峰塔	明万历四十年（1612年）	古建筑	丹霞街道办城南村委会矮岭头村	广东省人民政府	2008年11月18日	
30	双水塔	明万历年间（1573—1620年）	古建筑	扶溪镇水口村委会水口村小组	广东省人民政府	2008年11月18日	
31	云门寺南汉石碑	五代南汉	石窟寺及石刻	乳源县乳城镇云门村委会	广东省人民政府办公厅	1989年6月29日	
32	镇溪祠古戏台	明嘉靖至清代	古建筑	乳源县乳城镇共和村委会	广东省人民政府办公厅	2008年11月18日	
33	观澜书院	清乾隆五十八年（1973年）	古建筑	乳源县大桥镇大桥村委会	广东省人民政府	2012年10月20日	
34	西京古道	清代	古建筑	乳源县大桥镇石角塘、大桥、红云村委会	广东省人民政府	2012年10月20日	
35	湖心坝民居群	明、清	古建筑	广东省韶关市翁源县江尾镇南塘村湖心坝自然村	广东省人民政府	2010年5月10日	
36	光明陈氏宗祠	中华民国	近现代重要史迹及代表性建筑	广东省韶关市翁源县周陂镇光明村水口围自然村	广东省人民政府	2012年10月20日	
37	大洞雁塔	清代	古建筑	丰城街道大洞村老围山上	广东省人民政府	2002年7月17日	
38	罗围城堡建筑遗址	汉代	古遗址	太平镇罗围村委会	广东省人民政府	1989年6月29日	
39	贵庐	民国26年（1937年）	近现代重要史迹及代表性建筑	隘子镇风度村委会张屋村	广东省人民政府	2012年10月20日	
40	红梨渡槽	1981年	近现代重要史迹及代表性建筑	马市镇红梨村委会塘梨坑村	广东省人民政府	2012年10月20日	
41	崇益堂	民国20年（1931年）	近现代重要史迹及代表性建筑	太平镇瑶村村委会上邓村	广东省人民政府	2012年10月20日	
42	走马岗遗址	新石器时代	古遗址	广东省韶关市浈江区十里亭镇良村村委良村走马岗	广东省人民政府	1978年7月18日重新公布	
43	张九龄家族墓地	唐代	古墓葬	武江区西河镇田心村委墩子头村罗源洞山麓翠珠岭	广东省人民政府	1978年7月18日重新公布	
44	余靖墓	宋代	古墓葬	武江区西联镇甘棠村委成家山	广东省人民政府	2002年7月17日	
45	犁市街当铺	清代	近现代重要史迹及代表性建筑	广东省韶关市浈江区犁市镇犁市居委人民路南	广东省人民政府	2012年10月20日	

国家级非物质文化遗产名录一览表

表57

序号	项目类别	项目名称	保护单位	级别
1	民俗	瑶族盘王节	乳源县文化广电新闻出版局	国家级
2	传统戏剧	粤北采茶戏	韶关市文化馆	国家级
3	传统美术	瑶族刺绣	乳源县文化馆	国家级
4	传统舞蹈	龙舞（香火龙）	南雄市文化馆	国家级
5	传统音乐	瑶族民歌	乳源县文化馆	国家级

省级非物质文化遗产名录一览表

表58

序号	项目类别	项目名称	保护单位	级别
1	民俗	南华诞庙会	曲江区文化馆	省级
2	传统音乐	九峰山歌	乐昌市文化馆	省级
3	传统舞蹈	狮舞（青蛙狮）	乐昌市文化馆	省级
4	传统美术	张田饼印	新丰县文化馆	省级
5	传统音乐	石塘月姐歌	仁化县文化馆	省级
6	传统技艺	仁化土法造纸技艺	仁化县文化馆	省级
7	传统舞蹈	舞春牛	浈江区文化馆	省级
8	传统音乐	龙船歌	南雄市文化馆	省级
9	传统戏剧	乐昌花鼓戏	乐昌市文化馆	省级
10	传统工艺	石塘堆花米酒	仁化县文化馆	省级
11	民俗	乳源瑶族服饰	乳源县文化馆	省级
12	民间文学	珠玑巷人南迁	南雄文化馆	省级
13	曲艺	乐昌渔鼓	乐昌文化馆	省级
14	传统技艺	宰相粉	始兴县文化馆	省级

市级非物质文化遗产名录一览表

表59

序号	项目类别	项目名称	保护单位	级别
1	民俗	新丰龙皇宫出行	新丰县文化馆	市级
2	传统舞蹈	新丰纸马舞	新丰县文化馆	市级
3	传统音乐	仁化八音	仁化县文化馆	市级
4	传统舞蹈	调王舞	翁源县文化馆	市级
5	民俗	浈江犁市划龙舟习俗	浈江区文化馆	市级
6	传统技艺	外营草席	始兴县文化馆	市级
7	传统舞蹈	龟蚌舞	始兴县文化馆	市级

续表59

序号	项目类别	项目名称	保护单位	级别
8	传统音乐	十点梅花	曲江区文化馆	市级
9	民俗	新丰担丁酒	新丰县文化馆	市级
10	传统技艺	新丰缸瓦	新丰县文化馆	市级
11	传统舞蹈	鹤蚌舞	翁源县文化馆	市级
12	传统体育、杂技与竞技	翁源烟火戏	翁源县文化馆	市级
13	民俗	南雄姓氏节	南雄市文化馆	市级
14	传统舞蹈	双龙舞双狮	南雄市文化馆	市级
15	民俗	闹春牛	仁化县文化馆	市级
16	传统舞蹈	梅花龙	仁化县文化馆	市级
17	民间医药	乳源瑶族传统医药	乳源县文化馆	市级
18	传统医药	丹参膏	浈江区文化馆	市级
19	传统舞蹈	茶花灯	南雄市文化馆	市级
20	传统技艺	扎稻草龙制作技艺	南雄市文化馆	市级
21	传统舞蹈	火龙、火狮、火凤、火虾	南雄市文化馆	市级
22	传统技艺	丹霞红豆制作技艺	仁化县文化馆	市级
23	传统技艺	走马灯	仁化县文化馆	市级
24	民俗	装故事	仁化县文化馆	市级
25	民俗	扛阿公	曲江县文化馆	市级
26	传统舞蹈	司前舞火龙	始兴县文化馆	市级
27	传统音乐	客家山歌	翁源县文化馆	市级
28	民俗	圣祖祭、	乳源县文化馆	市级
29	民俗	契娭生日	乳源县文化馆	市级
30	传统技艺	乐昌沿溪山茶	乐昌市文化馆	市级
31	传统舞蹈	翁城猫头狮	翁源县文化馆	市级
32	传统技艺	隆盛酱油酿造技艺	浈江区文化馆	市级
33	民俗	双朝节	乳源县文化馆	市级
34	传统技艺	南雄酿豆腐制作技艺	南雄市文化馆	市级
35	民间文学	陈麟故事	翁源县文化馆	市级
36	传统技艺	苦爽酒酿造技艺	乳源县文化馆	市级
37	民俗	猫公狮	浈江区文化馆	市级
38	传统舞蹈	五山纸马	乐昌市文化馆	市级
39	民俗	西京古道石阶除道	乳源县文化馆	市级
40	传统舞蹈	新丰舞春牛	乳源县文化馆	市级
41	传统舞蹈	鲤鱼舞	乳源县文化馆	市级

韶关市已建自然保护区情况一览表

表60

序号	已建自然保护区名称	地点	面积（公顷）	主要保护对象	始建时间	现级别批准时间
1	广东南岭国家级自然保护区	乳源县	46363	中亚热带常绿阔叶林	1994年	2002年升国家级
2	广东车八岭国家级自然保护区	始兴县	7545	中亚热带常绿阔叶林	1982年	2002年升国家级
3	广东曲江罗坑国家级自然保护区	曲江区	18813.6	中亚热带常绿阔叶林、珍稀动植物	1998年	1998年升省级
4	广东粤北华南虎省级自然保护区	韶关市	16360.8	华南虎及其栖息环境	1990年	1990年批复。2008年调整仁化：11065.1公顷；乐昌：5295.7公顷。
5	广东新丰云髻山省级自然保护区	新丰县	2727	中亚热带常绿阔叶林、珍稀动植物	1990年	1990年1月升省级
6	广东乐昌杨东山十二度水省级自然保护区	乐昌市	11651	中亚热带常绿阔叶林、珍稀动植物	1998年	1998年升省级
7	广东乳源大峡谷省级自然保护区	乳源县	3673	中亚热带常绿阔叶林	2001年	2001年升省级
8	广东仁化红山高坪省级自然保护区	仁化县	3585.5	中亚热带常绿阔叶林、珍稀动植物	2001年	2001年升省级
9	广东乐昌大瑶山省级自然保护区	乐昌市	7914	中亚热带常绿阔叶林	2000年	2003年升省级
10	广东始兴南山省级自然保护区	始兴县	7113	中亚热带常绿阔叶林	2001年	2005年5月升省级
11	广东曲江沙溪省级自然保护区	曲江区	9333.3	中亚热带常绿阔叶林	1996年	2007年升省级
12	广东南雄小流坑——青嶂山省级自然保护区	南雄市	7874	中亚热带常绿阔叶林	2001年	2004年已升市级，2007年升省级
13	广东翁源青云山省级自然保护区	翁源县	7359	中亚热带常绿阔叶林	2002年	2009年升省级
14	广东翁源半溪市级自然保护区	翁源县	4010	中亚热带常绿阔叶林	2000年	2002年
15	广东乳源泉水市级自然保护区	乳源县	22098.5	中亚热带常绿阔叶林	2002年	2004年已升市级
16	广东新丰鲁古河市级自然保护区	新丰县	10653	中亚热带常绿阔叶林	2000年	2004年已升市级
17	广东乳源大潭河县级自然保护区	乳源县	3853	中亚热带常绿阔叶林	2002年	2002年
18	广东乳源青溪洞县级自然保护区	乳源县	3133	珍稀动物苏门羚	1976年	1976年省革委会批复
19	广东乳源红豆杉县级自然保护区	乳源县	10190	红豆杉	2004年	2004年
20	广东南雄孔江水源林县级自然保护区	南雄市	3850	中亚热带常绿阔叶林	2009年	2009年
21	广东始兴深渡水县级自然保护区	始兴县	6225	中亚热带常绿阔叶林	2009年	2009年
22	广东仁化斯鸡山县级自然保护区	仁化县	2448.3	中亚热带常绿阔叶林	2009年	2009年
23	广东南雄丹霞梧桐县级保护区	南雄市	2340	丹霞梧桐	2016年	
	合计		221963.6			

2016年度批建森林公园统计表

表61

森林公园名称	所在地	级别	批建时间	面积（公顷）	批准单位	建设单位	总体规划编制情况
韶关市茶花森林公园	浈江区犁市镇	市级	2016年10月20日	371.37	韶关市林业局	韶关市友丰生态园林开发有限公司	正在规划中
曲江沙溪镇凤凰山森林公园	曲江区沙溪镇	镇级	2016年4月26日	32	曲江区人民政府	曲江区农业（林）业局	正在规划中
南雄市云峰山森林公园	南雄市江头镇	市级	2016年11月24日	405.3	韶关市林业局	南雄市云峰山生态旅游开发有限公司	正在规划中
南雄市帽子峰富竹森林公园	南雄市帽子峰镇	镇级	2016年11月24日	32.9	南雄市林业局	南雄市帽子镇人民政府	正在规划中
南雄市古市镇修仁森林公园	南雄市古市镇	镇级	2016年11月24日	40	南雄市林业局	南雄市古市镇人民政府	正在规划中
南雄市黄坑镇秀塘森林公园	南雄市黄坑镇	镇级	2016年11月24日	34.75	南雄市林业局	南雄市黄坑镇人民政府	正在规划中
乐昌市梅花镇百臻森林公园	乐昌市梅花镇	县级	2016年11月24日	85.8	韶关市林业局	乐昌市梅花镇人民政府	已完成
乐昌市白石镇云祖峰森林公园	乐昌市白石镇	县级	2016年11月24日	238.67	韶关市林业局	乐昌市白石镇人民政府	正在规划中
乐昌市秀水镇大竹山森林公园	乐昌市秀水镇	镇级	2016年11月17日	45	乐昌市林业局	乐昌市秀水镇人民政府	正在规划中
乐昌市黄圃镇泸溪河森林公园	乐昌市黄圃镇	镇级	2016年11月17日	23	乐昌市林业局	乐昌市黄圃镇人民政府	正在规划中
始兴县司前镇森林公园	始兴县司前镇	镇级	2016年10月11日	36.6	始兴县林业局	始兴县司前镇人民政府	正在规划中
始兴县马市镇森林公园	始兴县马市镇	镇级	2016年10月11日	39.3	始兴县林业局	始兴县马市镇人民政府	正在规划中
始兴县澄江镇南石岩森林公园	始兴县澄江镇	镇级	2016年10月11日	173	始兴县林业局	始兴县澄江镇人民政府	正在规划中
仁化县黄坑镇森林公园	仁化黄坑镇	镇级	2016年9月20日	68	仁化县林业局	仁化县黄坑镇人民政府	已完成
仁化县大桥镇森林公园	仁化大桥镇	镇级	2016年9月20日	50	仁化县林业局	仁化县大桥镇人民政府	已完成
仁化县石塘镇森林公园	仁化石塘镇	镇级	2016年9月20日	61.3	仁化县林业局	仁化县石塘镇人民政府	已完成
乳源县大布河森林公园	乳源县大布镇	镇级	2016年7月25日	2957	乳源县人民政府	粤水电	已完成
乳源县清怡园森林公园	乳源县一六镇	镇级	2016年7月25日	52	乳源县人民政府	乳源县一六镇人民政府	已完成
新丰县丰城街雪山森林公园	新丰县丰城镇	县级	2016年10月28日	646	韶关市林业局	广东雪山森林养生旅游发展有限公司	正在规划中
新丰县岭南五彩世界森林公园	新丰县黄磜镇	镇级	2016年10月26日	287	新丰县林业局	新丰县丰农源生态农业发展有限公司	
新丰县黄磜镇樱花公园	新丰县黄磜镇	镇级	2016年10月26日	53	新丰县林业局	新丰县杰荣樱花峪休闲农业有限公司	
翁源县龙仙森林公园	翁源县龙仙镇	县级	2016年10月14日	67.41	韶关市林业局	翁源县林业局	已完成
				5754.4			

韶关市国家AAA级以上旅游景区（景点）一览表

表62

序号	旅游景区（点）名称	所在地	评定年份	级别	景区类型
1	韶关市丹霞山风景名胜区	广东省韶关市丹霞山	2012年1月	AAAAA	自然景观
2	曲江区曹溪温泉假日度假村	韶关市曲江区马坝镇转溪桥头	2006年	AAAA	度假休闲
3	广东大峡谷景区	乳源县大布镇	2009年	AAAA	自然景观
4	乳源县云门寺佛教文化生态保护区	乳源县云门寺	2010年12月	AAAA	历史文化
5	乐昌古佛洞天景区	乐昌市河南月坵	2010年	AAAA	自然景观
6	乳源县丽宫国际旅游度假区	乳源县乳城镇侯公渡过青岗	2011年	AAAA	度假休闲
7	乳源南岭国家森林公园	广东省乳源县五指山	2012年2月	AAAA	自然景观
8	南雄市珠玑巷.梅关古道景区	南雄市珠玑镇	2012年9月	AAAA	历史文化
9	新丰县云天海温泉原始森林度假村	新丰县梅坑镇利坑角	2014年3月	AAAA	度假休闲
10	韶关市银山高尔夫度假区	韶关市浈江区新韶镇大学路8公里	2014年6月	AAAA	度假休闲
11	经律论文化旅游小镇景区	韶关市曲江区小坑镇	2016年12月	AAAA	度假休闲
12	乐昌三龙谷（龙王潭）	乐昌市廊田五山交界处	2010年	AAA	自然景观
13	乳源县天井山森林公园	乳源县洛阳镇	2009年	AAA	自然景观
14	始兴县铜钟寨	始兴县沈所镇	2014年12月	AAA	自然景观
15	曲江区马坝人遗址景区	曲江区马坝狮岩路3号	2014年9月	AAA	历史文化
16	乳源天景山仙人桥风景区	乳源县大布镇	2013年	AAA	自然景观
17	乳源县必背瑶寨	乳源县必背瑶寨	2013年	AAA	民俗文化
18	新丰江源温泉旅游度假山庄	新丰县梅坑镇	2013年	AAA	度假休闲
19	乐昌市金鸡岭风景区	乐昌市坪石镇登峰路55号	2011年	AAA	自然景观
20	南雄帽子峰森林公园	南雄帽子峰林场	2014年12月	AAA	自然景观
21	始兴县满堂客家大围景区	始兴县隘子镇满堂村	2015年12月	AAA	历史文化
22	仁化县石塘古村景区	仁化县石塘镇	2016年2月	AAA	历史文化
23	韶关市枫日泉生态温泉度假村景区	曲江区枫湾镇	2017年1月	AAA	度假休闲

韶关市向国家质检总局申报地理标志产品保护情况一览表（按时间）

表63

序号	获保护年份	产品	产地	国家总局受理公告	国家总局批准实施保护公告
1	2004年	马坝油粘米	曲江	2004年第65号	2004年第12号
2	2008年	张溪香芋	乐昌	2008年第48号	2008年第12号
3	2009年	南雄板鸭	南雄	2008年第117号	2009年第51号
4		北乡马蹄	乐昌	2008年第117号	2009年第60号
5		沿溪山白毛尖	乐昌	2008年第117号	2009年第60号

续表63

序号	获保护年份	产品	产地	国家总局受理公告	国家总局批准实施保护公告
6	2010年	三华李	翁源	2009年第90号	2010年第17号
7		火山粉葛	曲江	2009年第90号	2010年第30号
8		长坝沙田柚	仁化	2009年第90号	2010年第52号
9		清化粉	始兴	2009年第106号	2010年第96号
10		乳源彩石	乳源	2010年第40号	2010年第95号
11		九仙桃	翁源	2010年第76号	2010年第142号
12		新丰佛手瓜	新丰	2010年第76号	2010年第142号
13	2014年	仁化白毛茶	仁化	2014年第23号	2014年第96号
14	2015年	始兴石斛	始兴	2015年第45号	2015年第143号

韶关市向国家质检总局申报地理标志产品保护情况一览表（按产地）

表64

序号	产地	产品	国家总局受理公告	国家总局批准实施保护公告
1	乐昌	张溪香芋	2008年第48号	2008年第12号
2		北乡马蹄	2008年第117号	2009年第60号
3		沿溪山白毛尖	2008年第117号	2009年第60号
4	南雄	南雄板鸭	2008年第117号	2009年第51号
5	仁化	长坝沙田柚	2009年第90号	2010年第52号
6		仁化白毛茶	2014年第23号	2014年第96号
7	乳源	乳源彩石	2010年第40号	2010年第95号
8	始兴	清化粉	2009年第106号	2010年第96号
9		始兴石斛	2015年第45号	2015年第143号
10	新丰	新丰佛手瓜	2010年第76号	2010年第142号
11	翁源	九仙桃	2010年第76号	2010年第142号
12		三华李	2009年第90号	2010年第17号
13	曲江	马坝油粘米	2004年第65号	2004年第12号
14		火山粉葛	2009年第90号	2010年第30号

主题索引

主 题 索 引

一、本索引采用主题分析方法，款目按首字汉语拼音字母（同音字按声调）顺序排列。

二、文中的类目题、分目题、次分目题用黑体字标明，其余用宋体字排印。

三、索引款目后的数字表示内容所在的页码，数字后的英文字母（a、b、c）表示栏别（即版面的1、2、3栏）。

四、本索引对《2016年韶关大事记》《文献专载·法规》《调研报告》等类目不作内容主题分析。

A

B

C

E

F

K

L

表格索引

图照索引

WUZHONG
TONGJI NIANJIAN

2017

吴 忠 市 统 计 局
国家统计局吴忠调查队 编

襄阳慈善事业五年发展纪实

襄阳市慈善总会